大理院判决例全书

郭卫 编

吴宏耀 郭恒 李娜 点校

中国政法大学出版社

2013・北京

图书在版编目（CIP）数据

大理院判决例全书 / 郭卫编；吴宏耀，郭恒，李娜点校. 北京：中国政法大学出版社，2012.12

ISBN 978-7-5620-4528-1

Ⅰ.①大… Ⅱ.①郭… ②吴… ③郭… ④李… Ⅲ.①法院-判决-案例-汇编-中国-民国 Ⅳ.D929.6

中国版本图书馆CIP数据核字(2012)第293773

书　　名　大理院判决例全书

DA LI YUAN PAN JUE LI QUAN SHU

出版发行　中国政法大学出版社(北京市海淀区西土城路 25 号)

北京 100088 信箱 8034 分箱　邮政编码 100088

邮箱 academic.press@hotmail.com

http://www.cuplpress.com（网络实名：中国政法大学出版社)

(010)58908437(编辑室)　58908285(总编室)　58908334(邮购部)

承　　印　北京华正印刷有限公司

规　　格　787mm × 1092mm　16 开本　61.75 印张　1100 千字

版　　本　2013 年 2 月第 1 版　2013 年 2 月第 1 次印刷

书　　号　ISBN 978-7-5620-4528-1/D・4488

定　　价　260.00 元

编辑缘起

余前编辑《大理院解释例全文》，于出版后，法学界均认为便利，纷纷来函，以编辑前大理院判例相属。惟判例之编辑较解释为难。盖解释有号数可循，循号而辑，网罗可无遗。若判例，则自元二年以来，积十余年之久，不下若干万篇；既不能全数刊出，亦未便任意取舍。虽元年至八年及八年至十二年，大理院曾自行发表《判例要旨汇览》正、续两集，而十二年以后，即未续行发表。如仅从要旨中采取，仍不完备；且要旨中复有前判因后判而变更者，更难统一。现因求副法学界来函诸公之雅意起见，黾勉从事，瞬逾半载。除取材于《大理院判例要旨汇览》正、续两集外，并搜集十二年以后之大理院判例，予以补充，庶自开院时起至闭院时所有历年判例均获完全。——虽其中有因新法颁行而不能适用者，而能供参考之援引者尚属不少。本书告成之后，足使前大理院十余年来法学巨子数十百人之精力皆得汇萃而遗留于斯，不徒供现代应用之参考，即在将来之历史上，亦将成为一种完备之典籍。三通志、三通典、三通考而后，安知不目此为续集耶？兹当发刊之际，用略述其编辑缘起如上。

中华民国二十年六月

郭卫　元觉　谨志

戴　序

英美法系重判例，大陆法系重成法，原为两大法系区别之要点。大陆法系学者，亦曾专研法条，不容旁骛。德国之概念法学，尤盛行一时。顾十九世纪末叶以来，社会哲学派渐兴，如新康德派、新黑智儿派等，盛倡法律之合理性。自由法学派继起，复注重每个裁判之公平妥当。要之，皆谓“运用法律，须与时迁移，应物变化，然后权衡施措，始得无所不宜；万不可拘守法条，有乖实情”，其旨则一。成法之权威，因此渐次衰颓，大非昔比。

降至欧战告终，德国败北，概念法学益加失势，大陆法学系学者更趋重实际。研究判例，如《判例批评》、《判决实例》等书，风起云涌。大陆法系重成法之说，已为陈迹矣！我国自逊清末年，虽已继受大陆法系，然成文法典多未颁行。当新旧过渡时期，不能无所遵循。前大理院乃酌采欧西法理，参照我国习惯，权衡折中，以为判决。日积月累，编为判例，各法原则，略具其中；一般国人，亦视若法规，遵行已久。论其性质，实同判例法矣。现在重要法典，虽已颁行，然除明相抵触者外，仍应继续有效。且我新法多继受外国法规，欲求其运用适合国情，尤须参考旧日判例。畏友郭元觉先生搜集该院十余年判决实例，编辑成书，删烦补阙，首尾赅备。匪特使后来学者有所取材，且足为研究判例，树之先声。我国法学界，其将不为大陆法系重成法之旧说所误矣。兹因有感于斯书之成，而抒其意如此。

中华民国二十年六月
戴修瓒谨识

歸而求之有餘師

清代判例多秘本非以重贄從師莫能窺其奥今是書出世不難人手一编無待求師受業矣

褚輔成

点校说明

关于本书的点校，兹说明以下几点：

1. 该书点校依据的底本是：中华民国二十一年七月三版出版的《大理院判决例全书》。该书版权页具名如下：

编辑者　郭　衛　元　觉

出版者　萬　籁

经营者　上海法学编译者

　　　　会文堂新记书局

点校中，遇有原文模糊、不通之处，则参酌以下两书、衡诸文义，加予以确定：

（1）大理院编辑处：《大理院判决要旨汇览》（第一、二、三卷），民国十五年十二月再版发行。

（2）朱鸿达主编、郑爰诹编辑：《现行有效大理院判决例全集（民国元年至十六年）》，中华民国廿二年七月世界书局出版。

需要说明的是，尽管据原书“凡例”言，该书将“大理院自民国元年改组时起至民国十六年闭院时止之判决已著为例者，悉数集入，完全无缺”。但惟悉心核对该书与大理院编辑处编辑、民国十五年十二月再版之《大理院判决要旨汇览》收录的判例，仍间或有缺。以《刑事诉讼法》“管辖”部分为例（郭卫书以“刑事诉讼条例”为题；大理院书则径以“刑事诉讼法”为题），郭卫一书尚缺四年上字七八三号（陆军军人不能归普通法院管辖）、四年上字三七五号（军人不得参预普通诉讼）、四年抗字六八号（控诉审不能行第一审审判）、五年上字六五六号（初级管辖案件应以高等厅为最终之决定）四则判例。

此外，在编辑体例、风格上，郭卫一书与后两书迥异。试举例明之：

	体例格式	
郭卫书	强暴脱逃罪虽已有强暴行为，如未能脱逃，仍属未遂。	【正】被告人在狱图逃，将狱舍窗棂损坏，并将洋油洒在窗上，点火焚烧；讵被看守瞥见，将火扑灭。被告人即拔取坑砖乱掷，欲强行逃走，致将同押之人掷伤。除伤害部分依《刑律》第一百七十五条，应照第二十三条处断外，其放火未遂与脱逃未遂，应依第二十六条科刑。（七年上字第一四四号）

续表

	体例格式			
大理院书	强暴脱逃罪虽已有强暴行为，如未能脱逃，仍属未遂。	王福才在狱图逃，将狱舍窗棂损坏，并将洋油洒在窗上，点火焚烧；讵被看守瞥见，将火扑灭。王福才即拔取坑砖乱掷，欲强行逃走，致将同押之温振邦掷伤。除伤害部分依《刑律》第一百七十五条，应照第二十三条处断外，其放火未遂与脱逃未遂，应依第二十六条科刑。	七	上 一四四
朱鸿达书	同上	同上	同上	同上

2. 在编排体例上，原书为竖排版，并将判例提要置于正文上端页眉处。点校本改为横排版，原书页面上端的判例提要文字，只好置于相应判例处，以标题方式出现。

3. 在点校本中，对于原文明显缺漏、需予增补的文字，以“［ ］”予以标示。至于明显因排版错误导致的文字错讹，校勘本则直接予以订正，不再一一标注。

吴宏耀

2012 年元月 15 日　于京西垂虹

凡 例

1. 本书将大理院自民国元年改组时起至民国十六年闭院时止之判决已著为例者，悉数集入，完全无缺。

2. 本书因大理院裁判时系引用当时之法令，故仍就当时之法令以为分类之标准。该项法令虽多有现已废止者，然于引用法理以为判断之处，与现行法令之条文仍多相合，应足资参考。

3. 本书取材于《大理院判例要旨汇览》正集者，均于该条之上加以【正】字；取材于续集者，均于该条之上加以【续】字；其自行搜集十二年以后者，则均加以【补】字，以资识别而明来源。

4. 本书于凡在当时有条文可引者，如《暂行新刑律》之类，均先列条文，条文后再列判例。其在当时无条文可据，只得依其性质归并于一章节之中。章、节之名称及次序，均以当时认为条理而援用之草案为准。

5. 前此所援用之章程、条例有现已废止者，仍照当时情形刊列，以免任意挪移，反致无从检查。

6. 本书仿《大理院判例要旨汇览》之例，于每条判例之上，另提要旨，列于上端，以便检阅时，不必细阅全文，即能明晓。

7. 依大理院迭次判解，其认为有效之判例，以列入要旨汇览者为限。本书之列有【正】、【续】两字者，均系取材于汇览，已特别指出。其由编辑时自行采入者，亦以《大理院公报》所公布者为准。其未经该院正式公布者，皆不阑入，以示区别。

8. 本书虽编辑谨严，校订精详，其错误之处或仍难免，尚乞阅者随时指正。

目录

宪法部分

民法部分

商法部分

刑法部分

诉讼法部分

大理院判决例全书提要

年份	字别	号数	提　　要	律名	条文
二	声	三	和解成立，毋庸当事人声请注销，该案件当然消灭。	民事诉讼条例	四四九
			和解得为执行名义。	民事诉讼条例	四五〇
			审判上和解与他债务名义有同一效力。	民事诉讼执行规则	四
二	声	四	被告人党羽极多，审判时恐妨公安，应移转管辖。	刑事诉讼条例	二九
二	声	一四	执行衙门违反职务者，应向监督长官请予督饬办理。	法院编制法	一五八
二	呈	一一九	声请回复原状，应向有权审判濡滞之诉讼行为之衙门为之。	民事诉讼条例	二〇七
二	抗	一	裁判本案须经言词辩论，以判决行之。	民事诉讼条例	二六二
			审判衙门所为决定事项，非无限制。	刑事诉讼条例	三九三
二	抗	六	不应许可之抗告应径予驳回。	民事诉讼条例	五六二
二	抗	一二	宣告判决，必须当庭宣告。	法院编制法	五五
二	抗	一七	控告不合法之情形。	民事诉讼条例	五一七
二	抗	三四	证据之信凭力如何，不许于辩论中先行向外表示。	民事诉讼条例	三二七
二	抗	四六	审判迟延，得请监督衙门饬催。	法院编制法	一五八
二	抗	四九	再审理由得以上诉主张者，不许据以提起再审之诉。	民事诉讼条例	五六九
二	抗	五四	声请回复原状，得于驳回上诉后或与上诉同时为之。	民事诉讼条例	二〇六
二	抗	八一	已设地方厅之处，地方官不得受理诉讼。	法院编制法	一九
			前清宣统年间地方官，不能受理控诉。	法院编制法	二七
二	抗	八二	都督与内务司无审判权。	法院编制法	二
二	上	一	《刑律》第四十七条之褫夺公权，须定期限及褫夺何项资格。	暂行新刑律	四七
二	上	三	习惯法成立之要件。	民法	一编一章
			本族本屯先买之习惯无效。	民法	三编四章
			年老染病不得为易科罚金之理由。	暂行新刑律	四四
			高等厅审理选举诉讼，仍应以推事三员之合议庭行之。	修正众议院议员选举法	
二	上	四	损害赔偿不能为消灭公诉权之原因。	刑事诉讼条例	二四八
二	上	六	《刑律》第三百七十二条第二项“他法”二字，应从狭义解释。	暂行新刑律	三七二
			同居之意义，系指同财异居者而言。	暂行新刑律	三八一
二	上	七	撤销或拒认之无权代理行为，不能以裁判令其成立。	民法	一编五章三节
			传证与否，系法院职权。	刑事诉讼条例	二九二

续表

年份	字别	号数	提　要	律名	条文
二	上	八	物权契约之目的及其成立要件。	民法	三编一章
			祭田自亡人死后，由其后嗣管业。	民法	三编二章四节
			声明控告，不因形式欠缺指为无效。	刑事诉讼条例	三九一
			声明控告，不因形式欠缺指为无效。	刑事诉讼条例	三九八
二	上	九	未经立法程序制定之省例，不能变更《刑律》。	暂行新刑律	一
			大赦之义，不仅免除其刑，并消灭其审判之效力。	暂行新刑律	六八
			依法任用从事公务之人为官吏。	修正众议院议员选举法	
			办理选举人员之范围，以法文列举者为限。	修正众议院议员选举法	
二	上	一一	从前地方官受理之案件，应以高等厅为终止者，不得上告于大理院。	法院编制法	三六
二	上	一二	选举日期不遵教令，为选举无效原因。	修正众议院议员选举法	
二	上	一三	律师公会未成立，律师无出庭辩护之权。	刑事诉讼条例	一七三
			当选票数未经合法计算者，不得遽行抽签。	省议会议员选举法	
二	上	一八	谕知判决，无论是否与辩论同一日期，均无不可。	民事诉讼条例	二六三
			切要之证据，不得弃置不予调查。	民事诉讼条例	三三六
二	上	二〇	妨害行为苟系在职务实行之开始以前或终了以后，俱不发生本罪问题。又必以妨害之故意为要件，否则可以构成他罪，而不可概论本罪。	暂行新刑律	一五三
			审理上告案，不限于上告意旨所主张之理由。	刑事诉讼条例	四二六
二	上	二一	当事人尚未尽其举证责任者，相对人无举出反证之必要。	民事诉讼条例	三二八
二	上	二三	不动产专属审判籍，专指土地管辖而言。	民事诉讼条例	四一
二	上	二四	侮辱罪之要件。	暂行新刑律	三六〇
二	上	二七	收受藏匿乃和略诱者，与第三者之间有交付或寄顿之行为是也。若和略诱共犯者之间于营利及移送等目的行为有交付、寄顿之事实，当然为本罪之正犯或从犯。	暂行新刑律	三五一
			法院不能变更撤销行政上之特许。	法院编制法	二
二	上	二八	惟一之证据，亦必其自身之成立，足可凭信，方能采用。	民事诉讼条例	三二七
二	上	三二	并未订定婚约，辄向团局及县署以虚伪之词蒙准完娶，即属略诱行为。	暂行新刑律	三四九
二	上	三三	妻得有私财。	民法	四编三章三节
二	上	三四	欺罔他人，使其财物上之支配力一时弛缓，乘机攫取，是被害者无交付财物之决意，不为诈财，应论为窃盗罪。	暂行新刑律	三六七
			欺罔他人，使其财物上之支配力一时弛缓，乘机攫取，即属被害者无交付财物之决意，不为诈财罪，应以窃盗论。	暂行新刑律	三八二
二	上	三五	夫亡后，妻就其私产得完全行使权利。	民法	一编二章二节

续表

年份	字别	号数	提　　要	律名	条文
二	上	三六	各自占有，非维持共有权之要件。	民法	三编二章四节
二	上	三八	审判衙门可以职权命当事人提出证据。	民事诉讼条例	二四六
二	上	三九	共同正犯意思行为俱备者，固不必论。即对于共同实施犯罪之行为有合同之意思者，虽各自实行数罪之一罪，对于其全体，仍应负其责任。	暂行新刑律	二九
			嘱托讯问证人，应开送应讯事项。	民事诉讼条例	三三八
二	上	四〇	贿赂罪只须一方对于他之一方为要求或行为，虽他之一方不肯诺时，亦为犯罪之既遂。	暂行新刑律	一四〇
二	上	四三	赦令前之犯罪，应予免诉；赦令后之犯罪，应予处罪，须分别办理。	暂行新刑律	六八
二	上	四四	关于法律，无自认之可言。	民事诉讼条例	三三〇
二	上	四六	就同一物发生之物权，若无特别优越力，以先发生者为优。	民法	三编一章
			质权不因他债权发生而受影响。	民法	三编九章三节
二	上	四七	侵害过去已隔数月，非《刑律》第十五条之防卫可知，尤与第十六条之紧急避难未符。	暂行新刑律	一五
二	上	四九	损失不可稽考者，以定额为标准。	商行为	八章一节
			认证方法，不以对质为必要。	刑事诉讼条例	一一〇
二	上	五一	未经第一审正式判决之案件，高等厅不得受理控诉。	法院编制法	二七
二	上	五三	过割交银，以所有权是否移转为断。	民法	三编一章
二	上	五五	欺罔恐吓二条件，自系并立有一于此，即构成犯罪。	暂行新刑律	三八二
二	上	五七	骚扰罪主魁，必系当场指挥暴动或有左右暴动之主动力者。	暂行新刑律	一六五
二	上	六〇	俱发罪定执行之刑，虽有时越该当条文最重主刑以上，然不得变更刑等。	暂行新刑律	二三
二	上	六三	调查习惯法之程序。	民事诉讼条例	三三四
二	上	六四	民事案件适用法规之次序。	民法	一编一章
			指定监护人（托孤），不限于同宗。由行亲权人指定者，族人不得干涉。	民法	四编五章
			私人复仇，不免为不正之侵害，即不得剥夺被侵害者之防卫权。	暂行新刑律	一五
二	上	六九	人民佃种旗地，不得无故增租夺佃。	民法	三编五章
二	上	七二	浮多地三年限内，由原业主首报。	奉天清赋章程及续订章程	
二	上	七六	单纯以疾病或托人困难为理由，不认为意外事变。	民事诉讼条例	二〇五
二	上	七七	给与相对人犯罪行为之报酬之契约无效。	民法	一编五章一节
			法律行为之无效，得以职权调查裁判。	民事诉讼条例	四五一
二	上	八〇	既予免诉，即不得羁押。	暂行新刑律	六八
二	上	八五	解释意思表示，须通观全体，不能拘泥文字。	民法	一编五章一节

续表

年份	字别	号数	提　要	律名	条文
二	上	八六	淤地先尽坍户拨补，沿河业主不能即取得淤地。	民法	三编二章二节
			行贿罪须对于官员或公断人并有行求或期约交付之行为，至相对人之收受与否，乃受贿罪之要件，与行贿罪无涉。	暂行新刑律	一四二
			淤荒之报领与淤复不同。	奉天清赋章程及续订章程	
二	上	八九	抵押权人得就抵押物受优先清偿。	民法	三编九章二节
			优先受偿人之权利，不因债务人资力缺乏而异。	民法	三编九章二节
二	上	九三	有庄头壮丁名义，即为佃权。	民法	三编五章
二	上	九四	赌博罪在《刑律》施行后，应用《刑律》处断。	暂行新刑律	一
			被保险人对加害人受有赔偿，应从保险金中扣除。	商行为	八章一节
二	上	九五	市场同盟分会虽常为集会之处所，与法文“现有”二字条件不合。	暂行新刑律	一八六
二	上	九七	服从长官之命令，必其命令在职务权限以内，始生服从之义务。	暂行新刑律	一四
二	上	九九	违反专属管辖之规定者，应依职权调查驳斥。	民事诉讼条例	四一
二	上	一〇〇	无效之法律行为，审判衙门应不待当事人之声明，即认定其无效。	民法	一编五章五节
二	上	一〇二	裁判有脱漏，不能为上诉理由。	民事诉讼条例	二七三
			违背法律或轶越权限，侵犯人民之身体自由者，即构成私擅逮捕监禁罪。	暂行新刑律	三四四
二	上	一〇三	杀人与伤害致死之区别，审判官就其犯罪情节足以证明对于其事实有一般之认识预见者，其故意即属成立。	暂行新刑律	三一一
二	上	一一二	以伪票交付他人行使，即称知情，不得谓无故意。	暂行新刑律	二三二
			权利行使与证券占有立于绝对不可分之关系者，为有价证券之特质。	暂行新刑律	二四二
二	上	一一五	执行衙门于必要时，得许缓期或分期办理。	民事诉讼执行规则	四
二	上	一一六	证据应直接调查之，否则使受命推事、受托推事或嘱托其他有权限之衙门代行调查。	民事诉讼条例	三三七
二	上	一一七	《刑律》所谓故意，为犯人对于犯罪实有一般认识预见之谓。	暂行新刑律	一三
			《刑律》所谓故意，为犯人对于犯罪实有一般认识预见之谓。	暂行新刑律	三一三
二	上	一一九	就共有祭田设定永佃关系，须经全体同意。	民法	三编二章四节
			报告同监人犯脱逃，不能牵混以为本案心迹，可原遽依第五十四条酌减。	暂行新刑律	五四
二	上	一二一	欲取得他人财物而故意杀毙之，即属于强盗杀人罪。	暂行新刑律	三七六
二	上	一二二	财团法人之目的，应依条款认定。	民法	一编三章三节
二	上	一二三	对于一部控告判决声明不服时，上告审审理亦以该部分为限。	刑事诉讼条例	四〇二
二	上	一二四	以财物为赌博者，不问其品位之贵贱、数量之多寡，皆不免于罪责。	暂行新刑律	二七六
二	上	一二八	审判官应回避或有以拒却为正当之裁判而仍参与审判者，均得上告，但不得以单纯拒却原因为上告理由。	民事诉讼条例	四三

续表

<table>
<tr><th>年份</th><th>字别</th><th>号数</th><th>提　　要</th><th>律名</th><th>条文</th></tr>
<tr><td rowspan="2">二</td><td rowspan="2">上</td><td rowspan="2">一二九</td><td>审判衙门得令证人彼此对质。</td><td>民事诉讼条例</td><td>三七三</td></tr>
<tr><td>核对笔迹，较之书写证书人之证言尤为可信。</td><td>民事诉讼条例</td><td>四二四</td></tr>
<tr><td rowspan="2">二</td><td rowspan="2">上</td><td rowspan="2">一三一</td><td>抵押权人得请求消除，而不得请求第三取得人为单纯之偿还。</td><td>民法</td><td>三编九章二节</td></tr>
<tr><td>商业让受人应偿之债务，以让与契约为准。</td><td>商人通例</td><td>二二</td></tr>
<tr><td>二</td><td>上</td><td>一三二</td><td>因积欠钱文扣留牛车作抵，其扣留之意思在藉此催促债务之履行，并非基于强取之意思，即不成强盗罪。</td><td>暂行新刑律</td><td>三七〇</td></tr>
<tr><td>二</td><td>上</td><td>一三五</td><td>管理费用及其他负担，应平均分担。</td><td>民法</td><td>三编二章四节</td></tr>
<tr><td rowspan="3">二</td><td rowspan="3">上</td><td rowspan="3">一三六</td><td>数种证据，其证据力之优劣，应说明之。</td><td>民事诉讼条例</td><td>三二七</td></tr>
<tr><td>证人除使受命推事或嘱托调查外，应由法院直接讯问之，不许以书状代陈述。</td><td>民事诉讼条例</td><td>三七五</td></tr>
<tr><td>选举人名册之证据力。</td><td>民事诉讼条例</td><td>四〇〇</td></tr>
<tr><td rowspan="2">二</td><td rowspan="2">上</td><td rowspan="2">一三七</td><td>佃权成立，应具备一定要件。</td><td>民法</td><td>三编五章</td></tr>
<tr><td>于权限外或对于法律上无关系之第三人所为之裁判，当然无效。</td><td>民事诉讼条例</td><td>四七五</td></tr>
<tr><td rowspan="4">二</td><td rowspan="4">上</td><td rowspan="4">一四〇</td><td>佃权人得处分其权利。</td><td>民法</td><td>三编五章</td></tr>
<tr><td>不按期交租者，可以撤佃。</td><td>民法</td><td>三编五章</td></tr>
<tr><td>取得佃权时给有对价者，地主于撤佃时应偿还之。</td><td>民法</td><td>三编五章</td></tr>
<tr><td>佃约不能释为有定期者，即系永久存在。</td><td>民法</td><td>三编五章</td></tr>
<tr><td rowspan="2">二</td><td rowspan="2">上</td><td rowspan="2">一四一</td><td>认定事实，通常应凭证据。</td><td>民事诉讼条例</td><td>三二七</td></tr>
<tr><td>于审判衙门显著及职权上已认知之事实或有自认之事实，不依证据，得认定之。</td><td>民事诉讼条例</td><td>三二九</td></tr>
<tr><td>二</td><td>上</td><td>一四三</td><td>和诱罪之态样，凡暴胁诈术以外一切不正之手段，得被诱人之承诺而拐取之者皆是。</td><td>暂行新刑律</td><td>三四九</td></tr>
<tr><td>二</td><td>上</td><td>一四五</td><td>诈欺之意义。</td><td>民法</td><td>一编五章一节</td></tr>
<tr><td>二</td><td>上</td><td>一四六</td><td>共同诉讼关系，在上诉审无从发生。</td><td>民事诉讼条例</td><td>六四</td></tr>
<tr><td>二</td><td>上</td><td>一五五</td><td>因不法行为所生债权之涉讼案件，兼取事实发生地法及法庭地法两主义。</td><td>法律适用条例</td><td></td></tr>
<tr><td>二</td><td>上</td><td>一五七</td><td>侵入邻地建筑者，邻人得请求废止或赔偿。</td><td>民法</td><td>三编二章二节</td></tr>
<tr><td>二</td><td>上</td><td>一六一</td><td>调查及取舍证据未合法律所要求之程序即为违背法令。</td><td>民事诉讼条例</td><td>五三四</td></tr>
<tr><td>二</td><td>上</td><td>一六三</td><td>取舍证据之理由，应记明于判决。</td><td>民事诉讼条例</td><td>三二七</td></tr>
<tr><td>二</td><td>上</td><td>一六六</td><td>所有权应受行政处分，依法所设权利之限制。</td><td>民法</td><td>三编二章一节</td></tr>
<tr><td>二</td><td>上</td><td>一七一</td><td>绝卖之产，不得回赎。</td><td>民法</td><td>三编三章</td></tr>
<tr><td>二</td><td>上</td><td>一九二</td><td>证人就非亲身见闻之事实所为陈述之证据力。</td><td>民事诉讼条例</td><td>三二七</td></tr>
<tr><td>二</td><td>上</td><td>一九四</td><td>和解笔录非证明其错误或伪造，有相当之证据力。</td><td>民事诉讼条例</td><td>四四八</td></tr>
<tr><td>二</td><td>上</td><td>二〇〇</td><td>因声请强制执行向上级审判衙门递状者，应即驳回，指令向执行衙门声请。</td><td>民事诉讼条例</td><td>四九五</td></tr>
<tr><td>二</td><td>上</td><td>二〇五</td><td>无效之裁判，上级审判衙门应宣言其无效。</td><td>民事诉讼条例</td><td>四七五</td></tr>
</table>

续表

年份	字别	号数	提　要	律名	条文
二	上	二〇八	妆奁应归妻有。	民法	四编三章三节
			不服私述之判决者，得独立上诉。	刑事诉讼条例	一〇
			诉讼代理人之主张显然与本人意思抵触者，不生效力。	民事诉讼条例	八八
二	上	二一五	定婚以婚书或聘财为形式要件。	民法	四编三章一节
			婚书不须填写年庚八字。	民法	四编三章一节
二	上	二二六	使用同族公地，毋庸缴价。而支特别改良费者，则应享特别利益。	民法	三编二章四节
二	上	二三三	在州县以言词起诉者，如承审官认为无碍，得予受理。	民事诉讼条例	二八四
			在州县以言词起诉者，如承审官认为无碍，得予受理。	民事诉讼条例	四七七
二	上	二三六	再开辩论与否，属于审判衙门之职权。	民事诉讼条例	二五二
二	上	二三八	法人为社会自然发生之组织体。	民法	一编三章一节
			财团法人必要不可缺之要件。	民法	一编三章三节
二	上	二三九	垦户先买权之习惯有效。	民法	三编四章
二	上	四九九	被保险人怠于行使损害赔偿权者，保险人得代位行使。	商行为	八章一节
二	上	六四二	契载价额多寡与证据力之关系。	民事诉讼条例	四二七
二	上	七三三	因承船主指挥而生之损害，船长亦应负责。	海船	二章二节
二	非	九	被和诱之人，律无处罚正条。	暂行新刑律	一〇
二	非	一一	大赦前之犯罪，不为累犯原因。	暂行新刑律	一九
二	非	二三	未决监中遇火灾不曾逃走，不能为《刑律》第五十四条减轻之理由。	暂行新刑律	五四
二	非	二九	于杀人事件，事前不知情，当时未在场，不得以事后知杀为理由判处罪刑。	暂行新刑律	一〇
二	非	三七	精神病人之监禁，属于行政处分之一种，与自由刑之性质不侔。	暂行新刑律	一二
			精神病人之行为，虽依法不能处罪，然亦应禁止其自由，以防危险。	暂行新刑律	一二
二	非	三九	因奸未遂殴伤妇女致死之所为，不能遽断为强奸致死。	暂行新刑律	二八七
二	非	四一	被告人因被害者图赖债务心怀忿恨，其杀人动机实系有激而成，情节尚非甚重，无庸处以极刑。	暂行新刑律	三一一
二	非	五一	割断脚筋，系减衰一肢以上之机能，应为废疾。	暂行新刑律	八八
二	非	五三	贩卖鸦片烟，即以贩卖行为为构成要件。其为常业与否及分量之多寡与取得之原因，皆非所问。	暂行新刑律	二六六
二	非	五八	未成立正式婚姻，不能构成重婚罪。	暂行新刑律	九一
二	非	六〇	因贼众持械入室惊起抵御刺杀，系正当防卫。	暂行新刑律	一五
二	刑抗	三	刑事案件被害人及其亲属无上诉权。	法院编制法	九〇
二	刑抗	四	刑事案件，惟检察官及被告有上诉权。	法院编制法	九〇
二	刑上	四〇	检察官发见犯罪，不待告发，即得起诉。	法院编制法	九〇

续表

年份	字别	号数	提　　要	律名	条文
二	刑上	一一〇	审判厅管辖之案件，被害人仅得为告诉及提起附带私诉。而无关涉之人，则仅得告发。	法院编制法	九〇
二	私上	一	刑事被告虽受无罪或免诉之宣告，于私诉之进行无碍。	暂行新刑律	一〇
二	私上	二	嫁娶须由祖父母、父母或余亲主婚，否则得以撤销。	民法	四编三章一节
二	上决	六	非受控告审不利益之判决者，不得为上告。	民事诉讼条例	一九
二	上决	二五	已设地方厅之处，其地方官判决之初级案件，应向该厅上诉。	法院编制法	一九
三	声	一	请求证据保全之条件。	民事诉讼条例	四三七
			案件虽已至上告审，而关于惟一或重要之证据，控告审未予调查者，尚许施行证据保全程序。	民事诉讼条例	四三八
			证据保全程序之证据调查，适用一般证据法则。	民事诉讼条例	四四〇
三	声	七	管辖审判衙门于人证已解他处之案，得认为事实上不能行使审判权。	刑事诉讼条例	二九
三	声	二六	不服执行命令，应向直接上级审判衙门抗告。	民事诉讼执行规则	一〇
三	声	二九	解释法令，非私人所得请求。	法院编制法	三五
三	声	三六	关于适用法令问题，不得为再审理由。	民事诉讼条例	五六八
三	声	四七	因推事之回避或拒却声请指定管辖者，必该衙门推事全体回避，或有准许拒却之裁判均不得行审判权时，始得许可。	民事诉讼条例	三五
三	声	四八	执行衙门认债务人全财产不足偿总债额者，得为公平之处置。	民事诉讼执行规则	五〇
			执行衙门认债务人全财产不足偿总债额者，得为公平之处置。	民事诉讼执行规则	七九
三	呈	八	诉讼进行之迟速，上级审衙门无从干预。	法院编制法	一五八
三	呈	三二	大理院无执行判决之权。	法院编制法	三六
三	呈	五四	大理院不得受理未经一、二审裁判案件之呈诉。	法院编制法	三六
三	抗	二	仅为延缓执行，不许控告。	民事诉讼条例	四九六
三	抗	三	逾期之抗告，应径予驳回。	民事诉讼条例	五六二
三	抗	五	凡对于决定声明不服者，不问形式如何，以抗告论。	民事诉讼条例	五五〇
			声请回复上诉权。	刑事诉讼条例	二一四
			上诉期间，非审判官所能任意变更。	刑事诉讼条例	三七七
三	抗	六	命于新期日调查证据之决定，不得声明不服。	民事诉讼条例	三三九
三	抗	七	原试办章程所规定之上诉期间。	民事诉讼条例	五〇〇
三	抗	一七	当事人本人受传不到者，审判衙门得以心证认相对人主张之事实为正当。	民事诉讼条例	二四六
三	抗	二五	许可回复上诉权，应以障碍原因发生于上诉期间内者为限。	民事诉讼条例	二〇五

续表

年份	字别	号数	提要	律名	条文
三	抗	二六	司法部关于汉口理债处训令所称暂缓判决，非有强制中止诉讼之意。	民事诉讼条例	二二一
			关于汉口兵燹损失债务清理办法之解释。	汉口理债办法	
三	抗	二九	审判长指挥诉讼之命令，得向该审判衙门申诉异议。关于异议之决定，不得抗告。	民事诉讼条例	二四五
三	抗	三九	无管辖权之裁判，根本上不能维持。	法院编制法	二
三	抗	四〇	审判衙门因变乱不能办理事务，诉讼程序中断。	民事诉讼条例	二一七
三	抗	四一	所谓意外事变之解释。	民事诉讼条例	二〇五
三	抗	四三	控告通常惟得由当事人为之。	民事诉讼条例	四九六
三	抗	四四	对于回复原状之声请，得先为准驳之裁判。	民事诉讼条例	二〇八
三	抗	四六	行政诉讼依《约法》第十条，非普通法院所应受理。	约法	一〇
			行政诉讼非普通法院所应受理。	法院编制法	二
三	抗	五〇	有审理初级与地方两厅第一审案件之权之衙门经判决后，一造向地方厅控告，他造亦无异议，即应认为已合意变更管辖。	民事诉讼条例	四〇
三	抗	五二	从前，县判有时须经当事人具结后，始得认为终局判决。	民事诉讼条例	四五六
三	抗	六四	必要共同诉讼，裁判不能各异。	民事诉讼条例	六七
三	抗	六六	案外之裁判，法律上无效力。	民事诉讼条例	四七五
三	抗	七一	命当事人本人到庭之决定，不得抗告。	民事诉讼条例	二四六
三	抗	七五	从前地方官于点名单朱标判语，不为违法。	民事诉讼条例	二六六
三	抗	七九	合法控告有移审之效力。	民事诉讼条例	五一一
三	抗	八〇	驳斥声请调查证据之裁决，乃指挥诉讼行为之一种。	民事诉讼条例	三三六
三	抗	九二	回籍措资，不为回复原状之理由。	民事诉讼条例	二〇五
三	抗	九三	有营业所之特别审判籍时，原告仍得向被告普通审判籍之衙门起诉。	民事诉讼条例	一八
三	抗	一〇一	因劝谕和解所为邀中理处之命令，得以抗告。	民事诉讼条例	四四六
三	抗	一〇五	无审判权衙门所为之裁判无效。	法院编制法	二
三	抗	一〇九	对于审判厅长之指令，不得抗告。	民事诉讼条例	五五〇
三	抗	一二五	犯罪嫌疑已在侦查中，得据以中止。	民事诉讼条例	二二〇
三	抗	一三〇	调查证据之声请被驳斥者，不得独立抗告。	民事诉讼条例	三三六
三	抗	一三七	对于审判长辩论终结之命令，不得抗告。	民事诉讼条例	二四二
			法院应将证据方法如何取舍之理由记明于判决，不得先行宣示。	民事诉讼条例	三二七
三	抗	一四〇	代理权有无欠缺，应以职权调查。其有欠缺而不补正者，与诉讼人未到庭同视。	民事诉讼条例	九二
三	抗	一五一	本于当事人自承所为之判决，不得以书状系伪造为再审理由。	民事诉讼条例	五六八
三	抗	一八二	和解成立者，应将其内容事项记载于笔录。	民事诉讼条例	四四八
三	抗	一八三	不服帮审员初级案件之判决者，应分别上诉于地方厅或邻县审检所。	法院编制法	一九

续表

年份	字别	号数	提　　要	律名	条文
三	抗	一九二	审判衙门不依法律编制，系指列席推事不足员数，与非基本辩论临席之推事而为判决之类。	民事诉讼条例	五六八
三	抗	一九四	判决程序，须两造到庭辩论，始能判决。	民事诉讼条例	二六二
三	抗	二〇二	仅代理人上诉者，经本人表示追认，仍为有效。	民事诉讼条例	八九
三	抗	三六二	民事非财产权上请求之件，应以大理院为终审。	法院编制法	三六
三	抗	一一〇五	当事人不以合法代理，系谓诉讼代理或法定代理有欠缺。	民事诉讼条例	五六八
三	上	一	因特许所得权利被他人侵害，或行使该权利侵害他人权利者，得为民事诉讼。	民法	二编八章
			因行政处分取得之权利被侵害而涉讼者，审判衙门只能就是否能侵害为之裁判。	法院编制法	二
			兼理司法行政官署，不能就未定之权利自由裁判。	法院编制法	二
三	上	二	计算或誊写错误并其他显著之舛谬，不得为再审理由。	民事诉讼条例	五六八
			民、刑事诉讼不得混合审判。	法院编制法	二
三	上	三	当事人未尽举证之责任者，不得不否认其主张。	民事诉讼条例	三二八
三	上	四	前清奏交到院案件，一经奏结，即属确定。	民事诉讼条例	四七二
			控告误称抗告，应认为合法。	民事诉讼条例	五〇二
三	上	五	重婚所娶妇女未离其家者，应由承继人养赡。	民法	四编七章
			养赡程度，依义务人自分财力及权利人日常需要定。	民法	四编七章
			执行中债务人有倒产情形者，众债权人得径向执行衙门声明。	破产法	
三	上	六	赌博不能发生债权债务。	民法	一编五章一节
			赌博不能有效发生债权。	民法	二编二章一七节
			控告审于事实关系未合法确定时，应将事件发还。	民事诉讼条例	五四五
三	上	七	妇人遗产，由夫承受管业。	民法	五编三章二节
			哑子亦得为证人。	刑事诉讼条例	一一四
三	上	九	非连带之共同债务人，一人不能独负全额债务。	民法	二编一章六节
			诸子对于父债应否分别偿还，以继产分析与否为断。	民法	二编一章六节
三	上	一二	生前之捐助行为，继承人不得撤销。	民法	一编三章三节
三	上	一三	债权人惟得对于债务人请求履行。	民法	二编一章二节
			初级管辖案件，以高等厅为终审衙门。	法院编制法	二七
三	上	一四	经理人在营业上有完全代理权。	商人通例	三二
三	上	一六	前清破产律已经废止，不能援用。	破产法	
三	上	一七	合伙预约与合伙契约之区别。	民法	二编二章一四节
三	上	二一	红帐红单之证据力。	民事诉讼条例	四二七
三	上	二二	审判长有指挥诉讼之权。	民事诉讼条例	二四二
三	上	二八	控告审判决采用某书证而遗漏一部分者，上告审可据以改判。	民事诉讼条例	五四六
三	上	二九	上告不许越级为之。	民事诉讼条例	五三〇

续表

年份	字别	号数	提要	律名	条文
三	上	三二	加减之方法。	暂行新刑律	五七
三	上	三三	捐助之庙产，住持无处分权。	民法	一编三章三节
			判决引用法律，不列示条文亦可。	民事诉讼条例	二六六
			于本案判断内容无直接影响之事项，不为上告理由。	民事诉讼条例	五三四
三	上	三五	共有人得随时请求分析。	民法	三编二章四节
三	上	三九	债权同等之原则。	民法	二编一章二节
三	上	四〇	合伙与隐名合伙之区别。	民法	二编二章一四节
三	上	四一	共有物之收益，应归全体。	民法	三编二章四节
三	上	四五	他人所有物之买卖，在债权法上仍属有效。	民法	二编二章二节一款
			非承继人擅自处分遗产者，为侵权行为。	民法	二编二章
			无权而绝卖他人之产者，须先取得其物权后，再为移转之契约。	民法	三编一章
			承继人于有效承继前，无处分继产之权。	民法	五编三章三节一款
三	上	四七	家财告争之限制。	民法	五编三章三节三款
			司法司无审判权。	法院编制法	二
三	上	五四	退店帖系让与伙产持分之书据。	民法	二编二章一四节
			诈财与强盗之区别，以被害人是否处于不能抗拒之状态为断。	暂行新刑律	三七〇
			诈财与强盗之区别，以交付财物时有无丧失自由意思为断。	暂行新刑律	三八二
			败诉人负担诉讼费用之限度。	民事诉讼条例	九七
			败诉人负担诉讼费用之限度。	民事诉讼条例	一一四
三	上	五五	调查当事人提出之证据并为职权上必要处置，而仍不能证明当事人主张之事实者，即断定其主张非真正。	民事诉讼条例	三二七
			经理人自为之行为，非应主人负责。	商人通例	三三
三	上	五六	擅认家财为己有及分析后强欲同居，皆法所不许。	民法	四编二章二节
三	上	五七	裁判不得擅免债务。	民法	二编一章五节五款
三	上	六二	主参加诉讼之审理，得与本诉讼合并或分离行之。但必依法辩论，始得为之判断。	民事诉讼条例	六五
			不必要之证据，毋庸调查之。	民事诉讼条例	三三六
三	上	六三	不动产所有人得完全处分其不动产。	民法	三编二章一节
			票据为不要因债务，应以署名人为债务人。	票据	一
三	上	六四	契载文句系属衍文时，应依真意。	民法	一编五章一节
三	上	六七	当事人得请求采证。	刑事诉讼条例	三〇三
			典户非当然有先领权。	奉天清赋章程及续订章程	

续表

年份	字别	号数	提　　要	律名	条文
三	上	六八	控告审得斟酌第一审认定之事实。	民事诉讼条例	五一二
三	上	六八	定强窃盗罪数之标准。	暂行新刑律	二三
三	上	六九	因承领浮多权所生之争执，仍属于民事诉讼范围。	法院编制法	二
三	上	七〇	立嗣律有专条，无先适用习惯余地。	民法	一编一章
三	上	七〇	参预阴谋不能以从犯论。	暂行新刑律	五一
三	上	七一	判断私证书真伪，得用通常证据方法或核对笔迹签押。	民事诉讼条例	四二三
三	上	七三	上告通常惟得由当事人为之。	民事诉讼条例	五三〇
三	上	七四	委任律师在辩论终结后可不再传。	刑事诉讼条例	一七二
三	上	七四	委任律师在辩论终结后可不再传。	刑事诉讼条例	四〇七
三	上	七四	债务人资力足偿总债务时，不得请求破产。	破产法	
三	上	七五	加减之方法。	暂行新刑律	五七
三	上	七六	就中间之争点所为中间判决，不得独立上诉。	民事诉讼条例	四九六
三	上	七六	因第一审裁判延宕声明抗告者，应认为向该管监督司法行政长官陈诉之件，毋庸由合议庭裁判。	法院编制法	一五八
三	上	七七	无权代理人对于善意相对人，应自任其责。	民法	一编五章三节
三	上	七七	共有一人擅为让与共有财产之契约，应赔偿善意相对人之损害。	民法	二编一章二节
三	上	七八	共有物非经全共有人同意，不得处分。	民法	三编二章四节
三	上	七八	未知犯人，仍属未经发觉。	暂行新刑律	五一
三	上	七八	预见其结果而为之，不能谓为过失。	暂行新刑律	三二四
三	上	八一	从前，州县于案已判决后又行覆讯，不为违法。	民事诉讼条例	四七一
三	上	八四	店伙舞弊，经理人若非选任不当、怠于监督，则不负责。	商人通例	三三
三	上	八六	意思表示之意义不明，可依该地普通习惯为解释。	民法	一编五章一节
三	上	八六	是否劳力出资，应以其劳力是否折作股本为区别。	民法	二编二章一四节
三	上	八六	不能即以分红之铺掌，推定为有合股情事。	商人通例	三三
三	上	八六	经理人选任、监察店伙之权。	商人通例	三三
三	上	九〇	强盗共犯之责任。	暂行新刑律	二九
三	上	九五	待质中，时效不进行。	暂行新刑律	七二
三	上	九六	一造就其主张之事实已有相当之举证，而他造未能反证者，应认举证者之主张为真实。	民事诉讼条例	三二八
三	上	九七	债务不履行，应赔偿损害。	民法	二编一章二节
三	上	九七	定银非买卖之要件。	民法	二编二章二节一款
三	上	九七	买卖非要式契约。	民法	二编二章二节一款
三	上	一〇〇	传证及对质，审判官有裁酌之自由。	刑事诉讼条例	三一八

续表

年份	字别	号数	提　　要	律名	条文
三	上	一〇一	商人债务之清偿，不以商店财产为限。	商人通例	一
三	上	一〇五	司法警察即系从事公务之职员。	暂行新刑律	八三
三	上	一〇六	耕作地之租赁未定期间者，于收获时节后得解约。	民法	二编二章六节
三	上	一〇八	担保物灭失，不使债务人丧失期限利益。	民法	二编一章二节
			担保物灭失，得请求另行提供。	民法	三编九章一节
			担保物苟无特约，须全偿后始许收回。	民法	三编九章一节
			核算不得诿诸执行机关。	民事诉讼条例	四五一
三	上	一一一	共犯完成犯罪行为，即不能谓为未遂。	暂行新刑律	一七
			杀人共犯之责任。	暂行新刑律	三一一
三	上	一一四	以所有意思垦占无主荒地者，为原业主。	奉天清赋章程及续订章程	
三	上	一一五	证据力如何，由事实审判衙门衡情断定。	民事诉讼条例	三二七
三	上	一一六	仅债务人有要求，不为免除。	民法	二编一章五节五款
			免除由债权人向债务人为意思表示。	民法	二编一章五节五款
三	上	一一七	吸食鸦片，非撤销婚约之原因。	民法	四编三章一节
三	上	一一九	习惯上所罕见之约，不为无效。	民法	二编二章一节一款
			买回特约对于知情之第三人有效。	民法	二编二章二节二款
三	上	一二四	担保范围以原本利息为限，不履行之赔偿不在担保之列。	民法	三编九章一节
			抵押物得以转押。	民法	三编九章二节
三	上	一二六	伤害罪及过失伤害之区别。	暂行新刑律	三二四
三	上	一二七	已设之担保权，不因其物之所有权移转而被妨害。	民法	三编九章一节
三	上	一二八	不完全履行，债权人有拒绝权。	民法	二编一章二节
三	上	一三〇	有正当事由者，合伙员得全体一致将一合伙员除名。	民法	二编二章一四节
			苟未为职权处置，即对于有举证责任之当事人，亦不得为不利益之推定。	民事诉讼条例	二四六
			苟未为职权处置，即对于有举证责任之当事人，亦不得为不利益之推定。	民事诉讼条例	三五四
			苟未为职权处置，即对于有举证责任之当事人，亦不得为不利益之推定。	民事诉讼条例	三八五
			苟未为职权处置，即对于有举证责任之当事人，亦不得为不利益之推定。	民事诉讼条例	四〇六
			苟未为职权处置，即对于有举证责任之当事人，亦不得为不利益之推定。	民事诉讼条例	四一一
			苟未为职权处置，即对于有举证责任之当事人，亦不得为不利益之推定。	民事诉讼条例	四三二

续表

年份	字别	号数	提　　要	律名	条文
三	上	一三四	共有人以全部共有物供担保者无效。	民法	三编二章四节
			刑事诉讼，不得和解。	刑事诉讼条例	二三六
三	上	一三七	妻父不能认为尊亲属。	暂行新刑律	八二
三	上	一三八	回赎权之时效，不能以判例创设。	民法	三编三章
			证书抄本有时亦可采用。	民事诉讼条例	四〇三
三	上	一四〇	事务管理人须依本人真意或可推知之意，并用最利于本人方法为之，违者须负损害赔偿之责。	民法	二编六章
			事物管理人其目的在免本人财产急迫危害者，以故意及重大过失为限，始负损害赔偿之责。	民法	二编六章
			覆判审与控告审有同一之性质。	覆判章程	四
三	上	一四二	附限制之赠与亦有效。	民法	二编二章四节
			上手契为证明并无纠葛之要件。	民法	三编一章
三	上	一四三	受任人应依委任本旨，用最利于委任人之方法处理事务并随时通知。	民法	二编二章一二节
三	上	一四四	执行业务员原则上在业务范围内有代理权。	民法	二编二章一四节
三	上	一四五	湮灭自己罪证，不构成本罪。	暂行新刑律	一七八
三	上	一四九	兼祧不备条件，只得由五服内递推立继。	民法	五编二章二节
三	上	一五一	伙友就某种类或特定之事项得代主人为行为。	商人通例	四一
三	上	一五七	乘字之意义。	暂行新刑律	二八六
			因猥亵奸淫致人死伤者，不能依俱发罪例并科。	暂行新刑律	二八七
三	上	一六一	施主对于所捐庙产无所有权，至管理权谁属，收益如何使用，应依施主意思为断。	民法	一编三章三节
三	上	一六九	分析不动产，得用找贴变价之方法。	民法	三编二章四节
			分析家财，不专以分书为证。	民法	五编三章三节三款
			栈主侵占寄存之货，即系侵占业务上管有之物。	暂行新刑律	三九二
三	上	一七〇	人民向县呈递诉状，应审察其请求之目的若何，以别其为民事、刑事。	法院编制法	二
三	上	一七一	出继子之财产不得与本生父之财产同视。	民法	五编一章
三	上	一七八	仅动机违法之行为非无效。	民法	一编五章一节
			子专擅处分其父未给与继承之财产及尊长养赡财产，不生物权法上之效力。	民法	四编二章二节
三	上	一八〇	契据遗失，得以他证证明。	民事诉讼条例	四二七
三	上	一八一	小宗之嫡长子，许其出继他宗。	民法	五编二章二节
三	上	一八二	据无效之批以杀人，不能谓为执行职务。	暂行新刑律	一四

续表

年份	字别	号数	提　　要	律名	条文
三	上	一八六	父有别子者，准为应立后之子虚名待继；若父无别子，非立现实之人为嗣不可。	民法	五编二章一节
			有应为立后之子而仍为父立继，须支属内无昭穆相当可为其子立后之人，其父无别子而后可。其为父立继之次序及兼祧条件，俱应按律办理。	民法	五编二章一节
			独子除兼祧外，不得出继他房。	民法	五编二章二节
			亲属会议合法之立继，不因事后情事变动而受影响。	民法	五编二章二节
			控告审判决，仅法律上之见解不当，而事实已明了者，可径改判。	民事诉讼条例	五四六
三	上	一八七	转押权人仅得于原押范围内请求执行。	民法	三编九章二节
三	上	一八九	债务人向经理人清偿之款纵为经理人挪用，主人不得否认其清偿之效力。	商人通例	三二
三	上	一九三	杀人罪不因被害人有疯病而异。	暂行新刑律	三一一
三	上	一九四	浮收之意义。	暂行新刑律	一四七
			审判衙门就当事人声明之证据方法中驳斥其不必要者，亦属依法所为之处置。	民事诉讼条例	三三六
			票据让与人负担保其票至期兑款之义务。	票据	一章
三	上	一九五	承诺须于要约到后相当期间内为之。逾期之承诺，视为新要约。	民法	一编五章二节
			依通常惯例或特别意思表示，其承诺可不必通知。	民法	一编五章二节
			契约仅有要约不能成立。	民法	一编五章二节
			各当事人就其主张有利于已之事实，均应负举证之责任。	民事诉讼条例	三二八
三	上	一九六	认定习惯法，应凭证据。	民事诉讼条例	三三四
三	上	一九七	清偿应向债权人为之。	民法	二编一章五节一款
三	上	二〇三	附有担保物权之债权，得就担保物受优先清偿。	民法	二编一章二节
三	上	二〇六	契约准备费，原则上应由两造分担。	民法	一编五章二节
			解除后如应返还金钱，须添付利息。	民法	二编二章一节三款
			无限责任股东，即令实际上不经理业务，对于外部仍负连带无限之责。	公司条例	三五
三	上	二〇七	以私人惩罚为内容之契约无效。	民法	二编二章一节三款
			因他人误信债务存在为给付受益者，应归还其利益。	民法	二编七章
			无法律上原因，而因他人给付受益，致他人受损害者，应归还其利益。	民法	二编七节
三	上	二〇九	从犯之体样。	暂行新刑律	三一
			从犯之体样。	暂行新刑律	三一五

续表

年份	字别	号数	提　　要	律名	条文
三	上	二一〇	审判衙门因释明事实关系，应以职权调查证据。	民事诉讼条例	二四六
			审判衙门因释明事实关系，应以职权调查证据。	民事诉讼条例	三二八
			审判衙门因释明事实关系，应以职权调查证据。	民事诉讼条例	三五四
			审判衙门因释明事实关系，应以职权调查证据。	民事诉讼条例	三八五
			审判衙门因释明事实关系，应以职权调查证据。	民事诉讼条例	四〇六
			审判衙门因释明事实关系，应以职权调查证据。	民事诉讼条例	四一一
			审判衙门因释明事实关系，应以职权调查证据。	民事诉讼条例	四三二
三	上	二一二	有书据之赠与及已履行之赠与，不得随意撤销。	民法	二编二章四节
			受赠人有忘恩行为，则赠与人或其承继人得废止之。	民法	二编二章四节
			民事现无公断制度，非两造同意和解，难强其遵行。	民法	二编二章一八节
三	上	二一五	被害人无论为良为娼，于强奸罪并无影响。	暂行新刑律	二八七
三	上	二一七	当家僧惩戒寺内各僧，应不为罪。	暂行新刑律	一四
三	上	二二一	干与积极消极行为，均为正犯。	暂行新刑律	二九
三	上	二二二	合伙员应分担伙产不敷清偿之债额。	民法	二编二章一四节
			首报权人与人伙报之荒地，应由各户伙领。	奉天清赋章程及续定章程	
三	上	二二三	尊亲属冲突，非离婚原因。	民法	四编三章四节
			为坟主证据，不必即能为坟地所有人之证据。	民事诉讼条例	三二七
三	上	二二四	判决合于现行之程序，仍应认为合法。	刑事诉讼条例	四〇六
三	上	二二六	父有别子者，得待别子生孙以继应为立后之子。	民法	五编二章一节
			尊长无代守志妇择嗣之权。	民法	五编二章二节
三	上	二三〇	无主官荒尽地，邻近屯先领。	吉林放荒章程	二
三	上	二三四	行政处分虽用与司法裁判同一之形式，亦非普通法院所应纠正。	法院编制法	二
三	上	二三五	商事债权之留置权，亦须以其物属债务人所有为要件。	商行为	一章
三	上	二三七	于伤害之次日复起意杀害者，应以二罪论。	暂行新刑律	二三
			伤害后复因事杀死，应以二罪论。	暂行新刑律	三一三
三	上	二四一	契约以两造表意合致为要件。	民法	一编五章二节
三	上	二四五	当事人若未尽举证责任，他造虽不能提出反证，或提出而不能证明，或审判衙门采用反证有瑕庇，均可不问。	民事诉讼条例	三二八
三	上	二四八	当事人所具甘结无拘束力。	民事诉讼条例	四五六
三	上	二五三	民事上留置权之要件。	民法	二编一章二节
			诈称官员与强盗牵连之关系。	暂行新刑律	二六
三	上	二五四	请求之一部关于行政处分者，亦应指令其诉愿或为行政判讼。	法院编制法	二
三	上	二五五	心中保留之表意为相对人所不知并不可知者，仍有效。	民法	一编五章一节
			虚伪意思表示无效。	民法	一编五章一节

续表

年份	字别	号数	提　　要	律名	条文
三	上	二六〇	质权人因故意过失不以时价变卖质物者，应照时价计算，定其已偿之债额。	民法	三编九章三节
			质权人得以质物变价供清偿。	民法	三编九章三节
三	上	二六一	经劝诱到案，非自首。	暂行新刑律	五一
三	上	二六二	强暴、胁迫包有形强制及无形威吓而言。	暂行新刑律	三七〇
三	上	二六八	高检官对于下级案件亦可控告。	刑事诉讼条例	三七三
			附券遗失，票据上权利不丧失。	票据	一章
三	上	二六九	妻妾离异后，其所出子女由父监护，唯亲生母子之关系并不消灭。	民法	四编二章四节
三	上	二七〇	设定质权人仅不得单纯代理质权人占有质物。	民法	三编九章三节
三	上	二七二	转典契约之内容，不得超过原典。	民法	三编三章
三	上	二七四	证言彼此不同，可衡情取舍。	民事诉讼条例	三二七
三	上	二七八	滥权逮捕后又另行起意伤害人，不能认为牵连犯罪。	暂行新刑律	三四六
三	上	二八〇	关于审判衙门应依职权调查之事项，亦须遵守不告不理之原则。	民事诉讼条例	四六一
三	上	二八一	数人先后就全额保证者，有连带责任。	民法	二编二章二〇节
			数保证人中一人代偿债务全额者，得向他保证人要求平等负担之额。	民法	二编二章二〇节
			本利及损害赔偿，均为保证人偿还责任之范围。	民法	二编二章二〇节
			保证人于主债务人不清偿时，有代偿责任。	民法	二编二章二〇节
			主债务人踪迹不明，保证人不得为先诉抗辩。	民法	二编二章二〇节
			违法裁判不能谓为不应受理而受理。	暂行新刑律	一四六
			解释契约，不得拘泥文字。	民事诉讼条例	三二七
			控告审判决解释文字错误者，上告审可加以纠正，即行改判。	民事诉讼条例	五四六
三	上	二九〇	夫之侵权行为，妻非当然任赔偿。	民法	二编八章
三	上	二九二	得遗失埋藏物者，可依法取得其所有权。	民法	三编二章三节
			合伙债务取连合分担之制。	民法	二编二章一四节
三	上	二九三	退伙后原则不负非其合伙时债务之责任。	民法	二编二章一四节
			两诉两造不同一者，不应合并判决。	民事诉讼条例	二四八
三	上	二九六	契据调验后，应使当事人辩论。	民事诉讼条例	三二四
三	上	二九七	私诉当事人得用代理人。	刑事诉讼条例	六
三	上	二九九	宗祧承继，非必即承受遗产之全部。	民法	五编二章三节
三	上	三〇〇	所继人生前立继与否，为其自由。唯守志妇及尊属或亲族会立继，不许延宕，且尊属亲族会立继，其位次及当否问题，应以守志妇死亡时为根据。	民法	五编二章二节
三	上	三〇一	当事人所声明之重要证据方法，不得驳斥。	民事诉讼条例	三三六
三	上	三〇二	证人受传不到者，应勒令到庭，不得径予舍弃。	民事诉讼条例	三五八

续表

年份	字别	号数	提　　要	律名	条文
三	上	三〇三	必调查证据后，方得有所谓心证。	民事诉讼条例	三二七
			事实审判衙门有衡情取舍证据之权。	民事诉讼条例	三二七
三	上	三〇四	前清现行律关于民商事法之规定未废止。	民法	一编一章
			义男女婿，无论所后之亲或存或亡，得分受财产。	民法	五编三章二节
三	上	三〇五	用益租赁与永佃之区别。	民法	二编六章六节
			佃权为物权，不因业主更换而受影响。	民法	三编五章
三	上	三〇六	养赡原因消灭，其义务即终止。	民法	四编七章
			在上告审不得主张新请求。	民事诉讼条例	五四二
			控告审有直接调查事实之职权。	刑事诉讼条例	三九六
三	上	三〇九	以地产入伙，因曾否表明以所有权归诸合伙而异。	民法	二编二章一四节
三	上	三一〇	非同宗同姓不得承继宗祧。	民法	五编二章二节
三	上	三一一	个人同意族议限制其处分权者，仅于当事人间生效，不得对抗善意第三人。	民法	四编六章
三	上	三一二	书记之密查报告，均非合法证据。	刑事诉讼条例	三〇五
			公差窃听之语，非合法证据。	刑事诉讼条例	三〇五
三	上	三二〇	债务人虽属善意，亦不得以受无权人免除与债权人对抗。	民法	二编一章五节五款
			无权人之免除无效。	民法	二编一章五节五款
三	上	三二二	赡产归设定养赡人或其继承人收回。	民法	四编七章
三	上	三二三	高地所有人得经由低地宣泄积水。	民法	三编二章二节
三	上	三二四	离婚之诉驳斥者，得据其后发生之原因事实更行起诉。	民事诉讼条例	六七三
三	上	三二九	为娼而无被勒情事者，不得离异。	民法	四编三章四节
			因贫出外谋生，不为逃亡。	民法	四编三章四节
三	上	三一一	自首得减，非必减。	暂行新刑律	五一
			杀人后携取财物，应以杀人窃盗俱发论。	暂行新刑律	三一一
			水利亦得以契据以外之证据证明。	民事诉讼条例	四二七
三	上	三三六	定婚是否必须婚书，以习惯为主。	民法	四编三章一节
			习惯为法院所不知者，应由当事人举证。	民事诉讼条例	三三四
三	上	三三八	审判衙门得命书写文字，以供核对。	民事诉讼条例	四二五
三	上	三四〇	为他人供担保，应与其债务相终始。	民法	三编九章一节
三	上	三四二	据习惯以为请求者，如该习惯已系显著，又无背于法令及公益，应即据以审究其请求之当否。	民事诉讼条例	三三四
三	上	三四三	金钱债权纵无约定利息者，亦得请求迟延利息。	民法	二编一章二节
			举证责任之移转。	民事诉讼条例	三二八

续表

年份	字别	号数	提　　要	律名	条文
三	上	三四七	限内找价而不能认为绝卖者，应生中断典当时效之效力。	奉省旗民各地及三园税契试办章程	
			原佃先买之习惯有效。	民法	三编四章
三	上	三四八	养赡方法，得随时协定。	民法	四编七章
			养赡义务，不容限制及间断。	民法	四编七章
			对于未确定之判决声明不服，不问形式如何，以上诉论。	民事诉讼条例	五〇二
三	上	三五〇	非必要事实，审判衙门无以职权搜集证据之义务。	民事诉讼条例	二四六
三	上	三五一	债务认诺，债务人及继承人不得随意撤销。	民法	二编二章一九节
三	上	三五五	证人未经具结者，不能科以伪证罪。	暂行新刑律	一八一
三	上	三五六	援用侦查笔录之限制。	刑事诉讼条例	三一五
三	上	三六〇	契约之书面形式不完全，无妨于契约之成立。	民法	一编五章二节
三	上	三六一	公证书内记明之事实，非作成证书官吏直接能知者，不足证其事实之真实。	民事诉讼条例	四〇〇
三	上	三六三	犯人自白，审判官亦有取舍之权。	刑事诉讼条例	三〇三
三	上	三六四	所诉事实不能立证，不能遽认为诬告。	暂行新刑律	一八二
三	上	三六五	未移转质物之占有以前，仍得请求利息。	民法	三编九章三节
三	上	三六六	合居致富之产为共有。	民法	三编二章四节
三	上	三七四	同意与否，不以曾否签押为断。	民法	一编五章五节
三	上	三七五	特定物债务之履行。	民法	二编一章一节
			非所有人，不能处分所有权。	民法	三编二章一节
三	上	三七六	在营业不利益时期，合伙员非不得已，不得解约。	民法	二编二章一四节
			各合伙员合意解约者，无时期之限制。	民法	编二章一四节
三	上	三七九	债务须以借券上出名之债务人负担履行之责。	民法	二编一章二节
			附带控告，得以言词提起。	民事诉讼条例	五二七
三	上	三八一	物之交付义务人有留置权。	民法	二编一章二节
			营利略诱，只须有营利意思，不必有营利行为。	暂行新刑律	三五一
三	上	三八三	不能证明代理权，并经本人拒绝追认者，该代理人对于相对人应履行或赔偿。	民法	一编五章三节
			合伙债务之解释。	民法	二编二章一四节
三	上	三八四	反诉通常须在第一审提起。	民事诉讼条例	三〇二
			反诉通常须在第一审提起。	民事诉讼条例	五一三
三	上	三八五	尊亲属之妾及女，应由承继人养赡。	民法	四编七章
			妾于亲族会议立嗣仅占重要地位，无择继全权。	民法	五编二章二节
			新证据可于发还时交第二审审查。	刑事诉讼条例	四三〇

续表

年份	字别	号数	提　　要	律名	条文
三	上	三八六	户绝财产又无亲女者，归国库。	民法	五编四章
			绝产无亲女承受，应归国库，但债权人得直接就财产受偿。	民法	五编七章
			审理尚未成熟者，应更为相当处置。	民事诉讼条例	二四六
			审理尚未成熟者，应更为相当处置。	民事诉讼条例	三五四
			审理尚未成熟者，应更为相当处置。	民事诉讼条例	三八五
			审理尚未成熟者，应更为相当处置。	民事诉讼条例	四〇六
			审理尚未成熟者，应更为相当处置。	民事诉讼条例	四一一
			审理尚未成熟者，应更为相当处置。	民事诉讼条例	四三二
三	上	三九一	受命推事之调查，系根据于直接审理主义。	刑事诉讼条例	三二〇
三	上	三九二	代物清偿，应得债权人承诺。	民法	二编一章五节一款
三	上	三九九	保证为保护债权人利益而设。	民法	二编二章二〇节
三	上	四〇二	债权人曾将所请求之利息额数开出，而对于未开部分无何等声明者，即应认为已于诉讼上舍弃，以后不得扩张。	民事诉讼条例	二九九
三	上	四〇三	受任人有善良管理人注意之义务。	民法	二编二章一二节
			受任人因处理事务所受钱物，须交付于委任人。	民法	二编二章一二节
			特定物寄托与消费寄托之区别。	民法	二编二章一三节
三	上	四〇四	司法裁判与行政处分区别之要点，在能否自由裁量。	法院编制法	二
三	上	四〇五	契尾盖用官印，以公文书论。	暂行新刑律	二三九
三	上	四〇九	当事人所声明应受判决之事项，以第一审辩论终结前最后提出者为准。若与起诉状有出入，即视为扩张或减缩。	民事诉讼条例	二九九
三	上	四一一	误认独立民事诉讼为附带私诉之判决，应纠正其违法，毋庸认为无效。	刑事诉讼条例	三
三	上	四一四	参加人得为本人上诉。	民事诉讼条例	七三
三	上	四一五	就他人间未生诉讼拘束之物起诉者，不以参加论。	民事诉讼条例	六五
			就他人间未生诉讼拘束之物起诉者，不以参加论。	民事诉讼条例	六七
三	上	四一六	诈称官员，不必实有所称之官职。	暂行新刑律	二二六
三	上	四一九	婚姻事件，得采族人亲戚之证言为判决基础。	民事诉讼条例	三六四
三	上	四二一	紧急防卫，须于间不容发之际为之。	暂行新刑律	一五
三	上	四二四	法律行为之内容无法直接证明者，得就一切事实上之情形推求当事人之真意。	民事诉讼条例	三二七
三	上	四二七	抵押权人管理抵押物时，得请求偿还必要修理费。	民法	三编九章二节
三	上	四三二	成婚与定婚有别，定婚后尚须经一定仪式，成婚始为成立婚姻。	民法	四编二章一节
			随母改嫁之女，由母主婚。	民法	四编三章一节
三	上	四三三	卖妻为娼虽未成，亦准离异。	民法	四编三章四节
三	上	四三五	缓刑效力发生之时期。	暂行新刑律	六三
三	上	四三七	既经提审，不得发还更正。	覆判章程	七

续表

年份	字别	号数	提　　要	律名	条文
三	上	四三九	证据不问系由当事人提出或由法院依职权搜集调查，均应使当事人辩论后，始得据以判决。	民事诉讼条例	三二四
三	上	四四一	承发吏勘验之案，审判官仍须亲自调查。	刑事诉讼条例	一六三
三	上	四四三	债务经催告而不履行者，得将抵押物变抵。	民法	三编九章二节
三	上	四四五	诈称访人因而入室行窃者，仍以侵入论。	暂行新刑律	三六八
三	上	四四八	身体受害，得求金钱赔偿，并应斟酌受害情形定其数额。	民法	二编八章
			侵权行为，应查其实害，并事由须归责于谁，衡情定其赔偿数额。	民法	二编八章
三	上	四五〇	非所有人不得设定抵押权。	民法	三编九章二节
三	上	四五三	卖产草约，得以解除。	民法	二编二章二节一款
			当事人所未为之行为由从参加人为之者，不以抵触论。	民事诉讼条例	七三
三	上	四五五	他物权得以对抗该物之承受人。	民法	三编二章一节
			通常法令所不详之权利，应认定其性质、内容及效力。	民事诉讼条例	四五一
三	上	四五九	多数抵押物得选择或同时出卖。	民法	三编九章二节
三	上	四六〇	别居不能消灭婚姻关系。	民法	四编三章四节
			离婚无一定方式。	民法	四编三章四节
三	上	四六二	诉讼当事人及关系人均须传呼到案。	民事诉讼条例	二九〇
三	上	四六三	有期债务，债务人得于期前为给付。	民法	二编一章二节
			债务人不得减少抵押物。	民法	三编九章二节
三	上	四七〇	损坏建筑物之附属物，不能以损坏建筑物论。	暂行新刑律	四〇五
三	上	四七一	受寄人之赔偿额，应斟酌寄托人过失。	民法	二编二章一三节
			受寄人注意之程度。	民法	二编二章一三节
三	上	四七二	典当时效，惟受益之典主得主张之。	民法	一编七章一节
			（草案）《民律》所定时效规定，不得援用。	民法	一编七章一节
三	上	四七四	破产时各债权人声明债额与起诉、上诉不同。	破产法	
			审判衙门得依职权或依利害关系人请求调查扣押，债务人财产不敷清偿总债额时，应依破产条理平均分配于各债权人。	破产法	
三	上	四七五	退伙之分摊损益，以当时资产状况为准。	民法	二编二章一四节
			对于财产之执行，得变卖之或抵与债权人。	民事诉讼执行规则	四一
			对于财产之执行，得变卖之或抵与债权人。	民事诉讼执行规则	七三
三	上	四七六	非经提讯，不能变更事实。	覆判章程	四
三	上	四七八	得以裁判代订立书据。	民法	二编二章二节二款
三	上	四八三	债权契约，原则上无拘束第三人之效力。	民法	二编二章一节二款
三	上	四八五	兼祧不限于两支。	民法	五编二章二节

续表

年份	字别	号数	提　　要	律名	条文
三	上	四八九	按成摊还后之余额，债务非当然免除。	民法	二编一章五节五款
三	上	四九八	援用新《刑律》之令，既下应否免除，应以新《刑律》为准。	暂行新刑律	一
			援用新《刑律》之令，既下应否免除，应以新《刑律》为准。	暂行新刑律	六八
三	上	四九九	行为须有撤销之原因而并未追认者，始得主张撤销。	民法	一编五章五节
			一造非得相对人同意或相对人违约不履行时，不得解除。	民法	二编二章一节三款
			陈述被害事实，不能成诬告罪。	暂行新刑律	一八二
三	上	五〇五	防丁为巡警之一。	暂行新刑律	八三
			防丁为巡警之一。	暂行新刑律	三四六
三	上	五一〇	围墙不能认为建筑物。	暂行新刑律	四〇五
三	上	五一五	因打击错误而致他人于死，应以杀人未遂及过失伤害人致死论。	暂行新刑律	三一一
三	上	五一六	土地所有人亦须领有执照，始为矿业权人。	矿业条例	
三	上	五二一	委任人死亡，即委任契约终了。受任人即应清算财产，报告颠末。非有急迫情事，不得再为处分。	民法	二编二章一二节
三	上	五二三	公同承继之营业财产为共有。	民法	三编二章四节
三	上	五二四	已起诉之案，不得再请侦查。	刑事诉讼条例	三〇四
			已起诉之案，不得再请侦查。	刑事诉讼条例	三二〇
三	上	五二六	拟制之自认。	民事诉讼条例	三三一
			使用相对人所执书状之程序。	民事诉讼条例	四〇四
三	上	五二七	承揽人于未受给付前，有留置权。	民法	二编二章一〇节
			承揽人之报酬不涉及契约以外之人，不得向第三人请求之。	民法	二编二章一〇节
			承揽人留置权，对第三人亦得主张之。	民法	二编二章一〇节
三	上	五三〇	废继子无要求酌分财产之权。	民法	五编三章二节
三	上	五三三	公同承继之营业，其财产仍为共有，其债务仍为共负。其营业若有数个，当然可以此营业财产清偿彼营业债务。	民法	二编二章一四节
三	上	五三五	营业盈亏之结算期，由伙东协定。	民法	二编二章一四节
			借用铺款分析红利，解除合伙，不得向铺掌交涉。	民法	二编二章一四节
			合伙员有随时查账及请求营业报告之权。	民法	二编二章一四节
三	上	五三八	担保物变卖余额，仍归债务人。	民法	三编九章一节
			担保物权人得就担保物优先受偿。	民法	三编九章一节
三	上	五四〇	人民有修堤之义务。	民法	三编二章二节
			误认事实非诬告。	暂行新刑律	一八二
三	上	五四三	金钱债务履行迟延，债权人于迟延利息外，不得请求赔偿不能预见之损害。	民法	二编一章二节
			实施假执行时，扣押超过必要之程度者，受执行人不得对于债权人请求损害赔偿。	民事诉讼条例	四六七

续表

年份	字别	号数	提要	律名	条文
三	上	五四四	声明不服虽用语错误，仍应有效。	刑事诉讼条例	三九一
			声明不服虽用语错误，仍应有效。	刑事诉讼条例	三九八
三	上	五四五	执行业务员应以善良管理人之注意处理事务。	民法	二编二章一四节
三	上	五五〇	合伙员对于合伙债务应负无限责任。	民法	二编二章一四节
			仅合伙财产不敷清偿时，不得请求破产。	破产法	
三	上	五六一	独子夭亡后，所立嗣子是否因其生还而归宗，应视其系何人所立为断。	民法	五编二章二节
			归宗子酌给财产，不得逾三分之一。	民法	五编三章二节
三	上	五六四	受贿罪成立之时期。	暂行新刑律	一四〇
三	上	五六五	侮辱官员，不以关涉私行为限。	暂行新刑律	一五五
			凡可以损害官吏之威严者，均可构成侮辱罪。	暂行新刑律	一五五
三	上	五六七	亲所不悦之义子，得令归宗。	民法	四编四章六节
三	上	五六八	立嗣后生子，应均分家产。	民法	五编三章二节
三	上	五六九	被诬告人受处分与否，与诬告罪之成立并无关系。	暂行新刑律	一八二
三	上	五七〇	庄头与普通雇佣关系不同。	民法	二编二章九节
三	上	五七三	住持得委人代管庙产。	管理寺庙条例	
三	上	五七四	一造要约一造承诺者，契约成立。	民法	一编五章二节
			判决不能以当事人所未求之利益归之当事人。	民事诉讼条例	四六一
三	上	五七六	涉外案件因设定抵押权涉讼者，应以不动产所在地法为准。	法律适用条例	
三	上	五七九	言词辩论，应传集两造公开。	民事诉讼条例	二四〇
			审理与判决推事异人者，其判决为违法。	民事诉讼条例	二六二
三	上	五八〇	因诈欺强迫之意思表示得撤销。	民法	一编五章一节
			心中保留意思表示无效。	民法	一编五章一节
			债权人遇急迫情形，得以自力扣取债务人之财产。	民法	一编八章
三	上	五八四	兼祧两相情愿之条件，如两方父母已死，无从知其意思者，可不具备。但生前有不愿之意思者，则不得兼祧。	民法	五编二章二节
			由府厅州县判决之承继事件，其向地方应上诉虽有合意，而其判决亦不认为有效。	民事诉讼条例	四一
三	上	五八五	佣人及租给地人开荒，亦为垦户。	奉天清赋章程及续订章程	
			佃地浮多，由原业报领。	奉天清赋章程及续订章程	
			垦熟官荒，由垦户首报。	奉天清赋章程及续订章程	
			典户、佃户自垦官荒，归其首报。	奉天清赋章程及续订章程	
三	上	五八九	无承继人之遗产，不得以亲族资格剖分。	民法	五编四章
			亲族公同管理遗产或公推一人管理时，均不得私擅处分。	民法	五编四章
			第二审漏判部分，不得上告。	民事诉讼条例	五三〇

续表

年份	字别	号数	提　要	律名	条文
三	上	五九一	租主之设备，于解约时应自行撤去。	民法	二编二章五节
			租主之设备，房主于解约时自愿留用者，可据以判留。	民法	二编二章五节
三	上	五九四	判决应于辩论终结后为之。	民事诉讼条例	三四三
			证据调查之结果，应令当事人辩论。	民事诉讼条例	三二四
三	上	五九五	住持于施主处分无故拒绝同意，或有特别习惯无须同意者，得仅经行政长官之许可。	民法	一编三章三节
			住持及关系人，惟习惯条理所许者，始有处分庙产权。	管理寺庙条例	
三	上	五九六	同宗不得为婚姻。	民法	四编三章一节
三	上	五九八	祖产无历久平稳占有之事实，应推定为共有。	民法	三编二章四节
三	上	六〇〇	鉴定人得由审判衙门选任。	民事诉讼条例	三八六
三	上	六〇一	审判衙门得驳斥证据方法之情形。	民事诉讼条例	三三六
三	上	六〇二	合伙员虽对于合伙负债，但他伙员不得因此将其除名。	民法	二编二章一四节
三	上	六〇六	契约内容无论何等品质之物皆收受者，则买主不得因低货拒不付价。	民法	二编二章二节二款
三	上	六〇八	一造债务诉讼中始到期者，亦许抵销。	民法	二编一章五节三款
			租赁契约之押租，得与欠付月租抵销。	民法	二编二章五节
三	上	六〇九	商行为所生之债权，除有反对订定或习惯，当然付利。	商行为	一章
三	上	六一〇	亲属等扶妾为正妻，不生效力。	民法	四编二章二节
			长支长子，并不禁止出继。	民法	五编二章二节
三	上	六一二	业主按期备价回赎，因归责典主之事由不能交价者，典主负迟延之责。	民法	三编三章
			当事人亲属所为陈述，非概无凭信力。	民事诉讼条例	三六五
三	上	六一六	尊长有所偏向，卑幼得请求分析。	民法	四编二章二节
			孤子、庶子、孀媳之分析，得以判决代母若姑之许可。	民法	四编二章二节
			管理未成年子财产，先父后母，继母亦同亲母。	民法	四编四章一节
			父母不胜监护之任者，其祖父母得请求宣告失权。	民法	四编五章
三	上	六一八	兼祧有四要件，唯取具阖族甘结得请求以裁判代之。	民法	五编二章二节
三	上	六二三	除有特别法令外，不得因耕种多年即认为所有权取得时效成就。	民法	一编七章二节
三	上	六二五	保证人代偿责任，不能因资产受损而要求减免。	民法	二编二章二〇节
			主债务人所在不明，保证人应代偿。	民法	二编二章二〇节
三	上	六二六	核对笔迹，不必令默写全文。	民事诉讼条例	四二五
三	上	六二八	债权人之领受迟延，非使债权消灭。	民法	二编一章二节
三	上	六三五	录事之调查报告，不得采用。	民事诉讼条例	三三八
三	上	六三六	请求权之让与，亦得以为代物清偿。	民法	二编一章五节一款
			免除生消灭债务之效力。	民法	二编一章五节五款

续表

年份	字别	号数	提要	律名	条文
三	上	六三九	抵销抗辩，至第二审仍得提出。	民事诉讼条例	二四〇
三	上	六四〇	报领闲荒，应径向民署首报。	奉天清赋章程及续订章程	
			业主报领浮多，须呈由自治会转报。	奉天清赋章程及续订章程	
			村屯公共牧养地，以村屯为原业主。	奉天清赋章程及续订章程	
三	上	六四一	保证与设定担保物权之异同。	民法	二编二章二〇节
			数保证人共同署名，非即连带保证。	民法	二编二章二〇节
三	上	六四六	因买空卖空代垫款项，不得请求偿还。	民法	二编二章一七节
			凡以买空卖空为标的之契约无效。	民法	二编二章一七节
			奉省期粮买卖，若目的不在交付现粮，即为买空卖空。	民法	二编二章一七节
			买空卖空与赌博同论，不因行政官有无禁令而异。	民法	二编二章一七节
			先尽债务人何部分财产或应于何时执行，非裁判范围内应及之事。	民事诉讼条例	四五一
			执行得任就债务人何部分之财产为之。	民事诉讼执行规则	四
三	上	六五〇	证据有争执者，必斟酌他项证据或陈述乃能定其真伪。	民事诉讼条例	三二七
三	上	六五三	债权人得凭借公力强制债务人履行。	民法	二编一章二节
三	上	六五四	越权代理，即系无权代理之一种。	民法	一编五章三节
			代理人行为直接于本人生效者，须具二要件。	民法	一编五章三节
三	上	六五五	已经立嗣者，嗣母无自由处分继产之权。	民法	五编三章三节一款
三	上	六五八	债权人与第三人所为之债务承任，不须原债务人之同意。	民法	二编一章四节
			债务承任，非要式行为。	民法	二编一章四节
			债务承任与保证之区别。	民法	二编一章四节
三	上	六五九	领租官地，属私法上租赁关系。	民法	二编二章六节
三	上	六六四	无主闲荒，准人报领。	奉天清赋章程及续订章程	
三	上	六六八	传闻证言之证据力。	民事诉讼条例	三二七
三	上	六六九	子已成年，母独断处分家产，不为有效。	民法	一编五章五节
			义男女婿分产多寡，原则以父母意思为准。	民法	五编三章二节
			亲女得酌分财产。	民法	五编三章二节
			母执行父之遗命处分财产者，自属有效。	民法	五编五章四节
			遗嘱执行人之指定、选定。	民法	五编五章四节
三	上	六七一	破产债权人不得就破产人财产变卖行为有无瑕疵主张异议。	破产法	
			合条理之倒号办法，当事人得主张之。	破产法	
			破产债权人为总债权人利益，得否认债务人破产状态后之行为。	破产法	

续表

年份	字别	号数	提　　要	律名	条文
三	上	六七二	在他案件之陈述，非审判上之自认。	民事诉讼条例	三三〇
三	上	六七五	负担债务，必有原因。	民法	二编一章二节
三	上	六七六	受人委托而以己名设定抵押权，仍为有效抵押。	民法	三编九章二节
三	上	六七八	买价经当事人订定者，不得藉口别售价廉主张减少。	民法	二编二章二节二款
			买价经当事人订定者，不得藉口市价主张增减。	民法	二编二章二节二款
三	上	六八〇	防卫权利之急迫行为虽加害他人，亦不负赔偿之责。	民法	一编八章
三	上	六八四	提存后通知义务之例外。	民法	二编一章五节二款
			提存后债务人不负付息及赔偿之责。	民法	二编一章五节二款
			提存处所为通知之必要事项。	民法	二编一章五节二款
			提存后应速为通知。	民法	二编一章五节二款
三	上	六八八	设定物权人不得擅行主张消灭。	民法	三编一章
			佃权与租赁权之区别，以契约内容为断。	民法	三编五章
三	上	六八九	合伙重要事务，一合伙员不得专擅为之。	民法	二编二章一四节
			合伙员内部责任，他员毋庸代担。	民法	二编二章一四节
			合伙重要事务一合伙员专擅为之者，应任损害赔偿之责。	民法	二编八章
三	上	六九〇	公证书有反证时，仍得否认其效力。	民事诉讼条例	四〇〇
三	上	六九三	在上告审不得变更事实主张。	民事诉讼条例	五四二
			至内浮多，由领户买户先领。	黑龙江清丈海伦地亩简章	
			买户有额数无四至者，不得报领浮多。	黑龙江清丈海伦地亩简章	
三	上	六九六	京师习惯不得仅凭出名呈报修理铺房，断定其为东为掌。	商人通例	一
三	上	七〇〇	第三人与债务人订立承任契约，须经债权人同意。	民法	二编一章四节
三	上	七〇四	地方厅之判决，应由该管高等厅受理控诉。	法院编制法	二七
三	上	七〇六	提存有免债之效力。	民法	二编一章五节二款
			提存物因提存处过失灭失毁损者，债务人不负责。	民法	二编一章五节二款
三	上	七〇八	永远存续之佃权，须有法律上正当理由，始可撤佃增租。	民法	三编五章
			法律行为之撤销权，因撤销权人之追认而丧失。	民法	一编五章五节
三	上	七〇九	异姓不得为嗣，系强行法规。	民法	五编二章二节
三	上	七一一	抵押质与借贷不同。	民法	三编九章一节
三	上	七一四	汇票出票人及转让人，对后者有担保义务。	票据	一章
			持票人向出票人、转让人求偿，须于习惯所认期内通知。	票据	二章六节

续表

年份	字别	号数	提　要	律名	条文
三	上	七一六	嗣母非经成年继子同意或追认，不得处分承继财产。	民法	五编三章三节一款
三	上	七一八	利息以算至裁判执行之日为原则。	民法	二编一章一节
			每月息上加息之办法，不应许可。	民法	二编一章一节
			清偿先充当利息。	民法	二编一章五节一款
			商人破产有倒号习惯者，应先于条理适用。	破产法	
三	上	七二二	主参加诉讼，不许向上级审判衙门越级提起。	民事诉讼条例	六五
三	上	七二三	养赡权利人，仅得用益赡产。	民法	四编七章
三	上	七二六	承继财产由承继人承受，并得为正当之处分。	民法	五编三章三节一款
三	上	七二九	奸生子因认知而生父子关系。	民法	四编四章五节
三	上	七三二	主债务人破产或显然无力清偿，保证人不得为检索抗辩。	民法	二编二章二〇节
			债权人未证明向主债务人执行无效，则保证人得为检索抗辩。	民法	二编二章二〇节
三	上	七三三	因船长之故意、过失加害于人不负赔偿责任之习惯，非有效。	民法	一编一章
			怠于监督船员所生之损害，船长亦应负责。	海船	二章二节
			船长有检查船舶之义务。	海船	二章二节
三	上	七三八	债务人替换之更改，其新债务人应负清偿之责。	民法	二编一章五节四款
			就自己义务而要求相对人给与报酬之契约无效。	民法	一编五章一节
三	上	七四二	有害公安公益之行为无效。	民法	一编五章一节
			受任人不得无约索酬，但因处理事务所支必要费用，得向委任人求偿。	民法	二编二章一二节
三	上	七四四	人事诉讼之审判，亦不得逾请求之范围，而为过度之干涉。	民事诉讼条例	六编五章
三	上	七四五	经理人营业外行为，主人若默认，仍应负责。	商人通例	三三
三	上	七四八	就占有物所行使之权利，推定为适法。	民法	三编一〇章
三	上	七五一	典卖不明之产，仍许回赎。	民法	三编三章
			各府长官无第二审审判权。	法院编制法	二
三	上	七五三	赦令前之不法行为之契约，仍为无效。	民法	一编五章一节
			以不法行为为标的之契约无效，不能因此发生权利义务。	民法	二编二章一节一款
			基于赦令前犯罪行为之契约无效。	民法	二编二章一节一款
			调查第二审判决有无违法，不为当事人陈述之理由所拘束。	民事诉讼条例	五四一
三	上	七五四	控告审认第一审合并审判为不当者，应径分别审判之。	民事诉讼条例	五二一
三	上	七五五	公同承继并伙同营业之债务，由各继承人分担。如因分产致伙同关系解散者，应以其营业财产清偿。如有不足，再行分担。	民法	二编二章一四节
			公同承继营业之商店与合伙无异。	民法	五编三章三节一款

续表

年份	字别	号数	提　　要	律名	条文
三	上	七五六	私证书经相对人争执者，立证人应证明其为真实。	民事诉讼条例	四二三
三	上	七六二	业主不得强求加绝找贴。	民法	三编三章
			赎取田亩，双方皆须依约定期限。	民法	三编三章
三	上	七六五	因贫不给衣饰，非离婚原因。	民法	四编三章四节
三	上	七六六	未成年人之行为，因追认即完全有效。	民法	一编二章二节
			合伙不以合同为要件。	民法	二编二章一四节
三	上	七六七	典当时效，应以职权援用。	奉天旗民各地及三园税契试办章程	
			典当逾二十年者，不得回赎。	奉天旗民各地及三园税契试办章程	
三	上	七七〇	亲族公共管产交出之时期。	民法	五编三章三节一款
三	上	七七三	受任人处理事务，原则上不得违反委任人指示。	民法	二编二章一二节
三	上	七七五	租赁主得请求补偿有益费。	民法	二编二章五节
三	上	七七八	非有急迫情事，私人无须自为保全权利。	民法	一编八章
三	上	七七九	相为依倚之族孙，亦得酌给财产。	民法	五编三章二节
三	上	七八〇	领荒依特别法规定。	民法	三编二章二节
三	上	七八一	利率无约定者，依该地通行利率。	民法	二编一章一节
三	上	七八二	承发吏之调查报告，不得采用。	民事诉讼条例	三三八
三	上	七八四	和解契约非有无效撤销原因，当事人应受拘束。	民法	二编二章一八节
三	上	七八六	佃户接退官田，亦惟暂典者，得于限内回赎。	奉天旗民各地及三园税契试办章程	
三	上	七九一	下级审裁判脱漏之事项，上级审不得即予裁判。	民事诉讼条例	二七三
三	上	七九三	利率每月三分之限制。	民法	二编一章一节
三	上	七九七	十六岁为成丁，有完全行为能力。	民法	一编二章二节
			债权不因担保物权设定无效或得以撤销而受影响。	民法	二编一章二节
			消费借贷契约失效，借主仍应返还所受钱物。	民法	二编二章八节
三	上	七九九	须经他人同意之处分行为，未经同意不为有效。	民法	一编五章五节
三	上	八〇三	买空卖空之意义。	民法	二编二章一七节
三	上	八〇四	抗辩须立证者，以有适法请求原因为限。	民事诉讼条例	三二八
			辨别是否自认，须就陈述全体以观，不得截取一言。	民事诉讼条例	三三〇
三	上	八〇五	委人代偿而受任人未偿者，不为清偿。	民法	二编一章五节一款
			债务可委人代偿。	民法	二编一章五节一款
			驳斥再开辩论声明请之裁判，不得抗告。	民事诉讼条例	二五二

续表

年份	字别	号数	提　　要	律名	条文
三	上	八〇七	判断须以法例为据，不得斟酌利害。	民事诉讼条例	四五一
			执行衙门得参酌情形，量予犹豫时间。	民事诉讼执行规则	四
			利息应算至清偿之日为止。	民法	二编一章一节
三	上	八〇八	私证书未经证明者，即非真实。	民事诉讼条例	四二三
三	上	八一二	主债务人显然无产清偿，催告无效者，保证人不得为先诉抗辩。	民法	二编二章二〇节
三	上	八一六	合伙员关于共有店产之诉讼，为必要共同诉讼。	民事诉讼条例	六七
			控告合法，始得变更第一审判决。	民事诉讼条例	五一七
三	上	八一九	合伙员未约定损失分担之标准者，原则上应依所定分配利益之标准分担损失。	民法	二编二章一四节
三	上	八二〇	凡否认证据力，须有根据，不得凭空推测。	民事诉讼条例	三二七
三	上	八二四	经理人舞弊，主人对于债权人不能免责。	商人通例	三二
三	上	八二九	唆使债务人不履行者，为侵权行为。	民法	二编八章
三	上	八三〇	利息在第一审中已确示其请求数额者，应认为余额已于诉讼上舍弃，此外则均应许其扩张。	民事诉讼条例	二九九
			在上告审不得主张习惯事实。	民事诉讼条例	五四二
三	上	八三三	当事人有减免之表示，可据为裁判。	民法	二编一章五节五款
三	上	八三五	赡产所有权，属养赡义务人。	民法	四编七章
			出嗣子与本宗兄弟不得互分家财。	民法	五编三章三节二款
			出嗣子与本宗兄弟协议互分家财，如有一部未分，应推定当事人之真意判断。	民法	五编三章三节三款
三	上	八三六	官吏得为国家私法行为之代理人。	民法	一编五章三节
三	上	八三八	女子定婚后再许人者，仍归前夫。	民法	四编三章一节
			第二审量刑，得较原判有所重轻。	刑事诉讼条例	四〇〇
三	上	八四二	债权人为自力救济夺取债务人财产告于官司或实际上无官司可告者，亦非违法。	民法	一编八章
			诉状所载金钱之数额后得扩张或减缩。	民事诉讼条例	二九九
			寄托人担负保管费用。	民法	二编二章一三节
三	上	八四三	利不得过本。	民法	二编一章一节
			除有法律根据得推定事实外，不得以臆测为推定。	民事诉讼条例	三二七
			除有法律根据得推定事实外，不得以臆测为推定。	民事诉讼条例	三三二
三	上	八四五	民认旗东之习惯，于公益无背。	民法	一编一章
三	上	八四六	无合法调查之凭证及适当之自认而认定事实，应认为违法。	民事诉讼条例	三二七
			私证书业经证明其真实者，非有反证，不得攻击。	民事诉讼条例	四二三
三	上	八四七	独子出继及违法兼祧，须有承继权人，始能告争。	民法	五编二章二节

续表

年份	字别	号数	提　　要	律名	条文
三	上	八五〇	遗命托孤可认为发生权义关系之渊源。	民法	五编五章一节
三	上	八五三	证据力之强弱，应与相对人之证据比较判断。	民事诉讼条例	三二七
			证据不可信之理由，应示明之。	民事诉讼条例	三二七
三	上	八五七	因契载有争，得以他证证明。	民事诉讼条例	四二七
三	上	八六三	审判外之自认得为证据。	民事诉讼条例	三三〇
三	上	八六六	妄冒成婚与殴妻至折伤及抑勒通奸者，离异。	民法	四编三章四节
三	上	八六九	非定著物，不随土地所有权移转。	民法	一编四章
			无主动产由先占人取得。	民法	三编二章三节
三	上	八七〇	分书无一定式。	民法	五编三章二节三款
三	上	八七四	子对于直系尊亲属及嗣子对于所后尊亲属并其妾媵，均有扶养义务。	民法	四编七章
三	上	八七五	判决不得及于未经起诉之事项。	民事诉讼条例	四六一
三	上	八七七	现行法上无一民事时效之规定。	民法	一编七章一节
			在必要共同诉讼，一人之上告合法，即为全体合法上告。	民事诉讼条例	六七
			主参加诉讼，于有合一确定之必要时，应适用必要共同诉讼之原则。	民事诉讼条例	六七
三	上	八七八	不定期展期，经相当期间后，得请求履行。	民法	二编一章二节
三	上	八八一	非其人不能作证时，虽亲属亦得以其证言为参考。	民事诉讼条例	三六五
三	上	八八三	关于不动产所有权之诉，审判衙门所应审究之点。	民事诉讼条例	四五一
三	上	八八六	国家机关因存储款项与私人涉讼，应属普通审判衙门管辖。	法院编制法	二
三	上	八九一	诉讼记录之证据力。	民事诉讼条例	四〇〇
三	上	八九二	土地房屋为各别不动产。	民法	一编四章
			分析方法，应斟酌定之。	民法	三编二章四节
			于共有地上独建之房屋，并非共有。	民法	三编二章四节
三	上	八九三	经理人背忠实义务，应任赔偿。	商人通例	三三
三	上	九〇一	法人成立之基础条件已备者，应认为合法存在。	民法	一编三章一节
			社团法人与财团法人之区别。	民法	一编三章一节
			法人之性质及其内部权义关系如何，应查照法无明文依习惯，无习惯依条理之原则为断。	民法	一编三章一节
			社团法人所需资财何出，与其法人之性质无涉。	民法	一编三章二节
			会员入会，除另有条规外，由总会议决。	民法	一编三章二节
			董事须由会员公举。	民法	一编三章二节
			行政官越权之处置，无行政处分之效力。	法院编制法	二
三	上	九〇三	声明回赎及行使所有权，生中断时效之效力。	奉天旗民各地及三园税契试办章程	
			奉天典当时效，不适用于抵押。	奉天旗民各地及三园税契试办章程	

续表

年份	字别	号数	提　　要	律名	条文
三	上	九一〇	时效非判决所可创定。	民法	一编七章一节
三	上	九一一	租赁标的物在期内灭失，租赁主得请解约。	民法	一编二章五节
			出租主除特约外，负必要修缮之义务。	民法	二编二章五节
三	上	九一六	不动产卖主有立契之义务。	民法	二编二章二节二款
三	上	九一九	有确定期限之债务，期限到来，即须清偿。	民法	二编一章二节
三	上	九二〇	表意人因一身特别事由，不得已而为之意思表示，不得撤销。	民法	一编五章一节
三	上	九二三	再审之诉，惟原判决之当事人得提起之。	民事诉讼条例	五六九
三	上	九三一	集会契约与合伙契约相类似，会员中有无力出资者，其损失应由各员分担，不得令未受会款人独担。	民法	二编二章一四节
三	上	九三二	不法行为为契约标的之一部者，惟该一部无效。	民法	二编二章 一节一款
			执行业务合伙员违背忠实义务者，应赔偿损害。	民法	二编二章一四节
三	上	九三三	契照四至及占有地界亩数无可考者，应以原领亩数比例分报。	奉天清赋章程及续订章程	
三	上	九三四	可继人皆不得于守志之妇者，得为其夭亡之子立继。	民法	五编二章一节
三	上	九三五	双务契约一造不能履行，则他一造有解除权。	民法	二编二章一节二款
三	上	九三八	契据已证明确实者，不因添注涂改而妨其效力。	民事诉讼条例	四〇二
三	上	九三九	审判衙门不得强令逾格周恤。	民法	四编七章
三	上	九四〇	认定主张事实之一部分为真实，其他部分为虚伪，而属截然两事者，即非理由抵触。	民事诉讼条例	五三五
三	上	九四七	上告大理院之案件，高等审判厅无权审查其有无理由。	法院编制法	三六
三	上	九四八	招婿之要件。	民法	四编三章一节
三	上	九四九	习惯上之花红股，如无相当证据，不得空言主张。	民法	二编二章一四节
三	上	九五三	调查证据及职权上必要处置未尽，即非合法认定事实。	民事诉讼条例	二四六
三	上	九五六	附加于原有房屋之房屋，属原房所有人。	民法	三编二章二节
			本权诉讼不受占有诉讼确定判决之拘束。	民事诉讼条例	四七一
三	上	九五七	怠于业务上注意，害他人权利者，为侵权行为。	民法	二编八章
			心证之所由，得须于判决中说明之。	民事诉讼条例	三二七
三	上	九六七	普通共同诉讼人间一二人之上诉，不及于他共同诉讼人。	民事诉讼条例	六六
三	上	九六九	经合意管辖判决确定之件，不得在其他衙门起诉。	民事诉讼条例	四〇
三	上	九七三	一省之特别法规，他省不得引用。	民法	一编一章
三	上	九七五	以佃租为权利质之标的者，不因质权消灭而影响于佃权。	民法	三编九章四节
			佃权外设定有质权者，质权消灭，佃权不随之消灭。	民法	三编五章
三	上	九七六	裁判上或裁判外之和解，不得声明控告。	民事诉讼条例	四九五
三	上	九七九	各处商习惯银钱往来，大抵系账薄折据相辅为用。	商人通例	二六
			歇业后未经解任，经理人仍能代理诉讼。	商人通例	三三

续表

年份	字别	号数	提　　要	律名	条文
三	上	九八一	纯为第三人就标的物所为之不法行为，卖主不负责任。	民法	二编二章一节一款
三	上	九八二	逾时不提出证据者，得不待其提出而为判决。	民事诉讼条例	二四〇
三	上	九八七	嗣续事件指关于身份之继承者而言。	民事诉讼条例	六八九
三	上	九八八	商号负债不能涉及家产之习惯，非有效。	民法	一编一章
			金钱债务迟延损害赔偿额之计算。	民法	二编一章二节
			不合债务本旨之给付提出，仍为履行迟延。	民法	二编一章二节
三	上	九九三	起诉须有一定之当事人与声明。	民事诉讼条例	二八四
三	上	九九五	牙行受托为买卖，其相对人不履行时，除有特别订定、特别习惯外，牙行对于委托人须负责。	商行为	四章
三	上	九九九	抑勒通奸，律文所称义父赅义母言。	民法	四编三章四节
三	上	一〇〇一	无效契约有时成立他契约。	民法	一编五章五节
三	上	一〇〇三	保证为从债务。	民法	二编二章二〇节
三	上	一〇一一	侵权行为人应任赔偿损害责任。	民法	二编八章
三	上	一〇二二	向第三人为清偿，以债权人承诺追认为限有效力。	民法	二编一章五节一款
三	上	一〇二三	私证书有争执者，审判衙门有阐明义务。	民事诉讼条例	四二三
三	上	一〇二五	为排除不法侵害而为毁损者，非侵权行为。	民法	二编八章
			宗祧继承人应承受遗产。	民法	五编二章三节
			确定判决对于诉外之第三人无拘束力。	民事诉讼条例	四七四
三	上	一〇二六	诉讼拘束在判决确定前仍存续。	民事诉讼条例	二九六
三	上	一〇二八	遇有破产之情形，应适用习惯或条理裁判。	破产法	
三	上	一〇三三	必要共同诉讼之一人上诉，对他诉讼人亦生效力。	民事诉讼条例	六七
三	上	一〇三四	债务人除有提出担保义务外，债权人不得请求其提出。	民法	一编八章
			债权人得请求撤销债务人之诈害行为。	民法	二编一章二节
			清偿充当，由债务人指定。	民法	二编一章五节一款
			虽设有数宗质权，而清偿充当仍由债务人指定。	民法	二编一章五节一款
			质权人得就质物优先受偿，不足仍得就他财产受偿。	民法	三编九章三节
三	上	一〇三五	以有害公安公益之行为为标的之契约无效。	民法	二编二章一节一款
三	上	一〇四〇	证据调查费用之残余部分，得请求返还。	民事诉讼条例	三五一
三	上	一〇四一	双务契约，应同时履行。	民法	二编二章一节二款
三	上	一〇四二	移转财产权与交付价银，非买卖成立之要件。	民法	二编二章二节一款
三	上	一〇四九	行政上依法强制之买卖有效。	民法	二编二章二节一款

续表

年份	字别	号数	提　要	律名	条文
三	上	一〇五三	为一定公益所设之财产，用于所定目的外之时，利害关系人得请求禁止。	民法	一编三章三节
三	上	一〇五四	金钱债务不因事变减免责任。	民法	二编一章二节
三	上	一〇五七	财团法人之财产管理人不加注意时，得以裁判撤销其管理权。	民法	一编三章三节
三	上	一〇五八	证书之形式的证据力与实质的证据力。	民事诉讼条例	四〇〇
三	上	一〇六六	卖主收价不能交货，买主得请求返还原价及利息，并损害赔偿。	民法	二编二章二节二款
三	上	一〇七〇	债务到期，自应判令即时清偿，不能预期债务人无力而为债权人不利之裁判。	民法	二编一章二节
三	上	一〇七一	胁迫恐吓之意义。	民法	一编五章一节
三	上	一〇七二	代位人有求偿权。	民法	二编一章二节
三	上	一〇七四	一造欲变更契约内容者，须他一造承诺始有效。	民法	二编二章一节一款
三	上	一〇七五	契据之对抗力不在曾否投税，而应以其有无瑕疵为准。	民事诉讼条例	四二七
三	上	一〇七七	先期强娶，非离异原因。	民法	四编三章四节
三	上	一〇七八	妾媵守志，应由家长后嗣养赡。	民法	四编七章
三	上	一〇七九	上诉审民事庭不能越权干涉刑事裁判。	法院编制法	二
三	上	一〇八二	合伙解散，应清算财产全部，分配损益。	民法	二编二章一四节
			退伙若定有分配范围者，退伙员不得请求全体财产之分配。	民法	二编二章一四节
三	上	一〇八五	夫妇离异，除有协议外，其子女由父扶养。	民法	四编七章
			因故意过失致姻应离者，负抚婚慰他造之义务。	民法	四编三章四节
三	上	一〇八九	判断私证书真伪，不必限定核对笔迹。	民事诉讼条例	四二四
三	上	一〇九〇	商人间行为，以有偿为原则。	商行为	一章
			商行为适用法规之次序。	商行为	一章
三	上	一〇九二	媳亦不许分财异居。	民法	四编二章二节
三	上	一〇九五	第一审已经传讯之证人，第二审得不传讯。	民事诉讼条例	三三六
三	上	一〇九八	公证书应认其有完全证据力，但得举出反证。	民事诉讼条例	四〇〇
三	上	一〇九九	主张代理关系者之举证责任。	民事诉讼条例	三二八
三	上	一一〇二	债务人除得债权人同意外，不得主张减免利息。	民法	二编一章五节五款
三	上	一一〇九	调查证据，应分别认定其形式的证据力与实质的证据力。	民事诉讼条例	三二七
三	上	一一一一	免除属于债务人之自由。	民法	二编一章五节五款
三	上	一一一三	诉之原因不同，亦得将数诉合并审判。	民事诉讼条例	二四八
三	上	一一一四	单纯金钱债务，应令债务人仍以现款清偿，毋庸于判决时预为指定变抵之财产。	民法	二编一章二节
三	上	一一二〇	先就请求原因所为中间判决，得为上诉。	民事诉讼条例	四五四

续表

年份	字别	号数	提要	律名	条文
三	上	一一二一	司法裁判，无自由裁量之余地。	民事诉讼条例	四五一
三	上	一一二二	当事人一造之相互间，不受确定判决之拘束。	民事诉讼条例	四七四
三	上	一一二四	共有人有互相代理处分之权者，不须更得同意。	民法	三编二章四节
三	上	一一三八	除必要共同诉讼外，得分离审判。	民事诉讼条例	二四七
三	上	一一四〇	子孙遗有私财而无子嗣者，由其妻承受。	民法	五编三章二节
			公证书内记明官公吏之命令处分者，证其有此命令处分。	民事诉讼条例	四〇〇
三	上	一一四四	有一定用途之公产，族中公同共有。	民法	三编二章四节
三	上	一一四六	诉讼代理人误用自己名义起诉者，审判衙门应为纠正，不得遽行驳回。	民事诉讼条例	九二
三	上	一一四八	善意之解释。	民法	一编一章
三	上	一一四九	保证人有先诉抗辩权。	民法	二编二章二〇节
			保证人有检索抗辩权。	民法	二编二章二〇节
三	上	一一五二	特定财产之管理，管理人之选定虽无规条而有多年确守之成规者，亦不得否认。	民法	一编二章二节
三	上	一一五四	非争执之事项，毋庸揭于主文。	民事诉讼条例	二六六
			确认之诉，须两造均有主张权利之资格，始能为权利谁属之判断。	民事诉讼条例	四五一
三	上	一一五八	对从参加人，不得加以裁判。	民事诉讼条例	七五
三	上	一一六〇	族长及族人私擅立继，须守志妇追认。	民法	五编二章二节
三	上	一一六四	票据在直接当事人间，得以无合法原因拒绝支付。	票据	一章
三	上	一一六五	就共有物设定抵押权，须全共有人同意。	民法	三编九章二节
三	上	一一六六	因行政处分取得土地所有权在前者，为适法之所有人。	民法	三编二章二节
三	上	一一六七	夫逃亡三年属实者，虽未告官，亦得改嫁。	民法	四编三章四节
三	上	一一六八	票据须记明兑款人及受取人之姓名或商号。	票据	二编一节
			非正当持票人，无请求兑款之权。	票据	二章四节
三	上	一一七三	租户不履行义务，业主得解除契约。	民法	二编二章六节
三	上	一一七五	家主应养赡家属。	民法	四编七章
三	上	一一七六	同宗无应继之人，始得将遗产归亲女承受。	民法	五编三章二节
			税契与证据力之关系。	民事诉讼条例	四二七
三	上	一一八三	当事人不得藉口和解内容不利一造，主张废约。	民法	二编二章一八节
三	上	一一八九	行政官署所定缓偿办法，不能拘束债权人。	民法	二编一章二节
三	上	一一九〇	标的物当时虽不属卖主，亦有移转权利之义务。	民法	二编二章二节二款
			卖主不移转权利，买主得解除契约。	民法	二编二章二节二款
			因归责于卖主事由解约时，卖主除返还买价外，应负担契约费用。	民法	二编二章二节二款
			可分性质之物之买卖，买主得解除一部契约。	民法	二编二章二节二款
			不必因新委任代理人再开辩论。	民事诉讼条例	二五二

续表

年份	字别	号数	提　　要	律名	条文
三	上	一一九五	淤地除依法拨补坍户外，皆属官产。	民法	三编二章二节
			私人已受行政官厅之预告将为权利主体者，得就该权利提起诉讼。	民事诉讼条例	二八五
三	上	一一九八	均分家产既有明文，无主张习惯余地。	民法	一编一章
三	上	一一九九	和解制度为尊重当事人意思，兼防后日纷争。	民法	二编二章一八节
三	上	一二〇三	默示必另有他种举动，足以间接推知其意思。	民法	一编五章一节
三	上	一二〇七	分析以应有部分为准。	民法	三编二章四节
			应有部分之消灭与扩充。	民法	三编二章四节
三	上	一二一二	嗣子归宗，惟以本人意思及其本生父母无子为主。	民法	五编二章二节
			嗣父生子及生父无子，嗣子得归宗。	民法	五编二章二节
三	上	一二一四	当事人事后合意之解释，应依照办理。	民法	一编五章一节
三	上	一二一七	优先报领权，诉讼中应为保留。	奉天清赋章程及续订章程	
			洼下地亩亦有交价不能营业。	奉天清赋章程及续订章程	
			通行货币有数种，其比价常有变更者，原则上应由债务人选定。	民法	二编一章一节
			公司解散以前，公积金属公司所有，股东不得分配。	公司条例	一八三
			分配公积之权利，与股东资格有不可离之关系。	公司条例	一八三
三	上	一二二八	上诉状内未记明“上诉”字样，亦为合法。	民事诉讼条例	五〇二
三	上	一二三二	代理权之消灭，不得对抗善意第三人。	民法	一编五章三节
三	上	一二三五	契约合法成立，非经解除，则一造不得擅违约定义务。	民法	二编二章一节一款
三	上	一二三六	异姓乱宗，惟同宗而有承继权者，始能告争。	民法	五编二章二节
三	上	一二三七	妾与家长解约时，给付及返还财礼之标准。	民法	四编二章二节
三	上	一二四二	典产至内浮多，由原业报领。	奉天清赋章程及续订章程	
三	上	一二四四	典权人不能主张典产出卖约之无效。	民法	三编三章
三	上	一二四五	合伙解散，先应以伙产清偿伙债。有余则分配于伙员，不敷则由各员分摊。	民法	二编二章一四节
三	上	一二四八	确认所有权诉讼，如两造均无确证，不能为所有权谁属之判断。	民法	三编二章二节
			质权人得为用益，而不能请求利息及管理费。	民法	三编九章三节
			确信占有物系已有者，为善意占有。	民法	三编一〇章
三	上	一二五二	抛弃为物权消灭原因之一。	民法	三编一章
三	上	一二五二	佃户不得私典业主地亩。	民法	一编五章五节
三	上	一二五五	养子不许携回分得财产，惟伙置产业在外。	民法	四编四章六节
三	上	一二六〇	不动产赠与于表意时即生效力。	民法	二编二章四节

续表

年份	字别	号数	提　　要	律名	条文
三	上	一二六二	辩论终结后，不得声请拒却。	民事诉讼条例	四三
			公证书依其作成情形难凭信者，审判衙门应行职权调查。	民事诉讼条例	四〇〇
三	上	一二六六	期票出票人不须更有承兑，即应对持票人负兑款义务。	票据	三章
三	上	一二七〇	户管之证据力。	民事诉讼条例	四二七
三	上	一二七二	合伙关系与财团法人之区别。	民法	二编二章一四节
三	上	一三一一	撤销权除本人外，惟法定代理人、承继人或夫有之。	民法	一编五章五节
三	非	一	禁荒虽已由民私占，仍不许报领。	奉天清赋章程及续订章程	
三	非	五六	因防卫误伤他人，亦不为罪。	暂行新刑律	一五
三	非	七八	贩运专指自外国而言。	暂行新刑律	二六六
三	特	二	阴谋内乱罪，无中止犯。	暂行新刑律	一七
三	特	九七三	《整顿田房税契章程》不适用于他省。	奉天旗民各地及三园税契试办章程	
三	私上	三	上告审继承第二审判决之程度。	民事诉讼条例	五四二
三	私上	四	判断偿恤费用，不必酌量义务人之资力。	民事诉讼条例	四五一
三	私上	二五	免除后不得任意撤销。	民法	二编一章五节五款
四	声	七	判决确定后有和解者，应据和解办理。	民事诉讼执行规则	四
四	声	一二	当事人于判决确定后，得请求强制执行。	民事诉讼执行规则	四
四	声	一三	大理院不得受理司法行政事项之声请。	法院编制法	三六
四	声	三四	大理院不能受理法定职权外之声请呈诉。	法院编制法	三六
四	声	六二	准许救助之条件。	民事诉讼条例	一三〇
四	声	七二	调查控告审适用法则是否正当，为上告审职权上应为之事。	民事诉讼条例	五四一
四	声	八五	执行衙门不执行或执行不正当者，得向监督长官禀请办理。	民事诉讼执行规则	九
四	声	九四	检察官陈述之意见，不能以之拘束审判官。	民事诉讼条例	六编五章
四	声	一三四	本案系属于上告审时，假扣押声请由第一审衙门管辖。	民事诉讼条例	六一五
四	声	一四一	私人团体不得向大理院请求解释法令。	法院编制法	三五
四	声	一五〇	关于执行方法等之声请及异议，应由该执行衙门长官裁断。不服其裁断者，得向上级审判衙门抗告。	民事诉讼执行规则	一〇
四	声	一六八	在下级审裁判前，不许请求上级衙门饬知如何判断。	民事诉讼条例	四九五
四	声	一七〇	六十年以上之典产，在民国四年十月六日以后不得再行告赎。	清理不动产典当办法	二

续表

年份	字别	号数	提　要	律名	条文
四	声	一七六	诉愿依《约法》第八条，亦非普通法院所应受理。	约法	八
			诉愿依《约法》第八条，亦非普通法院所应受理。	约法	四五
			诉愿亦非普通法院所应受理。	法院编制法	二
四	声	一七九	被告有数审判籍者，除专属审判籍外，原告得选择一处起诉。	民事诉讼条例	三四
四	声	一八八	当事人不得请上级衙门饬下级审从速裁判。	法院编制法	一五八
四	声	二〇二	关于判认数额有争执者，不得藉口错误声请更正。	民事诉讼条例	二七二
四	声	二〇四	判决后发生之争执，若执行原判可以解决纠纷者，可请求执行衙门予以相当处分。	民事诉讼执行规则	四
四	抗	五	当事人得指定鉴定人，但其胜任与否，仍由审判衙门审认。	民事诉讼条例	三八六
			债权人有数人者，得同时执行。	民事诉讼执行规则	四
			以债务人财产抵与债权人时之鉴定价值。	民事诉讼执行规则	四一
			以债务人财产抵与债权人时之鉴定价值。	民事诉讼执行规则	七三
四	抗	七	执行异议之诉与停止或限制执行之关系。	民事诉讼执行规则	五四
四	抗	九	对于审判衙门指挥诉讼之裁判，不得抗告。	民事诉讼条例	二四六
四	抗	一三	上诉不合程式者，在上诉期间经过后，亦得补正。	民事诉讼条例	五〇八
四	抗	一四	有检察职权之县知事提起公诉，不以曾否有注销批示而受限制。	刑事诉讼条例	二五七
四	抗	一七	关于汉口兵燹损失债务清理办法之解释。	汉口理债办法	
四	抗	二〇	对于未确定判决提起再审之诉，为不合法。	民事诉讼条例	五六六
四	抗	二五	适用法令为审判衙门之职权。	民事诉讼条例	四五一
四	抗	二八	审判厅以外之审判衙门，亦得适用合意管辖之规定。	民事诉讼条例	四〇
四	抗	三五	转押应否得原设定人同意，以习惯为断。	民法	三编九章二节
四	抗	四〇	上诉经撤回者，毋庸裁判。	刑事诉讼条例	三八一
四	抗	四六	第三人对于假押扣之标的物主张所有权者，得提起异议之诉，不得对于假押扣之决定抗告。	民事诉讼条例	六二〇
四	抗	四八	抗告不得越级为之。	民事诉讼条例	五五四
四	抗	四九	和解与免除不同。	民法	二编二章一八节
四	抗	五一	县知事对于诉讼案件，兼有检察官之职权。	刑事诉讼条例	二五七
			债务人所为异议诉讼之程序，亦依普通诉讼程序为准。	民事诉讼执行规则	一一
四	抗	五五	因懵于法律而不主张已知之抗辩事实者，仍以抛弃论。	民事诉讼条例	二四二
			和解后另启之诉争，非执行原和解契约所可解决者，应作为新诉讼受理。	民事诉讼条例	四五〇
四	抗	五六	铺店案件应向铺东执行。	民事诉讼执行规则	四

续表

年份	字别	号数	提　　要	律名	条文
四	抗	五九	裁判与行政处分之区别及其不服方法。	民事诉讼条例	二六二
四	抗	六〇	对于指挥诉讼之裁判，不得抗告	民事诉讼条例	五五一
四	抗	六六	县知事判决之刑事案件，上级检察厅检察官亦可以其名义径自上诉。	刑事诉讼条例	三七三
四	抗	八七	就独立之攻击防御方法所为中间判决，不得独立上诉。	民事诉讼条例	四五三
四	抗	九〇	中止辩论之决定，不得抗告。	民事诉讼条例	二四六
四	抗	九八	判决以外之裁判，得经任意之言词辩论。	民事诉讼条例	二七四
			得为附带私诉之请求，亦得不提起私诉而提起民事诉讼。	刑事诉讼条例	三
四	抗	九九	上诉期间，自合法送达后起算。	民事诉讼条例	五〇〇
四	抗	一〇六	恐于审判有偏颇而请求回避，必于该案发生前确有旧交或嫌怨者，始得准许。	民事诉讼条例	四三
四	抗	一〇八	民事庭不得附带办理刑事。	法院编制法	二
四	抗	一三〇	和解只能拘束列名和解之当事人。	民事诉讼条例	四五〇
四	抗	一三七	实质上为判决而误用他种形式者，关于上诉以判决论。	民事诉讼条例	四九五
四	抗	一四〇	依假处分选任管理人时，须调查其有无管理实力及能否为公平之管理。	民事诉讼条例	六三〇
四	抗	一四三	因第一审判决形式违误，不须将事件发还。	民事诉讼条例	五二一
四	抗	一五一	裁判经谕知后，原审判衙门不得更为反对之裁判。	民事诉讼条例	二七一
			裁判经谕知后，原审判衙门不得更为反对之裁判。	民事诉讼条例	二七八
四	抗	一五九	关于初级案件判决之执行所为抗告，至高等审判厅为止。	民事诉讼条例	五五二
四	抗	一六三	诉讼代理人之委任及撤销，以当事人之声明为准。	民事诉讼条例	八二
四	抗	一六五	上诉已否逾期，应以原第二审法院或第三审法院收受上诉状之日为准。	民事诉讼条例	五三六
四	抗	一七〇	和解成立，审判衙门不得就其事件再行审理。	民事诉讼条例	四四九
四	抗	一八九	诉讼物价额，以起诉时之债额为准。	民事诉讼条例	六
			起诉后诉讼标的价额纵有增减，于管辖无影响。	民事诉讼条例	二九六
四	抗	一九一	一事不许再诉。	民事诉讼条例	四七一
四	抗	一九四	无力缴纳讼费者，得声请救助。	民事诉讼条例	一三〇
四	抗	一九六	应否命其合并或分离审判，属于审判衙门之职权。	民事诉讼条例	二四七
			命合并或分离审判之裁判，不得抗告。	民事诉讼条例	二四八
四	抗	二〇二	休假日如非期间之末日，不得扣除。	民事诉讼条例	一九六
四	抗	二〇五	旧日州县批判已解决当事人间系争之点者，以终局判决论。	民事诉讼条例	四五一
四	抗	二二二	前清行使审判权衙门所为判决有效。	法院编制法	二
四	抗	二五七	刑事庭审判民事，除私诉外，不能有效。	民事诉讼条例	四七五
四	抗	二六	抗告得对于可抗告之裁判为之。	民事诉讼条例	五五〇
四	抗	二六五	抗告仅系违误程式者，应先命其补正。	民事诉讼条例	五六三

续表

年份	字别	号数	提　要	律名	条文
四	抗	二七七	对准驳变更日期或延期辩论声请之决定，不得声明不服。	民事诉讼条例	一九八
四	抗	二八九	审判上和解与判决有同一效力。	民事诉讼条例	四五〇
四	抗	二九三	在上诉期间内声请再审，或声请再审前已于上诉期间内声明不服原判之旨者，不应认为再审之诉。	民事诉讼条例	五六八
四	抗	三三九	请求执行不在判决范围内，不应准许。	民事诉讼执行规则	四
四	抗	三五九	县知事审理之诉讼，除有明文限制者外，均得为诉讼代理人。	民事诉讼条例	八二
四	抗	三六一	因法律或事实不得行审判权之解释。	民事诉讼条例	三五
四	抗	三六九	法律上代理权或特授权有无欠缺，应以职权调查。	民事诉讼条例	六一
四	抗	三七一	管理地之解释。	民事诉讼条例	二三
四	抗	三八五	上诉状内无上诉人署名画押，并非无效。	民事诉讼条例	五〇二
四	抗	三八六	当事人在县署所具甘结无效。	民事诉讼条例	四四六
四	抗	四一四	亲属得提起撤销婚姻之诉。	民事诉讼条例	六七二
四	抗	四二四	诉撤回后，得再提起。	民事诉讼条例	三〇七
四	抗	四三五	执行不得变更判决，增加败诉人之义务。	民事诉讼执行规则	四
四	抗	四三八	区别初级管辖与地方管辖，以原告之请求为准。	民事诉讼条例	三
四	抗	四五〇	因牵涉而命中止，应以为本件先决问题之法律关系已系属于他衙门，必俟其确定是否成立者为限。	民事诉讼条例	二一九
四	抗	四五八	债务人不得以抵销拒绝执行。	民事诉讼执行规则	四
四	抗	四六八	未载明兑款地之期票，以发出地为兑款地。	票据	三章
四	抗	四七〇	关于执行衙门职务上之监督，与纠正执行衙门之裁断乃系两事。	民事诉讼执行规则	九
四	抗	四八二	判决不合定式者，仍应以判决论。	民事诉讼条例	二六六
四	抗	一一三八	已施犯罪行为，不因被他人诈欺而阻却违法性。	暂行新刑律	一三
四	抗	二三九七	声明他造所执证书经他造否认，应更证明其所持之事实，由审判衙门判断。	民事诉讼条例	四〇四
四	上	四	侵权行为赔偿责任之要件有三：（一）故意或过失；（二）损害；（三）故意或过失与损害之因果联络。	民法	二编八章
四	上	五	证人应予传讯，仅呈函件不能为合法证言。	刑事诉讼条例	一一〇
			知情代售假冒之著作者，应负损害赔偿之责。	著作权法	
四	上	六	诉讼虽由经理人代行，而实体法上权义之主体仍为号东 。	民事诉讼条例	九三
			第二审判决后发见可受利益裁判之书状，不得以为上告理由。	民事诉讼条例	五三三
四	上	七	一部处分，亦须全体同意。	民法	三编二章四节
四	上	八	在场实施，不问何人下手，皆负共同之责。	暂行新刑律	二九
			在场实施，不问何人下手，皆负共同之责。	暂行新刑律	三一一
四	上	一一	侵害人格法益，以个数定罪数。	暂行新刑律	二三

续表

年份	字别	号数	提　　要	律名	条文
四	上	一五	用车将被略诱人拉走，系在场帮助。未经证明有营利意思者，以所知之略诱罪论。	暂行新刑律	一三
			用车将被略诱人拉走，系在场帮助。其未经证明知有营利意思者，应依所知之略诱罪处断。	暂行新刑律	三四九
			在控告审，得提出新证据及事实。	民事诉讼条例	五一四
四	上	一六	未定期债权，应依催告清偿。	民法	二编一章二节
四	上	一八	商场如有运送人，对于其使用人关于运送之侵权行为，无论就使用人之选任及事业之监督已否尽相当之注意，均应负担损害赔偿之责之习惯，应依习惯。	商行为	六章一节
四	上	二〇	免除须有明示及默示之意思表示。	民法	二编一章五节五款
四	上	二一	调查当事人之证据犹有疑义者，审判衙门应另为职权调查。	民事诉讼条例	二四六
			调查当事人之证据犹有疑义者，审判衙门应另为职权调查。	民事诉讼条例	三二八
			调查当事人之证据犹有疑义者，审判衙门应另为职权调查。	民事诉讼条例	三五四
			调查当事人之证据犹有疑义者，审判衙门应另为职权调查。	民事诉讼条例	三八五
			调查当事人之证据犹有疑义者，审判衙门应另为职权调查。	民事诉讼条例	四〇六
			调查当事人之证据犹有疑义者，审判衙门应另为职权调查。	民事诉讼条例	四一一
			调查当事人之证据犹有疑义者，审判衙门应另为职权调查。	民事诉讼条例	四三二
四	上	二二	法有明文者，不得援用习惯及条理。	民法	一编一章
四	上	二三	行使权利，履行义务，应依诚实信用。	民法	一编一章
四	上	二四	从前审判厅之判决，亦生既判力。	民事诉讼条例	四七一
			没收应以法定条件为标准。	暂行新刑律	四八
四	上	二七	利息为原本使用之对价。	民法	二编一章一节
四	上	二八	巡警调查报告，不得为证据。	刑事诉讼条例	三〇五
			当事人有代理人者，不得因本人不到场而为缺席判决。	民事诉讼条例	四五七
四	上	三一	强盗把风系实施行为。	暂行新刑律	二九
			强盗把风系实施行为。	暂行新刑律	三七三
			刑律三七三条之犯罪，可不适用《惩治盗匪法》。	暂行新刑律	三七三
四	上	三二	行使权利，履行义务，应依诚实信用。	民法	一编八章
			向无受领权人为清偿者，不问是否故意，均不生效力，对债权人仍负清偿之责。	民法	二编一章五节一款
			在确定不动产所有权归属之诉，审判衙门发见其所有权属于第三人时，仍应为维持现状之裁判。	民事诉讼条例	四六一
四	上	三三	目瞎耳聋，亦得为证人。	刑事诉讼条例	一一四
			更正判决，处刑较轻或相等时，不许被告人上诉。	覆判章程	一一
四	上	三六	站长侵吞运费，成立侵占公务上管有物罪。	暂行新刑律	三九二
四	上	四〇	从犯与正犯之区别。	暂行新刑律	三一
四	上	四三	解释契约真意，必于文义及论理两方面推求。	民事诉讼条例	三二七

续表

年份	字别	号数	提　要	律名	条文
四	上	四六	关于账款争执之诉讼，得施准备程序。	民事诉讼条例	三一三
			上告审判衙门得将案件发交原审以外同级审判衙门之情形。	民事诉讼条例	五四五
四	上	四八	未分家者之财产，推定为共有。	民法	三编二章四节
			遗产虽应按子数均分，但若遗产特别尽力之人，得从优分给。	民法	五编三章三节二款
四	上	五〇	在必要共同诉讼由相对人上诉时，应将其数原告悉列为当事人。	民事诉讼条例	六七
四	上	五二	将盗贼住屋拆毁，仍难免与罪责。	暂行新刑律	四〇五
四	上	五五	应继之人若有嫌隙，即丧失其承继权。	民法	五编二章二节
			审判衙门得以不应作证者之陈述供事实上之参考，否认者须提反证。	民事诉讼条例	三六四
四	上	五六	施主请拨庙产充学款，并非有意侵损庙产者，应归行政诉讼或诉愿。	行政诉讼法	一
四	上	五八	伙债由各员按股分担，但其中有无资力者，由他伙员分任偿还。	民法	二编二章一四节
四	上	五九	从犯须有帮助行为。	暂行新刑律	三一
			从犯须有帮助行为。	暂行新刑律	三一一
四	上	六三	嗣子归宗，不得强制。	民法	五编二章二节
四	上	六五	金钱债务虽经债权人同意，以不动产作抵而互争抵价不决者，仍应以现款清偿。	民法	二编一章五节一款
四	上	六七	债务人不得藉口欠债甚多无力偿还，要求减免。	民法	二编一章五节五款
四	上	六八	将送交之现行犯捆缚殴毙，除论伤害致死外，不成私擅逮捕罪。	暂行新刑律	二三
			将送交之现行犯捆缚殴毙，除论伤害致死外，不成私擅逮捕罪。	暂行新刑律	三一三
			将送交之现行犯捆缚殴毙，除论伤害致死外，不成私擅逮捕罪。	暂行新刑律	三四四
四	上	七〇	有价证券之特质。	暂行新刑律	二四二
四	上	七三	毒人致病，因病而死者，仍为杀人。	暂行新刑律	三一一
			审判官有自由取舍证据之权。	刑事诉讼条例	三〇六
四	上	七四	所谓前审官之解释。	民事诉讼条例	四二
四	上	七七	证书有疵累者，审判衙门可依自由心证判断其证据力。	民事诉讼条例	四〇二
四	上	七九	应准归宗之子女无宗可归者，得于判决中为相当之处分。	民事诉讼条例	六八九
四	上	八一	以身分为条件之财产权，原则上有专属之性质，不能让与。	民法	二编一章三节
四	上	八五	事前同谋又在场实施，为杀人共犯 。	暂行新刑律	三一一
			证据之信凭力，应于法律所许范围内衡情认定，不得任意取舍。	民事诉讼条例	三二七
四	上	九〇	检验存留手印笔录得为证据。	民事诉讼条例	三〇八
四	上	九四	对于占有人诉请确认所有权并返还占有，如未尽举证责任，应受败诉判决。	民事诉讼条例	三二七
			对于占有人诉请确认所有权并返还占有，如未尽举证责任，应受败诉判决。	民事诉讼条例	三二八

续表

年份	字别	号数	提　　要	律名	条文
四	上	九五	无所有权之人私卖他人之不动产之时，买主不能以之对抗所有人。	民法	三编二章一节
四	上	九八	行使伪造文书罪，以知情行使为限。	暂行新刑律	二四三
			利息债权不能先于原本债权发生。	民法	二编一章一节
四	上	九九	不知他人诈财而为之从中转付者，不为罪。	暂行新刑律	一三
			不知他人诈财而为之从中转付者，不为罪。	暂行新刑律	三八二
四	上	一〇〇	与营利、和诱之要件相当，即成立本罪。	暂行新刑律	三五一
			因窒碍准许回复上诉权，以因天灾或其他意外事故为限。	民事诉讼条例	二〇五
四	上	一一一	法律上之错误。	暂行新刑律	一三
四	上	一一四	债务人不能履行时，当然行使抵押权。	民法	三编九章二节
			审判上之自认，不得无故撤销。	民事诉讼条例	三三〇
四	上	一一五	非关于争执事项有法律上利益者，不得有诉权。	民事诉讼条例	二八六
四	上	一一六	父母之生养死葬费，其子虽已分析，应共同负担义务；承受夫分之子妇，亦同。	民法	四编七章
四	上	一一八	隐名合伙与普通合伙不以有无合同为区别。	民法	二编二章一五节
			习惯法除系显著，素为法院所采用者外，应由主张人举证。	民事诉讼条例	三三四
四	上	一二二	邮局使用人关于赔偿责任法规之适用。	商行为	六章一节
			运送人自己及其使用人对于运送物之赔偿责任。	商行为	六章一节
			邮局应负赔偿责任之事件。	商行为	六章一节
四	上	一二四	因买卖契约所生之请求权并得让与。	民法	二编二章二节二款
			认定事实须将犯罪事实详晰声叙。	刑事诉讼条例	三九三
四	上	一二七	因共有物发生之债权，得求偿于他共有人。	民法	三编二章四节
四	上	一二八	听从长官不法指挥将人笞伤，仍不能阻却犯罪之故意。	暂行新刑律	一四
			听从长官不法指挥将人笞伤，仍不能阻却犯罪之故意。	暂行新刑律	三一三
四	上	一三一	第二审得采用新证据。	刑事诉讼条例	三九六
四	上	一三五	包含于一公诉事实内之行为为已起诉。	刑事诉讼条例	二八二
			证书应提出原本。	民事诉讼条例	四〇三
四	上	一三六	合伙未定存续期间者，随时得解约。	民法	二编二章一四节
四	上	一三八	濡滞日期与濡滞期间不同之点。	民事诉讼条例	二〇五
四	上	一三九	在途接引系略诱实施行为。	暂行新刑律	三五三
四	上	一四二	合伙解散，其关系非遽消灭。	民法	二编二章一四节
			对无处分权之官员而行暴迫，不成一五三条二项之罪。	暂行新刑律	一五三
			对于债务人以外之人使之履行，不为诈财。	暂行新刑律	三八二
四	上	一四五	妨害公务罪与骚扰罪，其程度有别。	暂行新刑律	一五三
			妨害公务罪与骚扰罪，其程度有别。	暂行新刑律	一六五

续表

年份	字别	号数	提　要	律名	条文
四	上	一四六	诬告之故意条件。	暂行新刑律	一八二
四	上	一四七	前夫承继人得向改嫁妇诉追其滥行处分之夫家赠与或遗赠之财产，但妇守志则应完全听其处分。	民法	四编三章三节
			参加人上诉效力及于主当事人。	民事诉讼条例	七三
四	上	一四八	不能由有立继权人择继时，得由审判衙门以裁判定之。	民法	五编二章二节
四	上	一五二	原本是否尚能运用。	民法	二编一章一节
			不合债务本旨之给付，债权人得拒绝领受。	民法	二编一章二节
			执行得对于债务人一切财产为之。	民事诉讼执行规则	四
四	上	一五四	债务人提起异议之诉，必须有一定之原因。	民事诉讼执行规则	一一
四	上	一五五	第二审以第一审宣告缓刑为未合，得径撤销。	暂行新刑律	六三
			于审理全部控告判决中，得撤销缓刑之宣告。	刑事诉讼条例	四〇〇
四	上	一五七	卖约得因不交价银而解除。	民法	二编二章一节二款
四	上	一五八	妇女亦应褫夺公权。	暂行新刑律	四六
四	上	一六一	供担保房屋而权利人得用益者，为不动产质权。	民法	三编九章三节
			认定事实，不专以供认为据。	民事诉讼条例	三二七
			经理人对于主人之责任，以当事人意思及习惯为准则。	商人通例	三三
四	上	一六四	地上设定有他物权者，则其地因被占用所给与之价银，地主不能独享。	民法	三编一章
四	上	一六六	与付息之义务无涉，限定特种货币之债务，原则上不得以他种通货为清偿。	民法	二编一章一节
			故意杀人之证明方法。	暂行新刑律	一三
四	上	一六八	关于招婿养老仍应立嗣之条例，属强行法。	民法	五编二章一节
			大清会典亲女给家产之半之事例早难适用。	民法	五编三章二节
			差役诈财，不能论以渎职罪。	暂行新刑律	八三
			差役诈财，不能论以渎职罪。	暂行新刑律	一四〇
			众股东对于股东一人用公司名义所欠债务清偿之责任。	公司条例	二六
四	上	一六九	委任复代理人时，受任人应就其选任监督负责。非证明其于选任监督已尽责者，应赔偿损害。	民法	二编二章一二节
四	上	一七五	没收物以保管扣押者为限。	暂行新刑律	四八
四	上	一七六	赡产管理权原则归于养赡权利人，于义务人代为管理而有不当时，得请收回。	民法	四编七章
			酌给义男之财产，不受年龄之限制。	民法	五编三章二节
			骚扰罪以妨害一地方安宁秩序为成立要件。	暂行新刑律	一六五
四	上	一七七	已受徒刑之执行虽未完毕，仍论为再犯。	暂行新刑律	一九

续表

年份	字别	号数	提　　要	律名	条文
四	上	一八〇	凶犯未明而自首者，亦以未发觉论。	暂行新刑律	五一
			经审讯时自认犯罪，非自首。	暂行新刑律	五一
			讯问证人之嘱托。	刑事诉讼条例	三一八
四	上	一八一	承揽人已自认不能如期完工者，定作人得不俟过期即解除，并请求赔偿。	民法	二编二章一〇节
四	上	一八三	咬断食指致成废疾。	暂行新刑律	八八
			咬断食指致成废疾。	暂行新刑律	三一三
四	上	一八五	发掘坟墓阻却违法性之条件。	暂行新刑律	二六〇
四	上	一八八	发回更审之案，其上届之审理非前审。	刑事诉讼条例	三二
四	上	一九二	上诉审得为被告人不利益之裁判。	刑事诉讼条例	四〇〇
四	上	二〇二	伪造多种货币，只论一罪。	暂行新刑律	二三
四	上	二〇三	捐施财产指定专供特种之用，并另选董事经管者，亦为有效规条。	民法	一编三章三节
			财团法人扩增事业，如另具备存立条件，应认为另一法人。	民法	一编三章三节
			施主所原定之选任董事办法即为规条。	民法	一编三章三节
四	上	二〇四	捐助之庙产非施主同意，行政官核准，住持不得擅变原目的而为处分。	民法	一编三章三节
四	上	二一〇	不能确定所有权之归属者，应为维持占有现状之裁判。	民事诉讼条例	四五一
四	上	二一二	质权人于受全部清偿前，得不交还质物。	民法	三编九章三节
四	上	二一三	妇人离异后改嫁，由母家主婚。	民法	四编三章一节
			妇人离异后改嫁，夫家不得干涉。	民法	四编三章四节
四	上	二一七	旗民交产弛禁前抵受旗地者，无效。	民法	一编五章一节
四	上	二二一	诸子已分析后，不能令其一子独偿父债之全部。	民法	五编三章三节一款
四	上	二二二	断定时价，得命鉴定。	民事诉讼条例	三八五
四	上	二二五	租铺批约原以欠租为解约条件，而租客欠租，业主自可解约收房。	民法	二编二章五节
四	上	二二七	法律行为之通常内容，苟非特行除去，应认为存在。	民法	一编五章一节
			因归责于债权人之事由不能领受，债权人应任迟延之责。	民法	二编一章二节
			租赁契约于解约条件成就时，得声明解约。	民法	二编二章五节
四	上	二二八	妾须未失其身分，始能受养赡。	民法	四编七章
			证据应于事实审辩论终结前提出。	民事诉讼条例	二四〇
			证书内签名画押与证据力之关系。	民事诉讼条例	四二七
四	上	二二九	主张习惯法者，负举证之责任。	民事诉讼条例	三三四
四	上	二三〇	债权契约非要式行为，其成立与否不能仅以有无债券及记载如何为断。	民法	二编二章一节一款
			当事人提出数个攻击或防御方法者，于必要时应并予审究。	民事诉讼条例	二四九
四	上	二三四	不动产契据之证据力。	民事诉讼条例	四二七

续表

年份	字别	号数	提　要	律名	条文
四	上	二三六	一人以堂名代多数人附股，因他伙东是否知情异其效力。	民法	二编二章一四节
四	上	二三七	本诉及主参加诉讼，不应合并判决。	民事诉讼条例	二四八
四	上	二三九	第二审得采用第一审搜集之证据。	民事诉讼条例	三三六
四	上	二四〇	合伙情形变更，为债权人所知者，应由变更后之合伙员按股分担债务。	民法	二编二章一四节
四	上	二四三	执行业务员私人债务，不得向他伙员求偿。	民法	二编二章一四节
			合伙员不得以执行业务员之亏损与善意第三人对抗。	民法	二编二章一四节
			经理人之亏损，第三人苟非与之串谋舞弊，则主人不得以之对抗。	商人通例	三二
四	上	二四四	合伙契约非要式行为，系诺成契约。	民法	二编二章一四节
四	上	二四七	聘财须依礼纳送。	民法	四编三章一节
四	上	二五〇	第二审引用第一审证据，以合法认定毫无疑义者为限。	刑事诉讼条例	四〇一
四	上	二五二	共有物之变更，亦须全体同意。	民法	三编二章四节
			佃权得以转让。	民法	三编五章
四	上	二五四	习惯法之成立要件。	民事诉讼条例	三三四
四	上	二六〇	未定期之经管粮册之契约，若无永负义务者，当事人得解除。	民法	二编二章一二节
			将妻转嫁得财，在《刑律补充条例》颁行以前无处罚专条。	暂行新刑律	一
四	上	二六一	族谱之证据力。	民事诉讼条例	四二七
四	上	二六二	嫡庶子男均分家财，故祀产之收益，庶子亦得均分。	民法	五编三章三节二款
四	上	二六七	隐匿未分之财产，不在不许重分之列。	民法	五编三章三节三款
四	上	二六八	连续犯以侵害同一法益为要件。	暂行新刑律	二八
			牌扁非建筑物之一部。	暂行新刑律	四〇六
四	上	二六九	承受遗产人应负担遗产人之债务。	民法	五编三章三节一款
四	上	二七〇	养子得酌分遗产，并与闻养亲殡葬之事。	民法	四编四章六节
			未科刑之被告人不得上诉。	刑事诉讼条例	三七三
四	上	二七二	甘结非县判有效之要件。	刑事诉讼条例	四五六
四	上	二七五	藉名搜烟掠取财物，成立强盗罪。	暂行新刑律	三七三
			债权人以数债务人为共同被告，依法苟非有连带一致之关系者，即非必要共同诉讼。他债务人纵以负担过重或责在他人为理由，亦只认为抗辩。	民事诉讼条例	六六
四	上	二八一	担保物灭失之损失，由债务人负担。	民法	三编九章一节
四	上	二八二	卖业先尽亲房之习惯非有效。	民法	一编一章
			控告审有审查事实及法律点之职责。	刑事诉讼条例	三九六
四	上	二八三	强盗指明目的地，行至中途被获者，以未遂论。	暂行新刑律	三七〇

续表

年份	字别	号数	提　　要	律名	条文
四	上	二八四	下级审之判决未经控告审变更者，仍有效。	民事诉讼条例	五一八
四	上	二八六	兴隆票系不定期债务之性质。	民法	二编一章二节
四	上	二八八	租赁主应以善良管理人注意保管租赁物。	民法	二编二章五节
			租赁物灭失毁损应否由租赁主赔偿，以是否充分注意为断。	民法	二编二章五节
四	上	二八九	欠缺原因或原因违法之行为无效。	民法	一编五章一节
			未经报税盖印之契据，仅不能认为公证书。	民事诉讼条例	四二七
			中人画押与证据力之关系。	民事诉讼条例	四二七
四	上	二九二	执行业务员应将财务交至约定保管之处所。	民法	二编二章一四节
			死后立嗣，嗣子年龄长于所后之亲或相等者，非无效。	民法	五编二章二节
四	上	二九三	更审案件不遵上告审判决之法律上意见者，得再发还。	民事诉讼条例	五四五
四	上	二九六	养赡方法，权利人得请由审判衙门酌定。	民法	四编七章
四	上	二九八	自认之事实必即为他造所主张者。	民事诉讼条例	三三〇
四	上	三〇二	典买永佃权，不为撤佃理由。	民法	三编五章
四	上	三〇四	实系请求再审而误用名称者，仍以再审之诉论。	民事诉讼条例	五七四
			从前州县恒有由上级行政衙门发交再审之事。	民事诉讼条例	五七八
四	上	三〇六	行贿不必实在财物。	暂行新刑律	一四二
			债权人于债务人财产不敷清偿时，虽未得有执行力之判决正本，而亦得于执行时请求分配。	民事诉讼执行规则	七九
四	上	三一二	不得于辩论终结后调查证据以为判决。	民事诉讼条例	三二四
四	上	三一四	公益法人应以现年值理为代表。	民法	一编三章一节
			藉故扣人嫁卖，成立营利略诱罪。	暂行新刑律	三五一
四	上	三一五	掳人勒赎与共犯之成立时期。	惩治盗匪法	四
四	上	三一六	抵销之要件。	民法	二编一章五节三款
			在趸船行窃，不成侵入罪。	暂行新刑律	三六七
四	上	三一七	违反强行法规之行为无效。	民法	一编五章一节
四	上	三一八	抵销于具备要件时，债务人得以单独意思为之。	民法	二编一章五节三款
			本诉及反诉得分离审判，但有抵销抗辩之性质者除外。	民事诉讼条例	二四七
四	上	三二二	奉省田房典当之时效。	民法	一编七章一节
四	上	三二五	不动产之前典卖主虽未交价，亦不能遽使第三人取得所有权。	民法	三编一章
			官厅亦不得为两重买卖。	民法	三编一章
四	上	三三〇	持票人向保证人求偿，须于习惯所认期内通知。	票据	二章七节
			汇票保证人应视为承兑人保证，但未承兑时，应视为出票人保证。	票据	二章七节
四	上	三三一	纵妻犯奸者，夫不得请求离异。	民法	四编三章四节
四	上	三三二	无管理遗产人时，则立嗣前遗产应由亲族公同管理。	民法	五编四章

续表

年份	字别	号数	提　要	律名	条文
四	上	三三三	采用之证据，须就所证事项有相当之证明力。	民事诉讼条例	三二七
四	上	三三四	债务人不得以契约当时未约定之条件为拒绝延缓之抗辩。	民法	二编一章二节
四	上	三三八	仅将虚伪事实告知他人，不能认为教唆诬告。	暂行新刑律	一八二
四	上	三四一	交易所经纪人得抽定例之经手费。	证券交易所法	二八
四	上	三四三	和诱未出嫁女子，该女子尊亲属有告诉权。	暂行新刑律	三五五
四	上	三四五	定期债务非债权人同意，不得为延期清偿之裁判。	民法	二编一章二节
			目的错误与犯罪故意无关。	暂行新刑律	一三
			目的错误与犯罪故意无关。	暂行新刑律	三四九
四	上	三四七	鸦片烟须从广义解释，一切掺和制造之物可以代用者均是。	暂行新刑律	二六六
四	上	三五〇	庚帖之证据力。	民事诉讼条例	四二七
四	上	三五一	酗酒行为与非故意之行为不同，其分别处在意思行为有无联络。	暂行新刑律	一二
			和解契约非经由审判衙门宣示无效或撤销后，当事人应受拘束。	民事诉讼条例	四五〇
四	上	三五三	收藏鸦片烟，以意图贩卖为处罚条件。	暂行新刑律	二六六
四	上	三五六	共有地由一人典当者无效。	民法	一编五章五节
			在两人伙开之店窃取两人衣服，仍成一罪。	暂行新刑律	三六七
四	上	三五八	除于法应捕之人及有逮捕职权者外，余均为私擅逮捕。	暂行新刑律	三四四
四	上	三五九	《县诉章程》所称有传讯本人必要，乃指发现事实真相或劝谕和解有必要时而言。	民事诉讼条例	二四六
四	上	三六〇	债权人于债务人财产不敷清偿时，虽未得有执行力之判决正本，而亦得于执行时请求分配。	民事诉讼执行规则	五〇
四	上	三六一	行窃同居一院之三家财物，仍得成立一罪。	暂行新刑律	一三
			行窃同居一院之三家财物，应从所知论罪。	暂行新刑律	二三
			行窃同居一院之三家财物，应从所知论以一罪。	暂行新刑律	三六八
			审判衙门得以自由心证判断事实上之主张。	民事诉讼条例	三二七
四	上	三六二	现行官制并无此项官员而诈称之者，亦成立犯罪。	暂行新刑律	二二六
四	上	三六四	记名债权之让与，原则上以通知为对抗债务人之要件。	民法	二编一章三节
			通知以前发生之事由对于债权人可以抗辩者，仍得对于让受人主张。	民法	二编一章三节
四	上	三六五	金钱债务无履行不能之观念。	民法	二编一章二节
			以他人之物供担保，须经所有人允许追认。	民法	三编九章一节
			猥亵行为须有色欲观念。	暂行新刑律	二八四
四	上	三七〇	法定应为立继之人。	民法	五编二章一节
四	上	三七一	相对人不知为无权代理者，得撤销之。	民法	一编五章三节
			法律行为被撤销者，视为从始无效，须回复原状。	民法	一编五章五节
四	上	三七二	聚众脱逃罪之余人，以同谋共犯为限。	暂行新刑律	一六九

续表

年份	字别	号数	提　　要	律名	条文
四	上	三七四	经理人代理诉讼，得随时脱卸。	民事诉讼条例	九三
四	上	三七八	尊长舅姑抑勒殴伤，须本夫知情参与，始得离异。	民法	四编三章四节
四	上	三七九	婚书须就其自身可认为有婚约关系者，始为合法。	民法	四编三章一节
四	上	三八〇	兼祧承继人之后，毋庸按照所承数房立嗣。	民法	五编二章一节
			公司未清算终结前，仍视为存续。	公司条例	五九
四	上	三八一	证据必有其自身之成立足可凭信，且对于系争事实可收完全证明之效用者，而后可为认定事实之基础。	民事诉讼条例	三二七
			伙东不得以其与经理人间诉讼之判决对抗债权人。	民事诉讼条例	四七四
四	上	三八四	债务人无当然代物清债权。	民法	二编一章五节一款
			标的物替换之更改，更改后可不问旧债务如何。	民法	二编一章五节四款
			一部给付之领受，非可推定免除他部。	民法	二编一章五节五款
四	上	三八六	无子抱养同姓，可推定为立嗣。	民法	五编二章二节
四	上	三八九	因欠租盗典而生撤佃原因者，不得以补缴回赎拒绝撤佃。	民法	三编五章
四	上	三九〇	消费贷借非要式行为，不以字据中人为要件。	民法	二编二章八节
四	上	三九一	不注意于无从预知之事，不成过失犯。	暂行新刑律	一三
四	上	三九二	特种通货失效，须以他种通货清偿。	民法	二编一章一节
			契约一造违约不履行，相对人有解除权。	民法	二编二章一节二款
四	上	三九三	原审适用当时有效之律，在上诉中被废止者，仍应改正。	暂行新刑律	一
四	上	三九四	《商人通例》施行前给示立案之商号，与施行后注册之商号同。	商人通例施行细则	八
			《商人通例施行细则》第九条系就施行前已行用未立案之商号及施行后始注册之商号为例外规定。	商人通例施行细则	九
			《商人通例》施行前给示立案之商号，与施行后注册之商号同。	商人通例	一九
			《商人通例施行细则》第九条系就施行前已行用未立案之商号及施行后始注册之商号为例外规定。	商人通例	一九
四	上	三九六	后夫不能为前夫之女主婚。	民法	四编三章一节
四	上	四〇〇	无权代理行为，因本人追认而有效。	民法	一编五章三节
			承发吏骗取旅费、食宿费，不成立浮收金谷费。	暂行新刑律	一四七
			承发吏骗取旅费、食宿费，成诈财罪。	暂行新刑律	三八二
四	上	四〇一	当事人及中人在分家单内画押，足为分家之有力证据。	民事诉讼条例	三二七
			在执行衙门之陈述，不得以审判上自认论。	民事诉讼条例	三三〇
四	上	四〇二	至第三审自称证人以书状为陈述者，不得采用。	民事诉讼条例	三七五
			经理人代理权之限制及其代理权为之不当，均不得对抗不知情第三人。	商人通例	三三

续表

年份	字别	号数	提　要	律名	条文
四	上	四〇六	共谋在场放火，虽未下手，亦为正犯。	暂行新刑律	二九
			共谋在场放火，虽未下手，亦为正犯。	暂行新刑律	一八八
			旅费不得作为诉讼费用求败诉人赔偿。	民事诉讼条例	九七
四	上	四〇七	以他人间确定判决内容为内容之行为，不能藉口诉讼法则主张无效。	民法	一编五章一节
四	上	四〇八	和解以有当事人合致之意思表示为成立条件。	民事诉讼条例	四四六
四	上	四一一	代物清偿与清偿效力同。	民法	二编一章五节一款
四	上	四一三	他人书面上之陈述不得作为证言采用。	民事诉讼条例	三七五
四	上	四一七	受任人违善良管理注意义务者，应赔偿损害。	民法	二编二章一二节
			消费寄托人应准用消费借贷法则。	民法	二编二章一三节
四	上	四一八	裁判利息应以当事人之请求额为范围。	民事诉讼条例	四六一
四	上	四一九	出嗣子不得承受生父遗产。	民法	五编三章二节
			遗赠不以书据为要件。	民法	五编五章二节
四	上	四二〇	证人之子若父代证人所为之供述，不能为认定事实基础。	民事诉讼条例	三七五
四	上	四二一	诉状不合程式，可命补正。	民事诉讼条例	二九〇
四	上	四二四	不动产，买主得请求卖主指交标的物。	民法	二编二章二节二款
四	上	四二五	代理人舍弃，本人在庭无异议者，为有效。	民事诉讼条例	八五
			当事人舍弃其请求者，应本于其舍弃而为判决。	民事诉讼条例	四五五
四	上	四二七	代他合伙员偿债者，有求偿权。	民法	二编二章一四节
			私擅捕禁为伤害人之手段时，从一重论。	暂行新刑律	二六
			私擅捕禁为伤害人之手段时，从一重论。	暂行新刑律	三一三
			私擅捕禁为伤害人之手段时，从一重论。	暂行新刑律	三四四
四	上	四二九	长期租户先买之习惯有效。	民法	三编四章
			调查习惯事实程序与审理争执事实同。	民事诉讼条例	三三四
四	上	四三二	违反定婚律例之习惯无效。	民法	四编三章一节
四	上	四三六	控告审就同一公诉事实而为审判，纵引律各异，不得谓为逾越范围。	刑事诉讼条例	四〇〇
四	上	四三七	因诈财而诬告两人，应论俱发。	暂行新刑律	一八二
			因诈财而诬告两人，应论俱发。	暂行新刑律	三八二
四	上	四三八	不动产所有权，如其契字可疑，应有其他证据。	民事诉讼条例	四二七
四	上	四四一	隐名合伙员通常于其出资外不负担损失，尤无代出名营业人负责之理。	民法	二编二章一五节
四	上	四四四	有利害关系人得反乎债权人及债务人意思代为清偿。	民法	二编一章二节
			佃权人得使用收益土地。	民法	三编五章
			诈得之财如何处分，与犯罪成立无关。	暂行新刑律	三八二

续表

年份	字别	号数	提　　要	律名	条文
四	上	四四五	合伙员中有难于向索之情形，亦应由他员分任偿还。	民法	二编二章一四节
四	上	四四八	典物孳息应抵典价之利息。	民法	三编三章
			契据已否投税，与其真伪无关。	民事诉讼条例	四二七
四	上	四五〇	同时犯与共犯之区别。	暂行新刑律	三一五
四	上	四五三	凌虐致伤二人，应论俱发。	暂行新刑律	二三
			凌虐致伤二人，应论俱发。	暂行新刑律	一四四
			凌虐致伤二人，应论俱发。	暂行新刑律	三一三
四	上	四五五	无效之物权行为，无碍于债权关系。	民法	一编五章五节
			所有权有追及效力。	民法	三编二章一节
四	上	四五七	将真正股票混填朦用，亦成立伪造罪。	暂行新刑律	二四二
四	上	四六一	退伙应估算价格，以金钱返还其出资。	民法	二编二章一四节
			合伙解散时，应分析原物；不能分析者，应变价分配。	民法	二编二章一四节
			合伙解散与退伙有区别。	民法	二编二章一四节
四	上	四六二	请求排除侵害而不当者，仍应维持占有现状。	民法	三编一〇章
四	上	四六八	伤害罪之共同正犯，以下手为断，否则以从犯论。	暂行新刑律	三一五
四	上	四六九	无处分权人之处分行为，不能发生效力。	民法	一编五章五节
四	上	四七一	出嗣须得父母同意。	民法	五编二章二节
四	上	四七五	喝令朝天开枪示威恐吓，不能谓有杀人之故意。	暂行新刑律	三一一
			一般伙友无借贷之权。	商人通例	四一
四	上	四七七	伙员之附项，原则上应以伙产平均摊分。	民法	二编二章一四节
四	上	四七八	雇员非经令准有特定职务，不得为《刑律》一四七条犯罪之主体。	暂行新刑律	八三
			雇员非经令准有特定职务，不得为《刑律》一四七条犯罪之主体。	暂行新刑律	一四七
四	上	四八一	母于未成年子之财产有管理权责，唯处分权则以有生活必要情形为限。	民法	四编四章一节
四	上	四八二	质权与主债权各为独立权利。	民法	三编九章三节
			私证书真正无异议者，应解释其内容。	民事诉讼条例	四二三
			当事人承认相对人之请求者，应本于其认诺而为判决。	民事诉讼条例	四五六
四	上	四八六	赌博之契约无效。	民法	一编二章一节一款
			营利和诱罪之继续行为。	暂行新刑律	二九
			营利和诱罪之继续行为。	暂行新刑律	三五一
四	上	四八八	发还发交案件，原审判官毋庸回避。	民事诉讼条例	四二
			从前州县关于同一事件为数次判断者，以其最后者为终局判决。	民事诉讼条例	四九五
四	上	四八九	归宗非要式行为。	民法	五编二章二节
			有烟癖者，藏烟灰非经证明，尚不能断为贩卖。	暂行新刑律	二六六

续表

年份	字别	号数	提　　要	律名	条文
四	上	四九四	分产非要式行为。	民法	五编三章三节三款
			毋庸检察官参与之诉讼而经其参与者，不为违法。	民事诉讼条例	五三四
四	上	四九七	无课熟地，由地户优先报领。	奉天清赋章程及续订章程	
四	上	四九九	浮收金谷罪之客体为国家。	暂行新刑律	二三
			没收物，犯人以外别有权利者，不能没收。	暂行新刑律	四九
			浮收金谷罪之客体为国家。	暂行新刑律	一四七
四	上	五〇〇	依法成立之继嗣，第三人不得干涉撤废。	民法	五编二章二节
四	上	五〇一	约定永久存继之佃权，不得擅请消灭或缩期。	民法	三编五章
			永佃地遇有经济状况变更，亦得请求增租。	民法	三编五章
四	上	五〇二	自各县《帮审员办事章程》或《县知事审理诉讼章程》颁行以后，各县之判决均生既判力。	民事诉讼条例	四七一
四	上	五〇五	明知伪币而为送达，成立帮助意图行使交付于人之罪。	暂行新刑律	二九
			明知伪币而为送达，成立帮助意图行使交付于人之罪。	暂行新刑律	二二九
四	上	五〇六	呈验虚伪股票希图核准，成立妨害公务罪。	暂行新刑律	一五三
四	上	五一七	代有奖义会印刷字码，为发行彩票之事前帮助犯。	暂行新刑律	三一
			代有奖义会印刷字码，为发行彩票之事前帮助犯。	暂行新刑律	二七九
四	上	五一八	伤人倒地后致被磕伤身死，亦成立伤害致死罪。	暂行新刑律	一三
			负伤倒地后致被磕伤身死，亦成立伤害致死罪	暂行新刑律	三一三
四	上	五一九	粮票之证据力。	民事诉讼条例	四二七
四	上	五二一	无效行为之当事人，应回复原状。	民法	一编五章五节
四	上	五二三	纵参加人之行为主当事人不同意者，非依法撤销，仍不失效。	民事诉讼条例	七三
四	上	五二五	多余涨地，不能以私约预定业主。	民法	三编二章二节
			控告审未调阅第一审记录而行审判，系属违法。	刑事诉讼条例	三九二
			控告审未调阅第一审记录而行审判，系属违法。	刑事诉讼条例	四〇七
四	上	五二六	行窃上盗中途被获者，成未遂罪。	暂行新刑律	一七
			仅系帮助口角者，不负其后之杀伤责任。	暂行新刑律	三一一
			经理人擅自营利，得将其利益归于主人。	商人通例	三八
四	上	五二九	刑律上建筑物之定义。	暂行新刑律	四〇五
四	上	五三一	同居家族代全家所负债务，得向家长或其余家族请求履行。	民法	一编五章三节
四	上	五三二	所有权人得请求除避妨害。	民法	三编二章一节
			分析时所订禁卖之约，不能对抗他人。	民法	三编二章四节
四	上	五三五	第三人之财产，不能为执行之标的。	民事诉讼执行规则	四
四	上	五三六	订婚虽不限年龄，然男女未出生前之婚约无效。	民法	四编三章一节
			夫家祖父母、父母主婚难适当者，得判令母家主婚或自行醮嫁。	民法	四编三章一节

续表

年份	字别	号数	提　　要	律名	条文
四	上	五三七	成立而故者，妇虽改嫁，原则仍应立继。	民法	五编二章一节
			被继人之最近亲属，得邀集亲族会立继。	民法	五编二章二节
			被害人到案陈诉，即视作口头告诉。	暂行新刑律	三五五
四	上	五三八	据笔迹定案须加鉴定。	刑事诉讼条例	一二五
四	上	五三九	杀人原因与量刑有关。	暂行新刑律	三一一
四	上	五四二	册地淤复，由原业主报领。	奉天清赋章程及续订章程	
四	上	五四四	承任原因如何，不影响于承任契约之效力。	民法	二编一章四节
四	上	五四八	误信自己有处分权之行为，不成毁损罪。	暂行新刑律	一三
			误信自己有处分权而加以损坏者，不成犯罪。	暂行新刑律	四〇六
四	上	五五二	代理人因代理受有款项或其他给付者，本人得请求交出。	民法	一编五章三节
			意定代理关系，以授权为发生原因。	民法	一编五章三节
四	上	五五四	退伙非要式行为。	民法	二编二章一四节
			退伙不必待他合伙。	民法	二编二章一四节
四	上	五五七	无法律上原因而因他人之劳务受益，致他人受损者，亦应归还其利益。	民法	二编七章
四	上	五五八	时效完成从中断后起算。	奉天旗民各地及三园税契试办章程	
四	上	五六〇	伙产有执行困难之情形，应与伙产不足清偿同论。	民法	二编二章一四节
			伙产非不足清偿，毋庸各员以私产清偿。	民法	二编二章一四节
			合伙非有独立人格。	民法	二编二章一四节
四	上	五六四	嫡母于未成年庶子之财产有管理权。	民法	四编四章一节
四	上	五六五	在上告审不得提出新攻击或防御方法。	民事诉讼条例	五四二
四	上	五六七	守志妇得代应继人承受夫产，并非即为该财产承继人。	民法	五编三章二节
			合承夫分之妇人，得代继子主张分析。	民法	五编三章三节三款
四	上	五六九	施主请拨庙产充学款，并非有意侵损庙产者，不得对之提起民事诉讼。	约法	四五
			施主请拨庙产充学款，并非有意侵损庙产者，应归诉愿或行政诉讼。	诉愿法	一
			施主请拨庙产充学款，并非有意侵损庙产者，应归诉愿或行政诉讼。	诉愿法	二
			施主请拨庙产充学款，并非有意侵损庙产者，应归诉愿或行政诉讼。	诉愿法	三
			施主请拨庙产充学款，并非有意侵损庙产者，应归诉愿或行政诉讼。	诉愿法	四
			施主请拨庙产充学款，并非有意侵损庙产者，不得对之提起民事诉讼。	法院编制法	二
			行政处分非声请人藉以为侵权行为者，司法衙门不得受理。	管理寺庙条例	

续表

年份	字别	号数	提　　要	律名	条文
四	上	五七〇	债务人对于债权让予之承诺有拘束力。	民法	二编一章三节
			当事人亡故而有诉讼代理人者，不中断。	民事诉讼条例	二一三
四	上	五八二	屡经催告而不付租者，得以撤佃。	民法	三编五章
四	上	五八三	凡律文所称依某条处断者，不能直谓为该条之罪。	暂行新刑律	二四六
			日期以事件之点呼为始，点呼得于指定时刻后为之。	民事诉讼条例	一九二
四	上	五八四	分家后历久占有之产业，推定为其所有。	民法	三编一〇章
四	上	五八五	告官别立，即含废继在内。	民法	五编二章二节
			父所立之继子，其母于父死后，亦得撤废。	民法	五编二章二节
			继子被废，当然丧失其所承受之财产权。	民法	五编三章二节
四	上	五九〇	有粮多地少等弊，不能以粮票为断地标准。	民事诉讼条例	四二七
四	上	五九一	原判违法之点未据声明不服者，不得废弃变更。	民事诉讼条例	五四一
四	上	无九三	数个独立攻击或防御方法，有一足为该当事人利益裁判者，毋庸更究其他方法。	民事诉讼条例	二四九
四	上	五九七	防卫过当，系指防卫行为逾越其所必须之程度而言。	暂行新刑律	一五
			有防卫权者，无退避之义务。	暂行新刑律	一五
四	上	六〇二	牵连犯之一罪既经起诉，其余牵连部分应一并审理。	刑事诉讼条例	三四二
四	上	六〇六	造意犯与间接正犯之区别。	暂行新刑律	三〇
四	上	六〇七	已判决后不得再开辩论。	民事诉讼条例	二五二
四	上	六一〇	养子依法离异系单独之不要式行为。	民法	四编四章六节
四	上	六一一	聘财之种类厚薄并无限制。	民法	四编三章一节
四	上	六一二	请求确认或回复所有权者之举证责任。	民事诉讼条例	三二八
四	上	六一四	遗产归子承受。	民法	五编三章二节
四	上	六二一	用他人名义向有司法警察权之衙署告诉，亦成诬告罪。	暂行新刑律	一八二
			于正犯杀人之际，揪住他人发辫吓禁声张，系属实施中帮助。	暂行新刑律	三一一
			管柜负就经理人之支款通常不得稽核拒绝。	商人通例	四一
四	上	六二五	告诉无效之和奸不适用《刑律补充条例》虽无告诉亦应论罪之规定。	暂行新刑律	二九四
			告诉无效之和奸不适用《刑律补充条例》虽无告诉亦应论罪之规定。	暂行刑律补充条例	七
四	上	六三三	铺保水印非租约成立之要件。	民法	二编二章五节
			使用租赁为诺成契约，若就使用标的物与支付租费有合意，即行成立。	民法	二编二章五节
四	上	六三七	引二二四条二项依骚扰处罪断者，不再论同盟罢工罪。	暂行新刑律	二二四
四	上	六三八	定婚后另嫁而前夫不愿领者，仍准女从后夫。	民法	四编三章一节
四	上	六四二	契约投税过红，虽不能即据以判断其真伪，但能据以判断其作成时期。	民事诉讼条例	三二七
四	上	六五〇	出嗣后变更本生之亲等。	民法	四编一章

续表

年份	字别	号数	提　　要	律名	条文
四	上	六五三	典产延烧应分担损失及其分担之标准。	民法	三编三章
			贪得赏银代为缚送加害人，无背于公序良俗，应不为罪。	暂行新刑律	一四
			贪得赏银代为缚送加害人，无背于公序良俗，应不为罪。	暂行新刑律	三四四
四	上	六五四	因汇款迟延致受损害者，得以汇水与赔偿额相抵，而不得拒绝支付汇水。	民法	二编一章二节
四	上	六五九	物权不能随意创设。	民法	三编一章
四	上	六六〇	远年老契不能主张所有权。	民事诉讼条例	四二七
四	上	六六四	经确定判决选定有管理人者，应归其管理。	民法	四编五章
四	上	六六五	施惠之意思与舍弃权利行为之成立无涉。	民法	一编九章一节
四	上	六六七	证书上之印章虽真，有时不能即认证书为真正。	民事诉讼条例	四二七
四	上	六六九	祭产非一部分子孙所得变卖，即原捐产人亦同。	民法	三编二章四节
四	上	六七五	警署余丁自称巡警，不成诈称官员罪。	暂行新刑律	二二六
四	上	六七八	保证人反乎主债务人意思代偿者，得依不当利得之法则请求返还。	民法	二编二章二〇节
			保证不以主债务人委托为成立要件。	民法	二编二章二〇节
四	上	六八七	未凭族长不为无效。	民法	五编二章二节
四	上	六九一	关于诉讼费用之数额，应于本案判决确定后向第一审衙门声请确定。	民事诉讼条例	一一四
四	上	六九二	有烟瘾者复开烟馆，成立俱发罪。	暂行新刑律	二三
			有烟瘾者复开烟馆，成立俱发罪。	暂行新刑律	二六九
四	上	六九九	宣示假执行之判决废弃或变更时，被告返还给付及赔偿损害之请求权得以单纯声请或起诉主张之。	民事诉讼条例	四六七
四	上	七〇〇	害人健康行为包含于伤害行为之内，亦成伤害罪。	暂行新刑律	三一三
四	上	七〇四	行政衙门越权受理上诉，于其所践程序搜集之诉讼资料不得径行援用。	民事诉讼条例	三三八
四	上	七〇六	买空卖空为赌博行为。	暂行新刑律	二七六
			事后还赃与侵占罪成立无关。	暂行新刑律	三九二
四	上	七〇九	租赁主不得同意转租，除有特别习惯外，出租主得解约。	民法	二编二章五节
			合法之转租，苟转租人不欠租，出租主不得因租赁主欠租向转租人请求还物。	民法	二编二章五节
四	上	七一三	伤害罪不适用旧时辜限	暂行新刑律	三一三
四	上	七一五	应经亲族会议事项以承继为限。	民法	四编六章
四	上	七一七	两请求非为共同诉讼者，不应合并判决。	民事诉讼条例	二四八
四	上	七二二	冒充官员或与职务无关之行为，不成为渎职罪。	暂行新刑律	一四〇
四	上	七二三	伤害与杀人以故意如何为断。	暂行新刑律	一三
			伤害与杀人以故意如何为断。	暂行新刑律	三一一
四	上	七二六	守志妇得代应继人分受财产并管理之，而不得主张所有。	民法	五编四章
四	上	七二八	隐名合伙之债务为出名营业人独负。	民法	二编二章一五节

续表

年份	字别	号数	提　要	律名	条文
四	上	七三三	商店管理银钱之铺伙有善良管理人注意之义务，违者应任赔偿。	商人通例	四一
四	上	七三五	受兑垦地人亦有先买之习惯有效。	民法	三编四章
四	上	七三七	笔录记明谕知静候宣判，虽不宣告辩论终结，亦不违法。	刑事诉讼条例	三二五
四	上	七三九	所有权有对世效力。	民法	三编二章一节
四	上	七四〇	保证人与债权人约定物上担保而不能履行者，债权人得解约。	民法	二编二章二〇节
			保证债务与担保物权得并存。	民法	三编九章一节
四	上	七四二	为债务人清偿债务，取得债权人之一切权利。	民法	二编一章二节
			受撤销判决之利益者，为总债权人。	民法	二编一章二节
			债权人替换之更改，须为确实之证明。	民法	二编一章五节四款
			连带债务人一人为全部清偿时，有求偿权。	民法	二编一章六节
			债权人未证明向主债务人执行困难，则保证人得为检索抗辩。	民法	二编二章二〇节
			月份牌内广告之证据力。	民事诉讼条例	四二七
			外国宣告破产，其效力不及于中国。	破产法	
四	上	七四六	无罪判决之主文不必强引起诉所举之罪名。	刑事诉讼条例	三四三
四	上	七四七	契纸亦财物之一种。	暂行新刑律	三七〇
四	上	七四八	将人追赶落水身死，仍论伤害致死罪。	暂行新刑律	三一三
四	上	七五四	官许银行将前清官钱局钱票加盖该行戳记，即为货币。	暂行新刑律	二二九
四	上	七五五	经理人报酬及支给方法，应依契约；无契约，依习惯。	商人通例	三三
四	上	七五九	以和诱为和奸方法者，从一重论。	暂行新刑律	二六
			以和诱为和奸方法者，从一重论。	暂行新刑律	二八九
			以和诱为和奸方法者，从一重论。	暂行新刑律	三四九
四	上	七六一	强奸杀人为《刑律补充条例》上之独立罪。	暂行新刑律	二八五
			强奸杀人为《刑律补充条例》上之独立罪。	暂行新刑律	三一一
四	上	七六二	强盗中止犯对于伙盗伤人不负责任。	暂行新刑律	三七三
四	上	七六六	纳妾不为解除婚约原因。	民法	四编三章一节
四	上	七六七	关于妾之身分之契约，得主张无效或撤销。	民法	四编二章二节
四	上	七六八	赡产不得擅行处分。	民法	四编七章
			第一审之判决无效者，控告审应宣言其无效。	民事诉讼条例	五二一
四	上	七七一	祀产遇有必要情形，亦得经各房同意而为处分。	民法	三编二章四节
			因误信而所告不实者，不成立犯罪。	暂行新刑律	一三
四	上	七七三	父为中国人者，其子无论生于何地，皆为中国人。	国籍法	
			中国人入外国籍者，须经国家许可，始失中国国籍。	国籍法施行细则	一一

续表

年份	字别	号数	提　　要	律名	条文
四	上	七八五	受任人所转托之人消费金钱时，受任人应赔偿。但其转托经委任人指示者，则不负责。	民法	二编二章一二节
四	上	七八五	官员不为审判之罪，须有故意。	暂行新刑律	一三
四	上	七八五	官员不为审判之罪，须有故意。	暂行新刑律	一四六
四	上	七八五	浮收诉状价目成立《刑律》一四七条之罪。	暂行新刑律	一四七
四	上	七八六	转租须得出租主承诺。	民法	二编二章五节
四	上	七八六	租赁主于期满后仍使用，出租主不反对者，视为租赁契约不定期之存续。	民法	二编二章五节
四	上	八〇〇	执行业务员故意、过失致合伙亏损者，他员得对之要求赔偿。	民法	二编二章一四节
四	上	八〇〇	合伙解散，必伙产偿债有余，各员始得收回股本。	民法	二编二章一四节
四	上	八〇一	金库验封图记系属公印文。	暂行新刑律	二四六
四	上	八〇一	将所持他人财物暗中抽换者，不成诈财罪。	暂行新刑律	三八二
四	上	八〇一	将所持他人财物暗中抽换者，成立侵占罪。	暂行新刑律	三九二
四	上	八〇一	自约定成婚时起五年无过不娶者，得解除婚约。	民法	四编三章一节
四	上	八一三	不动产物权契约须订立书据。	民法	三编二章二节
四	上	八一六	流水与方账之证据力。	民事诉讼条例	四二七
四	上	八一六	借字之证据力。	民事诉讼条例	四二七
四	上	八一九	共犯间不生债权关系。	民法	一编五章一节
四	上	八二〇	经理人代理权之限制，得对抗知情之第三人。	商人通例	三三
四	上	八二〇	经理人于营业外无代理权。	商人通例	三三
四	上	八二七	遗嘱必须出于遗嘱人之真意。	民法	五编五章二节
四	上	八二八	约定不得让与及《执行律》规定不许扣押之债权，不得让与。	民法	二编一章三节
四	上	八三〇	利息在第一审中已确示其请求数额者，应认为余额已于诉讼上舍弃，此外则均应许其扩张。	民事诉讼条例	四五五
四	上	八三一	第三人执行异议之诉，非对债权人为之，不能收实益。	民事诉讼执行规则	五四
四	上	八三三	代物清偿非要式契约。	民法	二编一章五节一款
四	上	八三四	从横架上扒入隔壁房内窃取同寓者衣物，亦为侵入窃盗。	暂行新刑律	三六八
四	上	八三六	佃权无最长期之限制。	民法	三编五章
四	上	八四〇	瘖哑者以生而聋哑者为限。	暂行新刑律	五〇
四	上	八四一	前清所定《邮差沉匿信件办法》为现行律之补充法，非邮政之特别法，已属失效。	暂行新刑律	一
四	上	八四三	出嫁女无当然承继母家遗产之权。	民法	五编三章二节
四	上	八四四	婚约不得由一造翻悔。	民法	四编三章一节
四	上	八四六	泼补及回复冲没沙洲，以曾报官为原则。	民法	三编二章二节
四	上	八四七	同伙三人分作两起，到店看货由一人乘间行窃者，仍为结伙三人窃盗。	暂行新刑律	三六八

续表

年份	字别	号数	提　　要	律名	条文
四	上	八四九	他人不得干涉所有人之处分。	民法	三编二章一节
四	上	八五五	未查明控告日期者，不得以逾期驳回控告。	刑事诉讼条例	三九八
四	上	八六一	合于《惩治盗匪法》三条五款之犯罪，不问法益多寡，只论一罪。	暂行新刑律	二三
			合于《惩治盗匪法》三条五款之犯罪，不问法益多寡，只论一罪。	暂行新刑律	三七三
			合于《惩治盗匪法》三条五款之犯罪，不问法益多寡，只论一罪。	惩治盗匪法	三
四	上	八六二	普通河淤尽先报领人承领。	奉天清赋章程及续订章程	
四	上	八六五	佃价期票非有价证券。	暂行新刑律	二四二
			习惯法审判衙门有职权调查之责。	民事诉讼条例	三三四
四	上	八六七	共同被告人为脱卸自己罪名妄供他人者，不成诬告罪。	暂行新刑律	一八二
四	上	八六八	对于再审之判决，更得请求再审。	民事诉讼条例	五七八
四	上	八七六	巫亲托鬼骗钱，成立诈财罪。	暂行新刑律	三八二
			报领河淤与报领浮多不同。	奉天清赋章程及续订章程	
			历来占有使用者为原业主。	奉天清赋章程及续订章程	
四	上	八七八	预定赔偿额得酌减。	民法	二编一章二节
			学习检察官填发不正当之拘票，不成伪造公文书罪。	暂行新刑律	二四〇
四	上	八八六	夫家财产及原有妆奁不得携以改嫁。	民法	四编三章三节
四	上	八八八	《寺院管理规则》颁行前之处分，不须官厅许可。	管理寺庙条例	
四	上	八八九	审判官不为审判罪构成之要件。	暂行新刑律	一四六
			县知事非实施巡警职务之人不能成立二七二条之罪。	暂行新刑律	二七二
四	上	八九一	生父偕同伯父强迫其女至己另居之家，不成略诱罪。	暂行新刑律	三四九
四	上	八九八	明知警察所欲捕之人送之渡江，为藏匿被追蹑人。	暂行新刑律	一七七
四	上	九〇〇	地上权得以合意使之永久存续。	民法	三编六章
四	上	九〇一	抵押物之第三取得人得依清偿或消除而消灭抵押权。	民法	三编九章二节
			蠡县无粮黑地典出满二十年者，不准原主回赎。	直隶蠡县查办升科章程	
四	上	九〇二	不动产让与不以移转老契为要件。	民法	三编一章
			抵押权因债务人代偿债务或消除而消灭。	民法	三编九章二节
			起意纠杀某甲，伙犯另杀他人，不负共同之责。	暂行新刑律	三一一
四	上	九〇五	和诱成年孀妇，其夫之尊亲属有告诉权。	暂行新刑律	三五五
四	上	九〇九	在场指挥为共同正犯。	暂行新刑律	三一一
四	上	九一五	退伙不以书立退单或登报为要件。	民法	二编二章一四节
四	上	九二一	未具公文书形式而有其实质者，仍视为公文书。	暂行新刑律	二三九

续表

年份	字别	号数	提　要	律名	条文
四	上	九二四	因特别情事所生之损害，以当事人预见有该项情事或可以预见者为限，能请求赔偿。	民法	二编一章二节
			普通损害不限于积极之损害。	民法	二编一章二节
四	上	九二五	森林窃盗临时行强，仍论刑律上强盗罪。	暂行新刑律	三七一
			森林窃盗临时行强，仍论刑律上强盗罪。	森林法	二一
四	上	九二九	养子不能承继关于祭产之权利。	民法	五编三章二节
四	上	九三〇	滚利之预约或债权人任意滚利，均为法所不许。	民法	二编一章一节
			免除除有预约外，债务人不能强求。	民法	二编一章五节五款
四	上	九三五	契约附有停止条件者，在条件成就前不生效力。让与人得将该标的物卖与第三人。	民法	一编五章四节
四	上	九三七	因私擅禁捕致死，不发生过失问题。	暂行新刑律	三四六
			当事人应受其所为舍弃或承认之拘束。	民事诉讼条例	四五六
四	上	九四〇	承受夫分之妻应养赡夫妾。	民法	四编七章
四	上	九四五	明知全家共食之面而下毒者，虽有一人未食，仍负杀人未遂之责。	暂行新刑律	三一一
			经理人平日尽忠实义务，商店亏闭，亦非由其故意、过失者，自不任赔偿。	商人通例	三三
四	上	九五一	祖父母、父母有允许分财异居与否之权。	民法	四编二章二节
四	上	九五四	让与未经债务人承诺或通知，其债务人得以嗣后对于让与人所生债务消灭之事由对抗让受人。	民法	二编一章三节
			普通债权得与有担保债权抵销。	民法	二编一章五节三款
四	上	九五九	夺刀过手后之加害行为不认为防卫过当。	暂行新刑律	三一三
			发还更审之案，可于上告审指示调查之外更为别种调查。	民事诉讼条例	五二二
四	上	九六〇	理论上、经验上依其行为可断定其有该意思者为默。	民法	一编五章一节
四	上	九六一	请求返还寄托物者之举证责任。	民事诉讼条例	三二八
四	上	九六六	控告审审理范围以当事人声明不服之部分为限。	民事诉讼条例	五一一
			他人对于犯奸者有加害行为，不能谓为因奸酿成他罪。	暂行新刑律	二九四
			他人对于犯奸者有加害行为，不能谓为因奸酿成他罪。	暂行刑律补充条例	七
四	上	九七五	意思表示之旨趣甚明，不得任意为扩张或缩小之解释。	民法	一编五章一节
			解除意思表示虽不能拘泥文字，亦不得全舍文字。	民法	一编五章一节
四	上	九七七	处分祭田，依习惯或规约得由房长或多数议决为处分者，其处分为有效。	民法	三编二章四节
四	上	九八九	被告人不利于己之供述，仍须调查真伪。	刑事诉讼条例	三〇三
四	上	九九一	帮售洋盐成立贩卖私盐罪。	私盐治罪法	二
四	上	九九三	保证有连带特约者，债权人得随意向保证人请求履行。	民法	二编二章二〇节
四	上	九九六	聚众强暴若为他罪手段时，不成骚扰罪。	暂行新刑律	一六五

续表

年份	字别	号数	提　　要	律名	条文
四	上	一〇〇三	学习推事行代理推事之职务参与审判，不为违背法令。	民事诉讼条例	五三五
			学习推事行代理推事之职务者，得参与审判。	法院编制法	一〇八
四	上	一〇〇五	和奸寡妇在《补充条例》颁行前者，不论罪。	暂行新刑律	一
四	上	一〇〇七	定婚有妄冒情事者，得撤销。	民法	四编三章一节
四	上	一〇〇八	买主免除卖主瑕疵担保责任后，不得复以物有瑕疵主张解除契约。	民法	二编二章二节二款
四	上	一〇一二	可分给付债务亦无一部履行之权利。	民法	二编一章二节
			一部分履行不能，他一部履行于债权人无利益者，债权人得请求解约。	民法	二编二章一节二款
			法人无明文规定，无犯罪能力。	暂行新刑律	二
四	上	一〇一五	担保物须不敷清偿时，始得请求以其他财产清偿。	民法	三编九章一节
			上告审无宣示假执行之余地。	民事诉讼条例	四六二
四	上	一〇一六	赌博罪不限于现行犯。	暂行新刑律	二七六
四	上	一〇一八	和解之意义。	民法	二编二章一八节
四	上	一〇二〇	伤害罪当场助势之从犯，与总则准正犯有别。	暂行新刑律	三一五
四	上	一〇二三	以私人资格假行政处分为侵权手段者，受害人得请求回复原状赔偿损害。	民法	二编八章
四	上	一〇二四	行使抵押权、债权无因而必全归消灭之理。	民法	二编一章二节
			抵押物卖价不敷清偿者，自仍得请求偿还余额。	民法	三编九章二节
四	上	一〇二五	以逮捕人为杀人之手段时，不独立论逮捕罪。	暂行新刑律	二三
			以逮捕人为杀人之手段时，不独立论逮捕罪。	暂行新刑律	三四四
四	上	一〇二六	金钱债权不得以裁判或行政处分强令债权人受亏。	民法	二编一章二节
四	上	一〇二七	他人权利之买卖，卖主不能履行，买主得解约。	民法	二编二章二节二款
四	上	一〇二八	目的物错误与犯罪成立无关。	暂行新刑律	一三
			目的物错误与犯罪成立无关。	暂行新刑律	三一一
四	上	一〇二九	在途行劫不问是否持械及结队横行。	暂行新刑律	三七四
四	上	一〇三三	对于判决声明不服而称为抗告者，不应作为抗告受理。	民事诉讼条例	五五〇
四	上	一〇三四	摹刻交通银行票、火车头铜板，为伪造货币之从犯。	暂行新刑律	三一
			摹刻交通［银行］票、火车头铜板，为伪造货币之从犯。	暂行新刑律	二二九
四	上	一〇四一	前清府厅州县及审判厅之批词牌示，与判决送达有同一效力。	民事诉讼条例	二六六
四	上	一〇四二	自白出于刑求，不得采为证据	刑事诉讼条例	三〇三
四	上	一〇四四	三十年外不许回赎之律早经节删，不得援用。	民法	一编七章一节
			同时犯与共同正犯之区别。	暂行新刑律	三一五
四	上	一〇四七	伙员外股份之顶受，应得他伙员全体之同意。	民法	二编二章一四节

续表

年份	字别	号数	提　要	律名	条文
四	上	一〇四九	县佐受理诉讼索取规费之处罪。	暂行新刑律	一四六
			县佐受理诉讼索取规费之处罪。	暂行新刑律	三八二
			代理人陈述直接对本人生效。	民事诉讼条例	八八
四	上	一〇五二	在第二审主张利息未经裁判者，得声请补充判决。	民事诉讼条例	二七三
四	上	一〇五六	本有官员身分而冒称所属机关阶级不同者，不成诈称官员罪。	暂行新刑律	二二六
			当事人愿离者，不问其是否合于法定条件，应准离异。	民事诉讼条例	六七三
四	上	一〇五八	妯娌无告诉诱拐之权。	暂行新刑律	三五五
四	上	一〇六〇	相对人所执书状经审判衙门命其提出而不提出者，有时得认立证人关于该书状之主张为真实。	民事诉讼条例	四〇八
四	上	一〇六三	监候待质之犯，得续行审判。	刑事诉讼条例	三二九
四	上	一〇六五	草案所定利率不能援用。	民法	二编一章一节
			债权关系存在一日，即应有利息。	民法	二编一章一节
			抵押权人得请求偿权之利息。	民法	二编一章二节
			利息应算至判决执行完结之日为止。	民事诉讼条例	四五一
四	上	一〇七二	某证据之应调查与否，审判衙门有衡情酌定之权。	民事诉讼条例	三三六
四	上	一〇七七	卖契内记载无可认为有回赎之意思者，不须另立卖契。	民法	三编二章二节
四	上	一〇八一	官吏诈财与贿赂罪有别。	暂行新刑律	一四〇
			官吏诈财与贿赂罪有别。	暂行新刑律	三八二
四	上	一〇八二	债务人替换之更改，须经债权人承诺。	民法	二编一章五节四款
四	上	一〇八三	公司发起人应受报酬之数，非载明于章程者无效。	公司条例	九九
四	上	一〇九二	讼争已因和解终结者，不得主张和解前法律关系。	民法	二编二章一八节
四	上	一〇九六	当事人未能自行立证之事实，得利用相对人所提出之证据以为证明。	民事诉讼条例	三二七
			第三人就执行标的物有权利，应以诉向债权人声明异议，有时并应以债务人为共同被告。	民事诉讼执行规则	五四
四	上	一〇九七	商店财产不敷偿债时，商人不得藉口倒号免责。	商人通例	一
四	上	一〇九九	继续他人诱拐行为以转卖营利，仍成营利略诱。	暂行新刑律	二九
四	上	一一〇〇	依著作权律取得著作权者，自系著作人。	出版法	二
四	上	一一〇三	票据适用法规之次序。	票据	一章
四	上	一一〇七	犯罪行为分担实施部分，皆为正犯。	暂行新刑律	二四六
四	上	一一一五	歇业后未经解任，经理人关于清理有代理权。	商人通例	三三
四	上	一一一七	佃权不因所有权人与让受人之契约而消灭。	民法	三编五章
四	上	一一二一	审判官得以自由心证判断核对之结果，无庸另命鉴定。	民事诉讼条例	四二七
四	上	一一二九	在途接引系略诱实施行为。	暂行新刑律	二九
四	上	一一三二	执行业务员有清算账目之义务。	民法	二编二章一四节
			经理人有清算账目之义务。	商人通例	三三

续表

年份	字别	号数	提　　要	律名	条文
四	上	一一三八	犯罪后因被他人诈欺而不生结果者不阻却违法性。	暂行新刑律	二二九
四	上	一一四六	商店亏折系因店伙舞弊侵蚀者，经理人应负责。	商人通例	三三
四	上	一一四七	《刑律》三七三条之俱发罪，吸收于《惩治盗匪法》加重条件之内。	暂行新刑律	九
四	上	一一四九	买主当时明知标的物非卖主所有者，不得请求损害赔偿。	民法	二编二章二节二款
四	上	一一五五	承任经债权人同意者，嗣后原债务人不负清偿之责。	民法	二编一章四节
			第三人为代物清偿者，亦有效。	民法	二编一章五节一款
四	上	一一六〇	经理人无擅免店债之权。	商人通例	三二
四	上	一一六四	署名盖印非契约成立之要件。	民法	一编五章二节
四	上	一一七四	不许娶同宗亲之妻。	民法	四编三章一节
四	上	一一八二	对于随同被和诱人前往之人，不成和诱罪。	暂行新刑律	一三
			对于随同被和诱人前往之人，不成和诱罪。	暂行新刑律	三四九
四	上	一一八六	后抵押权人因正当理由不知已先位抵押权者，应受同等清偿。	民法	三编九章二节
			非判决效力所及之人不得提起再审之诉。	民事诉讼条例	四七四
四	上	一一八九	审判衙门不得对诉外人为裁判。	民事诉讼条例	四六一
四	上	一一九三	主张法律行为撤销或无效者之举证责任。	民事诉讼条例	三二八
			附带控告无期间之限制。	民事诉讼条例	五二七
四	上	一二〇五	明知全家共食之面而下毒者，虽有一人未食，仍负杀人未遂之责。	暂行新刑律	一三
四	上	一二〇八	有一部事实虚伪，亦成诬告罪。	暂行新刑律	一八二
四	上	一二一一	族长关于立嗣之凭证，得代以审判。	民法	五编二章二节
四	上	一二一六	应分担海损之利害关系人，应由船主负告知之义务。	海船	四章
四	上	一二一八	契约一部分无效，非他部分亦无效。	民法	一编五章五节
			铺户不得擅行设定铺底。	民法	三编七章
四	上	一二二三	疾病达一定程度，即应通知。	民法	四编三章一节
四	上	一二二五	低价出售伪票系为意图行使而交付于人。	暂行新刑律	二二九
四	上	一二二九	撤销自认须于控告审辩论终结前为之。	民事诉讼条例	三三〇
四	上	一二三一	受托售卖烟土，即为贩卖共犯。	暂行新刑律	二九
			受托售卖烟土，即为贩卖共犯。	暂行新刑律	二六六
四	上	一二三二	得上诉之中间判决，独立确定。	民事诉讼条例	四七二
四	上	一二四五	善意取得物权者，应与先有抵押权之人分担损失。	民法	三编九章一节
四	上	一二五七	同行公会为习惯法所认许。	民法	一编一章
			债务原则上以契约为发生之原因。	民法	二编二章一节一款
			证明契约履行之事实足以推定契约之存在。	民事诉讼条例	三二七

续表

年份	字别	号数	提　要	律名	条文
四	上	一二六〇	汇票经拒绝兑款者，得向出票人求偿。	票据	二章六节
			经理人审判上代理权之解释。	商人通例	三二
四	上	一二七一	异姓子与血统之子在谱上宜有区别。	民法	四编一章
四	上	一二七四	未成年人无行为能力，应由行亲权人或保护人代为法律行为。	民法	一编二章二节
			未成年嗣子无嗣父母而又无同居尊长时，得由本生父母为监护人。	民法	四编五章
四	上	一二七六	习惯法概无强行效力。	民法	一编一章
四	上	一二八三	共有物除有特约或特别习惯外，非经全体同意不能处分。	民法	三编二章四节
四	上	一二八九	字据与当事人画押，非买卖契约之要件。	民法	二编二章二节一款
四	上	一二九〇	经理人为审判上行为，仍系主人受其行为之效果。	民事诉讼条例	九三
四	上	一二九一	母行使管理权，不受族长干涉。	民法	四编四章一节
四	上	一三〇三	异姓义子得附葬祖茔。	民法	四编四章六节
四	上	一三〇五	抵押物由原业主管理。	民法	三编九章二节
四	上	一三一〇	政府抚恤被灾各户，于债权人无涉。	民法	二编一章二节
四	上	一三一二	亲女得承受绝产，故对于无权占有遗产之人，得出而告争。	民法	五编四章
			对于假借行政处分侵害荒地管业权或先领权涉讼者，应由普通法院受理。	法院编制法	二
四	上	一三二六	得在控告审扩张之请求，于发还更审时亦得声明之。	民事诉讼条例	五一三
四	上	一三四二	连带债务人之保证人应代偿全部。	民法	二编二章二〇节
			共同侵权行为人应负连带责任。	民法	二编八章
四	上	一三四四	履行地不同一之债权，亦得抵销。	民法	二编一章五节三款
四	上	一三四九	让与不动产未交贴身红契，不为无效。	民法	三编一章
四	上	一三五一	长兄出名置产，不能即谓为私产。	民法	三编二章四节
四	上	一三五二	票据之兑款，毋庸经手人作证。	票据	二章四节
			票据债务与普通金钱债务同，应计算迟延利息。	票据	二章六节
四	上	一三六二	隐名合伙员对第三人无权利义务。	民法	二编二章一五节
四	上	一三六四	定期金钱债务不容藉口事变请求缓期或分期偿还。	民法	二编一章二节
四	上	一三六六	诈害退伙对于债权人无效。	民法	二编二章一四节
四	上	一三七二	公庙可认为法人。	管理寺庙条例	
四	上	一三八八	意思表示不以立字画押为必要方式。	民法	一编五章一节
四	上	一四〇三	赠与不动产亦以立书据为原则。	民法	三编二章二节
四	上	一四〇五	证书内所盖图章与证据力之关系。	民事诉讼条例	四二七
四	上	一四〇六	声明主债务人已无力清偿，如再逾期不还，即由保人代还者，则无先诉抗辩权。	民法	二编二章二〇节
四	上	一四〇七	离婚原因由夫构成者，对于其妻负赔偿义务；即由妻构成者，妻之财产亦因离婚而丧失。	民法	四编三章四节

续表

年份	字别	号数	提要	律名	条文
四	上	一四一二	在控告审得扩张请求之数额。	民事诉讼条例	五一三
			票据债务人得以直接对抗事由为抗辩。	票据	一章
四	上	一四一六	宗族不得告官废继。	民法	五编二章二节
四	上	一四一七	媒证亡故，不碍于婚约效力。	民法	四编三章一节
四	上	一四三三	因事出外，不为弃妻。	民法	四编三章四节
四	上	一四三六	经理人权限内之行为无须主人知悉。	商人通例	三二
四	上	一四三八	开庭次数无一定限制。	民事诉讼条例	二四三
四	上	一四四一	典卖契毋须本人亲笔。	民法	三编二章二节
四	上	一四四六	间接损失不得作为诉讼费用求败诉人赔偿。	民事诉讼条例	九七
四	上	一四五五	事务管理人非免本人身体、名誉或财产上急迫危害为目的者，应为重大注意。	民法	二编六章
四	上	一四五七	死亡无子其妇又改嫁者，应由亲族公同立嗣。	民法	五编二章二节
			亲属公选之遗产管理人，得由公同撤换。	民法	五编四章
四	上	一四五八	父不得减少庶子应分之产。	民法	五编三章三节二款
四	上	一四五九	卑幼处分自己之私产及互相让与受让权利，均非法所禁。	民法	四编二章二节
			向无领授权人为清偿者，得请求归还其利得。	民法	二编七章
四	上	一四六二	当事人之甘结，无舍弃控告权之效力。	民事诉讼条例	四九八
四	上	一四六三	同乡会公产为共有。	民法	三编二章四节
四	上	一四六四	已付利息不计入一本一利之内。	民法	二编一章一节
四	上	一四六九	抵押权之转押以原押范围为限。	民法	三编九章二节
四	上	一四七〇	主债务人不能清偿时，债权人得向保证人要求代偿。	民法	二编二章二〇节
四	上	一四七四	保证人之检索抗辩权，因抛弃而丧失。	民法	二编二章二〇节
四	上	一四八五	抵押权不能离债权而独存。	民法	三编九章二节
四	上	一四八六	担保物得让与于人。	民法	三编九章一节
			审判上自认之事实，审判衙门毋庸调查证据应即认定。	民事诉讼条例	三三〇
四	上	一四八七	就标的物第三人主张权利者，买主得停给价银。	民法	二编二章二节二款
四	上	一四八八	契约不违背法令及公安良俗者有效。	民法	二编二章一节一款
四	上	一五〇五	动产不能为抵押权之标的。	民法	三编九章二节
四	上	一五一四	定婚无效者，虽成婚亦不生婚姻效力。	民法	四编三章三节
四	上	一五一七	卖主有追夺担保义务，违者应负赔偿责任。	民法	二编二章二节二款
四	上	一五二一	于判决结果无关系之事项，不为上告理由。	民事诉讼条例	五三四
四	上	一五二五	控告审误解自认之效力者，上告审得据其自认改判。	民事诉讼条例	五四六
四	上	一五二七	地上权存续期间，应斟酌工作物及一切情形而定。	民法	三编六章

续表

年份	字别	号数	提　　要	律名	条文
四	上	一五三一	与被承继人或守志之妇有讼嫌者，不得勒令承继。	民法	五编二章二节
四	上	一五三二	设定担保物权，并非即使债务消灭。	民法	三编九章一节
四	上	一五三四	义子酌分财产，不得均分。	民法	五编三章二节
四	上	一五三九	商人间之债务，准依习惯滚利为本。	商行为	一章
四	上	一五四三	伙债应由他伙员代偿，为债权人之利益，合伙员自身不得主张。	民法	第二编二章一七节
四	上	一五四七	奸生子有分受家产之权。	民法	四编四章五节
			奸生子分产与义子之仅得酌给者不同。	民法	五编三章二节
四	上	一五五一	关于执行，不得依通常程序另求审判。	民事诉讼执行规则	四
四	上	一五五四	债务人不得强以担保物为代物清偿。	民法	二编一章二节
四	上	一五五八	管理祠产，不得支薪。	民法	三编二章四节
四	上	一五六五	无权代理行为，不能对于本人生效。	民法	一编五章三节
			本人就无权代理行为拒绝追认者，其行为自始无效。	民法	一编五章三节
			无权代理行为自始无效，应回复原状，相对人不得拒绝本人请求。	民法	一编五章三节
四	上	一五七七	控告误称声请再审，亦应认为合法。	民事诉讼条例	五〇二
四	上	一五八一	习惯上师徒不同业之债权，不能让与。	民法	二编一章三节
			因殴斗而成杀伤，不能处以极刑。	暂行新刑律	三一一
			习惯上师徒不同业之债权，不能让与继承。	商人通例	五六
四	上	一五八四	分期归还契约之不履行，原则上债权人有解除全约之权。	民法	二编二章一节二款
四	上	一五八五	因行为人之故意、过失致官厅误将他人所有权让与者，亦为侵权行为。	民法	二编八章
四	上	一五九六	押字系何字组成，于签押承认效力无涉。	民法	一编五章一节
			合意重分家产，并非无效。	民法	五编三章三节三款
四	上	一五九八	市政维持会办法，债权人不受其拘束。	民法	二编一章二节
四	上	一六〇八	太监亦得娶妻。	民法	四编三章一节
			乞养异姓养子及收养遗弃小儿，俱不必勒令归宗。	民法	四编四章六节
			所请废继之告官与存案有别。	民法	五编二章二节
四	上	一六一一	审判衙门于法定范围内有自由采舍证据之权。	民事诉讼条例	三二七
四	上	一六一二	在控告审不得变更诉讼原因。	民事诉讼条例	五一三
四	上	一六一八	船主之责任。	海船	二章一节
			租船人之责任。	海船	三章一节二款
四	上	一六二四	清偿债务前，不得索回担保物之契据。	民法	三编九章一节
四	上	一六五二	补充或更正事实上之陈述，为法所许。	民事诉讼条例	二九九

续表

年份	字别	号数	提　　要	律名	条文
四	上	一六五三	证人无故不到，得拘摄。	民事诉讼条例	三五八
			商业账薄之证据力。	民事诉讼条例	四二七
四	上	一六五四	官田原佃亦无一定年限之限制。	民法	三编五章
四	上	一六五五	因和解所创设之新权义，两造均应确守。	民法	二编二章一八节
四	上	一六五八	以纸币偿现银，须照惯例补水。	民法	二编一章一节
四	上	一六六一	租户因不可抗力收益减少得求减免租额	民法	二编二章六节
四	上	一六六七	因分析遗产涉讼者，不得援用管辖各节第二十条。	民事诉讼条例	二五
			管辖各节第三十一条之特别审判籍，并非专属审判籍。	民事诉讼条例	二八
			因分析遗产涉讼者，不得援用管辖各节第二十条。	民事诉讼条例	二八
			管辖各节第三十一条之特别审判籍，并非专属审判籍。	民事诉讼条例	三四
四	上	一六六九	因牵涉他项诉讼而命中止者，以与本件审判确有抵触之虞者为限。	民事诉讼条例	二一九
四	上	一六七二	为人掌管家务之人，通常只有管理权。	民法	二编二章一二节
四	上	一六九一	妾于家长故后，应由其承继人或其他管理遗产人养赡。	民法	四编二章二节
			妾媵于家长故后，应由管理遗产人养赡。	民法	四编七章
四	上	一六九三	与被承继人有嫌隙者，虽亲等最近，无告争立继之权。	民法	五编二章二节
四	上	一六九七	质当与抵押不同，须移转占有，始生效力。	民法	三编九章三节
四	上	一六九八	偶然利用及居处临近，不能认为占有。	民法	三编一〇章
四	上	一七〇〇	判决书之邮递稽迟，得为回复原状之理由。	民事诉讼条例	二〇五
四	上	一七〇一	受任人所应交孳息，不以一本一利为限。	民法	二编二章一二节
四	上	一七〇三	父之遗债，应先以遗产充清偿。	民法	五编七章
四	上	一七一〇	共产分析后，其契据由各人随产分执。	民法	三编二章四节
			成年之子有自行管理遗产之权。	民法	五编三章三节一款
四	上	一七一一	商业使用人之代理行为，通常以商号名义为之。	商人通例	三二
四	上	一七一二	定期债务到期后，得随时请求清偿。	民法	二编一章二节
四	上	一七一四	仅有刑事告诉或诉讼开始，不为再审理由。	民事诉讼条例	五六九
			票据有流通性质。	票据	一章
			期票出票人不能证明持票人取得不法，即应兑款。	票据	三章
四	上	一七一五	票据权利不因过期消灭。	票据	二章一节
			持票人向出票人兑取，即不得以发行原因为对抗。	票据	二章六节
四	上	一七二四	遗嘱不须本人亲自书立。	民法	五编五章二节
四	上	一七二九	核对笔迹为比较确实之证据方法。	民事诉讼条例	四二四

续表

年份	字别	号数	提　　要	律名	条文
四	上	一七三〇	书据内容有争者，应先用通常文义为解释。	民法	一编五章一节
四	上	一七三一	旗地之佃权，不因变为民地而剥夺。	民法	三编五章
			因天灾等一时滞纳，非存心捐欠者，不得撤佃。	民法	三编五章
			旗地撤佃，应补充兑价。	民法	三编五章
四	上	一七三九	强迫与表示之意思须有因果联络。	民法	一编五章一节
			合伙员中有逃亡无踪并无产可供偿债者，由他员按股分任清偿。	民法	二编二章一四节
四	上	一七四二	监护人不胜任或利害相反者，得废其监护。	民法	四编五章
四	上	一七五三	嫌隙原则就应继人与所继人本身言。	民法	五编二章二节
四	上	一七五四	代理人行为经本人追认有效及追认之方法。	民事诉讼条例	八九
四	上	一七五八	商场有滚利为本之习惯时，无须再得债务人之同意。	商行为	一章
			商人间债权债务以账薄为凭，两造账不符者，应审究其孰为真确。	商人通例	二六
四	上	一七六〇	典产因过失失火者，应按其程度定负担损失之额。	民法	三编三章
四	上	一七六一	保证人如代偿债务，对债务人有求偿权。	民法	二编二章二〇节
			上告理由得于事后补递。	民事诉讼条例	五三七
四	上	一七六九	养子被逐，不得要求酌给财产。	民法	四编四章六节
四	上	一七七〇	因悔婚发生其他损害，应由悔婚人负赔偿之责。	民法	四编三章一节
四	上	一七七一	祖产系各房共有。	民法	三编二章四节
四	上	一七七二	辩论时间无限制。	民事诉讼条例	二四三
			送达控告状副本，非提起控告之要件。	民事诉讼条例	五〇二
四	上	一七八三	承继关系非经废继或归宗程序，不能消灭。	民法	五编二章三节
四	上	一七八四	检察官陈述之意见错误，不为上告理由。	民事诉讼条例	五三四
四	上	一七八五	同宗应继，不以有服为限。	民法	五编二章二节
四	上	一七八七	受任人收取孳息，须交付于委任人；所取得之权利，亦须移转于委任人。	民法	二编二章一二节
			合伙解散未选清算人前，执行业务员当然任清理之责。	民法	二编二章一四节
四	上	一七九一	遗嘱形式无何等限制。	民法	五编五章二节
			遗嘱应于遗嘱人死后生效。	民法	五编五章三节
四	上	一七九三	妻犯七出者离异。	民法	四编三章四节
四	上	一八〇二	合伙员不交足出资，他伙员得将其除名。	民法	二编二章一四节
四	上	一八〇九	被胁迫之表意之撤销，得与善意第三人抗。	民法	一编五章一节
四	上	一八一二	孀妇出嫁未备自愿之要件者，得自请撤销。	民法	四编三章二节
四	上	一八一六	茔田为公同共有，共有人不得处分应有之分。	民法	三编二章四节
四	上	一八一七	债权法上不动产买卖契约，亦非要式契约。	民法	二编二章二节一款
四	上	一八二六	转押权人行使权利前，须促原设定人履行债务。	民法	三编九章二节

续表

年份	字别	号数	提　要	律名	条文
四	上	一八三二	持票人向出票人、转让人求偿，不问兑款人已否签字承兑。	票据	二章六节
			偿还请求之通知，系一方所为。	票据	二章六节
四	上	一八三五	有书据之金钱借贷，其债权债务主体，以书据所载为准。	民法	二编二章八节
四	上	一八三七	子孙之妻妾，亦不许别籍异财。	民法	四编二章二节
四	上	一八四九	祀产之分析，于必要情形时，得由审判衙门令其分析。	民法	三编二章四节
四	上	一八五〇	遗赠于遗赠人死后生效。	民法	五编五章三节
四	上	一八五一	有约定利率者，依约定计利。	民法	二编一章一节
四	上	一八七六	有承继权人与被继人有嫌隙，对于违法兼祧无告争权。	民法	五编二章二节
四	上	一八七八	牙行营业之意义。	商行为	四章
			牙行因营业所生权利义务，对外由自己享有负担。	商行为	四章
			牙行业委托人怠于行使债权，致相对人有损失者，相对人得代行使之。	商行为	四章
四	上	一九〇〇	商业账薄必其记载衔接无改造捏写之疑窦，方得采用。	民事诉讼条例	四〇二
四	上	一九〇七	定婚未经主婚者，除主婚权人外，孀妇或童养媳亦得请求撤销。但定婚时已成年表示情愿者，不在此限。	民法	四编三章二节
四	上	一九一〇	赔偿额得斟酌被害人之过失定之。	民法	二编一章二节
四	上	一九一一	合伙员之代理权与执行业务权有别。	民法	二编二章一四节
四	上	一九一六	判决中毋庸指定执行之目的物。	民事诉讼条例	四五一
四	上	一九二五	吸烟、赌博非离婚原因。	民法	四编三章四节
四	上	一九三五	抵销之效力应溯及宜为抵销时发生。	民法	二编一章五节三款
			关于不动产之债权关系，不在专属管辖之列。	民事诉讼条例	二五
四	上	一九三七	孀媳改嫁或招婿，族人不得干预。	民法	四编三章一节
			孀媳改嫁或招婿，苟与立嗣无涉，族人不得干预。	民法	四编三章二节
			不以承继为目的者，不得告争承继。	民法	五编二章二节
四	上	一九三九	异姓子之后人，不得充当族长。	民法	四编四章六节
四	上	一九四〇	养赡人之财力有纷议，应按审理事实法则办理。	民法	四编七章
			因养赡他人不能维持自己生活，得免除养赡义务。	民法	四编七章
四	上	一九四一	保证人擅代清偿或为其他消灭债务之行为者，亦有求偿权，并得为债权之代位。	民法	二编二章二〇节
			保证人代位之意义。	民法	二编二章二〇节
			保证人为代物清偿后，得向主债务人请求原债权之给付。	民法	二编二章二〇节
			保证人于代偿限度内，当然为债权之代位。	民法	二编二章二〇节
四	上	一九四九	动产质权人须继续占有质物，始得对抗第三人。	民法	三编九章四节
四	上	一九五〇	卖契有准许回赎之文及无绝卖字样者，均得回赎。	民法	三编三章
四	上	一九六八	债权人允展期清偿，不待债务人承认，即生效力。	民法	二编一章二节
四	上	一九七一	有子之人得收养义子。	民法	四编四章六节

续表

年份	字别	号数	提　　要	律名	条文
四	上	一九七三	遗嘱所定虚名待继，亦须有律定之特别情形。	民法	五编二章一节
			妾无废继权。	民法	五编二章二节
四	上	一九七四	对于假借行政处分侵害权利之人起诉者，属于民事诉讼。	法院编制法	二
四	上	一九七五	赠与非要式行为。	民法	二编二章四节
四	上	一九七八	商业使用人在权限内所负债务，应由主人偿还。	商人通例	三二
			主人不得因商业使用人背忠实义务对抗善意第三人。	商人通例	三二
			经理人营业外借款，须有特别习惯，始由主人负责。	商人通例	三三
			经理人营业上借款，应由主人负责。	商人通例	三三
四	上	一九八〇	言语亦足为胁迫	民法	一编五章一节
四	上	一九八八	合承夫分之律，妾不能援用。	民法	五编四章
四	上	一九九三	数额无法证明者，得综合案内各种情形酌定之。	民事诉讼条例	三二七
四	上	二〇二〇	约定解除权之行使，应向相对人表示意思。	民法	二编二章一节三款
四	上	二〇二一	分析家产有协议及与协议类似之情形者，审判衙门无庸干涉。	民法	三编二章四节
四	上	二〇二五	养赡方法以按期给费为原则，酌拨财产为例外。	民法	四编七章
			不得于所后之亲之规定，可准用于所后之祖父母或曾祖父母。	民法	五编二章二节
四	上	二〇二九	卑幼私擅典卖尊长提留之产者，不生效力。	民法	一编五章五节
四	上	二〇三二	分别共有人得处分其应有部分。	民法	三编二章四节
四	上	二〇三五	不服中国审判权之外国人，得为反诉被告。	民事诉讼条例	三〇三
			第一审调查草率或认定误谬，不得将事件发还。	民事诉讼条例	五二一
四	上	二〇三九	国家以法令指拨庙产，无庸更问施主意思。	管理寺庙条例	
四	上	二〇四〇	分期归还契约设有担保者，不得因不履行而即解除。	民法	二编二章一节二款
四	上	二〇四一	合伙债权人非证明他伙员无资力者，不能向其一人请求全部清偿。	民法	二编二章一四节
四	上	二〇五二	妾亦得有私产。	民法	四编二章二节
四	上	二〇五五	承任附有条件者，应俟条件成就方生效力。	民法	一编五章四节
四	上	二〇六四	族亲在场非分单之条件。	民法	五编三章三节三款
			兄弟有时得为证人。	民事诉讼条例	三六五
四	上	二〇六七	未设审判厅地方之县知事，得独立受理民、刑诉讼。	法院编制法	一九
四	上	二〇六八	诉讼并不因为被告而受不利益。	民事诉讼条例	三〇六
四	上	二〇七一	长房子能承祧次房。	民法	五编二章二节
四	上	二〇七六	保证人求偿权与代位有别。	民法	二编二章二〇节
			保证人于一定情形得预行求偿。	民法	二编二章二〇节
四	上	二〇八三	典商失火，以值十当五照原价计算赔偿。	民法	二编八章
四	上	二〇八八	确定判决有既判力。	民事诉讼条例	四七一
四	上	二〇九五	行政处分非经上级行政衙门或行政审判衙门撤销，其效力仍存在。	法院编制法	二

续表

年份	字别	号数	提　　要	律名	条文
四	上	二〇九八	合伙债权人于他伙员皆无资力或皆无从索偿，得独向一伙员请求偿还全部。	民法	二编二章一四节
四	上	二一〇八	立嗣纵不限于一人，要必出自立继人之意思。	民法	五编二章二节
四	上	二一一三	契约所生债务，须依契约内容履行。	民法	二编二章一节二款
四	上	二一一八	重大过失之意义。	民法	二编一章二节
四	上	二一二〇	抵押权有追及效力。	民法	三编九章二节
			质权有追及效力。	民法	三编九章三节
四	上	二一二五	立继得推及远房及同姓。	民法	五编二章二节
四	上	二一二九	直省旗圈之买卖，仅让与收租权。	直隶旗圈地售租章程	二
四	上	二一三一	和解终结后，纵一造受不利，亦均应受和解之拘束。	民事诉讼条例	四五〇
四	上	二一四五	合伙员还债已逾应摊之额，亦不得对抗债权人。	民法	二编二章一四节
四	上	二一五〇	对于行政官署自为之处分，不得向普通法院起诉。	法院编制法	二
四	上	二一五七	所有人于借地权消灭时，得请求留买工作物，但应提出时价。	民法	三编一章
四	上	二一六八	商店未收之外欠，非现实财产。	商人通例	一
四	上	二一六九	双务契约一造履行迟延，经定期催告仍不履行者，相对人得请求不履行之损害赔偿或解约。	民法	二编二章一节二款
			双务契约一造履行迟延，相对人得为定期催告。	民法	二编二章一节二款
四	上	二一七五	无受领清偿权人，不得请求清偿。	民法	二编一章五节一款
四	上	二一八八	不法保留或侵夺他人财物者，应任返还并赔偿之责。	民法	二编八章
			未经合法主婚之婚姻，可以撤销。	民法	四编三章二节
			婚姻撤销之效力不溯既往。	民法	四编三章二节
			婚姻事件得在事实审为新请求。	民事诉讼条例	六七二
四	上	二一八九	难分之物，用变价或偿价之法酌分。	民法	三编二章四节
四	上	二一九一	无约定利息债权之迟延利息之起算期。	民法	二编一章二节
四	上	二一九二	法定利息应依该地通行之利率计算。	民法	二编一章一节
四	上	二二〇〇	天津钱商习惯，凭折川换之款，应先作还本年终始还利息。	民法	二编一章五节一款
			天津钱商习惯，凭折川换之款，应先作还本年终始还利息。	商行为	一章
			商家滚利经相对人认可者，无须有特别习惯。	商行为	一章
			天津钱商滚利之习惯。	商行为	一章
四	上	二二一五	养赡范围内之债务，应由养赡义务人偿还。	民法	四编七章
四	上	二二一九	牧养埋葬之地，由村众公同价领。	奉天清赋章程及续订章程	
四	上	二二二九	私人假行政处分为侵权行为之手段者，得提起民事诉讼。	民事诉讼条例	二八五
四	上	二二三一	不特定物之买卖，买主不应过问货所从来，并迟不起货，应任赔偿。	民法	二编二章二节二款
			是否附带控告，以是否已知他造先经上诉而始附带声明不服为断。	民事诉讼条例	五二七

续表

年份	字别	号数	提要	律名	条文
四	上	二二三二	合伙员个人名义或商号所负之债务，非合伙债务。	民法	二编二章一四节
四	上	二二三三	规元买卖，若仅虚定价额，依市价低昂以定盈亏，即买空卖空。	民法	二编二章一七节
四	上	二二三五	不特定物债务，应给付中等品质之物。	民法	二编一章一节
			买卖得不指定标的物之品质。	民法	二编二章二节一款
四	上	二二四二	江省既有买卖荒地不立卖契之习惯，不立契亦可移转物权。	民法	三编二章二节
四	上	二二四三	无权利之人处分行为，经权利人之同意或追认而有效。	民法	一编五章五节
四	上	二二四五	不违强行法之契约有效。	民法	二编二章一节一款
四	上	二二四七	合伙不能强令永远继续。	民法	二编二章一四节
四	上	二二五〇	不动产之他物权不能因所有权移转而消灭，亦不能限制所有人移转其所有权。	民法	三编一章
			租契不必有永远耕种明文，始为佃权之设定。	民法	三编五章
四	上	二二五一	控告审用独任制系遵特别规定者，不为违背法令。	民事诉讼条例	五三五
四	上	二二五三	报领荒地不能因包揽大段而确认为无效。	民法	三编二章二节
四	上	二二五四	取得所有权人，应受典权之限制。	民法	三编三章
四	上	二二五八	同族有时得为证人。	民事诉讼条例	三六五
四	上	二二五九	无权利人追后取得权利者，其处分行为应追溯当时认为有效。	民法	一编五章五节
			不动产二重买卖之后，约生债权关系。	民法	二编二章二节一款
			不动产物权之移转，不以税契过割及交足价银为要件。	民法	三编一章
四	上	二二六一	滴血方法为审判上所不许。	民事诉讼条例	四三二
			滴血之证据力。	民事诉讼条例	四三二
四	上	二二六七	共有茔地，不得擅行分析处分。	民法	三编二章四节
四	上	二二七四	养老女婿得与应继之人均分财产。	民法	五编三章二节
四	上	二二七七	陈述不完全或不明了，不得谓之不为辩论。	民事诉讼条例	四六〇
四	上	二二八七	农户（土地所有人）不得因筑塘而害及他人晒盐之权利。	民法	三编二章二节
四	上	二二九二	债权不因质权设定而消灭。	民法	二编一章二节
四	上	二二九四	妾媵不能与家长妻子同居者，得请求判定养赡方法。	民法	四编七章
四	上	二二九五	合伙员一人之债务，不能以与合伙债权抵销。	民法	二编二章一四节
四	上	二二九七	普通共同被告一人之自认，不及于他被告。	民事诉讼条例	六六
四	上	二三〇五	男女定婚之初有残疾、老幼、庶出、过房、乞养者，应先通知，并立婚书或收聘财，方为有效。	民法	四编三章一节
四	上	二三一八	被承继人财产于其生存中承继人为处分者，其处分为无效。	民法	一编五章五节
四	上	二三一九	锡矿由呈报在先者取得矿业权。	矿业条例	
四	上	二三二一	有特约者，应依约向领受权人为清偿。	民法	二编一章五节一款

续表

年份	字别	号数	提　　要	律名	条文
四	上	二三二五	妾与亲生子女之母子关系，不因被废去家而消灭。	民法	四编一章
四	上	二三三〇	主参加与从参加之意义及区别。	民事诉讼条例	六五
			主参加与从参加之意义及区别。	民事诉讼条例	六七
四	上	二三三一	养赡方法，审判衙门应斟酌至当而定之。	民法	四编七章
			立继权行使之次序。	民法	五编二章二节
			关于养赡办法，当事人间无合约者，审判衙门应为酌定。	民事诉讼条例	四五一
四	上	二三三四	当事人得提起宣示某字据为伪造之诉。	民事诉讼条例	二八七
四	上	二三三六	假行政处分为侵权行为之手段者，被害人得向加害人、受益人或转得人请求回复原状。	民法	二编八章
			主张恶意者之举证责任。	民事诉讼条例	三二八
四	上	二三三七	法人应由董事为诉讼代理人。	民法	一编三章一节
			法人为诉讼行为，须由其理事或理事委任之诉讼代理人为之。	民事诉讼条例	六一
四	上	二三四七	审判上之自认生拘束力，以出于自由意思者为限。	民事诉讼条例	三三〇
四	上	二三五〇	标的物上第三人权利为买主所不知者，得请求减价，有时并得解除契约。	民法	二编二章二节二款
四	上	二三五一	习惯上要件不备之行为，不生效力。	民法	一编五章一节
四	上	二三五三	因本权争执败诉之占有人，自起诉时起视为恶意。	民法	三编一〇章
四	上	二三五四	有习惯法者，不能仍凭条理处断。	民法	一编一章
四	上	二三五七	定婚后有残疾者，应随时通知；不愿时，亦许解除。	民法	四编三章一节
四	上	二三六五	债务契约因事变致履行不能者，无请求对待给付权。	民法	二编二章一节二款
四	上	二三七〇	提拔庙产兴学之办法，因《寺院管理规则》公布而始失效。	管理寺庙条例	
四	上	二三七一	当事人之真姓名虽列为中见，仍应由其享有权利负担义务。	民法	二编二章八节
四	上	二三七九	私设佛堂并非公有。	管理寺庙条例	
四	上	二三八〇	抵押权人得请求审判衙门拍卖抵押物。	民法	三编九章二节
四	上	二三八二	祠堂有特别情形，亦得分析。	民法	三编二章四节
四	上	二三八五	成年之子私擅处分家财，其子本人及第三人不得撤销。	民法	一编五章五节
四	上	二三八九	《关于京师被灾债户减成偿债办法》之解释。	京师被灾债户减成偿债结案办法	
四	上	二三九〇	经理人之债权人对于主人有代位求偿权。	商人通例	三三
四	上	二三九三	给付之诉遇有必要情形时，得于期限未届前提起。	民事诉讼条例	二八六
四	上	二三九七	认定事实，以采取直接证据为原则。	民事诉讼条例	三二七
四	上	二四〇一	同宗亲已出之妻，亦不得娶。	民法	四编三章一节
四	上	二四〇四	审判衙门得向证人发问及令与当事人对质。	民事诉讼条例	三七三
四	上	二四〇八	报坍非淤涨拨补要件，如别有确证，亦应准拨补。	民法	三编二章二节
四	上	二四一〇	已立远支者，近支后虽生子，不得告争。	民法	五编二章二节

续表

年份	字别	号数	提　　要	律名	条文
四	上	二四一三	法律上之判断，以合法认定事实为基础。	民事诉讼条例	四五一
四	上	二四一六	在破产呈报时或破产程序中归破产人之财产，皆属破产财团。	破产法	
			破产债权人除有别除权及财团债权人外，不问原因、种类、债额如何，皆平等分配。	破产法	
			破产财团之变价，原则上应依拍卖程序行之。	破产法	
四	上	二四一七	债务人因被拘押，所为之意思表示不得谓为胁迫。	民法	一编五章一节
四	上	二四二〇	受养赡之权，不得舍弃。	民法	四编七章
四	上	二四二二	委任处理事务，只须受任人代为法律行为未超过原定目的之外，对于委任人即直接生效。	民法	二编二章一二节
			设定抵押权人不负抵押物因天灾、事变减损之危险。	民法	三编九章二节
			抵押物毁损不能影响于债权。	民法	三编九章二节
四	上	二四二三	择贤择爱，无族中置喙之余地。	民法	五编二章二节
四	上	二四二四	锑矿由呈报在先者取得矿业权。	矿业条例	
四	上	二四三二	养子于立继前得管理遗产。	民法	四编四章六节
四	上	二四三三	守志妇立继须得尊亲属同意。	民法	五编二章二节
			合法立定后，亲等较近之房不得告争。	民法	五编二章二节
四	上	二四三四	公同承继之产为各房共有。	民法	三编二章四节
四	上	二四三七	债务人财产不敷清偿数人债权，原则上平等分摊。	破产法	
			各债权发生之时期、地点及其请求清偿之先后、请求扣押之有无，皆于分摊多寡无涉。	破产法	
四	上	二四四〇	《寺院管理暂行规则》施行前，提拔庙产未经起诉及已判结者，不得再争。	管理寺庙条例	
四	上	二四四一	家长出名置产，推定为共有。	民法	三编二章四节
四	上	二四五〇	契无作绝字样者，以活卖论。	民法	三编三章
			未满三十年契载不明之产，以典产论准赎。	清理不动产典当办法	一
四	上	二四五二	仅契约当事人一人或数人违约，不得即解除全部契约。	民法	二编二章一节二款
四	上	二四五七	失踪人之财产，得由族人派人经管并为立继。	民法	五编四章
四	上	二四五九	判断核对结果之心证所由得，应说明之。	民事诉讼条例	四二七
四	上	二四六〇	证人固应令其具结，然非必要之程序。未具结之证言，亦得采用。	民事诉讼条例	三六九
四	上	二四六一	州县衙门不能以命令消灭私人之债权。	民法	二编一章二节
四	上	二六三三	请求损害赔偿者之举证责任。	民事诉讼条例	三二八
四	上	［原缺］	债务之额数如何，应视请求原因或抗辩事实能否成立为断者，应先究其请求原因或抗辩事实。	民事诉讼条例	四五一
四	非	五	代表灾民求赈，无强胁举动，不成犯罪。	暂行新刑律	一〇
			代表灾民求赈，无强胁举动，不成犯罪。	暂行新刑律	一六五

续表

年份	字别	号数	提　　要	律名	条文
四	非	一〇	坚不供实与构成伪证罪要件之虚伪陈述有异。	暂行新刑律	一八一
四	非	一五	仆役侵占雇主衣物，为侵占契约上管有物。	暂行新刑律	三九一
四	非	二〇	违禁结社或加入，应依《治安警察法》处断。	治安警察法	二八
四	非	二六	仅系帮助口角者，不负其后之杀伤责任。	暂行新刑律	一〇
			仅系帮助口角者，不负其后之杀伤责任。	暂行新刑律	二九
四	非	二七	程序违法之撤销范围，以违法部分为限。	刑事诉讼条例	四五六
四	非	二八	以谣歌讽刺他人隐事故令其人拾得者，非公然侮辱。	暂行新刑律	三六〇
四	非	三〇	便利脱逃，以有故意为条件。	暂行新刑律	一七一
四	非	三一	诈取之赃物，不得没收。	暂行新刑律	四九
四	非	四一	夫非尊亲属。	暂行新刑律	三一二
四	非	四四	入室窃盗临时行强，在外把风者，不负共犯之责。	暂行新刑律	一三
			入室窃盗临时行强，在外把风者，不负共犯之责。	暂行新刑律	三七一
四	非	四八	准正犯之帮助行为，须有共同认识。	暂行新刑律	二九
四	特	一	官员浮收金谷图利他人，不问原因如何，皆犯罪。	暂行新刑律	一四七
四	特	二	继权监禁人罪，以并非出于诚意推行职务上之见解为条件。	暂行新刑律	三四六
四	决	未列	判决漏列代理人姓名，得以决定更正。	民事诉讼条例	二七二
四	私上	二	教唆帮助人视为共同侵权行为人。	民法	二编八章
四	私上	四	因侵权行为所生精神上痛苦达于不易恢复之程度，始可命加害人赔偿。	民法	二编八章
四	私上	一二	因他人给付收益后，其法律上原因消灭，致他人受损者，应归还所受利益。	民法	二编七章
四	私上	三〇	私诉之独立上诉期间。	刑事诉讼条例	一〇
四	私上	三三	诉讼代理权不因本人死亡而消灭。	民事诉讼条例	九〇
四	上决	一	逾期之上告，应径予驳回。	民事诉讼条例	五四三
四	上决	一八	已舍弃控告权者，不得为控告。	民事诉讼条例	四九八
四	上决	二三	事物管辖改正后，千元以下案件以高等厅为终审。	法院编制法	二七
四	上决	五六	再审之诉须具法定条件。	民事诉讼条例	五六八
四	上决	九五	《关于汉口兵燹损失债务清理办法》之解释。	汉口理债办法	
五	声	一	应归通常第一审管辖之件，而第一审管辖审判衙门又经裁判确定为无管辖权，自应指定管辖。	刑事诉讼条例	二八
五	声	三	证据决定，不许抗告。	刑事诉讼条例	四三二
五	声	五	厅长告发之案，不能谓审判有不公平之虞。	刑事诉讼条例	二九
			匿名信不能采为证据。	刑事诉讼条例	三〇七

续表

年份	字别	号数	提　　要	律名	条文
五	抗	一	犯人所在地，凡现时身体所在之地皆是，并不以逮捕地为限。	刑事诉讼条例	二一
五	抗	二	《关于京师商民债务案件委托商会调处办法》之解释。	京师商民债务案件得由法院委托商会调处办法	
五	抗	一八	覆判案件，高检厅仅有附具意见书转送覆判之职务。	覆判章程	二
五	抗	一九	应送覆判案件不得执行。	覆判章程	一
五	抗	二四	《刑诉》（草案）四四四条一款所谓他之确定判决，指本案判决外之判决言。	刑事诉讼条例	四五八
五	抗	三四	宣告缓刑与宣告判决应同时行之。	刑事诉讼条例	三四五
五	抗	三五	预纳之检证费用，得作为诉讼费用求败诉人赔偿。	民事诉讼条例	九七
			关于检证之决定，不得抗告。	民事诉讼条例	二四六
			调查证据之费用，得命当事人预纳。	民事诉讼条例	三五一
五	抗	四〇	于执行后未经释放前执行之刑，应通算于后定刑期之内。	刑事诉讼条例	五〇七
五	抗	四九	县知事兼有审、检职权，对于其以检察职权所为之不起诉处分，得经由原县知事声明再议。	刑事诉讼条例	二五二
			县知事兼有审、检职权，对于其以检察职权所为之不起诉处分，得经由原县知事声明再议。	刑事诉讼条例	三八八
五	抗	五一	送达或牌示前之上诉，应认为合法。	民事诉讼条例	五〇〇
			误认上诉机关者之上诉亦有效。	刑事诉讼条例	三八八
			误认上诉机关者之上诉亦有效。	刑事诉讼条例	四〇二
五	抗	五六	实质上为终局判决而误用裁判名称者，仍以终局判决论。	民事诉讼条例	四五一
五	抗	五八	《关于汉口兵燹损失债务清理办法》之解释。	汉口理债办法	
五	抗	六九	婚姻当事人合意或依法解除婚约，父母无权禁止。	民法	四编三章一节
五	抗	九五	和解须本诸当事人之自由意思。	民事诉讼条例	四四六
五	抗	一二四	初级案件执行之抗告，亦以高等厅为终止。	法院编制法	二七
五	抗	一四〇	顺天境内之地方案件，以京师高等厅为第二审。	法院编制法	二七
五	抗	一五一	送达须向应受送达人为之，始生效力。	民事诉讼条例	一七二
五	抗	一六三	当事人变更或离去其居住处所而无代理人者，应向审判衙门声报或更指定代收送达人。	民事诉讼条例	一五九
五	抗	一七一	判决理由与主文不相抵触，亦得依照执行。	民事诉讼执行规则	四
五	抗	一八九	执行案件经商事公断处公断而不服者，得仍请执行衙门执行。	商事公断处章程	一八
五	抗	一九九	对于第二审更审判决之上告，一律另征讼费。	民事诉讼条例	五三七
五	抗	五〇九	传讯命令，不得抗告。	民事诉讼条例	二四六
五	抗	九八一	债权本息，不得以裁判强令债权人减让。	民事诉讼条例	四五一
五	上	一	承发吏将诉讼人存案之款经领后携之潜逃，系公务上侵占。	暂行新刑律	三九二
五	上	二	于他人寄托保管之物潜行移匿，捏报被窃，仍构成侵占。	暂行新刑律	三九一

续表

年份	字别	号数	提　　要	律名	条文
五	上	四	律师办案诡称法庭需贿，俟得钱后匿其半数，与相对人和解，系属诈财。	暂行新刑律	三八二
五	上	五	仅对于第二审判决之理由不满意者，不得为上告。	民事诉讼条例	五三〇
			合并消灭公司之权义承受。	公司条例	五七
五	上	六	游击队长于管收嫌疑犯，擅令回家养病致被脱逃，应构成看守官员纵囚脱逃之罪。	暂行新刑律	一七二
			原告之起诉愿因已证明，而被告之抗辩事实未证明者，即以原告之主张为真正。	民事诉讼条例	三二七
			原告之起诉愿因已证明，而被告之抗辩事实未证明者，即以原告之主张为真正。	民事诉讼条例	三二八
五	上	七	控告审不得率将事件发还第一审。	民事诉讼条例	五二一
五	上	八	原告不能证明其诉之原因事实者，应认其主张为不真实。	民事诉讼条例	三二七
五	上	一〇	股份合同之证据力。	民事诉讼条例	四二七
五	上	一一	不因债权人不即行使权利而消灭保证债务。	民法	二编二章二〇节
五	上	一二	不动产之让与，不以交付为要件。	民法	三编一章
五	上	一四	合伙管业股东经理账目，将存款不列入册，私自入己，又浮开岁修工料，系业务上侵占。	暂行新刑律	三九二
五	上	一六	养赡方法之变更，亦得请求判定。	民法	四编七章
五	上	二〇	原审判衙门已废止者，再审之诉应由继续有该案管辖权之衙门管辖。	民事诉讼条例	五七一
五	上	二三	共有人权利行使，以应有部分为范围。	民法	三编二章四节
			已舍弃之先卖权，不得再主张。	民法	三编四章
			合意所生之先卖权，只能向不遵合意之卖主请求损害赔偿。	民法	三编四章
五	上	二八	监狱之邻户凿成地洞，使监犯多人逸出，系属便利逃脱。	暂行新刑律	一七一
五	上	三〇	伪造银币尚未走有银水是犯罪，尤属未遂。	暂行新刑律	一七
			伪造银币尚未走有银水是犯罪，尤属未遂。	暂行新刑律	二二九
五	上	三一	虽非向债权人或其代理人为清偿，而债权人实受其益者，亦有效。	民法	二编一章五节一款
			伪造红票为伪造私文书。	暂行新刑律	二四三
五	上	三二	《刑律》三五九条之罪质与《报纸条例》十条九款所谓攻许阴私损害名誉不同。	暂行新刑律	三五九
五	上	三四	共犯以共同实施行为为断，是否首先起意在所不问。	暂行新刑律	二九
			从参加人得为控告。	民事诉讼条例	四九六
五	上	三五	一犯既遂，一犯未遂，苟认意思连续，仍处一罪。	暂行新刑律	二八
五	上	三九	利息滚为原本，即为原本之一部。	商行为	一章
五	上	四〇	当事人不能尽举证责任，审判衙门得衡情认其主张之非真正。	民事诉讼条例	三二七
五	上	四一	反诉或独立数诉之诉讼物价额，不得合并计算	民事诉讼条例	七
五	上	四三	和诱发觉后，始伪造婚书呈出法庭，以俱发科罪。	暂行新刑律	二三

续表

年份	字别	号数	提　　要	律名	条文
五	上	四四	与同所囚犯商允冒名顶案，竟得蒙混释出，系属脱逃。	暂行新刑律	一六八
五	上	四六	无担保之债权，不得与有担保者同受优先清偿。	民法	三编九章一节
			捏写他人名氏具状诬告，应从一重处断。	暂行新刑律	二六
			捏写他人名氏列状诬告，应从一重处断。	暂行新刑律	一八二
			捏写他人名氏列状诬告，仍成行使并伪造私文书。	暂行新刑律	二四三
五	上	四七	债务人能证明其已清偿者，纵借券揭单尚存债权人手，仍应认其债务消灭。	民事诉讼条例	四二七
五	上	五〇	放赎非处分行为。	民法	三编九章三节
			强奸致死之标准。	暂行新刑律	二八七
五	上	五一	行为与不关公益之习惯抵触者，仍以行为为准。	民法	一编五章一节
			契据只须表明其内容及成立，不须互换。	民法	三编二章二节
			在奸所击毙奸夫，系属正当防卫。	暂行新刑律	一五
			发出票据附有解除条件者，在直接当事人间得以条件成就为抗辩。	票据	一章
五	上	五三	兄弟分析遗产有一定限制。	民法	五编三章三节三款
			嗣子未成年，由守志之母管理其遗产，并主张遗产上权利。	民法	四编四章一节
五	上	五六	聘财不能因离婚而概于追还。	民法	四编三章四节
五	上	五八	破产非偿权消灭之原因。	破产法	
五	上	六一	养赡义务人财力差减时，通常得请求减轻负责。	民法	四编七章
五	上	六二	在他案所为自认，如系涉同一事物，在本案亦得为裁判基础。	民事诉讼条例	三三〇
五	上	六三	租赁物若因租赁主故意、过失毁损，概不得求减免租赁费。	民法	二编二章五节
			租赁物因事变毁损，租主得请求减免租赁费。	民法	二编二章五节
五	上	六四	分析方法协议不谐，以裁判定之。	民法	三编二章四节
			分析费用应按股份分担。	民法	三编二章四节
五	上	六五	殴落牙齿，虽数目有多寡，然只能于轻微伤害法定范围内酌量处刑。	暂行新刑律	三一三
五	上	六七	第一审业已传询之证人，第二审于必要时仍应传询。	民事诉讼条例	三三六
			第一审已调查之证据，控告审得再行调查。	民事诉讼条例	五一九
五	上	七一	孀妾改嫁之主婚与孀妇同。	民法	四编三章一节
五	上	七二	祖父母、父母在，如果许令分析，不在禁止之列。	民法	五编三章三节三款
			经租公司收租人吞蚀租款，系业务上侵占。	暂行新刑律	三九二
五	上	七三	多数人意思联络而加害于多数人，自属共同犯俱发罪，应各别处断。	暂行新刑律	二三
			多数人意思联络而加害于多数人，自属共同犯俱发罪，应各别处断。	暂行新刑律	三一三
五	上	七七	于地不得径判入官。	民法	三编二章二节
五	上	七八	妇女诡言因贫鬻身，收得价银后即夕遁逃，系属诈财。	暂行新刑律	三八二

续表

年份	字别	号数	提　　要	律名	条文
五	上	七九	于正犯杀人之际揪住喊叫人发辫吓禁声张，系属实施中帮助。	暂行新刑律	二九
五	上	八一	债权人尚执欠票借券，于清偿之效力无涉。	民法	二编一章五节一款
五	上	八四	清算未完结前，不得径向清算人求还股本。	民法	二编二章一四节
			帮助行贿，如尚未遂，不能论罪。	暂行新刑律	一四二
五	上	八六	犯人认识虽有龃龉，然出于正当防卫，仍应宣告无罪。	暂行新刑律	一五
五	上	九〇	私擅逮捕与诈欺取财犯意并不联络，当属俱发罪。	暂行新刑律	二三
五	上	九一	如有酌减余地，上告审仍可改判。	暂行新刑律	五四
五	上	九三	收发员承解公款，在途卷逃，系公务上侵占。	暂行新刑律	三九二
五	上	九四	审判上自认之事实，相对人毋庸立证。	民事诉讼条例	三三〇
五	上	九五	一物不能同时有二个以上之占有。	民法	三编一〇章
五	上	一〇二	船户承装大豆，将该船故意凿孔，诡称豆石沉没，实则私吞，系业务上侵占。	暂行新刑律	三九二
五	上	一〇三	虽仅立退伙草约，苟未表示立正约前仍保留合伙关系者，亦应视为已退伙。	民法	二编二章一四节
五	上	一〇五	地检厅录事声称侦查烟案讹钱人，已系属诈财。	暂行新刑律	三八二
五	上	一〇七	挖去双目已成笃疾。	暂行新刑律	八八
五	上	一一三	监狱看守于犯人家属送交钱文恣行吞没，系公务上侵占。	暂行新刑律	三九二
五	上	一一五	债权人多数虽允许停利缓期，然不能拘束其他不允许之债权人。	民法	二编一章二节
			事前只知行窃，不负共同强盗之责。	暂行新刑律	三六八
五	上	一一六	保证人因清偿以外原因使主债务人免责者，有求偿权。	民法	二编二章二〇节
五	上	一二〇	纠众械斗，仍依杀伤本条论罪。	暂行新刑律	三一八
五	上	一二九	典主不得超过原典范围加价转典或指为他权利担保。	民法	三编三章
			无知情故犯之据，尚不能成立受寄赃物罪。	暂行新刑律	一三
			无知情故犯之据，尚不能成立受寄赃物罪。	暂行新刑律	三九七
五	上	一三〇	监督权首属于父，虽子女与母同行逃匿，仍可完全践行诉追条件。	暂行新刑律	三五五
五	上	一三四	被人加害后投河自尽，是伤害与死亡无因果联络之关系，其责任亦应分别。	暂行新刑律	三一三
五	上	一三九	覆判案件一经上诉，即应适用通常诉讼程序。	覆判章程	一一
五	上	一四〇	笃疾之程度。	暂行新刑律	八八
五	上	一四五	典主求偿费用之权，因其费用性质而异。	民法	三编三章
五	上	一四七	协议离婚为法所许。	民法	四编三章四节
五	上	一四九	不动产物权能否对抗第三人，不以卖据有无投税及是否官纸为断。	民法	三编一章
五	上	一五四	宗祧承继只限于男子。	民法	五编二章一节

续表

年份	字别	号数	提　　要	律名	条文
五	上	一五八	诈欺取财之罪数，以监督权之个数定之。	暂行新刑律	二三
			汇款报单与汇票性质不同，非有价证券。	暂行新刑律	二四二
			伪造私文书之共犯，虽未实施行使，仍应独科以伪造罪。	暂行新刑律	二四三
			诈欺取财之罪，应以财产监督权定之。	暂行新刑律	三八二
五	上	一六三	管狱员克扣囚粮，卖钱入己，系公务上侵占。	暂行新刑律	三九二
五	上	一六四	以略诱为强奸之方法，而其结果致人轻微伤害，应从一重处断。	暂行新刑律	二六
五	上	一六八	灰窑非建筑物。	暂行新刑律	四〇五
五	上	一七六	无承继权人滥行告争，毋庸审究其所攻击之承继是否合法。	民法	五编二章二节
五	上	一七九	受任人所领取之金钱交付迟延者，应自迟延时起付息。	民法	二编二章一二节
五	上	一八〇	债务人不得擅行拨兑债权为代物清偿。	民法	二编一章五节一款
五	上	一八二	财团法人财产若有正当理由，并已得设立人或其后人同意者，仍许其处分。	民法	一编三章三节
			相约评理暗带刀器，系通常斗殴，不能例以决斗。	暂行新刑律	三一八
			决斗须双方合意，以同一价值之武器依惯行或约定之规则以角胜负。	暂行新刑律	三一八
五	上	一八五	对于占有人告争所有权者，应负举证责任。	民法	三编一〇章
五	上	一八九	奸生子认知制度，应为认许。	民法	四编四章五节
五	上	一九九	占有人在占有物上应受有所有权之推定。	民法	三编一〇章
			请求交还继产，必为已经合法定继之人。	民法	五编三章三节一款
五	上	二〇四	《刑律》二三二条一项前半段之罪，应以意图行使为成立要件。	暂行新刑律	二三二
五	上	二〇六	分期归还之债款，债务人若于未到期前丧失资力，不得享受期限之利益。	民法	二编一章二节
五	上	二〇八	物权移转，以立契为成立并对抗第三人之要件。	民法	三编一章
			卖契只须表明移转权利之意思及特定标的物，不须载明额数。	民法	三编二章二节
			伪造货币兼行使，系想象之俱发。	暂行新刑律	二六
			伪造货币而并行使，应引《刑律》二二九条一、二项定拟。	暂行新刑律	二二九
五	上	二一〇	因胞妹自尽而诬告者，可原情减等。	暂行新刑律	五四
五	上	二二二	盗用公印文罪之界说。	暂行新刑律	二四六
五	上	二二五	邮局司事挪移售票及汇兑之款，系侵占公务上管有物。	暂行新刑律	三九二
五	上	二三〇	事前不知奸情之告诉人，即不得谓其从奸。	暂行新刑律	二九四
			妇女犯奸而非素习淫行者，不得谓非良家妇女。	暂行刑律补充条例	六
五	上	二三一	于侦缉队缉获人后私受报酬，分给该队人众，为帮助事后受贿。	暂行新刑律	一四一
五	上	二三三	合伙员死亡，伙债仍应由其承继人任偿还之责。	民法	二编二章一四节

续表

年份	字别	号数	提　要	律名	条文
五	上	二三六	报缉在先，其投案即非自首。	暂行新刑律	五一
五	上	二四〇	受益人得抛弃时效利益。	民法	一编七章一节
五	上	二四〇	审判衙门常置之翻译官，有《刑律》上官员之资格。	暂行新刑律	八三
五	上	二四〇	充任审检厅通译，即有官员资格。	暂行新刑律	一四〇
五	上	二四三	代理人选任复代理者，须就其选任及监督负责。	民法	一编五章三节
五	上	二四五	债权人于受益人、转得人知有加害事实之时诉请撤销，须以受益人、转得人及债务人为共同被告。	民法	二编一章二节
五	上	二四五	行使别除权，得于破产程序外径依非讼程序为之。	破产法	
五	上	二四五	破产后设定抵押权无效。	破产法	
五	上	二五二	金钱债务之清偿，应以缔约地之货币为准。	民法	二编一章一节
五	上	二五三	将他人委托保管之契据抵借钱文，系侵占罪。	暂行新刑律	三九一
五	上	二五五	捐助之庙产，捐主不得擅行收回管理。	民法	一编三章三节
五	上	二五八	违反现行律例为子立后之规定时，须孀守妇及应继人始有告争之权。	民法	五编二章二节
五	上	二六〇	款交自己经理人者，不为清偿。	民法	二编一章五节一款
五	上	二六九	立嗣须承继人与被继人双方同意。	民法	五编二章二节
五	上	二七七	分单内载身分部分足为身分关系之有力证据。	民事诉讼条例	三二七
五	上	二七九	应继人于所继人亡故后，因争继而于诉讼中亡故者，其应继资格不因而消灭。但所继人生存者，不在此限。	民法	五编二章二节
五	上	二八六	施主就所捐财产是否照预定目的施行，系有权过问。	民法	一编三章三节
五	上	二九五	公司未经注册者，依合伙条例判断。	公司条例	六章
五	上	二九六	抢亲不为解除婚姻原因。	民法	四编三章一节
五	上	二九八	提出较迟之证据，仍得采用。	民事诉讼条例	二四〇
五	上	二九八	合法作成之商业账薄，有相当证据力。	商人通例	二六
五	上	三〇一	占有他人物而生有债权者，得留置其物，以其孳息充清偿。	民法	二编一章二节
五	上	三〇二	汇票经拒绝兑款，持票人得向转让人求偿。	票据	二章六节
五	上	三〇五	关于管理有争执者，须斟酌全体意思定之。	民法	三编二章四节
五	上	三一〇	管理家务之卑幼处分家财，可推定其已得尊长同意。	民法	四编二章二节
五	上	三一一	地上权得以让与。	民法	三编六章
五	上	三一一	讼费负担，视本案诉讼胜负为断。	民事诉讼条例	九七
五	上	三一四	入室上楼正欲行窃即被撞获，尚属窃盗未遂。	暂行新刑律	一七
五	上	三一四	存条之证据力。	民事诉讼条例	四二七
五	上	三一八	赡产不得赠与或遗赠义务中一人。	民法	四编七章
五	上	三一九	县知事以堂谕为判决者，毋庸发还补作判词。	民事诉讼条例	二六六
五	上	三二一	有期之买卖预约，如不于期内订立本约，则预约失效。	民法	二编二章二节一款
五	上	三二九	卖身文契非可与婚书及媒妁同视，于重婚罪之条件究有未符。	暂行新刑律	二九一

续表

年份	字别	号数	提　　要	律名	条文
五	上	三三三	关于让与，得依设定行为及习惯。	民法	三编五章
五	上	三三六	因养媳与子不睦，竟行强卖，虽得财礼，究非营利。	暂行新刑律	三五一
			因与子不睦，将养媳强卖，虽得财礼，不能指为营利。	暂行刑律补充条例	九
五	上	三三九	强卖之目的不在贪图身价，即非营利。	暂行新刑律	三四九
五	上	三四一	渔票运盐，逾额逾期，均应论私盐。	私盐治罪法	一
五	上	三五七	设局图骗，其赌博为诈财之方法。	暂行新刑律	二六
			设局图骗，其赌博为诈财之方法。	暂行新刑律	二七六
五	上	三六〇	担保物不敷清偿之余额，与普通债权同。	民法	三编九章一节
五	上	三六二	将卖出之子女复行诱匿另觅买主，系俱发罪。	暂行新刑律	二三
五	上	三六三	受遗人协议处分承继之产，非当然无效。	民法	五编五章三节
五	上	三六四	妻惟关于日常家事有代理权限。	民法	四编三章三节
五	上	三六七	缓刑有一定条件，被告人无请求权。	暂行新刑律	六三
五	上	三七四	鉴定结果应使当事人辩论。	民事诉讼条例	三二四
五	上	三七五	律所谓嫌隙及贤爱，俱不必有客观之事实，只须依立嗣人主观意思定之。	民法	五编二章二节
五	上	三七六	连续两次行使伪票，以连续犯论。	暂行新刑律	二八
五	上	三七八	遗弃罪以被害者为老幼、残废、疾病人为构成要件。	暂行新刑律	三三九
五	上	三八〇	因悔婚而不能履行者，应负赔偿之责。	民法	四编二章一节
五	上	三八五	妇人私抱之子，不能为义子。	民法	四编四章六节
五	上	二九四	讼费领收证系公文书。	暂行新刑律	二三九
			抄白厅批非公文书。	暂行新刑律	二三九
五	上	四〇〇	恋奸情热而将妇女和诱，为和奸之方法。伪造卖约，又为和诱之方法。	暂行新刑律	二六
			恋奸情热而和诱，并伪造卖约以备搪塞，应依二六条断。	暂行新刑律	二四三
			恋奸情热而将妇女和诱者，其和诱为和奸之结果。伪造卖约，又为和诱之方法。	暂行新刑律	二八九
			恋奸情热和诱妇女者，其和诱为和奸之结果。伪造卖约，又为和诱之方法。	暂行新刑律	三四九
五	上	四〇一	商业经理人关于营业为舍弃或认诺，无须另受特别委任。	民事诉讼条例	九三
			县知事将满营口粮马粮折价盈余入己，系公务上侵占。	暂行新刑律	三九二
五	上	四〇五	托词保释嫌疑犯，即系妨害公务。	暂行新刑律	一五三
			支使被提人逃逸，应成立一七七条罪。	暂行新刑律	一七七
			藏匿罪人，被侵害之法益系属国家，藏匿多人只成一罪。	暂行新刑律	一七七
五	上	四〇七	访友人其住所，乘机行窃，应处以《刑律》三六七条之罪。	暂行新刑律	三六七
五	上	四〇八	终结辩论，应令被告人为最后之陈述。宣告终结前，被告之请求不得拒绝。	刑事诉讼条例	三二四
五	上	四〇九	离婚后嫁女费用，由父支给。	民法	四编三章四节

续表

年份	字别	号数	提　要	律名	条文
五	上	四一〇	未抽头者，不能谓为营利。	暂行新刑律	二七八
五	上	四一三	定期赁物契约，若欠交赁费较久，出赁主亦可解约。	民法	二编二章五节
五	上	四一四	清算未完结前，不得求分伙产。	民法	二编二章一四节
			合伙员个人之债权人，就该伙员股分代位行使权利，只得主张应得红利或为依法解约。	民法	二编二章一四节
			退伙非向他合伙员明示或默示表示意思者，不生效力。	民法	二编二章一四节
五	上	四一七	告诉无效与未行使告诉权有别。	暂行新刑律	二八九
五	上	四二〇	同族公产为维持同族之和平，得由审判衙门令其分析。	民法	三编二章四节
五	上	四二六	事务管理不限于明受委托。	暂行新刑律	三九一
			属于他人物权而离其管有之财物之范围。	暂行新刑律	三九三
五	上	四二八	未定期债权，于催告后尚不清偿，应支付迟延利息。	民法	二编一章二节
			迟延利息之利率，应依市场公定利率或交易常情定之。	民法	二编一章二节
五	上	四三一	窃盗既遂未遂，以财物已未入手为准。	暂行新刑律	一七
			窃盗既遂未遂，以财物已未入手为准。	暂行新刑律	三六八
五	上	四三五	设局诱赌骗取钱财，系想象上俱发，应从一重处断。	暂行新刑律	三八五
五	上	四四四	夫不能以妻妾交恶拒绝同居。	民法	四编三章三节
			夫妇除协议外，不得主张析产。	民法	四编三章三节
五	上	四四八	造币厂员购入炭斤，以低货开高价，且给付军票而冒以铜元造报，系犯背任罪。	暂行新刑律	三八六
五	上	四四九	自出典至起诉时未满六十年者，仍得回赎。	清理不动产典当办法	二
五	上	四五二	合伙财产不足清偿债务，始能令各员负分任偿还之责。	民法	二编二章一四节
			合伙商店歇业，经理人代理权非因合伙解散当然消灭。	商人通例	三三
五	上	四五七	巧避重利之名违禁取利行为，其违禁部分无效。	民法	一编五章一节
五	上	四五八	第一审漏判部分不得控告。	民事诉讼条例	四九五
五	上	四六〇	准许立案之后，尚得就该事项起诉。	民事诉讼条例	四七一
			在上告审不得主张习惯法。	民事诉讼条例	五四二
五	上	四六一	捐助行为，不以立字据为要件。	民法	一编三章三节
			债权人虽历久未请求，其债权亦不消灭。	民法	一编七章三节
			覆判审更正初判权限。	覆判章程	四
五	上	四六三	当事人得提起中间确认之诉。	民事诉讼条例	三〇三
五	上	四六四	共同正犯须备在场或共同实施行为之要件。	暂行新刑律	二九
五	上	四七〇	金钱债务不得强以折价货币清偿。	民法	二编一章一节
五	上	四七一	买卖不得以银根紧迫为理由请求解除。	民法	二编二章一节三款

续表

年份	字别	号数	提　　要	律名	条文
五	上	四七五	家属之特有财产，不得归入公产。	民法	四编二章二节
			向妇女诡称带往看视其夫，旋即捏称为其孀居弟妇得财嫁卖，系属营利略诱。	暂行新刑律	三五一
五	上	四七六	潜入邻家图奸而无强胁行为，只构成无故侵入第宅罪。	暂行新刑律	二二五
五	上	四八二	合伙分担损失、分配利益标准均未定者，依出资多寡为准。	民法	二编二章一四节
五	上	四八三	共有财产处分之同意，不仅以约据为断。	民法	三编二章四节
五	上	四九五	铁路局员定购枕木，贪得酬金，串同商人以低货换交，系犯背任罪。	暂行新刑律	三八六
五	上	四九六	当事人提出之证物，不得强行销毁。	民事诉讼条例	三五一
五	上	四九八	非其职务上之行为而私取民财者，不得引用收受贿赂律处断。	暂行新刑律	三八二
五	上	五〇一	旗地已与民地一律者，得因不敷纳粮请求增租。	民法	三编五章
五	上	五〇四	迟延利息为保证人偿还责任之范围。	民法	二编二章二〇节
			婚书以凭媒写立，即为适法。	民法	四编三章一节
五	上	五〇五	数人同时保证无特约者，各应平均负责。	民法	二编二章二〇节
五	上	五〇八	为一定公益所捐集之财产，应专充原定事业之用。以移充他项公益者，应经长官许可，并得施主同意。	民法	一编三章三节
五	上	五一二	强盗预备犯，律无处罚明文。	暂行新刑律	一〇
			强盗预备［犯］，律无处罚明文。	暂行新刑律	三七〇
			加入秘密结社意图抢劫，实与《治安警察法》二八条之罪相当。	治安警察法	二八
五	上	五一四	受任人虚报处理事务情形，不能即以其虚报之数为准。	民法	二编二章一二节
			用钱收买伪币，托人介绍转售得利，系属意图行使伪币而交付于人。	暂行新刑律	二三二
五	上	五一五	商业使用人与代理商之区别。	商人通例	二九
			商业使用人中，经理人与他种使用人权限不同。	商人通例	三二
			代理商与商业使用人之区别。	商人通例	六〇
			代理商之意义又其权限除特别规定外，依委任契约定之。	商人通例	六〇
五	上	五一九	共同实施诬告者，应依二九条处断。	暂行新刑律	二九
五	上	五二一	分期归还债务契约之解除。	民法	二编一章二节
五	上	五二八	以营利为目的，用相当代价于人身上得有支配权，即成收受被和卖人之罪。虽托名借约，不能变更和卖之性质。	暂行刑律补充条例	九
五	上	五二九	直省旗圈地租价，可由县知事酌定。	直隶旗圈地售租章程	三
五	上	五三〇	占有人返还孳息之义务，因是否善意而异。	民法	三编一〇章
			占有应推定为善意。	民法	三编一〇章
五	上	五三一	债权人不能向债务人以外之人请求履行。	民法	二编一章二节
五	上	五三六	审判衙门得命当事人本人到场。	民事诉讼条例	二四六
五	上	五三七	债权人得代位行使债务人之债权。	民法	二编一章二节

续表

年份	字别	号数	提　　要	律名	条文
五	上	五四七	非有不易直接调查情形，不得援起诉前检厅记录定案。	刑事诉讼条例	三〇四
			非有不易直接调查情形，不得援起诉前检厅记录定案。	刑事诉讼条例	三一五
五	上	五四八	债务人不依约提出给付，不生清偿之效力。	民法	二编一章二节
五	上	五四九	骗取二人共同财产，不能以侵害两个法益论。	暂行新刑律	二三
五	上	五五六	前妻已离异而更娶者，后娶之妻不能以此为离异原因。	民法	四编三章四节
五	上	五六四	于事物之鉴别，非有特种之智识技能不辨者，始应命鉴定。	民事诉讼条例	三八五
五	上	五六五	对于违法立嗣久不告争者，应认为已抛弃其承继权。	民法	五编二章二节
五	上	五六六	所谓凭族长者，仅以族长为凭证之意。	民法	五编二章二节
五	上	五六九	守志妇立嗣之得尊长同意之方式，不必限于画押。	民法	五编二章二节
五	上	五七九	指示债权，须其证券载明指示字样，始与普通记名债权有别。	民法	二编四章
			商行为之代理人不示明本人名义之行为，仍直接于本人生效。相对人不知其为代理者，得对于代理人请求履行或拒绝本人请求。	商行为	一章
五	上	五八一	债务逾期不履行，得将抵押物变抵。	民法	三编九章二节
			抵押物价格，应依变卖所得计算之。	民法	三编九章二节
五	上	五八四	守志妇之立继权，无应孀守若干年之制限。	民法	五编二章二节
五	上	五八七	自认非经合法撤销，应以为认定事实及裁判之基础。	民事诉讼条例	三三〇
			《清理不动产办法》施行前未经终结案件，应依该办法处断。	清理不动产典当办法	一〇
五	上	五九五	主参加诉讼均应向本诉讼之第一审衙门提起。	民事诉讼条例	三一
五	上	五九七	强制执行，由第一审衙门管辖。	民事诉讼执行规则	四
			强制执行，由第一审衙门管辖。	民事诉讼执行规则	五三
五	上	五九八	有一去不返之意思者，为背夫在逃，应准离异。	民法	四编三章四节
五	上	六〇一	用火燃点油燃，被警瞥见火起，设法立时扑灭，尚属放火未遂。	暂行新刑律	一八六
			典物因兵变被劫，典铺主仍应赔偿。	商人通例	一
五	上	六〇四	自己所无之权利，不能抵押于人。	民法	三编九章二节
			警备队长犯二七二条之罪，应并科罚金。	暂行新刑律	二七二
五	上	六〇六	宥恕为离婚诉权之抛弃。	民法	四编三章四节
五	上	六一二	连续犯罪若侵害多数法益，仍以数罪处罚。	暂行新刑律	二八
五	上	六一三	从参加之要件。	民事诉讼条例	六七
五	上	六一四	私生女现无父母者，从余亲主婚。	民法	四编三章一节
五	上	六二二	父母俱亡之未成年人，除有指定监护人及近亲尊长外，应为之选定监护人。	民法	四编五章
五	上	六二七	收留被和诱人后，复与媒说一同列名婚书得价嫁卖，系营利、和诱共犯。	暂行新刑律	三五一

续表

年份	字别	号数	提 要	律名	条文
五	上	六二八	本宗兄弟情愿分给出继兄弟，以本生父之遗产者听。	民法	五编三章三节二款
五	上	六三〇	不履行之损害赔偿亦为保证人偿还责任之范围。	民法	二编二章二〇节
五	上	六三一	仅过期不行使债权，不为默示之免除。	民法	二编一章五节五款
			动产质权成立之要件。	民法	三编九章四节
五	上	六四一	承揽人不得藉口赔累声明解约。	民法	二编二章一〇节
			非法人组织之合伙，不得准用《公司条例》。	公司条例	三
五	上	六四三	共同诉讼人中一人上诉，其上诉理由虽与未上诉之他共同诉讼人利益相反，亦不得以他共同诉讼人列为被上诉人。	民事诉讼条例	六六
			诉讼拘束消灭之原因。	民事诉讼条例	二九六
五	上	六四四	夭亡未婚之独子，在无昭穆相当可为其父立继之时，得为立后。	民法	五编二章一节
			为夫立继权，惟正妻有之。	民法	五编二章二节
五	上	六五〇	退伙一经表示，即于合伙人间发生效力。	民法	二编二章一四节
五	上	六五三	讼争承领权利之谁属及承领之地是否荒地，皆属民事诉讼范围。	法院编制法	二
五	上	六五四	买休卖休者离异。	民法	四编三章四节
五	上	六五六	买休他人妻之契约无效。	民法	二编二章一节一款
五	上	六六〇	覆判发见证据未足者，当为覆审之决定。	覆判章程	四
五	上	六六一	遗产之给与亲女，不得超过嗣子所应承受之额数，且不得害及嗣子生计。	民法	五编六章
五	上	六六六	通常非有私法上权利之人，不得有诉权。	民事诉讼条例	二八六
五	上	六六九	以通常智识、技能不能认定之事实，应命鉴定。	民事诉讼条例	三八五
五	上	六七二	造意犯成立之标准。	暂行新刑律	三〇
五	上	六七七	将他人诱来之妇女捆打出押为娼者，为营利略诱之共同正犯。	暂行新刑律	三五一
			商号与营业一并转让，如无特约，转让人于十年内不得在同城镇乡内为同业之规定，不适用于《商人通例》施行前之转让。	商人通例	二二
			商号与营业一并转让，如无特约，转让人于十年内不得在同城镇乡内为同业之规定，不适用于《商人通例》施行前之转让。	商人通例施行细则	一〇
五	上	六八〇	公司得经理股东让与股票等事。	公司条例	一三二
			分配公积金之权利，如股分已经让与者，应归让受人。	公司条例	八三
五	上	六八二	择立贤爱，唯被承继人或守志妇有此权。亲族会议立嗣，除被承继人或守志妇生前有择立贤爱之明确表示外，须依法定次序。	民法	五编二章二节
五	上	六八四	遗弃罪成立之标准。	暂行新刑律	三四〇
五	上	六八五	掌管县署支应之员侵蚀公款，系公务上侵占。	暂行新刑律	三九二
五	上	六九〇	汇票所持人不得支付而未依习惯通知保证人者，失票据上权利。	票据	二章七节

续表

年份	字别	号数	提　　要	律名	条文
五	上	六九二	夫家祖父母、父母虐待孀妇者，丧失主婚权。	民法	四编三章一节
五	上	七〇五	理由中不能证明事实，即系违法判决。	刑事诉讼条例	四〇七
五	上	七〇九	无权设定抵押权，经所有人追认，亦有效。	民法	三编九章二节
五	上	七一二	退伙若践行习惯上方式者，就嗣后伙债即应免责。	民法	二编二章一四节
五	上	七一七	夫之语言、行动足使其妻丧失社会上之人格者，为重大侮辱。	民法	四编三章四节
五	上	七二七	包围地之所有人，有邻地通行权。	民法	三编二章二节
			通行地役权，因设定行为而取得。	民法	三编八章
			在控告审未经声明不服之事项，不得在上告审声明不服。	民事诉讼条例	五三二
五	上	七二九	组织亲族会之合法人员。	民法	四编六章
五	上	七三一	代理人权限内之行为，其效力直接及于本人。	民法	一编五章三节
五	上	七三四	受任人消费其所应为委任人利益使用之金额者，应自消费时起付息。	民法	二编二章一二节
五	上	七四二	虐待侮辱舅姑而为所宥恕者，不得再请离异。	民法	四编三章四节
五	上	七四六	契约目的仍在交付现货者，非卖空买空。	民法	二编二章一七节
五	上	七四八	将人追赶落水身死，仍论伤害致死罪。	暂行新刑律	一三
			强盗事前与谋事后分赃，系共同正犯，非造意犯。	暂行新刑律	二九
五	上	七五二	被废继子不得过问其后承继之事。	民法	五编二章二节
五	上	七五七	希图酬谢，屡索不给，夺取耕牛以待说赎，与强盗之故意强取不同。	暂行新刑律	三七〇
五	上	七七三	使用主就被用人执行事务加于第三人之损害，通常须任赔偿之责。	民法	二编八章
五	上	七七八	异姓义子不得充当房长。	民法	五编二章三节
五	上	七七九	嗾令十岁幼女偷窃商店物品归其收受，是为间接正犯。	暂行新刑律	二九
			嗾令十岁幼女偷窃赃物，亦归其收受，是为间接正犯。	暂行新刑律	三六七
五	上	七八一	原典时地价高于现时或与现时相当者，无加价回赎之可言。	清理不动产典当办法	六
五	上	七八四	行使先买权，须照时价给值。	民法	三编四章
五	上	七九二	带地投充之人有佃权。	民法	三编五章
			收买他人亲女意令为娼立契，诈称作媳，尚不得以诈术论。	暂行新刑律	三四九
五	上	七九六	经理人无擅免店伙长支之权。	商人通例	三二
			经理人有指挥监督店伙之责。	商人通例	三三
五	上	七九七	债务经手人须俟债务人明确债务有归著，并债权人确有可受偿方法者，其责任始完尽。	民法	二编二章一一节
五	上	八〇一	继子之处分家产权，得以契约让与所后之母。	民法	五编三章三节一款
五	上	八〇三	已谕知之判决，原审判衙门不得自行撤销。	民事诉讼条例	二七一
五	上	八一三	兄弟不问同母与否，应分担未嫁姊妹养赡之费。	民法	四编七章
五	上	八一四	退伙注册之规定，不溯及既往。	矿业条例	

续表

年份	字别	号数	提　　要	律名	条文
五	上	八一五	抵销不必债额相同。	民法	二编一章五节三款
五	上	八一五	经理人有清理债务处办营业事项之权限。	商人通例	三二
五	上	八一五	受军事裁判所之裁判，不能向普通司法衙门声明上诉。	法院编制法	二
五	上	八一七	民刑事混合审判，根本上不能有效。	法院编制法	二
五	上	八一八	定普通审判籍，以起诉时之住址为准。	民事诉讼条例	一五
五	上	八一九	无权代理行为之相对人，不能向本人请求赔偿。	民法	一编五章三节
五	上	八一九	无权代理人即为事务管理，除本人追认外，须其行为利于本人且合本人真意，始得请求偿还所垫费用之全部。	民法	二编六章
五	上	八一九	事务管理人所垫费用，若非行为利于本人或合本人真意者，本人仅须归还现存利益。	民法	二编七章
五	上	八一九	《盗匪法》三条五款之罪，无适用《刑律》三七三条之余地。	惩治盗匪法	三
五	上	八二〇	财团法人解散，无人清理，施主得为一切有益于法人之行为。	民法	一编三章三节
五	上	八二〇	财团法人之事项，除有习惯法则外，应以条理为准。	民法	一编三章三节
五	上	八二〇	施主对于财团法人之董事有监察权。	民法	一编三章三节
五	上	八二二	仅住居于公庙所在地之人，对于公庙无权过问。	民法	一编三章三节
五	上	八二六	合伙解散所余货物账项，不得强一员顶受。	民法	二编二章一四节
五	上	八三〇	债务契约，得为同时履行抗辩。	民法	二编二章一节二款
五	上	八三〇	在控告审得新为利息之请求。	民事诉讼条例	五一三
五	上	八三二	附带控告，须对于上诉人为之。	民事诉讼条例	五二七
五	上	八三三	届十六岁即为成丁，不必满岁。	民法	一编二章二节
五	上	八三三	计算年龄，不必满岁。	民法	一编六章
五	上	八三三	出立担保字据，不为私擅用财。	民法	四编二章二节
五	上	八三四	族人取得身分之是否合法，非主修谱牒之人所得审查。	民法	四编一章
五	上	八三四	率众行凶，对于所生杀伤行为，应均负共犯之责。	暂行新刑律	二九
五	上	八三八	判决书内缮写错误，不得为上诉理由。	民事诉讼条例	二七二
五	上	八四〇	家长与妾解除契约，不适用离婚之规定。	民法	四编二章二节
五	上	八四三	妾生子，不得由众母行使亲权。	民法	四编四章一节
五	上	八四三	行亲权者，得限定子之住所。	民法	四编四章一节
五	上	八四九	合伙营业之移转，须全员同意。	民法	二编二章一四节
五	上	八五〇	由翁作主立嗣，未经守志妇表示情愿者，不生效力。	民法	五编二章二节
五	上	八五一	非利害关系人，不得主张行为无效。	民法	一编五章五节
五	上	八五二	再审程序分为三段。	民事诉讼条例	五七七
五	上	八五七	重婚罪不成立于订婚之时，而成立于举行婚礼之时。	暂行新刑律	二九一
五	上	八五七	前婚已经离异，即不成重婚。	暂行新刑律	二九一
五	上	八六二	请求保护因行政行为设定之私权者，应由普通法院受理。	法院编制法	二

续表

年份	字别	号数	提　　要	律名	条文
五	上	八六五	持枪互斗，虽一造因枪炸自行轰伤身死，彼造仍应负杀人未遂之责。	暂行新刑律	一七
			持枪互斗，虽一造因枪炸自行轰伤身死，彼造仍应负杀人未遂之责。	暂行新刑律	三一一
五	上	八六七	减成分偿之契约至期不履行，则债权人有解除权，仍可诉请照额清偿。	民法	二编二章一节二款
五	上	八六九	兼祧子应分别侍养两房父母。	民法	四编四章四节
			小宗之子非必须承继大宗。	民法	五编二章二节
五	上	八七〇	冒为他人之子而定婚者，足为彼造撤销理由。	民法	四编三章一节
五	上	八七二	妇虽犯奸，夫不愿离，不得由舅姑嫁卖。	民法	四编三章四节
五	上	八七三	京师习惯铺东添盖房屋房东无异议，即发生铺底权。	民法	三编七章
五	上	八七四	控告审得斟酌第一审调查之证据。	民事诉讼条例	五一二
五	上	八七五	当事人两造应使对席辩论。	民事诉讼条例	二四〇
五	上	八七七	择立姑表兄弟之子为嗣无效。	民法	五编二章二节
五	上	八七八	砍损门槅，不为损坏建筑物罪。	暂行新刑律	四〇五
五	上	八八一	定有回赎期限者，过期不赎，应听凭作绝。	清理不动产典当办法	二
五	上	八八二	外国公司在中国开设支店，其经理人自身应就其行为对第三人负责。	公司条例	六
五	上	八八七	一不动产不得设定数典权。	民法	三编三章
五	上	八八八	出卖抵押物，应为善良管理人之注意。	民法	三编九章二节
五	上	八九七	典主非当然有先买权。	民法	三编四章
五	上	九〇二	为当事人之自治会停办，诉讼程序中断，非接管该事务之县知事，不能受继。	民事诉讼条例	二一三
五	上	九〇五	对于占有人告争所有权，如不能为切当证明，应判决败诉。	民事诉讼条例	三二七
			对于占有人告争所有权，如不能为切当证明，应判决败诉。	民事诉讼条例	三二八
五	上	九〇七	未定期之租赁，其解约应从习惯。	民法	二编二章五节
五	上	九一二	因契字不明或有特别情事，得以他证证明。	民事诉讼条例	四二七
五	上	九一六	当事人得委任律师为诉讼代理人。	民事诉讼条例	八二
五	上	九一七	迟延利息给付之时期。	民法	二编一章二节
五	上	九二〇	在上告审不得扩张请求。	民事诉讼条例	五四二
五	上	九二三	民事执行致被拘摄者，为刑律上按律逮捕人。	暂行新刑律	一六八
			盗取囚徒若对于护送官员未加相当之强迫，尚不能加重处断。	暂行新刑律	一七〇
五	上	九二五	奸生子不得以亲生子论。	民法	四编四章五节

续表

年份	字别	号数	提　　要	律名	条文
五	上	九三一	债权让与应通知债务人之例外情形。	民法	二编一章三节
			期条一面载有起货权利，一面载有交价义务，并注有至期兑交字样者，非债务约束。	民法	二编二章一九节
			债务约束系以除去债务人关于债权原因之抗辩为目的。	民法	二编二章一九节
			关于习惯法之证明及阐明。	民事诉讼条例	三三四
			期票一面记明买主债权，并一面记明其债务者，非期票。	票据	三章
五	上	九三二	僧徒忘恩负义，其师得解除关系。	管理寺庙条例	
五	上	九三七	祖制药方系属专卖特许之性质。	特许法	
五	上	九三八	事实上权利已移转者，不论是否合法，不得再争。	管理寺庙条例	
五	上	九四五	奉省典产之回赎，仍依《田房税契章程》办理。	清理不动产典当办法	九
			《田房税契章程》不因《清理典当办法》而失效。	奉天旗民各地及三园税契试办章程	
五	上	九四九	共有人一人有权代理他共有人以处分共产者，仍直接对各共有人生效。	民法	一编五章三节
五	上	九五〇	第一审判决未经声明不服之部分，无从改判。	民事诉讼条例	五一八
五	上	九五一	数次行为出于同一之意思，应认为连续犯。	暂行新刑律	二八
五	上	九五三	债务人不得强以抵押物代充清偿。	民法	三编九章二节
			抵押物卖价有余，应返还原主。	民法	三编九章二节
			以伪造契据投税，经官署黏尾盖印以伪造私文书，为重罪。	暂行新刑律	二六
			以伪契投请官署黏给契尾者，为使官员交付执照。	暂行新刑律	二四一
五	上	九五六	抛弃承继权者，不能告争承继。	民法	五编二章二节
五	上	九五八	将房屋拆卸后焚毁，其焚毁即为损坏建筑物之方法。	暂行新刑律	一八八
			将房屋拆卸后焚毁，有方法结果之关系。	暂行新刑律	四〇五
五	上	九五九	族地因自种撤佃，须地主在生活上实有自种必要。	民法	三编五章
五	上	九六〇	名誉受侵害，得请求赔偿或慰抚。	民法	一编二章五节
			损害赔偿之诉，不能以当事人未明示数额拒绝受理。	民事诉讼条例	二八五
			大理院发还更审之案，下级审不得违背其法令上之意见。	法院编制法	四五
五	上	九六一	守志妇之生活费用取给于遗产，其数额依财产及地位定之。	民法	四编七章
五	上	九六三	擅卖妻之妆奁，非离婚原因。	民法	四编三章四节
五	上	九六七	侵权行为之赔偿，以有实害为要件。	民法	二编八章
			私擅处分共有物者，为侵权行为。	民法	二编八章
五	上	九七〇	津埠有铺底房之房主，不得无故不租之习惯有效。	民法	三编七章
五	上	九八一	经理人虽挪用存款，而商店主人对于存户仍应负责。	商人通例	三二
五	上	九八二	分产后已经合并，则此后分析自应一并重分。	民法	五编三章三节三款

续表

年份	字别	号数	提　　要	律名	条文
五	上	九八四	经理人权内行为，不论主人是否受益，均应负责。	商人通例	三二
五	上	九八五	契约合法成立无失效原因，两造均应受其拘束。	民法	二编二章一节一款
五	上	九八六	歇业后未经解任之经理人，负清理债务之责。	商人通例	三三
五	上	九八八	入赘时承继宗祧之约定，不能认为有效。	民法	五编二章二节
五	上	九九〇	未成年人财产管理人之顺位。	民法	四编五章
			继书遗嘱及曾否即时过房，均非承继要件。	民法	五编一章
			近亲不得擅代择立。	民法	五编二章二节
五	上	九九三	关说官府所立之执帖，不能认为有效。	民法	一编五章一节
五	上	九九八	买卖当事人与介绍人所约定之报酬，应认为有效。	民法	二编二章一一节
五	上	九九九	以抵押权另行转押只不超过原押范围，其抵押权不能因之失效。	民法	三编九章二节
五	上	一〇〇四	分财异居之子，就于父债非经承任，无当然清偿之责。	民法	二编一章四节
			起诉可向被告普通审判籍所在地之审判衙门为之。	民事诉讼条例	一四
五	上	一〇〇九	所有人自造契据再行押款，为法所不许。	民法	三编九章二节
			第三人因原被通谋诈害债权，对于该两造提起之共同诉讼，为必要共同诉讼。	民事诉讼条例	六七
五	上	一〇一二	被害人有过失者，得酌减赔偿额。	民法	二编八章
			各加害人无意思之联络者，应各就所加损害为赔偿。	民法	二编八章
			应注意并能注意而不注意者为有过失，亦构成侵权行为。	民法	二编八章
五	上	一〇一三	在请求履行合伙债务之诉，不得判令未经被诉之合伙员清偿其所应负担之部分。	民事诉讼条例	四六一
五	上	一〇一四	公款无先受清偿之理由。	民法	二编一章二节
五	上	一〇一五	所有权让受人之权利范围。	民法	三编二章一节
			佃权人得为转佃，因转佃取得权利之第三人，亦得对抗业主。	民法	三编五章
五	上	一〇二二	委托代理商代买者，就代理商所欠之债应偿还。	商人通例	六〇
五	上	一〇二五	书据之真伪自行核对笔迹已足判别者，毋庸命行鉴定。	民事诉讼条例	三八五
五	上	一〇二六	债权移转后，债务人仍应照旧付息。	民法	二编一章三节
五	上	一〇二七	占有人得请求返还必要费。	民法	三编一〇章
			占有人取得孳息者，应负担通常必要费。	民法	三编一〇章
五	上	一〇二八	夫妇关系非有法定原因，不得离异。	民法	四编三章四节
			亲生子不得任意脱离关系。	民法	四编四章二节
五	上	一〇三〇	典产不得回赎者有三种。	清理不动产典当办法	一
五	上	一〇三一	验契与证据力之关系。	民事诉讼条例	四二七
五	上	一〇三二	保证人不限于金钱债务。	民法	二编二章二〇节

续表

年份	字别	号数	提　　要	律名	条文
五	上	一〇三四	奉天全省旗民及三园各地，皆适用《整顿田房税契章程》。	奉天旗民各地及三园税契试办章程	
五	上	一〇三六	承认他造主张事实而另举新事实以为抗辩者，应负举证责任。	民事诉讼条例	三二八
五	上	一〇三八	依本人真意或可推知之意，用最利之方法为事务管理者，得对本人请求所垫出之费用及利息，并偿还代负之债务。	民法	二编六章
			事务管理人违本人意思为处分行为后，经本人追认者，与曾委任同。	民法	二编六章
五	上	一〇四〇	转典房屋延烧，亦应分担损失。	民法	三编三章
			因有犯罪嫌疑而命中止者，应该嫌疑事项确影响于审判方可。	民事诉讼条例	二二〇
五	上	一〇四七	法律行为之无效，非有利害关系之人不得主张。	民事诉讼条例	二八七
五	上	一〇四八	主婚并无一定形式。	民法	四编三章一节
			因悔约另嫁而请求撤销后夫之婚姻者，审判衙门应尽指谕之责。	民法	四编三章二节
五	上	一〇五一	交付定银非区别买空卖空与否之惟一标准。	民法	二编二章一七节
			订约之初确有交付买卖之意义者，非买空卖空。	民法	二编二章一七节
五	上	一〇五八	笔录虽未记明依法朗读，而当事人当时并未主张又未指出错误者，不得藉以推翻原判。	民事诉讼条例	二五六
五	上	一〇六三	以通行市价较低于法定价格之货币清偿者，债务人应补偿其比价所生之差额。	民法	二编一章一节
五	上	一〇七三	夫妇受彼造重大侮辱者，离异。	民法	四编三章四节
			惯行殴打即为不堪同居之虐待。	民法	四编三章四节
五	上	一〇七七	新股东分受利益之范围。	公司条例	二六
五	上	一〇八九	捐助财产未保留所有权者，则虽原定目的消灭，原施主及其后人亦不得处分。	民法	一编三章三节
			仅以财产之一时使用为捐施者，施主及其后人得任意收回自由处分。	民法	一编三章三节
			捐施虽未交契据，仍得依他项方法证明。	民事诉讼条例	四二七
五	上	一〇九四	在上告审不得提出抵销抗辩。	民事诉讼条例	五四二
			执行之财产，毋庸于判决时预行指定。	民事诉讼执行规则	四
			经理人怠于监督，店伙应任赔偿。	商人通例	三三
五	上	一一〇二	于具结表示心服外，并已遵判履行义务行使权利者，有舍弃控告权之效力。	民事诉讼条例	四九八
五	上	一一〇四	买主自卖主交物时起，条理上应付价金之利息。	民法	二编二章二节二款
			卖主已交物，买主不付价者，卖主得解除。	民法	二编二章二节二款
			卖主交物虽未足全部，买主亦已付价一部者，不得解除。	民法	二编二章二节二款
五	上	一一〇五	从前州县之判决，亦有时生既判力。	民事诉讼条例	四七一
五	上	一一〇六	债权人对于一部给付之拒绝，自不负迟延之责。	民法	二编一章二节
			债权人负迟延责任者，应交还或赔偿质物所生之孳息。	民法	三编九章三节

续表

年份	字别	号数	提　要	律名	条文
五	上	一一〇七	父子、祖孙、兄弟、夫妇互有抚养义务。	民法	四编七章
五	上	一一一六	守志妇表示不愿立嗣之意思无效，其生前未择立者，应由亲族会择立。	民法	五编二章一节
			不能因序属次房听其绝嗣。	民法	五编二章一节
			所继人不得为遗产全部之遗赠行为。	民法	五编六章
五	上	一一一七	有主婚权人强嫁孀妇者，其婚姻之成立与否，视事实上已未成婚为断。	民法	四编三章一节
五	上	一一二〇	标的物瑕疵，卖主任担保责任。	民法	二编二章二节二款
五	上	一一二三	律载义子以抚养在家者为限，习俗之干儿不能即为义子。	民法	四编四章六节
五	上	一一二五	代理人权限内自认，不得无故撤销。	民事诉讼条例	八八
五	上	一一三二	守志妇生存时，不得径由亲族会公议立嗣。	民法	五编二章二节
五	上	一一三九	舍亲后疏不为违法。	民法	五编二章二节
五	上	一一四一	出票人不得以对受票人之抗辩对持票人拒绝支付。	票据	一章
五	上	一一四二	质权人得收回其所附加之工作物。	民法	三编九章三节
五	上	一一四六	债务人仅空言提出给付，则债权人不负迟延之责。	民法	二编一章二节
五	上	一一四七	债务人既约减成偿还后，仍可请求破产。	破产法	
五	上	一一六三	无主闲荒，系指官荒之未经人民占有者而言。	奉天清赋章程及续订章程	
五	上	一一六七	有妻欺饰更娶者，后娶之妻应离异。	民法	四编三章一节
			有妻再娶先经通知者，后娶之人为妾，不得离异。	民法	四编三章一节
			兼祧亦不许并娶。	民法	四编三章四节
五	上	一一六八	亲属关系业经脱离之人，不在禁止作证之列。	民事诉讼条例	三六四
五	上	一一七一	受任人违反委任人之指示，委任人不得以之对抗善意第三人，主张其行为无效。	民法	二编二章一二节
五	上	一一七六	就诉讼拘束中之事件更向他法院起诉，如两造曾在他法院为本案辩论，则有时得认为已将前之起诉合意撤回。	民事诉讼条例	二九五
五	上	一一七八	合伙员不得以未订合同与合伙债权人对抗。	民法	二编二章一四节
五	上	一一七九	若系事不关己，亦非代表有权利之人，不得有诉权。	民事诉讼条例	二八六
五	上	一一八三	无资力合伙员独自认还，而合伙债权人仍得请求有资力之合伙员按股摊偿或按股代偿。	民法	二编二章一四节
			合伙营业，虽对外尚有债权，亦不得据为缓限理由。	民法	二编二章一四节
五	上	一一八六	设定监护人，不必限于未成年人父母俱亡之后。于其母管理不当时，亦得另行设定。	民法	四编五章
五	上	一一八七	双务契约须经定期催告仍不给付，始可解除。	民法	二编二章一节二款
五	上	一一八八	子之私擅处分，须经其父追认，始能有效。	民法	一编五章五节
五	上	一一八九	裁判根据，不能出于当事人请求原因之外。	民事诉讼条例	四五一
五	上	一一九二	新股东就该公司所欠之旧债，亦负责任。	公司条例	三六

续表

年份	字别	号数	提　　要	律名	条文
五	上	一一九三	定期汇票之目的，若至期仅依市价决算赔赚，即为买空卖空。	民法	二编二章一七节
五	上	一二〇四	一事不许再理。	民事诉讼条例	四七一
五	上	一二〇六	典当银钱业之经理人，有代主人借贷之权。	商人通例	三三
			典当银钱业以外之经理人借贷行为，原则上效力不及主人。	商人通例	三三
五	上	一二〇九	嫡母有优先管理庶子财产之权。	民法	四编四章一节
			被废妾对其所生子女丧失亲权。	民法	四编四章一节
五	上	一二一一	地上权存续期间，得依建筑物得以利用之时期为标准定之。	民法	三编六章
			地上权之让与，不能涉及土地及超过期限。	民法	三编六章
			地上权之性质与土地租赁不同。	民法	三编六章
五	上	一二一六	律载私债免追之规定，不适用于妓女之自愿借债。	民法	二编一章二节
五	上	一二一八	移转债权，不得仅由债权人为片面之表示。	民法	二编一章三节
五	上	一二二二	租赁期满，在租赁物上耕作牧养之物如不能收益，应连同交还业主，由业主偿还费用。	民法	二编二章六节
五	上	一二三〇	笔录无须当事人署名、盖章，只当庭朗读，即有相当效力。	民事诉讼条例	二五六
五	上	一二三八	承揽工事所需物料价值，承揽人是否得有折扣，于定作人应付工价无涉。	民法	二编二章一〇节
五	上	一二三九	庶出遗孤应归嫡母抚养之例外情形。	民法	四编四章三节
五	上	一二四七	招婿者不问其意思如何，仍须立继，以承宗祧。	民法	五编二章一节
			律载所后之亲，系兼指所后之父与母。	民法	五编三章二节
五	上	一二五二	协谐契约，如有习惯，得拘束少数债权人。	破产法	
五	上	一二五四	兼承他房宗祧者，于本生父其后所生兄弟，仍为同父周亲。	民法	五编二章二节
五	上	一二六〇	经理人无处分不动产之权。	商人通例	三二
五	上	一二六一	监护人不能舍弃被监护人之财产。	民法	四编五章
五	上	一二六四	伙产为合伙债权人之特别担保，得优先受清偿。	民法	二编二章一四节
五	上	一二七〇	构成铺底之要素及常素。	民法	三编七章
五	上	一二七一	以特约指定用某种货币秤色者，无论债务人所受者为何种货币，均应受其拘束。	民法	二编一章一节
五	上	一二七二	更审范围不以发还事项为限。	民事诉讼条例	五二二
五	上	一二八〇	业主不得径向转典人找绝。	民法	三编三章
五	上	一二八一	律所谓同居，系对于分财异居者言。	民法	四编二章二节
五	上	一二八七	入伙不以实交股票、收执股票为要件。	民法	二编二章一四节
五	上	一二九三	代位清偿之原因有二种区别。	民法	二编一章二节
五	上	一二九五	典产灭失，亦应分担损失。	民法	三编三章
五	上	一二九六	典产未定年限者，得随时取赎。	民法	三编三章
五	上	一三〇〇	习惯事实，除有自认或于法院显著或为其职务所已知者外，应依证据认定。	民事诉讼条例	三三四
五	上	一三一八	邻地自然流入之水，不得妨阻。	民法	三编二章二节

续表

年份	字别	号数	提　要	律名	条文
五	上	一三四八	卑幼私财，当然传诸其子。	民法	五编三章二节
五	上	一三七四	继产管理权在嗣子。	民法	四编四章四节
五	上	一三七四	嗣子未定时，遗产管理权之归属。	民法	五编四章
五	上	一三九〇	以第三人之物供抵押，因而丧失所有者，该第三人有求偿权。	民法	三编九章一节
五	上	一三九〇	利息应受抵押权之担保。	民法	三编九章二节
五	上	一三九六	不容使应行有后之子无后，而径为其父立嗣。	民法	五编二章一节
五	上	一三九八	隐名合伙财产专属出名营业人，非总合伙员共有。	民法	二编二章一五节
五	上	一四一六	抵押物让受人非因过失而不知抵押权者，应受相当保护。	民法	三编九章二节
五	上	一四二四	不得于所后之亲，须客观的不能与所后之亲圆满相处。	民法	五编二章二节
五	上	一四二六	逾限不准回赎之规定，须典当有效，始得适用。	奉天旗民各地及三园税契试办章程	
五	上	一四三四	私权有将受侵害之虞者，得提起诉讼。	民事诉讼条例	二八五
五	上	一四三六	嗣子如为应立继之人，不得因其身故无子，别为其父立继。	民法	五编二章一节
五	上	一四四五	守志妇不得藉口贤爱，以不备条件之独子兼祧。	民法	五编二章二节
五	上	一四四五	亲族会立嗣，不得援用择贤择爱之例。	民法	五编二章二节
五	上	一四四八	无权利人擅卖他人土地时，买主苟非共同侵害，则非侵权行为。	民法	二编八章
五	上	一四五二	合伙员认还他伙员所应分担之部分，不能对抗债权人。	民法	二编二章一四节
五	上	一四五二	执行业务员有无为合伙借贷权限，因其营业性质而异。	民法	二编二章一四节
五	上	一四五二	不变期间不许伸缩。	民事诉讼条例	一九八
五	上	一四五七	虐待至不堪同居者，离异。	民法	四编三章四节
五	上	一四五九	惟所有人得主张无权处分之无效。	民法	一编五章五节
五	上	一四八九	族长到场画押，非立嗣要件。	民法	五编二章二节
五	上	一四九一	先买权人经通知而不为买受之表示者，丧失先买权。	民法	三编四章
五	上	一五〇四	未届清偿期，保证人不负责。	民法	二编二章二〇节
五	上	一五〇五	诉讼物之金额，以起诉时之请求实数为准。	民事诉讼条例	六
五	上	一五一六	定期买卖与买空卖空之区别。	民法	二编二章一七节
五	上	一五一七	合伙员还出所侵蚀之伙产清偿伙债者，与自己出资不同。	民法	二编二章一四节
五	上	一五一七	合伙员向他员求偿，以自己出资使他员免责为要件。	民法	二编二章一四节
五	上	一五一七	就本诉与反诉得先为一部终局判决。	民事诉讼条例	四五二
五	上	一五二八	未经主婚权人之主婚者，主婚权人得请求撤销。	民法	四编三章二节
五	上	一五三一	婚姻解消后之妻，得再为其前夫之妾。	民法	四编二章二节
五	上	一五三三	异姓乱宗，惟有正当之承嗣权者，始得告争。	民事诉讼条例	六八九
五	上	一五三四	成立妾之身分，不须备何种方式。	民法	四编二章二节
五	上	一五四五	破产限制之例，不适用于一般歇业商店。	破产法	

续表

年份	字别	号数	提　　要	律名	条文
五	上	一五六一	审判衙门不得反乎当事人之意思，判令舍弃权利。	民事诉讼条例	四五一
五	上	二三一七	劳力出资者，除特约及习惯外，不分担损失。	民法	二编二章一四节
五	上	九五五二	官地浮多，由佃户先报。	奉天清赋章程及续订章程	
五	非	三	私和人命，捏报溺毙，垦准领尸，系以诈术使官员为一定之处分。	暂行新刑律	一五三
五	非	五	事前帮助必与正犯之实施行为有直接关系。	暂行新刑律	三一
五	非	七	逼索赌债未至以加害生命相胁迫，虽欠债人愁急自尽，不负刑责。	暂行新刑律	一〇
			没收物以动产为限。	暂行新刑律	四八
			逼索赌债未至以加害生命相胁迫，不因欠债人愁急自尽而负刑责。	暂行新刑律	三五七
			于土地先已典得后，因赌欠作为加价杜卖，不可谓因犯罪直接所得之物。	暂行新刑律	四八
五	非	一五	将人推扑倒地致头部触石，伤重身死，系伤害人致死罪。	暂行新刑律	三一三
五	非	二三	轮船航行中，因风过失酿命，不归公司负刑事责任。	暂行新刑律	三二六
五	非	三一	投递白禀即有侮辱之词，尚不合于公然条件。	暂行新刑律	一五五
五	非	三九	因案在法庭坚求发誓，不服制止，仅能受《法院编制法》之制裁，不构成《刑律》之侮辱官员罪。	暂行新刑律	一五五
五	非	四八	犯人所持之物，于实施犯罪行为不能证明其有直接关系，又非犯罪所得，即未便没收。	暂行新刑律	四八
五	非	五二	《刑律补充条例》七条之解释，应以奸夫奸妇为限，不能以他人犯罪远因于奸通，一律认为因奸酿成他罪。	暂行刑律补充条例	七
五	非	五八	脱逃罪之成立，必已经逮捕监禁后脱逃者，始能构成。	暂行新刑律	一六八
五	非	六五	禀词写列判决“不公断、不允许”等语，不为侮辱官员。	暂行新刑律	一五五
五	非	七二	继母为尊亲属。	暂行新刑律	八二
五	非	八四	在外接赃，系分担一部分之实施，与侵入窃盗同负其责。	暂行新刑律	三六八
五	私上	一〇二〇	更审之裁判，必以上告审法令上之意见为基础以为裁判。	法院编制法	四五
五	私上	六	侵权行为人是否受益，于赔偿责任无涉。	民法	二编八章
五	私上	二四	共同侵权行为不知孰加害者，同负赔偿责任。	民法	二编八章
五	私上	二八	无祖父母与父者，当然由母主婚。	民法	四编三章一节
			孀妇改嫁，应由母家主婚权者，夫家余亲无干涉权。	民法	四编三章一节
五	私上	三一	私诉程序中提出抵销抗辩者，苟合条件而无碍于公判之进行，亦得准许。	刑事诉讼条例	六
五	私上	三二	民刑诉讼未可混合审判。	民事诉讼条例	二二〇
五	私上	三五	关于所谓回复损害之请求，适用普通损害赔偿之法则。	刑事诉讼条例	三

续表

年份	字别	号数	提　　要	律名	条文
五	私上	三九	因私债强夺债务人孳畜产业者，除本利外，应归还余物，即返还不当利得之法理。	民法	二编七章
五	私上	四二	被害人因身体受害致财产上受害者，亦应调查其实害，以为赔偿。	民法	二编八章
六	声	一	合法上告状漏未申送，致上告审驳斥上诉，应准回复原状。	刑事诉讼条例	二一四
六	声	一六	证据不足以外之事由，指犯人亡故、大赦或经时效等情事而言。	民事诉讼条例	五六九
六	声	五三	泛言相对人有不法行为，不得为再审理由。	民事诉讼条例	五六九
六	声	五七	初级案件应以高等厅为终止，不问其已否判决。	法院编制法	二七
六	声	七五	再审之诉，以不停止执行为原则。	民事诉讼条例	五七八
六	声	一二五	质权成立之先后，不以投税为准。	民法	三编五章三节
六	抗	二	一家人口赖受刑人为生活，不能谓为执行实有窒碍。	暂行新刑律	四四
六	抗	三	判决已确定者，不得声明不服。	民事诉讼条例	四七二
六	抗	一一	各债权人分请执行时，亦得合并行之，不得仅以请求在先而主张优先权。	民事诉讼执行规则	四
			初级案件之再审及抗告，亦以高等厅为终止。	法院编制法	二七
六	抗	一八	合意所生之先买权，仅能拘束当事人。	民法	三编四章
			再审案件，原审判官毋庸回避。	民事诉讼条例	四二
六	抗	二六	易科罚金，应由审判官之裁量。若易科之原因并不存在，更无适用换刑处分之余地。	暂行新刑律	四四
六	抗	二八	依《惩治盗匪法》审实之案件，不许当事人上诉。	惩治盗匪法	五
六	抗	一九	覆判判决后，仍准声请回复上诉权。	覆判章程	一
六	抗	三一	新书状不能提出其原本、缮本，或显然不能受利益裁判，或欲使用他人所持书状而不能证明者，应认再审之诉为不合法。	民事诉讼条例	五六八
六	抗	三七	债务人于停止支付或呈报破产后，重复设定担保物权，其行为无效。	破产法	
			债务人得向审判衙门请求破产。	破产法	
			债务人呈报破产，得将设有担保物权之财产一并开报。	破产法	
六	抗	四四	何谓证据决定。	民事诉讼条例	三三八
六	抗	四五	所谓得于营业所所在地行之者，非谓原告必在其地起诉。	民事诉讼条例	一八
六	抗	五四	现在会审公廨所为之裁判，法律上无效力。	民事诉讼条例	四七五
六	抗	七三	被告人状请免刑，是已声明不服。	民事诉讼条例	三九一
			被告人状请免刑，是已声明不服。	民事诉讼条例	三九八
六	抗	七六	所为他项诉讼，乃指系属于他衙门尚未终结者而言。	民事诉讼条例	二一九
六	抗	八三	对于侦查处分，不得抗告。	民事诉讼条例	四三一
六	抗	九〇	同一担保物上多数担保权竞合之办法。	民事诉讼执行规则	四
六	抗	九二	维持法庭秩序为审判长之职权，非当事人所得据以请求。	法院编制法	六一

续表

年份	字别	号数	提　　要	律名	条文
六	抗	九六	义务人不依和解履行，得请求执行。	民事诉讼执行规则	四
六	抗	九八	对于大理院之裁判，不得更行抗告。	法院编制法	三六
六	抗	一〇一	控告审衙门首应调查控告是否合法。	民事诉讼条例	五〇七
六	抗	一〇五	判决确定后，如有和解，得拒绝执行。	民事诉讼条例	四五〇
			判决后成立和解，可拒绝判决之执行。	民事诉讼执行规则	四
六	抗	一一八	送达之收受日期，以签载送达证内者为凭。	民事诉讼条例	一七二
			原审衙门仅负转送上诉状之义务。	民事诉讼条例	五〇二
六	抗	一二一	第三人对执行标的物不得依抗告程序声明不服。	民事诉讼执行规则	五四
六	抗	一三〇	债务人已在破产之状态时始为债权人设定优先权者，其优先权无效。	破产法	
六	抗	一三三	债权有担保物权者，先就该担保物执行。	民事诉讼执行规则	四
六	抗	一四二	强制执行开始后，不得率予停止。	民事诉讼执行规则	五
六	抗	一四六	对于审判长就案件所表示之个人意见，不得抗告。	民事诉讼条例	五五〇
六	抗	一四八	指挥诉讼之裁判，得于控告时一并声明不服。	民事诉讼条例	四九六
六	抗	一五〇	所谓酌量情形之解释。	民事诉讼执行规则	五四
六	抗	一五四	族中公共祠产，不得因族人欠债即予执行。	民事诉讼执行规则	四
六	抗	一五五	纠正执行衙门之裁断，不属于司法行政监督范围。	法院编制法	一五八
六	抗	一五九	民事败诉人非有故意隐匿财产妨碍执行之实据，不得管收。	民事诉讼执行规则	四
六	抗	一六〇	已得确定判决，即不容声请假处分。	民事诉讼条例	六二七
六	抗	一六五	声请救助，该管审判衙门应即查核其是否真确，以定准驳。	民事诉讼条例	一三〇
六	抗	一七四	被押得为回复原状之理由。	民事诉讼条例	二〇五
六	抗	一七六	因迁让房屋涉讼，不问价额几何，应属初级管辖者，以就凭借权并无争执者为限。	民事诉讼条例	二
			因迁让房屋涉讼，不问价额几何，应属初级管辖者，以就凭借权并无争执者为限。	民事诉讼条例	一二
六	抗	一八四	对于多数当事人送达判词，应各别为之。	民事诉讼条例	一六二
六	抗	一八九	原《县诉章程》所规定之上诉期间。	民事诉讼条例	五〇〇
六	抗	二〇一	给付判决确定，即生执行效力。	民事诉讼执行规则	四
六	抗	二一四	不得舍弃判决全部或一部不为执行。	民事诉讼执行规则	四
六	抗	二二八	因不动产经界涉讼之解释。	民事诉讼条例	二
六	抗	二三〇	非判决效力所及之人，不得声明不服。	民事诉讼条例	四七四

续表

年份	字别	号数	提　　要	律名	条文
六	抗	二四〇	对必要共同诉讼人送达判词，应各别为之。	民事诉讼条例	一六二
六	抗	二六六	承继诉讼之判决未经认定，被告已否合法承继者，尚得另行起诉。	民事诉讼条例	四七一
六	抗	二七二	对于县知事得以声请拒却之原由，同时得声请指定管辖。	民事诉讼条例	三五
六	抗	二八一	开始强制执行，须有执行名义。	民事诉讼执行规则	四
六	抗	二八二	行政处分若系由当事人呈请而发生者，第三人得以被害之故提起民事诉讼。	法院编制法	二
六	抗	二八八	上海会审公廨因窒碍不能行使中国法权时，不能认有审判权。	法院编制法	二
六	抗	九七六	覆审案件经检察官控告得用书面审理者，以第一审认定事实业已明鉴者为限。	覆判章程	一一
六	抗	一二二九	裁判矿权谁属之讼争，应以行政处分为据。	矿业条例	
六	抗	［原缺］	原审判官受上级审之嘱托而为调查者，不生回避问题。	民事诉讼条例	四二
六	上	一	意图归并学校，将同族另立校内之书籍、器具搬运一空者，为妨害另校全体之行使权利罪。	暂行新刑律	三五八
			意图归并学校，将同族另立校内之书籍、器具搬运一空者，为妨害另校全体之行使权利罪。	暂行新刑律	三七三
六	上	二	因案被押挖洞脱逃者，为损坏监禁处所之脱逃罪。	暂行新刑律	一六九
六	上	四	因忿将人染店内之布疋物件搬运回家者，为妨害他人行使营业权。	暂行新刑律	三五八
			因忿将人染店内之布疋物件搬运回家，无取为所有之意思者，为妨害他人行使营业权。	暂行新刑律	三七三
六	上	六	法禁买卖子女。	禁革买卖人口条例	
六	上	七	妇人助人强奸者，亦成强奸罪。	暂行新刑律	二八五
			强奸不遂即将欲奸之人杀死者，为强奸杀人。	暂行刑律补充条例	四
六	上	一〇	因人向其捏称已代行贿即承认偿还者，不成交付贿赂罪。	暂行新刑律	一四二
六	上	一二	向连带债务人一人请求，对于他人亦有效。	民法	二编一章六节
六	上	一三	初级案件应以高等厅或审判处为终审。	法院编制法	二七
六	上	一七	原告于起诉原因未证明者，不待证明被告之抗辩事实，即认原告之主张非真正。	民事诉讼条例	三二七
			原告于起诉原因未证明者，不待证明被告之抗辩事实，即认原告之主张非真正。	民事诉讼条例	三二八
六	上	一八	殴打而不能认为虐待者，须至折伤废笃，始得离异。	民法	四编三章四节
六	上	二一	第二审程序违法，应发还更审。	刑事诉讼条例	四三〇
六	上	二五	本夫畏势知情不较，尚不能谓为事前纵容。	暂行新刑律	二九四
六	上	二六	族人不能干涉守志妇之管理财产。	民法	四编四章一节
六	上	二七	因阻拦巡警传案，将其衣服扯破并撕碎传票者，其损坏及毁弃各行为均为妨害公务之结果。	暂行新刑律	二六
			因阻拦巡警传案，将其衣服扯破并撕碎传票者，其损坏及毁弃各行为均为妨害公务之结果。	暂行新刑律	一五三

续表

年份	字别	号数	提　　要	律名	条文
六	上	二八	因贫卖妻者，为单纯之和卖罪，不能认为营利和诱。	暂行新刑律	三五一
六	上	三六	夫虽与妇不谐，仍应养赡。	民法	四编七章
六	上	三八	代理权之授与，以明示或默示之意思表示为之。	民法	一编五章三节
六	上	四〇	军人犯罪，县知事如未兼有军法职，自无管辖权。	陆军刑事条例	七
六	上	四三	回继本房，无禁止之理。	民法	五编二章二节
六	上	四七	不应许可之上告，应依职权驳回。	民事诉讼条例	五四三
六	上	五一	本系同父周亲，出继远房，有不得再回而兼祧。	民法	五编二章二节
			杀人后因嫌唆令诬告系某人杀害者，其诬告罪仍成立。	暂行新刑律	二三
六	上	五九	于得褫夺公权者，褫夺公权以宣告徒刑以上刑者为限。	暂行新刑律	四七
六	上	六四	徒刑易科罚金者，仍以徒刑执行论。	暂行新刑律	一九
			徒刑易科罚金者，仍以徒刑执行论。	暂行新刑律	四四
六	上	七三	债权人不得藉口担保物存在，拒绝清偿之请求。	民法	二编一章二节
六	上	七四	请求分析，不得无端禁止。	民法	三编二章四节
			于人已起杀意之后代写愿书，致人意坚而杀人者，为事前帮助。	暂行新刑律	三一
六	上	七六	杀人后藉尸图诈者，其诈财与杀人应从重或分别处断，当视其诈财起意之时期为准。	暂行新刑律	二三
			杀人后藉尸图诈者，其诈财行为与杀人行为应依二六条抑依二三条断，当视其诈财起意之时期为准。	暂行新刑律	三一一
六	上	七七	父在者，母不得告官别立。	民法	五编二章二节
六	上	七九	笔录虽未经朗读，而当事人陈述之点亦非绝不能采取。	民事诉讼条例	二五六
六	上	八〇	红帖是否即为婚书，应调查习惯。	民法	四编三章一节
六	上	八一	共有人经他共有人为处分之授权者，不须更得其同意。	民法	三编二章四节
			伪证罪以国家为被害人。	暂行新刑律	二三
六	上	八四	公署以该管事务招商承办，则所设之事务处尚不得谓为衙署局所，其有伪造该处文书者，自非伪造公文书。	暂行新刑律	八三
			公署以该管事务招商承办，则所设之事务处尚不得谓为衙署局所，其有伪造该处文书者，自非伪造公文书。	暂行新刑律	二三九
			商业账薄之证据力，以流水薄为强，他种账薄若有佐证，无可指摘者，亦非概不足信。	商人通例	二六
六	上	八五	出外不告舅姑，尚非不事舅姑。	民法	四编三章四节
六	上	八六	已离异之妾，仍可复合。	民法	四编二章二节
			捏称姓名身分将某妇和同诱卖者，只成营利和诱罪。	暂行新刑律	三五一
六	上	九〇	律师唆人诬告并为拟缮状词者，为诬告之教唆罪。	暂行新刑律	三〇
六	上	九一	伙谋入室行窃在外把风者，仍为正犯，但对于入室者之临时行强不负责任。	暂行新刑律	二九
六	上	九二	偶然集合连日赌博者，成连续赌博罪，不生开场聚赌营利及以赌博为常业之问题。	暂行新刑律	二七七
六	上	九三	覆判程序违法，应发还更审。	刑事诉讼条例	四三〇

续表

年份	字别	号数	提　　要	律名	条文
六	上	九四	杀人之后因恐死者显魂报仇，复割去首级掩埋者，应将杀人及损坏尸体分别论罪。	暂行新刑律	二三
			杀人之后因恐死者显魂报仇，复割去首级掩埋者，应将杀人及损坏尸体分别论罪。	暂行新刑律	二五八
六	上	九五	误将杀人及伤人俱发之案判为帮助杀人者，为失出。	覆判章程	四
六	上	九六	伤痕未退，不得为病。	暂行新刑律	八八
六	上	九八	私庙除有特约或规约外，原建主得自由处分。	管理寺庙条例	
六	上	一〇〇	合伙不以出资额约定为要件。	民法	二编二章一四节
			被拐人于侦查中仍得告诉。	刑事诉讼条例	二一九
			被拐人于侦查中仍得告诉。	暂行新刑律	三五五
六	上	一〇二	钱庄亦应受一本一利之制限。	民法	二编一章一节
六	上	一〇六	典主漏税，于作绝之效力无涉。	奉天旗民各地及三园税契试办章程	
六	上	一〇九	与人同至家内睡宿，因其将妻奸淫即行杀害者，情节可原。	暂行新刑律	五四
			与人同至家内睡宿，因其将妻奸淫即行杀害者，情节可原。	暂行新刑律	三一一
六	上	一一〇	于人拐人之后加入骗卖行为，当为诱拐之共同正犯。	暂行新刑律	二九
六	上	一一三	私契经官黏尾盖印后，发生公文书之效力。	暂行新刑律	八三
六	上	一一四	现有人居住之第宅，指日常寝食之场所而言。	暂行新刑律	三六八
六	上	一一六	陆军步兵上校为陆军军人。	陆军刑事条例	六
六	上	一一八	他罪不以犯奸者之双方皆犯为限。	暂行刑律补充条例	七
			破产人之债务人在破产前合法取得债权，仍许主张抵销。	破产法	
六	上	一二六	合伙员因代填补损失，对他员有债权，亦不得对外主张免责。	民法	二编二章一四节
			审判衙门于当事人声明之范围内，得仅认其所求利益之一部。	民事诉讼条例	四六一
六	上	一二七	仅保管他人所有物之人，不能擅行处分。	民法	二编二章一二节
六	上	一三一	第二审审理违法，应发还更审。	刑事诉讼条例	四三〇
六	上	一三三	加价收赎之典产，亦可令业主返还加工费用。	清理不动产典当办法	五
			典产增价收赎，应备典满二十年及地价增涨之条件。	清理不动产典当办法	六
六	上	一三六	定婚时子女虽尚未生出，而其生出后新定婚者，其新定之婚约自属有效。	民法	四编三章一节
六	上	一三七	仅系互给小儿见面礼，不能认为婚约成立。	民法	四编三章一节
六	上	一四一	铺伙将领到资本私买烟土，经查觉后计图脱身，复将经手货钱入己者，成收藏鸦片烟及业务上侵占二罪。	暂行新刑律	二六六
			铺伙将经手货钱入己者，成业务上侵占罪。	暂行新刑律	三九二
六	上	一四七	于人藉事向他人讹索之际出为说和，尚难遽认为犯罪。	暂行新刑律	三八二

续表

年份	字别	号数	提　　要	律名	条文
六	上	一五一	养赡当事人不和，各原分爨者，得提拨田租归其自行收益。	民法	四编七章
			于人诱人后参与出卖行为者，为诱拐之共同正犯。	暂行新刑律	三五一
六	上	一五二	虚伪表示之无效，不能对抗善意第三人。	民法	一编五章一节
六	上	一五三	榜示当选，无一定形式。	修正参议院议员选举法	
			投票人签字，在领票以前即为合法。	修正众议院议员选举法	
			通知当选不与榜示同时，非无效原因。	修正参议院议员选举法	
			榜示当选，须于选出时即行之。	修正参议院议员选举法	
			续行选举而未重检到会人数者，亦非为违法。	修正参议院议员选举法	
			投票人数之少与到会人是否足额无关。	修正参议院议员选举法	
六	上	一五七	因求人代为行贿而被诈失财者，为诈欺取财之被害人。	暂行新刑律	三八二
			错误之意思表示得撤销。	民法	一编五章一节
六	上	一五八	因第三人诈欺之意思表示，以相对人明知或可知为限得撤销。	民法	一编五章一节
			养赡方法须应权利人生活所必须以定之。	民法	四编七章
六	上	一五九	成衣店主将人交嘱缝造之衣服典当得钱花用者，为业务上侵占。	暂行新刑律	三九二
六	上	一六一	先占开垦而非佃种者，为原业主。	奉天清赋章程及续订章程	
六	上	一六二	兼祧子所生之子应兼祧各房。	民法	五编二章三节
六	上	一六三	钱庄期票为有价证券。	暂行新刑律	二四二
六	上	一六五	向巡按使署声诉高审厅，经四次上诉始批质问核夺，足见民、刑两庭通同作弊者，尚不能谓为公然侮辱官署。	暂行新刑律	一五五
六	上	一六七	已经第一审讯问之证人，第二审得即以其笔录为根据。	民事诉讼条例	三三六
			勘验时已讯取证人之证言者，毋庸再行传讯。	民事诉讼条例	三三六
六	上	一七三	分向数人诈财者，应成俱发罪。	暂行新刑律	三八五
六	上	一七六	分担强盗行为者，均为正犯。	暂行新刑律	二九
			分担强盗行为者，均为正犯。	暂行新刑律	三七三
六	上	一七九	种植物别无反证，应视为土地一部分。	民法	一编四章
			托人代为出卖并表示不限定买主为何人者，受托人所订卖约，卖主应受拘束。	民法	一编五章三节
			通常买卖，须特定人间相互表示意思始得成立。	民法	二编二章二节一款
六	上	一八〇	公河之使用，应各得其平。	民法	三编二章二节
六	上	一八一	遗言非经证明确系存在者，自不生效。	民法	五编五章二节
六	上	一八四	妾不能有独立择继之权。	民法	五编二章二节

续表

年份	字别	号数	提　要	律名	条文
六	上	一八五	家长于妾之被诱有告诉权。	暂行新刑律	三五五
六	上	一八七	多数人用共有堂名出资合伙，本可共同行使权利。若推一人为经理，亦非当然有处分权。	民法	二编二章一四节
			前后伪造二人之私文书向一人诈财者，仍为一个诈财罪。	暂行新刑律	二四三
			伪造二人之私文书向一人诈财既遂者，于诈财仍成一罪。	暂行新刑律	三八二
六	上	一九四	判决确定后，债务人照判清偿者，可免执行财产。	民事诉讼执行规则	四
六	上	一九五	一造使用公河致他造不得使用者，须酌贴以设立用水工作物之费。	民法	三编二章二节
六	上	一九七	判决确定后，债务人照判清偿者，可免执行财产。	民事诉讼执行规则	六〇
六	上	一九八	伪造钱店之钱票并伪造该店戳记，预备在票上盖用，为伪造有价证券及私印，应依二六条断。	暂行新刑律	二六
六	上	二〇〇	强盗把风，于入室搜赃者之伤人行为亦负实施之责。	暂行新刑律	二九
			强盗把风，于入室搜赃者之伤害人行为亦负实施之责。	惩治盗匪法	三
六	上	二〇五	伪造两署公文，持向一人诈财者，依二六条应论以一个行使伪造公文书之罪。	暂行新刑律	二六
			伪造两署公文，持向一人诈财者，依二六条应论以一个伪造公文书并行使之罪。	暂行新刑律	二三九
			因确定承领官地权利之所属，或以业经承领为理由排除他人之干涉，均得提起民事诉讼。	民事诉讼条例	二八五
六	上	二〇八	因贫卖妻者，为单纯之和卖罪。	暂行刑律补充条例	九
六	上	二〇九	主债务人财产尚足清偿一部者，保证人毋庸代还全部。	民法	二编二章二〇节
六	上	二一一	以自首之方法诬陷他人者，仍为诬告。	暂行新刑律	一八二
六	上	二二二	守志妇得为未成年子请求分析遗产。	民法	四编四章一节
六	上	二二四	因嫌率众五六十人拥至某人之家，毁门入室，致将多人惊散，捆缚一人以至某处关禁者，为私擅监禁及损坏他人所有物，应依二六条断，不得谓为骚扰。	暂行新刑律	一六五
			因嫌率众至某家，毁门入室，将多人惊散，捆缚一人至某处关禁者，为私擅捕禁及损坏，依二六条断。	暂行新刑律	三四四
六	上	二二八	债务人不得以高价强债权人承受担保物。	民法	三编九章一节
			在押人见人，弄坏所内格子挖开墙洞因而逃者，不负损坏监禁处所之责。	暂行新刑律	一六九
六	上	二三二	亲属会议立继，不应许争继积嫌之人加入协议或立以为嗣。	民法	五编二章二节
六	上	二三七	会馆值理将所管馆业之契据押借银款花用者为侵占。	暂行新刑律	三九一
六	上	二三八	覆判审误将不应送覆判之案受理者，应撤销之。	刑事诉讼条例	四二六
			覆判审不得受理不应送覆判之案。	覆判章程	一
六	上	二四〇	第二审判决认定事实及实体上之判断均合法者，上告即无理由。	民事诉讼条例	五三四
六	上	二四一	伙债先就伙产清偿之解释。	民法	二编二章一四节

续表

年份	字别	号数	提　　要	律名	条文
六	上	二四八	解除后返还金钱迟延，亦应负担迟延利息。	民法	二编二章一节三款
六	上	二四九	诱其母时并随带其幼女者，对于幼女不负诱拐之责。	暂行新刑律	三五一
六	上	二五〇	以不能构成犯罪之事实诬告人者，虽意在使人受刑事处分，亦不成罪。	暂行新刑律	一二
六	上	二五一	雇佣报酬之多寡有争者，应查普通佣值及相需缓急情形酌定之。	民法	二编二章九节
六	上	二五三	诬告案件除有虚伪之告诉、告发、报告及他人可受刑事或惩戒处分外，尤以有无故意为犯罪成立与否之要件。	暂行新刑律	一八二
六	上	二五四	守志妇之择继不容族人限期勒令为之。	民法	五编二章二节
			伪造县署批稿及兼祧字据，于原妻外骗娶某人为兼祧妻者，为行使并伪造公私文书及重婚罪，依二六条断。	暂行新刑律	二六
			伪造县署批稿及兼祧字据，于原妻外骗娶兼祧妻者，为行使并伪造公私文书及重婚罪，依二六条断。	暂行新刑律	二三九
六	上	二五五	合伙债权人不能否认随后入伙之人。	民法	二编二章一四节
六	上	二五七	公证书内记明在官公吏前之陈述者，证其有此陈述。	民事诉讼条例	四〇〇
六	上	二五九	夫妇约定同居之处所，须经祖父母、父母同意。	民法	四编三章三节
六	上	二六四	向人诈得银款后，伪造第三人收条交付者，成行使伪造私文书及诈财罪。	暂行新刑律	二六
			诈得银款后伪造他人收条交付者，成行使并伪造文书及诈财罪，依二六条断。	暂行新刑律	三八二
六	上	二六六	守志妇不得擅行处分遗产。	民法	五编四章
六	上	二六七	用伪币买物后，复因他人索欠，即将伪币交其买物，以找回之钱还偿者，仍成一罪。	暂行新刑律	二三二
六	上	二七一	串人冒充侦探追经他人，将携带之烟土委弃于地后携回俵分者，为诈称官员诈欺取财及收藏烟土罪，依二六条断。	暂行新刑律	二二六
六	上	二七四	以他人之权利供担保，须经权利人允许追认。	民法	三编九章一节
六	上	二七九	管理家务者之处分家产并非无效。	民法	三编二章四节
六	上	二八〇	江西地方之标图应论为赌博开场者，为聚众开设赌场营利。	暂行新刑律	二七八
六	上	二八七	第一审未判决前，不得控告。	民事诉讼条例	四九五
六	上	二九〇	染坊内工头将所经管之布疋任意处分并赠与他人者，为业务上侵占。	暂行新刑律	三九二
六	上	二九三	合法传唤之解释。	民事诉讼条例	四五八
六	上	二九八	银行管库侵占库款者，为业务上侵占罪。	暂行新刑律	三九二
六	上	三〇五	诈称奉民政长，委充缉捕调查员，为诈称官员。	暂行新刑律	二二六
六	上	三〇六	拦人耕田，复因其不允即行殴伤者，为妨害行使权利及伤害人罪，依二三条取断。	暂行新刑律	三五八
六	上	三〇九	被承继人之直系尊亲属，亦有择贤择爱之权。	民法	五编二章二节
六	上	三一〇	家属不容无端遗弃。	民法	四编二章二节
六	上	三二一	强奸与强制猥亵之区别。	暂行新刑律	二八四
六	上	三二三	借贷经手人非连带债务人。	民法	二编二章一一节
			商业账薄如整备无伪者，其营业盈亏应以此为要证。	商人通例	二六

续表

年份	字别	号数	提　要	律名	条文
六	上	三二六	与人同行，商令将行李交由另人挑走而与其分用者，为共同诈财。	暂行新刑律	三八二
六	上	三二七	县知事误将准正犯判为从犯者，为失出。	覆判章程	四
六	上	三三〇	在场喝令他人打人成伤致死，喝令者及被喝令者均为共同正犯。	暂行新刑律	二九
			在场喝令他人打人成伤致死，喝令者及被喝令者均为共同正犯。	暂行新刑律	三一三
六	上	三三四	赌博赢之钱尚未交付者，不得没收。	暂行新刑律	四八
			因赌赢钱令输钱人将存银字据押与为质，即持向银局取银未付者，为诈财未遂。	暂行新刑律	三八二
			证人以呈词函件代当庭陈述者，不得采为认定事实之根据。	民事诉讼条例	三三七
六	上	三四〇	行使伪造公私文书罪，以知为伪造而故意行使为要件。	暂行新刑律	二三九
			惟一之证据，不得弃置不予调查。	民事诉讼条例	三三六
六	上	三四三	与人揪扭被警干涉，捏称所扭之人骗取银洋，不得认为申告。	暂行新刑律	一八二
六	上	三四七	公然砍取他人之树木者，为窃盗。	暂行新刑律	三六八
六	上	三五二	于承继有密切关系者，得就亲族会之立继主张异议。	民法	五编二章二节
六	上	三六一	家长于妾得准用亲告权。	暂行刑律补充条例	一二
六	上	三六三	不耐久之物，得供担保。	民法	三编九章一节
			担保物由设定人变卖。	民法	三编九章一节
			质物损坏而设定人不顾者，质权人即得径行变实质物。	民法	三编九章四节
六	上	三六五	被胁同行上盗而把风接赃并分得赃物者，为强盗正犯。	暂行新刑律	一三
六	上	三六七	开设烟馆兼售鸦片烟者，不负贩卖之责。	暂行新刑律	二六九
			惯行办法与清理办法立法本旨抵触者，不得援用。	清理不动产典当办法	九
六	上	三六八	高等分庭关于地方管辖案件非经嘱托，无受理控诉之权。	法院编制法	二七
六	上	三六九	侵占管有物者，虽事后吐出赃款，仍成罪。	暂行新刑律	三九一
六	上	三七四	调查当事人所提证据并体察其辩论结果，仍不能证明其主张者，应认为不实。	民事诉讼条例	三二七
六	上	三七五	合伙解散清算亏累者，除因一员经理不当或擅自长支应独任责外，各员应按股分担损失。	民法	二编二章一四节
六	上	三七九	未经获案之先早经他犯供出之事实，虽因别案被获自供及之者，仍难认为别首余罪。	暂行新刑律	五二
			于两造皆为亲属之人，不在禁止作证之列。	民事诉讼条例	三六四
六	上	三九〇	远年利息不能因债权人未经催讨即予免算。	民法	二编一章二节
六	上	三九三	检证得指定受命推事或嘱托他衙门为之。	民事诉讼条例	四三二
六	上	三九四	所谓嫌怨，纯由被承继人或守志妇之主观。	民法	五编二章二节
六	上	三九九	前后两诉讼请求之目的或原因不同者，后诉不受前诉确定判决之拘束。	民事诉讼条例	四七一
六	上	四〇〇	诳令人服食镪水遇救者，为杀人未遂。	暂行新刑律	一七

续表

年份	字别	号数	提　要	律名	条文
六	上	四〇一	新书状于原判决基础无关者，应认再审之诉为不合法。	民事诉讼条例	五六八
六	上	四〇三	担保物权与保证并存时，应先尽担保物拍卖充偿。	民法	二编二章二〇节
			保证人担保物权并存者，应先行使担保物权。	民法	三编九章一节
六	上	四〇四	善意占有人得请求偿还有益费。	民法	三编一〇章
六	上	四〇七	窃取财物抢赃回家后，经人踵至查问，复将其人用脚连踢者，不得指为当场施强暴，论以强盗之罪。	暂行新刑律	三六七
六	上	四〇八	审判衙门非依合法告争，无从撤销既定之承继。	民法	五编二章二节
六	上	四一二	赌博常业，指以赌为生者言。	暂行新刑律	二七七
六	上	四一四	弃尸为杀人之结果。	暂行新刑律	二六
			杀人后弃尸者，弃尸为杀人之结果。	暂行新刑律	二五八
			杀人后弃尸者，弃尸为杀人之结果。	暂行新刑律	三一一
六	上	四二〇	关于住持申诫撤退之事项，应属行政处分。	管理寺庙条例	
六	上	四二六	已逾六十年之典产，不论曾否加找及有无特别习惯，均不能回赎。	清理不动产典当办法	二
六	上	四二七	警士为官员。	暂行新刑律	八三
			于警士擅获贩运制钱之人解送县署之际而截回之者，为妨害公务。	暂行新刑律	一五三
六	上	四三二	心术事实有一情轻，即可减等。	暂行新刑律	五四
六	上	四三八	失火系因通常过失者，除有特别习惯外，不任赔偿。	民法	二编一章
			行使伪造公文书及诈欺取财罪，均系即成犯。	暂行新刑律	二三九
六	上	四四〇	意图奸占，将某妇诱至某处即行奸度者，其和奸为和诱之结果。	暂行新刑律	三四九
六	上	四四四	在控告审不得提出新请求。	民事诉讼条例	五一三
六	上	四五二	偶然赌博抽取头钱，亦难论以开场聚赌之罪。	暂行新刑律	二七八
六	上	四五三	共有人不得强买他共有人之应有部分。	民法	三编二章四节
六	上	四五五	定作人不履行债务，不能查封承揽人所有之物。	民事诉讼执行规则	四
六	上	四五六	依《惩治盗匪法》三条处断之案，于褫夺公权仍适用《刑律》三八〇条。	惩治盗匪法	三
六	上	四五八	定期买卖之货与价当初，均毋庸交付。	民法	二编二章二节二款
六	上	四六〇	保管人不得为有效之处分。	民法	一编五章五节
			父母之财产管理权，得请求宣告丧失。	民法	四编四章一节
六	上	四六二	发还更审之案，依经验上应更庭并易人为妥。	民事诉讼条例	四二
六	上	四六八	一定之住所及职业，乃指一种有定的生活状态而言。	暂行新刑律	六三
六	上	四六九	判令给付养赡费，须有法律上之原因。	民法	四编七章
六	上	四七二	对于代位债务人亦得主张抵销。	民法	二编一章五节三款
六	上	四七四	守志妇于必要时有处分遗产之权，其属共有者，亦得请求分析。	民法	五编四章

续表

年份	字别	号数	提　　要	律名	条文
六	上	四七六	略诱人后复将追者殴伤，应分别论罪。	暂行新刑律	二三
			略诱人后复将追者殴伤，应分别论罪。	暂行新刑律	三四九
六	上	四八二	将妻押与别人为娼又复抢回者，不成略诱罪。	暂行新刑律	三四九
六	上	四八七	伤人后其人另因他病身死者，因果中断。	暂行新刑律	三一三
六	上	四九四	同谋强盗在外把风者，为正犯。但对于另犯之临时起意杀人及于行劫指定之某家外另行连劫之行为，不负责任。	暂行新刑律	一三
			同谋强盗在外把风者，为正犯。但对于另犯之临时起意杀人及于行劫指定之某家外另行连劫之行为，不负责任。	暂行新刑律	二九
六	上	四九八	司法巡警于送达传票时要求川资者，成贿赂罪。	暂行新刑律	一四〇
六	上	五〇一	关于债权让与之对抗力如有习惯者，应从各该地方习惯。	民法	二编一章三节
			让受人以让与证书给与债务人阅视，应视为已有通知。	民法	二编一章三节
			杀人后因嫌唆令诬告系某人杀害者，其诬告仍独立论罪。	暂行新刑律	一八二
六	上	五〇五	质物上之负担，应归质权人。	民法	三编九章三节
六	上	五〇六	保证人得主张主债务人对债权人之一切抗辩事由。	民法	二编二章二〇节
			拦人耕田，复因其不允即行殴伤者，为妨害行使权利及伤人罪，依二三条断。	暂行新刑律	二三
六	上	五一〇	破产时各债权应平均受清偿，不因存款或往来而异。	破产法	
六	上	五一五	赁房营商保有火险，竟复放火烧房，伪造账薄要偿赔款者，其放火诈财及于自己文书为不实记载，应依二六条断。	暂行新刑律	二六
六	上	五一六	经人委托代卖鸦片烟，收到后尚未卖出，为收藏之既遂罪。	暂行新刑律	二六六
六	上	五一七	出名合伙员股内有他人附股，不能对抗合伙债权人。	民法	二编二章一四节
六	上	五二二	本夫对于和奸诱之案，得专告和诱。	刑事诉讼条例	二一九
六	上	五二七	未经出嫁之女被诱，尊亲属得告诉。	刑事诉讼条例	二一九
六	上	五三一	《商人通例》一九条之所谓“城”，系指前清府厅州县治之城厢地方而言，不以城内为限。	商人通例	一九
六	上	五三五	群众械斗，凡在场下手之人，对于彼造之死伤，均应负共同实施之责。	暂行新刑律	三一一
六	上	五四〇	刃伤已生肌痕，口带红色疤痕未脱者，为已平复。	暂行新刑律	八八
			刃伤已生肌痕，口带红色疤痕未脱者，为已平复。	暂行新刑律	三一三
六	上	五四三	再审原因不存在，误行再审之案，因再审所为之第一、二审判决应即撤销之。	刑事诉讼条例	四二六
			得为再审原因之自白，以从前并未自白者为限。	刑事诉讼条例	四五九
六	上	五四八	与二人先后相奸者，成二罪。	暂行刑律补充条例	六
六	上	五五五	在法庭中肆口指斥人之某事以相抵污者，为公然侮辱。	暂行新刑律	三六一
六	上	五六〇	保卫团甲长为官员。	暂行新刑律	八三
			保卫团甲长将赌犯当场捕获后，又因得财释放者，为受贿枉法之罪。	暂行新刑律	一四〇

续表

<table>
<tr><th>年份</th><th>字别</th><th>号数</th><th>提　　要</th><th>律名</th><th>条文</th></tr>
<tr><td>六</td><td>上</td><td>五六一</td><td>控告期间外之附带控告，于控告因无理由而被驳斥时，不失其效力。</td><td>民事诉讼条例</td><td>五二八</td></tr>
<tr><td rowspan="3">六</td><td rowspan="3">上</td><td rowspan="3">五六五</td><td>无记名证券非不法取得者，得向发行人请求给付。</td><td>民法</td><td>二编五章</td></tr>
<tr><td>无记名证券可依式宣告无效，与银行兑换券有别。</td><td>民法</td><td>二编五章</td></tr>
<tr><td>缉私局局长将领存之盐运使公署分运单出卖与人贩运私盐者，成背任罪。</td><td>暂行新刑律</td><td>三八六</td></tr>
<tr><td rowspan="2">六</td><td rowspan="2">上</td><td rowspan="2">五六六</td><td>诱人后卖钱花用者，不另成诈财罪。</td><td>暂行新刑律</td><td>二三</td></tr>
<tr><td>诱人后冒称已女卖钱花用者，不另成诈财罪。</td><td>暂行新刑律</td><td>三五一</td></tr>
<tr><td rowspan="2">六</td><td rowspan="2">上</td><td rowspan="2">五六八</td><td>第一审未经辩论或裁判之攻击防御方法，控告审亦得辩论裁判。</td><td>民事诉讼条例</td><td>五一九</td></tr>
<tr><td>《刑律》三七四条之规定，已因《治盗法》之颁行停止效力。</td><td>惩治盗匪法</td><td>三</td></tr>
<tr><td>六</td><td>上</td><td>五七七</td><td>将某妇并其幼女捏词诱出，劝饮致醉，分别价卖，为营利、略诱之俱发罪。</td><td>暂行新刑律</td><td>二三</td></tr>
<tr><td>六</td><td>上</td><td>五八六</td><td>聚众骚扰之首魁，于附和者反其约束而为之杀伤掠夺各行为不负责任。</td><td>暂行新刑律</td><td>一六五</td></tr>
<tr><td>六</td><td>上</td><td>五九二</td><td>因强盗询问，告以某处各家有钱无枪者，为强盗从犯。</td><td>暂行新刑律</td><td>三一</td></tr>
<tr><td>六</td><td>上</td><td>五九六</td><td>契约解除时，各应负回复原状之义务。</td><td>民法</td><td>二编二章一节三款</td></tr>
<tr><td>六</td><td>上</td><td>六〇三</td><td>非他造亦有不服声明，不得为更不利益于上诉人之裁判。</td><td>民事诉讼条例</td><td>五一八</td></tr>
<tr><td rowspan="3">六</td><td rowspan="3">上</td><td rowspan="3">六〇六</td><td>将典得之房屋冒称已有出卖与人者，对于买主不另成诈财罪。出卖时另伪造原买契，其行使伪造私文书之罪与侵占罪分别论之。</td><td>暂行新刑律</td><td>二六</td></tr>
<tr><td>将典得之房屋冒称已有出卖与人者，对于买主不另成诈财罪。出卖时另伪造原买契，其行使伪造私文书之罪与侵占罪分别论之。</td><td>暂行新刑律</td><td>二四三</td></tr>
<tr><td>将典得之房屋冒称已有出卖与人者，对于买主不另成诈财罪。出卖时另伪造原买契，其行使伪造私文书之罪与侵占罪分别论之。</td><td>暂行新刑律</td><td>三九一</td></tr>
<tr><td>六</td><td>上</td><td>六〇八</td><td>判决有罪，未将犯罪事实详为认定者，为不合法。</td><td>刑事诉讼条例</td><td>三四三</td></tr>
<tr><td>六</td><td>上</td><td>六〇九</td><td>行使伪造银锭得财者，为诈财。</td><td>暂行新刑律</td><td>三八五</td></tr>
<tr><td>六</td><td>上</td><td>六一三</td><td>公司业务人加于他人之损害，公司任赔偿责任。</td><td>公司条例</td><td>三三</td></tr>
<tr><td>六</td><td>上</td><td>六一四</td><td>争继人不得加入会议参与立继。</td><td>民法</td><td>四编六章</td></tr>
<tr><td rowspan="3">六</td><td rowspan="3">上</td><td rowspan="3">六二〇</td><td>于官员执行公务之际辱骂掷石，并因其弹压即行捆缚者，其妨害公务各行为与私擅捕禁行为，应依二六条处断。</td><td>暂行新刑律</td><td>二六</td></tr>
<tr><td>于官员执行公务之际辱骂掷石，并因其弹压即行捆缚者，其妨害公务各行为与私擅捕禁行为，应依二六条处断。</td><td>暂行新刑律</td><td>一五三</td></tr>
<tr><td>于官员执行公务时辱骂掷石，并将其捆缚者，应依二六条断。</td><td>暂行新刑律</td><td>三四四</td></tr>
<tr><td>六</td><td>上</td><td>六二六</td><td>意图营利诱拐人后又起意行奸，其和奸非诱拐之结果。</td><td>暂行新刑律</td><td>三五一</td></tr>
<tr><td>六</td><td>上</td><td>六二九</td><td>客栈栈主将住客交与保管之银元携逃，为业务上侵占。</td><td>暂行新刑律</td><td>三九二</td></tr>
<tr><td rowspan="2">六</td><td rowspan="2">上</td><td rowspan="2">六三二</td><td>债权人主张撤销诉权之要件。</td><td>民法</td><td>二编一章二节</td></tr>
<tr><td>意图营利诱拐人后又起意行奸，其和奸非诱拐之结果。</td><td>暂行新刑律</td><td>二三</td></tr>
</table>

续表

年份	字别	号数	提　　要	律名	条文
六	上	六三六	共谋行窃，伙犯入内时在外接赃者，仍为正犯。	暂行新刑律	二九
六	上	六四四	数人依约共负可分给付之债务，如有特别情形，亦应分担他人之债务。	民法	二编一章六节
六	上	六四五	县知事于数罪俱发之案判为一罪者，为失出。	覆判章程	四
六	上	六四七	用硝镪水伤人时并溅伤他人者，另成过失伤人之罪，与伤人一罪依二三条处断。	暂行新刑律	二三
			用硝镪水伤人时并溅伤他人者，另成过失伤人之罪。	暂行新刑律	三二四
六	上	六五一	伪造全国禁烟会长之委任状者，为伪造私文书。	暂行新刑律	二四三
六	上	六五五	改嫁妇不得行使废继别立之权。	民法	五编二章二节
六	上	六五七	退伙员应收资本及利益而当时未提取者，亦应作为合伙债权。	民法	二编二章一四节
			退伙时计算有余者，可收回出资及利益；若损失，则应补足。	民法	二编二章一四节
			经理人擅借之款，于主人受益限度内有求偿权。	商人通例	三三
六	上	六六二	后娶之妻主张不愿作妾者，应判令离异。	民法	四编三章四节
六	上	六六四	于妇人失途问路之际劝到家内住宿，旋即纳为妾室者，和诱为和奸之方法。	暂行新刑律	二六
			于某妇失途问路之际劝到家内住宿，旋即纳为妾室者，仍成和诱和奸之罪。	暂行新刑律	三四九
六	上	六六六	行政长官事后之许可，亦属有效。	管理寺庙条例	
六	上	六六七	以自己名义约负债务者，当然负契约当事人应有之责任。	民法	二编一章二节
六	上	六七一	司法警察官接据告状之词状时，尚不能谓已有强制处分。	暂行新刑律	七二
			行政法上之救济方法与民事法上权利不相妨。	法院编制法	二
六	上	六七七	将他人诱来之妇女捆打出押为娼者，为营利、略诱之共同正犯。	暂行新刑律	二九
六	上	六七八	共谋略诱人于伙犯入内行抢时在外把风者，对于伙犯在内拒捕杀人之行为不负责任。	暂行新刑律	一三
			共谋略诱人于伙犯入内行抢时在外把风者，对于伙犯在内拒捕杀人之行为不负责任。	暂行新刑律	三五一
六	上	六七九	辩论笔录苟非证明确系错误或伪造，有相当之证据力。	民事诉讼条例	二五四
六	上	六八一	经理人中一人死亡，他人有全部代理权。	商人通例	三三
			债权人得径向经理人请求还债。	商人通例	三三
			经理人代理权因死亡消灭。	商人通例	三三
六	上	六八四	受寄赃物之罪数，不以托寄之人数定之，须视托寄者是否为同案行劫之赃物。	暂行新刑律	二三
			受寄赃物之罪数，不以托寄之人数定之，须视托寄者是否为同案行劫之赃物。	暂行新刑律	三九七
六	上	六八六	遗嘱不能以未经遗嘱人签押指为无效。	民法	五编五章二节
六	上	六九〇	承任人无先诉抗辩之权。	民法	二编一章四节
			保证与债务承任不同。	民法	二编二章二〇节
六	上	六九五	乘人置放皮包于某处走去寻人之际窃取财物者，仍为窃盗。	暂行新刑律	三六八

续表

年份	字别	号数	提　　要	律名	条文
六	上	六九六	因自己之物被窃，误认他人之物为己物而实施强取者，不为罪。	暂行新刑律	三七三
			诈欺取财罪有时因利用机会而成立。	暂行新刑律	三八二
六	上	六九八	多人施暴行胁迫令，由巡警将所获赌犯释放者，为聚众施强暴胁迫盗取，依律逮捕监禁人。	暂行新刑律	一七〇
六	上	七〇〇	约定利率超过月利三分时，在三分之限度内有效。	民法	二编一章一节
			伪造他人墨票者，为伪造私文书持向索兑者，其伪造行为使诈财之方法。	暂行新刑律	二六
			伪造他人墨票者，为伪造私文书持向索兑者，其伪造为行使诈财之方法。	暂行新刑律	二四三
六	上	七〇五	见有某人背负蚕丝前行，串人哄令站立，即由背后抽取蚕丝者，为窃盗。	暂行新刑律	三六七
六	上	七一二	保证不以作为书据为要件。	民法	二编二章二〇节
			保证与荐引不同。	民法	二编二章二〇节
			巡长将经收捐款侵占后，挟嫌捏诉股员侵吞者，成侵占、诬告俱发。	暂行新刑律	二三
			警所巡长将经收之捐款侵占入己者，成公务上侵占罪。	暂行新刑律	三九二
六	上	七一三	退伙员原出资本除亏损外，应由他伙员给还。	民法	二编二章一四节
六	上	七一四	赌博赢钱，输者立给之借据应没收。	暂行新刑律	四八
六	上	七一八	更正判决变更事实者，应发还更审。	刑事诉讼条例	四三〇
			覆判审于更正判决之案，不得变更初判所认定之事实。	覆判章程	四
六	上	七二一	图取葬费花用而杀人者，杀人为诈财方法。	暂行新刑律	三一一
六	上	七二二	将伪造之公文书交由他人，持向另人抵借钱文者，为行使公文书诈财之罪。	暂行新刑律	三八二
六	上	七二四	调奸不遂，虽被调者羞忿自杀，亦不成罪。	暂行新刑律	二八七
六	上	七二七	计岁之方法，系用周年为一岁之法计之。	暂行新刑律	三四九
六	上	七三〇	嫌隙即立嗣人不愿其承继之意，不须别举事实证明。	民法	五编二章二节
六	上	七三二	巡警为官员。	暂行新刑律	八三
			凡对于第二审判决声明不服者，不问其形式如何，有无记明“上告”字样，均以上告论。	民事诉讼条例	五三七
六	上	七三三	持票兑钱，于付票后藉端以五元钱帖捏称为五十元以图讹赖者，为诈欺取财。	暂行新刑律	三八二
六	上	七三五	男女犯奸盗者，得解除婚约。亲属相盗者，亦同。	民法	四编三章一节
			协议离婚必须出于夫妻之情愿，非父母所可强制。	民法	四编三章四节
六	上	七四六	依特别情事可预期之损害，亦须赔偿。	民法	二编一章二节
六	上	七四七	自认出于错误者，应许其撤销。	民事诉讼条例	三三〇
六	上	七五二	非现行犯而县署捕役未持签票遽行逮捕，被捕者向其抵抗，不为妨害公务。	暂行新刑律	一五三
六	上	七五六	乘某妇欲逃之际怂恿同出后，即将其卖与他人为妻者，仍为营利、和诱。	暂行新刑律	三五一

续表

年份	字别	号数	提　　要	律名	条文
六	上	七五九	与被继人比较切近之人，为亲族会重要之一员，未通知到场，其会议无效。	民法	五编二章二节
六	上	七六八	旗署仆丁册之证据力。	民事诉讼条例	四〇〇
六	上	七七〇	借款经手人不任代还，只负督催之责。	民法	二编二章一一节
六	上	七七一	典产不能使用之损害，由典主负担。	民法	三编三章
			执行迟延，不为判决失效之原因。	民事诉讼条例	四七五
六	上	七七九	发还更审案件不遵上告审判决之法律上意见者，为违法。	民事诉讼条例	五四五
六	上	七八〇	被告亦得声请缺席判决。	民事诉讼条例	四五七
			控告审判决内记载当事人，不因事件曾由上告审发还而有变更。	民事诉讼条例	五二二
六	上	七八一	由他人手买取其侄女或妾转卖得利者，仍为营利诱拐。	暂行新刑律	三五一
			由他人手买取其侄女或妾转卖得利者，仍为营利诱拐。	暂行刑律补充条例	九
六	上	七八二	公司股东兼充副经理，将公司款项携逃者，为业务上侵占。	暂行新刑律	三九二
六	上	七八三	分析共有财产之契约，得合意废止另订。	民法	三编二章四节
			不利己之陈述得为共同被告人罪证。	刑事诉讼条例	三〇五
六	上	七八四	妇人应以故夫遗产为故夫偿债。	民法	五编四章
六	上	七八七	冒称禁烟查缉所查缉员拿获烟犯罚钱花用者，其诈称官员为诈财之方法。	暂行新刑律	二六
			禁烟查缉所查缉员为官员。	暂行新刑律	八三
			冒称禁烟查缉所查缉员诈称官员。	暂行新刑律	二二六
六	上	七八八	合伙员互相顶受股分，不必得其他伙员同意。	民法	二编二章一四节
六	上	七九〇	妾于家长正妻均故时，得为承继事项之主张。	民法	五编二章二节
			未经践行废继程序，不能否认其承继关系之存在。	民法	五编二章三节
			继单之证据力。	民事诉讼条例	四二七
六	上	七九一	多数债权人中一人之免除，只就该债权人之部分生效力。	民法	二编一章六节
六	上	七九六	因自己之物被窃，误认他人之物为己物而实施强取者，不为罪。	暂行新刑律	一三
六	上	七九九	寺僧领名之庙产，不得辄指为私有。	民法	一编三章三节
六	上	八〇一	《刑律》一五三条之犯罪，国家为被害人。	暂行新刑律	一五三
			伪造罪以国家为被害人。	暂行新刑律	一八一
			《刑律》一五三条一项之犯罪，国家为被害人。故执行职务之官员，于该案不回避。	刑事诉讼条例	三一
六	上	八〇三	继子擅自处分财产，危及其母之生活，应认为不得于所后之亲。	民法	五编二章二节
六	上	八〇五	铺底应有取得之原因。	民法	三编七章
六	上	八一〇	自己或直系卑属无承继权，不得告争承继。	民法	五编二章二节
六	上	八一三	代人行贿后，以少报多其行贿，为诈财之方法，但贿银仍依行贿罪没收之。	暂行新刑律	一四二
			代人行贿后，以少报多其行贿，为诈财之方法。	暂行新刑律	三八二

续表

年份	字别	号数	提　　要	律名	条文
六	上	八一五	就将来可取得之物为买卖，非法律所禁。	民法	二编二章二节一款
			因民事被告后牵告他人，谓其硬行要去银洋应许税契竟行吞没者，如其目的在究追钱契，自不成诬告之罪。	暂行新刑律	一八二
六	上	八一七	对于已出继子，丧失亲权。	民法	四编四章一节
			监护人之监护权因被监护人成年而终止。但仍有限制能力之原因时，得暂时拒绝交付财产。	民法	四编五章
			于不正侵害人业已倒地后，复夺获其凶器反加殴击者，无防卫之可言。	暂行新刑律	三一一
六	上	八二〇	供给第三人买空卖空之款，亦不能有效成立债权。	民法	二编二章一七节
六	上	八二二	盗卖管有他人之不动产者，为侵占，不得论以诈欺取财。	暂行新刑律	三八二
			盗卖管有他人之不动产者，为侵占，不得论以诈欺取财。	暂行新刑律	三九一
六	上	八二七	童养媳被人和诱，童养翁及生父均有告诉权。	刑事诉讼条例	二一九
			童养媳被人和诱，童养翁及生父均有告诉权。	暂行新刑律	三五五
六	上	八二九	对于一人历次窃盗异种类之财物者，为连续犯。	暂行新刑律	三六七
六	上	八三二	以同一方法历向多人诈欺取财者，为俱发罪。	暂行新刑律	二三
			以同一方法历向多人诈欺取财者，为俱发罪。	暂行新刑律	三八五
六	上	八三三	同一审级对于同一案件如未经一定之程序，不得为两次之判决。	刑事诉讼条例	三四七
六	上	八三九	债务人应负迟延责任之始期。	民法	二编一章二节
六	上	八四〇	意图陷害而栽赃者，如未告发，即不成诬告之罪。	暂行新刑律	一八二
六	上	八四一	判决无罪之案，毋庸认定事实。	刑事诉讼条例	三四三
六	上	八四五	男家悔约另聘，前聘之女得解除婚约。	民法	四编三章一节
			官荒先尽原占主报领。	吉林放荒章程	四
六	上	八四七	授与代理权后变更其范围，应通知相对人始生效力。	民法	一编五章三节
六	上	八五〇	高地所有人负疏通低地水流阻塞之义务。	民法	三编二章二节
六	上	八五一	截断真正公文书以伪造公文书者，毁弃为伪造之方法。	暂行新刑律	二六
			截断真正公文书以伪造公文书者，弃毁为伪造之方法。	暂行新刑律	二三九
六	上	八五二	妾于家长故后，不容藉故驱逐。	民法	四编二章二节
			妾应受正妻之监督。	民法	四编二章二节
			兼祧子后娶之妻，亦不能取得正妻身分。	民法	四编二章二节
六	上	八五三	执行业务员对于无法收取之债不任赔偿。	民法	二编二章一四节
六	上	八五六	意图为自己所有，以诈欺方法使他人将管有物交付于己者，为诈欺取财。	暂行新刑律	三八二
六	上	八六四	名誉与名节非一事。	民法	一编二章五节
			巡警逮捕嫌疑人后，见其携带银元意图取得即予枪毙者，为强盗故意杀人。	惩治盗匪法	三
六	上	八六五	本生及所后父母无不愿兼祧之意思者，应认为兼承本宗之祧。	民法	五编二章二节

续表

年份	字别	号数	提　　要	律名	条文
六	上	八六六	孀妇改嫁，须出自愿。	民法	四编三章一节
六	上	八七三	二罪以上之起诉权以最重刑为标准计算者，如其轻罪事犯在前，则以犯重罪时轻罪之时效未经期满者为限。	暂行新刑律	七〇
六	上	八七六	无约定利率之迟延利息，应依该地通行利率计算。	民法	二编一章二节
六	上	八八一	图妨公所发行之票券，为有价证券。	暂行新刑律	二四二
六	上	八八三	将人门牙打落一颗者，为轻微伤害。于处结后又加伤害者，应分别论罪。	暂行新刑律	二三
			将人门牙打落一颗者，为轻微伤害。	暂行新刑律	八八
			将人门牙打落一颗者，为轻微伤害。于处结后又加伤害者，应分别论罪。	暂行新刑律	三一三
六	上	八八六	抵押权人先买权之习惯有效。	民法	三编四章
六	上	八八九	减等后科处之刑，不以降至本刑之最轻刑以下为限。	暂行新刑律	五七
六	上	八九四	婚姻因举行相当之礼式而成立。	暂行新刑律	三五五
六	上	八九六	妻不在者，得以妾为妻。	民法	四编三章一节
六	上	八九七	共谋杀人，雇由他人实施时到场监视者，亦为实施杀人。于共谋时从旁附和者，为从犯。	暂行新刑律	二九
六	上	八九八	童养翁于童养媳之被人强奸有告诉权。	暂行新刑律	二九四
六	上	九〇一	伙谋入室行窃在外把风者，仍为正犯，但对于入室者之临时行强不负责任。	暂行新刑律	三六八
六	上	九〇八	第一审已调查证据，控告审得补充调查。	民事诉讼条例	五一九
六	上	九一〇	除名须通知本人后始有效。	民法	二编二章一四节
			合伙员仅有二人时，不得除名。	民法	二编二章一四节
			保证人求偿范围，以实际代偿为限。	民法	二编二章二四节
			失出失入以法定刑为标准定之。	覆判章程	四
六	上	九一二	贩卖贴用印花之烟土仍成罪。	暂行新刑律	二六六
六	上	九一三	行窃之人弃赃逃走者，侵害即为过去，自无防卫可言。	暂行新刑律	三一三
			荒地由首报之户承领。	奉天清赋章程及续订章程	
六	上	九一九	卖鸦片烟时掺合假烟者，卖烟为诈财之方法。	暂行新刑律	二六
			贩卖鸦片烟时掺合假烟者，卖烟为诈财之方法。	暂行新刑律	二六六
六	上	九二一	控告审不得就未经控告之部分予以受理裁决。	刑事诉讼条例	三九六
六	上	九二二	定婚当事人间有义绝之状者，准其解除婚约。	民法	四编三章一节
六	上	九二四	他人私文书以作成之名义人定之伪造后，持以向另人诈财未遂者，以行使伪造私文书之既遂罪为重。	暂行新刑律	二六
			伪造他人私文书持以向另人诈财未遂者，以行使伪造私文书之既遂罪为重。	暂行新刑律	二四三
六	上	九三二	自己殴人之际，忽有另人来将所殴人砍伤成废者，均为致废之正犯。	暂行新刑律	三一五

续表

年份	字别	号数	提要	律名	条文
六	上	九三五	以额实相差之兑换纸币为消费借贷之标的者，应照立约时之币价偿还。	民法	二编一章一节
			以兑换纸币为消费贷借之标的者，应照立约时之币价偿还。	民法	二编二章八节
			共谋入室强盗，上盗时行走落后，事后分得赃物，亦以正犯论。	暂行新刑律	二九
六	上	九三七	共谋行劫，中途畏惧不前在船看守，事后分得赃物者，仍为正犯。	暂行新刑律	二九
六	上	九四二	强盗取物时，将事主推跌倒地致磕伤额角者，为强盗伤人。	暂行新刑律	三七三
六	上	九四三	诬告罪数，以人格法益计之。其迭次诬告一人者，为连续犯。	暂行新刑律	二八
			诬告罪数，以人格法益计之。其迭次诬告一人者，为连续犯。	暂行新刑律	一八二
六	上	九四五	明显之习惯事实，不必更为调查，只审究其能否适用。	民事诉讼条例	三三四
六	上	九四六	律称出兵阵亡，不必以成丁入伍者为限。	民法	五编二章一节
			强盗得财后，因事主不依顺用假银圆交给作赔者，其行使伪币罪应与强盗罪分别论之。	暂行新刑律	二三
六	上	九四七	确有不孝事实，训诫不悛者，为不事舅姑。	民法	四编三章四节
六	上	九四九	先向人诈称官员，觑便窥取财物者，应分别论罪，不得混认为诈财。	暂行新刑律	三六七
			先向人诈称官员，觑便窥取财物者，应分别论罪，不得混认为诈欺取财。	暂行新刑律	三八二
六	上	九五〇	未经控告审判决事项，不得以为上告目的。	民事诉讼条例	五三〇
六	上	九五一	约明得由典主转典代实者，非合意作绝。	清理不动产典当办法	二
六	上	九五三	继单未经立继人及证人画押，有时亦得认为真正。	民事诉讼条例	四二七
六	上	九五六	炉银买卖，若无交付现银目的，即为买空卖空。	民法	二编二章一七节
			商会发行之兑换券，为有价证券。	暂行新刑律	二四二
六	上	九六〇	卖契不须卖主本人画押。	民法	三编二章二节
六	上	九六一	被拐案件，被诱人与犯人曾为婚姻者，于撤销婚姻之判决确定以前不得为告诉。	暂行新刑律	三五五
六	上	九六二	契据不拘方式。	民法	三编二章二节
			嫡母为庶子之尊亲属。	暂行新刑律	八二
			嫡母为庶子之尊亲属。	暂行新刑律	三一二
六	上	九六四	以欺罔方法使人将物交于己，暗行掉换以去者，为诈财，非侵占。	暂行新刑律	三八二
			以欺罔方法使人将物交于己，暗行掉换以去者，为诈财，非侵占。	暂行新刑律	三九一
六	上	九六八	与人共殴，对于他人当同自己加害彼造之行为负共同责任，而于他人逃走后另行加害彼造之行为不负责任。	暂行新刑律	三一三
六	上	九六九	孀妇改嫁时，其主婚权有一定之次序。	民法	四编三章一节
			听人纠邀持械杀人，行抵某人门首，在门外把守，由另人入内将人杀毙者，亦为共同正犯。	暂行新刑律	二九
			听邀持械杀人，行抵门首在门外把守，由另人入内将某人杀毙者，亦为共同正犯。	暂行新刑律	三一一

续表

年份	字别	号数	提要	律名	条文
六	上	九七二	买主限于卖主着手履行前，得抛弃定银解除契约。	民法	三编二章二节一款
六	上	九七三	债务人资力受损，亦不得请求减免利息。	民法	二编一章五节五款
			冒称委员张贴告示向人罚款者，其诈称官员伪造公文书为诈财方法。	暂行新刑律	二六
			委员于其职务滥行罚款解县者，为滥用职权使人行无义务事。若冒称委员张贴告示并向人罚款者，即为诈财，其他各罪为诈财之方法。	暂行新刑律	一四八
			冒称委员张贴告示并向人罚款者，即为诈欺取财。其诈称官员及行使并伪造公文书为诈欺取财之方法。	暂行新刑律	二三九
			冒称委员张贴告示并向人罚款者，即为诈财。其诈称官员及行使并伪造公文书为诈欺取财之方法。	暂行新刑律	三八二
六	上	九七六	夫之住所不得拒绝其妻与之同居。	民法	四编三章三节
			第二审于不应用书面审理之案用书面认定事实者，应发还更审。	刑事诉讼条例	四三〇
六	上	九七八	须得同意之行为，经事前预示同意或事后追认者，均为有效。	民法	一编五章五节
			共有物处分行为之同意，不必于行为时为之。	民法	三编二章四节
六	上	九八一	家属对于家长之妾，应负养赡义务。	民法	四编七章
六	上	九八二	须有主张权利之资格者，始得为当事人起诉或上诉。	民事诉讼条例	二八六
六	上	九八五	探悉某人携款经过某处，告由另人抢劫得赃，事后分得赃物者，为强盗正犯。	暂行新刑律	二九
			探悉某人携款经过某处，告由犯人抢劫得赃，事后分得赃物者，为强盗正犯。	惩治盗匪法	三
六	上	九八六	与人共殴，对于他人当同自己加害彼造之行为负共同责任，而于他人逃走后他人加害彼造之行为不负责任。	暂行新刑律	一三
			与人共殴，对于他人当同自己加害彼造之行为负共同责任，而于他人逃走后另行加害彼造之行为不负责任。	暂行新刑律	二九
六	上	九八八	抵押物价值有争执时，应实施拍卖程序。	民法	三编九章二节
			当事人预纳之讼费非其所应负担者，得由执行衙门按数扣还。	民事诉讼条例	九七
六	上	九九〇	意图侵占，劝人将物交付于己者，仍为诈财，非侵占。	暂行新刑律	三九一
六	上	九九二	存货行主将他人存货据为己有，并将账薄改造者，其于自己文书为不实记载，系业务上侵占之方法。	暂行新刑律	二六
			存货行主将他人存货据为己有，系业务上侵占。	暂行新刑律	三九二
六	上	九九三	有代理他共有人之权者，得代为处分之同意。	民法	三编二章四节
六	上	九九四	租赁主不得对所租物之让受人拒绝交物。	民法	二编二章五节
			两造各自独立上诉时，均应缴纳讼费。	民事诉讼条例	九七

续表

年份	字别	号数	提要	律名	条文
六	上	九九七	诱拐妇女被人追获，反诬告追逐人者，分别论罪。	暂行新刑律	二三
			诱拐妇女被人追获，反诬告追逐人者，分别论罪。	暂行新刑律	一八二
六	上	九九九	酌给义子财产，至多不得超过继子应承财产之数额。	民法	五编三章二节
六	上	一〇〇二	酬金债权，无专属性质。	民法	二编一章三节
			意图强盗，侵入人家即被逐散者，为强盗未遂。	暂行新刑律	一七
			意图强盗，侵入人家即被逐散者，为强盗未遂。	暂行新刑律	三七九
六	上	一〇〇三	受雇得钱搬运赃物者，为因而获利。	暂行新刑律	三九七
六	上	一〇〇四	水流地所有人得使用公共流水。	民法	三编二章二节
			对岸地所有人得使用他人之水堰。	民法	三编二章二节
六	上	一〇〇七	被人窃去牛只，闻声追逐，于已弃赃逃避之际放枪轰伤身死者，无防卫之可言。	暂行新刑律	一五
六	上	一〇〇九	住持私置之产得以处分。	民法	一编三章三节
			向上告审不得声请假扣押。	民事诉讼条例	六一五
六	上	一〇一二	诬告其妻犯奸，为重大侮辱。	民法	四编三章四节
六	上	一〇一三	本夫于奸夫由奸所欲逃之际起意杀害者，不为防卫。	暂行新刑律	一五
			本夫于奸夫由奸所欲逃之际起意杀害者，不为防卫。	暂行新刑律	三一一
六	上	一〇一四	亲房拦产之习惯无效。	民法	三编四章
六	上	一〇一六	债务人回复原状义务，以立约当时情况为标准。	民法	二编二章一节三款
六	上	一〇一八	计算利率，得以该省普通官息为准。	民法	二编一章一节
六	上	一〇三一	店主串通店伙将所管之账薄捏写他人借款者，为于自己文书为不实记载之共同正犯。	暂行新刑律	二九
			店主串通店伙将所管之账薄捏写他人借款者，为于自己文书为不实记载之共同正犯。	暂行新刑律	二四四
六	上	一〇三六	用他人将幼女诱到价卖者，为营利略诱之正犯。	暂行新刑律	三五一
六	上	一〇四七	《刑律》三九一条一项之侵占罪，除共有情形外，以管有者非自己物为成立要件。	暂行新刑律	三九一
六	上	一〇五一	抢劫湖内之航船者，成《刑律》三七四条之罪。	惩治盗匪法	三
六	上	一〇五五	行政处分得为司法裁判之根据。	法院编制法	二
六	上	一〇六〇	管收所看役所雇用之人，如经执行看役之职务，自可成立凌虐被告人之罪。	暂行新刑律	一四四
			运送契约解除后之应交运费。	商行为	六章一节
六	上	一〇六六	因自己扬言某人有钱，经人起意行劫，询由告明路径即行劫抢者，则告明路径之人为强盗从犯。	暂行新刑律	三一
六	上	一〇六八	买休卖休，无论出于诈欺、胁迫或自愿，皆离异。	民法	四编三章四节
六	上	一〇七四	就宗祠之分合有争执者，应准其分别建祠。	民法	五编一章

续表

年份	字别	号数	提　　要	律名	条文
六	上	一〇七五	违约金推定为预定之赔偿，如超过实际所受之损害者，得予酌减，惟其约并非无效。	民法	二编一章二节
			双务契约，仅定一造违约金，非不法。	民法	二编二章一节一款
			以较短时期交付不特定物之契约，非以不能给付为标的，不能否认其效力。	民法	二编二章一节一款
			双务契约两造之违约责任不必一致。	民法	二编二章一节二款
			买卖不以具体确定价银要件。	民法	二编二章二节一款
			买卖契约之目的物及价银，除有特约外，应同时交付。	民法	二编二章二节二款
			买卖契约仅片面约定交货日期者，非不法。	民法	二编二章二节二款
六	上	一〇七六	在控告审，得本于同一原因扩张请求。	民事诉讼条例	五一三
六	上	一〇八一	父母犯奸盗，不能为解除婚约之原因。	民法	四编三章一节
六	上	一一〇〇	居父母丧奉有遗命或经父或母允许者，均得分产。	民法	四编二章二节
六	上	一一〇六	债权人于已提出之给付拒绝领受或不能领受者，负迟延责任。	民法	二编一章二节
			双方互负债务，为抵销之前提要件。	民法	二编一章五节三款
			一分号歇业，未回复营业前，其让与债权、承认债务等行为亦受限制。	破产法	
六	上	一一一七	全部保证人应代还全部。	民法	二编二章二〇节
			一债权而有数抵押物者，得就各物受全部清偿。	民法	三编九章二节
六	上	一一二三	受养赡之权不许限制。	民法	四编七章
六	上	一一二五	子代父管理家务，即有处分家财权。	民法	四编二章二节
六	上	一一二七	独自出继后，于本宗父母无后亡故时，仍得回而兼祧本宗。	民法	五编二章二节
六	上	一一三三	无同族者，可以同姓为嗣。	民法	五编二章二节
六	上	一一三八	夫妇于涉讼中相诋毁，不得为重大侮辱。	民法	四编三章四节
六	上	一一三九	租户因不可抗力收益减少请减租额者，地主无不承诺之权。	民法	二编二章六节
六	上	一一五六	《承继法》为强行法，不容有反对习惯存在。	民法	五编一章
六	上	一一五九	用益租赁终止时，租主应将附属物件交还，同时业主应将附属物超过价格及租赁物增加价格偿还。	民法	二编二章六节
六	上	一一六四	死亡之人不得立为人嗣。	民法	五编二章二节
六	上	一一六九	可分给负之共同债务人，原则上应平均分担。	民法	二编一章六节
六	上	一一七四	胁迫未除去时之追认，不能有效。	民法	一编五章一节
六	上	一一七五	县卷之证据力。	民事诉讼条例	四〇〇
六	上	一一七六	养母之翁姑对于养女有主婚权。	民法	四编三章一节
六	上	一一七八	浪费人之处分行为，保护人得撤销之。	民法	一编二章二节
			浪费人处分行为撤销之结果，两造负回复原状义务。	民法	一编五章五节

续表

年份	字别	号数	提　　要	律名	条文
六	上	一一八七	离异无论由何原因，听妻携去妆奁。	民法	四编三章四节
六	上	一一八九	户部则例以二十岁为成年之旧例业已失效。	民法	一编二章二节
			夭亡未婚之解释。	民法	五编二章一节
六	上	一一九四	离婚时协定子女监护方法之契约有效。	民法	四编三章四节
六	上	一二二〇	义男女婿为所后之亲所厌恶，即毋庸给产。	民法	五编三章二节
			义男女婿酌分财产，系继子或父母与义男女婿间之关系。	民法	五编三章二节
六	上	一二二一	虽买主预示不受领，而卖主未合法提供，亦不得令买主履行责任。	民法	二编一章二节
			分期给付之双务契约，于第一期一造已提供而相对人不领受亦不履行义务者，得解除全部契约。	民法	二编二章一节二款
六	上	一二二七	债务已至清偿期，债务人不得反债权人之意思要求缓偿或减息。	民法	二编一章二节
六	上	一二二九	矿业权人有使用他人土地之权。	矿业条例	
六	上	一二三〇	有违约金之预约，不能更为损害赔偿之请求。	民法	二编一章二节
			共有人一人擅为让与共有财产之契约，其善意相对人得请求返还原价并赔偿损害。	民法	二编二章一节二款
六	上	一二三三	未成年人之继产管理权，原则在母而不在祖母。唯母为处分或重大管理行为，须得祖母许可。	民法	四编四章一节
六	上	一二四七	事实上之陈述，在控告审许为补充更正。	民事诉讼条例	五一四
六	上	一二五一	主婚受财者，须负担嫁资。	民法	四编三章一节
六	上	一二五七	直系尊亲属对于卑属有扶养义务。	民法	四编七章
六	上	一二六一	协议离婚不容余亲及族人妄有争执。	民法	四编三章四节
六	上	一二六二	《试办章程》所谓上诉不准翻供及改变事实，即自认不能率意撤销之意。	民事诉讼条例	三三〇
六	上	一二六四	民事诉讼许用诉讼代理人。	民事诉讼条例	八二
			当事人有病，得声请辩论延期。	民事诉讼条例	一九三
六	上	一二七三	保证债务变为独立债务时，则不得再有先诉检索抗辩权。	民法	二编二章二〇节
六	上	一二七八	大宗无子，只得依照通常立继程序立继，不能追认一人为大宗后。	民法	五编二章二节
六	上	一二八〇	因争执买价未成立买卖者，不能认为先买权之抛弃。	民法	三编四章
			控告审所得辩论裁判之争点，以第一审已为辩论判决之请求为限。	民事诉讼条例	五一九
六	上	一二九三	确认之诉之判断范围。	民事诉讼条例	四五一
六	上	一二九六	入继时虽系独子，而本生父后已生子者，其承继应认为合法。	民法	五编二章二节
六	上	一三〇一	应继人先有嫌隙，亲族会议应别行择立。	民法	五编二章二节
六	上	一三〇五	定期金钱债务约明免算之息，限于定期以内之利息。	民法	二编一章二节
六	上	一三一四	父有别子亡故而生孙有后者，不得以独子论，许其兼祧。	民法	五编二章二节
六	上	一三二〇	历久失其土地之占有，不能仅以契据向现占有人告争。	民法	三编一〇章

续表

年份	字别	号数	提　　要	律名	条文
六	上	一三五九	合伙员以私财担保伙债者，债权人不得以此遂向该员一人请求偿清全部。	民法	二编二章一四节
			合伙员以私产担保伙债者，如债权人行使担保权，虽可另向他员求偿，但不得对抗债权人。	民法	二编二章一四节
			得在控告审主张之攻击或防御方法，于发还更审时亦得从新提出。	民事诉讼条例	五一四
六	上	一三七四	定有承诺期间，要约经过期间即失效，要约人无催告之义务。	民法	一编五章二节
六	上	一三七六	《寺院管理暂行规则》公布以前庙产之处分，不仅因未经地方官允许而无效。	管理寺庙条例	
六	上	一三八三	直系尊属就立继立有遗嘱，经守志之妇同意者，应为有效。	民法	五编二章二节
六	上	一三八四	犯吸食鸦片及施打吗啡等罪，非解除婚约之原因。	民法	四编三章一节
六	上	一三九八	股份公司每股银数应平均，并股东之交股责任。	公司条例	一二四
			应交股款之股东，得公司允可，得以债权抵销股款。	公司条例	一二六
六	上	一三八九	主文虽欠明了，而依所附理由可认为已判者，即非脱漏。	民事诉讼条例	二六六
六	上	一四〇七	依约应付偿还义务。	民法	二编一章二节
六	上	一四一六	商号经理代理关于营业之诉讼，无须另受委任。	民事诉讼条例	九三
六	上	一四一七	遗产管理权得由夫授与他人。	民法	四编四章一节
			遗产管理权人有以遗嘱指定者，妻不能否认。	民法	五编四章
六	上	一四二二	习惯法必为法所未定或与法规特异者，始得认其成立。若惯行事实及确信心与通行法规全合者，即无所谓习惯。	民法	一编一章
			典权不因转典而丧失。	民法	三编三章
六	上	一四二四	商标是否假冒，以一般人之识别力为断。	商标法	
			商标权非所以禁止他人制造、贩卖同品质同用途之物。	商标法	
六	上	一四二六	得为权义主体，始得为当事人。	民事诉讼条例	五二
六	上	一四三六	同一物上数宗担保物权得受清偿之次序。	民法	三编九章一节
六	上	一四三七	主张撤佃，须有法令或习惯所认之原因。	民法	三编五章
			因无法律上代理人，虑其久延致受损害者，得选任特别代理人。	民事诉讼条例	六一
六	上	一四三八	公司经理人代理权之限制。	公司条例	三一
六	上	一四四六	庄地浮多，先尽原租户、原业主、原垦户报领。	奉天丈放王公庄地章程	二三
六	上	一四五八	地方管辖案件，以大理院为终审。	法院编制法	三六
六	非	一	与人口角拾石向空乱掷者，已有伤人不确定之故意。	暂行新刑律	一三
			与人口角拾石向空乱掷者，已有伤人不确定之故意。	暂行新刑律	三一三
六	非	二	窃贼于行窃时闻捕惊逃，将所带纸煤失落草堆内致有火起者，其失火行为与窃盗行为分别论罪。	暂行新刑律	二三
			窃贼于窃得赃物时闻捕惊逃，将所带纸煤失落草堆内致火起者，其失火行为与窃盗行为分别论罪。	暂行新刑律	一九〇
			盗贼将所带纸煤失落致有火起者，非失火，与窃盗应分论。	暂行新刑律	三六八

续表

年份	字别	号数	提要	律名	条文
六	非	三	监禁处分得与无罪判决同时宣告。	暂行新刑律	一二
			监禁处分得与无罪判决同时宣告。	刑事诉讼条例	一九二
六	非	五	窃盗脱免逮捕当场杀人，亦为强盗故意杀人。	惩治盗匪法	三
六	非	一〇	三人以上诈财未遂者，关于褫夺公权，仍尽本法。	暂行新刑律	三八五
六	非	一五	以慈善养育为目的价买人口者，不为罪。	暂行刑律补充条例	九
六	非	二七	听纠杀人，行至中途托故不往者，为杀人之预备犯，不得论为杀人中止犯。	暂行新刑律	一七
			听纠杀人，至中途托故不往者，为杀人之预备犯。	暂行新刑律	三二八
六	非	三八	陆军军医长为陆军军属。	陆军刑事条例	一二
六	非	四二	用刀威吓人，令将财物交出者，为强盗，非恐喝取财。	暂行新刑律	三七〇
			用刀威吓人，令将财物交出者，为强盗，非恐喝取财。	暂行新刑律	三八二
六	非	五二	徒刑以附加主刑而宣告之为原则。	暂行新刑律	三七
六	非	五四	听纠行劫，在外接赃，于入内伙犯伤人行为当然负责，杀人行为不负责。	暂行新刑律	二九
			听纠行劫，在外接赃，于入内伙犯伤人行为当然负责，杀人行为不负责。	暂行新刑律	三七四
			听纠行劫，在外接赃，于入内伙犯伤人行为当然负责。	惩治盗匪法	三
六	非	五七	强盗事前并未同意，仅止事后受赃者，不成强盗犯。若共同强盗听伙犯将身带钩镰抽去杀人者，则为强盗杀人之共同正犯。	暂行新刑律	二九
			强盗事前并未同意，仅止事后受赃者，不成强盗犯。	暂行新刑律	三九七
六	非	五八	投入强盗帮内，拟即行劫者，尚不成为强盗未遂。	暂行新刑律	一七
			原判三罪俱发之案，其中一重罪不成立，另一罪应分为两罪者，仍应改判罪刑。	刑事诉讼条例	四五六
六	非	六〇	放枪击中人头部落水身死者，仍为杀人既遂。	暂行新刑律	三一一
六	非	六七	强盗着手后又行中止者，对于以后他犯之强盗伤人行为自不负责。	暂行新刑律	一七
六	非	七二	有配偶者，指已经成婚，其婚姻关系尚在存续中者之一方而言。	暂行新刑律	二九一
六	非	七九	陆军稽查为官员，军服为官员之服。	暂行新刑律	八三
			陆军稽查为官员，军服为官员之服。	暂行新刑律	二二六
六	非	九三	保正于他人解到烟犯后，将烟土交人变卖者，系公务上侵占。	暂行新刑律	三九二
六	非	九五	将所种之共有地出当得钱者，为侵占。	暂行新刑律	三九一
六	非	九八	行使假银者，乃诈欺取财，不得谓之行使伪币。	暂行新刑律	二二九
			行使假银者，乃诈欺取财，不得谓之行使伪币。	暂行新刑律	三八二
六	非	一一〇	应用判决而误用决定以处刑者，仍得对之提起非常上告。	刑事诉讼条例	四五一
六	非	一一一	孀妇之姑于孀妇之奸情知而畏不敢较者不为纵容。	暂行刑律补充条例	六

续表

年份	字别	号数	提　要	律名	条文
六	非	一二二	于他人侵占之际帮同搬运者，为侵占之准正犯，非独立之赃物罪。	暂行新刑律	二九
			于他人侵占之际帮同搬运者，为侵占之准正犯，非独立之赃物罪。	暂行新刑律	三九一
			于他人侵占之际帮同搬运者，为侵占之准正犯，非独立之赃物罪。	暂行新刑律	三九七
六	非	一二五	叛徒刑后尚在覆判中者，即不得谓为已受执行。	暂行新刑律	一九
六	非	一三五	多次受一人赠赃者，为连续犯。	暂行新刑律	二八
			窃盗之赃物，不得没收。	暂行新刑律	四九
			多次受一人赠与赃物者，为连续犯。	暂行新刑律	三九七
六	非	一三六	犯他罪之起因与奸罪有相当之关系者，均为因奸酿成。	暂行刑律补充条例	七
六	非	一五一	娶妾不为婚姻。	暂行新刑律	二九一
六	非	一五七	因求人代为行贿而被诈失财者，为诈欺取财之被害人，行贿罪不成立。	暂行新刑律	一四二
六	非	一六一	共谋强盗，在外把风，于入室者之伤人行为负责，杀人行为不负责。	暂行新刑律	一三
			共谋强盗，在外把风，于入室者之伤人行为负责，杀人行为不负责。	暂行新刑律	三七三
六	非	一六九	违警罚于非常上告案得单独宣告之。	刑事诉讼条例	四五六
六	私	一	附带私诉得行请求之范围，以公诉事实所生损害为限。	刑事诉讼条例	三
六	刑抗	七四	原告诉人对于第二审裁判声明不服，即与《法院编制法》所谓依法令而抗告之规定不符。	法院编制法	三六
六	刑上	三〇三	预审推事不得再于公判中充该案之独任推事。	法院编制法	二〇
六	私上	二九	共同行为侵权人，各负全部赔偿责任。	民法	二编八章
六	私上	三一	《私诉规则》二二条所谓予以裁判意义。	刑事诉讼条例	一〇
六	私上	三八	财团法人董事越权所为处分，对于法人不为有效。	民法	一编三章三节
			财团法人董事仅于法人目的范围内有代理权。	民法	一编三章三节
七	声	三	案经终结，无参加可言。	民事诉讼条例	七〇
七	声	五	判决一部确定者，得先就一部请求执行。	民事诉讼执行规则	四
七	声	一八	凡初级管辖案件之裁判，不得向大理院声明不服。	民事诉讼条例	五三〇
七	声	一三五	审判官对于同一案件曾参与决定者，仍得参与判决。	民事诉讼条例	四二
七	抗	一	以永居意思住于一定处所以为生活本据者，为住所。	民法	一编二章四节
			住址之解释。	民事诉讼条例	一五
七	抗	五	《县诉章程》三八二项所谓告诉人，不包告发人在内 。	刑事诉讼条例	二一九
七	抗	二六	大理院对于不服高等审判厅之决定或命令按照法令而抗告之案件有审判权。	法院编制法	三六

续表

年份	字别	号数	提　　要	律名	条文
七	抗	二九	和解劝谕不成，不得强制。	民事诉讼条例	四四六
七	抗	四〇	请求易科罚金，其权专属于检察官。	刑事诉讼条例	五〇七
七	抗	四四	县知事堂谕，亦可生确定判决之效力。	民事诉讼条例	二六六
七	抗	四七	传厅问话，不能视为执行命令。	刑事诉讼条例	四八七
七	抗	四八	非选举人不得提起选举诉讼。	修正众议院议员选举法	
七	抗	五七	关于《汉口兵燹损失债务清理办法》之解释。	汉口理债办法	
七	抗	七〇	异议之诉，仍依通常诉讼程序审判。	民事诉讼执行规则	五四
七	抗	七三	地方保卫团为刑事被害者时，团总以代表资格得行告诉。	刑事诉讼条例	二一九
七	抗	七六	告诉人无声请拒却之权。	刑事诉讼条例	三二
七	抗	七七	有争执之债款，不得于执行中抵销。	民事诉讼执行规则	四
七	抗	八〇	被告人已受执行，虽县判未经宣示或牌示，亦可确定。	刑事诉讼条例	三八〇
七	抗	八一	刑事诉讼以采用三审制度为原则，上诉至上告审判衙门为止。	刑事诉讼条例	四〇二
七	抗	一〇五	执行案件应为相当之职权调查。	民事诉讼执行规则	六
七	抗	一一六	有管辖权衙门经裁判确定为无管辖权之解释。	民事诉讼条例	三五
七	抗	一二一	本诉虽属地方管辖事件，亦得向该审判衙门提起初级管辖事件之反诉。	民事诉讼条例	三〇三
七	抗	一四一	关于《契税条例》上之处罚，为行政官吏职权上之处置。	法院编制法	二
			关于《契税条例》上之处罚，为行政处分。	契税条例（附契税条例施行细则）	一五
			关于《契税条例》上之处罚，为行政处分。	契税条例（附契税条例施行细则）	一六
七	抗	一五五	债务人之财产，债权人亦得拍卖。	民事诉讼执行规则	六一
七	抗	一七七	因犯罪嫌疑牵涉，应命中止与否，由审判衙门斟酌定之。	民事诉讼条例	二二〇
七	抗	一八六	声请假扣押，无论起诉前起诉后，均得为之。	民事诉讼条例	六一五
七	抗	一八九	因查追大清银行欠款有争执而诉请确认者，由普通法院管辖。	法院编制法	二
七	抗	一九七	诉经撤回，视与未起诉同。	民事诉讼条例	三〇七
七	抗	一九八	内国公债券，不能作为通行货币。	民法	二编一章一节
七	抗	二〇〇	执行方法之解释。	民事诉讼执行规则	一〇
七	抗	二一一	监察员买收投票自图当选，非选举无效原因。	修正众议院议员选举法	
七	抗	二三四	裁判有无诉权，须经言词辩论，以判决行之。	民事诉讼条例	二六二
七	抗	二七一	寄寓地之解释。	民事诉讼条例	一七

续表

年份	字别	号数	提　要	律名	条文
七	抗	二七二	《华洋诉讼办法》，须中外人涉讼乃能适用。	华洋诉讼办法	
七	抗	三七五	起诉可否认为以选举监督为被告，以当事人起诉之真意为断。	修正众议院议员选举法	
七	抗	一三一〇	得为再审理由之新书状，指以前未经提出之书状而言。	民事诉讼条例	五六八
七	上	一	族谱于身份关系之得丧无涉。	民法	四编一章
七	上	四	挟嫌贪贿，谋杀二命，应处死刑。	暂行新刑律	三一一
七	上	一〇	合伙营业之经理人，于合伙员不明时，虽应任经手追偿合伙债务之责，但究无代偿义务。	商人通例	三三
七	上	一二	围墙非建筑物。	暂行新刑律	四〇五
七	上	二二	于他人实施伤害行为时帮助拦阻被害人，应以准正犯论。	暂行新刑律	二九
七	上	二四	被承继人自行择嗣，毋庸经嫡妻同意。	民法	五编二章二节
七	上	二九	因省议会初选诉讼上诉者，以高等厅为终审。	省议会议员选举法	
七	上	三〇	左道治病不得认为正当业务，即不得援用《刑律》三二六条处断。	暂行新刑律	三二六
七	上	三七	经理人代主人受诉时，应对于主人为裁判，毋庸令经理人代偿。	商人通例	三三
七	上	四〇	《惩治盗匪法》三条三款之犯罪，应依《刑律》三八〇条是褫夺公权。	暂行新刑律	三八〇
七	上	四四	不得以待继嗣子预拟兼祧。	民法	五编二章二节
七	上	四六	虽无决水故意，然不从人之请挖开河道致人受害者，仍负罪责。	暂行新刑律	一九五
七	上	四九	容留强盗供给饮食，有事前帮助嫌疑，应查明有无知情故意，其并分得赃物者，尤应注意其是否知情同谋。	暂行新刑律	三一
七	上	五四	帮助受贿所得之利益，不得追征没收。	暂行新刑律	一五一
七	上	六二	其母被诱，虽挟有幼女同行，仍不依二三条处断。	暂行新刑律	二三
七	上	六三	经理人原给报酬，于歇业后仍从事清算者，应给报酬。	商人通例	三三
七	上	六四	因图卸自己责任，捏词防御他人之攻击或反诉之者，均不成立诬告罪。	暂行新刑律	一八二
七	上	七五	承办邮寄，代办所人洗用旧票，应依《刑律》二四二条、三八六条、二六条处断。	暂行新刑律	二四二
			经理人借款经主人追认，无论其后经理人将其侵蚀或处置不当，主人仍应负责。	商人通例	三三
七	上	七七	设定不动产担保物权，不立字据者无效。	民法	三编九章一节
七	上	七八	保卫团甲长系巡警官员之佐理。	暂行新刑律	一四五
			保卫团甲长捕禁无辜，为滥权捕禁。	暂行新刑律	三四六
七	上	八二	赔偿损害原则以普通损害为限。	民法	二编一章二节
七	上	八四	有妻更娶者，后娶之妻离异。	民法	四编三章四节
七	上	八五	行使伪造文书，如在诈财行为完成以后，自不能依二六条处断。	暂行新刑律	二六
七	上	九〇	直系尊亲属之立继，与被继人或守志妇自行立继者同论，得同时并立二人。	民法	五编二章二节

续表

年份	字别	号数	提　　要	律名	条文
七	上	九一	受寄物因水火盗贼灭失，而系受寄人怠于注意不抗避者，仍应认赔偿。	民法	二编二章一三节
七	上	九二	买空卖空不容仅以至期有无授受实货为臆测。	民法	二编二章一七节
七	上	九五	童养媳夫死改嫁，须经其情愿。	民法	四编三章一节
			童养媳改嫁，养家故意不为主婚者，得以裁判代之。	民法	四编三章一节
七	上	一〇一	派书记官偕巡长验尸为违法。	刑事诉讼条例	一六三
七	上	一〇三	未经第一审判决部分，不得为上告理由。	刑事诉讼条例	四〇五
七	上	一〇四	外国人得为鉴定人。	刑事诉讼条例	一二五
七	上	一〇九	旅店住客将他人住房门锁启开入内行窃，系犯侵入窃盗。	暂行新刑律	三六八
七	上	一一二	据保卫团局呈文定案采证，系属违法。	刑事诉讼条例	三〇五
七	上	一一八	凡经有权者之委托，并得该管长官之默许而代理之者，则侵占所管有之物，应以侵占公务上管有物论。	暂行新刑律	三九二
七	上	一二二	于他人诱拐之后加入共同价卖，仍属共犯。	暂行新刑律	二九
七	上	一二六	甘结不能视为认诺。	民事诉讼条例	四五六
七	上	一二七	质权人亦得将其质物转质于人。	民法	三编九章四节
七	上	一三一	亲族会议立继，应取决多数。	民法	五编二章二节
七	上	一三二	妾与家长准用协议离异。	民法	四编三章四节
七	上	一四四	强暴脱逃罪，虽已有强暴行为，如未能脱逃，仍属未遂。	暂行新刑律	一六九
			自己施打吗啡者，不得混称为施打吗啡。	修正吗啡治罪法	五
七	上	一四五	批契亦作成书据之一种方法。	民法	三编二章二节
七	上	一四七	夫家财产因赠与或其他行为而归属于妻者，皆不得携以改嫁。	民法	四编三章三节
七	上	一四九	互相赌博乃系共犯，非各自独立犯罪。	暂行新刑律	二九
七	上	一五〇	虐待或重大侮辱妻之父母者，离异。	民法	四编三章四节
七	上	一五九	有限期之保证契约，因期满而保证债务消灭。	民法	二编二章二〇节
			未限期之保证契约，不得认债权期限为消灭保证关系之期限。	民法	二编二章二〇节
七	上	一六〇	多数债权人依惯例协议一度分配债务人资产后，其未受分配之债额，在债务人资力未回复前，暂不得行使。	破产法	
七	上	一八二	因故意、过失使用类似商标者，负赔偿之责。	商标法	
七	上	一八三	经县公署吊缴存科之物，不得没收。	暂行新刑律	四九
七	上	一八六	仅有暧昧同居之关系，尚难认为法律上之妾。	民法	四编二章二节
			因奸谋杀本夫，在场下手之共犯亦应处以死刑。	暂行新刑律	三一一
七	上	一八七	侮辱罪之成立，应以被侮辱人在社会上所保持之人格及地位因加害者之举动，达于足以毁损其名誉之程度为标准。	暂行新刑律	三六〇
七	上	一八九	破产人匿产，债权人得论求交出。	破产法	
七	上	一九二	婚姻以履行成婚之一定仪式为成立，如未成立婚姻而诱拐者，应成立诱拐罪。	暂行新刑律	三四九

续表

年份	字别	号数	提　　要	律名	条文
七	上	一九五	养女本生父母不得争执主婚。	民法	四编三章一节
			乞养义女，非法所不许。	民法	四编四章六节
七	上	一九八	先和奸后因营利复和诱，应依俱发罪处断。	暂行新刑律	二八九
			认证、物证二者证据力之比较。	民事诉讼条例	三二七
七	上	一九九	凡因伤害而生死亡之原因者，皆应成立伤害致死罪。	暂行新刑律	三一三
七	上	二〇一	事前同谋事后得赃之强盗共犯，对于强暴行为当然发生之结果亦应负共同罪责。	惩治盗匪法	三
七	上	二〇二	判认养赡义务，非概为创设判决，其始期通常应以应受养赡之时为准。	民法	四编七章
七	上	二一六	共同殴人致伤，虽未能证明何人下手，在场者仍应负伤人罪责。	暂行新刑律	三一三
七	上	二二一	因索欠不还，一时气忿将人杀害者，不宜处以极刑。	暂行新刑律	三一一
七	上	二二二	立嗣经守志妇追认者有效。	民法	五编二章二节
七	上	二二三	伤害致死罪之成立，只须有伤害之认识，毋须有致死之预见。	暂行新刑律	三一三
七	上	二二四	短期租户先买之习惯无效。	民法	三编四章
			邮务生侵占邮局汇票银票，一方系侵害国家法益，一方又侵害发信人及受信人之法益。	暂行新刑律	三九二
七	上	二二八	夺刀还扎，不得主张防卫权。	暂行新刑律	三一一
七	上	二三〇	不合定式之判决，并非当然无效。	民事诉讼条例	二六六
七	上	二三三	因诱拐而杀人，仍依《刑律》二三条处断。	暂行新刑律	二三
七	上	二三六	不正之侵害如已经过，即不得主张防卫权。	暂行新刑律	一五
七	上	二四〇	诬告之客体除有特定事项外，须以能受刑事惩戒各处分之自然人为限。	暂行新刑律	一八二
七	上	二四一	行使伪币时，添写伪币内号码，亦系伪造行为之一部。	暂行新刑律	二二九
七	上	二四二	合伙契约附有解除条件，其条件成就者，合伙关系消灭，毋庸更声明退伙。	民法	二编二章一四节
七	上	二四三	庶母之亲生子如已出继，应由嫡子养赡。	民法	四编七章
			本生父母于亲族会议占重要位置。	民法	五编二章二节
七	上	二五〇	律载族长议立，即为亲族会议。	民法	五编二章二节
七	上	二五三	淤地拨补若干，应以坍塌及恢复之数为准。	民法	三编二章二节
七	上	二五四	窃树后为消灭形迹起见，将新痕用或熏灼致烧及全树，应依《刑律》二六条断。	暂行新刑律	三六七
七	上	二五九	以额实相差之钞票还债，应依市价折合。	民法	二编一章一节
七	上	二六四	因一时气忿致他造受轻伤者，不为虐待。	民法	四编三章四节
七	上	二六七	杀死大功服兄，虽视寻常杀人为重，然因其情节仍可处低度之刑。	暂行新刑律	三一一
七	上	二七〇	代理人不声明代理者，应自负其责。	民法	一编五章三节
			供给窃贼住所，使其容易行窃，应以事前帮助论。	暂行新刑律	三一
			故意供给窃贼住所，使其容易行窃，应以事前帮助论。	暂行新刑律	三六八

续表

年份	字别	号数	提　　要	律名	条文
七	上	二七六	杀人与伤害人致死，不能仅以受伤之多寡及死亡之迟速为唯一之证明。	暂行新刑律	三一一
七	上	二七七	利息计算之结果如已超过原本，应受法定之限制。	民法	二编一章一节
			媳被诱拐后，如已解除婚姻关系，即不能行使其诉权。	暂行新刑律	三五五
七	上	二八三	义男女婿酌分财产，应就承继财产总额及相为依倚之情形定之。	民法	五编三章二节
七	上	二九〇	改嫁妇为所携之女主婚者，前夫之弟无权干涉。	民法	四编三章一节
七	上	二九五	债权人得对于承任债务人请求其履行债务。	民法	二编一章四节
七	上	二九七	童养媳如未经解除关系，须由养家主婚。	民法	四编三章一节
七	上	二九八	祖父母、父母为同居者，由父母主婚，唯须经祖父母同意。	民法	四编三章一节
七	上	三〇三	夫妇同居之事，应由夫做主。	民法	四编三章三节
七	上	三〇四	出母可依特约为其女主婚。	民法	四编三章一节
七	上	三二一	出继子已分得之产，不能强令归还。约定将继产均分者，亦不得任意翻悔。	民法	五编三章三节二款
			贪图报酬将家藏枪支借盗行劫，系事前帮助之从犯。	暂行新刑律	三一
七	上	三二四	律载独子包括嗣子。	民法	五编二章二节
七	上	三二七	执行业务员无权擅为借贷，经他员追认者，亦有效。	民法	二编二章一四节
七	上	三三四	取舍证言，不仅以证人人数多寡为标准。	民事诉讼条例	三二七
七	上	三三五	船舶租赁契约与运送契约之区别。	海船	三章一节一款
七	上	三三九	双方合意解除承继关系者，不须告官。	民法	五编二章二节
七	上	三四〇	巡长拿获烟犯后纵令逃走，系犯《刑律》一七二条之罪，于纵逃后并将搜获之烟土侵占入已，应依《刑律》二六条处断。	暂行新刑律	二六
			巡长搜获烟土，其烟土即属巡长公务上管有物，不得没收。	暂行新刑律	四九
			巡长拿获烟犯后纵令逃走，系犯《刑律》一七二条之罪，于纵逃后并将搜获之烟土侵占入已，应依《刑律》二六条处断。	暂行新刑律	一七二
			巡长拿获烟犯后纵令逃走，系犯《刑律》一七二条之罪，于纵逃后并将搜获之烟土侵占入已，应依《刑律》二六条处断。	暂行新刑律	二七二
			已将管有之物据为己有虽事后复行交出仍应成立犯罪。	暂行新刑律	三九二
七	上	三四三	无承继资格之人，不许告争继嗣及遗产。	民事诉讼条例	二八七
七	上	三四四	妇人夫亡，虽拟改嫁而尚未嫁者，仍有为其女主婚之权。	民法	四编三章一节
七	上	三五一	代理人虽未明示本人名义，而相对人明知其代理或可得知者，仍不能对于代理人主张其自为。	民法	一编五章三节
七	上	三六一	以外国货币表示其给付额者，应准立约时该币之市价给付。	民法	二编一章一节
七	上	三六四	买卖契约两造均未依约履行，即不能认一造有解除权。	民法	二编二章二节二款
七	上	三七四	非买主承认无瑕疵，则买主不得免除担保之责。	民法	二编二章二节二款
七	上	三八三	伤害大指致屈伸不能自由，应依《刑律》八八条二项四款处断。	暂行新刑律	八八

续表

年份	字别	号数	提　　要	律名	条文
七	上	三八六	被继人之妾关于立继应占亲属会中重要位置。	民法	四编六章
			妾于亲属会议立继有同意权，惟无故不同意，审判衙门得以审核裁判。	民法	五编二章二节
七	上	三八七	同宗为婚，律应撤销。	民法	四编三章一节
七	上	三九一	伪造法政讲习所毕业证书，因而伪造该所木质钤记系并伪造私印。	暂行新刑律	二四九
七	上	三九四	依汉口理债处规则，凡有押产担保之债权，无折减可言。	民法	二编一章二节
			当事人因妨他造使用，故将证书隐匿毁坏者，得认他造关于证书之主张为真实。	民事诉讼条例	四〇八
			当事人因妨他造使用，故将证书隐匿毁坏者，得认他造关于证书之主张为真实。	民事诉讼条例	四二九
七	上	三九八	未满十六岁得减等之规定，其计算法应用周年法。	暂行新刑律	五〇
七	上	四〇〇	对于行政处分声明上诉者，应指令其提起行政诉讼不得受理。	民事诉讼条例	四九五
七	上	四〇五	私擅捆缚人，如有继续拘禁于一定场所之意，即应成立私擅监禁罪。	暂行新刑律	三四四
七	上	四一六	《刑律》三八三条之罪，以处理事务为前提。	暂行新刑律	三八三
七	上	四二七	买卖人口之契约无效。	民法	二编二章一节一款
七	上	四二九	双务契约因规责于己之事由致履行不能，其相对人得解约。	民法	二编二章一节二款
七	上	四三四	匪徒利人钱财，平空掠夺人身而勒赎者，为虏人勒赎罪。	惩治盗匪法	四
七	上	四三六	亲属会议立继，应守法定次序。	民法	五编二章二节
			借用他人名义诬告，亦应成立诬告。	暂行新刑律	一八二
七	上	四三七	犯罪事实已经告诉，并经县列入公诉事实之内者，县判虽未定罪科刑，控告审亦应裁判。	刑事诉讼条例	三九六
七	上	四四九	宣告缓刑，须查明具缓刑条件与否。	暂行新刑律	六三
七	上	四五一	主张取得物权者，应立证其权原。	民法	三编一章
七	上	四五六	无偿受寄人有重大过失者，不得免赔偿责任。	民法	二编二章一三节
七	上	四五七	家族一人代理全家之共同债务，债权人得就其家公产请求清偿。	民法	二编一章六节
			家族中一人代理全家所负之债，债权人得就公产全部执行。	民法	三编二章四节
七	上	四六八	先买权人表示不愿承买或不照时价承买者，为抛弃先买权。	民法	三编四章
七	上	四六九	当庭指原县知事不配办罪并大肆咆哮、随口混骂，应成立侮辱官员罪。	暂行新刑律	一五五
七	上	四七四	直接讯问证人，须多耗时日费用者，得行嘱托讯问。	民事诉讼条例	三六二
七	上	四七八	非执行业务合伙员，得检查业务及财产状况。	民法	二编二章一四节
七	上	四九〇	尊亲属立继，毋庸咨询亲族会之同意。	民法	五编二章二节
七	上	四九一	因奸成婚，除因奸被离之妇外，非法所禁。	民法	四编三章一节
七	上	四九五	刑律上之追征，应对于所灭失者为之。	暂行新刑律	一五一

续表

年份	字别	号数	提　　要	律名	条文
七	上	五〇〇	抵销须双方债务有同种标的者，非谓债务之原因须同一。所谓当事人须未表示反对意思者，非谓须两造之合意。	民法	二编一章五节三款
七	上	五〇〇	意图伤害人而以私擅逮捕监禁为实施之方法者，不得依《刑律》三四七条处断。	暂行新刑律	二六
七	上	五〇〇	意图伤害人而以私擅逮捕监禁为方法者，不得依《刑律》三四七条处断。	暂行新刑律	三四六
七	上	五〇一	书据及债务人承诺，非债权让与成立之要件。	民法	二编一章三节
七	上	五一二	买房契约未交房前失火焚毁者，得减少价银。	民法	二编二章二节二款
七	上	五一三	浙江地方开设花会者，为聚众开设赌场营利罪。	暂行新刑律	二七八
七	上	五一四	代借转借情事，非有特约，不能对抗债权人。	民法	二编一章二节
七	上	五一五	有禁烟职务之人巧立名目收取烟款不予禁除，系犯《刑律》一四〇条二项之罪。	暂行新刑律	一四〇
七	上	五一五	《刑律》一五一条所规定之没收，以贿赂已经收受者为限。而追征并以原收贿赂已费失为前提。又共犯分受之贿赂，应由分受者各别负责。	暂行新刑律	一五一
七	上	五一九	兄弟共同债务由一人代理者，应由代理人以所占共产清偿。	民法	二编一章六节
七	上	五一九	执行业务员经手借款，应就全部负清理偿还之责。	民法	二编二章一四节
七	上	五一九	共同债务应由出名人以共产清偿。	民法	三编二章四节
七	上	五二〇	典产被收用者，亦应分担损害。	民法	三编三章
七	上	五二九	被告人不通审判官语言时，须用通译。	刑事诉讼条例	一三三
七	上	五三一	谱例得以公议修改。	民法	四编一章
七	上	五三五	翁姑于守志妇之立继不予同意者，得以裁判允许代之。	民法	五编二章二节
七	上	五三七	买空卖空与赌博同科。	民法	一编五章一节
七	上	五四〇	服食吗啡药丸，应依吸食鸦片烟之律处断。	暂行新刑律	二七一
七	上	五四二	伪造私文书，须足以证明权利义务，始构成犯罪。	暂行新刑律	二四三
七	上	五四九	有能力之子在其父授权范围内为代理行为有效。	民法	一编五章三节
七	上	五五三	损坏建筑物并致丧失其效用，始成立损坏建筑物之罪。	暂行新刑律	四〇五
七	上	五五三	审判衙门于判决前得将案件委托商会公断。	商事公断处章程	一四
七	上	五五五	审判衙门于判决前得将案件委托商会公断。	京师商民债务案件得由法院委托商会调处办法	
七	上	五五七	有权代理人之同意与自为者同。	民法	三编二章四节
七	上	五五八	诱拐后在其支配力未丧失以前，无论将被诱人带往何处，均不另犯诱拐罪。	暂行新刑律	三五一
七	上	五六四	违法命令如与《刑律》抵触奉行者，不得藉口于此命令希免刑律上之责任。	暂行新刑律	一四

续表

年份	字别	号数	提　　要	律名	条文
七	上	五六六	《刑律》八八条二项所列各款，系指伤害之结果而言。如于伤害后复因他种介入行为身死，并不发生同条项所列各款之结果，亦不能证明其有同条一项各款之伤害程度者，应以同条三项之伤害论。	暂行新刑律	八八
			《刑律》八八条二项所列各款，系指伤害之结果而言。如于伤害后复因他种介入行为身死，并不发生同条项所列各款之结果，亦不能证明其有同条一项各款之伤害程度者，应以同条三项之伤害论。	暂行新刑律	三一三
七	上	五六九	代人作诬告状纸者，应以事前帮助之从犯论。	暂行新刑律	三一
			代人作诬告状纸者，以事前帮助之从犯论。	暂行新刑律	一八二
七	上	五七〇	分析不必到场立据。	民法	三编二章四节
七	上	五七六	税契非私权关系成立之要件。	民法	三编一章
			绝卖之产仍得以合意找贴。	民法	三编三章
七	上	五七九	擅取离去管有之他人财物变卖，应依《刑律》三九三条处断。	暂行新刑律	三九三
七	上	五八一	诉讼案件如无文卷可资审查，则所采供证是否合法，上告审无从悬揣，应发还更审。	刑事诉讼条例	四三〇
七	上	五八三	债务人不能以曾受他债权人之免除要求减免。	民法	二编一章五节五款
七	上	六〇一	第一审各别判决之俱发罪，其一罪又已系属于控告审者，应俟两案各别确定后，再依《刑诉草案》四八〇条，适用《刑律》二四条、二三条更定其应执行之刑。	暂行新刑律	二四
			文书中虽仅一部分系属伪造，其伪造之部分仍应没收，再由执行衙门按照《刑诉律》四九八条办理。	暂行新刑律	四八
			文书中虽仅一部分系属伪造，其伪造之部分仍应没收，由执行衙门表示其伪造。	刑事诉讼条例	五〇四
七	上	六〇七	骗取人地契押款使用，仍成立一诈财罪。	暂行新刑律	三八五
七	上	六〇八	担保物系担保分期各债全部而属于不可分割者，以后各期之债应使其提前统受清偿。	民法	二编一章二节
七	上	六一一	义男女婿分产，须较少于子数均分之额。	民法	五编三章二节
七	上	六一五	卖主指交不动产后又擅自霸占者，为侵权行为。	民法	二编八章
七	上	六一九	合伙仅定利益分配或损失分担之标准者，视为损益分配之共同标准。	民法	二编二章一四节
			合伙员出资不限于财物，得以劳力折作资本。	民法	二编二章一四节
七	上	六二一	歇业后从事清算之经理人应给与报酬之额，应释明当事人意思或酌据条理为断。	商人通例	三三
七	上	六二二	行使伪契主张典当权，系成立行使伪造文书取财产上不法利益之罪。	暂行新刑律	三八二
			侵占罪乃以所占有之物为自己所有为构成要件。	暂行新刑律	三九一
七	上	六二三	因一造事由解除婚约者，应负赔偿之责。	民法	四编三章一节
七	上	六二四	因对手人迫交捐款，遂指所执捐据为伪造，希图免除自己责任，不能认为成立诬告罪。	暂行新刑律	一八二

续表

年份	字别	号数	提　　要	律名	条文
七	上	六二六	以伤害人之目的而私擅逮捕者，不适用《刑律》三四七条，仍应依二六条处断。	暂行新刑律	二六
			断人两手之指者，应以《刑律》八八条一项论。	暂行新刑律	八八
			断人两手之指者，应以《刑律》八八条一项论。	暂行新刑律	三一三
			以伤害人之目的而私擅逮捕者，不适用《刑律》三四七条，仍应依二六条处断。	暂行新刑律	三四六
七	上	六二八	兄弟共同债务，亦适用连合分担之制。	民法	二编一章九节
七	上	六三〇	不听继母回籍收租，由船上拦截回归，系犯妨害尊亲属行使权利罪。	暂行新刑律	三六一
七	上	六三一	出母得指定为子女监护人。	民法	四编五章
七	上	六三三	代理人自认效力及于本人。	民事诉讼条例	八八
七	上	六三五	控告审判决内引用第一审判决所揭示之事实，并不违式。	民事诉讼条例	五二二
七	上	六三八	县公署书记潜入署内他室行窃，虽应成立侵入窃盗罪，若其入室之时并无行窃之念，系临时起意者，仍以通常窃盗论。	暂行新刑律	三六七
七	上	六四〇	警官对于现行犯示意罚钱，得钱后即行释放，系犯《刑律》一四〇条二项之罪。	暂行新刑律	一四〇
七	上	六四六	在本店无产而分店有余产之特别情形，分店应偿本店债务。	商人通例	一
七	上	六四八	营业执照之批销，非普通法院所可裁判。	法院编制法	二
七	上	六四九	撤销诉权不以债务人业经破产为要件。	民法	二编一章二节
七	上	六五六	在控告审得提出抵销抗辩。	民事诉讼条例	五一四
七	上	六五八	妾与家长互有养赡义务。	民法	四编七章
七	上	六六四	买得质物人，得提存价金，消灭质权。	民法	三编九章三节
七	上	六六五	属夫属妻不明之产，推定为夫所有。	民法	四编三章三节
			妻以己名所得之产为其私有。	民法	四编三章三节
七	上	六八一	非有承继权人或其直系宗亲，无告争承继之权。	民事诉讼条例	六八九
			不合法之承继，惟有承继权之人或其直系宗亲有告争权。	民事诉讼条例	二八七
七	上	六八三	侥幸性质之契约，非法律特禁，亦有效。	民法	二编二章一节一款
七	上	六八六	斗杀不宜处以极刑。	暂行新刑律	三一一
七	上	六八七	私庙乃私家独创之寺。	管理寺庙条例	
七	上	六九三	巡警卖放窃贼，系犯受贿及故纵脱逃罪。	暂行新刑律	一四〇
			巡警卖放窃贼，系犯受贿及故纵脱逃罪。	暂行新刑律	一七二
七	上	七〇四	以公债票为代物清偿，不得强依额面作价。	民法	二编一章五节一款
七	上	七〇五	公共水沟在人地内，人于沟上建筑围墙，苟无碍水路，不得藉口《刑律》一六条拆毁之。	暂行新刑律	一六
七	上	七一〇	重婚罪无论男女均可成立。	暂行新刑律	二九一
七	上	七一二	协议带产出继者，为法所不禁，本房兄弟无因此强其提出承继财产均分之理。	民法	五编三章三节二款

续表

年份	字别	号数	提　要	律名	条文
七	上	七二一	没收除有特别规定外，凡主刑不存在者，不得单科没收。	暂行新刑律	三七
七	上	七二二	掳人勒赎虽未得财，仍应依《惩治盗匪法》处断，并应援用《刑律》三八〇条褫夺公权。	惩治盗匪法	四
七	上	七二四	未经亲族会议议决以前，审判衙门不能以裁判立继。	民法	五编二章二节
七	上	七二七	代理人与本人之事实陈述抵触，以本人陈述为准。	民事诉讼条例	八八
七	上	七三〇	以变造之银行折据交付共犯收执示人以有存款而诈得其财物者，应并论以行使伪造私文书之罪。	暂行新刑律	二四三
七	上	七三七	养父系尊亲属孀媳被人和诱，其夫之养父有告诉权。	暂行新刑律	三五五
七	上	七三九	金钱债务应以全国通用货币给付。	民法	二编一章一节
七	上	七四〇	关于典产之时效利益，得以抛弃。	清理不动产典当办法	二
七	上	七四二	人民已领之荒，行政衙门不得自由剥夺。	民法	三编二章二节
七	上	七四六	亲族会议立继，不许择贤择爱。	民法	五编二章二节
七	上	七四七	烟瘾未除，以服食含有鸦片烟质之物为吸食之代用者，应负吸食鸦片烟之罪责，与因戒烟而服食含有鸦片烟质之药丸者不同。	暂行新刑律	二七一
七	上	七四九	侵占公务上管有物后，伪造公文书盗盖公印私印，并伪造私印加盖其上以为饰卸地步者，应援据侵占伪造公文书私印及伪造盗用公私印文各罪从一重处断。	暂行新刑律	二六
七	上	七五〇	意图杀人，乘其问询治病方法，即以可致死之药方相授使其照服，自应成立杀人罪。	暂行新刑律	三一一
七	上	七五三	直系尊属不得强所后之父或母废继。	民法	五编二章二节
七	上	七五四	嘱托调查证据，不问受嘱托者曾否参与本案审理。	民事诉讼条例	三三八
七	上	七五五	典户先买之习惯有效。	民法	三编四章
			当事人共认之习惯事实，苟不背公共秩序，应径予采用。	民事诉讼条例	三三四
七	上	七五七	私擅逮捕与私擅监禁之区别。	暂行新刑律	三四四
七	上	七五八	应行没收之物，不得仅予涂销存案，须适用法条并于主文中宣告之。	暂行新刑律	四八
七	上	七五九	妾与家长之亲属通奸，如和奸之人在服制图无服，仍应以普通奸罪论。	暂行新刑律	二九〇
七	上	七六一	遗产酌给亲女，须较少于子数均分之额。	民法	五编三章二节
			于讼争事项无利害关系之人，不能有诉权。	民事诉讼条例	二八六
			未经第一审判决事项，不得以为控告目的。	民事诉讼条例	四九五
七	上	七七六	主家之家长得为雇女择配。	民法	二编二章九节
			主家之家长得为雇女择配。	禁革买卖人口条例	
七	上	七八三	成年未婚之人如系小宗，不必强为立嗣。	民法	五编二章一节
七	上	七八七	空言声称嫁卖，不为义绝。	民法	四编三章四节
七	上	七九一	截取他人灌溉田亩之水以灌溉自己地内者，系妨害他人水利。	暂行新刑律	一九七

续表

年份	字别	号数	提　　要	律名	条文
七	上	七九六	于他人私擅监禁人中加入继续实施，仍为共犯。	暂行新刑律	三四四
七	上	七九七	将人臁肋砍伤并致骨断者，应以伤人致笃疾论。	暂行新刑律	三一三
七	上	八〇七	图谋杀人已购买凶器者，应以预备杀人论。	暂行新刑律	三二八
七	上	八一〇	强盗在一院内同时抢劫两家，应依其所知认定成立一罪或两罪。	暂行新刑律	一三
			强盗在一院内同时抢劫两家，应依其所知认定成立一罪或两罪。	惩治盗匪法	三
七	上	八一五	商店将届停止支付时，故意将未到期债务清偿或拨抵者无效。	破产法	
七	上	八二〇	教唆罪以被教唆者本无犯意，因教唆而决意并实施者，方能成立教唆犯。	暂行新刑律	三〇
			在第一审胜诉者，不许控告。	民事诉讼条例	四九六
七	上	八二二	寺庙原施主处分庙产，须经住持同意。	民法	一编三章三节
			原告诉人对于非正式法院所为第二审判决，得呈诉不服。	刑事诉讼条例	三七三
七	上	八二四	初选虽有无效原因，不得于复选后始行主张。	修正众议院议员选举法	
			冒名投票而非知情故纵者，不为无效原因。	修正众议院议员选举法	
			选举无效之诉讼，以选举监督为被告。	修正众议院议员选举法	
七	上	八二五	裁判纵有错误，在未依法撤销以前，仍为确定之裁判。	刑事诉讼条例	三四七
七	上	八二七	债务人不得强以担保为代物清偿。	民法	二编一章五节一款
			债务人不得强以担保物抵偿债权。	民法	三编九章一节
七	上	八三六	和奸有教唆犯。	暂行新刑律	三〇
七	上	八三七	为洗刷自己犯罪而捏词诬人者，不能即谓有使其人受刑事处分之意思。	暂行新刑律	一八二
七	上	八三八	殴伤人时并扯破衣服者，应依《刑律》二六条处断。	暂行新刑律	二六
			县知事审理案件内，如有已经告诉且已审讯之部分而未判罪者，为漏判。	刑事诉讼条例	四〇一
七	上	八四一	伪造契据朦请官厅粘尾盖印，成立牵连，应从一重处断。	暂行新刑律	二六
七	上	八四六	县知事自为被害人之案件，不得以案由承审员审判，即认为回避原因消灭。	刑事诉讼条例	三一
七	上	八四九	双务契约一造已提出给付，相对人不履行义务者，除解除外，并得请求损害赔偿。	民法	二编二章一节二款
七	上	八五五	公诉时效期限之计算，应以各罪中之最重刑为标准。	暂行新刑律	七〇
七	上	八五六	逮捕与杀人各为独立行为者，应依《刑律》二三条处断。若逮捕为杀人之手段行为者，应依《刑律》二六条处断。	暂行新刑律	二三
			私捕与杀人各为独立行为者，应依二三条断。若逮捕为杀人之手段者，应依二六条断。	暂行新刑律	三四四
七	上	八五九	强盗踩毙幼孩，在场共犯应同负责任。	暂行新刑律	三七三
			犯罪非经证明，不能定谳。	刑事诉讼条例	三〇五
七	上	八六三	夫无住所时，妻得独立设定住所。	民法	一编二章四节
			妻之住所应与夫同。	民法	四编二章三节

续表

年份	字别	号数	提　　要	律名	条文
七	上	八六六	上告审不许主张新事实。	刑事诉讼条例	四〇五
七	上	八七七	即时得价与否，于售卖鸦片烟罪之成立无关。	暂行新刑律	二六六
七	上	八七八	怀胎之最长时期。	民法	四编四章二节
七	上	八八二	被委任人代刻委任人私章向审判厅领契，不能构成行使伪造私印文与妨害公务之罪。	暂行新刑律	二四六
七	上	八八五	在戏场开赌营利，应构成《刑律》二七八条之罪。	暂行新刑律	二七八
七	上	八八八	婚姻欠缺法定要件，虽经同意追认，亦不能有效。	民法	四编三章一节
			余亲主婚，经祖父母、父母同意追认，亦为有效。	民法	四编三章一节
七	上	八八九	妨害引用晒盐之沟水，不能以妨害水利论罪。	暂行新刑律	一九七
			显然不能行使选举权之人，不得于计算到会人数时并行算入。	修正参议院议员选举法	
			路局雇用人员，不能视为官吏。	修正参议院议员选举法	
			确定人名册，不得以职权更正。	修正参议院议员选举法	
			声明更定选举人名册判定之标准有错误者，得以改正。	修正参议院议员选举法	
			选举人不必皆有被选举权。	修正参议院议员选举法	
			延长投票时间未至闭所时刻者，不得指为违法。	修正众议院议员选举法	
			名册缮本有误及不记总数，非即为无效原因。	修正众议院议员选举法	
			票有符号而非通谋故纵者，仅足为当选无效之原因。	修正众议院议员选举法	
			判定选举资格未登报公布者，不为无效原因。	修正众议院议员选举法	
			被扣除人冒投，非即为选举无效原因。	修正众议院议员选举法	
			选举人资格虽有未符，而于全体无涉者，不为无效原因。	修正众议院议员选举法	
			大理院关于选举诉讼为上告审。	修正众议院议员选举法	
			监察员当选，并非违法。	修正众议院议员选举法	
			判定选举资格虽有未当，亦不得即指为舞弊。	修正众议院议员选举法	
			选举监督莅场少疏，不为无效原因。	修正众议院议员选举法	
			违法舞弊须出于办理选举人员积极或消极之行为，始为选举无效原因。	修正众议院议员选举法	
			多设票匦，非法所禁。	修正众议院议员选举法	
			选举诉讼，除应直接调查事实者外，以书面审理行之。	修正众议院议员选举法	
			违法舞弊须碍及该选举全体正当之结果，始为无效。	修正众议院议员选举法	

续表

年份	字别	号数	提　　要	律名	条文
七	上	八九〇	褫夺公权，于主文内宣告。	暂行新刑律	三七
			褫夺公权，应于主文内宣告。	刑事诉讼条例	三四五
			随时随投为参选法所认许，《施行细则》十条只可认为解释规定。	修正参议院议员选举法施行细则	一〇
			选举会于名册确定时成立。	修正参议院议员选举法	
			选举监督布告及筹备国会事务局解释，无法之效力。	修正参议院议员选举法	
			到会者指到选举会而言，非谓必到选举场所。	修正参议院议员选举法	
			投票完毕既不限定时，故于选举期日内能为合法投票之人满三分二者，即为有合法人数到会。	修正参议院议员选举法	
			随到随投为参选法所认许，《施行细则》十条只可认为解释规定。	修正参议院议员选举法	
七	上	八九一	保护继产，须有继承权而在最先顺位之人始得告争。	民事诉讼条例	二八七
七	上	八九四	平除水堤，应构成毁损罪。	暂行新刑律	四〇六
七	上	八九九	保卫团之团总、保董均系《刑律》上之官员。	暂行新刑律	八三
			土地管辖错误不得据为上告理由。	刑事诉讼条例	四〇八
七	上	九〇二	债权人追诉债务，非侵权行为。	民法	二编八章
七	上	九〇三	妻就其私产为日常家事外之行为，原则上亦应得夫之允许。	民法	一编二章二节
七	上	九〇五	守志之妾于亲属会议占重要位置，不得阻止夫族立继。	民法	五编二章二节
七	上	九一〇	官肢阴阳之机能失其作用，即为残废。	民法	四编三章一节
七	上	九一四	所借数额之是否超过债务人之财产，与借贷关系之成立无涉。	民法	二编二章八节
			开设花会诱人聚赌，应依《刑律》二七八条处断。	暂行新刑律	二七八
七	上	九一五	不属上告审发还更审之范围，不得重予改判。	刑事诉讼条例	四三〇
七	上	九一九	继母或他亲族代管未成年子之财产，得定监督保护之方法。	民法	四编四章一节
七	上	九二一	租赁主违反保管义务，应赔偿损害。	民法	二编二章五节
			租赁主之保管义务，不因转租而消灭，就转租之故意过失仍应负责。	民法	二编二章五节
七	上	九二二	妾应与他家属同受相当之待遇。	民法	四编二章二节
七	上	九二六	知院外有人开枪射击，为不确定故意。	暂行新刑律	一三
七	上	九二七	同时刑有加减，应互相抵销。	暂行新刑律	六〇
七	上	九二九	吸食鸦片烟不以成瘾为限。	暂行新刑律	二七一
七	上	九三二	宣告缓刑并不释明缓刑条件有无欠缺，为判决不附理由。	刑事诉讼条例	四〇七
七	上	九三六	强盗杀人与强取财物后又掳人勒赎者，非证明在共同计划内或确有帮助事实，不得令其他共犯同负责任。	暂行新刑律	二九
七	上	九三七	伤害人之后参入自然力以助成伤害所应生之结果者，仍应负伤害致死之责任。	暂行新刑律	三一三
			于投票开票所加派军队，并无威迫举动者，不为无效原因。	修正众议院议员选举法	

续表

年份	字别	号数	提　　要	律名	条文
七	上	九三九	择立贤爱不以先尽近支为限。	民法	五编二章二节
七	上	九四三	因掳人而拒伤事主身死者，其共犯均应负责。	暂行新刑律	二九
七	上	九四六	妻妾自愿为娼，其夫虽经纵容，不得请求离异。	民法	四编三章四节
七	上	九五三	复选被选举人不必限于本区。	修正众议院议员选举法	
七	上	九五七	与承继法相抵触之族规不容存在。	民法	五编一章
			强赶猪只，意在扣留猪价代为完粮者，即与强盗罪条件不合，应构成《违警罚法》强买物品之罪。	暂行新刑律	三七〇
七	上	九六一	受伤是否致命部位，不能为区别杀人与伤害人之绝对标准。	暂行新刑律	三一一
			主文与理由不得自相矛盾。	刑事诉讼条例	四〇七
七	上	九六二	写票席应设若干，法律上并无规定。	修正众议院议员选举法	
			得票计算方法不当，不为无效原因。	修正众议院议员选举法	
			未宣示选举人名单，非违法。	修正众议院议员选举法	
七	上	九六三	适用律条并无错误，仅只漏引某项者，尚非显然违法。	刑事诉讼条例	四〇六
			当选诉讼以选举有效为前提。	修正众议院议员选举法	
			审理选举诉讼，不能核对投票笔记。	修正众议院议员选举法	
			审理选举诉讼，不能使投票人陈述所举之人。	修正众议院议员选举法	
七	上	九六四	乡愚无知，不得为引用《刑律》一三条二项减等之理由。	暂行新刑律	一三
七	上	九六六	被选举人不以名列初选名册为限。	修正众议院议员选举法	
			被选举人不以名列复选名册为限。	修正众议院议员选举法	
			选举区乃为便利及分配名额而设。	修正众议院议员选举法	
			被选时尚系现任官吏者，停止其被选举权。	修正众议院议员选举法	
七	上	九六八	赔偿损害以受有损害为前提。	民法	二编一章二节
七	上	九七一	已定之承继关系不容轻易废除，所谓不得于所后之亲，乃指与所后亲不能为圆满生活而言。究因何种事由及其程度如何，应由法院裁量。	民法	五编二章二节
七	上	九七二	已成年男女同意之婚约，不得由主婚权人解除。	民法	四编三章一节
			调查员假托程仪收取差费，若系有关职务，应以收受贿赂论罪。	暂行新刑律	一四〇
七	上	九七七	不知为警探捕拿而抗拒者，不备妨害公务罪之故意条件。	暂行新刑律	一三
			不知为警探捕拿而抗拒者，不备妨害公务罪之故意条件。	暂行新刑律	一五三
七	上	九七八	经理人有代主人清偿债务权限。	商人通例	三二

续表

年份	字别	号数	提　　要	律名	条文
七	上	九八二	和解契约两造得合意展缓实行。	民法	二编二章一八节
七	上	九八三	佃权人得以佃地转租。	民法	三编五章
七	上	九八八	主文不明了或理由与主文有抵触，不得据以声请补充判决。	民事诉讼条例	二七三
七	上	九八九	营利略诱罪之成立，不必得有实利且不须告诉。	暂行新刑律	三五一
			更新审理后，以重讯证人为原则。	刑事诉讼条例	三〇六
七	上	九九七	案经声明控告者，中间虽经过覆判程序，仍应按照控告程序审理。	刑事诉讼条例	四〇一
			为判决基础之证言因他确定判决证明为虚伪者，县知事得本其检察职权提起再审。	刑事诉讼条例	四五九
七	上	九九八	第一审讯问证人笔录，控诉审得采为判断资料。	刑事诉讼条例	三九五
七	上	一〇〇六	典限未满，业主得请求找绝。	民法	三编三章
			典限未满，不许业主强赎。	民法	三编三章
			被害者正在泅水加害者，因欲逮捕贸然追逐，以致溺毙者，应负过失致人死之责。	暂行新刑律	三二四
			关于典限之规定无溯及力。	清理不动产典当办法	八
七	上	一〇〇九	夫妇有同居义务。	民法	四编三章三节
七	上	一〇一三	逮捕人并致成伤者，应依《刑律》三四七条以俱发论。	暂行新刑律	三四六
七	上	一〇一八	事实上已经成婚，非婚姻成立之要件。	民法	四编三章一节
七	上	一〇二二	心神丧失人独立订约，保护人得撤销之。	民法	一编二章二节
			委托牙行代买者，就牙行所欠债，卖主不得向委托人请求偿还。	商行为	四章
七	上	一〇二七	契约不必有书据，可依他方法证明其成立。	民法	二编二章一节一款
七	上	一〇二八	逮捕后继以监禁者，应论其私擅监禁罪，不得仅论其私捕逮捕之罪。	暂行新刑律	三四四
七	上	一〇三三	承任债务人不得以未受报酬拒绝履行。	民法	二编一章四节
七	上	一〇三七	分析遗漏之部分得以再分。	民法	五编三章三节三款
七	上	一〇四二	承受遗产以宗祧承继为先决问题。	民法	五编三章一节
七	上	一〇四六	守志妇不得以遗产全部捐施。	民法	五编六章
七	上	一〇四九	就合伙债务为保证者，系以各员本应分担之债额及代他员分担之债额为其保证内容。	民法	二编二章一四节
			各合伙员与债权人协议划清所应分担之债务者，非更改契约，于合伙债务保证人之责任无涉。	民法	二编二章一四节
			各合伙员与债权人协议划清所应分担之债务者，非更改契约，于合伙债务保证人之责任无涉。	民法	二编二章二〇节
			就合伙债务为保证者，系以各员本应分担之债额及应代他员分担之债额为其保证内容。	民法	二编二章二〇节
七	上	一〇五八	养赡方法不外按期给费及拨提财产之二者。	民法	四编七章
七	上	一〇五九	经理人对债权人有清理主人债务之责任。	商人通例	三三

续表

年份	字别	号数	提　　要	律名	条文
七	上	一〇七〇	拨补之地不限于原契所载坐落地点。	民法	三编二章二节
七	上	一〇七一	法律行为之无效，即行为本人亦得主张。	民法	一编五章五节
			择继本人得主张其择继无效。	民事诉讼条例	六八九
七	上	一〇七二	须于遗产有权利之人，始得就守志妇之处分告争。	民法	五编四章
七	上	一〇九六	保存行为得单独为之。	民法	三编二章四节
七	上	一一〇五	得撤销之行为经追认后，视为从始不得撤销。	民法	一编五章五节
七	上	一一〇七	非承典人或其承继人不能主张典当时效之利益。	奉天旗民各地及三园税契试办章程	
七	上	一一一三	容貌相同之证据力。	民事诉讼条例	四三二
七	上	一一二〇	据现行律服图，母子关系不因改嫁消灭。	民法	四编四章二节
七	上	一一二三	《丈放内务府庄地章程》应先于习惯适用。	奉天丈放内务府庄地章程	
七	上	一一二七	承认债务人于契约成立后不得以原债务人有自行清偿之意思主张免责。	民法	二编一章四节
七	上	一一三六	共有赡产得于养赡权人故后分析。	民法	三编二章四节
七	上	一一四〇	票据无特别习惯者，依条理为断。	票据	一章
			汇票所持人失票据上权利时，仍得向发票人请求偿还不当利得。	票据	一章
			持票人因擅允展期致不能兑取，即失票据上权利。	票据	二章六节
			持票人不得擅允承兑人展期。	票据	二章六节
七	上	一一四九	违法而不碍于正当结果者，非无效原因。	修正众议院议员选举法	
			审理选举诉讼，不能使投票人陈述所举之人。	省议会议员选举法	
七	上	一一五一	合伙解散后，清算人之职务不限于结算账目。	民法	二编二章一四节
七	上	一一五八	外国洋行在中国不认为法人。	民法	一编三章一节
			分店经理人仅限于该分店营业事项有代理权。	商人通例	三二
			分店经理人受委代理本店或他分店之特定营业事项者，就该事项有应诉之权责。	商人通例	三二
七	上	一一六二	架出公推监守人开票时间违法及封锁票匦未践行法定程序，均为选举无效之原因。	修正众议院议员选举法	
七	上	一一六三	关于施主住持身份，庙产是否私有与处分庙产曾否同意及管理用益之争执，皆属司法范围。	管理寺庙条例	
七	上	一一六八	施行核对程序，须有应待核对之特定书据并作成人之标识。	民事诉讼条例	四二四
七	上	一一六九	委任契约得随时解约，但于相对人不利时期解约者，应任赔偿损害。	民法	二编二章一二节
七	上	一一七三	退婚不须立书据。	民法	四编三章一节
七	上	一一七四	管理共有物，依协议或特别习惯。	民法	三编二章四节
七	上	一一七六	一合伙员声明解约，他伙员亦不欲继续营业者，即为解散。	民法	二编二章一四节

续表

年份	字别	号数	提　　要	律名	条文
七	上	一一八八	隐名合伙之债权人，得请求出名营业人清偿全部。	民法	二编二章一五节
			出名营业人之意义。	民法	二编二章一五节
			合伙营业之经理人不得认为出名营业人。	民法	二编二章一五节
七	上	一一九五	刑事判决所认定之事实及所取舍之必要，据民事法院仍应依法认定并衡情取舍。	民事诉讼条例	三二七
七	上	一二〇四	非由契约而生之永佃权，不适用永佃规则。	奉天永佃地亩规则	一
七	上	一二一二	不解通常文义者，为不识文字。	省议会议员选举法	
七	上	一二一三	开票以午后六时为止。	修正众议院议员选举法施行细则	四〇
			监督不得无故中止投票。	省议会议员选举法	
			投票、开票可于同日举行。	省议会议员选举法施行细则	七
			投票、开票可于同日举行。	省议会议员选举法施行细则	二九
七	上	一二一五	减成摊还后余欠，若依习惯可解为已免除者，则债务人免其余欠义务。	破产法	
七	上	一二二〇	妾亦有管理遗产之权之时。	民法	五编四章
七	上	一二二二	承继开始不限于死亡，出家为僧自可为开始承继之原因为之立继。	民法	五编一章
七	上	一二二六	倒号后受让倒号人之债权者，不得持与其债务相抵销。	破产法	
七	上	一二三〇	当事人不得就诉讼拘束中之事件更行起诉。	民事诉讼条例	二九五
七	上	一二三七	合伙员之债权人就该伙员股份查封执行者，他伙员及合伙债权人亦不得主张异议。	民法	二编二章一四节
七	上	一二四八	母家未得夫家父母同意而为主婚者，自非适法。	民法	四编三章一节
七	上	一二五〇	外国之现行法，除审判衙门得行职权调查外，应由当事人举证。	民事诉讼条例	三三四
七	上	一二五四	守志妇合法立嗣，其尊亲属不得无故拒绝同意。	民法	五编二章二节
			尊长分财不均者，卑幼得请求分析家财。	民法	五编三章三节三款
七	上	一二六三	关于有无嗣子身分之告争，不以有承继权人为限。	民法	五编二章二节
七	上	一二六五	佃权设定，不以订立书据为要件。	民法	三编五章
七	上	一二八二	债权人不能证明其履行虽不迟延而仍有损害之事实者，就迟延后标的物之灭失毁损，不能免赔偿责任。	民法	二编一章二节
七	上	一二九九	契约因事变之履行不能与契约之不履行有别。	民法	二编一章二节
七	上	一三〇一	占有他人之物为无权处分者，为侵权行为。	民法	二编八章
			按成摊还后之余额债权，俟债务人资力回复时请求清偿。	破产法	
七	上	一三〇八	妻之信教自由，不受夫权限制。	约法	六
			妻之信教自由，不受夫权限制。	民法	四编三章三节

续表

年份	字别	号数	提　要	律名	条文
七	上	一三〇九	刑事判决确定事实之证据力。	民事诉讼条例	三二七
七	上	一三一一	款交保证人，若债权人未受实益，亦不为有效之清偿。	民法	二编一章五节一款
七	上	一三六五	订立婚书，收受聘财，须两方合意。	民法	四编三章一节
			男家家属为不正营业，非撤销婚约之原因。	民法	四编三章一节
			定婚时诈称地位与婚约是否有关，以定婚相对人之意思为断。	民法	四编三章一节
七	上	一三六八	债务之承任及分析让与，不能影响于抵押权。	民法	三编九章二节
七	上	一三七二	妾有犯奸情事，其家长等得断绝关系。	民法	四编二章二节
七	上	一三七四	清算未完结前合伙员擅提伙产者，应返还之。	民法	二编二章一四节
七	上	一三七六	利息债权随原本债权消灭。	民法	二编一章一节
七	上	一三七九	夫家故意抑勒不为主婚，得以裁判代之。	民法	四编三章一节
七	上	一三八一	夫之所在可以探知及音信常通者，皆非逃亡。	民法	四编三章四节
七	上	一四一三	家长于妾关系消灭后，无养赡义务。	民法	四编七章
七	上	一四一五	证人得隔别讯问之。	民事诉讼条例	三七三
			笔录不得空言指为错误。	民事诉讼条例	四〇〇
七	上	一四一八	媳不许与姑共居。	民法	四编二章二节
七	上	一四三二	不因地主怠于收租，即减免租户欠交租谷之义务。	民法	二编二章六节
七	上	一四三八	收欠还欠之习惯非有效。	民法	一编一章
七	上	一四五七	重复佃权以设定在先者为有效。	民法	三编五章
七	上	一四六五	修盖房屋之多少，不因借地不拆屋之习惯而受限制。	民法	三编六章
七	上	一四七四	翁于媳有逼奸等情事，得请求判准异居。	民法	四编二章二节
七	上	一五〇六	与债权人有特约者，不得为检索抗辩。	民法	二编二章二〇节
七	上	一五一七	未成年人有辩识力，即得为他人代理。	民法	一编五章三节
七	上	一五二二	私结契约互认并继者无效。	民法	五编二章二节
七	上	一五二七	婚姻之撤销，惟当事人直系尊属、同居最近亲属及检察官得以主张。	民法	四编三章二节
七	上	一五四三	运送人除不可抗力外，难免赔偿责任。	商行为	六章一节
七	上	一五四五	债务人到期及经催告而不履行者，得行使担保物权。	民法	三编九章一节
七	非	七	交付贿赂须向执行职务之官员或公断人为之，始能成立犯罪。	暂行新刑律	一四二
七	非	一〇	于人建醮课经之际，藉端滋闹，系犯妨害宗教上会合之罪。	暂行新刑律	二五七
七	非	三二	《各级审判厅试办章程》三六条一项后半，乃辩论终结后被告人未到案亦得宣示判决之规定。	刑事诉讼条例	三四七
七	非	三三	一人兼具制造、贩卖鸦片烟数行为，如前后有所吸收，仍当以一罪论。	暂行新刑律	二六六
七	非	三八	本夫死亡以前未经亲告，则奸罪不能诉追。	暂行新刑律	二八九
七	非	三九	有管辖权之审判衙门误认为无管辖权，致第二审终审管辖均至错误者，应撤销其违法之程序。	刑事诉讼条例	四五六

续表

年份	字别	号数	提　　要	律名	条文
七	非	五二	诈得凭票付钱之期票，应以取财既遂论。	暂行新刑律	三八二
七	非	六〇	初判引律错误，虽所处之刑轻重相当，覆判审仍应为更正之判决。	覆判章程	四
七	非	六八	教唆罪须被教唆者因其教唆所实施之行为构成犯罪，教唆者始能成立教唆罪。	暂行新刑律	三〇
			教唆伪证须被教唆者因其教唆所实施之行为构成犯罪，教唆者始能成立教唆罪。	暂行新刑律	一八二
七	非	八八	诈得限期归还不流通之借票，应以诈财未遂论。	暂行新刑律	一七
			诈得限期归还不流通之借票，应以诈财未遂论。	暂行新刑律	三八二
七	非	九一	不在公共场所，又非对于不特定之人詈骂，不得谓系当众詈骂嘲弄人。	违警罚法	四四
七	非	九二	犯《刑律》三七三条之罪者，如应处徒刑，仍应依《刑律》处断，毋庸用《惩治盗匪法》。	暂行新刑律	三七三
			犯《刑律》三七三条之罪者，如应处徒刑，仍应依《刑律》处断，毋庸援用《惩治盗匪法》。	惩治盗匪法	二
七	非	一〇三	强盗杀人未遂，《惩治盗匪法》既无专条，仍应依《刑律》处断。	暂行新刑律	三七九
七	非	一一五	受赠他人将赃物变钱所购之物者，不得以受赠赃物论。	暂行新刑律	三九七
七	非	一一六	将兴盖之桥木折毁窃取一根，应依《刑律》三六七条处断，不得科以二一〇条之罪。	暂行新刑律	二一〇
			将业经兴盖之桥木折毁窃取一根，应依《刑律》三六七条处断。	暂行新刑律	三六七
七	非	一二七	《刑律》四八条三款应行没收之物，以因犯罪所得之原物并经搜获者为限。	暂行新刑律	四八
七	非	一三四	强迫借宿妇女住房，因未允许遂将房屋所有者殴打，房屋所有者始行还击，应以防卫论。	暂行新刑律	一五
七	非	一三七	将未经离婚之妇改嫁，经本夫夺回而率众拦阻者，即系妨害夫权。	暂行新刑律	三五八
七	非	一三九	徒刑不得减至免除。	暂行新刑律	五六
七	非	五三一	在预审庭请求复验伤痕，纵令涉于虚伪，仍不能认为成立诬告。	暂行新刑律	一八二
七	非	五九七	预备伪契，希图诈财，如未向所欲诈骗之人实施何种行为，尚不得谓为诈财未遂。	暂行新刑律	三八二
七	预	一	宪兵司令及警察总监均为司法警察官，对于海军军人有犯罪嫌疑者，捕获后即予看管，不能不谓为发觉。	海军审判条例	二四
			宪兵司令及警察总监均为司法警察官，对于海军军人有犯罪嫌疑者，捕获后即予看管，不能不谓为发觉。	海军审判条例	二五
七	刑上	三五六	高等审判厅公判案件，须推事三人出庭。	法院编制法	六
七	私上	一	身体、自由、名誉受损害者，得提起附带私诉。	刑事诉讼条例	三
七	私上	一四	《私诉规则》二〇条但书所谓相当判决之解释。	刑事诉讼条例	六
七	私上	二六	人格关系被害者，得求赔偿或慰抚金。	民法	二编八章

续表

年份	字别	号数	提　　要	律名	条文
七	私上	二九	因侵权行为使人给付财物者应返还。	民法	二编八章
七	私上	三四	私诉判决不得与公诉确定判决之事实抵触。	刑事诉讼条例	七
七	私上	三八	在提起公诉以前无附带私诉可言。	刑事诉讼条例	四
七	上决	一六	上告不服之点出乎原判范围外者为不合法。	民事诉讼条例	五三〇
八	声	五七	不于办公期间内递状致逾期者，非天灾意外事变。	民事诉讼条例	二〇五
八	声	七一	办理选举人员应于初选及复选区内一并停止其被选举权。	省议会议员选举法	
八	声	七四	佃权得对抗新业主，退地时亦得请求返还有益费。	民法	三编五章
八	声	八六	以发见在前已受判决为再审理由，必以前后判决系同一标的互相抵触者为限。	民事诉讼条例	五六八
八	抗	七	撤回上诉于已裁判后经第三审发回更审时不得为之。	刑事诉讼条例	三八一
八	抗	九	本诉判决确定，不得提起主参加之诉。	民事诉讼条例	三一
八	抗	一一	拍定后不能主张提款撤销拍卖。	民事诉讼执行规则	六〇
八	抗	一五	省议会议员选举诉讼，应由各该选举人提起。	省议会议员选举法	
八	抗	一六	就当事人实体上请求裁判，应本于必要之言词辩论，以判决行之。	民事诉讼条例	二六二
八	抗	二五	合伙债务得就合伙人之财产执行，其合伙人或东伙间内部发生之诉讼，不得对抗执行。	民事诉讼执行规则	四
八	抗	三五	命代理人补正者，必逾期不为补正，始得认为无权代理。	民事诉讼条例	九二
八	抗	三八	审判外和解须于审判上亦已表示者，乃可消灭诉讼。	民事诉讼条例	四四九
八	抗	四七	依法许委代理人之案件，于舍弃上诉权仍须本人特别委任。	刑事诉讼条例	三八〇
八	抗	四八	对于县知事之批谕得为抗告者，以审判上之批谕为限。	刑事诉讼条例	四三一
八	抗	五七	上诉人声叙理由声请变更日期，即不得遽视为濡滞日期。	民事诉讼条例	一九三
			上诉人声叙理由声请变更日期，即不得遽视为濡滞日期。	民事诉讼条例	二〇二
八	抗	八一	辩论终结后可以再开辩论。	民事诉讼条例	二五二
			传证不得声明不服。	民事诉讼条例	三三九
			传证不得抗告。	民事诉讼条例	五五一
八	抗	八二	更正配当之决定，当事人得声述异议。	破产法	
八	抗	一〇〇	审理成熟，可宣示辩论终结。	民事诉讼条例	二四二
八	抗	一八三	第三人提起异议之诉，除受诉衙门令其停止执行外，毋庸停止执行。	民事诉讼执行规则	五
八	抗	二〇三	关于牌示裁判之限制。	民事诉讼条例	一五八
八	抗	二三七	宣告破产之要件。	破产法	
八	抗	二三九	破产案件，以决定行之。	破产法	

续表

年份	字别	号数	提　　要	律名	条文
八	抗	二五八	审判上和解，应由受诉法院或受命推事、受托推事为之。	民事诉讼条例	四四六
八	抗	二七七	因原判误记上诉期间起算点致当事人逾期者，应准回复原状。	民事诉讼条例	二〇五
八	抗	三五五	债务人不得藉口第三人对于假扣押之标的物有权利抗拒假扣押。	民事诉讼条例	六一八
			债务人不得藉口第三人对于假扣押之标的物有权利抗拒假扣押。	民事诉讼执行规则	一一
八	抗	三八五	债务人所缴票币，如不能把维持其额面价格，应按执行时市价补水。	民法	二编一章一节
八	抗	三九九	人民争执官产为私有，应由司法衙门审判。	民事诉讼条例	二八四
			人民争执官产为私有，应由司法衙门审判。	法院编制法	二
八	抗	四〇二	以基础书状系伪造而请求再审者，应由其以自己责任提起公诉受有宣告有罪之刑事判决。	民事诉讼条例	五六八
八	抗	四三二	主参加诉讼合法提起后，始得酌核情形中止本诉。	民事诉讼条例	二二一
八	抗	四三四	仅濡到稍迟，不得谓为报滞日期。	民事诉讼条例	二〇二
八	抗	四五三	诉讼进行中扩张声明与管辖无涉。	民事诉讼条例	一三
八	抗	四五九	水利事件价额之计算。	民事诉讼条例	五
八	抗	四七一	指定宣判日期，不得抗告。	民事诉讼条例	二四二
			指定宣判日期，不得抗告。	民事诉讼条例	五五一
八	抗	五〇九	传讯本人命令，不得抗告。	民事诉讼条例	五五一
八	抗	五三一	住持僧对于庙产有代理权。	民事诉讼条例	五七
八	抗	五六四	异姓乱宗，非因修谱或有承继权之人不得告争。	民法	五编二章二节
八	抗	五七三	驳斥请求更正笔录之裁判，不得抗告。	民事诉讼条例	二五四
			驳斥请求更正笔录之裁判，不得抗告。	民事诉讼条例	五五一
八	抗	五八五	发见利益书状，须其成立在确定判决之前未经审核舍弃。	民事诉讼条例	五六八
八	抗	五九五	执行时仍许债务人将从前假扣押财产自觅买主，以最高额拍定。	民事诉讼条例	六一八
			执行时仍许债务人自觅买主，以最高额拍定。	民事诉讼执行规则	五四
八	上	四	屡次帮助正犯贩卖鸦片烟者，应以连续论。	暂行新刑律	二八
			从前州县批判，有时应以第一审之终局判决论。	民事诉讼条例	二六三
八	上	七	两罪之自由刑虽同，若有并科罚金者，自应以有并科罚金之罪为重。	暂行新刑律	二七
八	上	一六	官断遗债归子一人承还时，仍应得债权人同意或追认，始得对抗。	民法	二编一章四节
			已供担保之共有财产，不得擅供自己借款担保之用。	民法	三编二章四节
八	上	二四	租期未满业主虽得出卖所租之地，但不能以此理由对租主请求解约。	民法	二编二章六节
八	上	二九	旁系尊亲属擅处分卑幼财产者，为无权行为。	民法	四编二章二节
八	上	三四	毁败系指全部丧失效用而言。	暂行新刑律	八八

续表

年份	字别	号数	提　要	律名	条文
八	上	三五	特别法无规定者，始适用普通法。	民法	一编一章
			烧害他人林木或森林，应依一般侵权行为之法则负责。	民法	二编八章
八	上	三八	向推事监督长官告讦，推事不得谓非相当衙门。	暂行新刑律	一八二
八	上	五五	意在伤害人而施捆缚，虽暂时住手殴打未及释放，如非另有监禁故意，自不能另论以私擅监禁人罪，尤与因而致人伤害不符。	暂行新刑律	三四四
八	上	六四	妻于夫故后有淫乱情形，翁姑得令其退回母家，脱离亲属关系。	民法	四编三章四节
			帮助妇女堕胎，复教唆人转教唆使妇女堕胎因而致死，应从一重处断	暂行新刑律	三三七
八	上	六七	债权人得债务人同意得滚利作本，但应受三分之制限。	民法	二编一章一节
八	上	七二	被害人可以请求返还之物，不得没收，尤不得判予涂销附卷。	暂行新刑律	四九
八	上	七三	充当债权之次序。	民法	二编一章五节一款
八	上	七六	兼祧两房之人身故无后，得择立两人分承两房宗祧。	民法	五编二章二节
			伪造之期票，仍系供犯罪所用之物。	暂行新刑律	四八
八	上	七八	不问委任事务有无效果，委任人均应偿还受任人支出之必要费。	民法	二编二章一二节
八	上	八五	遗产归子，不得由母独断处分，尊亲属更无擅代处分之权。	民法	五编三章三节一款
八	上	八六	寻常夭亡未婚之子具备二条件，始能立继。	民法	五编二章一节
八	上	八七	非归责于债务人之事由，不必与债务人之无故意、过失同一意义。	民法	二编一章二节
			迟延后之给付于债权人无利益者，得拒绝并请求赔偿。	民法	二编一章二节
八	上	九二	行使伪造文书诈财，虽负偿还义务，罪仍成立。	暂行新刑律	三八二
八	上	一〇〇	已出继他姓人之立继，其本宗人不得干涉。	民法	五编二章一节
八	上	一〇六	纳妾之契约与婚约之性质不同，凡为生子之妾，苟有不得已事由，均得请求解约。	民法	四编二章二节
八	上	一二一	续租契约须经相当期间，始能解除，为交易上之诚信。	民法	一编一章
八	上	一二五	行使伪造私文书诈财未遂，应以行使伪造私文书为重罪。	暂行新刑律	二七
八	上	一二六	甲长无巡警官员之身分。	暂行新刑律	一四六
八	上	一三六	管理生死不明人财产之顺位。	民法	五编四章
			基于特别规定并科徒刑罚金者，与俱发罪之并执行无涉。	暂行新刑律	二三
			购买咖啡自打并为他人施打兼出卖者，应分别处断。	暂行新刑律	二三
八	上	一三八	因买人成罪，所得之卖字应没收。	暂行新刑律	四八
八	上	一三九	堂叔姑母无当然任监护人资格。	民法	四编五章
八	上	一四一	调查员系办理选举人员。	省议会议员选举法	
八	上	一四六	赠与原有条件，后经除去者，非新赠与行为。	民法	一编五章四节
			赠与原有条件，后经除去者，非新赠与行为。	民法	二编二章四节

续表

年份	字别	号数	提　　要	律名	条文
八	上	一四八	卑幼私擅处分家财之行为，为无权行为。	民法	四编二章二节
八	上	一五二	控告审判决后卷宗散失，而当事人就其认定事实尚有争执者，为发还更审之原因。	民事诉讼条例	五四二
八	上	一五八	开设花会之筒主，应以开赌营利论。	暂行新刑律	二七八
八	上	一六〇	共有成分推定为同等。	民法	三编二章四节
八	上	一六一	按律逮捕之人被劫，非另有脱逃行为，不犯脱逃罪。	暂行新刑律	一六八
			按律逮捕监禁之人，于公之实力解除后自由行动者，不得谓为脱逃。	暂行新刑律	一六八
八	上	一六六	妻背夫在逃改嫁，得以离异。	民法	四编三章四节
八	上	一七六	大宗立继，不必先以嫡长。	民法	五编二章二节
八	上	一七七	不能以曾经涉诉为理由请求离异。	民法	四编三章四节
			定婚时不知有妻又不愿作妾者，许其离异。	民法	四编三章四节
八	上	一八一	择兼祧子之子分成自己一房为孙，系属合法。	民法	五编二章二节
八	上	一八三	提起反诉，不以通知原告为要件。	民事诉讼条例	三〇五
八	上	一八五	夫亡招赘者，与夫家之亲属关系消灭。	民法	四编一章
			妇人夫亡招赘后，仍得受赡于故夫遗产之特别情形。	民法	四编七章
八	上	一八七	出自欺罔之和解契约，应许其撤销。	民法	二编二章一八节
八	上	一九一	合伙员擅收入已之合伙财产，应提出偿债。	民法	二编二章一四节
八	上	二〇四	童养媳解约后，夫死嫁人由母家主婚。	民法	四编三章一节
八	上	二〇六	三人以上伙同盗卖田宅者，应成结伙窃盗罪。	暂行新刑律	六八
八	上	二一五	受托代垫之利息虽超过限制，亦应如数返还。	民法	二编一章一节
八	上	二一七	预备聚众，以强暴胁迫脱逃者，如已有损坏监禁处所械具行为，自己生有他罪。	暂行新刑律	二六
八	上	二一九	立嗣不论昭穆之习惯，无法之效力。	民法	一编一章
			不依昭穆伦序立嗣之习惯，不能有法之效力。	民法	五编一章
八	上	二二〇	特别提留之养赡费用，不因前后财产状况之变异而当然消灭。	民法	四编七章
八	上	二二六	入赘亦得有聘财。	民法	四编三章一节
八	上	二二七	婚书、聘财无须两备。	民法	四编三章一节
八	上	二二八	伙债经债权人同意分归合伙员一人偿还，即不适用合伙债务偿还之法则。	民法	二编二章一四节
八	上	二三四	独子出继之习惯，无法之效力。	民法	一编一章
			独子出继之习惯无效。	民法	五编二章二节
八	上	二三五	不在业务之人，以结伙在途行劫之手段为帮助侵占之方法，应并引侵占罪条文处断。	暂行新刑律	二六
			不在业务之人，以结伙在途行劫之手段为帮助侵占之方法，应并引侵占罪条文处断。	暂行新刑律	三九二
			意图侵占业务上管有物，教唆人伙劫强盗，为侵占之方法。	暂行新刑律	三九二

续表

年份	字别	号数	提　要	律名	条文
八	上	二三六	父母为子女主婚，如尊亲属故意不予同意，得以裁判代之。	民法	四编三章一节
八	上	二四六	共同殴打，不得仅就各人所实施之部分论伤害罪。	暂行新刑律	二九
			共同殴打，不得仅就各人所实施之部分论伤害罪。	暂行新刑律	三一三
八	上	二五三	执行业务合伙员擅借之款，除有习惯外，债权人不能向他合伙员请求清偿。	民法	二编二章一四节
八	上	二六五	知为被逐之妇尚未与其夫离婚，而劝令改嫁从中得财，系因营利和诱罪生教唆重婚之罪。	暂行新刑律	二六
			营利和诱既遂后，行使伪造婚书，使买人者交价，应以营利和诱及伪造文书二罪俱发论。	暂行新刑律	二四三
			知为被逐之妇尚未与其夫离婚，而劝令改嫁从中得财，于营利和诱罪外并生教唆重婚罪。	暂行新刑律	二九一
			营利和诱既遂后，行使伪造婚书，使买人者交价，应以营利和诱及行使伪造文书二罪俱发论。	暂行新刑律	三五一
			知为被逐之妇尚未与其夫离婚，而劝令改嫁从中得财，系犯营利和诱及教唆重婚之牵连罪。	暂行新刑律	三五一
八	上	二六七	兼祧子之子得分承两房宗祧。	民法	五编二章二节
八	上	二六九	违反先买习惯之卖约，先买权人得请撤销。	民法	三编四章
八	上	二七三	取利过三分，即得债务人同意，亦属违法。	民法	二编一章一节
八	上	二七八	明知业主别卖而听许回赎者，即为舍弃先买权。	民法	三编四章
八	上	二八一	诈财行为终了后，捏被害人名义诬告他人，两罪无牵连关系。	暂行新刑律	二三
			诈财行为终了后，捏被害人名义诬告他人者，诬告罪独立成立。	暂行新刑律	一八二
			诈财行为终了后，捏被害者名义诬告他人，两罪无牵连关系。	暂行新刑律	三八二
八	上	二八三	收养义子，不须族人同意。	民法	四编四章六节
八	上	二八四	定婚具备形式要件外，更须两造有一致之意思表示。	民法	四编三章一节
八	上	二九九	行使伪造自己私文书，须他人因而受害或确有受害之虞，方得论罪。	暂行新刑律	二四四
八	上	三一二	买卖契约之成立，不须有中证。	民法	二编二章二节一款
			为他人雇佣人员而浮报薪水以便侵蚀者，系侵害委任人之权利。	民法	二编八章
八	上	三一五	与承继有利害关系之人，未经通知或追认其决议，足为撤销决议之原因。	民法	四编六章
八	上	三一七	典产延烧，当事人间有特约者，不适用前清之定例。	民法	三编三章
八	上	三一八	投案自首犯罪行为，虽于犯罪原因未尽供明或有捏饰，仍不得谓非自首。	暂行新刑律	五一
八	上	三一九	被告人在上诉中死亡者，上诉审应撤销原判，驳回公诉。	刑事诉讼条例	四〇〇
八	上	三二一	同居近亲之主婚权，先于别居之远族。	民法	四编三章一节
			远族主婚经有主婚权者之嘱托或同意追认，亦属有效。	民法	四编三章一节

续表

年份	字别	号数	提　要	律名	条文
八	上	三二三	契约失效后另立之新约，不受旧约之影响。	民法	一编五章五节
八	上	三二五	养子入谱与异姓乱宗无涉。	民法	四编一章
			养子入谱与异姓乱宗无涉。	民法	四编四章六节
八	上	三二八	选举票被墨污而字迹尚能辨识者，不得认为无效。	省议会议员选举法	
			抽签定候补当选人之名次，无须该后补当选人到场。	省议会议员选举法	
八	上	三三七	六轮手枪为军用枪。	暂行新刑律	二〇五
八	上	三四一	管辖错误但许以上诉救济，而不能为再审原因。	民事诉讼条例	五六八
八	上	三四五	婚姻诉讼不能以当事人之认诺自认为裁判基础。	民事诉讼条例	六七四
八	上	三四九	出结允许族众杀害伊侄及弟者，应以杀人从犯论。	暂行新刑律	三一
八	上	三五三	设定质权之预约不履行者，应补偿收益。	民法	二编一章二节
			设定质权不履行者，应补偿收益。	民法	三编九章三节
八	上	三五九	被诈欺或强迫而为婚者，得请求撤销。	民法	四编三章二节
			夫仅无力养赡，不为离异原因。	民法	四编三章四节
八	上	三六一	刀经夺获又无其他侵害行为，不成防卫。	暂行新刑律	一五
八	上	三六四	结伙三人以上，乘人船舶正在航行之际而行劫，与侵入碇泊之船舰内行强者有别。	暂行新刑律	三七三
			结伙三人以上，乘人船舶航行时行劫，成在途行劫罪。	惩治盗匪法	三
八	上	三七一	立嗣不得失尊卑次序。	民法	五编二章二节
八	上	三七七	永佃权之设定，不必定有押租，旗地之外亦有永佃地。	民法	三编五章
			覆审判决所处之刑，虽仅从刑较初判加重，亦应准许被告人声明上诉。	覆判章程	一一
八	上	三八九	妾之扶正，无须一定仪式。	民法	四编三章一节
			亲属会不能以守志妇择嗣不合法为之另立。	民法	五编二章二节
八	上	三九四	禁止以孙祢祖为强行法。	民法	一编一章
			禁止以孙祢祖为强行法。	民法	五编一章
八	上	四一一	妇女被夫典雇，不能当然视为业已离异。	民法	四编三章四节
八	上	四一三	伪造他人字据以诬告其人伪造文书者，并成行使伪造证据罪。	暂行新刑律	一七八
八	上	四一五	商店在营业上往来款项自为因商行为所生之债权。	商行为	一章
八	上	四一八	卖主于买主着手履行前，得倍还定银，解除契约。	民法	二编二章二节一款
八	上	四一九	《清理不动产典当办法》关于应否回赎及其期限之规定，系强行法规。	清理不动产典当办法	一
八	上	四二五	典权消灭前，地内所种食粮归其收获。	民法	三编三章
八	上	四二八	不法给付，不问相对人能否取得其权利，不得请求返还。	民法	二编七章
八	上	四三四	夫逃亡而存有资财，足供妻之生计或有赡养之人者，不得谓为逃亡。	民法	四编三章四节

续表

年份	字别	号数	提　　要	律名	条文
八	上	四四四	不动产买卖契约是否有效之诉争，不适用专属管辖。	民事诉讼条例	二五
八	上	四四六	双务契约不得仅以未受对待给付主张解除。	民法	二编二章一节二款
八	上	四五〇	伪造文书行使，使官员交付买契后又复行使，应分别伪造行使及使官员交付执照并后之行使，各行为从一重处断。	暂行新刑律	二六
八	上	四五三	强取属于他人占有之自己所有物而伤害二人以上时，不在《刑律》三七四条加重之列。	惩治盗匪法	三
八	上	四六四	再犯俱发经处刑后，于执行中脱逃复犯罪，不得谓之俱发与累犯互合。	暂行新刑律	二〇
八	上	四六五	未定期债，债权人得随时请求清偿。	民法	二编一章二节
八	上	四七五	族人已受通知无故不到场，或重要地位人表示异议而无正当理由者，其立嗣之决议不受影响。	民法	五编二章二节
			亲属会之立继，须尊重居重要地位之人之意见。	民法	五编二章二节
八	上	四八一	诱拐罪必有拐取或自动的诱买行为方能成立。	暂行新刑律	三四九
八	上	四八五	伪造通匪信证置人家内后，即将其人告发，诬告之方法上另生行使伪造证据罪。	暂行新刑律	二六
八	上	四九八	票据债务人之抗辩事由除载明票据外，不得对抗善意让受人。	票据	一章
			发票行为成立后，其发票原因之法律关系虽经解除，而其票据债务依然存在。	票据	三章
八	上	五〇三	以聘财不交为婚约解除条件之特约有效。	民法	四编三章一节
			不得以聘财不交为理由撤销婚约。	民法	四编三章二节
八	上	五〇五	因涉讼无从交租者，不得撤佃。	民法	三编五章
八	上	五〇六	造假银交人诈财，虽诈财时并未在场，仍应负共同诈财罪责。	暂行新刑律	二九
八	上	五〇七	一人得为数房义子，不用兼祧之种种限制。	民法	四编四章六节
八	上	五二二	于略诱当时伪造婚约及被诱人署押，被诉后提出作证，与略诱罪应从重论。	暂行新刑律	二六
			于略诱当时伪造婚约及被诱人署押，被诉后提出作证，系犯略诱及行使伪造私文书并署押之罪。	暂行新刑律	二四三
八	上	五二三	船长得抛弃载货，以免危难。	海船	四章
八	上	五三八	兼祧虽无甘结，不得指为无效。	民法	五编二章二节
八	上	五四一	八条所称十年之解释。	清理不动产典当办法	八
八	上	五四三	公同共有之结合未消灭以前，不得违反他共有人意思请求分析公同共有物。	民法	三编二章四节
八	上	五五三	追征没收之贿赂，以所收受者为限。	暂行新刑律	一五一
八	上	五六〇	重复典卖规定，不适用于租赁。	民法	二编二章五节
八	上	五六三	有撤销原因之婚约曾经追认者，不得撤销。	民法	四编三章二节
八	上	五六九	嗣子因嗣父母主张废继出头应诉，不能即据为应废之原因。	民法	五编二章二节
八	上	五七一	对从刑部分上诉者，主刑为有关系之部分。	刑事诉讼条例	三七六
八	上	五七五	妾于家长故后要求抚养，以能孀居守志者为限。	民法	四编七章

续表

年份	字别	号数	提　　要	律名	条文
八	上	五八九	因亲属会不立继而请求以裁判代立者，应以亲属会各员为相对人。	民法	五编二章二节
八	上	六一二	汇票付款人已承认兑款者，即应如期付款。	票据	二章三节
八	上	六三二	合伙关系仅表面变更合伙契约，仍继续存在。	民法	二编二章一四节
八	上	六四六	奸夫奸妇如有一方因奸酿成其他犯罪，虽其人旋即身死未判罪刑，其他一方仍不待告诉论罪。	暂行刑律补充条例	七
八	上	六五三	冥配不为已婚。	民法	五编二章一节
八	上	六五四	直系尊亲之为子立继，亦可择立贤爱。	民法	五编二章二节
八	上	六五五	执行业务员于清理时擅借之款未经他合伙员追认，债权人不得径向他合伙员求偿。	民法	二编二章一四节
八	上	六五八	增租事件价额之计算。	民事诉讼条例	一三
八	上	六六五	无课地占有人逾限不报，得由他人报领。	奉天清赋章程及续定章程	
八	上	六七四	代理人经特别委任为舍弃者，直接为本人发生效力。	民事诉讼条例	八五
八	上	六七七	父有别子，不容遽为被继人立嗣。	民法	五编二章一节
			失踪人之财产管理，许利害关系人告争。	民法	五编四章
八	上	六七九	坟地不因葬有祖坟，即可定其所有权之所属。	民法	三编二章二节
八	上	六八二	租主与房东所订不许主辞客之约，不能对抗买主。	法民	二编一章四节
			父卖其女不为父女关系断绝之原因。	民法	四编一章
八	上	六八五	数权利关系可以分别确定，即不能指为必要共同诉讼。	民事诉讼条例	六七
			时效之利益不得于舍弃后再行主张。	奉天旗民各地及三园税契试办章程	
八	上	六八七	指女抱男字据，即足为婚书。	民法	四编三章一节
八	上	六九〇	是否毁败机能，应以医治后之状况断定之。	暂行新刑律	八八
八	上	六九一	将伪造之货币冒充真币行使者，不得依意图行使交付于人之律处断。	暂行新刑律	二三二
八	上	六九五	于俱发罪专对于执行刑上诉者，其各罪之论罪科刑均为关系部分。	刑事诉讼条例	三七六
八	上	六九八	隐名合伙人除特约外，应担任内部亏折。	民法	二编二章一五节
八	上	七〇〇	夫因妻不善事舅姑而气愤殴骂，不能指为虐待。	民法	四编三章四节
八	上	七〇二	租户不知所有人已将租约上权利让与买主，而对于原所有人履行租约上之债务者，得与买主对抗。	民法	二编一章三节
八	上	七〇五	审判衙门判定酌给数额之准据。	民法	五编三章二节
八	上	七〇九	公司纵另有经理，而对于董事请求偿还债务，非法所不许。	公司条例	一五八
八	上	七二四	妾不能为家之尊长。	民法	四编二章二节
八	上	七二八	提存物取回与未提存同。	民法	二编一章五节二款
八	上	七三〇	随母改嫁之女归宗后，可由女之本宗余亲主婚。	民法	四编三章一节
八	上	七三三	承任人得用原债务人之抗辩。	民法	二编一章四节

续表

年份	字别	号数	提　　要	律名	条文
八	上	七三七	被继人不得舍弃承继处分全财产。	民法	五编六章
八	上	七五〇	以祀产收益之一部划归义子，其契约不为无效。	民法	一编五章一节
			以祀产收益之一部划归义子，其契约不为无效。	民法	四编四章六节
八	上	七五三	已成婚犯奸盗，不为离异原因。	民法	四编三章四节
八	上	七六八	可以兼祧之独子，其承继顺位在大功服侄之先。	民法	五编二章二节
八	上	七七〇	慈母自为未成年庶子之监护人。	民法	四编五章
			慈母处分其所抚育子之应承遗产，非概无效。	民法	五编三章三节一款
八	上	七七一	被继人或守志妇立嫌隙人为嗣者，其立继非无效。	民法	五编二章二节
八	上	七七五	因行政监督之设备未完，许施主有监督庙产之权。	民法	一编三章三节
			于租种他人之地行使伪契诈领执照，侵占之方法上生他罪。	暂行新刑律	三九一
			因行政监督之设备未完，许施主有监督庙产之权。	管理寺庙条例	
八	上	七七六	卖租应指明地段，实行兑佃。	民法	二编二章二节二款
			售租不售地，以旗圈食租地为限。	直隶旗圈地售租章程	二
八	上	七七八	习惯上协谐契约之效力。	破产法	
八	上	七八〇	年龄妄冒之婚约，应许撤销。	民法	四编三章一节
八	上	七八三	买空卖空债务，不因债务人承认而有效。	民法	二编二章一七节
			县署护勇差役奉令传人擅行锁带者，系成立私擅逮捕人罪。	暂行新刑律	三四四
八	上	七八五	买主虽知权利不属卖主而有特约者，仍有追夺担保之义务。	民法	二编二章二节二款
			卖主负追夺担保责任，不仅返还原价。	民法	二编二章二节二款
八	上	七八八	诉请判令被告设法退出报领地或履行更正行政处分之义务，属于民事诉讼。	民事诉讼条例	二八四
			诉请判令被告设法退出报领地或履行更正行政处分之义务，属于民事诉讼。	法院编制法	二
八	上	七九二	婚帖依地方习惯断定。	民法	四编三章一节
			有人居住之第宅，虽其人被窃时不在家内，行窃者仍应成立侵入窃盗罪。	暂行新刑律	三六八
八	上	七九四	因上诉而发见原判决不当者，即为上诉有理由。	刑事诉讼条例	四〇〇
			欠租撤佃之条件。	奉天永佃地亩规则	七
			九条所谓佃租不足完纳田赋之解释。	奉天永佃地亩规则	九
			地主于九条情形外，不得更有要求加租之原因。	奉天永佃地亩规则	九
八	上	八二一	在侦查庭侮辱人，不得谓为公然。	暂行新刑律	一五五
八	上	八三二	现行律关于民事之处罚规定，于行为之效力仍应适用。	民法	一编一章
八	上	八三八	地上权得对抗后之买主。	民法	三编六章

续表

年份	字别	号数	提　　要	律名	条文
八	上	八四五	住持无管理庙产能力者，得依声请选人代管。	民法	一编三章三节
			住持无管理庙产能力者，得依声请选人代管。	管理寺庙条例	
八	上	八五〇	妇人受赠，除夫外他人不能干涉。	民法	一编二章二节
八	上	八五八	打击错误致人伤害者，仅应负过失伤害人之责。	暂行新刑律	三一三
八	上	八五九	因奸成孕恐有败露，商允相奸人使之堕胎，以致其人身死，应分别论罪。	暂行新刑律	二三
八	上	八六一	主修谱牒人无权令脱离宗族关系之支属入谱。	民法	四编一章
			削除谱牒，不能溯及既往。	民法	四编一章
八	上	八七三	养子得依谱例登入养家之谱。	民法	四编一章
八	上	九〇五	民事上之债务，非当然计利。	民法	二编一章一节
八	上	九〇六	于债务不履行时约定赔偿额数，不为违法。	民法	二编一章二节
			行政衙门所搜集之证据及当事人在该衙门所为供述，亦得采为证凭。	民事诉讼条例	三二七
八	上	九一九	外国人不得于中国享有土地所有权或所租界外永租土地。	民法	一编二章一节
八	上	九二三	纳妾用财礼等名称，不能视为法律上定婚之聘财。	民法	四编三章一节
八	上	九二七	债权人迟延后，债务人就其重大过失仍应负责。	民法	二编一章二节
八	上	九二八	守志妇不得以永不立继之意思就遗产为生活上不必要之处分。	民法	五编六章
八	上	九三二	为强盗摇船未参与谋议者，系事前帮助。	暂行新刑律	三一
八	上	九四〇	削谱除名之效果，依族中成例办理。	民法	四编一章
			谱例于不背强行法规，不害公安良俗之范围内有拘束力，而对于族人加以削谱除名之制裁，无背于强行法规。	民法	四编一章
八	上	九四五	优伶非不正营业，不得援营业不正禁止入谱之例拒绝入谱。	民法	四编一章
八	上	九五二	应赔偿之金额于请求时给付，不生利息问题。	民法	二编一章二节
			追及效力之意义。	民法	三编一章
			委任律师费用不得令相对人赔偿。	民事诉讼条例	九七
八	上	九五四	买主在先之迟延不能免卖主在后之迟延责任。	民法	二编一章二节
			履行期到来前之催告及解除预告不生效力。	民法	二编二章一节二款
八	上	九五七	夫妻呈诉离婚后，其子女不便由父监护者，得由审判衙门指定监护人。	民法	四编三章四节
			夫妻呈诉离婚后，其子女不便由父监护者，得由审判衙门指定监护人。	民法	四编五章
			妇人夫亡招夫时，得夫亲同意，可为其前夫子之监护人。	民法	四编五章
八	上	九五九	抬尸侵入人家，损毁其家屋器具并逮捕人以为报复计者，其侵入行为系犯他罪之方法。	暂行新刑律	二六
八	上	九六六	他人本有诬告意思代作状者，虽参加己见、张大其词，亦仅成立帮助罪。	暂行新刑律	三一
			他人本有诬告意思代作状者，虽参加己见、张大其词，仍成帮助诬告罪。	暂行新刑律	一八二

续表

年份	字别	号数	提　要	律名	条文
八	上	九七九	不得以理论上之推测据为裁判。	民事诉讼条例	二六二
八	上	九八三	未约明逾期不备价取货即行解除者，其契约得不因逾期解除。	民法	二编二章一节二款
八	上	九八八	义子酌给财产，不能以普通赠与相绳。	民法	四编四章六节
			义男酌分财产，不能以普通赠与之法理相绳。	民法	五编三章二节
八	上	九八九	共有人中一人死亡无继承人者，其应有部分分属他共有人。	民法	三编二章四节
八	上	九九一	《商人通例》七二条一项与二项规定情形不同，不能混而为一。	商人通例	七二
八	上	九九七	代理人之懈怠过失，不为回复原状之理由。	民事诉讼条例	二〇五
八	上	一〇〇一	杀人未遂后又杀害既遂者，为连续犯。	暂行新刑律	二八
八	上	一〇三六	后娶之妻于前妻故后，可认其有妻之身份。	民法	四编三章二节
八	上	一〇四〇	伙产有纠葛非可即以偿债者，与伙产不敷偿债同。	民法	二编二章一四节
八	上	一〇四二	契约之解除不拘方式。	民法	一编五章一节
			契约之解除不拘方式	民法	二编二章一节三款
八	上	一〇五五	以杀意在场帮拖，仍属共同正犯。	暂行新刑律	二九
八	上	一〇六三	恶意占有人负返还孳息或价金之义务。	民法	三编一〇章
八	上	一〇七一	因可继人弃权而无人可立者，其遗产即归亲女承受。	民法	五编三章二节
八	上	一〇七二	律载居丧身自嫁娶者，指居丧本人而言。	民法	四编三章四节
八	上	一〇八一	耕作地因不可抗力收益较租额为少，得求减租。	民法	二编二章六节
八	上	一〇九三	现行律不禁同姓为婚。	民法	四编三章一节
八	上	一〇九八	定婚须收受聘财之规定，不因法令禁止买卖人口而失效。	民法	四编二章一节
八	上	一〇九九	夫给妻离婚后之赔偿慰抚费，应斟酌妻之身分、年龄等而定。	民法	四编三章四节
八	上	一一〇〇	合法之谱例，不能以少数人私意变更。	民法	四编一章
八	上	一一〇一	被告对于原告另案起诉并未提起反诉，又与本案非系属于同一法院者，即无由合并审判。	民事诉讼条例	二四八
八	上	一一一一	续租契约须经相当期间始能解除，为交易上之诚信。	民法	二编二章五节
八	上	一一一五	离婚字据无须一定方式。	民法	四编三章四节
八	上	一一二二	代理权限未定明者，仅得为保存及利用改良之行为。	民法	一编五章三节
			共有金钱债权之债权人，原则得分别请求清偿。	民法	一编五章三节
			共有金钱债权之债权人，原则得分请清偿。	民法	二编一章六节
八	上	一一六八	债权人不负将担保物觅主售卖之义务。	民法	三编九章一节
八	上	一一七六	后娶之妻如仍原同度，应认为妾。	民法	四编二章二节
八	上	一一八四	养子归宗，非撤销婚姻之原因 。	民法	四编三章二节
八	上	一一八八	与应继人之尊属有嫌怨因而憎恶应继人者，亦许另择贤爱。	民法	五编二章二节
八	上	一一九一	携女适人后母故而未归宗者，后父有主婚权。	民法	四编三章一节
			无利害关系人不得请求为未成年人设置监护。	民法	四编五章
八	上	一二〇五	刑事和解中关于损害赔偿之契约有效。	民法	二编八章

续表

年份	字别	号数	提　　要	律名	条文
八	上	一二一五	应继人有数人时，亲属会得斟酌被承继人生前之意思议立。	民法	五编二章二节
八	上	一二一六	亲女得为被承继人主张立继及收回遗产。	民法	五编二章二节
			亲女得为被承继人主张立继及收回遗产。	民法	五编四章
八	上	一二四五	迟延利息与原约利息不同。	民法	二编一章二节
八	上	一二四六	兼祧子生活费应取给于两房。	民法	四编四章四节
			兼祧子对其兼祧父在他房以娶之妇有扶养义务。	民法	四编七节
八	上	一二五三	兼祧人之嗣子当然兼承各房之祧。	民法	五编二章二节
八	上	一二五五	假扣押之应否令债权人供担保及其数额，均由审判衙门裁量。	民事诉讼条例	六一八
八	上	一二六八	管理家事之人于概括的委任范围内有代理家族处分共有家财之权。	民法	三编二章四节
八	上	一二七七	被选举人于其所得票数之由来无举证义务。	民事诉讼条例	三二八
			七五条所谓除投票人总数之意义。	省议会议员选举法	
			被选举人于其所得票数之由来无举证义务。	省议会议员选举法	
			认定当选与候补当选有错误，与选举全部之效力无关。	省议会议员选举法	
八	上	一二七八	监察员当选并非无效，亦不能以其当选之多断为有弊。	省议会议员选举法	
			管理员之任用，法无限制。	省议会议员选举法	
八	上	一二八三	亲属会于被承继人是否死亡及有无子嗣不明时，不得立继。	民法	五编二章二节
			原告之主张无理由，即毋庸审究被告之抗辩能否成立。	民事诉讼条例	四五一
八	上	一二八四	表意人仅其表意缘由因他故变更者，不得撤销。	民法	一编五章一节
八	上	一二八九	原业主不得主张先买权。	民法	三编四章
八	上	一二九二	兼祧并不以同宗别无可继之人为限。	民法	五编二章二节
八	上	一二 九八	买卖不履行之赔偿损害计算方法。	民法	二编一章二节
八	上	一三〇六	必要共同诉讼内一人或数人所为行为，视与全体所为或未为之理由。	民事诉讼条例	六七
八	上	一三一二	诸子间将父遗债约归一人负担者，经债权人同意承任，债务人不得拒绝履行。	民法	二编一章四节
			子于其父债务应分任偿还之责。	民法	五编三章三节一款
八	上	一三一四	物品存留他人不动产中，物主得以无偿或支出必要费用请求不动产人交出其物。	民法	三编二章三节
			物品偶致他人地内，得径入寻查收还。	民法	三编二章三节
八	上	一三一九	一伙东原则上仅得行使自己一股之债权。	民法	二编二章一四节
八	上	一三二八	不碍及律例防止重利盘剥之精神，可将利息滚作原本。	民法	二编一章一节
			债权人拒绝不依债权本旨之给付，不负迟延责任。	民法	二编一章二节
			经理人应否认为以劳力出资之合伙员，应审究契约内容定之。	民法	二编二章一四节

续表

年份	字别	号数	提　要	律名	条文
八	上	一三三二	房屋倒塌在典主非怠于必要之修缮者，得援用被延烧之条理。	民法	三编三章
八	上	一三三四	经理得店东特别委任或依习惯，有免除店债之权。	商人通例	三二
八	上	一三三七	撤回上告，应向上告审为之。	民事诉讼条例	五四九
八	上	一三四六	因浪费得情事请求立案者，在立案后所为之行为，得主张撤销。	民事诉讼条例	七三七
八	上	一三五四	病疯重听，不得据为拒绝同居之理由。	民法	四编三章三节
八	上	一三六三	票据领款须与票对换。	票据	一章
八	上	一三六八	养子不得因争执本家承继而临时归宗。	民法	四编四章六节
			养子不得因争执本家承继而临时主张归宗。	民法	五编二章二节
八	上	一三八八	定婚仅由母主婚者，其父得撤销。	民法	四编三章一节
八	上	一四〇一	奸生子可于母取得父妾之身分时取得庶子身分。	民法	四编四章三节
八	上	一四一四	无效之法律行为如具备他法律行为之要件时，可依当事人之意思生他行为之效力。	民法	一编五章五节
八	上	一四一九	保证人承认代偿，即丧失其先诉抗辩权。	民法	二编二章二〇节
八	上	一四四三	限制所有权之行为，惟所有权人得为之。	民法	三编二章一节
八	上	一四五一	以不通用之外国货币表示给付额者，除有特约外，应依支付日该币之价给付。	民法	二编一章一节
八	非	一	杀死养父应依杀死尊亲属之律处断。	暂行新刑律	三一二
八	非	二	私擅逮捕罪以束缚人身之行动为成立要件。	暂行新刑律	三四四
八	非	四	因奸酿成其他犯罪，乃指其他犯罪行为与和奸行为具有相当之因果关系者而言。	暂行刑律补充条例	七
八	非	一八	新律施行前业经审判确定之犯罪，不得依新律改判罪刑。	暂行新刑律	一
八	非	二〇	脱逃罪以脱离公之实力支配为既遂，既遂后再有杀伤人之行为，不得谓系因强暴脱逃而致人死伤。	暂行新刑律	一六九
八	非	四四	掳人勒赎为强盗之一种手段，《惩治盗匪法》四条三款为《刑律》强盗罪之加重条文。	暂行新刑律	三七〇
			掳人勒赎为强盗之一种，强盗并掳人勒赎仅成立掳人勒赎罪	惩治盗匪法	四
八	非	五四	强盗抢物又掳人勒赎者，不应论作强盗与掳人勒赎二罪俱发。	暂行新刑律	二三
八	私上	一	以不法原因取得财物者，如不能返还原物，即应以相当金额赔偿。	民法	二编八章
八	私上	六	损害不专限于财产上之损害。	刑事诉讼条例	三
八	私上	六九	实施或教唆行为之人负赔偿责任。	民法	二编八章
八	私上	七七	慰藉费之性质及判给慰藉费之准据。	民法	一编二章五节
			慰藉费之性质及判给慰藉费之准据。	民法	二编八章
九	声	五九	破产事件之管辖审判衙门。	破产法	
九	声	一七〇	单纯同署办公之僚友参预审判，难认其有偏颇之虞。	民事诉讼条例	四三
九	抗	一四	县知事判决仅宣示违法，上级审应予受理纠正。	刑事诉讼条例	一九二

续表

年份	字别	号数	提要	律名	条文
九	抗	二七	依执行名义执行时，纵债务已不存在，亦应提起异议之诉，原则上不停止执行。	民事诉讼执行规则	五
九	抗	六七	俱发罪之判决与累犯罪之判决经各别确定后，应以决定谕知其应执行之刑。	暂行新刑律	二五
			俱发罪之判决与累犯罪之判决经各别确定后，应以决定谕知其应执行之刑。	刑事诉讼条例	五〇七
九	抗	六九	庶子之法定代理次序，嫡母先于生母。	民法	一编二章二节
			庶子生母不能先于嫡母为其子之法定代理人。	民法	四编四章一节
			为庶子之法定代理人，嫡母先于生母。	民事诉讼条例	五七
九	抗	七七	对于用厅长名义之批示不能抗告。	刑事诉讼条例	四三一
九	抗	八一	声明上诉经以逾期驳斥，如能提出并未逾期或虽逾期而无过失之确证，均得声请回复原状。	刑事诉讼条例	二一四
九	抗	八三	实际上确有委任行为，仅未提出委任状，得谕令补充。	刑事诉讼条例	一七五
九	抗	八七	同案共犯中一人控诉，其未控诉之人如请求再审，应由控诉审管辖。	刑事诉讼条例	四六二
九	抗	一〇三	县知事审理案件，应以所引律文为分别初级地方管辖之标准。	刑事诉讼条例	三八八
九	抗	一一四	已有确定裁判不认其权利存在者，不得更请假扣押。	民事诉讼条例	六一八
九	抗	一二一	民事案件涉及刑事者，无论是否私诉，该刑事诉讼已否开始，均得终止。	民事诉讼条例	二二〇
九	抗	一二五	附带民事诉讼移付民庭，系指同一审判衙门而言。	刑事诉讼条例	五
九	抗	一四七	诉讼撤回或因不适法驳斥者，均得另行起诉。	民事诉讼条例	三〇八
			诉讼撤回或因不适法驳斥者，不适用一事不再理之原则。	民事诉讼条例	四七一
九	抗	二〇〇	得以停止或终结执行之和解，应在执行衙门或其他该管审判衙门成立。	民事诉讼执行规则	五
九	抗	二二六	雇员薪金有时得提起民事诉讼。	民事诉讼条例	二八四
			雇员薪金有时得提起民事诉讼。	法院编制法	二
九	抗	二二七	就共有物为执行，以债务人之应有部分为限。	民事诉讼执行规则	七八
九	抗	二八四	县知事判决未经送达或牌示者，亦非无效。	民事诉讼条例	二六九
			县知事判决未经送达或牌示者，亦非无效。	民事诉讼条例	五〇〇
九	上	一	初判处徒刑后易科罚金，虽覆判审将易科部分撤销，但使科处徒刑未加重，即非重于初判。	覆判章程	一一
九	上	二	对一人强行鸡奸后又强奸者，其强行猥亵罪与强奸罪分别论之。	暂行新刑律	二三
			强行鸡奸幼女为强行猥亵。	暂行新刑律	二八三
九	上	一一	给予妻妾之衣饰，应认为妻妾所有。	民法	四编三章三节
九	上	一三	亲子嗣子或其守志之妻与被继人更立嗣子时，得主张异议。	民法	五编二章二节
九	上	一四	子不得为父之监督品行人。	暂行新刑律	六三
九	上	一七	以带荐雇工为词诱人出外，为略诱罪。	暂行新刑律	三五一
九	上	二二	伤害在逮捕之前者，不得谓因逮捕致伤。	暂行新刑律	三四六
九	上	二三	标的物有瑕疵应以因此不能达契约之目的者为限，许买主解约。	民法	二编二章二节二款

续表

年份	字别	号数	提　　要	律名	条文
九	上	二九	应受给付人得径向给付受托人请求给付。	民法	二编一章二节
			应受给付人得径向给付受托人请求给付。	民法	二编二章一二节
			数人共同为侵权行为，纵动机出于一人，他行为人不得对其请求赔偿。	民法	二编八章
九	上	三一	被继人妻或尊属以遗产分给他人，而承继人已同意者，不得告争。	民法	五编三章二节
九	上	五八	原捐主或其后人对于违反原定目的以使用捐出之财产者，得求禁止。	民法	一编三章三节
九	上	六〇	意图贩卖而收藏鸦片烟者，如有一部分贩卖，应即以贩卖论罪。	暂行新刑律	二六六
九	上	六一	定婚手续错误，其告诉仍无效。	暂行新刑律	三五五
			不得为告诉无效人指定代行告诉人。	刑事诉讼条例	二二三
九	上	六四	聘财不以金钱为限。	民法	四编三章一节
九	上	七一	互殴无防卫权，以彼此均有伤人意思，下手又不明先后者为限。	刑事诉讼条例	一五
			互殴无防卫权，以彼此均有伤人意思，下手又不明先后者为限。	刑事诉讼条例	三一三
九	上	八五	犯多罪仅有一罪褫夺公权者，不在另定并执行之列。	刑事诉讼条例	二三
			以捕禁之方法杀伤人者，其捕禁行为仍与杀伤行为从重论。	刑事诉讼条例	二六
			因捕禁致人死伤，以死伤系捕禁所生之结果为限。	刑事诉讼条例	二四六
九	上	八六	纵容妻妾通奸或为娼，若事出两愿，即不得请求离异。	民法	四编三章四节
			妾于所生或所抚育外之其他子女，非尊亲属。	暂行新刑律	八二
			于上诉期内声请再审者，以合法上诉为限。	刑事诉讼条例	三七三
			妾于所生或所抚育外之其他子女，非尊亲属。	暂行刑律补充条例	六
九	上	九一	殴人致结气身死，因果仍联络。	暂行新刑律	三一三
九	上	九五	昭穆相当系指尊卑不失序而言。	民法	五编二章二节
九	上	一〇三	媵妾得请凭亲属会为嫡子立继。	民法	五编二章二节
九	上	一〇四	致人羞忿自杀或意图自杀，须先犯有强奸等罪。	暂行新刑律	二八七
九	上	一〇五	财团法人财产之管理未定有规条者，得由审判衙门补定。其未定规条而有成规者，应推定捐助人意思，从其成规。	民法	一编三章三节
			先缚后杀，不仅成杀人罪。	暂行新刑律	三一一
九	上	一一五	有先买权人未受业主买业之通知者，得请撤销其买卖。	民法	三编四章
九	上	一一七	立契时一造未到而确已同意者，其契约即为成立。	民法	一编五章二节
			执行未了之刑于因案又判刑罚后，应并执行，但毋庸宣告。	暂行新刑律	一九
			时效因通缉而中断，但通缉行为停止，时效仍开始进行。	暂行新刑律	七二
			执行未了之刑于因案又判刑罚后，应并执行，但毋庸宣告。	刑事诉讼条例	三四五

续表

年份	字别	号数	提　　要	律名	条文
九	上	一二七	在人未嫁前和奸，与即嫁后和奸，应论二罪。	暂行新刑律	二三
			在人未嫁前和奸，与即嫁后和奸，应论二罪。	暂行新刑律	二八九
			在人未嫁前和奸，与即嫁后和奸，应论二罪。	暂行刑律补充条例	六
九	上	一三五	在客店居住，入别房行窃，仍以侵入论。	暂行新刑律	三六八
			第一审漏判从刑，第二审得补判。	刑事诉讼条例	三九九
九	上	一三七	所向申告之官署，不以有土地管辖权为限。	暂行新刑律	一八二
九	上	一四一	图续奸而诱拐，为和奸之结果。	暂行新刑律	二六
九	上	一四二	当事人因失火被处罚金，不能即认其有重大过失。	民法	二编八章
九	上	一五二	居丧嫁娶门所称已成婚之解释。	民法	四编三章二节
九	上	一六四	放火烧毁多人之房屋，应分别所有权数论俱发。	暂行新刑律	二三
			放火烧人房屋并毁及他物者，烧毁他物为烧房所生之他罪。	暂行新刑律	二六
			放火罪除以公共危险为法益外，私人财产权亦所注重。	暂行新刑律	一八六
九	上	一六六	就当事人之诉请确认同宗裁判，不为违法。	民事诉讼条例	六九二
九	上	一六九	二重丈放后，其前后承领人争执所有权，应由司法衙门审判。	民事诉讼条例	二八四
			二重丈放后，其前后承领人争执所有权，应由司法衙门审判。	法院编制法	二
九	上	一七一	谱例上无义子可否入谱明文，而族人又多数许可者，即应许其入谱。	民法	四编一章
九	上	一七三	住持不能以寺庙财产久归其管理认为私产。	民法	一编三章三节
			住持不能以寺庙财产久归僧人管理认为私产。	管理寺庙条例	
九	上	一八三	已定执行刑后，应宣告执行之刑。	暂行新刑律	二三
九	上	一八四	宣告缓刑不以罪情可原为准。	暂行新刑律	六三
九	上	一八七	强盗赃物虽无主认领，不得没收。	暂行新刑律	四九
九	上	一八九	墙未竣工，非建筑物。	暂行新刑律	四〇五
九	上	一九一	侵占罪之法益个数，以物之所有权定之。	暂行新刑律	二三
九	上	一九六	合伙人退股，须对于他合伙人表示，始为合法。	民法	二编二章一四节
九	上	二〇一	夫妻别居，须得相对人同意或有不堪同居之事实。	民法	四编三章三节
九	上	二〇七	相对人对于形式上真正之证书攻击其内容为不实者，须举出反证。	民事诉讼条例	三二七
			相对人对于形式上真正之证书攻击其内容为不实者，须举出反证。	民事诉讼条例	四〇二
九	上	二三六	侵入不限于行窃人身体完全侵入。	暂行新刑律	三六八
九	上	二三八	上告不得提出新证据。	刑事诉讼条例	四〇五
九	上	二四六	被继人之妾不能因《刑律补充条例》即视为所后之亲。	民法	五编二章一节
九	上	二六四	诉讼当事人以在上诉审不得变更为原则。	民事诉讼条例	五一三
九	上	二六九	雇人挖掘坟墓又随时到场监视，为共同正犯。	暂行新刑律	二九
			掘墓使失全部或一部效用时，为既遂。	暂行新刑律	二六〇
			雇人发掘坟墓又随时到场监视，为共同正犯。	暂行新刑律	二六〇

续表

年份	字别	号数	提　要	律名	条文
九	上	二七四	因搬运赃物而受赠赃物者，其受赠为搬运之结果。	暂行新刑律	二六
			约明强盗在先，虽仅中途等候背赃，亦为强盗正犯。	暂行新刑律	二九
			因搬运赃物而受赠，原赃尚未变价者，不得谓为得利。	暂行新刑律	三九七
九	上	二七七	当事人于前诉讼中主张之事项未经裁判者，不能以一事再理论。	民事诉讼条例	四七一
九	上	二八一	因挑拨而致人侵害者，仍有防卫权。	暂行新刑律	一五
九	上	二八六	侵入两家，应视其知为两家与否定罪数。	暂行新刑律	一三
			入人家内略诱人者，不得专罪其略诱行为。	暂行新刑律	二六
			入人家内略诱人者，不得专罪其略诱行为。	暂行新刑律	三四九
九	上	二八七	伪造他人书状呈请法庭注销他人请求者，伪造并行使行为，与施诈术使官员为一定处分罪，从一重论。	暂行新刑律	二六
			伪造私文书交由他人行使，于行使行为应共同负责。	暂行新刑律	二九
			伪造他人书状呈请法庭注销他人请求者，其行使行为与并犯施诈术使官员为一定处分罪。	暂行新刑律	一五三
			伪造私文书交由他人行使，于行使行为应共同负责。	暂行新刑律	二四三
九	上	二八八	于同居家属锁门外出之际，扭开门锁入内行窃者，仍为侵入。	暂行新刑律	三六八
九	上	二九一	成婚后发现一造有残疾者，得请求离异。	民法	四编三章四节
九	上	三〇〇	有夫之妇与人作妾，非重婚，只论和奸。	暂行新刑律	二九一
九	上	三一二	因地方有死后烧尸习惯而烧尸者，不成罪。	暂行新刑律	一四
			因地方有死后烧尸之习惯而烧尸者，不成罪	暂行新刑律	二五八
			附带控告事项不必为控告人所不服之事项。	民事诉讼条例	五一三
九	上	三一五	以强暴、胁迫强占不动产，结伙达于三人，亦成结伙强盗。	暂行新刑律	三七三
九	上	三一六	持票人于失票后践行习惯上一定程序者，仍得请求照兑。	票据	一章
			出票人不得凭让与人之报失而将既发出之票据取消。	票据	一章
九	上	三四一	遗产无直系卑属承受者，应由其直系尊属承受。	民法	五编三章二节
九	上	三五四	犯掳人勒索罪者，应依《刑律》强盗之规定褫夺公权。	暂行新刑律	三八〇
九	上	三五九	年岁以周年法计之。	暂行新刑律	二八五
九	上	三六八	再审原因实质上不成立，仍应驳斥。	民事诉讼条例	五七七
九	上	三九二	动产附合于不动产，由于某种权利之行使者，得保留其所有权。	民法	三编二章三节
九	上	四〇四	以送往服侍人为名行诱拐为娼之实，虽被害人事后承诺，亦为营利略诱。	暂行新刑律	三五一
九	上	四一〇	奉派专司投标监工等事，于承揽人约送使费保费后，所取铺保并未照章，仍令承揽工程已因期约贿赂而为不正行为。	暂行新刑律	一四〇
九	上	四一八	于辩论终结后始行委任辩护人，审判衙门未予重开辩论，尚非违法。	刑事诉讼条例	三二六
九	上	四三〇	因人索债起意将其人账薄烧毁并将之杀死者，为强盗杀人。	惩治盗匪法	三
九	上	四三二	尊亲属行使告诉权之顺序。	暂行新刑律	三五五

续表

年份	字别	号数	提　　要	律名	条文
九	上	四三六	文书、图书客观上足使社会组织及其现状因而动摇，即有害及公共安宁秩序之可能性者，均为妨害治安。	出版法	一一
九	上	四五八	地方公益团体就地方公有寺产之处分得以过问。	民法	一编三章三节
			地方公益团体就地方公有寺产之处分得以过问。	管理寺庙条例	
九	上	四五九	向有权逮捕人诬指某人为盗，令捆获送县，诬告罪即成立，不另成教唆私擅逮捕人罪。	暂行新刑律	一八二
九	上	四六四	承受夫产之妻强卖为故夫守志之妾，应成立强卖被养育人罪。	暂行刑律补充条例	九
九	上	四七三	图取财物而故意杀人，无论取物在杀人前或后，均成强盗杀人罪。	惩治盗匪法	三
九	上	四八四	被强奸人在相当官署陈述被害，以有告诉论。	暂行新刑律	二九四
	上		因奸酿成他罪之结果致有告诉权人不能告诉时，始不待告诉论奸罪。	暂行刑律补充条例	七
九	上	四九二	夫死未久即欲改嫁者，依律在禁止之列。	民法	四编三章一节
九	上	五〇三	与再从兄弟之妻相奸，不能构成亲属相奸罪。	暂行新刑律	二九〇
九	上	五〇五	高等厅于县判初级管辖案误受控告而为判决者，毋庸发还。	刑事诉讼条例	四二九
九	上	五一九	于以赌博为常业外，尚有聚众设赌赢利之事实，应从一重论。	暂行新刑律	二六
九	上	五二五	伪造货币以其形式之类似，足使一般人误认为真币，乃为既遂。	暂行新刑律	二二九
九	上	五二七	以私擅逮捕监禁人为伤害之前提方法，应从一重论。	暂行新刑律	二六
九	上	五三三	因诈取契纸钱文，经人诉告后于自己账簿为虚伪登载并行使，应依二三条断。	暂行新刑律	二三
			诈得契纸押钱，其诈取契纸与诈取钱文之行为，应从一重论。	暂行新刑律	二六
九	上	五三七	夫被妻殴，得请离异，无须至折伤之程度。	民法	四编三章四节
九	上	五三九	对县署漏判而予以补判时，以同一被告已经在县署被诉或并经审理之部分为限。	刑事诉讼条例	三九六
九	上	五四一	男女均达成年，可随时要求对造履行婚约。	民法	四编三章一节
九	上	五四三	收受藏匿被和诱人罪之成立，须明知或思料所容留者，为被和诱人。	暂行新刑律	三五三
九	上	五四六	侵入人第宅强奸致人死伤，应从一重论。	暂行新刑律	二六
九	上	五六〇	诱拐与伪造婚书间并无何种介入行为，则伪造及行使均与诱拐行为不无方法结果关系。	暂行新刑律	二六
九	上	五六三	先犯奸于获案后为弥缝计始伪造文书，其伪造与相奸各自论罪。	暂行新刑律	二三
			如因与人通奸情热，预造自由书为日后狡赖地步，则其伪造行为与相奸行为应从一重论。	暂行新刑律	二六
九	上	五七二	妇人夫亡招赘时，为子女之监护人，亦不得为己处分遗产。	民法	四编五章
九	上	五八〇	强盗须指明确欲行抢之地而即向前往者，始为着手。	暂行新刑律	三七三
九	上	五八九	抢劫停泊船艇，为侵入船艇。	暂行新刑律	三七三
九	上	五九二	外国人除教堂外，不得在中国购置土地。	民法	一编二章一节
九	上	六〇四	清皇室因其特别地位所生事项，若特别法无规定，适用普通法。	民法	一编一章

续表

年份	字别	号数	提　　要	律名	条文
九	上	六〇五	以强暴、胁迫强取财物，尚未入手，应以强盗未遂论。	暂行新刑律	三七〇
九	上	六一三	帮助他人卖妻，不能即认为实施正犯。	暂行新刑律	三三
			和卖、强卖与和诱、略诱罪质迥异。	暂行刑律补充条例	九
九	上	六一五	审判衙门遇悔婚另嫁之件，应尽力劝谕。	民法	四编三章二节
九	上	六一七	诉争事实未经第二宣明白认定，第三宣即无从为法律上之判断。	民事诉讼条例	五四二
九	上	六一八	主债务不存在，保证债务无存在之理。	民法	二编二章二〇节
九	上	六二六	行使伪造自己或他人私文书以实行和诱价卖，应从一重论。	暂行新刑律	二六
九	上	六二八	夫家于孀妇改嫁时，应酌量负担嫁资。	民法	四编三章三节
九	上	六三二	由所托之人向官员呈验贿银，自属行贿既遂。	暂行新刑律	一四二
九	上	六四一	现行法令对于妇女所不许资格，无褫夺可言。	暂行新刑律	四六
九	上	六四七	无权代理之契约，相对人得定期催告本人确答。本人不确答者，视为拒绝追认。	民法	一编五章三节
九	上	六五〇	扁担等类非凶器。	暂行刑律补充条例	一〇
九	上	六六六	发觉不包括私人知悉在内。	暂行新刑律	五一
九	上	六七二	二条所称六十年，系从立约日起至满足日止。	清理不动产典当办法	二
九	上	六七五	以言语举动帮助或教唆自杀者，不妨以伤害致轻微伤害为方法。	暂行新刑律	三二〇
九	上	六七六	人烟稠密处之建筑物，系指有延烧稠密人家之危险者而言。	暂行新刑律	一八六
九	上	六八一	在私法关系之国家，因司法关系发生之争执，即属司法事项。	民事诉讼条例	二八四
			在私法关系之国家，因司法关系发生之争执，即属司法事项。	法院编制法	二
九	上	六九六	一家公共堂名营业所负之债，于公产不足偿还时，应以私财分偿。	民	二编二章一四节
九	上	七〇一	在证券交易所外以与交易所相同或类似方法，为证券之定期买卖无效。	证券交易所法	二六
			在证券交易所外以与交易所相同或类似方法，为证券之定期买卖无效。	证券交易所法	三二
九	上	七〇二	受共犯二人之贿赂将其释放，只成立受贿纵逃之牵连一罪。	暂行新刑律	二三
			受共犯二人之贿赂将其释放，只成立受贿纵逃之牵连一罪。	暂行新刑律	一四〇
九	上	七〇七	强盗事前同谋，须以共同利害关系参与谋议，并有同意计划推出他人担任实施。	暂行新刑律	三七〇
九	上	七二〇	以共同利害关系参与谋议，并有同意计划推定他人担任实施杀人之事实者，为杀人之共同正犯。	暂行新刑律	二九
九	上	七二三	将某种货币变造他种货币，应认为全部伪造。	暂行新刑律	二二九
九	上	七二六	因保存债务人财产所出之费用，得优先受偿。	民法	二编一章二节
			动产质权之效力及其成立要件。	民法	三编九章四节
九	上	七三一	将他人因犯窃盗、强盗、诈欺或侵占等所得之物搬运，始成搬运赃物。	暂行新刑律	三九七

续表

年份	字别	号数	提　　要	律名	条文
九	上	七三二	被告承认原告之请求原因而提出抗辩事实时，不得以其未经查明遂依原告之请求判决。	民事诉讼条例	四五一
九	上	七三八	拨补塌地之次序与比例。	民法	三编二章二节
九	上	七五三	诈财罪应以所侵害之财产监督权数定其罪数。	暂行新刑律	二三
			诈财罪应以所侵害之财产监督权数定其罪数。	暂行新刑律	三八二
九	上	七五七	兴隆票不须以物担保。	民法	二编一章二节
九	上	七六一	立继时期无明文限制。	民法	五编二章一节
九	上	七六六	应继人不愿承继者，不得强令入继。	民法	五编二章二节
九	上	七七三	犯侵入或结伙强盗之俱发罪者，虽一部已经判决确定，仍应论为特别法上之一罪。	暂行新刑律	三七三
			犯《刑律》三七三条之俱发罪者，可合已确定之罪论为特别法上之一罪。	惩治盗匪法	三
九	上	七七四	必要修缮费应准扣抵租金，否则惟以现存利益为度，准予估价扣抵。	民法	二编二章五节
			赁借主合于管理事务情形所出必要费用，准如数扣抵租金。	民法	二编六章
			赁借主所出修缮费用如非必要，惟以现存利益为度，准予估价扣抵。	民法	二编七章
九	上	七七六	祖父母为主婚而父母事前不知者，得撤销婚约。	民法	四编三章一节
			父母俱存，母不得反于父之意思为子女主婚。	民法	四编三章一节
			先强奸又在奸所强盗者，为强盗、强奸俱发。	暂行新刑律	二三
			强盗在盗所强奸妇女，系指强奸时已成为盗所而言。	暂行新刑律	三七四
			强盗在盗所强奸妇女，系指强奸时已成为盗所而言。	惩治盗匪法	三
九	上	七八六	伪造私文书署押兼行使之牵连犯罪。	暂行新刑律	二六
九	上	七九七	祠堂系共有性质，若非为规约所明禁，族人有使用之权。	民法	三编二章四节
九	上	八〇〇	第一审已将某宗请求裁判，但于该请求之原因或抗辩置未审究者，得由抗告审自行审判。	民事诉讼条例	五一三
九	上	八〇七	明知其为有夫之妇而娶以为妾者，对于奸诱罪无告诉权。	暂行新刑律	二九四
九	上	八〇九	虐待一造不得对于被虐待之一造请求离异。	民法	四编三章四节
九	上	八一八	因犯杀人罪之方法而犯侵入窃盗罪者，从杀人罪论。	暂行新刑律	三六八
九	上	八一九	得立胎儿为嗣。	民法	五编二章一节
			杀人未遂与预备之区别，以已未着手为标准。	暂行新刑律	三一一
九	上	八二一	代理人舍弃，若本人在庭无异议，得认为已经本人许可。	民事诉讼条例	八五
九	上	八三一	主婚人同意非要式行为。	民法	四编三章一节
九	上	八三九	杀人未遂与预备之区别，以已未着手为标准。	暂行新刑律	一七
九	上	八四一	恐吓取财与强盗之区别，以被害人有无丧失自由意思为断，与被害人之交付与否无关。	暂行新刑律	三七〇
			恐吓取财，须被害人未丧失自由意思。	暂行新刑律	三八二
九	上	八四四	官吏得以官署出名起诉。	民事诉讼条例	五二
			官吏得以官署出名起诉。	民事诉讼条例	五七

续表

年份	字别	号数	提　　要	律名	条文
九	上	八四五	犯人以到案之人为限。	暂行新刑律	四九
九	上	八四六	买良为娼及原系为娼复行转买为娼之契约无效。	民法	一编五章一节
			买良为娼及原系为娼复行转买为娼之契约无效。	禁革买卖人口条例	
九	上	八五七	警察队长等讯问证人所具报告，不得为判决基础。	民事诉讼条例	三三七
			警察队长等讯问证人所具报告，不得为判决基础。	民事诉讼条例	三六二
九	上	八六五	由承揽人供给材料工作新立建筑物于定作人所有地上之契约，其材料定着于定作人土地时，归定作人所有。	民法	二编二章一〇节
九	上	八六六	无故系指无正当理由而言。	暂行新刑律	二二五
九	上	八六八	因骚扰而放火者，不限于执重要事务之人。	暂行新刑律	一六六
九	上	八六九	惯行之族规与成文之族规同。	民法	四编一章
九	上	八七四	误认夫逃亡三年不返而自主改嫁并得尊亲属之同意者，他人听从其意将其价卖，不成诱拐罪。	暂行新刑律	三四九
九	上	八七五	有一部分之犯罪因他县先受公诉而未为判决者，不得谓为漏判。	刑事诉讼条例	三九六
九	上	八八〇	破产时就债务人偿还能力争执，应估计债务人财产以定应偿成数之标准。	破产法	
九	上	八九九	以伤害为索财方法，系强盗而非诈财。	暂行新刑律	三七〇
			以伤害为索财方法，系强盗而非诈财。	暂行新刑律	三八二
九	上	九〇三	祖茔树木非子孙全体同意，不许砍伐。	民法	三编二章四节
九	上	九一三	税契后并未加工伪造者，不成为伪造公文书。	暂行新刑律	二三九
九	上	九二〇	精神病足为阻却犯罪原因，不应据为减等理由。	暂行新刑律	一二
九	上	九二一	恐吓行为只须为害恶之通知，不必发生实害。	暂行新刑律	三八二
九	上	九二七	因合意变更契约内容而受有损害，不得向对造请求赔偿。	民法	二编二章一节二款
九	上	九三九	以强暴、胁迫妨害人行使权利与单纯之胁迫罪有间。	暂行新刑律	三五七
九	上	九四三	运送承揽人就使用人之怠于注意应负赔偿责任。	商行为	五章
九	上	九五三	退伙以前之合伙债务，除有习惯外，非经他合伙员承任债权人同意，不能免责。	民法	二编二章一四节
九	上	九五八	抵押书据之用纸及写立形式，与证据力无关。	民事诉讼条例	三二七
			抵押书据之用纸及写立形式，与证据力无关。	民事诉讼条例	四〇二
九	上	九六二	以帮助保董之意思指挥逮捕，被人指告为入室行劫之人，不成立私擅逮捕罪。	暂行新刑律	三四四
九	上	九七六	以诈称官员为共同诈财之方法，虽未自称为官员之共犯，亦应同负责任。	暂行新刑律	二二六
九	上	九八三	自己或第三人受共同加害人中之一人所为现在不正之侵害，亦得对于他之加害人为防卫。	暂行新刑律	一五
九	上	九八九	共同不法行为人间，不能因其行为发生权义。	民法	一编五章一节
			《刑律》颁布后，贩卖鸦片烟虽在外国条约输入年限未满中，仍为违法行为。	民法	一编五章一节

续表

年份	字别	号数	提　　要	律名	条文
九	上	九九四	虚构担保债权致法院被其蒙混而为给付判决，除成立妨害公务罪外，尚难律以诈财之罪。	暂行新刑律	三八二
九	上	九九五	经理慈善团体之收文，虽系经县署委充，尚不得为公务。	暂行新刑律	三九二
九	上	一〇〇三	买主之处分权已受限制，其买卖无效。	民法	三编二章一节
九	上	一〇〇七	以经过公诉时效之事实向警所告诉，被诬告人既无受害人之处，诬告罪即不能成立。	暂行新刑律	一八二
九	上	一〇三八	债务免除不必得债务人承诺。	民法	二编一章五节五款
九	上	一〇四三	庙产经理人伪造庙账，系于自己文书为不实记载。	暂行新刑律	二四四
九	上	一〇五七	凭书虽称过继作女，然为价卖之变相者，仍成立和卖被养育人罪。	暂行刑律补充条例	九
九	上	一〇六二	童养媳未及成婚而夫死，非当然解除关系回归母家。	民法	四编二章二节
九	上	一〇六九	一罪先发致于后发余罪，判决前执行终了，亦应将已经执行之刑通算后定之刑定其执行刑期。	暂行新刑律	二四
九	上	一〇七八	以欺诈所得之票据，被害人有请求返还权，不得没收。	暂行新刑律	四九
九	上	一〇八一	遂因还押时放任致逃者，成纵逃罪。	暂行新刑律	一七二
九	上	一〇八三	私藏赌具应不为罪。	暂行新刑律	一〇
九	上	一〇八五	判词内应列之事实，系指审判衙门所认定之犯罪事实。	刑事诉讼条例	三四三
九	上	一〇八六	掳人勒赎，应以人数计其罪数。	惩治盗匪法	四
九	上	一〇九一	和解中之让步及中人调处方法，不得据为判决基础。	民事诉讼条例	四四九
九	上	一〇九六	经县传唤与警同行，尚难认为按律逮捕人。	暂行新刑律	一六八
九	上	一一一七	妇人与二人先后相奸，应各别论罪。	暂行新刑律	二八九
			孀妇自行主婚改嫁，尚难成立奸非罪。	暂行新刑律	二八九
九	上	一一一八	无约定利率者，不得遽以三分计利。	民法	二编一章一节
九	上	一一二〇	向法庭行使伪据，不仅成行使伪造私文书罪。	暂行新刑律	二四三
九	上	一一二二	用伪币够买金丹，只成行使伪币罪。	暂行新刑律	二三二
九	上	一一二三	用伪币够买金丹，不成立诈财罪。	暂行新刑律	三八二
九	上	一一二四	先娶之妻得以其夫重婚为理由请求离异。	民法	四编三章四节
			变造折据，虚构债权持向法院请求为给付之判决，成行使伪造文书及妨害公务罪。	暂行新刑律	一五三
九	上	一一二八	折伤右腿骭骨以致行动不便，为减衰机能。	暂行新刑律	八八
九	上	一一三六	乡董拘禁收买赃物之嫌疑人，应成立私擅监禁罪。	暂行新刑律	三四四
九	上	一一四六	行窃未遂复结伙往其家行窃者，为连续窃盗。	暂行新刑律	三六八
九	上	一一四九	入人家内下毒杀人，应从一重论。	暂行新刑律	二六
九	上	一一五七	经理人擅借之款，债权人不得向店东主张债权。	商人通例	三二
九	上	一一五九	侵占罪系即成犯。	暂行新刑律	三九一
九	上	一一六三	以吗啡丸药作价还债，应成立贩卖吗啡罪。	修正吗啡治罪法	一

续表

年份	字别	号数	提　　要	律名	条文
九	上	一一七六	《刑律》二七条所称以情节定之者，原则上以目的行为为重。	暂行新刑律	二七
九	上	一一八〇	砍伐淤涨余地之树木，应以是否经官厅允许为犯罪成立与否之标准。	暂行新刑律	三六七
九	上	一一九二	非合法亲属会议立者，利害关系人得否认其身份。	民法	五编二章二节
九	上	一一九三	教唆伪证罪之成立，须被教唆者为适法之证人。	暂行新刑律	一八一
九	上	一二〇〇	立约后之加典赎典，不足为时效中断之原因。	清理不动产典当办法	二
九	上	一二一〇	以意图犯罪用且非扰害公安者，为成本罪之要件。	暂行新刑律	二〇三
			《惩治盗匪法》四条一款为《刑律》二〇三及二〇四条之特别法。	惩治盗匪法	四
九	上	一二三四	俱发、累犯罪互合，与累犯俱发情形不同。	暂行新刑律	二五
九	上	一二三七	相对人不提出证书时之推定。	民事诉讼条例	四〇八
九	上	一二四六	以不能圆满相处为理由诉求废继，如承继人在诉讼中亡故，其已取得之继子身分毋庸变更。	民法	五编二章二节
九	上	一二四九	管理寺产之人擅行变卖得价入己，成侵占罪。	暂行新刑律	三九一
九	上	一三九五	互负通用货币之债务，并无约定不许以他种货币计价清偿者，即系同种标的之债务。	民法	二编一章五节三款
九	上	一四〇〇	被害人亦有过失者，应斟酌双方过失以定赔偿。	民法	二编八章
九	上	一四一四	起诉后发生独子之事实，不得再主张过继。	民法	五编二章二节
九	非	二一	杀人后即诬告其人为拦抢，所诬之之人已死亡，难对之成诬告罪。	暂行新刑律	一八二
九	非	二七	略诱未遂后又略诱既遂者，以一罪论。	暂行新刑律	二八
			略诱未遂后又略诱其人既遂者，以一罪论。	暂行新刑律	三五一
九	非	三三	各罪之刑，虽或因有死刑或无期徒刑而不执行，亦不得不科。	暂行新刑律	二三
九	非	三七	于先经和奸后，已复奸之妇女强行续奸者，仍成强奸罪。	暂行新刑律	二八五
九	非	三九	强盗伤害二人除一已致死外，其他一人仅属轻微伤害，该部分应别论之。	暂行新刑律	三七三
			强盗伤害二人除一已致死外，其他一人虽属轻微伤害，仍应各科其刑。	惩治盗匪法	三
九	非	四八	结伙在途行劫未遂，仍依《刑律》处断。	暂行新刑律	三七四
			《惩治盗匪法》无未遂犯未遂者，仍依《刑律》处断。	惩治盗匪法	三
九	非	五一	结伙窃取铁道上钉木，系犯伙窃、妨害交通两罪，应从一重论。	暂行新刑律	二六
九	非	五三	诈财未及着手，不能论罪。	暂行新刑律	一〇
九	非	六七	对高等分厅裁判提起上告者，大理院为终审衙门。	刑事诉讼条例	四〇二
九	非	七〇	于受寄养之人有养育义务。	暂行刑律补充条例	九
九	非	七二	窃取共同监督下之财物，仅成立一个窃盗罪。	暂行新刑律	三六八
九	非	八〇	妇女与多数人相奸，视其犯意是否连续分别论为数罪或一罪。	暂行新刑律	二八
九	非	八五	重婚罪为即成犯。	暂行新刑律	二九一

续表

年份	字别	号数	提要	律名	条文
九	非	八六	二人同时下手伤害一人致死，负同一刑责。	暂行新刑律	三一五
九	非	八八	侵占贼遗盗赃构成侵占属于他人物权而离其管有财物之罪。	暂行新刑律	三九三
九	非	八九	邮差侵占邮送物件，以寄件人数定罪数。	暂行新刑律	三九二
九	私上	一四	出具财礼聘媒聘娶，不得谓为价买。	民法	四编三章一节
九	私上	五九	夫妻不能推定将来或有虐待情形拒绝同居。	民法	四编三章三节
九	私上	七四	人格权被害者，得请求赔偿物质上有形之损害及慰藉费。	民法	一编二章五节
			人格权被害者，得请求赔偿物质上有形之损害及慰藉费。	民法	二编八章
十	抗	六	陆军文官及同等待遇之军属，以官制所定或基于法令之委任者为限。	陆军刑事条例	一二
十	抗	一〇	县知事所为之行政处分，不得向司法衙门声明不服。	刑事诉讼条例	三七三
			县知事依《契税条例》所为之罚金处分系行政处分。	契税条例（附契税条例施行细则）	一五
			县知事依《契税条例》所为之罚金处分系行政处分。	契税条例（附契税条例施行细则）	一六
十	抗	一七	执行自由刑，国家或社会必受重大损害，现又无他法救济者，始得谓为窒碍。	暂行新刑律	四四
十	抗	二八	送达不如法者，一切期间不进行。	刑事诉讼条例	二〇一
十	抗	五八	拘摄未获，不能中断行刑权之时效。	暂行新刑律	七五
十	抗	一〇二	明示意思须有意思能力人之明白表示。	刑事诉讼条例	三七五
十	抗	二八五	停止执行时对于业经终了部分亦得酌量撤销。	民事诉讼执行规则	五
			因保证金之保存方法不善致有危害，仅得依《执行规则》第九条声明抗议。	民事诉讼执行规则	九
十	上	三	覆判判决虽经确定，如发生以前有合法之上诉者，仍应进行上诉程序。	刑事诉讼条例	三九六
十	上	四	废弃旧约更立新约者，以新约为准。	民法	二编二章一节一款
			数人共同为侵权行为，始负连带责任。	民法	二编八章
			诱拐罪非绝对之即成犯，但先以别意诱拐另基别因而出卖，卖与诱亦非继续行为。	暂行新刑律	三五一
十	上	九	共有人得单独告赎。	民法	三编二章四节
十	上	一五	债权不因破产时未加入分配而消灭。	破产法	
十	上	二六	买卖田房未立契据而在老契内批明者，亦生移转效力。	民法	三编二章二节
十	上	三一	检察官于覆判案件上诉期间，自所属厅接收判词之翌日起算。	覆判章程	一一
十	上	三四	先奸后因别故诱逃，仍分别论罪。	暂行新刑律	二三
			先奸后因别故诱逃，仍分别论二罪。	暂行新刑律	二八九
			先奸后因别故诱逃，仍分别论二罪。	暂行新刑律	三四九

续表

年份	字别	号数	提　　要	律名	条文
十	上	四一	行政官员须其职务与被告人、嫌疑人或关系人有关，始能成强暴凌虐罪。	暂行新刑律	一四四
十	上	四三	人人家内杀人者，与杀人外更生入人第宅之罪。	暂行新刑律	三一一
十	上	五〇	自己地内葬有他人远年坟茔，应许其祭扫。	民法	三编二章二节
十	上	六三	与父于事实上同居之妇，既非父之妻，自非尊亲属。	暂行新刑律	三一二
十	上	六四	一部发还更审一部驳回，上告之案如驳回，上告部分达二罪以上，应先定其应执行之刑。	暂行新刑律	二三
十	上	一〇〇	贩卖含有吗啡之药品以为代用者，为贩卖吗啡。	修正吗啡治罪法	一
十	上	一〇六	覆审决定不得撤销初判，但已撤销者经提审后，应就实体为判决。	覆判章程	七
十	上	一〇八	运送品灭失之赔偿额，依到达地之市价。	商行为	六编一章
十	上	一二五	胁迫系指以加害之旨通知所欲胁迫之人而言。	暂行新刑律	三五七
十	上	一三二	子自处分其所分得产业，不必得母同意。	民法	五编三章三节一款
十	上	一三九	参与多人和奸一人之计者，为连续从犯。	暂行新刑律	二八
			于和奸并未实施，只参与和奸计划，为从犯。	暂行新刑律	三一
			父母均有亲告权，但父先于母行使。	刑事诉讼条例	二二一
			父母均有亲告权，父先于母行使。	暂行新刑律	二九四
			父母虽均有亲告权，父应先于母行使。	暂行刑律补充条例	六
十	上	一四六	准正犯须帮助在正犯实施中。	暂行新刑律	二九
十	上	一四七	与人连次续奸，为和奸连续犯。	暂行新刑律	二八
十	上	一九八	损坏建筑物须损坏其要部并达于丧失效用程度，又同时并损坏他物，应分别有无方法结果关系定其应否从一重论。	暂行新刑律	四〇五
十	上	二〇一	团正委托代为照料团务之人，因人辱骂而逮捕者，为私擅逮捕。	暂行新刑律	三四四
十	上	二六六	善意占有人原则上即时取得该动产上所得行使之权利，若为盗赃、遗失物等，许原物主请求回复原物。	民法	三编一〇章
十	上	二七四	商店虽经歇业，经理人之经理责任如未合法解除，其清理债务仍系业务行为。	暂行新刑律	三九二
十	上	二七九	行使伪造有价证券，不另成诈财罪。	暂行新刑律	二四二
			持伪造钱帖购物者，不另成诈财罪。	暂行新刑律	三八二
十	上	二八八	于他人督工耕地之际将其打倒，工人亦逃散后牵去耕牛者为窃盗。	暂行新刑律	三六七
十	上	二九八	诈财未遂又诬告者，应分别诬告是否诈财方法从一重论或分别科断。	暂行新刑律	二六
			诈财未遂又诬告者，应分别诬告是否诈财方法从一重论或分别科断。	暂行新刑律	一八二
			诈财未遂又诬告者，应分别诬告是否诈财方法从一重论或分别科断。	暂行新刑律	三八二
十	上	三〇三	受交付者不必永久据有其物。	暂行新刑律	三八二

续表

年份	字别	号数	提　要	律名	条文
十	上	三一三	租到他人房屋后典与另人为业，得认为侵占行为。	暂行新刑律	三九一
十	上	三一五	由外买得吗啡意欲变卖而运回者，仍为运送。	修正咖啡治罪法	一
十	上	三二三	阻葬为妨害葬礼，非妨害人行使权利。	暂行新刑律	二五七
			阻葬为妨害葬礼，非妨害人行使权利。	暂行新刑律	三五八
			毁坏坟穴为损坏建筑物等以外之所有物。	暂行新刑律	四〇六
十	上	三二六	冒领他人粮册为诈欺取财。	暂行新刑律	三八二
十	上	三三四	意图销毁制钱，与人缔结收买之契约为不法。	名法	一编五章一节
			主债务有不得请求偿还之性质者，债权人不得请求保证人履行。	名法	二编二章二〇节
十	上	三五一	再审当事人以前诉讼程序之当事人为限。	民事诉讼条例	五七四
十	上	三六一	亲属会应使各房与闻。	民法	五编二章二节
十	上	三六八	误甲为乙实施杀害之前，已直向某乙行杀者，仍应分论两罪。	暂行新刑律	一三
			与父于事实上同居之妇，既非父之妻，自非尊亲属	暂行新刑律	八二
			托名养女而实际并非抱养为女者，尚难取得尊亲身分。	暂行新刑律	八二
			托名养女而实际并非抱养为女者，自难取得尊亲身分。	暂行新刑律	三一二
十	上	四〇三	以金丹换粮食，其行为可为贩卖。	修正吗啡治罪法	一
十	上	四一四	必要共同诉讼人中一人所为事实上陈述，亦得斟酌采用。	民事诉讼条例	六七
			必要共同诉讼人所为事实上陈述，亦得斟酌采用。	民事诉讼条例	三二七
十	上	四一五	杀人诬告人，应从一重论。	暂行新刑律	二六
十	上	四一六	经理人之承继人不负继续处理委任事务之义务。	商人通例	三二
十	上	四一七	移尸嫁祸非遗弃尸体。	暂行新刑律	二五八
十	上	四一八	强制辩护之案，被告委任律师未出庭，仍得指定辩护人。	刑事诉讼条例	一七八
十	上	四二三	顶替自首须先已有被追摄或脱逃之人。	暂行新刑律	一七七
十	上	四二八	布店经手串人伪为买布以遂其销卖分用之计，成侵占上管有物罪	暂行新刑律	三九二
十	上	四四〇	亲属会因回避不能成立时，由审判上依法酌定。	民法	四编六章
十	上	四四九	向来与妻别居之妾，夫故后仍可听其别居。	民法	四编二章二节
			妾生子之财产若嫡母不给予管理时，得另指定管理人。	民法	四编四章一节
十	上	四五四	孀妇改嫁为妾，应具备孀妇改嫁之规定。	民法	四编三章一节
十	上	四七三	赌博已为给付者，不得清还。	民法	二编二章一七节
十	上	四七五	教唆人仅应就所教唆之限度负责。	暂行新刑律	三〇
十	上	四八七	不定期赁贷借契约，得随时解除。	民法	二编二章五节
十	上	四九四	犯罪人即将犯罪物卖出，不能就之为没收之宣告。	暂行新刑律	四九
十	上	五〇〇	以他人不动产担保债权，其相对人不成故买赃物罪，又未得有支配实力，亦不成受寄罪。	暂行新刑律	三九七
十	上	五〇七	合法表示退股意思即生效力。	民法	二编二章一四节
			计算买赃获利价额，如有共犯，以所得价额全部为准。	暂行新刑律	三九七

续表

年份	字别	号数	提　　要	律名	条文
十	上	五一六	以无故侵入第宅诈称官员行使伪造证据，为诬告方法，应从一重论。	暂行新刑律	二六
十	上	五一七	书证已证明为真实者，不必会经画押。	民事诉讼条例	三二七
			书证已证明为真实者，不必会经画押。	民事诉讼条例	四〇二
十	上	五二〇	以伪造借字呈案，为诈财预备。	暂行新刑律	三八二
十	上	五三九	家长得遗赠相当财产与妾。	民法	四编二章二节
十	上	五四七	以杀人为妨害公务手段者，应从一重论。	暂行新刑律	二六
十	上	五七四	俱发罪中有某罪已经确定，审判应就现在所处之各刑与已确定之刑径定执行刑。	暂行新刑律	二四
十	上	五七五	犯罪事实虽已经人报案，但未发觉其为犯罪人者，该罪仍为未发觉。	暂行新刑律	五二
			未满十二岁人，不能算入强盗结伙数内。	暂行新刑律	三七三
十	上	五七六	杀人共犯不以下手为限。	暂行新刑律	二九
			杀人共犯不以下手为限，惟他犯所实施之行为超越原定计划，应就所知程度负责。	暂行新刑律	三一一
十	上	五八四	诈称官员罪不必有所称之官职，但必客观的足使普通人信其所称为官员始成罪。	暂行新刑律	二二六
十	上	五九五	覆判案件经上诉后发还更审者，适用通常第二审程序。	刑事诉讼条例	三九六
十	上	六一三	监督监护人得代被代监护人撤销监护人之行为。	民法	四编五章
十	上	六二六	供强盗用之物如另有所有人，不得没收。	暂行新刑律	四九
十	上	六三〇	经人以各粮户名义嘱托完粮，即向各户直接收受款项全行吞没，应按各户被害法益计侵占罪数。	暂行新刑律	三九一
			租价与地质是否相称及其约定标准，应于查堪后斟酌断定。	直隶旗圈地售租章程	三
十	上	六三五	诱拐罪侵害之法益。	暂行新刑律	三四九
十	上	六四一	票币价格与现银相等，应与现银同视。	民法	二编一章一节
十	上	六六五	上诉审之相对人，以曾经发生诉争关系为原判所判及者为限。	民事诉讼条例	四九五
			上诉审之相对人，以曾经发生诉争关系而为原判所判及者为限。	民事诉讼条例	五三〇
十	上	六六七	犯营利略诱罪所出之婚帖，如买受者不成立犯罪，不应没收。	暂行新刑律	四九
十	上	六六八	债务人一人为全部债务设定之抵押物，债权人得就其全部行使权利。	民法	三编九章二节
十	上	六七四	犯罪涉及初犯、再犯两时期者，以再犯论。	暂行新刑律	一九
十	上	六七六	退居母家之孀妇，仍由夫家抚养。	民法	四编七章
十	上	六八〇	裁判应用判决而于经过言词辩论后误用决定者，仍应以判决论。	暂行新刑律	三七三
十	上	六八四	预约成立一造对于相对人要约不为承诺者，应任迟延之责。	民法	二编一章二节
十	上	七〇四	卖主为二重买卖，如前之卖约仅有债权关系，后之卖约已发生物权关系者，前买主不得主张后卖约无效。	民法	二编二章二节一款
			第三人仅介绍两造缔结契约，不负何等责任。	民法	二编二章一一节
			卖主为二重买卖，如前之卖约仅有债权关系，后之卖约已发生物权关系者，前买主不得主张后卖约无效。	民法	三编一章

续表

年份	字别	号数	提要	律名	条文
十	上	七一二	先后侵害行为，如犯意不同，应论俱发。	暂行新刑律	二三
			先伤后杀，如犯意不同，应论伤害与杀人俱发。	暂行新刑律	三一一
十	上	七一四	将尸抬往他人家内，系属无故侵入第宅。	暂行新刑律	二二五
			棺木亦财物之一。	暂行新刑律	三八二
十	上	七二二	所继人处分家财，不得超过应留财产。	民法	五编六章
十	上	七五〇	继子之生父对于其继母之处分财产无权干涉。	民法	四编四章一节
十	上	七七二	依契约允向第三人给付者，第三人得直接请求履行。	民法	二编二章一节二款
十	上	七七九	判决日期，判决正本与笔录两歧者，以笔录为准。	刑事诉讼条例	三五六
十	上	七八九	第一判漏判部分如与控诉部分非同一事实或无牵连关系者，控诉审不得审判。	刑事诉讼条例	三九六
十	上	八一一	卖主于买回时应偿还买主改良标的物所支出之费用。	民法	二编二章二节三款
			在活卖关系卖主回赎时，应偿还买主为增加标的物价格支出之费用。	民法	三编三章
十	上	八二九	印文与图样有别。	暂行新刑律	二四六
十	上	八四三	所谓夫逃亡三年之解释。	民法	四编三章四节
十	上	八六一	择立远房亦应以亲疏为先后。	民法	五编二章二节
十	上	八八一	混入货车行窃，非侵入窃盗。	暂行新刑律	三六七
十	上	九五四	商行为所生债权，以无反对习惯为限，得请求利息。	商行为	一章
十	上	九八七	没收烟枪烟斗应并引《刑律》四八条一、二两款	暂行新刑律	四八
十	上	九九七	商号经理私挪号款自作买卖，为业务上侵占。	暂行新刑律	三九二
十	上	一〇一二	赔偿债权之成立要件。	民法	二编一章二节
			未定违约金，亦得成立赔偿债权。	民法	二编一章二节
十	上	一〇一七	强卖孀嫂，应成立强卖罪。	暂行刑律补充条例	九
十	上	一〇二九	先判甲、乙两罪，经确定后判丙罪时，应于处刑后合前判之执行刑，更定其应执行之刑。	暂行新刑律	二四
十	上	一〇三三	因人先向开枪遂放枪抵御，对于开枪者不为罪，即误伤第三者致死，亦不能谓有过失。	暂行新刑律	三二四
十	上	一〇四六	茅屋亦为建筑物。	暂行新刑律	四〇五
十	上	一〇五〇	成年男女不同意，不得强其履行。	民法	四编三章二节
十	上	一〇七二	审判衙门不得以试行和解中让步之词为该当事人不利益之裁判。	民事诉讼条例	四四九
十	上	一〇八八	强盗因点火照赃以至失火延烧并烧死人，非强暴胁迫之结果，伙犯非有共同过失，不负其责。	暂行新刑律	三五
			强盗因点火照赃，误将油筒打翻以致延烧，为失火。	暂行新刑律	一九〇
			强盗因点火照赃以致失火延烧并烧死人，非强暴胁迫之结果。	暂行新刑律	三七四
十	上	一一三九	因匪徒探问可掳富户，告以某家有钱，虽于事后分赃，亦应以从犯论。	暂行新刑律	三一

续表

年份	字别	号数	提　　要	律名	条文
十	上	一一七一	杀人后将尸挂起伪作自缢，不得认为遗弃。	暂行新刑律	二五八
十	上	一一七六	于他人实施略诱行为以前，允派甲丁同往借壮声威，应以从犯论。	暂行新刑律	三一
			于他人实施略诱行为以前，派令甲丁同往借壮声威，应以从犯论。	暂行新刑律	三四九
十	上	一一七八	司法警察于承缉盗犯被捕后得贿纵放，其收受贿赂与纵令脱逃有牵连关系。	暂行新刑律	二六
十	上	一一八七	覆判审于指定推事莅审后应咨询检察官意见，再由该推事参预合议庭判决令县谕知。	覆判章程	七
十	上	一二一一	执行业务合伙员就外欠款项之责任。	民法	二编二章一四节
十	上	一二二五	因行使伪币之结果而交付于人者，其伪币不得没收。	暂行新刑律	四九
十	上	一二六三	向被害人身上搜去财物后又将其抓至店内索要财物，应合其前后行为而论以强盗一罪。	暂行新刑律	三七三
十	上	一二七一	损坏未葬之棺木，应以损坏殓物论。	暂行新刑律	二五八
十	上	一二七七	审判确定后尚未执行前又犯者，非俱发。	暂行新刑律	二三
十	上	一二七八	聚众脱逃既遂未遂，各从其行为定之。	暂行新刑律	一六九
十	上	一三二三	因略诱而致人伤害，应从一重处断。	暂行新刑律	二六
			因略诱而致人伤害，应从一重处断。	暂行新刑律	三四九
十	上	一三四三	母于出嫁之女归宁时，将女出卖者，成强卖和卖罪。	暂行新刑律补充条例	九
十	上	一三七八	强盗时有缚人毁物情事，只论强盗罪。	暂行新刑律	二六
			强盗时有缚人毁物情事，只论强盗罪。	暂行新刑律	三七三
十	上	一三九四	于实施强盗后又将事主幼孩抱去，纵系借以为托免逮捕，仍应成私擅逮捕罪。	暂行新刑律	三四四
			于实施强盗后又将事主幼孩抱去，如非掳人勒赎，即成私擅逮捕。	暂行新刑律	三七三
十	上	一四四七	将他人土地冒认为己有而行使其权利者，成窃盗罪。	暂行新刑律	三六七
十	上	一四五六	被人不正放己田之水，阻止无效而将其人捆缚者，仍不失为防卫。	暂行新刑律	一五
			被人不正放己田之水，阻止无效而将其人捆缚者，仍不失为防卫。	暂行新刑律	三四四
十	上	一四六六	向有直接处分财产权人朦请，饬令主管财产人贷给款项，而又串通该主管财产人以低价地照押去巨款者，其诈欺取财与背任罪为牵连犯。	暂行新刑律	二六
十	上	一五〇三	脱逃以逸出监督力之外为既遂。	暂行新刑律	一六八
十	上	一五一二	不动产质权人不得阻止债务人更行抵押于人，亦不得滥行干涉债务人变卖偿债。	民法	三编九章三节
十	上	一五六七	当事人对于程序违背之诘问权之丧失。	民事诉讼条例	二四一
十	上	一五八七	斤数多寡为科刑准备连续犯者，合并斤数计算。	私盐治罪法	二
十	上	一六一一	无能力人应由同居近亲任监护人之责，先父或母依次始及于妻。	民法	一编二章二节
			无能力人应由同居近亲任监护人之责，先父或母依次始及于妻。	民法	四编五章

续表

年份	字别	号数	提　要	律名	条文
十	上	一六七五	被选举为省议会议员，不论其县籍若何。	省议会议员选举法	
十	非	六	以强盗论后不得再将窃盗行为划分。	暂行新刑律	三七一
十	非	一二	于惯犯同重罪之人引其为具体之犯罪者，仍为造意犯。	暂行新刑律	三〇
十	非	一五	聚众损坏监禁处所械具而脱逃者，其损坏为方法。	暂行新刑律	一六九
十	非	一六	酌减应审心术事实。	暂行新刑律	五四
十	非	二一	覆判审于更正判决不得变更事实。	覆判章程	四
十	非	二六	拐诱罪以意在便于私图为成立要件，否则只为私擅捕禁人。	暂行新刑律	三四四
			拐诱罪以意在便于私图为成立要件，否则只为私擅捕禁人。	暂行新刑律	三四九
十	非	六〇	帮助犯须对于正犯所犯实施具无认识而加以助力。	暂行新刑律	三一
十	非	七六	非常上告之案件发交更审者，应间接受刑诉草案四六三条之限制。	刑事诉讼条例	四五七
十	非	七八	闻盗欲往某家行劫，遂留其食宿并给与路费，如事前未约定分赃，事后亦未得赃者，应以从犯论。	暂行新刑律	三一
十	非	八〇	佣主令佣工赶车至其地运物并令其子跟随，佣工于中途迫令佣主之子下车，赶车潜逃，应成立侵占罪。	暂行新刑律	三九一
十	非	一一七	同谋杀人不得认为杀人之阴谋犯。	暂行新刑律	三一一
十	非	一一八	正犯已成立而后有从犯可言。	暂行新刑律	三一
十	非	一二六	加暴行于人，未至伤害，不因人另有伤害行为而共同负责。	暂行新刑律	二九
十	非	一二七	犯《刑律》三二六条之罪者，不应宣告终身褫夺公权。	暂行新刑律	三三一
十	非	一二八	结伙侵入强盗并掳人勒赎，仅成立一个掳人勒赎罪。	暂行新刑律	三七三
十一	声	六七	辅助从参加人更为参加者，为法所不许。	民事诉讼条例	六七
十一	声	六八	司法行政长官滥用职权，不足为拒却推事原因。	民事诉讼条例	四三
十一	声	九一	两高厅内发生管辖争执声请指定者，应由本院裁判。	民事诉讼条例	三五
十一	声	一七七	代理人不负执行上责任。	民事诉讼执行规则	四
十一	抗	八一	撤销上诉不得附条件。	刑事诉讼条例	三八一
十一	抗	一二七	以撤销押票论之被告，如检察官提起上诉，于必要时仍得请求命令羁押。	刑事诉讼条例	三五〇
十一	抗	一六五	地方公益财产被侵害，该地方人民团体得举代表起诉。	民事诉讼条例	二八四
十一	抗	一六六	执行衙门不得就未经裁判之事项径为处分。	民事诉讼执行规则	四
十一	抗	一七七	败诉人不在者，可向其财产执行。	民事诉讼执行规则	四
十一	抗	一九九	未经合法代理之意义。	民事诉讼条例	五六八

续表

年份	字别	号数	提　要	律名	条文
十一	抗	二一四	当事人不得于执行程序中对确定判决声明不服。	民事诉讼执行规则	九
十一	抗	二五二	执行衙门对债权人之就分配表声明异议，如认为不当，应另案判决。	民事诉讼执行规则	四八
十一	抗	三一八	民诉条例二四五条之裁判，不得抗告。	民事诉讼条例	二四五
			民诉条例二四五条之裁判，不得抗告。	民事诉讼条例	五五一
十一	抗	三四六	上诉逾期，不论诉讼至如何程度，皆得驳斥。	民事诉讼条例	五〇七
十一	抗	三八二	不能因有代理人而置承受诉讼人之是否真实于不问。	民事诉讼条例	二一三
十一	抗	四三二	一部清偿在实体法上，债权人虽可拒绝收受，而在执行时则不然。	民事诉讼执行规则	四
十一	上	五	附带民事诉讼成立，以损害与犯罪同一原因所生结果为断。	刑事诉讼条例	三
十一	上	九	债权人因故意过失丧失担保权时，保证人于其限度内免责。	民法	二编二章二〇节
十一	上	二一	私诉被告不得对于私诉原告提起反诉。	民事诉讼条例	三〇八
十一	上	六一	违法投票及违法未投之票，若于选举结果无影响，不能认其他合法投票及已足法定票数之当选无效。	省议会议员选举法	
十一	上	七九	无证书之选举人，不能适用《选举法施行细则》一一条之规定。	省议会议员选举法施行细则	一一
十一	上	一〇七	买鸦片烟送人吸食，除有连续情形外，仅成吸食之从犯。	暂行新刑律	三一
			买鸦片烟送人吸食，除有连续情形外，仅成吸食之从犯。	暂行新刑律	二七一
十一	上	一一七	应送覆判而未送，即执行徒刑者，于法律上不能谓已受徒刑之执行。	暂行新刑律	一九
十一	上	一三九	法院所为之通知，不能抗告。	民事诉讼条例	五五〇
十一	上	一四三	窃盗而以赃物出押于人，除另有欺罔或恐吓行为外，不另成诈财罪。	暂行新刑律	三六七
			窃盗而以赃物出押于人，除另有欺罔或恐吓行为外，不另成诈财罪。	暂行新刑律	三八二
十一	上	一七二	判决内漏列上诉人之姓名，主文内于罪名漏列，均为无影响于判决。	刑事诉讼条例	四〇八
十一	上	一八五	抗告法院所为裁决与原裁决之内容相同，不许再抗告。	民事诉讼条例	五五四
十一	上	一九八	审理事实适用法律，不受其他案件之裁判及证据所拘束。	民事诉讼条例	四五一
十一	上	二一二	以取财之目的加暴行于人者，均为强盗。	暂行新刑律	三七〇
十一	上	二一六	有私法上权利之人，始有诉权。	民事诉讼条例	二八四

续表

年份	字别	号数	提　　要	律名	条文
十一	上	二二四	以出卖为侵占共有物之方法者，虽出卖时伪造证物捏称己有，于侵占外不成诈财罪。	暂行新刑律	三八二
			以出卖为侵占共有物之方法者，虽出卖时伪造证物捏称己有，亦于侵占外不成诈财罪。	暂行新刑律	三九一
十一	上	二三八	有偿受寄人应尽之注意。	民法	二编二章一三节
十一	上	二四四	延欠利息经债务人届时表示同意，得滚入原本。	民法	二编一章一节
十一	上	二七五	加不法腕力于人之身体以为取财手段，即为强盗，非诈财。	暂行新刑律	三八二
十一	上	二九一	债权人容许债务人迟延，债务人可以免责。	民法	二编一章二节
十一	上	二九二	于犯罪事实预见其发生，且发生不违反本意者，为间接故意。	暂行新刑律	一三
			误认某甲为某乙，实施杀害之前，已直向某乙行杀者，仍应分论二罪。	暂行新刑律	二三
			［误］认某甲为某乙，实施杀害之前，已直向某乙行杀者，仍应分论二罪。	暂行新刑律	三一一
十一	上	三〇六	以自己劳力所得财产，不能强其分析。	民法	五编三章三节三款
十一	上	三〇八	消极的确认之诉之举证责任。	民事诉讼条例	三二八
十一	上	三〇九	家族一人所负债务，只得就家产内该个人应有部分供清债。	民法	四编二章二节
十一	上	三一〇	以共同意思于伤害人时为之揪住者，为实施正犯。	暂行新刑律	三一三
十一	上	三二七	扭人至某处灌粪致死，成立私擅逮捕人并伤害人致死罪，应依二六条断。	暂行新刑律	三一三
十一	上	三三三	团丁于退职后，不将枪支缴还而出卖，系成立侵占公务上管有物并收藏军用枪炮罪，应依二六条处断。	暂行新刑律	二〇五
十一	上	三八四	在亲属会居重要地位者提出抗议，应行斟酌。	民法	四编六章
十一	上	四〇四	县判明示中止部分与漏判情形不同，不能由第二审径予审判。	刑事诉讼条例	三九六
十一	上	四二六	不特定物之买卖，由债务人负担危险。	民法	二编二章一节二款
			不特定物之买卖，由债务人负担危险。	民法	二编二章二节二款
十一	上	四三〇	明知事实虚伪据以备文呈复上级官厅，系构成二四〇条一项及一五三条二项之罪，应依二六条断。	暂行新刑律	一五三
			明知事实虚伪据以备文呈复上级官厅，系构成二四〇条一项及一五三条二项之罪，应依二六条断。	暂行新刑律	二四〇
十一	上	四四三	刑律三五五条之告诉无效，专指被诱人之告诉言。	暂行新刑律	三五五

续表

年份	字别	号数	提　　要	律名	条文
十一	上	四五一	仅于他人提议杀人予以赞成，尚不能论为杀人同谋犯。	暂行新刑律	三一一
十一	上	四六二	执行业务合伙员无以私财垫付他合伙员应得利益之义务。	民法	二编二章一四节
十一	上	四八八	于杀人之先，强迫被杀人亲属书立无事字据，于杀人外生强使人行无义务事罪。	暂行新刑律	二六
			于杀人之先，强迫被杀人亲属书立无事字据，系于杀人外生强使人行无义务事罪。	暂行新刑律	三一一
			于杀人之先，强迫被杀人亲属书立无事字据者，于杀人外生强使人行无义务事罪。	暂行新刑律	三五八
十一	上	五〇八	前为有夫奸后为无夫奸，中间所犯和诱罪，难与前之有夫奸依二六条处断。	暂行新刑律	二六
			伪造私文书罪以他人权利受有危害为成立要件。	暂行新刑律	二四三
十一	上	五一四	串由某甲以自己名义报告某乙追悔之信，应成立伪造证据并行使之罪。	暂行新刑律	一七八
十一	上	五二六	先伤害人，因人自杀始行弃尸，应各别处断。	暂行新刑律	二三
			先伤害人，因人自杀始行弃尸，应各别处断。	暂行新刑律	二五八
十一	上	五八二	藉送某妇回籍为名，将之诱上火车，系略诱。	暂行新刑律	三五一
十一	上	六〇七	强盗杀人之犯，仅系听纠行劫，尚难谓为可原，且酌减与否不应以比较他犯情节轻重为准。	暂行新刑律	五四
十一	上	六七四	就与罚金并科之徒刑，及他之徒刑定执行时，应适用二三条六款。	暂行新刑律	二三
十一	上	七一六	无记名证券发行人不得任意拒绝所持人之请求。	民法	二编五章
十一	上	七二〇	骗人书立当地契据，应成立三八二条二项之罪。	暂行新刑律	三八二
十一	上	七二七	债务延期契约内预定届期不赎将抵押物归其管业者，亦为流质契约。	民法	三编九章二节
十一	上	七三一	押人为娼后，所执之押据应没收。	暂行新刑律	四八
十一	上	七五〇	于人持刀入室强奸其嫂，经撞遇时复被持刀追扎，始用铁锹架格将某人致伤多处，登时躺地，系正当防卫，并非过当。	暂行新刑律	一五
十一	上	七五二	徒刑与罚金并执行时，若准抵刑，须明白谕知准抵之刑。	暂行新刑律	八〇
十一	上	八〇〇	犯人于脱逃时，对于看守有所抵抗，不更成立妨害公务罪。	暂行新刑律	一六九
十一	上	八一〇	妻之在逃，非立意背夫看者，不得离异。	民法	四编三章四节
十一	上	八一七	《治安警察法》二八条系就以不正宗旨结社未达《刑律》上犯罪程度者为规定。	治安警察法	二八
十一	上	八四三	非三岁以下之养子，得自由回复其本姓。独立经营之财产，亦得携回。	民法	四编四章六节
十一	上	八五三	将输与他人财物用强暴取回，仍无解于强盗罪责。	惩治盗匪法	三

续表

年份	字别	号数	提　　要	律名	条文
十一	上	八五五	隐名合伙员得因特约负出资以外损失之责。	民法	二编二章一五节
十一	上	八九〇	自首须见诸实行。	暂行新刑律	五一
十一	上	九〇八	因委人递状及筹措讼费致误期者，非意外事变。	民事诉讼条例	二〇五
十一	上	九〇九	物之所有权已移转于他人后，不应没收。	暂行新刑律	四九
			并免现职，系指犯人在判决时尚有职者言之。	暂行新刑律	二七五
十一	上	九二七	以身分为争产之原因者，仍以财产定管辖。	民事诉讼条例	一
十一	上	九五二	业务不限于专门技术。	暂行新刑律	三二六
十一	上	九五六	期票应按给付当时就约定之票币收受。	民法	二编一章一节
			期票应按给付当时就约定之票币收受。	票据	三章
十一	上	九八七	利用无故意之人犯罪，系间接正犯，非准正犯。	暂行新刑律	二九
十一	上	九九九	行使伪造货币，不生诈财罪名。	暂行新刑律	二六
十一	上	一〇〇六	对于胞兄弟之妻应负扶养义务。	民法	四编七章
十一	上	一〇〇九	父母为未成年子女所订婚约，子女成年后不同意，不得强其履行。	民法	四编三章二节
十一	上	一〇四八	合伙员得单独向经理人要求报告盈亏。	民法	二编二章一四节
十一	上	一〇五二	就三条解释不适用时效中断之法则。	清理不动产典当办法	三
十一	上	一〇五六	损坏县署贴于票匦之封条，系损坏官员所施封印。	暂行新刑律	一五四
			损坏县署贴于票匦之封条，系损坏官员所施封印。	暂行新刑律	一六一
十一	上	一一三九	因匪徒探问可掳富户时，告以某家有钱，嗣后匪徒掳去某家数人，告者亦应成立数罪。	惩治盗匪法	四
十一	上	一一四三	《刑诉》三八九条之限制上诉，并不限于检察官及私诉人。	刑事诉讼条例	三八九
十一	上	一一四四	状载事实系指事实之概略或成分为原状所载而言。	刑事诉讼条例	三四二
十一	上	一一五〇	普通共同诉讼一人之自认，得为认定事实之参考。	民事诉讼条例	六六
			共同诉讼人中一人之自认，得据为认定事实之参考。	民事诉讼条例	三二七
十一	上	一一八八	《执行规则》五四条所谓第三人之意义。	民事诉讼执行规则	五四
十一	上	一二〇八	未就实体上审判之承继事件，毋庸咨询检察官意见。	民事诉讼条例	六九二
十一	上	一二一二	行为人之责任能力欠缺，其本人不负赔偿之责。	民法	二编八章
			行为人之责任能力欠缺，其本人不负赔偿之责。	民法	一编二章三节

续表

年份	字别	号数	提　　要	律名	条文
十一	上	一二三一	托人代为报案，仍不失为自首。	暂行新刑律	五一
十一	上	一二三五	同业所惯用于同一商品之标识，不能用为商标。	商标法	
十一	上	一二五二	一造雇人之证言，亦得斟酌采用。	民事诉讼条例	三二七
			一造雇人之证言，亦得斟酌采用。	民事诉讼条例	三七一
十一	上	一二六二	伪造图样在须使人可信为真实而已足，不必与真物相同。	暂行新刑律	二四三
十一	上	一二七七	婚姻不必得监护人同意。	民法	四编三章一节
十一	上	一三一四	抽赎耕作地之时期。	民法	三编三章
十一	上	一三三三	当事人一造不能以无关系之第三人不同意为理由主张解约。	民法	一编五章二节
十一	上	一三三六	普通中间判决，不得独立上诉。	民事诉讼条例	四九五
			普通中间判决，不得独立上诉。	民事诉讼条例	五三〇
十一	上	一三七九	八条所载不满十年典当等语，非该办法施行前立约之典当所得援用。	清理不动产典当办法	八
十一	上	一三九二	脱逃罪以脱离监督为既遂。	暂行新刑律	一六九
			聚众脱逃罪不以拥戴首魁为要件。	暂行新刑律	一六九
十一	上	一四二五	当事人供述前后抵触，法院应斟酌辩论意旨判断。	民事诉讼条例	三二七
十一	上	一四三一	异姓入继与所继家久已发生家族关系者，应与同宗同亲禁止相为婚姻。	民法	四编三章一节
十一	上	一四八八	以连续意思多次伤害一人，虽各次所致结果不同，仍应论为连续犯。	暂行新刑律	二八
			以连续意思多次伤害一人，虽各次所致结果不同，仍因论为连续犯。	暂行新刑律	三一三
十一	上	一四八九	检察官就人事诉讼得以上诉者，以其所得提起之诉为限确认立嗣成立不成立之诉，不得由检察官上诉。	民事诉讼条例	六九二
十一	上	一四九〇	京师习惯典当业及银钱业以外之经理人，亦得向外借贷。	商人通例	三二
十一	上	一五一九	定婚时年龄妄冒，惟因此陷于错误始得离异。	民法	四编三章四节
十一	上	一五二一	代运吗啡为运送正犯。	暂行新刑律	二九
十一	上	一五三七	居间契约之成立要件。	民法	二编二章一一节
			居间人请求报酬之要件。	民法	二编二章一一节
十一	上	一五五二	向第二审上诉书状内未经叙述不服理由者，不得驳诉。	刑事诉讼条例	三七八
十一	上	一六一四	当事人实系自甘服输者，其所具之甘结非无效。	民事诉讼条例	四七一

续表

年份	字别	号数	提要	律名	条文
十一	上	一六三二	执行业务合伙员对外应付清理债务之责。	民法	二编二章一四节
十一	上	一六三四	到场一造所提出之声明事实等，未于相当时期通知他造者，不得遽行判决。	民事诉讼条例	四五八
十一	上	一六六五	翁姑行踪不明，孀妇之父母于必要时亦可主婚改嫁。	民法	四编三章一节
十一	上	一六七二	立继于房次、年龄无所限制。	民法	五编二章二节
			直系尊属上尚有直系尊属，其立继应得其同意。	民法	五编二章二节
十一	上	一六七九	经理人经手放债应负之责。	商人通例	三二
十一	上	一七〇五	一致害原因发生全部损害时，应负全部责任。	民法	二编八章
十一	非	二〇	公然云者，系指予多数不特定人以共见共闻之状况而言。	暂行新刑律	三六〇
十二	声	六	因不缴讼费经以判决驳斥者，不得援用回复原状程序。	民事诉讼条例	二〇五
十二	声	一三	迟误补正期限，不许准用回复原状之规定。	民事诉讼条例	二〇五
十二	声	一四	疾病须实际上已陷于不能为诉讼行为之情形，始可认为不可避事故。	民事诉讼条例	二〇五
十二	声	二三五	亡故人所为诉讼系本诸特别关系之身分者，不适用二一三条一项。	民事诉讼条例	二一三
			亡故人所为诉讼系本诸特别关系之身分者，只能准用六八〇条。	民事诉讼条例	六九二
十二	声	二五三	当事人声请救助以第二审部份为限者，至第三审声请仍须另有调查裁判。	民事诉讼条例	一三四
十二	抗	七	被告受徒刑以上之判决者，得继续羁押。	刑事诉讼条例	三五〇
十二	抗	三〇	告诉人无权声请推事回避。	刑事诉讼条例	三二
十二	抗	三一	上诉书状攻击原审，不将事实详予研究者，应以叙述不服理由论。	刑事诉讼条例	四一〇
十二	抗	四八	判决确定后，不得谕知缓刑。	暂行新刑律	六三
十二	抗	七四	因抗告无理由所为驳斥不裁决，其得再抗告。	民事诉讼条例	五五四
十二	抗	一一八	执行时计算利息，仍应遵守一本一利之规定。	民法	二编一章一节
十二	抗	一四七	关于失踪人财产管理人之选任，应归法院管辖。	法院编制法	三
十二	抗	二九〇	适用《民诉条例》六一八条二项，应先为命供担保之裁决。	民事诉讼条例	六一八
十二	抗	三三八	债务人声请拍卖抵债，经执行衙门驳斥不许其提起抗告。	民事诉讼执行规则	九
十二	抗	三六四	有明确之租赁契约，仅就接收房屋涉讼者，始属初级管辖。	民事诉讼条例	二
			有明确之租赁契约，仅就接收房屋涉讼者，始属初级管辖。	民事诉讼条例	一二

续表

年份	字别	号数	提要	律名	条文
十二	抗	三八二	不问自然人与法人，均得请求救助。	民事诉讼条例	一三〇
十二	上	一五	窃盗由守房人领入房内者，不论以侵入窃盗罪。	暂行新刑律	三六八
十二	上	二一	图诬而所告恰实，不成诬告罪。	暂行新刑律	一八二
十二	上	八八	有殓葬义务者，不依惯行方法殓葬，应成立弃尸罪。	暂行新刑律	二五八
十二	上	一一〇	代人收藏吗啡，系共同正犯，非帮助犯。	修正吗啡治罪法	一
十二	上	一二五	惟卖主之债权人有行使卖主买回权之权利。	民法	二编一章二节
			不动产未依买回特约复归以前，当然为买主之业。	民法	二编二章二节三款
十二	上	一三七	诉讼经各审判厅处终审判决者，其所为再审判决亦不得向本院上诉。	民事诉讼条例	五八〇
十二	上	一三八	强卖罪之既遂时期。	暂行刑律补充条例	九
十二	上	一五二	善意占有人惟起诉以后之孳息应返还于所有人。	民法	三编一〇章
十二	上	一九七	检察官相验甫毕，仍为执行公务时。	暂行新刑律	一五三
			官员非基于职务上之行为非处分。	暂行新刑律	一五三
十二	上	二〇七	本夫为离婚前所为奸罪之告诉，不因其后离婚而受影响。	暂行新刑律	二九四
十二	上	二三二	代理权欠缺，其他造当事人不得提前再审之诉。	民事诉讼条例	五六八
十二	上	二六七	令妻为娼为概括纵容。	暂行新刑律	二九四
十二	上	二七八	发掘坟墓罪计算罪数之标准。	暂行新刑律	二六〇
十二	上	三〇三	冒名出庭作证，不得仅因其冒名即指为伪证。	暂行新刑律	一八一
十二	上	三三五	债权人于给付不能系因归责于债务人之事由时，得以解约。	民法	二编二章一节二款
十二	上	三四一	因请预审案件径行起诉者，其起诉程序为违背规定。	刑事诉讼条例	三四〇
十二	上	三四四	代理商对本人应付督促催偿之责。	商人通例	六一
十二	上	三四八	亲属会立继，在同一亲等不反对，即非疏远之人所得推翻。	民法	五编二章二节
十二	上	三六六	被告非经依法送达传票无正当理由而不到庭，不得径行判决。	刑事诉讼条例	三三四
十二	上	三八四	兼祧三房宗祧人之立继权所属。	民法	五编二章二节
十二	上	三九三	军田经典当时，亦应依《清理不动产典当办法》解决。	清理不动产典当办法	一

续表

年份	字别	号数	提　　要	律名	条文
十二	上	三九七	有担保物权时，债权人得选举行使。	民法	二编一章二节
			有担保物权时，债权人得选择行使	民法	三编九章一节
十二	上	四四八	合承夫分之权，惟守志妇有之。	民法	四编一章
十二	上	四五三	官员在判决前业经免职者，毋庸再谕知并免现职。	修正吗啡治罪法	一一
十二	上	四六三	被告之尊亲属无权提起上诉，被告本有所不服而误以尊亲属之上诉为即其上诉，以致未能遵期上诉者，仍得声请回复原状。	刑事诉讼条例	二一五
十二	上	四六五	县属审判笔录虽记载被告不上诉之语，尚难概以法律上之舍弃上诉权论。	刑事诉讼条例	三八四
十二	上	四八二	窃盗在外等候接贼，因不耐久候他去，事后始由共犯给与赃钱，应成立窃盗未遂及受赠赃物两罪。	暂行新刑律	三六八
十二	上	五五三	受伤后复又因病丧失机能部分能否并求赔偿，以其病是否与受伤有因果关系为断。	民法	二编八章
			医生执行解剖，仅呈报之手续不完，尚不负损坏尸体责任。	暂行新刑律	二五八
十二	上	五七六	于实施杀人之际，迫令他人帮助于杀人外，更生胁迫使人行无义务事之罪。	暂行新刑律	三一一
十二	上	五九三	宅内之人与外盗勾结违反监督者之意，开门将盗放入，并拨开账房窗门，应成立侵入窃盗罪。	暂行新刑律	三六八
十二	上	六三九	拔毁承发吏执行时所竖立之界石，应以损坏他人所有物论。	暂行新刑律	四〇六
十二	上	六四九	制造无吗啡之金丹冒作真者出售，仅成立诈财罪。	修正吗啡治罪法	一
十二	上	六五六	被告经传唤后因病不能出席者，不应不待陈述径行判决。	刑事诉讼条例	三九七
十二	上	七〇八	债务人以有价格之纸币提存，债权人即应负担其后之危险。	民法	二编一章五节二款
十二	上	七六一	鉴定不得以医院名义行之。	刑事诉讼条例	一三〇
			补正期满未满，不应遽求法院判决。	民事诉讼条例	五〇八
十二	上	七六三	仅以他种事实为裁判理由者，不发生确定力，毋庸声明不服。	民事诉讼条例	五三〇
			仅以他种事实为裁判理由者，不发生确定力，毋庸声明不服。	民事诉讼条例	四九五
			仅以他种事实为裁判理由者，不发生确定力。	民事诉讼条例	四七一
十二	上	七六七	与有配偶之人为婚姻，不能概认为和诱。	暂行新刑律	三四九
十二	上	八三九	有声请救助者，应先予裁决，不得以补正期限已过为理由驳斥上诉。	民事诉讼条例	一三四
			有声请救助者，应先予裁决，不得以补正期限已过为理由驳斥上诉。	民事诉讼条例	五〇八
十二	上	八九四	动产所有权追及之效力。	民法	二编二章三节
十二	上	八九五	被继人以遗言表示死后不立嗣者无效。	民法	五编二章一节
十二	上	九三一	父母俱存时许女为妾，应由其父主持。	民法	四编三章一节

续表

年份	字别	号数	提　要	律名	条文
十二	上	九三六	不请求保护私权之诉不能成立。	民事诉讼条例	二八四
十二	上	九六〇	未同意人对于擅自处分人所得物价不付代偿义务。	民法	三编二章四节
十二	上	一〇四六	随母改嫁之子女，不得由前夫亲属强行领回。	民法	四编五章
十二	上	一〇六一	所谓同姓，须确系共同始祖所生。	民法	五编二章二节
十二	上	一一三五	债权人于迟延利息随时可以主张。	民法	二编二章一节三款
			当事人于判决确定后始知再审理由者，须在五年以内并未经过不变期限，始许起提再审之诉。	民事诉讼条例	五七三
十二	上	一一六一	约定契约须作字据时，在未作以前，其契约为不成立。	民法	一编五章二节
			解除预约须在相对人着手履行前。	民法	二编一章二节
十二	上	一一七〇	后娶妻于订婚时明知其夫有妻，或当时不知而知后情愿继续其关系者，均不得请求离异。	民法	四编三章四节
十二	上	一二二一	伙友擅为人盖章作保，除号东追认外，无论有无特别习惯，其效力不能及于号东。	商人通例	四一
十二	上	一五二二	违约金为损害赔偿之预定时，如无损害，不得请求。	民法	二编一章二节
			普通民商事件俄人在中国有居所或所住者，应依中国法办理。	法律适用条例	
十二	上	一五四八	对于继子之子，不得为废继之主张。	民法	五编二章二节
十二	上	一五六一	有权立嗣者所择立之嗣，虽属违法，亦非当然无效。	民法	五编二章二节
十二	上	一六五六	不合法之继嗣，不能因告争人之不应准许即可认为合法。	民法	五编二章二节
十二	上	一六五七	依法有专属管辖权之法院所在地若无中国衙门，只得声请指定管辖。	民事诉讼条例	三五
十二	上	一六八〇	上诉人于限令缴费后声请展期者，应先就声请裁判，不得即驳斥上诉。	民事诉讼条例	一九八
			上诉人于限令缴费后声请展期者，应先就声请裁判，不得即驳斥上诉。	民事诉讼条例	五〇八
			因不缴诉费而为驳斥上诉之判决者，上诉人如在判决送达前补缴，仍应受理上诉。	民事诉讼条例	五〇八
十二	上	一七四三	诉讼代理人已丧失代理权或原无合法［代理］资格，即应送达于本人。	民事诉讼条例	八二
			诉讼代理人已丧失代理权或原无合法代理资格，即应送达于本人。	民事诉讼条例	一五八
十二	上	一七八三	券内载明“立时代偿”等字样，应认为已舍弃先诉抗辩权。	民法	二编二章二〇节
十二	上	一八〇一	《民诉条例》五七三条一项之期限，应自条例施行之日起算。	民事诉讼条例	五七三
十二	上	一八五六	上诉人未缴讼费或未表明上诉理由且不遵期补正者，应驳斥其上诉。	民事诉讼条例	五三七

续表

年份	字别	号数	提　要	律名	条文
十二	上	一八九四	典受租主擅行出典之物，即或可谓为典受赃物，要与典受强窃盗赃之性质有异，不能准用现行律关于强窃盗赃之规定。	民法	三编三章
			现行律关于典买强盗赃之规定，为即时取得原则之例外。于善意典受租主擅行出典之物者，不能准用。	民法	三编一〇章
十二	上	一八九七	所有物为租主擅行典出者，所有人对于善意典受人不得无价取赎。	民法	三编一〇章
十二	上	一九〇五	债权人不以先向主债务人请求履行或执行为要件，及丧失先诉或检索抗辩权之情形。	民法	二编二章二〇节
十二	上	一九三三	坟山讼争，不适用人事诉讼程序。	民事诉讼条例	六编五章
十二	上	二〇〇五	承揽契约不以承揽人自身具有该项技术成立为要件。	民法	二编二章一〇节
十三	抗	四〇四	假处分所以定争执法律关系之暂时状态。	民事诉讼条例	六三三
十三	上	一九	犯罪未明，其损害之赔偿难定。	刑事诉讼条例	七
十三	上	六〇	判决基础之辩论，系指关于判［决］资料之一切辩论而言，不以最终日期之辩论为限。	民事诉讼条例	二六二
十三	上	八八	过门童养，于成年后之相当期间无反对之意思表示者，应认为婚姻同意。	民法	四编三章一节
十三	上	三三二	违误程序之判决，应许上诉。	民事诉讼条例	四九五
十三	上	三四一	兼祧后娶之妻另就兼祧房为夫立嗣，亦得请求分析遗产。	民法	五编三章三节三款
十三	上	五四四	中间判决之效力。	民事诉讼条例	四五四
十三	上	六一〇	胁迫和解之书状无效。	民事诉讼条例	四四八
十三	上	六一六	保险契约规定两造皆有自由解约之权。	民法	二编二章一节二款
			保险契约解约之行使方法，应由解约权人向相对人表示意思为之。	民法	二编二章一节三款
十三	上	六二〇	杀人种种情形均须证明。	暂行新刑律	三一一
十三	上	六五五	官吏过失之讼费得予免缴。	民事诉讼条例	一〇八
			以书状表明有对判决不服之程度者，即为上诉。	民事诉讼条例	四九五
十三	上	一〇九〇	立嗣事件首应尊重被承继人之意思。	民法	五编二章二节
			嗣续事件不得以自认为定判基础。	民事诉讼条例	六九二
十三	上	一二七八	合伙员之业务行为。	民法	二编二章一四节
十三	上	一五四八	有委任代理人，本人毋庸到庭。	民事诉讼条例	八二
十三	上	一五八一	误用回复原状之声请，得以上诉论。	民事诉讼条例	五〇一
			不纳讼费，应限期先命补正。	民事诉讼条例	五〇八

续表

年份	字别	号数	提要	律名	条文
十三	上	一七一一	诉讼程序有重要之疵累者，应发还第一审。但基础事实已毋庸再行审究，即不发回，亦于当事人审级上之利益无碍。	民事诉讼条例	五二一
十三	上	二三七九	僧道娶妻，不问其妻是否知为僧道，均应判准离异。	民法	四编三章四节
十四	抗	一〇	假执行之要件。	民事诉讼条例	四六三
十四	抗	八八	凡命其中止或驳斥中止之声请，均得抗告。	民事诉讼条例	二三〇
十四	抗	八九	物之交付义务人如非由己意丧失占有，得就其物拍卖所得之价金主张优先受偿。	民法	二编一章五节一款
			所包工程未点交定作人时，仍认为承揽人占有。	民法	二编二章一〇节
十四	抗	九〇	附带上诉毋庸缴纳讼费。	民事诉讼条例	九六
			限令缴纳讼费之裁决，不许抗告。	民事诉讼条例	二七六
			限令补缴讼费之裁决，不得抗告。	民事诉讼条例	五五一
十四	抗	一四五	停止或撤销执行之裁判，惟管辖执行异议诉讼之法院得以为之。	民事诉讼条例	五六一
			执行异议之诉，不得仅以债务人为被告。	民事诉讼执行规则	五四
			房屋出租主将所有权让与第三人，非经登记，不得以之对抗。	不动产登记条例	五
十四	抗	一六五	期限以日计算者，第一日不算入。	民事诉讼条例	一九六
十四	抗	一八六	被羁押人之受送达文件日期，不能仅执看守所号房受送达之送达证书为断。	刑事诉讼条例	二〇五
			上诉期限因法院之指导未明致陷于错误时，不负过失之责。	刑事诉讼条例	二一四
			上诉书状提出与法院之日，不能因盖戳证明之迟延使具状人丧失其关于期限上之利益。	刑事诉讼条例	四一〇
十四	抗	一九〇	保全金钱请求之强制执行，不得声请假处分。	民事诉讼条例	六二七
十四	抗	一九一	声请救助之应否准许，须视其资力之是否贫窘为断。	民事诉讼条例	一三〇
十四	抗	一九二	依大赦令应除免之罪刑，不得为再审之提起。	刑事诉讼条例	四六一
十四	抗	二七九	非为裁判基础之诉讼资料，尚须补充或阐明即无命为言词辩论之必要。	民事诉讼条例	二七四
十四	抗	三〇六	中止诉讼程序之解释。	民事诉讼条例	二一九
十四	上	三八	声明解约之合伙员，不得阻止他合伙员使用该合伙名义继续营业。	民法	二编二章一四节
十四	上	四四	夫于妻诬奸告官，应认为有重大之侮辱。	民法	四编三章四节
			代理诉讼行为应认有代收送达之权限。	民事诉讼条例	八五
			当事人本人不在法院所在地居住者，其计算上诉期间应除去在途期间。	民事诉讼条例	一九七

续表

年份	字别	号数	提　　要	律名	条文
十四	上	五五	中间判决须俟终局判决后并受上级法院之审判，不得独立上诉。	民事诉讼条例	四九五
十四	上	一二四	补正期限之长短，应由法院以职权调查酌定之。	民事诉讼条例	一九八
			讼费补正期限之长短，应由法院斟酌情形定之。	民事诉讼条例	五〇八
十四	上	一三九	除特定情形外，判决确定后已逾五年者，不得提起再审之诉。	民事诉讼条例	五七三
十四	上	一六七	收受送达在委任权限内。	民事诉讼条例	八五
			代理人收受送达之期间。	民事诉讼条例	八五
			在途期限计算之方法。	民事诉讼条例	一九七
十四	上	一七二	《民诉条例》五六九条一项无过失之解释。	民事诉讼条例	五六九
十四	上	二〇八	限令补正之裁决，有不能送达之情形，可径由审判长求法院判决。	民事诉讼条例	一六三
十四	上	二六六	判决有法律之重要疵累者，当事人纵未以为上诉之理由，上级法院亦应依职权废弃其判决及其诉讼程序。	民事诉讼条例	二六七
十四	上	四二七	当事人变更与诉讼标的变更不同。	民事诉讼条例	二九九
十四	上	四六五	丧失权利能力，即无当事人能力。	民事诉讼条例	五二
			诉讼当事人有无权利能力，应由法院依职权随时调查。	民事诉讼条例	六一
十四	上	四六六	契约之内容不能因他契约于其标的或当事人一造偶有相同，遽行推断为一致。	民法	二编二章一节一款
十四	上	四七三	上诉书状之理由与第三审上诉状必须表明者不同。	民事诉讼条例	五〇二
十四	上	五二三	合伙契约成立后，各合伙员即应受其约束。	民法	二编二章一节一款
十四	上	五二六	就为诉讼标的之法律关系未经成立，诉讼上和解亦为诉讼成立要件之一。	民事诉讼条例	四五〇
十四	上	五六九	延长清偿期限，无使担保物权消失之效力。	民法	二编一章五节四款
			债权更改之效力。	民法	二编一章五节一款
			延展清偿期限，无使担保物权消失之效力。	民法	三编九章一节
十四	上	五九八	物权契约与债权契约之区别。	民法	一编五章二节
			关于买卖之债权契约成立后，除有解除原因外，不容一造任意解除。	民法	二编一章一节
			不动产买卖之预约。	民法	二编二章二节一款
			草契不能概认为预约。	民法	二编二章二节二款
十四	上	六三四	拍卖程序或有欠缺利害关系人仅得声明异议或提起抗告，不得主张拍定无效。	民事诉讼行规则	四二
十四	上	七三七	讼争期票纵因怠于登记消灭，其票据上之权利苟能证明，其普通债权仍应认为存在。	民法	二编一章一节

续表

年份	字别	号数	提　　要	律名	条文
十四	上	七八九	债权关系立有保证人者，保证人应负代偿之责。	民法	二编一章一节
			保证未定期限，不因债权期限而消灭。	民法	二编二章二〇节
			担保物因障碍不能供清偿之用，如立有保证人，自应负代偿之责。	民法	二编二章二〇节
			保证效力之消灭须有正当解除原因。	民法	二编二章二〇节
十四	上	八三二	言词辩论日期须有合法之传唤。	民事诉讼条例	四五八
			被害人与加害人之过失均应斟酌。	刑事诉讼条例	七
十四	上	八四七	犯罪损害由他事发生，无赔偿责任。	刑事诉讼条例	七
十四	上	八五〇	合法传唤应由书记官作传票送达于该当事人，其一造有数人者并应各别送达。	民事诉讼条例	四五八
十四	上	八九九	经理人不得私自使用他人代行职务。	商人通例	三六
十四	上	一〇三四	先诉抗辩权为通常保证契约应有之补充性。	民法	二编二章二〇节
十四	上	一一九五	不动产质权人对为质物丧失占有系出于不可抗力者，不负何等责任。	民法	三编九章三节
十四	上	一二〇一	抛弃承继权之要点。	民法	五编二章二节
十四	上	一二一五	亲女在继承人未确定以前，未经被承继人指定管财人，亦得管理财产。	民法	五编四章
十四	上	一二五六	未成婚男女有犯奸盗，他方已明白为宥恕之表示者，应认为已抛弃解约权利。	民法	四编三章三节
十四	上	一二六一	定有存续期间之租赁契约，其标的物仅因一部不归责于出租主之事由而灭失，该出租主不能声明解约。	民法	二编二章五节
十四	上	一二八三	守志之妇经翁姑勒令脱离亲属关系者，虽未改嫁，亦无择继之权。	民法	五编二章一节
十四	上	一三六三	回赎权虽仅载为原业主，但有转典情事，亦准回赎。	清理不动产典当办法	二
十四	上	一四二四	买卖契约除当事人有特别订定外，应各有同时履行之抗辩权。	民法	二编二章二节二款
十四	上	一四六九	警所起获应没收之物，其与检察官同其侦查职权之县知事，基于扣押之权，得命保管于警所者，以已经扣押论。	暂行新刑律	四八
十四	上	一四九〇	伪造私文书使人一见能信为真实者，不论作制名义者有无其人，均不得不执伪造私文书之罪以相绳。	暂行新刑律	二四三
十四	上	一五四九	强奸妇女致淋症传染于被奸人，应成立强奸致人废疾之罪。	暂行新刑律	二八七
十四	上	一五七一	检察官对于覆审判决不服之上诉，得于该判决呈送到厅后十日内为之。	刑事诉讼条例	三七七
十四	上	一七八七	养亲对于乞养子女应有之监护及主婚权，养亲家族不得主张有此权利。	民法	四编四章六节
十四	上	一八九五	原告应尽举证之责任。	民事诉讼条例	五九一
十四	上	一九六九	法人之董事或代表以法人名义所为之行为，即为法人之行为，国家机关之长官亦然。	民法	一编三章一节

续表

年份	字别	号数	提　　要	律名	条文
十四	上	一九七〇	凡本于违反禁止法规法律行为之请求，均不得于法律上为之。	民法	一编五章五节
			共同为犯罪行为不得向他共同行为人求偿。	民法	二编八章
十四	上	二〇三二	驳斥上诉之判决，如原法院为高等审判厅处系以无管辖权为理由，则应许原被上诉人更为上诉。	刑事诉讼条例	五
			附带民事诉讼无论其诉讼标的之金额或价额如何，其事物管辖应与刑事诉讼同。	刑事诉讼条例	一〇
十四	上	二二七四	是否毋庸起诉，应由法院以其自由心证依法判定。	民事诉讼条例	九九
十四	上	二三四四	数种中之一种攻击防御方法，经更审结果认为不足采用者，其他攻击防御方法仍应更予审判。	民事诉讼条例	二四九
十四	上	二四一九	报酬系约定与结果相偿。	民法	二编二章一〇节
			定作人非俟承揽人完成所约定事项，无给付报酬之义务。	民法	二编二章一〇节
十四	上	二五〇一	妇女听从本夫卖休显已协议离异，婚姻关系自属消灭。	民法	四编三章三节
十四	上	二七二一	保证人请求免责之方法。	民法	二编二章二〇节
十四	上	二九〇二	复代理人之代理权当然限于代理人权限以内之事项。	民法	一编五章三节
十四	上	二九〇八	授权人已将授权于他人之事通知或公告者，其人所为之行为应对于本人生效力。	民法	一编五章三节
			上诉人之居住实不在现署所在地自应计算扣除。	民事诉讼条例	一九七
十四	上	二九三三	所谓有到期不履行之虞，只须常识上足认原告之所虑为正当，并不以被告就其债务争执为必要。	民事诉讼条例	二八六
			声明缩减之情形。	民事诉讼条例	二九九
			声明扩张之情形。	民事诉讼条例	二九九
十四	上	三三八八	同居东主关系消灭时，自无收受送达之权。	民事诉讼条例	一六四
十四	上	三四四三	物上担保之债权，应以其使用收益为赔偿之标准。	民法	二编一章二节
十四	上	三四四七	酌给亲女财产之时期无一定限制。	民法	五编三章二节
			母于亲女酌给财产，毋庸得嗣子之同意或追认。	民法	五编三章二节
十四	上	三五六二	所谓第三者，并无善意、恶意之别。	公司条例	六
			公司之债权人应解为第三者。	公司条例	六
十四	上	三五六三	订立债权契约之当事人，得约定预付利息。	民法	二编一章二节
十四	上	三九二五	诉讼代理人于最初为诉讼行为时，应向法院提出委任证书。	民事诉讼条例	八四
			原告撤回其诉，如在被告为本案言词辩论之后，须得被告之同意。	民事诉讼条例	三〇六
十四	再	十四	因官吏过失所生之再审讼费，败诉之当事人毋庸负担。	民事诉讼条例	一〇八
			对于第三审判决声请再审者，除关于第三审上诉是否合法之事实外，应仍由第二审法院审判。	民事诉讼条例	五七一

续表

年份	字别	号数	提　要	律名	条文
十五	声	九四	所谓诉讼中有犯罪嫌疑，系指法院认为有犯罪之嫌疑而言。	民事诉讼条例	二二〇
十五	声	一二一	显非必要及难望收效之解释。	民事诉讼条例	一三〇
十五	抗	二〇	适用法律错误，不得作为再审原因。	民事诉讼条例	五六八
			下级审违背解释法令上之意见，当事人不依法声请救济，而致裁判确定，即不许声请再审。	法院编制法	三五
十五	抗	二八	诉讼上和解由受命推事、受托推事为之者，须本诸受诉法院之指定或嘱托。	民事诉讼条例	四四六
十五	抗	三七	当事人主张之抵销抗辩，法院应并行调查讯究，毋庸命其另行起诉。	民事诉讼条例	二一九
十五	抗	四二	被告得为上诉与否以被告不服者，系所列举之判决为限。	履判章程	一一
十五	抗	一一八	声请救助应具备之要件有二。	民事诉讼条例	一三〇
十五	抗	一三二	对于检察官之送达，不得代以所属之检察厅。	刑事诉讼条例	二〇八
			言词声明上诉，除于上诉期内或送达判决前自行补正外，为不合法。	刑事诉讼条例	三七八
			未经提起上诉书状，程式上即属违法。	刑事诉讼条例	四一〇
十五	抗	一五四	依法律关系之性质，应由行政衙门确定者，即得准用中止诉讼程序之规定。	民事诉讼条例	二一九
十五	抗	一五六	县参事选举之争执，得向民事法院起诉。	民事诉讼条例	一六
			审判权应专属于法院。	民事诉讼条例	一六
十五	抗	一六二	初级管辖案件，县知事纵有回避原因，承审员仍可单独审判地方案件，县知事与承审员应共同负责。	县知事审理诉讼暂行章程	一
十五	抗	二一六	所谓窘于生活，非毫无资财之义。	民事诉讼条例	一三〇
十五	上	七五	向第二审上诉书状未经叙述不服理由者，不得驳斥。	刑事诉讼条例	三七八
十五	上	一三二	关于补提理由书之十日期限，自送达判决后起算。	刑事诉讼条例	四一〇
十五	上	二二四	解除姘居期约，毋须适用关于妻妾离异之规定。	民法	四编三章四节
			诉请脱离姘度关系事，与其他通常诉讼案件合并审理。	民事诉讼条例	二四八
			须得行同种诉讼程序之诉讼，始得合并提起。	民事诉讼条例	二四八
十五	上	二二七	有告知之义务，因不告知而为之意思表示，亦得撤销。	民法	一编五章一节
十五	上	二九四	抵押权人以属于破产财团之特定标的物为限，有别除权。	民法	三编九章二节
十五	上	三〇一	婚姻事件之辩论，检察官虽未莅场，当事人亦不得据以主张不服。	民事诉讼条例	六七一
十五	上	三一一	双务契约一造之当事人负有先向他造履行之义务者，不得行使同时履行之抗辩。	民法	二编二章一节二款
十五	上	三六五	送达之日期两造既不相同，即判决确定之日期亦自应分别计算	民事诉讼条例	四七二
			声请回复原状所费之时期，应于计算上诉期限时扣除者，乃专以保护缺席人一造之利益。	民事诉讼条例	五〇一

续表

年份	字别	号数	提要	律名	条文
十五	上	四一五	履行债务应按照订约时主币折合以为给付。	民法	二编一章一节
十五	上	四三〇	共有人中少数人代表起诉或应诉，本其辩论而为之判决，对于全体亦应发生效力。	民事诉讼条例	四七一
十五	上	四三七	收受他人因图得酬洋所诱拐未满十六岁女子，构成收受藏匿被营利略诱人罪。若该酬即已所允给者，则又触犯教唆营利略诱人罪。	暂行新刑律	三五三
十五	上	四八〇	第三审法院之职权应就全案卷宗及证据物件为彻底之审理，以定第二审或第一审适用实体法及程序法之当否。	刑事诉讼条例	四〇五
十五	上	四九〇	法律行为苟具有无效原因，不问行为人在行为时是否知悉，均应许行为人得以主张。	民法	一编五章五节
十五	上	四九三	被雇在英租界工部局内收捐由赦前至赦后逐日侵占其款者，应仅就赦后侵占行为论为连续侵占业务上管有物罪。	暂行新刑律	三九二
十五	上	五〇〇	科刑诉判决记载上之法院及其期限乃用以备稽考，并非命其提起上诉。	刑事诉讼条例	三四四
			审判笔录既经书记官并审判长或推事依法负责签名后，当事人不得以未经签名故为攻击。	刑事诉讼条例	三五五
			舍弃上诉权必使基于自由之意思明白表示。	刑事诉讼条例	三四九
十五	上	五一〇	被继承人之母于嗣子未定以前处分遗产并无正当原因，遗产人之妾及义子均得请求撤销。	民法	五编三章三节一款
十五	上	五一九	强奸致人死伤，如系二人以上共犯，均有奸淫行为，应依《刑律补充条例》三条处断。	暂行新刑律	二八五
十五	上	五六〇	送达于在看守所人之判决正本，应嘱托看守所送达本人。	刑事诉讼条例	一九四
十五	上	五七四	预期延欠之利息虽得依当事人之合意或当地习惯滚入原本，仍应受法定不逾三分之限制。	民法	二编一章一节
十五	上	六〇五	实行运送者虽另为一人，若无约定，仍应负责。	商行为	六章一节
十五	上	六一〇	土地所有人务使占有人拆去房屋以损其价格，自属滥用权利。	民法	一编八章
			滥用权利不为法律所保护。	民法	一编八章
十五	上	六一四	犯罪虽经自白，仍应调查必要之证据，以察其是否与事实相符。	刑事诉讼条例	三〇三
			得上诉于第三审法院之理由，以攻击所不服之判决为违背法令者为限。	刑事诉讼条例	四〇五
十五	上	六一七	原告诉人对于县知事判决之案，舍弃其呈诉不服权者，准用《刑事诉讼条例》关于舍弃上诉权之规定。	县知事审理诉讼暂行章程	三一
十五	上	六二九	撤销诉权之客观要件。	民法	一编五章五节
十五	上	六三〇	被告在保逃亡，具保人应负损害赔偿之责。	民法	二编八章
十五	上	六五六	当事人既经应诉并提起反诉，自应依必要共同诉讼办理。	民事诉讼条例	六七
			履行婚约之诉与撤销婚约之诉不得行同种诉讼程序。	民事诉讼条例	六六八
十五	上	六六三	婚姻事件苟法院就其自认得有自由心证，亦得认其事实为真实。	民事诉讼条例	六七四

续表

年份	字别	号数	提要	律名	条文
十五	上	六六八	法院送达文件，应由法院书记官依职权为之，不容法院外他之权限者于中越俎。	刑事诉讼条例	一九四
十五	上	六八三	因上诉而发见原判违背法令者，应即撤销改判。	刑事诉讼条例	四〇〇
十五	上	六九四	共同加害人对于共同行为所发生之结果应负共同之责。	暂行新刑律	二九
			认定犯罪事实应凭证据。	刑事诉讼条例	三〇五
			审判长每一调查证据毕，应询问被告之意见。	刑事诉讼条例	三二一
十五	上	六九六	县署判决虽未送达或宣告，如已对外发表，即生效力。	刑事诉讼条例	四〇〇
十五	上	七一一	凡就不动产以契约移转变更所有权者，在未登记以前，第三人得有否认之权。	不动产登记条例	三
十五	上	七一六	鉴定应命自然人为之。	刑事诉讼条例	一二五
			地方保卫团总讯问之所得，不得遽认为确证。	刑事诉讼条例	三〇五
			证据必须适法并可认为真实者，始得引以为认定犯罪事实之基础。	刑事诉讼条例	三〇五
			卷内文件必须内容无疵，方可采为证据。	刑事诉讼条例	三〇八
十五	上	七二七	依文书为法律行为者，只需当事人署名或其他同意之表示，即受拘束。	民法	一编五章一节
			债权虽经设定担保物，如有特约债权人，亦得先向保证人请求清偿。	民法	二编二章二〇节
十五	上	七三七	大理院于《刑诉条例》施行后不经辩论而为判决之程序。	刑事诉讼条例	四一八
十五	上	七四〇	《邮政条例》一九条二项所称款项，邮资不在内。	邮政条例	一九
十五	上	七九八	原确定判决系以舍弃认诺或自认为根据者，虽有新证据，亦不能成立再审理由。	民事诉讼条例	四五五
十五	上	八一五	下级审所认定之事实，第二审仍应调查证据。	民事诉讼条例	三三七
十五	上	八七八	法定监督人之责任。	民法	二编八章
十五	上	八七九	买受人妻前既有议价立约情形，显系预谋收藏被卖人。	暂行刑律补充条例	九
			犯《刑律补充条例》九条之罪，虽非强卖和卖人而有意图营利情形，亦应褫夺公权。	暂行刑律补充条例	九
十五	上	八八五	巡警官员利用职权捕人于得财后始行释放，其取财已达强迫程度，自成强盗罪。	暂行新刑律	三七〇
			官员擅罚钱款以欺罔恐吓使人交付，虽非入己，亦应成立诈财罪。	暂行新刑律	三八二
十五	上	九〇三	出卖坟地内树木，须经共有人全体之同意，契约始属有效。	民法	二编二章二节二款
十五	上	九一一	商标同否或近似，应依所用文字、图形、记号联合式及所施颜色定之。	商标法	
			商标之近似系指有混同误认之虞者而言。	商标法	
			判断商标之近似与否，应将两商标隔离观察之。	商标法	

续表

年份	字别	号数	提要	律名	条文
十五	上	九五九	告争远年坟山，不以执有完粮印串及山地字号亩数为限。	民法	三编二章二节
十五	上	九六二	子女与有主婚权人素有嫌怨，如已成年，亦应许其自行定婚。	民法	四编三章三节
十五	上	九六三	共有祖茔山地各共有人能否进葬，应以向来有无此种事例或特约为断。	民法	三编二章四节
十五	上	一〇二二	无记名债权证券本身证明之责，应由债权人负之。	民法	二编五章
			存条与普通之无记名证券不同。	民法	二编五章
十五	上	一〇八三	子随同父出继他房，出继房之宗与本房之宗并非不可并存。	民法	五编二章二节
十五	上	一一一一	行求贿赂虽他人从中干没，亦不能请求返还。	民法	二编七章
			矿业权关系重大，非外国人民所能任意采取，如外国人民与中国人民私定合同以其朦胧官听榨取矿业权者即属不法行为，因此所为给付自亦不得诉请返还。	矿业条例	
十五	上	一一一四	当事人主张之事实经他造自认者，法院应径认该事实为真实。	民事诉讼条例	三三〇
			当事人主张之事实经他造自认者，法院应径认该事实为真实。	民事诉讼条例	五一六
十五	上	一一九七	远年之私证书，法院得依经验判断其真伪。	民事诉讼条例	四二三
十五	上	一二五一	通常人所出汇票与银行钞票性质不同，自不在禁寄物之列。	邮政条例	二一
			邮政机关赔偿损害，仅应依据《邮政章程》办理。	邮政条例	二三
十五	上	一三一二	谱牒于私人权利义务不生重大之影响。	民法	一编八章
十五	上	一四六〇	同一股本以同一商号营甲、乙两种商业，清偿债务之顺序。	民法	二编二章一四节
十五	上	一四六二	定婚不注重嫡庶子身份者，不得以未经通知而撤销婚约。	民法	四编三章二节
			现行律所称老幼应行通知，系指年龄相差甚远者而言。	民法	四编三章二节
十五	上	一四七八	人力股份与出资股份不同。	公司条例	一二四
十五	上	一四八四	夫因犯奸处刑，应准援用现行律未婚男犯奸听女别嫁之规定。	民法	四编三章四节
十五	上	一五五四	债务履行迟延，债权人得债务人之同意，得以滚利作本。	民法	二编一章二节
			债务履行迟延，只许于具备一定条件时主张滚利作本，不得请求迟延利息。	民法	二编一章二节
十五	上	一六〇〇	侵权行为不能返还原物，应以其最高价额为赔偿之标准。	民法	二编八章
十五	上	一六七〇	当事人提出上诉状于第三审法院而在法院所在地并无居所者，计算法定期限自得扣除在途期间。	民事诉讼条例	一九七
			由邮局呈递之上诉状，应即以邮递期间为在途期间。	民事诉讼条例	一九七
十五	上	一七三六	土地所有权确认之诉虽经确定终局判决，而就其经界发生争议，自仍许诉请确认。	民事诉讼条例	四七一
十五	上	一七六九	当事人所为声明陈述证据方法，须于言词辩论以前以言词提供者，法院始得于判决时斟酌之。	民事诉讼条例	二六二

续表

年份	字别	号数	提要	律名	条文
十五	上	一七七〇	所谓第三人，系指当事人及其包括继承以外之人而言。	不动产登记条例	五
十五	上	一七九九	共有人就共有权利之全部为诉讼，应由共有人全体或共有人内利害相同之全体共同起诉或被诉。	民事诉讼条例	六七
十五	上	一八一一	外国洋行及继承人不明之遗产，除法律为便宜计特以明文认为法人外，无当然认为法人之理。	民法	一编三章一节
十五	上	一八六五	兄弟未析产时，所积之家，则应推定为共有。在私有之事实有反证前，毋庸举证。	民事诉讼条例	三三二
十五	上	一九二〇	《民诉条例》规定人事诉讼应由检察官莅场陈述意见，与《编制法》九〇条二款规定并无抵触。	法院编制法	九〇
十五	上	一九五七	使用主须就被用人之选任及事业之监督两者并行证明其相当之注意，始能免责。	民法	二编二章九节
			使用主欲免赔偿责任，须负举证之责。	民法	二编二章九节
			被害人请求赔偿，向使用主或被用人为之有选择权。	民法	二编二章九节
十五	再	二	第三审法院和解之案当事人提起再审之诉仍得由第三审法院管辖。	民事诉讼条例	五七一
			当事人对于诉讼上之和解声明不服，得提起再审之诉。	民事诉讼条例	五八二
十六待考			期票出票人不得以与受取人间之特别事由，对于持票人拒绝兑款。	票据	三章

宪法部分

约　法[1]

第六条　妻之信教自由，不受夫权限制。

【正】《约法》载“人民有信教之自由”等语。寻绎法意，举凡人民，无论男女及有无完全行为能力，均可自由信教，并不受有何等限制。又查妇人私法上之行为固受夫权之限制，但其宗教上之信仰，自非夫权所能禁止。（七年上字第1308号）

第八条　诉愿依《约法》第八条，亦非普通法院所应受理。

【正】《约法》第八条，“人民依法律所定，有诉愿于行政官署及陈诉于平政院之权”。第四十五条，“法院依法律独立审判民事诉讼、刑事诉讼，但关于行政诉讼及其他特别诉讼，各依其本法之规定行之”。又查《平政院编制令》第一条，“平政院审理行政官吏之违法不正行为”各等语。是按照《约法》及《平政院编制令》，普通法院只能审判民事及刑事诉讼，而行政诉讼及诉愿则应分别状，请于该管上级行政长官或呈诉于平政院，非普通法院所应受理（本号判例与《法院编制法》二条及本法四十五条互见）。（四年声字第176号）

第十条　行政诉讼依《约法》第十条，非普通法院所应受理。

【正】《临时约法》[2]第十条载“人民对于官吏违法损害权利之行为有陈诉于平政院之权”。第四十九条载“法院依法律审判民事诉讼及刑事诉讼”。又查本年三月三十一日公布施行之《平政院编制令》第一条载“平政院审理行政官吏之违法不正行为”各等语。是按照《约法》及《平政院编制令》，普通法院只能审判民事及刑事诉讼，而行政诉讼则应陈诉于平政院，非普通法院所应受理（本号判例与《法院编制法》二条互见）。（三年抗字第46号）

第四十五条　施主请拨庙产充学款，并非有意侵损庙产者，不得对之提起民事诉讼。

【正】寺产经施主呈请拨充学款，并非有意侵损庙产，藉行政处分为不法行为之手段者，按之《约法》第四十五条、《平政院编制令》第一条、《行政诉讼法》第一条及《诉

---

〔1〕《约法》即，民国三年（1914）五月一日由中华民国总统袁世凯公布的《中华民国约法》（又名《袁记约法》）。袁世凯颁布《约法》的目的是为了取代中华民国临时政府（南京）颁布的《中华民国临时约法》。该部《约法》在民国五年（1916年）袁世凯创立中华帝国时被废弃，后再未恢复适用。——点校者注。

〔2〕《临时约法》是辛亥革命胜利后，中华民国临时政府（南京）颁布的一部具有“宪法”性质的根本大法。1912年3月11日取代《中华民国临时政府组织大纲》开始施行，后于1914年5月1日被袁世凯颁布的《中华民国约法》取代。1916年6月29日，大总统黎元洪恢复适用《临时约法》。1917年9月10日以广东为基地建立的中华民国军政府展开护法运动，维护的就是这部《临时约法》。——点校者注。

愿法》第一条至第四条之规定，不得对于被告提起民事诉讼（本号判例与行政诉讼法一条及诉愿法一至四条互见）。（四年上字第569号）

诉愿依《约法》第八条，亦非普通法院所应受理。

【正】《约法》第八条，“人民依法律所定，有诉愿于行政官署及陈诉于平政院之权”。第四十五条，“法院依法律独立审判民事诉讼、刑事诉讼，但关于行政诉讼及其他特别诉讼，各依其本法之规定行之”。又查《平政院编制令》第一条，“平政院审理行政官吏之违法不正行为”各等语。是按照《约法》及《平政院编制令》，普通法院只能审判民事及刑事诉讼，而行政诉讼及诉愿则应分别状，请于该管上级行政长官或呈诉于平政院，非普通法院所应受理（本号判例与《法院编制法》第二条及本法第八条互见）。（四年声字第176号）

修正参议院议员选举法

投票人数之少与到会人是否足额无关。

【正】《参议院议员选举法》规定人数之计算原系以到会者为准，而非指投票人数而言。故因已到会之选举人不领票或领而不投，致投票人数较少者，初与法定到会人数是否足额无关（原《参议院议员选举法》第六条）。（六年上字第 153 号）

续行选举而未重检到会人数者，亦非为违法。

【正】选举非有选举人总数三分之二以上到会，不得投票，《参议院议员选举法》第六条固有明文规定。而因投票结果不满当选票额，致无人当选或当选人不足定额，由选举监督依法宣告重行投票。选举时虽系同日继续举行，要为另一次之投票，在条理上为慎重起见，到会人数仍须实行检点之程序，不能径依前次到会之人数计算。但法律既无强其必须重行检点之明文，故在事实上选举监督于宣告继续前次重行投票，确认前次到会之选举人均在会场（即尚能为合法投票），而并无不足法定人数之反证，且当场亦无人提出异议，则即省略检点程序，亦自不为违法。（六年上字第 153 号）

榜示当选，须于选出时即行之。

【正】《参议院议员选举法》第十条，“当选人及候补当选人之姓名及所得票数，由选举监督当场榜示，同时通知各当选人”等语。寻绎立法本旨，榜示及通知程序，自系一有当选人选出时即须分别践行，而不必待诸当选人与候补当选人全数选出以后。盖“当场”二字实含有即时之意义，不能因其与“当时”字样不同，遂解为仅有场所之限制，而时间上并无限制。即当选人及候补当选人一语之“及”字，虽与“或”字字义非无区别，然通观本条全体，亦不能藉为榜示程序必待当选人与候补当选人全数选出后合并践行之根据（原《参议院议员选举法》第十条）。（六年上字第 153 号）

榜示当选，无一定形式。

【正】当选人及候补当选人之榜示应用何种形式？《选举法》上既未有明文规定，则选举监督苟于当选人选出时已用相当方法揭示其姓名及所得票数，于选举场所即不得谓非已有合法之榜示。（六年上字第153号）

通知当选不与榜示同时，非无效原因。

【正】通知程序之践行须与榜示同时之规定，无非为防止任意耽延而设第。此项通知程序纵或践行稍迟，亦于选举结果之正当与否不生影响（盖选举无效之诉，原在保护选举之公正。故《众议院议员选举法》第八十二条第二项所谓“办理选举违背法令者”，其立法之真意自指违背有影响于选举结果正当之法令而言。如无影响于选举结果之通知程序，纵稍有违背，亦不成为选举无效之原因）。即不得遽指为违法，而涉及选举效力之问题。（六年上字第153号）

选举人不必皆有被选举权。

【正】查修正《参议院议员选举法》第三条，以年满三十岁以上为各项选举人共通之资格。该法第三章关于中央选举会之选举人，既别无须满三十五岁始得有选举权之文，自应一律适用第三条规定。至该法所称互选，不过限定所选之人，不得轶出会外，并非限于有被选举权者始得有选举权。是其以无被选举权之选举人列入册内，自系合法上告论旨，谓互选之人皆须有被选举权，未免误会（修正《参议院议员选举法》第三条）。（七年上字第889号）

路局雇用人员，不能视为官吏。

【正】铁路局所雇用人员，自不能强与现在官吏视同一律。至上告人所引证之国会筹备事务局解释文件，即使果如所称认路局人员为官吏，然此种解释究非能使国家机关与个人间已有之私法关系（雇佣契约）均一变而为公法关系（官吏），仍难以为路局全无雇员之根据。（七年上字第889号）

声请更定选举人名册判定之标准有错误者，得以改正。

【正】判定词意含糊，原声请人仅可请求指示，岂能遽据为舞弊之证？至准驳标准，如办事人员自知其从前所采者确有错误，在法律本无限制更改之文。上告人既未指证其准驳标准，屡有颠倒参错情迹可疑之事，亦未能指出其舞弊确凭，即不得复以空言攻击。（七年上字第889号）

确定人名册，不得以职权更正。

【正】修正《参议院议员选举法》第四十八条规定，“互选人名册宣示期满，即为确定，不得再请更正”。虽仅就请求而言，然既称确定，则办理选举人员自行更正，亦自非法所许（修正《参议院议员选举法》第四十八条）。（七年上字第889号）

显然不能行使选举权之人，不得于计算到会人数时并行算入。

【正】不能行使选举权及不能重复行使之事实已极证确者，究与选举人于名册确定后因死亡或褫夺公权及其他事实不能行使选举权者有何差异？办理选举人员于计算到会人数不予并行计入，本无不合。（七年上字第889号）

选举会于名册确定时成立。

【正】选举会在实际上须有三分之二以上之法定人数始能成立。然选举会之成立与选举人之到场投票本别为一事，依《参议院选举法》第二章及第三章各条规定，地方、中央各选举会于选举人名册确定时，即应认为成立。而该法第七条所定三分之二以上人数，则为选举人到会投票之限制，于选举会成立无涉。故无论《众议院选举法》有无“选举会”字样，究不得谓随到随投之办法于参议院议员选举会之成立有所妨碍。（七年上字第890号）

到会者，指到选举会而言，非谓必到选举场所。

【正】查修正《参议院议员选举法》第七条载“选举非有选举人总数三分之二以上到会不得投票”。所谓会者，究系指选举人所组成之选举会，抑指举行选举之场所？查该法第二章及第三章既有地方、中央选举会之文，其第四十六条第二项复有选举场所之规定，同一法典用语既有区别，而细绎其文义，又显然各有所指，可知选举会与选举场所本属不能同论。该法第七条不曰到场而曰到会，自系到选举会之意，不得释为到选举场所（修正《参议院议员选举法》第七条）。（七年上字第890号）

投票完毕既不限定时，故于选举期日内能为合法投票之人满三分之二者，即为有合法人数到会。

【正】如何始为到会，《参议院议员选举法》虽无明文，然遍查各条关于开始投票，既别无必须选举人三分之二以上齐集选举场所之条，而于投票之完毕亦未限以定时（《众议院议员选举法》第三十五条虽称“投票所自午前八时启至午后六时闭”。然此乃规定投票所之启闭时刻，并非限定投票完毕之时刻。查该法第四十九条规定“投票匦等件，应于投票完毕之翌日移交开票所”。不言投票翌日而言投票完毕之翌日，可知投票不限一日完毕），则于选举日期内（选举日期由开始投票日起，至投票完毕日止），能为合法投票之选举人满选举人总数三分之二者，即应以有法定人数到会论。故虽未同时齐集选举场所，而因事前确知能及期投票者已满三分之二（如因选举人报到而知其数），遂即举行投票；或事前虽未确知而于举行投票后俟所投满三分之二时，始认其有投票之效力，皆不得谓为违法。（七年上字第890号）

随时随投为参选法所认许，《施行细则》第十条只可认为解释规定。

【正】随到随投之办法，本为《参议院议员选举法》所容许，不待《施行细则》第十条之规定而始然，亦不必以该条所规定之情形为限，故论该条之性质，实为本法第七条之解释规定（注意规定之一种），不能以例外论。至其解释本法须于场所不能容时，始许随到随投，实所以限制本法而减缩其作用。此项限制之效力如何，自应视本法与《施行细则》之性质效力为断。查本法成立系按照现行立法程序，由临时参议院议决后，经大总统公布施行。实具备法律性质。而《施行细则》径由大总统以教令制定公布，即属行政命令，依命令不得变更法律之原则，自不得以《施行细则》之规定变更本法。至本法第四十九条虽有《施行细则》以教令定之之规定，然据此条文，其委诸教令者，亦仅以关于施行本法之事项为限，并非以限制本法之权（立法权）举而委之。故本法效力断不能为《施行细则》所限制，即无论选举场所是否能容，而依据本法所认许之随到随投办法所举行之投票，当然不得谓为违法（《修正参议院议员选举法》第七条、《参议院议员选举法施行细则》第十条）。（七年上字第890号）

选举监督布告及筹备国会事务局解释，无法之效力。

【正】上告人虽以选举监督布告及筹备国会事务局电文证明选举会之为选举场所，然此种文电本无法之效力，会之意义，据《参众两院议员选举法》规定，已可得其正解，则此项文电即属无可采用。（七年上字第890号）

修正参议院议员选举法施行细则

第十条　随到随投为参选法所认许，《施行细则》第十条只可认为解释规定。

【正】随到随投之办法，本为《参议院议员选举法》所容许，不待《施行细则》第十条之规定而始然，亦不必以该条所规定之情形为限，故论该条之性质，实为本法第七条之解释规定（注意规定之一种）。不能以例外论。至其解释本法须于场所不能容时，始许随到随投，实所以限制本法而减缩其作用。此项限制之效力如何，自应视本法与《施行细则》之性质效力为断。查本法成立系按照现行立法程序，由临时参议院议决后，经大总统公布施行，实具备法律性质。而《施行细则》径由大总统以教令制定公布，即属行政命令，依命令不得变更法律之原则，自不得以《施行细则》之规定变更本法。至本法第四十九条虽有《施行细则》以教令定之之规定，然据此条文，其委诸教令者，亦仅以关于施行本法之事项为限，并非以限制本法之权（立法权）举而委之。故本法效力断不能为《施行细则》所限制，即无论选举场所是否能容，而依据本法所认许之随到随投办法所举行之投票，当然不得谓为违法 。（七年上字第 890 号）

修正众议院议员选举法

高等厅审理选举诉讼，仍应以推事三员之合议庭行之。

【正】高等审判厅合议制，惟于上告案件，得由厅长因必要情形，以推事五员之合议庭行之。至选举诉讼关于法院之构成，虽无明文规定，然既准用民事诉讼程序，则其法院之构成，自应以该管法院之民事庭构成人数为准。（二年上字第 3 号）

办理选举人员之范围，以法文列举者为限。

【正】选举法规关于办理选举人员之规定，本有二种主义：（一）法定人员限定极少数，惟令有一定地位之人充任，其实际从事于选举事务者，皆为经理，俱不能不认为办理选举人员；（二）法定人员除监督员外，其从事选举事务者，但应具备法定名义，不限员数而以足用为止。故凡法定人员即为办理选举人员，法定以外无扩张认定之必要，现行各选举法均据第二种主义办理，选举人员专以法律明文所列举者为限。（二年上字第 9 号）

依法任用从事公务之人为官吏。

【正】凡依现在有效法令定有官职，并由有任用权者之合法任命从事于国家公务之人员为官吏，其现在本职者为现任官吏（《修正众议院议员选举法》第六条）。（二年上字第 9 号）

选举日期不遵教令，为选举无效原因。

【正】选举日期若不根据前后所布教令，而由各省选举总监督于办理选举时径自决定者，显属无权之命令，即与《众议院议员选举法》第三条抵触。故以依该法第九十条起诉者为限，应认为办理选举违法，该选举即不能谓为有效（原《众议院议员选举法》第三条、第九十条）。（二年上字第 12 号）

投票人签字在领票以前，即为合法。

【正】《众议院议员选举法》第四十五条，“投票人于领投票纸时，应先在投票薄所载本人姓名下签字”等语。是投票人之签字固应由本人自签，而签字之时则但在领得投票纸以前即为合法，其领得投票纸与签字时间距离之远近，以及签字之投票薄置于会场何所，均非有若何之限制（修正《众议院议员选举法》第四十五条）。（六年上字第 153 号 ）

非选举人不得提起选举诉讼。

【正】查《参议院议员选举法》第十八条，“关于选举变更及选举诉讼等项，均准用《众议院议员选举法》之规定”。而《众议院议员选举法》第九十条第一项，“选举人确认办理选举人员有舞弊及其他违背法令之行为，得自选举日起，初选于五日内向地方审判厅，复选于十日内向高等审判厅起诉”等语。是依该法第八十二条第二款，办理选举人员办理选举违背法令，经审判确定时，虽足为选举无效之原因，而法文内有起诉权者，既仅限于选举人，则按照《选举法》不得谓为选举人者，即不得提起此项诉讼，其义甚明。至《参议院议员选举法》所称选举人，既经准用《众议院议员选举法》，应由选举监督就法律所定有资格人制成选举人名册，则名册所载之人始可称为选举人，亦毋庸疑论者，或致疑于《参议院议员选举法》第二十、二十六、三十一、三十五、三十九等条之所定，然各该条规定明系举示有选举资格之人，非谓有此项资格无须名册记载即可从事于投票（参照《众议院议员选举法》第二十九、四十三、四十一条）。如果选举人名册所载有错误遗漏，本可准用《众议院议员选举法》第二十七、二十八条，呈请选举监督判令更正。若已呈请被驳，则除依法为行政诉愿外，无论是否更准其提起行政诉讼，而在《选举法》上实无向法院请求救济之途。选举人名册漏列之有选举资格人，法院自亦不得违反法律关于选举人名册之规定，遽认其为《选举法》上之选举人予以提起选举诉讼之权。故该项选举是否有效，即无再加审究之余地（原《众议院议员选举法》第九十条）。（七年抗字第48号）

监察员买收投票自图当选，非选举无效原因。

【正】修正《众议院议员选举法》第八条所规定之监察员，固不能谓非办理选举人员。惟该法第九十三条改称办理选举人员舞弊，乃指办理选举人员为不正行为，致碍及该选举全体之结果而言。若本有被选举权之监察员，对于选举人行求贿赂，买收投票以冀自己之当选，其行为显干《刑律》，固属不正。然究不过关于个人之行为，于其充当办理选举人员一点，既无关涉，又不致碍及该选举全体之结果，自不得依据第九十三条规定，提起选举无效之诉。（七年抗字第211号）

起诉可否认为以选举监督为被告，以当事人起诉之真意为断。

【正】当事人之起诉可否认为以选举监督为被告，应视当事人起诉之真意以为断。（七年抗字第375号）

冒名投票而非知情故纵者，不为无效原因。

【正】冒名投票是否即为选举无效之原因，自应以当时办理选举人员有无知情故纵情节为断。（七年上字第824号）

初选虽有无效原因，不得于覆选后始行主张。

【正】修正《众议院议员选举法》第八十四条，“有下列情事之一者，其选举无效：（一）选举人名册因舞弊牵涉全数人员，经审判确定者；（二）办理选举违背法令，经审判确定者”。第九十三条，“选举人确认办理选举人员有舞弊及其他违背法令行为时，得自选举日起，初选于五日内向地方审判厅起诉”。第八十五条第二项，“初选举无效时，覆选举一并无效”各等语。综绎法意，初选举若有无效原因，应于选举日起五日以内合法起诉，经审判确定，其初选举始失效力。因而以该初选举为基础之覆选举亦应一并失效。若初选举虽有无效原因，而选举人不于五日期内合法起诉，则其选举之效力即已依法确定，不得迟至覆选举后，复主张初选举之无效原因，以图摇动覆选举之效力。上告论旨虽谓“选举人名册系特别名词，并无可含混于他种名词之文义，《选举法》第八十四条第一款既以选举人名册舞弊为选举无效之原因，而第八十五条又称‘前条之规定，初选举、覆选举均适用之’。可知，选举人名册如有舞弊亦可在覆选举时提起诉讼”等语。然查该《选举法》，除第二编第二章第二节各条所定初选举人名册外，第六十五条复有覆选人名册之规定，并非初选之外即无名册，自不得即谓第八十四条第一款之选举人名册系专指初选人名册，而据以主张覆选举诉讼亦得以初选名册舞弊为理由。至第八十五条第一项所称前条之规定“初选举、覆选举均适用之”云者，不过明示该法所认之选举无效原因。初选、覆选系属相同，并非有消灭初选举起诉时限之意义，法意至为明了。（七年上字第824号）

选举无效之诉讼，以选举监督为被告。

【正】选举无效之诉讼，系以国家选政之效力为其目的，自应以关于选政代表国家之选举监督为相对人。（七年上字第824号）

监察员当选并非违法。

【正】依《众议院议员选举法》第八条规定，办理选举人员于其选举区内，虽应停止被选举权，而监察员则不在停止之列（修正《众议院议员选举法》第八条）。（七年上字第889号）

多设票匦非法所禁。

【正】举行投票时，因应行选举之人不能一次选出（依法须得票满投票总数三分之一始能当选，而中央选举会第一部应行选出议员十人，自不能一次选出），而多设票匦，使得分次并日投票，以期节省劳费，固为法所不禁。惟何日设匦，若干法无明文，各选举人苟有真正一定之意思，亦尚不至有所影响（如选举人本欲投选某某等三人，而第一日只设二匦，则其未选之一人，自不妨于次日投选）。上告论旨以其不于第一日设置多匦，使得同日一次选出，其后复增加匦数，有关党派消长指为违法舞弊殊有未当。（七年上字第889号）

违法舞弊须出于办理选举人员积极或消极之行为，始为选举无效原因。

【正】查修正《众议院议员选举法》第八十四条规定，“选举人名册因舞弊牵涉全数人员及办理选举违背法令，皆为选举无效之原因”。而参照该法第九十三条“选举人确认办理选举人员有舞弊及其他违背法令行为”云云，是违法舞弊须出于编造名册或其他办理选举人员自身之行为（积极行为）或系知情故纵（消极行为），始能为选举无效之原因。若其行为纯系出自他人，而办理选举人员无故纵情事，即于选举效力无涉，法意至为明显（修正《众议院议员选举法》第八十四条、第九十三条）。（七年上字第889号）

违法舞弊须碍及该选举全体正当之结果始为无效。

【正】办理选举人员之违法舞弊如何而后能使选举无效，法律虽无明文，然依据条理，自应以碍及该选举全体正当之结果者为限（即所违背者系有影响于该选举正当结果之法令及因舞弊而涉及该选举全部之效力者）。（七年上字第889号）

名册誊本有误及不记总数，非即为无效原因。

【正】选举人名册之誊本虽有错误，而当初宣示之正本既经查明无误，即不得指为违法舞弊。至名册之有总数，原所以防计算错误及任意增加，现在既尚无此等情弊，则其不列总数即有未合，亦不得谓其于选举正当之结果有何关涉。（七年上字第 889 号）

判定选举资格虽有未当，亦不得即指为舞弊。

【正】判定选举资格之有无，其斟酌取舍即有未当。而既非无所依据，即与意存舞弊不能同论。（七年上字第 889 号）

选举人资格虽有未符，而于全体无涉者，不为无效原因。

【正】多数选举人中即有一人资格不符，而于名册全体既无牵涉，自不得即以为选举无效之据。（七年上字第 889 号）

判定选举资格未登报公布者，不为无效原因。

【正】选举资格决定后之登报公布，既非法律所要求，亦未便责其违法。（七年上字第 889 号）

被扣除人冒投，非即为选举无效原因。

【正】冒名顶替投票，该被扣之人在未扣以前即系冒投，苟办理选举人员并无故纵情弊，尚不能使选举效力因之动摇。（七年上字第 889 号）

选举监督莅场少疏，不为无效原因。

【正】选举监督固有莅场之职责，然究不得以其莅场少疏，指為舞弊违法。且即以违法论，既于选举正当之结果无涉，亦不得据为选举无效之原因。（七年上字第 889 号）

延长投票时间未至闭所时刻者，不得指为违法。

【正】延长投票时间，法令既无禁止之文，而所延长者又未逾《众议院议员选举法》第三十五条之闭所时刻，自不得指为违法。（七年上字第 889 号）

票有符号而非通谋故纵者，仅足为当选无效之原因。

【正】票有符号一节，据上告人主张为污损或不依式及夹写他事，此种主张即假定为正当，亦仅能以被选举人所得票内有应行作废之票。依《众议院议员选举法》第九十四条当选人票数不实之规定，提起当选无效之诉。至其是否出于办理选举人员之舞弊及是否通谋故纵，既未能有所证明，尚难谓其具备法定选举无效之要件。（七年上字第 889 号）

大理院关于选举诉讼为上告审。

【正】本院关于选举诉讼之审判权，本由修正《众议院议员选举法》（参议院议员选举准用）第九十三条至第九十七条之规定而生。该法既无以本院为控诉审之规定，而依《法院编制法》第三十六条，本院又本无控诉审职权，则凡不服高等审判厅关于选举诉讼之判决上诉于本院者，自应准用民事上告程序，以纠正原审违法之点为范围，而不为本案事实之调查（修正《众议院议员选举法》第九十三条至第九十七条）。（七年上字第 889 号）

选举诉讼除应直接调查事实者外，以书面审理行之。

【正】本院在民国二年未经采用书面审理主义以前，关于选举诉讼上告案件，虽与其他民事上告案件同用言词审理，自变通办法采用书面审理主义以后，无论民事诉讼上告案件或选举诉讼案件，除依法应由上告审直接调查事实者外（如调查控诉审所践程序是否合法），概以书面审理行之（本院咨司法部文内所称除因本院职权得调查之事实关系各点，认为有必要情形者外，概以书面审理亦即此义），并非关于选举上告案件别有特殊办法。（七年上字第889号）

于投票开票所加派军队并无威迫举动者，不为无效原因。

【正】修正《众议院议员选举法》第三十二条仅规定，“投票所开票所周围得临时增派巡警保持秩序”等语，固无加派军队之明文。惟加派之军队对于投票人并无威迫举动，使失其投票之自由，则加派军队一事既不碍及该选举之正当结果，自难据为选举无效之原因（修正《众议院议员选举法》第三十二条）。（七年上字第937号）

覆选被选举人不必限于本区。

【正】修正《众议院议员选举法》第四条载“有中华民国国籍之男子满三十岁以上者，得被选为众议院议员”等语。是凡具有（一）男子（二）中华民国国籍（三）年三十岁以上之资格者，皆得选为众议院议员，并无何省何区之限制。至该《选举法》第十条系规定已被选为议员者，并不因选举区域变更而丧失其已取得议员之资格。初未限制覆选必须选举本区之人，即该《选举法》第九条（初选举以县为选举区，覆选举以道或特别行政区域为选举区）、第六十五条（覆选人名册以初选当选人为限）、第六十七条（各覆选区应出议员若干名）、第七十三条（覆选以本区应出议员名额，除投票人总数，将得数之半为当选票额）及第七十五条（覆选当选人选出后，应依该区应出议员名额选定同数之覆选候补当选人），系规定选举之区域覆选人之资格，及覆选当选人与覆选候补当选人名额之分配，并其当选之票额，亦无由解为覆选必须选出本区之人，而他区之人不能当选（修正《众议院议员选举法》第四条、第十条）。（七年上字第953号）

写票席应设若干，法律上并无规定。

【正】修正《众议院议员选举法》及《施行细则》原无每选举人若干名应设写票一席之规定，覆选监督本其职权酌定办事细则，为预防互相窥视起见，仅设写票一席，亦不能谓为违法。（七年上字第962号）

得票计算方法之不当，不为无效原因。

【正】得票计算方法不当，仅关于各该被选举人所得票数之多寡，除落选人得以其所得票数应当选而未当选为理由提起当选诉讼外，不能遽谓为碍及该选举之正当结果，即不足据为选举无效之原因。（七年上字第962号）

未宣示选举人名单非违法。

【正】修正《众议院议员选举法》及《施行细则》均未有宣示名单之规定，即或名单

并未宣示有欠周妥，要难指为违法。（七年上字第962号）

当选诉讼以选举有效为前提。

【正】修正《众议院议员选举法》第九十五条内载“落选人确认所得票数应当选而未当选（中略）者得起诉”等语，原系关于当选诉讼之规定。当选诉讼之目的，系以选举有效为前提。故落选人主张自己之应当选，系限于选举有效之时，就开票结果以确认其所得票数之应当选。如果选举因舞弊违法而无效，依法即应提起选举无效之诉，自不得援用该九十五条以为主张（修正《众议院议员选举法》第九十五条）。（七年上字第963号）

审理选举诉讼，不能核对投票笔迹。

【正】核对笔迹依法须先有应待核对之特定书据，若并无该特定书据，其所请核对字体原无标识可认为何人书写，而当事人亦均不能指称所书之人者，则请求核对之前提已属不存。纵欲判别其真伪，究应以何人笔迹供核对，亦尚不明，又何从实施核对之程序？本件选举票面既未记名，自无标记可认为何人所书，而两造亦均未能指称所书之人，自系无可核对。即令设法觅票核对，亦属模糊影响，断难得预期之结果。（七年上字第963号）

审理选举诉讼，不能使投票人陈述所举之人。

【正】现行《众议院议员选举法》既采用无记名投票制度，自系保持各选举人选举之自由，使各选举人得不受外部之牵制，安全选举其所欲举之人。故各选举人原无陈述所举何人之义务，故当事人所请传讯各选举人，除选举人中有自愿到案陈述者外，审判衙门自不得遽据其请求，使各选举人为无义务之陈述。而自愿到案各人之陈述，并无其他方法可以证其确实，亦难据为合法之信凭。（七年上字第963号）

被选时尚系现任官吏者，停止其被选举权。

【正】当选人于被选之时如果尚系现任官吏，则依《众议院议员选举法》第六条，其被选举权即在应行停止之列，其当选自不能认为合法（修正《众议院议员选举法》第六条）。（七年上字第966号）

被选举人不以名列初选名册为限。

【正】《众议院议员选举法》第四条规定，“有中华民国国籍之男子，年满三十岁以上者，得被选为众议院议员”。并不若选举人资格依第三条规定须编制选举人名册前在选举区内住居满二年以上，兼备其他之资格。是无论选举区内选举区外之人，及曾否列入初选名册，皆可当选，毋庸滋疑（修正《众议院议员选举法》第四条）。（七年上字第966号）

被选举人不以名列覆选名册为限。

【正】《众议院议员选举法》第六十六条既规定覆选当选人不以初选当选为限，则覆选人名册所无之人可以当选，固属当然之解释（修正《众议院议员选举法》第六十六条）。（七年上字第966号）

选举区乃为便利及分配名额而设。

【正】选举区划之规定，系为办理选举之便利而设，并所以分配议员之名额者，非谓

某区所选出之议员只限于籍隶该区之人，而不能及于该区以外之人。（七年上字第966号）

违法而不碍于正当结果者，非无效原因。

【正】办理选举纵或不免违法而于选举正当结果并无影响者，仍不得认为选举无效之原因。（七年上字第1149号）

架出公推监守人开票时间违法及封锁票匦未践行法定程序，均为选举无效之原因。

【正】公推之监守票匦人，确系无故而受拒绝架出，或开票时间确与法律所定相违背，或封锁票匦确未践行法定程序，自不得谓非碍及该选举正当之结果而为无效之原因。盖开票逾法定时间架出监守票匦人及票匦未经当众严加封锁等项，其行为自体法律上本认为有舞弊之嫌疑。故若违反此等规定，而别有确切反证足证其实有正当理由，与法律所防止之本旨无涉者，始可谓其无碍于选举之正当结果，而不认为无效。（七年上字第1162号）

省议会议员选举法

当选票数未经合法计算者，不得遽行抽签。

【正】抽签方法于当选票数相同时适用之。其票数相同与否，在通常选举应将该届选举中该区所投之当选票数适法计算，乃能定之。如因该机关之处分致令真正相同票数或损或益转处于不同之列者，即不得谓有适法之计算，仍得依法定程序纠正之，使得其真正相同之票数，否则抽签之方法无由适法举行。（二年上字第 13 号）

因省议会初选诉讼上诉者，以高等厅为终审。

【正】按省议会议员选举诉讼因初选起诉者，能否于上诉高等审判厅，经其裁判之后，复向本院声明上诉，现行法上虽无何等明文。惟查《省议会议员选举法》第九十条“选举人确认办理选举人员有舞弊及其他违背法令行为，得自选举日起，初选于五日内向地方审判厅起诉，复选于十日内向高等审判厅起诉”。第九十三条“选举诉讼事件应先于各种诉讼事件审判之”各等语。既严限起诉权行使之期间，复明示选举诉讼之尽先审判，其于复选诉讼复规定径向高等审判厅起诉，则立法之意显系限制二审，以期速结。况征诸修正《众议院议员选举法》第九十三条关于选举诉讼之规定，“初选于五日内向地方审判厅起诉，复选于十日内向高等审判厅起诉”，亦与上开《省议会议员选举法》第九十条之法文相同。而同法则于另条置有规定，揭明其上诉初选以高等审判厅为终审之旨，二者事同一律。是省议会议员选举之因初选涉讼上诉者，亦当然解释为上诉至高等审判厅为终审，不得复上诉于本院。（七年上字第 29 号）

不解通常文义者，为不识文字。

【正】《省议会议员选举法》第五条所谓不识文字者，自系于通常表示意思之文字不能知其意义之谓，并非专指目不识丁者而言。故凡仅能自写姓名、年籍、数字或诵读书状数语而通常文义茫然不知者，即为法律所规定之不识文字，不得认其有省议会议员选举权及被选举权（《省议会议员选举法》第五条）。（七年上字第 1212 号）

监督不得无故中止投票。

【正】现行《省议会议员选举法》第三十七条规定，“投票所启闭以午前八时至午后六时为率，逾限不得入内”。是在法定时间以内，选举人当然可随时入所投票，选举监督即无无故宣告中止投票，不准选举人入所之理（《省议会议员选举法》第三十七条）。（七年上字第 1213 号）

审理选举诉讼，不能使投票人陈述所举之人。

【正】省议会议员之选举，据《省议会议员选举法》第四十七条规定，系用无记名投票法，不令各投票人负担陈述所举何人之义务，即所以保持其选举之自由。原投票之人纵令一一传到质询，自亦难认其事后之陈述为真实（《省议会议员选举法》第四十七条）。（七年上字第1149号）

省议会议员选举诉讼，应由各该选举人提起。

【续】《省议会议员选举法》第九十条第一项载“选举人确认办理选举人员有舞弊及其他违背法令行为，得自选举日起，初选于五日内向地方审判厅起诉，覆选于十日内向高等审判厅起诉”。又第九十一条载“选举人确认当选人资格不符或票数不实者，得依前条之规定起诉”等语。依该法文正当解释，初选之选举诉讼应由初选选举人提起，覆选之选举诉讼应由覆选选举人提起。其非具有各该选举人之资格者，则无提起各该选举诉讼之权，意义固甚明显（《省议会议员选举法》第九十条、第九十一条）。（八年抗字第15号）

办理选举人员应于初选及复选区内，一并停止其被选举权。

【续】《省议会议员选举法》第八条前段载“办理选举人员于其选举区内停止其被选举权”。法文所以如此规定者，无非为防止舞弊营私碍及选举之正当之结果起见。故办理初选人员，除该条但书之监察员外，应于初选及复选区内一并停止其被选举权，始足使其忠诚尽职，不致假公济私（《省议会议员选举法》第八条）。（八年声字第71号）

调查员系办理选举人员。

【续】所谓办理选举人员，自系指该法定有名目者而言。该法第二十三条既明定有调查员名目，即不能不认调查员为办理选举人员（《省议会议员选举法》第二十三条）（八年上字第141号）

选举票被墨污而字能辨识者，不得认为无效。

【续】《省议会议员选举法》第五十四条第三款所谓字迹模糊不能认识者，自系指票内字迹一见不能认为何字者而言。其票被墨污而所有字迹尚能辨识者，当然不在此限（《省议会议员选举法》第五十四条）。（八年上字第328号）

抽签定候补当选人之名次，无须该候补当选人到场。

【续】《省议会议员选举法》第七十八条规定同次选出之候补当选人票数同者，固应抽签定其名次。但实施抽签程序时，并无必须该候补当选人到场之明文，即不能徒以候补当选人未经到场而推定其无实行抽签之事（《省议会议员选举法》第七十八条）。（八年上字第328条）

七十五条所谓除投票人总数之意义。

【续】《省议会议员选举法》第七十五条载“复选以本区应出议员名额，除投票人总数，将得数之半为当选票额；非得票满额者，不得为复选当选人”等语。即曰除投票人总数，则系以本区应出议员名额。除实已投票者之总数以定当选票额，而非以除初当选人之总数，意极明显（《省议会议员选举法》第七十五条）。（八年上字第1277号）

被选举人于其所得票数之由来无举证义务。

【续】被选举人于其所得票数之从何而来，依法并无举证之义务。（八年上字第1277号）

认定当选与候补当选有错误，与选举全部之效力无关。

【续】选举监督关于当选与候补当选之认定即有错误，亦仅能就其错误部分提起当选诉讼，不得以此遽将选举全部之效力根本推翻。（八年上字第1277条）

管理员之任用，法无限制。

【续】办理选举人员，据《省议会议员选举法》第十六条，仅监察员应以本区选举人为限，而于管理员并无若何限制，亦未规定叔侄应行回避。故无论其是否任用私人，苟于法无所违背，即与选举有效与否之问题无关。（八年上字第1278号）

监察员当选并非无效，亦不能以其当选之多断为有弊。

【续】监察员应以本区选举人为限，其选举权亦未经停止，则监察员当选本非无效。若因其当选有三人之多，遂设想其有弊窦，则亦不过片面之推测，审判衙门要不能以设想之词据为定谳。（八年上字第1278号）

被选举为省议会议员，不论其县籍若何。

【续】《省议会议员选举法》第四条规定，“凡有中华民国国籍之男子，年满二十五岁以上，皆得被选举为省议会议员”。其第五条至第九条虽列举不得有被选举权或停止被选举权各规定，然关于被选举人之应为中华民国何县民籍并无限制。故凡中华民国国民年满二十五岁以上之男子，但使无第五条所列举各情事，又非为第六条至第九条所列举之各色人等，固不论其县籍是否属于该被选举区之内，均得被选举为省议会之议员（《省议会议员选举法》第四条）。（十年上字第1675号）

违法投票及违法未投之票，若于选举结果无影响，不能认其他合法投票及已足法定票数之当选无效。

【续】违法投票，但将该票除去，而当选人所得之票仍足法定票数；或因办理选举违法致有选举人未能投票，但该票无论投与何人，皆不足以当选。则该违法票及未投之票，于选举结果均不能有所动摇。自不得因有一票违法或有一票未投，遂将其他合法投票及已足法定票数之当选认为无效。（十一年上字第61号）

省议会议员选举法施行细则

第七条　投票、开票可于同日举行。

【正】修正《省议会议员选举法施行细则》第七条并非关于开票日期之规定。而依该《施行细则》第二十九条关于开票事项，本细则所未规定者，准用《众议院议员选举法施行细则》之规定。按之修正《众议院议员选举法施行细则》，亦并无禁止投票、开票同在一日之明文。本案上告人等主张投票之日不得即行开票，于法实嫌无据（本号判例与本法二十九条互见）。（七年上字第1213号）

第十一条　无证书之选举人，不能适用《选举法施行细则》第十一条之规定。

【续】《省议会议员选举法施行细则》第十一条所载“交付投票纸如疑为非本人时，须有其他投票人证明之规定”，系指执有证书而犯冒替之嫌疑者而言，并非谓根本上无证书之选举人，一经他投票人证明即可投票。（十一年上字第79号）

第二十九条　投票、开票可于同日举行。

【正】修正《省议会议员选举法施行细则》第七条并非关于开票日期之规定，而依该《施行细则》第二十九条关于开票事项，本细则所未规定者，准用《众议院议员选举法施行细则》之规定。按之修正《众议院议员选举法施行细则》，亦并无禁止投票、开票同在一日之明文。本案上告人等主张投票之日不得即行开票，于法实嫌无据（本号判例与本法七条互见）。（七年上字第1213号）

国籍法（附国籍法施行细则）

父为中国人者，其子无论生于何地，皆为中国人。

【正】我国国籍向采血统主义，出生时父为中国人者，无论其出生地为中国抑为外国，且无论依出生地法是否取得外国国籍，在我国仍一律视为中国人。至前清《国籍条例施行细则》载“本条例施行以前，中国人有因生长久居外国者，如其人仍愿属中国国籍，一体视为仍属中国国籍（同《施行细则》第七条）”。而现行《国籍法施行规则》内则无此规定。自血统主义论之，该规定要不外表明凡中国人生于外国者，苟非更经出籍程序，即不丧失中国国籍。质言之，即一种注意之规定。现行《国籍法施行细则》内未设此条文者，以其为当然之理，无规定之必要也。（四年上字第773号）

国籍法施行细则

中国人入外国籍者，须经国家许可，始失中国国籍。

【正】中国人之归化外国，中国国家固不加禁阻。然非得国家特别许可，终不丧失其中国国籍，前清颁行之《国籍条例》即以明文规定此旨。现行《国籍法》因之惟前清《国籍条例施行细则》规定，“同条例施行以前，中国人有并未批准出籍而入外国国籍者，若向居外国嗣后至中国时，应于所至第一口岸呈明该管国领事，由该管国领事据呈照会中国地方官，声明于某年月日已入某国国籍。若向居中国通商口岸租界内者，应于一年以内呈明中国地方官照会该管国领事，查明于某年月日已入该国国籍，始生出籍之效力（同《施行细则》第一条、第二条）”。而现行《国籍法施行规则》则定为，“凡《国籍法》施行前，中国人已入外国国籍，并未依前国籍条例及施行细则呈明者，须由现住该地之该管长官呈报内务总长，经其许可”。（四年上字第 773 号）

法律适用条例

因不法行为所生债权之涉讼案件，兼取事实发生地法及法庭地法两主义。

【正】凡审判寄居内国之外国人民相互间或为内国人民间，因不法行为所生债权之诉讼，审判衙门应适用何国法律？各国之立法例及学说不能尽同。有取法庭地法主义者，有取事实发生地法主义者，有兼取两主义者。其第三种主义在条理上较为允当，为多数国所采用。现在民国关于国际私法之条规尚未颁行，自应由审判衙门择至当之条理，以为适用法律之准据。（二年上字第155号）

涉外案件因设定抵押权涉讼者，应以不动产所在地法为准。

【正】凡审判寄居内国之外国人民与内国人民间因债权设定有不动产抵押权之诉讼，则多数立法例及学说均以不动产所在地法为准，此种主义在条理上极为允当。现在民国关于国际私法之条规尚未颁行，自应由审判衙门认为条理予以采用。（三年上字第576号）

普通民商事件，俄人在中国有居所或住所者，应依中国法办理。

【续】俄国法律能否作为准据法之问题，前经本院解释，除关于身分、亲属等事件依法律适用条例均应适用俄人本国法时，得斟酌该地方新旧法令作为条理采用外，至普通民商事件，该俄国人在中国领域有住所或居所者，当然按《法律适用条例》第二条第二项，依中国法办理。则凡关于非亲属、身分等事件之争执，自不应适用俄国法律以为解决。（十二年上字第1522号）

民 法 部 分

民　法[1]

第一编　总则

第一章　法例

习惯法成立之要件。

【正】凡习惯法成立之要件有四：（一）有内部要素，即人人有确信以为法之心；（二）有外部要素，即于一定期间内就同一事项反复为同一之行为；（三）系法令所未规定之事项；（四）无背于公共之秩序及利益。（二年上字第 3 号）

民事案件适用法规之次序。

【正】判断民事案件，应先依法律所规定；法律无明文者，依习惯法；无习惯法者，依条理。（二年上字第 64 号）

立嗣律有专条，无先适用习惯余地。

【正】现行律例既有立嗣专条，自无先行适用习惯之理（现行律户役门立嫡子违法条）。（三年上字第 70 号）

前清现行律关于民商事法之规定未废止。

【正】民国民法法典尚未颁布，前清现行律除与国体及嗣后颁行成交法相抵触之部分外，当然继续有效。至前清现行律虽名为现行刑律，而除刑事部分外，关于民商事之规定仍属不少，自不能以名称为刑律之故，即误会其为已废。（三年上字第 304 号）

因船长之故意过失加害于人不负赔偿责任之习惯非有效。

【正】习惯法成立要件有四，而以无背于公共秩序为要件之一。本案上告人主张之旧习，具备其他条件与否兹姑不论，但其因船长之故意或过失所加于他人之损害而可以免责，则因贪利而为过重之积载或过量之拖带，将毫无民事上之责任，弁髦他人之生命财产，其弊何可胜言？是故此项旧习即使属实，而为公共秩序计，亦断难予以法之效力。（三年上字第 733 号）

---

〔1〕《民法》1927 年南京国民政府成立后，非常重视民法典的编纂工作。其中，《民法总则编》计 7 章 152 条，于 1929 年 10 月 10 日施行；《民法债权编》、《民法继承编》于 1930 年 5 月 5 日施行；《民法亲属编》于 1931 年 5 月 5 日施行。——点校者注。

民认旗东之习惯，于公益无背。

【正】民认旗东，既为前清以来吉省惯行之事实。当时民人私垦，藉旗东为荫庇，旗东因而取得收租之权利，相沿至今。即不容剥夺旗东之既得权，此按之公共秩序、利益，亦属无背。（三年上字第 845 号）

一省之特别法规，他省不得引用。

【正】一省之特别法规，其适用范围仅以该省行政区域为限，他省不得遽予引用。（三年上字第 973 号）

商号负债不能涉及家产之习惯非有效。

【正】习惯之有法律上效力，尤以不害公益为其要件之一端。如所主张商号负债不能涉及家产之办法，于交易安全实有妨碍。纵令果属旧有之习惯，亦断难认为有法律之效力。（三年上字第 988 号）

善意之解释。

【正】法律所称善意，即不知情之别称，并非善良意思或好意之义。故善意占有云者，即确信其占有之物为自己所有，而于他人所有并不知情之谓。（三年上字第 1148 号）

均分家产既有明文，无主张习惯余地。

【正】适用习惯，必须法律无明文规定者，而后可家产应按子数均分。现行律例既有明文，自无主张习惯之余地（现行《律户役门卑幼私擅用财条例》第一条）。（三年上字第 1198 号）

行使权利、履行义务，应依诚实信用。

【正】行使权利、履行义务，应依诚实及信用之方法。（四年上字第 23 号）

法有明文者，不得援用习惯及条理。

【正】法律无明文者，从习惯；无习惯者，从条理。故苟有明文足资根据，则习惯及通常条理即不得援用。（四年上字第 22 号）

卖业先尽亲房之习惯非有效。

【正】卖业先尽亲房之习惯，既属限制所有权之作用，则于经济上流通及地方之发达均有障碍，即难认为有法之效力。（四年上字第 282 号）

同行公会为习惯法所认许。

【正】凡在一行政区域内从事同种行业之人组织同行公会（即同业组合），强制该区域内同业之人均须加入，以谋该行业之发达，原为行政惯例之所认许。至此种同行公会既经成立之后，即应受法律之保护。纵使所订规条有未完善或事实上暂失其强制之能力，亦难断为该公会即为消灭。（四年上字第 1257 号）

习惯法概无强行效力。

【正】凡法律无明文规定者，本应适用习惯法则。但习惯法则通常概无强行之效力。

（四年上字第1276号）

有习惯法者，不能仍凭条理处断。

【正】当事人主张之习惯法则，经审判衙门调查属实且可认为有法之效力者，自应援用之，以为判断之准据，不能仍凭条理处断。（四年上字第2354号）

习惯法必为法所未定或与法规特异者，始得认其成立。若惯行事实及确信心与通行法规全合者，即无所谓习惯。

【正】习惯法之成立，固以多年惯行之事实及普通一般人之确信心为其基础。而此项事实与确信心尤必为法所未定之事项或与法律规定（指任意性质之法）有特异之点，始得认其成立。如多年惯行之事实及普通一般人之确信心与当时通行之法规全然符合者，则不过为人民奉行法规之事实与法规之印象（即人民关于法规之知识），而不能于法规以外成为独立之习惯法，毫无可疑。（六年上字第1422号）

收欠还欠之习惯非有效。

【正】收欠还欠之办法，无论有无此种习惯，既于交易上之安全显有妨碍，亦难认为有法之效力。（七年上字第1438号）

特别法无规定者，始适用普通法。

【续】特别法应先于普通法。必特别法无规定者，始适用普通法。（八年上字第35号）

续租契约，须经相当期间始能解除，为交易上之诚信。

【续】订约续租者，虽未定续租期间，可随时声明解约。而自续租日起，究应经相当期间，俾租户受续租之实益，始与交易上信用诚实不违。（八年上字第121号）

立嗣不论昭穆之习惯，无法之效力。

【续】现行律例无子立嗣不得紊乱昭穆伦序之规定，原为保护公益而设，应属强行法规。其与此项法规相反之习惯，当然不能有法之效力。（八年上字第219号）

独子出继之习惯，无法之效力。

【续】独子出继，法律既有禁止明文，自不得援引惯例。（八年上字第234号）

禁止以孙祢祖为强行法。

【续】现行律例禁止以孙祢祖，乃所以维持我国固有之礼法。事关公益，应有强行效力，不容反对习惯之存在。（八年上字第394号）

现行律关于民事之处罚规定，于行为之效力仍应适用。

【续】民国民律未颁布以前，现行律关于民事规定，除与国体有抵触者外，当然继续有效。即其制裁部分，如民事各款之处罚规定（例如处某等罚罪亦如之等语），亦仅不能据以处罚。关于处罚行为之效力仍应适用，以断定其为无效或得撤销。故若引用该律文以判断行为之效力，而不复据以制裁当事人，则其适用法律即不得谓为错误。（八年上字第832号）

清皇室因其特别地位所生事项，若特别法无规定，适用普通法。

【续】前清宗室、王公因优待条件保有特别地位，凡因此项地位所发生之事项，已有特别法规定者，自可准据特别法，以资解决。若特别法并无明文，则依法律一般原则，仍应适用普通法。（九年上字第 604 号）

第二章　人

第一节　权利能力

外国人不得于中国享有土地所有权或所租界外永租土地。

【续】中国与各外国通商条约只许外国人得于通商口岸租地起盖房屋，虽光绪二十九年《中美续议通商行船条约》第三条准许美国人于已开或日后所开为外国人居住通商各口岸中已定及将来所定为外国人居住合宜地界之内，得租借或永租地基，自行建造房屋行栈，然并不能解为准许外国人得于中国享有土地所有权或在租界以外永租土地。（八年上字第 919 号）

外国人除教堂外，不得在中国购置土地。

【续】外国人除教堂有特别条约外，无在中国购置土地之权。故外国普通商人购买土地，其买卖契约根本上不能认为有效。（九年上字第 593 号）

第二节　行为能力

夫亡后，妻就其私产得完全行使权利。

【正】为人妻者，得有私产。其就私产行使权利，夫在时虽不无限制，夫亡后则有完全行使之权。（二年上字第 35 号）

未成年人之行为，因追认即完全有效。

【正】订立合伙契约时，上告人仅十五岁，依现行法故尚未达成丁之年。然其合伙之行为实已为其祖母所追认，自不得更以未成年为理由否认其效力。（三年上字第 766 号）

十六岁为成丁，有完全行为能力。

【正】现行律上以十六岁为成丁，成丁之人自应认为有完全行为能力。故其行为如别无无效或撤销之原因，当然应认为完全有效（现行律户役门脱漏户口条）。（三年上字第 797 号）

未成年人无行为能力，应由行亲权人或保护人代为法律行为。

【正】未成年人依法在一定之年龄内无行为能力，其行为应由行亲权人或保护人为之代理。（四年上字第 1274 号）

届十六岁即为成丁，不必满岁。

【正】按现行法之文例，凡应以满年计算者，必于条文中著“满”或“未满”等字样，如《暂行新刑律》中“凡未满十二岁人之行为不为罪，未满十六岁人或满八十岁人得减重刑”各条是也。现行律户役门但以十六岁为成丁，并无所谓满，则依法文为正当之解释，关于民事上之成年计算，自不能以满年为限。故一届十六岁，即为成丁（现行律户役门脱漏户口条）。（五年上字第833号）

浪费人之处分行为，保护人得撤销之。

【正】浪费人之处分行为，保护人得撤销之，以保护其利益。（六年上字第1178号）

户部则例以二十岁为成年之旧例业已失效。

【正】户部则例继嗣门所载“子虽未婚娶业已成立当差年逾二十身故者，亦准予立继”之旧例，见于同治十二年修纂之本，既未经现行律采入，自不得再行援用。（六年上字第1189号）

妻就其私产为日常家事外之行为，原则上亦应得夫之允许。

【正】妻就于其所有私产为行使权利之行为，而不属于日常家事者，固应得夫之允许。但于夫弃其妻或夫有不能为允许之情形（如夫受刑罚执行等事），则不在此限。（七年上字第903号）

心神丧失人独立订约，保护人得撤销之。

【正】心神丧失之人不得为有效法律行为。故若独立与他人订立契约，其保护人自得请求撤销之。（七年上字第1022号）

妇人受赠，除夫外，他人不能干涉。

【续】妇人受人赠与，除依法应得其夫之许可外，不容无利害关系之家族任意干涉。（八年上字第850号）

庶子之法定代理人次序，嫡母先于生母。

【续】庶子未成年，其法定代理人之次序，嫡母应优先于生母。苟未经依法剥夺其嫡母之亲权，自不能径由其生母擅代其子为法律行为。（九年抗字第69号）

无能力人，应由同居近亲任监护人之责，先父或母依次始及于妻。

【续】现行民事法规于禁治产制度，虽无明文规定，然实际上因心神丧失等情形，可认为民事无能力人者，应由其同居近亲任监护人之责而代之为法律行为。其所谓同居近亲，自应先父或母，依次始及于妻，尤为一定次序。故无能力人于有必要情形处分其财产时，有母在者，即由母代理，而不能由妻越权为之。若违此与他人订立负担义务之契约，并不得其母之同意或追认，则应认为无效。（十年上字第1611号）

第三节　责任能力

行为人之责任能力欠缺，其本人不负赔偿之责。

【续】凡侵权行为以有责任能力为成立要件，若行为人为无辨识行为责任之能力之未成年人，或加害当时系在心神丧失之状态者，则侵权行为之要件即不能不谓其有欠缺，该

行为人本人应不负赔偿之责任。（十一年上字第1212号）

第四节　住所

以永居意思住于一定处所以为生活本据者，为住所。

【正】住所之意义为何？现行法令尚无明文可据。按条理言之，自应以永居之意思住于一定处所而以为生活本据者，认为住所。（七年抗字第1号）

夫无住所时，妻得独立设定住所。

【正】为人妻者，负与夫同居之义务，固不得不以夫之住所为住所。但其夫并无住所者，则妻自得独立设定住所。无许其夫借口同居义务，而强其妻随同游浪之理。（七年上字第863号）

第五节　人格保护

名誉受侵害，得请求赔偿或慰抚。

【正】名誉受侵害者（名誉为人格权之一种），除得请求屏除其侵害外，并得于法律所许之范围内，请求损害赔偿或慰抚金。（五年上字第960号）

名誉与名节非一事。

【正】名誉与名节系属两事，未便混为一谈。再醮之妇假令即为失节，要不能遂谓其并无名誉可言。（六年上字第864号）

慰藉费之性质及判给慰藉费之准据。

【续】慰藉费固为广义赔偿之性质，究与赔偿物质有形之损害不同。赔偿物质有形之损害，例如医药、殡葬、抚养等费皆是。而慰藉费则系以精神上所受无形之苦痛为准据。若仅就被害人或其家属精神上所受无形之苦痛判给慰藉费，自应审核各种情形，例如被害人之地位、家况及与该家属之关系，并加害人或其继承人之地位、资力，均应加以斟酌。（八年私诉上字第77号）

人格权被害者，得请求赔偿物质上有形之损害及慰藉费。

【续】生命权系人格权之一种，人格权之被侵害者，被害人或其家属自得对于加害人请求赔偿其物质上有形之损害（例如医药、殡葬、抚养等费）及慰藉费（慰藉其精神上所受无形之苦痛）。（九年私诉上字第74号）

第六节　死亡宣告

第三章　法人

第一节　通则

法人为社会自然发生之组织体。

【正】凡法人之设立，有自由设立主义、特许主义、准则主义之区别。其采用准则主义者，法律中特别规定法人成立一定之准则，必合乎法定准则者，法律始认其成立。然此亦只对于法律施行后新设立之法人为然，若于法律施行前曾经认为成立者，则依法律不溯既往之原则，仍不得不设例外之规定，此关于法人有明文规定之国家之常例。至于无明文规定之国家，应否于法律上容认法人之成立，本属待决问题。惟法人之存在，本为社会上自然发生之事实，社会因种种之必要而发生特种之现象。国家惟有制定法则谋所以规范之，断无根本上加以否认之理。故若法律并无认许及限制明文，而在事实上别于个人有应独立享权利负义务之能力之人类集合体或财产固定体，当然不能不以为法人而认许其存在。（二年上字第 238 号）

法人成立之基础条件已备者，应认为合法存在。

【正】我国法律除关于公法方面及商事公司等外，别无规定一般法人之明文。社会因种种之需求实际上已成立之特种法人，苟具备其成立之基础条件，自不能不认为已经合法成立。（三年上字第 901 号）

法人之性质及其内部权义关系如何应查照，法无明文依习惯，无习惯依条理之原则为断。

【正】已成立之法人果应认为何种性质，又其内部之权利义务关系如何，应适用何种法则，自应查照法律。无明文则依习惯法则，无习惯法则则依条理之原则以为判断。（三年上字第 901 号）

社团法人与财团法人之区别。

【正】凡法人为达特种之目的，而由于人之集合者，曰社团；集合财产以供特定目的之需用者，曰财团。（三年上字第 901 号）

公益法人应以现年值理为代表。

【正】凡设置公益法人者，关于该法人之事务，应以现年值理为代表。故所有该法人负担之债务，应由现年值理为清偿。（四年上字第 314 号）

法人应由董事为诉讼代理人。

【正】凡法人为诉讼行为者，以其董事为法律上代理人，如由董事以外之人代为诉讼行为，则须有法人之委任。（四年上字第 2337 号）

外国洋行在中国不认为法人。

【正】外国人在中国开业洋行，无论其洋行之设立按其本国法制是否合于法人之组织，但按中国现行法令实无认外国洋行为法人之明文。（七年上字第 1158 号）

法人之董事或代表以法人名义所为之行为，即为法人之行为，国家机关之长官亦然。

【补】法人之董事或其他名义之代表，原属法人之机关，故凡就法人目的范围内之事务以法人名义所为之行为，即为法人之行为，其效力应直接及于法人。又国家所置机关之长官，系该机关之代表，其执行机关职务所为之行为，亦应同一论之。（十四年上字第

1969 号）

外国洋行及继承人不明之遗产，除法律为便宜计特以明文认为法人外，无当然认为法人之理。

【补】本院七年上字第一一五八号判决及七年统字第七九四号解释，不过因所指外国洋行及继承人不明之遗产，本不备法人之本质。除法律为便宜计特以明文认为法人外，无当然认为法人之理。故以现行法令无认许明文否认其为法人，并非谓具备法人本质之社团或财团，亦须有法律明文之认许，始得认为法人。（十五年上字第 1811 号）

第二节　社团法人

社团法人所需资财何出，与其法人之性质无涉。

【正】若成立之法人，其主要性质不外因人之集合以达其所定之目的者，则不问其所需之资财是否出于募捐抑或征诸会员，又是否全凭基金之孳息，均不失为社团法人。（三年上字第 901 号）

董事须由会员公举。

【正】社团法人选任董事，应由社团法人之会员公举之，否则其选举不能认为有效。（三年上字第 901 号）

会员入会除另有条规外，由总会议决。

【正】会员之入会，除社团法人另定条规外，应由会员总会议决之。（三年上字第 901 号）

第三节　财团法人

财团法人之目的应依条款认定。

【正】财团法人所属财产之使用，固得依其设定时之目的定之。然其设定之目的安在，自应以设定当时及其后之条款或其他种种确切之证凭为认定之根据。（二年上字第 122 号）

财团法人必要不可缺之要件。

【正】财团法人必要不可缺之基础，不外特定之目的及一定之财产，并现在活动之机关，斯三者俱备，则于社会上自可认其独立之存在。（二年上字第 238 号）

生前之捐助行为，继承人不得撤销。

【正】设立财团法人之人，已向主管衙门为允许设立之声请者，其继承人不得撤销其生前之捐助行为。（三年上字第 12 号）

捐助之庙产住持无处分权。

【正】凡寺院产业由施主捐助者，即为公产。该寺院之代表人（住持）对于此种产业仅有管理之权，而不能任意处分（《管理寺院条例》第十条）。（三年上字第 33 号）

施主对于所捐庙产无所有权。至管理权谁属，收益如何使用，应依施主意思为断。

【正】公立寺庙及其庙产，纵为施主以一定目的所捐助。但一经捐助之后，则其所有权即不属于原施主，而属于寺庙，因之原施主之间自不生何等共有关系。至庙宇并庙产应归何人管理，及其收益如何使用，应由何人决定，自应本于原施主之意思以定何人有此权利。若原施主无别样意思表示时，则此等权利之应归何人，自以有无正当取得此等权利之事实为断。(三年上字第161号)

住持于施主处分无故拒绝同意，或有特别习惯无须同意者，得仅经行政长官之许可。

【正】山主或施主处分庙产如有正当理由，而住持、僧道无故拒绝同意或有特别习惯法则认许施主、山主得独立为处分者，则仅得行政长官许可亦得为之。（三年上字第595号）

为一定公益所设之财产用于所定目的外之时，利害关系人得请求禁止

【正】个人为公益起见，以自己财产经营一定目的之事业者，该财产即属于一定目的之使用。故用于其一定目的以外之时，则利害关系人得请求主管衙门予以禁止。(三年上字第1053号)

财团法人之财产管理人不加注意时，得以裁判撤销其管理权。

【正】凡以自己财产捐助于一定目的之下者，该财产之集合即为法律上权义之主体。此项财产之管理人于财产之计算消费等项，自须加以相当之注意。若不加注意而反藉管理人之地位以耗费其财产者，则审判衙门得因利害关系人之请求，以裁判撤销其管理权，其以前取得管理权之原因如何，皆可不问。(三年上字第1057号)

特定财产之管理、管理人之选定虽无规条，而有多年确守之成规者，亦不得否认。

【正】凡为公众利益起见以一定之目的、方法设置特定财产者，关于该财产之管理与管理人之选定，皆应以规条订定。若规条内关于此等重要事项遗漏未载，而已有成规实行多年，为各利害关系人所确守，自不得以规条无明文而即否认其存在。（三年上之第1152号）

财团法人扩增事业，如另具备存立条件，应认为另一法人。

【正】设定财团法人后，当事人扩充或增添其原定目的事业者，其增添之事业是否仍应认为该法人目的事业之一部分，抑竟可认为另组织一独立法人？自应视其后组织之事业是否另具备法人存立之条件以为断。(四年上字第203号)

捐施财产指定专供特种之用并另选董事经管者，亦为有效规条。

【正】捐施人若对于财团法人捐施时，指定其所捐财产专供特种目的之需及其捐产所孳生之出息亦归特种团体，另选任首事经管支用者，只可认为捐施人特定之条款，于法当然有效。(四年上字第203号)

施主所原定之选任董事办法，即为规条。

【正】创立财团法人之捐助人，于捐助时所定选任董事办法，即为设立财团时所定规条之一部，本无会员选举董事之可言。(四年上字第203号)

捐助之庙产非施主同意，行政官核准，住持不得擅变原目的而为处分。

【正】凡施主捐助之产，其所有权属诸寺庙，住持非得原施主或其后人之同意并经该管行政衙门核准后，不得私擅变更捐施之目的而为处分（《管理寺庙条例》第十条）。（四年上字第204号）

财团法人财产若有正当理由，并已得设立人或其后人同意者，仍许其处分。

【正】财团法人之设立人关于其财产虽订有不许处分之规条，然为尊重设立人意思并谋法人利益计，若关于处分有正当理由并已得设立人或其后人同意者，仍应许其处分。（五年上字第182号）

捐助之庙产，捐主不得擅行收回管理。

【正】由施主捐助之庙产，纯为宗教公产，其所有权不属于原施主，亦不属于住持，而专属于该寺庙。故其住持管理不当或有他种情弊，施主虽可出而干涉，要不能擅行收回管理（《管理寺庙条例》第十条、第二三条）（五年上字第255号）

施主就所捐财产是否照预定目的施行，系有权过问。

【正】私人捐施行为若预定有特别目的时，则施主对于受捐者是否按照该特别之目的施行，自非绝无过问之权。（五年上字第286号）

捐助行为不以立字据为要件。

【正】捐助行为在现行法上并不以亲笔字据为要件。如有其他证据足以证明捐助行为之存在者，即不得不认其成立。（五年上字第461号）

为一定公益所捐集之财产，应专充原定事业之用，以移充他项公益者，应经长官许可并得施主同意。

【正】凡多数人为一定之公益事业捐集财产而不能视为各施主即捐助人所共有者，则该财产即系为一定目的所设置之财产。苟非其目的已达或已不能达，及法令或原订规条有别项规定者，自应专以充原定公益事业之用。其以之移充他项公益事业之用者，原则上除应经该省行政长官之许可外，并须得施主或其后裔全体之同意。惟于施主后裔人数过多，无从征取其意见时，始以主要施主之意思为准。（五年上字第508号）

财团法人之事项，除有习惯法则外，应以条理为准。

【正】民律未经颁布施行，关于财团法人之事项尚无明文规定，除有习惯法则外，自应准据条理以为判断。（五年上字第820号）

施主对于财团法人之董事有监察权。

【正】依我国现在至当之条理，凡财团法人之重要原施主，平日对于法人董事之处置产业有监察之权利。即于目的事业之维持发达，亦当然可以过问。（五年上字第820号）

财团法人解散无人清理，施主得为一切有益于法人之行为。

【正】财团法人因目的不能遂行或其他事故归于解散者，若依原立规条须举人清理或有董事担任清理，固应听其结束残务。否则法人解散无人清理之时，原施主自得为法人为一切有益之行为，或为之结束残务禀官立案，或企图再与以竟前志要，皆受官监督，不得稍涉偏私。（五年上字第820号）

仅住居于公庙所在地之人，对于公庙无权过问。

【正】地方公庙之保存，原施主或其后人固有权过问，其对于处分庙产亦有同意之权。若仅以住居于该地方毫无关系之人，藉词于地方公益为图谋私利之计妄行缠讼，自为法所不许。（五年上字第822号）

捐助财产未保留所有权者，则虽原定目的消灭，原施主及其后人亦不得处分。

【正】凡个人以一定目的捐施其财产供公众之用者，除于捐施之初即保留其所有权外，该财产即为有特定目的之独立财产，不复能认为原施主所有。故虽其当初所定之目的归于消灭，亦仅能依据法例改供他项用途，而不容原施主或其后人复行处分。（五年上字第1089号）

仅以财产之一时使用为捐施者，施主及其后人得任意收回，自由处分。

【正】原施主若仅系以其财产供公众一时之使用而未捐施其所有权者，则该施主及其后人自得任意收回，而于其所定目的消灭时得以自由处分，毫无疑义。（五年上字第1089号）

财团法人董事仅于法人目的范围内有代理权。

【正】财团法人之董事仅于法人目的范围内有代理法人之权，故其与他人所结处分法人财产之契约，亦以不逾越法人目的范围者为限，始能认为有效。（六年私诉上字第38号）

财团法人董事越权所为处分，对于法人不为有效。

【正】财团法人之董事，若竟逾越法人目的范围与他人结处分法人财产之契约，则纯为无权代理行为。无论其有无图害法人及图利自己或第三人之意思，与实际上法人是否受害，对于法人均不能发生效力。（六年私诉上字第38号）

寺僧领名之庙产，不得辄指为私有。

【正】向来寺庙置产仅由住持、僧人出名者，实属数见不鲜。自非别有佐证足证明确系寺僧以私财置买，即不得辄指寺僧领名之庙产为其所私有。（六年上字第799号）

住持私置之产得以处分。

【正】寺院产业由施主捐助者，即为公产。该寺院之住持对于此种产业仅有管理之权，而不能任意处分。若由住持私置之产业，则其所有权即属之该住持，该住持当然有完全处分之权。（六年上字第1009号）

寺庙原施主处分庙产，须经住持同意。

【正】寺庙财产应由住持管理，除独力建设之私庙外，虽在该寺庙之原施主（或其继承人），苟未经住持同意，亦不能因拨充公益事项经费，径以禀官处分庙产。（七年上字第822号）

因行政监督之设备未完，许施主有监督庙产之权。

【续】寺庙财产由施主捐助者，虽为宗教公产，然当此行政监督设备未能完善之时，为保持公益起见，自应予施主以监督之权。故本院历来判例均认施主对于寺庙及其财产于相当范围以内可以监督。（八年上字第 775 号）

住持无管理庙产能力者，得依声请选人代管。

【续】住持在未丧失其身份以前，当然有管理庙产之权。如果确无能力，则除依法有应行改选住持之情形外，审判衙门得依利害关系人之声请，选任代行管理之人。（八年上字第 845 号）

原捐主或其后人对于违反原定目的以使用捐出之财产者，得求禁止。

【续】凡由私人捐出供一定用途之财产，其所有权故不属于原捐主或其后人。而其使用之目的则非经原捐主或其后人同意，不得率行变更（如原捐主不尽明晰，则应得多数捐主之同意）。如果变更目的确有正当理由，而原捐主或其后人无故拒绝同意，得请求审判衙门以裁判代之。其在未经合法变更目的以前，原捐主或其后人对于违反原定目的之使用，自得请求禁止。（九年上字第 58 号）

财团法人财产之管理未定有规条者，得由审判衙门补定。其未定规条而有成规者，应推定捐助人意思，从其成规。

【续】以一定之公益目的捐助特定财产设立财团法人，就其财产之管理及管理人之选任，皆应以规条定之。若规条内无此规定，得依利害关系人之声请，由审判衙门为之补定。若于维持目的及保存财产上有必要之情形，利害关系人并得请求变更。其未定规条而有成规可循者，应推定捐助人之意思，从其成规。以有必要情形为限，虽成规亦得请求变更。（九年上字第 105 号）

住持不能以寺庙财产久归其管理，认为私产。

【续】寺庙财产，除可以证明系一家或一姓建立之私庙外，凡由施主捐助建设之庙产，不属于原施主，亦不属于该庙之住持，而专属于寺庙。在原施主固不能仍主张为个人所有，在住持亦不能以久归僧人管理，遂认为僧人之私产。（九年上字第 173 号）

地方公益团体就地方公有寺产之处分得以过问。

【续】由公众捐集为地方公有之寺庙，其依法成立之代表地方公益团体，于该寺产处分之当否，亦应有权过问。（九年上字第 458 号）

第四章　物

非定著物不随土地所有权移转。

【正】凡土地之定著物及地内未分之出产物，为土地重要成分，应随土地之所有权为转移。而所谓定著物者，即非变更土地之形状或灭损土地之利用，即不能搬动之物是已。

若既非地内产物又非定著物，则为独立之动产，虽附置于地内，而不必随土地之所有权为转移。（三年上字第869号）

土地房屋为各别不动产。

【正】土地房屋，应认为各别之不动产。（三年上字第892号）

种植物别无反证，应视为土地一部分。

【正】卖约内但称扫土杜卖田地宅院，对于该竹木尚无明示保留，如别无其他证据足以证明竹木须待另行处分，不在此次出卖之列。则本于民事法条理，定著于土地之种植物，应视同一体之原则，该项竹木当然认为系与土地一体出卖。（六年上字第179号）

第五章 法律行为

第一节 意思表示

给与相对人犯罪行为之报酬之契约无效。

【正】当事人因一方已实施其犯罪行为，他方遂允为一定之报酬而缔结契约者，其契约在法律上当然无效。（二年上字第77号）

解释意思表示，须通观全体，不能拘泥文字。

【正】审判衙门解释当事人之意思表示，虽有种种方法，要当就其表示当时之一切情形为全体之通观。决不能拘泥文字，致失当事人之真意。（二年上字第85号）

诈欺之意义。

【正】民事法上所谓诈欺云者，欲相对人陷于错误，故意将不实之事示之，令其因错误而为意思表示者也。（二年上字第145号）

赌博不能发生债权债务。

【正】以违背法令所禁止之规定为标的之法律行为，当然认为无效。其由此所生之权利义务，即属不能有效存在。赌博在现行《刑法》上本为处罚之行为，故不能由此发生债权债务之关系。（三年上字第6号）

契载文句系属衍文时，应依真意。

【正】解释当事人之意思，应以表意时之情形及一切之证凭为资料，断不能拘泥于契据之文字。故据当时事实及证凭足知契载文句系属衍文，并非表示真正之意思时，即应依其真意以为断定之标准。（三年上字第64号）

意思表示之意义不明，可依该地普通习惯为解释。

【正】意思表示不明了时，可以该地普通习惯为解释之资料。（三年上字第86号）

仅动机违法之行为非无效。

【正】法律行为因违反公共秩序或强行法规以致无效者，必其法律行为之内容果于公共秩序或强行法规有所违反。若法律行为内容并无违反，只其法律行为之动机违反者，则其法律行为仍属有效，而由此发生之债权债务自非有无效之可言。（三年上字第178号）

心中保留之表意为相对人所不知并不可知者仍有效。

【正】表意人故意为非真实之表意，而为相对人所不知并不可得而知之者，则表意人所表示者虽非真实之意思，而就其表示之意思则已发生效力，不能复对相对人主张无效。（三年上字第255号）

虚伪意思表示无效。

【正】表意人与相对人间通谋为虚伪之表意者，该当事人间之法律行为不为有效。（三年上字第255号）

心中保留意思表示无效。

【正】表意人于已表示之事项，其心中实保留有不欲之意思，而相对人已明知或可得而知者，其意思表示不生效力。（三年上字第580号）

因诈欺、强迫之意思表示得撤销。

【正】法律行为之成立，如因诈欺、强迫致当事人所为意思表示非出自由者，为保护表意人计，自应许其撤销。（三年上字第580号）

有害公安、公益之行为无效。

【正】凡法律行为之内容有害于公安、公益者，当然不能发生效力。（三年上字第742号）

就自己义务而要求相对人给与报酬之契约无效。

【正】若就属于自己义务之行为要挟相对人索取报酬致订立契约者，其内容实有害于公安、公益，不能认为有效。（三年上字第742号）

赦令前之不法行为之契约仍为无效。

【正】民国元年三月十日赦令除免条款内之犯罪行为，其罪刑虽经除免，而基于犯罪行为之契约仍属不能有效。（三年上字第753号）

表意人因一身特别事由不得已而为之意思表示，不得撤销。

【正】意思表示之出于强迫者，必其行为自身足以使表意人丧失其意思之自由。若表意人因一身上特别情形不得已而为意思表示者，是乃表意之缘由实与因急需而贱卖财务相类似，自难据以主张撤销。（三年上字第920号）

胁迫恐吓之意义。

【正】所谓胁迫恐吓，必其言语举动有足以使被胁迫恐吓之人发生恐怖心，致陷于不能不遵从之状态。而为此言语举动之人，亦必有使他人身体上或精神上受其压迫发生恐怖心之故意。（三年上字第1071号）

默示必另有他种举动，足以间接推知其意思。

【正】意思表示有明示默示之别。所谓默示者，虽未以言语行动明白表示其意思，而亦必

另有他种举动，足以间接推知其意思。若单纯之沉默，不得谓为默示。（三年上字第1203号）

当事人事后合意之解释，应依照办理。

【正】当事人就自己或他人意思表示之内容已为一定之解释而历久遵行者，无论其解释与原意是否全符，自应依照事后适法合意之解释办理。盖当事人关于自己之权利得以自由处分，乃民事法之大原则。故其后以合意所定之解释，如系不利于一方，得认其舍弃；而利于他一方者，亦得认其承认故也。（三年上字第1214号）

旗民交产驰禁前抵受旗地者无效。

【正】清律“典卖田宅”门内载有“旗地旗房不准民人典买，违者处罚”之条例。此项条例为嘉庆十五年所纂入，至咸丰年间始准旗民交产，同治五年编入户部则例，光绪十五年又由户部奏准规复不准交产旧制，至光绪三十三年始由度支部奏准删除。故人民在禁止交产时期内抵受旗地者，不能生移转土地所有权之效力。（四年上字第217号）

法律行为之通常内容苟非特行除去，应认为存在。

【正】依行为性质或习惯通常认为法律行为内容之事项，如非行为人特表示除去之意思，则该事项即为其行为内容，有拘束行为人之效力。（四年上字第227号）

欠缺原因或原因违法之行为无效。

【正】法律行为之原因与其缘由，有别除依法律规定及行为性质为不要原因者外，如欠缺法律上原因或原因为违法，则该行为即不能有效成立，即当事人不得主张由该行为所生之权利。（四年上字第289号）

违反强行法规之行为无效。

【正】法律行为之有效成立，系以行为之标的合法为要件。故其标的若与行为时之强行法规显相抵触，则当然不能发生效力。（四年上字第317号）

以他人间确定判决内容为内容之行为，不能藉口诉讼法则主张无效。

【正】判决之效力依诉讼法原则固不能拘束当事人以外之第三人。但当事人一造本于判决之结果与第三人为法律行为，第三人明知其判决内容而不声述异议者，自可认为有以该判决内容为法律行为内容之默示意思表示，事后自不容藉口诉讼法则而希图翻异。（四年上字第407号）

施惠之意思与舍弃权利行为之成立无涉。

【正】舍弃权利时，舍弃人是否有施与恩惠意思，系所谓法律行为之缘由（即决意为某法律行为之理由或动机），于舍弃行为之成立并无何等影响。（四年上字第665号）

共犯间不生债权关系。

【正】共犯间之因犯罪所生之债权关系，法律上不予保证。（四年上字第819号）

理论上、经验上依其行为可断定其有该意思者为默示。

【正】行为人虽未明示何种意思，而依其行为由理论上或经验上当然可断定有该意思

（即系有消极之动作）者，始得谓为有默示之意思表示。（四年上字第960号）

解释意思表示，虽不能拘泥文字，亦不得全舍文字。

【正】解释契约虽应探求立约人之真意，不能拘泥于契约之文字，但亦不能全舍文字而为解释。（四年上字第975号）

意思表示之旨趣甚明，不得任意为扩张或缩小之解释。

【正】其契约文字之旨趣既已甚明，即应从其旨趣，不能任意为扩张或缩小之解释。（四年上字第975号）

意思表示不以立字画押为必要方式。

【正】意思表示原不以立字画押为成立要件。（四年上字第1388号）

押字系何字组成，于签押承认效力无涉。

【正】书据之签押原为本人已承认其内容之标志，而其押系由何字组成，实于签押承认之效力毫无关涉。（四年上字第1596号）

书据内容有争者，应先用通常文义为解释。

【正】书据之内容两造互有争执者，自应首先用通常文义以为解释。（四年上字第1730号）

强迫与表示之意思须有因果联络。

【正】所谓强迫应与所表示之意思有因果联络，即因他人表示有将加不利之威胁因而生畏怖心，不得不表示其意思者而后可。如果威胁行为系由行使权利人以正当方法行之者，不在强迫之列。（四年上字第1739号）

被胁迫之表示之撤销，得与善意第三人抗。

【正】凡被胁迫而为之意思表示之撤销，其效力并得与善意第三人相对抗。（四年上字第1809号）

言语亦足以为胁迫。

【正】胁迫恐吓本人不限于举动一端，即故意以言语使人发生恐怖心，致陷于不能不遵从之状态者亦是。（四年上字第1980号）

习惯上要件不备之行为不生效力。

【正】习惯法则如关于法律行为之成立有一定之要件，则凡未备要件者，其行为虽属真实，亦不能发生效力。（四年上字第2351号）

债务人因被拘押所为之意思表示，不得谓为胁迫。

【正】由于胁迫之意思表示，为保护表意人利益计，固应许其撤销。惟胁迫之构成，以有不正危害为其要件。若官厅于法律所许范围内，依债权人请求拘押债务人，则为适法之处置，不能以不正危害论。该债务人因被拘押而为之意思表示，即不得谓为出于胁迫，自不容仅藉口被押主张撤销。（四年上字第2417号）

行为与不关公益之习惯抵触者，仍以行为为准。

【正】不关公益之习惯法则与契约相抵触者，为尊重当事人意思起见，自应以契约为准。（五年上字第51号）

巧避重利之名违禁取利行为，其违禁部分无效。

【正】凡以违背法律中禁止规定之事项为标的者，其法律行为为无效。如债权人乘债务人之急，故违现行法上放债利息不许过三分之规定索取重利，而又巧避重利之名，将利息写成原本，则该借约关于违禁取利之部分自属无效（现行律钱债门违禁取利条律）。（五年上字第457号）

关说官府所立之执帖，不能认为有效。

【正】为人关说官府所出立之执帖，既出于不法之原因，纵不必为收受贿赂，要自不能认为有效之债务，即自无保护之余地。（五年上字第993号）

虚伪表示之无效，不能对抗善意第三人。

【正】当事人间通谋而为虚伪之意思表示纵属无效，然不能以之对抗善意第三人。（六年上字第152号）

错误之意思表示得撤销。

【正】意思表示之内容若有错误，或表意人若审知其事情即不为此意思表示者，得撤销之。（六年上字第158号）

因第三人诈欺之意思表示，以相对人明知或可知为限，得撤销。

【正】因第三人之诈欺而为意思表示者，以相对人明知其事实或可得而知者为限，亦得撤销。（六年上字第158号）

胁迫未除去时之追认不能有效。

【正】被胁迫人于胁迫未除去时所为明示或默示之追认，不能认为有效。（六年上字第1174号）

买空卖空与赌博同科。

【正】定期买卖与买空卖空之区别，当以买卖当事人在订约之初，其意思是否在授受实货，抑仅计算市价差额以定输赢为断。如果买卖当事人之初意仅在计算市价差额以定输赢，即为买空卖空，事与赌博同科。即两造互为买空卖空，一造所输之款不能认为有效成立之债权。惟当事人之初意何在，究不容仅凭至期有无实货授受之事实以为臆测。倘其买卖原约明以至期以实货授受为标的，而嗣后因另立转卖买回之契约，或因违约不能履行其结果，仅依市价差额以为赔赚者，则究与初意即在依市价差额赌赛输赢者不同，仍不能以买空卖空论。（七年上字第537号）

以祀产收益之一部划归义子，其契约不为有效。

【续】义子于其义父应得之祀产固非有承受之权，而义父或其后嗣依契约将应得祀产之收益划出一部给予义子者，其契约内容既不悖于强行法规，亦于社会公益无所妨害，依契约自由之法则，既不应认为无效。（八年上字第 750 号）

契约之解除，不拘方式。

【续】契约之解除，如无特别法规或习惯，自应不拘方式。故买卖契约之解除，如无特别法规或习惯，不以退回交单为必要方式。（八年上字第 1042 号）

表意人仅其表意缘由因他故变更者，不得撤销。

【续】法律行为之被诈欺或强迫者，必其相对人或第三人之行为足以使表意人发生误信或丧失其意思之自由，始得谓之诈欺或强迫。若当法律行为成立时，表意人之所为全系出于自由意思，仅表意之缘由因其他事情致有变更者，表意人既不能据以主张撤销。（八年上字第 1284 号）

买良为娼及原系为娼复行转买为娼之契约无效。

【续】以为娼为标的买受良家子女者，依现行律例及《禁革买卖人口条例》，其买卖契约当然无效。即或原系为娼复行转买为娼者，亦同（现行《律犯奸门买良为娼条例》、《禁革买卖人口条例》）。（九年上字第 846 号）

《刑律》颁布后，贩卖鸦片烟虽在外国条约输入年限未满中，仍为违法行为。

【续】民国元年颁布新《刑律》既将禁止贩卖鸦片烟列入专条，自后凡属贩卖鸦片烟即为犯罪行为。虽对外不能因此取消其条约上所定输入之年限，而人民要当受颁布在后之国法之拘束。不得藉口条约谓在其所订输入年限未满之中，尚不为违法之行为（《刑律》第二六六条、第二六八条）。（九年上字第 989 号）

共同不法行为人间，不能因其行为发生权义。

【续】共同为不法行为者，其共同行为人间不能因其行为发生权利义务。（九年上字第 989 号）

意图销毁制钱，与人缔结收买之契约为不法。

【续】销毁制钱既有明禁，则因意图销毁而与人缔约收买者，其契约即属不法。（十年上字第 334 号）

有告知之义务，因不告知而为之意思表示，亦得撤销。

【补】因被诈欺而为意思表示者，得撤销之。而以欺罔之故意不将自己已知之事项告知相对人者（如在法律上、契约上或交易之习惯上本有告知之义务），则相对人因其不告知而为意思表示时，亦属被诈欺之一种，自应许其撤销。（十五年上字第 227 号）

依文书为法律行为者，只需当事人署名或其他同意之表示，即受拘束。

【补】按依文书为法律行为者，只须当事人曾在文书署名或有其他同意之表示，即应受文书内容之拘束。至文书之成立系由于笔写或印刷并其他形式，均所不问。（十五年上字第 727 号）

第二节 契约

契约仅有要约不能成立。

【正】无论何种契约，徒有要约而无承诺，自属不能成立。（三年上字第195号）

承诺须于要约到后相当期间内为之，逾期之承诺视为新要约。

【正】契约之成立，应于要约到达后相当之期间内为承诺之表示。承诺逾相当期间，于要约既失效力后始行到达者，则只可视其承诺为新要约。（三年上字第195号）

依通常惯例或特别意思表示其承诺，可不必通知。

【正】契约之成立若依契约地或当事人间之通常惯例，或要约人之意思表示，其承诺可不必通知者，则自有可认为承诺之事实时，为其契约成立之时期。（三年上字第195号）

契约准备费原则上应由两造分担。

【正】契约之准备费，除有特别订定外，无论契约成立与否，均应由两造各自负担，不能请求赔偿。（三年上字第206号）

契约以两造表意合致为要件。

【正】契约之成立，以当事人两造意思表示之合致为要件。（三年上字第241号）

契约之书面形式不完全，无妨于契约之成立。

【正】凡当事人间缔结契约，其书面之形式虽不完全，而据他之方法足以证明其两方意思已有合致之表示者，自无妨于契约之成立，当然发生法律上之效力。（三年上字第360号）

一造要约一造承诺者，契约成立。

【正】依契约通例，当事人一方要约一方承诺，意思表示合致，契约即可成立。（三年上字第574号）

署名、盖印非契约成立之要件。

【正】署名、盖印非通常契约成立之要件。（四年上字第1164号）

定有承诺期间，要约经过期间即失效，要约人无催告之义务。

【正】要约之定有承诺期间者，经过所定期间时即失其效力。在要约人并无于所定期间外复行催告之义务。（六年上字第1374号）

立契时一造未到而确已同意者，其契约即为成立。

【续】作成契据并不以当事人同时在场为成立之要件。故立契之时虽或一造未到而确已表示合意，其意思表示亦别无无效或撤销之原因，于法即应认为有效成立。（九年上字第117号）

当事人一造不能以无关系之第三人不同意为理由主张解约。

【续】当事人缔结之契约一经合法成立，其在私法上之权利义务即应受契约之拘束。

不能由其一造以无关系之第三人对于该契约不予同意为理由主张解除。（十一年上字第1333号）

约定契约须作字据时，在未作以前，其契约为不成立。

【续】凡契约当事人如约定契约须作字据时，则其意思原以字据为契约成立之要件。故于未作字据以前，应认其契约为不成立。（十二年上字第1161号）

物权契约与债权契约之区别。

【补】查契约有物权契约，有债权契约。在物权契约，无所谓履行义务之观念，依其契约之成立即以设定或移转物权；而在债权契约，则以使债务人负担给付之义务为目的，依其契约仅发生移转物权之义务，因其履行义务尚须缔结物权契约。（十四年上字第598号）

第三节　代理

撤销或拒认之无权代理行为，不能以裁判令其成立。

【正】查无权代理，依据条理，善意之相对人于本人未追认前，应有撤销原约之权，而本人则有追认或拒绝之权。若一经合法撤销或不予追认，即不能反于当事人之意思更以裁判，令其契约成立。（二年上字第7号）

无权代理人对于善意相对人，应自任其责。

【正】无权代理人所为之行为，对于善意之相对人（即相对人对于该代理人之行为，有足信其为有权限之正当理由者），应由代理人自任其责。（三年上字第77号）

不能证明代理权并经本人拒绝追认者，该代理人对于相对人应履行或赔偿。

【正】代理他人订立契约者，事后不能证明其代理权并经本人拒绝追认，则该代理人对于相对人须负履行或损害赔偿之责。（三年上字第383号）

代理人行为直接于本人生效者，须具二要件。

【正】代理人之行为能直接对于本人生效者，在原则上须具二要件：（一）为本人所委任之事项；（二）须以本人之名义。（三年上字第654号）

越权代理即系无权代理之一种。

【正】无权代理人擅以他人名义为法律行为，与不守本人委任之范围而擅与他人为法律行为者，于用语上虽可分为越权代理与无权代理，而理论上则越权代理亦即无权代理之一种。（三年上字第654号）

官吏得为国家私法行为之代理人。

【正】国家官吏为国家为私法上行为者，则在私法关系上即应认为国家之代理人。（三年上字第836号）

代理权之消灭，不得对抗善意第三人。

【正】代理权之消灭，不得以之对抗善意第三人。其代本人所为之法律行为，对于本

人仍生效力。（三年上字第 1232 号）

相对人不知为无权代理者，得撤销之。

【正】代理无权人所订立之契约，以相对人非明知其无代理权者为限。于本人未追认前，相对人得撤销之。（四年上字第 371 号）

无权代理行为因本人追认而有效。

【正】凡无代理权人以代理本人之意思与他人缔契约者，若经本人合法追认，则该契约即直接对于本人发生效力。（四年上字第 400 号）

同居家族代全家所负债务，得向家长或其余家族请求履行。

【正】同居家族之一人若代全家族与他人为负担债务之行为者，因该行为所生之债务，固得向主持家事之人或其余家族请求履行。（四年上字第 531 号）

意定代理关系以授权为发生原因。

【正】代理关系除法定代理外，应以本人之授权行为为发生原因。即本人与代理人之间须有委任或依其他方法授以代理之权而后可。（四年上字第 552 号）

代理人因代理受有款项或其他给付者，本人得请求交出。

【正】代理人如能证明有代理关系者，则所有履行契约之义务即专在本人而不在代理人。若代理人因订立契约受有款项或其他给付，以不能证明已交付本人者为限，本人得对于该代理人请求返还。（四年上字第 552 号）

无权代理行为不能对于本人生效。

【正】无权代理人所为之行为非经本人追认，不得对于本人发生效力。（四年上字第 1565 号）

本人就无权代理行为拒绝追认者，其行为自始无效。

【正】本人对于无权代理人所为之行为拒绝追认之时，其行为自始即为无效。则因其行为所生之变动即应回复原状（例如已交付之物即应返还）。（四年上字第 1565 号）

无权代理行为自始无效，应回复原状，相对人不得拒绝本人请求。

【正】无权代理行为之相对人，纵因不知其为无权代理受有损害，亦只能向无权代理人请求赔偿，无对本人拒绝回复原状之理。（四年上字第 1565 号）

代理人选任复代理者，须就其选任及监督负责。

【正】凡代理人经本人之许诺或因有不得已之事由而选任复代理人者，除其复代理人系由本人自行指定者外，该代理人须就复代理人之选任及监督对于本人负责。（五年上字第 243 号）

代理人权限内之行为，其效力直接及于本人。

【正】代理人于其权限内以本人名义所为之意思表示，直接及其效力于本人。（五年上字第 731 号）

无权代理行为之相对人，不能向本人请求赔偿。

【正】自称代理人之行为，除经本人合法追认外，其效力不能及于本人。故相对人虽因该行为受有损失，亦不得对于本人请求赔偿。（五年上字第819号）

共有人一人有权代理他共有人以处分共产者，仍直接对各共有人生效。

【正】共有人中之一人如有代理他共有人处分财产之权者，则其行为依代理之法理，自可直接对于各共有人发生效力。（五年上字第949号）

代理权之授与，以明示或默示之意思表示为之。

【正】代理权之授与为法律行为之一种，须以明示或默示之意思表示行之。而购买货物之代理权与出售货物之代理权系属别为一事，亦不得仅以其曾授购货之代理权，遂可即推定其于售货亦有同一之授权。（六年上字第38号）

托人代为出卖并表示不限定买主为何人者，受托人所订卖约，卖主应受拘束。

【正】卖主一方如果对于第三人托其代为出卖，并经明示或默示表示不问买主为何人皆愿卖给者，即无论该受托之人与何人订结卖约，原卖主均应受其约束。（六年上字第179号）

授与代理权后变更其范围，应通知相对人始生效力。

【正】代理权授与之后，其代理权范围之变更，应至授与人将代理权变更通知于相对人之时始生效力。（六年上字第847号）

代理人不声明代理者，应自负其责。

【正】代理人不声明为本人之旨与相对人为法律行为者，对于该行为应自负其责。（七年上字第270号）

代理人虽未明示本人名义，而相对人明知其代理或可得知者，仍不能对于代理人主张其自为。

【正】代理人未明示本人名义而为意思表示者，应视为该代理人所自为。惟相对人明知其代理权或可得而知者，不在此限。（七年上字第351号）

有能力之子在其父授权范围内为代理行为有效。

【正】有法律上行为能力之子代理其父为法律行为者，如果所代理之行为本在授权之范围内，对于其父当然有效。（七年上字第549号）

未成年人有辨识力，即得为他人代理。

【正】未成年人为自身负义务之行为与代理他人所为之行为不能尽同。故苟有辨识力为限，虽属未成年人，亦断无不能为代理行为之理。（七年上字第1517号）

无权代理之契约，相对人得定期催告本人确答。本人不确答者，视为拒绝追认。

【续】无代理权人以他人名义订立契约者，相对人得定相当期间，催告本人于期内确答是否追认。如本人不于期内追认，即视为拒绝追认。（九年上字第647号）

代理权限未定明者，仅得为保存及利用改良之行为。

【续】代理之权限即未明白订定，则按诸条理仅有权为保存行为及于不变原有权利性质之范围以内，为利用改良之行为。（八年上字第 1122 号）

共有金钱债权之债权人，原则得分别请求清偿。

【续】共有之金钱债权而以受领清偿之权限授与于一债权人者，嗣后他债权人得撤回其所授与之权限而自己分别请求清偿。（八年上字第 1122 号）

授权人已将授权于他人之事通知或公告者，其人所为之行为应对于本人生效力。

【补】授权人将已授与代理权于他人之事通知第三人或公告者，因第三人常信其人有代理权，为保护第三人之利益计，固不问有无授与其人以代理权，而第三人与其人所为之行为应对于本人生效力。惟授权人于授权之事如仅准备公告而并未依法践行公告程序，则第三人尚无由确信其人有代理权，其人所为之行为即不能对于本人生效力。（十四年上字第 2902 号）

复代理人之代理权当然限于代理人权限以内之事项。

【补】复代理人之代理权因代理人之授权行为而生，当然限于代理人权限以内之事项。（十四年上字第 2902 号）

第四节　条件及期限

契约附有停止条件者，在条件成就前不生效力，让与人得将该标的物卖与第三人。

【正】让与不动产之契约附有停止条件者，在其条件成就以前不能发生移转权利之效力。故让与人于条件成就前如将标的物卖与第三人，不得遂以处分他人之所有物论。易言之，即将来条件如果成就，该标的物仍应照约归让受人取得。彼时让与人与第三人间之买卖行为，于法固应失效。而于现在条件即未成就以前，则固不能认其买卖为不合。（四年上字第 935 号）

承认附有条件者，应俟条件成就方生效力。

【正】凡就他人之债务为承认者，如承认人就其承认附有条件时，则其承认效力之发生，自应视其条件能否成就为断。（四年上字第 2055 号）

赠与原有条件后经除去者，非新赠与行为。

【续】原先赠与附有解除条件以后成为无条件者，并非新赠与行为。（八年上字第 146 号）

第五节　无效撤销及同意

无效之法律行为，审判衙门应不待当事人之声明即认定其无效。

【正】反于强行法规之行为，法律概认为无效。无效行为与撤销行为异，审判衙门应不待当事人声明当然认定其无效，即不得以之为断定权义关系发生之渊源。（二年上字第

100 号）

同意与否不以曾否签押为断。

【正】同意与否不仅以契据上之曾否签押为断。故苟有其他事实足以证明其已经为明示或默示（有消极动作）之同意者，则难以未经签押主张契约为无效。（三年上字第 374 号）

行为须有撤销之原因而并未追认者，始得主张撤销。

【正】以意思表示有瑕疵为主张撤销之原因者，必其原因确系存在而并未曾为追认之意思表示者，而后可主张撤销。（三年上字第 499 号）

子已成年，母独断处分家产不为有效。

【正】凡父亡遗产由亲子或嗣子承受，子未成年者，由其母管理并代为必要之处分。若子已成年，则应由子得母之同意处分遗产。仅母自己独断之处分不为有效。惟父有遗言命为财产上之处分，而母嗣后执行遗命者，则与父自为之处分无异，即非母自己独断之处分可比。（三年上字第 669 号）

法律行为之撤销权，因撤销权人之追认而丧失。

【正】得以撤销之契约若经撤销权人合法追认，则其撤销权即当然丧失。（三年上字第 708 号）

须得他人同意之处分行为，未经同意不为有效。

【正】法律上应得他人同意始能为处分行为之人。若不得该同意权者同意而为处分物权之意思表示，该物权并不因而移转。（三年上字第 799 号）

无效契约有时成立他契约。

【正】契约有无效之原因，而当事人若知其无效，即有欲为他契约之意思且已具备他契约之要素者，应认为有他契约之效力。（三年上字第 1001 号）

佃户不得私典业主地亩。

【正】物权之设定非有正当权利人为之不生效力。故佃户私典业主地亩，即于法律上不能不负赎还之责任。（三年上字第 1253 号）

撤销权除本人外，惟法定代理人、承继人或夫有之。

【正】法律行为之撤销权除本人外，非法定代理人、承继人或夫不得行之。（三年上字第 1311 号）

共有地由一人典当者无效。

【正】共有地人中之一人未得他共有人同意，私以共有地全部典于佃户，其处分物权之意思表示自初即属无效，则两造相互间之关系自等于并未设定。此项典当时之情状，即佃户对于各共有人纳租之义务，应照原有佃约交纳，自始即无可免责。（四年上字第 356 号）

法律行为被撤销者，视为从始无效，须回复原状。

【正】被撤销之法律行为视为从始无效。故一经撤销之后，须各回复其未结契约以前

之状态。(四年上字第371号)

无效之物权行为，无碍于债权关系。

【正】处分他人之所有权，虽不能发生物权得丧之效力，而得发生债务之关系。苟其行为别无无效原因，即不得遽认为无效，并其债权债务之关系而亦否认之。(四年上字第455号)

无处分权人之处分行为不能发生效力。

【正】凡无处分权之人处分他人之物，与人缔结典卖契约者，其债权契约固属有效，而对于物权法上则并不能发生效力。(四年上字第469号)

无效行为之当事人应回复原状。

【正】缔结无效契约之当事人应负回复原状之义务。(四年上字第521号)

契约一部无效，非他部亦无效。

【正】契约一部之无效，原则上并不使他一部有效订立之契约亦归无效。(四年上字第1218号)

卑幼私擅典卖尊长提留之产者，不生效力。

【正】卑幼典卖尊长提留之产，无论其相对人（即典卖主）是否善意，均不能生物权法上之效力。即令典卖主实不知情，亦仅能向擅卖得价之人要求返还契价，自不得遽谓该田产已适法移转所有。(四年上字第2029号)

无权利之人处分行为，经权利人之同意或追认而有效。

【正】无权利人就权利标的所为之处置，经有权利人同意或追认而生效力。(四年上字第2243号)

无权利人迨后取得权利者，其处分行为应追溯当时认为有效。

【正】凡无权利人之处分行为，若嗣后该无权处分人已取得其权利，即应追溯当时认为有效。故在前纵已非其所有不能处分，迨其继承权利之时，即已成为有效之行为。(四年上字第2259号)

被承继人财产于其生存中承继人为处分者，其处分为无效。

【正】承继人于被承继人生存中处分被承继人之财产者，其处分行为不能发生效力。(四年上字第2318号)

成年之子私擅处分家财，其子本人及第三人不得撤销。

【正】凡成年之子未得其母之同意私擅处分家财者，仅其母有撤销之权，其本人及第三人均不得主张撤销。(四年上字第2385号)

非利害关系人不得主张行为无效。

【正】法律行为之无效，非有利害关系人不得率行主张。(五年上字第851号)

子之私擅处分，须经其父追认始能有效。

【正】父之财产其子私擅处分者，固不生物权法上之效力。惟嗣后经其父之表示追认者，仍应认为有效。（五年上字第1188号）

惟所有人得主张无权处分之无效。

【正】凡无权处分他人财产者，该所有权人自得主张该处分行为为无效。若与被处分物无关系之第三人，则亦不许率行干预。（五年上字第1459号）

保管人不得为有效之处分。

【正】凡仅保管他人所有物，未经其所有主授以处分之权限而擅行处分该物者，其物权并不因而转移。（六年上字第460号）

须得同意之行为，经事前预示同意或事后追认者，均为有效。

【正】法律行为须经他人同意者，其同意不必限于行为时为之。若于事前预示或事后追认，均在有效之列。（六年上字第978号）

浪费人处分行为撤销之结果，两造负回复原状义务。

【正】浪费人之处分行为经保护人撤销后，其撤销之结果双方应各负回复原状之义务。故所受相对人之价金决无可以不当利得而不予返还之理。（六年上字第1178号）

法律行为之无效，即行为人本人亦得主张。

【正】以违反禁止法规之事项为标的之行为，系属无效。法律行为之无效，即行为人本人亦得主张之。（七年上字第1071号）

得撤销之行为经追认后，视为从始不得撤销。

【正】许撤销之法律行为嗣后经撤销权人明示或默示为合法之追认者，则其行为应视为从始不得撤销。（七年上字第1105号）

契约失效后另立之新约，不受旧约之影响。

【续】契约虽因条件成就而失效或根本不生效力。但当事人于条件成就后，另以同一或相当之内容成立新约者，如果新约别无应行失效之原因，则旧约之有无瑕疵及是否业经解除，均可不问。（八年上字第323号）

无效之法律行为如具备他法律行为之要件时，可依当事人之意思生他行为之效力。

【续】当事人所为之甲行为虽属无效，而实已具备乙行为之要件，且查据当事人意思亦可认其愿为乙行为者，依法即可发生乙行为之效力。（八年上字第1414号）

凡本于违反禁止法规法律行为之请求，均不得于法律上为之。

【补】违反禁止法规之法律行为，苟在该法规未经废止及本人未经追认以前，凡本于该行为之请求，均不得于法律上为之。（十四年上字第1970号）

法律行为苟具有无效原因，不问行为人在行为时是否知悉，均应许行为人得以主张。

【补】法律行为之无效，乃属确定性质。苟具有无效原因，不问行为人在行为时是否知悉，均应许行为人得以主张。故立嗣而违背法定条件，即令初为立嗣人或同意立嗣之人所明知而既属根本无效，自亦得于事后主张。（十五年上字第 490 号）

撤销诉权之客观要件。

【补】撤销诉权之客观要件，只须债权人将因此受害，即其债权有不能受满足清偿之危险，即为已足。至该受益人或转得人取得利益是否出于有偿，即曾否为反对给付，在所不问。（十五年上字第 629 号）

第六章　期间及期日

计算年龄不必满岁。

【正】民事上之成年计算，不以满年为限。故一届十六岁，即为成丁。（五年上字第 833 号）

第七章　时效

第一节　通则

《民律》草案所定时效规定，不得援用。

【正】一般时效制度，现行法例并无明文。故凡《民律》草案所有权之取得时效及回复继承权不消灭时效等规定，自难遽行援用。（三年上字第 472 号）

典当时效惟受益之典主得主张之。

【正】典当时效之制本所以保护典主之利益，既非典主，自不能主张。（三年上字第 472 号）

现行法上无一民事时效之规定。

【正】现行法上除关于特种时效之特别法令外，一般民事时效规定全付缺如。（三年上字第 877 号）

时效非判决所可创定。

【正】现时民法法典尚未颁布，关于何种权利之取得消灭应有时效，并时效期间应如何开始完成，须有明文规定，审判衙门自未便遂以判例创定。（三年上字第 910 号）

奉省田房典当之时效。

【正】奉天《田房税契章程》内载：“典当之契概以二十年为限，逾期不赎即作绝卖。”自系一种特别时效之规定，关于时效制度之一切原理自应适用，以期贯彻时效制度之精义。是以典当田房回赎请求权，依该章程固因二十年不行使而消灭。但此二十年时效进行中，业主曾请求回赎，或二十年时效完成后业主请求赎回而典主允赎者，其时效应再开始进行。盖前者认为时效之中断，后者可认为时效利益之抛弃故也（奉省《整理田房税

契章程》第七条）。（四年上字第 322 号）

三十年外不许回赎之律早经节删，不得援用。

【正】民国元年三月初十日大总统令关于援用从前施行之法律，系指继续有效者而言。其前清律例所载三十年外不许找赎之规定，当修改时早经节删，并未复活，自属不能援用。（四年上字第 1044 号）

受益人得抛弃时效利益。

【正】由时效所生之利益，其受益人于时效完成后，本得自由抛弃。（五年上字第 240 号）

第二节　取得时效

除有特别法令外，不得因耕种多年即认为所有权取得时效成就。

【正】土地所有权时效制度，除关于特别事项已有规定外（如奉省《田房典当章程》过二十年不许回赎之类），现行法例上并无明文采行。自不得以耕种该地历有多年，遽谓为取得时效成就。（三年上字第 623 号）

第三节　消灭时效

债权人虽历久未请求其债权，亦不消灭。

【正】现行法上并无关于消灭时效之规定。债务人如因债权人之请求权历久未尝行使，遂主张其权利已罹时效而消灭，于法自属毫无根据。（五年上字第 461 号）

第八章　权利之行使及担保

债权人遇急迫情形，得以自力扣取债务人之财产。

【正】债权人如遇急迫情形致其债权有不能受清偿之虞者，于必要限度内固得以自力扣取债务人所占有之财产而保留之，以保卫其债权。（三年上字第 580 号）

防卫权利之急迫行为，虽加害他人，亦不负赔偿之责。

【正】凡对于他人不法之侵损，为防御自己或第三人权利所为急迫不得已之加害行为，不负赔偿损害之责。（三年上字第 680 号）

非有急迫情事，私人无须自为保全权利。

【正】国家关于民事诉讼已有设备，则个人关于私权上之争执，尽可请求国家机关以公力救济。苟非真有急迫之情事，无须个人自为保全之行为。（三年上字第 778 号）

债权人为自力救济夺取债务人财产，告于官司或实际上无官司可告者，亦非违法。

【正】按现行律“违禁取利门”内规定，“若豪势之人不告官司，以私债强夺去人孳畜产业者，处罚若估价过本利者，计多余之物坐赃论，依数追还”等语。寻绎立法本意，债权人恃强夺人财产，于法虽应严禁，然使债务人违约不为清偿，而债权人竟不能藉自力以救济之，亦非情理之所应有。故凡债权人夺取债务人财产，而曾经将其事告于官司，即为适法行为。推而广之，则其时其地在实际上已无官司可告，为保全债权起见，有不能不以自力救济者，虽债权人以私债取人财产，亦不得谓为违法（现行律钱债门违禁取利条律）。（三年上字第842号）

债务人除有提出担保义务外，债权人不得请求其提出。

【正】债务人除在法律上负有提出担保之义务者外，债权人不得违反其意思请其提出担保。（三年上字第1034号）

行使权利、履行义务，应依诚实信用。

【正】行使权利、履行义务，应依诚实及信用之方法。（四年上字第32号）

滥用权利不为法律所保护。

【补】行使权利若非图自己之利益，而专以损害他人为目的者，谓之权利之滥用，不在法律保护之列。（十五年上字第610号）

土地所有人务使占有人拆去房屋以损其价格，自属滥用权利。

【补】占有人于其占有土地所建筑之房屋，土地所有人虽得请求拆去，然依其情事可认土地所有人依占有人请求偿以相当费用，而将房屋收归已有，实与请求拆去房屋可得全然同一之利益者，若土地所有人必使占有人拆去房屋以损其价格，自不得谓非权利之滥用。（十五年上字第610号）

谱牒于私人权利义务不生重大之影响。

【补】谱牒仅以供同族稽考世系之用，于私人权义不生重大影响。故其记载虽有错误，而苟非确有利害关系，即属同房族之人，亦不许告争。（十五年上字第1312号）

第二编　债权

第一章　通则

第一节　债权之标的

特定物债务之履行。

【正】以特定物为买卖标的者，卖主不得以同种类数量之他物代为给付。买主所买者，既系有一定四至之地亩，则苟易一地，虽种类数量与之相同，亦不得强之以必受。（三年上字第375号）

利息以算至裁判执行之日为原则。

【正】计算利息，除地方有特别习惯及当事人有特别订定外，以裁判执行之日为计算

终结之期。（三年上字第 718 号）

每月息上加息之办法，不应许可。

【正】关于利息，除规定利率至多不得过三分外，并无何等之制限。惟每月息上加息之办法，其结果必间接超过三分利率。故依该律例之类推解释，自属不应许可。（三年上字第 718 号）

利率无约定者，依该地通行利率。

【正】利率有约定者，依约定；无约定者，依该地通行之利率。（三年上字第 781 号）

利率每月三分之限制。

【正】凡约定利率未超过每月三分者，不得谓为无效（现行律钱债门违禁取利条律）。（三年上字第 793 号）

利息应算至清偿之日为止。

【正】利息除债权人特别表示免除之部分外，应算至清偿之日为止。（三年上字第 807 号）

利不得过本。

【正】现行律例原有应付欠息不得超过原本（即一本一利）之禁令（现行律钱债门违禁取利条律）。（三年上字第 843 号）

通行货币有数种，其比价常有变更者，原则上应由债务人选定。

【正】凡对于他人负有金钱之债务者，应以通行货币给付。若通行货币有数种者，应以何种给付？及数种货币之比价若有变更，是否应照债权应行清偿时之金融状态，以比价较高之货币清偿？或虽以低价货币清偿而仍补足其差额？自应视当事人间有无特别约定以为判断。如无特别约定，则依金钱债务之通则，自应由债务人选定。（三年上字第 1227 号）

利息为原本使用之对价。

【正】利息为原本使用之对价，并非以得有利润为负担利息之要件。（四年上字第 27 号）

利息债权不能先于原本债权发生。

【正】利息债权为原本债权之从权利，不能先于原本债权而发生。（四年上字第 98 号）

原本是否尚能运用，与付息之义务无涉。

【正】债务人是否尚能运用原本，于给付利息之义务并无关系。（四年上字第 152 号）

限定特种货币之债务，原则上不得以他种通货为清偿。

【正】以特种通货之给付为债权之标的者，若至清偿期，该特种通货尚未失强制通用之效力，自应以特种通货清偿之，不得代以他种通用货币。（四年上字第 166 号）

特种通货失效，须以他种通货清偿。

【正】凡以特种通用货币之给付为债权之标的者，若其通用货币至清偿期失强制通用之效力，须以他种通用货币为清偿。（四年上字第392号）

滚利之预约或债权人任意滚利，均为法所不许。

【正】现行律例载“凡私放钱债及典当财物，每月取利并不过三分”。又载“放债之徒用短票扣折违例巧取重利者，治罪”等语。寻绎律意，凡利用其他方法实系违例取利者，均在禁止之列。故就滚利言之，如当事人预为滚利之约或债权人一方任意滚利入本藉收重利者，均为该律所不许（现行律钱债门违禁取利条律、又例第四）。（四年上字第930号）

债权关系存在一日即应有利息。

【正】金钱债权苟未逾一本一利之限制，则其债权关系存在一日，即应负一日之利息。（四年上字第1065号）

草案所定利率不能援用。

【正】《民律》草案现尚未经颁布，所载周年利率百分之五自不能遽行援用。（四年上字第1065号）

已付利息不计入一本一利之内。

【正】现行律载一本一利之规定，其已经偿还之利息不得合并计算（现行律钱债门违禁取利条律）。（四年上字第1464号）

以纸币偿现银须照惯例补水。

【正】国家银行所发行之纸币固应具有强制通用之性质，但非谓此项纸币发行后即不容市面以现银交易。盖现银并非国家禁止通行之物，若不交现银，即应照现在商场上之惯例补水。（四年上字第1658号）

有约定利率者，依约定计利。

【正】金钱债权之利率，如当事人间有特别之意思表示，即不得以该地通行利率计算。（四年上字第1851号）

法定利息应依该地通行之利率计算。

【正】现行法上关于法定利率既尚无明文规定，即不得不调查地方通行之利率以为判断。（四年上字第2192号）

不特定物债务应给付中等品质之物。

【正】以给付不特定物为标的之债务，仅订明其物之种类者，若依行为性质及当事人意思不能定其等级，则债务人应以中等品质之物给付。若其物品质仅有两种，则应由债务人自行选择给付之。（四年上字第2235号）

金钱债务之清偿，应以缔约地之货币为准。

【正】金钱债务应以履行时之通行货币清偿。如履行时各地方通行货币种类不同，而

其交换价值之大小又彼此互异者，除当事人有特约外，应以缔约地货币为准。（五年上字第252号）

金钱债务不得强以折价货币清偿。

【正】债权人寄存于债务人商号之款项既系现银，则债务人于债权人提取时，当然以现银或与现银价值相等之货币归还债权人，实无收受折价龙票之义务。（五年上字第470号）

以通行市价较低于法定价格之货币清偿者，债务人应补偿其比价所生之差额。

【正】凡以金钱给付为标的之债权，固得从债务人之选择，以各种通用货币清偿。但债务人所为清偿之货币，若当给付时其强制通用之效力已较他种通货稍有轩轾，而通行市价实不免较法定价格为低，即因此所生之差额，苟非债权人当时业经同意，即应由债务人补偿，而不能强令债权人独受亏损。（五年上字第1063号）

以特约指定用某种货币秤色者，无论债务人所受者为何种货币，均应受其拘束。

【正】金钱债务人之履行，如当事人间以特约指定用某种货币秤色者，无论债权成立时所给付者为何种货币秤色，当事人两造均应受该特约之拘束，不得以币价有低昂而藉口翻异。（五年上字第1271号）

钱庄亦应受一本一利之限制。

【正】现行律所谓“私放钱债年月虽多，不得过一本一利”者，原系一般强制之规定，即钱庄放款亦不能独异（现行律钱债门违禁取利条律）。（六年上字第102号）

约定利率超过月利三分时，在三分之限度内有效。

【正】两造原立借约既定为五分利率，按诸现行律月息不得过三分之规定，固有不合。惟原约所不合法者，仅以其超过三分，则在三分之限度内自不能不认原约之效力（现行律钱债门违禁取利条律）。（六年上字第700号）

以额实相差之兑换纸币为消费贷借之标的者，应照立约时之币价偿还。

【正】兑换纸币本为金钱之代用物品，故以兑换纸币为消费借贷之标的，而其实际所能代表之金额（即币价）较币面所定为低者，则缔约时借主所受之利益，即为该纸币所代表之金额。故于偿还时亦必照缔约时该纸币所代表之金额给付，或给付与该金额相当之纸币，始合于当事人缔约时之本意，而不至使一造受不当之损失。（六年上字第935号）

计算利率，得以该省普通官息为准。

【正】利率之计算，得以该省普通官息为准。（六年上字第1018号）

内国公债券不能作为通行货币。

【正】内国公债券仅为有价证券之一种，不能作为通行货币。（七年抗字第198号）

以额实相差之钞票还债，应依市价折合。

【正】该地钞票虽未全失通用之效力，而票面钱额如果实与现货价额相差，则在债务人以之偿还其所负现银之债务，除得债权人许可外，当然无不依市价折合现银之理。纵或清偿官款可依票额抵作现银，对于一般债权人要非有拘束力可言。（七年上字第259号）

利息计算之结果如已超过原本，应受法定之限制。

【正】金钱债权人之利息，依照现行通例，固应以清偿之日为计算终结之期。但计算结果，如利息之额数（除已付之利息而言）实已超过原本，则因私债不过一本一利，现行律有规定明文，即应受其限制（现行律钱债门违禁取利条律）。（七年上字第277号）

以外国货币表示其给付额者，应准立约时该币之市价给付。

【正】凡以常用之外国货币表示其给付额者，苟其立约之真意不过以该币为计算当时价格之标准，则嗣后应履行时，其价格涨落悬殊为当事人始料所不及者，自应仍以约定当时该币所值之市价为标准。（七年上字第361号）

金钱债务应以全国通用货币给付。

【正】凡依契约对于他人负给付金钱之义务者，如约内未经约定以地方特用货币为给付之标的，自应以全国通用货币给付。（七年上字第739号）

利息债权随原本债权消灭。

【正】利息债权常随原本债权而消灭。故原本债权存续期内，利息债权亦因之存在。（七年上字第1376号）

债权人得债务人同意，得滚利作本，但应受三分之制限。

【续】有期限债权，至期债务人不能清偿，无期限债权，其利息积至一年以上或商人定有营业年度者，至其年度不能清偿，债权人得债务人之同意，得以滚利作本。若该地商场有此项特别习惯，则债务人纵未表示同意，而亦可推定其同意之存在。但现行律载，"私放钱债，每月取利不得过三分"。如所滚之利原逾三分，则虽合于前开各要件，而其逾越三分之部分，要不能向债务人请求清偿（现行律钱债门违禁取利条律）。（八年上字第67号）

受托代垫之利息虽超过限制，亦应如数返还。

【续】受债务人之托代为垫还本息者，不问该债款利息是否超过月息三分之限制。凡其受托代垫之款，债务人均应如数返还。不容藉口债权人违律计息，对于代偿人为抗辩。（八年上字第215号）

取利过三分，即得债务人同意，亦属违法。

【续】每月取利不得过三分，本属一种强行法规。故于取利超过三分者，无论债务人是否同意，均不能谓非违法（现行律钱债门违禁取利条律）。（八年上字第273号）

债务人所缴票币，如不能维持其额面价格，应按执行时市价补水。

【续】凡因市价低落至票币不能维持其额面之价格时，除债权人自愿收受或双方本有特约得以票币支付外，其从前缴案之款，应按照执行当时市价补水。如执行中分次呈缴之票币仍有先后价额之不同，即应依照各该缴款当时分别计算，为其补水之标准。（八年抗

字第 385 号）

民事上之债务非当然计利。

【续】民事上之债务本与商事有别，并非当然计利。若未约明利息，债权人自不得辄行请求。（八年上字第 905 号）

不碍及律例防止重利盘剥之精神，可将利息滚作原本。

【续】现行律规定，“私放钱债，每月取利不得过三分”。绎其法意，原在防止放债之人乘人窘迫，以重利盘剥。故于债权发生之始即约定每月滚利作本者，因其结果必致超过月息三分，依该律例之类推解释，自在不应准许之列。惟法律既未绝对禁止利息不得改作原本，则为经济流通计，如具备一定条件，不碍及律例防止重利盘剥之精神，即非不可将利息滚作母金。例如债务人于协定或习惯所认定之结算期届满应行付还本息，不即付还而临时与债权人约定滚利作本者，其滚利之约既非成立于债权发生之始，而承诺滚利与否在债务人于结算期到来又尚有酌量之自由，则放债之人纵或有意盘剥，亦即无机可乘。此种契约于律例防止重利盘剥之旨并不相背，自不得即指为违法（现行律钱债门违禁取利条律）。（八年上字第 1328 号）

以不通用之外国货币表示给付额者，除有特约外，应依支付日该币之价给付。

【续】两造立约，系以不通用之外国货币表示给付额而以折付当地通用之货币为标的者，则其折算方法除有特约外，应依约定支付日期之币价为折算标准。（八年上字第 1451 号）

无约定利率者，不得遽以三分计利。

【续】按现行律所称每月取利不得过三分，乃就利率之最高限度言之。当事人之约定利率如超过此限度，则其超过之部分为无效。非谓无约定利率者，即能照此计算（现行律钱债门违禁取利条律）。（九年上字第 1118 号）

票币价格与现银相等，应与现银同视。

【续】票币之价格若与现银相等，其物质虽为纸币，亦不能不与现银同视。以之清偿金钱债务，债权人不得拒绝收领。（十年上字第 641 号）

延欠利息经债务人届时表示同意，得滚入原本。

【续】债权人乘债务人危急订立滚利之预约者，系属重利盘剥，其预约固非有效。惟逾期延欠之利息，若经债务人届时表示同意，自得滚入原本。其有特别习惯者，并可推定债务人已有同意。（十一年上字第 244 号）

期票应按给付当时就约定之票币收受。

【续】本院六年上字第九三五号判例，系就额实相差之兑换纸币为消费借贷之标的时而言，与期票之性质不可相提并论。诚以兑换纸币既用之于消费借贷，则其后额实纵使相差，借主要已按照该纸币所代表之金额受有利益，故其偿还非准照缔约时之币价，则借主之利益实即贷主之损害。至期票则票内既定明于一定期日给付以一定之票币，足见债权人已预允按照给付当时就约定之票币收受给付，故两者不能混为一谈。（十一年上字第

956 号）

执行时计算利息，仍应遵守一本一利之规定。

【续】执行时依确定判决计算应付利息，如逾一本一利者，仍应遵守现行律一本一利之规定（现行律钱债门违禁取利条律）。（十二年抗字第 118 号）

关于买卖之债权契约成立后，除有解除原因外，不容一造任意解除。

【补】不动产买卖之预约当事人一造如有反悔，负担相当责任，即可许其解除，在本院固已著为先例（三年上字第 453 号）。惟习惯上所谓草契不能概认为预约，如已将买卖之标的物及其数量价额等已一一订明，即与预约之仅生缔结正式契约之债务者，显有不同，关于买卖之债权契约即应认为成立。除有契约之解除原因外，不容当事人一造任意解除。（十四年上字第 598 号）

讼争期票纵因怠于登记消灭，其票据上之权利苟能证明，其普通债权仍应认为存在。

【补】讼争期票即假定为部令所称到期未付期票之一种，且经原厅布告无误，则因上诉人怠于登记，纵已消灭其票据上之权利，而苟有其他证据足为证明，其普通债权仍不能不认为存在。（十四年上字第 737 号）

债权关系立有保证人者，保证人应负代偿之责。

【补】债权关系如于设定担保物权而外并立有保证人者，其担保物因障得不能供清偿之用而主债务人亦系无力者，保证人应负代偿之责。（十四年上字第 798 号）

履行债务应按照订约时主币折合以为给付。

【补】近来全国情形系以银元为主币，铜圆不过辅币之一，且容量较重，其授受之数自不能超过于一元主币。在当事人于订立契约时纵或表明钱数，而日后债务人履行债务仍应按照订约时主币折合以为给付。盖铜圆价值时有变迁，苟不以主币为标准，无论铜圆价值低落至若何程度，均得尽数以铜圆给付而免其债务，殊于公平交易之原则不能维持，而立约当事人之真意亦不能符合。（十五年上字第 415 号）

逾期延欠之利息虽得依当事人之合意或当地习惯滚入原本，仍应受法定不逾三分之限制。

【补】现行律载“私放钱债每月取利不得过三分”。年月虽多，不过一本一利，此为强行规定。故逾期延欠之利息虽得依当事人之合意或当地习惯滚入原本，而不得逾越法定限制。逾限即应认该部分为无效。纵令当事人间已另立新约，苟系同一原本，仍应同一论之。（十五年上字第 574 号）

第二节　债权之效力

债权人惟得对于债务人请求履行。

【正】债权系特定人对于特定人之权利。故债务人不履行债务时，债权人惟得对于债务人请求履行。（三年上字第 13 号）

债权同等之原则。

【正】凡属普通债权，不得享受优先特别之利益。其对于债务人所有财产，应与他之普通债权人享平等均一之权利。（三年上字第39号）

共有人一人擅为让与共有财产之契约，应赔偿善意相对人之损害。

【正】凡共有财产未分析以前，共有人之一人或数人未得他共有者之同意而为让与之契约时，其善意之相对人如因契约不履行致蒙损害，则该让与人不能不依债权法则负赔偿之责任。（三年上字第77号）

债务不履行，应赔偿损害。

【正】其有契约当事人一造因不履行致他造受有通常之损害者，自得请求赔偿。（三年上字第97号）

担保物灭失，不使债务人丧失期限利益。

【正】债权人因担保物灭失之事由，虽可于期前命债务人另行提供相当担保，然其所担保之债权仍非俟期限到来，不得请求清偿。（三年上字第108号）

不完全履行，债权人有拒绝权。

【正】债务人不为完全之履行者，债权人得有拒绝之权。（三年上字第128号）

附有担保物权之债权，得就担保物受优先清偿。

【正】凡债权之有从物权以为担保者，自可于抵押物上完全行使其权利。换言之，即到期不偿，得将该抵押物变卖，先受债权全部之清偿。设或抵押物之价格少于债权之额，仍可于债务人他之财产上为偿还余额之请求。（三年上字第203号）

民事上留置权之要件。

【正】民事上之因债权得留置债务人之物之权利，必须具备二要件：即，一、其物须为债务人之所有物；二、须关于其物所生之债权是也。商事上之留置权虽较民事稍宽，然债权人得留置之物亦须为债权人之所有物。苟其物为第三人所有，则非债权人所能留置。纵一时出于误认，至真权利人出而主张，亦无再容其留置之理。（三年上字第253号）

金钱债权纵无约定利息者，亦得请求迟延利息。

【正】金钱债权即无约定利息而于债务人清偿迟延时，债权人亦得请求迟延利息。（三年上字第343号）

债务须以借券上出名之债务人负担履行之责。

【正】债权债务之关系应依确实可信之证据为凭。借券上所载明之债务人，不问其果为实际受益之人与否，就其债务总须以名义上之债务人担负履行之责，不得以与第三人之交涉对抗债权人而求减轻其责任。（三年上字第379号）

物之交付义务人有留置权。

【正】物之交付义务人关于其物之费用或由其物所生之损害有请求权。而其请求权已

至清偿期者，义务人于未受清偿前，有拒绝交付之留置权。（三年上字第381号）

有期债务，债务人得于期前为给付。

【正】有期限之债务，债务人虽得于期前为给付，而不得过期不为给付。（三年上字第463号）

金钱债务履行迟延，债权人于迟延利息外，不得请求赔偿不能预见之损害。

【正】金钱债务至期而不履行者，债务人当然支付迟延利息以填补债权人普通应受之损失。在债务人固不得以营利停滞为理由而要求减免，而债权人亦自不得于迟延利息外请求赔偿其不能预见之损害。（三年上字第543号）

债权人之领受迟延，非使债权消灭。

【正】债权人于债务人已经提出给付拒绝领受或不能领受者，虽负迟延之责，但所谓迟延责任不过减轻债务人之责任，并非债权人之债权因此消灭。（三年上字第628号）

债权人得凭藉公力强制债务人履行。

【正】凡债务人已至清偿之期而不清偿者，即得凭藉公力强制其履行，以保证债权人之利益。（三年上字第653号）

负担债务必有原因。

【正】普通债务之负担不能无原因，或由当事人之意思表示，或因一定之事实，不能超出于此二者范围之外。（三年上字第675号）

债权不因担保物权设定无效或得以撤销而受影响。

【正】设定担保物权以为债权之担保者，设定担保物权之行为虽属无效或得以撤销，而其效力非当然及于债权。故其债权如系合法成立，则债务人仍不得不负清偿之责。（三年上字第797号）

不定期展期经相当期间后得请求履行。

【正】债权人应许债务人展缓债务履行之期，而并未定有展缓之期间者，则经过相当期间后，债权人再向之请求履行时，债务人即须应其请求以为履行，不能以曾经允许展缓即可拒绝其请求。（三年上字第878号）

有确定期限之债务，期限到来即须清偿。

【正】有确定期限之债务，期限到来债务人即须清偿。苟非得债权人同意，不得延期。（三年上字第919号）

不合债务本旨之给付提出，仍为履行迟延。

【正】债务人对于债权人有依债务本旨而为清偿之义务。故非依债务本旨实行提出给付者，不生提出之效力。若债务人于清偿期未为合法之提出，则对于债权人自应负迟延之责任。（三年上字第988号）

金钱债务迟延损害赔偿额之计算。

【正】债务人负迟延责任时，对于债权人应赔偿其损害。若其债务系金钱债务，则应依通行利率定损害额数。但约定利率逾通行利率者，则依约定利率计算。（三年上字第988号）

债权人得请求撤销债务人之诈害行为。

【正】债务人明知加损害于债权人而为之法律行为，债权人得以诉讼请求撤销。（三年上字第1034号）

金钱债务不因事变减免责任。

【正】金钱债务之债务人虽实因不可祛避之事故以致资力丧生者，亦不得反乎债权人之意思而主张减免。（三年上字第1054号）

债务到期自应判令即时清偿，不能预期债务人无力而为债权人不利之裁判。

【正】债务已至清偿期者，审判衙门自应依债权人请求判令债务人即时清偿。如果判决确定后开始执行，而债务人现有资力不敷清偿或就债务人财产执行而他债务人声述异议者，执行审判衙门固得另求公平之分配。要不能预期债务人无力清偿，遽对于债权人为不利益之裁判。（三年上字第1070号）

代位人有求偿权。

【正】凡得债权人同意为他人清偿债务者，即得居于债权人之代位，对于债务人有求偿之权。（三年上字第1072号）

单纯金钱债务，应令债务人仍以现款清偿，毋庸于判决时预为指定变抵之财产。

【正】无特别担保之金钱债务，自应令债务人以现款清偿。即或债务人实无现款不得不将财产变抵者，亦尽可由其自行处置，或由执行衙门于强制执行之时体察情形，再行酌定应将债务人某项财产变抵。初毋庸审判衙门于判决之时预为指定。（三年上字第1114号）

行政长官所定缓偿办法，不能拘束债权人。

【正】行政长官对于受灾商人所定办法，如事关私法上之权义关系，亦不过劝令暂予缓偿，决不能有拘束债权人之效力。（三年上字第1189号）

未定期债权应依催告清偿。

【正】凡未定期限之金钱债务，一经债权人催告偿还，债务人即应负清偿之责任。（四年上字第16号）

不合债务本旨之给付，债权人得拒绝领受。

【正】债务人对于债权人有依债务本旨而为履行之义务。故债务人所提出之给付若不合于债务本旨，债权人即得拒绝领受。（四年上字第152号）

因归责于债权人之事由不能领受，债权人应任迟延之责。

【正】债务人于适当时期合法提出给付，而因归责于债权人之事由致不能接受者，债

权人应任迟延之责。（四年上字第227号）

兴隆票系不定期债务之性质。

【正】所立兴隆票载明“该款八百元，面约俟兴隆之日支清”，按其性质系属不定期之债务。“兴隆”二字虽无一定之标准，而要以债务人有无偿还之资力为断。（四年上字第286号）

债务人不得以契约当时未约定之条件为拒绝延缓之抗辩。

【正】凡定期债务并未附有何等条件者，一经到期，债务人即应负清偿之责任。不能以契约当时所未约定之条件为拒绝或延缓履行之抗辩。（四年上字第334号）

定期债务非债权人同意，不得为延期清偿之裁判。

【正】凡有确定期限之债务，期限到来，债务人即须清偿。苟非得债权人同意，不得请求延期，审判衙门亦自不得反乎债权人之意思判令延长期限。（四年上字第345号）

金钱债务无履行不能之观念。

【正】金钱债务不容有履行不能之观念。故债务已至清偿期者，除有特别法令或债权人曾有特别之意思表示外，债务人不得以丧失资力为展缓之请求。（四年上字第365号）

有利害关系人得反乎债权人及债务人意思代为清偿。

【正】有利害关系之第三人，得反乎债权人及债务人之意思，向债权人履行债务。而其履行债务并得依提存或抵销之方法为之。（四年上字第444号）

因汇款迟延致受损害者，得以汇水与赔偿额相抵，而不得拒绝支付汇水。

【正】汇水在法律上之性质虽可认为对于款项汇兑之报酬，但在收款人既已收到汇款，即有支给汇水之义务。若因汇款迟延致受损害，虽或可请求赔偿以赔偿额与汇水相抵，而据以主张汇水之不应支付要非适法。（四年上字第654号）

为债务人清偿债务，取得债权人之一切权利。

【正】债务人以外之第三人为债务人清偿债务（代位清偿）者，除对于债务人有求偿权外，并取得债权人原有之一切权利。（四年上字第742号）

受撤销判决之利益者，为总债权人。

【正】撤销诉权之效力在回复行为以前之原状，使债务人已失之财产归于债务人，而不得即归于行使撤销诉权之人。故受撤销判决利益者，实为总债权人。（四年上字第742号）

预订赔偿额得酌减。

【正】赔偿损失之额当事人虽可事前约定，然其约定额数如与实际损失显然悬隔太甚者，审判衙门仍得以实际所受损失为标准酌予减少。（四年上字第878号）

因特别情事所生之损害，以当事人预见有该项情事或可以预见者为限，能请求赔偿。

【正】民事上之损害有特别损害与普通损害之不同，赔偿责任因而各异。就普通损害而论，有所损害应即赔偿，虽无可疑。至因特别情事所生之损害，以当事人预见有该项情事或可以预见者为限，债权人始能请求赔偿。若并非预见或可以预见，则债务人自不能负赔偿之义务。（四年上字第924号）

普通损害不限于积极之损害。

【正】所谓普通损害者，不限于积极之损失。即消极之损失，换言之，即债权人因债务人未能如约履行致其可得利益之丧失，亦包括在内。（四年上字第924号）

可分给付债务，亦无一部履行之权利。

【正】债权之标的虽为可分割之给付，然法律行为无特别订定者，债务人当于同时负全部给付之义务，不得仅为一部给付。（四年上字第1012号）

行使抵押权债权，无因而必全归消灭之理。

【正】凡债权之设有抵押权以为担保者，债权人自可于抵押物上完全行使其权利。故债务人苟有变卖之请求，则债权人即无拒绝之理。但抵押物之价额与债额并不相当者，自可于变卖后更向债务人为偿还余额之请求。非谓一经行使抵押权，则不问其足敷偿还与否，债务人即可全行免责。（四年上字第1024号）

金钱债权不得以裁判或行政处分强令债权人受亏。

【正】债权法上于“金钱债权不能发生给付不能”之观念。债务人若因一定事由致无力清偿债务，应认为执行不能或执行有窒碍，在执行法上自有一定之办法。故或因事故不克履行者，惟债务人得债权人之同意时，可免除其义务之全部或一部，或展缓偿还之期限。否则，不得以裁判及行政处分强令债权人受其亏损。（四年上字第1026号）

抵押权人得请求债权之利息。

【正】金钱债权人之有抵押物以为担保者，其抵押物既未经债权人使用收益，则债务人除有无利之特约外，自应按约纳息。（四年上字第1065号）

政府抚恤被灾各户，于债权人无涉。

【正】政府对于被灾各户之抚恤，系政府与被灾各户间之关系，自与被灾各户之债权人无涉。（四年上字第1310号）

定期金钱债务不容藉口事变请求缓期或分期偿还。

【正】金钱债务之定有期限者，届期应如约履行。除得债权人同意或依照特别法令外，不容以不履行之原因出于事变为藉口而请求缓期或分期偿还。（四年上字第1364号）

债务人不得强以担保物为代物清偿。

【正】债务契约应从债务之本旨履行，不能因附有担保物之故，即强以其物为债务之代偿。（四年上字第1554号）

市政维持会办法，债权人不受其拘束。

【正】市政维持会议定之办法既非正式公布之法令，债权人自不能受其拘束。（四年

上字第 1598 号)

定期债务到期后得随时请求清偿。

【正】定期债务已至履行期者，债务人应负即时清偿之责。至期满后犹不清偿，则债权人自可随时请求清偿。(四年上字第 1712 号)

赔偿额得斟酌被害人之过失定之。

【正】凡就损害之发生或扩张被害人亦有过失者，审判衙门得斟酌被害人之过失以定赔偿之责任。(四年上字第 1910 号)

债权人允展期清偿，不待债务人承认即生效力。

【正】债务清偿之展期本纯属债务人之利益，故债权人无论在审判上或审判外苟表示允与展期之意思，则不待债务人之承认自可发生效力。(四年上字第 1968 号)

重大过失之意义。

【正】重大过失即全然欠缺注意之谓。故仅须用轻微注意即可预见之情形，而竟怠于注意不为相当准备者，即不可不谓为有重大过失。(四年上字第 2118 号)

无约定利息债权之迟延利息之起算期。

【正】凡无利息之债权，债务人只于任迟延之责后有支付迟延利息之义务。故债权人所得请求之迟延利息，当然只能自请求履行之翌日起算。(四年上字第 2191 号)

债权不因质权设定而消灭。

【正】质权为担保物权之一种，其性质在担保债权之清偿。决无因设定质权而债权遂归消灭之理。(四年上字第 2292 号)

州县衙门不能以命令消灭私人之债权。

【正】查前清兼理司法之州县衙门，因行政之必要固得颁发命令。但不得即以命令消灭特定私人之债权。(四年上字第 2461 号)

债权人多数虽允许停利缓期，然不能拘束其他不允之债权人。

【正】债务人于尚未宣告破产以前向债权人为止利缓期之要求者，苟非该地方有习惯法则可据断，不能因多数债权人有允可止利缓期之事，遂以此强制其他债权人。(五年上字第 115 号)

分期归还之债款，债务人若于未到期前丧失资力，不得享受期限之利益。

【正】凡分期归还之债款，债权人固不得于未到期以前请求清偿全部。惟债务虽未到期而债务人丧失资力濒于破产，则为保全债权起见，应使债务人丧失期限之利益。(五年上字第 206 号)

债权人于受益人、转得人知有加害事实之时诉请撤销，须以受益人、转得人及债务人为共同被告。

【正】债务人明知加损害于债权人而处置其财产者，惟因其行为而受利益或转得利益之人，于其行为及转得时知有加害于债权人之事实者，债权人始得以该受益人、转得人及债务人为共同被告，诉请审判衙门撤销其行为。（五年上字第245号）

占有他人物而生有债权者，得留置其物，以其孳息充清偿。

【正】凡占有他人之物而关于其物生有债权者，至其债权清偿为止，得留置其物，并得以该物之孳息充其债权之清偿。（五年上字第301号）

未定期债权于催告后尚不清偿，应支付迟延利息。

【正】金钱债权未定清偿期者，债务人应于受债权人催告履行时负清偿之责。如催告后尚不清偿，则应支付迟延利息以赔偿债权人之损失。（五年上字第428号）

迟延利息之利率应依市场公定利率或交易常情定之。

【正】迟延利息之利率市场上有公定利率者，自应以公定为准。无公定，则应依交易上之常情定之。（五年上字第428号）

分期归还债务契约之解除。

【正】凡已达清偿期之金钱债权，经当事人改约分期归还者，如至分还之期债务人仍不履行，自应准债权人声明解约，使得仍为全部履行之请求。但苟债务人因不能按约归还，设有分期归还之担保（保证人或物上担保），则届期如债务人不照约归还，债权人自可行使其担保权，而不得即向债务人声明解约。惟其担保已经消灭或减少，而债务人又不能设定其他相当之担保以代之者，债权人固仍得解除契约。（五年上字第521号）

债权人不能向债务人以外之人请求履行。

【正】债权乃对于特定义务人之权利，非经他人合法承任债务或其债务因法令当然移转于人者（如共有人关于共有物费用对他共有人所负债务，当然随应有部分移转是），债权人不得对于债务人以外之人而请求履行。（五年上字第531号）

债权人得代位行使债务人之债权。

【正】债权人于其债权有不能受清偿之虞时，为保全自己权利起见，得行使属于债务人之权利。（五年上字第537号）

债务人不依约提出给付，不生清偿之效力。

【正】债务人非依约定债务之本旨实行提出给付者，不生清偿之效力，故其利息仍应给付。（五年上字第548号）

迟延利息给付之时期。

【正】迟延利息须于债务人负迟延责任时始能请求给付，而关于不定期债权之迟延责任，则应发生于债务人受合法催告之时。（五年上字第917号）

公款无先受清偿之理由。

【正】凡公法人以私经济主体之资格所为之行为，在法律上既无特别规定，即应与一般私人受同等之待遇。即令债权实系公款，亦无较其他债权人先受清偿之理由。（五年上

字第 1014 号）

债权人对于一部给付之拒绝，自不负迟延之责。

【正】债务人提出给付时，须依债权本旨提出全部始为合法，否则债权人本有拒绝之权，虽不予收受，亦不负迟延责任。（五年上字第 1106 号）

债务人仅空言提出给付，则债权人不负迟延之责。

【正】债权人负迟延责任者，于迟延之后如因不可抗力致债权标的物灭失毁损，固应由债权人负担其损害。惟债务人必须依契约本旨完全提出给付，而债权人无故拒绝收受或不能收受时，始负迟延之责。如债务人仅系空言提出给付或仅提出其一部，则债权人本有拒绝之权。虽不予收受，亦不得谓为迟延。（五年上字第 1146 号）

律载私债免追之规定，不适用于妓女之自愿借债。

【正】现行律违禁取利条载“准折人妻妾子女者，处罚人口给亲私债免追”等语。是私债免追仅指准折人妻妾子女者而言，与妓女自愿借钱为营业资本者显然有别，自不能遽行援用（现行律钱债门违禁取利条律）。（五年上字第 1216 号）

代位清偿之原因有二种区别。

【正】代位清偿之原因本有二种，契约上之代位除应得债权人同意外，固非通知于债务人得其承诺，不能发生完全对抗债务人之效力。若法律上之代位，则以清偿人之清偿实有法律上正当之利益为成立之要件。苟已具备此要件，即不问曾经债务人承诺与否，均可取得代位之权。（五年上字第 1293 号）

债权人不得藉口担保物存在，拒绝清偿之请求。

【正】按担保物权之设定所以担保债权人之效力，故债权经设定担保，在债权人固得先债务人之其他债权人就该担保物受清偿。而债务人要不得藉口有担保物存在，即可拒绝债权人清偿债务之请求。（六年上字第 73 号）

远年利息不能因债权人未经催讨即予免算。

【正】审判衙门如未能认定债权人果有让免利息之意思，则虽已历十余年未经催讨，亦与债权法则所谓债权人之迟延有异，不能遽谓其应负怠惰之责判免利息。（六年上字第 390 号）

债权人主张撤销诉权之要件。

【正】债权人主张撤销诉权，其要件有二：（一）须债权人因债务人之行为实受损害；（二）债务人及第三人于行为当时知有损害债权人之事实。（六年上字第 632 号）

以自己名义约负债务者，当然负契约当事人应有之责任。

【正】凡以自己名义与人结约为债务之负担者，无论其实际享用债权金额之人为何人，对于债权人当然负契约当事人应有之责任。（六年上字第 667 号）

依特别情事可预期之损害亦须赔偿。

【正】损害赔偿应以通常所应生之损害及依特别情事所可预期之损害为限。（六年上字第746号）

债务人应负迟延责任之始期。

【正】确定期限之债务到期不偿，债务人应负迟延之责。其不定期限之债务经债权人催告者，亦同。故凡债权之设有担保物权者，定期债务则于到期后，不定期债务则于催告后，如债务人不即履行，债权人均得将担保物即行变卖。（六年上字第839号）

无约定利率之迟延利息，应依该地通行利率计算。

【正】就金钱债务之不履行应赔偿迟延利息时，如当事人关于利率并无约定者，应依该地通行之利率计算。（六年上字第876号）

违约金推定为预定之赔偿，如超过实际所受之损害者，得予酌减，惟其约并非无效。

【正】违约金本推定为损害赔偿之预约，与无偿赠与之全然出于恩惠者显然不同。如于其额数毫无限制，则债务人常不免因一时之不便而为债权人所挟持，实足以败良俗而长刁风。故当事人所约定之违约金如较实际所受损害显然超过者，审判衙门自得就当事人之请求酌予核减。惟不得因定有多额之违约金，遂指其契约之全部为无效。（六年上字第1075号）

债权人于已提出之给付拒绝领受或不能领受者，负迟延责任。

【正】债权人于已提出之给付拒绝领受或不能领受者，自有提出之时起，由债权人任迟延之责。（六年上字第1106号）

虽买主预示不受领，而卖主未合法提供，亦不得令买主履行责任。

【正】卖主之提供义务不因买主预示不受领之意思归于消灭。如卖主未为合法之提供，即未以适当方法通知自己已有清偿义务（如交货等）之准备而催告其受领，即不能责买主以履行而问其责任。（六年上字第1221号）

债务已至清偿期，债务人不得反债权人之意思要求缓偿或减息。

【正】债务已至清偿期者，债务人负即时清偿之义务。所有利息亦应依约定利率计至清偿之日为止。纵令其间债务人因不可祛避之事故致资力受损，亦不得反于债权人之意思而要求展缓清偿或减免利息。（六年上字第1227号）

有违约金之预约不能更为损害赔偿之请求。

【正】缔约当事人间曾有违约金之约定者，只应本于该约定之效力请求支付违约金，而不能更为损害赔偿之请求。盖以约定之违约金，依习惯即为填补损失之计，性质上不容与损害赔偿之请求同时并存故也。（六年上字第1230号）

定期金钱债务约明免算之息，限于定期以内之利息。

【正】定期金钱债务虽经约明免算利息，然其所免者当然为定期以内之利息。苟逾期不还，则债权人自仍可请求定期以后之迟延利息。（六年上字第1305号）

依约应负偿还义务。

【正】债权债务之主体应以缔结契约之当事人为准。依据契约应负偿还义务之当事人，不得以所借之款系供给他人使用为词，对于债权人主张免责。（六年上字第1407号）

赔偿损害原则以普通损害为限。

【正】损害赔偿之请求，原则以使债务人赔偿因其不履行债务而通常所生之损害为范围。（七年上字第82号）

依《汉口清债处规则》，凡有押产担保之债权，无折减可言。

【正】《清理汉口商帮债务处理债规则》定明有产作押之债权，其押产多于债权者，应以押产充偿全部债权，余者交还债权人。是凡有押产担保之债权，如其押产足敷债权之清偿，即无折减之可言。（七年上字第394号）

代借转借情事，非有特约不能对抗债权人。

【正】名义上之债务人应向债权人负担清偿之责。有无为他人代借或转借情事，非与债权人有特别约定，不能有所对抗。（七年上字第514号）

担保物系担保分期各债全部而属于不可分割者，以后各期之债应使其提前统受清偿。

【正】已达清偿期之金钱债权，经当事人改约分期归还者，如至分还之期，债务人仍不履行，自应许债权人声明解约，而使其得仍为全部履行之请求。但债务人若就分期应偿之债设有担保者，则债权人尚可行使其担保权。其担保物如系担保分期各债之全部而属于不可分割时，债权人因行使担保权利之故，自不得不使其以后各期之债提前统受清偿。惟若因分期附有利息者，债权人自不得仍要求各该期之利息。（七年上字第608号）

撤销诉权不以债务人业经破产为要件。

【正】债权法上之撤销诉权，并不依债务人业经破产为要件。凡债务人之行为系出于诈害债权人，而受益人又系通谋或知情者，虽该债务人为此行为之时并未陷于破产状态，亦得为撤销之原因。（七年上字第649号）

赔偿损害以受有损害为前提。

损害赔偿请求权之发生，必以受有损害为前提。（七年上字第968号）

债务人不能证明其履行虽不迟延而仍有损害之事实者，就迟延后标的物之灭失毁损不能免赔偿责任。

【正】债务人履行迟延，对于债权人应赔偿因迟延所受之损害。其债权标的物于履行迟延后虽系因天灾及其他不可抗力以致灭失毁损，苟债务人不能证明不履行虽不迟延而仍有损害之事实者，仍应负赔偿责任。（七年上字第1282号）

契约因事变之履行不能与契约之不履行有别。

【正】契约因事变之履行不能与契约之不履行有别。凡契约当事人一造任意违约不履行义务者，就相对人因此所受损害固应负赔偿之责。惟其履行不能若系因非归责于债务人

之事由，则除有特约外，就相对人因此所受损害并无赔偿之义务。（七年上字第1299号）

非归责于债务人之事由，不必与债务人之无故意、过失同一意义。

【续】债务关系发生后，非因归责于债务人之事由致不能给付者，债务人得免其义务。所谓非归责于债务人之事由，不必与债务人之无故意、过失同一意义。盖以债务人对于故意、过失固应负责，而依法律之规定或契约亦有事变应由债务人负责者，此时债务人虽无故意或过失，而因事变发生以致给付不能，亦为归责于债务人之事由，应由债务人负其责任。（八年上字第87号）

迟延后之给付于债权人无利益者，得拒绝并请求赔偿。

【续】迟延后之给付于债权人无利益者，得拒绝其给付并请求赔偿因不履行所生之损害。（八年上字第87号）

设定质权之预约不履行者，应补偿收益。

【续】设定质权之预约以至何时未偿本息为条件者，若设定人于条件成就后不将标的物移归质权人占有，致质权人不能使用收益，自应将其后之收益补还。（八年上字第353号）

未定期债权，债权人得随时请求清偿。

【续】未定清偿期限之债权，债权人本得随时请求清偿，债务人即有依照债务本旨履行债务之义务。（八年上字第465号）

于债务不履行时约定赔偿额数不为违法。

【续】债务人届期不依约履行致债权人受有损失，债务人本有赔偿之责。其于此时以契约定明应行赔偿之额数，不得指为违法。（八年上字第906号）

债权人迟延后，债务人就其重大过失仍应负责。

【续】债权人迟延后，债务人若有重大过失致给付不能者，仍应任赔偿之责。（八年上字第927号）

应赔偿之金额于请求时给付，不生利息问题。

【续】利息债权基于元本债务或金钱债务履行迟延而发生。故损害赔偿债权如债务人于其应赔偿之金额在债权人请求时即行给付者，该项金额自不生何等利息之问题。（八年上字第952号）

买主在先之迟延不能免卖主在后之迟延责任。

【续】买主在先虽系交价逾期，但此次既确已备价送交卖主，在未依法解除买卖契约以前，卖主即不能藉口其前曾逾期交价，冀免此次自己延不交货之责。（八年上字第954号）

迟延利息与原约利息不同。

【续】请求因不履行所生之迟延利息，与约明止利之原有利息系属各为一事。（八年

上字第 1245 号)

买卖不履行之赔偿损害计算方法。

【续】卖主因其不履行应赔偿买主之损害者，其损害赔偿额通常应以约定价额与履行时市价相较之差额为标准，并应自有价额算定之时起添付利息。(八年上字第 1298 号)

债权人拒绝不依债权本旨之给付，不负迟延责任。

【续】债务人所负担者如系金钱债务，则其提出房产货物以供清偿，即非依据债权本旨所为之给付，债权人之拒绝领受亦固其所。故迟延之责仍应由债务人任之。(八年上字第 1328 号)

应受给付人得径向给付受托人请求给付。

【续】受人委托代为给付者如怠于给付，应受给付人得径向受托人直接请求。受托人不得反于委托人之意旨拒绝给付。(九年上字第 29 号)

因保存债务人财产所出之费用得优先受偿。

【续】因保存债务人财产所出之费用，若系有益于各债权人之全部或一部者（共益费用)，对于受利益之债权人得主张优先受偿。(九年上字第 726 号)

兴隆票不须以物担保。

【续】兴隆票之性质，不须以何种物件供担保。(九年上字第 757 号)

预约成立，一造对于相对人要约不为承诺者，应任迟延之责。

【续】预约有效成立后，当事人两造或一造原负有依预约所定以缔结本契约之义务。若一造于相对人要约而不为承诺，即应任履行迟延之责。(十年上字第 684 号)

赔偿债权之成立要件。

【续】损害赔偿之债权只须有损害发生及责任原因存在，并二者之间确有因果关系，即得成立。(十年上字第 1012 号)

未定违约金，亦得成立赔偿债权。

【续】违约金虽得推定为损害赔偿之预定，然并非无违约金之订定，即足以阻止赔偿债权之成立。(十年上字第 1012 号)

债权人容许债务人迟延，债务人可以免责。

【续】未定期限之债务经债权人催告，债务人延不履行，虽应负迟延责任，但债务人之迟延若已经债权人容许，则债务人即可免除其责。(十一年上字第 291 号)

惟卖主之债权人有行使卖主买回权之权利。

【续】依间接诉权以行使卖主之买回权，惟卖主之债权人有此权利。(十二年上字第 125 号)

有担保物权时，债权人得选择行使。

【续】房屋作抵不过为债权之担保而已。在债权人就担保物行使债权抑或径向债务人请求偿还，仍有选择之自由。此系调和债权人与债务人之利益变更，先例认为至当之条理，予以采用。（十二年上字第 397 号）

债权人于迟延利息随时可以主张。

【续】迟延利息之性质系因债务人迟延履行所生之损害赔偿。在债务人迟延时，债权人随时可以主张，本毋庸于主张原本债权之际预为保留。（十二年上字第 1135 号）

违约金为损害赔偿之预定时，如无损害不得请求。

【续】违约金推定为损害赔偿之预定，当事人所定违约金与实际所受损害相去悬殊时，审判衙门得酌量核减，业经本院著有先例。就此义推阐，苟当事人一造因他造之违约自己毫无损害，则原约虽定有违约金，而为尊重当事人立约之真意，要不应准许毫无损害之当事人更向他造为违约金履行之请求。（十二年上字第 1522 号）

物上担保之债权，应以其使用收益为赔偿之标准。

【补】债务人就其所负债务如果设有物上担保，担保权人得依其物之用法而为使用收益（即设有不动产质权），或另行约明以其物上之使用收益归诸债权人者，此在有利息之债务于未到期以前，固应推定其所得之使用收益适与利息相当（有特别订定者当然除外）。即在债务逾期以后，除债权人能证明因迟延所受之损害超过于该使用收益之额数外，仍应以其使用收益为赔偿之标准，而不许更行主张迟延利息。（十四年上字第 3443 号）

订立债权契约之当事人，得约定预付利息。

【补】当事人于订立债权契约之初，得将应行给付之利息而约定预为给付。（十四年上字第 3563 号）

债务履行迟延只许于具备一定条件时主张滚利作本，不得请求迟延利息。

【补】迟延利息固所以填补债权人之损害，而在利息债务之履行迟延，只得于具备一定条件之时主张滚利作本，而不得请求迟延利息。盖以迟延利息每日得以发生，苟在利息债务履行迟延亦许债权人得以请求，不免常生重利之结果，殊为法所不许。（十五年上字第 1554 号）

债务履行迟延，债权人得债务人之同意，得以滚利作本。

【补】有期限债权债务人不能如期清偿，无期限债权至利息积至一年以上或商人定有营业年度而至其年度不能清偿者，债权人得债务人之同意，得以滚利作本。若债务人不为同意并无正当理由，得由裁判允许以为之代。在该地商场有此项特别习惯者，纵未经债务人同意，亦得推定其同意之存在。（十五年上字第 1554 号）

第三节　债权之让与

以身分为条件之财产权，原则上有专属之性质，不能让与。

【正】财产权之性质通常虽可依让与、继承等原因移转于人，惟其权利之发生系以相对人之身分为条件，即因维持当事人间于事实上所存在之特别关系者，除有特别法则外，自应认为有专属之性质，不能让与、继承。（四年上字第 81 号）

记名债权之让与，原则上以通知为对抗债务人之要件。

【正】记名债权除有特别习惯法则必须三面对明者外，以通知债务人始得对于债务人生对抗之效力。盖：（一）以保护债务人使其不致有意外之损失及其他不便情事；（二）以此种债权与无记名之债权等之有流通性质者不同，对于债权人等毋庸为过当之保护，故至少须依法通知而后始发生对抗之效力。（四年上字第 364 号）

通知以前发生之事由，对于债权人可以抗辩者，仍得对于让受人主张。

【正】债权让与债务人于受通知以前发生之事由，除债务人对于债权让与之事并无异议表示承诺，所有承诺以前之事由悉失其对抗效力，仅可对于债权人请求偿还外，其对于债权人可以抗辩者，对于让受人仍得主张。故凡以债权成立不适法或有瑕疵及抵消免除等情事为抗辩者，苟其事实发生在债务人受通知以前，则对于让受人当然可以主张有效。（四年上字第 364 号）

债务人对于债权让与之承诺有拘束力。

【正】凡记名债权之让与已经债务人承诺者，对于债务人即有拘束之效力，嗣后债务人清偿债务，须向新债权人为之，违者当然无效。（四年上字第 570 号）

约定不得让与及执行律规定不许扣押之债权，不得让与。

【正】债权之让与除有不得让与之约定及执行律中规定不许扣押者外，均得让与。（四年上字第 828 号）

让与未经债务人承诺或通知时，债务人得以嗣后对于让与人所生债务消灭之事由对抗让受人。

【正】记名债权除依债权之性质或当事人间之特约禁止让与者外，其债权人皆得以契约让与于第三人。其让与若未通知或得债务人承诺，则嗣后债务人若向原债权人清偿或对于原债权人有其他应行消灭债务人之事由，可以与让受人对抗。但债权之让与并非以通知承诺为有效要件，苟债务人对于原债权人并无清偿或其他应行消灭债务之事，亦自不得对于真正之让受人拒绝清偿。（四年上字第 954 号）

习惯上师徒不同业之债权，不能让与。

【正】师傅禁止学徒同街营业之权利，为附随于师傅名分之特权，只得认为及身而止，不能继承或让与。（四年上字第 1581 号）

债权让与应通知债务人之例外情形。

【正】债权之让与以通知债务人或得其承诺为必要。惟有特别习惯法则及依该债权之性质无由通知者（如无记名债权及指示债权等是），不在此限。（五年上字第 931 号）

债权移转后，债务人仍应照旧付息。

【正】债权之移转，债务人与让受人间不必另立约据，即已发生权义关系。虽当时债务人之商号业经倒闭然，苟非该处商场确有倒号所负债务免利还本之习惯，或当事人已有停利归本之特约，则债务人自应向债权让受人依照原约履行，而不得藉口债权移转即不负支付利息之义务。（五年上字第1026号）

移转债权不得仅由债权人为片面之表示。

【正】债权之移转于移转当时必有让受人之同意始能有效，不得仅由让与人一人为片面之表示即可移转。（五年上字第1218号）

关于债权让与之对抗力，如有习惯者，应从各该地方习惯。

【正】记名债权之让与，按诸常理虽无须债务人之同意即得对抗债务人。但现在吾国法律尚无明文规定，则各地方如果有特别习惯，自应仍从其习惯。（六年上字第501号）

让受人以让与证书给与债务人阅视，应视为已有通知。

【正】让与人若将债权让与之证书交付于让受人，并由让受人给与债务人阅视，应视为已有债权让与之通知。（六年上字第501号）

酬金债权无专属性质。

【正】所谓酬金者，乃系对于教授艺术之人约定酬报之金钱。此等金钱债权，其性质并非不可移转，自不得认为一种之专属权而谓不能让与第三人。（六年上字第1002号）

书据及债务人承诺，非债权让与成立之要件。

【正】债权之让与，不以作成书据及通知债务人得其承诺为契约成立之要件。（七年上字第501号）

租户不知所有人已将租约上权利让与买主，而对于原所有人履行租约上之债务者，得与买主对抗。

【续】原所有人因租赁契约对于租户所享有之债权，并非当然随物权而移转于买主。如原所有人或买主未将该项债权一并让与之事实通知租户，而租户亦无由知其权利之移转者，其对于原所有人（即原债权人）而为债务之履行，本属当然之事。为保护债务人正当之利益计，自应使其债权归于消灭。买主对于该租户，即不能更有主张。（八年上字第702号）

第四节　债务之承任

债务承任与保证之区别。

【正】凡与第三人之债权人约明该第三人不为清偿由己代偿者，为保证契约。若承受第三人之债务将清偿之责归诸自己者，为债务之承任。（三年上字第658号）

债权人与第三人所为之债务承任，不须原债务人之同意。

【正】债务之承任若系第三人与债权人所为者，则经第三人要约而债权人承诺，即成立承任契约。无论其债务人是否同意，曾否知悉，均非所问。嗣后该承任人对于债权人即

应负清偿之责。（三年上字第658号）

债务承任非要式行为。

【正】债务之承任只须两造同意，并非要式行为。苟业已同意而确有证明者，则虽无书据亦为有效。（三年上字第658号）

第三人与债务人订立承任契约，须经债权人同意。

【正】债务人之更易于债权人甚有利害之关系。故第三人与债务人订立承任之契约，非经债权人同意不能发生效力。（三年上字第700号）

承任原因如何，不影响于承任契约之效力。

【正】承任契约系为债务人之利益而设，其主旨在使债务人免其责任。故承任人一经订立契约之后，即不得不居于债务人之地位而为之清偿。至债务人与承任人间之承任原因，则与承任契约之效力无关。盖承任原因如何，只能对于债务人主张，不得以之对抗债权人故也。（四年上字第544号）

承任经债权人同意者，嗣后原债务人不负清偿之责。

【正】第三人承任债务人之债务而经债权人同意者，应对于债权人发生效力。嗣后原债务人即不负清偿之责。（四年上字第1155号）

分财异居之子就于父债非经承任，无当然清偿之责。

【正】父债子还系指父死后而言。若父尚生存，而其子已经分财异居，则除其子表示承任外，对于其父之债务非当然负偿还责任。（五年上字第1004号）

承任人无先诉抗辩之权。

【正】债务之承任与债务之保证，其契约之性质、效力各有不同。盖保证债务契约保证人所负之责任，在约明主债务人如不履行债务时代负履行之义务。而承认债务契约承任人所负之责任，则在使债务人脱退债务关系，径由承任人负担清偿之义务。故保证人对于债权人得依法为先诉之抗辩，而承任则无此权利。（六年上字第690号）

债权人得对于承任债务人请求其履行债务。

【正】第三人特向债权人订立承任债务之契约者，债权人因承任契约之效力，即得向第三人为履行债务之请求。（七年上字第295号）

承任债务人不得以未受报酬拒绝履行。

【正】第三人向债权人约明承任债务人之债务者，因该承任契约之效力对于债权人即应负履行之责。至该第三人因承任债务由原债务人所取得之对待给付如何，本与债权人无涉。除经特别约明以受领该项对待给付为承任契约之停止或解除条件外，不得以未受报酬为理由，对于债权人拒绝履行。（七年上字第1033号）

承任债务人于契约成立后，不得以原债务人有自行清偿之意思主张免责。

【正】承任债务之契约一经适法成立，原则上即使原债务人脱退原债务关系，由承任

人对于债权人负清偿之义务。虽原债务人嗣后又有自行清偿之意思，苟非实行清偿承任人要难主张免责。（七年上字第1127号）

官断遗债归子一人承还时，仍应得债权人同意或追认，始得对抗。

【续】承任债务非经债权人同意不能对抗债权人。故父所遗之债务依法本应由其子分任偿还之责。虽经官厅就诸子相互间讼争案内断归一人偿还，亦须经债权人同意或追认，始能生对抗之效力。（八年上字第16号）

租主与房东所订不许主辞客之约，不能对抗买主。

【续】房东与租主所订租约虽有不许主辞客之语，然此项债权契约依法仅有约束当事人之效力，不能对抗第三人。故该房屋之买主除就原租约所订债务明示或默示承任之意思外，即可不受其拘束。（八年上字第682号）

承任人得用原债务人之抗辩。

【续】承任人得本于债权人与原债务人间法律关系之抗辩，以与债权人相对抗。（八年上字第733号）

诸子间将父遗债约归一人负担者，经债权人同意，承任债务人不得拒绝履行。

【续】子于其父生前所负债务应分任偿还之责。如诸子间缔结契约将其应行分任之债务拨归其中一人负担者，依债务承任之法则，其对于债权人须经同意始能发生效力。如果债权人知其承任契约而径向承任之人请求清偿者，即应认为已经同意，承任债务人不得拒绝履行。（八年上字第1312号）

第五节　债权之消灭

第一款　清偿

清偿应向债权人为之。

【正】债权之成立由于特定人间之法律关系，故履行债务（即清偿）应对于债权人为之。（三年上字第197号）

代物清偿应得债权人承诺。

【正】债务人欲主张以他种给付代债务标的物为清偿，应得债权人之承诺。（三年上字第392号）

请求权之让与亦得以为代物清偿。

【正】金钱债务之清偿固须依契约本旨交付金钱，始能生法律上之效力。惟债务人如得债权人之允许，以对于他人之请求权让与债权人以代清偿者，于法亦应认为有清偿之效力。（三年上字第636号）

清偿先充当利息。

【正】债务人对于债权人欠有本息而为给付者，如未得债权人特别之同意，自应以之

先充利息之清偿，不能主张系属还本。（三年上字第718号）

债务可委人代偿。

【正】债务之清偿不必由债务人自向债权人为之，即委任他人为清偿未尝不可。（三年上字第805号）

委人代偿而受任人未偿者，不为清偿。

【正】债务人委任他人为清偿者，若其受任人并未代为清偿，则对于债权人之请求履行，自不能以已曾托人清偿为藉口即可主张免责。（三年上字第805号）

向第三人为清偿，以债权人承诺追认为限有效力。

【正】凡因清偿而向第三人为给付者，以经由债权人承诺或追认为限，有清偿之效力。（三年上字第1022号）

清偿充当由债务人指定。

【正】债务人向同一债权人负担同种类之债务数宗，而所提出之给付不足消灭总债务者，债务人得于清偿时指定其所充当之债务。（三年上字第1034号）

虽设有数宗质权，而清偿充当仍由债务人指定。

【正】债务人向同一债权人负担数宗债务而设定数宗质权分别担保之者，则各质权均有独立之性质。债务人于清偿时自得依法指定其所充当之债务，使担保该债务之质权归于消灭。（三年上字第1034号）

向无受领权人为清偿者，不问是否故意，均不生效力，对债权人仍负清偿之责。

【正】债务人清偿债务须向债权人或其他有受领权限之人为之。若其人无受领清偿之权而向之为清偿者，则不问其系出于故意抑由于过失，其清偿要不能认为有效，而对于债权人即仍应负清偿之责。（四年上字第32号）

金钱债务虽经债权人同意以不动产作抵，而互争抵价不决者，仍应以现款清偿。

【正】若金钱债务于应履行之时以无现款为理由欲以不动产作抵，而债权人亦情甘承受，但于价额有所争执不能解决者，审判衙门除听其自行商定外，即难强令一造屈从，则惟有仍令债务人如数偿还现款。（四年上字第65号）

债务人无当然代物清偿权。

【正】以产抵债是为代物清偿。如债权人任意受领，固与清偿有同一之效力。然债务人无为代物清偿之权利，即使于双方均有利益，苟当事人间先无此项特约，法院自不能强制债权人之受领。（四年上字第384号）

代物清偿与清偿效力同。

【正】代物清偿本与清偿有同一之效力。（四年上字第411号）

代物清偿非要式契约。

【正】抵债因当事人一造约明移转原给付以外之物之财产权于相对人，相对人亦约明消灭

其原债务，即生效力，本不限于书面契约。（四年上字第833号）

第三人为代物清偿者，亦有效。

【正】凡债务已由第三人为代物清偿，经债权人受领者，则该债权即行消灭，债权人不得更向债务人请求清偿。（四年上字第1155号）

无受领清偿权人，不得请求清偿。

【正】对于债务人请求清偿者，必其自身依法享有债权之人，或自身无债权而为债权人所委任之人，否则无领受清偿之权限，自无向债务人请求清偿之权。（四年上字第2175号）

天津钱商习惯凭折川换之款，应先作还本年终始还利息。

【正】天津习惯钱商凭折川换所付之款，既系应先作还本年终始还利息，即应从其习惯，认其为原本之清偿。（四年上字第2200号）

有特约者，应依约向领受权人为清偿。

【正】关于债务之履行有特约者，债务人须依特约所定向有领受权人提出给付，始生清偿之效力。（四年上字第2321号）

虽非向债权人或其代理人为清偿，而债权人实受其益者，亦有效。

【正】凡清偿债务，须向债权人或有收受清偿债权之人为之。违者非经债权人追认或债权人已实受其利益者，不能生消灭债务之效力。（五年上字第31号）

债权人尚执欠票借券，于清偿之效力无涉。

【正】普通欠票或借券固足为债权存在之有力证据，然债务人如能举出确切反证证明其债务实已清偿者，则纵令欠票或借券尚存于债权人之手，仍不能不认其债权已经消灭。（五年上字第81号）

债务人不得擅行拨兑债权为代物清偿。

【正】金钱债权之债务人非经债权人承诺，不得拨兑对于他人之债权为代物清偿。（五年上字第180号）

款交自己经理人者，不为清偿。

【正】债权之清偿应向债权人或其代理人行之，不得以款已交由自己经理人支付，即可谓债权人业已受偿。（五年上字第260号）

以公债票为代物清偿，不得强依额面作价。

【正】公债票之时价如不及额面所值，则除债权人允照额面计算外，即有允以债票为代物清偿之表示，亦不得强其按照额面作价收受。（七年上字第704号）

债务人不得强以担保为代物清偿。

【正】债务人非经债权人承诺，不得违反债权契约之本旨，以他种给付代供清偿。即使关于该债权曾经设有担保物权，而设定担保物权之债务人究不得强使债权人以担保物抵偿其债权。（七年上字第827号）

款交保证人，若债权人未受实益，亦不为有效之清偿。

【正】债务人清偿债务依法应直接向债权人为之。不容仅以曾将还债之资交付保证人，而不问债权人是否实受利益，遽认为有效之清偿。（七年上字第 1311 号）

充当债务之次序。

【续】债务人提出之给付不足消灭总债务时，若并未指定其应充当之债务，则应先充其已届清偿期者。若总债务均在清偿期或均不在清偿期，则应以债务人清偿之利益较多者为先。债务人利益相同时，则以清偿期应先至者为先。清偿期及其利益均相同，则按各债务之额比例配充。（八年上字第 73 号）

延长清偿期限，无使担保物权消灭之效力。

【补】延展清偿期限仍系同一债权，并非更改，无使担保物权消灭之效力。（十四年上字第 569 号）

物之交付义务人如非由己意丧失占有，得就其物拍卖所得之价金主张优先受偿。

【补】物之交付义务人如非由己意丧失占有，以至因相对人所负债务之执行擅被拍卖，则该交付义务人不再主张留置，而以原价未经清偿之部分为限，就其物拍卖所得之价金主张较诸执行权利人优先受偿，仍应予以准许。（十四年上字第 89 号）

第二款　提存

提存后债务人不负付息及赔偿之责。

【正】债权人有迟延或其他事由，债务人得将清偿之标的物为债权人提存之而免其债务。清偿之标的物一经债务人提存之后，债权人担负其物灭失或毁损之危险，债务人不任支付利息及其他赔偿之责。（三年上字第 684 号）

提存后应速为通知债权人

【正】债务人于为提存之后，须速通知债权人。若怠于通知时，仍应负损害赔偿之责任。（三年上字第 684 号）

提存后通知义务之例外。

【正】提存之通知原则上固须对于债权人为之。但债务人不能确知债权人所在之时，则通知于中人亦可认为有效。（三年上字第 684 号）

提存处所为通知之必要事项。

【正】提存处所为提存通知之必要事项。盖提存处所之为何处，不使债权人知悉而令债权人负迟延之责，自属不合。（三年上字第 684 号）

提存有免债之效力。

【正】债务人遇债权人领收清偿标的物有迟延时，将清偿标的物提存于债务履行地之接受提存处所，或诉讼当事人将应行清偿标的物提存于审判衙门者，即免除其债务。（三年上字第 706 号）

提存物因提存处过失灭失毁损者，债务人不负责。

【正】若清偿标的物提存后，因保管处所之过失或其他事变致灭失毁损者，债权人只可自认损失或依法向该保管处所请求赔偿，而不得再向原债务人请求清偿。（三年上字第706号）

提存物取回与未提存同。

【续】债务人有合法之提存，固可不再任给付利息之责。然若已将提存物取回，则视与未提存同。不能主张因提存所应得之利益。（八年上字第728号）

债务人以有价格之纸币提存，债权人即应负担其后之危险。

【续】依提存原则清偿之标的物提存后，其物灭失或毁损之危险应归债权人负担。则债务人以当时尚有价格之通行纸币合法提存，其后该纸币虽更趋于低落，而债权人仍应按提存日之市价收领，负担提存后之危险。（十二年上字第708号）

第三款　抵销

一造债务诉讼中始到期者，亦许抵销。

【正】债务之抵销须具备种种条件，而双方债务均已到期亦为条件之一种。故即其他条件均已具备，而一方债务尚未到期，他方遽欲援用抵销法理拒绝履行者，自属不合。然主张抵销之始，一方债务虽未到期，而若因此成讼于诉讼中，该条件业已完成者，审判衙门仍不能不认抵销之为合法。（三年上字第608号）

抵销之要件。

【正】债权抵销之要件有四：（一）当事人须互负同种标的之债务；（二）双方之债务须均已至清偿期；（三）须依债务性质及法律准许其抵销；（四）须当事人未预表示反对之意思。以上要件有一不备，不得主张抵销。（四年上字第316号）

抵销于具备要件时，债务人得以单独意思为之。

【正】合于抵销条件，各债务人均得以单独意思对于相对人主张以自己之债权与之抵销。（四年上字第318号）

普通债权得与有担保债权抵销。

【正】普通债权亦得与有担保之债权抵销。（四年上字第954号）

履行地不同一之债权亦得抵销。

【正】抵销系为两造节省清偿程序起见，并不限于同一之债务履行地。即履行地各异者，亦得抵销之。（四年上字第1344号）

抵销之效力应溯及宜为抵销时发生。

【正】债务之抵销，无论意思表示之迟速，均应溯及宜为抵销时，就两造债务相当额发生消灭之效力。（四年上字第1935号）

抵销不必债额相同。

【正】二人互负同种标的之债务均至清偿期者，即得主张互相抵销。原不限于双方之债额同一。（五年上字第815号）

对于代位债务人亦得主张抵销。

【正】债务人对于债权人得为抵销之抗辩时，对于代位债权人亦得主张。（六年上字第472号）

双方互负债务为抵销之前提要件。

【正】当事人双方负有债务为抵消必须具备之要件。若一方并未对他方负有债务，根本上已无抵销可言，其他要件可置不问。（六年上字第1106号）

抵销须双方债务有同种标的者，非谓债务之原因须同一。所谓当事人须未表示反对意思者，非谓须两造之合意。

【正】抵销债务之要件，所谓双方债务须有同一种类之标的者，系指为债权标的之给付须系同一种类而言，非谓债务之原因亦须同一。又所谓须当事人未曾表示反对之意思者，系指当事人于主张抵销以前未经约定其债务不许抵销而言，非谓抵销须两造之合意。（七年上字第500号）

互负通用货币之债务，并无约定不许以他种货币计价清偿者，即系同种标的之债务。

【续】互负给付通用货币之债务，两造于立约当时若以某种货币为计算当时价格之标准，并无特别约定不许以他种通用货币计价清偿者，则此种互负之金钱债务即互有之金钱债权实系同种标的之债务，自得互按市价以供抵销。（九年上字第1395号）

第四款　更改

债务人替换之更改，其新债务人应负清偿之责。

【正】第三人若与债权人订立更改契约而自为债务人者，若其更改契约非本来无效或经撤销而失其效力，则于债权人即不得不负清偿之责。（三年上字第738号）

标的物替换之更改，更改后可不问旧债务如何。

【正】分劈地亩之债务自书立借据，而后其债务之标的已变而为金钱之给付，其更改以前之旧债务如何，原可置之不问。（四年上字第384号）

债权人替换之更改，须为确实之证明。

【正】债权人替换之更改契约，每用之为诈害他人之手段，故一般立法例恒以确定日期证书为对抗第三人之要件。我国现行法上虽尚无明文，然缔结此项更改契约之当事人，就其主张更改成立之日期应为确实之证明，则固无疑。（四年上字第742号）

债务人替换之更改，须经债权人承诺。

【正】债权因债务人之变易而更改者，非经债权人之承诺不能有效。（四年上字第1082号）

债权更改之效力。

【续】按更改虽为债权消灭之原因，足使其附随之担保物权同时消灭。然延展清偿期限仍系同一债权，并非更改，即无使担保物权消灭之效力，此至当之条理也。（十四年上字第569号）

第五款 免除

免除后不得任意撤销。

【正】免除债务为权利之抛弃，本以债权人单独行为为已足。故债权人若对于债务人以自由明确之意思表示免除时，当然应生效力，受其拘束，不得任意复行撤销。（三年私诉上字第25号）

裁判不得擅免债务。

【正】债权之成立如经审判衙门明确认定，则除另有法律上免除事由外，审判衙门自不能反于债权人之意思，以裁判遽令减免。（三年上字第57号）

免除由债权人向债务人为意思表示。

【正】债务免除须由债权人对于债务人表示免除其债务之意思。（三年上字第116号）

仅债务人有要求，不为免除。

【正】若债务人向债权人为免除其债务之要求，而债权人并未为免除债务之意思表示，则该债务依然存在。故欲以债务人一方业已表示要求免除债务之意思谓该债务即应归于消灭者，实为债权法则所不许。（三年上字第116号）

债务人虽属善意，亦不得以受无权人免除与债权人对抗。

【正】债务人虽属善意，而对于无权限人所为之免除，仍不能对抗真正之债权人，当然不能消灭所负之债务。（三年上字第320号）

无权人之免除无效。

【正】债权人固得对于债务人表示舍弃其债务之全部或一部。然苟出于无权限者，非（真债权人）之行为，则不能生效。（三年上字第320号）

按成摊还后之余额，债务非当然免除。

【正】因债务人资力减少，以其财产按成摊还众债权人。除债权人就未受清偿之部分显然表示免除之意思，或于受领之际将债务证书交还销毁，依通常情形得认为默示的免除者外，债权人虽已受领摊还之款，而其余部分之债务仍不得即认为免除。（三年上字第489号）

免除生消灭债务之效力。

【正】债权人对于债务人免除其债务者，如所为免除之意思并无无效或得以撤销之原因，则该部分之债务即因而消灭。（三年上字第636号）

当事人有减免之表示，可据为裁判。

【正】凡债权已经证明其成立为适法者，审判衙门固不得任意判令一方舍弃应得利益之一部或全部。而当事人如有免除之意思表示者，自可根据之以为判断。（三年上字第833号）

债务人除得债权人同意外，不得主张减免利息。

【正】金钱债权当事人间有约定利息者，债务人除得有权人之同意外，不得持何种理由主张减免。（三年上字第1102号）

免除属于债权人之自由。

【正】债务之免除与否，属于债权人之自由，审判衙门自不得反于债权人之意思而为强制免除之判断。（三年上字第1111号）

免除须有明示或默示之意思表示。

【正】债务之免除须债权人有明示或默示之意思表示。（四年上字第20号）

债务人不得藉口欠债甚多无力偿还，要求减免。

【正】判决确定后开始执行，如果发见债务人资力不敷清偿，执行衙门自可依据现行法例为公平之处置。惟债务人不得以欠债甚多无力清偿为理由，请求减免其责任。（四年上字第67号）

一部给付之领受，非可推定免除他部。

【正】债权人仅收受利息，原不足为推定免除原本之资料。盖凡性质上可分之给付，债权人本可任意为一部给付之受领。自未可因此遂推定其就他部债务有免除之意思表示。（四年上字第384号）

免除除有预约外，债务人不能强求。

【正】债务之免除大都为债权人之恩惠行为，除债权人对于债务人本有此项预约外，决不能以债务人片面之意思强债权人以免除。（四年上字第930号）

仅过期不行使债权，不为默示之免除。

【正】若仅过期而不行使债权，并无消极动作可以认为有默示免除之行为者，即不得谓其债务为已消灭。（五年上字第631号）

债务人资力受损，亦不得请求减免利息。

【正】凡债权人有约定利率者，应依约定利率计至清偿之日为止。纵令其间债务人因不可祛避之事故以致资力受损，亦不得反乎债权人意思而要求减免利息。（六年上字第973号）

债务人不能以曾受他债权人之免除要求减免。

【正】债务关系乃特定人间之关系。债务人对于债权人自不能以曾受其他债权人之免除利益，希冀一并减免。（七年上字第583号）

债务免除不必得债务人承诺。

【续】凡债务经债权人表示免除之意思，即应发生效力。债务人之是否承诺，在所不问。（九年上字第1038号）

第六款 混同

第六节 多数债权人及债务人

非连带之共同债务人，一人不能独负全额债务。

【正】共同债务人若非连带债务，债权者不得令共同债务人之一人独负全额之清偿。（三年上字第9号）

诸子对于父债应否分别偿还，以继产分析与否为断。

【正】父债子还已为现行法例所认。惟父死承继其财产者为其子之全体，对于父生前所负之债务，应由其子全体负偿还之责。故在分析财产以前，自可向其子一人为全部之请求。若在分析以后，则非分别判断不可。（三年上字第9号）

连带债务人一人为全部清偿时有求偿权。

【正】债权人对于连带债务人之一人得请求履行全部债务。其为全部清偿之人，得对于他债务人按成求偿。（四年上字第742号）

向连带债务人一人请求，对于他人亦有效。

【正】连带债务之性质，债务人向连带债务人之一人请求给付者，对于他债务人亦生效力。（六年上字第12号）

数人依约共负可分给付之债务，如有特别情形，亦应分担他人之债务。

【正】数人依契约共同负担可分给付之债务者，除已声明连带负责外，应以分担为原则。惟各共同债务人中如有无力分担或行踪不明或远适异国等情形者，始由他债务人分担其不足之额。（六年上字第644号）

多数债权人中一人之免除，只就该债权人之部分生效力。

【正】多数债权人中之一人对于债务人为免除债务之意思表示者，亦只就该债权人所有债务之部分发生效力。（六年上字第791号）

可分给付之共同债务人，原则上应平均分担。

【正】数债务人负可分给付之债务而无特别之意思表示者，各债务人以平等之比例负其债务。（六年上字第1169号）

家族一人代理全家之共同债务，债权人得就其家公产请求清偿。

【正】家族中一人仅以自己名义对于外人负有债务者，自不得就共有未分之产以其全部供清偿。惟其负债之行为若系代理全家族，则此项债务本应由家族全员负清偿之责。债权人于其家族共有未分之产，自得就其全部请求执行。（七年上字第457号）

兄弟共同债务由一人代理者，应由代理人以所占共产清偿。

【正】共产之兄弟共同负有债务而由一人出名者，若债权人对于其出名人请求清偿全部债务时，则其代理人自应以所占有之共同财产为全部之清偿，不容以责应分担为推诿。（七年上字第519号）

兄弟共同债务亦适用连合分担之制。

【正】兄弟未分析前共同借用之债，至分析后始行偿还者，若无连带特约或合法之债务移转，自应按连合债务之原则，依兄弟人数平均分偿。债权人固不能仅向其中一人求偿，债务人亦不能以分归何人名下为词拒绝分偿。惟应行分偿之人，如果证明绝无资力，则其他确有资力之人又不得不负按分代偿之责。（七年上字第628号）

共有金钱债权之债权人，原则得分请清偿。

【续】共有之金钱债权而以受领清偿之权限授与于一债权人者，嗣后他债权人得撤回其所授与之权限，而自己分别请求清偿。（八年上字第1122号）

第二章　契约

第一节　通则

第一款　契约之成立及其内容

习惯上所罕见之约不为无效。

【正】习惯上所罕见之特约，苟非违背法律强行规定或反乎善良风俗、公共秩序者，仍属有效。（三年上字第119号）

以私人惩罚为内容之契约无效。

【正】私人之惩罚征诸国法，国家对于不法行为本定有相当之制裁，或为犯罪，或为私法上之不法行为。因之而私人受有损失者，皆得请求赔偿，实毋庸认其有私罚之权。况为维持公平及社会秩序计，私人相互间尤断不容有直接之惩罚。故在法律上此项罚款不能认为有效。（三年上字第207号）

以不法行为为标的之契约无效，不能因此发生权利义务。

【正】契约成立以行为适法为要件。如以不法行为为目的而缔结契约者，法律上当然认为无效。则由此契约发生之权利义务，亦自不能存在。（三年上字第753号）

基于赦令前犯罪行为之契约无效。

【正】赦令免除条款内之犯罪行为，其罪刑虽经除免，而基于犯罪行为之契约在民法上仍属不能有效。（三年上字第753号）

不法行为为契约标的之一部者，惟该一部无效。

【正】不法行为如系为债权契约标的之一部分，非该契约之全体无效，惟不法原因存

在之部分乃为无效。(三年上字第932号)

以有害公安、公益之行为为标的之契约无效。

【正】契约成立以行为适法为要件。如以不法行为或其他有害于公安、公益之行为为目的而缔结契约者，法律上当然认为无效，则此契约上之权利义务亦自不能发生。(三年上字第1035号)

一造欲变更契约内容者，须他一造承诺始有效。

【正】当事人双方订立之契约，一方对于该约内容欲有所变更者，自须得他方之承诺方有效力。(三年上字第1074号)

契约合法成立非经解除，则一造不得擅违约定义务。

【正】契约一经合法成立，其私法上之权利义务当受拘束。故非得相对人之同意或一方违背契约不履行义务依法将契约解除，则一造断不能以单独意思违背约中应负之义务。(三年上字第1235号)

债权契约非要式行为，其成立与否不能仅以有无债券及记载如何为断。

【正】债权契约并非要式行为，即无须以债券为成立之要件。故债券之有无及其记载如何，不能独执之以断定债权之存否，要视其实际于债权之发生，当事人间是否有合致之意思表示及其意思表示之是否合法有效以为断。(四年上字第230号)

赌博之契约无效。

【正】赌博为现行法所厉禁。即就民事法则言之，凡以此种行为为契约之标的者，即属对于债务人要求为不法行为，于法不能认为有效，其权利义务亦即无从发生。(四年上字第486号)

债务原则上以契约为发生之原因。

【正】凡对于特定人负有一种作为、不作为之义务者，除有其他原因外，则必当事人间有契约关系之存在。(四年上字第1257号)

契约不违背法令及公安良俗者有效。

【正】契约如无违背法令或公安良俗，自应认为有效。(四年上字第1488号)

不违强行法之契约有效

【正】当事人间所订契约除与强行法令相反外，其契约中所表示之意思，审判衙门自应依据以为判断。(四年上字第2245号)

买休他人妻之契约无效。

【正】用财买休、卖休和娶人妻，原为现行律例所禁止。若其夫别无卖休之意，而买休人用计逼勒本夫休弃者，则尤法所严禁，自难认其买休之契约为有效(现行律犯奸门纵容妻妾犯奸条律)。(五年上字第656号)

契约合法成立无失效原因，两造均应受其拘束。

【正】合法成立之契约，倘非依法解除或有其他失效原因，则当事人两造均应受其拘束。（五年上字第985号）

以较短时期交付不特定物之契约，非以不能给付为标的，不能否认其效力。

【正】契约标的之给付如系客观的绝不可能，其约固属无效。惟以较短之时期使债务人负交付不特定物之债务，则非决不可能之事，自难以此否认其效力。（六年上字第1075号）

双务契约仅定一造违约金者非不法。

【正】违约金为损害赔偿之预约，而双务契约之当事人因违约所应负之赔偿责任，在法律上亦不必彼此一致。故仅关于一造之违约定有违约金者，其他一造如有违约情事，自应依通常法则定其责任。亦不得以仅定有一造之违约金，遂指其契约为不法。（六年上字第1075号）

买卖人口之契约无效。

【正】买卖人口为妻妾，现行法令本有禁止明文。则凡以此等禁止事项为标的之契约，依法当然无效（《禁革买卖人口条例》）。（七年上字第427号）

侥幸性质之契约非法律特禁，亦有效。

【正】有侥幸性质之契约，非法律特予禁止，亦非无效。（七年上字第683号）

契约不必有书据，可依他方法证明其成立。

【正】契约之成立不必以书据为凭。苟有人证或其他方法足以证明两造之意思表示合致者，即不容辄行翻悔。（七年上字第1027号）

废弃旧约更立新约者，以新约为准。

【续】废弃旧约更立新约者，如未声明某部分仍保留旧约之效力，自应概以新约为准。纵一造因此受不利益而即系合法成立契约，亦不许任意翻悔。（十年上字第4号）

契约之内容不能因他契约于其标的或当事人一造偶有相同，遽行推断为一致。

【补】按债权契约之内容，类皆因缔约当事人间之关系或其他特殊情事而各有不同。不能因他契约于其标的或当事人一造偶有相同，遽行推断二契约之内容即属一致。（十四年上字第466号）

合伙契约成立后，各合伙员即应受其拘束。

【补】按合伙契约成立后，各合伙员即应受其拘束。即令合伙事业尚未开始即行消灭，而于未消灭前因合伙关系发生之损益，仍应由各合伙员按股摊派，此至当之条理也。（十四年上字第523号）

第二款　契约之效力

债权契约原则上无拘束第三人之效力。

【正】债权契约系特定人间之法律关系，非有特别原因，断无拘束第三人之效力。

（三年上字第 483 号）

双务契约一造不能履行，则他一造有解除权。

【正】凡双务契约缔结者，两造均有履行义务。如一造不能履行，则他方有即时解除契约之权。（三年上字第 935 号）

双务契约应同时履行。

【正】两造相互负有给付之义务者，依当然之条理，自应由两造同时履行。（三年上字第 1041 号）

卖约得因不交价而解除。

【正】卖主如已按契交地，买主即不得无故拒绝交价。如果买主于契所未载之事任意要求，延不履行交价之义务，虽经催告而仍置不理者，卖主自可据为请求解除之原因。（四年上字第 157 号）

契约一造违约不履行，相对人有解除权。

【正】当事人缔结之契约一经合法成立，其私法上之权利义务应受该约之拘束。但一方违背契约不履行义务，相对人自得依法请求解除。（四年上字第 392 号）

一部履行不能，他一部履行于债权人无利益者，债权人得请求解约。

【正】因归责于债务人之事由，致不能为一部之给付者，如其他可能之一部履行于债权人并无利益，债权人即得请求解除契约。（四年上字第 1012 号）

分期归还契约之不履行，原则上债权人有解除全约之权。

【正】已达清偿期之金钱债权，当事人改约分期归还者，如至分还之期债务人仍不履行，应准债权人声明解约，使得仍为全部履行之请求。（四年上字第 1584 号）

分期归还契约设有担保者，不得因不履行而即解除。

【正】已达清偿期之金钱债权，经当事人改约分期归还者，如至分还之期债务人仍不履行，自应准债权人声明解约，使得仍为全部履行之请求。惟于改约当时如债权人已令债务人设有分期归还之担保（保证人或物上担保），则是债权人已预期债务仍有不能按期归还之事，而犹与改订分期归还之约。届期如债务人果不照约归还，债权人自可行使其担保权，而不得即向债务人声明解约。惟其担保已经消灭或减少（例如保证人丧失行为能力或清偿资力），而债务人又不能设定其他相当之担保以代之者，债权人固仍得解除契约。（四年上字第 2040 号）

契约所生债务，须依契约内容履行。

【正】由契约发生之债权债务关系，应依照其契约之内容负履行义务。（四年上字第 2113 号）

双务契约一造履行迟延，相对人得为定期催告。

【正】双务契约若当事人一造于所负担之给付有迟延时，相对人得定相当期间催告其

给付。(四年上字第2169号)

双务契约一造履行迟延，经定期催告仍不履行者，相对人得请求不履行之损害赔偿或解约。

【正】迟延当事人若于催告所定期间仍不给付者，相对人得请求不履行之损害赔偿或解约。(四年上字第2169号)

债务契约因事变致履行不能者，无请求对待给付权。

【正】双务契约当事人一造所负担之给付，非因归责于当事人两造之事由而不能给付者，对于相对人无请求对待给付之权。但仅系一部不能给付者，须依买卖价金减少之规定，减少其对待给付之额。(四年上字第2365号)

仅契约当事人一人或数人违约，不得即解除全部契约。

【正】契约当事人之一人或数人有违背之行为者，如结约当时无特别之意思表示，则相对人只能请求强制其履行或请求赔偿由该行为所生之损害，要不得以此籍口即行全部解约。(四年上字第2452号)

债务契约得为同时履行抗辩。

【正】双务契约当事人一造不履行其债务者，其相对人得拒绝自己债务之履行。(五年上字第830号)

减成分偿之契约至期不履行，则债权人有解除权，仍可诉请照额清偿。

【正】债务案件经商务会调处议有减成限期清偿之办法，即为当事人间之契约关系，除当事人两造各自遵行外，如其债务人至期并不履行，则该项契约已具有解除之原因。债权人仍可向审判衙门起诉，请求按照债权原额如数清偿。该管审判衙门亦即应予受理审判，而与曾经审判上和解截然不同，并不能认为有执行力。(五年上字第867号)

双务契约须经定期催告仍不给付始可解除。

【正】依双务契约之法则，一造所担负之给付有迟延时，相对人亦当定相当期间催告其给付。必其仍不于期内给付，始得声明解除。(五年上字第1187号)

双务契约两造之违约责任不必一致。

【正】违约金为损害赔偿之预约。而双务契约之当事人因违约所应负之赔偿责任，在法律上亦不必彼此一致。故仅关于一造之违约定有违约金者，其他一造如有违约情事，自应依通常法则定其责任。亦不得以仅定有一造之违约金，遂指其契约为不法。(六年上字第1075号)

分期给付之双务契约，于第一期一造已提供，而相对人不领受亦不履行义务者，得解除全部契约。

【正】分期给付之双务契约，其当事人一造如于第一期即经合法提出给付，而相对人不受领并同时履行义务者，固得以第一期之不履行为理由而请求解除契约全部。(六年上

字第1221号）

共有人一人擅为让与共有财产之契约，其善意相对人得请求返还原价并赔偿损害。

【正】共有者之一人或数人于共有财产未分析前，如未得他共有者之同意而为让与其财产之契约时，其契约在债权法上之效力仍应发生。缔约之善意相对人尽可依据债权法则为返还原价或损害赔偿之请求。（六年上字第1230号）

双务契约因归责于己之事由致履行不能，其相对人得解约。

【正】双务契约之当事人因归责于己之事由不能履行债务者，其相对人可声明解约。（七年上字第429号）

双务契约一造已提出给付，相对人不履行义务者，除解除外并得请求损害赔偿。

【正】双务契约当事人之一造已合法提出给付并催告相对人履行债务，而相对人不依法履行者，对于相对人，除请求履行外，并得请求赔偿其因不履行所生之损害。（七年上字第849号）

双务契约不得仅以未受对待给付主张解除。

【续】双务契约当事人之一造在未受对待给付以前，仅得拒绝自己所应负担之给付。非经定期催告相对人而相对人仍不为给付者，不得遽请求解除契约。（八年上字第446号）

履行期到来前之催告及解除预告不生效力。

【续】双务契约之一造履行迟延，其相对人得定相当期间催告其履行。若仍不于期内履行，得声明解除契约。但其催告并解除之声明，究应在履行期到来之后，其以前之解除预告自属不生效力。（八年上字第954号）

未约明逾期不备价取货即行解除者，其契约得不因逾期解除。

【续】两造约定购买货物定有备价取货之期限，而未约明逾期不备价取货即当然解除契约，征之该契约之性质，即不于一定期内履行亦未必不能达契约之目的者，买主于期限以内虽未备价取货，而其契约尚不因此解除。仍须更定相当期限催告其履行，必于期内仍不履行方可声明解除契约。（八年上字第983号）

因合意变更契约内容而受有损害，不得向对造请求赔偿。

【续】双务契约本系以当事人之合意定之。故契约成立后双方如更以合意变更其内容之一部，则日后一造虽因变更受有损害，亦不能以对造违反原约为理由请求赔偿损害。（九年上字第927号）

依契约允向第三人给付者，第三人得直接请求履行。

【续】当事人之一造依契约允向第三人为给付者，第三人得直接向该一造请求履行。（十年上字第772号）

不特定物之买卖，由债务人负担危险。

【续】不特定物之买卖，通常由债务人负担危险。纵债务人预备交付之物系因天灾灭

失，亦仍不能免责。（十一年上字第426号）

债权人于给付不能系因归责于债务人之事由时，得以解约。

【续】给付因归责于债务人之事由而不能时，债权人得解除契约。（十二年上字第335号）

保险契约规定两造皆有自由解约之权。

【补】按保险契约规定，两造皆有自由解约之权。（十三年上字第616号）

双务契约一造之当事人负有先向他造履行之义务者，不得行使同时履行之抗辩。

【补】双务契约一造之当事人因定有履行期或其他特约而负有先向他造履行之义务者，不得行使同时履行之抗辩。苟履行迟延，仍应负其责任。（十五年上字第311号）

第三款　契约之解除

解除后如应返还金钱，须添付利息。

【正】契约解除后，一切权利义务自应回复原状。所应返还之金钱并须自领受日起添付利息，算至返还之日为止。（三年上字第206号）

一造非得相对人同意或相对人违约不履行时，不得解约。

【正】当事人缔结之契约一经合法成立，其私法上之权利义务即当受契约之拘束。故非相对人之同意或一方违背契约不履行其义务，则一造断不能无故以单独意思解除契约。（三年上字第499号）

约定解除权之行使，应向相对人表示意思。

【正】当事人之一造依契约有解除之权者，其行使解除权时，应向相对人以意思表示为之。（四年上字第2020号）

买卖不得以银根紧迫为理由请求解除。

【正】买卖契约以两造合意解除为原则，不容买主一造以银根紧迫为理由随意请求解除。（五年上字第471号）

解除后返还金钱迟延，亦应负担迟延利息。

【正】因不履行契约上之义务解除契约，所应返还之金钱如有迟延情事，亦须负担迟延利息。（六年上字第248号）

契约解除时各应负回复原状之义务。

【正】契约当事人解除契约时，各当事人得使相对人负回复契约前原状之义务。（六年上字第596号）

债务人回复原状义务，以立约当时情况为标准。

【正】债务人所负回复原状之义务，应以所解除之契约成立当时情况为准。（六年上字第1016号）

契约之解除不拘方式。

【续】契约之解除如无特别法规或习惯，自应不拘方式。故买卖契约之解除如无特别法规或习惯，不以退回交单为必要方式。（八年上字第1042号）

解除预约须在相对人着手履行前。

【续】解除预约之权须在相对人着手履行以前始可行使，并非依一造之意思随时可以解约。（十二年上字第1161号）

保险契约解约权之行使方法，应由解约权人向相对人表示意思为之。

【补】保险契约解约权之行使方法，通常即由有解约权人向相对人表示意思为之。保险公司于店铺失火之先曾以书信通知该铺不再承保，店铺承认收有此信属实，即应发生效力。至付还保费、缴还保单系解约以后之事，原判乃以保险费尚未返还、保单亦未索回谓为解约手续尚未完备，尤为误会。（十三年上字第616号）

第二节　买卖

第一款　通则

他人所有物之买卖，在债权法上仍属有效。

【正】无权限人与人约定绝卖他人之产者，在债权法上该契约当事人间本可有效发生权利义务关系。惟诺约人非先由他人取得其物权后，再为有效之物权移转契约不可。（三年上字第45号）

买卖非要式契约。

【正】买卖关系无论口头或书状俱得成立。（三年上字第97号）

定银非买卖之要件。

【正】定银之授受非一般买卖契约所必要不可缺之行为，不过于缔结契约时得为附随条件。（三年上字第97号）

卖产草约得以解除。

【正】不动产议卖之预约，两造如有不遵行，则应负相当责任。至其责任如何，各地方习惯不同，自应根据契约地之习惯以为判断之标准。（三年上字第453号）

移转财产权与交付价银，非买卖成立之要件。

【正】财产权之移转与价银之交付，为买卖契约所发生之效力，并非买卖契约成立之要件。（三年上字第1042号）

行政上依法强制之买卖有效。

【正】买卖契约固以出于两造自由意思为其完全成立之要件。惟官厅因实施强制执行或于当时法令所许范围内依行政上之必要而强制人民使为买卖者，虽有不欲为买卖之意，其买卖行为亦生效力。（三年上字第1049号）

字据与当事人画押，非买卖契约之要件。

【正】买卖有无字据与字据内有无当事人画押，均非买卖债权契约成立之要件。（四年上字第1289号）

债权法上不动产买卖契约，亦非要式契约。

【正】债权法上不动产之买卖，只以当事人之合意而生效力，并不以书立字据为契约成立之要件。故依相当之证据方法已足证明当事人间有买卖之合意者，则纵无买卖字据或字据形式未备，仍不能不认买卖契约之成立。（四年上字第1817号）

买卖得不指定标的物之品质。

【正】订立买卖契约之时虽未指定其品质，无碍于买卖之成立。（四年上字第2235号）

不动产二重买卖之后约生债权关系。

【正】不动产之所有人以一不动产为二重买卖者，其嗣后所缔结之买卖契约，无论其买主是否善意，要皆不过发生债权法上之关系。（四年上字第2259号）

有期之买卖预约，如不于期内订立本约，则预约失效。

【正】凡买卖之预约经定明须于一定期间内订立本约者，如当事人不于期间内为订立本约之意思表示，则其预约即失其效力。（五年上字第321号）

通常买卖须特定人间相互表示意思始得成立。

【正】通常买卖必有特定之当事人，即一定之买主与卖主相互间表示买卖之意思者，其买卖契约始为成立。（六年上字第179号）

就将来可取得之物为买卖，非法律所禁。

【正】就将来可取得之物为买卖者，其行为虽不能即生移转物权之效力，而此项行为究非法律之所禁止。（六年上字第815号）

买主限于卖主着手履行前，得抛弃定银解除契约。

【正】买主抛弃定银解除契约之权，必须在相对人着手履行（有履行期者，自以履行期到来认为其着手履行）以前始可行使。并非依一造之意思随时可以解除。（六年上字第972号）

买卖不以具体确定债银为要件。

【正】买卖契约固以约定一定债银为成立要件，然其债银并不以具体的确定者为限，即依一定之方法计算而可确定者，亦无不可。（六年上字第1075号）

买卖契约之成立不须有中证。

【续】买卖契约之成立，在法律上原不以中证列名画押为要件。（八年上字第312号）

卖主于买主着手履行前，得倍还定银解除契约。

【续】买主付有定银之买卖契约，卖主于买主一方着手履行以前，得倍还定银解除契约。（八年上字第418号）

卖主为二重买卖，如前之卖约仅有债权关系，后之卖约已发生物权关系者，前买主不得主张后卖约无效。

【续】卖主就同一标的物为二重买卖，在前之卖约仅发生债权关系，而后之卖约已发生物权关系者，即令后买主缔结卖约实有恶意，其对于前买主亦仅发生是否侵害债权及应否赔偿损害之问题。前买主对于后买主不能就该标的物已经发生之物权关系主张其为无效。（十年上字第704号）

不动产买卖之预约。

【补】三年上字第453号判例，系因该议卖草约为预约，故依预约解除之条理予以判断。（十四年上字第598号）

第二款　买卖之效力

得以裁判代订立书据。

【正】依法律行为而为不动产物权之设定移转者，固以订立字据为必备之要件。然当未订立字据以前，当事人间合法缔结之债权契约仍不得不谓为有效。故虽未订立字据，而根据已立之买卖契约（债权契约），买主本有请求卖主订立字据之权利。如卖主不肯订立，自可以其他相当方法代订立字据之行为（如由审判衙门以裁判代意思表示），使其所有权移转于买主。（三年上字第478号）

契约内容无论何等品质之物皆收受者，则买主不得因低货拒绝付价。

【正】契约内容无论何等成色之物皆收受者，则其后虽因情势变迁低货不能出售，亦不能改变其初缔结买卖契约之内容与性质，遂谓交付低货即属完全不履行而拒绝付价。（三年上字第606号）

买价经当事人订立者，不得藉口市价主张增减。

【正】前清《民律草案》未经颁行，当然不能适用。即作为条理观之，《民草》五九二条所称“依市场价格约定价银”等语，亦系指买卖时当事人协议不径自订定价银而以市场之价格为所买之货之价银者而言。至卖主于出售货物时已将其所订之价通知于买客，而买客对于卖主所定之价并无异议且收受其货物者，在法律上自可推断买客对于卖主所定之价已合法表示同意。此项价银于法既可认为业经买卖当事人协议订定，即无主张增减之余地。（三年上字第678号）

买价经当事人订定者，不得藉口别售价廉主张减少。

【正】货物之价格自可由买卖当事人径以自己意思定之。故无论何国立法例，国家于平时断无齐一货价之法令。即使卖主出售于他人之货价较廉于出售与买主者，买主苟经合法表示同意，不得援以为例，为减价之请求。（三年上字第678号）

不动产卖主有立契之义务。

【正】以买卖不动产为标的之债权契约如已合法成立，则除该契约具有无效或撤销之原因，或由两造合法解除外，卖主即有作成契据交付买主（即缔结物权契约）之义务。故为第三人就标的物上主张权利致妨碍契据之作成交付，则卖主除已与约定连同物上担负并移转于买主者外，自应有除去其权利为完全履行之义务。（三年上字第916号）

纯为第三人就标的物所为之不法行为，卖主不负责任。

【正】卖契内虽载“倘有互混不明等件，俱系卖主理落”字样，但此不过言明卖主追夺担保之责任。故纯为第三人就标的物所为不法行为，决无由卖主负责之理。（三年上字第981号）

卖主收价不能交货，买主得请求返还原价及利息，并损害赔偿。

【正】卖主于收受买主价金后，至给付货物日期不能交货者，买主得请求返还原价及利息。若应行交货之日货物市价已溢出约定买价者，并得请求损害赔偿。（三年上字第1066号）

标的物当时虽不属卖主，亦有移转权利之义务。

【正】买卖之标的物在缔约当时并不必属于卖主，今上告人既与被上告人缔约将该地卖出，则无论是否上告人所有，而上告人要有移转权利交付地段之义务。（三年上字第1190号）

卖主不移转权利，买主得解除契约。

【正】买卖契约缔结时，卖主自应负移转权利交付标的物之义务。若卖主不能如约为交付者，则买主当然可以解除契约。（三年上字第1190号）

可分性质之物之买卖，买主得解除一部契约。

【正】买卖之标的物如系可分之性质者，则买主就其一部以卖主不能交付为理由解除契约，而就他一部仍对于卖主请求交付者，亦无不合。（三年上字第1190号）

因归责于卖主事由，买约时卖主除返还买价外，应负担契约费用。

【正】买卖契约缔结时，卖主自应负移转权利交付标的物之义务。若卖主不能如约交付，买主即可以解除契约。而此种契约之解除系因归责于买主之事由，除买价已交付者应行返还外，买主请求缔结契约之费用，卖主亦不得不为负担。（三年上字第1190号）

因买卖契约所生之请求权并得让与。

【正】买卖契约缔结后，买主对于卖主即可请求其依约履行，以移转其所买受之物权。而此买卖契约所生之请求权亦自可由买主让与于第三人。（四年上字第124号）

不动产买主得请求卖主指交标的物。

【正】不动产之买卖主对于买卖主有请求指交标的物之权。（四年上字第424号）

买主免除卖主瑕疵担保责任，不得复以物有瑕疵主张解除契约。

【正】缔结买卖契约时，买主对于卖主约明免除其瑕疵担保之责任者，事后自不能复以标的物有瑕疵而主张解除契约。（四年上字第1008号）

他人权利之买卖，卖主不能履行，买主得解约。

【正】以他人之权利为买卖之标的者，如卖主不能取得其权利移转于买主，则买主得解除契约。若其为标的之权利仅一部分属于他人，而足认定买主于买卖当时倘知有此项情形，亦必不愿就其他部分缔结买卖契约者，则买主并得就其他部分（即不属他人所有之部分）解除契约。（四年上字第1027号）

买主当时明知标的物非卖主所有者，不得请求损害赔偿。

【正】凡以他人权利为买卖标的，而卖主不能取得权利以移转于买主者，虽买主可以声明解除契约，但买主当时明知该权利不属于卖主者，不得为损害赔偿之请求。（四年上字第1149号）

就标的物第三人主张权利者，买主得停给价银。

【正】买卖契约若就所卖之物另有主张权利之人时，买主并得适度停给价银之全部或一部。（四年上字第1487号）

卖主有追夺担保义务，违者应负赔偿责任。

【正】凡权利之让与人应负追夺担保之义务，故所让与之权利如遇真权利人出而主张，致让受人受有损害者，让与人即不能不负赔偿之责。（四年上字第1517号）

不特定物之买卖，买主不应过问货所从来，并迟不起货，应任赔偿。

【正】所批之货既非特定之物，其交货时如果品质、数目与所批者相符，则货所从来即非买主所应过问。故卖主只须备有应交之货；于送到货单后，因买主过期不起而受有损失者，即应核实计算赔偿。（四年上字第2231号）

标的物上第三人权利为买主所不知者，得请求减价，有时并得解除契约。

【正】凡买卖之标的物上有他人得向买主主张之权利，而为买主所不知者，其买主对于卖主得请求减少价银。且买主若因该项权利存在致不能达其买受之目的，则更得解除契约。（四年上字第2350号）

卖主已交物，买主不付价者，卖主得解除。

【正】买卖契约买主于卖主已交付买卖标的物时，而不依约交付其价金者，卖主固得为解约之请求。（五年上字第1104号）

卖主交物虽未足全部，买主亦已付价一部者，不得解除。

【正】卖主已交付标的物之一部，而买主复已为价金一部之交付者，买主即不得主张其有解除权。（五年上字第1104号）

买主自卖主交物时起，条理上应付价金之利息。

【正】买主自有标的物交付时起，除价银之交付有期限者外，条理上应支付价银之利息。（五年上字第1104号）

标的物瑕疵，卖主任担保责任。

【正】卖主于标的物之瑕疵应任担保之责者，买主得解除其买卖契约。（五年上字第1120号）

定期买卖之货与价，当初均毋庸交付。

【正】定期买卖，其货与价在订约之初均毋庸即时交付，仅真欲至期将货与价兑交者，仍不失为合法之定期买卖。（六年上字第458号）

买卖契约之目的物及价银除有特约外，应同时交付。

【正】买卖本属双务契约，以同时履行为原则，故关于标的物及价金之交付，除当事人间有特别意思表示外，应认其交价之期与交付标的物系属同时。（六年上字第1075号）

买卖契约仅片面约定交货日期者，非不法。

【正】买卖契约不得仅以片面约定交付标的物之时期，遂指其为不法。（六年上字第1075号）

买卖契约两造均未依约履行，即不能认一造有解除权。

【正】两造订立之买卖契约既未附有何种解除条件，上告人给付价银之义务复未照约履行，则依双务契约之原则，即不能独以被上告人未经照约履行交付地照之义务为归责一方之事由，而认上告人得有解除权。（七年上字第364号）

非买主承认无瑕疵，则卖主不得免除担保之责。

【正】卖主就于买卖之物，本有担保瑕疵之义务，非有买主明示或默示承认该地确无瑕疵，卖主不得免担保之责。（七年上字第374号）

买房契约未交，房前失火焚毁者，得减少价银。

【正】买房在未交付以前，既系因租户失火焚毁，则减少应付之价银于法自无不当。（七年上字第512号）

卖租应指明地段，实行兑佃。

【续】旗民卖租，因该地有永佃关系，卖主不能收地夺佃，固无由佃户将地收回转交买主接受之责。惟地与租原有密切关系，既为按地卖租之卖主，则就租地之坐落何处、四至何界以及佃户何人、佃租何数，仍不能不负指明地段并实行兑佃之义务。（八年上字第776号）

买主虽知权利不属卖主而有特约者，仍有追夺担保之义务。

【续】买主当时虽明知权利不属于卖主，但契内既有“别姓生言，由失主出为理，直与得主无涉”之文句，则卖主仍应负追夺担保之责任。（八年上字第785号）

卖主负追夺担保责任，不仅返还原价。

【续】卖主对买主应负追夺担保之责任者，凡因买卖所受之一切损害均应赔偿，不仅返还原价。（八年上字第785号）

标的物有瑕疵，应以因此不能达契约之目的者为限，许买主解约。

【续】买卖标的物有瑕疵时，买主固得请求减价或赔偿损害。惟该标的物既尚存在，究非不能交付，自应以因此不能达契约目的者为限，始许买主解除契约。（九年上字第23号）

不特定物之买卖，由债务人负担危险。

【续】不特定物之买卖，通常由债务人负担危险。纵债务人预备交付之物系因天灾灭失，亦仍不能免责。（十一年上字第426号）

草契不能概认为预约。

【补】习惯上，所谓草契不能概认为预约。如将买卖之标的物及其数量、价额等已一一订明，即与预约之仅生缔结正式契约之债务者显有不同。关于买卖之债权契约，即应认为成立。（十四年上字第598号）

买卖契约除当事人有特别订定外，应各有同时履行之抗辩权。

【补】买卖契约除当事人有特别订定外，应各有同时履行之抗辩权。故卖主于买主未支付价金以前，本得拒绝交付标的物。如标的物因买主所负债务之执行擅被拍卖，则除依法提起异议之诉外，如愿自行让步，仅主张以其原价未经清偿之部分为限，就该标的物拍卖所得之价金较该执行权利人优先受偿，自难谓为不当。（十四年上字第1424号）

出卖坟地内树木，须经共有人全体之同意，契约始属有效。

【补】坟地内树木在未与坟地分离以前，为坟地之成分，当与坟地同论。经共有人全体之同意，始得处分。苟出卖坟树仅少数共有人出名，而无代理他共有人之权限，则该契约即属根本无效，不但不得对抗他共有人，即在当事人间通常亦不发生履行或赔偿损害之问题。不过该出卖人有使买主确信其有代理权之情形时，应适用无权代理之法则，仍许买主请求赔偿损害而已。（十五年上字第903号）

第三款　买回

买回特约对于知情之第三人有效。

【正】债权契约之效力仅及于契约当事人之间，而以不得对抗第三人为原则。至买卖契约时，卖主与买主间订立买回特约者，则一般法例为保护卖主利益计，对于知情之人第三人皆特认此项特约为有效，此盖我国通行之习惯。（三年上字第119号）

卖主于买回时应偿还买主改良标的物所支出之费用。

【续】买主为改良买卖标的物支出必要费用及其他有益费用，因以增加该标的物之价格者，卖主如依买回契约请求回赎时，应偿还其增加额。（十年上字第811号）

不动产未依买回特约复归以前，当然为买主之业。

【续】不动产卖主与买卖契约同时所为之买回特约，不过债权性质。纵于一定期内该不动产可以复归，而在未经复归以前，当然认为买主之业。（十二年上字第125号）

第四款 特种之买卖

第三节 互易

第四节 赠与

附限制之赠与亦有效。

【正】附有不许典卖之制限之赠与契约，既经各当事人承认，即应发生效力。（三年上字第 142 号）

有书据之赠与及已履行之赠与，不得随意撤销。

【正】现行法律关于赠与之撤销、废止毫无规定。依法律无明文适用习惯法则，无习惯法则适用条理之例，凡以书状为赠与之意思表示者，当事人无正当理由不得撤销；以言词为赠与之意思表示，而其赠与物业已履行者，亦不得随意撤销。其赠与人之承继人无论应否同有此种权利，要不能反背此原则。盖所以尊重既定法律关系，使社会得以安然无扰。（三年上字第 212 号）

受赠人有忘恩行为，则赠与人或其承继人得废止之。

【正】受赠人因重大过失及故意，对于赠与人或其近亲有忘恩不能容许之行为者，赠与人或其承继人得主张废止赠与。（三年上字第 212 号）

不动产赠与，于表意时即生效力。

【正】不动产之赠与，自当事人表示意思之时即生效力。而订立书据为表示意思最确实之方法。（三年上字第 1260 号）

赠与非要式行为。

【正】赠与行为并非要式，苟书据以外别有证据足证明契约之成立者，自应认为有效存在。（四年上字第 1975 号）

赠与原有条件后经除去者，非新赠与行为。

【续】原先赠与附有解除条件，以后成为无条件者，非新赠与行为。（八年上字第 146 号）

第五节 使用租赁

租主之设备于解约时应自行撤去。

【正】租主于其所租之房屋有所设备，则于解约之际自应由租主自行撤去。若租主因特种之营业为种种设备，非普通房屋所需用者，则解约时应由租主撤去尤属当然。（三年上字第 591 号）

租主之设备，房主于解约时自愿留用者，可据以判留。

【正】租主于其所租之房屋有所设备，于解约之际房主如自愿偿价留用，则审判衙门自可据为判决之基础。（三年上字第591号）

租赁契约之押租，得与欠付月租抵消。

【正】因租赁契约而预付有押租者，其押租虽别有孳息，而其性质究属担保之一种。故月租如未能如期清付，虽可援为解约之原因，若既未因此中途解约，至契约届满之时，租赁人主张于押租内扣除者，苟未逾押租原额，则按之条理既非不当，准之抵销法理亦无不合。（三年上字第608号）

租赁主得请求补偿有益费。

【正】租赁主就租赁物所支出之有益费用，以致该物价格增长者，其所增长之现存价格，即应由出租主补偿。（三年上字第775号）

出租主除特约外，负必要修缮之义务。

【正】业主除于租约有特别约定外，关于其出租之房屋担负因使用所必需之修缮之义务。若业主经租户催告，于相当期间内怠于修缮者，租户得自动工作，请求业主返还其支出之必要费用。（三年上字第911号）

租赁标的物在期内灭失，租赁主得请解约。

【正】租赁标的物于租赁契约存续期间内，因天灾或意外事变而消灭，致租户不能达其租赁之目的者，租赁主自得请求解除契约。（三年上字第911号）

租铺批约原以欠租为解约条件，而租客欠租，业主自可解约收房。

【正】两造间所订租铺批约既经载明“如或拖欠租银，即将该铺取回另批别人”等语，则租客如果有欠租情事，业主自可据约将铺房收回。（四年上字第225号）

租赁契约于解约条件成就时，得声明解约。

【正】租赁契约虽经定有存续期间，但当事人一造如依契约保留解除权，而以某事实之发生行为行使条件者，则于该条件成就时自得声明解约。（四年上字第227号）

租赁主应以善良管理人注意保管租赁物。

【正】租赁主对出租主应负保管租赁物之责任。其责任之程度则系以最大注意，即以善良管理人之注意行之。（四年上字第288号）

租赁物灭失毁损应否由租赁主赔偿，以是否充分注意为断。

【正】租赁主于租赁物之灭失毁损，如可认有轻微过失者，应负赔偿责任。其是否由第三人之侵害或另有转租人管有租赁物在所不问。反是而租赁物之灭失或毁损虽由租赁主充分注意而仍不能免，实系出于不可抗力之事由者，则租赁主不应负担责任。（四年上字第288号）

使用租赁为诺成契约。若就使用标的物与支付租费有合意，即行成立。

【正】使用租赁为诺成契约。因当事人之一造约明以某物租赁与相对人使用，其相对人约明支付租赁费即生效力。是故，就租赁标的物及租赁费二者，两造既经同意，则契约要素即已具备，自应认为租赁契约已经成立。（四年上字第633号）

铺保水印非租约成立之要件。

【正】铺保水印在京师习惯亦不过可为推定当事人意思之根据。如当事人订立租赁当时之情形足以认为不以铺保水印为其成立之要件者，则其推定亦自不能存在。（四年上字第633号）

租赁主不得同意转租。除有特别习惯外，出租主得解约。

【正】租赁主于租赁期间内，以其租赁物转租于第三人，除有特别习惯外，须得出租主之同意。如未同意时，出租主即得本此理由向租赁主声明解除契约。（四年上字第709号）

合法之转租，苟转租人不欠租，出租主不得因租赁主欠租向转租人请求还物。

【正】若已得出租主同意之转租，或照习惯无须得出租主之同意即属有效之转租，则转租关系一经成立之后，纵租赁主拖欠租项，苟转租人并不欠租之时，则出租主除向租赁主要求缴租或嗣后向转租人直接行使其对于租赁主应有之权利外，自不能遽向转租人要求交还其租赁之物。（四年上字第709号）

转租须得出租主承诺。

【正】租赁主非经出租者承诺，不得将租赁物转租于人。（四年上字第786号）

租赁主于期满后仍使用，出租主不反对者，视为租赁契约不定期之存续。

【正】租赁之期间虽以满其所预定期间而止，但租赁主于租赁期间满了后仍使用租赁物，若出租主不表示反对之意思，则视为已以不定期间继续其租赁关系。（四年上字第786号）

租赁物因事变毁损，租主得请求减免租赁费。

【正】租赁关系存续中，若租赁物因天灾或其他不可抗避之事由毁损一部，致不能完全使用者，租赁主得请求减免租赁费。（五年上字第63号）

租赁物若因租赁主故意、过失毁损，概不得求减免租赁费。

【正】租赁关系存续中，若租赁物因租赁主之故意或过失而被毁损，则无论其过失之程度如何，即关于被毁之物是否有赔偿责任，而于租赁费则仍应如约交纳，不得为减免之请求。（五年上字第63号）

定期货物契约若欠交赁费较久，出赁主亦可解约。

【正】货物契约虽经定有存续期间，而租赁主怠于支付赁费为期较久者，为保护出赁主利益计，仍应许其解约。（五年上字第413号）

未定期之租赁，其解约应从习惯。

【正】未定期间之租赁，固可告知相当期间声明解约。但该地方如有特别习惯者，应

从其习惯。（五年上字第 907 号）

租赁主不得对所租物之让受人拒绝交物。

【正】租赁契约仅有债权效力，除当事人两造应受其拘束外，不能对抗第三人。故出租主以所租物之所有权让与人者，如非让受人承认其租用之义务，则租赁主仅得对于原出租主请求履行或赔偿因不履行所受之损害，而不得对于买主拒绝交物。（六年上字第 994 号）

租赁主违反保管义务，应赔偿损害。

【正】租赁主在租赁物未返还以前应负保管之义务。若违反此项义务以致租赁物灭失毁损，自应负赔偿责任。（七年上字第 921 号）

租赁主之保管义务不因转租而消灭，就转租之故意、过失仍应负责。

【正】租赁主将租赁物转租于他人者，无论其转租是否合法，其对于租赁主之保管义务依然存续。故就转租人之故意、过失应负与自己故意、过失同一之责任。（七年上字第 921 号）

重复典卖规定，不适用于租赁。

【续】现行律禁止重复典卖田宅之规定，并不适用于租借关系。重复租赁之后，约非当然无效。（八年上字第 560 号）

续租契约须经相当期间始能解除，为交易上之诚信。

【续】订约续租者，虽未定续租期间，可随时声明解约。而自续租日起究应经相当期间，俾租户受续租之实益，始与交易上信用诚实不违。（八年上字第 1111 号）

必要修缮费应准扣抵租金，否则惟以现存利益为度，准予估价扣抵。

【续】赁借主如合于管理事务情形所出必要修缮费用，固应准其如数扣抵租金。若非必要之费用，则以其因修理所增之现存利益为度核实估价，准予扣抵。（九年上字第 774 号）

不定期赁贷借契约，得随时解约。

【续】赁贷借契约之未定有存续期间者，当事人不论何时，皆可声明解约。但房主解约须于相当期间前向租主声明。（十年上字第 487 号）

定有存续租间之租赁契约，其标的物仅因一部不归责于出租主之事由而灭失，该出租主不能声明解约。

【补】租赁契约定有存续期间者，如租赁标的物仅有一部因不归责于出租主之事由而致于灭失，该出租主不能遽以此为理由声明解约。（十四年上字第 1261 号）

第六节 用益租赁

耕作地之租赁未定期间者，于收获时节后得解约。

【正】凡耕作地之租赁未定有期间者，各当事人于收获时节后原得声明解除契约。而

欠租与否并不得为解约之必要条件。(三年上字第106号)

用益租赁与永佃之区别。

【正】永佃权本系物权性质，无论业主更换何人，当然永久存在，不受影响。现租则系债权性质，仅对于原业主得以主张。如新业主并未允租，当然无强求之权。(三年上字第305号)

领租官地属私法上租赁关系。

【正】领租官地不过为人民与国家私法上之土地租赁关系，即应适用一般民事法则以为判断之准据。(三年上字第659号)

租户不履行义务，业主得解除契约。

【正】业主与租户因佃租关系各有应享之权利与应尽之义务。苟租户不尽其应尽之义务，则业主自可主张解除佃租之关系。(三年上字第1173号)

租户因不可抗力收益减少，得求减免租额。

【正】凡耕作地之租户因不可抗力以致其收益较少者，得对于地主请求减租或免租。(四年上字第1661号)

租赁期满，在租赁物上耕作牧养之物如不能收益，应连同交还业主，由业主偿还费用。

【正】用益租赁契约满期时，其租赁物上所耕作牧养之动植物可收益者，得收益之。如不能收益，则除有特约及特别习惯外，应连同租赁物交还业主，由业主偿还其费用。(五年上字第1222号)

租户因不可抗力收益减少请减租额者，地主无不承诺之权。

【正】租户因不可抗力致收益减少，对于地主得请求减免地租，自是租户应有之权利，地主自无不予承诺之理。(六年上字第1139号)

用益租赁终止时，租主应将附属物件交还，同时业主应将附属物超过价格及租赁物增加价格偿还。

【正】用益租赁关系终止之时，其现存之附属物件应由租户交还于业主，而同时业主应将该附属物件较前所超过之价额偿还于租户。其租户支出有益费用致租赁价格增加者，亦应由业主偿还其现存增加之价格。(六年上字第1159号)

不因地主怠于收租，即减轻租户欠交租谷之义务。

【正】租户于租种田地时曾与业主约定每年限期缴纳租谷之数者，当然负依约履行之义务，此项义务并不因地主怠于行使权利而减轻。则租户违约积欠之租谷，不论年分远近，断无可归责于地主之不及早追偿而径予免除其全部或一部之理。(七年上字第1432号)

租期未满，业主虽得出卖所租之地，但不能以此理由对租主请求解约。

【续】上告人已卖之地六天，本于租不拦卖之习惯，被上告人固不能以租借关系阻止

上告人之出卖。惟被上告人之租期既尚未满，则由上告人以地经出租为解约原因请求被上告人交地，自非有理。（八年上字第24号）

耕作地因不可抗力收益较租额为少，得求减租。

【续】耕作地之赁贷借，若因不可抗力致收益较租额为少者，得请求减租至收益额为止。（八年上字第1081号）

第七节　使用借贷

第八节　消费贷借

消费借贷契约失效，借主仍应返还所受钱物。

【正】因消费借贷契约而负担债务者，其契约纵令无效或因撤销而失其效力，债务人关于其所受领之金钱物品，仍须于一定限内负偿还之责。（三年上字第797号）

消费贷借非要式行为，不以字据中人为要件。

【正】金钱借贷本非要式行为，即不以中人字据为法律上之必要条件。故于中人字据以外另有他种证据可以证明借贷事实之存在者，自不容藉口于无中人字据以为否认。（四年上字第390号）

有书据之金钱借贷，其债权债务主体以书据所载为准。

【正】关于金钱之借贷，经当事人间订有字据者，其债权债务主体之为何人，除有特别情形外，自皆应以字据所载明者为断。（四年上字第1835号）

当事人之真姓名虽列为中见，仍应由其享有权利、负担义务。

【正】中见人之责任虽仅在证明契约成立，惟消费借贷本非要式行为，其订立约据本以供证明之用，其约据上所载姓名是否当事人常用之姓名或为堂名及其他名号，均于契约之成立及其效力并无关系。故约据上虽载明堂名或其他名号，而以当事人真实常用之姓名列为中见，如依他项方法足证明其确为当事人者，则由该契约所生之权义关系，即应由该当事人享有、负担，不因列为中见而受何等影响。（四年上字第2371号）

以兑换纸币为消费借贷之标的者，应照立约时之币价偿还。

【正】兑换纸币本为金钱之代用物品，故以兑换纸币为消费借贷之标的，而其实际所能代表之金额（即币价）较币面所定为低者，则缔约时借主所受之利益即为该纸币所代表之金额。故于偿还时亦必照缔约时该纸币所代表之金额给付，或给付与该金额相当之纸币，始合于当事人缔约时之本意，而不至使一造受不当之损失。（六年上字第935号）

所借数额之是否超过债务人之财产，与借贷关系之成立无涉。

【正】借券之有无中保及抵押物，与所借数额是否超过债务人之财产总额，乃当事人间之合意行为，与借贷关系之成立毫无影响。（七年上字第914号）

第九节　雇佣

庄头与普通雇佣关系不同。

【正】庄头制度为前清二百余年之旧制，自与普通雇佣关系不同。故关于庄头之更换有无特别法则或可认为有法之效力之习惯，审判衙门自有调查之责任。如有此项特别法则或习惯，则就庄头之革除更换自应尽先适用。（三年上字第570号）

雇佣报酬之多寡有争者，应查普通佣值及相需缓急情形酌定之。

【正】雇佣报酬数额之多寡如未约定而有争执者，审判衙门自可查明该种劳务在社会习惯上普通之佣值及其相需缓急之情形为之酌定。（六年上字第251号）

主家之家长得为雇女择配。

【正】查现行有效之《禁革买卖人口条例》载："嗣后贫民子女不能存活者，准其议定年限立据作为雇工，先给雇值多少，彼此面订雇定之时，不问男女长幼，总以扣至本人二十五岁为限，其限满后女子如母家无人并无至近亲属者，由主家为之择配"等语。是雇女限满择配，除其母家有人或有至近亲族外，应由主家为之（《禁革买卖人口条例》四）。（七年上字第776号）

使用主欲免赔偿责任，须负举证之责。

【补】使用主欲免赔偿责任，须就选任被用人及监督其事业已尽相当之注意，或虽注意仍不免发生损害负举证之责。被用人则毋庸就使用主免责要件之不存先为举证。（十五年上字第1957号）

使用主须就被用人之选任及事业之监督两者并行证明其相当之注意始能免责。

【补】使用主欲免赔偿之责，须就被用人之选任及事业之监督两者并行证明其已尽相当之注意。若仅证明其一，尚不能遽行免责。（十五年上字第1957号）

被害人请求赔偿，向使用主或被用人为之有选择权。

【补】被用人自身所负侵权行为之责任，固不因使用主之负有责任而减轻。而使用主所负责任亦不因被用人自身之尚有责任而受影响。故被害人请求赔偿，或向使用主为之，或向被用人为之，有选择权。惟使用主已为赔偿之后，对于被用人不妨行使求偿权。（十五年上字第1957号）

第十节　承揽

承揽之报酬不涉及契约以外之人，不得向第三人请求之。

【正】承揽报酬为承揽契约所生之权义关系，仅限于契约当事人，而于第三人无涉。故承揽人占有承揽工事之标的物而被人侵夺者，虽对于侵夺人或现在占有人（即由侵夺人取得占有者）请求占有之回复而对之为给付报酬之请求，即非适法。（三年上字第527号）

承揽人于未受给付前有留置权。

【正】凡承揽人完成事项后，定作人即应给付约定之报酬。其未给付以前，承揽人得将承揽事项之标的物拒绝交付。（三年上字第 527 号）

承揽人留置权对第三人亦得主张之。

【正】定作人未给付报酬以前，承揽人得将承揽事项之标的物拒绝交付。虽第三人在该标的物取得权利，苟非代为给付，亦自不得请求交付其标的物。（三年上字第 527 号）

承揽人已自认不能如期完工者，定作人得不俟过期即解除并请求赔偿。

【正】承揽人与定作人订立契约，约定至期不完成其事项，解除契约并赔偿损害者，原则上自应过期以后乃能许定作人有主张之权利。惟承揽人于未过期以前自认不能如期完成，则其违背契约已属显然，定作人先期主张权利亦不能谓为不当。（四年上字第 181 号）

承揽人不得藉口赔累声明解约。

【正】承揽契约承揽人原不能藉口赔累声明解约。但经两造合意解约者，则无论其原因如何，要应认为合法。（五年上字第 641 号）

承揽工事所需物料价值，承揽人是否得有折扣，于定作人应付工价无涉。

【正】承揽契约之性质，承揽人自不能无相当之利益，其因工程所需之物料，无论承揽人于购入之际价值有何折扣，自与定作人无涉。即定作人应给付承揽人之工价，不能以承揽人实际所付出者为准。（五年上字第 1238 号）

由承揽人供给材料工作新立建筑物于定作人所有地上之契约，其材料定着于定作人土地时，归定作人所有。

【续】由承揽人供给材料工作建筑房屋或其他建筑物于定作人所有地上之契约，其标的物自何时归定作人所有，现行法令虽无明文规定，但按此种契约之性质与交易上之观念，应以承揽人以材料定着于定作人土地时，即归定作人所有较为允当。盖此种承揽契约除当事人间有特别约定或当地有特别习惯外，原系承揽人为定作人之利益以材料定着于定作人之土地，直接使定作人取得其所有权为目的。并非承揽人为自己之利益供给材料工作于定作人之土地，由承揽人先取得其契约标的物之所有权，再行交付于定作人时，始由定作人继承取得其所有权也。（九年上字第 865 号）

承揽契约不以承揽人自身具有该项技术为成立要件。

【续】承揽人对于定作人约明完成某事项并无以承揽人自身须具该事项专门技术为契约成立之要件。（十二年上字第 2005 号）

所包工程未点交定作人时，仍认为承揽人占有。

【补】承揽人未将其所包工程自向定作人点交，仍应认为承揽人占有。（十四年抗字第 89 号）

定作人非俟承揽人完成所约定之事项，无给付报酬之义务。

【补】承揽契约系因当事人一造约明为他造完成其事项，他造约明对其完成结果与以报酬而成立。故在定作人非俟承揽人将其事项完成得有约定之结果，即无给付报酬之义务。纵令依约曾将报酬先付，而于承揽人未履行其完成义务时，仍应许定作人就其未完成之部分请求估价返还。（十四年上字第2419号）

报酬系约定与结果相偿。

【补】报酬系约定与结果相偿，承揽人因得结果所需劳力及费用之实值在所不问。其于完成时固不得于原定报酬外更求增加，即于未完成时亦应许定作人就未完成之部分请求估价减少给酬。（十四年上字第2419号）

第十一节　居间

债务经手人须俟债务人明确债务有归著，并债权人确有可受偿方法者，其责任始完尽。

【正】关于债务之成立如有经手人者，其对于债权人之责任须俟债务人明确，即其所经手之债务确有归著，而债权人得有完全之清偿，或虽未及受偿已有确切可以受偿之方法时，其责任乃为完尽。（五年上字第797号）

买卖当事人与介绍人所约定之报酬，应认为有效。

【正】凡为他人介绍买卖行为，由买卖当事人之一造就该项买卖所得之利益与介绍人所约定之报酬，于法律上自应认为有效。（五年上字第998号）

借贷经手人非连带债务人。

【正】借贷之经手人如仅系经手借贷，则虽有其所应负之责任，然究不能即谓为连带债务人。（六年上字第323号）

借款经手人不任代还，只付督催之责。

【正】经手借款之人，苟非担任保证，亦只有督催之责，不能遽令代任偿还。（六年上字第770号）

第三人仅介绍两造缔结契约，不负何等责任。

【续】第三人仅有介绍两造缔结契约行为，未经别行订定或有特别习惯，自不负何等责任。（十年上字第704号）

居间契约之成立要件。

【续】居间行为因当事人一造约明为相对人报告订定某契约之机会，或为某媒介相对人约明与以报酬而生效力。（十一年上字第1537号）

居间人请求报酬之要件。

【续】居间人之于报酬，须某契约因居间人报告或媒介而成立时，始得许其请求。（十一年上字第1537号）

第十二节　委任

受任人应依委任本旨，用最利于委任人之方法处理事务并随时通知。

【正】凡当事人间缔结委任契约者，其受任人应依委任本旨，用最有利于委任人之方法以处理委任事务，于处理委任事务后并应随时通知委任人。其有违反此项之义务者，则应负相当之责任。（三年上字第143号）

受任人有善良管理人注意之义务。

【正】受任人有依委任本旨以善良管理人之注意处理委任事务之义务。（三年上字第403号）

受任人因处理事务所受钱物须交付于委任人。

【正】受任人因处理委任事务所领受金钱物品，均须交付于委任人。（三年上字第403号）

委任人死亡，即委任契约终了。受任人即应清算财产，报告颠末。非有急迫情事，不得再为处分。

【正】委任人之死亡为委任契约终了原因之一。故受任人关于财产之管理须为一定之计算而报告其颠末，诚以委任终了，即处理委任事务之权于以消灭。非委任人之承继人或其法定代理人更为委任，就于清算之财产，除有急迫事情外，即不得更为处分。（三年上字第521号）

受任人不得无约索酬。但因处理事务所支必要费用，得向委任人求偿。

【正】因委任契约为他人服劳务者，固不得无约索取报酬。但为处理委任事务支出必要费用者，有向委任人请求偿还之权利。（三年上字第742号）

受任人处理事务，原则上不得违反委任人指示。

【正】受任人受委任之指示处理事务时，非实有不能从其指示情形，并委任人若知其情事而表同意者，不得违反委任人之指示。（三年上字第773号）

委任复代理人时，受任人应就其选任监督负责。非证明其于选任监督已尽责者，应赔偿损害。

【正】受任人如因不得已情形或得本人之同意委任复代理人担任事务之一部者，则受任人关于复代理人之选任及监督对于本人负其责任。如本人因复代理人之行为受有损失，苟非由受任人证明自己已尽监督之责，并于其选任已注意周到无负于委任者，则对于委任之本人亦当担负赔偿。至其对于复代理人应如何问责则属另件问题，不能以之对抗委任人。（四年上字第169号）

未定期之经管粮册之契约，若无永负义务者，当事人得解除。

【正】不附期限之代管粮册契约，如能证明当事人有永负契约上义务之意思，自应尊重其意思。否则当事人均得对于相对人表示意思，为契约之解除。（四年上字第260号）

受任人违善良管理注意义务者，应赔偿损害。

【正】受任人应依委任之本旨以善良管理人之注意处理委任事务。如有违背此项义务致委任人受有损失者，自应负担赔偿之责。反是，若受任人处理委任事务已尽善良管理人之义务，而因不能归责于受任人之事由致委任人受有损失者，则受任人无赔偿责任。（四年上字第417号）

受任人所转托之人消费金钱时，受任人应赔偿。但其转托经委任人指示者，则不负责。

【正】受任人将委任人托与之金钱转托于第三人而为第三人消费者，受任人对于委托人所受之损害自应负赔偿之责任。唯受任人转托第三人时曾经委任人之指示者，则委任人自不能即向受任人请求赔偿。（四年上字第785号）

为人掌管家务之人，通常只有管理权。

【正】为他人掌管家务之人，通常只有管理行为之权限。（四年上字第1672号）

受任人所应交孳息不以一本一利为限。

【正】受任之人应将所领收之物及孳息全部交付于委任人方为正当。不得律以前清现行律钱债不得过一本一利之规定。（四年上字第1701号）

受任人收取孳息须交付于委任人，所取得之权利亦须移转于委任人。

【正】受任人所领取之物或收取之孳息，均有交付于委任人之责。即以自己名义为委任人取得之权利，亦须移转于委任人。（四年上字第1787号）

受任人所领取之金钱交付迟延者，应自迟延时起付息。

【正】受任人因处理事务所领取之金钱应交付于委任人，其违反此项义务者，应自迟延之时起任支付利息之责。（五年上字第179号）

受任人虚报处理事务情形，不能即以其虚报之数为准。

【正】凡受任人虚报处理事务情形者，只能令其负担损害赔偿之责，不能即以其虚报之数为其制裁。（五年上字第514号）

受任人消费其所应为委任人利益使用之金额者，应自消费时起付息。

【正】凡受任人将为委任人之利益应使用之金额自行消费者，须自消费时起支付利息。（五年上字第734号）

受任人违反委任人之指示，委任人不得以之对抗善意第三人，主张其行为无效。

【正】受任人违反委任人之指示时，虽得要求受任人负担责任，然不得以此对抗善意之第三人（即不知其指示之第三人），而主张该受任人处理委任事务为无效。（五年上字第1171号）

仅保管他人所有物之人，不能擅行处分。

【正】仅保管他人之所有物，未经所有主授以处分之权限而擅行处分该物者，其物权

并不因而移转。（六年上字第127号）

委任契约得随时解约，但于相对人不利时期解约者，应任赔偿损害。

【正】委任契约之各当事人本得随时声明解约。惟一造于相对人不利于解约之时期声明解约者，须赔偿其损害。（七年上字第1169号）

不问委任事务有无效果，委任人均应偿还受任人支出之必要费用。

【续】受任人因处理委任事务所支出之必要费用，不问委任事务已否得预期效果，委任人均应负偿还之责。（八年上字第78号）

应受给付人得径向给付受托人请求给付。

【续】受人委托代为给付者如怠于给付，应受给付人得径向受托人直接请求，受托人不得反于委托人之意旨拒绝给付。（九年上字第29号）

委任处理事务只须受任人代为法律行为未超过原定目的之外，对于委任人即直接生效。

【补】委任处理事务之目的，如专在与第三人接洽，自得认为同时有默示之授权行为，只须受任人代为法律行为未超过原定目的之外，即应对于委任人直接生效。委任人欲主张其为无权代理，应负切实举证之责任。（十四年上字第2422号）

第十三节　寄托

特定物寄托与消费寄托之区别。

【正】通常特定物之寄托，如因不能归责于受寄人之事由致其受寄财产灭失毁损者，受寄人无赔偿之责。至若其寄托系令受寄人负担给付金钱或替代物之债务者（消费寄托），则受寄人之资力虽因不能归责于己之事由顿形减杀，亦不得主张减免其债务。（三年上字第403号）

受寄人注意之程度。

【正】无偿保管契约一经成立，受寄人并不以与保管自己财产为同一之注意，致保管物有损失者，受寄人当然应负赔偿之责。（三年上字第471号）

受寄人之赔偿额应斟酌寄托人过失。

【正】受寄人并不以与保管自己财产为同一之注意，致保管物有损失者，应负赔偿之责。其赔偿之额数自当按照保管物所受损害之实在情形而断，非审判衙门所得任意断定。惟寄托人如于受寄人之违反义务亦有过失，则损害额数自可由审判衙门衡情量为轻减。（三年上字第471号）

寄托人担负保管费用。

【正】受寄人为保管他人寄托物所支出之费用，应由寄托人担负。（三年上字第842号）

消费寄托人应准用消费借贷法则。

【正】消费寄托之寄托物，其所有权移转于受寄人。惟受寄人应准用消费借贷法则对于寄托人偿还性质、等级、数量相同之物。虽因不能归责于受寄之人事由致灭损其资力，亦不得藉词免责。（四年上字第417号）

受寄物因水火盗贼费失而系受寄人怠于注意不抗避者，仍应认赔偿。

【正】律载“凡受寄人财物、畜产，其被水火盗贼费失*显有形迹者，勿论”云者，系指费失之原因确能证实其非人力所能抵抗者而言。若虽遭水火盗贼而受寄之人力足抵抗，因其怠为相当之注意以致费失者，仍应负赔偿之责（现行律钱债门费用受寄财产条律）。（七年上字第91号）

无偿受寄人有重大过失者，不得免赔偿责任。

【正】受寄人不受报酬者，其保管受寄财务仅须与保管自己财产为同一之注意。故于重大过失，当然不得免其责任。（七年上字第456号）

有偿受寄人应尽之注意。

【正】有偿受寄人对于受寄物，应用善良管理人之注意。（十一年上字第238号）

第十四节　合伙

合伙预约与合伙契约之区别。

【正】合伙关系之成立应以当事人间有合伙契约，即对于因合伙而生之权利义务关系有愿与担承之意思表示者而后可。若当事人间仅表示于一定条件完成之后始加入合伙关系者，则仅能谓为有合伙预约。预约当事人对于因合伙所生之权利当然不能享有，而义务亦不能担负，仅对于加入合伙之事有权利义务而已。（三年上字第17号）

合伙与隐名合伙之区别。

【正】普通合伙与匿名合伙不能无别，而其应区别之点大要有三：（一）匿名合伙员本为出名营业者而出资，故其资财以后应视为仅属于出名营业之人；而普通合伙之财产则认为总合伙员之共有。（二）匿名合伙之营业为出名营业者所独占，合伙员并不协同营业；而普通合伙则其事业属于总合伙员之共同营业。（三）对于第三者之权利义务关系，匿名合伙则属于出名营业者，与他合伙员无何等之关系；而普通合伙则总合伙员俱为权利义务之主体。（三年上字第40号）

退店帖系让与伙产持分之书据。

【正】退店帖乃让与合伙财产中应有部分之书据，当事人间某种权利是否移转，自可据此书据为解释。（三年上字第54号）

是否劳力出资，应以其劳力是否折作股本为区别。

---

* 费失，即“耗费”。——点校者注。

【正】何者应认为劳力出资，要视合伙时曾否将劳力折作股数算入于合伙股分之内以为断。若并未声明折算，虽因其信用干济为被任为铺掌之惟一原因，亦不能以劳力出资论。（三年上字第86号）

有正当事由者，合伙员得全体一致将一合伙员除名。

【正】合伙员中如有具备除名之正当事由者，其他合伙员得以全体意思一致将该合伙员除名。至所谓除名之正当事由，如不履行出资之义务或对于合伙全体有不法侵害之行为者皆是。（三年上字第130号）

执行业务员原则上在业务范围内有代理权。

【正】合伙契约合伙员中之一人有执行业务之权利时，虽别无约定其合伙员对于第三人有代理他合伙员之权利，苟其所为之行为系属业务范围内者，则虽于他合伙员有损，在法律上仍然有效，而其权利义务直接及于他合伙员。（三年上字第144号）

合伙员应分担伙产。

【正】合伙财产如不足清偿合伙债务，则各合伙员须依分担损失之成数分任其不足之额。（三年上字第222号）

不敷清偿之债额，合伙债务取连合分担之制。

【正】《民律》现未颁行，凡合伙员对于外部所负之债务应负如何责任，尚无明文规定。惟查民事法条理，凡合伙员对于合伙之债权人皆就所有股份负按股分担之责。如合伙员中有无力清偿债务者，查明属实，即由其他合伙员按照股份分任偿还。债权人决不能对于合伙员之一人无故请求偿还全部债务，此所谓连合分担之制，而决非负有连带责任。（三年上字第292号）

退伙后原则不负非其合伙时债务之责任。

【正】合伙员脱退后，除有使人可信其尚未退伙之行为外，对于非其合伙时之债务自不负分担之责任。（三年上字第293号）

以地产入伙，因曾否表明以所有权归诸合伙而异。

【正】凡以地产入伙者，如表明系以所有权归诸合伙，则其所有权自应归属于合伙，即为合伙员公同之产业。反是，如仅以使用收益之权属于合伙者，则其所有权当然仍属之原业主，要视其合伙当时及其后意思表示之如何以为断。此项意思表示，如不明显致生争执，则亦惟证凭是赖，而决非可为架空之推定。（三年上字第309号）

在营业不利益时期，合伙员非不得已，不得解约。

【正】合伙员于营业不利益之时期，非有不得已事由，不许声明解约。（三年上字第376号）

各合伙员合意解约者，无时期之限制。

【正】合伙员于营业不利益之时期，非有不得已事由，固不许声明解约。然此乃合伙

员一造行使解约权应受之限制。其出于两造之合意者，自难持此理由否认其效力。（三年上字第376号）

合伙债务之解释。

【正】所谓合伙债务者，自应以合伙名义所负之债务为限。如以合伙员一二人之名义所负之债务而不能推定其为代理全合伙员所负者，纵其实质为合伙所用，亦不能认为合伙之债务，使债权人受分偿之不利益。（三年上字第383号）

退伙之分摊损益，以当时资产状况为准。

【正】合伙员退伙者，其分摊损益应以退伙时之资产状况为标准。至于退伙后之损失，即与退伙人无涉。（三年上字第475号）

公同承继之营业，其财产仍为共同，其债务为共负，其营业若有数个，当然可以此营业财产清偿彼营业债务。

【正】数人公同承继之营业，如尚未分割或虽已定分割之约而仍保持合伙营业之关系者，其营业财产自应仍作为数人公同共有，而关于其营业所生之债务亦应为数人所同负担。故其营业如有数个，则以甲营业之财产清偿乙营业之债务，亦属当然之事。（三年上字第533号）

合伙员有随时查账及请求营业报告之权。

【正】各合伙伙东不问其所占股本或股数多寡，有随时查验账簿之权，于年终有令铺掌开列清单报告营业得失之权。此项权利为法所许，除系有特别习惯法则或全数伙东间结有特约预定别种办法者外，并不因多数伙东有反对之意思而有所殊异。（三年上字第535号）

营业盈亏之结算期，由伙东协定。

【正】若伙东间先期订有特约，将若干年所得红利存作公积或竟将该项利息增入资本，则当然受特约之拘束。设无此项特约，则营业盈亏应于何时结算分摊，应先开伙东会协议定之。（三年上字第535号）

借用铺款、分析红利、解除合伙，不得向铺掌交涉。

【正】借用铺款或分析红利或解除合伙关系，乃属伙东与伙东间之事，既非铺掌所能越俎专擅，伙东亦不得径向铺掌交涉。（三年上字第535号）

执行业务员应以善良管理人之注意处理事务。

【正】执行合伙业务之人，应以善良管理人之注意处理其事务。（三年上字第545号）

合伙员对于合伙债务应负无限责任。

【正】合伙财产如不足偿清债务，各合伙员应于自己所负偿还义务内负无限之责任。决非仅将合伙亏余财产分配于债权人，而合伙员自己私产可晏然处于无事之地位。（三年上字第550号）

合伙员虽对于合伙负债，但他伙员不得因此将其除名。

【正】合伙契约非经解除，则虽合伙员之一人对于该合伙员有债务，他合伙员亦只能依法请求清偿，不得反其意思径以抵偿出资而使丧失就合伙事业所应享受之利益。（三年上字第 602 号）

合伙重要事务，一合伙员不得专擅为之。

【正】如改易行号、清理欠款及伙员退伙诸事俱关重要，合伙员如当时既未退伙，岂得不使知悉而专擅为之？是则因此所受损害，依侵权行为之法例，自可责令专擅行为人赔偿。（三年上字第 689 号）

合伙员内部责任，他员毋庸代担。

【正】合伙员之内部责任由各合伙员独自负担，一合伙员对于合伙所负债务，自无责令他合伙员代为偿还之理。（三年上字第 689 号）

公同承继并伙同营业之债务，由各承继人分担，如因分产致伙同关系解散者，应以其营业财产清偿。如有不足，再行分担。

【正】数人公同承继营业并伙同经营者，与普通合伙营业并无差异。故各承继人如因分割家产致伙同营业关系亦随解散者，自应依合伙原理以该营业本来财产清偿其共同负担之债务。如不敷清偿时，则由各承继人按照营业当时分配损失之标准分担其不足之额。如各承继人中实有无力负担者，则由他承继人按股分担。（三年上字第 755 号）

合伙不以合同为要件。

【正】订立合同文据并非合伙契约成立之要件。故合伙人间虽未订立合同文据或其合伙文据未经合伙人签名画押，而当事人已自承认为合伙或依其他证凭足证明其为合伙者，则仍不得不认其合伙关系之不存在。（三年上字第 766 号）

合伙员未约定损失分担之标准者，原则上应依所定分配利益之标准分担损失。

【正】合伙契约定有利益分配之标准，未定有损失分担之标准者，除合伙员另有其他证据证明其对于损失不负责任外，自应即以约定利益分配之标准为其损失分担之标准。不得藉口于契约上未载明损失分担，即主张对于损失不负责任。（三年上字第 819 号）

集会契约与合伙契约相类似，会员中有无力出资者，其损失应由各员分担，不得令未受会款人独担。

【正】集会契约之目的在使各会员得受同等之利益，且其性质与合伙契约颇相类似。故在各会员尚未完全收回其出资或偿还其所收他会员之出资以前，各会员间均仍保持共同之利害关系，而不容有所差异。由此论断，则各会员中如实有丧失资力不能践行其偿还出资之义务者，其因此而生之损失除有特别约定外，自应由各会员分担，不得尽举以归之未受会款之人。（三年上字第 931 号）

执行业务合伙员违背忠实义务者，应赔偿损害。

【正】合伙员中执行业务之合伙员，对于他合伙员有忠实处理事务之义务。如违背此

义务致令他合伙员发生损失者，即应负赔偿责任。（三年上字第932号）

习惯上之花红股，如无相当证据，不得空言主张。

【正】商场习惯固有花红股之设置，然必订有章程或立有合同以定其分配之额。苟为此项章程合同或其他相当证据，则自不能仅以空言主张权利。（三年上字第949号）

合伙解散，应清算财产全部分配损益。

【正】合伙关系因合伙员全部声明解约以致全部解散时，自应将所有合伙财产全部依法清算而分配其损益。（三年上字第1082号）

退伙若定有分配范围者，退伙员不得请求全体财产之分配。

【正】若系合伙员一人或数人声明解约，仅能认为退伙，而他合伙员仍继续合伙业务，并其初即以契约订明退伙人应受分配之范围者，则退伙人自应受该契约之拘束，不得请求为财产全部之分配。（三年上字第1082号）

合伙解散先应以伙产清偿伙债，有余则分配于伙员，不敷则由各员分摊。

【正】合伙解散时，各合伙员应就合伙财产通盘清算。如合伙财产以清偿合伙债务后尚有盈余时，则应依分配利益标准以之分配于各合伙员。如有不敷，亦应依分配损失标准由各合伙员分摊。（三年上字第1245号）

合伙关系与财团法人之区别。

【正】多数人组织团体是否为缔结合伙关系，抑系设立财团法人？其区别之点最显著者大致有二：（一）当事人于组织团体之本旨是否为谋当事人间财产或其他之利益起见？抑为除自己利益外，成就公共一般或特定人民之利益起见，（二）成立后组织人是否仍以自己为权利义务之主体，抑即以团体为其主体是也？（三年上字第1272号）

伙债由各员按股分担，其中有无资力者，由他伙员分任偿还。

【正】凡合伙对于外部所负债务，纵应由出名合伙各员依合伙契约所定各自分担。惟于合伙员中有贫无资力不能偿还债务者，则为保护债权人起见，仍应由他合伙员依同一标准分任偿还。（四年上字第58号）

合伙未定存续期间者，随时得解约。

【正】合伙契约未定合伙存续期间者，各合伙员得随时声明解约。（四年上字第136号）

合伙解散，其关系非遽消灭。

【正】合伙非解散后清算完结，其合伙之关系不能消灭。（四年上字第142号）

一人以堂名代多数人附股，因他伙东是否知情异其效力。

【正】合伙员中之一人以堂名代多数人附股，而众合伙员并不知该堂名股份系由多数人之直接入伙，只信为该出头之一人为股东者，则仅能认定为一股所有合伙之盈亏，均同该一人伙东计算。反是若合伙员已知其为多数人直接入股者，即应以多数股份论，不得因一人伙东之盈亏致共同受其影响。（四年上字第236号）

合伙情形变更为债权人所知者，应由变更后之合伙员按股份分担债务。

【正】合伙对于外部所负债务固应由出名合伙各员依合伙契约所定各自分担。惟合伙情形显有变更而债权人确已知悉者，虽合伙契约未经改订，亦应由变更后之合伙员按照变更后之合伙股份分担偿还之责。（四年上字第 240 号）

合伙员不得以执行业务员之亏损与善意第三人对抗。

【正】执行业务合伙员于营业上所为之行为，除与第三人有串同舞弊实据外，其他合伙员不得以该合伙员有亏折情事为理由对抗不知情之第三人。（四年上字第 243 号）

执行业务员私人债务，不得向他伙员求偿。

【正】执行业务合伙员非关于合伙之私人债务，不应向其他合伙员求偿。（四年上字第 243 号）

合伙契约非要式行为，系诺成契约。

【正】凡合伙契约并非要式行为，当事人间成立之合伙关系，苟能有确切证明其实系存在者，即可认其契约为已成立。其合同字据之有无以及合同上是否签押均可不问，所谓诺成契约是也。（四年上字第 244 号）

执行业务员应将财物交至约定保管之处所。

【正】执行业务合伙员因执行业务所取得之财物，自应交至合伙契约所定之保管处所，而不得违约自行保管。（四年上字第 292 号）

代他合伙员偿债者，有求偿权。

【正】合伙员中若有实无资力不能偿还者，则他合伙员应代偿其应偿部分，而后转向该合伙员求偿。（四年上字第 427 号）

合伙员中有难于向索之情形，亦应由他员分任偿还。

【正】凡合伙财产不足清偿合伙债务时，应由各合伙员按股份分任清偿之责。如合伙员中实有无资力不能清偿或债权人有难于向之索偿之情形，则应由他合伙员分任其所应清偿之部分。（四年上字第 445 号）

合伙解散与退伙有区别。

【正】合伙之解散与合伙员之退伙不同。如该合伙员中一人声明解约而他合伙员仍愿继续者，则仅该员退伙，而合伙即依然存续。（四年上字第 461 号）

合伙解散时应分析原物，不能分析者，应变价分配。

【正】合伙解散之际，所有合伙财产除偿还合伙债务外，即应按照共有分析之例，以原物分给于各合伙员。如原物不能分析或分析而显有损失者，自应将原物变价以为分配。（四年上字第 461 号）

退伙应估算价格，以金钱返还其出资。

【正】若退伙之际，则应按退伙当时状况估算合伙财产价格，即以金钱返还该退伙员

之出资，毋庸就原物为分析或变价。（四年上字第461号）

伙员之附项，原则上应以伙产平均摊分。

【正】现有合伙财产，除已清偿合伙债务外，自应先归还附项，而后及于股本及溢利。而各合伙员之附项就现有合伙财产，则应以平等之比例以为分配。苟无优先之特约，自不容一人独得较优之分配。（四年上字第477号）

退伙非要式行为。

【正】退伙并非要式行为。（四年上字第554号）

退伙不必待他合伙员承诺即生效力。

【正】退伙为单独行为，不待他合伙员承诺，即可发生退伙之效力。（四年上字第554号）

合伙非有独立人格。

【正】凡合伙为契约关系，非有独立之人格。故无论何时关于合伙债务，均应向合伙员请求清偿，自难认其合伙即为债务之主体。（四年上字第560号）

伙产非不足清偿，毋庸各员以私产清偿。

【正】合伙财产未至不足清偿债务之时，就通常情形言，毋庸合伙员以私产为清偿。（四年上字第560号）

伙产有执行困难之情形，应与伙产不足清偿同论。

【正】合伙债务就合伙财产执行显有困难情形者，则为保护合伙债权人利益计，自应与合伙财产不足清偿之情形同论，由合伙员按股分担偿还。（四年上字第560号）

执行业务员故意、过失至合伙亏损者，他员得对之要求赔偿。

【正】合伙之亏折系由于执行业务之合伙员之故意、过失者，则他合伙员对之自得为损害赔偿之请求。（四年上字第800号）

合伙解散，必伙产偿债有余，各员始得收回股本。

【正】合伙解散以后，合伙员能否就合伙财产受出资之偿还，当以该合伙财产之状况如何为断。如该合伙财产足以清偿其外债而有余，则就所余之额，合伙员自可按其成数，受出资之偿还。如该合伙财产不足清偿其外债，则各该合伙员尚须分担其不足之额，自无请求偿还出资之余地。（四年上字第800号）

退伙不以书立退单或登报为要件。

【正】苟能以确切证凭证明其实已退伙，即可认为有退伙之事实。其退单及登报之有无，法理上并非成立必要条件。（四年上字第915号）

伙员外股份之顶受，应得他伙员全体之同意。

【正】股份之顶受如为合伙员以外之人，既使合伙关系发生变动，即应得他合伙员全体之同意。（四年上字第104号）

执行业务员有清算账目之义务。

【正】商业合伙之执行，业务员有应其他合伙员之请求而与之清算账目之义务。如其账薄烧失无存，则依履行不能之原则，应认为此项义务已经消灭，但债权人仍有请求损害赔偿之权。（四年上字第1132号）

诈害退伙对于债权人无效。

【正】合伙员为诈害债权人起见所为之退伙，对于债权人不能认为有效。（四年上字第1366号）

伙债应由他伙员代偿，为债权人之利益，合伙员自身不得主张。

【正】合伙债务，如合伙员中有逃避或确无清偿资力者，应由他合伙员代偿。其应分担之额此纯为债权人一造利益而设，即所以使债权人得对于他合伙员之有资力者请求全部之清偿，不致受意外之损失而已。若合伙员则不能藉口自己无资力，请求令他合伙员代偿。（四年上字第1543号）

合伙员中有逃亡无踪并无产可供偿债者，由他员按股分任清偿。

【正】凡合伙对于外部所负债务，应由合伙员照契约所定股份各自分担责任。须至其他合伙员确系无力清偿债务时，或逃亡无踪并无财产可供偿债之时，则为保护债权人计，始由合伙员按股份任清偿之责。（四年上字第1739号）

合伙解散未选清算人前，执行业务员当然任清理之责。

【正】关于合伙解散后之清算事务，合伙人未经另选有清算人者，则以前执行合伙业务之合伙员当然任清理之责。（四年上字第1787号）

合伙员不交足出资，他伙员得将其除名。

【正】凡合伙契约订立之后，即各合伙员间互有权利义务。若合伙员之一人违约不能交足所约定之出资者，得经他合伙员全体一致将该合伙员除名。（四年上字第1802号）

合伙员之代理权与执行业务权有别。

【正】合伙员之代理权本与合伙员执行业务之权有别。在有执行业务权限之合伙员，苟无特别之意思表示，固不得不视为关于执行业务并有代理他合伙员之权限。然在本无执行业务权限之合伙员，关于特定之法律行为又未受有特定之代理权及虽系有执行业务权限之合伙员，而其所为之法律行为并非关于执行业务；或虽系关于执行业务之行为，而经以特别意思表示限制其代理权且其限制为第三人所已知者，其行为对于他合伙员当然不生效力。（四年上字第1911号）

合伙债权人非证明他合伙员无资力者，不能向其一人请求全部清偿。

【正】凡合伙之债务，除以合伙财产尽先偿还外，其不足之额，应由合伙人按股分还。故债权人非证明他合伙人已无偿还资力，即不得向其一人请求全部之履行。（四年上字第2041号）

合伙债权人于他伙员皆无资力或皆无从索偿，得独向一伙员请求偿还全部。

【正】凡合伙所负担之债务，如其他合伙员皆无偿还资力或因所在不明皆无从索偿时，其债权人可独向有资力之合伙员请求偿还。（四年上字第 2098 号）

合伙员还债已逾应摊之额，亦不得对抗债权。

【正】合伙员一人所还各债之数已逾应摊之额，系属内部之关系，不得以之对抗债权人。（四年上字第 2145 号）

合伙员个人名义或商号所负之债务，非合伙债务。

【正】合伙债务固以按股分担为原则，不以债权人之是否知情而有所区别。然必债务主体为合伙全体，始得谓为合伙债务，适用分担之条理。若以合伙员中一人之名义或字号所负之债务，则无论实际是否因合伙营业而发生，而债务主体既属于一人，自不能不负单独履行之责任。（四年上字第 2232 号）

合伙不能强令永远继续。

【正】合伙为契约行为之一种，当事人得依法结合，亦得依法解散或退股本，无强制永远继续之理。（四年上字第 2247 号）

合伙员一人之债务，不能以与合伙债权抵销。

【正】合伙员一人之债务，不能以之与合伙之债权相抵销。（四年上字第 2295 号）

劳力出资者，除特约及习惯外，不分担损失。

【正】以人力股出资者，除有特约及习惯外，对于营业之损失不负分担之责。（五年上字第 2317 号）

清算未完结前，不得径向清算人求还股本。

【正】合伙解散时，不得由合伙员中之一人径向执行清算职务之人先行请求归还股本。（五年上字第 84 号）

虽仅立退伙草约，苟未表示立正约前仍保留合伙关系者，亦应视为已退伙。

【正】退伙行为之订立书据，仅以供证明之用，非其成立要件。故虽仅立草据，而依据内文义已足证明确有退伙之意思，且当事人间并未表示于写立正据以前仍保留合伙关系者，即不得不视其合伙关系为业经解除。（五年上字第 103 号）

合伙员死亡，伙债仍应由其承继人任偿还之责。

【正】各合伙所负之债务，当然由各合伙员分担偿还。至合伙员死亡，则其应行分担之债务亦当然由其承继人承继。苟非有难于索偿情形，其他合伙员亦自无代为清偿之责。（五年上字第 233 号）

合伙员个人之债权人就该伙员股份代位行使权利，只得主张应得红利或为依法解约。

【正】凡合伙员之债权人就合伙人之应有股份代位行使权利时，只能主张其应得之红利或代行依法解约，因而取偿于其股本。若不先依法解约，径自取去应得红利以外之股款

者，于法既无正当之原因，即不能不负返还之责。（五年上字第414号）

清算未完结前，不得求分伙产。

【正】各合伙员在清算终结以前，不得请求分析合伙财产。（五年上字第414号）

退伙非向他合伙员明示或默示表示意思者，不生效力。

【正】退伙虽为单独行为，且不以算账为要件，然非向他合伙员表示其意思不可。若其行为不足使他合伙员得以揣知其有退伙之意思，则仍不能生退伙之效力。（五年上字第414号）

合伙财产不足清偿债务，始能令各员分任偿还之责。

【正】合伙债务应先就合伙财产清偿。如不足清偿，始能令各合伙人按股分任偿还之责。（五年上字第452号）

合伙分担损失、分配利益标准亦未定者，依出资多寡为准。

【正】合伙债务应由各合伙员按照分摊损失之标准分别负担。分摊损失标准未经明定者，以分受利益之标准为准。分受利益标准亦未明定者，则以出资多寡（即股份）为准。（五年上字第482号）

退伙一经表示，即于合伙人间发生效力。

【正】退伙人对于各伙员一经表示退伙之意思（单独行为），于各合伙人间当然发生效力。（五年以上第650号）

退伙若践行习惯上方式者，就嗣后伙债即应免责。

【正】凡合伙员声明退伙系践行习惯上必要之方式者，则嗣后就合伙所负债务，对于债权人当然不负分偿之责。（五年上字第712号）

合伙解散所余什物、账项，不得强一员顶受。

【正】合伙解散所余家私、什物及账项，无强令合伙员中一人顶受之理。（五年上字第826号）

合伙营业之移转须全员同意。

【正】合伙营业之移转，自非经合伙员全体之同意，不能生效。（五年上字第849号）

合伙员不得以未订合同与合伙债权人对抗。

【正】合伙营业不必尽有合同，苟有他项确实证凭足以证明其为合伙之伙东者，不得以未订合同为对抗合伙债权人之理由。（五年上字第1178号）

无资力合伙员独自认还，而合伙债权人仍得请求有资力之合伙员按股摊偿或按股代偿。

【正】合伙债权人对于其已届清偿期之债权，原有向全体合伙员请求其按股摊偿之权利。而对于其中无力偿债之合伙员所应负担之债额，又有向其他合伙员请求按股代偿之权利。即不应仅凭无力偿债之合伙员空言承允独自偿还其债额之全部或一部，而使合伙债权人无端受损。（五年上字第1183号）

合伙营业虽对外尚有债权，亦不得据为缓限理由。

【正】合伙债权人既应以各合伙员为其直接之债务人，则该合伙营业纵使对外尚有债权陆续可以收回还债及其经理人纵有怠于催收债权致不能偿还债务等情在，各合伙员只可催取外债或责问经理人，而不能对于债权人以此为缓限之理由。（五年上字第 1183 号）

伙产为合伙债权人之特别担保，得优先受清偿。

【正】合伙财产为合伙债权人特别之担保，合伙债权人得先合伙员之他债权人就该财产受清偿。（五年上字第 1264 号）

入伙不以实交股票、收执股票为要件。

【正】入伙行为并非要式。苟既合法表示意思，则股金是否实交，股票是否收执，本属毋庸过问。（五年上字第 1287 号）

执行业务员有无为合伙借贷权限，因其营业性质而异。

【正】执行业务之合伙员能否有本于其自己意思为合伙借贷款项之权限，因营业性质上之关系而不能尽同。如典当业及银钱业，则依其营业性质，固当然有代合伙员借贷行为之权。此外各种商业，则除该地另有特别习惯外，即非得他合伙员同意，不容擅行。而其擅自所为之借贷行为，自应由该行为人独自负责，他合伙员不负何等责任。（五年上字第 1452 号）

合伙员认还他合伙员所应分担之部分，不能对抗债权之。

【正】合伙债务应由合伙员按股分担。若合伙员中之一人对于他合伙员所应分担之部分表示承认一并归其偿还者，苟非已得债权人同意，则虽各合伙员间订有成约，亦不能发生对抗债权人之效力。（五年上字第 1452 号）

合伙员向他员求偿，以自己出资使他员免责为要件。

【正】合伙员之一人得向他合伙员为求偿者，自以该合伙员自己出资使他合伙员免责为前提。（五年上字第 1517 号）

合伙员还出所侵蚀之伙产清偿伙债者，与自己出资不同。

【正】若合伙员一人系侵蚀合伙财产，应负缴还之义务。则其缴还合伙财产以清偿合伙债务，显与自己出资使他合伙员免责之情形不同。（五年上字第 1517 号）

合伙不以出资额约定为要件。

【正】出资多寡之约定，并非合伙成立之要件。（六年上字第 100 号）

合伙员因代填补损失对他员有债权，亦不得对外主张免责。

【正】合伙员中之一人已因代他合伙员填补损失而对之发生债权，系属合伙员间之内部关系，不能持为免除对外责任之原因。（六年上字第 126 号）

多数人用共有堂名出资，合伙本可共同行使权利。若推一人为经理，亦非当然有处分权。

【正】合伙员中固有多数人用共有堂名共同出资，而对于他合伙员推一人经理者。但多数人即用共同堂名共同出资，则其对于他合伙员亦自可共同行使其合伙员之权利，本非必须推出一人经理。即或因共同行使权利之不便推出一人经理寻常之事务，而就权利之处分关系重要，亦难遽谓经理人可以擅断。（六年上字第 187 号）

伙债先就伙产清偿之解释。

【正】合伙债务应先就合伙财产清偿云者，系指现在可供清偿之合伙财产而言。若外欠债项既不能即时供清偿债务之用，自不能以之对抗债权人。（六年上字第 241 号）

合伙债权人不能否认随后入伙之人。

【正】合伙债权之发生在该合伙员入伙以前，而其合伙债权人究难否认该合伙员为伙东而主张令其他合伙员负全部清偿责任。（六年上字第 255 号）

合伙解散清算亏累者，除因一员经理不当或擅自长支应独任责外，各员应按股分担损失。

【正】凡合伙解散后须清算账目。如有亏累，亦应依据约定标准分配损失。除因经理不当或擅自长支应独归该合伙员负责外，凡属在伙人员不得委卸其责。（六年上字第 375 号）

出名合伙员股内有他人附股，不能对抗合伙债权人。

【正】合伙债务自应由出名之各合伙员按股分偿。若在一出名之合伙员所占股内另由他人附股者，则该出名之合伙员与附股人之间虽因附股而发生特别之权利义务，但其对于合伙债权人仍不能据以对抗，即应专由该出名之合伙员负按股分偿之责。（六年上字第 517 号）

退伙时计算有余者，可收回出资及利益。若损失者，则应补足。

【正】各合伙员应按合伙契约所定标准分摊损益。故合伙员中有中途退伙者，亦应按照退伙时之营业状况计算其损益。如有赢余，自可收回其出资及应得之利益。若有损失，亦应按股补足。（六年上字第 657 号）

退伙员应收资本及利益而当时未提取者，亦应作为合伙债权。

【正】合伙员中有中途退伙者，计算其损益。如有赢余，自可收回其出资及应得利益。即使当时未经提取，事后亦应作为合伙债权向各合伙员依法请求。（六年上字第 657 号）

退伙员原出资本除亏损外，应由他伙员给还。

【正】合伙员一人或数人声明退伙，其所出股本，除退伙时已经亏损者外，自应由未退伙之各合伙员如数给还。（六年上字第 713 号）

合伙员互相顶受股份，不必得其他伙员同意。

【正】合伙员中将股份互相授受，但使与其他合伙员别无利害关系，自无须得其同意。（六年上字第 788 号）

执行业务员对于无法收取之债不任赔偿。

【正】执行业务之合伙员虽有催收外欠之责，然如果因债务人贫无资力或其他原因无

法收回者，则应归入合伙营业之损失项下，不能令执行业务者任赔偿之责。（六年上字第853号）

除名须通知本人后始有效。

【正】合伙员之除名，必以有正当事由经他合伙员全体之同意为之，并须通知本人后方能发生效力。（六年上字第910号）

合伙员仅有二人时不得除名。

【正】合伙员只有二人时，不能适用除名之规定。（六年上字第910号）

合伙员以私产担保伙债者，债权人不得以此遂向该员一人请求偿清全部。

【正】合伙员以自己某种财产供合伙债务履行之担保者，在合伙债权人亦不能以担保物上之关系遂认该合伙员一人为债务主体，而对之为全部清偿之请求。（六年上字第1359号）

合伙员以私财担保伙债者，如债权人行使担保权利，可另向他员求偿，但不得对抗债权人。

【正】合伙员以自己之财产供合伙债务履行之担保者，对于其他合伙员原可认为一种之出资，而合伙债权人就担保物行使其权利时，该合伙员只可依据债权法则向其他合伙员求偿，而不能以此种对内关系与债权人相对抗。（六年上字第1359号）

合伙契约附有解除条件，其条件成就者，合伙关系消灭，毋庸更声明退伙。

【正】当事人间订立合伙契约如附有解除条件，则自条件成就时该契约即已失其效力，合伙关系亦即当然归于消灭，而毋庸更为退伙之声明。（七年上字第242号）

执行业务员无权擅为借贷。经他员追认者，亦有效。

【正】他合伙员对于执行业务合伙员擅自所为之借贷行为已有明示或默示之追认者，法律上仍属有效，他合伙员对外之责任即无可辞。（七年上字第327号）

非执行业务合伙员，得检查业务及财产状况。

【正】非执行业务之合伙员，依法得检查业务及合伙财产之状况。（七年上字第478号）

执行业务员经手借款，应就全部负清理偿还之责。

【正】凡处理业务之合伙员经手借欠之债务，虽毋庸以私财为清偿，而对于债权人究应就全部负清理偿还之责。（七年上字第519号）

合伙员出资不限于财物，得以劳力折作资本。

【正】合伙人之出资本不必以财物为限。凡以供给劳力折作股数者，当然应认为有出资之效力。（七年上字第619号）

合伙仅定利益分配或损失分担之标准者，视为损益分配之共同标准。

【正】合伙员分配损益之成数，自应以合伙员彼此所约定者为准。至合伙契约若仅就

利益定分配之成数或仅就损失定分担之成数者，自应作为损失及利益之共同成数。（七年上字第 619 号）

就合伙债务为保证者，系以各员本应分担之债额及代他员分担之债额为其保证内容。

【正】关于合伙员一人之合伙债务而为保证者，其保证之内容自以该合伙员本应自行分担之债务及其他合伙员不能清偿时所应分担之债务为限。（七年上字第 1049 号）

各合伙员与债权人协议划清所应分担之债务者，非更改契约，于合伙债务保证人之责任无涉。

【正】各合伙员若与合伙债权人协议将其应行负担之债额分划清楚者，其行为之目的不过使各合伙员之责任范围得益臻明显，以便于行使权利。并非就该债权债务之内容有所变更，自不能认为更改契约。则关于该合伙债务之保证人责任，当然不受此项协议之影响。（七年上字第 1049 号）

合伙解散后，清算人之职务不限于结算账目。

【正】合伙解散后，清算人之职务包含了结现在事务、索取债权、清偿债务及分配余存财产各项，并不仅限于结算账目。（七年上字第 1151 号）

一合伙员声明解约，他伙员亦不欲继续营业者，即为解散。

【正】合伙营业其合伙之一人声明解约，虽得由他合伙员继续其营业，仅使该声明解约之一人退伙。但在他合伙员亦无继续营业之意思者，即应认为合伙解散。（七年上字第 1176 号）

合伙员之债权人就该伙员股份查封执行者，他伙员及合伙债权人亦不得主张异议。

【正】合伙债权人固可就合伙财产优先于各合伙员之债权人而享受偿还。惟各合伙员之债权人如果就合伙财产内该合伙员之股份请求查封执行，于法既无不合，即非其他合伙员或合伙债权人所得主张异议。该合伙债权人为自己权利计，亦只可本其确定债权对于同一伙产亦请求查封，以达其优先受偿之目的。（七年上字第 1237 号）

清算未完结前，合伙员擅提伙产者，应返还之。

【正】合伙员对于合伙财产在清算未终结以前，不得请求分析，即每人应有之部分亦不得自行处分。故合伙员于未经解约清算时擅自提用合伙财产者，应负返还之义务。（七年上字第 1374 号）

合伙员擅取入己之合伙财产，应提出偿还。

【续】合伙债务依法本应先以合伙财产清偿各合伙人，于未清偿合伙债务之先，如将合伙所有之财产擅收入己，自可命其提出，以充清偿合伙债务之用。（八年上字第 191 号）

伙债经债权人同意分归合伙员一人偿还，即不适用合伙债务偿还之法则。

【续】合伙债务既得有债权人之同意分归合伙员一人承还，即失其合伙债务之性质，自无再适用合伙债务偿还法则之余地。（八年上字第 228 号）

执行业务合伙员擅借之款，除有习惯外，债权人不能向他合伙员请求清偿。

【续】合伙营业除系钱商、当商外，其执行业务合伙员代表合伙对外借款之行为，非该地方另有特别习惯，即应由其他合伙人特别授权或事后追认，否则该债权人不能对于其他合伙人请求清偿。（八年上字第253号）

合伙关系仅表面变更，合伙契约仍继续存在。

【续】合伙关系如仅表面变更（如变更牌号），而内部组织仍无所变，则旧合伙契约当然继续存在。如不仅表面变更，即内部组织亦并有变更，则旧合伙契约自无仍行存在之理。（八年上字第632号）

执行业务员于清理时擅借之款未经他合伙员追认，债权人不得径向他合伙员求偿。

【续】合伙营业之执行业务员于歇业后在清理之范围内虽有代理他合伙员之权限，但非有特别习惯，不得擅自借款。纵其擅借之款系以供清理之用，而未经他合伙员追认，亦只可由该执行业务员向他合伙员求偿，不得由债权人径向他合伙员请求清偿。（八年上字第655号）

伙产有纠葛非可即以偿债者，与伙产不敷偿债同。

【续】合伙财产虽未纷失而另有纠葛，非即时可供清偿者，自与合伙财产不敷清偿之情形无异。（八年上字第1040号）

一伙东原则上仅得行使自己一股之债权。

【续】伙有债权在合伙营业歇业以后，其一合伙员非有清理债权债务之权责者，仅能行使其自己一股之债权。（八年上字第1319号）

经理人应否认为以劳力出资之合伙员，应审究契约内容定之。

【续】合伙员以劳力为出资，现行法令并无禁止明文。故经理人应认为合伙员与否，须审究当事人所结契约之内容为断。（八年上字第1328号）

合伙人退股须对于他合伙人表示，始为合法。

【续】合伙人之退股，须对于各合伙人为明示或默示之表示始能生效。至执行合伙业务之经理人有代理各合伙人之权，其对于经理人固亦可为退股之表示。惟此项表示必其可以认为向本人（即各合伙人）所为者，始能发生代理行为之效力。若仅系将股份让与经理人而显然无对于他合伙人表示退股之意思者，自不能认为合法之退股。（九年上字第196号）

一家公共堂名营业所负之债，于公产不足偿还时，应以私财分偿。

【续】一家公共堂名关于营业上亏累之债务准诸合伙债务，于合伙财产不足偿还时，应由各合伙员以其私有财产按股分偿之法则，凡隶属该堂而有私财之人，苟非对于该债务得以主张不应分偿，即不能于公产不足偿还时，就所有之私财拒绝分偿。（九年上字第696号）

退伙以前之合伙债务，除有习惯外，非经他合伙员承任，债权人同意不能免责。

【续】合伙员于退伙以前之合伙债务，除有特别习惯外，非经他合伙员承任，债权人同意不能免责。（九年上字第953号）

合法表示退股意思即生效力。

【续】合伙营业之合伙员，如已向他合伙员合法表示退股之意思，即不立退股字据或清算账目，亦发生退股之效力。（十年上字第507号）

执行业务合伙员就外欠款项之责任。

【续】执行业务之合伙员，若于款项之贷放及催收均未欠缺善良管理人之注意，而因债务人贫无资力或他原因无法收回，确非该合伙员所能预测者，自不得令该合伙员任赔偿之责。（十年上字第1211号）

执行业务合伙员无以私财垫付他合伙员应得利益之义务。

【续】执行业务之合伙员系居经理人地位者，于合伙营业停止后，各合伙员应得之利益只应由该合伙员就现存之合伙财产及收入债款以为给付。除有特别情形外，自无径由该合伙员以私财垫付之理。（十一年上字第462号）

合伙员得单独向经理人要求报告盈亏。

【续】合伙员之一人本得于年终或营业年度单独向经理人要求报告营业盈亏，无约集全合伙员共同行为之必要。（十一年上字第1048号）

执行业务合伙员对外应负清理债务之责。

【续】执行业务之合伙员经手借欠债务，除该合伙员自按股份分担偿还额数外，就该项债务其余部分亦应负清理偿还责任，以免债权人分向其他合伙员逐一追索之困难。（十一年上字第1632号）

合伙员之业务行为。

【补】按执行业务合伙员于营业上所为之行为，除与第三人有串通舞弊实据外，其他合伙员不得以该合伙员有亏折情事为理由对抗不知情之第三人，在本院已经著有先例。本件蒋锦章（经理）为执行业务之合伙员，上诉人所称“营业盈亏向不公开，与李锦堂一二股东串通私变房屋、存货，得价入己”各节纵使属实，亦系合伙内部事项，即非与第三人有串通舞弊情形，按照上开先例，即不得以此对抗被上诉人（即不知情之第三人）。（十三年上字第1278号）

声明解约之合伙员，不得阻止他合伙员使用该合伙名义继续营业。

【补】声明解约之合伙员，不得阻止他合伙员使用该合伙名义继续营业。（十四年上字第38号）

同一股本以同一商号营甲、乙两种商业，清偿债务之顺序。

【补】同一股东以同一商号营甲、乙两种商业，苟其资本及内部组织与对外一切关系

均各自独立，则甲号所负之债务应先尽甲号之财产清偿，有所剩余，始得以充偿还乙号债务之用。（十五年上字第1460号）

第十五节　隐名合伙

隐名合伙与普通合伙不以有无合同为区别。

【正】隐名合伙乃当事人一造约明为相对人（即出名营业人）营业出资并分配其营业上利益之契约。而普通合伙契约则于名义上即系由当事人共同出资以经营共同之事业。至作成合同与否，并非普通合伙要件，即不得据为二者区别之标准。（四年上字第118号）

隐名合伙员通常于其出资外，不负担损失，尤无代出名营业人负责之理。

【正】隐名合伙员通常于其出资之限度以外不负合伙损失之责任，尤无代出名营业人负责之理。（四年上字第441号）

隐名合伙之债务为出名营业人独负。

【正】隐名合伙对外之债务为出名营业人所独负，于隐名合伙员无何等关系。（四年上字第728号）

隐名合伙员对第三人无权利义务。

【正】隐名合伙员于营业人营业之行为对于第三人无权利义务。（四年上字第1362号）

隐名合伙财产专属出名营业人，非总合伙员共有。

【正】隐名合伙员为出名营业人而出资，故其财产应视为仅属于出名营业之人，与普通合伙之财产为总合伙员之共有者不同。（五年上字第1398号）

出名营业人之意义。

【正】所谓出名营业人，系指对外之营业主体而言。（七年上字第1188号）

合伙营业之经理人不得认为出名营业人。

【正】所谓出名营业人，系指对外之营业主体而言。若合伙营业之经理人，则系受主人之委任，只于营业限度内有代为审判上或审判外一切行为之权，并不得认为出名营业之人，而使其负清偿合伙债务之责任。（七年上字第1188号）

隐名合伙之债权人得请求出名营业人清偿全部。

【正】隐名合伙员所负之债务，债权人当然得向出名营业人请求全部之清偿。（七年上字第1188号）

隐名合伙人除特约外，应担任内部亏折。

【续】隐名合伙人除以特约约明不分担损失外，对于合伙内部之亏折，仍应以出资为限度担负责任。（八年上字第698号）

隐名合伙员得因特约负出资以外损失之责。

【续】隐名合伙人通常于其出资限度以外原不负合伙损失之责任。但其与出名营业人

订有特约者，自应从其约定。（十一年上字第855号）

第十六节　终身定期金契约

第十七节　博戏及赌事

赌博不能有效发生债权。

【正】赌博在现行《刑法》上本为处罚之行为，故由赌博自不能有效发生债权债务之关系。（三年上字第6号）

凡以买空卖空为标的之契约无效。

【正】凡以买空卖空（其性质为赌博一种）为契约标的者，不问系何种契约，均系对于债务人要求为不法行为，当然认为无效，其债权债务关系亦即无从发生。（三年上字第646号）

买空卖空与赌博同论，不因行政官有无禁令而异。

【正】买空卖空与赌博同论，故在前清法令及现行《刑法》上均为处刑科罚之行为，各省行政长官虽间有另颁明文禁止者，然此种禁令不过就国家法令所已经禁止之行为而申诫之，而法令禁止之效力原不问行政官另有禁令与否而有所殊异。（三年上字第646号）

奉省期粮买卖，若目的不在交付现粮，即为买空卖空。

【正】奉省期粮买卖原系定期契约，而仍以现粮交付为目的。若其契约之目的不在交付现粮，至期仅依市价高低以决算赔赚者，是谓买空卖空，纯系赌博性质，则于根本上契约不能有效。（三年上字第646号）

因买空卖空代垫款项不得请求偿还。

【正】帮助他人为买空卖空契约代为垫付一切款项者，亦不能以契约为理由为法律上之偿还请求。（三年上字第646号）

买空卖空之意义。

【正】所谓买空卖空者，乃买卖当事人间并不实为银货之交付，仅于到期时以货物市价之涨落为标准交付其差额者之谓。（三年上字第803号）

规元买卖若仅虚定价额，依市价低昂以定盈亏，即买空卖空。

【正】买卖规元之行为，如果有交付现款或拨兑账项等事，即属汇兑关系，固不得指为买空卖空。倘仅虚定买卖价额，而依市价低昂计其耗羡以定盈亏，即为买空卖空，与汇兑关系当然有别。（四年上字第2233号）

契约目的仍在交付现货者，非买空卖空。

【正】凡契约目的不在交付现货，至期仅依市价高低决算赔赚者，是为买空卖空。若其契约目的仍在交付现货，即不得谓为买空卖空。（五年上字第746号）

订约之初确有交付买卖之意义者，非买空卖空。

【正】买空卖空之成立以当事人于订约之初即有仅凭市价差额计算输赢之意思为必要。

若订约之初确有交付实货之意思，嗣后确因债务人不能履行始计算其差额以定损害赔偿之额数者，不得以买空卖空论。（五年上字第1051号）

交付定银非区别买空卖空与否之惟一标准。

【正】定银之交付与否，仅足为认定当事人意思之资料，而非区别定期买卖与买空卖空之惟一标准。故除有特别习惯外，即或未交定银而依他项证据得证明当事人间确有交付实货之意思者，仍不得以买空卖空论。（五年上字第1051号）

定期汇票之目的若至期仅依市价决算赔赚，即为买空卖空。

【正】商场之定期汇票原系以支付现银为目的，若其契约之目的不按照票面数额支付现银，至期仅依汇水平色等项市价高低以决算赔赚者，即为买空卖空之一种。（五年上字第1193号）

定期买卖与买空卖空之区别。

【正】定期买卖与买空卖空之区别，当以买卖当事人在订约之初其意思是否在交付实货抑仅计算市价差额以定输赢为断。（五年上字第1516号）

供给第三人买空卖空之款，亦不能有效成立债权。

【正】买空卖空事与赌博同科，无论两造互为买空卖空一造所输之款，抑因第三人买空卖空所供给之款，均不能认为有效成立之债权。（六年上字第820号）

炉银买卖若无交付现银之目的，即为买空卖空。

【正】炉银买卖若到期之日并非以交付现银为目的，而仅按照时价决算赔赚者，则仍与赌博无异，为买空卖空之一种。（六年上字第956号）

买空卖空不容仅以至期有无授受实货为臆测。

【正】当事人订约之意思是否仅在赌赛市价高低，究不容仅凭至期有无授受实货之事实以为臆测。倘其买卖原约明以至期授受实货为目的，而嗣后因另立转卖买回契约或因违约不能履行其结果，仅依市价差额以定赢亏者，究与初意即在赌赛市价高低迥然不同，仍不能即与买空卖空同论。（七年上字第92号）

买空卖空债务不因债务人承认而有效。

【续】因买空卖空所生之债务为不法之债务，债务人即曾自行承认，亦非有效。（八年上字第783号）

赌博已为给付者，不得请还。

【续】凡因博戏或赌事已为给付者，不得请求归还。（十年上字第473号）

第十八节　和解

民事现无公断制度，非两造同意和解，难强其遵行。

【正】民事公断制度（商事除外）现在详细法规尚未颁行，自属无凭援用。然调处之

法，当事人固得有效实行，但须经双方同意合法成立，其当事人始有服从之义务，否则断难强其遵从。（三年上字第212号）

和解契约非有无效撤销原因，当事人应受拘束。

【正】当事人间关于其所争执之事项已有和解契约者，如其契约非本来无效或有得以撤销之原因，则自不得不受其拘束。（三年上字第784号）

当事人不得藉口和解内容不利一造主张废约。

【正】和解契约法律上本有完全之效力，故一旦合法成立，则当事人间即发生权利义务之关系。纵其契约内容不利当事人之一造，日后亦不能以之藉口而主张废约。盖民事法则尊重当事人于法律范围内所表示之意思，虽一方之行为有损于己，苟他方并无不法之情由，即当然有效。（三年上字第1183号）

和解制度为尊重当事人意思兼防后日纷争。

【正】一般法例所以明认和解制度，原为尊重当事人意思兼防后日之纷争。故当事人既就某项法律关系约明互相让步彼此停止争执者，法律上即认此项契约为有效。（三年上字第1199号）

和解与免除不同。

【正】和解与纯粹债权抛弃之意思表示（即免除）迥不相同，是故因和解而一造受有利益者，其所受利益之程度如何，不能不依其和解契约之内容以为断。（四年抗字第49号）

和解之意义。

【正】和解因当事人约明互相让步，就某项法律关系彼此停止争议，并除去不明确之状态，或除去实行某请求权不确实之状态而生效力。（四年上字第1018号）

讼争已因和解终结者，不得主张和解前法律关系。

【正】凡诉讼上之争执，如因审判上或审判外之和解而终结者，各当事人均应受该和解契约之拘束。倘非该契约有无效或撤销之原因，即不得捨置该契约而更主张和解前之法律关系。（四年上字第1092号）

因和解所创设之新权义，两造均应确守。

【正】当事人就某项关系情愿互相让步彼此停止争执而为和解者，则不论其在裁判上或裁判外，均应认为有效。而因和解所创设之新权义关系，两造均应确守，不得违反。（四年上字第1655号）

和解契约两造得合意展缓实行。

【正】和解契约苟已合法成立，当事人间固应受其拘束，惟如经双方合意展缓实行，自非法所不许。（七年上字第982号）

出自欺罔之和解契约，应许其撤销。

【续】和解契约之成立如果出自欺罔，则为保护当事人正当之利益计，应许其撤销。

（八年上字第187号）

第十九节　债务约束及债务认诺

债务认诺，债务人及继承人不得随意撤销。

【正】债务人于审判上或审判外所为之承认，一经对于债权人表示之后，即生拘束之效力，其自身及其继承人均不得随意撤销其承认。（三年上字第351号）

债务约束系以除去债务人关于债权原因之抗辩为目的。

【正】债权约束之目的本所以除去债务人关于债权原因之抗辩，使债权易于行使。故必有明确之意思表示（通常以书状表示为必要），始能认其存在。（五年上字第931号）

期条一面载有起货权利，一面载有交价义务，并注有至期兑交字样者，非债务约束。

【正】期条上一面载明债权人起货之权利，一面即载明其交价之义务，并注有“至期兑交”字样，则明示债务人得为同时履行之抗辩，尤与债务约束之性质相反。（五年上字第931号）

第二十节　保证

保证人于主债务人不清偿时，有代还责任。

【正】保证人于主债务人不偿还债务时，任偿还之责。（三年上字第281号）

本利及损害赔偿，均为保证人偿还责任之范围。

【正】保证人偿还责任之范围为原本、利息及损害赔偿。（三年上字第281号）

主债务人踪迹不明，保证人不得为先诉抗辩。

【正】主债务人踪迹不明时，保证人不得主张先诉抗辩之权利，应即践行保证义务。（三年上字第281号）

数人先后就全额保证者，有连带责任。

【正】凡担保债务之保证人虽有数人而系出于先后，各就全额以为担保者，则属连带性质，各保证人皆有代偿全部之义务。故无论债权人对于何人，皆可请求为全部之代偿。（三年上字第281号）

数保证人中一人代偿债务全额者，得向他保证人要求平等负担之额。

【正】担保债务之保证人虽有数人而系出于先后，各就全额以为担保者，若保证人中之一人已清偿债务之全额，除得向债务人本人完全求偿外，并得对他保证人就平等负担之额而为返还之请求。（三年上字第281号）

保证为保护债权人利益而设。

【正】保证债务原为保护债权人之利益而设。（三年上字第399号）

主债务人所在不明，保证人应代偿。

【正】主债务人何在无从知悉，则无论有无偿还之资力，既事实上债权人不能向主债务人索偿，则应由保证人负责而为之代偿。（三年上字第625号）

保证人代偿责任不能因资产受损而要求减免。

【正】既为保证而主债务人不能偿还或无从向之索偿者，当然由保证人负全部代偿之责，虽因其他意外事由致资产受损失者，亦于保证债务无关，自不在要求减免之列。（三年上字第625号）

保证与设定担保物权之异同。

【正】债务保证人与设定担保物权其法律关系虽殊，而其目的为确保债务之履行则同。（三年上字第641号）

数保证人共同署名，非即连带保证。

【正】保证人有数人时，苟无特约约定，则其保证人有分别之利益，对于非其担负之部分自得不任其责，不能以保证人共同署名之故，辄认有连带保证关系。（三年上字第641号）

债权人未证明向主债权人执行无效，则保证人得为检索抗辩。

【正】保证人于债权人未证明向主债务人强制执行而无效果者，得拒绝履行保证债务。（三年上字第732号）

主债务人破产或显然无力清偿，保证人不得为检索抗辩。

【正】主债务人已受破产宣告或主债务人财产显然不足清偿债务时，债权人虽未经证明执行无效，而保证人亦不得拒绝代偿债务。（三年上字第732号）

主债务人显然无产清偿，催告无效者，保证人不得为先诉抗辩。

【正】保证债务人受债权人履行之请求时，依法虽得为先诉之抗辩，若主债务人实已限于不能履行之境遇，催告既属无效而又无可以执行之财产，则保证债务人自不能为先诉之抗辩。（三年上字第812号）

保证为从债务。

【正】保证债务不过为担保主债务之从债务，若主债务于保证契约之时本未成立，即保证债务亦不得谓为成立。（三年上字第1003号）

保证人有先诉抗辩权。

【正】保证人得请求债权人先催告主债务人清偿。（三年上字第1149号）

保证人有检索抗辩权。

【正】如主债务人系有资力时，保证人得请求债权人对于债务人之财产先为执行。（三年上字第1149号）

保证不以主债务人委托为成立要件。

【正】保证为债权人与保证人间缔结之契约，并不以主债务人有无委托为契约成否之

条件。（四年上字第678号）

保证人反乎主债务人意思代偿者，得依不当利得之法则请求返还。

【正】保证人反乎主债务人之意思代偿债务时，亦不妨依不当利得之法则向受益之债务人以其现受之利益为限度请求返还。（四年上字第678号）

保证人与债权人约定物上担保而不能履行者，债权人不得解约。

【正】保证人与债权人约明设定或移转担保物权以代保证债务时，若保证人无处分担保物之权或尚未合法取得其所欲移转之权利致不能履行契约，则债权人得声明解约。在契约未经合法履行以前，其原有之保证债务仍应视为不消灭。（四年上字第740号）

债权人未证明向主债务人执行困难，则保证人得为检索抗辩。

【正】债权人非证明已向主债务人强制执行而无效果或有显难执行之情事者，保证人得拒绝代偿债务。（四年上字第742号）

保证有连带特约者，债权人得随意向保证人请求履行。

【正】保证人无连带特约者，于主债务人未能履行时方任履行之责。如有连带特约，则债权人对于主债务人或保证人均得随意请求履行（任向一人或二人）。（四年上字第993号）

连带债务人之保证人应代偿全部。

【正】保证人之责任恒与主债务人之责任相同，故连带债务人之保证人亦就债务之全部负保证之责。（四年上字第1342号）

声明主债务人已无力清偿，如再逾期不还即由保人代还者，则无先诉抗辩权。

【正】保证人虽得请求债权人先向主债务人请求履行，惟保单内如载明"担保之原因系缘债务人负欠太重无力清还，故由殷实人担保，逾期不还即由保证人清还"，则当保证人承认担保时，主债务人早已陷于无力清偿之地位，其后既逾期未偿，保证人自应即依契约本旨履行义务，不得更为先诉之抗辩。（四年上字第1406号）

主债务人不能清偿时，债权人得向保证人要求代偿。

【正】主债务人不能履行债务时，保证债务人对于债权人应负清偿之责任。易言之，即债权人得向保证债务人要求代主债务人清偿其债务。（四年上字第1470号）

保证人之检索抗辩权因抛弃而丧失。

【正】未经债权人证明向主债务人强制执行无效者，其保证人得拒绝保证债务之履行。然保证人先已抛弃此项权利者，其保证人自丧失此项拒绝履行之权。（四年上字第1474号）

保证人如代偿债务，对债务人有求偿权。

【正】保证债务经保证人代为清偿者，对于该主债务人自有求偿之权利。（四年上字第1761号）

保证人于代偿限度内当然为债权之代位。

【正】保证人为主债务人清偿债务或以其他之方法消灭债务者，于清偿之限度内得代位原债权人。（四年上字第1941号）

保证人代位之意义。

【正】保证人代位云者，即原债权移转于保证人是也。保证人代位所取得之债权全然与原债权同。（四年上字第1941号）

保证人擅代清偿或为其他消灭债务之行为者，亦有求偿权，并得为债权之代位。

【正】保证人或其他有利害关系之第三人本得不经债务人同意而为清偿或其他消灭债务之行为。其已为清偿或其他消灭债务之行为者，当然得向主债务人求偿或行使原债权人之权利（即代位）。苟其求偿或代位不越乎原债务之范围，在主债务人即无特别损害之可言。（四年上字第1941号）

保证人为代物清偿后，得向主债务人请求原债权之给付。

【正】保证人代位所取得之债权，其目的仍与原债权相同。故保证人以代物清偿之方法为主债务人消灭其债务者，于代偿限度内即得向主债务人请求原债权标的之给付。（四年上字第1941号）

保证人求偿权与代位有别。

【正】保证人求偿权原与代位有别，如保证人已代主债务人清偿债务，则除求偿债权之外，固得代位债权人而继承其担保权。反是，如保证人尚未代偿债务，则于有必要情形，只可预行求偿，而不得即依代位之例遽许行使债权人之担保权。（四年上字第2076号）

保证人于一定情形得预行求偿。

【正】凡保证人为主债务人代偿债务以前，如主债务人财产显然不足清偿其债务或有其他恐贻累于保证人之情形时，保证人亦得于未经履行保证债务之前预行其求偿权。（四年上字第2076号）

不因债权人不即行使权利而消灭保证债务。

【正】合法成立之保证债务，苟无正当之解除原因，则于主债务人无力清偿之时，债权人无论何时得向保证人请求清偿债务。并不因债权人不即行使权利而遂生义务消灭之效力。（五年上字第11号）

保证人因清偿以外原因使主债务人免责者，有求偿权。

【正】保证债务人因清偿以外之原因（如承任主债务及更改抵销等）使主债务人不复负担债务者，对于主债务人仍得分别情形行使求偿权。（五年上字第116号）

数人同时保证无特约者，各应平均负责。

【正】数人同时共同为保证而并未声明各保全部者，应各自平均分担代偿之责。（五

年上字第505号）

不履行之损害赔偿，亦为保证人偿还责任之范围。

【正】保证人应负偿还责任之范围，凡债权人因债务人不履行债务所受之损害皆得请求。（五年上字第630号）

保证不限于金钱债务。

【正】保证不限于金钱债务，即就雇佣契约言，亦得为之保证。故保证人于缔约之时曾约明被保人任事之后倘有舛错等弊，概归保证人承管，则其保证之目的，当然包含被保人因违反义务所生损害赔偿之责任在内。（五年上字第1032号）

未届清偿期，保证人不负责。

【正】凡保证有期限之债务者，保证人于未届清偿期以前，不负代偿之义务。（五年上字第1504号）

迟延利息为保证人偿还责任之范围。

【正】迟延利息属于保证责任之法定范围，不问保证契约内容曾否规定，保证人均应负担保之责。（五年上字第504号）

主债务人财产尚足清偿一部者，保证人毋庸代还全部。

【正】主债务人之财产尚足清偿债务之一部者，则保证人仅应就其不敷清偿之余额履行保证债务，要不能遽令负全部代还之责。（六年上字第209号）

担保物权与保证并存时，应先尽担保物拍卖充偿。

【正】债权关系如于设定担保物权而外并立有保证人者，该主债务人不清偿其债务，自应先尽担保物拍卖充偿。惟当事人间如有特别约定或其担保物因事实或法律上之障碍不能供清偿之用或不能清偿其全部，而主债务人复绝无资力或逃避无踪及其财产确系不易执行者，保证人即应分别担负代偿之责任。（六年上字第403号）

保证人得主张主债务人对债权人之一切抗辩事由。

【正】保证债务因主债务之存在而成立，故主债务人对于债权人所有之抗辩事由，保证债务人均得主张之。（六年上字第506号）

保证与债务承任不同。

【正】债务之保证与债务之承任，其契约之性质效力各有不同。盖保证债务契约，保证人所负之责任在约明主债务人如不履行债务时代负履行之义务。而承任债务契约，承任人所负之责任则在使债务人脱退债务关系，径由承任人负担清偿之义务。故保证人对于债权人得依法为先诉之抗辩，而承任人则无此权利。（六年上字第690号）

保证与荐引不同。

【正】荐引行为如并未声明作保，亦非有荐引必任保证之习惯，则其荐引即有未妥，亦属事关道德，而不生赔偿问题。（六年上字第712号）

保证不以作成书据为要件。

【正】保证契约之成立不以作成书据为必要，故虽无书据而依他种证据足证明成立属实者，亦应认其效力。（六年上字第712号）

保证人求偿范围以实际代偿为限。

【正】保证人为主债务人清偿债务，得向主债务人求偿。其求偿之范围应以实际上代偿之数为限。（六年上字第910号）

全部保证人应代还全部。

【正】保证全部债务之人，于主债务人不为清偿时，有代偿全部之责。（六年上字第1117号）

保证债务变为独立债务时，则不得再有先诉检索抗辩权。

【正】保证债务人对于债权人之请求履行固有先诉及检索抗辩之权，惟限于债权人行使保证债权时得以主张。若保证人因消灭其保证债务而对于第三人另负新债务者，即不得更对于新债权人主张此项抗辩。（六年上字第1273号）

有限期之保证契约，因期满而保证债务消灭。

【正】保证契约若声明系限于一定期间者，其期间届满以前债权人如不即行请求，保证人自得因逾期而免责。（七年上字第159号）

未限期之保证契约，不得认债权期限为消灭保证关系之期限。

【正】保证并未特定期间而主债务系有期限者，推究当事人之意思只系于主债务到期后债务人不能履行时始使保证人负代为履行之责，自不得遽认债权之期限为保证关系消灭之期限。（七年上字第159号）

各合伙员与债权人协议划清所应分担之债务者，非更改契约，与合伙债务保证人之责任无涉。

【正】各合伙员与合伙债权人协议将其应行负担之债额分划清楚者，其行为之目的不过使各合伙员之责任范围得益臻明显，以便于行使权利。并非就该债权债务之内容有所变更，自不能认为更改契约。则关于该合伙债务之保证人责任，当然不受此项协议之影响。（七年上字第1049号）

就合伙债务为保证者，系以各员本应分担之债额及应代他员分担之债额为其保证内容。

【正】关于合伙员一人之合伙债务而为保证者，其保证之内容自以该合伙员本应自行分担之债务及其他合伙员不能清偿时所应分担之债务为限。（七年上字第1049号）

与债权人有特约者，不得为检索抗辩。

【正】保证债务除当事人间订有特约外，于债权人未能证明主债务人无力清还或踪迹不明或其财产不易执行以前，保证人得拒绝代偿债务。（七年上字第1506号）

保证人承认代偿，即丧失其先诉抗辩权。

【续】保证人就主债务人所应偿之债务，因主债务人届期不偿而承认自为偿还者，则基于承认之效力，已丧失其先诉抗辩之权。（八年上字第1419号）

主债务不存在，保证债务无存在之理。

【续】保证债务之存在以主债务之存在为前提，若主债务人所负之债务根本上并不存在，则保证债务即无存在之理。（九年上字第618号）

主债务有不得请求偿还之性质者，债权人不得请求保证人履行。

【续】保证债务为担保主债务之从债务，若主债务系由于不法原因所发生，实有不得请求偿还之性质，则债权人自不得向保证人请求履行。（十年上字第334号）

债权人因故意、过失丧失担保权，则保证人于其限度内免责。

【续】保证人代债务人清理债务，应取得债权人对于债务人之权利。若债权人因故意或过失致丧失其担保债权之物权，则保证人即应于其丧失权利之限度内免除其责。（十一年上字第9号）

券内载明“立时代偿”等字样，应认为已舍弃先诉抗辩权。

【续】保证人借券内载明“立时代偿不能推诿”等字样，认为已舍弃先诉抗辩权。（十二年上字第1783号）

债权人不以先向主债务人请求履行或执行为要件，及丧失先诉或检索抗辩权之情形。

【续】债权人对于保证人请求履行，并非以先向主债务人请求履行或强制执行为要件。不过保证人为先诉或检索之抗辩时，应先向主债务人请求履行或强制执行而已。即以先诉或检索之抗辩而论，债权人既曾向代理债务之第三人催告，而该第三人仅允代向债务人催速办理，并不清偿赔款，则是催告已无效果，保证人之先诉抗辩权依法即应消灭。又该第三人虽允向债务人催速办理，但将来能否收效，尚难预必。保证人既不能在原审证明该债务人在中国确有可供执行之财产，则虽该债务人在外国富有财产，亦属难于执行，是保证人之检索抗辩权亦应认为消灭。（十二年上字第1905号）

担保物因障碍不能供清偿之用，如立有保证人，自应负代偿之责。

【补】债权关系如于设定担保物权而外并立有保证人者，其担保物因障碍不能供清偿之用，而主债务人亦系无力者，保证人应负代偿之责。（十四年上字第798号）

保证未定期限，不因债权期限而消灭。

【补】主债务定有期限而保证未定期限者，不能遽认债权期限为保证关系消灭之期限。（十四年上字第798号）

保证效力之消灭，须有正常解除原因。

【补】合法成立之保证，苟无正常解除原因，不得因债权人不即行使权利遂生保证消灭之效力。（十四年上字第798号）

先诉抗辩权为通常保证契约应有之补充性。

【补】先诉抗辩权为通常保证契约应有之补充性，如其契约不能认为连带保证或有其他除外之特别表示，则债权人未向主债务人求偿，径向保证债务人起诉时，法院即得据保证人之行使此项抗辩权而认债权人之诉为理由。（十四年上字第1034号）

保证人请求免责之方法。

【补】保证人于主债务人有使其受累之情形时，得向主债务人请求免责。而诉请主债务人径向债权人清偿，亦为请求免责方法之一种。（十四年上字第2721号）

债权虽经设定担保物，如有特约债权人，亦得先向保证人请求清偿。

【补】债权除担保物外更有保证人者，通常固应先就担保物行使，但债权人与保证人间如有特约，自亦得先向保证人请求清偿。（十五年上字第727号）

第三章　广告

第四章　发行指示证券

指示债权须其证券载明“指示”字样，始与普通记名债权有别。

【正】关于指示债权（指图债权），现行法律虽无明文规定，但除有特别习惯外，依条理言之，其证券上自应注明“指示”字样（指示文句），始与普通记名债权有所区别。（五年上字第579号）

第五章　发行无记名证券

无记名证券非不法取得者，得向发行人请求给付。

【正】无记名证券之法例，凡持券人苟非以不法手段取得该证券者，自得依券载内容向发行人请求给付。（六年上字第565号）

无记名证券可依式宣告无效，与银行兑换券有别。

【正】无记名证券除内有特别记载外，有遗失等事由，概可依一定方式宣告无效，自不能与银行兑换券不挂失票者同论。（六年上字第565号）

无记名证券发行人不得任意拒绝所持人之请求。

【续】无记名证券本具有流通性质，除移转证券时所当知之事项（记载于证券之事项及由证券性质上当然发生之结果）外，发行人不得任意抗辩，以拒绝所持人之请求。（十一年上字第716号）

存条与普通之无记名证券不同。

【补】存条依商业习惯通常仅足为收有存款之证明，难遽认为凭条付款之用，与普通

之无记名证券不同，持券人尚应就其债权取得之原因负举证责任。（十五年上字第1022号）

无记名债权证券本身证明之责，应由债权人负之。

【补】无记名债权证券，仅就该证券作成前之债务关系毋庸证明其原因。至该证券之本身是否真实，即是否为券面所记发行人或其代理人所作成，仍应由债权人负证明之责。（十五年上字第1022号）

第六章　管理事务

事务管理人须依本人真意或可推知之意，并用最利于本人方法为之，违者须负损害赔偿之责。

【正】凡未受委任或并无权利义务而为他人管理一种之事务者，不得任便处置，必须从本人之真意或得以推知之意而行，且须用最利益于本人之方法为之处理。故其管理事务若违反本人之真意，或得以推知之意而为管理人于当时事情所应知者，虽无过失，亦须赔偿其因管理所生之损害。（三年上字第140号）

事务管理人其目的在使本人财产急迫危害者，以故意及重大过失为限，始负损害赔偿之责。

【正】为他人管理事务者，若其目的在使本人财产免急迫危害者，则应以有故意或重大过失为限，始就其因管理所生之损害任赔偿之责。（三年上字第140号）

事务管理人非免本人身体、名誉或财产上急迫危害为目的者，应为重大注意。

【正】为他人管理事务，既非因使本人得免身体、名誉或财产上之急迫危难，则苟非与本人为最有益，即不能不负损害赔偿之责。（四年上字第1455号）

无权代理人即为事务管理，除本人追认外，须其行为利于本人且合本人真意，始得请求偿还所垫费用之全部。

【正】有代理权人因处置代理事务所垫付之必要费用，得向本人请求偿还其全部。若无代理权人自称为他人代理而处置其事务者，对于本人即为管理事务之行为，其所出费用除经本人合法追认外，仅于其管理行为利于本人且合本人真意时，有请求偿还全部之权。否则本人仅须依不当利得之法则，于现存利益限度内负偿还之责。（五年上字第819号）

依本人真意或可推知之意，用最利之方法为事务管理者，得对本人请求所垫出之费用及利息，并偿还代负之债务。

【正】凡未受委任或并无权利义务而为他人管理一种之事务，若其管理确系依本人真意或得以推知之意思，并用最利于本人之方法为之者，则得对于本人要求所出之费用及其支出后之利息，并请求代偿所担负之债务与受任人同。（五年上字第1038号）

事务管理人违本人意思为处分行为后经本人追认者，与曾委任同。

【正】管理事务，依法管理人不得违反本人之意思为处分其所有财产之行为，但若经本［人追认者］，视与委任同。（五年上字第 1038 号）

赁借主合于管理事务情形所出必要费用，准如数扣抵租金。

【续】赁借主如合于管理事务情形所出必要修缮费用，固应准其如数扣抵租金。若非必要费用，［则以其因修理所］增之现存利益为度，核实估价，准予扣抵。（九年上字第 774 号）

第七章　不当利得

无法律上原因而因他人给付受益致他人受损者，应归还其利益。

【正】凡无法律上之原因而因他人之给付受利益致他人受损害者，负归还其利益之义务。（三年上字第 207 号）

因他人误信债务存在为给付受益者，应归还其利益。

【正】给付时不知债务不存在者，除得请求归还其给付外，受益人并应负归还所受利益之义务。（三年上字第 207 号）

因他人给付受益后，其法律上原因消灭致他人受损者，应归还所受利益。

【正】凡因他人之给付而受利益者，如为其给付之法律上原因一旦消灭，致他人受意外损失时，自宜将其所受之利益返还。（四年私诉上字第 12 号）

无法律上原因而因他人之劳务受益，致他人受损者，亦应归还其利益。

【正】凡无法律上之原因而因他人之财产或劳务受利益，致他人受损害者，应负归还其利益之义务。（四年上字第 557 号）

向无领受权人为清偿者，得请求归还其利得。

【正】对于并无领受权人而为履行时，债务人仅得依不当利得之法则，向领受人请求偿还其利得。而对于真正之债权人，仍不得不另为清偿。（四年上字第 1459）

因私债强夺债务人孳畜产业者，除本利外，应归还余物，即返还不当利得之法理。

【正】现行律载“若豪势之人不告官司以私债强夺去人孳畜产业（中略），若估价过本利者，计多余之物（中略）依数追还”，是即返还不当利得之法理（现行律钱债门违禁取利条律）。（五年私诉上字第 39 号）

事务管理人所垫费用，若非行为利于本人或合本人真意者，本人仅须归还现存利益。

【正】无权代理人自称为他人代理而处置其事务者，对于本人即为管理事务之行为，其所垫出之费用于其管理行为，若非利于本人且合本人真意者，则本人仅须依不当利得之法则，于其现存利益限度内负偿还之责。（五年上字第 819 号）

不法给付，不问相对人能否取得其权利，不得请求返还。

【续】因不法原因所为之给付，无论其相对人能否取得其权利，而给付之人究不得请求返还。（八年上字第428号）

赁借主所出修缮费用如非必要，惟以现存利益为度，准予估价扣抵。

【续】赁借主如合于管理事务情形所出必要修缮费用，固应准其如数扣抵租金。若非必要之费用，则应以其因修理所增之现存利益为度，核实估价准予扣抵。（九年上字第774号）

行求贿赂虽他人从中干没，亦不能请求返还。

【补】因行求贿赂所交付之款，虽为中间人所干没，亦仅该中间人是否成立诈欺取财问题，而行贿人要不能向中间人以不当利得为理由请求返还。（十五年上字第1111号）

第八章　侵权行为

因特许所得权利被他人侵害，或行使该权利侵害他人权利者，得为民事诉讼。

【正】行政官厅对于特定之人或团体为其利益计而付与私法上之权利，法律上谓之设权行为或称为特许，即属行政处分之一。受此等行政处分者，如其权利被他人侵害或行使权利而有侵害他人权利之行为时，除法律有特别规定外，被害者对于加害者得诉之于司法衙门以求救济。然审判衙门亦只能就权利是否侵害为之裁判，而不能为废除或变更行政处分之判决。（三年上字第1号）

非承继人擅处分遗产者，为侵权行为。

【正】以承继无关系之人，竟擅自处分他人之遗产，当然为侵权行为。（三年上字第45号）

夫之侵权行为，妻非当然任赔偿。

【正】侵权行为人对于受害人自应有赔偿损害义务，惟此项赔偿义务仅侵权行为人本人所负担，其妻当时既不知情，现又未占有其夫财产，自不能令其负以私财代夫偿还之责。（三年上字第290号）

侵权行为应查其实害并事由须归责于谁，衡情定其赔偿额数。

【正】凡以侵权行为损害他人之权利者，应负赔偿之责。至其赔偿之标准如何，则不外由审判衙门查其实际上之损害并其事由，是否须归责于加害人，衡情以定其数额之多寡。（三年上字第448号）

身体受害得求金钱赔偿，并应斟酌受害情形定其数额。

【正】身体上之损害虽不能如财产之可以金钱计算，惟法既许被害人可以请求金钱之赔偿，自得由审判衙门斟酌被害人受害情形，定加害人赔偿之责任。（三年上字第448号）

合伙重要事务一合伙员专擅为之者，应任损害赔偿之责。

【正】改易行号、清理欠款及伙员退伙诸事俱关重要，合伙员如当时既未能退伙，岂

得不使知悉而专擅为之？是则因此所受损害依侵权行为之法例，自可责令专擅行为人赔偿。（三年上字第689号）

唆使债务人不履行者，为侵权行为。

【正】唆使债务人故意不履行债务致债权人受有损害者，对于债权人即为侵权行为，自应赔偿其损害。（三年上字第829号）

怠于业务上注意［致侵］害他人权利者，为侵权行为。

【正】凡怠于业务上应尽之注意致侵害他人权利者，为侵权行为，对于被害人自应负赔偿之责任。（三年上字第957号）

侵权行为人应任赔偿损害责任。

【正】因故意或过失侵害他人之权利而不法者，于因侵害所生之损害，应负赔偿之义务。（三年上字第1011号）

为排除不法侵害而为毁损者，非侵权行为。

【正】为排除不法之侵害起见毁损其麦禾者，于法无赔偿之可言。（三年上字第1025号）

教唆帮助他人，视为共同侵权行为人。

【正】数人共同所为之侵权行为，即以其数人作为连带债务人而共任其责。教唆或帮助之人应视为共同行为者，其责任亦同。（四年私诉上字第2号）

因侵权行为所生精神上痛苦达于不易恢复之程度，始可命加害人赔偿。

【正】因侵权行为所生精神上之痛苦，按之条理固可命加害人担负赔偿责任。然为防止流弊起见，必其痛苦达于不易恢复之程度者而后可。（四年私诉上字第4号）

侵权行为赔偿责任之要件有（一）故意或过失；（二）损害；（三）故意或过失与损害之因果联络。

【正】侵权行为之赔偿责任，其构成要件有三：一为加害人之故意或过失；二为被害人之损害；三为故意或过失与损害之因果联络。三者有一不备，斯赔偿之责任无由成立。（四年上字第4号）

以私人资格假行政处分与侵权手段者，受害人得请求回复原状、赔偿损害。

【正】凡当事人以私人资格假官厅之行政处分为侵害他人权利之手段者，受害人对于加害人得提起民事诉讼，请求侵权人回复其原状或为损害赔偿。反是，如径由行政官厅于职权内自行处分有案者，无论该处分是否违法并有无侵害人民之权利，依照现行法令只准受害人向该管上级行政衙门诉愿，或依法提起行政诉讼于平政院以资救济。司法衙门既不能直接撤销该行政处分，自不得认为民事诉讼受理。（四年上字第1023号）

共同侵权行为人应负连带责任。

【正】共同侵权行为人就侵权行为所生之损害应负连带赔偿之义务。（四年上字第

1342 号）

因行为人之故意、过失致官厅误将他人所有权让与者，亦为侵权行为。

【正】移转所有权为标的之行为，无论系由官厅强制抑出自行为人之自由，必须其标的物所有权属于行为人始能生移转之效力。故官厅强制人民为此项行为时，若误指他人之物为其所有因而令其让与者，其让受人于民事法上并非完全取得所有权。而官厅之错误若由于行为人之故意或过失所致，则让受人依侵权行为原则仍得请求行为人赔偿其损害。（四年上字第 1585 号）

典商失火以值十当五照原价计算赔偿。

【正】现行律费用受寄财产条例载“凡典商收当货物自行失火烧毁者，以值十当五照原典价值计算作为准数（邻火延烧者酌减十分之二），按月扣除利息照数赔偿”等语。是典商因失火烧毁收当之货物者，本应按值赔偿，其计算标准即以当五作为值十（即按当加倍计算），则其赔偿之数除将当本扣抵外，应再照当本赔足十成（即当本一元再赔一元），不过得按月扣除利息（现行律钱债门费用受寄财产条例第一）。（四年上字第 2083 号）

不法保留或侵夺他人财物者，应任返还并赔偿之责。

【正】不法保留他人之财物或侵夺之者，对于所有人或其他人有回复请求权人，应任返还之责。若不能返还，则应赔偿其损害。（四年上字第 2188 号 ）

假行政处分为侵权行为之手段者，被害人得向加害人、受益人或转得人请求回复原状。

【正】凡以私人资格假行政官厅之处分为侵权行为之手段者，其被害人除得向该管行政衙门请求撤销或废止其处分外，并得对于加害人向司法衙门提起民事诉讼，请求回复原状。又因该行政处分受益之人或其转得人纵非共同侵权行为人，如其于受益或转得当时已知该侵权事实者，被害人亦得对之请求回复原状。反是，若（一）为损害原因之行政处分纯系该官厅本于职权所为，其间并无一私人之侵权行为；（二）其间纵有一私人之侵权行为，而因该处分受益之人或其转得人于受益或转得当时并不知有侵权事实者，则于第一项情形，被害人只能向该管上级行政衙门诉愿或提起行政诉讼以资救济，而不得向司法衙门请求回复原状。于第二项情形，被害人除得依法提起诉愿或行政诉讼外，亦只能以该加害人为相对人向司法衙门请求回复原状，不能径向不知情之受益人或转得人为回复原状之请求。（四年上字第 2336 号）

侵权行为人是否受益，于赔偿责任无涉。

【正】侵权行为人是否受有利益，于赔偿义务并无关系。（五年私诉上字第 6 号 ）

共同侵害行为不知孰加害者，同负赔偿责任。

【正】因共同侵权行为加害于他人而不能知孰加害者，应同负赔偿之义务。（五年私诉上字第 24 号）

被害人因身体受害致财产上受害者，亦应调查其实害以为赔偿。

【正】凡以侵权行为损害他人之权利者，即应负赔偿责任。至赔偿之数额，审判衙门应调查其实际所损害为之断定。其因身体上所受损害致生财产上之损害者，亦同。（五年私诉上字第 42 号）

使用主就被用人执行事务加于第三人之损害，通常须任赔偿之责。

【正】为某种事业使用他人者，于被用人执行事务加害于第三人时，除使用主于选任被用人及监督其事业已尽相当之注意，或虽注意仍不免发生损害外，使用主应负赔偿之义务。（五年上字第 773 号）

私擅处分共有物者，为侵权行为。

【正】共有物之处分非经各共有人全体同意不得为之。故因共有人中一部分之私擅处分致共有物不能回复原状者，则对于未经同意之共有人，应依侵权行为原则负损害赔偿之责。（五年上字第 967 号）

侵权行为之赔偿以有实害为要件。

【正】关于侵权行为赔偿损害之请求权，以受有实际损害为成立要件。若绝无损害，亦即无赔偿之可言。（五年上字第 967 号）

被害人有过失者，得酌减赔偿额。

【正】凡以侵权行为为原因请求损害赔偿，如被害人亦有过失时，审判衙门得斟酌其过失之程度核减赔偿之数额。（五年上字第 1012 号）

各加害人无意思之联络者，应各就所加损害为赔偿。

【正】同一权利若为数人所侵害，而各加害人无意思上之联络者，应由加害人各就其所加之损害分别负赔偿责任。如事实上不能确知孰加损害者，则负连带之责。（五年上字第 1012 号）

应注意并能注意而不注意者为有过失，亦构成侵权行为。

【正】侵权行为之构成除行为人系有故意外，凡应注意并能注意而不注意者为有过失，亦认为赔偿损害之原因。（五年上字第 1012 号）

无权利人擅卖他人土地时，买主苟非共同侵害，则非侵权行为。

【正】凡损害本于侵权行为者，须有侵害之行为。如无权利人擅就他人土地缔结买卖契约，固属侵害行为，要与承买人无直接之关系。故非证明承买人确系共同侵害，则承买人自不负何等赔偿之责。（五年上字第 1448 号）

共同行为侵权人各负全部赔偿责任。

【正】数人共同为侵权行为加损害于他人时，各有赔偿其损害全部之责任。（六年私诉上字第 29 号）

失火系因通常过失者，除有特别习惯外，不任赔偿。

【正】租房由租户失火若系出于故意或重大过失者，失火之租户对于被害人应负赔偿

之责，而由于通常过失者则否。但各地方如有特别习惯者，仍应从其习惯。（六年上字第438号）

人格关系被害者得求赔偿或慰抚金。

【正】人格关系（生命系人格权之一）被侵害者，被害人或其家属本得请求赔偿损害或慰抚金。（七年私诉上字第26号）

因侵权行为使人给付财物者应返还。

【正】凡因不法之行为使人给付财物于己者，应负返还之义务。（七年私诉上字第29号）

卖主指交不动产后又擅自霸占者，为侵权行为。

【正】若卖主于依照约定之界址、数量指交买主之后，复就该不动产擅自占有其全部或一部，自系一种侵权行为，买主当然有向其请求返还占有部分及损害赔偿之权利。（七年上字第615号）

侵权人追诉债务非侵权行为。

【正】侵权人对于债务人因索取债款不得，自可依法向审判衙门请求正常之救济，是为法律所明许，不得谓为侵权行为。（七年上字第902号）

占有他人之物为无权处分者，为侵权行为。

【正】凡占有他人之所有物为无权利之处分者，即属不法侵害所有人之权利，自应就其所生损害担负赔偿之责。（七年上字第1301号）

以不法原因取得财物者，如不能返还原物，即应以相当金额赔偿。

【续】以不法原因取得他人之财物者，应负返还义务。如应返还之标的物因其他事由以致不能返还，即应以相当金额赔偿其损害。（八年私诉上字第1号）

烧害他人林木或森林，应依一般侵权行为之法则负责。

【续】普通林木不得视同森林，业经本院解释有案（统字457号）。况关于烧害森林之责任，现行《森林法》既无规定，则依特别法无规定适用普通法之原则，亦应依据关于一般侵权行为之法则办理，不得借口法令未定明文主张免责。（八年上字第35号）

实施或教唆行为之人负赔偿责任。

【续】因侵权行为之损害应由实施或教唆行为之人负担赔偿责任。（八年私诉上字第69号）

慰藉费之性质及判给慰藉费之准据。

【续】慰藉费固为广义赔偿之性质，究与赔偿物质有形之损害不同。赔偿物质有形之损害，例如医药、殡葬、扶养等费皆是。而慰藉费则系以精神上所受无形之苦痛为准据。若仅就被害人或其家属精神上所受无形之苦痛判给慰藉费，自应审核各种情形，例如被害人之地位、家况及与该家属之关系，并加害人或其承继人之地位、资力，均应加以斟酌。

（八年私诉上字第 77 号）

为他人雇用人员而浮报薪水以便侵蚀者，系侵害委任人之权利。

【续】为他人雇用人员办理事务而于实际所需之薪额以外浮报多额以便于侵蚀，显系侵害委任人之权利，与将他人应得薪水侵蚀入己者尚有不同。故无论其所浮报之数受雇人是否知悉，既不能认为侵蚀受雇人应得之薪水，即应仅对于委托人负赔偿之责，非受雇人所得主张。（八年上字第 312 号）

刑事和解中关于损害赔偿之契约有效。

【续】触犯《刑法》所负刑罚之责任，固不因和解而免除。惟因不法行为加损害于他人，本加害人与被害人双方一致之意思，于刑事和解中订立一种赔偿契约，尚非无效。（八年上字第 1205 号）

数人共同为侵权行为，纵动机出于一人，他行为人不得对其请求赔偿。

【续】侵权行为之被害人所以认其有请求权者，原为保护正当利益起见。数人既各以决心共同为侵权行为，则即使其动机系出于其中之一人，而他行为人究不得自谓为被动，而对于主动人更请求赔偿自己因该行为所受之损害。（九年上字第 29 号）

人格权被侵害者，得请求赔偿物质上有形之损害及慰藉费。

【续】生命系人格权之一种，人格权之被侵害者，被害人或其家属自得对于加害人请求赔偿其物质上有形之损害（例如医药、殡葬、扶养等费）及慰藉费（慰藉其精神上所受无形之苦痛）。（九年私诉上字第 74 号）

当事人因失火被处罚金，不能即认其有重大过失。

【续】失火，非有故意、重大过失，不负赔偿之责。本件当事人因失火被处罚金，乃因过失负担刑事上之责任，不能因其已负刑事责任，即谓其有重大过失，应负民事上赔偿之责。（九年上字第 142 号）

被害人亦有过失者，应斟酌双方过失以定赔偿。

【续】被害人于责任原因事实之构成亦有过失者，应将其过失与加害人之过失加以斟酌，以决定赔偿之范围。（九年上字第 1400 号）

数人共同为侵权行为，始负连带责任。

【续】一侵权行为所生之损失由数人连带负责者，应以该数人均曾共同为该行为者为限。（十年上字第 4 号）

行为人之责任能力欠缺，其本人不负赔偿之责。

【续】凡侵权行为，以有责任能力为成立要件。若行为人为无辨识行为责任之能力之未成年人，或加害当时系在心神丧失之状态者，则侵权行为之要件即不能不谓其有欠缺，该行为人本人应不负赔偿之责任。（十一年上字第 1212 号）

一致害原因发生全部损害时，应负全部责任。

【续】被害人之损害如因一致害之原因即足以发生其全部损害者，纵令尚有其他原因存在或别有物界助力，其赔偿义务人仍应负担全部责任。（十一年上字第1705号）

受伤后复又因病丧失机能部分能否并求赔偿，以其病是否与受伤有因果关系为断。

【续】因伤丧失机能之一部后，复因病丧失机能之全部者，其因病丧失机能之部分能否并求赔偿，应以其病之发生是否与受伤有因果关系以为断。若病之发生本与受伤无涉，或基于受伤人之故意、过失有以致之，则关于因病丧失机能之部分即无要求赔偿之理。（十二年上字第553号）

共同为犯罪行为不得向他共同行为人求偿。

【补】共同为犯罪行为或其他违法行为以致受有损害者，不得向他之共同行为人请求赔偿。（十四年上字第1970号）

被告在保逃亡，具保人应负损害赔偿之责。

【补】向法院或其他官署出具传讯不误之保条，将其拟行管收或羁押之民、刑事被告保释外出，以致在保逃亡，使债权人不能行使其债权时，即令该保条初未对于债权人发生保证关系，而债权人之不能行使债权既系由于具保人之行为，自应适用侵权行为之法则，许债权人将其因此所受之损害向具保人请求赔偿。（十五年上字第630号）

法定监督人责任。

【补】因精神、身体之状况需人监督者，若加害于第三人时，其法定监督人除并未疏懈或虽加以相当注意仍不免发生损害外，应负赔偿义务。（十五年上字第878号）

侵权行为不能返还原物，应以其最高价额为赔偿之标准。

【补】以侵权行为占有他人所有物，因不能返还而应赔偿价额者，如其价额在侵权行为实施之后有涨落不定，应以其最高价额为赔偿之标准。盖苟无侵权行为，所有人原得将该物以最高价额出售，此项利益即可认为其所受之损害也。（十五年上字第1600号）

第三编　物权

第一章　通则

物权契约之目的及要件。

【正】物权契约以直接发生物权上之变动为目的，其普通有效成立之要件有三端：（一）当事人须有完全能力，且缔约者除法律有特别规定外，须就该物或权利有完全处分之权。故无处分权者所为之物权契约当然不发生效力，如卖自己所有之特定物，则物权契约即包含于债权契约，二者同时发生效力。若卖他人所有之物或不确定之物，则其债权契约虽属有效，然不能即发生移转物权之效力，有时仍不能不为物权契约之意思表示；（二）标的物须确定；（三）当事人之意思表示不得反于一般法律行为及契约之原则。（二年上

字第 8 号）

就同一物发生之物权，若无特别优越力，以先发生者为优。

【正】凡就同一标的物发生二以上之物权，若不能更有特别优越之力，则先发生之物权优于后发生者。（二年上字第 46 号）

过割粮银以所有权是否移转为断。

【正】粮银系随地亩为转移，地亩归属于何人，即粮银应由何人负完纳之义务。故粮银应否过割，实以地亩所有权有无转移为断。（二年上字第 53 号）

无权而绝卖他人之产者，须先取得其物权后，再为移转之契约。

【正】无权限人与人约定绝卖他人之产者，在债权法上该契约当事人间虽可有效发生权利义务关系，而于他人物权之取得，则非由诺约人先取得其物权后再为有效之物权移转契约不可。（三年上字第 45 号）

上手契为证明并无纠葛之要件。

【正】依一般惯例，凡不动产必交付直接之上手老契为证明该不动产并无他项纠葛之要件，藉以补无登记制度之穷。故，如卖主不交上手契，买主贸然承买者，一经他人提出上手契或根据上手契证实其有某种权利，则买主即不能以其所有权之移转与之对抗。（三年上字第 142 号）

设定物权人不得擅行主张消灭。

【正】凡设定物权之人，除于设定时有消灭期限或条件，其期限到来或条件成就得以主张消灭外，自非得权利人之同意，不能主张消灭其物权。（三年上字第 688 号）

抛弃为物权消灭原因之一。

【正】物权之消灭具有种种原因，而抛弃亦无一端。故，即正常取得之所有权，一经表示抛弃之意思，即失其从来所有该物之一切权利。苟非再行依法取得其所有权，即无重就该物主张权利之余地。（三年上字第 125 号）

地上设定有他物权者，则其地因被占用所给与之价银，地主不得独享。

【正】地亩因被占有所给与之价银，自应归地主承领，本非他人所可争领。惟该地上若设定抵押权、质权或典权者，则其抵押权人及典质权人自可将该价银之一部分充当所担保之债权或典价。至设有地上权或佃权者，则该价银之一部即为消灭地上权、佃权之对价，而其地上权人及佃权人对于领受价银之地主自可请求返还。至其返还利益之标准，更须依其权利存在期间之长短、租额之高下而定，要难任地主独享受不当之利得。（四年上字第 164 号）

不动产之前典卖主虽未交价，亦不能遽使第三人取得所有权。

【正】律载“若将已典卖与人田宅朦胧重复典卖者，追价还主田宅，从原典买主为业”等语。是在现行法上不动产之所有人以一不动产出卖，如其买卖业经合法成立，则仅最初之买主取得其不动产之物权。至价钱之交付系买卖契约之履行，并非买卖契约成立之要件。故买主不依约支付价金虽可为买卖契约解除之原因，而未经解除以前，其最初买卖仍属有效。决不能因此遂复以裁判令第三人取得该物所有权，致以一不动产而有两重之买卖。（四年上字第 325 号）

官厅亦不得为两重买卖。

【正】人民与官厅私法上之权义关系，以视私人与私人相互间之所为并无或殊，即亦无以一不动产而为两重买卖之理。（四年上字第 325 号）

物权不得随意创设。

【正】凡物权，不能由权利人随意创设。而妨害物之利用以创设物权者，尤非法之所应许。（四年上字第 659 号）

不动产让与不以移转老契为要件。

【正】业主老契之移转本非不动产让与行为之要件，故当事人提出之上手老契纵或有串借影射情事，要无害其所有权之移转。（四年上字第 902 号）

让与不动产未交贴身红契，不为无效。

【正】不动产物权之移转，惯例上固多以贴身红契交执为凭。但其让与契约如确已订立卖契合法成立，则未交付贴身红契亦非无效。（四年上字第 1349 号）

所有人与借地权消灭时，得请求留买工作物，但应提出时价。

【正】借地权人于借地权消灭时得收回其于土地上所设置之工作物。若土地所有人声明愿意购买，则须提出时价，借地权人亦不得无故拒绝。（四年上字第 2157 号）

不动产之他物权不能因所有权移转而消灭，亦不能限制所有人移转其所有权。

【正】不动产所有权由于传来取得者，其所有人行使权利之限度不能超过于原所有人，而第三人因与原所有人之法律行为在该不动产上取得其他之物权者，并不能仅因所有权之移转即归消灭，亦不能因该不动产上附有其他物权之关系，遂限制原所有人移转其所有权。（四年上字第 2250 号）

不动产物权之移转不以税契过割及交足价银为要件。

【正】不动产物权之移转，其买价曾否交足及税契过割之迟早，皆于不动产物权之移转并无关涉。故当事人间如实已就不动产订立契据以为移转，则纵令久未税契过割，又未交足价银，除买主应速交价投税过割外，亦难谓其不生物权法上之效力。（四年上字第 2259 号）

不动产之让与不以交付为要件。

【正】不动产之让与契约，不以交付不动产或代价为成立要件。（五年上字第 12 号）

不动产物权能否对抗第三人，不以卖据有无投税及是否官纸为断。

【正】按现行法上尚无登记制度，故不动产之物权关系自当以契据为重要之证凭。而其物权关系之能否以之对抗第三人，则应视其契据有无瑕疵，不当仅以曾否投税与曾否用官契为断。盖现行法上于典卖田宅而不投税者，虽有制裁之规定，然此系为国课起见，非如他国登记制度之为对抗要件者可比。至官当契在诉讼上纵有公证证书之效力，亦非私法关系成立之要件。故如于不动产上设定担保物权者，果其契据确凿，则虽未投税未用官契，而就其担保之标的物仍应有优先受偿之权。（五年上字第149号）

物权移转之立契为成立并对抗第三人之要件。

【正】按现行律田宅门典买田宅律文载“若将已典卖与人田宅朦胧重复典卖者，追价还主田宅，仍从原典买主为业”云云。其所谓典卖与人者，自系指设定移转不动产物权之契约（物权契约）业经合法成立者而言，非仅缔结买卖之债权契约者所可遽行援用。依向来惯例，移转不动产所有权之物权契约，通常以作成契据为其成立要件。故合法作成契据一经交付之后，其标的物之所有权即移转于让受人。倘原所有人有重复典卖情事，则后典后买之人即使确系善意，亦仅能对于原所有人请求返还价金，赔偿因此所生之损害，而不能取得典权或所有权（现行律田宅门典买田宅条律）。（五年上字第208号）

主张取得物权者，应立证其权原。

【正】物权之取得须有正当之权原。故若当事人于其权原有所争执，则就该项物权主张业经取得之人须负证明责任。（七年上字第451号）

税契非私权关系成立之要件。

【正】税契乃国家一种征税之方法，而非私权关系成立之要件。故不动产让与契约虽系白契，未经过印投税，苟依其他凭证可认为真实者，法律上仍属有效。（七年上字第576号）

追及效力之意义。

【续】凡属物权无论其为权利标的之物辗转归于何人之手，得追及其物之所在而实行其权利，此称为追及权。（八年上字第952号）

卖主为二重买卖，如前之卖约仅有债权关系，后之卖约已发生物权关系者，前买主不得主张后买约无效。

【续】卖主就同一标的物为二重买卖，在前之卖约仅发生债权关系，而后之卖约已发生物权关系者，即令后买主缔结卖约实有恶意，其对于前买主亦仅发生是否侵害债权及应否赔偿损失之问题，前买主对于后买主不能就该标的物已经发生之物权关系主张其为无效。（十年上字第704号）

第二章　所有权

第一节　通则

所有权应受行政处分依法所设权利之限制。

【正】所有人应以法令所许及不害他人合法权利范围内行使其权利，决非无限制。依据法令，土地所有权之限制虽有种种，而因行政处分依法设定之权利苟于土地所有人不能不为一定之限制，则土地所有人自不得以所有权有排除他人侵害之性质为理由而为不受限制之主张。惟土地所有权虽应受限制，而就其所受之损害苟无法律明文，无论以何种限制方法，该所有人自可请求相当之赔偿。至赔偿之额，当事人若不能协议，则审判衙门当就诉争之点实际调查而为公平之判断。（二年上字第166号）

不动产所有人得完全处分其不动产。

【正】不动产所有人于法令限制内得自由处分其权利。而不动产之买卖既属处分行为之一，则其应卖何人系属所有人之自由，第三人欲向买受不动产之买主无故声述异议，实为法所不许。（三年上字第63号）

非所有人不能处分所有权。

【正】因契约而移转所有权者，必须所有权人始得为之。故所有人以其土地卖与他人既经成契，则其所有权已移转于人。若原所有人于既卖之后复以其一部立契出卖，自不能生移转所有权之效力。（三年上字第375号）

他物权得以对抗该物之承受人。

【正】不动产所有人得对于其所有权付以限制条件，或就其使用收益而为一部分之处分。此项处分若依法可认为物权之设定者，则所设物权于不动产移转时，不惟对于承继人或受赠人仍继续有效，即对于买主亦有对抗之效力。（三年上字第455号）

无所有权之人私卖他人之不动产之时，买主不能以之对抗所有人。

【正】无所有权之第三人私擅将他人不动产出卖者，此项行为无论买主是否知情，当然不发生物权移转之效力。买主有因此已缴买价或受其他损害者，只可径向冒称业主之卖产人请求赔偿，而不得以此为由对抗所有权人。（四年上字第95号）

所有权有追及效力。

【正】所有权有追及之效力，其权利人得追及物之所在行使其权利。（四年上字第455号）

所有权人得请求除避妨害。

【正】所有人对于妨害其权利之人得请求除去其妨害。若有妨害之虞者，得请求避止之。（四年上字第532号）

所有权有对世效力。

【正】凡不动产之所有人本于所有权之效力，无论对于何人均可主张。（四年上字第739号）

他人不得干涉所有人之处分。

【正】所有物之处分为所有权效用之一，所有人当然有此权能，断非无利害关系之第三人所可干涉。（四年上字第849号）

所有权让受人之权利范围。

【正】所有权之让与，其让受人权利之范围自不得超过于原业主。（五年上字第1015号）

限制所有权之行为惟所有权人得为之。

【续】凡使不动产所有权受限制之设权行为，非所有人不得为之。（八年上字第1443号）

卖主之处分权已受限制，其买卖无效。

【续】不动产之买卖，在卖主一方如因特种关系已停止其自由处分之权，则与为买卖之买主无论是否善意，要不生物权移转之效力。（九年上字第1003号）

第二节　不动产所有权

淤地先尽坍户拨补沿河，业主不能即取得淤地。

【正】现行律载"沿河沙洲地亩被冲坍塌，即令业户报官勘明注册；遇有淤涨，亦即报官查丈，照原报之数拨补，此外多余涨地，不许霸占。如从前未经报坍，不准拨给。至隔江远户果系报坍有案，即将多余涨地秉公拨补。若坍户数多，按照报坍先后以次照拨。倘补足之外尚有余地，许召无业穷民认垦，官给印照。其报坍、报涨在两县接壤之处者，委员会同两邑地方官据实勘验，秉公拨补。如有私行霸占，将淤洲入官"等语。寻绎法意，凡有河淤，先尽拨补坍户，余悉由官召垦。果系报坍有案，虽隔江远户，亦得以多余涨地抵拨。此外尚有余地，应仍听官处分，不许自由占据。故在现行法上，沿河各地之业主不能以淤涨之原因遂谓子母相生当然取得其子地（现行律"田宅门·检踏灾伤田粮"条例第二）。（二年上字第86号）

侵入邻地建筑者，邻人得请求废止或赔偿。

【正】土地相邻人若踰界线侵及他人土地，于其地面建筑房屋墙址，而其所侵害又甚属微小者，邻地所有人固得于该屋墙竣工前请求建筑人拆毁或变更其建筑。若已至竣工后始行声明异议者，则为顾全社会经济起见，已不许异议人为拆毁或变更之主张，惟许其调查损害请求赔偿。（二年上字第157号）

高地所有人得经由低地宣泄积水。

【正】凡高地所有人为干涸浸水地或排泄余水起见，得选择低地损害最少处所并用损害最少方法使其水通过低地。如低地所有人受有损害，应支付其赔偿，此盖相邻人关于水流本其相邻关系所有之权利义务之一也。是故高地积水之宣泄，若就自地邻近公共河流略事疏浚即可有效者，自毋庸许其通过别项有主之低地。如果别无宣泄之路或邻近公共河流而疏浚之劳费过钜者，则虽有主低地，亦自不能不许其通过。惟于通过之际，须择损害最少之处所为相当宣泄之设备，而并须补偿其损害，以期平允。（三年上字第323号）

人民有修堤之义务。

【正】现行律河防内载"若不先事修筑圩岸及虽修而失时者处罚，其因而淹没田禾者

处罚”等语。寻绎律意，自系强制人民以修堤之义务（现行律河防门失时不修堤防条律）。（三年上字第540号）

领荒依特别法规定。

【正】报领荒地本为所有权取得之原因，而报领之权应归何人，当从特别规定。（三年上字第780号）

附加于原有房屋之房屋，属原房所有人。

【正】所有人与他人伙修之房屋，如系附于原有房屋而构成于一部，则当伙修之时既无特别之意义表示，自应与原有房屋视为一体，原有房屋之所有人得以之并行出卖。（三年上字第956号）

因行政处分取得土地所有权在前者，为适法之所有人。

【正】土地所有权系因行政处分而取得者，除有特别规定外，自以受合法处分在前之人为适法之所有人，给领官地之处分即其一例。故有合法之给领在先，自应认先领之人为取得所有权。即已为权利之取得人，则官厅即无再将所领地给予他人之权。（三年上字第1166号）

淤地除依法拨补坍户外，皆属官产。

【正】凡沿河塌后淤复之地，除依法拨补因塌倒所失之地外，多余淤地即属官产，其业主现管四至外未塌新淤之地亦属官产。（三年上字第1195号）

确认所有权诉讼，如两造均无确证，不能为所有权谁属之判断。

【正】凡确定不动产所有权归属之诉讼两造，若均无契据可凭，而审判衙门调查其他凭证，于原告之请求并不能得何种之证明者，则除听现时占有不动产之人维持现状外，自难为确定所有权归属之判断。然此系适用证据法之结果，不可误认为承认占有为取得所有权方法之一种。（三年上字第1248号）

多余涨地不能以私约预定业主。

【正】沿河多余涨地依律系属官地，不许霸占，更何能于未涨以前以私人间之契约预定业主？（四年上字第525号）

不动产物权契约须订立书据。

【正】以设定或移转不动产物权为标的之契约，除有特别习惯外，非经订立书据不生物权得丧之效力。（四年上字第813号）

拨补及回复冲没沙洲，以曾报官为原则。

【正】现行律田宅门载“凡沿河沙洲地亩被冲坍塌，即令业户报官勘明注册。遇有淤涨亦即报官查丈，照原报之数拨补，此外多余涨地不许霸占。如从前未经报坍，不准拨给”等语。按照例文，冲没沙洲应由原业户报官方准回复。惟依本院解释及判例，如确有不能报官情由或与报官有同一功效之动作者，亦得准其回复管业之权。（四年上字第846号）

卖契内记载无可认为有回赎之意思者，不须另立卖契。

【正】现行律虽载“卖主无力回赎，许凭公估找贴另立绝卖契纸”。然此系专指自初并未绝卖或已注定回赎，至后回赎无力者而言。苟其始即已卖绝，无复回赎之意，自无另行立契之必要。而其所谓绝卖，只须当事人间之原约有可认为绝卖之意思表示，并非限于契纸字面上之注明（现行律田宅门典卖田宅条例第二）。（四年上字第 1077 号）

赠与不动产亦以立书据为原则。

【正】赠与不动产亦以订立书据为原则。（四年上字第 1403 号）

典卖契毋须本人亲笔。

【正】典卖田宅订立契据，请人代写系属常有之事，无必须本人亲笔之理。（四年上字第 1441 号）

江省既有买卖荒地不立卖契之习惯，不立契亦可移转物权。

【正】土地买卖固以订立契约为原则。但江省买卖荒地既有不立卖契之习惯，则不立契亦自能生物权移转之效力。（四年上字第 2242 号）

报领荒地不能因包揽大段而确认为无效。

【正】报领荒地若有包揽大段者，纵令有干例禁，亦仅可由该管之行政官署据以为撤地另放之处分。而在其他私人既不因其包揽大段至权利受其侵害，即不得遂行要求司法官署之保护，更不得据此即谓其报领为无效，请求为确认之裁判。（四年上字第 2253 号）

农户（土地所有人）不得因筑塘而害及他人晒盐之权利。

【正】国家于官营事业极而至于公用征收土地，犹必依法尊重人民之财产权，何有于私人之合伙？况农夫之垦荒升科与盐户之晒盐课税两两比较，其中有何轩轾？若惟以自己之筑塘为正当事业而置各盐户之权利损害于不顾，按诸法律以平等保护人民之义实有未协。（四年上字第 2287 号）

报坍非淤涨拨补要件，如别有确认，亦应准拨补。

【正】例文所称“从前未经报坍，不准拨补”及“报坍有案”等语，原不过因报坍注册最足证明旧业之曾否坍塌，以杜影射，固非即以当时报坍为淤涨、拨补之要件。故如果别有确切证凭可证明旧业之确已坍塌，亦应准其拨补。（四年上字第 2408 号）

契据只须表明其内容及成立，不须互换。

【正】设定移转物权之契约，虽以作成字据为成立要件，然其字据则仅须有相当记载足表明该契约之内容及其成立即为合法，本无两造互换之必要。（五年上字第 51 号）

淤地不得径判入官。

【正】现行律检踏灾伤田粮门虽有将淤洲入官之例，然此系对于私行霸占者之一种行政处分，而在审判衙门不能不待代表国家之机关诉争而遽引此例判归国有。（五年上字第 77 号）

卖契只须表明移转权利之意思及特定标的物，不须载明额数。

【正】以移转所有权为标的之契据，但须有相当记载足证明所有权移转之意旨及有可以确定范围之特定标的物者，即可认为合法，不必以载明数量、价额及报官投税为其成立要件。（五年上字第208号）

包围地之所有人有邻地通行权。

【正】自己之土地为他人土地所围绕不通于公路者，则以通行围绕地之必要，其围绕地之所有人当负容忍之义务。故不必依设定行为即得有通行之权利，此之谓通行权。而因共有土地之分割或让与土地之一部于他人致土地不通于公路者，均有必要通行之关系，亦为取得通行权之原因。其被通行地之所有人不容藉端拒绝并不容要求偿金。（五年上字第727号）

邻地自然流入之水不得妨阻。

【正】土地所有权人不得妨阻由邻区自然之流水，故低地所有权人有妨阻此项流水行为者，高地所有权人有对之主张排除之权利。惟高地所有权人若因所施水之工作有破坏或阻塞情形，致低地蒙其损害或有蒙受损害之虞者，低地所有权人对之亦得请求修缮疏通。遇有必要时，并得于适当程度内为预防损害之工作。（五年上字第1318号）

公河之使用应各得其平。

【正】公河使用应使利用者各得其平而不相侵越。（六年上字第180号）

一造使用公河致他造不得使用者，须酌贴以设立用水工作物之费。

【正】流水既以供多数人使用为原则，故有因一造使用致他一造不能使用者，则须由其一造酌贴费用于他一造，俾其设立工作物以全其用水之利益。（六年上字第195号）

高地所有人负疏通低地水流阻塞之义务。

【正】凡水流，若因事变在低地阻塞者，高地所有人对之须负疏通之义务。而其疏通之方法，原则上固应开浚其水流之故道，但若故道不能开浚或虽能开浚而费用过大，有种种困难情事者，自可由当事人别求疏浚之方法。至当事人就其方法协商不成时，审判衙门自应实地勘察斟酌情形，择其于两造利多而害少者以裁判定之。（六年上字第850号）

卖契不须卖主本人画押。

【正】不动产让与契约，只以订立书据为必要，并无必须本人画押之明文。故卖契苟系真实成立，即不能仅以未经卖主本人画押遂谓其无物权移转之效力。（六年上字第960号）

契据不拘方式。

【正】不动产所有权之移转虽以订立契据为要件，然其契据并无一定方式。如果足以表明移转权利之意思，即不得不认为合法。（六年上字第962号）

水流地所有人得使用公共流水。

【正】公共流水非私人所得专，故水流地之所有人以不害他人使用之限度内得自由使

用公共之流水。（六年上字第 1004 号）

对岸地所有人得使用他人之水堰。

【正】对岸地所有人若有用水之权，虽得使用水流地所有人设置之堰，但其设置及保存工作物之费用，须按受益之分依法负担。（六年上字第 1004 号）

批契亦作成书据之一种方法。

【正】批契亦作成书据之一种方法，以之移转不动产所有权并无不可。（七年上字第 145 号）

淤地拨补若干，应以坍塌及恢复之数为准。

【正】淤地之归谁拨补，固不能仅以当事人所持契据记载之地名为衡。而应审究两造当日坍塌之业究有若干，嗣后淤复已经恢复之业（即可视同拨补）又有若干，以定孰应拨补并拨补若干。如两造皆已不应拨补，则惟调查历来管有事实以维持占有原状。对于无告争权者，应驳回其请求，无庸于案外为所有权归属之判断。（七年上字第 253 号）

人民已领之荒，行政衙门不得自由剥夺。

【正】关于人民请领荒地，若请领人别无何项之权利者，该管行政衙门固有自由裁量之权限。而在人民即已领得之后，即已享有权利，于法应予以保护，自非该管行政衙门所得自由裁量以为予夺。（七年上字第 742 号）

拨补之地不限于原契所载坐落地点。

【正】沿河淤涨之地应先尽坍户拨补。虽隔江远户，果系报坍有案，亦许将多余涨地拨补，固不限定拨补之地须在原契所载坐落地点。（七年上字第 1070 号）

坟地不因葬有祖坟即可定其所有权之所属。

【续】坟与地非必属于同一人所有。苟能证明地属甲派所有，即不能因其地内葬有乙派下之祖坟，遂谓其所有权业已移转。（八年上字第 679 号）

拨补塌地之次序与比例。

【续】塌地未经报坍有案者，其拨补之次序既无报官之先后可凭，自应以坍塌之先后依次拨补。倘同时坍塌者，则应依其坍塌与淤涨之亩数比例拨补（现行律田宅门检踏灾伤田粮条例第二）。（九年上字第 738 号）

买卖田房未立契据而在老契内批明者，亦生移转效力。

【续】买卖田房虽未另立契据，但既在分关老契内批明，即足为所有权移转之表示。自不能藉口未另立契据而主张不生所有权移转之效力。（十年上字第 26 号）

自己地内葬有他人远年坟茔，应许其祭扫。

【续】坟之所有权与土地所有权非绝对不可分离。如自己土地内葬有他人坟茔确系年湮代远者，自不能不许其认坟祭扫。（十年上字第 50 号）

告争远年坟山，不以执有完粮印串及山地字号亩数为限。

【补】依现行律例，远年坟山并非不许告争。惟代远年湮，不免以旧契碑谱藉为影射之具。故如一造执有完粮印串，其山地字号亩数及库存鳞册均能查勘相符，而他一造仅有远年旧契及碑谱等项，自不得执为管业凭据。若两造均无完粮印串，亦无山地字号亩数及库存鳞册可以查勘，即应搜集其他证据斟酌认定，如旧契碑谱等项，亦得为认定事实之资。盖各处山地情形不一，倘必以律例所载认为法定证据，凡属告争远年坟山均须山地字号亩数相符及持有完粮印串，则未有山地字号亩数及不须完粮之处，既无异绝对禁止其告争，按诸立法之意旨殊不无背戾。（十五年上字第959号）

第三节　动产所有权

得遗失、埋藏物者，可依法取得其所有权。

【正】现行律“得遗失物门”规定，“凡拾得遗失之物，限五日内送官。若系私物，应召人认识，于内一半给予得物人充赏，一半给还失物人；如三十日内无人认识者，全给。若于官私地内掘得埋藏无主之物者，并听收用”等语。此项规定，依本院历来判例，自应继续适用。至前人窖藏之物一时失灭所在而经发现者，自应准用遗失物规定予以判断（现行律“钱债门·得遗失物”条律）。（三年上字第292号）

无主动产由先占人取得。

【正】废庙颓垣之石料，庙经久废，即为无主。无主动产应由先占人取得。（三年上字第869号）

物品存留他人不动产中，物主得以无价或支出必要费用请求不动产人交出其物。

【续】所有权人对于所有物即可为一切之支配，其效力之所及当然得排除他人之侵害。然他人之所有物（动产）因特别情事存留于不动产之中者，除此项物品为构成不动产之成分或天然附属于不动产，又或依法令规定（如时效）经过若干时期当然取得及动产所有人显为舍弃者外，其物既非无主之埋藏物，苟动产所有人果能证明其取得所有之原因并存留之事实，则不动产所有人虽得以所有权之效力禁止他人侵入其范围，而对于存留物品要不能主张为自己所有。该动产所有人自得依物品存留之情形（例如，埋藏何处？应如何掘取？），以无偿或支出必要费用，请求不动产所有人交出其所有物。（八年上字第1314号）

物品偶至他人地内，得径入寻查收还。

【续】土地所有人遇有他人之物品偶至自己地内，该物品所有人欲为寻查收还，固应许其进入。惟此项条理于物品因天然力或自动力偶至他人地内者可以适用。若物品久已存留他人地中，则不能据以相绳。（八年上字第1314号）

动产附合于不动产，由于某种权利之行使者，得保留其所有权。

【续】动产附合于不动产而为其成分者，固应由不动产所有人取得其所有权。但其附合原因如系由于某种权利之行使，则动产所有人仍得保留该动产之所有权。（九年上字第392号）

动产所有权追及之效力。

【续】租主以其辗转租得之物擅行出典，纵如原审认定有犯刑事法上侵占之罪刑，上诉人典受之物即因此或可谓为赃物，然与强窃盗赃之性质究有差异。而一般赃物其对价应向何人追征？现行律并无明文。能否准用强窃盗脏之规定？本属问题。本院以为该项规定解释上应以强窃盗赃为限，强窃盗赃以外之赃物难概予准用。盖现行律之规定应认为即时取得原则之例外，自应从严解释（即民国七年本院第八五八号之解释例亦然）。在善意典受租主擅行出典之物，既不能准用该规定，则物主对于善意典受人仍非赔偿原价不能取回其所有物（现行律给没赃物门条例第十二）。（十二年上字第 1894 号）

第四节　共有

祭田自亡人死后，由其后嗣管业。

【正】祭田设定之方法虽有种种，而其管业权应自亡人死后即归属于后嗣共同享有。若因不得已情形，得由共同协议处分之。（二年上字第 8 号）

各自占有非维持共有权之要件。

【正】公产依现行法例固不以各自占有为共有权维持之要件。（二年上字第 36 号）

就共有祭田设定永佃关系，须经全体同意。

【正】尝田系属其子孙共同享有，其权利性质法律上本为一种之共有关系。故非经共同享有人之同意，无论何人不得就该祭田对他人擅为永佃关系之设定。（二年上字第 119 号）

管理费用及其他负担应平均分担。

【正】共有人相互间非得他共有人同意，不得对于该共有物为处分及变更之行为。惟保存行为固能单独行之，其管理费用及其他负担如无特别订定，则应平均负担。（二年上字第 135 号）

使用同族公地毋庸缴价。而支特别改良费者，则应享特别利益。

【正】族中公地于不背族中规约之范围内，族人皆有使用之权。若无缴纳使用代价之规约或惯例，并毋庸负缴价之义务。惟将公地处分及公地上物处分时，则应得多数族人之同意。如就公地经多数族人之同意施以改良、开辟，支出特别费用时，亦得许其享受特别之利益。（二年上字第 226 号）

共有人得随时请求分析。

【正】共有财产除先有特别约定外，本可由共有人随时请求分析。（三年上字第 35 号）

共有物之收益应归全体。

【正】共有人之一人管理共有物所收取之收益，应交还共有人全体，不能独自利得。（三年上字第 41 号）

共有物非经全共有人同意不得处分。

【正】共有财产非经共有人全体之同意，不得由共有人之一人或数人自由处分。若竟无共有人之同意而与他人缔约让与其财产者，则该契约对于该共有人不发生效力。相对人仅可依据债权法则对于不履行之缔约人要求追还定［金］或损害赔偿。（三年上字第78号）

共有人以全部共有物供担保者无效。

【正】凡物权之移转设定，苟非有完全处分权之人为法律上有效之意思表示者，则不生物权法上之效力。是故共有人不得他共有人之同意而径以其共有物之全部供债权之担保为设定物权之行为者，其无设定物权之效力自无疑义。虽债权人之取得此项担保物系属善意无过失，然既无正当之权源，亦不得主张物权之取得。（三年上字第134号）

分析不动产得用找贴变价之方法。

【正】共有财产人除当事人间别定办法外，于分析数处不动产若按数分配不得均平时，审判衙门得依照价值命当事人间为相当之找贴。若如是犹不得其平时，得因必要命变卖产业得价均分。（三年上字第169号）

合居致富之产为共有。

【正】兄弟合居之时如果各有相当财产，则嗣后之致富苟无特别原因，即应认为原产所孳生而令其子孙按股分受。（三年上字第366号）

共同承继之营业财产为共有。

【正】数人共同承继之营业如尚未分析或虽已定分析之约而仍保持合伙营业之关系者，其营业财产自应仍作为数人公同共有，而关于其营业所生之债务，亦应为数人公同负担。故其营业如有数个，则以甲营业之财产清偿乙营业之债务，亦属当然之事。（三年上字第523号）

祖产无历久平稳占有之事实，应推定为共有。

【正】祖遗地产，苟未有分析承受之证凭或历久平稳公然占有之事实，则于法亦应推定其为共有。（三年上字第598号）

于共有地上独建之房屋，并非共有。

【正】土地房屋应认为各别之不动产，故各土地共有人如于共有地上自行建筑房屋者，该房屋仍应属于建筑人所有，而不得视为共有财产。（三年上字第892号）

分析方法应斟酌定之。

【正】共有物之分析，得斟酌该共有物之价值及各共有人之利害关系以定其标准。（三年上字第892号）

共有人有互相代理处分之权者，不须更得同意。

【正】共有人间有互相代理之特约，或虽无明白之特约而依历久相互间之关系可以认

其代理者，则虽共有人一人就共有物为处分，而其处分行为亦不得谓为无效。（三年上字第1124号）

有一定用途之公产，族中公同共有。

【正】同族之中设置公产以供一定用途者，其产业应视为有一定目的之公同共有财产。非经设置公产之各房全体同意并有正当理由，不得变更其目的或处分其财产。至于该财产之收益，则应依设置目的以经营各房共同之事业。惟各房因有正当理由不能共同经营者，于同一目的内得请求分析，其收益额数独立计划。至其额数，自应以共同设置之房分为标准，平均分析。（三年上字第1144号）

应有部分之消灭与扩充。

【正】共有人中一人或数人之应有部分消灭者，他共有人之应有部分即因之扩充。（三年上字第1207号）

分析以应有部分为准。

【正】各共有人于分析共有物时，应按其应有部分为分析准据。（三年上字第1207号）

一部处分亦须全体同意。

【正】共有物之共有人虽未尝不可将其共有物之应有部分（持分）让与他人，而不能因以变更其物之共有状态。是故共有人中之一二人若不能得他共有人全体之同意而擅以其物之特定部分自为处分者，其行为即害于他共有人，于法难认为有效。（四年上字第7号）

未分家者之财产，推定为共有。

【正】遗产未经分析而应受分析人尚同居共财者，则所有产业如不能证明其为个人私有之产，自不得不认为共有财产。（四年上字第48号）

因共有物发生之债权，得求偿于他共有人。

【正】因清偿共有物之担负而共有人之一人对于其他共有人有债权者，得向其人或其继承人请求清偿。（四年上字第127号）

共有物之变更亦须全体同意。

【正】共有人之于共有物不得他共有人同意，不能为变更行为。（四年上字第252号）

分析时所订禁卖之约，不能对抗他人。

【正】共有物业经分析者，各共有人于其所分得之部分即有单独所有权。虽于分析时订立不许出卖之特约，亦系债权性质，不能以之对抗第三人。（四年上字第532号）

祭产非一部分子孙所得变卖，即原捐产人亦同。

【正】共有财产除有特别法令或习惯法则外，非得共有人全体之同意，不得处分祖先祭产为子孙所共有。其非一部分所得私擅变卖，固不待言。即系当日创置此项祭产之人，一经捐出，亦已退处于共有人之地位，不能复有特别处分之权。（四年上字第669号）

祀产遇有必要情形，亦得经各房同意而为处分。

【正】祀产系共有性质，其所有权属于同派之各房。自其维持祖先祭祀之宗旨言之，原期永远保全，不容擅废，故凡设定祀产字据内例有“永远不得典卖”等字样。然查我国惯例，此等祀产遇有必要情形（例如，子孙生计艰难或因管理而生重大之纠葛），得各房全体同意时，仍得分析典卖或为其他之处分行为。此种惯例并无害于公益，亦不背于强行法规。即现行律关于盗卖祀产之规定，意亦仅在禁止盗卖。所谓盗卖者，以无出卖权之人而私擅出卖之谓。如未经各房同意，仅由一房或数房主持出卖，固在盗卖之例；若已经各房全体同意，自不得以盗卖论。（四年上字第771号）

处分祭田依习惯或规约得由房长或多数议决为处分者，其处分为有效。

【正】族人处分祖遗祭田，以共有物之常规言之，自当以得族人全体之同意为有效要件。惟依地方旧有之习惯或族中特定之规约，各房房长可以共同代理全体族人以为处分，抑或各房房长集众会议，可依族人多数议决以为处分者，则依该习惯或规约之处分行为，虽未得族人全体同意，亦应认为有效。（四年上字第977号）

共有物除有特约或特别习惯外，非经全体同意不能处分。

【正】共有之地，除该地方有特别通行习惯或共有人有特别规约外，须经共有人全体同意，始可为有效之处分。（四年上字第1283号）

长兄出名置产，不能即谓为私产。

【正】父母生前其子之置有私产，自为法所不禁。而长子、长兄出名购置公产，亦为寻常所有。故用长兄一人名义置产，不得即谓为私置。（四年上字第1351号）

同乡会公产为共有。

【正】房产既系同乡会之公产，即为同乡人所共有，断非其中三数人所能擅自处分。（四年上字第1463号）

管理祠产不得支薪。

【正】管理祠产乃子孙应尽之义务，均无开支薪水之理。（四年上字第1558号）

共产分析后，其契据由各人随产分执。

【正】现行法令官厅并无为人民保存契据之职务，如官厅不肯代为保存，而两造又于交由公正第三人代为保管一层不能调协者，自应仍由两造随产分执，以符各自管理之实。（四年上字第1710号）

祖产系各房共有。

【正】祀产系共有性质，其所有权属于同派之各房。自其设定之宗旨言之，本期永远保全，不容擅废。（四年上字第1771号）

茔田为公同共有，共有人不得处分应有之分。

【正】茔田之性质，在现行法上亦属公同共有而非分别共有。在公同关系存续中（即

分析以前），原不准共有人之一人处分其应有之分。（四年上字第 1816 号）

祀产之分析，于必要情形时，得由审判衙门令其分析。

【正】祀产在现行法上虽以不可分为原则，然遇有必要情形（例如，子孙生计艰难或因管理而生重大之纠葛），并得各房全体之同意时，仍准分析。此项必要情形如已显然存在，各房中仍有意图自利，故不表示同意者，审判衙门据其他房分之请求，亦得准其分析。（四年上字第 1849 号）

分析家产，有协议及与协议类似之情形者，审判衙门无庸干涉。

【正】凡家产，苟经当事人协议分析有据，自应从其协议，法律无干涉之余地。又虽非当事人协议，若其家长定有处置方法或亲族会议之结果，当事人相安无异者，均应以有协议论。（四年上字第 2021 号）

分别共有人得处分其应有部分。

【正】各分别共有人对于分别共有物得自由处分其应有部分。故凡各分别共有人将其应有部分让于他人或以供担保之用，不问他分别共有人是否已经同意其行为，均属有效，他分别共有人不得因共有关系出而干涉。（四年上字第 2032 号）

难分之物用变价或偿价之法酌分。

【正】凡共有财产，各共有人除有相当之特约外，得随时请求划分。如依共有物之性质确有不能划分情形或因划分而其价格有损失之虞，共有人中有不愿划分者，则或令其中共有人收买全部，以价银偿给其他共有人；或出卖其共有物，以价银公同分配，要以维持公共利益为准。又因分析所生之损失，自应由共有人按股分担，不得偏枯一造。（四年上字第 2189 号）

共有茔地，不得擅行分析处分。

【正】茔地为公同共有性质，非遇有必要情形，经派下各房全体同意或已有确定判决后，不准分析让于或为其他处分行为，违者其处分行为无效。（四年上字第 2267 号）

祠堂有特别情形亦得分析。

【正】阖族公同设置之祠堂，原则上固不许请求分析，惟族中如有特别原因，积不相能，终难维持共同关系者，审判衙门依当事人请求，得许分析祠产，自行建设。（四年上字第 2382 号）

公同承继之产，为各房共有。

【正】各房共同承继尚未分析之财产，应属各房所共有。（四年上字第 2434 号）

家长出名置产，推定为共有。

【正】在家产未分析以前，凡家长以自己名义或以姓氏及一家公共堂名置买之产业，倘非有确切证凭，自不得即为家长一人之私产。（四年上字第 2441 号）

共有人权利行使，以应有部分为范围。

【正】共有人于不害他共有人之权利范围内得行使其权利。故共有人之一人不得他共有人之同意，虽不能对于共有物加以变更或为其他处分，而就自己应有之部分以为处置，则固属其自由。（五年上字第 23 号）

分析方法协议不谐，以裁判定之。

【正】共有物分析之法：或剖分其原物；或由共有人中之一人收买全部，以买价分给其他共有人；或出卖其共有物，以其卖价共同分配，均应由当事人协议定之。协议不谐，则审判衙门自应按照应有部分之大小，斟酌各共有人之利益及共有物之性质，以裁判定之。（五年上字第 64 号）

分析费用应按股分担。

【正】因分析所生之费用，应由共有人按股分担。（五年上字第 64 号）

关于管理有争执者，须斟酌全体意思定之。

【正】共有财产之管理方法，如当事人有争执者，应斟酌各共有人全体意思定之。（五年上字第 305 号）

同族公产为维持同族之和平，得由审判衙门令其分析。

【正】同族为供祭祀或其他一定用途所设置之公产，原则自非合族同意不能分析。但有特别情形，例如，族人因公产之管理使用屡生争执，致不能完全达其设置之目的时，则为维持同族之和平起见，审判衙门自可依当事人之请求准予分析。（五年上字第 420 号）

共有财产处分之同意，不仅以约据为断。

【正】共有财产除有特别法令或习惯法则外，非经共有人全体之同意，固不得处分。惟同意与否不仅以处分该财产之约据形式上曾否表示为断，苟有其他明确之事实足以证明他共有人已经为明示或默示（有消极动作）之同意者，则共有人一人或数人之处分行为仍不能不认为有效。（五年上字第 483 号）

请求分析不得无端禁止。

【正】共有人对于共有之标的物本有依法请求分割之权，自无无端禁其分割之理。（六年上字第 74 号）

共有人经他共有人为处分之授权者，不须更得其同意。

【正】共有财产，非经共有人全体之同意，固不得处分。惟共有人中之一人先经他共有人同意授以代行处分之权者，则其后该共有人根据他共有人之授权行为而就共有财产与第三人缔结让与物权之契约者，自属完全有效，他共有人即不得复行告争。（六年上字第 81 号）

管理家务者之处分家产并非无效。

【正】凡未分家之兄弟共同承继故父遗产，通常非得全体同意固不得私擅处分。然若由公认管理家务之人，因清偿公共负担之费用处分其家产之全部或一部者，其他共有人除

处分当时明白表示异议外，不得以无权处分为理由，主张其代理处分为不当。（六年上字第 279 号）

共有人不得强买他共有人之应有部分。

【正】共有人欲以他共有人之应有部分归诸共有人中之一人承买，除地方有特别习惯法外，仍非得他共有人之同意，未便强行。（六年上字第 453 号）

分析共有财产之契约，得合意废止另订。

【正】分析共有财产之约虽经合法成立，而依契约自由之法则，各当事人如经全体同意，原不妨废止另订。而一经另订之后，除别有声明外，其原约当然失其效力。（六年上字第 783 号）

共有物处分行为之同意，不必于行为时为之。

【正】共有人中一人或数人，若未经全体共有人同意专擅处分共有物者，其处分行为除在债权法上得有相当效力外，不能生移转物权之效力。惟法律行为之同意，不必限于行为时为之。若就契约成立于事前预示或事后追认，均在有效之列。（六年上字第 978 号）

有代理他共有人之权者，得代为处分之同意。

【正】共有人中之一人有代理全体或一部共有人之权者，其所为之同意与各该共有人所自为者，有同一之效力。（六年上字第 993 号）

家族中一人代理全家所负之债，债权人得就共产全部执行。

【正】家族中一人仅以自己名义对于各人负有债务者，自不得以共有财产之全部供清偿。惟其负债之行为若系代理全家族，则此项债务本应由家族全员负责。债权人就其共有未分之产之全部请求执行，自非法所不许。（七年上字第 457 号）

共同债务应由出名人以共产清偿。

【正】共产之兄弟共同负有债务而由一人出名者，若债权人对于其出名人请求全部债务之清偿时，则其出名人自应以所占有之共同财产为全部之清偿，不容以债务应分担为推诿。（七年上字第 519 号）

有权代理人之同意与自为者同。

【正】凡共有财产未分析前，共有者一人或数人就该共有财产设定担保物权时，虽未经他共有人之同意，而他共有人之有代理处分权者已经有同意之表示，则其物权契约仍应发生效力。（七年上字第 557 号）

分析不必到场立据。

【正】共有人虽得随时请求分析，而实行分析其共有之物必由共有人公同议定，至其果否合意并不专以写立书据及是否到场为断。苟经事前协议或事后追认有据者，自不能谓为无效分析。家产本应本于分析共有物之法则而行，至写立分单时业经到场之共有人欲审究其对于该分单是否同意，自得以曾否签押或他项代押之表示（如拇印盖章等）为其重要之参证。

（七年上字第570号）

保存行为得单独为之。

【正】保存共有物之行为，纵仅少数共有人单独行之，亦不得谓其行为为不当。（七年上字第1096号）

共有财产得于养赡权人故后分析。

【正】养赡财产之所有权仍属于设定赡产之人。如系以共有财产为赡产，则被养赡人故后当然应按股分析。（七年上字第1136号）

管理共有物依协议或特别习惯。

【正】共有财产之管理应依各共有人间之协议定之。如关于其管理共有人间历有成例可认为各共有人有所协定者，自可依其成例办理。如各共有人间并未有所协定，则应依通行之习惯为断。（七年上字第1174号）

已供担保之共有财产，不得擅供自己借款担保之用。

【续】共有人中一人以曾经合法当给他人之共有财产并行担保，自向当主新借款项者（即就全部扩张担保之范围），是为处分行为，非经他共有人之同意或追认不能有效。（八年上字第16号）

共有成分推定为同等。

【续】关于共有之应有部分若无特别意思表示时，本可推定其为同等。（八年上字第160号）

公同共有之结合未消灭以前，不得违反他共有人意思，请求分析公同共有物。

【续】数人因法律或契约公同结合经营某事，因而以某项财产为其共有者，是为公同共有。非待公同结合之关系消灭后，各共有人不得违反他共有人之意思请求分析。若各共有人均愿依法消灭此项公同结合，得以协议分析其共有物。苟协议不谐，得诉求法院判断。（八年上字第543号）

共有人中一人死亡无继承人者，其应有部分分属他共有人。

【续】遗产若非一人独有而为兄弟四人所共有，按之共有原理，共有人死亡无继承人者，其应有部分应属于其他共有人。（八年上字第989号）

管理家事之人于概括的委任范围内，有代理家族处分共有家财之权。

【续】各共有人非有他共有人全体之同意，固不得就该共有物为处分及变更之行为。惟历来管理家事之人于概括的委任范围内，本有代理家族处分共有家财之权。故其处分共有家财之目的如在概括的委任范围以内，即无须逐一得各族人之同意。（八年上字第1268号）

祠堂系共有性质，若非为规约所明禁，族人有使用之权。

【续】阖族公同设置之祠堂，原系共有性质，于不背族中规约之范围内，其族人固有

使用之权。但其使用若为规约所明禁，自未便任有违反。（九年上字第797号）

祖茔树木非子孙全体同意，不许砍卖。

【续】子孙全体同意砍卖祖茔树木，固非现行律例之所禁。然私自砍卖，究所不许。（九年上字第903号）

共有人得单独告赎。

【续】共有人得单独为保存行为告赎，系保存行为之一，非处分行为可比。（十年上字第9号）

未同意人对于擅自处分人所得物价，不负代偿义务。

【续】处分共有物未得共有人全体之同意，依法既不生物权移转之效力。则未同意人对于处分所得物价，自不负代偿之义务。（十二年上字第960号）

共有祖茔山地各共有人能否进葬，应以向来有无此种事例或特约为断。

【补】公同共有之祖茔山地，各共有人能否进葬，应以向来有无进葬事例或特别规约为断，与通常处分公同共有物概须得他共有人同意之情形原不相同。（十五年上字第963号）

第三章　典权（活卖附）

绝卖之产不得回赎。

【正】不动产之移转，在现行法上，自当以契据为重要之证凭。故凡告争田产而原业主实已绝卖，契载确凿者，应即由现业主管。业原业主不得凭空争执，藉词回赎。（二年上字第171号）

回赎权之时效不能以判例创设。

【正】现时民律尚未颁行，关于占有及回赎权时效问题，自不能遽以判决例创设。（三年上字第138号）

转典契约之内容不得超过原典。

【正】转典契约如其范围逸出原典约外或加入原典约所不存在之条件，均不能对于原出典之业主而为主张，即业主可仍照原立典约赎回其所典之物。（三年上字第272号）

业主按期备价回赎，因归责典主之事由不能交价者，典主负迟延之责。

【正】典产原约定有每年一定日期以前回赎之制限者，必须依期声明回赎并实已备价，否则即令依期声明回赎，亦为无效。若已备价、在日期前声明回赎，而因归责于典主之事由不能交价者，则迟延之责当然由典主任之。（三年上字第612号）

典卖不明之产仍许回赎。

【正】现行律内载，“卖产立有绝卖文契并未注有‘找帖‘字样者，概不准贴赎。如契未载绝卖字样或注定年限回赎者，并听回赎。若卖主无力回赎，许凭中公估找贴一次，另立绝卖契纸。若买主不愿找贴，听其别卖，归还原价”等语。是文契苟未载绝卖字样，并听回赎，不问其为典为买。惟所谓绝卖字样，亦不得拘泥于文字。盖即永久让与断绝关系之意义，苟契内未注明回赎而实表示有永久让与之意思者，即应作为绝卖论。若其契内文义［因］让与之久暂未能明晰，自应审究当时立契情形，以解释当事人之意思。如当事人原有回赎之意思者，则虽契内有买卖字样，仍须听其回赎。（三年上字第751号）

赎取田亩，双方皆须依约定期限。

【正】现行律载，“其所典田宅、园林、碾磨等物年限已满，业主备价取赎。若典主托故不肯放赎者，处罚限外递年所得花利追缴给主，依原价取赎。其年限虽满，业主无力取赎者，不拘此律”等语。是民间取赎田亩，双方均须遵守约定之期限。若典主不依期限放赎，于法固有一定制裁。其典主依限催赎者，自无独许业主不遵期限取赎之理（现行律“田宅门·典卖田宅”条律）。（三年上字第762号）

业主不得强求加绝找贴。

【正】现行律内载，“卖产，如契未载‘绝卖’字样或注定年限回赎者，并听回赎。若卖主无力回赎，许凭中公估找贴一次，另定绝卖契纸。若卖主不愿找贴，听其别卖，归还原价”等语。是可见典主不愿找贴，业主无力取赎者，例许其另卖归价，而无容许业主强行主张加绝找贴之理（现行律“田宅门·典卖田宅”条例第二）。（三年上字第762号）

典权人不能主张典产出卖约之无效。

【正】典主只能就既卖之标的物仍主张其权利，而不能以典为理由主张卖约之无效。（三年上字第1244号）

典物孳息应抵典价之利息。

【正】凡不动产之活卖与典其权利人，原以使用收益为其权利之目的。苟非有特别意思表示，自不能再行请求典价之利息。（四年上字第448号）

典产延烧应分担损失及其分担之标准。

【正】现行律关于典产延烧者，其损害应由何人负担并无明文规定。虽“费用受寄财产”条内定有典商收当货物失火烧毁或邻火延烧时之办法，但典当商以收当货物为营业，其保管责任理应加重，自非普通典产所能一律援用。是故，除各地有特别习惯外，自应依据通常条理以为判断。查典产延烧既非应归责于典主，则依通常条理，自以业主及典主分担损害为宜。而活卖房产，亦与典产无异，如遇延烧，亦宜令原业主及现业主分担损害。顾其分担损害应依如何之方法行之？则不能不依年限已满与否、起造房屋与否予以酌定。按《大清律例汇辑便览》内辑注乾隆十二年之例载，典产延烧，其年已满者，听业主依照原价减半取赎。如年限已满而业主不能取赎，典主自为起造，加典三年，年满仍依原价加四取赎。活卖房屋与典产原无区别，如遇火毁，一律办理。其或被火延烧，原业两主均无力起造，所有地基公共售价，原主将地价偿还业主三股之一等语。据此审究，是即上开条理两造分担损失之意思，而其遇两造均无力起造时，活卖业主与原主应将地基公同出售、共分地价之例，亦属分担损害之一种方法，自可引为判断之标准。（四年上字第653号）

典产因过失失火者，应按其程度定负担损失之额。

【正】典产年限已满不赎而典产延烧，典主未为起造新屋者，应由业主依照原典价减半取赎，即对于焚烧之屋，典主须负担原典价半额之损失。如系由典主自行失火并非故意者，则其责任亦须分别过失之等次（重大过失、普通过失、轻微过失），稍与加重，应听业主不付典价、消灭典权（重大过失）或以原典价四分之一（普通过失）或三分之一（轻微过失）赎取。即典主负担之损失，在重大过失时为全典价，普通过失时为四分之三，轻微过失时为三分之二，此其分配较为公平。惟此项条理必限于该地方并无特别习惯法则方能援用，否则即应先适用该地方之习惯法则。（四年上字第1760号）

卖契有准许回赎之文及无“绝卖”字样者，均得回赎。

【正】现行律载“卖产立有绝卖文契并未注有‘找贴’字样者，概不准赎。如契未载‘绝卖’字样或注定年限回赎者，并听回赎”等语。寻绎律意，是卖产虽定有绝卖文契而注有“找贴”字样者，及契未载“绝卖”字样或契内虽载有“绝卖”字样而注定年限回赎者，均准回赎。律文虽简略，而其意则至明晰。（四年上字第1950号）

取得所有权人应受典权之限制。

【正】买受房产人虽已取得其所有权，但在先设定之典权若未依法使之消灭，即应仍由有典权之人使用收益；于变卖时，亦应俟有典权之人收还典价后有余，始为所有权人之所得。（四年上字第2254号）

契无“作绝”字样者，以活卖论。

【正】现行律“典卖田宅”条之规定，凡绝卖之产，均须注明“作绝”字样（或与“作绝”有同一效力之字样）。其不注明者，自应以活卖论。（四年上字第2450号）

典主不得超过原典范围加价转典或指为他权利担保。

【正】凡典主于其权利之存续期间内，得以自己之责任径行转典于人。然转典权之范围应以原典当权之范围为准，转典人亦仅能于该范围内行使其权利。苟典主于原典范围以外更指定该典产为他项债权之担保或加价转典者，其责任即应由典主负担。而设定典权人即业主只须备齐原价，即能直接向转典人取赎消灭其物上之负担。（五年上字第129号）

典主求偿费用之权，因其费用性质而异。

【正】典主于典产烧毁时所出之修造费用，应按过失之有无及其轻重分别定其负担。至通常之必要费用，则应由典主负担。而有益费用则应以回赎时现存之利益为限，认为原业主有偿还之义务。（五年上字第145号）

一不动产不得设定数典权。

【正】就同一不动产上先后设定之物权若均为不动产典权，则依现行律中“禁止重复

典卖田宅”之明文，自不能不认其后之典约为无效（现行律田宅门典卖田宅条律）。（五年上字第 887 号）

转典房屋延烧，亦应分担损失。

【正】典产延烧其年限已满者，应听业主照原典价减半。而转典房屋既属同样关系，亦自应同一适用。（五年上字第 1040 号）

业主不得径向转典人找绝。

【正】不动产典主就典权之标的物所为转典行为，若依契约内容并非完全为典权之让与，仅于原典权之范围内以自己之责任更行转典于人，则其对于该典当标的物之权利关系即属仍然存在。故业主有时为消灭其物上之负担起见，虽得备齐原价直接向转典权人将该典当之标的物赎回，然关于找价作绝之行为，则仍应向原典主为之。除有特约或特别习惯外，断不能不经原典主同意即直接向转典权人为找绝行为，致令原典主对于该典产应有之权利受其损害。（五年上字第 1280 号）

典产灭失亦应分担损失。

【正】现行律关于典当房产之灭失毁损应如何负担损失并无明文规定，除地方有特别习惯外，亦自可比照典产延烧之条理以为判断。（五年上字第 1295 号）

典产未定年限者，得随时取赎。

【正】凡典当不动产，原立典契未载明典当年限者，即可认为无期限收赎之契约。除应受现行《不动产典当办法》之拘束外，业主随时自行备价请求回赎，典主于法并无可以拒绝之理。（五年上字第 1296 号）

典产不能使用之损害由典主负担。

【正】典产契约本属物权关系，故典当即使合法，而典主于移转占有后因不可抗力不能使用典产时，业主亦无赔偿其损害之责任。（六年上字第 771 号）

典权不因转典而丧失。

【正】转典行为，除原典主声明以其典权完全让与转典主而自脱离关系外，转典物之典权既系原典主所取得，则转典之后，原典主之典权虽不免为转典主之权利所限制，究不得谓其典权已经消灭。（六年上字第 1422 号）

典产被收用者，亦应分担损害。

【正】典产之被收用与典产之延烧，其灭失毁损之原因虽有不同，而其足以发生损失之结果并无异。致关于典产之延烧应由典主、业主分担损失，本院业已著为判例。则典产之被收用者，除有特别习惯外，其所发生之损失自无独令业主负担之理。纵谓被收用之典产，业主领得之代价有时较典价为多，亦只可视为典主所应分担之损失已另得有相当填补之道，不能因此遂谓领价较典价为少之时，而典主、业主间亦不生分担损失问题。（七年上字第 520 号）

绝卖之产仍得以合意找贴。

【正】现行律“卖产立有绝卖文契并未注有‘找贴’字样者，不准贴赎”之规定，原为保护买主之利益而设。若买主自愿抛弃此项利益而与卖主订立找贴契约，自非法所不许。该契约如果属实，即应发生法律上之效力。（七年上字第576号）

典限未满，不许业主强赎。

【正】现行律载“典限未满，业主强赎者，照不应重律治罪”等语。除关于治罪一节不适用外，依照律文典产，自不许业主于典限未满前强行告赎（现行律田宅门典卖田宅条例第二）。（七年上字第1006号）

典限未满，业主得请求找绝。

【正】典限未满，业主请求找贴作绝，与原典主之权利毫无损失，自为法所不禁。若典主不愿找贴由业主别卖，但使其原设之典权关系买主情愿继受，则于典主之权利仍属毫无影响，典主不得加以阻止。（七年上字第1006号）

典产延烧当事人间有特约者，不适用前清之定例。

【续】前清乾隆十二年关于典产延烧之定例，虽可作为条理适用，惟当事人间如有特约应由原业主承担者，即无适用此项定例之余地。（八年上字第317号）

典权消灭前，地内所种食粮归其收获。

【续】典主在典权消灭以前，于地内业经播种食粮而已至收获期者，即应归其收获。（八年上字第425号）

房屋倒塌在典主非怠于必要之修缮者，得援用被延烧之条理。

【续】房屋之倒塌如果非典主怠于必要之修缮，则其情形与被烧者无异。倘该地方并无特别之习惯法则，自可照典产延烧之条理以为判断。（八年上字第1332号）

在活卖关系，卖主回赎时，应偿还买主为增加标的物价格支出之费用。

【续】在活卖关系，买主为改良买卖标的物支出必要费用及其其他有益费用，因以增加该标的物之价格者，卖主即得请求回赎，亦应偿还其增加之额。（十年上字第811号）

抽赎耕作地之时期。

【续】抽赎典当之耕作地未定明时期者，应于其收获时节后次期耕作着手前为之，方于两造之利益无损。（十一年上字第1314号）

典受租主擅行出典之物，即或可谓为典受赃物，要与典受强窃盗赃之性质有异，不能准用现行律关于强窃盗赃之规定。

【续】租主以其辗转租得之物（动产）擅行出典，纵如原审认定有犯刑事法上侵占之罪刑，上诉人典受之物即因此或可谓为赃物，然与强窃盗赃之性质究有差异。而一般赃物，其对价应向何人追征？现行律并无明文。能否准用强窃盗赃之规定？本属问题。本院以为，该项规定解释上应以强窃盗赃为限，强窃盗赃以外之赃物自难概予准用。盖现行律之规定应认为即时取得原则之例外，自应从严解释（即民国七年本院第 858 号之解释例亦然）。在善意典受租主擅行出典之物，既不能准用该规定，则物主对于善意典受人仍非赔偿原价不能取回其所有物（现行律给没赃物门条例第十二）。（十二年上字第 1894 号）

第四章　先买权

本族本屯先买之习惯无效。

【正】吉林习惯对于本族本旗本屯卖地时有先买之权。此种习惯不仅限制所有权之处分作用，即于经济之流通与地方之发达均不无障碍。为公共之秩序及利益计，断难与以法之效力。（二年上字第 3 号）

垦户先买权之习惯有效。

【正】本族本旗本屯之地亩先买权与原垦户先买权根本理由不同，未可以彼例此。盖本族本旗本屯之人与他人所有地亩并无特别利害关系，而原垦户则于所垦地亩辛勤开辟，既阅数十百年，平日即倚为生命，原业主于出卖之时予以先买之权，于事甚便，于理亦顺，即于公共之秩序及利益亦绝无违背之可言。断非本族本旗本屯人之素无关系者所可同日而语。（二年上字第 239 号）

原佃先买之习惯有效。

【正】吉林本族本屯本旗土地有先买权之习惯，虽因其有背公共秩序不认予以法之效力，而与原佃先买权则根本理由尚属不同。盖本族本屯本旗人于他人土地并非如原佃之有特别利害关系，则各该习惯自不能同日而语。（三年上字第 347 号）

长期租户先买之习惯有效。

【正】佃租他人之土地者，就其土地有利害关系。苟依该地方之习惯法则，租户有先买权利，审判衙门自应采为判断之准据。惟租户得以先买，则所有权人应负通知租户尽其先买之义务，不独限制所有权人之处分自由。且于地方之发达与经济之流通亦不无影响。故认许此种先买权，应以期间较长或无期之租户为限。使为短期佃租或租约中订明随时可以解约者，则就其地之利害关系尚浅，纵有习惯，亦不应认有法之效力。（四年上字第 429 号）

受兑垦地人亦有先买之习惯有效。

【正】吉省习惯原垦户对于地有先买之权。若垦户将垦地兑与他人，则受兑人即继承原垦户之权利，亦有先买之权。（四年上字第 735 号）

已舍弃之先买权不得再主张。

【正】关于不动产之买卖，依法令、习惯或当事人之合意有优先承买之权者，如已抛弃其权利，自不得对于他人之承买加以阻止。若并未抛弃其权利，则卖主自不得蔑视其权利而卖与他人。（五年上字第 23 号）

合意所生之先买权，只能向不遵合意之卖主请求损害赔偿。

【正】凡由当事人合意所生之先买权，与因法令、习惯所生之先买权不同。合意先买权之存在如买卖当时买主并不知情者，则其先买权人仅得对于不遵合意之卖主请求损害赔偿，而不得即主张该买卖为无效。（五年上字第 23 号）

行使先买权须照时价给值。

【正】典主佃户依地方习惯纵令有不动产先买之权，然必须表示留买之意思，且按照时值给付买价。若已表示不愿承买或图措价不允者，原业主一与他人买卖成交之后，即不得再以先买权为告争之理由。（五年上字第 784 号）

典主非当然有先买权。

【正】现行律所谓不得重复典卖者，系指既典之产不得重典，既卖之产不得重卖而言。非谓既典之产即应归典主先买，意极明了。故该产曾经典主受典与否，要与其应归何人承买无关。（五年上字第 897 号）

先买权人经通知而不为买受之表示者，丧失先买权。

【正】先买权之义务人就先买权之标的物与第三人缔结买卖契约者，除先买权人已预舍弃其权利者外，须即以该契约之内容通知于先买权人。如先买权人受到该项通知后并不于相当期间内按照义务人与第三人订定条款或对于该条款内之价额主张异议，并声明愿依时价为买受之意思表示，即生丧失先买权之效力。（五年上字第 1491 号）

合意所生之先买权，仅能拘束当事人。

【正】先买权之效力除依法令或地方善良习惯认为成立者外，其仅以契约设定先买权者，系属债权性质，不过订立该契约之当事人间发生效力，自不足以对抗第三人。（六年抗字第 18 号）

抵押权人先买权之习惯有效。

【正】地邻先买权之习惯不能认为有法之效力，固为本院判例所明认。惟不动产抵当权人对于其抵当物如于习惯认其有先买权者，则因别种理由尚不在应行拒斥之例。（六年上字第 886 号）

亲房拦产之习惯无效。

【正】亲房拦产之习惯既经现行律明示禁止，且仅足长亲房把持措勒之风，于社会经济殊无实益，自难认其有法之效力。（六年上字第 1014 号）

因争执买价未成立买卖者，不能认为先买权之抛弃。

【正】先买权人对于所有人曾表示不愿承买之意思者，固应认为先买权之抛弃，若仅对于所有人所要约之卖价有所争执是否合于时价以致未成立买卖者，绝不能认为先买权丧失之原因。（六年上字第 1280 号）

短期租户先买之习惯无效。

【正】习惯法之成立，以无背于公共秩序及利益为要件之一。当事人所主张“该地方历来市面旧规，业主典卖房屋须先尽原住租户留置，不能擅自卖与他人”云云，姑无论是否属实，就令非虚，惟此项习惯不仅限制所有权之处分作用，即于经济之流通与地方之发达均不无障碍。为公共之秩序及利益计，断难予以法之效力。（七年上字第224号）

先买权人表示不愿承买或不照时价承买者，为抛弃先买权。

【正】如果有先买权者业经表示不愿承买之意思，或愿买而不欲按照时价买受，即无异抛弃其先买特权，自不容事后再生异议。（七年上字第468号）

典户先买之习惯有效。

【正】不动产之典主，法律上虽非当然有先买权，而苟依该地方习惯本有先尽典主承买且为当事人所不争者，自可认为有法之效力。如非典主表示舍弃或借端指勒希图短价，则业主与其他之承买人要不得妨害其先买权之行使。（七年上字第755号）

违反先买习惯之卖约，先买权人得请撤销。

【续】由习惯而生之先买权，原得对抗第三人。如第三人违反该习惯致害及先买权人之利益者，该先买权人自得请求撤销其买卖契约。（八年上字第269号）

明知业主别卖而听许回赎者，即为舍弃先买权。

【续】典质权人对于典质物有习惯上之先买权者，虽为现行法例所认许，然若明知业主将该典质物别卖，并不表示留买之意思且听其回赎者，则应认为舍弃先买权。（八年上字第278号）

原业主不得主张先买权。

【续】前清现行律内载，“倘已经卖绝，契载确凿，复行告找、告赎及执产动归原之说，借端指勒者，俱治罪”等语。是原业主之先买权，无论有无习惯，均为律所明禁（现行律典卖田宅门条例第二）。（八年上字第1289号）

有先买权人未受业主卖业之通知者，得请撤销其买卖。

【续】业主与他人缔结买卖田宅契约之前如未通知先买权人，则其所立卖约应认为有害于先买权人之利益，准其请求撤销而由有先买权之人照价买受。（九年上字第115号）

第五章　佃权

民人佃种旗地，不得无故增租夺佃。

【正】前清户部则例继续有效之条款载“民人佃种旗地，地虽易主，佃户仍旧，地主不得无故夺佃增租。如佃户实系拖欠租银，许地主撤地另佃。倘佃户猜霸呈官勒退或地主实欲自种，佃户虽不欠租亦应退地。若并无前项情事而庄头地棍串唆夺佃增租者，严加治罪”等语。在民事法上其为强行法规，不能稍有变更（户部则例田赋门撤佃条款第二）。（二年上字第69号）

有庄头壮丁名义即为佃权。

【正】庄头壮丁名目即属佃权关系之发生。（二年上字第 93 号 ）

佃权成立应具备一定要件。

【正】佃权之成立应具有一定之要件，习惯上亦即有一定之标准，不能以原契据内无“永佃”字样，即可断定为非佃权。（二年上字第 137 号）

佃约不能释为有定期者，即系永久存在。

【正】永佃关系本属物权性质，故其所订特约如不能解释为有一定期间或已声明为永久者，则法律上既无最长期之期限，即得永远存在。（二年上字第 140 号）

佃权人得处分其权利。

【正】佃权人对于自己之佃权除与地主有特约外，自得自由处分，毋庸受地主之干涉。（二年上字第 140 号）

不按期交租者可以撤佃。

【正】佃权消灭之原因虽不一端，而如交租年分不按照原约或裁判所定租额交租者，即可举为一例。（二年上字第 140 号）

取得佃权时给有对价者，地主于撤佃时应偿还之。

【正】凡因佃权人不交租而夺其佃者，如于约定权利之初即给有一定之价额（押租等），则应由地主返还之。若系因买卖等原因由佃户取得永佃之权者，倘无特别习惯及特别情形，地主应照给其取得权利时所费对价之额。（二年上字第 140 号）

佃权为物权，不因业主更换而受影响。

【正】佃权本系物权性质，无论业主更换何人，当然永久存在，不受影响。现租则是债权性质，仅对于原业主得以主张。如新业主并未允佃，当然无强求之权。（三年上字第 305 号）

佃权与租赁权之区别以契约内容为断。

【正】佃权之存在已为现行法律所明认，而其是否佃权抑系通常租赁权？自应视当事人间契约之内容以为断。（三年上字第 688 号）

永远存续之佃权须有法律上正当理由，始可撤佃增租。

【正】当事人间订定永远存续之租佃契约，苟具备其他之契约成立要件，即不得遽谓为无效。惟当事人间订立此种契约，往往以经济上通常状况为决定意思之基础，而事后发生之特别情形则有非所预期者，自应本于解释当事人意思之法则，以适合于公安公益为条理而予以适当之判断。故当事人立约之初虽泛言永久不得增租夺佃，如系有法律上正当理由，仍可认一方有解约（如佃户欠租之类）或增租（如经济情形确定大变动之类）之权利。（三年上字第 708 号）

佃权外设定有质权者，质权消灭，佃权不随之消灭。

【正】租佃旗地之习惯，常有地主于佃权外复就该地收租之权利设定质权（权利质），以担保佃户之债权者（此时大都于质权存续期内减免佃租），既系于佃权之外另就收租权利设定典质权。虽契内载有“钱到许赎”字样，亦仅能认为典质权因之消灭，不能遽视为承认该地主即有收回地亩不许佃种之权利。（三年上字第975号）

佃权得以转让。

【正】佃权人于权利之存续期间内，得将其权利转让于人。（四年上字第252号）

典买永佃权不为撤佃理由。

【正】典买永佃之权本属佃权人之自由，不得以之为撤佃之原因。（四年上字第302号）

因欠租盗典而生撤佃原因者，不得以补缴回赎拒绝撤佃。

【正】欠租盗典苟其事实一度发生，则撤佃原因即一度成立。不能以佃户允为补缴或赎回即可谓其原因消灭，而得拒却业主撤佃之主张。（四年上字第389号）

佃权人得使用收益土地。

【正】物权法理佃权人于其权利存续期间内，除设定行为禁止或有特别习惯外，得为耕作牧畜等行为。（四年上字第444号）

永佃地遇有经济状况变更，亦得请求增租。

【正】当事人于设定佃权时已订明永远存续者，日后若因经济状况之变更足认为原约租额太轻，设定人原无妨以该邻近地方为标准向佃权人为增租之请求。（四年上字第501号）

约定永久存续之佃权，不得擅请消灭或缩期。

【正】现行法令关于佃权之存续期间并无明文限制，则审酌我国现在适当之条理，当事人于设定当时既已订明永远存续者，若遽行请求消灭权利或减缩期间，于法既无根据，即不认为正当。（四年上字第501号）

屡经催告而不付租者，得以撤佃。

【正】佃权人屡经催告仍怠于支付佃租者，地主得令其退佃。（四年上字第582号）

佃权无最长期之限制。

【正】佃权之存在期间在现行法上并无最长期之限制，故依当事人之约定或各该地之习惯，自得使之永远存在。（四年上字836号）

佃权不因所有权与让受人之契约而消灭。

【正】所有权与佃权为各别之物权，所有权移转，佃权当让不能消灭。故如以所有权让与他人并与让受人为消灭佃权之契约者，其契约不能对于佃权人生效自不待言。即因该契约履行之不能致让受人受有损害者，亦只许让受人向让与人请求赔偿，断无令让与人赔偿佃权人而将佃权消灭之理。（四年上字第1117号）

官田原佃亦无一定年限之限制。

【正】官地之原佃庄头不得无故增租撤佃，为官田章程之所明认，亦并无一定佃种之年限。（四年上字第1654号）

因天灾等一时滞纳非存心措欠者，不得撤佃。

【正】佃户欠租之事实成为撤佃之原因者，亦自有限制。在地主故意不肯收租以致佃户未能缴纳者，地主固不得据以主张撤佃。即令佃户因一时水旱天灾以致滞纳并非存心措欠者，亦自不得为夺佃之原因。（四年上字第1731号）

旗地之佃权不因变为民地而剥夺。

【正】旗地佃户依户部则例所载“地虽易主，不得增租夺佃。”则佃户享有此项利益，自不能因该地改归民人所有或已经升科即予剥夺。（四年上字第1731号）

旗地撤佃应补偿兑价。

【正】民人佃租旗地，若（一）佃户实系欠租；（二）或地主实欲自种，固可令其撤佃退地。惟旗地佃户对于所佃地亩，视同已业辗转兑佃，均有兑价。若骤行撤佃，则不特佃户之兑价无端损失，而地主一造从前仅有受限制之所有权一变而得为该地之完全使用收益，自无此理。固地主欲消灭佃户之佃权，自非给以相当之对价补偿不可（“户部则例·田赋门·撤佃”条款第二）。（四年上字第1731号）

租契不必有永远耕种明文，始为佃权之设定。

【正】租契虽无永远耕种明文，然经载明佃户不愿或不能耕种时乃将地交回，而除拖欠租粮外，并未附有何项解约之条件，其为佃权之设定，亦自显然无疑。（四年上字第2250号）

关于让与，得依设定行为及习惯。

【正】佃权人虽得将其权利让与他人，但设定行为禁止让与或关于让与有特别习惯时，法律并不强行干涉，仍许其依设定行为或照习惯办理。（五年上字第333号）

旗地已与民地一律者，得因不敷纳粮请求增租。

【正】现在继续有效之前清户部则例撤佃条款内载“人民佃种旗地，地虽易主，佃户仍旧，地主不得无故夺田增租”等语。所谓“不得增租”云者，显系指无故而言。若旗地已与民地一律，而所得租项实不敷纳粮之用，因而请求增租者，自与无故增租者不同，不当在禁止之列。（“户部则例·田赋门·撤佃”条款第二）。（五年上字第501号）

带地投充之人有佃权。

【正】带地投旗之关系，征诸前清旧例，与圈地性质大略相同。其地之原所有人虽已丧失其所有权，而仍得有永佃之权利。此项佃权苟非有法律上原因已归消灭或已移转于他人，自可传之子孙为遗产之一种。（五年上字第792号）

旗地因自种撤佃，须地主在生活上实有自种必要。

【正】户部则例撤佃条款载“民人佃种旗地，地主不得无故增租夺佃。如佃户实系拖欠租银，许地主撤地另佃。倘佃户揹霸呈官勒退或地主实欲自种，佃户虽不欠租亦应退地”等语。据此，则旗地苟非佃户拖欠租银或地主实欲自种，即不容遽行夺佃。而地主实欲自种，尤必在生活上地主确有自种之必要，而后可令佃户退地。固不得藉口自种遽行剥夺佃户永佃之利益，此征之该则例之本旨当然之解释也。（“户部则例・田赋门・撤佃”条款第二）。（五年上字第959号）

佃权人得为转佃，因转佃取得权利之第三人，亦得对抗业主。

【正】佃权之设定，除有特别习惯或设定行为禁止转佃外，佃权人原得本于其权利转佃于第三人。其因转佃关系取得权利之第三人，在原佃权人权利未经消灭之前，即得以之对抗业主。（五年上字第1015号）

主张撤佃须有法令或习惯所认之原因。

【正】凡因特别法令、习惯或当事人间之特约，于他人土地上享有佃权者，应以具备该法令、习惯或特约所认许之撤佃原因时，地主有主张撤佃之权。（六年上字第1437号）

佃权人得以佃地转租。

【正】佃权人得以其所佃之地转租于人。（七年上字第983号）

佃权设定不以订立书据为要件。

【正】佃权之发生原不限于佃户佃垦之一端。在现行法上既无五十年最长期之限制，亦非以订立书据为要件。苟有历久惯行之事实足以认定有佃权之存在者，依法自应予以保护。地虽易主，亦不许无故撤佃。（七年上字第1265号）

重复佃权以设定在先者为有效。

【正】佃权应有优先效力，故于同一标的地上若设定重复之佃权，则应以设定在先者为有效。（七年上字1457号）

佃权得对抗新业主，退地亦得请求返还有益费。

【续】开垦该地之佃户自可照常耕种无虞。新业主之无故夺佃即或退地不种，而因开垦所出之有益费用，亦可依法请求返还。（八年上字第74号）

永佃权之设定不必定有押租，旗地之外亦有永佃地。

【续】佃权之设定固不必尽出于地主收有押租之原因，而就民粮地亩设定佃权者，与旗地永佃关系发生之原因虽有不同，要难谓旗地以外之地亩不能有此项权利关系之存在。（八年上字第377号）

因涉讼无从交租者，不得撤佃。

【续】因涉讼以致无从交租者，与通常无故延欠者究不相同，业主不得据以主张撤佃。（八年上字第505号）

第六章　地上权

地上权以合意使之永久存续。

【正】地上权之存续期间，现行法上并无最长期之限制。故当事人间以合意设定永久存续之契约，亦非无效。（四年上字第 900 号）

地上权存续期间，应斟酌工作物及一切情形而定。

【正】审判衙门对于地上权之设定行为并未定有期间者，为定存续期间，固应就工作物之种类及一切情形予以酌量。（四年上字第 1527 号）

地上权之性质与土地租赁不同。

【正】土地所有人为他人设定使用其土地建造房屋之权利者，是为地上权。地上权为物权之一种，与债权法上所谓土地之租赁其性质各不相同，即彼此不容混视。（五年上字第 1211 号）

地上权得以让与。

【正】地上权人于其权利存在之期中，非有特别约定，自无禁止其将地上权让与第三人之理。（五年上字第 311 号）

地上权之让与不能涉及土地及超过期限。

【正】地上权人虽得为地上权之让与，而该地基之土地所有权则决非地上权人所得处分。且所让与之地上权亦只于地上权之存续期间限度内得为有效之移转，而于地上权存续期满后，该地上权仍应依法消灭。（五年上字第 1211 号）

地上权存续期间，得依建筑物得以利用之时期为标准定之。

【正】关于地上权之存续期间，在现行法令上尚无明文之规定。若该地亦无关于此项事实之习惯法则，则本院以为，地上权之存续期间，以其权利自身之性质言之，其期间决不宜过促，故于此酌定相当之期间。在以建造房屋为目的设定地上权者，则推当事人设定之意思，自应以设定之字据成立时预计建造之房屋得以利用之时期以为标准。例如，当事人于设定地上权时预定为建筑砖瓦房屋，则预计得以利用之时期长，即存续期间亦应长；反是，若预定建筑草房或土房，则预计得以利用之时期短，则存续期间亦应短。执此以定地上权存续之时期，适合于当事人设定时之意思。（五年上字 1211 号）

修盖房屋之多少，不因借地不拆屋之习惯而受限制。

【正】约内虽有借地不拆房之限制，而修盖多寡则纯属地上权人之自由。故修后如经自然倒塌者，是否重修？原非地主所得干涉，即无请求赔偿之可言。（七年上字第 1465 号）

地上权得对抗后之买主。

【续】地上权得对抗后买该地之买主，不容后之买主加以限制。（八年上字第 838 号）

第七章　铺底权

京师习惯铺东添盖房屋，房东无异议即发生铺底权。

【正】据京师商会之调查可知，京师地方习惯，凡铺东于其所租铺房隙地添盖房屋者，苟房东别无异议，即当然发生铺底权。（五年上字第 873 号）

津埠有铺底房之房主，不得无故不租之习惯有效。

【正】津埠向来习惯铺房房主不得无故不租，以免妨害商业。此项习惯既因律无明文且由审判衙门以职权调查之结果，从而认其确有此惯行之事实，并经该地方人民共信为有不得不遵之效力，而又不背于善良风俗及公共之秩序。按诸习惯法则成立之条件，固已具备，自应依照办理。（五年上字第 970 号）

构成铺底之要素及常素。

【正】铺底之构成系以铺房之永久使用为必要之原素（要素），至家具之所有权或其使用权，虽非构成铺底所必要，而亦常为其构成原素之一种（常素）。（五年上字第 1270 号）

铺户不得擅行设定铺底。

【正】就铺底而论，原系对于铺房所有人为重大之限制，决不许铺户之擅行设定。故非得所有人之同意或可认为同意之事实而设定铺底；或铺底早已设定，现在之所有人当初仅取得已有铺底之铺房者，始可认其铺底为合法存在。（四年上字第 1218 号）

铺底应有取得之原因。

【正】铺底为租主就于铺房上所有之一种权利铺房。即因此受种种之制限，则租主对于业主取得此种权利，自不能不有其取得之原因（例如，原有铺底之铺房，后租主继承前租主之铺底，抑业主受有租主之押租或因其他事由新为租主设定铺底）。（六年上字第 805 号）

第八章　地役权

通行地役权因设定行为而取得。

【正】以通行为目的之地役权，乃因供自己土地之利益而由自己土地通行他人。土地之谓，其舍通行他人土地以外，有无可以通行之处，即其通行他人土地是否出于必要情形，则在所不问。第须经被通行地之所有人允许，而依设定行为方能取得其权利。（五年上字第 727 号）

第九章　担保物权

第一节　通则

担保物灭失，得请求另行提供。

【正】债权人因有担保物灭失之事由，虽有时可于期前令债务人另行提供相当担保，然其所担保之主债权则并不因此而受影响，仍非俟期限到来，不得请求清偿。（三年上字第108号）

担保物苟无特约，须全偿后始许收回。

【正】凡担保物苟无特别约定，皆所以担保全部债权之履行，自应俟欠款全还之后始许收回。（三年上字第108号）

担保范围以原本利息为限，不履行之赔偿不在担保之列。

【正】提出担保物之人具担保之范围，自以原本及利息为限。于原来利息以外对于债务不履行之赔偿，即所谓迟延利息，本可不负担保之责任。（三年上字第124号）

已设之担保权，不因其物之所有权移转而被妨害。

【正】一不动产上已设定抵押权或质权者，嗣后所有人纵将该地转卖于他人，亦不得妨害其从前所设定之权利。（三年上字第127号）

为他人供担保，应与其债务相终始。

【正】凡为他人之债务提出担保物者，如对于债权人无特别意思表示之时，则其担保义务自应与其债务相终始。不能以对于债务人曾定有担保之期限，即可以对于债权人主张撤回其担保物，而不负担保之责任。（三年上字第340号）

担保物权人得就担保物优先受偿。

【正】凡担保物变抵之价，非将被担保之债权全部清偿以后，其他普通债权人即无平均分摊之权利。（三年上字第538号）

担保物变卖余额仍归债务人。

【正】凡债权之设有担保物权者，债权人虽可于担保物上完全行使其权利，而担保物之价额如果与债额并不相当者，变抵以后不足，固可仍令债务人如数偿还，而有余，亦应如数返还债务人，自无额外受偿之理。（三年上字第538号）

抵押质与借贷不同。

【正】凡债务人与债权人相约指其自己田宅以担保债权之清偿而并不移转占有者，谓之抵押。若以提供担保之田宅移归债权人占有俾之使用、收益者，则为质当。至当事人一造原已占有特定田宅为使用、收益，仅对于他一造岁纳定额租项，而因有金钱借贷之关系，约定减免租项以充当利息者，是谓消费借贷契约；而附有减免租项之特约，实与抵押质当不同。（三年上字第711号）

担保物灭失之损失，由债务人负担。

【正】凡以不动产担保之债权，无论其不动产之占有移转于债权人与否，苟该不动产因不可归责于当事人之事由以致灭失，其损失应由债务人一面负担。债权人于此情形仅丧失其债权之担保而已。（四年上字第281号）

以他人之物供担保，须经所有人允许追认。

【正】设定担保物权，原则虽须由所有人（以权利为目的时，则其权利人）自为之。惟债务人以自己名义就他人财产设定担保物权，而曾得所有人允许（委任）或经其追认者，其设定行为仍与所有人自为者无异。（四年上字第365号）

保证债务与担保物权得并存。

【正】保证债务得以担保物权更为担保，而以保证债务及担保物权同时并担保一债务者，亦为法所不禁。（四年上字第740号）

担保物须不敷清偿时，始得请求以其他财产清偿。

【正】凡债务设有物上担保者，应就担保物先受清偿。若就担保物不能得完全清偿者，始得要求债务人以其他财产为清偿。（四年上字第1015号）

善意取得物权者，应与先有抵押权之人分担损失。

【正】嗣后取得物权系善意并无过失之人，应与先有抵押权之人分担损失。（四年上字第1245号）

担保物得让与于人。

【正】担保物权之标的物设定担保之人本得让与于人，但债权人之权利决不因此而受不利益之影响。（四年上字1486号）

设定担保物权，并非即行债务消灭。

【正】债权于设有抵押权以为担保者，不能以债权已有担保而谓债务即行消灭，债权人不得复向债务人要求清偿。（四年上字1532号）

清偿债务前，不得索回担保物之契据。

【正】抵票及田契既均为债权之担保物，则在债务清偿以前，当然应归债权人收执。债务人并未清偿债务而欲索还此项担保契据，于法自难照准。（四年上字第1624号）

无担保之债权不得与有担保者同受优先清偿。

【正】凡债务人设定抵押权以为债权之担保者，如不照约履行，债权人当然得就该抵押物完全行使受偿之权利。若债务人对于同一之债权人另有并未设定抵押权之债务，则其对于有担保债权之抵押物，自别无优越利益之可言，即未便准其就该物行使同一之权利。（五年上字第46号）

担保物不清偿之余额，与普通债权同。

【正】凡有特别物上担保之债权，于债务人不履行或不能履行时，应以该担保物之售价尽先清偿。如尚有不敷者，其不敷之额始能与普通债权一律分摊。（五年上字第360号）

以第三人之物供抵押，因而丧失所有者，该第三人有求偿权。

【正】债务人得第三人之同意，以其所有财产供抵押者，债权人得就该财产行使抵押权。若第三人因而丧失所有权，则得依保证法例，求偿于债务人。至债务人虽对于第三人

（即抵押物所有人）另设有担保物权，第三人亦仅能就债务人对于自己所设定之担保物权上行使其求偿权，不得主张即以自己之担保物权与债权人之抵押权互换，而使其归于消灭。（五年上字第1390号）

债务人不得以高价强债权人承受担保物。

【正】凡债权人之设定有抵押权以为担保者，债权人于债务人不依期履行时，固得将抵押物变卖，先受债权全部之清偿。而抵押物之价额是否与债权额相当，则以变卖所得之实数为准。苟其所得之价少于债权额，债权人仍得向债务人为偿还余额之请求，断无可由债务人拟定一较高之价值，强令债权人承受该抵押物，而给还所余价额之理。（六年上字第228号）

以他人之权利供担保，须经权利人允许、追认。

【正】凡以他人之权利供债权之担保者，非得权利人之许可，于法律上不能发生效力。（六年上字第274号）

不耐久之物得供担保。

【正】不耐久之物亦自可充担保，不能仅以设定担保之物不堪耐久而推定其所约为不实。（六年上字第363号）

担保物由设定人变卖。

【正】变卖担保物之主体，仍为设定担保权之债务人。（六年上字第363号）

保证人、担保物权并存者，应先行使担保物权。

【正】债权关系如于设定担保物权（质、当、抵押等均是）而外并立有保证人者，该主债务人不清偿其债务，自应先尽担保物拍卖充偿。惟当事人间如有特别约定，或其担保物因事实或法律上之障碍不能供清偿之用，或不能清偿其全部而主债务人复绝无资力，或逃避无踪及其财产确系不易执行者，保证人即应分别担负代偿及补充之责任。（六年上字第403号）

同一物上数宗担保物权，得受清偿之次序。

【正】同一物上有数宗担保物权者，其得受清偿之次序。不仅以设定之先后为准，其次序在后之权利人，如确无过失不知其物上已有他项担保权（善意）者，为调和各债权人之利益起见，许其按照债权之额数比例受偿。（六年上字第1436号）

设定不动产担保物权，不立字据者无效。

【正】设定不动产担保物权者，除有特别习惯法外，须立字据，否则不能生物权法上之效力。（七年上字第77号）

债务人不得强以担保物抵偿债权。

【正】关于债权，即使曾经设有担保物权，而设定担保物权之债务人究不得强使债权人以担保物抵偿其债务。（七年上字第827号）

债务人到期及经催告而不履行者，得行使担保物权。

【正】按动产及不动产之质当乃属担保物权，原为确保债权而设。凡债权之设有担保物权者，定期债务于到期后，不定期债务则于催告后，债务人即应负履行之责。如债务人不即履行，债权人得将担保物即行变卖抵偿债务。其有不足之数，仍应由债务人补偿。（七年上字第1545号）

债权人不负将担保物觅主售卖之义务。

【续】特约虽称“如至民国七年（戊午年）阴历四月底仍不清偿或亦不开张时，准债权人处分担保土地，地主不得干涉”云云，亦不过赋与债权人以处分担保物之权利，以巩固债权之信用，而债权人决非因此即负有觅主售卖该地之义务。（八年上字第1168号）

有担保物权时，债权人得选择行使。

【续】房屋作抵不过为债权之担保而已，在债权人就担保物行使债权抑或径向债务人请求偿还，仍有选择之自由。此系调和债权人与债务人之利益变更，先例认为至当之条理予以采用。（十二年上字第397号）

延展清偿期限，无使担保物权消灭之效力。

【补】延展清偿期限仍系同一债权，并非更改，无使担保物权消灭之效力。（十四年上字第569号）

第二节　抵押权

抵押权人得就抵押物受优先清偿。

【正】抵押权本为确保债务履行，而以该物交换所得之价值归属权利人之物权。故至债务清偿之期债务人若不履行，债权人自得本于抵押权之效力就担保物卖价较普通债权人先受完全之清偿。（二年上字第89号）

优先受偿之权利，不因债务人资力缺乏而异。

【正】抵押债权人于法律上所有优先清偿之权利，不因债务人有资财缺乏之原因遽异其效力。（二年上字第89号）

抵押权人得请求消除，而不得请求第三取得人为单纯之偿还。

【正】抵押权在现行法律上为一种物权关系，故抵押权人之权利对于抵押义务人以外之第三人亦得依法对抗。若第三人就抵押物权取得所有权时，抵押权人仍得依法实行其权利。惟抵押权人对买主自可为提存买价之请求，买主若应所求，则抵押权人之权利即为该买主之第三人而消灭。而该买主之第三人亦得对于抵押权人提存其满意之金额，令抵押权人之权利归于消灭，而安然取得其物之所有权。反是，抵押权人断不能令买主之第三人于提存买价之外，更代债务人为单纯债务之债还。盖债权债务为特定人对于特定人之关系，苟无法律上特别原因，自无向债务人以外之第三人得以主张之理。（二年上字第131号）

抵押物得以转押。

【正】凡债务人对债权人设定抵押权，债权人于无害债务人之限度内将其抵押物移为自己负债之担保，本为法所容许。（三年上字第124号）

转押权人仅得于原押范围内请求执行。

【正】抵押权人在其权利之存续期间内，虽可以其自己之责任转押于人，然转押权之范围应以原抵押权之范围为准，转押权人只能于该范围内行使其转押权。是以转押权人因债务人之不履行债务就于其转押物请求执行时，执行审判衙门自应斟酌情形。如原设定抵押权人之债务尚未到期，则只能依《各级审判厅试办章程》第四十一条第二款之规定为管理之处分；如已到期，则限期责令原设定人履行其债务，以消灭其物上之担负。若该原设定人不遵期履行，始能拍卖其转押物。而因拍卖所得之代价，于原抵债额范围内，先以之充转押权人对于转押权人债务之清偿；如尚有余，再以之偿抵押权人或交还原设定人。（三年上字第187号）

抵押权人管理抵押物时，得请求偿还必要修理费。

【正】抵押权人之因以租抵息而实际为所有权人经理租房者，其修理房屋是否须得所有权人之同意？其未得同意者所有权人有无偿还费用之责任？在现行法上本属待决问题。惟苟能证明实系必要之修理，即由所有权人自行经理亦属必不能免者，则无论修理之时曾否得其同意，而所有权人既因此而受有利益，自应以所受者为限度担负偿还之责。（三年上字第427号）

债务经催告而不履行者，得将抵押物变抵。

【正】凡债权之设有抵押权以为担保者，债权人自可于抵押物上完全行使其权利。虽于行使抵押权之先应先为清偿之催告，若已经催告而仍不清偿，则自应先将抵押物变抵。故债务人苟有变抵之请求，则债权人即无拒绝之理。（三年上字第443号）

非所有人不得设定抵押权。

【正】设定抵押权，原则须由抵押物所有人自为之。但债务人得抵押物所有人之委任或许可时，则其抵押行为亦与所有人自为无异。（三年上字第450号）

多数抵押物得选择或同时出卖。

【正】有抵押之债权到期不偿，应由债权人将该抵押物变卖。如有多数之抵押物者，则可任债权人之选择或同时卖出，以卖得价充债务全部之偿还。（三年上字第459号）

债务人不得减少抵押物。

【正】抵押权系以物担保债权人之债权，一经设定之后，其抵押之标的物，债务人不得无故将其减少。（三年上字第463号）

受人委托而以己名设定抵押权，仍为有效抵押。

【正】如抵借原因出于第三之人委托，而该款即系该第三人所使用，则名义上之债务人如约履行后，本可求偿于该第三人。即因名义上债务人之违约而致将第三人提作该款抵押之房出卖者，该第三人亦无声述异议之余地。（三年上字第676号）

就共有物设定抵押权，须全共有人同意。

【正】不动产抵押权应由不动产所有人设定之。若不动产为数人所共有者，则共有人一人非得其他共有者之同意，亦不得竟以一人之意思表示而为抵押权之设定。（三年上字第1165号）

转押应否得原设定人同意，以习惯为断。

【正】转押时是否有得原设定抵押权人同意之必要？仍可视习惯如何以为断。（四年抗字第35号）

债务人不能履行时，当然行使抵押权。

【正】抵押物权，债务人不能履行债务时，当然可就抵押物上行使权利。（四年上字第114号）

抵押物之第三取得人得依清偿或消除而消灭抵押权。

【正】抵押权为对世权，不问抵押物转入何人之手，有抵押权人得追及物之所在行使其权利（即得将抵押物变卖，以其所得价清偿自己债权）。故抵押物之第三取得人为自己利益计，可代债务人清偿债务，或依消除方法以消灭抵押权而保全其物。（四年上字第901号）

抵押权因债务人代偿债务或消除而消灭。

【正】抵押权之让受人如已代债务人为全部之清偿，则抵押权即不得不归于消灭。其为抵押权之消除者亦然。（四年上字第902号）

抵押物卖价不敷清偿者，自仍得请求偿还余额。

【正】凡债权之设有抵押权以为担保者，债权人自可于抵押物上完全行使其权利。但抵押物之价额并不相当者，自可于变售后更向债务人为偿还余额之请求。非谓一经行使抵押权，则不问其足敷偿还与否，债务人即可全行免责。（四年上字第1024号）

后抵押权人因正当理由不知已先位抵押权者，应受同等清偿。

【正】就同一之不动产上先后设定两种之抵押权者，其先所设定之抵押权人自应较后所设定之抵押权人先受清偿。但后所设定之抵押权人因正当理由不知先已设定有抵押权（即善意无过失）者，则其抵押权无强弱之分，应以比例较普通债权人同受优先之清偿。（四年上字第1186号）

抵押物由原业主管理。

【正】抵押权人对于抵押标的物本无使用收益之权。即以租抵息，由抵押权人直接向租户凭摺收租，亦不过为事实上便利起见。则管理之权除原业主明示或默示委之以租抵息之抵押权人外，自应仍属于原业主。（四年上字第1305号）

抵押权之转押以原押范围为限。

【正】抵押权人在权利之存续期间内，苟以自己之责任转押于人，则为权利利用起见，自无不合之可言。至转押权之范围应以原抵押权之范围为准（金额、期限、条件等）。转押权人只能于该范围内行使其转押权，于该范围外其转押为无效。（四年上字第 1469 号）

抵押权不能离债权而独存。

【正】债权既不存在，则附随于该债权之抵押权自无存在之道。 （四年上字第 1485 号）

动产不能为抵押权之标的。

【正】债务人之财产原为各债权人之共同担保，故债务人特别约明以家具等物抵偿所欠租金者，其以动产为抵押，就一般法例论，固不能生物权法上之效力以与第三人相对抗。而债权人本于该特约对于债务人请求其履行约定之义务，变卖家具等物尽先清偿，实属契约权利人应有之请求权。惟所谓“尽先清偿”云者，并非有拘束他债权人之效力，不过拘束债务人，使不得随意将此项家具等物变卖先还他人之债而已。在他债权人苟以为尽先向该债权人清偿有害于自己之债权，亦自可对于该债权人主张按额分配。（四年上字第 1505 号）

转押权人行使权利前，须促原设定人履行债务。

【正】转押权人如因债务人不履行债务而就其转押物请求实行权利者，自应先尽原设定人促其履行债务，以消灭其物上之担负。若原设定人不为履行，始能就其转押物实行权利。而由转押物所得之卖价，除于原抵债额范围内先以之清偿转押权人外，如有赢余，更清偿原抵押权人。如无须清偿或再有赢余，即应交还原设定人。至原设定人对于该拍卖所余之款，或径向转押权人请求交还，或即责令原抵押权人如数交还，再令其求偿于转押权人。按之条理，为保护原设定人计，又不能认其有此选择之权利。（四年上字第 1826 号）

抵押权有追及效力。

【正】抵押权及不动产质权皆有追及效力。故设定抵押权人即将标的物所有权让与他人，而抵押权人仍得行使其权利。（四年上字第 2120 号）

抵押权人得请求审判衙门拍卖抵押物。

【正】抵押权人欲实行权利时，亦得就该标的物请求审判衙门拍卖，而以其卖价供清偿之用。（四年上字第 2380 号）

抵押物毁损，不能影响于债权。

【正】抵押权为担保债权之从权利，其抵押物之毁损不能影响于债权之存在及额数。故抵押物虽因不能归责于当事人之事由而灭失其一部，抵押权人仍得就余存部分行使债权全额。若余存部分之价金不敷清偿，则关于未受清偿之部分，债务人仍负清偿之责。（四年上字第 2422 号）

设定抵押权人不负抵押物因天灾、事变灭损之危险。

【正】抵押物因不能归责于两造之事由而灭失毁损者，设定抵押权人除由侵权行为人受有损害赔偿，应以其限度提出供担保外，不负回复原状之责。惟依设定行为或特约可认

定当事人间有使设定抵押权人负担其损害之意思者，不在此限。（四年上字第 2422 号）

债务逾期不履行，得将抵押物变抵。

【正】凡有抵押权之债权人，于债务人逾期不清偿其债务时，得将该抵押物变卖，先受债权全部之清偿。（五年上字第 581 号）

抵押物价格应依变卖所得计算之。

【正】抵押物之价格应依变卖所得核实计算，不能以债务人取得抵押物原价为准。（五年上字第 581 号）

自己所无之权利，不能抵押于人。

【正】设定抵押权人不能以自己所无之权利抵押于人。（五年上字第 604 号）

无权设定抵押权，经所有人追认亦有效。

【正】以房契出押，非出于所有人之处分或得其同意追认者，不能有效。（五年上字第 709 号）

出卖抵押物应为善良管理人之注意。

【正】抵押权人依契约所定自行出卖抵押物时，应以善良管理人之注意为之。若怠于此项注意致设定抵押权人受有损失者，抵押权人自应任赔偿之责。（五年上字第 888 号）

债务人不得强以抵押物代充清偿。

【正】担保债务之抵押物，除经债权人同意得以之抵偿债款外，债权人不得主张以抵押物计算价额代充偿还。（五年上字第 953 号）

抵押物卖价有余，应返还原主。

【正】有抵押权之债权债务人至期若不履行义务，则为当事人双方利益起见，应先拍卖其抵押物按数偿还，不足再以现金或拍卖其他财产所得卖价以补偿之。若能有余，则应返还其余额于原主。（五年上字第 953 号）

以抵押权另行转押，只不超过原押范围，其抵押权不能因之失效。

【正】以抵押权供他债权之担保，亦为法所不禁。且他债权人后来取得之担保权，于法既以原债权人之权利范围为限，则即令他债权之额大于原债权，于原债务人及其债权人等即均无特别之不利益。断不容其藉口于转押之有无或转额之多寡，而主张抵押权本身为无效或失效。（五年上字第 999 号）

所有人自造契据再行押款，为法所不许。

【正】所有人就同一标的物设定二个以上之抵押权，虽非法例所不许，但因该标的物之正式契据已经出押于人，而由所有人自造一纸同式之契据以之再行押款，则为法所不许。（五年上字第 1009 号）

利息应受抵押权之担保。

【正】以抵押权担保之债权若有利息者，除有特约及特别习惯外，其利息亦当然受抵

押权之担保。(五年上字第1290号)

抵押物让受人非因过失而不知抵押权者，应受相当保护。

【正】抵押权为物权，有追及效力。故设定抵押权人以抵押物所有权让与于人者，除让受人非因过失而不知其抵押权者，法律上应有相当保护外，抵押权人对于让受人得主张其抵押权。(五年上字第1416号)

抵押物价值有争执时，应实施拍卖程序。

【正】担保债权设定之抵押田业，其价额究值银两若干，两造既有争执，则依抵押权人有就抵押标的物之卖价先受清偿之权利，自应实施拍卖程序，以求真价而免争执。(六年上字第988号)

一债权而有数抵押物者，得就各物受全部清偿。

【正】以数抵押物担保一债权者，除指明各物仅各担保一部债权者外，债权人得就各抵押物卖价受全部债权之清偿。(六年上字第1117号)

债务之承任及分析、让与，不能影响于抵押权。

【正】债务人就其所有物对于债权人设定抵押权后，虽有承任债务或分析、让与抵押物等事由，其担保关系并不因而变更。(七年上字第1368号)

债务人一人为全部债务设定之抵押物，债权人得就其全部行使权利。

【续】债务系由数人分担而抵押物仅由一人提出者，若系为全部债务所设定，债权人自得就其全部行使权利。(十年上字第668号)

债务延期，契约内预定届期不赎将抵押物归其管业者，亦为流质契约。

【续】抵押权人于债权清偿期届满后，固得与债务人订立契约，取得抵押物之所有权以代清偿。惟当事人如已合意延期，于延期契约内预定届期不赎即将抵押物归其管业，则仍与设定抵押权同时预立卖约之情形无异，不得谓非流质契约。(十一年上字第727号)

抵押权人以属于破产财团之特定标的物为限，有别除权。

【补】有抵押权人以属于破产财团之特定标的物为限，有别除权，自得比财团债权人更受优先之清偿。(十五年上字第294号)

第三节　不动产质权

质权不因他债权发生而受影响。

【正】不动产质权为物权，就物权之一般效力言之，质权人较之普通债权人当然享有优先之权利，不因他之普通债权发生而受何等之影响。(二年上字第46号)

质权人得以质物变价供清偿。

【正】以质权担保之债权，债务人于清偿有迟滞者，应听凭质权人按照时价将质物变卖以供清偿。如有余额，即以返还质物所有人。(三年上字第260号)

质权人因故意、过失不以时价变卖质物者，应照时价计算定其已偿之债额。

【正】质权人变卖质物所得价额，如因故意、过失低于时价，自不得不以时价为标准而定其返还余额之数。（三年上字第260号）

设定质权人仅不得单纯代理质权人占有质物。

【正】不动产质权人固不得使设定质权人代理自己占有质物，然仅不得使为单纯之代理占有而已。如设定质权人本于特别法律关系有占有之权利者，虽不交付质物，亦于质权之成立并无妨害。如田宅所有人于质出后向质权人另订租赁契约，继续占有使用，本为法律所许。（三年上字第270号）

未移转质物之占有以前，仍得请求利息。

【正】不动产质权人对于债务人固不得更请求债权之利息。然质当关系系以移转标的物之占有于质权人为成立要件，故债务人与债权人约定届期不清偿即以其不动产质与债权人管业者，债权人于未受领其不动产以前，仍不失请求利息之权利。（三年上字第365号）

质权人得就质物优先受偿，不足仍得就他财产受偿。

【正】债权人取得质权以担保其债权者，于债务人清偿迟延时，应就其质物上先受清偿。如有不足，仍得就债务人他项财产受清偿。（三年上字第1034号）

质权人得为用益，而不能请求利息及管理费。

【正】不动产质权人得依质物之用法使用收益，无庸给付租金。而亦不能向设定质权人请求支付利息及返还因善良管理（即修缮）所支出之费用。（三年上字第1248号）

供担保房屋而权利人得用益者，为不动产质权。

【正】供担保之房屋，其权利人有使用收益之权者，在民法上谓之质权，与抵押权不同。（四年上字第161号）

质权人于受全部清偿前，得不交还质物。

【正】质权人于债务全部未受清偿以前，得不交还质物。（四年上字第212号）

质权与主债权各为独立权利。

【正】质权与主债权各为独立之权利。（四年上字第482号）

质当与抵押不同，须移转占有始生效力。

【正】查质当关系与抵押不同，必须该标的物实已交与质权人而后生质当之效力。（四年上字第1697号）

质权有追及效力。

【正】抵押权及不动产质权皆有追及效力。故设定抵押权或质权人即将标的物所有权让与他人，而抵押权人或质权人仍得就之行使其权利。（四年上字第2120号）

放赎非处分行为。

【正】所有人对于质权之标的物，本可依其设定之原约消除其质权。而质权人之许其

消除之行为，亦非处分可比。（五年上字第50号）

债权人负迟延责任者，应交还或赔偿质物所生之孳息。

【正】不动产质权所担保之债权定有清偿期者，债务人即设定质权人于到期之时得依债权本旨提出给付，以消灭其债权及质权而请求返还质物。若尚未合法提出给付，则质权仍系存续，质权人自得照常使用收益，而不须对于债务人负返还孳息之责。反是若债务人已依法提出完全给付，而债权人不能收受或经拒绝收受，则债权人即应负迟延之责。依现行法例，债权人负迟延责任者，既不得请求其债权之利息，并应对于债务人负返还孳息之义务。盖以不动产质权所担保之债权，除有特约外，其债务人所以不负支付利息之义务，而债权人取得收益之权利者，其法律上理由即在推定当事人意思以债务人所应付之利息与债权人所应交还之孳息互相抵销而节省彼此交付之烦。故债务人因债权人迟延而不负交付利息之责任时，对于债权人有请求其返还或赔偿质物孳息之权利。（五年上字第1106号）

质权人得收回其所附加之工作物。

【正】凡不动产质权人于其权利消灭之时，得回复其原状而收回其工作物。若质权人不愿收回其工作物，而质物所有人亦并非不愿够买，只因价值争执者，自得听所有人之选择或令交出质权人所费原价或估计现增价格为偿还费用之标准。（五年上字第1142号）

质权成立之先后不以投税为准。

【正】质权成立之先后应以当事人间立约之时期为准，不应问其投税之先后。盖在现行法上投税不过一种之证明，并非契约成立之要件。（六年声字第125号）

质物上之负担应归质权人。

【正】关于所质之不动产所有应负担之义务（如租税），除设定行为有特别订定外，自应由质权人负担。（六年上字第505号）

买得质物人得提存价金消灭质权。

【正】质权系属物权，虽其标的之不动产已经原所有人转卖于第三人，而质权人对于该第三人亦得主张物权之追及力，就该不动产实行质权，并可对于该第三人请求买价之提存。若该第三人为安然取得所有权起见，应其请求提存质权人所满意之金额者，则其质权即应为该第三人而消灭。（七年上字第664号）

设定质权不履行者，应补偿收益。

【续】设定质权以至何时未偿本息为条件者，若设定人于条件成就后不将标的物移归质权人占有致质权人不能使用收益，自应将此后之收益补还。（八年上字第353号）

不动产质权人不得阻止债务人更行抵押于人，亦不得滥行干涉债务人变卖偿债。

【续】不动产质权人因担保债权所占有之不动产，得依其用法而为使用收益，并得就其卖得之金较他债权人先受清偿。惟不得阻止债务人（设定不动产质权人）更行抵押于人。若债务人变卖偿债，亦不得滥行干涉。（十年上字第1512号）

不动产质权人对为质物丧失占有系出于不可抗力者，不负何等责任。

【补】不动产质权人对于质物虽应以善良管理人之注意保存，惟遇不可抗力致质物丧失占有时，质权人不负何等责任。（十四年上字第1195号）

第四节　动产质权

以佃租为权利质之标的者，不因质权消灭而影响于佃权。

【正】佃种旗地之习惯常有地主于佃权外复就该地收租之权利设定质权（权利质）以担保佃户之债权者（此时大都于质权存续期内减免佃租），既系于佃权之外更设定质权。虽契内载有‘钱到许赎’字样，亦仅能认为质权消灭之原因，而不能遽视为承认该地主同时即有收回地亩不许佃种之权。（三年上字第975号）

动产质权人须继续占有质物，始得对抗第三人。

【正】凡以动产为担保债权之标的物而设定质权者，须质权人继续占有其质物，始有对抗第三人之效力。（四年上字第1949号）

动产质权成立之要件。

【正】物权之设定除法律上有特别原因外，须有合法之行为始能成立。而动产质权之设定行为则以（一）设定之人确系有处分权及（二）将其质物交付于质权人为成立要件。（五年上字第631号）

质物损坏而设定人不顾者，质权人即得径行变卖质物。

【正】动产质权人因物质损坏有害及担保之虞，经通知设定质权人而乃弃置不顾，则质权人于急迫之时自得代行处理，依照时价变卖质物，即以其卖价清偿债权；设定质权人自不能不负担差价之损失。（六年上字第363号）

质权人亦得将其质物转质于人。

【正】质权人以其质物转质于人者，苟未逾越其质权之范围，虽未得设定质权人之同意，亦不能谓为无效。惟转质以后，转质权人与质权人相互间之抗辩，不得以之对抗设定质权人。（七年上字第127号）

动产质权人效力及其成立要件。

【续】以动产移归债权人占有而作为其债权之担保者，则为动产质权。该债权人自可就质物之卖价优先于他债权人而受清偿。惟动产质之成立，既系以移转占有为要件，则在未移转占有以前，虽经立有字据，亦尚不能发生质权之效力。（九年上字第726号）

第十章　占有

就占有物所行使之权利推定为适法。

【正】凡历久平稳公然为占有者，应推定其于标的物上所行使之权利为适法。若他人就该标的物上之权利有所争执，自须举出确切不移之证据。否则，其主张即不能成立，而仍应保护占有人之利益予以维持。（三年上字第748号）

确信占有物系己有者，为善意占有。

【正】法律所称善意，即不知情之别称，并非善良意思或好意之义。故善意占有云者，即确信其占有之物为自已所有而并不知为他人之谓。（三年上字第1248号）

请求排除侵害而不当者，仍应维持占有现状。

【正】原告所提起之诉以排除被告人之侵害为诉讼上之目的者，自应先审究其主张之事实是否真实及其请求是否合法以为判断。如果其主张事实不能证明、其请求并非合法，则被告人之占有该地虽不能证明有正当之权源，亦应本于占有现状依法予以保护。反之，而其主张事实能为确切证明、其请求又属合法，则原告人为正当权利人，自应予以利益之裁判。（四年上字第462号）

分家后历久占有之产业推定为其所有。

【正】家产于分居后由一造平稳公然历久为事实上之管业者，则依占有之现象及分居之事实，即应推定为管业之人所有。（四年上字第584号）

偶然利用及居处邻近不能认为占有。

【正】偶然之利用及居处之邻近，不特不能为取得所有权之渊源，且不能据此认为有占有之事实。（四年上字第1698号）

因本权争执败诉之占有人，自起诉时起视为恶意。

【正】即本系善意之占有人，如于本权之诉败诉者，应自起诉时起视为恶意占有人。（四年上字第2353号）

一物不能同时有二个以上之占有。

【正】占有谓对于物（动产、不动产）有事实上之管领力。而所称占有人，即谓对于物有事实上管领力之人。故依占有之性质言之，对于同一之不动产，自难同时并存二个以上之占有。（五年上字第95号）

对于占有人告争所有权者，应负举证责任。

【正】凡对于占有人告争所有权者，自应由告争人提出所有权之凭证，以证明其主张之为真实。（五年上字第185号）

占有人在占有物上应受有所有权之推定。

【正】凡占有人应推定其在占有物上有合法之权利，并应推定其权利为所有权。故对于占有人提起回复所有权或占有之诉者，非由原告人举出确实证凭证明占有人之无权利不可。（五年上字第199号）

占有应推定为善意。

【正】凡占有人无恶意之反证者，推定为善意。（五年上字第530号）

占有人返还孳息之义务因是否善意而异。

【正】善意之自主占有人对于占有物之回复人不负偿还孳息之义务，恶意占有人则否。惟地方若有特别习惯者，仍应从其习惯。（五年上字第530号）

占有人得请求返还必要费。

【正】占有人无论为善意或恶意，其于为保存占有物所费之金额及其他之必要费，皆有请求返还之权利。（五年上字第1027号）

占有人取得孳息者，应负担通常必要费。

【正】占有人若已取得孳息，则通常之必要费即应归其负担。（五年上字第1027号）

善意占有人得请求偿还有益费。

【正】善意占有人得对于占有物之回复人请求偿还保存其物之必要费及改良之有益费（以现存之增加价格为限）。其恶意占有人虽不得要偿有益费，而对于必要费仍得请求偿还。（六年上字第404号）

历久失其土地之占有，不能仅以契据向现占有人告争。

【正】凡土地所有人年湮代远、久不行使所有权者，必于证明其曾为地主而外，对于现时占有之人证明其确系有意侵占妨害自己之行使权利，始准其收回已失之地。诚以不动产之为物与动产之易于隐匿者不同，苟经他人占有不难觉察，断未有徒持空契一任他人占有之理。因而，不动产所有人若已久失占有而又不能证明其原因系有特别情事者，则应认该所有人已早丧失其权利，而其所有权即可推定已经合法移转于人，所持契据亦可推定其为废契。（六年上字第1320号）

恶意占有人负返还孳息或价金之义务。

【续】恶意占有人对于回复占有人负返还孳息之义务。若其孳息业经消费或因过失而毁损或怠于收取，则应偿还价金。（八年上字第1063号）

善意占有人原则上即时取得该动产上所得行使之权利，若为盗赃、遗失物等，许原物主请求回复原物。

【续】凡以公然且平稳之方法开始占有动产之人，如系出于善意而并无过失者，原则上应许其即时取得该动产上所得行使之权利。至其所占有之动产若为盗赃、遗失物及其他为前占有人不由己意而纷失之物，为保护被害人、遗失主及前占有人之利益起见，许有回复权人向占有人请求回复原物。（十年上字第266号）

善意占有人惟起诉以后之孳息应返还于所有人。

【续】占有人明知无正当之权原而占有者，对于所有人固有返还孳息之义务。若其占有信为有正当之权原，则惟起诉以后之孳息应返还于所有人；其起诉以前之孳息，只能由所有人对于使其丧失占有之侵权行为人请求赔偿，不得对于占有人要求返还。（十二年上字第152号）

现行律关于典买强盗赃之规定，为即时取得原则之例外。于善意典受租主擅行出典之物者，不能准用。

【续】租主以其辗转租得之物擅行出典，纵如原审认定有犯刑事法上侵占之罪刑，上诉人典受该物即因此或可谓为脏物，然与强窃盗赃之性质究有差异。而一般赃物，其对价应向何人追征？现行律并无明文。能否准用强窃盗赃之规定？本属问题。本院以为该项规定解释上应以强窃盗赃为限，强窃［盗］赃以外之赃物，自难概予准用。盖现行律之规定应认为即时取得原则之例外，自应从严解释（即民国七年本院第 858 号之解释例亦然）。在善意典受租主擅行出典之物，既不能准用该规定，则物主对于善意典受人仍非赔偿原价不能取回其所有物（现行律“给没赃物门”条例第十二）。（十二年上字第 1894 号）

所有物为租主擅行典出者，所有人对于善意典受人不得无价取赎。

【续】即时取得之法则，本为所有权追及效力之例外。诚以社会进化，法律观念自亦变迁，故各国立法例及学说多变。其昔日绝对保护所有权主义而着眼于保护交易之安全，虽关于此项法则之如何应用，因观察点各殊，尚非一致。有偏重保证交易之安全者，无论所有人之丧失占有是否由于己意，只须取得人于占有之始系善意无过失，即令其取得所有权。此假称为绝对保护交易安全主义。亦有于保证交易安全之中仍寓保护所有权之意者，此主义复因所有人丧失其所有物之占有是否由于己意有所不同。即（一）由于己意者（如寄托物之类）。若取得人于占有之始系善意无过失，即令其取得所有权。（二）不由己意者（如盗赃、遗失物之类）。其主义更细别为二：（甲）取得人在原则上不能取得所有权，许所有人于相当期间内请求回复原物。而例外则如取得人系由拍卖场或公共场贩卖同一种类物品之商人善意买得者，仍不许其回复；（乙）无论取得占有之情形如何，应许所有人于相当期间内请求回复原物。惟取得人系于拍卖场或公共场贩卖同一类物品之商人买得者，则须所有人赔偿对价，始能请求回复。此假称为相对保护交易安全主义。凡此种种，在学理上有无绝对之是非，姑置不论。要其为所有权追及效力之一大例外，不能不审度国情、因时取舍，则可无疑。现在一般人之信念纵或保护所有权之观念甚强，然社会进步，交易频繁，苟非惩于向来绝对保证所有人之弊，于一定条件之下保护善意之取得人，则交易之安全且将不保，而社会之安宁于以扰乱。故租主以其租得之物擅行出典，上诉人（即典主）之典受该物果系善意，而该处典商习惯又并非如被上诉人主张非有保家不能典受，则被上诉人出资回赎固不免为一种意外之损失，然亦只可咎当日转租之不善。以视，善意之典受人对于典物不能一一辨其来源，若不问其是否善意及习惯上有无取保之义务，概得于典后任凭主张所有者无偿取赎，不但同为意外之损失，且其害及交易之安全、影响于社会者，势将更钜。两害相形，自应权衡轻重以为取舍 。（十二年上字第 1897 号）

第四编　亲属

第一章　通则

出嗣后变更本生之亲等。

【正】一经出嗣，则其亲等之关系即经变更，自难仍计算本生之亲等。（四年上字第650号）

异姓子与血统之子在谱上宜有区别。

【正】现行律例有异姓不得乱宗之明文。故从前旧谱若将异姓之子与血统之子为区别者，自不得轻改其例以紊乱血统（现行律"户役门·立嫡子违法"条）。（四年上字第1271号）

妾与亲生子女之母子关系，不因被废去家而消灭。

【正】妾因被废去家，对于其子女间所有亲生母子之关系并不因而消灭。自不得无故加以禁阻，令其永远弗能过问。（四年上字第2325号）

族人取得身份之是否合法，非主修谱牒之人所得审查。

【正】一族谱牒系记载族人之身份，除异姓乱宗，主修谱牒之人得以拒绝记载（但谱例有特别订定者，仍不在此限）外，其他族人身份之取得是否合法，要无审查之余地。盖此种身份取得之违法，其告争之权只属之与有利害关系之人，非尽人所能干涉。（五年上字第834号）

族谱于身份关系之得丧无涉。

【正】身份关系本由于血统或其他法定之原因而发生。至于族谱之作，则所以明世系而别亲疏，其于法律上身份关系之得丧究属无涉。（七年上字第1号）

谱例得以公议修改。

【正】谱例既由于族人公共议立事后，如仍以公议修改或就特定事项不予援照，或追溯既往，除去由该谱例所生之关系者，其公议既不害于公益，于法即属有效。（七年上字第531号）

夫亡招赘者，与夫家之亲属关系消灭。

【续】妇人于亡夫后招赘他人入居夫家者，其与夫家之亲属关系即因再醮而消灭。（八年上字第185号）

养子入谱与异姓乱宗无涉。

【续】所谓异姓乱宗，系指不得立异姓为嗣子而言，与养子之能否入谱本属各为一事。（八年上字第325号）

父卖其女不为父女关系断绝之原因。

【续】父将其女售卖于人，在现行法上，其买卖契约不能有效。虽或应丧失其亲权，而父女关系要不因此而受何项影响。（八年上字第682号）

削除谱牒不能溯及既往。

【续】削除谱牒自应从脱离宗族关系之人始，不得溯及既往，将以前入谱无争之祖若父一并削除。（八年上字第861号）

主修谱牒人无权令脱离宗族关系之支属入谱。

【续】谱牒所以明一族之统系，其记载事实有时并可为权利义务之证明（例如，承继等事）。若脱离宗族关系已为阖族所认许而谱牒仍予记载，则不惟有失谱牒作用，且于将来权利义务之证明亦易生争议。故在条理上，主修谱牒者自难认其有权令该脱离关系之一人或一支仍列入谱。（八年上字第861号）

养子得依谱例登入养家之谱。

【续】入谱与承继宗祧本属两事。异姓养子依法故不许承祧，而于谱例所许之范围内，则未始不可登入其养之家之谱。至本院解释文件所谓族人得提起拒绝登谱或请求削谱之诉者，不过于修谱发生争执时，认族人得依据谱例以为主张，非谓异姓养子绝对不得入谱。故其请求之当否，仍应根据谱例以为裁判。（八年上字第873号）

谱例于不背强行法规、不害公安良俗之范围内有拘束力，而对于族人加以削谱除名之制裁，无背于强行法规。

【续】谱例乃阖族关于谱牒之规则，实即团体之一种规约，于不背强行法规、不害公安良俗之范围内，自应有拘束其族人（即团员）之效力。凡作奸犯科，国有常刑，固不容私人之径行处罚。而谱例以族人有玷污祖宗行为为原因加以削谱除名之制裁，究无背于强行法规，不能以与私人处罚相提并论而谓其为无效。（八年上字第940号）

削谱除名之效果依族中成例办理。

【续】削谱除名之后，其在私法上之效果，以不违背强行法规、有害公安良俗之范围内，应依族中之成例办理。（八年上字第940号）

优伶非不正营业，不得援营业不正禁止入谱之例拒绝入谱。

【续】不正营业本不以法令禁止者为限。其非法令所禁止而于社会道德上可认为有害者，亦当然在不正之列。惟唱演戏剧其本旨非仅以娱人耳目，亦足资劝善惩恶，不惟无悖于法律、无损于道德，且足以收感化社会之效，自不能遽指其营业为不正，而援谱载营业不正禁止入谱之例拒绝入谱。（八年上字第945号）

合法之谱例不能以少数人私意变更。

【续】一姓族谱所定规例，苟不与公序良俗相反而已为合族所公认者，自不能以少数人私意轻予变更。（八年上字第1100号）

谱例上无义子可否入谱明文，而族人又多数许可者，即应许其入谱。

【续】谱例并无义子可否入谱之规定，而族人多数又已许可养子入谱，即不能因一二人独持异议遽令削除。（九年上字第171号）

惯行之族规与成文之族规同。

【续】惯行之族规与成文之族规不容歧视。（九年上字第869号）

合承夫分之权，惟守志妇有之。

【续】合承夫分之权，在现行法上惟夫亡守志之妇有之。若既另行招夫，即不得谓为守志之妇，根本上已与夫家断绝关系，自无对于财产仍许其容喙之理。（十二年上字第448号）

第二章　家制

第一节　总则

第二节　家长及家属

擅认家财为己有及分析后强欲同居，皆法所不许。

【正】凡未经父母允许擅认家财为分属于己之财产及于异居后强欲同居者，均为现行律所勿许，可推而知。（三年上字第56号）

子专擅处分其父未给与继承之财产及尊长养赡财产，不生物权法上之效力。

【正】为人子者，不能专擅处分其父未给与继承之财产及其尊长之养赡财产，故无论为典为卖，断无即生物权法上效力之理。债权人亦仅能向其相对人自身请求偿还债款，其尊长及父无代为负担之理。（三年上字第178号）

亲属等扶妾为正妻不生效力。

【正】妾于家长生存中既未取得妻之身份，其后纵有亲属等扶为正妻之事，在现行律上亦不能发生效力。（三年上字第610号）

孤子、庶子、孀媳之分析，得以判决代母若姑之许可。

【正】现行律载“祖父母、父母在者，子孙不许分财异居。其父母许令分析者，听”等语。是子孙之分财异居，非经父母许可即为违法。然人情常有所偏，父母每多爱憎，若孤子之于继母，庶子之于嫡母或孀媳之于舅姑，其情同陌路而势难复合，犹故意不许令分析者，则审判衙门斟酌两造之情形，自可依请求，用判决以代母、若姑之许可而听其分析。（三年上字第616号）

尊长有所偏向，卑幼得请求分析。

【正】现行律载“凡同居卑幼，不由尊长私擅用本家财物者，处罚（中略），若同居尊长应分家财不均平者，罪亦如之”等语。是尊长与卑幼同居共财者，其家财固不得由卑幼自专，而尊长亦不得将应分家财有所偏向。由此推论，除祖、若父就所有家财可自由处分外，其余尊长有所偏向，则卑幼据以请求分析，即不得谓为违法（现行律“户役门·卑幼私擅用财”条律）。（三年上字第616号）

媳亦不许分财异居。

【正】凡为人子者，未经其父母许可或得有审判衙门代其许可之裁判，不得擅自分产异居，律文甚明，不容滋疑。子尚不能别立户籍分异财产，则夫妇一体，媳自不能独异。（三年上字第1092号）

妾与家长解约时，给付及返还财礼之标准。

【正】凡未生子之妾，无论何时，该家长及该女有不得已之事由发生时，当然应认其得请求解除合约、消灭关系。而其不得已之事由，如因家长及其家人之故意或过失而发生者，依该女之请求，即不得不任给与相当慰藉金之责。反是，如该事由系因该女之故意或过失而发生者，则家长固不应有何责任。若更于契约成立时，可认该女一方为有欺诈情节者，则该女亦不能不负返还财礼之义务。至于当事人间所主张解除之事由，必须有不得已之情形，而其事由之发生若在合约前者，必结约当时为本人所不知者而后可。（三年上字第1237号）

祖父母、父母有允许分财异居与否之权。

【正】现行律内载“祖父母、父母在者，子孙不许分财异居。其父母许令分析者，听”等语。是祖父母、父母对于子孙之分财异居有允许与否之权（现行律“户役门·别籍异财”条例）。（四年上字第951号）

卑幼处分自己之私产及互相让与受让权利，均非法所禁。

【正】现行律载“凡同居卑幼，不由尊长私擅用本家财物者处罚”等语。是卑幼私擅用本家财物固为法所不许。惟细绎律意，此项规定本所以维持家庭共同生活之关系，故其所禁止者，本系指卑幼与外人之处分行为足使家财外溢者而言。若家属中之一人以自己私有之产让与他人者，其所处分既非家财，即不在应禁之列。又或一家之中遗产共同承继人就应受分配之财物互相让与其受分权利者，虽经处分而财不外溢，亦与卑幼私擅用本家财物有别，除别有法律上原因外，不得即指为无效。（四年上字第1459号）

妾于家长故后，应由其承继人或其他管理遗产人养赡。

【正】妾媵为家属之一员，若其家长亡故，则承继人或其他管理遗产之人当然对之负养赡之义务，不能逼令改嫁或逐出不顾。（四年上字第1691号）

关于妾之身份之契约，得主张无效或撤销。

【正】以发生妾之身份关系为标的之契约，若有法律上无效或撤销之原因，该当事人得主张无效或撤销。（四年上字第767号）

子孙之妻妾亦不许别籍异财。

【正】子孙当祖父母、父母在日尚不许别籍异财，子孙之妻妾自不能出于此禁例之外。（四年上字第1837号）

妾亦得有私产。

【正】为人妾者，现行法例上既认为家属之一人，则其得有私产自毋容疑。此项私产与公产有别，不能并入。（四年上字第2052号）

管理家务之卑幼处分家财，可推定其已得尊长同意。

【正】卑幼固不能私擅处分家财，但管理家务之卑幼与寻常卑幼不同，其处分财产当可推定其已得尊长之同意。（五年上字第310号）

家属之特有财产不得归入公产。

【正】特有财产之制本为法律所不禁，凡家属以自己名义所得之财产即为特有财产，除经当事人同意外，不得归入公产一并均分。（五年上字第475号）

出立担保字据不为私擅用财。

【正】现行律卑幼不得私擅用本家财物之规定，其所谓本家财务，系指物权之标的而言。若与人出立担保字据，则仅属自己负担债务，不能解释为当然包括在内。（五年上字第833号）

家长与妾解除契约，不适用离婚之规定。

【正】家长与妾之关系与夫妻关系不同，此种关系虽亦发生于一种契约，而其性质及效力既与婚姻有别，则关于此种契约之解除，自不能适用离婚之规定。应认为无论何时，如该家长或该女有不得已之事由发生，即可解除契约。（五年上字第840号）

律所谓同居，系对于分财异居者言。

【正】现行律"卑幼私擅用财"条所谓"同居"乃对于分财异居者而言，并非仅以事实上居所同一者为限。故凡不与尊长同一居所之卑幼，苟非为法律所许，已经分财异居，则其关于处分本家财物仍应受此项规定之制限。（五年上字第1281号）

婚姻解消后之妻得再为其前夫之妾。

【正】婚姻解消后之妻再为其前夫之妾，为现行法所不禁。（五年上字第1531号）

成立妾之身份，不须备何种方式。

【正】妾之身份凡以永续同居为其家属一员之意思与其家长发生夫妇类同之关系者，均可成立，法律上并未限制其须备何种方式。（五年上字第1534号）

已离异之妾仍可复合。

【正】家长与妾之关系在法律上既可认为一种契约发生之效力，则但有两方合意，既可以始合而继离，亦自无不准其既离而复合之理。故于事实上苟其既离复合为真实，自不能不认其家长与妾之关系为存在。（六年上字第86号）

家属不容无端遗弃。

【正】如果男女并非私相姘识，确曾经一定仪式，成立法律上之关系，则无论该女之身份为妻为妾，即属家属之一员，要不容无端遗弃。（六年上字第310号）

妾于家长故后，不容藉故驱逐。

【正】妾之家属身份系由契约而生，家长生前虽有时得以解除（如家长或妾有不得已事由时），然家长故后若妾于夫家无义绝之情状者（如犯奸之类），即不致丧失家属身份，断不容藉故驱逐。（六年上字第852号）

妾应受正妻之监督。

【正】家政应有所统属，凡家属关于家事之行为，均应受家长之监督。正妻得以监督夫妾，尤属当然之理。（六年上字第852号）

居父母丧，奉有遗命或经父或母允许者，均得分产。

【正】现行律载“若居父母丧而兄弟别立户籍、分异财产者，处罚。”其注载：“或奉遗命，不在此律。”又载“祖父母、父母在者，子孙不许分财异居。其父母许令分析者，听”各等语。详绎律意，凡为子者，居父母丧，苟奉有遗命，即许分异财产。而其父或母尚有一方生存，经其许令分产者，亦无论何时，皆得分析（现行律“户役门·别籍异财”条律）。（六年上字第1100号）

子代父管理家务，即有处分家财权。

【正】父在子虽不得私擅用财，惟父以管理家务委诸其子者，则子以代父管理家务之资格，即当然有处分家财之权。（六年上字第1125号）

仅有暧昧同居之关系，尚难认为法律上之妾。

【正】妾与家长间名分之成立应具备如何要件？在现行律并无规定明文。依据条理正当解释，须其家长有认该女为自己正妻以外之配偶而列为家属之意思。而妾之方面则须有入其家长之家，为次于正妻地位之眷属之合意，始得认该女为其家长法律上之妾。若仅男女有暧昧同居之关系，自难认其有家长与妾之名分。（七年上字第186号）

妾应与他家属同受相当之待遇。

【正】妾为家属之一员，应与其他家属同受相当之待遇。（七年上字第922号）

妾有犯奸情事，其家长等得断绝关系。

【正】为人妾者，如有犯奸情事，其家长或家长之尊亲属得与之断绝关系。（七年上字第1372号）

媳不许与姑异居。

【正】媳之于姑如别无异居正当之原因或未得其姑之特别允许，自应同居，不得率请分异。（七年上字第1418号）

翁于媳有逼奸等情事，得请求判准异居。

【正】翁之于媳如果确有逼奸、勒卖为娼情事，致其媳不能与之同居者，固得请求审判衙门以裁判准其异居。（七年上字第1474号）

旁系尊亲属擅处分卑幼财产者，为无权行为。

【续】同居卑幼固不得私擅用财，而旁系尊亲属要无擅为卑幼处分其财产之权。（八年上字第 29 号）

纳妾之契约与婚约之性质不同，凡未生子之妾，苟有不得已事由，均得请求解约。

【续】现行法令采用一夫一妇之制，如家长与妾之关系自不能与夫妇关系同论。盖纳妾之契约实为无名契约之一种，其目的专在发生妾之身份关系，与正式之婚约其性质显不相同，现行律上关于婚约之规定当然不能适用。凡未生子之妾，无论何时苟该家长或该女有不得已之事由，均应认其得以请求解约消灭关系。即其事由发生于缔约以前而为缔约当时本人所不知者，亦可据以请求解约。（八年上字第 106 号）

卑幼私擅处分家财之行为为无权行为。

【续】本家财产本非卑幼所有，若不得尊长同意私擅处分，其处分行为乃无权行为，依法非经尊长之追认不生效力。（八年上字第 148 号）

妾不能为家之尊长。

【续】妾仅为家族之一员，不能为家之尊长。（八年上字第 724 号）

后娶之妻如仍愿同度，应认为妾。

【续】有妻更娶者，后娶之妻如已知而仍愿与同度，并未经合法离异，即应认其为妾。（八年上字第 1176 号）

童养媳未及成婚而夫死，非当然解除关系回妇母家。

【续】童养媳未及成婚而夫死，并非当然解除关系回归母家。若媳已成年，则非出于媳之自愿，其母家父母即不能代为主张解除关系要求领回。（九年上字第 1062 号）

向来与妻别居之妾，夫故后仍可听其别居。

【续】妾为家属于夫亡后固以与妻同居受妻之监督为原则，惟于夫之生前既久已分居，嗣又因讼生嫌，则为维持现状仍听其别居，亦无不合。（十年上字第 449 号）

家长得遗赠相当财产于妾。

【续】妾对于家主遗产固无当然承受或分析之权，然家主于自有财产相当范围内，以遗赠行为授与其妾，则非法所不许。（十年上字第 539 号）

家族一人所负债务，只得就家产内该个人应有部分供清债。

【续】家族中一人以其自己名义对外负有债务而非代理全家者，只得以共有家产内该个人之应有部分供债务之清偿，而不应由其他之家族负担责任。（十一年上字第 309 号）

第三章　婚姻

第一节　婚姻之要件

嫁娶须由祖父母、父母或余亲主婚，否则得以撤销。

【正】现行律载“嫁娶应由祖父母、父母主婚。祖父母、父母俱无者，从余亲主婚。”是婚姻不备此条件者，当然在可以撤销之列（现行律“婚姻门·男女婚姻”条例第二）。（二年私诉上字第2号）

定婚以婚书或聘财为形式要件。

【正】现行律载“定婚之形式要件有二：（一）有婚书即谓有媒妁通报写立者，无论报官有案或仅系私约皆可；（二）聘财。”此二要件苟具备其一，即发生定婚之效力（现行律婚姻门男女婚姻条律）。（二年上字第215号）

婚书不须填写年庚八字。

【正】婚书应否填写年庚八字？法律并无明文，不能认为婚书之要件。（二年上字第215号）

吸食鸦片非撤销婚约之原因。

【正】定婚前吸食鸦片虽未通知，在现行律上亦不得为撤销婚约之原因。（三年上字第117号）

定婚是否必须婚书，以习惯为准。

【正】男女定婚虽非以婚书为唯一要件，而依婚姻律沿革及一般习惯大都重视婚书。苟当事人关于缔婚之书件有争，自应根据各该地方习惯，以定婚约是否成立之标准。（三年上字第336号）

随母改嫁之女由母主婚。

【正】现行律载“夫亡携女适人者，从母主婚”等语。是父亡随母改嫁抚育之女，依法自应由其生母为之主婚（现行律“婚姻门·男女婚姻”条例第二）。（三年上字第432号）

成婚与定婚有别，定婚后尚须经一定仪式成婚，始为成立婚姻。

【正】婚姻成立与定婚有效，系属两种问题。婚姻成立必经习惯上一定仪式，其经一定仪式而成婚者，乃新刑律重婚罪成立之要件。故仅定婚而尚未成婚更与他人成婚者，即不得以重婚论。（三年上字第432号）

同宗不得为婚姻。

【正】现行律载“凡娶同宗无服之亲或无服亲之妻者，各处罚”等语。律意所在，盖无非重伦序而防血系之紊乱。故同宗无服之解释不拘于支派之远近、籍贯之异同，但使有谱系可考其尊卑长幼之名分者，于法即不能不谓为同宗，而禁其相互间婚姻之成立（现行律“婚姻门·娶亲属妻妾”条律）。（三年上字第596号）

女子定婚后再许人者，仍归前夫。

【正】现行律载“有再许他人未成婚者，处罚；已成婚者，处罚，后定取者。知情与同罪，财礼入官；不知者，不坐，追还财礼，女归前夫”等语。是凡女子已与人定婚而再

许他人者，无论已未成婚及后定娶者知情与否，其女应归前夫（现行律婚姻门男女婚姻条律）。（三年上字第 838 号）

招婿之要件。

【正】律载“招婿须凭媒妁明立婚书，开写养老或出舍年限。止有一子者，不准出赘”等语。可见入赘之法定要件一须凭媒妁，二须经明立婚书，三须将养老或出舍年限明白开写。非将此项要件一切具备，不能认为合法。若出赘人之父母止有一子，则虽具备前开要件，仍不得认为有效。（三年上字第 948 号）

妇人离异后，改嫁由母家主婚。

【正】妇人一经依法离异，即与夫家断绝关系，应否改嫁即应归母家主持，决非夫家所得干涉，自更无前夫家族凭空置喙之理。（四年上字第 213 号）

聘财须依礼纳送。

【正】所谓依礼纳送者，必凭媒纳送礼仪。若贽物巾帕与夫私债折合者，自不得谓为合法。（四年上字第 247 号）

婚书须就其自身可认为有婚约关系者始为合法。

【正】婚书于法律上虽无一定之方式，然必就书据自身可认为有婚约关系者（如习惯上通行之方式以男女两造年庚并列一柬，或于柬内直接或间接表示允婚之意旨者是），始为适法。若仅以片纸开列一造年庚，而于其开列之原因如何并不能有确切之证明者，自难认为合法之婚书，即不能持此以主张定婚契约之成立。（四年上字第 379 号）

后夫不能为前夫之女主婚。

【正】后夫对于妻前夫之女依法当然不能有主婚之权。（四年上字第 396 号）

违反定婚律例之习惯无效。

【正】男女定婚之初必须写立婚书或曾受聘财者，其婚约方能合法成立。否则各地方虽有特别习惯，而苟与此项成文法规显相抵触，即不能认为有效。（四年上字第 432 号）

夫家祖父母、父母主婚难适当者，得判令母家主婚或自行醮嫁。

【正】现行律虽有孀妇改嫁先尽夫家祖父母、父母主婚之规定，但有特别情形（例如孀妇平日与其夫家祖父母、父母已有嫌怨），其夫家祖父母、父母难望其适当行使主婚权者，则审判衙门判令由其母家祖父母、父母主婚或令其自行醮嫁，亦不得谓为违法。（四年上字第 536 号）

订婚虽不限年龄，然男女未出生前之婚约无效。

【正】现行律载“男女婚姻，各以其时，或有指腹割衫襟为亲者，并行禁止”等语。依律文所称，可知男女婚约虽于年龄上并无限制，而当男女未出生前之婚约则自属根本无效。（四年上字第 536 号）

聘财之种类厚薄并无限制。

【正】聘财之种类及其轻重厚薄无一定之限制。（四年上字第 611 号）

定婚后另嫁而前夫不愿领者，仍准女从后夫。

【正】现行律关于男女定婚后再许他人之规定，系一面维持婚约欲其践行，一面因违约而已与后定娶人成婚者，仍准女从后夫（不过，应该以前夫不愿领回为条件）。（四年上字第 638 号）

纳妾不为解除婚约原因。

【正】未婚纳妾不得据为解除婚约之原因。（四年上字第 766 号）

自约定成婚时起五年无过不娶者，得解除婚约。

【正】现行律载"期约已至，五年无过不娶"等语。寻绎律意，"期约"二字系指所定成婚之日期而言。参观"男女婚姻"律载"其应为婚者，虽已纳聘财，期约未至而男家强娶及期约已至而女家故违期者"等语，其意自明。故律载"五年无过不娶，听告官改嫁"者，必其定有成婚日期者始能适用，不能遽以定婚之日起算（现行律"婚姻门·出妻"条例第二）。（四年上字第 810 号）

婚约不得由一造翻悔。

【正】婚约成立后，除经双方合意解除或具备法律准许解除之原因外，不能由一造任意悔约。（四年上字第 844 号）

定婚有妄冒情事者，得撤销。

【正】定婚之初果有妄冒情事，即已成婚者，依律尚许离异，若仅有婚约，自无不许其撤销之理（现行律"婚姻门·男女婚姻"条律）。（四年上字第 1007 号）

不许娶同宗亲之妻。

【正】现行律载"凡娶同宗无服之亲及无服亲之妻者，各处罚。"是但使其人已为同宗亲之妻，即无论其亲或为小功或属缌麻，又或推而至于无服，依法均不许娶（现行律"婚姻门·娶亲属妻妾"条律）。（四年上字第 1174 号）

疾病达一定程度即应通知。

【正】现行律"男女婚姻"条所谓"疾病"云者，当然别乎残废言之。凡依现在医术，其程度达于不易疗治而于生活上有碍或为恒情所厌恶之疾病，皆应包括在内（现行律"婚姻门·男女婚姻"条律）。（四年上字第 1223 号）

媒证亡故不碍于婚约效力。

【正】定婚系要式行为，其形式要件有二：（一）婚书；（二）收受聘财。二者具备其一，即为合法。苟其形式业已具备，即或其后媒证亡故，亦无碍于其婚约之效力。（四年上字第 1417 号）

太监亦得娶妻。

【正】查前清《大清律例》"户律·杂犯门"内载"新进太监由内务府验明，年在十六岁以下并未娶妻者”云云。依文义解释，亦只规定新进太监必以十六岁以下并未娶妻者为合格，否则不许投充而已；决不能因投充太监须未娶妻之人，即解释为已充太监即终身不得娶妻，其理本至明显。若谓前清宫中则例，太监请假有限、外宿有禁，管束綦严，使太监无娶妻之机会，是即消极禁止其娶妻之义云云，则亦未免曲解。查前清立法，鉴于宦寺之祸，防微杜渐，种种限制极为详密，固不待言，然不能以此推定其娶妻亦在禁止之列。况以僧道娶妻有禁、律著明文而论，果欲禁太监娶妻，则事同一律，自可明著为令，又何必藉种种管束法规隐相箝制，以阴行其禁止，此尤事理之所必无。故以此谓太监娶妻有禁云云，实非有据。至谓太监娶妻当时法令亦无特许之明文，则太监娶妻安见即为适法？不知男女婚嫁本为人之大伦，无论何国，除法律特有明文禁止者外，其一般男子当然可以娶妻，固无俟有明文之特许。今前清法律于太监娶妻既无科刑禁止之条，虽其身遭阉割，亦尚不失为男子。则依男子可以娶妻之定则言之，太监取妻不在禁例，毫无疑义。（四年上字第1608号）

因悔婚发生其他损害，应由悔婚人负赔偿之责。

【正】现行律凡女家悔婚者，如前夫不愿再要，应令女家赔还财礼。至于因悔婚发生其他之损失，虽无明文规定，自应适用通常损害赔偿之原则办理。（四年上字第1770号）

孀媳改嫁或招婿，族人不得干预。

【正】父母对于孀守之媳，得其同意，或令改嫁或为招婿，苟与立嗣问题毫无关涉，则应听其自由。其族人无论有无承继权，均不得过事干预，以之告争。（四年上字第1937号）

男女定婚之初有残疾、老幼、庶出、过房、乞养者，应先通知并立婚书或收聘财方为有效。

【正】现行律载“凡男女定婚之初，若有残疾、老幼、庶出、过房、乞养者，务要两家明白通知，各从所愿，写立婚书，依礼聘嫁。若许嫁女已报婚书及有私约而辄悔者，处罚。虽无婚书但曾受聘财者，亦是”等语。是定婚之有效与否，在现行法上，若果男女自初即有残疾、老幼、庶出、过房、乞养情事，其前提要件：第一，须两家明白通知；第二，须写立婚书或经收受聘财为情愿之意思表示。若仅空言许婚，则其婚约自非有效成立（现行律“婚姻门·男女婚姻”条律）。（四年上字第2305号）

定婚后有残疾者，应随时通知。不愿时，亦许解除。

【正】现行律内载“其男女定婚之初，若有残疾者，务要两家明白通知，各从所愿”等语。原认为男女有残疾在定婚之后者，无变更婚约之效力。惟兹经详释律意，男女一造之残疾在定婚之初既明认为重要，必须通知相对人，为所甘愿，始可有效订立婚约，则残疾之生于定婚后者，亦须通知相对人，为所甘愿，始可使婚约继续有效。盖为婚约重要内容之当事人，其身体上嗣后既有重大变动，即与订约时当事人之意思不能符合，故亦更须明白通知。若为相对人所不愿，亦许解除婚约，不得以无故辄悔之例相绳。（四年上字第2357号）

同宗亲已出之妻亦不得娶。

【正】现行律内“凡娶同宗无服之亲及无服亲之妻者，各处罚。若娶缌麻亲之妻及舅甥妻，各徒一年。小功以上，各以奸论。其曾被出及已改嫁而娶为妻妾者，各处罚”等语。是同宗亲之妻，依法均不许娶。至曾否被出及有无改嫁情事，原非所问。明文规定，意极显然（现行律“婚姻门娶亲属妻妾”条律）。（四年上字第2401号）

无祖父母与父者，当然由母主婚。

【正】现行律载“嫁娶皆由祖父母、父母主婚。俱无者，从余亲主婚”等语。是无祖父与父之女，当然由母为之主婚。（五年私诉上字第28号）

孀妇改嫁应由母家主婚权者，夫家余亲无干涉权。

【正】孀妇之夫家无祖父母、父母而母家有祖父母、父母者，其改嫁即须由母家之祖父母、父母主婚，而非夫家之余亲所可容喙。律文前段之“但有余亲”一语，正系定明夫家虽有余亲，亦应由母家之祖父母、父母主婚，且为后段“仍由夫家余亲主婚”一语之引笔。并非认由母家之祖父母、父母主婚时，夫家之余亲别有监督之权。（五年私诉上字第28号）

婚姻当事人合意或依法解除婚约，父母无权禁止。

【正】父母虽有主婚之权，至于已成之婚约，经当事人双方合意解除或一方于法律上有可以解除之事由者，断无反乎婚姻当事人之意思可以强其不准解除。（五年抗字第69号）

孀妾改嫁之主婚与孀妇同。

【正】孀妇改嫁，除夫家有祖父母、父母者外，应由母家祖父母、父母主婚。此项条例，在妾于家主死后适人者，可自比照援用。（五年上字第71号）

抢亲不为解除婚约原因。

【正】女家悔盟、男家不告官司强抢者，在现行律上虽有处刑之条，究不足为解除婚约原因。（五年上字第296号）

因悔婚而不能履行者，应负赔偿之责。

【正】订婚契约合法成立后，若当事人一造无故翻悔致不能履行者，对于其相对人自应负赔偿之责。（五年上字第380号）

婚书以凭媒写立即为适法。

【正】男女两家分执之婚书，不问是否出于同一代笔人之手，但系凭媒写立，即为适法。（五年上字第504号）

私生女现无父母者，从余亲主婚。

【正】现行律载“嫁娶皆由祖父母、父母主婚；祖父母、父母俱无者，从余亲主婚；其夫亡携女适人者，其女从母主婚”等语。按照条文正当解释，其夫亡适人而未携女，其女又无祖父母者，则该女应从余亲主婚，自无疑义。至于未嫁女所私生之女，其主婚之权应属何人？现行律例虽无明文规定，然依前项条例类推解释，则该私生之女除经其父认知或其母不复适人又或适人而经携去者，其主婚之权仍分别各有归属外，若其既未经认知而其母适人又未携去者，自应依无祖父母、父母之例而援用从余亲主婚之规定。（五年上字第614号）

夫家祖父母、父母虐待孀妇者，丧失主婚权。

【正】现行律孀妇改嫁，主婚权人之次序，自系就普通情形而言。若有特别情形，例如，夫家之祖父母、父母对于该孀妇有虐待情事，其主婚权自应丧失，依法定顺序，即应归母家之祖父母、父母主婚。（五年上字第692号）

冒为他人之子而定婚者，足为彼造撤销理由。

【正】冒为他人之子而定婚者，得为彼造请求撤销之理由（现行律婚姻门男女婚姻条律）。（五年上字第870号）

主婚并无一定形式。

【正】主婚一层，在现行法上并无特别之形式规定，苟依相当证据方法足以证定婚之际已由合法主婚人之同意，则即令其事未经记明婚书，于该婚约亦无何等影响。（五年上字第1048号）

有主婚权人强嫁孀妇者，其婚姻之成立与否视事实上已未成婚为断。

【正】按现行律载“妇人夫丧服满果愿守志，而其祖父母、父母及夫家之祖父母、父母强嫁之者，如未成婚，追归前夫之家，听从守志。如已成婚，给与完聚”等语。是凡由有主婚权人强嫁孀妇，其婚姻关系究能成立与否，应视事实上已未成婚为断（现行律婚姻门居丧嫁娶条律）。（五年上字第1117号）

有妻欺饰更娶者，后娶之妻应离异。

【正】现行律妻妾失序门内载“若有妻更娶妻者，后娶之妻离异归宗”等语。是已有妻室之人，如果欺饰另娶，其后娶之妻自在应行离异之列（现行律婚姻门妻妾失序条）。（五年上字第1167号）

有妻更娶先经通知者，后娶之人为妾，不得离异。

【正】若在许婚当时实已明白通知有妻室在，应则其后之妻在法律上仅为妾之身分，即不得谓为欺饰而遽令离异。（五年上字第1167号）

红帖是否即为婚书，应调查习惯。

【正】当事人既供称该地方习惯红帖与大柬不同，不能作为正式婚书，即应予以调查。（六年上字第80号）

定婚时子女虽尚未生出，而其生出后新为定婚者，其新定之婚约自属有效。

【正】依现行律，凡有子未经出生者，尚不许定婚。其是否有子？在不可知之列。仅悬拟一格，预为定婚抱媳童养者，其婚约之不能有效，尤属显然无疑。然此等婚约固属无效，若俟女长大另与女家议明，得女家及该女之同意新定合法婚约，则当然本于新约之效力，认其得为婚姻。要非以当初婚约遽能拘束当事人。（六年上字第 136 号）

仅系互给小儿见面礼，不能认为婚约成立。

【正】男女定婚系要式行为，若仅互给小孩见面礼，并非以定婚之意思依礼纳送聘财者，自难遽认为婚约之成立。（六年上字第 137 号）

男女犯奸盗者，得解除婚约。亲属相盗者，亦同。

【正】现行律载“未成婚男女有犯奸盗者，不用此律”等语。注称“男子有犯，听女别嫁；女子有犯，听男别娶。”至所称“盗”之意义，当然包括窃盗而言。而窃盗行为应作何解？又当根据于《暂行新刑律》之律条，亦无可疑。据《刑律》第三百八十一条称“于直系亲属、配偶或同居亲属之间犯第三百六十七条（律文为‘意图为自己或第三人之所有而窃取他人所有物者，为窃盗罪’等语）及第三百七十七条第一项之罪者，免除其刑”等语。则是直系亲属、配偶、同居亲属之间犯所列窃盗罪者，仅得免除其刑。其行为，要仍不失为犯罪，则为保护相对人之利益，自应许其请求撤销婚约（现行律婚姻门男女婚姻条律）。（六年上字第 735 号）

男家悔约另聘前聘之女，得解除婚约。

【正】现行律载“若再许他人（中略）已成婚者，处罚后娶者。知情与同罪，财礼入官；不知者，不坐，追还财礼，女归前夫。前夫不愿者，倍追财礼给还其女，仍从后夫。男家悔者，罪亦如之”等语。是就该律类推解释，男家悔约另聘已成婚者，如前女仍愿与为婚姻，自应令娶前女，而后聘者令其别嫁。如不愿与为婚姻，自应准其解除婚约，是不待言。又此种解除婚约之原因事实一旦发生，即可据以请求，自不容男家事后以一方之意思补正事实，拒绝其请求（现行律婚姻门男女婚姻条律）。（六年上字第 845 号）

兼祧子后娶之妻，亦不能取得正妻身份。

【正】现行律既无准许兼祧子得娶数妻之明文，兼祧子虽兼祧数房，其正妻若尚生存，后娶之妻自不能取得正妻之身份。（六年上字第 852 号）

孀妇改嫁须出自愿。

【正】孀妇改嫁必须出于自愿。（六年上字第 866 号）

妻不在者，得以妾为妻。

【正】按现行律载“妻在以妾为妻者，处刑并改正”等语。细绎律意，原以妻在时不得以妾为妻。妻若不在，其夫有以妾为妻之意思表示，即不在禁止之列。（六年上字第 896 号）

定婚当事人间有义绝之状者，准其解除婚约。

【正】按现行律例，夫妇有义绝之状请求离异者，准其离异。依此类推解释，凡定婚当事人彼此有义绝之状者，当然可以准用该律规定，准其解除婚约。（六年上字第 922 号）

孀妇改嫁时，其主婚权有一定之次序。

【正】现行律内载“孀妇自愿改嫁，由夫家祖父母、父母主婚。如夫家无祖父母，但有余亲，即由母家祖父母、父母主婚。如母家亦无祖父母、父母，仍由夫家余亲主婚”等语。是孀妇当自愿改嫁时，其主婚权人之顺位应以夫家祖父母、父母为先，业有明白之规定（现行律婚姻门居丧嫁娶条例第二）。（六年上字第969号）

父母犯奸盗，不能为解除婚约之原因。

【正】男女有犯奸盗者，依律固得为撤销婚约之原因。第其所谓“男女”，乃专指定婚男女而言。故其犯奸或盗者，若仅属于定婚男女一方之父母，并非与定婚男女有何关系，则在他方，自不能以此主张撤销婚约。（六年上字第1081号）

养母之翁姑对于养女有主婚权。

【正】依现行律嫁娶皆由祖父母、父母主婚之规定类推解释，凡养母之翁姑对于养女，当然亦有主婚权。（六年上字第1176号）

主婚受财者，须负担嫁资。

【正】聘财在现行法上与婚书同为定婚要件，虽由主婚人受财，而嫁女所需妆奁等费用亦应由此受财之主婚人担负，并非以受财为有主婚权者应享之权利。（六年上字第1251号）

犯吸食鸦片及施打吗啡等罪，非解除婚约之原因。

【正】现行律纵规定“未成婚男子有犯奸盗，听女别嫁；女子有犯，听男别娶。”然因吸食鸦片烟及施打吗啡等犯罪者，律例并无准许对造解除婚约之明文。（六年上字第1384号）

童养媳改嫁，养家故意不为主婚者，得以裁判代之。

【正】童养媳之改嫁比照孀妇之规定，其主婚权虽应先属于养家祖父母、父母，然苟已具备婚姻要件，而养家父母、祖父母有所希冀故意不为主婚者，自可请求审判衙门以裁判代之。（七年上字第95号）

童养媳夫死改嫁须经其情愿。

【正】童养媳未及成亲而夫死，若养家欲令其改嫁，自应准用孀妇改嫁之条例，须其情愿，其婚约始能完全有效。（七年上字第95号）

养女本生父母不得争执主婚。

【正】养女之主婚权苟无特别情事，自应归于养父母，无本生父母家争执之余地。（七年上字第195号）

改嫁妇为所携之女主婚者，前夫之弟无权干涉。

【正】依现行律，夫亡携女适人，其女由母主婚，其夫之弟自无干涉之余地。（七年上字第290号）

童养媳如未经解除关系，须由养家主婚。

【正】凡童养媳未及成亲而夫死，虽与孀妇有别，然苟非解除关系回归母家者，则其改嫁自应准用现行律所载孀妇自愿改嫁之例，先由养家祖父母、父母主婚。（七年上字第297号）

祖父母、父母为同居者，由父母主婚，唯须经祖父母同意。

【正】现行律男女嫁娶之主婚并举祖父母、父母者，所以别于余亲而言。若祖父母、父母俱在而又系同居者，自应由父母主婚。惟依家政统于一尊之义，亦应得祖父母之同意，否则祖父母得以撤销婚约。（七年上字第298号）

出母可依特约为其女主婚。

【正】协议离婚，夫妻恩义虽已断绝，而妻对于所生之女，其母女名分固依然存在，则离婚时，以契约定女之主婚权，使专属于妻，即难谓该契约为无效。（七年上字第304号）

妇人夫亡虽拟改嫁而尚未嫁者，仍有为其女主婚之权。

【正】现行律内载“夫亡携女适人，其女从母主婚”等语。是妇人夫亡改嫁者，固须携同其女方有为其女主婚权，但如果并未适人或虽拟适人而尚无改适之事实，则依嫁娶由父母主婚之规定，自不能因其曾有适人之意思而遂丧失其固有之主婚权。（七年上字第344号）

同宗为婚律应撤销。

【正】娶同祖兄弟之妻者，其婚姻依律自应撤销。（七年上字第387号）

因奸成婚，除因奸被离之妇外，非法所禁。

【正】现行律所称“嫁与奸夫者，妇人仍离异”等语，系专指因奸而被离婚之妇而言。此外因奸成婚，法律虽无认许明文，而若经有主婚权人之许可，则仍无碍于婚姻之有效。（七年上字第491号）

因一造事由解除婚约者，应负赔偿之责。

【正】解除婚约因一造之事由而生者，他一造因订约所受之损害应由该一造担负赔偿之责。（七年上字第623号）

余亲主婚经祖父母、父母同意追认，亦为有效。

【正】现行律男女嫁娶固应由祖父母、父母主婚。惟虽有祖父母、父母，而由余亲主婚之时，其祖父母、父母确经同意或事后追认，即与自行主婚无异，自不能概谓为无效。（七年上字第888号）

婚姻欠缺法定要件，虽经同意追认，亦不能有效。

【正】未经订立婚书及受过聘财之婚约，既欠缺法定要件，则虽经同意追认，亦不能有效。（七年上字第888号）

官肢阴阳之机能失其作用，即为残废。

【正】现行律男女婚姻条所谓“残废”云者，指凡人身五官、四肢、阴阳之机能有一失其作用者而言（现行律婚姻门男女婚姻条律）。（七年上字第910号）

已成年男女同意之婚约，不得由主婚权人解除。

【正】婚姻之当事人本为男女两造，若有主婚权人之许婚已在男女本人成年之后得其同意者，此后该婚约自不得反于本人之意思由主婚权人任意解除。（七年上字第972号）

事实上已经成婚，非婚姻成立之要件。

【正】婚姻之成立不成立应以是否具备定婚要件为衡。故使未合法定婚，纵事实上已经成婚，而由主婚权人提起确认婚姻不成立之诉，仍非法所不许。（七年上字第1018号）

退婚不须立书据。

【正】退婚只须两造确已同意即生效力，本不以订立书据为要件。（七年上字第1173号）

母家未得夫家父母同意而为主婚者，自非适法。

【正】孀妇改嫁，夫家父母依律应先于母家父母有主婚权。若未得夫家父母之同意，母家父母擅为孀妇主婚改嫁者，自非适法。（七年上字第1248号）

订立婚书收受聘财须两方合意。

【正】订立婚书受授聘财，必须出自订婚人两方之合意，该婚约始能成立。（七年上字第1365号）

定婚时诈称地位与婚约是否有关，以定婚相对人之意思为断。

【正】诈称地位与人定婚者，如果相对人确因深信其有此地位始允与定婚，非此即不允许者，则其诈称地位之事实即于婚约效力不为无关。（七年上字第1365号）

男家家属为不正营业，非撤销婚约之原因。

【正】男家家属为不正营业，除可认为妄冒外，不得据为撤销婚约之原因。（七年上字第1365号）

夫家故意抑勒不为主婚，得以裁判代之。

【正】孀妇自愿改嫁，夫家祖父母、父母或余亲如果故意抑勒不为主婚改嫁者，得由审判衙门以裁判代之。（七年上字第1379号）

童养媳解约后，夫死嫁人由母家主婚。

【续】童养媳经两造合意解除婚约者，与童养未及成亲而夫死者显有区别。其解约后之主婚权自应属于母家，与通常解除婚约者无异。（八年上字第204号）

入赘亦得有聘财。

【续】入赘亦系通常婚姻，自无不能有聘金之理。（八年上字第226号）

婚书、聘财无须两备。

【续】婚书与聘财固同为法定之婚姻成立要件。惟法律上仅要求其一，无须兼备（现行律婚姻门男女婚姻条律）。（八年上字第227号）

父母为子女主婚，如尊亲属故意不予同意，得以裁判代之。

【续】父母为子女主婚，如尚有直系尊亲属在堂，固应禀承其同意。惟该尊亲属苟并无正当理由而故意不予同意，则审判衙门得以裁判代为许可。（八年上字第236号）

定婚具备形式要件外，更须两造有一致之意思表示。

【续】订定婚约于写立婚书、交付聘财之形式要件虽仅须具备其一，而依一般契约之通例，要须定婚两造有一致之意思表示。否则虽具备形式要件，亦难认其婚约为已成立。（八年上字第284号）

同居近亲之主婚权先于别居之远族。

【续】现行律载“祖父母父母俱无者，从余亲主婚”等语。其于余亲主婚之顺序虽未明定，然依据条理，其与定婚男女同居而服制最近者，较别居之远族自应尽先有主婚之权（现行律婚姻门男女婚姻条例第二）。（八年上字第321号）

远族主婚经有主婚权者之嘱托或同意追认，亦属有效。

【续】远族主婚而实系由于现有主婚权者之嘱托或经其同意追认，即与现有主婚权人之主婚生同一之效力。（八年上字第321号）

妾之扶正无须一定仪式。

【续】妾于其家别无正妻并其家长有尊为正妻之表示，即得认为扶正。除有特别习惯外，无须何种之仪式。（八年字第389号）

以聘财不交为婚约解除条件之特约有效。

【续】以聘财逾期不交为婚约之解除条件，不得遽谓其为无效。（八年上字第503号）

指女抱男字据即足为婚书。

【续】现行律关于婚书并无一定之形式，而上告人为被上告人所立之指女抱男入赘抱约，既显有关于婚姻之记载，即无别立婚书之必要。（八年上字第687号）

随母改嫁之女归宗后，可由女之本宗余亲主婚。

【续】随母改嫁应由其母主婚。而于其母亡故后归宗者，自可由其本宗余亲之胞兄主婚。（八年上字第730号）

年龄妄冒之婚约应许撤销。

【续】定婚之初，男女年龄之老幼须明白通知，各从所愿。违者，即属妄冒为婚，应许撤销。（八年上字第780号）

婚帖依地方习惯断。

【续】婚帖为定婚要件之一。而婚贴之方式现行律既无明文规定，则年庚字条是否即

为定婚婚贴，抑须鸾笺凤简之属始为婚帖，自应依各地方之习惯以为断定。（八年上字第792号）

纳妾用财礼等名称不能视为法律上定婚之聘财。

【续】纳妾所出资财，在习俗并无一定之名称。有时即用财礼等名称，亦不能视为法律上定婚之财礼。（八年上字第923号）

现行律不禁同姓为婚。

【续】现行律不禁同姓不宗者相为婚姻。（八年上字第1093号）

定婚须收受聘财之规定，不因法令禁止买卖人口而失效。

【续】现行律例男女定婚收受聘财，原系定立婚约所应践行之方式，与用财买卖人口不能同论。此项规定自不因法令禁止买卖人口而失效力（现行律婚姻门男女婚姻条律）。（八年上字第1098号）

携女适人后母故而未归宗者，后父有主婚权。

【续】现行律载“夫亡携女适人者，其女从母主婚”等语。依此项规定固应认母有主婚权，但其母如已亡故而女又未归宗，则应认后父有主婚之权。（八年上字第1191号）

定婚仅由母主婚者，其父得撤销。

【续】男女嫁娶仅由母主婚而未得父同意者，其父自得撤销。（八年上字第1388号）

出具财礼凭媒聘娶，不得谓为价买。

【续】买卖人口虽为现行法令所不许，但当事人一造出具财礼凭媒聘娶，仍属适法行为，自不得谓为价买。（九年私诉上字第14号）

聘财不以金钱为限。

【续】所谓聘财，非必金钱。苟交有金钱价格之物以为定婚之用者，即可认为聘财。（九年上字第64号）

夫死未久即欲改嫁者，依律在禁止之列。

【续】夫死未久即欲改嫁，依照现行律居丧嫁娶门居夫丧而身自嫁者离异之规定，自在禁止之列（现行律婚姻门居丧嫁娶条律）。（九年上字第492号）

男女均达成年，可随时要求对造履行婚约。

【续】现行律例除原定有期约者，男家未至期强娶、女家故违期者，有禁止之规定外，其关于应履行婚约之时期并未有明文规定。依条理解释，男女之一造于彼此均达成年后，自可随时要求对造履行婚约。（九年上字第541号）

父母俱存，母不得反于父之意思为子女主婚。

【续】现行律载“嫁娶应由父母主婚，而父母俱存时，其主婚之权应由父行使”，本院已有判例。故母自不得反于父之意思而为子女主婚（现行律婚姻门男女婚姻条律）。（九年上字第776号）

祖父母为主婚而父母事前不知者，得撤销婚约。

【续】现行律载“嫁娶应由祖父母、父母主婚，而祖父母、父母俱存时，主婚之权应由父母行使”，本院已有判例。故祖父母为之主婚而父母事前不知者，自得撤销其婚约（现行律婚姻门男女婚姻条律）。（九年上字第776号）

主婚人同意非要式行为。

【续】主婚人之同意并非要式行为。凡证明其主婚属实者，即属有效。（九年上字第831号）

孀妇改嫁为妾，应准据孀妇改嫁之规定。

【续】孀妇自愿改嫁者，须由夫家祖父母、父母主婚。如夫家无祖父母、父母者，即由母家祖父母、父母主婚，为现行律所明定。则孀妇改嫁为人妾者，自可准据此项规定以资判断。（十年上字第454号）

婚姻不必得监护人同意。

【续】关于婚姻之法律行为，不必得监护人同意亦为有效。（十一上字第1277号）

异姓入继与所继家久已发生家族关系者，应与同宗同亲禁止相为婚姻。

【续】异姓入继虽属违法，惟当初并无有继承权人出而告争，事历多年相安无异，并且数世载入宗谱，则其子若孙与所继之家久已发生家族关系。对于同载宗谱者，既有世系可寻，即其尊卑长幼之名分自应与同宗同视，其相互间当然不能为婚姻之结合。（十一年上字第1431号）

翁姑行踪不明，孀妇之父母于必要时亦可主婚改嫁。

【续】孀妇自愿改嫁，依法固应先由翁姑主婚，惟翁姑如果行踪莫名，而该妇之父母因留养维艰，即予主婚改嫁。按之现行律例孀妇改嫁主婚顺位之精神，尚不能谓为违背。（十一年上字第1665号）

父母俱存时，许女为妾，应由其父主持。

【续】现行律载“男女嫁娶应由祖父母、父母主婚。”此在许女为妾应可比照援用。故凡父母俱存之时应由其父主婚者，在许女为妾亦应由其父主持。（十二年上字第931号）

过门童养，于成年后之相当期间无反对之意思表示者，应认为婚姻同意。

【补】按子女未成年时其父母所订婚约，虽应于子女成年后得其同意，然订婚后已经过门童养者，其子女在未成年时既明知许婚事实，则于成年后之相当期间若无反对之意思表示，即不能谓为尚未同意。（十三年上字第88号）

第二节　婚姻之无效及撤销

孀妇出嫁未备自愿之要件者，得自请撤销。

【正】孀妇未经表示情愿之婚姻，得由其请求撤销。（四年上字第1812号）

订婚未经主婚者，除主婚权人外，孀妇或童养媳亦得请求撤销。但定婚时已成年表示情愿者，不在此限。

【正】孀妇改嫁或童养媳出嫁未经有主婚权人主婚者，除有主婚权人得请求撤销婚姻外，并准孀妇或童养媳撤销。但当事人于改嫁缔婚时，如达于成年而表示情愿者，则不得自行主张撤销。盖主婚之制本为尊重尊长权，并保证当事人之利益而设。自尊长权言之，如未经其主婚，应认其有撤销之权，自不待言。而自当事人之利益言之，主婚之人概系关系较为亲密之人，主婚既有一定，自可藉以杜绝希图分产者之干预嫁事，而得保全其孀守或择良改嫁之志愿，故当然应认主婚人能有撤销之权。惟当事人如果已达成年，改嫁缔婚确系出自情愿，并无受人诱胁之事实，而主婚之人又并未主张撤销，固无准当事人撤销之必要。（四年上字第1907号）

孀媳改嫁或招婿，苟与立嗣无涉，族人不得干预。

【正】父母对于孀守之媳得其同意令其改嫁或为招婿，苟与立嗣问题毫无关涉，则应听其自由，族人无论有无承继权，均不得过事干预以之告争。（四年上字第1937号）

未经合法主婚之婚姻可以撤销。

【正】婚姻当事人已有结婚之合意并曾践行一方定式（订立婚书或收受聘财），又无其他无效原因者，其婚姻即系合法成立。虽未经父母或其他有主婚权人之同意，亦仅足为撤销原因。（四年上字第2188号）

婚姻撤销之效力不溯既往。

【正】婚姻撤销之效力不能追溯既往，故未撤销前之婚姻关系仍应认为有效。（四年上字第2188号）

因悔约另嫁而请求撤销后夫之婚姻者，审判衙门应尽指谕之责。

【正】许嫁女再许他人已成婚者，依律虽以仍归前夫为原则。然法律为维持家室之和平并妇女之节操计，尚希望其女得以终事后夫，故于律文末段特附以前夫不愿者，倍还财礼，女从后夫之规定，律意所在，彰然甚明。则审判衙门遇有此项诉讼案件，自应体会法律精意之所在，先就此点，尽其指谕之责。（五年上字第1048号）

未经主婚权人之主婚者，主婚权人得请求撤销。

【正】无主婚权人擅行主婚者，除经主婚权人表示同意或追认外，自为可以撤销之婚姻。（五年上字第1528号）

婚姻之撤销，惟当事人直系尊属、同居最近亲属及检察官得以主张。

【正】婚姻事件有撤销原因者，除当事人及其直系尊属与同居最近亲属暨代表公益之检察官得诉请撤销外，其余族人不得妄行干涉。（七年上字第1527号）

被诈欺或强迫而为婚者，得请求撤销。

【正】被诈欺或强迫而为婚姻者，其被诈欺或强迫之当事人所为之婚姻意思表示本具有撤销原因。在现行律例，除妄冒、强取等情形外，虽无准许撤销之明文，而依一般法律

行为之原则，要无不许当事人请求撤销之理。（八年上字第359号）

不得以聘财不交为理由撤销婚姻。

【正】已成婚者，不容以聘财逾期不交为撤销婚姻之原因。（八年上字第503号）

有撤销原因之婚姻曾经追认者，不得撤销。

【正】妄冒为婚后而经有撤销权之人追认者，不得于追认之后复请撤销。（八年上字第563号）

后娶之妻于前妻故后，可认其有妻之身份。

【正】依前清现行律，有妻更娶妻者，后娶之妻虽应离异归宗，但苟未经离异亦未合意改认为妾，则自前妻亡故时起，应认其有妻之身份（即无效之法律行为认为后经采认）。（八年上字第1036号）

养子归宗非撤销婚姻之原因。

【正】养子娶妻后归宗，不能据为撤销婚姻之原因。（八年上字第1184号）

居丧嫁娶门所称已成婚之解释。

【正】现行律居丧嫁娶门载"夫丧服满，妻妾果愿守志，而女家之祖父母、父母及夫家之祖父母、父母强嫁之者（中略），已成婚者，给与完聚"等语。原以该女始虽被迫改嫁，而嗣后既以愿意成婚，即系业经追认，实与许婚之时即表同意无异，故仍应听其完聚。如仅因被迫与所嫁人同居，而并无愿与为婚之意思，即不得已成婚论（现行律婚姻门居丧嫁娶条律）。（九年上字第152号）

审判衙门遇悔婚另嫁之件，应尽力劝谕。

【正】许嫁女再许他人已成婚者，依律虽以仍归前夫为原则。然为维持家室之和平并妇女之节操计，尚希望其女得以从一而终，故现行律特附以前夫不愿者，倍追财礼，女归后夫之规定。又按结婚义务原有不可代替执行之性质，一般法理概认为不能强制履行。盖以交付人身直接强制，非酿成变故，即促其逃亡，事实上仍不能达到判决之目的。故订婚之女如果执意不从，其最后之结果仍不出于损害赔偿之一途。况法律上，夫对于妻并不能加以强暴或监禁之行为，则一时强使结婚而于既婚之后其女如有逃亡，该女家除有串谋情事外，对于男家并无责任可言，是在男家反或因强制结婚而更受损失。故审判衙门遇有此项悔婚另嫁之件，应以和平方法尽力劝谕当事人，与其不能达强制执行之目的，孰若听其解除，而就其因他造悔约所生之损害依法要求赔偿转为得计。（九年上字第615号）

成年男女不同意，不得强其履行。

【正】婚姻之实质要件在成年之男女应取得其同意。苟非婚姻当事人所愿意，而一造仅凭主婚者之意思缔结婚约，殊不能强该婚姻当事人以履行。（十年上字第1050号）

父母为未成年子女所订婚约子女成年后不同意，不得强其履行。

【续】父母为未成年子女所订婚约，子女成年后如不同意，则为贯彻婚姻尊重当事人

意思之主旨，对于不同意之子女，不能强其履行。（十一年上字第1009号）

定婚不注重嫡庶子身份者，不得以未经通知而撤销婚约。

【补】现行律规定庶子定婚应明白通知，系就通常注重嫡庶子身份者而言。若不注重嫡庶子身份，即不得以未经通知为撤销婚约之理由。（十五年上字第1462号）

现行律所称老幼应行通知，系指年龄相差甚远者而言。

【补】现行律所称“老幼应行通知”，系指年龄相差甚远者而言。若年龄相差无几，并无一老一少之情形，即不得适用律例该项规定，以为撤销婚约之理由。（十五年上字第1462号）

第三节　婚姻之效力

妻得有私财。

【正】为人妻者，得有私财。（二年上字第33号）

妆奁应归妻有。

【正】嫁女妆奁应归女有。其有因故离异，无论何种原因离去者，自应准其取去，夫家不得阻留。（二年上字第208号）

前夫承继人得向改嫁妇诉追其滥行处分之夫家赠与或遗赠之财产，但妇守志则应完全听其处分。

【正】现行律载“妇人改嫁，夫家财产听前夫之家为主”等语，其立法之精神在使改嫁之妇不能继续享有夫（妾则为家长）家财产，藉以杜绝弊端而奖劝守志。故其正当之解释，凡妇人由其夫家承受之赠与及遗赠财产，若于生活上有必要时，固得于其必要限度内自由处分，无须得承继人之同意。反是，如并无生活上之必要或则超过限度处分此项财产，嗣后即行改嫁者，当然应准承继人向其诉追全价或超过部分之价额。若系始终守志并无改嫁事实，则此项财产自可完全听其处分，毫无限制之必要。此与养赡财产不同之点。（四年上字第147号）

夫家财产及原有妆奁不得携以改嫁。

【正】现行律载“妇人夫亡改嫁者，夫家财产及原有妆奁听前夫之家为主”等语。绎释律意，是夫家财产及原有妆奁，改嫁之妇不得擅行携去。但前夫之家允许其携去者，则当然不在禁止之列（现行律户役门立嫡子违法条例第四）。（四年上字第886号）

定婚无效者，虽成婚亦不生婚姻效力。

【正】定婚为成婚之前提。据现在继续有效之前清现行律载，“男女定婚，写立婚书，依礼聘娶。”又载“虽无婚书但曾受聘财者，亦是”等语。是婚约必备此要件之一，始能认为有效成立。苟无一具备，虽已成婚，于法律上仍不生婚姻之效力。（四年上字第1514号）

妻惟关于日常家事有代理权限。

【正】妻惟关于日常家事有代理其夫之一般权限。至于与日常家事无关之处分行为，

则非有其夫之特别授权不得为之，否则非经其夫追认不生效力。（五年上字第364号）

夫不能以妻妾交恶拒绝同居。

【正】夫妇互有同居义务，亦即互有请求同居之权利，不能因妻妾交恶之故而令妻分居。（五年上字第444号）

夫妇除协议外不得主张析产。

【正】夫妇析产在现行法上并无认许之文，而按之条理、人情，亦难照准。故除当事人自行协议外，不得借口家庭不和，率行主张分析。（五年上字第444号）

夫妇约定同居之处所，须经祖父母、父母同意。

【正】为人妻者，有与其夫同居之义务。至同居之处所，依现行律别籍异财门载“祖父母、父母在者，子孙不许分财异居；其父母许令分析者听”等语。祖父母、父母在者，当然应遵从其祖父母、父母之意思定之，故其夫亦不能有决定之自由。即或于订婚之初与女家约定同居地点，亦惟于得有祖父母、父母之同意或祖父母、父母不在时，其夫始有守约之义务。（六年上字第259号）

夫之住所不得拒绝其妻与之同居。

【正】妻之住居虽应由夫主持，而夫妇既有同居之权利及义务，苟未经认为有正当理由准其离异或与夫别居，则妻之住居固不必与夫之妾同处；而苟为夫之住所，即不得拒绝其妻与之同居。（六年上字第976号）

夫家财产因赠与或其他行为而归属于妻者，皆不得携以改嫁。

【正】现行律载“妇人改嫁，夫家财产听前夫之家为主”等语，系概括为人妻者，由其夫家承受之财产而言。故无论其形式出于赠与或其他之权利设定行为，均应一体援用；妾于家长故后改嫁，自应一律准用该条。（七年上字第147号）

夫妇同居之事应由夫作主。

【正】关于夫妻同居之事，须由夫作主。为人妻者，自不应强令其夫与翁另门各度。（七年上字第303号）

妻以己名所得之产为其私有。

【正】妻以自己之名所得之财产为其特有财产，妾亦当然得从此例。（七年上字第665号）

属夫属妻不明之产，推定为夫所有。

【正】某财产属夫或属妻不明者，应推定为夫之财产。此例于妾当然得准用之。（七年上字第665号）

妻之住所应与夫同。

【正】为人妻者，负与夫同居之义务，固不得不以夫之住所为住所，但其夫并无住所者，则妻自得独立设定住所，自无许其夫借口同居义务强其妻随同游浪之理。（七年上字

第863号）

夫妇有同居义务。

【正】妻负有与夫同居之义务，而夫亦须使妻同居。在婚姻关系存续之中，除有法律上理由不能同居外，自不容一造擅行拒绝同居。（七年上字第1009号）

妻之信教自由不受夫权限制。

【正】《约法》载"人民有信教之自由"等语。寻绎法意，举凡人民，无论男女及有无完全行为能力，均可自由信教，并不受有何等限制。反查妇人私法上之行为固受夫权之限制，但其宗教上之信仰自非夫权所得禁止。（七年上字第1308号）

病疯重听不得据为拒绝同居之理由。

【续】妻对于夫应负同居之义务，即使其夫病疯重听，亦不能据为拒绝同居之理由。（八年上字第1354号）

给予妻妾之衣饰应认为妻妾所有。

【续】夫或家长给予妻或妾之衣饰，本所以供日常生活之用，自应认为妻妾所有。（九年上字第11号）

夫妻不能推定将来或有虐待情形拒绝同居。

【续】夫妇一造不能推定其对造将来或有虐待情形而预先拒绝同居。（九年私诉上字第59号）

夫妻别居须得相对人同意或有不堪同居之事实。

【续】夫妻有同居之义务，非有不堪同居之事实及相对人已经同意者，不得别居。（九年上字第201号）

夫家于孀妇改嫁时，应酌量负担嫁资。

【续】妇人夫亡改嫁，其夫家财产及原有妆奁依律虽应听夫家为主，但夫家于孀妇改嫁时亦应酌量负担嫁资。（九年上字第628号）

未成婚男女有犯奸盗，他方已明白为宥恕之表示者，应认为已抛弃解约权利。

【补】未成婚男女有犯奸盗，依律固足为解除婚约之原因，惟一方有犯，他方已明白为宥恕之表示者，即应认为已抛弃解约权利；非有其他不堪结婚情事，不得更为解约之主张。（十四年上字第1256号）

妇女听从本夫卖休显已协议离异，婚姻关系自属消灭。

【补】现行律内载"若用财买休、卖休和娶人妻者，妇女离异归宗"等语，系指妇女不愿与买休人为婚，亦不愿复归本夫时而言。若妇女听其本夫卖休，愿与买休人为婚，则与自愿卖休之本夫显已协议离异，自不容本夫以买卖无效为理由主张自己与该妇女之婚姻关系犹未消灭。（十四年上字第2501号）

子女与有主婚权人素有嫌怨，如已成年，亦应许其自行定婚。

【补】子女定婚，通常固应经有主婚权人同意，但子女苟与主婚权人素有嫌怨或其他情事，事实上难得其同意者，则该子女如成年，亦应许其自行定婚。该有主婚权人不得以未经同意为理由而就其已成之婚姻主张撤销。（十五年上字第962号）

第四节　离婚

尊亲属冲突须离婚原因。

【正】尊亲属间之冲突在现行法上与婚姻当事人无关，不能为离婚之原因。（三年上字第223号）

妻妾离异后，其所出子女由父监护，唯亲生母子之关系并不消灭。

【正】夫妇离婚时，得以协议定子女之监护方法。如并未议及，则应归其父任监护之责，而其去家之母即无庸兼顾，不过其亲生母子之关系仍然存在，并不因而消灭。至于妾生子女，当妾被废去其父家时，除其父仍委令监护者外，当然应由其父监护，则更无庸论及。（三年上字第269号）

为娼而无被勒情事者，不得离异。

【正】妇于为娼之始并无被勒情事，与现行律所载“（中略）抑勒子孙妇妾与人通奸一体禁止”（解释为亦得离异归宗）之条件不能适合。（三年上字第329号）

因贫出外谋生不为逃亡。

【正】若其夫因贫赴外谋生、常有银信寄家者，与现行律所载“夫逃亡三年，准妻告官别嫁”之条不合（现行律婚姻门出妻条例第二）。（三年上字第329号）

卖妻为娼虽未成，亦准离异。

【正】本夫抑勒其妻、价卖为娼者，较之抑勒通奸、典雇为妻妾及卖休之情形尤不可恕，依当然之条理类推之解释，自在应离之列。即图卖未成确有证据者，亦为义绝，自可据以离异。（三年上字第433号）

离婚无一定方式。

【正】现行惯例关于离婚无一定之方式，有作成休书者，有立契赎身者，又有仅由言词声明者，是故虽未经一定之方式，而事实已为离婚之协议确有实据者，自不得谓为无效。（三年上字第460号）

别居不能消灭婚姻关系。

【正】别居与离异系属两事。别居者，事实上夫妇不同居而婚姻之关系依然存续，与离异之消灭婚姻关系者不同。（三年上字第460号）

因贫不给衣饰非离婚原因。

【正】家道贫寒，不给衣饰，不成为法律上离异之理由。（三年上字第765号）

妄冒成婚与殴妻至折伤及抑勒通奸者离异。

【正】现行律载“有为婚而女家妄冒者，处罚，追还财礼；男家妄冒者，加一等，不追财礼。未成婚者，仍依原定；已成婚者，离异。”又载“夫殴妻至折伤以上，先行审问夫妇，如愿离异者，断罪离异。”又载“抑勒妻妾与人通奸者，妇女不坐并离异归宗”等语。是离婚之制本为现行律例所认许，不过须具备一定之条件而已（现行律婚姻门男女婚姻条律、又斗殴门妻妾殴夫条律、又犯奸门纵容妻妾通奸条律）。（三年上字第866号）

抑勒通奸律文所称义父赅义母言。

【正】现行律载“抑勒乞养女与夫通奸者，义父处罚，妇女不坐并离异归宗”等语。所谓“义父”，其意义自系赅义母而言。（三年上字第999号）

先期强娶非离异原因。

【正】现行律载“其应为婚者，虽已纳聘财，期约未至而男家强娶及期约已至而女家故违期者，并处罚”等语。是未至期约而强娶者，除制裁部分已失效力外，别无离异之规定，是尚不成为离异之原因（现行律婚姻门男女婚姻条律）。（三年上字第1077号）

因故意过失致婚姻应离者，负抚慰他造之义务。

【正】婚姻关系依法须离异者，其原因系由一造之故意或过失，则此一造对于他一造应负慰抚之义务。（三年上字第1085号）

夫逃亡三年属实者，虽未告官亦得改嫁。

【正】现行律载“若再许他人已成婚者，女归前夫；前夫不愿者，倍追财礼，给还，其女，仍从后夫。”又例载“夫逃亡三年不还者，并经听官告给执照，别行改嫁”等语。寻绎立法本旨，女子本以不许重复婚嫁为原则，但夫若逃亡多年不知下落，使女久待亦非人情，故以许其改嫁为例外。其必经官告给执照者，无非令官署得以调查其逃亡不还之事实是否真实及其年限是否合法，以凭准驳，而防后日之争议。故女子如实因夫逃亡三年以上不还而始改嫁，虽当时未经告官领有执照，而事后因此争执，经审判衙门认其逃亡属实而年限又属合法者，其改嫁仍属有效，不容利害关系人更有异议（现行律婚姻门出妻条例第二）。（三年上字第1167号）

妇人离异后改嫁，夫家不得干涉。

【正】现行律载“夫妻不相和谐，两愿离异者，不坐。”又载“嫁娶皆由祖父母、父母主婚”各等语。可见离婚一事原非法律所禁。而妇人一经依法离异，即与夫家断绝关系，应否改嫁即应归母家主持，决非夫家所得干涉，自更无前夫家族凭空置喙之余地。（四年上字第213号）

纵妻犯奸者，夫不得请求离异。

【正】现行律载“妻犯七出之状有三不去之理，不得辄绝，但犯奸者，不在此限。”是妻对于其夫有不贞洁之行为者，当然可为离异之原因。惟对于此类行为，其夫实已故纵在前（并非仅因保全名誉为事后之掩饰）者，则妻之责任即已解除，夫不得以业已故纵之行为请求与其妻离异。（四年上字第331号）

尊长舅姑抑勒殴伤，须本夫知情参与始得离异。

【正】查现行律例，惟本夫抑勒妻妾与人通奸及夫殴妻至折伤以上者，始得离异。若尊长殴伤卑幼及抑勒子孙之妇妾与人通奸者，除本夫系属知情参与或致令废笃疾者外，不得认为离异原因。盖殴伤抑勒咎在尊长舅姑，而与本夫之义究未断绝也（现行律犯奸门纵容妻妾犯奸条律、又斗殴门妻妾殴夫条律）。（四年上字第378号）

离婚原因由夫构成者，对于其妻负赔偿义务；即由妻构成者，妻之财产亦不因离婚而丧失。

【正】夫妇于诉请离婚以后，其财产上之关系，现行律并无规定明文。惟据通常条理，若离婚之原因由夫构成，则夫应给妻以生计程度相当之赔偿。但纵令离婚之原因由妻造成，夫对于妻亦只得请求离婚而止，妻之财产仍应归妻。（四年上字第1407号）

妻犯七出者离异。

【正】现行律载“凡妻于七出无应出之条及于夫无异绝之状而擅出之者，处罚。虽犯七出（即无子、淫佚、不事舅姑、多言、盗窃、妒嫉、恶疾）有三不去（与更三年丧、前贫贱后富贵、有所娶无所归）而出之者，减二等，追还完娶”等语。是出妻于律有一定之条件，与条件不相合者，即不容擅出（现行律婚姻门出妻条律）。（四年上字第1793号）

因事出外不为弃妻。

【正】现行律夫妻除不相和谐两愿离异者外，非有合法条件不能离异。遗妻不养，虽合法定离异之条件，惟其夫系因赴京应试而离家，并非无故遗弃者，亦自不足为请求离婚之根据。（四年上字第1433号）

吸烟、赌博非离婚原因。

【正】吸烟、赌博两事于法固有一定制裁，而以为离异原因则有未合。（四年上字第1925号）

聘财不能因离婚而概予追还。

【正】定婚之方式有二：（一）婚书；（二）曾受聘礼。此项要件必具备其一，始发生定婚之效力。故聘财在现行法上不过定婚之一要件，婚姻一经成立，则聘财之效用即完，除有法定追还财礼之明文或事出诈欺者外，自无因离婚之故概予追还之理。（五年上字第56号）

协议离婚为法所许。

【正】协议离婚为现行律所准许（现行律婚姻门出妻条律）。（五年上字第147号）

离婚后嫁女费用由父支给。

【正】婚姻解消之效力原不及于所生子女，无论离婚以后子女归何造监护，而于监护范围以外，于父母之权利义务并无何等影响。故离婚后归母监护之女，其嫁资仍应由父支给。（五年上字第409号）

前妻已离异而更娶者，后娶之妻不能以此为离异原因。

【正】前妻已经离异，其夫妇关系早已失其存在者，则因而更娶，自无不法之可言。此后娶之妻，即不适用“有妻更娶，应行离异”之规定，寻绎律意，自极显然。（五年上字第 556 号）

有一去不返之意思者为背夫在逃，应准离异。

【正】背夫而逃，在现行法虽为离异原因之一，然律文所谓“在逃”云者，必其出于一去不返之意思；非谓其妻偶有所适，未经预先告知其夫，即谓为“背夫在逃”（现行律婚姻门出妻条律）。（五年上字第 598 号）

宥恕为离婚诉权之抛弃。

【正】夫妇一方对于他一方之行为既经宥恕者，即应认为离婚诉权之抛弃。（五年上字第 606 号）

买休卖休者离异。

【正】用财买休、卖休和娶人妻者，其妇人依法自应离异归宗（现行律犯奸门纵容妻妾犯奸条例）。（五年上字第 654 号）

夫之语言行动足使其妻丧失社会上之人格者，为重大侮辱。

【正】凡妻受夫重大侮辱，实际有不堪继续为夫妇之关系者，亦应准其离婚，以维持家庭之平和而尊重个人之人格。至所谓重大侮辱，当然不包括轻微口角及无关重要之詈责而言。惟如果其言语行动足以使其妻丧失社会上之人格，其所受侮辱之程度至不能忍受者，自当以重大侮辱论。如对人诬称其妻与人私通，而其妻本为良家妇女者，即其适例。（五年上字第 717 号）

虐待侮辱舅姑而为所宥恕者，不得再请离异。

【正】因虐待舅姑或为重大侮辱而应离者，若经舅姑明白表示宥恕者，不得再以之为请求离异之原因。（五年上字第 742 号）

妇虽犯奸，夫不愿离，不得由舅姑嫁卖。

【正】有夫之妇因犯奸义绝与夫，依现行律之规定，固得由其夫请求离异。惟若夫无愿离之情而其舅姑私擅卖之者，当然不能生效（现行律婚姻门出妻条律）。（五年上字第 872 号）

擅卖妻之妆奁非离婚原因。

【正】夫不得妻之同意擅卖妻妆奁，固有不合，然未便准其遽行离异。（五年上字第 963 号）

夫妇关系非有法定原因不得离异。

【正】夫妇关系一经合法成立后，非确合于法定离婚原因，不得由一方任意请求离异。（五年上字第 1028 号）

惯行殴打即为不堪同居之虐待。

【正】本院判例所谓“夫虐待其妻致令受稍重之伤害”者，实以伤害之程度较重，足为虐待情形最确切之证明之故。如其殴打行为实系出与惯行，则所受伤害不必已达到较重之程度，既足证明实有不堪同居之虐待情形，即无不能判离之理。（五年上字第1073号）

夫妇受彼造重大侮辱者离异。

【正】夫妇之一造因受他造重大侮辱而提起离婚之诉者，一经查明实有重大侮辱之情形，自应准其离异。（五年上字第1073号）

兼祧亦不许并娶。

【正】有妻更娶既干例禁，则兼祧并娶，亦属显违科条。良以并耦匹敌有乖正义，不容借口兼祧，以违夫妻齐礼之义。（五年上字第1167号）

虐待至不堪同居者离异。

【正】夫妇之一造经彼造常加虐待至不堪同居之程度者，许其离异。（五年上字第1457号）

殴打而不能认为虐待者，须至折伤废笃始得离异。

【正】现行律“妻殴夫”条载：“夫殴妻妾（中略）至折伤以上（中略），先行审问夫妇，如愿离异者，断罪离异”等语。又“殴祖父母、父母”条载：“若非理殴子孙之妇致令废疾（中略）笃疾者（中略），并令归宗”等语。是妻为其夫或祖父母、父母所殴者，如按其情形不能认为不堪同居之虐待，则非至折伤或废笃疾，不得请求离异（现行律斗殴门妻妾殴夫条律；又殴祖父母、父母条律）。（六年上字第18号）

出外不告舅姑尚非不事舅姑。

【正】现行律所谓“不事舅姑”系指不孝舅姑而言，与出外不告舅姑自是有别（现行律婚姻门出妻条律）。（六年上字第85号）

后娶之妻主张不愿作妾者，应判令离异。

【正】依律后娶之妻绝不能更有妻之身份，其请予更正名义，固难照准。但如有不愿作妾之主张，则应令离异。（六年上字第662号）

协议离婚必须出于夫妻之情愿，非父母所可强制。

【正】据现行律载“嫁娶皆由祖父母、父母主婚。祖父母、父母俱无者，从余亲主婚。”又载“夫妻不相和谐、两愿离异者，不坐”各等语。是男女婚姻之主婚权虽属于祖父母、父母等，而协议离婚则因有明文规定，必出于为夫妻者之两相情愿而后可，自不得牵引主婚之律条以为口实（现行律婚姻门男女婚姻条律第二及出妻条律）。（六年上字第735号）

确有不孝事实训诫不悛者，为不事舅姑。

【正】按现行律七出之条虽列有“不事舅姑”一项，然细绎律意，所谓“不事舅姑”，系指对于舅姑确有不孝之事实并经训诫怙恶不悛者而言。若因家庭细故负气归家，其夫家遂拒而不纳致不得事舅姑者，尚不在应出之列（现行律婚姻门出妻条律）。（六年上字第947号）

诬告其妻犯奸为重大侮辱。

【正】夫之于妻如有诬奸告官之事实，则行同义绝，并非轻微口角及无关重要之詈责可比，应认为有重大侮辱，准其妻请求离异。（六年上字第1012号）

买休卖休无论出于诈欺胁迫或自愿皆离异。

【正】妻之改嫁无，论是否由于其夫之诈欺、胁迫抑或出于合意，但如果系用财买休、卖休者，依律自应令与其夫离异（现行律犯奸门纵容妻妾犯奸条例）。（六年上字第1068号）

夫妇于涉讼中相诋毁，不得为重大侮辱。

【正】夫妇不睦以致涉讼，在涉讼中互相诋毁，虽故甚其词，究不能据此指为重大侮辱。（六年上字第1138号）

离异无论由何原因，听妻携去妆奁。

【正】离婚之妇无论由何原因，其妆奁应听携去。（六年上字第1187号）

离婚时协定子女监护方法之契约有效。

【正】夫妇协议离婚原为现行律例所认许，故于夫妇俩愿离异时，关系离婚后子女之监护方法有所协定者，自应认为有契约之效力。（六年上字第1194号）

协议离婚不容余亲及族人妄有争执。

【正】余亲及族人就男女之协议离婚不容妄有争执。（六年上字第1261号）

有妻更娶者，后娶之妻离异。

【正】现行律载“有妻更娶者，后娶之妻离异”等语。是后娶之妻于法本不能取得妻之身份（现行律婚姻门妻妾失序条例）。（七年上字第84号）

妾与家长准用协议离异。

【正】夫妇协议离异应由自身作主，他人不能代为主持。为妾与家长协议解除关系，当然应予准用。（七年上字第132号）

虐待或重大侮辱妻之父母者离异。

【正】夫对其妻之父母虐待或加以重大侮辱者，应认为义绝，亦应准其离异。（七年上字第150号）

因一时气忿致他造受轻伤者，不为虐待。

【正】夫妇之一造如果受他造不堪同居之虐待，虽应准许离异，惟因一时气忿偶将他造致伤而事属轻微者，自不能遽指为不堪同居之虐待。（七年上字第264号）

空言声称嫁卖不为义绝。

【正】夫对于妻其嫁卖显著之事实，仅以他种原因未遂所为者，得予离异。若其夫仅以空言声称嫁卖，而并无真实嫁卖之意思者，即不得认为已有义绝行为，率请离异。（七年上字第787号）

妻妾自愿为娼，其夫虽经纵容，不得请求离异。

【正】妻妾自愿为娼，其夫虽经纵容并无抑勒情事者，妻不得据以请求离异。（七年上字第946号）

夫之所在可以探知及音信常通者，皆非逃亡。

【正】现行律载“夫逃亡三年不还者，并听经官告给执照，别行改嫁”等语。其经官告给执照，无非使官署得有机会以便调查，并非改嫁之条件。苟其夫逃亡属实，并已经过三年者，则其改嫁仍属有效。惟所谓逃亡须确有失踪不返之情形；若其所在可以探知，音信常通者，虽离家较久，亦自不得以逃亡论。（七年上字第1381号）

妻于夫故后有淫乱情形，翁姑得令其退回母家，脱离亲属关系。

【续】现行律载“淫佚”及“不孝翁姑”虽在七出之列，惟出妻制度既系夫妻间之关系，则夫故之后，翁姑于媳当然不能援用。惟子媳苟有淫乱行为，其翁姑为维持一家名誉加以相当之惩戒，或为家庭和平计，勒令其退回母家，脱离亲属关系，固不能谓为不当（现行律婚姻门出妻条例）。（八年上字第64号）

妻背夫在逃改嫁，得以离异。

【续】妻背夫在逃辄自改嫁者，既于其夫有义绝情状，其夫自得据以请求离异。（八年上字第166号）

定婚时不知有妻又不愿作妾者，许其离异。

【续】兼祧后娶之妻，法律上应认为妾。惟定婚之时不知有妻又不自愿为妾者，许其请求离异。（八年上字第177号）

不能以曾经涉讼为理由请求离异。

【续】请求离异，须具有法律上一定之原因始能准许。倘因涉讼以后不能和睦，即据为应行离异之理由，则凡男女一造希图离异，一经涉讼即无依法准驳之余地，法定条件不几等于虚设？（八年上字第177号）

夫仅无力养赡，不为离异原因。

【续】夫对于其妻纵令无力养赡，而既非确有遗弃之意思，即不足为离婚之原因。（八年上字第359号）

妇女被夫典雇，不能当然视为业已离异。

【续】现行律载“凡将妻妾受财典雇与人妻妾者，处罚；妇女不坐。知而典娶者，各与同罪并离异”等语。原谓妇女被夫典雇得据为请求离异之原因，并非一有典雇事实即当

然视为业经离异（现行律婚姻门典雇妻女条例）。（八年上字第411号）

夫逃亡而存有资财足供妻之生计或有赡养之人者，不得谓为逃亡。

【续】现行律例所谓“夫逃亡三年不还”者，须夫之踪迹不明而有置妻不顾之事实。若夫仅因故留滞在外，尚存有资财足供其妻之生计或另有赡养其妻之人，自非弃妻不顾，不得以逃亡论（现行律婚姻门出妻条例第二）。（八年上字第434号）

夫因妻不善事舅姑而气忿殴骂，不能指为虐待。

【续】夫因其妻不能善事舅姑加以训诫，而一时气忿致有殴骂情事者，究与有意虐待不能同论。（八年上字第700号）

已成婚犯奸盗不为离异原因。

【续】男子犯奸盗，依律虽为解除婚约之原因，惟律文既明载“未成婚”字样，则已成婚者自不能据此请求离异（现行律婚姻门男女婚姻条律）。（八年上字第753号）

夫妻呈诉离婚后其子女不便由父监护者，得由审判衙门指定监护人。

【续】夫妻呈诉离婚后，其子女虽应归其父监护，但如有特别情形（如子女年幼不能离母或父有遗弃情事等），不宜由父监护者，审判衙门亦得斟酌其子女之利益指定监护之人。（八年上字第957号）

律载居丧身自嫁娶者，指居丧本人而言。

【续】律载“妻妾居夫丧而身自嫁娶者，处罚并离异”。“身自”云者，系指嫁人之居丧妻妾本身而言（现行律婚姻门居丧嫁娶条律）。（八年上字第1072号）

夫给妻离婚后之赔偿慰抚费，应斟酌妻之身分、年龄等而定。

【续】离婚原因如果由夫构成，则夫应暂给其妻以相当之赔偿或慰抚费。至其给与额数，则应斟酌其妻之身分、年龄及自营生计之能力与生活程度，并其夫之财力如何而定。（八年上字第1099号）

离婚字据无须一定方式。

【续】离婚字据现行法上并无一定之方式。协议离婚事实既经证明，即当事人未在字据画押、盖印，亦不能谓为无效。（八年上字第1115号）

纵容妻妾通奸或为娼，若事出两愿，即不得请求离异。

【续】现行律载“凡纵容妻妾与人通奸，本夫、奸夫、奸妇各处罚。抑勒妻妾及乞养女与人通奸者，本夫、义父各处罚，妇女不坐并离异归宗”等语。所谓“并离异归宗”者，系指被抑勒之妻妾及乞养女除不坐罪外，并得请求与本夫或义父离异。若其纵容通奸事出两愿，即无许一造请求离异之理。又纵容抑勒妻妾或乞养女为娼，与纵容抑勒通奸相同，自可依据此项律文以为判断（现行律犯奸门纵容妻妾犯奸条律）。（九年上字第86号）

成婚后发现一造有残疾者，得请求离异。

【续】现行律载“男女定婚若有残疾，务须明白通知，各从所愿。”则定婚当时未经通知身有残疾，至结婚后男女之一造发现对造身有残疾者，自可为请求离异之原因（现行律婚姻门男女婚姻条律）。（九年上字第291号）

夫被妻殴，得请离异，无须至折伤之程度。

【续】现行律“妻妾殴夫”条载“凡妻殴夫者，处十等罚，夫愿离者听”等语。是妻苟有殴夫情事，夫即得据以请求离婚，并无须至折伤之程度（现行律斗殴门妻妾殴夫条律）。（九年上字第537号）

虐待一造不得对于被虐待之一造请求离异。

【续】夫妻一造受他造不堪同居之虐待者，为保护受虐待一造之利益，固应准其请求离婚。然于虐待之一造，要不得准其自行请离。（九年上字第809号）

先娶之妻得以其夫重婚为理由请求离异。

【续】现行律载“有妻更娶，后娶之妻离异归宗”。至于先娶之妻能否以其夫有重婚事实主张离异，在现行法上并无明文规定。惟依一般条理，夫妇之一造苟有重婚情事，为保护他一造之利益，应许其提起离异之诉以资救济。（九年上字第1124号）

所谓夫逃亡三年之解释。

【续】现行律例所谓“夫逃亡三年不还，并听经官告给执照，别行改嫁”云云，系指夫于逃亡三年以后仍继续在外生存莫定，并无归还之音信者而言。若其夫于成讼前早已由外归来，自不能追溯往昔情形而引用现行律以为请求改嫁之论据（现行律婚姻门出妻条例第二）。（十年上字第843号）

妻之在逃非立意背失者，不得离异。

【续】现行律载“若妻背夫在逃者（中略），听其离异”等语。“背夫”云者，系指立意背弃其夫而言。如在逃系因别事，即非立意背弃其夫，尚不得为离异之原因（现行律婚姻门出妻条律）。（十一年上字第810号）

定婚时年龄妄冒，惟因此陷于错误，始得离异。

【续】定婚时年龄纵有妄冒，亦惟上诉人因此陷于错误，始得据为离婚之原因。（十一年上字第1519号）

后娶妻于订婚时明知其夫有妻，或当时不知而知后情愿继续其关系者，均不得请求离异。

【续】现行律虽载有“妻更娶妻者，后娶之妻离异归宗”等语。然后娶之妻若于订婚当时明知其夫已有妻室，则虽误于法律上之见解信为正妻，而在法律上究仅为妾之身分，不得更援“有妻更娶”之律请求离异。即当时不知而于知之之后已情愿继续其关系者，亦同。（十二年上字第1170号）

僧道娶妻，不问其妻是否知为僧道，均应判准离异。

【补】查现行律载“凡僧道娶妻妾者，还俗离异”等语。推阐律意，原在厉行僧道之教规。而关于僧道之一切教规，依《管理寺朝条例》第十五条第一项“除有背公共秩序、善良风俗者外，仍应从其习惯。”现僧道不许娶妻之教规既尚未更改，且征诸现时之公序良俗，亦并不相违背，则上开律文自仍应认为有法之效力而有强行之性质。故僧道于未还俗前而娶妻者，不问所娶之妻是否知其为僧道，均应判令离异。（十三年上字第2379号）

夫于妻诬奸告官，应认为有重大之侮辱。

【补】查夫妻一造受他一造重大之侮辱者，得以请求离异。如夫之于妻有诬奸告官之事实，即属行同义绝，应认为有重大之侮辱，此在本院迭经著为先例。（十四年上字第44号）

解除姘居契约，毋须适用关于妻妾离异之规定。

【补】姘居非妻与妾之关系，即令初时结有一种契约，亦无拘束终身不许分离之理。故解除该项契约，无须适用关于妻妾离异之规定。（十五年上字第224号）

夫因犯奸处刑，应准援用现行律未婚男犯奸听女别嫁之规定。

【补】夫犯奸，通常固不可与妻犯奸并论而径许离异，但若已因犯奸处刑，则情形又有不同。为保护妻之人格与名誉计，自应援用现行律“未婚男犯奸，听女别嫁”之规定，许其离异。（十五年上字第1484号）

第四章　亲子

第一节　亲权

管理未成年子之财产，先父后母；继母亦同亲母。

【正】未成年之子之财产，应先尽行亲权之父为之管理。父亡故或失权者，则由其母。而继母在法律上之身分同于亲母，故亦应有代管子产之权。（三年上字第616号）

母于未成年子之财产有管理权责，唯处分权则以有生活必要情形为限。

【正】夫亡妇人有子（嫡子、庶子）或无子立嗣者，所有继产当然由子继承。若继承人尚未成年，则母应代为管理其继承财产，且于日用生活有必要情形并得代为处分。至于管理与处分财产，二者原有一定界说，凡以物或权利之保全、利用或改良为目的之行为而不变其物或权利之性质者为管理。此外，凡足以生权利丧失之行为者为处分。母对于未成年子所有继产当然有管理之权利及义务。若为处分行为，则以日常生活有必要情形者为限，不许滥行。（四年上字第481号）

嫡母于未成年庶子之财产有管理权。

【正】守志之妇于其子成年以前有管理遗产之权。子虽系妾所生，而苟因嫡母守志者，除有特别情形外，其承继财产应归嫡母管理。（四年上字第564号）

母行使管理权不受族长干涉。

【正】母代子管理财产，其管理权之行使或自为之，或委任他人为之，应自行作主。其于每年年终是否宜将经理帐目送交族长阅览，亦应任其母之自由意思。（四年上字第1291号）

嗣子未成年，由守志之母管理其遗产，并主张遗产上权利。

【正】夫亡由守志之妇承其夫分。嗣子如未成年，无论系属亲生或系过继，均由守志之妇管理其亡夫财产及为其子主张其遗产上之权利。（五年上字第53号）

行亲权者，得限定子之住所。

【正】行亲权之父母得限定其子之住所。（五年上字第843号）

妾生之子不得由众母行使亲权。

【正】妾生之子，父故后，由嫡母行使亲权。无嫡母时，由生母行使亲权。无由父之别妾（慈母除外）行使亲权之理。（五年上字第843号）

嫡母有优先管理庶子财产之权。

【正】妾虽不改嫁，而其未成年子女之财产，当父亡故时，依法应由其母代为管理。而嫡母在法律上同于亲母，且以嫡庶之顺序推之（除嫡母管理失当或明明表示偏见危及其子女之财产外），当然应认嫡母有优先管理权。（五年上字第1209号）

被废妾对其所生子女丧失亲权。

【正】妾生子女，当妾被废去其父家时，除其亲生母子之关系不能认为全绝，并经其父仍委令监护外，对于所生子女已无亲权之可言。（五年上字第1209号）

族人不能干涉守志妇之管理财产。

【正】守志妇就年幼继子之财产有完全管理之权，不许其他族人干涉。（六年上字第26号）

守志妇得为未成年子请求分析遗产。

【正】守志之妇依律合承夫分，为其未成年继子管理遗产。其属于共有者，并得依法请求分析。（六年上字第222号）

父母之财产管理权得请求宣告丧失。

【正】父母为其子管理财产虽得擅行，然若因品行不检或管理失当危及其子之财产者，应许其向审判衙门请求宣告丧失其管理权。（六年上字第460号）

对于已出继子丧失亲权。

【正】亲权之行使以父或母为限。其对于已经出继之子，自不能继续行使亲权。（六年上字第817号）

未成年人之继产管理权原则在母，而不在祖母。唯母为处分或重大管理行为，须得祖母许可。

【正】遗产承继人尚未成年者，由其守志之母代为管理。如母亡而祖母尚存者，则由祖母代为管理。若母与祖母俱存者，除有法律上之特别理由（如其母自愿将管理权归其祖母行使，或管理权向来即属于其祖母等情）外，管理权仍当属于其母，而不属于祖母。不过，其母管理财产，除日常生活必要外，为处分之行为，须得其祖母之许可，且于重大之

管理行为并应禀承其祖母之命而已。（六年上字第1233号）

遗产管理权得由夫授与他人。

【正】守志妇对于其未成年子所承受之遗产固有管理之权，但其夫若已有特别意思表示将遗产管理权授与他人者，亦为法所不禁。该守志之妇即不能反乎其夫之意思，而本于身分关系仍为管理权存在之主张。（六年上字第1417号）

继母或他亲族代管未成年子之财产，得定监督保护之方法。

【正】关于未成年子之财产由继母或其他亲族代为管理者，为未成年子之利益起见，自得依利害关系人之请求为定其监督保护之方法。（七年上字第919号）

庶子生母不能先于嫡母为其子之法定代理人。

【续】庶子未成年，其法定代理之顺序，嫡母应优先于生母。苟未经依法剥夺其嫡母之亲权，自不能径由其生母擅代其子为法律行为。（九年抗字第69号）

妾生子之财产，若嫡母不适于管理时，得另指定管理人。

【续】妾生之子，于父亡后，其应承遗产固应以嫡母管理为原则，惟嫡母若不适于管理，则审判衙门为保护其子之利益计，自得为之另行指定管理人。（十年上字第449号）

继子之生父对于其继母之处分财产无权干涉。

【续】继子之本生父，除于其子之继母有品行不检并管理其子之财产显有失当时以利害关系人之资格请求审判衙门设定监护人外，对于其子之继母处分财产未便过事干涉。（十年上字第750号）

第二节　嫡子

亲生子不得任意脱离关系。

【正】父子关系除继子、养子有时因废继归宗解除关系外，若亲生之子，则不能任意主张脱离关系。（五年上字1028号）

怀胎之最长时期。

【正】从子出生日追算怀胎之最长时期为三百日。（七年上字878号）

据现行律服图母子关系不因改嫁消灭。

【正】现行律所载“服图子于出嫁母齐衰杖期。”寻绎律意，盖以夫故改嫁虽绝于夫家，而子无绝母之理。故母子关系终不因改嫁之故归于消灭（现行律服制图）。（七年上字第1120号）

第三节　庶子

庶出遗孤应归嫡母抚养之例外情形。

【正】父死遗孤（庶子）自以归嫡母抚养为原则。惟依事实上必要之情形，即令由生母抚养，亦决非法律所禁阻。如遗孤尚在襁褓，既不能离哺乳以为生活，即事实上有由其

生母抚养之必要。（五年上字第1239号）

奸生子可于母取得父妾之身分时，取得庶子身分。

【续】母未为父妾以前与父所生之子，自可于母取得父妾之身分时，亦取得庶子之身分。（八年上字第1401号）

第四节　嗣子

兼祧子应分别侍养两房父母。

【正】兼祧之子是否应随侍承祧父母，抑仍与本生父母同居？现行律上亦无明文。惟以一子而承两房之祧，则于两房父母皆宜恪供子职。故两房父母如有不能同居之情形者，其子自宜分别侍奉两房，方为合法。（五年上字第869号）

继产管理权在嗣子。

【正】遗产之管理权原则在嗣子。（五年上字第1374号）

兼祧子生活费应取给于两房。

【续】兼祧两支者，其生活费用自应由两支共同供给。（八年上字第1246号）

第五节　奸生子

奸生子因认知而生父子关系。

【正】母为人妾者，其子固为庶子。即母非人妾而在其人生前曾经认知，亦发生父子之关系。故父子关系之是否存在，自以有无认知为准。（三年上字第729号）

奸生子有分受家产之权。

【正】按现行律“分析家财田产，依子量，与半分”之条例，自与义子之仅得酌给者不同。（四年上字第1547号）

奸生子认知制度应为认许。

【正】现行律载“奸生之子，依子量，与半分。如别无子，立应继之人为嗣，与奸生子均分。无应继之人，方许继承全分。”又“祖父母、父母在者，子孙不许分财异居”各等语。是奸生子之认知，法律虽无明文规定，然既许奸生子得承继财产，则条理上自应认认知制度，以确定其关系。惟奸生子一经本人认知，即与本人发生父子关系。既有父子关系，则依照前示“祖父母、父母在，子孙不许分财异居”之例文，虽奸生子亦应与认知之父同居，与嫡庶子男无异，自不特言（现行律户役门卑幼私擅用财条例第二）。（五年上字第189号）

奸生子不得以亲生子论。

【正】现行律上，惟妻妾所生之子乃得为亲生子。若无亲生子而仅有奸生之子，则依律尚须立应继之人为嗣。是可见，奸生子并不得以亲生子论。寻绎律意，自极显然（现行律户役门卑幼私擅用财条例第二）。（五年上字第925号）

第六节 养子

亲所不悦之义子，得令归宗。

【正】现行律载“其乞养异姓义子以乱宗族者（中略），其子归宗。”又“义男女婿为所后之亲喜悦者，听其相为依倚，不许继子并本生父母用计逼逐，仍酌分给财产。”又“凡乞养异姓义子有情愿归宗者，不许将分得财产携回本宗（中略），俱不必勒令归宗”等语。其条例文内虽有“不必勒令归宗”之语，然此乃对于律文“乞养异姓义子以乱宗族者（中略），其子归宗”一语所设之例外规定。谓乞养异姓义子“为所后之亲喜悦者，许其为相依倚”，不必仍依律文强其归宗，而非根本的废止归宗之律文是。故异姓义子如不为所后之亲喜悦，则所后之亲自有令其归宗之权（现行律户役门立嫡子违法律及例第二、第五）。（三年上字第567号）

养子不许携回分得财产，惟伙置产业在外。

【正】现行律载“凡乞养异姓义子有情愿归宗者，不许将分得财产携回本宗”等语。是义子归宗者，原则上所分得义父母之财产不许携回。惟义子与其义父伙置产业而以共有人之资格分得共有财产之一部，自与律载义子之“分得财产”不同，不应适用不许携回之规定。（三年上字第1255号）

养子得酌分遗产，并与闻养亲殡葬之事。

【正】现行律载“义男女婿为所后之亲喜悦者，听其相为依倚，并得酌给财产。”又载“凡乞养异姓义子有情愿归宗者，不许将分得财产携回本宗。其收养三岁以下小儿，仍依律即从其姓，但不得以无子遂立为嗣，仍酌分给财产，俱不必勒令归宗”等语。寻绎律意，异姓乱宗固为法所不许，而对于遗产未尝无酌分之权。且生前既许相为依倚，则殡葬之事自应得以与闻（现行律户役门立嫡子违法条例第二）。（四年上字第270号）

养子依法离异，系单独之不要式行为。

【正】律载“养同宗之人为子，若有亲生子及本生父母无子欲还者，听”等语。寻绎律意，凡养同宗之人为子者，若所养父母有亲生子或本生父母无子，则所养之子得与所养父母离异。且依此条例，离异非要式行为。又非双方行为只以所养子明示或默示之意思表示而生效力，毋庸所养父母之承诺。观律文“听”字之义，自属明了（现行律户役门立嫡子违法条律）。（四年上字第610号）

异姓义子得附葬祖茔。

【正】异姓义子可否附葬祖茔？查现行律内纵无明文规定。异姓养子，依律既生前得从所养父母之姓，可以相为依倚，不得勒令归宗，则类推解释死后同葬一茔，自无不可。（四年上字第1303号）

乞养异姓义子及收养遗弃小儿，俱不必勒令归宗。

【正】现行律载“凡乞养异姓义子有情愿归宗者，不许将分得财产携回本宗。其收养三岁以下遗弃之小儿，仍依律即从其姓，但不得以无子遂立为嗣，仍酌分给财产，俱不必勒令归宗”等语。例文既明载“俱不必勒令归宗”字样，是明明兼承上文“乞养异姓义子”与“收养遗弃小儿”两者而言（现行律户役门立嫡子违法条例第五）。（四年上字第1608号）

养子被逐，不得要求酌给财产。

【正】现行律凡以异姓养子为嗣，在所明禁。至养亲逐令养子归宗，虽无明文规定，而考之律文，对于嗣子，则有继子不得于所后之亲者，听其告官别立之条；对于义男，则有为所后之亲喜悦者，听其相为依倚，不许继子并本生父母用计逼逐之条。是义子如果不得于所养之亲者，应准养亲逐去。夫以继子被废之时，依律尚无应分财产若干之规定，则养子被逐，亦应听养亲之意思酌给财产，不得指定应给之额，强其给与。（四年上字第1769号）

异姓子之后人不得充当族长。

【正】我国家族旧制注重血统，故凡乞养异姓义子以乱宗族者，现行律悬为厉禁。即收养在三岁以下者，虽依律得从其姓，而不得立以为嗣，即不能与有血统关系之同宗视为一体。族长在现行法上应以何种资格充当？虽无明文规定，而按之现行律意，为维系宗系弗使紊乱起见，自非异姓子之后人所能充当。（四年上字第1939号）

有子之人得收养义子。

【正】已有亲生子之人，虽不准立他人为嗣子，而收养他人为养子（一称义子），则固为法所不禁。（四年上字第1971号）

继子于立继前得管理遗产。

【正】异姓养子就其义父之遗产在现行法上虽只应酌分，不能完全承继，然关于遗产之管理权则于继子未经立定以前得行使之。（四年上字第2432号）

妇人私抱之子不能为义子。

【正】妇人所私抱之子在男子并无收养之意思者，不能为义子，即在律例上，自无当然给与财产之理由。（五年上字第385号）

律载义子以抚养在家者为限，习俗之干儿不能即为义子。

【正】现行律虽有异姓子亦准分给财产之例，然查该律所载异姓义子当指抚养在家已脱离其本宗者而言，自与习惯上所称干父干儿之性质不同，不能即视干儿为义子。（五年上字第1123号）

乞养义女非法所不许。

【正】现行律关于所后之亲与义男女婿间之法律关系业有明文规定，所谓义男女婿，当然包括养女在内。必谓乞养义女为法律所不容，殊有未当。（七年上字第195号）

收养义子不须族人同意。

【续】收养义子，于法本毋庸得族人之同意。（八年上字第283号）

养子入谱与异姓乱宗无涉。

【续】所谓异姓乱宗，系指不得立异姓为嗣子，而与养子之能否入谱本属各为一事。（八年上字第325号）

一人得为数房义子，不用兼祧之种种限制。

【续】一人是否得为数房义子，现行法令虽无明文，然义子之于义父纯以情义结合，并无宗祧关系，以一人而兼为数房义子，应在不禁之列。至法律关于兼祧特设种种限制，原所以保护宗祧及族人承继之利益。义子既无宗祧承继权之关系，则该项限制当然无准用之余地。（八年上字第507号）

以祀产收益之一部划归义子，其契约不为无效。

【续】义子于其义父应得之祀产固非有承受之权，而义父或其后嗣若依契约将应得祀产之收益划出一部给予义子者，其契约内容既不背于强行法规，而于社会公益亦无妨害，依契约自由之法则，即不应认为无效。（八年上字第750号）

义子酌给财产，不能以普通赠与相绳。

【续】义男酌分财产，必以为所后之亲喜悦为条件。则其分给财产乃本于所后亲之意思，与嗣子本于已意之赠与有别，自不能遽以普通赠与之法则相绳（现行律户役门立嫡子违法条例第二）（八年上字第988号）

义子不得因争执本家承继而临时归宗。

【续】现行律“立嫡子违法”条例载“凡乞养异姓义子（中略）如有希图资产冒认归宗者，照律治罪”等语。未归宗之义子既不得冒认为业经归宗而希图本家（所生之家）资产，则其以希图承继得产之故而于承继开始后临时主张归宗者，依该条例之类推解释，自在不应许可之列。故已为异姓义子及其子孙，除事前已合法归宗者外，于其本家之承继即不能有争执之权（现行律户役门立嫡子违法条例第五）。（八年上字第1368号）

非三岁以下之养子，得自由回复其本姓。独立经营之财产，亦得携回。

【续】现行律载“凡乞养异姓义子有情愿归宗者，不许将分得财产携回本宗。其收养三岁以下遗弃之小儿，仍依律即从其姓。”是凡非三岁以下之小儿为人收养而从其姓者，于法即乏根据，本身或其子孙得自由回复其本宗之姓。至财产之不许携回，既以由养家分得者为限，则以自己独立经营之财产携回本宗，自非法所不许（现行律户役门立嫡子违法条例第五）。（十一年上字第843号）

养亲对于乞养子女应有之监护及主婚权，养亲家族不得主张有此权利。

【补】养亲依乞养关系对于乞养子女应有监护及主婚权，系专属于养亲个人身分，在养亲家族，不得于养亲死亡后继续主张其有此权利。（十四年上字第1787）

第七节　监护

指定监护人（托孤）不限于同宗，由行亲权人指定者，族人不得干涉。

【正】托孤不必限于同宗，由最后行亲权者之意思而定其效力，恒强于族人之推选行

为。（二年上字第 64 号）

父母不胜监护之任者，其祖父母得请求宣告失权。

【正】未成年子之父，若母因品行不检或管理失当危及其子财产者，其祖父母无论同居与否，自可向审判衙门请求宣告丧失其管理权而另设监护人。（三年上字第 616 号）

经确定判决选定有管理人者，应归其管理。

【正】父母俱亡并无直系尊亲属时，父妾是否有管理嗣产之权，本属待决问题。惟因管理财产涉讼，经审判衙门确定裁判选定有管理人者，则其管理权即应属于该管理人。除该管理人依法定原因应丧失管理权外，不容再行告争。（四年上字第 664 号）

未成年嗣子无嗣父母而又无同居尊长时，得由本生父母为监护人。

【正】嗣父未婚而故，既无亲权可以服从，而又无同居尊长，则其本生母即不能不视为未成年人之监护人。（四年上字第 1274 号）

监护人不胜任或利害相反者，得废其监护。

【正】为监护人者，如因与应受监护人立于利害相反之地位确系有据，或经审判衙门认为不堪胜任时，均得以裁判禁其为监护人。（四年上字第 1742 号）

父母俱亡之未成年人，除有指定监护人及近亲尊长外，应为之选定监护人。

【正】凡对于父母俱亡之未成年人，除已经其父母生前指定监护人或现有同居之近亲尊长外，自应由亲族会议为之选任监护人。而在两造涉讼之中争及监护者，审判衙门为事实上之便利计，并应传集该亲族询取意见，为之选定监护人。（五年上字第 622 号）

未成年人财产管理人之顺位。

【正】嗣子尚未成年而被承继人夫妇俱已亡故者，其代行管理遗产之权自属于被承继人夫妇中最后亡故者所指定之人。若无指定之人，则应由嗣子之同居尊长代行其管理权。但若该同居尊长对于该嗣子之行为已显然可认为利益相反，则为保护嗣子之利益起见，审判衙门自可另为选定适当之人为之管理。（五年上字第 990 号）

设定监护人，不必限于未成年人父母俱亡之后，于其母管理不当时，亦得另行设定。

【正】监护人之设定本不必限于未成年人父母俱亡之后。故为人母者，如果有品行不检并管理其子之财产显有失当时，审判衙门当然得依利害关系人之请求为之设定监护人，俾其就未成年人之身体、财产任保护之责。（五年上字第 1186 号）

监护人不能舍弃被监护人之财产。

【正】监护人对于被监护人之财产，不能擅自舍弃。（五年上字第 1261 号）

监护人之监护权因被监护人成年而终止，但仍有限制能力之原因时，得暂时拒绝交付财产。

【正】监护人之监护权应于被监护人已达成年时终止，但被监护人苟有浪费等情形足为限制能力之原因时，纵令已达成年，监护人为保全其利益起见，自得请求亲族会为之选

定保护人，并于此保护人未经选定以前，对于被监护人得以拒绝财产之交付。（六年上字第 817 号）

出母得指定为子女监护人。

【正】妇人夫亡改嫁者，对于前夫家之亲属关系固不能仍然存在，但对于前夫之子女，其亲生母子之关系并不能认为断绝。则前夫子女未成年时，其已嫁之母自愿尽抚养之义务者，为顾全子女之利益起见，审判衙门自得指定为其子女身体上之监护人。（七年上字第 631 号）

堂叔姑母当然任监护人资格。

【续】早经析居之堂叔或出嫁之姑母，除最后行亲权人以遗嘱指定或经亲属会选任外，依法皆无当然充任监护人之资格。（八年上字第 139 号）

慈母自为未成年庶子之监护人。

【续】子未成年，其自幼抚育之慈母因正当用途处分其子应承遗产，不为无效。（八年上字第 770 号）

妇人夫亡，招夫时得夫亲同意，可为其前夫子之监护人。

【续】妇人夫亡有子，为抚养其子而招夫者，如系得夫亲之同意，则对于夫家虽因再醮而断绝关系，而对于其子仍可认为夫亲所设定之监护人，有代理其子管理财产之权（虽无子而有应受家财之女者，亦同）。如无子而招夫或虽有子而未得夫亲同意或其子于招夫后亡故，关于前夫家之财产自应由其夫家作主，该妇不能再行干涉。惟此项遗产于再醮妇丧失管理权后，本应由其直系尊属代为管理，若无直系尊属，即应由亲属会选任管理之人，不容仅以同族或族长之资格告争管理。（八年上字第 957 号）

夫妻呈诉离婚后，其子女不便由父监护者，得由审判衙门指定监护人。

【续】夫妻呈诉离婚后，其子女虽应跟其父监护，但如有特别情形（如子女年幼不能离母或父有遗弃情事等）不宜由父监护者，审判衙门亦得斟酌其子女之利益指定监护之人。（八年上字第 957 号）

无利害关系人不得请求为未成年人设置监护。

【续】未成年人不能因毫无利害关系之人请求而为之设置监护。（八年上字第 1191 号）

妇人夫亡招赘时，为子女之监护人，亦不得为已处分遗产。

【续】妇人夫亡后招赘他人为夫者，其前夫之财产应由前夫之家作主，该妇人不得再行过问。即或招赘之时已得前夫亲属同意，可认为夫亲为其子女所设定之监护人，亦仅能为其子女代管遗产，而不得自为处分。（九年上字第 572 号）

监督监护人得代被监护人撤销监护人之行为。

【正】监护人应代理被监护人为财产上之行为。若其于被监护人之财产有重大关系或

系自己受让被监护人之财产而未经亲属会之允许者，得由监督监护人代被监护人诉求撤销。（十年上字第 613 号）

无能力人应由同居近亲任监护人之责，先父或母依次始及于妻。

【续】现行民事法规于禁治产制度虽无明文规定，然实际上因心神丧失等情形可认为民事无能力人者，应由其同居近亲任监护人之责而代之为法律行为。其所谓同居近亲，自应先父或母，依次始及于妻，尤为一定顺序。故无能力人于有必要情形处分其财产时，有母在者，即由母代理，而不能由妻越权为之。若违此而与他人订立负担义务之契约并不得其母之同意或追认，则应认为无效。（十年上字第 1611 号）

随母改嫁之子女，不得由前夫亲属强行领回。

【续】未成年之前夫子女已经改嫁母随带抚养者，苟非监护失当或别有正当理由，自不应于其子女未成年以前率听前夫亲属反于其母之意思强行领回。（十二年上字第 1046 号）

第五章　亲属会

个人同意族议限制其处分权者，仅于当事人间生效，不得对抗善意第三人。

【正】族房分议就一族人之财产限制其处分权，纵令被限制人曾经允诺，亦仅于当事人间生拘束力，而不得以之对抗善意第三人。（三年上字第 311 号）

应经亲族会议事项以承继为限。

【正】亲族会议之制本为现行法律所认，惟应经亲族会议事项，法律上惟关于承继有此规定。在此等事项，亲族当然有公同议决之权，此外自不得借口为法外之干预。（四年上字第 715 号）

组织亲族会之合法人员。

【正】亲族会议之组织，现行法令虽无明文，然按之条理，自必由各房族人多数或由各房举出总代与会，而取决于与会者过半数之同意方有合法。（五年上字第 729 号）

争继人不得加入会议参与立继。

【正】由亲族会议立继时，争继之人当然不得加入会议。（六年上字第 614 号）

被继人之妾关于立继，应占亲属会中重要地位。

【正】妾虽系守志，亦无立继之权，惟于亲属会议中应占重要地位。故其所主张如有正当理由，则亲属会议之立继即应经其同意或追认始能完全生效。（七年上字第 386 号）

与承继有利害关系之人未经通知或追认，其会议足为撤销决议之原因。

【续】亲属会之组织在现行法上亦无一定方式，固不必拘泥于会议之形式。但对于与承继有利害关系之人，事前未经通知，事后亦未得其追认者，自足为撤销决议之原因。（八年上字第 315 号）

亲属会因回避不能成立时，由审判上依法酌定。

【续】亲属会于法须由各房族人多数或自各房举出总代表与会，而取决于与会者过半数之同意。其有利害关系参与讼争之人，应不得加入会议。除族长、房长回避时得以根据惯例另行公选代表与议外，若其应行回避情形一方或两方涉及全房族众，即系会议不能成立，自可由审判衙门依法酌定。（十年上字第440号）

在亲属会居重要地位者提出抗议，应行斟酌。

【续】凡在亲属会居重要地位者，当会议之时应尊重其意见。如提出有理由之抗议而未经该会斟酌，自得为撤销决议之原因。（十一年上字第384号）

第六章　抚养之义务

重婚所娶妇女未离其家者，应由承继人养赡。

【正】重婚固为现行法律所禁，然因重婚而入其家之妇女，在民事法上仍应视为家族之一人。苟未与其家脱离关系，承继人对之本有养赡之义务。（三年上字第5号）

养赡程度依义务人身份、财力及权利人日常需要定。

【正】养赡之程度应依养赡义务人之身份、财力及养赡权利人日常所需要以定标准。（三年上字第5号）

养赡原因消灭，其义务即终止。

【正】养赡义务至其须养赡之原因消灭时，亦即终止。（三年上字第306号）

赡产归设定养赡人或其继承人收回。

【正】凡养赡财产，如养赡权利人将来亡故，则当然归养赡义务人或其后嗣收回。（三年上字第322号）

养赡义务不容限制及间断。

【正】养赡义务自事实上必要时即已发生，断非养赡义务人所得擅加限制，亦不容其少有间断。（三年上字第348号）

养赡方法得随时协定。

【正】养赡方法自可由当事人随时协定。（三年上字第348号）

尊亲属之妾及女，应由承继人养赡。

【正】尊亲属之妾及女对于现在承继家产之人，有受养赡之权利。（三年上字第385号）

养赡权利人仅得用益赡产。

【正】被养赡人于赡田仅有使用、收益之权。（三年上字第723号）

赡产所有权属养赡义务人。

【正】被养赡人就于养赡财产仅能享受其果实，其所有权仍属于设定赡财人。（三年上字第 835 号）

子对于直系尊亲属及嗣子对于所后尊亲属并其妾媵，均有抚养义务。

【正】为子孙者，对于其父母、祖父母或乃祖乃父之妾媵，均负养赡之义务。嗣子对于其所继之尊长，亦同。（三年上字第 874 号）

审判衙门不得强令逾格周恤。

【正】亲属间之抚养义务原有一定之范围，不能由审判衙门以职权强制其逾格周恤。（三年上字第 939 号）

妾媵守志应由家长后嗣养赡。

【正】凡为人妻媵者，与其家长虽无法律上婚姻关系，然苟事实上可认为家属之一人者，其家长即应负养赡之责。若于家长故后仍为其家长守志，其家长后嗣亦应负养赡之义务。（三年上字第 1078 号）

夫妇离异除有协议外，其子女由父抚养。

【正】夫妇离异时得以协议定子女之抚养。如未有协议时，则应由父抚养。（三年上字第 1085 号）

家主应养赡家属。

【正】凡为家长者，对于其家属本负养赡之义务。（三年上字第 1175 号）

父母之生养死葬费，其子虽已分析，应共同负担义务。承受夫份之子妇亦同。

【正】兄弟虽经分财析居，而于父母之生前养赡、死后丧葬等费，除经特别约定者外，自应共同负担。其承受夫份之子妇，亦同。（四年上字第 116 号）

赡产管理权原则归于养赡权利人，于义务人代为管理而有不当时，得请收回。

【正】养赡义务人对于养赡权利人指定特定财产充其养赡者，则该财产之管理原则即应属之于养赡权利人。故有养赡义务人代养赡权利人管理其养赡财产，因其管理之不当致有消灭、毁损及其他收益减少之虞者，则养赡权利人请求回复原状自行管理，自属正当。（四年上字第 176 号）

妾须未失其身份，始能受养赡。

【正】妾受抚养之权利，须以现未失其妾之身份为条件。（四年上字第 228 号）

养赡方法，权利人得请由审判衙门酌定。

【正】抚养之方法，以由两造协定为原则。惟有正当事由时，审判衙门得因抚养权利人之申请而判定之。（四年上字第 296 号）

赡产不得擅行处分。

【正】养赡财产在权利人生存中，非得设定养赡财产人同意或因生活上之切迫情形，不得擅为处分。（四年上字第 768 号）

妾媵于家长故后，应由管理遗产故养赡。

【正】养赡为家属之一员，若其家长亡故，则承继人或其他管理遗产之人当然对之负养赡之义务，不得逼令改嫁或逐出不顾。（四年上字第1691号）

承受夫份之妻，应养赡夫妾。

【正】为人妾者，若仍为其家长守志，则其家长之承继人或承夫份之妇，应负养赡之义务。（四年上字第940号）

养赡人之财力有纷议，应按审理事实法则办理。

【正】当事人于养赡人之财力发生纷议者，应按照审理事实之法则办理。（四年上字第1940号）

因养赡他人不能维持自己生活，得免除养赡义务。

【正】养赡义务人如果养赡他人则自己生活至有不能维持之情形者，亦得免除其义务，否则仍不得辞其责。（四年上字第1940号）

养赡方法以按期给费为原则，酌拨财产为例外。

【正】养赡方法，依通常情形论，固应由养赡义务人按时给付一定数额之金钱为原则，惟因讼成衅，于日后养赡、授受窒碍恐多时，则在审判衙门自可据当事人之请求判令酌拨财产，以其收益抵充养赡，俾免纷争。（四年上字第2025号）

养赡范围内之债务应由养赡义务人偿还。

【正】养赡权利人所负债务，若为应受养赡范围以内之债务，自应由养赡义务人分任偿还。（四年上字第2215号）

妾媵不能与家长妻子同居者，得请求判定养赡方法。

【正】如果妾媵确有不能与家长之妻或承继人同居生活之情形者，亦得由审判衙门为养赡方法之指定。（四年上字第2294号）

养赡方法审判衙门应斟酌至当而定之。

【正】关于养赡办法，当事人间如无协定，审判衙门自应斟酌至当，或为设定养赡财产，或图其他久安之道。（四年上字第2331号）

受养赡之权不得舍弃。

【正】养赡义务人虽令养赡权利人为舍弃权利之表意，而审判衙门为尊重公益起见，究不能认该意思表示为有效。（四年上字第2420号）

养赡方法之变更，亦得请求判定。

【正】关于养赡方法之变更，如当事人间发生争执时，得请求审判衙门妥为判定。（五年上字第16号）

养赡义务人财力差减时，通常得请求减轻负责。

【正】以常理论之，养赡义务人之财力如较认定养赡当时差减者，自得请求审判衙门为之查明实况，量予轻减其负担。惟义务人如并非仅本于法律所定身分上当然之义务，乃因特别事情发生义务者，则于此特别事情之下，即难与通常一律办理。（五年上字第61号）

赡产不得赠与或遗赠义务中一人。

【正】设定养赡财产者若有数人，而受养赡人以其财产赠与或遗赠于其中一人者，非经他设定人同意不能生效。（五年上字第318号）

兄弟不问同母与否，应分担未嫁姊妹养赡之费。

【正】姊妹未嫁以前养赡之费，自应由各兄弟均匀负担，不能因有同母异母之分而有所轻重。（五年上字第813号）

守志妇之生活费用取给于遗产，其数额依财产及地位定之。

【正】妇人夫亡守志者，其生活费用不能不取给于其夫所遗或应分之财产，而其生活费用所需之额，则应视其家之财产状况及其人之身份地位定之。（五年上字第961号）

父子、祖孙、兄弟、夫妇互有抚养义务。

【正】养赡义务之当事人及践行此义务之位次如何？现行法令虽无明文，而父子、祖孙、兄弟、夫妇之间则当然互有此义务。故其一造若实系无力资生，则对于他造即得请求养赡。（五年上字第1107号）

夫虽与妇不谐，仍应养赡。

【正】夫与妇不相和谐，在未经离婚以前，其夫仍应与以相当之养赡。（六年上字第36号）

养赡当事人不和，各愿分爨者，得提拔田租归其自行收益。

【正】两造既因口争不和各愿分爨，且因争养赡多寡涉讼经年，感情愈以背驰，同一供给养赡与其按年给谷，难免再起纷争，自不如提拔租田归其自行收益，以清纠葛。（六年上字第151号）

养赡方法须应权利人生活所必须以定之。

【正】养赡之方法及程度如有争执，得请由审判衙门酌宜断定。既不必拘于划分赡产，且须应其身分计算权利人生存中生活之所必须，自不许以养赡为由任情浪费。（六年上字第158号）

判令给付养赡费，须有法律上之原因。

【正】审判衙门命当事人给付养赡或抚恤费，必其担负此项义务为有法律上之原因。或则依法令之规定，或则从合法之契约，要不能反于当事人之意思强其为无端之给付。（六年上字第469号）

家属对于家长之妾应负养赡义务。

【正】为人妾者，既为家长家属之一人，苟未脱离关系，则其家长之亲属自应负抚养

之义务。（六年上字第981号）

受养赡之权不许限制。

【正】凡养赡权利，其权利人不能率意舍弃。故养赡义务人纵得权利人之同意将其权力加以限制，而为公益计，究难认为有效。（六年上字第1123号）

直系尊亲属对于卑属有抚养义务。

【正】直系尊亲属对于其直系卑属本应负抚养之义务。（六年上字第1257号）

判认养赡义务非概为创设判决，其始期通常应以应受养赡之时为准。

【正】养赡义务本根据于法则且自被养赡人事实上有养赡必要时即应履行。如关于其义务之存在及费额发生争执，经审判衙门为之确认判定者，该项判定决不得概指为创设权利之判决。其命令给付起算之始期，亦应以当事人应受养赡之时为准。（七年上字第202号）

庶母之亲生子如已出继，应由嫡子养赡。

【正】出继之子对于本生父母之养赡义务固非全然消灭，而嫡子对于庶母应负养赡义务，亦属无可诿卸。故除有特别情形外，庶母虽有亲生子而业已出继他房者，即不能不由嫡子养赡。（七年上字第243号）

妾与家长互有养赡义务。

【正】妾与家长未经合法离异以前，自应互有养赡义务。（七年上字第658号）

养赡方法不外按期给费及拨提财产之二者。

【正】养赡方法不外提出财产令其收益以充养赡，及按期给付养赡费用之二者。（七年上字第1058号）

家长与妾关系消灭后无养赡义务。

【正】家长于妾在其关系消灭后，当然无养赡之义务。（七年上字第1413号）

妇人夫亡招赘后，仍得受赡于故夫遗产之特别情形。

【正】妇人于夫亡后招赘他人入居夫家者，其与夫家之亲属关系固因再醮而消灭，惟于招赘之时，如经故夫亲属指定为遗产管理人并使其得受赡于遗产，则日后亦不能因其故夫立有嗣子，即使之丧失此项权利，以致流离失所。（八年上字第185号）

特别提留之养赡费用不因前后财产状况之变异而当然削减。

【续】养赡程度虽应以养赡权利人生活上之需要及养赡义务人财产上之状况为准，但其初若已就养赡费用特别提留财产，而所提留之数额又系养赡义务人当时力所能任者，则除有合意外，自不能因养赡义务人嗣后之财产状况有所变异可以随意削减。（八年上字第220号）

妾于家长故后要求抚养，以能孀居守志者为限。

【续】为人妾者，于其家长故后，对于家长之家属虽得请求抚养，要必以孀居守志为

要件。若不能孀守，即不得有请求抚养之权利。（八年上字第575号）

兼祧子对其兼祧父在他房所娶之妇有抚养义务。

【续】 兼祧子对于其兼祧父在他房所娶之妇，不得谓无抚养义务。（八年上字第1246号）

退居母家之孀妇，仍由夫家抚养。

【续】 孀妇退居母家，如非已脱离亲属关系，则抚养义务自应仍由夫家负之。（十年上字第676号）

对于胞兄弟之妻应负抚养义务。

【续】 父子、祖孙、兄弟、夫妇之间负有抚养之义务，此在本院曾经著有先例。妻于夫之宗亲，其亲族关系原与夫相同，胞兄弟与胞兄弟之妻均为旁系一等亲，依前例类推解释，凡胞兄弟之妻如果系无力资生，自亦应负抚养之义务。（十一年上字第1006号）

第五编　承继

第一章　总则

出继子之财产不得与本生父之财产同视。

【正】 出继子之财产自不能反于该出继子之意思，遽与本生父之财产同视，或以充作清偿债务之用，或丧失其请求偿付之权。（三年上字第171号）

继书遗嘱及曾否即时过房均非承继要件。

【正】 承继事实既经证明，不问有无继书或遗嘱字据及曾否即时过房，要属当然有效。（五年上字第990号）

就宗祠之分合有争执者，应准其分别建祠。

【正】 同宗之人就宗祠之分合互有争执，其意思无法可以一致者，为维持公安公益起见，应准其分别建祠奉祀。（六年上字第1074号）

承继法为强行法，不容有反对习惯存在。

【正】 承继法规概为强行之规定，不容有反对习惯之存在。（六年上字第1156号）

与承继法相抵触之族规不容存在。

【正】 承继之法律系有强行之性质，不容有相抵触之族规存在。（七年上字第957号）

承继开始不限于死亡，出家为僧自可为开始承继之原因，为之立继。

【正】 按现行律于僧道娶妻虽有明文禁止，而于为僧道后其俗家可否为之立后一层，并无何项规定。又按承继之开始本不限于死亡，如被承继人之行踪长久不明或于法律上得认为脱离家族关系时，除有特别法令外，均应认为开始承继之事由，所有被承继人之权义关系当然开始承继。而出家为僧即为法律上脱离家族关系之一原因，其俗家之得为立继，自系条理上当然之结果 。（七年上字第1222号）

不依昭穆伦序立嗣之习惯，不能有法之效力。

【续】现行律无子立嗣不得紊乱昭穆伦序之规定，原为保护公益而设，应属强行法规。其与此项法规相反之习惯，当然不能有法之效力。（八年上字第219号）

禁止以孙祢祖为强行法。

【续】现行律例禁止以孙祢祖，乃所以维持我国固有之礼教，事关公益，应有强行效力，不容反对习惯之存在。（八年上字第394号）

第二章　宗祧之承继

第一节　总则

父有别子者，准为应立后之子虚名待继。若父无别子，非立现实之人为嗣不可。

【正】现行律认许虚名待继之范围，应以现行律中“立嫡子违法”条例内第一条（即“无子者，许令同宗昭穆相当之侄承继”云云之例），所谓“如俱无”三字及第三条中第四段（即“若支属内实无照穆相当可为其子立后之人”云云之例），所谓“实无”二字之解释如何为断定之标准？通观该二条例之意，现行律惟对于父有别子者，准为虚名待继。即依条例第一条，无论立继者何人，得于其父有别子时，为应为立后之子虚名待继。其在最先之承继顺位人，苟于事实上尤有希望在可以出生之状况时（如其父健在时），自可虚立为继。反是，其父并无别子时，则应以现实之人（胎儿同论）为嗣，方始合法。故最先位次之人非已出生，即为胎儿，否则应由次位之人承继，不得以最先位次应拟之人待继。简言之，第一条“如俱无”三字，除有第三条第四段情形外，当解释为可照上开说明，听其虚名待继。第三条第四段中“实无”二字，则无论何时，必为现实之人与胎儿也。不过，立继之人如为已故宗祧承继人之父，可以自由意思，悬待所欲立之人出生后始为立继行为（参照后段说明），实不受法文拘束耳。此项断定，其理由有二：（一）通观现行律例之精神，凡父无别子者，不欲其宗祧有中绝之虞，致与宗祧承继根本存在之本意相背（祀祖主义），故不得不采以上之解释；（二）最近亲间能发生过继关系，尤于家族和平可臻圆满，此在条例第一例先亲后疏之规定亦已表示法意。故除有特别理由应加限制外，断无禁绝虚名待继之理。法律纵无明文，当然可本于法意为条理上至当之解释。故对于条例第一条之真意，更不能不为以上之解释（现行律户役门立嫡子违法条例第一、第三）。（三年上字第186号）

有应为立后之子而仍为父立继，须支属内无昭穆相当可为其子立后之人，且父无别子而后可。其为父立继之次序及兼祧条件俱应按律办理。

【正】现行律载“若支属内实无昭穆相当可为其子立后之人，而其父又无别子者，应为其父立继，待生孙以嗣，应为立后之子。”是法文含有二条件：（一）须支属内实无昭穆相当可为其子立后之人；（二）须其父又无别子者而后可。至依该法文为其父立继，仍应按照条例第一条所定亲疏之顺序，不得以疏先亲，自不待言。故在最先位次者如有数人均非独子，或同一位次之人有非独子者，其毋庸令独子兼祧，本无疑义。若系独子，而在同一位次者并无他人，自应用该条例第三条第六例兼子承嗣（可依照上文兼祧条件说明办理），以符法律亲亲之义。或谓条例第三条第四段应与前段通同作一段读，如法文称“若支属内实无昭穆相当可为其子立后之人”，即系贯上文各项“应立后之子”而言。法文又称“以嗣应为立后之子”，即指上文各项而言。然即用此说，其于法文之适用及解释之结果亦不能有所差异。盖子亡妇存（兼孀守及已聘未嫁而以女身守志，又妇未能孀守而其子业已成立者言）及子虽未娶而因出兵阵亡者，尚应适用该项法文为其立后。若子亡而妇亦先后亡者，则用当然解释，断无不能适用该项法文分别情形为其立继之理。其说不同，其义则一也（现行律户役门立嫡子违法条例第三）。（三年上字第186号）

父有别子者，得待别子生孙以继，应为立后之子。

【正】现行律载“若支属内实无昭穆相当可为其子立后之人，而其父又无别子者，应为其父立继，待生孙以嗣，应为立后之子”等语。就此条详为解释，其为立后之子，若父无别子，犹可择立嗣子，待生孙以为嗣。则依当然之推论，其父有别子时，自无不可待生孙以为嗣之理。按之亲亲之义，尤当如是。故其父无别子者，应以现存之人（胎儿同论）为其父嗣，以期宗祧之无中断（祀祖主义）。若其父有别子时，则宗祧不虞中断，本于亲亲之义，自得待别子生孙以继应为立后之子。是则，虚名待继限于特别情形，仍为现行律所认许（现行律户役门立嫡子违法条例第三）。（三年上字第226号）

可继人皆不得于守志之妇者，得为其夭亡之子立继。

【正】现行律载“若继子不得所后之亲，听其告官别立。其或择立贤能及所亲爱者，若昭穆伦序不失，不许宗族指以次序告争。若独子夭亡，而族中实无昭穆相当可为其父立继者，亦准为未婚之子立继”等语。是立继若于昭穆伦序不失，当尊重本人之意思，而非宗族之所可争执。而未婚之子夭亡，族中并无可继其父之人，亦许立继。本于法律之真意为类推解释，凡族中有可继之人，而因与立继之妇积不相得，致无可立为继嗣者，则即为其夭亡之子择昭穆相当之人以为嗣，亦不得即指为违法。（三年上字第934号）

关于招婿养老仍应立嗣之条例属强行法。

【正】现行律载“招婿养老者，仍立同宗者一人承奉祭祀，家产均分。如未立继身死，从族长依例议立。”此项条例系为贯澈不许异姓乱宗之精神而设，亦当然属于强行法（现行律婚姻门男女婚姻条例第三）。（四年上字第168号）

法定应为立继之人。

【正】现行律载“有子婚而故、妇能孀守，已聘未娶媳能以女身守志，及已婚而故、妇虽未能孀守，但所故之人业已成立，或子虽未娶而因出兵阵亡，俱应为其子立后。其寻常夭亡未婚之人，则不得概为立后”等语。是在现行律上，凡子婚而故妇能孀守及已聘未娶媳能以女身守志者，虽属夭亡，仍应为之立后。又或子婚而故业非夭亡者，虽其妇未能孀守，亦应为之立后。又或子尚未娶而因出兵阵亡者，无论夭亡与否，均应为之立后。惟无此项特别情形而子系夭亡并未婚者，乃不得立后。苟夭亡已婚或未婚而已成立，虽无上述特别情形，仍在应为立后之列（现行律户役门立嫡子违法条例第三）。（四年上字第370号）

兼祧承继人之后，毋庸按照所承数房立嗣。

【正】查现行律例，兼祧固应具备一定之条件，而兼祧承继人之后是否仅立嗣一人，即当然可以接续兼祧承继人所承两房以上之祧？抑必按照所承房数，依律例所定择立数人或由具备兼祧条件之人以承其祧？此在现行律例并无明文规定。本院据“立嫡子违法”条立继及兼祧诸例文解释，认为兼祧承继人之后毋庸更为所承继数房立嗣，仅有合格之人为该兼祧承继人之后即已完足。故兼祧承继人如有数子，以之分承各房，故听其便。若只一子，即当然可接承数房之祧。若系无子，则有权立继之人除依其自由意思外，不能强制其必立数人或以具备兼祧条件之人承继。盖现行律条例第一条立后系以无子为条件，则有子一人即可不发生立后问题。兼祧条件又以同父周亲及两厢情愿为条件，而为兼祧承继人之后者，即为绝对不能具备此两条件之人。以兼祧承继人通常系以独子兼祧二房。既曰独子，即无兄弟，则所谓同父周亲及两厢情愿者，即无从发生。（四年上字第380号）

成立而故者，妇虽改嫁，原则仍应立继。

【正】现行律载“有子婚而故、妇虽未能孀守，但所故之人业已成立，应为其子立后”等语。故妇虽改嫁而死时业已成立，原则自应为之立后。（四年上字第537号）

遗嘱所定虚名待继，亦须有律定之特别情形。

【正】遗嘱所定之虚名待继，如非有现行律所定之特别情形，则为法所不许。（四年上字第1973号）

宗祧承继只限于男子。

【正】宗祧承继只限于男子，故为女子立后之习惯，自不能认其存在。（五年上字第154号）

夭亡未婚之独子，在无昭穆相当可为其父立继之时，得为立后。

【正】“寻常夭亡未婚之人，不得概为立后。若独子夭亡，而族中实无昭穆相当之人，可为其父立继者，亦准为未婚之子立继”等语。是夭亡未婚之人须系独子，且须族中实无昭穆相当之人可为其父立继者，方准立后。否则，即在不准立后之列（现行律户役门立嫡子违法条例第三）。（五年上字第644号）

守志妇表示不愿立嗣之意思无效，其生前未择立者，应由亲族会择立。

【正】现行律“载妇人夫亡无子守志者，合承夫分，须凭族长择立昭穆相当之人继嗣”等语。是守志之妇须为亡夫择人继嗣，其生前表示不愿立嗣之意思，自难认为有效。若守志之妇亡故后尚未择嗣，则应由亲族会议择立亲等最近昭穆相当之人，亦不容因守志之妇生前尚未择立，遂听其绝嗣（现行律户役门立嫡子违法条例第四）。（五年上字第1116号）

不能因序属次房听其绝嗣。

【正】世俗“大宗不可绝，小宗可绝”之说，出于汉。小戴，即族无庶子当绝；父以后大宗之谓，姑无论。现行律内并无此条。即依其说而于同宗有人可继之际，亦难因其序属次房，必听其绝嗣。（五年上字第1116号）

招婿者不问其意思如何，仍须立继以承宗祧。

【正】招婿养老之人，仍须另立同宗应继者为嗣。诚以我国嗣子制度，重在宗祀。凡异姓养婿可以依倚养老，而于祭祀不克承奉。故不问该承继人之意思如何，不能不于同宗应继之人中另择一人入继。可见法规许令招婿养老均分家产，虽欲以顺人情，而仍须另立同宗以全宗祧，则为强制之规定。寻绎律意，极为明晰。（五年上字第1247号）

不容使应行有后之子无后，而径为其父立嗣。

【正】应为立后之子，除支属内实无可为其子立后之人，许为其父立继，待生孙以嗣应为立后之子外，自应为子立后，不应使应行有后之子无后，而径为其父立嗣（现行律户役门立嫡子违法条例第三）。（五年上字第1396号）

嗣子如为应立继之人，不得因其身故无子别为其父立继。

【正】依现行律，凡立为他人嗣子（兼祧亦同）之人，虽身故无子而并非夭亡未婚者，仍应为之立继。不得因其无子遂谓承继关系消灭，而为其父别立继子。（五年上字第1436号）

律称出兵阵亡，不必以成丁入伍者为限。

【正】现行律所称出兵阵亡，系包含一切因战身死者而言，不必以成丁入伍者为限。（六年上字第946号）

夭亡未婚之解释。

【正】现行律载“寻常夭亡未婚之人，不得概为立后。”所称“夭亡未婚”，系以未及成丁而亡故且未经婚娶者为限（现行律户役门立嫡子违法条例第三）。（六年上字第1189号）

成年未婚之人如系小宗，不必强为立嗣。

【正】成年之子如系小宗而未成婚者，与有守志之妇必须立嗣者究有不同。如果其直系尊亲尚有别子可以承继宗祧，已经表示不为其小宗未婚立子嗣之意思者，则嗣后族人不得强为立嗣，希图承继其应分之遗产。（七年上字第783号）

寻常夭亡未婚之子，具备二条件始能立继。

【续】现行律载“寻常夭亡未婚，之人不得概为立后。若独子夭亡，而族中实无昭穆相当可为其父立继者，亦准为未婚之子立继”等语。所谓已婚、未婚系指生前而言。凡寻常夭亡未婚之子，原则上不许立继，而例外亦许立嗣，但须具备二条件：（一）夭亡者为独子；（二）族中实无昭穆相当可为其父立继之人。若欠缺其一，即无准许立继之余地（现行律户役门立嫡子违法条例第三）。（八年上字第86号）

已出继他姓之人立继，其本宗人不得干涉。

【续】与本宗已脱离亲族关系之人应如何立继，或抚养义子自愿听其自行处置，本宗人不得干涉。（八年上字第100号）

冥配不为已婚。

【续】习俗上所称冥配，不得谓为已婚。（八年上字第653号）

父有别子，不容遽为被继人立嗣。

【续】父有别子，依律自许虚名待继。若非有相当根据可认被承继人之胞兄弟已无生子之希望，即不容族人据为被继人立嗣。（八年上字第677号）

被继人之妾因《刑律补充条例》即视为所后之亲。

【续】《刑律补充条例》第十二条规定系指妾若触犯各该条之罪名，准用妻或有夫妇所应负之刑事责任。若被承继人之妾依法本不能为所后之亲，即无废继之权，不能因有《刑律补充条例》而谓其身分有所变更。（九年上字第246号）

立继时期无明文限制。

【续】无子之人应于何时立继，现行法上并无明文限制。故亡故之后，虽历多年，仍得为之立继。（九年上字第761号）

得立胎儿为嗣。

【续】未出生之胎儿，关于承继应与现实之人同论。故守志妇有以胎儿为嗣之表示，即与立现实之人无异，不能与单纯之虚拟待继同视。（九年上字第819号）

被继人以遗言表示死后不立嗣者无效。

【续】现行承继法系注重宗祧之不绝，而不仅在遗产之虚悬。故关于无子应行立嗣之条文，均属强行法规。凡无子之人生前果否即行立嗣，虽属其人之自由，而以遗言表示死后不立嗣，则显与立法之意旨不符，自难认为有效。（十二年上字第895号）

守志之妇经翁姑勒令脱离亲属关系者，虽未改嫁，亦无择继之权。

【补】守志之妇夫亡无嗣，故应有择继之权。但于夫亡之后，若经其翁姑勒令脱离亲属关系者，虽属未经改嫁，要不得仍为守志之妇，即不得主张其有择继之权。（十四年上字第1283号）

第二节　宗祧承继人

兼祧不备条件，只得由五服内递推立继。

【正】“独子不得出继”为承继法上之一大原则。至兼祧之制，则属例外。律载“如可继之人亦系独子，而情属同父周亲两厢情愿者，取具阖族甘结，亦准承继两房宗祧”云云。是兼祧者，必以同父周亲为条件之一，其限制甚严。若非然者，仅可依照“无子者，许令同宗昭穆相当之侄承继”之例，由五服以内递推而至于远房及同姓者，择立为嗣。（三年上字第149号）

小宗之嫡长子许其出继他宗。

【正】小宗之嫡长子出继大宗，既为习惯所常有，亦为法律所不禁。即本生父母已故，曾为奉祀承祧者，苟另有次子可承本房宗祧，在现行律上亦无禁其出继之理。（三年上字第181号）

独子除兼祧外，不得出继他房。

【正】现行律关于独子不准出继虽无明文规定，然自沿革言之，前《大清律例》时代曾以明文禁止不得过继他房，后因种种必要，始有准许兼祧之特例。嗣后，以兼祧条件定入条例而删除原有之法文。则律意自系以兼祧之具备法定要件者为限，始准以独子过继他房，其义至显。新法未布，现行律民事规定既系有效，即应通观大体，本其精神，以为判断。现行律意，为人子者，以养事本生父母、承本宗之祧为根本原则。故律有为他人养子者，若本生父母本有子而亡故，虽所养之亲亦无子，而得舍去即归本家之条。若本生父母仅只一子，断未有擅许继入他家之理。兼祧已属从权，自难再予扩充。由是言之，独子除兼祧外，不得过继他房，洵可断言。（三年上字第186号）

亲属会议合法之立继，不因事后情事变动而受影响。

【正】亲属会议行使立继之权议决何人为后，如非违法，自可发生效力。一旦效力既生，即无因事后情事变迁而变更既定关系之理。（三年上字第186号）

尊长无代守志妇择嗣之权。

【正】现行律载"妇人夫亡无子守志者，合承夫分，须凭族长择立昭穆相当之人为嗣"等语。就此条文义解释，则择嗣之权专在守志之妇。如有尊长在，则事实上卑幼择嗣自应得尊长之同意始可。然法律上尊长决不能有代守志之妇择嗣之权。（三年上字第226号）

所继人生前立继与否，为其自由。唯守志妇及尊属或亲族会立继，不许延宕。且尊属亲族会立继，其位次及当否问题，应以守志妇死亡时为根据。

【正】现行律例对于被承继人之立继权应于何时行使并无明文规定，则在被承继人固有绝对之自由，及其死亡由守志之妇行使立继权，法文则有"须凭族长"云云之语。是虽无时期（如被承继人死亡时）之限制，要不得由其妇任意延宕，则无可疑。至守志之妇亦亡，而以被承继人之直系尊属或亲族会议行使立继权，则其情形尤不相类。依当然解释，自更不许任意延宕。诚以妇在尚有承夫分之人，妇亡则遗产无所归属，应于守志妇故后即时为之，始可杜绝各种弊端而保全宗祧之不斩。故一切立继位次及当否问题，皆应以守志之妇死亡时为根据而解决之。（三年上字第300号）

非同宗同姓不得承继宗祧。

【正】现行律载"乞养异姓义子以乱宗族者处罚。"又"义男女婿为所后之亲喜悦者，听其相为依倚。"又"收养三岁以下遗弃之小儿，依律即从其姓，但不得以无子遂立为嗣，仍酌分给财产，不必勒令归宗"各等语。是在现行律上，非同宗同姓不得承继宗祧，其异姓义子仅得于一定条件下从所后之亲之姓相依分产，定例綦严，毫无假借（现行律户役门立嫡子违法条律及例第二、第五）。（三年上字第310号）

妾于亲族会议立嗣仅占重要地位，无择继全权。

【正】现行律载“妇人夫亡无子守志者，合承夫分，须凭族长择昭穆相当之人继嗣。”又载“无子立嗣，除依本律外，若继子不得于所后之亲听其告官别立”等语。律意是否妻妾同论？本属解释问题。惟据本院判例认为立继及废继之权，惟有妻之身份者得完全享有。至仅有妾之名义者，则此权不属。盖查上开例载“守志妇人”是否包含妾在内？当先问父妾是否亦可称为“所后之亲”？按为人后者为之子，即取得嫡子身分。故为所后父母服斩衰三年，则亲子关系当然以所后父母为限。其对于父妾生有子女者，虽依律应称庶母为之期服，然不过仅有亲族关系。参照妾为家长族服图，嫡子曰家长长子，众子曰家长众子，显与其所生子有别，实为明证。则妾对于入继之嫡子，即不得称为所后之亲，彰彰明甚。夫既非所后之亲，则不特不能行使废继之权。即家长正妻均故，妾欲为家长立继，亦仅能请亲族会议为之主持，妾自身于会议中只占重要地位，并无正妻择继全权。盖立嗣关系重大，除妻得代行择继权外，自应取决于亲族会议，而不容妾私擅行之。（三年上字第385号）

兼祧不限于两支。

【正】律文所谓“亦准其承继两房宗祧”者，乃谓承继本房兼继他房之意。自不能仅摭拾“两房”二字，即解为不能承继三支（现行律户役门立嫡子违法条例第三）。（三年上字第485号）

独子失亡后，所立嗣子是否因其生还而归宗，应视其系何人所立为断。

【正】现行律关于承继各条例，于独子失亡立嗣之后，失亡之子却生还者，原立子应否归宗并无明文规定，自应比附其他条例为类推之解释。例载“若立嗣之后却生子，其家产与原立子均分”等语。是立嗣在先者，后虽生子，仍与所生子同视。既应均分家产并不令其归宗，可知凡因所生子失亡，立嗣之后所生子却生还者，似可援照此例，不令其原子归宗。惟按立嗣后生子者，其立嗣当然在承继人之生前，无论择贤择爱，悉本于被承继人之自由意思。故其后不能以生子而复弃原立之子，所生子失亡而立嗣者亦然。如果被承继人于生前或以遗言自行立嗣者，其后所生子即复生还，自无排斥嗣子之理。若至被承继人死后始由亲族会议或审判衙门判断为之立嗣者，则其立嗣之始已未必合乎被承继人之意思，何则被承继人于生前所以始终并不立嗣者，无非期所生子之生还耳。虽其死后为宗祧计，亲族会议或审判衙门裁判时不能不代为立嗣，而一旦所生子归来，则宗祧不致虚悬，并无反乎被承继人意思另为立嗣之必要。于此情形，自难援立嗣后生子之例，谓原立子应与所生子均分家产毋庸归宗。（三年上字第561号）

兼祧两厢情愿之条件，如两方父母已死，无从知其意思者，可不具备。但生前有不愿之意思者，则不得兼祧。

【正】兼祧以两厢情愿为条件，其两方父母生前未经表示情愿与否，而死后无从得悉其真意者，固可不具备此项条件，而本于亲亲之义，许以兼祧。若生前既已表示不愿之意思或已表示择立他人之意思者，则两厢情愿之条件显不相符，自不在准许兼祧之列。（三年上字第584号）

长支长子并不禁止出继。

【正】长支长子出继他支，在现行律例既无禁止明文，在习惯上亦无何等限制。（三年上字第610号）

兼祧有四要件，唯取具阖族甘结得请求以裁判代之。

【正】现行律兼祧条件有四：（一）须可继之人为独子；（二）可继之人须为同父周亲，即其父与被承继人之父为亲兄弟是；（三）须被承继人及承继人双方均属情愿。如被继之一方已无人可为情愿之表示，则因根本上已无适用法律之事实，此条自可不问；（四）须取具阖族甘结。如于已具备他种兼祧条件，而族人仍故意违抗，有所希冀，不为具结，应继之人自可请求审判衙门于调查是否具备他条件后，以裁判代之（现行律户役门立嫡子违法条例第三）。（三年上字第618号）

异姓不得为嗣系强行法规。

【正】现代律载“凡乞养异姓养子以乱宗族者，处罚”云云。此项法规为强行法规，不容当事人以意思或习惯擅为变更。寻绎该条文语意，至为显著（现行律户役门立嫡子违法条律）。（三年上字第709号）

独子出继及违法兼祧，须有承继权人始能告争。

【正】按现行律独子不许出继，而兼祧则须具备种种条件。其所以特设此种限制者，无非为保护其他有承继权利之人。故违反此种规定时，唯在承继位次中之人始有告争之权。（三年上字第847号）

族长及族人私擅立继，须守志妇追认。

【正】现行律载“妇人夫亡无子守志者，合承夫分，须凭族长择昭穆相当之人继嗣”等语。寻绎法文，其夫生存时既有立继专权，及其亡故，则守志之妇承其夫分，亦得行择继之权。惟其夫得径自立继，而守志之妇因受以上条文限制之结果，其实施择继之权原则上应经由族长行使之。至若族长或其他亲族不得守志之妇之同意而径行为其夫立继者，其所立之嗣非经守志之妇追认，于法当然不发生效力。（三年上字第1160号）

嗣父生子及生父无子，嗣子得归宗。

【正】现行律内载“养同宗之人为子，所养父母若有亲生子及本生父母无子欲还者，听。”又载“无子立嗣，如族中希图财产，勒令承继或怂恿择继以致涉讼者，地方官立即惩治”等语。寻绎律意，对于承继一层规定綦严，而于出嗣子之还宗，则但使所嗣父母有亲生子，或虽无而本生父母于子之出嗣后他子皆亡，出嗣子不忍弃其所生，情愿还宗者，法律不设何等之限制。诚以我国嗣子制度重在血祀，故法律于承继则严以防争讼，于还宗则宽以顺人情，此至当之理也。（三年上字第1212号）

嗣子归宗惟以本人意思及其本生父母无子为主。

【正】归宗条件惟以本人意思及其本生父母无子为主，别无时期或何等之限制。（三年上字第1212号）

异姓乱宗，惟同宗而有承继权者始能告争。

【正】异姓乱宗，现行律所以悬为厉禁者，无非为尊重血统保护同宗起见。故若有违反此种规定者，亦惟同宗而有承继权之人始能有告争之权。否则，审判衙门自不能以其违背强行法规之故，遽为过当之干涉。（三年上字第1236号）

应继之人若有嫌隙，即丧失其承继权。

【正】无子立嗣，若应继之人平日先有嫌隙，则于昭穆相当亲族内择贤择爱，听从其便。如族中希图财产勒令承继或怂恿择继以致涉讼者，地方官立即惩治，仍将所择贤爱之人断令立继等语。可见一嫌隙，应继人即当丧失其应继之资格。无论被承继人于昭穆相当亲族内钟爱何人，皆属自由，决不许族中有勒令承继之事。（四年上字第55号）

嗣子归宗不得强制。

【正】现行律"立嫡子违法"律文内载"若养同宗之人为子（中略），本生父母无子欲还者，听"等语。是凡合法立为他人继子者，于本生父母无子时是否归宗，应听自择，断无强制归宗之理。（四年上字第63号）

不能由有立继权人择继时，得由审判衙门以裁判定之。

【正】择继之权，自可由被承继人径自行使。若被承继人已故，由其守志之妇凭族长行使。若夫妇均亡而无直系尊亲属，则由亲族会议共同行使。如亲族协议未成，则可由审判衙门以裁判定之。（四年上字第148号）

死后立嗣，嗣子年龄长于所后之亲或相等者，非无效。

【正】无子立嗣以不失昭穆伦序为唯一要件；若夫年龄，则并非法律上所要求之事项。故嗣子之年长于嗣父母或其年与嗣父相等者，若在生前立嗣，或不免有长幼失序之嫌，其应否有效，固属疑问。而在死后立嗣，于法即无明禁，即不能谓为无效。（四年上字第292号）

无子抱养同姓可推定为立嗣。

【正】抱养之子若原系同姓同宗，则当就各项证据以审究抚育当时其父母意思之何属。如别无证据可资认定，则审究其父母之意思，即不得不以当时之情形为推定之根据。如当时尚无亲子，则其抚育人子为己子者，当然可认其有立为嗣子之意思。如当时已有亲子，无须更行立嗣，即可推定其仅有抚为义子之意思。（四年上字第386号）

出嗣须得父母同意。

【正】为人子者，出继他人为嗣，其父母如尚生存，必得其同意而后可。（四年上字第471号）

归宗并非要式行为。

【正】归宗并非要式行为。苟有归宗之事实，即无字据，亦不能予以否认。（四年上字第 489 号）

依法成立之继嗣，第三人不得干涉撤废。

【正】现行律立继之制本系公益规定，其精神在保持宗祧之不斩，而维持家族之平和。故凡依法业经成立之继嗣，除合法定条件与被承继人以废继之权外，不许任情撤废。若第三人，则尤无干涉撤废之余地。（四年上字第 500 号）

被继人之最近亲属的邀集亲族会立继。

【正】立后程序，如无守志之妇及直系尊亲属可以主持，自应由被承继人之最近亲属邀集亲属会议依律实行。（四年上字第 537 号）

告官别立即含废继在内。

【正】现行律载“继子不得于所后之亲，听其告官别立。”是立法之精神正在使被承继人去其不相得之继子而另立能相得者。“别”也者，去其旧而代以新之谓也。称“别立”，即含继在内（现行律户役门立嫡子违法条例第二）。（四年上字第 585 号）

父所立之继子，其母于父死后亦得撤废。

【正】现行律载“继子不得于所后之亲，听其告官别立。”所谓“所后之亲”者，自指父母双方而言。父所立之继子，父在，母固不得擅废；父死，则母当然有废继别立之权。（四年上字第 585 号）

未凭族长不为无效。

【正】例载“妇人夫亡无子守志，应凭族长择昭穆相当之人继嗣”云者，系以族长凭证之谓。而择立之权，则固属之守志之妇，故族长即因故不与闻，而其所立之人苟于昭穆伦序不紊，立继事实又有确切之凭证者，则亦不得以未凭族长之故即谓为无效。（四年上字第 687 号）

族长关于立嗣之凭证得代以审判。

【正】律文所谓“须凭族长”云者，本不过谓妇人择嗣须凭族长之证明，以昭大公。故所择何人，苟于昭穆伦序无失，即族长不得横加干涉。而族长意存偏向不为凭证者，尤得请求审判衙门以裁判代之。（四年上字第 1211 号）

宗族不得告官废继。

【正】现行律“立嫡子违法”门载“无子立嗣，若继子不得于所后之亲，听其告官别立。”又载“若养同宗之人为子，所养父母有亲生子及本生父母无子欲还者，听”各等语。按照律文正当解释，凡继子以不得于所后之亲为限，被承继人有告官别立之权。夫被承继人之对于承继人尚须受此种限制，其他宗族尤无许妄行告争之理。（四年上字第 1416 号）

死亡无子其妇又改嫁者，应由亲族公同立嗣。

【正】现行律载“妇人夫亡无子守志者，合承夫分，须凭族长择昭穆相当之人继嗣。其改嫁者，夫家财产听前夫之家为主”等语。寻绎律意，是死而无子妇又改嫁者，应由亲族公同立嗣继承遗产。（四年上字第1457号）

与被承继人或守志之妇有讼嫌者，不得勒令承继。

【正】现行律例内载“无子立嗣，其择立贤能及所亲爱者，若于昭穆伦序不失，不许宗族指以次序告争”等语。故应继之人若因涉讼之嫌为被承继人或其守志之妇所不欲择立，依律自不容违反其意思而勒令其承继。（四年上字第1531号）

所请废继之告官与存案有别。

【正】按现行律载“所后之亲”自系兼括父母；言所谓“不得”者，即不相得，不能与所后之亲圆满生活之谓，自无疑义。惟是例文既明定有告官之条件，则其不得之事由何在及不得之程度如何？应否别立？自应由审判衙门裁量。若纯以所后父母偶然之感情即予废继，则例载告官之条件直等于无，是岂立法之本意？夫告官以求官厅之许可，与存案以备日后之稽考，其事本不相同，译释律意，本极显然，不容曲解。（四年上字第1608号）

与被承继人有嫌隙者，虽亲等最近，无告争立继之权。

【正】承继之顺序虽以亲等之远近为先后，而尤当首先尊重被承继人之意思。故平日与被承继人先有嫌隙者，虽其亲等最近，而不能主张承继之权利。即就其所择立之人是否合法？亦无告争之余地。（四年上字第1693号）

嫌隙原则，就应继人与所继人本身言。

【正】律载“应继之人平日先有嫌隙，亦准另继”云云，原则自就应继人本身与所继人有嫌隙而言。（四年上字第1753号）

同宗应继不以有服为限。

【正】同宗应继，不限于服制之有无。（四年上字1785号）

有承继权人与被继人有嫌隙，对于违法兼祧无告争权。

【正】兼祧不备条件则为不合法。现有继承权之人或其直系尊属，即得出而告争。但现有承继权之人或与被承继人先有嫌隙者，仍无告争之权。（四年上字第1876号）

不以承继为目的者，不得告争承继。

【正】自己或其子孙无承继权，或虽有承继权并非以争继为目的者，对于他人立继之当否，当然不许告争。（ 四年上字1937号）

妾无废继权。

【正】妾不能有废继之权。（四年上字1973号）

不得于所后之亲之规定，可准用于所后之祖父母或曾祖父母。

【正】所谓“不得于所后之亲”，固当然限于所后之父母，但所后之曾祖父母及祖父

母为之承重者，亦应认为可以准用。（四年上字第2025号）

长房子能承祧次房。

【正】长房之子能否兼承次房？在现行律虽无明文规定，而按之旧例固所不禁，不过于服制稍示区别而已（嘉庆二十年例载“嗣后，凡独子两祧者，如系小宗兼承长房，大宗应仍照例承祧父母丁忧三年，所生父母降服期年；其同属小宗，自应仍以所生为重，应比照长房独子兼承次房之案，所生父母丁忧三年，兼祧父母持服期年”等语）。（四年上字第2071号）

立嗣纵不限于一人，要必出立继人之意思。

【正】无子立嗣是否限于一人？现行律并无明文规定，习惯上所谓应继、爱继之区别，*纵不必遽谓其与成文法规显相抵触，而要必出自立继权人之意思，始能立以为嗣。（四年上字第2108号）

立继得推及远房及同姓。

【正】立继之次序固宜以近支为先，惟于近支实无昭穆相当之人，自不得不推及远房以至同姓，盖所以救近支继嗣之穷也（现行律户役门立嫡子违法条例第一）。（四年上字第2125号）

立继权行使之次序。

【正】被承继人生存中自有立继尊权。若已亡故，应由守志之妇立嗣；若守志之妇俱亡或其时于法不能行使立继之权，而其家尚有直系尊亲属者，则立继之权自应由该尊亲属行使；如俱无，则由亲属会行使之。（四年上字第2331号）

已立远支者，近支后虽生子，不得告争。

【正】现行律无子立嗣固应先尽同父周亲，次及大功、小功、缌麻，然此项规定本所以保护现有承继权人之利益，而杜无益之争端。故立继时，如近支无人可继，自不得不立亲等较远之侄。而一经立定之后，其身份关系即已确定，近支虽生有可继之人，亦不得更主张其承继为无效，率行告争。（四年上字第2410号）

择贤择爱，无族中置喙之余地。

【正】现行律载“无子者，许令同宗昭穆相当之侄承继，先尽同父周亲，次及大功、小功、缌麻；如俱无，方许择立远房及同姓为嗣。”又载“无子立嗣，若应继之人平日先有嫌隙，则于昭穆相当亲族内择贤择爱，听从其便。如族中希图财产，勒令承继或怂恿择继以致涉讼者，地方官立惩治，仍将所择贤爱之人断令立继”等语。是无子立继，其应继之人虽有法定次序，但其所应继者若果平日先有嫌隙，则无论择贤择爱，诚使昭穆相当，均属择继人之自由，即无族中置喙之余地（现行律户役门立嫡子违法条例第一、第三）。

---

* 昭穆之最亲者为应继；继矣而不当嗣父同之意，另择一较疏之人，亦使为后，曰爱继。亦有舍应继而取爱继者，此皆以同姓为“断也”。——（清）徐珂编：《清稗类钞》

（四年上字第 2423 号）

守志妇立继，须得尊亲属同意。

【正】无子守志之妇固有为夫立嗣之权，惟依家务统于一尊之义，被承继人如尚有直系尊亲属存在者，非得该尊亲之同意，则该尊亲自得主张撤销。（四年上字第 2433 号）

合法立定后，亲等较近之房不得告争。

【正】立继之人得于昭穆相当亲族内择贤择爱，故所立之人亲等虽远，而一经合法立定之后，则虽亲等较近之房，亦不得再行告争。（四年上字第 2433 号）

无承继权人滥行告争，毋庸审究其所攻击之承继是否合法。

【正】无承继权之人滥行告争，审判衙门可毋庸审究其所攻击之择继是否合法，即将告争人之请求驳回。（五年上字第 176 号）

违反现行律例为子立后之规定时，须孀守妇及应继人始有告争之权。

【正】依现行律规定，子婚而故、妇能孀守者，虽应为其子立继，然此项规定一面在保全亡子之祭祀，一面在保护应继之人利益，故立继时虽有违反此项规定之事，亦必孀守之妇及应继之人，始有告争之权。（五年上字第 258 号）

立嗣须承继人与被继人双方同意。

【正】无子立嗣，除应遵守律例规定外，并须由承继人与被继人双方表示同意，方能发生效力。若被承继人并无立继之意思，即断难仅凭承继人一方之行为，强令继嗣关系之成立。（五年上字第 269 号）

应继人于所继人亡故后，因争继而于诉讼中亡故者，其应继资格不因而消灭。但所继人生存者，不在此限。

【正】无子立嗣者，限于现在昭穆相当之侄，始能入继。若已故之人既不能为权利主体，即当然不能有应继权。惟被立继人死亡后，因争继涉讼而应继人于诉讼进行中亡故者，则因现行法例上无论立嗣迟早，其继承关系均应于被承继人亡故时生效，故本院判例认其应继资格不因亡故消灭。若于被承继人生存中，应继人业经亡故者，自不得援以为例。至前清部案虽有准许以已故之侄为嗣子者，然亦限于昭穆相当侄辈内绝无应继之人始得为之，且事非数见，而嗣后历经修改律例时复未纂为例文，自不能认为有法律之效力。（五年上字第 279 号）

律所谓嫌隙及贤爱，俱不必有客观之事实，只须依立嗣人主观意思定之。

【正】现行律载“无子立嗣，若应继之人平日先有嫌隙，则于昭穆相当亲属内择贤择爱听从其便”等语。所谓“嫌隙”及“贤爱”云者，俱不必有客观之事实，只依立嗣本人主观之意思定之。故凡由本人立嗣者，苟于昭穆伦序不失，即不许其他宗族指以次序告争（现行律户役门立嫡子违法条例第三）。（五年上字第 375 号）

对于违法立嗣久不告争者，应认为已抛弃其承继权。

【正】立嗣虽属违法，而当时有承继权之人不出告争，且事历多年相安无异者，应认为已抛弃其承继权，不得再行告争。（五年上字第565号）

所谓凭族长者，仅以组长为凭证之意。

【正】律称“须凭族长”云者，乃以族长为凭证之谓，并非认族长有代守志之妇择继之权。（五年上字第566号）

守志妇立嗣之得尊长同意之方式，不必限于画押。

【正】守志之妇为夫立继者，固应得尊长同意，而同意之方式则不必限于画押，即以言词或其他动作为之，亦无不可。（五年上字第569号）

守志妇之立继权，无应孀守若干年之制限。

【正】夫亡无子之妇但能守志，即为合承夫分，应有自主立继之权，并无孀守应至若干年始得适用该律之制限。（五年上字第584号）

为夫立继权惟正妻有之。

【正】现行律载“妇人夫亡无子守志者，合承夫分，须凭族长择立昭穆相当之人继嗣”等语。寻释律意，所谓守志之妇人，系指正妻而言，即为夫立继之权惟正妻有之（现行律户役门立嫡子违法条例第四）。（五年上字第644号）

择立贤爱唯被承继人或守志妇有此权。亲族会议立嗣，除被承继人或守志妇生前有择立贤爱之明确表示外，须依法定次序。

【正】现行律载“无子者，许令同宗昭穆相当之侄承继，先尽同父周亲，次及大功、小功、缌麻；如俱无，方许择立远房及同姓为嗣。”又“无子立嗣，除依律外，若继子不得于所后之亲，听其告官别立。其或择立贤能及所亲爱者，若于昭穆伦序不失，不许宗族指以次序告争。”又“无子立嗣，若应继之人平日先有嫌隙，则于昭穆相当亲族内择贤择爱，听从其便”各等语。是无子立嗣，自以依照法定次序择立应继之人为原则，而例外虽许择贤择爱，然仍须具备相当之条件，且须为被承继人或守志之妇乃能有此选择之权。若被承继人及守志之妇俱已亡故而由亲属会议立时，则在原则上并不能有此项选择权。苟非本于被承继人或守志之妇生前已有择立贤爱之明确表示（如遗言等是）而代为执行，即不能违背法定次序而援用择继之例，抑置位次在先之人而不立。（五年上字第682号）

被废继子不得过问其后承继之事。

【正】凡被废之继子对于其从前被承继之人已无承继权，故对于其后承继者之为何人及其承继财产之应归何人，皆不得过问。（五年上字第752号）

由翁作主立嗣，未经守志妇表示情愿者，不生效力。

【正】子亡而有守志之妇者，立继须由守志之妇为主，其翁仅有同意之权。故凡由翁作主立嗣而守志之妇并未对之表示情愿之意者，当然不生效力。（五年上字第850号）

小宗之子非必须承继大宗。

【正】世俗有“大宗无子，小宗不得有子”之说，然姑无论是否可予采用，即就此说言其意义，亦不过谓小宗之子宜以之后大宗，并非必绝小宗之祀。故小宗若有数子，自可以其一子为大宗后；若小宗亦仅有一子，则除兼祧外，无强制出继之理。（五年上字第869号）

择立姑表兄弟之子为嗣无效。

【正】异姓乱宗为现行律所不许，故因族中无可继之人择立异姓姑表兄弟之子为嗣，其择立之行为自始不能有效（现行律户役门立嫡子违法条律）。（五年上字第877号）

抛弃承继权者，不能告争承继。

【正】承继之是否合法，惟有承继权者得以主张之。若并无承继之权或虽有而不欲实行，其权利如业有明示或默示之抛弃者，无论其相对人之承继合法与否，要已与己无关，即无许其告争之余地。（五年上字第956号）

入赘时承继宗祧之约定，不能认为有效。

【正】现行律载“其乞养异姓义子以乱宗族者，处罚；若以子与异姓人为嗣者，罪同，其子归宗。”又载“招婿养老者，仍立同宗应继者一人承奉祭祀”等语。是异姓不能乱宗，养老赘婿不得承继宗祧，均律有明文。故入赘时虽有与律例相反之约定，亦不能认为有效（现行律户役门立嫡子违法条律又婚姻门男女婚姻条例第三）。（五年上字第988号）

近亲不得擅代择立。

【正】守志之妇有为夫立继之权。若夫妇俱已亡故，则应由直系尊属或亲族公议立继，断无由与被承继人服制较亲之人擅代择立之理。（五年上字第990号）

守志妇生存时不得径由亲族会公议立嗣。

【正】亲族会公议立嗣虽为法所许，惟必以被承继人及守志之妇俱已亡故为前提。若被承继人虽经死亡而守志之妇尚生存者，则应由守志之妇为夫行使择继之权，决非族人所得干涉。（五年上字第1132号）

舍亲后疏不为违法。

【正】如非独子，即无禁止出继远族之理。纵令期服伯叔亦复乏嗣，然若自愿舍亲支而继远族，不得谓为违法。（五年上字第1139号）

兼承他房宗祧者，于本生父其后所生兄弟仍为同父周亲。

【正】出继人之子于本生父之兄弟固不得为同父周亲，若仅兼承他房宗祧者，则与本生父之亲子关系并未消灭，即于本生父其后所生之兄弟仍不失为同父周亲，与普通出继他房之子不得视同一律。（五年上字第1254号）

不得于所后之亲，须客观的不能与所后之亲圆满相处。

【正】现行律所谓“不得于所后之亲”者，须客观的不能与所后之亲圆满相处，不得纯以所后父母偶然之感情即予废继。且律文既称“继子不得于所后之亲”，则不得之原因必出于继子本身者，始能告官别立，毫无可疑（现行律户役门立嫡子违法条例第二）。（五年上字第1424号）

守志妇不得藉口贤爱，以不备条件之独子兼祧。

【正】守志之妇为夫立嗣，若具备继子不得于所后之亲或应继之人平日先有嫌隙之条件，固许其择贤择爱，不依次序。而独子，则除兼祧外，当然不得出继他房。法定兼祧各条件尤以可继之人同父周亲为最要。如未具备此要件，即不得藉口贤爱，遂许其兼承两房宗祧。（五年上字第1445号）

亲族会立嗣，不得援用择贤择爱之例。

【正】依现行律被承继人及守志之妇俱已亡故时，虽得由亲属会公议立嗣，然须依法定次序择立位次最先之人，而择贤择爱之例外不得辄行援用。（五年上字第1445号）

族长到场画押非立嗣要件。

【正】妇人行使立嗣权者，照现行律为夫立嗣之例，虽应以族长为凭证，而族长到场画押究非立嗣要件，不得以其未经画押遂谓为无效。（五年上字第1489号）

回继本房无禁止之理。

【正】所谓出继不准回继，法律上并无此等明文。即无因其父系由被继房分出继，而禁止其回继本房之理。（六年上字第43号）

本系同父周亲出继远房者，有不得再回而兼祧。

【正】现行律例，独子以属同父周亲者为限，始准其兼祧两房。若本系同父周亲而业经出继远房者，不能仍为同父周亲，即不得再准其回而兼祧。（六年上字第51号）

父在者母不得告官别立。

【正】夫亡之后，继子果不得于守志之妇，固准该守志妇举出证凭告官别立。惟夫未亡故，立继之权应属于其夫。苟继子不得于其母而得于其父者，非其母得以片面之主张告官别立。（六年上字第77号）

妾不能有独立择继之权。

【正】现行律内载“妇人夫亡无子守志者，合承夫分”等语。寻绎律意，所谓夫亡无子守志之妇人，自指正妻而言。故亦惟正妻始可承受其夫应得之分，妾则当然不在此限。（六年上字第184号）

亲属会议立继，不应许争继积嫌之人加入协议或立以为嗣。

【正】立继之权本属于被承继人及其守志之妇。被承继人与其妻均经死亡又无直系尊亲属者，则其权自属之亲属会议。若被承继人生时与争继之人先有嫌隙，亲属会议固不应许其加入协议，亦不得不尊重被承继人等之意思而立该争继积嫌之人为嗣。（六年上字第232号）

守志妇之择继，不容族人限期勒令为之。

【正】妇人夫亡无子守志者，择继之时期虽不容任意延宕，而要不容族人勒令必于何时择立。（六年上字第254号）

被承继人之直系尊亲属亦有择贤择爱之权。

【正】无子立嗣律，虽定有先亲后疏之次序，而择贤、择爱究从其便；次序在先者，自不容勒令承继。至所继人夫妇俱亡而尚有直系尊亲属存在者，亦应认其直系尊亲属有择贤、择爱之权，与亲属会议之专应依亲疏次序者，自不相同。（六年上字第309号）

于承继有密切关系者，得就亲族会之立继主张异议。

【正】告争他人之承继，固应以有承继权人及其直系尊亲属为限，但于其承继有密切之利害关系者（如被承继人之妾女及本生父母之类），就亲族会议之择继自可主张异议，请求裁判。与告争他人已定之承继者显然不同，又何得混为一谈，概谓为无告争权？（六年上字第352号）

所谓嫌怨，纯由被承继人或守志妇之主观。

【正】律载"若应继之人平日先有嫌隙"者，本纯由被承继人或守志之妇之主观，不必有可观嫌怨之事实（现行律户役门立嫡子违法条例第三）。（六年上字第394号）

审判衙门非依合法告争，无从撤销既定之承继。

【正】审判衙门对于既定之承继关系，苟非依合法之告争，无从为撤销之宣告。（六年上字第408号）

改嫁妇不得行使废继别立之权。

【正】现行律载"继子不得于所后之亲，准其告官别立。"若改嫁之妇，对于前夫之嗣子，既非复所后之亲，其不得行使废继别立之权，自无可疑。（六年上字第655号）

嫌隙即立嗣人不愿其承继之意，不须别举事实证明。

【正】法文所谓"先有嫌隙"者，原即被承继人不愿其人承继之意，并无须别举嫌隙事实以为证明（现行律户衙门立嫡子违法条例第三条）。（六年上字第730号）

与被继人比较切近之人为亲族会重要之一员，未通知到场，其会议无效。

【正】亲族会之组织，现行法虽无明文规定，然按之条理，被承继人夫妇均故由亲属会立继时，其与被承继人比较最为切近之人自为该会重要之一员，当然令其到场与议。如未经通知令其到场，则该会议之组织即难认为适法，其由该会议所立之继子亦自难认为有效。（六年上字第759号）

妾于家长正妻均故时，得为承继事项之主张。

【正】妾在现行法上虽无正妻立继之全权，然当家长与正妻均故，关于其家之承继事项，固可出而为审判上或审判外之主张。即或正妻尚在，而与之同为承继事项之诉讼当事人或正妻委任为代理人，亦非法例所不许。（六年上字第790号）

继子擅自处分财产，危及其母之生活，应认为不得于所后之亲。

【正】承继人如已成年，固有管理承继财产之权，但于处分之时须得其母之同意。如未得同意擅自处分，并因此处分认为足以危及其母之生活（例如，屡为擅自处分之行为或处分极贵重之财产），自属“不得于其所后之亲”，其母得以主张废继。（六年上字第803号）

自己或直系卑属无承继权，不得告争承继。

【正】自己或其直系卑属并无承继权之人，不能告争承继，即亦不能主张他人之承继为无效或可以撤销，而拒绝交付其占有之承继财产。故他人之承继如果系由有权立继之人所立，则其是否合于法定次序或有无异姓乱宗及具备兼祧条件与否，均非其所得过问。（六年上字第810号）

本生及所后父母无不愿意兼祧之意思者，应认为兼承本宗之祧。

【正】独子出继如具备兼祧条件，而其本生及所后父母又显无不愿兼祧之意思者，即应认为兼承本宗之祧。（六年上字第865号）

独子出继后，于本宗父母无后亡故时，仍得回而兼祧本宗。

【正】现行律例独子不许出继，只准兼祧。寻绎律意，原系禁其绝本宗以为人后。故凡独子承继他人，无论当时是否作为兼祧，若其后本宗终无别子可以为后，其父母生前亦未另行立继，而承继他人之人又本合于兼祧条件者，自应仍由其兼祧本宗。（六年上字第1127号）

无同族者，可以同姓为嗣。

【正】无子立嗣，苟无同族之人，虽择立同姓，亦为法所允许（现行律户役门立嫡子违法条例第一）。（六年上字第1133号）

死亡之人不得立为人嗣。

【正】死亡之人不得立为人嗣，纵曾有择立之行为，亦属无效。（六年上字第1164号）

大宗无子，只得依照通常立继程序立继，不能追认一人为大宗后。

【正】大宗无子者，亦只得依照通常立继程序为之立继，而不得强制小宗之子必出为大宗之后，尤不得于数世而后，忽在支属内追认一承继大宗之人。（六年上字第1278号）

入继时虽系独子，而本生父后已生子者，其承继应认为合法。

【正】承继人于入继时虽系独子，而嗣后其本生父又生他子者，则其为独子之事实既已消灭，其承继自应认为合法，他人即不能再以此藉口告争。（六年上字第1296号）

应继人先有嫌隙，亲族会议应别行择立。

【正】应继之人如与被承继人及其守志之妇或直系尊亲属生前先有嫌隙者，为尊重被承继人等之意思起见，亲属会议自不能不舍之，而别于昭穆相当亲族内择立次序在后之

人。(六年上字第1301号)

父有别子亡故而生孙有后者，不得以独子论，许其兼祧。

【正】现行律，兼祧两房以可继之人亦系独子为要件，而律所载“独子”，又系指父无别子之情形而言。若父有别子，虽已故而生孙有后者，即不得以独子论，依律只许出继而不得兼祧。其有误用兼祧之名义者，则为贯澈法律之趣旨，符合当事人之真意起见，苟具备立继之其他条件，自应仍认其承继为有效。(六年上字第1314号)

直系尊属就立继立有遗嘱，经守志之妇同意者，应为有效。

【正】现行律，被承继人亡故之后，如有守志之妇，其立继之权自在守志之妇。惟其直系尊属苟因不忍其子之无后，指定某人入继立有遗嘱，而守志之妇亦已表示同意者，则自应认该遗嘱为有效。(六年上字1383号)

被承继人自行择嗣，毋庸经嫡妻同意。

【正】被承继人生前自行择继，并毋庸经嫡妻之同意。(七年上字第24号)

不得以待继嗣子预拟兼祧。

【正】嗣子苟已取得子之身分者(即继嗣已经确定者)，若具备法定兼祧条件，固应一律准其兼祧。然在嗣子尚未立定以前，自不得遽以待继之嗣子预拟兼祧他房而排斥他人之承继。(七年上字第44号)

直系尊亲属之立继与被继人或守志妇自行立继者同论，得同时并立二人。

【正】直系尊亲属之立继当然与被承继人或守志之妇自行立继者同论，而与亲属会代行立继者有异，应准同时并立二人，毋庸加以限制。(七年上字第90号)

亲族会议立继应取决多数。

【正】被承继人及守志之妇均已亡故而又无直系尊亲属者，立继行为自应由全体亲属或各房派遣代表公同会议取决多数，依例议立，否则不能有效。(七年上字第131号)

立嗣经守志妇追认者有效。

【正】现行律内载“妇人夫亡无子守志者，合承夫分，须凭族长择昭穆相当之人继嗣。”是夫亡守志之妇本有代夫择继之权。故立嗣当时苟未经守志之妇在场同意，日后亦未经其追认，则此项立继自难谓为合法有效。反是，若议立之初，守志之妇虽因故未曾预议，迨后于所定立之继书已亲笔签押表示赞同，或更有他项事实足已证明其确已追认者，即不能不谓继嗣关系之已经合法成立，自不容更于日后复行翻异。(七年上字第222号)

本生父母于亲族会议占重要位置。

【正】本生父母对于出嗣之子虽无择继专权，而于亲族会议中自应占重要地位。故除有特别情形外，其他亲族所择立之人非经其同意，不能认为有效。(七年上字第243号)

律载族长议立即为亲族会议。

【正】现行律载“招婿养老者，仍立同宗应继者一人，承奉祭祀，家产均分。如未立继身死，族长依例议立”等语。其所谓族长，依判例解释应为亲族会，族长不过其代称（现行律婚姻门男女婚姻条例第三）。（七年上字第250号）

律载独子包括嗣子。

【正】律载“独子”，自非专指亲子而言，嗣子亦包括在内。故嗣子具法定之条件，自亦许其兼祧两房。（七年上字第324号）

双方合意解除承继关系者，不须告官。

【正】现行律废继须经告官程序之规定，系指继子“不得于所后之亲”，由所后之亲一方主张废继而言。若双方合意解除承继关系者，则即无经过告官程序之必要。（七年上字第339号）

妾于亲族会议立继有同意权，惟无故不同意，审判衙门得以审核裁判。

【正】妾虽守志，亦不得有专行立继之权，惟于亲属会议中应占重要地位。故有所择立应经同意或追认，始能完全生效。倘该妾主张显有未当，亲属会议亦得请求审判衙门审核裁判。否则，该妾对于未经同意之继嗣，准其请求撤销。（七年上字第386号）

亲族会议立继应守法定次序。

【正】亲属会议立继，应遵守法定次序。先尽同父周亲，次及大功、小功、缌麻。除应继之人与被承继人先有嫌隙或有其他丧失承继权之原因外，不得任意变更其次序。（七年上字第436号）

尊亲属应立继，毋庸咨询亲族会之同意。

【正】被承继人及守志之妇均已亡故而有直系尊属者，立继之权应专属于该尊属，毋庸咨询亲族会议之同意。（七年上字第490号）

翁姑于守志妇之立继不予同意者，得以裁判允许代之。

【正】守志之妇为其夫立继之时，如尚有翁姑在堂，固应秉承翁姑得其同意。但若翁姑意存偏向不予同意而无证当理由者，审判衙门得以裁判允许以为之代。（七年上字第535号）

未经亲族会议议决以前，审判衙门不能以裁判立继。

【正】无子立继，除被承继人及其守志之妇已依法择立者外，均应由亲族会议接照法定位次择立。如果亲属中有故意不为择立者，虽得由应继人首告，即由审判衙门以判决代亲族会议之决议。而在未经亲族会议以前，审判衙门究不能遽以判决代为择立。（七年上字第724号）

亲族会议立继不许择贤择爱。

【正】立继次序原以服制之远近为先后。至择贤择爱之例外，则惟被承继人及其守志之妇或直系尊亲属始有此权。若由亲族会议公同立继之时，则除有特别情形外，自应依据一定次序择立位次最先之人，无许其择贤择爱之余地。（七年上字第746号）

直系尊属不得强所后之父或母废继。

【正】所后之父或母苟无废继之意思，其直系尊属不得强之废继。（七年上字第753号）

守志之妾于亲属会议占重要位置，不得阻止夫族立继。

【正】守志之妾于亲属会议为其夫主立继时，既占重要地位，自应经其同意。然究不得有阻止该夫族立继之权。（七年上字第905号）

择立贤爱不以先尽近支为限。

【正】现行律“无子者，许令同宗昭穆相当之侄承继，先尽同父周亲，次及大功、小功、缌麻；如具无，方许择立远房及同姓为嗣。”又载“其或择立贤能及所亲爱者，若于昭穆伦序不失，不许宗族指以次序告争”等语。是立继次序固以服之亲疏远近为准，而出于择贤择爱者，则只以昭穆伦序不失为惟一要件。至前例所称“若俱无，方许择立远房及同姓为嗣者”，本系指寻常立继之次序而言，并非于立继权人择立贤爱时加以先尽近支之限制。细绎后例，“不许宗族指以次序告争”之语，其意本极显明。故无论近支有无可立之人及其人是否有不能承嗣原因，而有立继权之人皆得就远房内择立贤爱（现行律户役门立嫡子违法条例第一、第二）。（七年上字第939号）

已定之承继关系，不容轻易废除。所谓不得于所后之亲，乃指与后之亲不能为圆满生活而言。究因何种事由及其程度如何，应由法院裁量。

【正】现行律例“继子不得于所后之亲，听其告官别立。”所谓“不得于所后之亲”者，即指与所后之亲不能为圆满生活而言。其不能为圆满生活究因何种事由及其程度如何，依例载告官之条件，自应经审判衙门之裁量以定其有无废继之原因，并不以所后之亲之主张为已足。故凡继子为其所后之亲诉请废继者，审判衙门应就事实上实施调查程序，认定其废继原因是否成立。如果其所后亲所主张之废继原因确系应归责于继子之事由，而察其事由又确于家庭之和协有重大之妨碍，且双方恩意不能复冀保全，固应准予废继。否则，已定之承继关系即不容辄徇其请，轻易废除（现行律户役门立嫡子违法条例第二）。（七年上字第971号）

守志妇合法立嗣，其尊亲属不得无故拒绝同意。

【正】守志妇择立之嗣，于法既无不合，则其尊亲属无正当理由自不得拒绝同意。（七年上字第1254号）

关于有无嗣子身分之告争，不以有承继权人为限。

【正】无承继权人虽不能对于他人之承继辄行告争，但事实上有无嗣子之身分，凡有利害关系之人均得争执，并不以有承继权人为限。（七年上字第1263号）

私结契约互认并继者无效。

【正】凡应继人虽得抛弃其承继之权利，然与他应继人私行缔结契约互认并继者，究非有效。故仍应由亲属会议按照法定承继次序公同择立位次最先之一人以承宗祧。（七年

上字第 1522 号）

兼祧两房之人身故无后，得择立两人分承两房宗祧。

【续】兼祧两房之独子，若无子立嗣，可否并立二子分承两房宗祧？现行律内虽无明文规定，惟查前清道光九年礼部奏准案内称“独子之子分承两房宗祧，应各为祖父母服齐衰不杖期。父故，嫡孙承重，俱服斩衰三年”等语，并曾经附纂通行。是独子亲生之子既许分承两房宗祧，可知两房宗祧并不因兼祧而并合。故若独子身故无后，亲族因其特别情形为之择立二人以分承两房宗祧，自与寻常并继不同，仍应认为有效。（八年上字第 76 号）

大宗立继，不必先以嫡长。

【续】大宗立嗣先尽嫡长，在现行律固无此项明文，而条理上亦不容有此项限制。（八年上字第 176 号）

择兼祧子之子分承自己一房为孙，系属合法。

【续】将同父周亲之侄合法兼祧为子，更于兼祧子所生之诸子中择立一孙，分承自己一房为嗣孙，于法并无不合。（八年上字第 181 号）

独子出继之习惯无效。

【续】独子出继之惯例，因法律既另有明文，自不得援引。（八年上字第 234 号）

兼祧子之子得分承两房宗祧。

【续】兼祧两房独子所生之子，令其分承两房宗祧，非现行律所不许。（八年上字第 267 号）

立嗣不得失尊卑次序。

【续】律载“若立嗣虽系同宗而尊卑失序者，其子亦归宗，改立应继之人”等语。是无子立嗣，其所立之人原须合乎尊卑之序。若违反此项规定，虽同宗之子，亦当令其归宗，改立应继之人，而不许即以此尊卑失序之人竟立为嗣（现行律户役门立嫡子违法条律）。（八年上字第 371 号）

亲属会不能以守志妇择嗣不合法为之另立。

【续】守志之妇纵令所择嗣子为不合法，亦应由其改立昭穆相当之人为嗣，究不得遽由亲属会为之另立。（八年上字第 389 号）

亲属会之立继须尊重居重要地位之人之意见。

【续】亲属会之立继，对于居重要地位之人，应通知其到场预议，并尊重其意见。（八年上字第 475 号）

族人已受通知无故不到场或重要地位人表示异议而无正常理由者，其立嗣之决议不受影响。

【续】议继时，若族人已受通知而无故不到场预议，或择继占重要地位之人并无正当

理由而表示异议者，审判衙门自得裁判其决议为有效。（八年上字第475号）

兼祧虽无甘结，不得指为无效。

【续】兼祧之取具阖族甘结，亦不过以防族人之争执。若早经兼祧，事历多年，上告人当时既无异议，亦未经族人争执，即不得以其并无甘结主张为无效。（八年上字第538号）

异姓乱宗，非因修谱或有承继权之人不得告争。

【续】异姓子紊乱宗祧，非因与修宗谱或主张自己或直系卑属有承继权者，不得告争。（八年抗字第564号）

嗣子因嗣父母主张废继出头应诉，不能即据为应废之原因。

【续】嗣父母诉请废继而其嗣子为保全身分计出头应诉，本属当然之事。与因素日不睦争讼成仇而曲在嗣子者显有不同，自不能据为废继别立之原因。（八年上字第569号）

因亲属会不立继而请求以其判代立者，应以亲属会各员为相对人。

【续】被承继人亡故又无守志之妇及直系亲属者，其继嗣应由亲属会依法代为议立。如果亲属会故意不为议立，则有承继权人固可请求审判衙门以裁判代其议决。然此项请求，依法应以亲属会各员为相对人，而不得仅对于亲属中之一人提起。（八年上字第589号）

直系尊亲之为子立继，亦可择立贤爱。

【续】被承继人之父为直系尊亲，于现无守志妇可行使择继权之时，自亦有为其子择继之权。既非如守志妇之择继须以族长为凭，亦非如亲属会之择继必依律定之顺位。苟其择贤择爱于昭穆伦序不失，自不许亲族指以次序告争。（八年上字第654号）

可以兼祧之独子，其承继顺位在大功服侄之先。

【续】无子立继，先尽同父周亲，次及大功、小功、缌麻，依律原有一定之顺位。若同父周亲之侄系属独子，尚许兼承两房宗祧，则其承继之顺位仍应在大功服侄之先。（八年上字第768号）

被继人或守志妇立嫌隙人为嗣者，其立继非无效。

【续】素有嫌隙之人固不得主张承继权利，惟被承继人或守志之妇如已宽其既往而立为嗣子者，其立继行为即非无效。（八年上字第771号）

与应继人之尊属有嫌怨因而憎恶应继人者，亦许另择贤爱。

【续】无子立嗣依律既许择贤爱，应继人自无强其必立之理。至所谓嫌隙者，本无须具体之事实。如被承继人或其守志之妇与应继人之直系尊属积有嫌怨因而憎恶应继之本人，揆之律意，亦应许其另择贤爱。（八年上字第1188号）

应继人有数人时，亲属会得斟酌被承继人生前之意思议立。

【续】亲属会之择继，于亲等相同者有数人时，则被承继人生前之意思足为议立标准

之一。（八年上字第 1215 号）

亲女得为被承继人主张立继及收回遗产。

【续】被承继人亡故后无人代为立继者，其亲女得邀集亲族依法立继，并为保全继产起见，对于无权占有遗产之人可以主张收回。（八年上字第 1216 号）

兼祧人之嗣子当然兼承各房之祧。

【续】兼祧之人无子立继者，除择立时别有分别承继之表示外，当然由一嗣子承祧。（八年上字第 1253 号）

亲属会于被承继人是否死亡有无子嗣不明时，不得立继。

【续】被继人死亡无子并无守志之妇及尊亲属时，固得由亲属会为之立继，惟被继人仅仅系出外未归，其是否死亡及有无子嗣尚属不能明了，则亲属会自无遽予立继之理。（八年上字第 1283 号）

兼祧并不以同宗别无可继之人为限。

【续】独子兼祧并不以同宗别无可继之人者为限。（八年上字第 1292 号）

义子不得因争夺本宗承继而临时主张归宗。

【续】现行律“立嫡子违法”条例载“凡乞养异姓义子（中略），如有希图资产冒认归宗者，照律治罪”等语。未归宗之义子既不得冒认为业经归宗而希图本家（所生之家）资财，其以希图承继得产之故，而于承继开始后临时主张归宗者，依该条例之类推解释，自在不应许可之列。故已为异姓义子及其子孙，除事前已合法归宗者外，于其本家之承继即不能有争执之权（现行律户役门立嫡子违法条例第五）。（八年上字第 1368 号）

亲子嗣子或其守志之妻于被继人更立嗣子时，得主张异议。

【续】立嗣之合法与否，于被承继人之亲子或嗣子族中有承继权之人均有直接利害关系。如被承继人已有亲生子或嗣子而又违法另以他人为嗣者，其亲子或嗣子或亲子、嗣子守志之妻得主张异议。（九年上字第 13 号）

昭穆相当系指尊卑不失序而言。

【续】现行律行内所谓“昭穆相当”者，原指尊卑不失序而言（现行律户役门立嫡子违法条例第三）。（九年上字第 95 号）

媵妾得请凭亲属会为嫡子立继。

【续】媵妾虽无自行代家长立继权，若请凭亲属会为嫡子立继，则非法所不许。（九年上字第 103 号）

应继人不愿承继者，不得强令入继。

【续】应继之人因与被承继人素有嫌隙，不愿与之承继，惟阐律意，亦不得强令其入继。（九年上字第 766 号）

非合法亲属会议立者，利害关系人得否认其身分。

【续】承继人系由亲属会议立而该亲属会并未依法成立，则利害关系人得否认该承继人所取得之身分。（九年上字第1192号）

以不能圆满相处为理由诉求废继，如承继人在诉讼中亡故，其已取得之继子身分毋庸变更。

【续】现行律“立嫡子违法”条例所谓“继子不得于所后之亲”，其情形固有种种。若仅以不能圆满相处为理由诉求废继，审判衙门于被承继人所称废继之原因查明属实，自应准予解除继承关系，以图家室之和平。惟应行被废之人如在诉讼中亡故，则被继承人请求废继之目的即属欠缺，继子与嗣父母今后不能圆满生活之事实已无从发生，其亡故承继人所已取得之嗣子身分毋庸予以变更（现行律户役门立嫡子违法条例第二）。（九年上字第1246号）

起诉后发生独子之事实，不得再主张过继。

【续】告争承继人于起诉时虽非独子，而于诉讼进行中成为独子，其父之别子又系未婚夭亡不能立后者，除具备兼祧要件仍得主张兼祧外，不得再行主张过继他房。（九年上字第1414号）

亲属会应使各房与闻。

【续】亲属会立继除各房各推代表外，不能仅由辈分居长者列席议决。（十年上字第361号）

择立远房亦应以亲疏为先后。

【续】无子立嗣，若因近支无昭穆相当之侄，择立远房是否应有一定之限制、先亲后疏，在现行律尚无明文。惟查现行律就近支立继既以服之亲疏为次序，而择立远房又须在近支无人可继之后，则远房确有亲疏可查者，自亦应以其亲疏为择立之先后。（十年上字第861号）

立继房次、年龄无所限制。

【续】依现行律例，立继顺序只以服制之亲属远近为应继之等差，至于房次、年龄并无限制。（十一年上字第1672号）

直系尊属上尚有直系尊属，其立继应得其同意。

【续】被承继人及其守志之妇均已亡故，其直系尊属自有立继权。如直系尊属之上尚有直系尊长，则其行使立继权亦应得其同意。惟该立继权人所立之继于法苟无不合，自不许任意撤销。（十一年上字第1672号）

亲属会立继，在同一亲等不反对，即非疏远之人所得推翻。

【续】亲属会之组织，若比较最为切近之人业经到场与议，其所择立之继子在同一亲等之人并无何项反对，即非比较疏远之人以未经到场与议之故所得藉词推翻。（十二年上字第348号）

兼祧三房宗祧人之立继权所属。

【续】被承继人虽兼承三房宗祧，而至其死后，所现存之直系尊亲属既仅有被上诉人（被承继人之母）一人，则代该被承继人立继之权应专属于被上诉人。（十二年上字第384号）

所谓同姓，须确系共同始祖所生。

【续】现行律“立嫡子违法”条例虽规定“无子者，先尽同父周亲，次及大功、小功、缌麻。如俱无，许择立远房及同姓为嗣。”惟其所谓“同姓”，亦须确系共同始祖所生。若仅姓氏之文字相同，而自初并非一系者，即不得以该律例之所谓同姓论。（十二年上字第1061号）

对于继子之子，不得为废继之主张。

【续】继子不得于所后之亲，虽得告官别立，然以继子生存及继子之自身为限。若继子生前并未被废，自不能对于继子所生之子更为废继之主张。（十二年上字第1548号）

有权立次嗣者所择立之嗣虽属违法，亦非当然无效。

【续】无子立嗣，苟系有权立嗣者所择立，虽属违法，亦非当然无效。非经有告争权人提起确认无效或撤销之诉，得有确定判决，不得否认其立嗣之效力。（十二年上字第1561号）

不合法之继嗣不能因告争人之不应准许即可认为合法。

【续】无承继权之人对于他人之承继无论其是否合法，依法固不能告争。但亦止于告争不应准许而已，并非不合法之继嗣因此即可认为合法。（十二年上字第1656号）

立嗣事件首应尊重被承继人之意思。

【补】按继子于所后之亲生前已经协议退继者，至所后之亲亡故，是否仍得由亲族会议立为嗣？在现行法令固无明文规定。惟查前清现行律载有“无子立嗣，若应继之人平日先有嫌隙，则于昭穆相当亲族内择贤择爱，听从其便。”又“继子不得于后之亲，听其告官别立”各等语。是立嗣事件首应尊重被承继人之意思，继子已经协议退继者，在该所后之亲不愿其仍与自己保持继嗣之关系，实属显然。除该所后之亲另有何等积极表示外，亲族会自不得违反该被承继人意思而仍行议立为嗣。本件两造因承继及遗产涉讼，若果能证明被上诉人刘苗儿与上诉人均退继，而依法又别无应继之人，则该刘洛勃之遗产即属户绝财产，依法自得归其亲女，即被上诉人刘孝儿等承受；不得仍许该已退继之人所有分割。（十三年上字第1090号）

抛弃承继权之要点。

【补】查抛弃承继权之说，只可就被承继人已立他人为嗣，而有承继权之人久不告争，或有承继权人于被承继人未经开始承继以前早已表示不愿出继者言之。若被承继人自始并未立何人为嗣，而有承继权人亦未表示不愿出继，则即无承继权抛弃之可言。（十四年上字第1201号）

子随同父出继他房，出继房之宗与本房之宗并非不可并存。

【补】子原应承继父之宗祧，在父出继他房时，其子通常亦应随同出继。但出继房之宗与本房之宗并非不可并存。当父出继时，苟与其继父有反对特约，不许携同其子出继，亦难谓为无效。该未随同出继之子若孙自仍仅承继本房之宗祧，而非当然承继该出继房之宗祧。（十五年上字第1083号）

第三节　承继宗祧之效力

宗祧承继非必即承受遗产之全部。

【正】宗祧承继与遗产承继是否分而为二？现行律虽无文明规定，然自立嗣后却生子，其家产与原立子均分及义男女婿得酌给财产等条观之，则立法之意，宗祧承继非必即承继遗产之全部，亦可想见。故依论理上之解释，宗祧承继开始之时，如被承继人或其他有择继权之人关于遗产无特别意思表示，自应由其宗祧承继人即承继遗产之全部。如有特别意思表示者，则除与法令抵触外，仍应从其意思。（三年上字第299号）

宗祧承继人应承受遗产。

【正】宗祧承继与遗产承继原不必即为一事。惟就遗产未明定其处分者，当然由宗祧承继人承受，自不得以继单未经列载，即谓宗祧承继人无承受此项财产之权利。（三年上字第1025号）

承继关系非经废继或归宗程序不能消灭。

【正】已经成立之承继关系，苟非经废继或归宗程序不能消灭。　（四年上字第1783号）

异姓义子不得充当房长。

【正】现行律例关于“乞养异姓义子以乱宗族者，有罚。其收养三岁以下遗弃小儿，亦不得以无子遂立为嗣。”是异姓义子不得承继宗祧取得子身分，已无疑义。而充当房长主持祭祀，乃本于宗祧承继所生之权利，自非义子所可争执。（五年上字第778号）

兼祧子所生之子应兼祧各房。

【正】独子兼祧两房，除兼祧当时已有特别之订定外，凡兼祧子所生之子，亦当然兼承其父所兼祧各房之后。绝不能谓兼祧效力仅限于一代，兼祧子所生之独子应专承本生一房宗祧，而为兼祧之房另行立嗣。（六年上字第162号）

未经践行废继程序，不能否认其承继关系之存在。

【正】已经立定之继子，虽亦得由所后之亲主张废继，然非确已践行废继程序者，则其承继关系仍不能否认其有效存在。（六年上字第790号）

第三章　遗产之承继

第一节　总则

承受遗产以宗祧承继为先决问题。

【正】遗产之承受，除被承继人生前有遗赠行为外，应以宗祧承继为先决问题。（七年上字第1042号）

第二节　遗产承继人

妇人遗产由夫承受管业。

【正】妇人亡故遗有私产而无遗嘱定其归属者，应归何人承守管业？现行律虽无明文规定，然按之习惯，自归其夫承受管业，即准之条理亦应如是。（三年上字第7号）

义男、女婿无论所后之亲或存或亡，得分受财产。

【正】现行律载“如义男、女婿为所后之亲喜悦者，听其相为依倚，不许继子并本生父母用计逼逐，仍酌分财产”等语。是义男、女婿苟为所后之亲所喜悦，无论所后之亲或存或亡，均有分受遗产之权利（现行律户役门立嫡子违法条例第二）。（三年上字第304号）

废继子无要求酌分财产之权。

【正】律载“继子不得于所后之亲，听其告官别立。”而废继之后应否酌给财产？虽无积极规定，而该律于立嗣之后生子，既令家产与原立子均分，而义男女婿等亦酌分财产，独于废继之子并无酌给财产之规定，则可知律意所在。继子既因不得于其所后之亲而别立，即属恩义两绝，所后之亲自无酌给财产之意思。故律准乎情，不令酌给。其愿酌给者，虽不加以干涉，而废继之子对所后之亲决无要求酌分财产之权。（三年上字第530号）

归宗子酌给财产，不得逾三分之一。

【正】现行律于乞养义子者，虽不许其为嗣，亦尚准酌给财产。则因所生子生还而令嗣子归宗者，其应给财产尤属当然。至其标准虽可以裁判定之，但不能援立嗣后生子之例均分财产，则酌给之程度至多即不得逾三分之一。（三年上字第561号）

立嗣后生子应均分家产。

【正】现行律载“无子者，许令同宗昭穆相当之侄承继。若立嗣之后却生子，其家产与原立子均分”等语。是故，凡无子而依法择立嗣子后却又生子者，苟非依法表示废继之意思，或就其财产为特别之处分，则其原立嗣子并不退继，而所有财产亦应均分（现行律户役门立嫡子违法条例第一）。（三年上字第568号）

亲女得酌分财产。

【正】现行律载“义男女婿为所后之亲喜悦者，听其相为依倚，不许继子并本生父母用计逼逐，仍酌分给财产”等语。是义男女婿为所后之亲喜悦，犹许酌分财产，则依当然类推之解释，亲女苟为亲所喜悦，应酌分财产，毫无疑义。惟酌分之标准，现行律内既未载及，则依习惯及条理，自应依父母之意思定酌分之标准。若父母生前俱未表示意思，而亲属会协议分产又未允洽，则由审判衙门斟酌两造情形及遗产状况为之核定。（三年上字第669号）

义男、女婿分产多寡，原则以父母意思为准。

【正】义男、女婿酌分财产之标准，现行律内既未载及，则依习惯及条理，自应依父母之意思定酌分之标准。若父母生前俱未表示意思，而亲属会协议分产又未允洽，则由审判衙门斟酌两造情形及遗产状况为之核定。（三年上字第669号）

相为依倚之族孙，亦得酌给财产。

【正】依现行律立嫡子违法条例“义男女婿为所后之亲喜悦者，虽属异姓，尚得给产。”若系相为依倚之族孙，则适用类推解释之原则，自在应行酌给财产之列。（三年上字第779号）

子孙遗有私财而无子嗣者，由其妻承受。

【正】现行律例虽规定“祖父母、父母在，子孙不能分析家财。”然无禁止子孙不得畜有私财之明文。故子孙以己之劳力所得之财产，未经提作公有者，不能作为一家之公产。至子孙亡故又无子嗣者，其所遗之私有财产自然依“妇人无子守志，合承夫分”之条类推适用，应由其妻承受。（三年上字第1140号）

同宗无应继之人，始得将遗产归亲女承受。

【正】无子立嗣者，其所遗财产应由嗣子承受。若生前虽未立嗣，而死后尚有可为立嗣之人者，仍应依现行律“立嫡子违法”各条例，由有择继权人立嗣承受。若无人行使择继权，则应由亲属会议代为立嗣。必同宗无应继之人，始得依现行律“卑幼私擅用财”条例，使亲女承受（现行律户役门卑幼私擅用财条例第二）。（三年上字第1176号）

大清会典亲女给家产之半之事例早难适用。

【正】大清会典前清康熙年间虽有旗人无子由异姓承继者，亲女给家产之半之事例，然此项事例嗣后屡经修改，律例均未纂入，自属早经失效，奚能引用？（四年上字第168号）

酌给义男之财产不受年龄之限制。

【正】义男之酌给财产，但以所后之亲喜悦为条件，初无年龄之限制。（四年上字第176号）

出嗣子不得承受生父遗产。

【正】出嗣子于既出嗣后，除本生父生存中赠予财产外，其对于本生父之遗产，则非有遗赠不能承受。（四年上字第419号）

守志妇得代应继人承受夫产，并非即为该财产承继人。

【正】现行律载"妇人夫亡无子守志者，合承夫分，须凭族长择昭穆相当之人继嗣"等语。寻绎律意，不过谓无子守志之妇人于立继以前，得代应继之人承受其夫应分之财产而管理之，并非即认守志之妇为遗产承继人（现行律户役门立嫡子违法条例第四）。（四年上字第567号）

继子被废，当然丧失其所承受之财产权。

【正】继子之身分与所继之财产有不可分离之关系。继子一经废继，则其所继之财产权当然随之丧失，而移于此后应继之人。（四年上字第585号）

遗产归子承受。

【正】现行律载"妇人夫亡无子守志者，合承夫分，须凭族长择昭穆相当之人继嗣"等语。寻绎律意，凡死而有子者，无论为亲生子、为嗣子，遗产归子承继。如死而无子，则归守志之妇承受。立嗣如无守志之妇，则由亲族公同立嗣承继遗产（现行律户役门立嫡子违法条例第四）。（四年上字第614号）

出嫁女无当然承继母家遗产之权。

【正】已经出嫁之女，除其母家为绝户外，在法无承继母家遗产之权（现行律户役门卑幼私擅用财条例第二）。（四年上字第843号）

养子不能承继关于祭产之权利。

【正】律禁止异姓乱宗，故不许以异姓养子为宗祧承继人。故为祭祀而许定之祭产，异姓之养子自不能承继其权利。（四年上字第929号）

义子酌分财产不得均分。

【正】义子得酌分其所后亲之财产，本无疑义。唯所谓酌分者，盖谓审量义子与其所后亲平日之感情，略给财产，非有所谓均分之意，按之律载，其义甚明。（四年上字第1534号）

奸生子分产与义子之仅得酌给者不同。

【正】按照现行律分析家财田产，奸生之子依子量与半分之条例，自与义子之仅得酌给财产者不同。（四年上字第1547号）

养老女婿得与应继之人均分财产。

【正】招以养老赘婿，在现行法上，本有与应继之人均分财产之权（现行律婚姻门男女婚姻条例第三）。（四年上字第2274号）

律载所后之亲系兼指所后之父与母。

【正】现行律载"义男、女婿为所后之亲喜悦者（中略），仍酌分给财产。"其"亲"字意义既系包括父母在内，故所后之亲即系兼指所后之父与母。（五年上字第1247号）

卑幼私财当然传诸其子。

【正】卑属自置之私财，除别有生前处分或遗嘱外，当然传诸其子，而不归于其亲。（五年上字第1348号）

酌给义子财产至多不得超过继子应承财产之数额。

【正】酌给义子财产“极其最高限度”亦不得超过继子应承财产之数额。（六年上字第999号）

义男、女婿酌分财产系继子或父母与义男女婿间之关系。

【正】现行律“立嫡子违法”条例载“义男、女婿为所后之亲喜悦者，听其相为依倚，不许继子及本生父母用计逼逐，仍酌分给财产”等语。是酌分财产，本属继子或其父母与义男女婿之关系；在未经立继以前，须有承继权人或有直系卑属可以出继之人始得告争。（六年上字第1220号）

义男、女婿为所后之亲所厌恶，即毋庸给产。

【正】现行律，义男、女婿须为所后之亲喜悦者，始得酌给财产。故应负酌给义务之人，如经证明义子为所后之亲所厌恶，即可毋庸给与。（六年上字第1220号）

义男、女婿酌分财产，应就承继财产总额及相为依倚之情形定之。

【正】依律，义男、女婿酌分财产虽应较少于嗣子所得之份，但其酌分之标准，要当就承继财产之总额及该女婿平素相为依倚之情形（即该婿与岳氏之感情厚薄及尽力于岳家之程度），依相当之比例定之。（七年上字第283号）

义男、女婿分产须较少于子数均分之额。

【正】义男、女婿为所后之亲喜悦者，照律本有分受遗产之权，惟须较少于应分人数均分之额。（七年上字第611号）

遗产酌给亲女须较少于子数均分之额。

【正】亲女为亲所喜悦者，其母于父故之后得以遗产酌给，但须较少于应分人数均分之额。（七年上字第761号）

审判衙门判定酌给数额之准据。

【续】酌给义子财产，于不害亲子应承财产之限度内，养亲原有裁量之自由，非他人所得代为划定，即审判衙门亦毋庸过事干涉。若养亲生前并未表示其酌给之准据，由审判衙门判定数额时，则应究明遗产总数若干，斟酌其养亲喜悦之程度，于不害亲子应承财产之限度内以为判断。（八年上字第705号）

义男酌分财产，不能以普通赠与之法理相绳。

【续】现行律，义男酌给财产以为所后之亲喜悦为条件，自系本于所后亲之意思，与嗣子之自为赠与者有别，不能以普通赠与之法理相绳。（八年上字第988号）

因可继人弃权而无人可立者，其遗产即归亲女承受。

【续】无子之人未立嗣而故，其同宗虽有可立之人而已舍弃承继权利者，核其情形实

与无可立之人者相同，所有遗产依法即应由亲女承受，其已舍弃承继权之人即不得再行告争。（八年上字第1071号）

被继人妻或尊属以遗产分给他人而承继人已同意者，不得告争。

【续】宗祧之承继与财产之承继虽有联属之关系，但被承继人之遗产者，经被承继人妻或直系尊亲属分给他人而承继人当时已经同意者，嗣后即不得复行告争。（九年上字第31号）

遗产无直系卑属承受者，应由其直系尊属承受。

【续】死亡人之遗产无直系卑属承受而有直系尊属者，应由其直系尊属承受之。（九年上字第341号）

母于亲女酌给财产毋庸得嗣子之同意或追认。

【补】母于亲女酌给财产，系法律上应有之权利，其数额苟未轶出法定范围，即无庸得嗣子之同意或追认。（十四年上字第3447号）

酌给亲女财产之时期无一定限制。

【补】酌给亲女财产之时期无一定限制，在继子已经入继或亲女出嫁以后均得为之。（十四年上字第3447号）

第三节　承继遗产之效力

第一款　总则

应继人于有效承继前无处分继产之权。

【正】被承继人死亡后，依承继次序立于得承继地位之人，在其有效为承继人以前，对于承继财产仍属绝对无处分之权。（三年上字第45号）

已经立嗣者，嗣母无自由处分继产之权。

【正】凡身故无子未经立有继嗣者，其所有遗产应由守志之妇人管理，在必要生活范围以内并得随时处分。若已经立有继嗣者，其所有遗产由继子承受，继母不得有自由处分之权。（三年上字第655号）

嗣母非经成年继子同意或追认，不得处分承继财产。

【正】承继财产应归继子承受，继子未成年继母尚得代为管理处分，继子已成年，则继母自无处分之权。若有特别情形须由继母代为处分，亦必于处分时得继子之同意或于处分后得继子之追认始为有效。（三年上字第716号）

承继财产由承继人承受，并得为正当之处分。

【正】已经立有继嗣者，其所有财产当然由承继人承受。且承继人如已成年，则不惟有管理之权，而于正当处分之时，苟已经其母明示或默示同意者，亦属完全有效。（三年上字第726号）

公同承继营业之商店与合伙无异。

【正】数人共同承继商店并伙同营业者，其所有财产自应作为数人公同共有，而关于其营业所生之债务，亦应由各该伙同营业之承继人公同负担，与普通合伙无异。故各承继人如因分析家产致伙同营业关系亦遂解散者，自应依合伙条例，以商店本有之财产清偿其共同负担之债务。如不敷清偿，则由各承继人按照营业当时分担损失之标准，负担其不足额。如各承继人中实有无力负担者，则由他承继人按股分担之。（三年上字第755号）

亲族公共管产交出之时期。

【正】承继财产由亲族公同保管时，依法应于择定继嗣后即行如数交出，由其承继人管业。（三年上字第770号）

诸子已分析后，不能令其一子独偿父债之全部。

【正】父生存时所负之债务应由其子偿还。惟承继财产者为其子之全体，在未分析财产以前，自可对于其管理家务之子主张；若在已分析以后，不能令一子独负清全部之责。（四年上字第221号）

承受遗产人应负担遗产人之债务。

【正】既为承受遗产之人，则遗产人所有未经清偿之债务自应归其负担。（四年上字第269号）

成年之子有自行管理遗产之权。

【正】现行律载“妇人夫亡无子守志者，合承夫分，须凭族长择昭穆相当之人继嗣”等语。是父亡而有子者，遗产即应归子继承。如子尚未成年，其继产应由母代为管理；若子已成年，则除其子自愿以继产之全部或一部奉权于母代为管理或有其他法律上理由外，管理继产之权固在子而不在母。（四年上字第1710号）

请求交还继产必为已经合法定继之人。

【正】宗祧承继与遗产承继有两不可离之关系。故不合法之继嗣，经审判衙门依有告争权人之告争宣告无效者，其遗产除依律所应酌给者外，即亦不得由不合法之宗祧承继人承继。惟其告争者必系现已合法定继之人，方得对于不合法之前承继人请求交还遗产。若其告争之人仅有可继资格而并非已经立继者，则苟非经有择继权之人合法择立或受有代理遗产之委任，决不能即向前承继人为交出继产之请求。（五年上字第199号）

继子之处分家产权得以契约让与所后之母。

【正】子已成年，虽应由子得母之同意处分家产，仅母自己独断之处分原不能有效。惟入继之子若于继约议定得由所后之母处分者，则所后母仍有独立处分之权。（五年上字第801号）

遗产归子，不得由母独断处分，旁系尊亲属更无擅代处分之权。

【续】父亡遗产传归于子。子未成年，得由其母管理并代为必要之处分；若子已成年，

则应由子得母之同意而为处分。其仅由母自己之独断处分究不能有效。至其旁系尊亲属，更无擅代处分之权。（八年上字第85号）

慈母处分其所抚育子之应承遗产非概无效。

【续】父妾抚育别妾所生之子为其慈母者，于子未成年中，因正当用途处分其应承遗产，不得概谓为无效。（八年上字第770号）

子于其父债务应分任偿还之责。

【续】子于其父生前所负债务应分任偿还之责。如诸子间缔结契约，将其应行分任之债务拨归其中一人负担者，依债务承任之法则，其对于债权人须经同意始能发生效力。如果债权人知其承任契约而径向承任之人请求清偿者，即应认为已经同意，承任债务人不得拒绝履行。（八年上字第1312号）

子自处分其所分得产业不必得母同意。

【续】父亡母在之子，虽应由子得母之同意处分家产，但其母子若已商议将家产分析，除留其母养膳外，交由其子自行掌管，并未加以何种限制，则其子处分其所分析之业，虽未得其母同意，亦属有效。（十年上字第132号）

被继承人之母于嗣子未定以前处分遗产并无正当原因，遗产人之妾及义子均得请求撤销。

【正】庶母对于嫡子虽有时亦得为其管理遗产，而嫡子苟有祖母在堂，自应先由其祖母管理。若被承继人先于其母死亡且仅有义子而无亲生子，仅有妾而无妻，则于嗣子未定以前，被承继人之母因正当用途，固得以处分该遗产而无庸得遗产人妾或义子之同意。若其处分遗产并无正当原因，则遗产人妾以家属一员之资格，其义子以有酌给财产之关系，亦得请求撤销。（十五年上字第510号）

第二款　承继人应继之分

出嗣子与本宗兄弟不得互分家财。

【正】出继他宗之子不得与其本宗同父兄弟分析本生父家财，亦不许同父兄弟分析出继兄弟之承继财产。（三年上字第835号）

遗产虽应按子数均分，但对遗产特别尽力之人，得从优分给。

【正】分析家产，依律无论妻妾所生，虽应按子数平分，但若遗产无多而因诸子中一人或数人之特别勤劳显有增加者，则当分析之际，自可酌量情形对于其人从优分给。（四年上字第48号）

嫡庶子男均分财产，故祀产之收益庶子亦得均分。

【正】嫡庶子男分析家财田产，不问妻妾所生，只以人数均分。苟系庶子，就共有祀产，自能主张均分收益之权利（现行律户役门卑幼私擅用财条例第一）。（四年上字第262号）

父不得减少庶子应分之产。

【正】夫虽立据与妻约定，对于妾子不问多少，只分与家产三分之一，然显背律例应依子数均分之条，碍难认为有效（现行律户役门卑幼私擅用财条例第一）。（四年上字第1458号）

本宗兄弟情愿分给出继兄弟，以本生父之遗产者听。

【正】出继他宗之子不得分析本生父家财。惟本宗兄弟情愿分给本生父遗产者，即无不予听许之理。（五年上字第628号）

出继子已分得之产不能强令归还，约定将继产均分者，亦不得任意翻悔。

【正】出继他宗之子虽不得主张分受本生父之家财，本生同父兄弟亦无许主张分受出继兄弟之承继财产之理。惟出继子于未出继以前业已分得之产，则已为其个人之私产，自不能强令归还本宗。又出继子当未出继前如已约定将继产与本生同父兄弟均分者，迨出继之后，亦不能任其随意翻悔。（七年上字第321号）

协议带产出继者，为法所不禁，本房兄弟无因此强其提出承继财产均分之理。

【正】出继他房之子固不得有与本房同父兄弟分析本生父遗产之权，但经其本生父或本房同父兄弟协议许其带产出继者，则为法所不禁。本房兄弟即不能将出继他房兄弟已带出之本房财产收回再分，亦无因此强令其提出承继财产与本房兄弟均分之理。（七年上字第712号）

第三款　分析遗产

家财告争之限制。

【正】现行律载“告争家财田产，但系五年之上，并虽未及五年，验有亲族写立分书、已定出卖文约是实者，断令照旧营业，不许重分再赎，告词立案不行”等语。本院绎释上开条例，于告争家财与告争田产应判为二事，而于告争家财，则又以期间之长短为区别：（一）凡分家期间未及五年，当事人只须证明讼争之物为分书上分得之物，则不问原分是否公允，相对人即无告争之余地；（二）该条例所谓但系五年之上不许重分者，盖指分家无分书，而以其他方法可资证明分家事实及所争财产又确曾分析者而言。此项分析财产若经过五年，亦不许以不应分受为告争理由（现行律田宅门典卖田宅条例第二）。（三年上字第47号）

分析家财不专以分书为证。

【正】分析家财虽无分书，亦得由当事人用他种方法以证明其事实。（三年上字第169号）

出嗣子与本宗兄弟协议互分家财，如有一部未分，应推定当事人之真意判断。

【正】由本宗及出继他宗之兄弟协议将本生父之遗产及出继人所得之承继财产合而为一、仍按人数均分者，则亦为法所不禁，仍属有效。经如是分析后，出继人或其同父兄弟如尚有未分之家财，而原分当事人间亦未预定分析办法或订结特种合约者，究应如何处置？审判衙门当就调查所得关系事实，推定当事人之真意，以为判断之标准。此项家财若原分时因遗漏不知致未分析或实际上不能即时分析者（例如，原分析当时财产所有权虽仍属于当事人，而使用收益权则寄诸第三人者），则为贯彻原分当事人之意思起见，自应仍令依照原定办法分析。若原分时并非不能分析，则当事人间同时彼此不同其处置，是明明有特订办法之意思，审判衙门自难以其对于一部分财产所为混合分析之办法，即推定其对于所保留未为混合之财产亦同此办法。则关于此项未混合之财产，即不能合并分析。（三年上字第 835 号）

分书无一定式。

【正】分书并无一定之形式，如因其记载能辨别分析之意思，即不能以其包含于继书内而否认其效力。（三年上字第 870 号）

隐匿未分之财产，不在不许重分之列。

【正】一造所隐匿之财产始终并未依法分析者，虽立有分书，要不在不许告争之列。（四年上字第 267 号）

分产非要式行为。

【正】分产应用何等方式，现行法上并无明文规定。故苟有方法足以证明其分析属实，审判衙门认证之结果亦复得有确信，则此项证据即不能不据为判断之基础。（四年上字第 494 号）

合承夫分之妇人，得代继子主张分析。

【正】祖父母、父母不在者，子孙原得分财异居。其父母在而得其许可者，亦同。合承夫分之妇人，苟具备上述条件，亦得代其继子主张分析。（四年上字第 567 号）

合意重分家产并非无效。

【正】家产之分析果由当事人之同意，则虽系重分，亦非无效，而即应依其后之所分为准。（四年上字第 1596 号）

族亲在场非分单之要件。

【正】族长公亲之在场作证虽为分单订立之常规，要非分单订立之要件。（四年上字第 2064 号）

兄弟分析遗产有一定限制。

【正】父亡兄弟间应各分析遗产，自应以守志之母是否许令分析及兄弟中有无因必要情形有请求分析之理由者为断（现行律户役门别籍异财条例）。（五年上字第 53 号）

祖父母、父母在，如果许令分析，不在禁止之列。

【正】“祖父母、父母在者，子孙不许分财异居，其父母许令分析者，听”等语。是子孙当祖父母、父母在日分财异居，原则上虽为法所不许，但如果业经许令分析，则亦不

在禁止之列（现行律户役门别籍异财条例）。（五年上字第72号）

分产后已经合并，则此后分析自应一并重分。

【正】分产后复行伙度，则前次已分析之产自可推定其已经合意归并，此后复行分析，应就现有财产之全部计算，按股均分，毫无可疑。自不能将前经分过之产另行提出，不予一并重分。（五年上字第982号）

分析遗漏之部分得以再分。

【正】分析家产一经证明有其事实，除遗漏未分之部分仍得由当事人请求分析外，不问原分有无分书及是否公允，均不许当事人以重分告争。（七年上字第1037号）

尊长分财不均者，卑幼得请求分析家财。

【正】现行律载"分析家财田产，不问妻妾所生，只以子数均分。"又载"凡同居卑幼，不由尊长私擅用本家财物者，处罚；若同居尊长应分家财不均平，罪亦如之"等语。是尊长与卑幼同居共财者，其家财固不得由卑幼自专，而尊长亦不得将应分家财有所偏向。如有偏向，其卑幼据以请求分析，不得谓为违法（现行律户役门卑幼私擅用财条例第一）。（七年上字第1254号）

以自己劳力所得财产，不能强其分析。

【续】分家前以自己名义所得之财产自为特有财产。此种财产，若当事人同意归入公产，充作公用，固无不可；若当事人以其为自己劳力之所得不允提作公有者，自不能指为公产而强其分析。（十一年上字第306号）

兼祧后娶之妻另就兼祧房为夫立嗣，亦得请求分析遗产。

【补】查民事条理，出继人因兼祧而另娶妻者，其后娶之妻虽仅得有妾之身份，但当时如确系因兼祧另娶且有以其所生子另继该兼祧之意思，则后娶之人于夫故无子时，自得就该兼祧之房另为其夫立嗣，而于其夫本房遗产与兼祧房之遗产至后混同时，亦得请求分析。在所立嗣子未成年以前，并得有管理该遗产之权。（十三年上字第341号）

第四章　嗣子未定及绝产

户绝财产又无亲女者归国库。

【正】户绝财产，果无继嗣可立，由亲女承受。如并无亲女，则应归国库（现行律户役门卑幼私擅用财条例第二）。（三年上字第386号）

亲族公同管理遗产或公推一人管理时，均不得私擅处分。

【正】承继财产，如夫妇俱亡归亲族公同保管或公推保管之人保管时，均不得私擅为处分行为。关于管理事项，亦应由公同议决行之。（三年上字第589号）

无承继人之遗产，不得以亲族资格剖分。

【正】未经立嗣之承继财产，非可以亲属资格任意剖分。（三年上字第589号）

无管理遗产人时，则立嗣前遗产应由亲族公同管理。

【正】现行律载："户绝财产，果无同宗应继人之人，所有亲女承受"等语。寻释律意，是死而无子者，苟同宗有可继之人，亲族即应为之立嗣。承受遗产在立嗣以前，其遗产应由亲属公同筹议管理方法。（四年上字第 332 号）

守志妇得代应继人分受财产并管理之，而不得主张所有。

【正】无子守志之妇人，于择立继嗣之前，得代应继之人分受其夫应分之财产而管理之，但不能即为该财产之承继人而主张所有（现行律户役门立嫡子违法条例第四）。（四年上字第 726 号）

亲女得承受绝产，故对于无权占有遗产之人得出而告争。

【正】现行律载"户绝财产，果无同宗应继之人，所有亲女承受。无女者，听地方官详明上司，酌拨充公"等语。是户绝财产依律亲女既有承受之权，则对于无权占有遗产之人自可出而告争（现行律户役门卑幼私擅用财条例第二）。（四年上字第 1312 号）

亲属公选之遗产管理人，得由公同撤换。

【正】遗产之管理人既系由亲属公同选任，自得由亲属公同撤换。（四年上字第 1457 号）

合承夫分之律，妾不能援用。

【正】妾之身份非妻所可同论，故律载"妇人夫亡无子守志，合承夫分"之条不能遽予援用。（四年上字第 1988 号）

失踪人之财产得由族人派人经营并为立继。

【正】族众关于族人失踪生死不明，经过相当期间后而其财产无人管理者，本有派人经营并为之立继之权。（四年上字第 2457 号）

嗣子未定时遗产管理权之归属。

【正】遗产之管理权在嗣子。嗣子未定或未成年以前，除被继承人以遗言指定者外，应属于守志之妇。无守志之妇则属于嗣子之同居尊长。如俱无，则应由亲属会议依法选定。（五年上字第 1374 号）

守志妇不得擅行处分遗产。

【正】依现行律之解释，妇人承受夫分，须择人继嗣继受财产。苟非由于生活上之必要（即嫁女妆奁、清理遗产之费亦在内），自不容擅行处分。（六年上字第 266 号）

守志妇于必要时有处分遗产之权。其属共有者，亦得请求分析。

【正】现行律载"妇人夫亡无子守志者，合承夫分"等语。是无子守志之妇人对于夫之继承财产当然有管理之权，且于必要时更有处分之权。其属于共有者，亦得依法请求分析。（六年上字第 474 号）

妇人应以故夫遗产为故夫人偿债。

【正】妇人夫亡无子合承夫分或有子而幼，亦应代管遗产。对于其夫所负之债务，当然有以故夫遗产供清债之责。（六年上字第784号）

遗产管理权人有以遗嘱指定者，妻不能否认。

【正】本院历来判例“所谓遗产管理权应属于守志之妇”者，无非指被承继人未有特别意思表示时而言。若有合法成立之遗嘱存在，则为尊重被承继人之意思起见，其遗产之管理权自不得归之遗嘱指定之人。而其指定之管理人纵系居于妾之地位，亦不发生违法问题，断难仅以妻之身分否认该遗嘱为有效。（六年上字第1417号）

须于遗产有权利之人始得就守志妇人处分告争。

【正】依现行律解释，守志之妇处分其夫遗产，虽须确有生活上之必要，然对于其处分须于遗产有权利之人始得告争。（七年上字第1072号）

妾亦有管理遗产之权之时。

【正】被承继人亡故后未立继前，其所有遗产虽非被承继人之妾当然有管理权，但经被承继人遗嘱指定管理遗产或并无其他有权管理之人，亦应认妾有管理遗产之权。（七年上字第1220号）

管理生死不明人财产之顺位。

【续】男子出亡后生死不明而无成年之子者，其所有财产之管理权应属何人？现行法令尚无明文。而依至当之条理，自应由其妇管理。无妇，则属于直系尊属；无直系尊属，则应由亲属会公同选定管理之人。惟出亡人之妇与直系尊属俱无，而亲属会又未经合法选定管理人时，应由其他同居之亲属（不论男女）代为管理。若在同一管理顺位之人有数人者，除依各该管理权人之合意或其家向来惯例专归一人管理外，应共同行使管理之权。（八年上字第136号）

失踪人之财产管理许利害关系人告争。

【续】关于失踪人财产之管理，凡自己或直系卑属可承继该失踪人之人，均应认为利害关系人，许其告争。（八年上字第677号）

亲女得为被继人主张立继及收回遗产。

【续】被承继人亡故后无人代为立继者，其亲女得邀集亲族依法立继，并为保全继产起见，对于无权占有遗产之人可以主张收回。（八年上字第1216号）

亲女在继承人未确定以前，未经被承继人指定管财人，亦得管理财产。

【补】按现行律载“户绝财产，果无同宗应继之人，所有亲女承受”等语。是户绝财产，亲女未有权承受。即令同宗尚有应继之人，而在继承人未确定以前，如未经被承继人指定管财人，亦得管理财产。于其所有或占有被侵害时，应许其出名诉请防止。（十四年上字第1215号）

第五章　遗嘱

第一节　总则

遗命托孤可认为发生权义关系之渊源。

【正】现行律所称“遗命”，是即遗嘱、遗言之谓。而一般通认习惯法则之托孤，又与遗言执行人异名而同实。此项制度吾国久经存在，自可认为发生权义关系之渊源。（三年上字第850号）

第二节　遗嘱之方法

遗赠不以书据为要件。

【正】在现行法上，遗赠固无以遗嘱书为成立要件之明文，仍可视该地习惯法则如何以为断。（四年上字第419号）

遗嘱必须出于遗嘱人之真意。

【正】遗嘱之作成在现行法并不须一定之方式，故以言词或书面皆无不可。但无论用何种方式，必其内容出于遗嘱人之真意，是为遗嘱有效之要件。（四年上字第827号）

遗嘱不须本人亲自书立。

【正】遗嘱不须本人亲自书立。故别有确证可以证明该遗嘱为真实者，即不得谓为无效。（四年上字第1724号）

遗嘱形式无何等限制。

遗嘱成立之形式，现行法上无何等之限制。（四年上字第1791号）

遗言非经证明确系存在者，自不生效。

【正】遗言应用何种方法，现行法并无明文规定。固非必以有书据方为有效，然亦必有相当凭证足以证明遗言确系存在，而后可生法律上之效力。（六年上字第181号）

遗嘱不能以未经遗嘱人签押指为无效。

【正】遗嘱并无一定方式，不能以其未经遗嘱人之亲笔签押遽指为无效。（六年上字第686号）

第三节　遗嘱之效力

遗嘱应于遗嘱人死后生效。

遗嘱应于遗嘱人死后始生效力。故殁后翌日始行宣布，不能认为无效。（四年上字第1791号）

遗赠于遗赠人死后生效。

【正】遗赠之效力须至遗赠人死亡后方始发生。（四年上字第1850号）

受遗人协议处分承继之产，非当然无效。

【正】以遗嘱分授遗产，于遗嘱人死亡后固有拘束受遗人之效力，然受遗人于承继之产更以协议让出或有其他处分之行为者，不能谓为当然无效或率行翻异主张撤销。（五年上字第 363 号）

第四节　遗嘱之执行

遗嘱执行人之指定、选定。

【正】执行遗嘱，除遗言人已指定执行之人外，自应由现实管理遗产而对于遗嘱无直接利害关系之人为之。若犹有不当，始由审判衙门依法选任。是故无指定、选定之遗嘱执行人时，由遗嘱人之妻管理遗产以执行遗嘱者，不为违法。（三年上字第 669 号）

母执行父之遗命处分财产者，自属有效。

【正】父有遗嘱命女为财产上之处分而由母嗣后执行遗命者，则与父所自为之处分无异，即非母自己独断之处分可比。（三年上字第 669 号）

第五节　遗嘱之撤销

第六章　应留财产

遗产之给与亲女，不得超过嗣子所应承受之额数，且不得害及嗣子生计。

【正】守志之妇虽得于遗产中酌提一部给予亲生之女，然揆诸酌给之义，其所给予者，自不得超过嗣子所应承受之额数，且不得因而害及嗣子之生计，自不待论。（五年上字第 661 号）

所继人不得为遗产全部之遗赠行为。

【正】无子立嗣者，所遗财产应归嗣子承受。至所继人可否以遗产全部遗赠于人，现行律上虽无明文。但查该律“男女婚姻”条例载“招婿养老者，仍立同宗应继之人承奉祭祀，家产均分”等语。又《立嫡子违法条例》载“义男、女婿为所后亲喜悦者，听其相为依倚（中略），仍酌分财产”等语。可知，无子立嗣乃所以奉承祖宗禋祀，非仅为所继人之利益而设。故所继人自宜为之留相当财产，俾嗣子得维持生计，供奉祭祀。虽有情谊较亲，如招赘养老之婿及所喜悦之义男、女婿者，亦仅得分给财产之半及酌量给与，而不容举其全部以遗之（现行律婚姻门男女婚姻条例第三；又立嫡子违法条例第二）。（五年上字第 1116 号）

守志妇不得以遗产全部捐施。

【正】妇人合承夫分者，关于其夫遗产，除因生计上有必要情形外，不得为有效之处分。故守志之妇本有为夫立继之义务，不得置其夫之继嗣于不顾，而以遗产全部概行捐施于他人。（七年上字第 1046 号）

被继人不得舍弃承继，处分全财产。

【续】被承继人不得舍弃被继之权，以其财产全部遗赠于人。（八年上字第737号）

守志妇不得以永不立继之意思就遗产为生活上不必要之处分。

【续】现行律既载“妇人夫亡无子守志者，合承夫分，须凭族长择立昭穆相当之人继嗣。”自不容以永不立继之意思而就遗产为生活上不必要之处分。故将遗产赠与合族轮流管业扫祭夫坟者，其处分应认为无效。（八年上字第928号）

所继人处分家财，不得超过应留财产。

【续】遗留分须与得处分之财产不失均衡，故所继人只应于不害及应继遗留分之限度内为处分之行为。（十年上字第722号）

第七章　债权人或受遗人之权利

绝产无亲女承受，应归国库。但债权人得直接就财产受偿。

【正】户绝财产，果无继嗣可立，则由亲女承受。如并无女，则应归国库。惟于死者生前或死后就其财产有债权之人，得直接就于其财产要求清偿。（三年上字第386号）

父之遗债应先以遗产充清偿。

【正】凡父有遗债而其诸子并未分产者，应先以其共有财产充遗债之清偿，是为不易之法则。故苟债权人向保管其共有财产之人要求清偿，保管人自无拒绝之理。（四年上字第1703号）

清理不动产典当办法

第一条

典产不得回赎者三种。

【正】《清理不动产典当办法》第一条及第二条规定，“凡典当之不得回赎者有三：（一）典卖契载不明，远在三十年以前，并未注明回赎，亦无另有佐证可以证明回赎者；（二）自原立约之日起已经过六十年者；（三）虽未满六十年而业经明示作绝或可认为有作绝之意思者。此种情形又有二：其一，即典主久视典业为绝产，经业主相安无异者；其二，即原契内载有‘逾期不赎，听凭作绝’字样，业主于期满时并未依约回赎者是也。”（五年上字第1030号）

未满三十年契载不明之产，以典产论，准赎。

【正】依《清理不动产典当办法》第一条之规定，凡未满三十年契载不明之不动产，概以典论，准其回赎。（四年上字第2450号）

《清理不动产典当办法》关于应否回赎及其期限之规定，系强行法规。

【续】《清理不动产典当办法》关于应否回赎及其期限之规定，系属强行法规之性质，不能因当事人间原有与该办法相异之特约而不予适用。（八年上字第419号）

军田经典当时，亦应依《清理不动产典当办法》解决。

【续】军田虽与民田异其性质，惟即由人民展转典当，则关于典当轇轕，自应依据《清理不动产典当办法》以为解决。（十二年上字第393号）

第二条

六十年以上之典产，在民国四年十月六日以后不得再行告赎。

【正】民国四年十月六日，司法部呈奉大总统批准《清理不动产典当办法》第二条内载“典产自立原约之日起已经过六十年者，不问其间有无加典或续典情事，概作绝产论，不许原业主再行告争。”又第十条内载“本办法自奉批准之日施行（中略），所有京外诉讼未结案件，自施行日起，悉依本办法处断”各等语。是六十年以上之典产，在民国四年十月六日以后实无再行告争之余地。（四年上字第170号）

自出典至起诉时未满六十年者，仍得回赎。

【正】凡不动产典当逾六十年者，不得回赎。若自出当以至起诉之时尚不满六十年，除有法定特别情形外，自应准其回赎。（五年上字第449号）

定有回赎期限者，过期不赎，应听凭作绝。

【正】查《清理不动产典当办法》第二条规定“在本办法施行以前，原契内载有‘逾期不赎，听凭作绝’字样，业主于期满时并未依约回赎者，以有合意作绝论”等语。故活卖契本文虽无“作绝”字样，然如契尾计开项下注有回赎期限及“过期不赎，任凭过户管业”字样者，过期不赎，即应听凭作绝。（五年上字第881号）

约明得由典主转典代卖者，非合意作绝。

【正】按《清理不动产典当办法》第二条内开：“未满六十年之典产，不论原典是否定有回赎期限，如未经找贴作绝、另立绝买契据，或别经合意作绝者，均准原业主回赎”等语。是出典未满六十年，又未经找贴作绝、另立绝买契者，虽典契所载文义解释到期不赎之时，得由典主转典或代为出卖，俾原典价易于受偿，要不能即指其有转移所有权于典主（作绝）之意思，即亦不得谓为别经合意作绝，于法应准其回赎。（六年上字第951号）

已逾六十年之典产，不论曾否加找及有无特别习惯，均不能回赎。

【正】《清理不动产典当办法》第二条载“典产自立原约之日起已经过六十年者，不问其间有无加典或续典情事，概作绝产论，不许原业主再行告争”等语。是典当田产已逾六十年者，不问曾否加找及该地方有无典当不拘年限皆能取赎之习惯，应受该办法之限制，不得主张回赎。（六年上字第426号）

关于典产之时效利益得以抛弃。

【正】《清理不动产典当办法》典产依六十年之时效作绝之办法原系为典主利益所设之规定。故若典主明知典产已经过六十年应准作绝，并不主张应依时效取得典产之所有权，甘愿听由原业主赎回，则此种抛弃权利之行为，亦自为法所不禁。且依一般法理，权利一经抛弃，即不能更行主张。即典主于已许原业主赎回之后，亦自不能复行翻悔，再主张作绝。（七年上字第740号）

第二条所称六十年，系从立约日起至满足日止。

【续】《清理不动产典当办法》第二条内载“典产自立原约之日起已经过六十年者，不论其间有无加典或续典情事，概作绝产论，不许原业主再行告争。其未满六十年之典产，不论原典是否定有回赎期限，如未经找贴作绝、另立绝买契据或别经合意作绝者，仍准原业主回赎”等语。所谓六十年，自系从立约之日起扣算，至满足之日止。观法文内所称“已经过”及“未满”等字样，至为明了。（九年上字第672号）

立约后之加典、续典，不足为时效中断之原因。

【续】《清理不动产典当办法》第二条既明载“典产自立原约之日起已过六十年者，不论其间有无加典或续典情事，概作绝产论，不许原业主再行告争”等语。则立原约后之加典、续典，显不足为时效中断之原因。（九年上字第1200号）

回赎权虽仅载为原业主，但有转典情事，亦准回赎。

【补】《清理不动产典当办法》第二条至第四条所称回赎权主体，虽仅载为原业主，但如有转典情事者，亦得类推解释，准上手典主向转典主回赎。（十四年上字第1363号）

第三条

就第三条解释，不适用时效中断之法则。

【续】就《清理不动产典当办法》第三条解释，并不适用时效中断之法则。该条内所称三十年，乃自立约之日起算。原约有无回赎期限及中间有无声请回赎之事，均非所问。凡自立约之日起算已逾三十年者，即一律限于该办法施行后三年内向典主回赎。（十一年上字第1052号）

第五条

加价收赎之典产，亦可令业主返还加工费用。

【正】《清理不动产典当办法》第五条“凡准回赎之典业，若经典主添盖房舍、开渠筑堤及为其他永久有利于产业之投资，原业主回赎时，应听典主撤回。其有不能撤回或因撤回损其价值，或典主于撤回后无相当用途者，由双方估价，归原业主留买”之规定，与第六条所规定之增价收赎办法原可并行不悖，而非限于原价回赎方能令原业主为加工费用之返还。（六年上字第133号）

第六条

原典时地价高于现时或与现时相当者，无加价回赎之可言。

【正】典当不动产回赎时，除原典时地价高于现时价值或与现时价值相当外，典主既将该地管领满二十年，按诸《清理不动产典当办法》即可加价回赎。（五年上字第781号）

典产增价收赎，应备典满二十年及地价增涨之条件。

【正】典产之应行增价收赎者，按照《清理不动产典当办法》第六条之规定，应以具备典主管领耕种满二十年及现时地价确有增涨之条件为限。（六年上字第133号）

第八条

关于典限之规定无溯及力。

【正】典限远近，律例并未定有限制，则在《清理不动产典当办法》施行以前所设定之典当关系，其期限虽超过该办法第八条所定十年之限度，依法律不溯既往之原则，自不得谓为无效。（七年上字第1006号）

第八条所称十年之解释。

【续】《清理不动产典当办法》第八条所称“十年限满，准业主即时取赎”云云，系指约定典期长于十年者而言。非谓典期不及十年之产，一经涉讼，即应延作十年。（八年上字第541号）

第八条所载不满十年典当等语，非该办法施行前立约之典当所得援用。

【正】《清理不动产典当办法》第八条所载“不满十年之典当，不准附有‘到期不赎，听凭作绝'之条件。违者"虽经逾期，于立约日起十年限内"仍准业主随时告赎"云云，原系关于该办法施行后典产之规定，而非该办法施行前立约之典当所得援用。（十一年上字第1379号）

第九条

奉省典产之回赎，仍依《田房税契章程》办理。

【正】《清理不动产典当办法》第九条内载"本办法所定各节，各省已另有单行章程或习惯者，仍从其章程或习惯办理"等语。奉天一省既有《田房税契章程》典契逾二十年不准回赎之规定，则此项单行章程自应先依据以为判断。（五年上字第945条）

惯行办法与《清理办法》立法本旨抵触者，不得援用。

【正】从前远年出典之地，不许加价，永久可以回赎，固亦事所常有。但征之司法部拟订《清理不动产典当办法》之原呈，既为清厘争赎远年典当田房案件起见，定有逾六十年不许回赎及地价增涨应加价回赎各条，即自该办法施行后，此项一般之惯行办法当然不能更行适用。其第九条所谓"有习惯，仍从习惯办理"一语，自系专指各省特别习惯，与各条所定之期限加价及其他事项有特异之办法者而言。其一般惯行之办法与该办法立法本旨显相抵触者，即不得援据，以冀否认第六条、第七条之适用。（六年上字第367号）

第十条

《清理不动产典办法》施行前未经终结案件，应依该办法处断。

【正】按《清理不动产典当办法》第十条规定"京外诉讼未结案件，自施行日起悉依本办法处断"等语。是在该办法施行以前未经终结之不动产典当案件，无论系属于何审级，均应依该办法处断，业经定有明文。（五年上字第587号）

契税条例（附契税条例施行细则）

第十五条

关于《契税条例》上之处罚为行政处分。

【正】《契税条例》及《契税条例施行细则》关于处罚之规定，论其性质虽属特别刑法之一种，惟依该《细则》第十五条及第十六条规定，凡违犯该《细则》及《契税条例》而应科罚金者，得由各征税官署径行核定。故县知事依据《契税条例》所为之罚金处分，虽袭用决定程式有类于司法衙门之裁判，要仍系以征税官署职权所为之处分，不能认为司法裁判（本号判例与本法十六条互见）。（七年抗字第141号）

县知事依《契税条例》所为之罚金处分，系行政处分。

【续】查《契税条例施行细则》第十五条及第十六条规定，凡违反《细则》及《契税条例》而应行罚金者，得由各征税官署核定。故县知事依据《契税条例》所为之罚金处分，无论用何种程式，均系以征税官署职权所为之处分，不能认为司法裁判，自不得向司法衙门声明不服（本号判例与本法十六条互见）。（十年抗字第10号）

第十六条

关于《契税条例》上之处罚为行政处分。

【正】《契税条例》及《契税条例施行细则》关于处罚之规定，论其性质虽属特别刑法之一种，惟依该《细则》第十五条及第十六条规定，凡违犯该《细则》及《契税条例》而应科罚金者，得由各征税官署径行核定。故县知事依据《契税条例》所为之罚金处分，虽袭用决定程式有类于司法衙门之裁判，要仍系以征税官署职权所为之处分，不能认为司法裁判（本号判例与本法十五条互见）。（七年抗字第141号）

县知事依《契税条例》所为之罚金处分，系行政处分。

【续】查《契税条例施行细则》第十五条及第十六条规定，凡违反《细则》及《契税条例》而应行罚金者，得由各征税官署核定。故县知事依据《契税条例》所为之罚金处分，无论用何种程式，均系以征税官署职权所为之处分，不能认为司法裁判，自不得向司法衙门声明不服（本号判例与本法十五条互见）。（十年抗字第10号）

管理寺庙条例

住持得委人代管庙产。

【正】查《寺院管理暂行规则》第二条："寺院财产管理由其住持主之。"至住持不能亲自管理时，能否委托他人代为管理？该规则虽无详细规定，然就该规则全体观之，除关于寺院财产之变卖、抵押、赠与，对于住持有第四条之制限外，关于管理并无何等限制之明文，自应认有委人代管之权。（三年上字第573号）

住持及关系人，惟习惯、条理所许者，始有处分庙产权。

【正】《寺院管理规则》第四条虽有"住持及其他关系人，非经行政长官许可，不得将寺庙财产变卖、抵押"之规定，然此项规则系为行政上便利起见，对于行政长官明定其应有之职权，而非对于住持及其他关系人畀以处分庙产之全权。故该条之处分，仍应以习惯法则及条理上可认为有处分权者为限。（三年上字第595号）

行政处分，非声请人籍以为侵权行为者，司法衙门不得受理。

【正】行政官署以行政处分许原施主后人声请将寺产拨充学款；如非该原施主后人有意侵损庙产，藉行政处分为侵害他人之手段者，自不得由司法衙门受理裁判。（四年上字第569号）

《寺院管理规则》颁行前之处分，不须官厅许可。

【正】内务部《寺院管理规则》未颁布以前，各寺院住持处分寺产，虽不必经官厅许可，而不可不经重要施主之同意。盖以庙产既系施主以一定之目的所捐助，在住持仅有管理之责，并无擅自处分之权故也。（四年上字第888号）

公庙可认为法人。

【正】庙产之性质原不一致。公庙固可认为财团法人，而由私人或特定团体出资创设，其支配权仍存留于出资人者，则该庙产仅得认为该私人或团体财产之一部（即仅为所有权之标的物），而不能有独立之人格。（四年上字第1372号）

国家以法令指拨庙产，无庸更问施主意思。

【正】公立寺庙之财产经施主以一定目的捐助之后，其所有权即不属于原施主，而属于寺庙。若以施主所捐财产供其他目的之用，固应得施主之同意，然经国家以一般法令指拨一定庙产以充某项用途，则固无庸更问施主之意思。前清光绪末年，部章准提庙产租谷七成以充办学经费，系属强行法令性质，原非施主所能反抗。且该章程系规定某属庙产即

办某属学堂，则他属之施主，自亦不能争提隔属之产，以供本属之用。（四年上字第2039号）

提拔庙产兴学之办法因《寺院管理规则》公布而始失效。

【正】酌提庙产兴办学堂乃前清末年部定办法。此项办法在民国二年六月二十日内务部《寺院管理暂行规则》公布以前，尚继续有效。此征之民国二年教育部致内政部函（该函称：兴办学校酌提庙产已为通行办法。此次贵部颁布《寺院管理规程》其施行期限自以公布日为始，未便任听追溯既往）及民国二年十月山东民政长致内务部、教育部电（该电称：东省庙产酌提兴学七、八年。于兹，拟自民国二年六月二十一日起，凡已经立案并留有住持赡养者，其余提产，不得率请追还），并内务部复山东民政长电（该电称：《寺院管理规则》之效力随公布时期发生，庙产酌提兴学本出自旧时法令，按之不溯及既往之原则，自不能率请追还），毫无可疑。（四年上字第2370号）

私设佛堂并非公有。

【正】私人建立之佛堂与由公众捐集而为地方公有者，截然两事。不能谓：凡属寺庙，即应推定为地方之公有产。（四年上字第2379号）

《寺院管理暂行规则》施行前提拔庙产，未经起诉及已判结者，不得再争。

【正】查民国四年八月七日内务部呈大总统文内称，清季及军兴之际，提用庙产，于本部《寺院管理规则》公布以前，事实业经解决并非悬案未结者，在当时之提拔，虽出自权宜，而法令之施行固未容溯及既往。又同月十日大总统申令内开：[1]“在内务部管理规则公布以前，事实业经解决，权利早已移转，自当不溯既往，截清旧案”等语。所谓“事实业经解决，权利早已移转，不溯及既往，截清旧案”云者，即在《寺院管理规则》公布（民国二年六月二十日）以前，其事件未经起诉（或提起行政诉讼或诉愿）或已起诉而业经裁判终结确定在案者，即不许其重行争执之谓。（四年上字第2440号）

僧徒忘恩负义，其师得解除关系。

【正】僧人之师徒关系，原以恩义为结合基础，故徒之于师，若系忘恩负义确有实据者，其师自得解除关系，驱遣出寺。（五年上字第932号）

事实上权利已移转者，不论是否合法，不得再争。

【正】民国四年八月间，大总统申令内开：“寺庙财产，责成该管官署切实保护（中略）。其在该部（指内务部）《寺庙管理规则》未公布以前，事实业经解决，权利早已移转，自当不溯既往，截清旧案”等语。所谓“权利早已移转”者，承上文“事实业经解决”而言。苟事实上权利业已移转，即无论当年移转权利之实际果否合法，一律作为旧案，不予追溯。（五年上字第938号）

私庙，除有特约或规约外，原建主得自由处分。

---

〔1〕“内开”，旧公文用语，援引来文时用之。

【正】凡公庙（与《管理寺庙条例》第一条第一项相当者），住持不能反乎原施主所定目的，自由处分。在原施主，自应有监督之权。至私家独立所建设之私庙，确与《管理寺庙条例》第一条第二项相当者，其处分寺产，原建主得自由为之。除建立当时或其后，与所用住持有特别约定或早定有规约者外，无庸取得住持同意，请官准许，尤非局外所能干涉。（六年上字第98号）

关于住持申戒、撤退之事项，应属行政处分。

【正】现行《管理寺庙条例》第九条第二项称："住持之传继从其习惯。"第三项称："住持之传继，须向该管地方官禀请注册。"第二十三条称："各寺庙僧道或住持不守教规，该管地方官得申戒或撤退之。其情节较重者，并得加以相当处分。但关于民、刑事件，仍由司法官署依法处断。"第二十四条称"凡寺庙住持违背管理之义务者，由该管地方官申戒或撤退之"等语。据上各规定，除第二十三条内关于但书之部分应归入司法范围，由司法衙门受理审判外，其余事项概属于行政处分。对于各该处分，纵有不服，祇能迳向上级行政衙门诉愿或依法提请行政诉讼，司法衙门概不受理。（《管理寺庙条例》第九条、第二十三条、第二十四条）（六年上字第420号）

行政长官事后之许可，亦属有效。

【正】寺院产业由施主捐助者，即为公产。该寺院住持对于此种产业，即不能任意处分。苟因特别事故，必欲处分，亦应得施主全体之同意。如施主存在不明，未能得全体同意，则应得多数施主之同意。虽民国二年六月二十日公布《寺院管理规则》有"先得该省行政长官许可"之规定，然事后经该行政长官认为正当予以许可，亦得认为有效。（六年上字第666号）

《寺院管理暂行规则》公布以前庙产之处分，不仅因未经地方官允许而无效。

【正】现行《管理寺庙条例》："寺庙住持、僧道或其他人等，对于寺庙所有产业，非经该管地方官准许，固不得擅为捐助或提充公益事项之行为。"惟依民国四年八月十日大总统申令内开："（上略）其在该部《寺庙管理规则》公布以前，事实业经解决，权利早已移转，自当不溯既往，截清旧案（下略）"等语，则凡捐助或提拔庙产之行为，如系在民国二年六月二十日内务部《寺院管理暂行规则》公布以前，自应视事实曾否解决、权利已否移转，为其效力存在与否之判断，而不能仅因当时未经该管地方官准许，概行否认为有效。（六年上字第1376号）

私庙乃私家独创之寺。

【正】《管理寺庙条例》所谓"私庙"者，指私家独立创设之寺庙而言。（《管理寺庙条例》第一条）（七年上字第687号）

关于施主住持身份、庙产是否私有与处分庙产曾否同意及管理用益之争执，皆属司法范围。

【正】《管理寺庙条例》第十条："寺庙财产不得抵押或处分之，但为充公益事项必要，需用禀请该管地方官核准者，不在此限”等语。是于原有处分权之人（即原施主或其继承人及住持、僧道）处分寺庙财产时加以限制，并为行政上之便利，认地方官有监督之权。故地方官对于有处分权人禀请所为许可与否之处置，固属行政处分，而关于该庙产之是否私有、原施主或住持之身份及处分之曾否经其同意，在禀请处分之人与僧道间有所争执，或因管理用益等事涉讼者，仍属于民事诉讼，应由司法衙门予以受理审判。而关于此项审判之上诉，该管上级审判衙门自亦不得诿为行政事项予以驳斥。（《管理寺庙条例》第十条）（七年上字第1163号）

因行政监督之设备未完，许施主有监督庙产之权。

【续】寺庙财产由施主捐助者，虽为宗教公产，然当此行政监督设备未能完善之时，为保持公益起见，自应予施主以监督之权。故本院历来判例均认施主对于寺庙及其财产，于相当范围以内，可以监督。（八年上字第775号）

住持无管理庙产能力者，得依声请选人代管。

【续】住持在未丧失其身份以前，当然有管理庙产之权利。如果确无能力，则除依法有应行改选住持之情形外，审判衙门得依利害关系人之声请，选任代行管理之人。（八年上字第845号）

住持不能以寺庙财产久归僧人管理认为私产。

【续】寺庙财产，除可以证明系一家或一姓建立之私庙外，凡由施主捐助建设之庙产，不属于原施主，亦不属于该庙之住持，而专属于寺庙。原施主固不能仍主张为个人所有，在住持，亦不能以久归僧人管理，遂认为僧人之私产。（九年上字第173号）

地方公益团体就地方公有寺产之处分，得以过问。

【续】由公众捐集为地方公有之寺庙，其依法成立代表地方公益之团体，于该寺产处分之当否，亦应有权过问。（九年上字第458号）

著作权法

知情代售假冒之著作者，应负损害赔偿之责。

【正】查《著作权律》第四十条关于罚款规定，“凡假冒他人之著作，科以四十元以上、四百元以下之罚金。知情代为出售者，罚与假冒同。”而第四十一条关于赔偿责任，则仅规定“因假冒侵损他人著作权者，应将被损者所失之利益，责令假冒者赔偿。”至知情代售之人应否负责，并未提及，自不能不求诸解释。本院以为，该条规定系属例示性质，毫无限制之意。其理由有二：（一）《著作权律》称“侵损著作权”，实包含第四十条、第四十二条、第四十三条等条处罚之行为而言。该律所定赔偿责任，既祇有假冒他人著作权者之一种，而于第四十五条数人合著时，请求赔偿之规定，及第四十六条先禁发行之规定，又均泛称“侵损著作权”等语，则立法之意于有民事性质之行为，亦显然以假冒为最著之例，用以代表其余，实属了无可疑；（二）按照民事一般条理，以故意或过失侵害他人之权利者，应负赔偿之责。惟法律有明文免除或减小责任范围者，不在此限。关于知情代售假冒之著作，法律既无免责之条，亦无除外之理，法院即不能排斥通法而不予适用。由是观之，则知情代售者，自应负民事上之责任，与假冒者，不能有异。（原《著作权律》第四十条）（四年上字第5号）

出版法

第二条

依《著作权律》取得著作权者，自系著作人。

【正】查民国元年三月初十日大总统命令申明：“从前实施之法律，除与国体抵触各条外，仍属有效。”《著作权律》系于前清宣统二年十一月十七日奉准公布，资政院缮具全文，会奏清折，亦于同月二十四日宣布，均见各日政治官报。此项公布实施之法律，既与国体并无抵触，又无明文废止，自应继续有效。何得指为未经公布之法律，抗不遵从？（四年上字第1100号）

第十一条

文书、图书，客观上足使社会组织及其现状因而动摇，即有害及公共安宁秩序之可能性者，均为妨害治安。

【续】按《出版法》第十一条第二款：“文书、图书，有妨害治安情事者，不得出版。”谓一切文书、图书，客观上足使社会组织与其现状因而动摇，即有害及公共安宁秩序之可能性者，均在禁止出版之列。故止须其出版行为出于故意而不必有妨害治安之目的，亦不必确已发生实害，且其文书体裁之为论说、为记述，以及编辑方法之为自投、为转载或翻译等类，均非所问。（九年上字第436号）

特许法

秘制药方系属专卖、特许之性质。

【正】秘制药方系属专门技术之一种，亦即专卖、特许之性质。（五年上字第937号）

邮政条例

第十九条

《邮政条例》第十九条第二项所称“款项”，邮资不在内。

【补】《邮政条例》第十九条第二项所称“款项”，以属于邮政汇兑及储金为限，邮资不在内。（十五年上字第 740 号）

第二十一条

通常人所出汇票与银行钞票性质不同，自不在禁寄物之列。

【补】按《邮政章程》第十九条：“凡银行支票、银行汇票以及其他具有银钱价值之表示者，均得按信函类纳资交寄。”通常人所出汇票，亦系具有银钱价值之表示，且与银行钞票性质迥然不同，自不在同《章程》第十七条已款所定禁寄物之列。（十五年上字第 1251 号）

第二十三条

邮政机关赔偿损害仅应依据《邮政章程》办理。

【补】查《邮政条例》第二十三条第二项既称“前项赔偿之方法，于《邮政章程》定之。”第二十四条又称，“除照前条赔偿外，不负其他责任。”即系示明邮政机关赔偿损害仅应依据《邮政章程》办理。兹该章程就挂号邮件之赔偿方法于第九十四条、第三百六十二条设有明文。苟邮政纲要未就民局设有特别规定，上诉人主张仅得按《邮政章程》该各条文负责，自难谓为不当。（十五年上字第 1251 号）

矿业条例

土地所有人亦须领有执照始为矿业权人。

【正】关于矿业所生事项，苟其发生在《矿业条例》公布以前，自当依前清修改《矿物正附章程》以为处断之准则。查该章程内关于采矿权者虽无明文规定，但依前后法文观察，自当指依法领有执照而现实采矿者而言。至其土地所有人，虽可于他人未领照采掘之前，向官署呈请领照开采，然一旦将其土地租赁于人、任其领照继续采矿，则故不论该土地所有人曾否自行采取，在矿业法上，终不过认有业主之地位。（三年上字第516号）

锡矿，由呈报在先者取得矿业权。

【正】按清光绪三十三年八月十三日奏准，次年二月十三日施行之《矿务正章》第十一款载："矿质分三类，锡矿属于丙类。"第二十二款载："凡欲请办乙、丙字下所载之矿质者，必须先行具禀该省总局，请领办矿执照，方准开采。"第三十四款载：凡禀请矿地，准其先请先得（惟乙字各矿业主得尽先开采）。又按民国三年三月十二日教令三十四号公布施行之矿业条例第六条载明："矿质分三类，锡矿属于第一类。"第八条载："第六条所载各种矿质并其发矿矿渣，非经农商部总长或矿务监督署长核准，不得探采。"第九条载："第六条第一类矿质，无论地面业主与非地面业主，应以呈请矿业在先者有优先取得矿业权之权。"第二十一条载："矿业权，除继承、让与、滞纳、处分及强制执行外，不得为权利之目的。"第一百零七条载："自本条例公布日起，以六个月为限，凡从前业经领照之矿，须依本条例呈请注册。"本案两造争执之矿产，属于《矿务正章》第十一项丙字及《矿业条例》第六项第一类之锡矿，其有无矿业权，自应视两造于《矿务正章》施行后曾否领有办矿执照，及于《矿业条例》施行后，曾否呈请农商总长或矿务监督署署长核准注册为断。如果曾有一造领有执照或呈经核准注册，合法取得矿业权，即应判由该造开采；如两造均未呈经核准，即皆无开采之权，审判衙门自不得不为驳回原告请求之裁判。（四年上字第2319号）

锑矿由呈报在先者取得矿业权。

【正】前清颁行之《矿务正章》第三十四款酌定业主自开办法内载："凡禀请矿地，准其先请先得。但第十一款乙字所载各矿质，若在民地，其业主自愿开办，应准业主尽先开采"等语。又查民国三年三月十二日教令三十四号公布《矿业条例》第九条载：第六条第一款矿质，无论地面业主与非地面业主，应以呈报请领在先［者］有优先取得矿业之权。两造所争矿山，原审认为锑矿，《矿务正章》列入第十一款丙字内，《矿业条例》列

入第一条第一类，自应以禀报先后断定其是否优先取得矿业权。（四年上字第2424号）

矿业权人有使用他人土地之权。

【正】矿业权人有依法使用他人土地之权，在地主及关系人，除要求相当之价金外（参照《矿业条例》第五十一条、第五十二条）不能拒绝其使用。（六年上字第1229号）

退伙注册之规定不溯及既往。

【正】《矿业条例》虽有“合办矿业权者之退伙，非经注册不生效力”之规定，但该条例之颁布系在民国三年三月，业经载明自公布日施行，则在该法施行以前之退股，自难以其不向官署声明注册即谓其退股无效。（五年上字第814号）

裁判矿权谁属之讼争，应以行政处分为据。

【正】现行《矿业条例》探矿或采矿之矿业权乃本于行政处分特许之一种权利，不但非私人所能设定，并非司法机关所能以裁判创设或取消。故当事人间如因此种特许权利之谁属有所争执，审判衙门即应根据行政处分之内容为之裁判。（六年抗字第1229号）

矿业权关系重大，非外国人民所能任意采取。如外国人民与中国人民私定合同，以期朦胧官听，诈取矿业权者，即属不法行为。因此所为给付，自亦不得诉请返还。

【补】矿业权关系于国家经济及地方公益者甚为重大，决非外国人民所得任意取得。故《矿业条例》第四条第一项规定，须与中华民国有约之外国人民与中国人民合股并遵守本条例及其他关系诸法律，始能取得矿业权。而其所占股份及签订合同，亦于同条例第二项及《矿业施行细则》第七条设有严格限制。苟外国人民虑其难得农商总长或矿业督办署长核准，勾结中国人民，私定合同，以期朦胧官听，诈取矿业权，即属不法行为。因此所为给付，自不得主张不当利得而诉请返还。（十五年上字第1111号）

森林法

第二十一条

森林窃盗，临时行强，仍论刑律上强盗罪。

【正】查《森林法》第二十一条系对于森林窃盗特别从轻处罚之规定，乃《刑律》之三百六十七条之特别法。若窃盗事后行强，该法既无明文规定，则依特别法无明文，仍从普通法之原则，当然适用《刑律》之三百七十一条分别论罪。（四年上字第925号）

直隶旗圈地售租章程

第二条

直省旗圈之买卖，仅让与收租权。

【正】《直隶旗圈地售租章程》经内务、财政两部会呈大总统批准施行在案。故自该章程施行以后，关于直省旗圈之所谓买卖，不过系业主将其收租权让与他人，而不得任意向佃户请求收地。（四年上字第 2129 号）

售租不售地，以旗圈食租地为限。

【续】旗产圈地售租章程所谓“只许售租，不许售地者”，惟限于旗圈食租地。若在老圈契置地亩，则仍应查照旗民交产之旧例办理，而不适用此项章程之规定。（八年上字第 776 号）

第三条

直省旗圈地租价可由县知事酌定。

【正】依《直省旗圈地售租章程》第三条第二项规定，旗地租额之轻重，如果与地质肥瘠不能适合或有其他特别情形者，该县县知事自有酌中定价之权，并不受一定加价办法之限制，至明且显。（五年上字第 529 号）

租价与地质是否相称及其约定标准，应于查堪后斟酌断定。

【续】《直省旗产圈地售租章程》第三条第一项内开，向有一定租价之地，准按每亩租价加十倍出售。又第三项规定，“虽有一定租价而租额轻重按之地质肥瘠未能适合者，应由县知事于查勘时参酌本地情形，酌中拟定”等语。是在租价与地质不能相称之地，固不得适用该章程第一项“十倍出售”之规定，而其租价与地质之是否相称及其约定之标准，要非查勘后不能斟酌情形为之断定。（十年上字第 630 号）

直隶蠡县查办升科章程

蠡县无粮黑地，典出满二十年者，不准原主回赎。

【正】 前清光绪十四年颁布《查办升科章程》内开："人民承种无粮黑地，并无字据及执有推卖契约者，均由现户首报升科。[1]其伪执有当契者，亦由现种之人首报升科，分别年限办理。其典当已满二十年者，原主不准回赎。至限满，即不准回赎"等语。此项章程系由户部奏准，通行顺、直两署，复经蠡县劳前令乃宣，参酌变通，开列条陈，禀由直隶总督咨部核复，行令各署，遵照办理。是在该章程指定地方，自应认为关于典当旗地之特别法则。（四年上字第901号）

---

〔1〕 升科制度是指对于百姓自己开垦的荒地，国家承认其所有权，并且在一段期限内不用向国家纳税；该期限届满之后，按照普通田亩对待，征收钱粮。从不用缴税到向国家缴纳赋税叫做升科。例如，在清代，新开垦的田地，一般水田六年，旱田十年不征税；满年限后，按照赋税规定，征收钱粮，与普通田亩同等。

奉天清赋章程及续订章程（一名《清赋变通章程》）

浮多地三年限内，由原业主首报。

【正】《奉天清赋变通章程》第一条称，“（前略）倘逾三年之限，业主仍不呈报，即准典户、佃户或他人首报价领，原业不得争执”等语。该章程系于宣统二年五月二十三日奏定。自奏定通行之日起算，如尚在限内，原业主固有完全承领之权，非他人所能借口首报以相侵夺（《清赋章程》第一条）。（二年上字第72号）

淤荒之报领与淤复不同。

【正】《奉省清赋章程》第十二条：“各项册地，水冲沙压、报销粮额之后，如经淤复，例准原业首报垦复。”又《变通清赋章程》第六条，“其无主间荒及海退、河淤、山场等项无课地亩，均系官荒，与民间业地、浮多之地不同，遇有报领，应仍照旧章，分别等则，缴价升科”各等语。是在特别法上，淤复亦准由原业主首报淤荒，始由人民照章报领（《清赋章程》第十二条、《清赋变通章程》第六条）。（二年上字第86号）

禁荒，虽已由民私占，仍不许报领。

【正】禁荒至内，既不准人民垦种，则实际即已归民间占有，而禁令所在，亦属干犯法纪之事，不能遽以寻常官荒相例，许其有报领之权。（三年非字第1号）

典户非当然有先领权。

【正】依现行《奉省清赋章程》，典户既非原业主，即无优先报领权。（三年上字第67号）

以所有意思垦占无主荒地者，为原业主。

【正】报领荒田，本为所有权取得之原因，而报领之权应属何人，亦有特别规定。现行《奉省清赋变通章程》，原业主有优先报领荒地之权。所谓原业主，即指事实上以自己所有之意思，先行垦占其地者而言。然所报之地，固已不属于他人所有权之地为条件。（三年上字第114号）

首报权人与人伙报之荒地，应由各户伙领。

【正】《奉省清赋章程》内开：“各项荒地，准由首先呈报之户承领”等语。是闲荒地亩尚未开垦成熟者，应由首报之户承领无疑。惟首报之户于缴价承领之后，复与他户伙报，则不啻已将首报之利益甘让他户均沾，自应本于其后之意思表示，即由伙报各户伙

领，不容首报之户复行翻异，主张独领。（三年上字第222号）

垦熟官荒，由垦户首报。

【正】依《清赋章程》之规定，垦熟官荒，则应由垦户首报，实非他人所可争执。（三年上字第585号）

佣人及租给他人开荒，亦为垦户。

【正】《奉省清赋章程》：垦熟官荒，虽许由垦户首报，然所谓垦户，并无须躬耒耜，以辟草莱。佣雇他人将官荒开垦成熟或租给他人开垦成熟者，便为垦户，即应由其首报承领。至其佃户、租户，不过受人佣雇，得人许可，以实施耕种，而已其实施耕种，亦非有为自己开垦之意思，故依照该章程之规定，典户、佃户自垦官荒，虽概归典户、佃户首报，而代他人开垦官荒者，即非自垦之户，自不得援用自垦官荒之例，希图首报。（三年上字第585号）

典户、佃户自垦官荒，归其首报。

【正】查《奉省清赋章程》内开："（中略）旗民出典地亩（中略），倘典售之户另在原典四至以外，自垦官荒，概归典户报领。如佃种旗民业地（中略），倘佃户自在租地四至以外垦种官荒，亦归佃户首报（中略）。"故依该章程之规定，典户自垦官荒，概归典户、佃户首报（《清赋章程》第六条、第七条）。（三年上字第585号）

佃地浮多由原业报领。

【正】查《奉省清赋章程》内开："如佃种旗民业地，内有浮多，先尽原业交价报领。佃地浮多，其报领之权仍在原业。"（《清赋章程》第六条）。（三年上字第585号）

村屯公共牧养地，以村屯为原业主。

【正】关于村屯公共牧养之荒地，应认村屯为原业主，许其有优先报领之权。（三年上字第640号）

报领闲荒，应迳向民署首报。

【正】查《续订奉省清赋变通章程》内载："此项清赋改章，自奏准通行之日起，限一年内由原业主将浮多熟地报由地方自治会查明，转报民署给照升科。其无主闲荒（中略），仍照旧章，分别等则缴价"等语。细释该章程规定，除业主报领地亩应报由自治会转报外，而首报无主闲荒，仍应按照旧章办理，殆无疑义。如为公共牧养之地，自应报由自治会转报民署；如系无主闲荒，则应向民署首报，始为有效。（《清赋章程》第一条；《清赋变通章程》第一条）。（三年上字第640号）

业主报领浮多，须呈由自治会转报。

【正】查《续订奉省清赋变通章程》内载："此项清赋改章，自奏准通行之日起，限一年内，由原业主将浮多熟地报由地方自治会查明，转报民署给照升科"等语。如为公共牧养之地，自应报由自治会转报民署（《清赋变通章程》第一条）。（三年上字第640号）

无主间荒准人报领。

【正】查前清光绪三十二年奉省奏准《清赋办法》原折内称："（上略）奉省地亩，名目繁多（中略），拟将首报各项熟地（中略），一经地户首报即准认领（中略）。其各项荒地，准由首先呈报之户承领（下略）"等语。宣统元年奏准改定《清赋章程》第二条载："呈报浮多熟地（中略），应令于首报时呈验契照户管，查明所报浮多确在契照户管所载四至以内，并不侵占他人地亩，方准报领。如无契照户管，应查明该地实向由首报人管业（中略），再准承领（下略）"等语。第六条载："（上略）无主间荒及海退、河淤、山场等项无课地亩，均系官荒，与民间业地内浮多之地不同（下略）"等语。据此论断，则惟浮多熟地确在户管契照四至以内，或虽无户管契照而确信向由地户管业者，地户始得优先报领。若系无主间荒，则不拘何人，均可首报，不必限于地邻始有首报权（《清赋章程折》、《清赋变通章程》第二条、第六条）。（三年上字第664号）

契照四至及占有地界、亩数无可查者，应以原领亩数比例分报。

【正】《奉省清赋变通章程》第二条内载："呈报浮多熟地（中略），应令于首报时呈验户管契照，查明所报浮多确在契照户管所载四至以内，并不侵占他人地亩，方准报领。如无契照户管，应查明该地实向由首报人管业（中略），再准承领（下略）"等语。是浮多熟地，（一）在户管契照四至以内者，则该户管契照领名之人即有先行报领之权；（二）如无户管契照，则历来占有该地、行使管业权之人即有优先报领之权，显然无疑。惟在同一浮多地段上行使管业权者，向有数人，而其户管契照内之四至边界及向来所占有之地界、亩数，因特别事由，实系无从得知者，自应以个人户管契照内所领亩数之多寡为比例，而定其应行分受报领之亩数。（三年上字第933号）

洼下地亩，亦有交价不能营业。

【正】《奉省清赋章程》内开："山荒、沙石、斥卤、碱片地价科，则均照下地减半。"是洼上不堪耕种地亩，亦非交价不能管业（《清赋章程》第三条）。（三年上字第1217号）

优先报领权，诉讼中应为保留。

【正】地户与他人涉讼，既在地户优先报领期内，则其优先报领权于诉讼中自应为其保留，不因逾限而丧失。（三年上字第1217号）

典产至内浮多，由原业报领。

【正】《奉天清赋章程》内开："旗民出典地亩，经典受之户耕种，如有浮多在原典四至以内，先尽原业报领，仍归典受之户耕种，将来准原业一并归赎。若原业无力交价，准典受之户报领管业，将来回赎祇准抽赎原额之地。倘典受之户另在原典四至以外，自垦官荒，概归典受之户报领，与原户无涉"等语。是典产至内浮多，则由原业报领，必其无力交价，典主始有报领之权（《清赋章程》第六条）。（三年上字第1242号）

牧养、埋葬之地，由村众公同价领。

【正】《奉省清赋章程》：凡闲荒地亩，固应由首报之户承领，非他人所可争执，而牧养、埋葬之地，则应与闲荒有别。在《续订清赋章程》定限以前（按《续订清赋章程》自宣统二年五月施行，内载“逾三年之限，即准他人首报。”），应由该村众公同价领，自非他人、他村所能首报。（四年上字第2219号）

无课熟地，由地户优先报领。

【正】按《奉省清赋办法》原折内称：“奉省地亩，名目繁多，拟将首报各项熟地，一经地户首报，即准认领。其各项荒地，准由首先呈报之户承领。”又该章程第十二条内载：“各项册地，水冲沙压、报销粮额之后，如经淤复，例准原业首报垦复。惟兵燹以后，册籍全失，报销原案，无从稽考。嗣后，凡有呈请垦复者，应按已垦、未垦分别生熟，概行收价，归入新升粮银升科”各等语。据此，审究是无课熟地，应由地户首先报领；其系无主间荒，则不拘何人，均可首报，并不限于地邻始有首报之权（《清赋章程折》、《清赋章程》第十二条）。（四年上字第497号）

册地淤复，由原业主报领。

【正】前清奉省奏准《清赋办法》原折内称：“奉省地亩，名目繁多，拟将首报各项熟地，一经地户首报，即准认领。各项其荒地，准由首先呈报之户承领。”及该章程第十二条内载：“各项册地，水冲沙压，报销粮额之后，如经淤复，例准原业首报。垦复惟兵燹以后，册籍全失，报销原案，无从稽考。嗣后，凡有呈请垦复者，应按已垦、未垦分别生熟，概行收价，归入新升粮银升科”各等语。据此，审究是（中略），确系册地淤复者，则不问荒熟，概由原业户首报垦复，分别交价升科（《清赋章程》第十二条）。（四年上字第542号）

普通河淤，尽先报领人承领。

【正】《续订清赋变通章程》内第二条内载：“无主间荒及海退、河淤、山场等项无课地亩，均系官荒，与民间业内浮多之地不同，遇有领报，应仍照章分别等则，缴价升科”各等语。是河淤地系属官荒，与民业浮多之地不同。此项河淤地之领报权应属何人，应以何人呈报在先为断。（四年上字第862号）

历来占有使用者，为原业主。

【正】《清赋章程》所称“原业主”，即历来占有其地并继续使用之人。苟争领之地，查照其契载四至；如无契照，查明实际向由其管业者，即应照章尽先报领。他人即无争领之余地，亦不得作为无主间荒等项，私自争领。（四年上字第876号）

报领河淤与报领浮多不同。

【正】《奉天清赋变通章程》内载：无主间荒及海退、河淤等项，均系官荒，与民间业地内浮多之地不同，遇有领报，应分别交价升科等语。是河淤为官荒之一种，已为章程所明定，自非如浮多地之必以在契照四至或向来管业范围以内为报领之要件。（四年上字第876号）

无主间荒，系指官荒之未经人民占有者而言。

【正】《奉省清赋章程》及《清赋变通章程》之规定，首报无主间荒，本无何等限制，其与首报浮多之应先尽原业主者，固属有别。然所谓无主间荒，系指官荒之未经人民占有而言；若经人民以自己所有之意思，先行占有，即不得谓为无主间荒；其首报时，即系该章程所谓之“原业主有优先报领之权利”（《清赋章程》第七条、第二条；《清赋变通章程》第二条）。（五年上字第1163号）

官地浮多，由佃户先报。

【正】《奉省清赋章程》第七条称：“佃户承种官租地内，如有浮多，准佃户首报交价，作为该佃永业。”是官地浮多，应由佃户首报，他人不得争执（《清赋章程》第七条）。（五年上字第9552号）

先占开垦而非佃种者，为原业主。

【正】无主间荒，在奉省，照章准人尽先报领，亦当然可以先行垦占。先占开垦之户，如亦非佃种他人之地，当然以原业主论。（六年上字第161号）

荒地由首报之户承领。

【正】按前清光绪三十二年奏定《奉天清赋章程》内载：“各项熟地，一经地户首报，即准认领。其各项荒地，准由首先呈报之户承领”各等语。是各项荒地，并无他人报领在前，则首先呈报之户，自应归其承领（《清赋章程折》）。（六年上字第913号）

无课地占有人，逾限不报，得由他人报领。

【续】奉天省无课之地，纵使向由占有人占有，并已有田园庐墓于其中，而该占有人如于该省《清赋章程》施行后，久已逾限不报，则他人自可遵章报领管业。（八年上字第665号）

奉天丈放王公庄地章程

第二十三条

庄地浮多，先尽原租户、原业主、原垦户报领。

【正】查奉省官地清丈局所订《丈放王公庄地章程》首载："所有清丈办法，除照本局前定规则一律办理外，兹复增定办法八条"等语。所谓前定规则，固系指《奉省官地清丈局章程》而言，而按照该《官地清丈局章程》第二十三条，凡丈过官地或浮多各地，由局分别等则，随时出示，宣布先尽原纳租户或原业户、原垦种户报领之规定法。（六年上字第1446号）

奉天丈放内务府庄地章程

《丈放内务府庄地章程》应先于习惯适用。

【正】奉省《丈放内务府庄地章程》，则系由该省前巡按使呈奉大总统批准施行，应有单行章程之效力。凡判断关于该省之争领内务府庄地事件，自无舍该章程规定之明文而适用习惯之理。（七年上字第1123号）

奉省旗民各地及三圈税契试办章程（一名《整顿田房税契章程》）

限内找价而不能认为绝卖者，应生中断典当时效之效力。

【正】奉省《整顿田房税契章程》条款内载："典当之契概以二十年为限，逾期不赎者，即作绝卖"等语。此项章程自系特别时效之一种，应审酌当事人之真意与实效制度之精神，如于立契后二十年内曾经找价，而推察事实当事人之意思，并不能证明其为卖绝者，自应中断实效。（三年上字第347号）

典当逾二十年者，不得回赎。

【正】查前清奏定奉省《整顿田房税契章程》于该区域内仍应继续有效。该章程条款内开："典约概以二十年为限，限满不赎，即作绝卖。"其从前典出之地，在光绪三十三年二月该章程施行时已满二十年者，从宽展限一年，由原业主赶紧回赎，逾限概照新章办理。（三年上字第767号）

典当时效应以职权援用。

【正】奉天典当田房之特别时效，在该章程，并非因当事人主张始予援用，审判衙门于判断之际，应有适用之义务。（三年上字第767号）

佃户接退官田，亦惟暂典者，得于限内回赎。

【正】奉省《整顿田房税契章程》内载："接退官田本与买卖私产不同。嗣后，凡原佃户无力承种，退与他人，其字据应名曰退约（中略）；如系暂时典当其字据，应名曰典约。典约概以二十年为限，限满不赎，听接佃之人投税更名。其从前接退佃之地已满二十年者，从宽展限一年，由原佃赶紧回赎，逾限概由接佃之人投税更名"等语。是能主张回赎之权利者，自以暂时典当者为限，而暂时典当关系，亦仍以在法定限内者为限，始得回赎（《田房税契章程》第五条）。（三年上字第786号）

奉天典当时效，不适用于抵押。

【正】《奉天田房税契章程》："典当田房逾二十年，不许回赎。"本为典当关系特别时效之制，故谨以田房押借债款而未订立典当契约者，虽当事人间为便利计，将该田房交给债权人收益以抵利息，仍不得适用此项章程，使债权人取得其所有权。（三年上字第903号）

声明回赎及行使所有权，生中断时效之效力。

【正】按《整顿田房税契章程》：典产逾二十年，不得回赎。既系关于时效之规定，则所有人于时效开始进行后，如曾有回赎之声明或曾就该田房为其他行使所有权之行为者，则其时效即应中断。（三年上字第903号）

《整顿田房税契章程》不适用于他省。

【正】前清光绪三十二年奉省奏准《整顿田房税契章程》系该省之特别法规，其适用范围仅以该省行政区划为限，他省不得遽行引用。（三年特字第973号）

时效完成，从中断后起算。

【正】前清奉省奏定《整顿田房税契章程》第七条内载："嗣后，典当之契应概以二十年为限，逾限不赎，即作绝卖，令典主税契过割"等语，至限内已经原业撩找者，是否更以撩找之日起算年限，抑仍以立契之日起算年限，该章程既无明文，自应依时效原理为之解释。本院曾以找价在二十年内者，认为时效中断，咨行在案（统字第八十二号）。是年限之完成，即当以时效中断之日起算，毫无疑义。（四年上字第558号）

田房税契章程不因清理典当办法而失效。

【正】《清理不动产典当办法》第九条内载："本办法所定各节，各省已另有单行章程或习惯者，仍从其章程或习惯办理"等语。奉天一省既有《田房税契章程》"典契逾二十年，不得回赎"之规定，则此项单行章程自可依据以为判断。（五年上字第945号）

奉天全省旗民及三园各地皆适用《整顿田房税契章程》。

【正】《奉天田房税契章程》颁行于前清光绪三十二年。当该章程未定之先，三园地（房园、坟园、围栏）之属于旗产者，原归军署户司经管。而该章程规定时，已于奏折中声明将该项旗产一并改归该省财政局经管，条文中并有"旗民典当田产房园，往往并无年限，捏卖作典，弊端百出，纠葛成讼，贻累甚多。嗣后，典当之契应概以二十年为限，逾期不赎，即作绝卖，令典主税契过割，请换户管。其定章以前，逾二十年之典契，准再展限一年，由原业主赶紧回赎。逾期不赎，概照新章办理"等语。是所有奉天全省旗地、民地三园各项地亩，一律适用该章程办理（《田房税契章程》第七条）。（五年上字第1034号）

逾限不准回赎之规定，须典当有效始得适用。

【正】《奉天田房税契章程》：民人契典旗地者，逾二十年，即不得回赎。惟此项规定限于典当有效时，始能适用。而有效之典当，则非有处分权人不得为之。故无处分权人所为之典当，无论已经过若干年，其真正之所有人仍不因而丧失所有权。（五年上字第1426号）

典主漏税，于作绝之效力无涉。

【正】就奉省前清奏定《田房税契章程》关于典契作绝之规定观之，典主届作绝期限，倘不税契，固应照漏税罚办，但于典契逾限不赎，应即作绝之效力，并无何等影响。（六年上字第106号）

非承典人或其承继人不能主张典当时效之利益。

【正】《奉天整顿田房税契章程》虽有“典当逾二十年不赎者，即作绝卖”之规定，然必须承典人或继承其权利之人，乃得向原业主为此主张。（七年上字第1107号）

时效之利益，不得于舍弃后再行主张。

【续】《奉省田房税契章程》：“典产逾二十年，不许回赎”之规定，既系一种时效制度，则典主因此项时效所得之利益，依法本得以舍弃；一经合法舍弃之后，即不得再行主张。其于二十年时效满后，如果曾经找价另立典契，自可认为舍弃时效利益之表示。（八年上字第685号）

奉天永佃地亩规则

第一条

非由契约而生之永佃权，不适用永佃规则。

【正】《奉省永佃地亩规则》第一条规定："地主、佃户定永佃契约者，除另有法令规定外，适用本规则之所定"等语。是该规则之适用，以永佃契约定自地主、佃户及法令未另规定者为限，若永佃关系并非由于佃户、地主间所约定，自不适用此项规则。（七年上字第1204号）

第七条

欠租撤佃之条件。

【续】《奉天永佃地亩规则》第七条载："佃户一年以上不交付佃租或藉事故减交佃租至二年以上者，地主得撤佃另行招佃"云云。依法律不溯既往之原则，应自该规则施行后，佃户拒不交租已达一年以上，且纯系由于佃户一方之原因，并无应行归责于地主之事由，然后方能完成撤佃之条件。（八年上字第794号）

第九条

地主于第九条情形外，不得更有要求加租之原因。

【续】《奉天永佃地亩规则》第九条所谓"佃租不足完纳田赋时"云云。若仅依该条文字解释，固不过表示地主此时得以要求加租，不能遽谓"此外，即无地主得以要求加租之时"。惟查该规则第二条，系将无期之永佃权加以五十年之制限，第六条于永佃地亩因灾变歉收时，除有特约外，永佃人仍负按额交足佃租之责。此均为特别利益于地主之规定。若于第九条明定之增租情事外，尚解为有可以增租之原因，则于保护佃户不免失于过薄，自非法理之平。故本院通观该规则全体，解为：除第九条情形外，地主不能更有要求加租之原因。（八年上字第794号）

第九条所谓"佃租不足完纳田赋"之解释。

【续】《奉天永佃地亩规则》第九条载："所收佃租不足完纳田赋时，地主得要求加至敷纳田赋及佃租旧额为止"云云。立法之意盖谓：地主与佃户以契约定明田赋由地主完纳者，在订约之初，地主原计以佃租内之若干充当田赋，以若干为自己之收益；迨后，地主因新增赋税负担加多，而于旧额佃租内，原定自得之利益自必因是减少，殊非所以保护地主之道，故设此准许增租之规定。是则该条所谓"所收佃租不足完纳田赋"云者，非其所收佃租全部，不敷完纳田赋之谓，乃其原计充作田赋之佃租部分，不敷纳赋之谓。此征之下文"得要求加至敷纳田赋及佃租旧额为止"云云，意义实际显然。（八年上字第794号）

吉林放荒章程

第二条

无主官荒，尽地邻近屯先领。

【正】《吉林放荒章程》第二条，凡应放无主官荒，应先尽邻近屯，再准首报之人照价分领。（三年上字第230号）

第四条

官荒先尽原占主报领。

【正】《吉省放荒章程》内载："凡原典契据私垦成熟之地，须分别办理。如未还过公租，亦未纳过私粮，则系私垦无主官荒，方可饬令原垦之户，遵章交价承领。若查系有主无契早年原占之荒，招该户代垦，按年交纳私租者，则系私垦有主官荒；应仍先尽原主，照章交价承领。倘原主不愿认领，再给垦户价领"等语。是民户私垦成熟官荒，按年交纳私粮者，即应推定为代垦有主之荒，应先尽原主报领，而垦户不容首报。（六年上字第845号）

黑龙江清丈海伦地亩简章

至内浮多，由领户、买户先领。

【正】查《清丈海伦全境地亩简明章程》："凡由原领或原买各户界内，丈出浮多，应先尽原领或原买之户承领；如不愿承领，始由邻户承领；邻户不领，始得另放。"依此章程正当解释，凡领户、买户就其地内浮多，均应有优先承领之权利。故原领之户如就其所领地亩分划一部卖与他人者，如其出卖之时，已将地亩四至划清立界，或依向来一切情形可证明其已有界址，则其所出卖者系特定之土地，界内如有浮多，自应由买主尽先承领（《清丈海伦全境地亩章程》第五条）。（三年上字第693号）

买户有额数、无四至者，不得报领浮多。

【正】依《清丈海伦地亩章程》：买主于至内浮多，虽应有优先承领之权，惟其出卖之时，如依当事人意思，仅系出卖一定之额数，而非以有一定四至之特定土地为其标的者，则买主即仅能取得其所约定之额数；自不得于定额以外，更主张优先承领浮多之权利。（三年上字第693号）

汉口理债办法（六年年终有效期满）

关于汉口兵燹损失债务清理办法之解释。

【正】司法部第三百二十八号训令所称“暂缓判决之案，系以汉口商务总会所呈请者为限”。而商务总会原呈所称“关于损失案件，拟请司法部令饬湖北各级审判庭暂缓判决者”，则又明明以钱帮与各帮之债务关系为限，非其他商民所得滥行援用。（三年抗字第26号）

关于汉口兵燹损失债务清理办法之解释。

【正】汉口清理债务处业经司法部于民国三年十二月四日饬湖北高等审判庭认为仲裁机关，所有汉口因兵燹损失之债务案件，无论已否起诉，可先由该处理处。经该处仲裁后，一有不服，仍可赴审判庭请求审判。（四年抗字第17号）

关于汉口兵燹损失债务清理办法之解释。

【正】汉口清理债务处司法部认为仲裁机关，凡债务涉讼事件，无论有无担保，均先令其理处；理处不协，再行审理。此盖以汉口有特殊之情形，故不能无权宜之办法。业于民国四年五月，由部咨商本院，同认为正当者也。（四年上决第95号）

关于汉口兵燹损失债务清理办法之解释。

【正】汉口清理债务处经司法部认为仲裁机关，凡债务涉讼事件，无论有无担保，苟其发生在兵燹以前，其损失在汉口者，均先由该处处理。若处理不协，再由审判衙门予以审理。（五年抗字第58号）

关于汉口兵燹损失债务清理办法之解释。

【正】汉口商人因辛亥兵燹受有损失者，其在损失以前所欠之债务，如受诉追，得请移送清理债务处，先行理处。此种办法固早由司法部明定章程，并经本院认为正当，迭予采用，惟查原章程明定“至迟以民国六年年终为限”，现在司法部已准湖北省长咨称“已指令汉口清理债务处督办，尅期结束。至该处未经受理之案，自该处结束后，应即统归法庭裁判，以重法权”等因，由部照准，咨复湖北省长转令遵照，并于本年一月十四日转咨到院。本院查该处结束之期，既以民国六年年终为限定，则本年起，该处尚未受理之事件，自不能交其理处。（七年抗字第57号）

商法部分

商人通例

第一章　商人

第一条

商人债务之清偿，不以商店财产为限。

【正】个人之商人，以商店名义所负之债务，不能即以商店财产为清偿债权之范围；债权人对于债务人之家产，亦可为清偿之请求。（三年上字第101号）

京师习惯，不得仅凭出名呈报修理铺房，断定其为东、为掌。

【正】京师商铺习惯，凡呈报修理铺房，无论铺东、铺掌均可出名，则其为东、为掌仍应参观他项证据，而不能即凭此以断定。（三年上字第696号）

商店财产不敷偿债时，商人不得借口倒号免责。

【正】商号财产不足清偿商号债务时，应由号东以其家产担任清偿之责，不得借口倒号，以商号财产为偿还责任之范围。（四年上字第1097号）

商店未收之外欠，非现实财产。

【正】商号外欠，于未经清偿前，非可即时供履行债务之用，自不得作为现实财产。（四年上字第2168号）

典物因兵燹被劫，典铺主仍应赔偿。

【正】典铺被劫，无论是否出于兵燹，典铺主俱应按律负赔偿之责（现行《［户］律·钱债门·费用受寄财产》条例第二）。（五年上字第601号）

在本店无产而分店有余产之特别情形，分店应偿本店债务。

【正】本号之债务，虽应先由本号清偿，然遇有特别情形，即本号已无财产，而分号财产除偿分号债务外尚有余剩时，分号亦应负清偿之责。（七年上字第646号）

第二章　商人能力

第三章　商业注册

第四章　商号

第十九条

《商人通例》施行前给示立案之商号与施行后注册之商号同。

【正】《商人通例》第十九条载："同一城镇乡内，他人既注册之商号不得仿用以营同一之商业。"又第二十条载："业经注册之商号，如有他人冒用或以类似之商号为不正之竞争者，该商号得呈请禁止其使用。"又《商人通例施行细则》第八条内载："《商人通例》施行前曾依旧例立案给示专用之商号，与依《商人通例》第十九条、第二十条注册之各商号有同一之效力"等语。绎释法意，是通例施行前如已经立案给示之商号，当然受通例第十九条之保护、有通例二十条之权利，可以禁止他人使用同一或类似之商号（《商人通例施行细则》第八条）。（四年上字第394号）

《商人通例施行细则》第九条系就施行前已行用、未立案之商号及施行后始注册之商号为例外规定。

【正】《商人通例施行细则》第九条内载："《商人通例》施行前，旧已行用之商号，不适用《商人通例》十九条之规定。《商人通例》施行后为商号注册者，对于《商人通例》施行前业已行用同一或类似之商号者，不得行使《商人通例》第二十条之权利"等语。而依细则第八条，"通例施行前，如已经立案给示之商号，当然受通例第十九条之保护、有二十条之权利，可以禁止他人使用同一或类似之商号。"则细则第九条之规定，不过对于通例施行前已行用而未经立案给示及施行后始为注册之商号为例外之规定，文义甚明，何容曲解（《商人通例施行细则》第九条）。（四年上字第394号）

《商人通例》第十九条之所谓"城"，系指前清府、厅、州、县治之城厢地方而言，不以城内为限。

【正】《商人通例》第十九条第一项称"同一城镇乡内，他人既注册之商号，不得仿用以营同一之商业"等语。该通例所用"城、镇、乡"之称号，实系沿用前清《城镇乡自治章程》内所称而来。据该章程第二条内明载："凡府、厅、州、县治城厢地方为城。"则《商人通例》所称，当然亦不以城内为限。（六年上字第531号）

第二十二条

商业让受人应偿之债务，以让与契约为准。

【正】商业之让与，凡让受人所应偿之债务，除法律有特别规定外，一应以让与契约所订定者为准。让与人之债权人欲于让与契约外，无故加重让受人之义务，实为法所不许。（二年上字第131号）

商号与营业一并转让，如无特约，转让人于十年内不得在同城镇乡内为同业之规定，不适用于《商人通例》施行前之转让。

【正】按《商人通例》第二十二条第一项虽载"商号与营业一并转让而当事人彼此并无特约时，则转让人在十年之间不得于同一城镇乡内为同一之营业"等语，而依施行细则第十条规定，并不能适用于施行以前之转让（《商人通例施行细则》第十条）。（五年上字第677号）

第五章 商业账簿

第二十六条

各处商习惯，银钱往来大抵系账簿、折据相辅为用。

【正】商家习惯，凡银钱往来系凭账簿、经折相辅为用，各处商务大抵相同。（三年上字第979号）

商人间债权债务，以账簿为凭；两造账不相符者，应审究其孰为真确。

【正】凡商人间之债权债务关系，自应以账簿为凭。而两造账簿之记载各不相符，经中核算，复互有出入者，自应审究其账簿之记载孰为真确，以为判断。（四年上字第1758号）

合法作成之商业账簿有相当证据力。

【正】合法作成之商业账簿，如已有佐证者，则除有确实反证外，应认为有相当之证据力。（五年上字第298号）

商业账簿之证据力，以流水簿为强，他种账簿，若有佐证，无可指摘者，亦非概不足信。

【正】商号账簿之证明力固以流水账为较强，然其他账簿，苟有佐证并无可以指摘之处，自不能概斥为不足凭信。（六年上字第84号）

商业账簿如整备无伪者，其营业盈亏应以此为要证。

【正】商店账簿果系整备，其作制又无虚伪，则营业之盈亏自应以之为重要凭证。（六年上字第323号）

第六章 商业使用人及商业学徒

第二十九条

商业使用人与代理商之区别。

【正】商业使用人与代理商之区别则有下开数点：（一）商业使用人非商人，而代理商为独立商人（以代理或居间为业，见《商人通例》第一条）；（二）商业使用人与主人之关系为雇佣，而代理商与本人之关系为委任；（三）商业使用人恒由一商人使用，而代理商则为一商人或数商人代理或介绍商行为；（四）商业使用人在主人之营业所执行业务，而代理商则在自己店址营业；（五）商业使用人通常按期支领一定工资，而代理商则通常对于其所为之行为收取用钱；（六）商业使用人执行业务之费用归主人负担，而代理商因营业而生之费用，则归自己负担是也（本号判例与本通例第60条互见）。（五年上字第515号）

第三十二条

经理人在营业上有完全代理权。

【正】经理人关于主人营业，有代为审判上、审判外一切行为之权限。其内部关系，对于主人固有尽忠实以图其利益之义务，有所损害，理应赔偿；至外部关系，则经理人所为之行为，苟系营业范围内者，虽损及主人，对于外部，在法律上仍属有效，而其权利义务直接及于主人。（三年上字第14号）

债务人向经理人清偿之款，纵为经理人挪用，主人不得否认其清偿之效力。

【正】经理人收受债务人所付之款，对于该店东当然生清偿之效力。其经理人从中挪用乃伙友对于店东之不义行为，自得由店东另向索偿，不能对于债务人否认其清偿之效力。（三年上字第189号）

经理人舞弊，主人对于债权人不能免责。

【正】经理人关于营业之行为，对于本人当然发生效力，纵有舞弊情事，亦系主人与经理人间之内部问题，于债权人无关，自难作为免责之理由。（三年上字第824号）

经理人之亏损，第三人苟非与之串谋舞弊，则主人不得以之对抗。

【正】凡商店经理人于营业上所为之行为，除与第三人有串同舞弊实据外，店东不得以该经理人有亏损情形为理由对抗不知情之第三人。（四年上字第243号）

经理人无擅免店债之权。

【正】以商店经理之资格，无私擅免除店债之权。（四年上字第1160号）

经理人审判上代理权之解释。

【正】经理人关于营业，有代主人为审判上及审判外一切行为之权。所谓审判上之行为，起诉、受诉其最著者也。惟此项审判上之行为，既系代主人而为，则受其效果者，自系主人而非经理人。（四年上字第1260号）

经理人权限内之行为，无须主人知悉。

【正】经理人关于主人之营业，有代主人为审判上或审判外一切行为之权限，其在营业范围内所为之行为，事前纵不为主人所知，对于主人依然发生效力。（四年上字第1436号）

商业使用人之代理行为，通常以商号名义为之。

【正】商业使用人之代理行为，通常系以商号名义为之，即为主人之行为。（四年上字第1711号）

商业使用人在权限内所负债务，应由主人偿还。

【正】凡代理人所为之行为，其效果应及于本人。故商业使用人于其权限内所负之债务，当然归主人偿还。当债权人向主人请求偿还时，主人决不能诿责于使用人以对抗债权人。（四年上字第1978号）

主人不得因商业使用人背忠实义务对抗善意第三人。

【正】商业使用人有违背忠实义务或其他负责之事由，主人未始不可问其责任，然此不过主人与使用人间之关系，不得以之对抗不知情之第三人。（四年上字第1978号）

商业使用人中，经理人与他种使用人权限不同。

【正】商业使用人中，有法定之一般代理权者，惟以经理人为限。而所谓经理人者，即于一营业所（本店或支店）总理一切营业之人。其名称虽依地方习惯不必尽同，然必其于习惯上实有与经理人同一之意义者（例如，铺掌执事、掌柜之类），始得对之适用《商人通例》第三十二条之规定。否则，虽同为商业使用人，仅可以伙友或劳务人论，当然无法定一般之权限。惟就受有特别委任之某类或某项事务，方有代理主人之权。（五年上字第515号）

经理人无擅免店伙长支之权。

【正】若使用人因长支店款，对于主人应负偿还责任时，此项债权，既与营业之目的并无何等关系，则除主人有特别授权外，其免除债务之权即非经理人所应有。（五年上字第796号）

经理人有清理债务、处办营业事项之权限。

【正】经理人关于营业，有代主人为审判上与审判外一切行为之权限。故如清理所负之债务与处办因营业所发生之事项，自为其权限以内之事。（五年上字第815号）

经理人虽挪用存款而商店主人对于存户仍应负责。

【正】债权人在商店之存款虽系经理人经手，而存折既盖有商号图记，则纵令经理人有私将该款挪用情事，亦系该商号之内部关系。经理人对于该店各股东虽应负赔偿之责任，而债权人对于该商店之债权，则在法律上仍属有效存在。（五年上字第981号）

经理人权内行为，不论主人是否受益，均应负责。

【正】商店之经理人于其代理权范围内所为之行为，应直接对于主人发生效力。除该行为之相对人系与代理人串谋对于主人共同为侵权行为或别有他项免责原因外，该主人即不得主张免责。至该主人是否因其行为受有利益，则为主人与经理人间之关系，于主人对相对人所负之责任，不能生何等影响。（五年上字第984号）

经理人无处分不动产之权。

【正】经理人非经主人特别委任，不得处分其不动产。（五年上字第1260号）

经理人有代主人清偿债务权限。

【正】商店所负之债务，经理人有代商业主人以营业财产清偿之权限。（七年上字第978号）

分店经理人仅限于该分店营业事项有代理权。

【正】经理人于商店应负之责任固有代为处理之权责，惟若经限定分店范围，则其代理权当然以关涉分店营业上事项为限。是故，分店之经理人就本店或他分店所属之营业事项，非经有特别授权，则不能但以有连号关系，谓其当然应归处理。（七年上字第1158号）

分店经理人受委代理本店或他分店之特定营业事项者，就该事项有应诉之权责。

【正】分店经理人因本店或他分店将其营业上之特定事项委令代为一切审判上、审判外之行为者，则因处理该项事务发生讼争，亦自不能不谓其有应诉之权责。（七年上字第1158号）

经理得店东特别委任或依习惯，有免除店债之权。

【续】商店之经理人未得店东同意固无擅免店债之权限，但经店东之特别委任或有习惯可以认店东事前已有特别委任者，不在此限。（八年上字第1334号）

经理人擅借之款，债权人不得迳向店东主张债权。

【续】经理人如系无权擅代借款，则虽以供营业上之用，而店东亦仅依不当利得之法则负返还责任，不容债权人迳向店东主张债权有效。（九年上字第1157号）

经理人之承继人不负继续处理委任事务之义务。

【续】店东与经理人系属委任契约关系。如受任之经理人死亡，委任即属终了，受任人之承继人不负继续处理其事务之义务。（十年上字第416号）

京师习惯，典当业及银钱业以外之经理人亦得向外借贷。

【续】京师习惯，典当业及银钱业以外之经理人向人借贷，必须该经理人向无私亏而于营业上需用紧急，纯为主人之利益，并无自利情事。在贷主一方，亦系知悉此种情形，因予通融周转者，其借贷行为始应由主人直接负责。（十一年上字第1490号）

经理人经手放债应负之责。

【续】经理人经手放出之款，如果不能证明其欠户确有着落并非出自捏造，或欠户虽有着落，而因经理人于款项之贷放或催收欠缺善良管理人之注意致欠款无从收回者，即应由经理人负赔偿之责。（十一年上字第1679号）

第三十三条

经理人自为之行为。

【正】经理人为自己所为之行为，则非主人所应负责。（三年上字第55号）

店伙舞弊，经理人若非选任不当怠于监督，则不负责。

【正】若所用店伙并非出自铺掌专意选任，而其有舞弊情事亦非因怠于注意，则铺掌不负责人。（三年上字第84号）

不能即以分红之铺掌推定为有合股情事。

【正】商店倒闭，铺掌不能与股东同负营业上损失之责。铺掌于获利时，虽得分红利，然不能因是遽推定该铺掌与股东即有合股情事。（三年上字第86号）

经理人有选任、监察店伙之权。

【正】铺掌有选任及监察店伙之权。（三年上字第86号）

经理人营业外行为，主人若默认，仍应负责。

【正】经理人经主人委任为营业上之代理，若所为之行为非在营业范围内而损害及于他人者，主人固可不负责任。但主人对其逾越范围之行为明知并未表示反对，则仍不能不任其责。（三年上字第745号）

经理人背忠实义务，应任赔偿。

【正】商号经理人经主人委任为营业上之代理，若有背忠实义务（欠缺善良管理人之注意）而损害及于主人者，应负赔偿之责。（三年上字第893号）

歇业后，未经解任经理人，仍能代理诉讼。

【正】经理人关于营业有为审判上或审判外一切行为之权限。营业虽歇，若主人无解除其经理关系之意思表示时，则其权限自仍依旧存在，不能谓其无特别委任即无诉讼之权限。（三年上字第979号）

经理人对于主人之责任以当事人意思及习惯为准则。

【正】经理人代主人为营业上之行为，对于主人应负何等之责任，我国法律并无明文规定，自应依当事人之意思及习惯以为判断。（四年上字第161号）

经理人代理权之限制及其代理行为之不当，均不得对抗不知情第三人。

【正】经理人无论以何名称，当然有代主人为营业上行为之权限。主人若于此权限加有限制，仅得于内部即对于该经理人发生效力，而不得以之对抗不知情（善意）之第三人。至经理人行使代理权如对于主人有不正情形，则亦惟对于知情（恶意）之第三人，得主张其行为为无效。（四年上字第402号）

经理人报酬及支给方法应依契约；无契约，依习惯。

【正】经理人之报酬及其支给之方法，自应依其与主人所约定者为准。如无约定，则应依习惯为断。（四年上字第755号）

经理人代理权之限制得对抗知情之第三人。

【正】主人就营业上行为限制经理人之代理权者，如其限制为第三人所审知，自得以之对抗该第三人。（四年上字第820号）

经理人于营业外无代理权。

【正】经理人惟就营业上行为有代理主人之权。若营业外之行为，无论与营业是否有关，除有特别习惯外，非经主人特别委任，不得为之。（四年上字第820号）

经理人平日尽忠实义务，商店亏闭亦非由其故意、过失者，自不任赔偿。

【正】商店亏闭以后，商业主人能否向其经理人请求赔偿损失，当以其商店之亏折是否由于经理人之故意或过失为断。如该经理人平日于营业上能尽忠实之义务，而该商店之

亏闭原因确非经理人所能预测者，则主人对之自无请求赔偿之可言。（四年上字第945号）

歇业后，未经解任经理人，关于清理有代理权。

【正】商店经理人于商店歇闭后，未经主人明白将其解任者，则关于清理商店歇业后之事务，自应认为有代主人为一切审判上、审判外行为之权限。其所为之行为，仍直接对于主人发生效力。（四年上字第1115号）

经理人有清算账目之义务。

【正】商业经理人有应主人之请求而与之清算帐目之义务。如其账簿烧失无存，则依履行不能之原则，应认为此项义务已经消灭。（四年上字第1132号）

商店亏折系因店伙舞弊侵蚀者，经理人应负责。

【正】商店经理人对于主人有代主人监督一切店伙之责，故商店资本之亏折，苟非由于通常营业之损失，而实因店伙之舞弊侵蚀所致者，经理人对于主人自应负责。（四年上字第1146号）

经理人营业上借款应由主人负责。

【正】经理人为主人借款，如其性质属于营业行为，则无论是否得主人同意，该主人当然不能辞其责，不能以有限制在前，对抗不知情之第三人。（四年上字第1978号）

经理人营业外借款，须有特别习惯，始由主人负责。

【正】经理人于营业外为主人借款而非得主人同意者，须该地方有习惯法则，始认主人有担负偿还之义务。（四年上字第1978号）

经理人之债权人对于主人有代位求偿权。

【正】铺掌及其他之经理人若为营业范围外之行为，无论是否与营业有关，非经主人特别委任或追认，不得对于主人发生效力。惟铺掌或其他之经理人于营业范围以外借人钱款供营业上之用者，对于主人固有请求偿还之权。若铺掌或经理人怠于行使权利或不能行使，致有害及债权人之虞者，其债权人得代位行使之。（四年上字第2390号）

合伙商店歇业，经理人代理权非因合伙解散当然消灭。

【正】合伙营业经理人之代理关系，不因合伙解散即当然归于消灭。故合伙商号歇业时，合伙股东并未声明消灭其经理人之代理权，则经理人于清理该号业务范围内所为之行为，该号伙东自不能不负责任。（五年上字第452号）

经理人有指挥、监督店伙之责。

【正】商号经理人对于商店之使用人有指挥、监督之职责。（五年上字第796号）

歇业后，未经解任之经理人负清理债务之责。

【正】经理人于歇业后，若未经商业主人表示解除其经理时，则对于外部所负债务，仍负有向各股东清理之责。（五年上字第986号）

经理人怠于监督店伙，应任赔偿。

【正】商店之经理人（掌柜）对于其余雇佣人等有监督之责。若怠于监督，致主人受有损害，则应负赔偿责任。（五年上字第1094号）

典当银钱业以外之经理人借贷行为，原则上效力不及主人。

【正】典当业及银钱业以外商业之经理人，除该地方另有特别习惯外，经理人未受主人委任，以自己意思所为借贷之行为，难认其有直接及于主人之效力。（五年上字第1206号）

典当银钱业之经理人有代主人借贷之权。

【正】典当业及银钱业，依其营业之性质，该商业上之经理人当然有代主人借贷之权。（五年上字第1206号）

经理人擅借之款，于主人受益限度内，有求偿权。

【正】经理人，除有特约或特别习惯外，非经主人同意不得代为借款。至其未经同意所借之款，如果确系供营业上正当之使用、主人受有利益者，该经理人自得按其受益限度请求偿还。（六年上字第657号）

债权人得径向经理人请求还债。

【正】经理人于营业范围内有代理主人为审判上及审判外一切行为之权责。故关于营业上之负债，其债权人得经向经理人请求，而经理人亦应负清理偿还之责。（六年上字第681号）

经理人代理权因死亡消灭。

【正】经理人之代理权因死亡而消灭，不得由其承继人承受。（六年上字第681号）

经理人中一人死亡，他人有全部代理权。

【正】主人如选任经理二人共同行使代理权，而于其一人死亡后，未经另行选定者，则全部代理权责自应归现存之经理人完全担任。（六年上字第681号）

合伙营业之经理人，于合伙员不明时，虽应任经手追偿合伙债务之责，但究无代偿义务。

【正】合伙营业之债务应由合伙股东按股摊还。若值合伙股东不明时，虽得令经理人任经手追偿之责，然究不得即认经理人自身有代为偿还之义务。（七年上字第10号）

经理人代主人受诉时，应对于主人为裁判，毋庸令经理人代偿。

【正】经理人无论是否合伙员兼任，当然仅有代合伙全体受诉之义务，并无代任偿还之责。故由经理人代为受诉者，审判衙门即应对于其合伙全体为裁判，自得就其合伙财产及各合伙员之产业予以执行，毋庸遽令经理人代任全部清偿之责。（七年上字第37号）

经理人原给报酬，于歇业后，仍从事清算者，应给报酬。

【正】经理人如原系给有报酬而于歇业后仍执行清算事务者，除有特约及特别习惯法则外，仍应给以相当之报酬。（七年上字第63号）

经理人借款，经主人追认，无论其后经理人将其侵蚀或处置不当，主人仍应负责。

【正】经理人，除经主人特别委任或有特别习惯法则外，固不得代理主人为借款行为，惟其借款行为，如事后经主人明示或默示追认者，仍应直接对于主人发生效力。即由该行为所生之债务，应由主人直接负担。经理人于借入之款有所侵蚀或因处置不当致主人受有损失者，应依侵权行为之法则，对于主人负赔偿责任，而主人究不得以此为对于债权人拒绝清偿之理由。（七年上字第 75 号）

歇业后从事清算之经理人，应给与报酬之额，应释明当事人意思或酌据条理为断。

【正】经理人如原系给有报酬而于歇业后仍执行清算事务者，除有特约及特别习惯法则外，仍应给以相当之报酬。但商店业经闭歇，已无利可图，其职务范围亦经收缩，其报酬额数，依照条理，自亦不能如未歇业时之多。而因报酬多寡有争执者，审判衙门自应先行查明该地方有无特别习惯，更搜集他种证凭，以释明当事人之意思。如无从查明其意思所在，即应酌据条理，予以核判。（七年上字第 621 号）

经理人对债权人有清理主人债务之责任。

【正】商店经理人虽无须以自己私产充商店债务之清偿，但经理人既系代理商店主人，则对于债权人，究应以商店财产及商店主人之私产负清理还偿之责。（七年上字第 1059 号）

第三十六条

经理人不得私自使用他人代行职务。

【补】照《商人通例》第三十六条规定：“凡经理人，不得私自使用他人代自己执行职务。”故经理以本人职务委托他人代理而未经主人同意者，应于被委托人之一切行为负完全责任。（十四年上字第 899 号）

第三十八条

经理人擅自营利，得将其利益归于主人。

【正】经理人非有主人允许，不得为自己或第三人经营商业或为其他以营利为目的之行为。其有违背此项规定者，则因此所得利益须归于主人。（四年上字第 526 号）

第四十一条

伙友就其种类或特定之事项得代主人为行为。

【正】伙友由主人选任，就商业上某种类或特定之事项，得代主人为通常应为之一切行为。其关于不在通常行为范围内之事项，苟有特别授权，亦得为之。虽其所为于主人有损，主人不能令其负责。（三年上字第 151 号）

一般伙友无借贷之权。

【正】一般伙友，非有特别委任，本无代主人为借贷行为之权。（四年上字第 475 号）

管柜负就经理人之支款，通常不得稽核、拒绝。

【正】凡商店经理人以营业之名义对于管柜员请来支付款项，除另有特别规约令管柜

员复稽核责任外，通常，管柜员并无稽核、拒绝之权。（四年上字第 621 号）

商店管理银钱之铺伙有善良管理人注意之义务。违者，应任赔偿。

【正】管理商店银钱之人就该商店之银钱应以善良管理人之注意，尽保管之义务。若怠于注意致有损失，即应负赔偿之责。（四年上字第 733 号）

伙友擅为盖章作保，除号东追认外，无论有无特别习惯，其效力不能及于号东。

【正】商号伙友专擅为人盖章作保，除经号东追认外，无论有无特别习惯，其效力皆不能及于号东。盖习惯法则之成立，以不背公共秩序、善良风俗为最要条件。伙友苟可任意使用商号图章为人作保，使不知情之号东负其责任，则因伙友行为而号东常蒙不测之损失，将何以保商业之安全？故此项习惯即令确实存在，亦不能认为有法之效力。（十二年上字第 1221 号）

第五十六条

习惯上，师徒不同业之债权，不能让与继承。

【正】师傅禁止学徒同街营业之权利，为附随于师傅名分之特权。倘非有师傅之子亦应同论之习惯，祇得认为及身而止。（四年上字第 1581 号）

第七章　代理商

第六十条

代理商之意义又其权限，除特别规定外，依委任契约定之。

【正】非商业使用人而常时为某商人代理或介绍其营业范围内之商行为，则谓之代理商。其权限，除有特别规定外，亦须依委任契约定之。（五年上字第 515 号）

代理商与商业使用人之区别。

【正】代理商与商业使用人之区别，则有下开数点：（一）商业使用人非商人，而代理商为独立商人；（二）商业使用人与主人之关系为雇佣，而代理商与本人之关系为委任；（三）商业使用人恒由一商人使用，而代理商则为一商人或数商人代理或介绍商行为；（四）商业使用人在主人之营业所执行业务，而代理商则在自己店址营业；（五）商业使用人通常按期支领一定工资，而代理商则通常对于其所为之行为收取用钱；（六）商业使用人执行业务之费用归主人负担，而代理商因营业而生之费用则归自己负担是也（本号判例与本通例第二十九条互见）。（五年上字第 515 号）

委托代理商代买者，就代理商所欠之债，应偿还。

【正】庄客如为代理商，则委托该庄客代买之商人即居于被代理人之地位，就该庄客所欠之债款，自难置身事外。（五年上字第 1022 号）

第六十一条

代理商对本人应负督促、催偿之责。

【续】凡代理外国保险公司与本国人民订立保险契约，从中取得佣金者，应负督促、催偿保险金之责。（十二年上字第344号）

第七十二条

《商人通例》第七十二条第一项与第二项规定情形不同，不能混而为一。

【续】《商人通例》第七十二条第一项载："代理商与本商人所订立之契约，未经明定期限者，彼此各得于两月前预先声明届时废约。"其第二项载："代理商与本商人除照原约限期解除外，关于彼此之解约，准用第五十条、第五十一条、第五十二条之规定"等语。按照第一项规定，凡两造所订契约，若未明定期限，则纵无违约情事或其他解约原因，彼此亦得行使解约权利，惟须受两月前预先声明届时解约之限制。其第二项规定，凡两造所订契约虽未明定期限，然若发生违约情事或其他解约原因，彼此即可随时解约，不受两月前预先声明之限制。是第一、第二两项所规定之解约情形显有不同，不能混而为一。（八年上字第991号）

公司条例

第一章　总纲

第三条

非法人组织之合伙，不得准用《公司条例》。

【正】查《公司条例》之规定，依施行细则第一条第二项，凡以营利事业为目的组织之团体自可准用《公司条例》之规定。但此项团体系限于法人之组织；若仅由当事人间约定公同出资营业为者，则为合伙关系，并非法人之组织，当然不能准用。此征之《公司条例》第三条“公司为法人”之规定，是为至当不易之解释也（公司条例施行细则第一条）。（五年上字第641号）

第六条

公司未经注册者，依合伙条理判断。

【正】公司确曾依法注册成为股份有限公司，则所负债务，除用公司存货变卖抵偿外，其股东及经理人要不负以私产偿债之责任。如果并未依法注册，则虽名为股份公司，仍难认为有独立之人格者，其偿还债务之责任即应比照合伙之例判断。（五年上字第295号）

外国公司在中国开设支店，其经理人自身应就其行为对第三人负责。

【正】《公司条例》关于外国公司既无明文规定，则凡外国公司在中国地方开设支店者，其支店经理人与第三人所为之法律行为，即应就其行为负担责任，而不得籍口应由外国公司负责，以与第三人相对抗。（五年上字第882号）

公司之债权人应解为第三者。

【补】《公司条例》第六条所谓“第三者”指非由股东相互间或公司股东间之关系之人而言。如公司之债权人，自亦应解为第三者。（十四年上字第3562号）

所谓第三者，并无善意、恶意之别。

【补】《公司条例》第六条所谓“第三者”，并无善意、恶意之别。（十四年上字第3562号）

第二章　无限公司

第一节　设立

第二节　公司内部之关系

第二十六条

众股东对于股东一人用公司名义所欠债务清偿之责任。

【正】就股东与股东内部关系而言，众股东对于共同股东之一人用公司名义所欠之债务，是否负分偿之责，应以其所欠之债是否因经理公司业务所生为前提。若股东中之一人显背忠实之义务，即欠缺妥慎处理业务之注意而为自己或其私人利益起见，使公司为无益之担负者，众股东当然不应负责。此项违背义务之处置，无论是否经其他股东个人之同意，断无可以对抗未经同意之众股东之理。（四年上字第 168 号）

新股东分受利益之范围。

【正】公司新股东分受营业所得之利益，除招股章程另有规定外，不能溯及未经入股之先与原有各股东共同分配。（五年上字第 1077 号）

第三节　公司对外之关系

第三十一条

公司经理人代理权之限制。

【正】公司经理人于公司应负之责任，固有代为处理及应诉之权责，惟若经限定分号范围，则其代理权自亦当然以关涉分号营业上事项为限（《商人通例》第 32 条）。（六年上字第 1438 号）

第三十三条

公司业务人加于他人之损害，公司任赔偿责任。

【正】凡执行公司业务人因执行业务所加于他人之损害，该公司应负赔偿之责。（六年上字第 613 号）

第三十五条

无限责任股东即令实际上不经理业务，对于外部仍负连带无限之责。

【正】无限责任股东对于外部应负连带无限之责任，就令实际上公司业务不由其经理，亦不能因之轻减其责任。（三年上字第 206 号）

第三十六条

新股东就该公司所欠之旧债亦负责任。

【正】公司成立后而加入为股东者，于其未加入前所有公司原欠各款亦负责任。（五

年上字第1192号）

第四节　股东之退股

第五节　公司之解散

第五十七条

合并消灭公司之权义承受。

【正】《公司条例》业于民国三年九月一日施行，依该条例第五十七条之规定，因合并而消灭之公司，其权利义务虽应归合并后存续或另立之公司承受，但法律所许其承受者，自指前公司已经适法合并而消灭者而言；若其合并且非适法，则其合并即未成立，其权利义务自无移转之理。（五年上字第5号）

第六节　清算

第五十九条

公司未清算终结前，仍视为存续。

【正】公司虽改组，但未经清算终结以前，其公司仍应视为存续。（四年上字第380号）

第三章　两合公司

第四章　股分有限公司

第一节　设立

第九十九条

公司发起人应受报酬之数，非载明于章程者，无效。

【正】公司发起人应受报酬之数，非载明于章程者，无效。（四年上字第1083号）

第二节　股分

第一百二十四条

股分公司每股银数应平均并股东之交股责任。

【正】股分有限公司之股东每股银数应一律平均，股东既经认股或接受股分之后，对于公司即负交清股银之责。若不按期交足，经公司定期催告后仍不照交者，即应丧失股东权利而由公司将其股分拍卖；拍卖所得之银数有不足者，仍得向原股东及转让人追补，不许以已交未足之银改作零股。（六年上字第1389号）

人力股分与出资股分不同。

【补】人力股分原为执行业务之酬报，与出资股份不同。除有特别约定外，至其人死

亡或不能执行业务之时，自得由股东会议决与以停止。（十五年上字第1478号）

第一百二十六条

应交股款之股东，得公司允可，得以债权抵销股款。

【正】《公司条例》第一百二十六条第二项虽称“股银应交现款，不得向公司以别种债权作抵”，然此项规定本系为公司之利益而设，故应交股款之股东对于公司别有债权者，如公司自行主张抵销，当然不在禁止之列。（六年上字第1389号）

第一百三十二条

公司得经理股东让与股票等事。

【正】前清颁行之《公司律》规定，公司固不得将本公司股票收为己有，而股东之让与其股票及公司于股东让与股票时为之经理其事，则均非法律所禁。（五年上字第680号）

第三节 股东会

第四节 董事

第一百五十八条

公司纵另有经理而对于董事请求偿还债务非法所不许。

【续】依《公司条例》第一百五十八条规定，董事本得代表公司，凡关于公司营业事务，无论涉讼与否，均有办理之权限。本件上告人既自承系该公司董事，该公司立给被上告人之付款凭条，又确系由上告人签字、盖章，则纵令另有人为该公司之经理，而被上告人对于代表该公司之上告人请求偿还该项债务，要非法所不许。（八年上字第709号）

第五节 监察人

第六节 公司之计算

第一百八十三条

公司解散以前公积金属公司所有，股东不得分配。

【正】公司公积金，本所以补充公司资产之减少而预防公司债权人之损失，故公司解散后，如以之清偿公司债务尚有赢余，虽应分配于各股东，而公司尚未解散以前，则属公司所有，不得请求分配。（三年上字第1227号）

分配公积之权利与股东资格有不可离之关系。

【正】公积既应认为公司所有，则各股东对于公积即无权利可言。况股东于公司解散时得以分配公积之权利，本系股东权利内容中之一部，与股东资格当然有不可分离之关系。上告人之股东资格既经消灭，尤无请求分配公积之理。（三年上字第1227号）

分配公积金之权利，如股分已经让与者，应归让受人。

【正】公司之公积金本为维持营业而设，故股东于公司解散时分配公积金之权利，实为股分权利内容中之一部，与该股分有不可分关系。若于未解散以前即以股分让与于人，则其分受公积金之权利，亦应同时移转于让受人，让与人不得更向公司主张。（五年上字第680号）

第七节　公司债

第八节　变更章程

第九节　解散

第十节　清算

第五章　股分两合公司

第六章　罚例

商行为

第一章 通则

商事债权之留置权，亦须以其物属债务人所有为要件。

【正】普通民事留置权之行使，必须具备二要件：一、其物须为债务人之所有物；二、须关于其物所生之债权是也。商事留置权虽较之民事留置权稍宽，然债权人得留置之物亦非债务人之所有物不可。若其物为第三人之所有物，纵债权人一时误认为债务人之所有物而留置之，至真权利人出而主张，自无再许其留置之理。（三年上字第235号）

商行为所生之债权，除有反对订定或习惯，当然付利。

【正】商人间因商行为所生之债权，有约定之利息者，固可请求其利息，即使未经约定，而债务人如不能为无利息之证明，且关于该债权亦无不须付息之惯例者，则按照条理，自应认为有利息之债权，使债权人于相当范围内得请求付息。（三年上字第609号）

商行为适用法规之次序。

【正】凡商行为，无特约者，依习惯；无习惯者，依条理。（三年上字第1090号）

商人间行为以有偿为原则。

【正】就商事条理论，凡商人间之行为，以有偿为原则，此盖商人营利之目的使然也。（三年上字第1090号）

商人间之债务，准依习惯，滚利为本。

【正】商人间之金钱债务计算利息，如依商场习惯，逾一定期间尚不清还，应由债权人滚利作本，再行加利者，自应依习惯准其加算利息。盖此项特别习惯，既未与法律之明文相抵触，而揆诸商人专以营利为业之本旨，又非此不足以保护其应有之利益故也。（四年上字第1539号）

商场有滚利为本之习惯时，无须再得债务人之同意。

【正】利息滚入母本，若当地商场有此种特别习惯者，纵债务人未表示是否同意，而为保护债权人之利益，亦可认其遵从习惯，推定为同意之存在。如债权人在初别无不同意之反证，自不能否认债权人之滚息为本之不当。（四年上字第1758号）

商家滚利，经相对人认可者，无须有特别习惯。

【正】商家滚利为本，苟经相对人之认可，本无待有特别之习惯。（四年上字第2200号）

天津钱商滚利之习惯。

【正】天津习惯，钱商凭折川换之款项所欠利息，如年终未清，翌年即滚入原本。（四年上字第2200号）

天津钱商习惯凭折川换之款，应先做还本，年终始还利息。

【正】天津习惯，钱商凭折川换之款，既系应先作还本，年终始还利息，即应从其习惯，认其为原本之清偿。（四年上字第2200号）

利息滚为原本，即为原本之一部。

【正】利息债权如已依法滚为原本，则即为原本之一部，而由此所生之利息，亦当由债务人负担。（五年上字第39号）

商行为之代理人不示明本人名义之行为，仍直接于本人生效。相对人不知其为代理者，得对于代理人请求履行或拒绝本人请求。

【正】商行为之代理人于其代理权内所谓之行为，虽不示明本人之名以，其行为仍直接对于本人发生效力。但有相对人若不知其行使代理权者，得对于代理人请求履行。申言之，即相对人若不知其行为系代本人而为，得以该行为视为代理人为自己所为，向之请求履行或拒绝本人履行之请求。此盖对于民事代理必须示明本人名义原则之例外，而保护善意相对人至当之条理也。（五年上字第579号）

商店在营业上往来款项，自为因商行为所生之债权。

【续】同业商号在商业上互相往来挪借之款，即不得谓非因商行为所生之债权。（八年上字第415号）

商行为所生债权，以无反对习惯为限，得请求利息。

【续】因商行为所生之债权，无约定利息者，虽亦得请求利息，但当地如有反对习惯，而当事人于行为时又无不依习惯之表示，则应依照习惯。（十年上字第954号）

第二章　买卖

第三章　居间业

第四章　牙行业

牙行受托为买卖，其相对人不履行时，除有特别订定、特别习惯外，牙行对于委托人须负责。

【正】商业中以牙行为业之人代委托人所为之买卖，而买卖相对人如不依约履行时，则除当事人有特别订定或该地方有特别习惯外，牙行对于委托人须负履行之责任。（三年上字第995号）

牙行营业之意义。

【正】以自己名义为他人贩卖物品或贩卖之者，为牙行营业。（四年上字第1878号）

牙行因营业所生权利义务，对外，由自己享有负担。

【正】由牙行营业所生之权利义务，对外，自应归牙行营业人自行享有负担，于委托人无涉。（四年上字第1878号）

牙行对委托人怠于行使债权，致相对人有损失者，相对人得代行使之。

【正】牙行营业人对于委托人怠于行使其债权致相对人（即牙行之债权人）有损失之虞者，其相对人自得依债权法上之原则代为行使。（四年上字第1878号）

委托牙行代买者，就牙行所欠债，卖主不得向委托人请求偿还。

【正】庄客如为独立之牙行，则依一般商事条理委托牙行之买主，自与卖主无直接关系。牙行所欠卖主货款，无论买主曾否付讫，要衹能向牙行请求偿还。（七年上字第1022号）

第五章　承揽运送业

运送承揽人就使用人之怠于注意应负赔偿责任。

【续】运送承揽人非证明其使用人就运送品之送付保管等未怠于注意者，对于运送品之灭失、毁损，应负赔偿之责。（九年上字第943号）

第六章　运送业

第一节　货物运送业

商场如有运送人对于其使用人关于运送之侵权行为，无论就使用人之选任及事业之监督已否尽相当之注意，均应负损害赔偿之责之习惯，应依习惯。

【正】依习惯，如运送人对于其使用人关于运送之侵权行为，无论就使用人之选任及事业之监督已否尽相当之注意，均应负损害赔偿之责者，自应依习惯办理。（四年上字第18号）

运送人自己及其使用人对于运送物之赔偿责任。

【正】运送人自己及其使用人对于运送品之送付、保管，不能证明非怠于注意，致运送品有灭失、毁损及迟滞者，当然负赔偿之责。（四年上字第122号）

邮局使用人关于赔偿责任法规之适用。

【正】邮局使用人所加于人之损害是否应由邮局负责及其负责之程度既有法规明白规定，自不能舍成文法而适用条理。（四年上字第 122 号）

邮局应负赔偿责任之事件。

【正】邮政局于通常邮件遇有迟延、损伤情事，原则上本不认赔。惟业经保险之包裹，如果失落、损伤及未保险之包裹，以由于保守不力而遗失者为限，始予分别按照《邮政章程》第一百六十四条及第一百六十五条，负赔偿责任（《邮政章程》第一百六十四条、第一百六十五条）。（四年上字第 122 号）

运送契约解除后之应交运费。

【正】运送契约若因不可抗力不能达契约之目的，各当事人得以解除契约。而其解除契约之事由如系发生于发航以后，托运人须视所运送之程度交付运费。（六年上字第 1060 号）

运送人除不可抗力外，难免赔偿责任。

【正】运送人受货物所有人之委托运送货物须善为注意，苟有灭失或毁损情事，除确因不可抗力外，难免赔偿损害之责任。（七年上字第 1543 号）

运送品灭失之赔偿额，应依到达地之市。

【续】运送品之灭失，通常应依到达地之市价定其赔偿金额。（十年上字第 108 号）

实行运送者，虽另为一人，若无约定，仍应负责。

【补】实行运送者虽另为一人，但并未与送货人直接订约而系由他人转托者，则应认该转托之人为直接运送人，关于运送所应负之责任，应由其迳向送货人负担。（十五年上字第 605 号）

第二节　旅客运送业

第七章　堆栈业

第八章　损害保险业

第一节　总则

损失不可稽考者，以定额为标准。

【正】保险通例，水火保险偿付之额，以赔偿定额内所实受之损失为度。所失有不可稽考者，则以定额为标准。（二年上字第 49 号）

被保险人怠于行使损害赔偿权者，保险人得代位行使。

【正】若被保险人对于加害人有损害赔偿请求权而怠于主张者，应准保险人代位行使权利。（二年上字第 499 号）

被保险人对加害人受有赔偿，应从保险金中扣除。

【正】凡被保险人对于加害于保险标的物之人取得赔偿时，应准保险人于交付保险金内扣除之。若已交保险金，应准其向被保险人追还。(二年上字第94号)

第二节　水灾保险业

第三节　运送保险业

第九章　生命保险业

票　据

第一章　总则

票据为不要因债务，应以署名人为债务人。

【正】票据既与通常贷借关系不同而为一无原因之债务，则票据债务人自不必属于实际上受益之人，而不能不以署名于票据之人究系何人为断。（三年上字第 63 号）

票据让与人负担保其票至期兑款之义务。

【正】无论为期票、为汇票，除票面有特别订定外，皆可以自由让与。其让与人对于受让人当然担保其至期兑款。（三年上字第 194 号）

附券遗失，票据上权利不丧失。

【正】票据附有附券者，附券虽经遗失，然于请求支付时，既持有该券，则行使票据权利之要件已无欠缺，自不得因附券遗失即丧失票据上之权利。（三年上字第 268 号）

汇票出票人及转让人对后者有担保义务。

【正】汇票发出人与转让人对于持票人均应负担保之义务。转让人有数人时，其前者对于后者亦应负担保之义务。（三年上字第 714 号）

票据在直接当事人间，得以无合法原因拒绝支付。

【正】发出票据之原因是否有效，固于票据债权之存否无涉，惟其发出票据如实无真实合法之原因，则在直接当事人间（即出票人与受票人间），仍得以此为理由拒绝兑款；纵已对付，仍得请求不当利得之偿还。（三年上字第 1164 号）

票据适用法规之次序。

【正】关于票据之规定，在我国现行法上尚无明文。故关于票据之讼争，自应依照法律无明文者，应用习惯法则；无习惯法则者，应用条理之原则以为判断。（四年上字第 1103 号）

票据债务人得以直接对抗事由为抗辩。

【正】票据债务人对于债权人有得直接对抗之事由者，于债权人行使票据债权时，得主张该事由以为抗辩。（四年上字第 1412 号）

票据有流通性质。

【正】无记名票据本具有流通性质，固不以通知债务人为移转之要件，尤不以记载担

保人为形式之要件。（四年上字第 1714 号）

发出票据附有解除条件者，在直接当事人间，得以条件成就为抗辩。

【正】出票行为附有解除条件者，若在直接当事人间，固得以条件成就主张其票据之失效。（五年上字第 51 号）

出票人不得以对受票人之抗辩对持票人拒绝支付。

【正】票据之出票人对于辗转让与之持票人当然负兑款之义务，不得以对于受票人之抗辩事由，或让与时未经通知，或未请其承认为理由，拒绝不为支付。（五年上字第 1141 号）

票据，无特别习惯者，依条理为断。

【正】民国关于票据法规，现在尚未制定。按照法无明文依习惯法，无习惯依条理之通例，凡判断关于票据法上之讼争，苟非有特别习惯，自不能不以条理为依据。（七年上存第 1140 号）

汇票所持人失票据上权利时，仍得向发票人请求偿还不当利得。

【正】汇票之出票人如未将其所收之汇款给付承兑人，则该持票人虽在不得主张票据上权利之时，而本于不当利得之原则，仍得就出票人实受利益之限度内，向其请求偿还。（七年上字第 1140 号）

票据债务人之抗辩事由，除载明票据外，不得对抗善意让受人。

【续】票据债务人之抗辩事由，除载明票据者外，惟于直接当事人间得以主张，不能据以对抗善意让受票据之人。而于善意让受后，始知其抗辩事由者，亦不受其对抗。（八年上字第 498 号）

票据领款，须与票对换。

【续】票据已转交他人作质，并非归受票人所执者，必俟受票人将该票对换，始可领受票款。（八年上字第 1363 号）

持票人于失票后，践行习惯上一定程序者，仍得请求照兑。

【续】持票人虽将票遗失，但已践行习惯上一定之程序，仍得请求照兑；并非票据一经遗失，即绝对不得行使债权。（九年上字第 316 号）

出票人不得凭让与人之报失而将既发出之票据取消。

【续】票据之报失原为保护失票人（即最终持票人）之权利起见，使失票人将来仍可求兑。若报失者仅为让与人而非失票人，则出票人不得仅凭其报失即将既发出之票据率予取消，致害及失票人之权利。（九年上字第 316 号）

第二章 汇票

第一节 出票

票据须记明兑款人及受取人之姓名或商号。

【正】凡发出票据时，票据内自必记明兑款人及受取人之姓名或商号。（三年上字第1168号）

票据权利不因过期消灭。

【正】票面所载之日期乃表示票据上之权利非至期不得行使，非谓过期其权利即归消灭。所称过期作废之说，实反于票据法理及习惯。（四年上字第1715号）

第二节 转让

第三节 承兑

汇票付款人已承认兑款者，即应如期付款。

【续】汇票付款人已为承兑之表示者，对于持票人，即负有如期付款之义务，不得以票款未经出票人给付为对抗之事由。（八年上字第612号）

第四节 兑款

非正当持票人，无请求兑款之权。

【正】凡发票据时，票据内自必记明兑款人及受取人之姓名、商号，由受取人辗转让与于他人凭以兑付，惟凭票兑现之权，仅票面所载之受取人或辗转让受之人有之。若票面既未列为受取人而又非让受之人，亦非经他人所指命者，则虽持有该票，亦难视为正当持票人，认其有兑款之权利。（三年上字第1168号）

票据之兑款毋庸经手人作证。

【正】票据债务仅须对于持票人支付，本毋庸令经手人到场作证。（四年上字第1352号）

第五节 担保之请求

第六节 偿还之请求

持票人向出票人、转让人求偿，须于习惯所认期内通知。

【正】持票人不得票款之付兑，自有对于出票人、转让人请求偿还之权，惟求偿权之行使须于相当之期间内通知，是为必要之条件。至其相当期间若何，我国法律既无明文规

定，衹得依各地方之习惯以为判断。（三年上字第714号）

汇票经拒绝兑款者，得向出票人求偿。

【正】凡汇票经兑款人拒绝兑款者，出票人对于持票人须依票面金额负偿还之责。（四年上字第1260号）

票据债务与普通金钱债务同，应计算迟延利息。

【正】金钱债务曾经约定利率者，如债务人延不履行，自应从迟延之日起至履行之日止计算赔偿。即票据之债务，亦事同一律，应予计算迟延利息。（四年上字第1352号）

持票人向出票人兑取，即不得以发行原因为对抗。

【正】票据经辗转交付后，其前手对于持票人虽负有完全担保之义务，而持票人行使求偿之权利，则仍有选择之自由。如对于出票人求偿时，出票人即不得以有前手为拒绝偿还之理由。（四年上字第1715号）

偿还请求之通知系一方所为。

【正】偿还请求之通知系一方行为，不因受通知人之否认而失其法律上应有之效力。（四年上字第1832号）

持票人向出票人、转让人求偿，不问兑款人已否签字承兑。

【正】出票人与前手对于持票人均应负担保之义务，故持票人如被兑款人拒绝兑款，自有向出票人或前手请求偿还之权，不问兑款之拒绝在已经兑款人签字承兑以后与否，惟问持票人被拒绝后，通知出票人或前手与否，为票据法上求偿权行使之要件。（四年上字第1832号）

汇票经拒绝兑款，持票人得向转让人求偿。

【正】凡汇票经兑款人拒绝兑款者，其持票人对于票据之出票人或转让人均得为偿还之请求。（五年上字第302号）

持票人不得擅允承兑人展期。

【正】汇票之持票人擅自允许承兑人展缓票面所定兑款之期，实有害于出票人之利益，按之商事条理，自属不应准许。（七年上字第1140号）

持票人因擅允展期致不能兑取，即失票据上权利。

【正】汇票因持票人擅允承兑人展期致逾期不能兑取票款者，该持票人不得向出票人主张票据上之权利。（七年上字第1140号）

第七节　保证

汇票保证人应视为承兑人保证，但未承兑时，应视为出票人保证。

【正】汇票之保证如未注明为何人保证者，视为承兑人保证；如未经承兑之时，则视为出票人保证。盖以汇票未得承兑以前，出票人为其主债务人，为确保票据取得人之安全

起见，应使保证人对之负责。（四年上字第 330 号）

持票人向保证人求偿，须于习惯所认期内通知。

【正】票据所持人有向保证人请求偿还之权。其求偿权之行使，须于相当期间内通知，是为必要之条件。如于相当期间内不为通知者，其求偿权即应丧失，自不俟言。但其相当期间何如，我国法律既无明文规定，祇得依各该地方之习惯以为判断。（四年上字第 330 号）

汇票所持人不得支付而未依习惯通知保证人者，失票据上权利。

【正】持票人不得票款之付兑者，对于保证人有请求偿还之权。惟其求偿权之行使，须依该地方习惯，于相当之期间内通知之；违者，对于保证人即不得再行主张票据上之权利。（五年上字第 690 号）

第八节　参加

第三章　期票

期票出票人不须更有承兑，即应对持票人负兑款义务。

【正】凡发期票（即由出票人自行兑款之票据）者，其出票人但须于该票据上出名、盖章为合法之出票行为，则对于持票人不须更为承兑即负兑款义务。（三年上字第 1266 号）

未载明兑款地之期票，以发出地为兑款地。

【正】期票之兑款地未经载明于票据者，应以票据之发出地为兑款地。（四年抗字第 468 号）

期票出票人不能证明持票人取得不法，即应兑款。

【正】无记名期票，出票人应照票面所记载届期向持票人兑款。苟不能证明持票人取得之原因有何不法，即无可以拒绝之理由。（四年上字第 1714 号）

期票一面记明买主债权并一面记明其债务者，非期票。

【正】期票上一面记明买主之债权并一面记明其债务者，较之通常所谓流通证券，仅载明持票人权利并无反对给付者，显然有别，自不得认为期票。故其移转，一面为让受债权，即一面为承担债务。（五年上字第 931 号）

期票出票人不得以与受取人间之特别事由，对于持票人拒绝兑款。

【正】期票之出票人届期对于持票人当然负凭票兑款之义务。至期票辗转流通，由前手让与后手之际，其间无论有无他项物上担保或是否订有特别约定，均于出票人毫无关涉。即出票人与受取人间果有特别事由，而对于后之持票人，亦不能据以拒绝兑款。（年字第 号）

发票行为成立后，其发票原因之法律关系虽经解除，而其票据债务依然存在。

【续】期票之发票人于发票行为完毕时，对于持票人即负票据债务。此种债务本有不要因之性质，如发票行为已合法成立，则其为发票原因之法律关系虽经解除，而票据上之权利要不受影响（但直接抗辩不在此限）。（八年上字第498号）

期票应按给付当时、就约定之票币收受。

【续】本院六年上字第935号判例系就额实相差之兑换纸币为消费贷借之标的时而言，与期票之性质不可相提并论。诚以兑换纸币，既用之于消费贷借，则其后额实纵使相差，借主要已按照该纸币所代表之金额受有利益，故其偿还，非准照缔约时之币价，则借主之利益实即债权人意外之损害。至期票，则票内既定明于一定期日给付以一定之票币，而该票币在出票时，业已额实相差，足见债权人已预允按照给付当时就约定之票币收受给付，故两者不能混为一谈。（十一年上字第956号）

第四章　支票（一名兑条）

海　船

第一章　总则

第二章　海船关系人

第一节　船主

船主之责任。

【正】凡船长或其他船员当行使职务时所加于他人之损害，船主应负赔偿之责。（四年上字第 1618 号）

第二节　船长

船长有检查船舶之义务。

【正】现行一般法例，船长于法定权限内，须为船主或船舶租赁人处理一切事物，对于行船事宜责任尤重，故与普通雇佣不同。如船舶之构造、载重、容积及马力如何、堪以航行与否、船内必要之准备是否整顿，在发航以前，船长应有检查之义务。此盖为公益计，所以维持航海之安全也。（三年上字第 733 号）

因承船主指挥而生之损害，船长亦应负责。

【正】船长违反检查义务，为过重之积载及过量之拖带，以致航行中发生损害者，自应负赔偿之责。即其积载及拖带过多系承船主或船舶租赁人之指挥，然因而加害于人者，船长亦不得以承人指挥为借口而希图免责。（二年上字第 733 号）

怠于监督船员所生之损害，船长亦应负责。

【正】船员执行职务时，船长应有监督之义务。若船员当执务时加他人以损害，而船长未能证明其实未怠于监督之注意者，亦应负赔偿之责。故行船有失，苟非船长证明其于执务时实未怠于注意者，则虽未能明知其失事原因如何，而亦应推定为船长与有过失。（三年上字第 733 号）

第三节　船员

第三章　海船契约

第一节　货物运送

第一款　总则

船舶租赁契约与运送契约之区别。

【正】租船契约与搭载契约之区别，应视该契约内容是否在使相对人占有船舶自行用益为断。如其契约系以船舶移归相对人占有使自为用益者，即为租约；反是，如仅用船舶全部或一部供相对人运送人、货而仍自为占有者，即为搭载契约。租船契约既须移转占有，则其管理权责即应移于租主，故因驾驶或其他管理不善所加于人之损害，当然由租主负担。而搭载契约则仅系以船舶为搭载人，供运送之役，并不移转占有及管理权责，自不能责搭载人负担此项义务。（七年上字第335号）

第二款　租船

租船人之责任。

【正】船舶租赁人就船舶上之权利义务与船舶所有人同。故就船长或其他船员所加于他人之损害，船舶租赁人亦应为之赔偿，不得对于被害人以租赁关系为借口主张卸责。（四年上字第1618号）

第三款　搭载

第二节　旅客运送

第三节　保险

第四章　海损

应分担海损之利害关系人，应由船主负告知之义务。

【正】共同海损虽由各利害关系人分担，船主可不负代为索偿之责而不能不负告知之义务。即船主除其自身所应担任之海损额外，其余，应由船主将受益人姓名、住址告知受害人，受害人分别追偿，方属允治。（四年上字第1216号）

船长得抛弃载货，以免危难。

【续】海船当遭风险之时，船长为保护全船之货物，计得将其所载之货物抛弃全部或一部，以免危难。（八年上字第523号）

第五章　海难救助

第六章　海船债权之担保

商人通例施行细则

第八条

《商人通例》施行前，给示立案之商号与施行后注册之商号同。

【正】《商人通例》第十九条载："同一城镇乡内，他人既注册之商号，不得仿用以营同一之商业。"又第二十条载："业经注册之商号，如有他人冒用或以类似之商号为不正之竞争者，该商号得呈请禁止其使用。"又《商人通例施行细则》第八条内载："《商人通例》施行前，曾依旧例立案给示专用之商号，与依《商人通例》第十九条、第二十条注册之商号，有同一之效力"各等语。绎释法意，是通例施行前如已经立案给示之商号，当然受通例第十九条之保护，有通例二十条之权利，可以禁止他人使用同一或类似之商号。（四年上字第394号）

第九条

《商人通例施行细则》第九条系就施行前已行用立案之商号，及施行后始注册之商号为例外规定。

【正】《商人通例施行细则》第九条内载："《商人通例》施行前，旧已行用之商号不适用《商人通例》十九条之规定。《商人通例》施行后为商号注册者，对于《商人通例》施行前业已行用同一或类似之商号者，不得行使《商人通例》第二十条之权利"等语。而依细则第八条，通例施行前如已经立案给示之商号，当然受通例十九条之保护，有二十条之权利，可以禁止他人使用同一或类似之商号。则细则第九条之规定，不过对于通例施行前已行用而未经立案给示，及施行后始为注册之商号为例外之规定，文义甚明，何容曲解？（四年上字第394号）

第十条

商号与营业一并转让，如无特约，转让人于十年内，不得在同城镇乡内为同业之规定，不适用于《商人通例》施行前之转让。

【正】按《商人通例》第二十二条第一项虽载"商号与营业一并转让而当事人彼此并无特约时，则转让人在十年之间，不得于同一城镇乡内为同一之营业"等语，而依施行细则第十条规定，并不能适用于施行以前之转让。（五年上字第677号）

商标法

商标是否假冒，以一般人之识别力为断。

【正】商标为商品之标识，使用商标所以必认为权利者，无非欲普通一般愿购自己商品之人，不因他人之冒用（伪造）或迹近假冒（类似）致生误认而被其攘夺利益，则认定他人之商品是否有冒用或迹近假冒之情形，即应以普通一般人之识别力为基础。（六年上字第1424号）

商标权非所以禁止他人制造贩卖同品质同用途之物。

【正】商标权乃所以保护有特别标识之商品之利益，并非禁止他人制造贩卖同品质或同用途之物品，以绝竞争之途。且即令他人以攘夺利益之意思，欲用一迹近假冒之商标，而其所用之商标若客观的并不能招致普通一般人之误认者，即当然不在应行禁止之列。（六年上字第1424号）

因故意、过失使用类似商标者，负赔偿之责。

【正】使用类似他人之商标者，应否即负损害赔偿之责，在条约及法令上并无根据，依一般条理言，自应以使用该商标者之有无故意或过失为断。（七年上字第182号）

同业所惯用于同一商品之标识，不能用为商标。

【续】商标者，为表彰自己商品与他人同一商品易于识别之标识。凡已为同业者惯用于同一商品之标识，即不适于商标之性质，不得以此种标识设为特定人专用之商标。（十一年上字第1235号）

商标同否或近似，应依所用文字、图形、记号、联合式及所施颜色定之。

【补】商标是否相同或近似，应依所用文字、图形、记号或联合式与夫所施颜色定之。其容器、包装之形式、质料若何，在所不问。（十五年上字第911号）

商标之近似系指有混同、误认之虞者而言。

【补】所谓商标之近似，系指具有普通智识、经验之商品购买人于购买时施以普通所用之注意，犹有混同、误认之虞者而言。（十五年上字第911号）

判断商标之近似与否，应将两商标隔离观察之。

【补】判断商标之近似与否，应将两商标隔离观察之，非当仅以彼此互相比对之观察为标准。（十五年上字第911号）

证券交易所法

第二十六条

在证券交易所外，以与交易所相同或类似方法为证券之定期买卖，无效。

【续】《证券交易所法》第二十六条及第三十二条规定，凡在证券交易所外，不得以与证券交易所定期买卖相同或类似之方法为证券之定期买卖，违者处以罚金。本件两造为羌帖之定期买卖，是否在证券交易所为之。如系在交易所外，而又系以与交易所定期买卖相同或类似之方法为之者，自难认为有效。（本号判例与本法三十二条互见）。（九年上字第701号）

第二十八条

交易所经纪人得抽定例之经手费。

【正】凡为便利买卖、平准市价所设交易之市场称为交易所。交易所之设立，系由商民禀经官厅核准，该所经纪人对于在该所为买卖之当事人即可照买卖分量或价格抽定例之经手费，归其所得。此为一般之所同，而亦现行《证券交易所法》明认之定则。（四年上字第341号）

第三十二条

在证券交易所外，以与交易所相同或类似方法为证券之定期买卖，无效。

【续】《证券交易所法》第二十六条及第三十二条规定，凡在证券交易所外，不得以与证券交易所定期买卖相同或类似之方法为证券之定期买卖，违者处以罚金。本件两造为羌帖之定期买卖，是否在证券交易所为之。如系在交易所外，而又系以与交易所定期买卖相同或类似之方法为之者，自难认为有效。（本号判例与本法二十六条互见）。（九年上字第701号）

商事公断处章程

第十四条

审判衙门于判决前得将案件委托商会公断。

【正】审判衙门关于商事案件只可以商会为鉴定人，或于判决前，将该案件委托商会公断，俟公断不谐时，再行予以判决。决不能即于终局判决中，强令两造自行请凭商会解决争议，由此诿卸该审应尽之职责。（本号判例与《京师商民债务案件由法院委托商会调处办法》互见）。（七年上字第555号）

第十八条

执行案件，经商事公断处公断而不服者，得仍请执行衙门执行。

【正】民事执行案件，经由商事公断处公断者，苟非本于当事人双方之同意，则该不同意之当事人如不愿遵守公断，仍得向原执行衙门请求依法执行。（五年抗字第189号）

京师商民债务案件得由法院委托商会调处办法

关于京师商民债务案件委托商会调处办法之解释。

【正】依内务、农商、司法三部于民国四年四月八日呈准《京师商民债务案件由法院委托商会调处办法》，凡被告为商人及业经判决应付执行各案件，如有必要情形，均得由法院委托商事公断处调处。若调处不谐，仍准诉之法院。（五年抗字第 2 号）

审判衙门于判决前得将案件委托商会公断。

【正】审判衙门关于商会案件只可以商会为鉴定人，或于判决前，将该案件委托商会公断，俟公断不谐时，再行予以判决。决不能即于终局判决中，强令两造自行请凭商会解决争议，由此诿卸该审应尽之职责。（本号判例与《商事公断处章程》十四条互见）。（七年上字第 555 号）

刑法部分

暂行刑律〔1〕

第一编 总则

第一章 法例

第一条

未经立法程序制定之省例，不能变更《刑律》。

【正】某省禁烟条例并未经国家立法程序制定，自不能成为法规。该省审判厅于《暂行刑律》施行后，对于贩卖鸦片烟犯仍适用此种规则科断，实属违法。（二年上字第9号）

赌博罪在《刑律》施行后，应用《刑律》处断。

【正】聚众开设赌场营利之行为，自暂行新刑律颁行后，其犯罪即完全成立，不得以地方官吏禁赌期限之先后为犯罪成立与否之标准。（二年上字第94号）

援用新《刑律》之令既下，应否免除，应以新《刑律》为准。

【正】查不准免除条款之内，分别关于新《刑律》及关于现行律两部者，因新《刑律》与赦令同时颁布施行，其在大赦以前，新《刑律》及现行《刑律》均各有适用省分；前清季年，且全用现行律，故该条款亦就现行律之罪行列举不准免除各项，以便分别核定应否免除。怠暂行援用新《刑律》之令既下，所有未结案件，依新《刑律》第一条第二项，自应适用新《刑律》。则应否免除，亦应照该条款关于新《刑律》不准免除各项办法。（三年上字第498号）

将妻转嫁得财，在《刑律补充条例》颁行以前，无处罚专条。

【正】按新《刑律》第三百五十八条之强制罪，必以具备强暴、胁迫之特别要件而后成立。本案被告人将伊妻转嫁某姓，得有财礼一百元，依暂行新《刑律》及“禁革买卖人口”各款，皆无专条可据其行为；又在新《刑律补充条例》颁行以前。第一审遽认为营利略诱，自属错误；原审遽依第三百五十八条处断，亦属违法。（四年上字第260号）

---

〔1〕《暂行刑律》即北洋政府成立之初，根据袁世凯命令，对清末修律公布之《大清新刑律》稍加删削而公布的刑事法规。董康曰：《暂行刑律》“即资政院未完全通过之案。民国元年，删除与国体抵触者，由司法部提出交国务会议以大总统命令颁行”。《暂行刑律》于1912年4月30日颁行，内容与《大清新刑律》基本相同。后1914年袁世凯阴谋复辟帝制，以“重典”威慑人民，颁布《暂行新刑律补充条例》15条，增设了一些罪名，并加重了原来的许多刑罚。——点校者注。

原审适用当时有效之律，在上诉中被废止者，仍应改正。

【正】原判所引前清《买卖人口条例》，已因《暂行刑律补充条例》颁行而失其效力。虽原审判决时（民国三年十二月三十日），该条例尚未达到该省（民国三年十二月二十四日颁布，黑龙江省公报到达期间为十四日），不得谓为引律错误，然依《暂行刑律》第一条第二项之规定，本案判决既未确定，系属于上告审中，即应为之改判。（四年上字第393号）

前清所定邮差沉匿信件办法为现行律之补充法，非邮政之特别法，已属失效。

【正】前清刑部酌定邮差藏匿信件比照铺兵藏匿公文律治罪办法，系因邮差藏匿公私文件现行律并无治罪专条，故比照铺兵藏匿公文律处断，仍为现行律之补充法，并非关于邮政之特别法；自新《刑律》颁布后，现行律同时废止，此种补充法亦当然失效，不得再行援用。（四年上字第841号）

和奸寡妇在补充条例颁行前者，不论罪。

【正】查《刑律》总则第一条第二项规定，“凡犯罪，在以前法律不以为罪者，虽未经确定裁判而认为有罪之律颁行，仍难援用新律论罪。”被告人和奸寡妇，在《刑律补充条例》颁行以前，既无论罪明文，该条例又应适用《刑律》总则为《刑律》总则第九条所明定，则被告人等和奸行为，按之该条例，现虽有罪，而依《刑律》第一条第二项仍难论罪。（四年上字第1005号）

新律施行前，业经审判确定之犯罪，不得依新律改判罪行。

【正】强盗杀人罪，现虽定于《惩治盗匪法》中，但依《刑律》第九条及第一条第二项，该法并不能溯及于已经确定审判之犯罪。（八年非字第18号）

第二条

法人，无明文规定，无犯罪能力。

【正】按法人，非有明文规定，不能有犯罪能力。故普通《刑律》上之罪刑，不适用之。《暂行刑律》于犯罪主体既以自然人为断，此外，更无特别法令规定法人有处罚之明文，则诉追条件尚属欠缺。假令本件事实果因故意或过失应构成普通刑律上之犯罪，亦当由充任职务之自然人当之。检察厅对于公司提起公诉，自不能谓为合法。（四年上字第1012号）

第九条

刑三七三条之俱发罪，吸收于《惩治盗匪法》加重条件之内。

【正】查《惩治盗匪法》第三条第五款，系对于《刑律》第三百七十三条俱发罪之加重规定。本案被告人等共同二个强盗之所为，即《刑律》第三百七十三条之俱发罪，自应适用特别法，依《惩治盗匪法》第三条第五款处断。其俱发罪之罪质，既已吸收于加重条件之内，不得适用《刑律》第二十三条第三款，乃特别法胜于普通法之原则。（四年上字第1147号）

第二章　不为罪

第十条

被和诱之人，律无处罚正条。

【正】 被和诱之人，律无处罚正条，竟与和诱者科以同一之刑，有违暂行新《刑律》第十条之规定。(二年非字第9号)

于杀人事件，事前不知情，当时未在场，不得以事后知杀为理由判处罪刑。

【正】 于杀人案件，事前并不知情，当时亦未在场，自不应论罪。即不得以事后知杀不报为理由判处罪刑。(二年非字第29号)

代表灾民求赈，无强胁举动，不成犯罪。

【正】 本案各灾民，因连年荒歉，相率至城，求官赈济并缓免钱粮。被告人等系临时公推为代表，向县知事代达下情，势迫于不得已，并非出自故意，亦无强暴、胁迫之举动，自非律所应罚。乃原判认为骚扰罪，按照《刑律》第一百六十五条第一款处断，实属引律错误。(四年非字第5号)

仅系帮助口角者，不负其后杀伤责任。

【正】 仅系帮助口角并非帮殴、供证，而两审判决又均明认无共同杀人之认识者，不构成帮助杀伤罪。(四年非字第26号)

强盗预备犯，律无处罚明文。

【正】 三点会党，结伙约期抢劫僧寺，未及出发，即被查获，尚系强盗预备，并不能谓已着手，即于《刑律》无处罚条文。(五年上字第512号)

逼索赌债，未至以加害生命相胁迫，虽欠债人愁急自尽，不负刑责。

【正】 负欠赌债，无法偿还，至于愁急自尽，殊非对手人意料所及，应不负何等责任。且索债之时，并未以加害生命等事相胁迫，亦与《刑律》第三百五十七条规定情形不类，即不得照该条论罪。(五年非字第7号)

私藏赌具，应不为罪。

【续】 依现行《刑律》立法本旨，赌具并非禁制品，单纯私藏者，即非犯罪行为。(九年上字第1083号)

诈财未及着手，不能论罪。

【续】 被告人等意图诈取某甲财物因而将某乙杀死，背负尸体以行，未及至所欲移置之某甲门首，亦未及以欺罔、恐吓使某甲因交付财物，即将所负尸体遗弃。是其杀人本为诈财之方法，惟诈财未及着手，不能论罪。(九年非字第53号)

第十二条

精神病人之监禁，属于行政处分之一种，与自由刑之性质不侔。

【正】精神病人之监禁，亦属于行政处分之一种，与自由刑之性质绝不相侔。（二年非字第37号）

精神病人之行为，虽依法不能处罪，然亦应禁制其自由，以防危险。

【正】《刑律》第十二条“情节”二字乃专就精神病人于社会危险程度与有无相当看护或监督之情形而言，与普通所用犯罪情节有轻重大小之别者不同。诚以精神病人之行为虽依法不能为罪，然于社会，苟有意外之危险而其亲属又不能为相当之监督者，得依但书规定，或交付精神病院或其他处所，禁制其自由，以防危险。（二年非字第37号）

酗酒行为与非故意之行为不同，其分别处在［于］意思行为有无联络。

【正】查酗酒行为与非故意之行为绝然不同，《刑律》第十二条第二项及第十三条分别规定。诚以非故意者，无行为意思之联络，故不为罪。至酗酒者行为，本为人力所能裁制，其行为意思是否联络，自当以犯罪行为时之事实为断，不得以酒后行为尽诿为全无意识，冀免犯罪之责任。（四年上字第351号）

监禁处分，得与无罪判决同时宣告。

【正】《刑律》第十二条之监禁处分，得与无罪之判决同时宣告之。（六年非字第3号）

精神病足为阻却犯罪原因，不应据为减等理由。

【续】查第一审判决系以“上告人素患疯病，虽已痊愈，精神尚未完全恢复”等语为理由适用《刑律》第五十四条减等科处。如果上告人素为精神病人，而其行为时精神又未恢复，即不能谓为已经痊愈，直与第十二条第一项相当，不能使负刑事责任。如果行为时，精神病业已痊愈，所负刑事责任即当与常人无异，不应据此为减等理由。是第一审判决所附理由显有抵牾，系属违法。（九年上字第920号）

第十三条

《刑律》所谓故意，为犯人对于犯罪实有一般认识预见之谓。

【正】查《刑律》所谓故意者，为犯人对于犯罪实有一般认识预见之谓。以铁错殴击谓为无杀人之认识，则可不能谓为无伤害人之认识。（二年上字第117号）

用车将被略诱人拉走，明系在场帮助，未经证明有营利意思者，以所知之略诱罪论。

【正】被告人用车将被略诱人拉走，系在场帮助，惟关于意图营利一节，被告人是否知情，第一审及第二审均不能证明，自不能谓为有犯意之联络。依《刑律》第十三条第三项第一款之规定，被告人对于本案所负之共犯责任，只能以所知之略诱罪为限，不能科以所犯之营利略诱罪。（四年上字第15号）

不知他人诈财而为之从中转付者，不为罪。

【正】诈欺取财罪，虽不限于意图自己所有，然犯罪人苟不知他人已有诈欺之行为，则虽有收受被害人财物转付于他人之事实，在法理上，即属不知构成犯罪要素之事实，不能认为有犯罪故意，自不得仅以收受财物即为完成犯罪之结果。（四年上字第99号）

法律上之错误。

【正】查《刑律》第十三条第二项所谓“不知法令”者，系指对于刑罚法令有所错误。详言之，即某种行为有处罚之法令，明明存在而误解以为此种行为法令上并不为罪，或误信现行某法令尚未施行，或误认未公布之某法令已经有效，致犯罪行为欠缺违法之认识，始足当此。（四年上字第111号）

故意杀人之证明方法。

【正】查犯罪行为之是否出于故意，应以犯罪人实施犯罪时对于构成犯罪事实有无认识及其行为有无决心为断。本院详核原卷所附伤单载明：尸伤计有五处，以顶心一伤为致命伤，右额角及左脚两伤均深透骨。是该被告人持刀连砍至四、五伤之多，且受伤部分显系致命，自不得谓其对于犯罪事实不能认识，即不得断其无故杀之决心。（四年上字第166号）

目的错误与犯罪故意无关。

【正】被告人欲抢甲之第四女而误抢长女，虽与被告人之目的相左，然目的之错误于犯罪故意并不能因误抢而生障碍。且甲之长女既被抢出，自属略诱既遂。（四年上字第345号）

行窃同居一院之三家财物，仍得成立一罪。

【正】查某某等姓同院而居，财产虽分属于三人，而外观仍是一室。该被告人等入室行窃，原属一个行为，虽犯罪之结果侵害三个监督权，然被告人等行窃之时，其于某物系属于某人监督决非所知。于法，犯人所知与其所犯有异时，自应从所知处断。乃原判及第一审判决均认为三罪俱发，依第二十三条之例分别科刑，殊有未合。（四年上字第361号）

不注意于无从预知之事不成过失犯。

【正】刑律上过失犯之成立，应以不注意于可以预知之事实为条件。如系不能预知之事实，即属无从注意，自不能发生过失问题。（四年上字第391号）

伤人倒地后，致使被磕伤身死，亦成立伤害致死罪。

【正】被害人因伤身死，无论由于拳伤或磕伤，该被告人皆应同负罪责。盖被害人于负伤倒地后，致被磕伤，乃由于一种自然力之关系，决非被害人故意自伤可知。则因磕伤所生之结果，对于以前之伤害原因，在法律上仍有相当之因果联络，以自然力之介入不得为因果中断之原因。（四年上字第518号）

误信自己有处分权之行为，不成毁损罪。

【正】被告人按契管业，确信某茔外之空椁、屋基等系自己因买卖契约所取得之物，遂即加以处分，即有损毁，亦不能谓为有犯罪之故意。按之《刑律》第十三条第一项前半［句］，不能加以罪责。（四年上字第548号）

伤害与杀人，以故意如何为断。

【正】查杀人罪与伤害致死罪之区别，以加害者有无共同致死之故意为断。本案甲命乙取灰迷瞎被害者两目，而乙代为取灰后，因丙刀伤行为，见势不佳，且出门喊救，其仅有伤害之故意而无致死之故意，固已昭昭甚明。主观方面无致死之故意，既足以证明。自不能依客观标准，因他人下手所致之伤较为重多而推定为有杀人故意。（四年上字第723号）

将人追赶，落水身死，仍论伤害致死罪。

【正】查本案被告人殴伤被害人，复自后追赶被害人，因致失足落水身死。是被害人之逃避乃由于该被告人殴打及追赶之原因，虽被害人之死亡非死于伤而死于水，然其原因苟系出于有责任人之积极动作，其间虽介入自然力之原因致发生一定之结果，亦应由行为者负完全之责。何则？以自然力之介入不能中断其因果关系之联络故也，自应依《刑律》第三百一十三条第一款处断。（五年上字第748号）

因误信而所告不实者，不成立犯罪。

【正】查《刑律》第一百八十二条之诬告罪，有二要件：（一）意图使他人受刑事处分或惩戒处分；（二）为虚伪之告诉、告发、报告。而所谓虚伪之告诉，以告诉人明知其虚伪而告诉者为限。若告诉人误信为真实，虽事属虚伪，仍不能以诬告论。（四年上字第771号）

官员不为审判之罪，须有故意。

【正】查《刑律》第一百四十六条之犯罪，以故意为成立之要素。如不为审判，固属消极的行为，亦须证明该官员是何用意。若仅系懈怠，抑或失之草率，虽难免惩戒处分，而究不发生刑事问题。（四年上字第785号）

目的物错误与犯罪成立无关。

【正】目的物之错误与构成犯罪要件事实之错误，其成立犯罪故意之影响，相去悬绝。法律上但问其是否预见为人而实施伤人行为，至其人之为甲、为乙，原无关于犯罪之成立。（四年上字第1028号）

已施犯罪行为，不因被他人诈欺而阻却违法性。

【正】被告人等当时之意思及帮助行为，固为共同私造伪币，虽因被他人之诈欺反失财物，不能生伪造货币之结果，然其犯罪已属成立。（四年抗字第1138号）

对于随同被和诱人前往之人，不成和诱罪。

【正】因奸略诱其姊、其妹，在事实上虽系随从同往，然被告人之目的不过专注于其姊一人，并不能证明对于其妹有略诱之意思，应依《刑律》第十三条第一项不予论罪。（四年上字第1182号）

明知全家共食之面而下毒者，虽有一人未食，仍负杀人未遂之责。

【正】棒子面为被告人之母并兄嫂及侄常食之物，被告人既亦供明在案，则被告人掺毒面内之时，自不能谓无杀害全家人众之认识。虽被告人之侄因已食他物未食饽饽，独得不死，而被告人仍应负杀人未遂之责任。（四年上字第1205号）

入室窃盗，临时行强，在外把风者，不负共犯之实。

【正】被告人听纠前往行窃，实施时又系在外把风，则入室之伙犯纵有强取财物行为，而于被告人，则既未证明其有共同行劫之认识，依据《刑律》第十三条第三项第一款“所犯重于犯人所知者，从其所知处断”之规定，仅得科以所知之窃盗罪。（四年非字第44号）

无知情故犯之据，尚不能成立受寄赃物罪。

【正】被告人当日受寄之箱固系赃物，然非知为赃物，故予收受，即于《刑律》第十三条第一项规定犯罪应有故意之要件不合，遽依《刑律》第三百九十七条第二项处罪，实属未合。（五年上字第129号）

被胁同行上盗而把风、接赃并分得赃物者，为强盗正犯。

【正】被胁同行上盗，于首盗入室行劫之际，在门外把风等候；首盗劫物出门后，即代为背负赃物并分受使用者，其上盗之初虽系被胁，而方其在门外把风之际，已脱离他人强制之范围，乃犹把风等候并运赃、分赃，自无解于强盗共犯之罪责，尤与第十三条所谓之过失无涉。（六年上字第365号）

同谋强盗在外把风者，为正犯。但对于另犯之临时起意杀人及于行劫指定之某家外另行连劫之行为，不负责任。

【正】同谋强盗，临时在村外把风，仍为正犯。但对于入内行劫者之临时起意杀人及于行劫指定之某家后另复连劫别家者，在外把风之人均不负责。（六年上字第494号）

共谋略诱人，于伙犯入内行抢时，在外把风者，对于伙犯在内拒捕杀人之行为，不负责任。

【正】共谋略取某妇，于伙犯入内行抢之际，在外把风，而伙犯在内因某妇之夫喊捕，即行用枪轰死者，则在外把风之人仅有共同抢人之行为而无杀人意思之联络，除成立略诱人罪外，不负杀人之责。（六年上字第678号）

因自己之物被窃，误认他人之物为己物而实施强取者，不为罪。

【正】因自己山木被窃，误认他人之物为己物而率人强取者，是其强取他人所有物乃系由于误认。此等无故意之行为，应不构成强盗之罪。（六年上字第796号）

与人共殴，对于他人当同自己加害彼造之行为，负共同责任；而于他人逃走后，另行加害彼造之行为，不负责任。

【正】与某人分持器械，找向另人家内寻殴。将另人共同殴伤倒地后，因有人上前救护，由某人又将其殴伤倒地后，即先行逃走；至门首复遇一人，又行殴伤者。对于在院内殴伤救护人之行为，应负共同之责；而于其逃走后、另殴撞遇人之行为，既无共同之意思，自不负责。（六年上字第986号）

与人口角，拾石向空乱掷者，已有伤人不确定之故意。

【正】与人口角，顺手拾石向空乱掷，致将彼造掷伤者，其掷石行为明系具有不确定之故意，且已发生轻微伤害之结果，自不得以过失论。（六年非字第1号）

共谋强盗在外把风，于入室者之伤人行为负责，杀人行为不负责。

【正】听纠强盗，在外把风，于伙犯入室后之伤害事主之行为，因其为强盗当然之结果，自负共同之责；若于其伤害事主以外，另有杀人之事实，则即非所预见，自不负责。（六年非字第161号）

强盗在一院内同时抢劫两家，应依其所知认定成立一罪或两罪。

【正】查本案被告人如果实施强盗、伤害二人属实，既据事主甲供称与乙同院居住，则其同时抢劫甲、乙两家财物，是否误认为一家，非经切实证明，究竟应论以强盗、伤人之二罪，抑应依《刑律》第十三条第三项第一款之规定，论以强盗伤害二人之一罪，自属无凭断定。（七年上字第810号）

知院外有人开枪射击，为不确定故意。

【正】明知院外有人始行开枪射击，其具有不确定之杀人故意，甚为明瞭。（七年上字第926号）

乡愚无知，不得为引用《刑律》第十三条第二项减等之理由。

【正】聚众夺犯，稍具常识者，均知其为非法。该被告人果否不知法令，原审调查未及，遽以该被告人乡愚无知，引《刑律》第十三条第二项为之减等，更嫌疏纵。（七年上字第964号）

不知为警探捕拿而抗拒者，不备妨害公务罪之故意条件。

【正】原审以警探捕拿该犯时，系乔装乞丐、行贩、农民模样混入赌场，该犯等不知为警探，遂行抗拒，是不备犯妨害公务罪之故意条件。将第一审判决撤销，改定罪刑，法律上之见解，尚无不合。（七年上字第977号）

侵入两家，应视其知为两家与否定罪数。

【续】上告人等意图略取甲某，先至乙某家内搜索未获，复在丙某屋内将甲某拖出。上告人等明知为两家而先后侵入，应认为构成略诱一罪与无故入人第宅两罪，依《刑律》第二十六条处断。（九年上字第286号）

误甲为乙，实施杀害之前，已直向某乙行杀者，仍应分论二罪。

【续】查上诉人误认某甲为某乙，用枪杀害，固系目的物错误，于罪质无所变更。惟于杀某甲之前，即于目的物尚未错误时，已直向某乙实施杀害，以行为论，则可分；以法益论，则有二；应予分别论罪。原审乃视同单纯目的物错误，合论一罪，法律上见解，殊有错误。（十年上字第368号）

于犯罪事实预见其发生且发生不违反本意者，为间接故意。

【续】上告人意欲杀甲，置毒粥内，甲于食时给与乙食，乙中毒身死。据上告人前后供词，其是否知甲与乙常在一处吃饭并是否常给剩饭与乙吃食，及上告人是否确无毒乙之意思，尚属不明，则乙中毒毙命之事实，上告人是否预见其发生，又其发生是否违反上告人本人之意思，于上告人果否具有杀人之间接故意，殊难断定。如其并无此种故意，则其是否应负能注意而不注意之责任，又应切予讯究。（十一年上字第292号）

第十四条

服从长官之命令，必其命令在职务权限内，始生服从之义务。

【正】查服从长官之命令，必其命令在职务权限之内，始生服从之义务。至借私仇杀人之行为，不在职务权限之内，乃明知其不在职务权限之内而听从实施，自应负杀人之刑责。（二年上字第97号）

当家僧惩戒寺内各僧，应不为罪。

【正】查《刑律》第十四条规定，“不背公共秩序、善良风俗习惯之行为，不为罪。”寺庙向有清规，当家僧对于寺内各僧有惩戒之权。此等习惯相沿甚久，性质上亦与父母之惩戒其子、学校之惩戒学生无异，自系善良风俗习惯，苟不逾越惩戒程度，自不应论罪。（三年上字第217号）

据无效之批以杀人，不能谓为执行职务。

【正】属员据长官无效力之批以杀人，不得为依法令执行职务，实构成刑法上杀人罪。（三年上字第182号）

听从长官不法指挥，将人笞伤，仍不能阻却犯罪之故意。

【正】被告人受哨弁之指挥，将嫌疑人笞责致伤身死，即属共同正犯。原判以被告人迫于长官之命令，对于所生之结果不负责任，似不无曲解。盖长官命令，虽有服从之义务，而不法命令则否。矧第十三条所称故意者，系对于过失及无意识之举动而言。被告人虽迫于长官之命令，何至遽丧失其自由之意思？是其笞责行为不可谓非故意。（四年上字第128号）

贪得赏银代为缚送，加害人无背于公序良俗，应不为罪。

【正】查乡曲地方保安设备未能完全者，被害人往往沿旧日自力救助之习惯，出花红赏格购缉。加害人藉获原赃而贪得赏银者，狃于积习为之尽力追摄，初不知为触犯法律之行为。此等习惯本不背于公共秩序、善良风俗，与《刑律》第十四条之条件相符，自应不为罪。本案据原审认定事实，甲将某号柴炭盗卖逃匿，经某号出花红购缉，该被告人乙因贪得花红，私捕甲，而丙、丁应乙之请，帮同缚送，其行为虽均触犯私擅逮捕罪之法条，而依《刑律》第十四条应不为罪。（四年上字第653号）

违法命令如与《刑律》抵触，奉行者不得借口于此命令，希免《刑律》上之责任。

【正】被告人于饬令枪毙被害人一节，固已承认不讳，不外借口省长准其择尤枪毙烟犯之通令，以为解除刑责之理由。本院查栽种罂粟，《刑律》已有处罚明文，当然有支配全国之效力。至地方行政官厅，仅有依法禁种之责，并无另定罚则之权。无论该省行政长官有无此项通令，既与《刑律》抵触，依命令不得变更法律之原则，自无优越之效力。且此种违法命令，依《官吏服务令》第二条第一项，下级官吏亦无服从之义务。被告人持此以为不服理由，根本上已属错误，实不能认为《刑律》第十四条“依法令之行为”，其应负刑事责任，不待烦言而解。（七年上字第564号）

因地方有死后烧尸习惯而烧尸者，不成罪。

【续】上告人焚烧甲某尸体，如果该处确有死后焚尸习惯，上告人并无其他恶意，尚不能成立损坏尸体之罪。（九年上字第312号）

第十五条

侵害过去已隔数月，非《刑律》第十五条之防卫可知，尤与第十六条之紧急避难未符。

【正】新《刑律》第十五条条件，专注重在对于现在不正之侵害而出于防卫自己或他人权利之行为；而第十六条，则专在避不能抗拒之危难、强制而出于不得已之行为。侵害过去已隔数月，其非第十五条之正当防卫可知。至援用第十六条之紧急情形，事实尤不相符。（二年上字第47号）

私人复仇，不免为不正之侵害，即不得剥夺被侵害者之防卫权。

【正】紧急不正之侵害虽由防卫者不正行为所挑动，而所谓紧急防卫，仍属正当。以私人复仇行为非法律之所许，仍不免为不正之侵害，即不得剥夺被侵害者之防卫权。（二年上字第64号）

因贼众持械入室，惊起抵御刺杀，系正当防卫。

【正】因贼匪纠众持械黎明入室，意图掳人贩卖，亟从睡梦中惊起，衣未及穿，仓猝御敌，遂刺杀一人，实系对于不正之侵害施其防卫，合之暂行新《刑律》第十五条规定之情形相符。（二年非字第60号）

紧急防卫须于间不容发之际为之。

【正】《刑律》第十五条规定，紧急防卫权以对于现受不正之侵害为最要之条件。故行使此项防卫权，非有不正侵害，在间不容发之际、舍此别无排除之方法者，不得滥用。若其侵害已过，即不成防卫问题，更安有防卫过当之可言？（三年上字第421号）

因防卫误伤他人亦不为罪。

【正】被告人等开枪轰击某甲，实因某甲先行开枪，系对于不正侵害为防卫自己之行为，自不为罪。惟射击错误，致伤某乙身死，然在被告人等，既无枪伤某乙之故意，而际此危机一发，又未遑注意旁人，亦无过失之可言。（二年非字第56号）

有防卫权者，无退避之义务。

【正】据原审认定事实，则当时侵害之不正及其侵害之急迫，自不待言。该被告人于仓猝之际，为防卫其自己生命、财产起见，对于侵害者施放鸟枪，虽伤人至死，实不得谓为逾越防卫所必须之程度。原判谓：某人之邀人来家，固已早有所闻，是对于未来侵害，亦非无法以处之，而必待其来时实行枪伤，此虽不得谓非防卫，然究未免变而加厉云云；以此为唯一之理由，而认为防卫过当。不知该被告人固已报县在先，待援不及，此时，除以自力防御外，实无他法。诚如辩护人所谓“既不能禁人不来，则将去家他徙乎？”原判解释法律，实属错误。（四年上字第597号）

防卫过当，系指防卫行为逾越其所必须之程度而言。

【正】查《刑律》第十五条后段，正当防卫行为过当者，指防卫行为逾越其所防卫必须之程度而言，非以被侵害之法益与防卫行为所损害权衡轻重也。例如，不正侵害者将截人一指，被侵害者非杀其人而不能免其指之被截，则杀之，即不能谓为过当。（四年上字第597号）

在奸所击毙奸夫，系属正当防卫。

【正】查《刑律》第十五条之规定有二要件：第一，系对于现在不正之侵害；第二系出于防卫自己或他人权利之行为。至但书所谓防卫过当，不以侵害之大小与行为之轻重相权衡，而以行为是否超过必要程度为标准。本夫往坡上看见奸夫正与女人行奸，一时气愤，顺拾石头，打中奸夫后脑，即时毙命。当时，既为防卫其夫权起见，纵有伤害之认识，而具备正当防卫之要件，亦不能认为超过必要程度。（五年上字第51号）

犯人认识虽有龃龉，然出于正当防卫，仍应宣告无罪。

【正】甲意在行奸，本非行窃，乙误认为贼，以防卫财产之目的致将甲殴伤，自应依第十五条之例宣告无罪。（五年上字第86号）

被人窃去牛只，闻声追逐，于己弃赃逃避之际，放枪轰伤身死者，无防卫之可言。

【正】被人窃去牛只，闻声惊觉追逐，瞥见贼人避入庙内，即向开放一枪，贼人即行毙命者，方其持枪追贼之际，该贼已弃赃潜逃，避入庙内，则所谓不正之侵害业已过去，仍复开枪轰击，自无防卫之可言。（六年上字第1007号）

本夫于奸夫由奸所欲逃之际，起意杀害者，不为防卫。

【正】奸夫找同奸妇，在船内续奸，适本夫回归，奸夫惊觉，即向水中图逃，本夫用铁嘴撑篙戳去，致奸夫受伤身死者，本夫之杀人不成为防卫。（六年上字第1013号）

不正之侵害如已经过，即不得主张防卫权。

【正】纵谓被害人持斧尾追，然该被告人于被害人跌倒之后，早已经过危险时期，尤复夺斧连砍，致被害人登时毙命，自不得主张紧急防卫。（七年上字第236号）

强迫借宿妇女住房，因未允许，遂将房屋所有者殴打，房屋所有者始行还击，应以防卫论。

【正】被告人等同甲杀伤乙等，系因乙等找向借宿，必欲居住妇女之住房，经指定西屋让其居住，犹复不允，竟用言谩骂，并将甲揪住殴打，始行喊同还击。是其共同还击，显系对于不正之侵害因防卫权利所实施之行为。（七年非字第134号）

刀经夺获，又无其他侵害行为，不成防卫。

【续】被告人虽称因被害人先持刀向扎，始夺刀回扎，主张系正当防卫，然刀经夺获，彼方又别无不正行为，则持刀还扎，不成防卫。（八年上字第361号）

互殴，无防卫权，以彼此均有伤人意思，下手先后又不明者为限。

【续】互殴，不得主张防卫权，应以彼此均有伤人故意而下手先后又无从证明者为限。如果一方初无伤人故意，防卫情形复极明显，仍应以正当防卫论（参照本院统字第995号解释文）。（九年上字第71号）

因挑拨而致人侵害者，仍有防卫权。

【续】被害人抗木板凳将被告人误撞，彼此争吵，劝散后又复撞遇，向被害人提及前情，随口混骂，被害人回詈，被告人当向扑殴，被害人即用禾叉扎伤被告人顶心、右眉，被告人避入场园屋内，被害人追击，复用禾叉扑扎，被告人情急，顺用装就防夜土枪吓放，不期轰伤被害人肚腹。在被害人持叉将被告人扎伤且穷追不已，虽不得谓非由被告人所挑拨，然因受挑拨遂行逞凶穷追，则其对于被告人仍不能不谓为一种不正之侵害。被告人于被追之际，顺用土枪向被害人轰击，自不能谓无防卫情形。（九年上字第281号）

自己或第三人受共同加害人中之一人所为现在不正之侵害，亦得对于他之加害人为防卫。

【续】《刑律》第十五条："正当防卫系对于加害人为之。"故自己或第三人受共同加害人中之一人所为现在不正之侵害，亦得对于他加害人为防卫必要之行为。上告人于第三人已被打倒之后，加害人等之一方尚未继续为现在不正之侵害，固无所用其防卫；若于第三人正被殴打之时或加害人等之一方尚有其他加害之危险，则仓猝之间，拾石掷击共同加害人中之一人，仍应认为防卫权之作用。（九年上字第983号）

被人不正放己田之水，阻止无效而将其人捆缚者，仍不失为防卫。

【续】本案启衅系被害人开放上诉人田水，足致上诉人灌溉田亩之水利受有损害。如果该处上坂田地并无供给下坂田地用水之义务，或下坂田地另有沟道可以取水，则上诉人因其开放自己田水、阻止无效，始以捆缚放水人之方法排除不正之侵害，尚不失一种防卫权之作用。（十年上字第1456号）

于人持刀入室强奸其嫂，经撞遇时，复被持刀追扎，始用铁锹架格，将某人致伤多处，登时躺地，系正当防卫并非过当。

【续】某人于被告之兄不在家、被告在地浇田时，持刀入室，欲强奸被告之嫂；适被告由地负锹回家撞遇，某人转身持刀追扎，被告情急，顺用铁锹架格防卫，致伤某人两腿及右手，登时躺地。被告近前夺刀，投赴村会自首。是其夺刀以前之行为，均系对于现在不正之侵害施其防卫，且于某人持刀追扎之际，危机一发，用锹御敌，自属排除危害应取之手段，虽致伤人倒地，亦不得谓为逾越防卫所必要之程度。（十一年上字第750号）

第十六条

公共水沟在人地内，人于沟上建筑围墙，苟无碍水路，不得借口《刑律》第十六条拆毁之。

【正】甲在其园土即乙等所砌水沟出口处造筑围墙，下本留有出水之路，并未将水沟阻塞；乙等乃以“筑墙塞沟、祠屋被漫”为词，将其围墙拆毁，既无不可抗拒之危难，又无如何不得已之情形，当然成立《刑律》第四百零六条之罪。（七年上字第705号）

第三章　未遂罪

第十七条

共犯完成犯罪行为，即不能谓为未遂。

【正】该被告人枪未过火，固属手段上意外之障碍，然其共同实施之行为，并未因此一击不中之障碍遽尔终止，而由他之共犯继续进行，仍完成杀人之结果，此种障碍情形已归消灭，尚何有未遂之可言？（三年上字第111号）

行窃上盗中途被获者，成［立］未遂罪。

【正】被告人等窃盗未遂一罪，两审固因被告人等曾自承认“是日，约定前往某处窃取牛只”，又已出发，则犯罪行为实已着手，故虽中途被获，仍论以未遂罪，自无不合。（四年上字第526号）

伪造银币，尚未走有银水，是犯罪犹属未遂。

【正】伪造银币，虽已造成模样或铜胚，尚未走有银水，其犯罪结果自不可谓为完成，尚属未遂犯。（五年上字第30号）

入室上楼，正欲行窃，即被撞获，尚属窃盗未遂。

【正】扭锁入室上楼，正欲行窃，适被人撞破，鸣警抓获，尚属窃盗未遂。（五年上字第314号）

窃盗既遂、未遂，以财物已未入手为准。

【正】查窃盗罪，应以其窃取行为已未终结为既遂与未遂之标准。窃取财物，虽因被人遇见不得携逃，然当时物既归伊所持，其行为即已终结，至结果何，固可不问。原判误认为行窃未遂，按照第十七条减等问拟，实属错误。（五年上字第431号）

持枪互开，虽一造因枪炸自行轰伤身死，彼造仍应负杀人未遂之责。

【正】两造持枪互开，此造既还击一枪，虽彼造因枪炸自伤身死，仍应负杀人未遂责任。（五年上字第865号）

诳令人服食镪水遇救者，为杀人未遂。

【正】与妻不睦，潜出镪水半盏，诈称服后可望生育；诳令妻服食后，顿觉头晕肠痛，昏厥倒地，遇救获生者，为杀人未遂。（六年上字第400号）

意图强盗，侵入人家即被逐散者，为强盗未遂。

【正】意图强盗，闯入人家，因人出持械抵御，即行逃散者，为强盗未遂。（六年上字第1002号）

投入强盗帮内，拟即行劫者，尚不成为强盗未遂。

【正】投入强盗某人帮内，拟即行劫者，尚不得指为已着手，自无所谓强盗未遂。（六年非字第58号）

诈得限期归还不流通之借票，应以诈财未遂论。

【正】被告人之于甲，意在诈取现钱，虽由乙等立给期限归还之借票，然非现银，乃系不流通之借约，则被告人之诈欺取财仍属未遂。（七年非字第88号）

杀人未遂与预备之区别，以已未着手为标准。

【续】查犯罪预备与未遂之区别，全以已未着手为标准。凡实施构成犯罪要素之行为，谓之实施着手者，即指开始实施而言，与实施有紧接之关系。该上告人拿枪出外，尚未成行，即被拦阻。据证人供：上告人拿枪时，尚看不见所欲杀之人。是当时纵欲杀人，亦无从开始实施，自无着手可言。核其所为，尚在杀人预备之程度，原判认为杀人未遂，实属错误。（九年上字第839号）

阴谋内乱罪，无中止犯。

【正】《刑律》第十八条："中止犯，以犯罪已着手为前提。"该被告人等所犯阴谋内乱罪，阴谋程度，在着手以前，自无中止之可言。（三年特字第2号）

听纠杀人，至中途讬故不往者，为杀人之预备犯，不得论为杀人中止犯。

【正】听人纠邀，随同前往杀人，行至中途，讬故不往。核其所为杀人之行为，虽已中止，而预备杀人之行为实已完成，虽犯罪尚在预备期中，与法律上之中止犯性质不同，而《刑律》第三百二十八条第一项之罪责，要难解免。（六年非字第27号）

强盗着手后又行中止者，对于以后他犯之强盗伤人行为，自不负责。

【正】共谋行劫，同行上盗，经抵事主门首后，心生畏惧，即行逃回，事后亦未分得赃物者，既已于着手强盗之际，以己意而中止，则对伙犯入室后之拒伤事主，自不负责。（六年非字第67号）

第四章　累犯罪

第十九条

大赦前之犯罪，不为累犯原因。

【正】大赦前之犯罪，已经除免，不能为累犯之原因。（二年非字第21号）

已受徒刑之执行，虽未完毕，仍论为再犯。

【正】凡已受徒刑之执行，更受徒刑以上之刑者，虽未执行完毕，亦以再犯论。（四

年上字第 177 号）

徒刑易科罚金者，仍以徒刑执行论。

【正】判处徒刑易科罚金，执行完毕后，更犯徒刑之罪者，应从再犯之例处断。（六年上字第 64 号）

判徒刑后，尚在复判中者，即不得谓为已受执行。

【正】因案经县知事判处徒刑，虽已经过上诉期间而正在复判中，即县判不能确定，纵复脱逃，不成累犯。（六年非字第 125 号）

执行未了之刑，于因案又判刑罚后，应并执行，但毋庸宣告。

【续】上告人前判之刑尚未执行完毕，即行逃脱，其执行未了之刑，应与后判之刑并执行之，固为执行上当然之办法，但《刑律》既无明文规定，自毋庸在主文内宣告。（九年上字第 117 号）

犯罪涉及初犯、再犯两时期者，以再犯论。

【续】上告人侵入甲家行窃，因脱免逮捕临时行强，用砖掷伤事主后，因他案被处徒刑期满释放，又持枪侵入乙家行劫，系犯《刑律》第三七三条之俱发罪，依本院统字第 1060 号解释，应依《惩治盗匪法》第三条第五款论为一罪。虽其犯罪涉及初犯、再犯两时期，然既于再犯时期完成，自应依再犯例办理。原判依《刑律》第 373 条分别论为初犯、再犯各一罪，自有未合。（十年上字第 674 号）

应送复判而未送即执行徒刑者，于法律上，不能谓已受徒刑之执行。

【续】查《刑律》累犯罪之成立，以已受徒刑之执行为要件，而应送复判案件，必须经复判裁判确定，始能发生执行力。故复判裁判确定前之案件，均为未决，不能执行；纵令事实上已迳执行，法律上究不能认为已受徒刑之执行。故未逾五年，更犯徒刑以上之罪，亦不能以再犯加重。（十一年上字第 117 号）

第二十条

再犯俱发，经处刑后，于执行中脱逃，复犯罪，不得谓之俱发与累犯互合。

【续】查《刑律》第二十五条之规定，系指俱发与累犯互合者而言。例如，先犯数罪，一罪先发，确定审判受徒刑执行后又犯一罪，审理中复发觉其先犯未发之余罪，则余罪对于先判之罪为俱发，后犯之罪对于先判之罪为累犯。即后犯之罪对于后发之余罪，亦具有俱发之形式，始得谓之俱发与累犯互合，始得将后发之余罪与先判之罪适用第二十四条，依第二十三条之例处断，再与后犯之罪所处之刑为并执行之宣告。本案情形，上告人前犯之罪虽系再犯，然已经过确定审判受刑之执行，后犯之罪不过为三犯之俱发罪，与前科累犯罪并无互合可言。纵其前科累犯罪之徒刑尚未执行完了，应与后犯俱发罪之执行刑并执行之。然此为执行上当然之办法，无庸于主文宣告，自与《刑律》第二十五条之情形不同。（八年上字第 464 号）

第五章　俱发罪

第二十三条

俱发罪定执行之刑，虽有时越该当条文最重主刑以上，然不得变更刑等。

【正】《刑律》第二十三条规定，“凡俱发罪，应各科其刑，于合并之刑以下，其中最长刑期以上，定应执行之刑期。”合并刑期虽有时越该当条文最重主刑之上，然不得变更刑等。（二年上字第60号）

定强窃盗罪数之标。

【正】强窃盗罪之成立，固不以行为之数为区别一罪、数罪之唯一标准，亦不以财产所有人之数为区别一罪、数罪之唯一标准，应视其财产系共同监督，抑系各别监督而区别之。于一院内同一马厩中行劫五人所有马匹，其马匹既蓄于一厩，而马厩又为五人所共有，是即在共同监督权以内，不得以马匹系五人所有而以五罪论。（三年上字第68号）

于伤害之次日复起意杀害者，应以二罪论。

【正】原审认被告人始将甲左膀打伤并令人挖出其右眼睛后，已经调处了事，继因甲于次日逃走，复将其赶回杀死，是被告人所犯系以两个独立之行为生伤害及死亡二个之结果，应以二罪论。（三年上字第237号）

侵害人格法益，以个数定罪数。

【正】查犯罪行为，应以被害法益之数定犯罪之数。该被告人放火焚杀甲、乙之所为，系侵害二个人格法益，自应以二个杀人罪论。焚杀丙未死之所为，应以独立一个杀人未遂罪论处。合并计算，实系三罪俱发。原判认放火系手段行为，杀人为目的行为，依《刑律》第二十六条从一重处断，并无不合，惟以一个杀人既遂罪论，亦属违法。（四年上字第11号）

将送交之现行犯捆缚殴毙，除论伤害致死外，不成私擅逮捕罪。

【正】查核本案事实，被害人系因偷窃某姓，经事主当场拿获，送交自治局惩办。该被告人遽因前忿，将被害人捆缚凶殴，是其捆缚行为应属于伤害罪之预备行为，与单纯之私擅逮捕迥不相同。况被害人既系现行犯，则人人皆有逮捕之权，如于捆缚以后，即行送官究办，本为法令所许，自不得以捆缚行为认为独立之私擅逮捕罪，其限界尤为明显。乃原判遽认为私擅逮捕及伤害致死二罪，依《刑律》第二十三条第三款定执行刑，实属不合。（四年上字第68号）

伪造多种货币，祇论一罪。

【正】查伪造货币，以侵害公共信用为犯罪之客体，其性质单一而不可分，故不依银行之个数以定其罪数。虽伪造色样计有多种，且不属于一银行，然如连续数个行为而犯同一之罪名，依第二十八条之规定，仍应以一罪论。（四年上字第202号）

行窃同居一院之三家财物，应从所知论罪。

【正】查某某等姓同院而居，财产虽分属于三人，而外观仍是一室。该被告人等入室行窃，原属一个行为，虽犯罪之结果侵害三个监督权，然被告人等行窃之时，其对于某物为何姓之所有决非所知。于法，犯人所知与其所犯有异时，自应从所知处断。乃原判及第一审判决均认为三罪俱发，依第二十三条之例分别科刑，殊有未合。（四年上字第361号）

凌虐致伤二人，应论俱发。

【正】查《刑律》第一百四十四条之渎职罪与伤害罪乃有方法、结果之关系，而依该条第二项，应适用第二十三条科断本案。该被告人于执行职务时，先后受其强暴、凌虐者既有甲、乙两人，以人格法益计算，渎职与伤害均各应以二罪论。原判于其结果之伤害甲致死及伤害乙致轻微伤害，既分别科以二罪，而于其犯罪之方法之渎职则论以一罪，显系违法。（四年上字第453号）

浮收金谷罪之客体为国家。

【正】案《刑律》第一百四十七条之罪，固属对于纳入租税款项者之财产法益有所侵害，而其对于国家与人民间因征收方法而生财政上之信用，其侵害为尤大，此与诈欺取财之仅系侵犯私人财产法益者不同。故其加害行为虽于各方之财产法益而要以国家为犯罪之客体，自应构成一罪，而不能以数罪论。（四年上字第499号）

缺失

【正】被告人本有烟瘾，复行开设馆舍供人吸食，实犯《刑律》第二百六十九条、第二百七十一条之俱发罪。（四年上字第692号）

合于《惩治盗匪法》第三条第五款之犯罪，不问法益多寡，祇论一罪。

【正】查强窃盗罪法益之个数，依监督权而计算。凡侵害一监督权，即为一法益；应依法益之数，照俱发罪处断。又依《刑律》第二十三条规定，俱发罪固应依限制并科主义，分别科刑后，定其执行刑期。惟本案被告人系犯《惩治盗匪法》第三条第五款之罪；该条款即对于《刑律》第三百七十三条之俱发罪特别另定加重专刑，则合于该条款之俱发罪，不问行为与法益之多寡，均应以一罪论，不得再依侵害之法益分别科刑。原判仅科被告人以一罪，尚无错误。（四年上字第861号）

以逮捕人为杀人之手段时，不独立论逮捕罪。

【正】被告人于殴伤人之后，复加捆绑，虽触犯《刑律》第三百四十四条之规定，然旋即痛打毙命，是其逮捕人乃杀人之手段，依《刑律》第二十六条之例，应不独立论罪。（四年上字第1025号）

和诱发觉后，始伪造婚书呈出法庭，以俱发科罪。

【正】和诱发觉，到法庭呈出伪造婚书，系俱发罪。（五年上字第43号）

多数人意思联络而加害于多数人，自属共同犯俱发罪，应各［依例处判］。

【正】多数人犯第三百一十三条之罪，苟其加害行为出于联络之意思，即应径依第二

十九条科以共同正犯；又其伤害多人，亦应各依第二十三条俱发之例处断。（五年上字第73号）

［原文缺失］

【正】领事馆巡捕意图邀功，复役指某甲故买赃物，私行逮捕，嗣经托人央恳释出又起意讹骗，令赔表价收银十元。其前后犯意并不联络，认为二罪俱发，并无不合。（五年上字第90号）

诈欺取财之罪数以监督权之个数定之。

【正】查诈欺取财罪，其计算犯罪之个数不当以财产所有人数为标准，应以所被侵害监督权之数为标准。中国银行各分行虽为同一法人之机关，而各分行各自有其监督权，自应以被诈欺机关之数计犯罪之数。（五年上字第158号）

将卖出之女复行诱匿，另觅买主，系俱发罪。

【正】将他人讬为抚养、未满十六岁之女，价卖邻户为婢；事隔数月，偶遇该女上街购物，复行诱匿，另觅买主，应科强卖被养育人及营利略诱俱发二罪。（五年上字第362号）

骗取二人共同财产，不应以侵害两个法益论。

【正】两人因争水利与人涉讼，共被骗去银元。其所骗之款以同一事情且属共同财产，自不能构成二罪。（五年上字第549号）

杀人后，因嫌唆令诬告系某人杀害者，其诬告罪仍成立。

【正】实施杀人后，因忆及与某人有嫌，遂唆令他人诬告某人杀人者，是于杀人之后，复行起意陷害某人，与仅图饰卸自己罪责者有间，应将诬告罪与杀人罪依第二十三条处断。（六年上字第51号）

杀人后借尸图诈者，其诈财与杀人应从重或分别处断，当视其诈财起意之时为准。

【正】为诈财起见而杀人者，其诈财行为固应与杀人行为依《刑律》第二十六条处断，若杀人别有原因，于杀人之后始起意借尸图诈者，则诈财行为应与杀人行为从第二十三条处断。（六年上字第76号）

伪证罪，以国家为被害人。

【正】伪证二人共同犯罪者，既系对一事而为虚伪之陈述，其侵害国家法益仅止一次，自应成立一罪，不得以所伪证者为二人遂以二罪科断。（六年上字第81号）

杀人之后，因恐死者显魂报仇，复割去首级掩埋者，应将杀人及损坏尸体分别论罪。

【正】杀人之后，因恐其显魂报仇，复将首级割下掩埋者，其割去首级与杀害行为本属两事，不应依第二十六条断。（六年上字第94号）

略诱人后，复将追者殴伤，应分别论罪。

【正】强抢妇人，载至中途，复因该妇之母追赶，即将其母殴伤者，应依《刑律》第

三百四十九条、第三百一十三条及第二十三条处断。(六年上字第476号)

拦人耕田，复因其不允即行殴伤者，为妨害行使权利及伤人罪，依第二十三条断。

【正】向官产处领买庙田缴价后，又经批销者，气忿不休，见该田佃户赴田耕种，即向拦阻并将耕牛夺下，旋即放还，复因佃户不允，即将佃户殴伤。其拦阻耕田为妨害行使权利，与伤人一罪，依第二十三条处断。(六年上字第506号)

诱人后，卖钱花用者，不另成诈财罪。

【正】将他人之童养媳诱至一处，冒称为亲生女儿押卖与人，得钱花用者，押卖得财原属意图营利之结果，除应构成第三百五十一条第一项之罪外，不另成他罪。其有更论为诈财，依第二十三条处断者，自属不合。(六年上字第566号)

将某妇并其幼女捏词诱出，劝酒致醉，分别价卖，为营利略诱之俱发罪。

【正】以听戏为名，将某妇并其幼女诱出，旋某妇以无戏可听欲即回家，复劝令饮酒致醉，即将其与幼女带至一处，分别卖钱花用者，成营利略诱之俱发罪，依第二十三条处断。(六年上字第577号)

用硝镪水伤人时并溅伤他人者，另成过失伤人之罪，与伤人一罪，依第二十三条处断。

【正】用硝镪水向人猛泼，以图伤害，并将旁人溅受微伤者，于伤人罪外另成过失伤人之罪，依第二十三条处断。(六年上字第647号)

受寄赃物之罪数不以讬寄之人数定之，须视讬寄者是否为同案行劫之赃物。

【正】因强盗二人同案强盗后，先后将所分赃物持来押钱，均经典受者；其受寄者，乃该盗犯二人共同行劫之赃物，并非于某劫案外有另案受寄其他赃物之行为，自应以一罪论，不能以其所受寄者为两人之赃物，即论为二罪。(六年上字第684号)

意图营利诱拐人后，又起意行奸，其和奸非诱拐之结果。

【正】意图营利，将某人诱出后，临时起意，在途次行奸者，和奸行为不能为和诱之结果，应依第二十三条分别论罪。(六年上字第632号)

巡长将经收捐款侵占后，挟嫌捏诉股员侵吞者，成侵占诬告俱发。

【正】警所巡长将经收之捐款侵占入己，并挟总务股员调查之嫌，捏称已交付该股员收讫，捏诉其容心侵吞者，成公务上侵占罪与诬告罪，应依第二十三条处断。(六年上字第712号)

以同一方法，历向多人诈欺取财者，为俱发。

【正】遣人执持名片，捏称已与某人订妥合办豆饼税，向各油房劝令纳税，经各油房应允者，应分别油房家数及已未交钱，论以诈欺取财之俱发罪。(六年上字第832号)

将人门牙打落一颗者，为轻微伤害；于处结后又加伤害者，应分别论罪。

【正】将人门牙打落一颗，为轻微伤害。经调处息结后，又因口角将前所伤害之人殴

伤致死者，其伤人致死与前之轻微伤害罪，应分别论之。（六年上字第 883 号）

强盗得财后，因事主不依，顺用假银圆交给作赔者，其行使伪币罪，应与强盗罪分别论之。

【正】强盗他人财物后，因他人不依，顺将身带之假银圆交给，声称交还原物，希图了事者，其行使伪造货币罪，应与强盗罪分别论之。（六年上字第 946 号）

诱拐妇女被人追获，反诬告追逐之人者，分别论罪。

【正】诱拐妇女被人追获，报团理论，反捏称追截之人拦途抢劫，赴县署具诉者，是其诬告乃恐人送案，以为先发制人之计，应与和诱罪分别论之。（六年上字第 997 号）

窃贼于行窃时，闻捕惊逃，将所带纸煤失落草堆内致火起者，其失火行为与窃盗行为分别论罪。

【正】窃贼燃点纸煤，撬门入室行窃，经事主闻声喊捕，匆忙逃走，致将纸煤失落门旁茅草堆内，以致火起延烧者，其失火行为应与窃盗行为分别论罪。（六年非字第 2 号）

其母被诱，虽挟有幼女同行，仍不依第二十三条处断。

【正】被害人被诱，虽挟有幼女同行，但被告人诱拐目的专注于被害人一人，而不在其幼女，自未便执《刑律》第二十三条之例以相绳。（七年上字第 62 号）

因诱拐而杀人，仍依《刑律》第二十三条处断。

【正】甲、乙和诱丙，因丙夫弟丁跟随，不便脱身，商同杀害灭口，即剥落丁衣服舁抛入井，丁被淹身死；乃将丙拐走。原判依《刑律》第二十九条第一项、第三百一十一条、第三百五十一条第二项、第二十三条、第三百五十六条、第四十六条处断，并无错误。（七年上字第 233 号）

逮捕与杀人各为独立行为者，应依《刑律》第二十三条处断。若逮捕为杀人之手段行为者，应依《刑律》第二十六条处断。

【正】逮捕与杀人，应依《刑律》第二十三条处断，抑应依第二十六条处断，应于当时犯意加以审究。盖当逮捕被害人等之时，如仅欲拘束其自由，尚无杀害之意思，迨因某姓人等在某店决议之结果，始行起意枪毙者，其逮捕行为与杀人行为各有独立之性质，即未便与牵连犯同论。反是，因欲杀害始往逮捕，则杀人乃目的行为，逮捕不过为达其目的之手段行为，自应从一重处断。（七年上字第 856 号）

购买吗啡自打，并为他人施打兼出卖者，应分别处断。

【续】被告人迭次购买吗啡针药，逐日自打以外，并在家为其族弟等施打，又因有人向买，陆续出卖，应依《吗啡治罪法》第一条、第四条、第五条，《刑律》第九条、第二十三条处断。（八年上字第 136 号）

基于特别规定并科徒刑、罚金者，与俱发罪之并执行无涉。

【续】《刑律》第二十三条第六款系对于俱发各罪分别判处徒刑、拘役及罚金者，规定其执行办法。本案被告人之徒刑、罚金乃系基于法文上特别之规定，判予并科，其并予执行为当然之结果，与该条第六款并无关系。（八年上字第136号）

诈财行为终了后，捏被诈人名义诬告他人，两罪无牵连关系。

【续】被告人因甲购置田产，诈称代办税契，骗取多金。又因与乙挟有素嫌，令甲于己所捏造甲父名义告诉乙吞没税银，诉状后签押十字，代为投递。是诈财是一事，诬告又是一事，两者绝不牵连，不能认为有方法或结果之关系。原判依第二十六条从一重处断，引律不免错误。（八年上字第281号）

因奸成孕，恐有败露，商允相奸人使之堕胎以致其人身死，应分别论罪。

【续】被告人与某氏通奸成孕，恐奸情败露致伤颜面，乃复商允某氏使之堕胎，以致某氏身死。是堕胎与和奸意思、行为各自独立，不能谓堕胎为和奸之结果。（八年上字第859号）

强盗抢物又掳人勒赎者，不应论作强盗与掳人勒赎二罪俱发。

【续】查掳人勒赎本系强盗之一种手段，《惩治盗匪法》第四条第三款又为《刑律》强盗罪之加重条文，故强盗某家财物并将其人掳去勒赎者，依同法第四条第三款应以一罪论。（八年非字第54号）

对一人强行鸡奸后又强奸者，其强行猥亵罪与强奸罪分别论之。

【续】被害人年甫十龄，上告人强行鸡奸后，复又强奸，第一审依《刑律》第二百八十三条第二项、第二百八十五条第一项、第二十三条分别处断，适用法律并无错误。（九年上字第2号）

犯多罪仅有一罪褫夺公权者，不在另定并执行之列。

【续】查《刑律》第二十三条第七款所称褫夺公权并执行者，系指二罪以上均科褫夺公权者而言。若仅一罪依第四十七条褫夺、第四十六条所列资格一部或全部者，即不在该款所称并执行之列。（九年上字第85号）

在人未嫁前和奸与既嫁后和奸，应论二罪。

【续】在相奸人未嫁前之和奸行为与既嫁后之和奸行为，所侵害之法益不同，应成立二罪。（九年上字第127号）

放火烧毁多人之房屋，应分别所有权数论俱发。

【续】放火一事，恒发生公共之危险，似被害法益不专属于个人，惟查《刑律》第十三章除放火烧毁自己所有物亦成为罪，设有特别条文外，余均以他人所有物为构成要件之一，是于个人财产法益亦所注重。本案被烧之房计一百八十三栋，虽住有一百九十二家，然究属若干人所有，并放火者当时是否确能分别，亟应查讯明白，以为计算放火罪数之标准。（九年上字第164号）

已定执行刑后，应宣告执行之刑。

【续】第一审于上告人杀人及和奸依《刑律》第三百一十一及《刑律补充条例》第七条、《刑律》第二百八十九条、第二十三条第一款处断，引律固亦无误，而其判决主文于上告人宣告和奸罪处五等有期徒刑八月、杀人罪处死刑，不执行徒刑。虽实际上仍为应执行死刑，尚无出入，然第二十三条之规定为“依左例，定其应执行者”等语，自应于分别处刑后，宣告应执行之刑，而不应宣告不执行之刑。原审未予纠正，殊属疏忽。（九年上字第183号）

侵占罪之法益个数，以物之所有权定之。

【续】上告人以代人办货为业，侵占托其办货四人财物，应依侵占法益即财物所有权之个数计算罪数。两审判决仅论为侵占业务上管有物一罪，亦属违法。（九年上字第191号）

因诈取契纸钱文，经人诉告后，于自己账簿为虚伪登载并行使，应依二十三条处断。

【续】上告人于诈取契纸钱文以外，又将自己账簿为虚伪之登载；若果登载之事行于经人诉告以后，则其间既介入他人之诉告行为，应即将其登载并行使行为与前之诈欺取财各行为依《刑律》第二十三条处断。（九年上字第533号）

先犯奸，于获案后为弥缝计，始伪造文书，其伪造与相奸各自论罪。

【续】上告人因犯奸罪于获案后，为弥缝奸罪起见，始行伪造自由书，则其伪造行为完全独立，与奸罪并无方法、结果之关系，即当依同律第二十三条论以俱发。（九年上字第563号）

受共犯二人之贿赂，将其释放，祗成立受贿、纵逃之牵连一罪。

【续】查甲、乙二人因共同伪造铜圆，同时被警拿获送所。上告人复于同时收受甲、乙二人共出贿赂洋八元，将之释放，显系以同一意思为同一行为，又无人格法益问题，自应论以一个因收受贿赂而为不正行为，即故纵脱逃之牵连罪，不能因贿赂出自二人论为二罪。（九年上字第702号）

诈财罪，应以所侵害之财产监督权数定其罪数。

【续】《刑律》第三百八十二条之诈欺取财罪，本以财产监督权为其法益，如仅侵害一人之财产监督权或二人以上之共同监督权，因被害之法益仅止一个，无论担任出款者为若干人，均应止论一罪，不得因涉及二人论为二罪。（九年上字第753号）

先强奸，又在奸所强盗者，为强盗、强奸俱发。

【续】查《惩治盗匪法》第三条第一款所定，《刑律》第三百七十四条之犯罪内关于“在盗所强奸妇女”一节，系指强奸妇女之所在，于强奸时已成为盗所者而言。若强奸妇女时，尚无强盗之行为或意思，仅止实施强奸后，在奸所搜取财物，则应分别情形论为强奸与强盗二罪俱发。如或强奸以前，并意图强奸而有侵入第宅等行为，更应将侵入第宅等与强奸妇女，从《刑律》第二十六条处断，不得概论为强盗在盗所强奸妇女。（九年上字第776号）

各罪之刑，虽或因有死刑或无期徒刑而不执行，亦不得不科。

【续】查审判确定前犯数罪者，依《刑律》第二十三条之规定，应将各罪分别科刑，分别宣告，再定其应执行之刑，始为合法。虽所科各刑内有无期徒刑或死刑者，亦同；不得因不执行他刑，遂即不科他刑。又从刑为刑之一种，应与主刑并宣告之。（九年非字第33号）

先奸后，因别事诱逃，仍分别论罪。

【续】上告人因与被诱人有奸，曾向被诱人借得钱款，嗣经被诱人之夫责令被诱人往索，上告人即诱令逃匿，以免其夫追款。第一审认为和奸、和诱俱发，分别处断，尚无不合。（十年上字第34号）

一部发还更审、一部驳回上告之案，如驳回上告部分达二罪以上，应先定其应执行之刑。

【续】原判关于上告人窃取甲、乙各栈财物罪刑并执行刑抵刑部分，应即撤销发还原审衙门，更为审判；上告人窃取丙栈及丁店财物部分，上告应予驳回，并应由本院依《刑律》第二十三条第三款定其执行之主刑。（十年上字第64号）

先后侵害行为，如犯意不同，应论俱发。

【续】上告人于炮毙被害人以前，尚凭团族会议，则其先日将之捕禁家中，砍殴致伤；如意仅在捕禁伤害，后经团族会议，始起意将之杀死，则其前后之侵害行为，虽施之被害人一人，而意思与侵害方法既各有独立之性质，自当分别论科。（十年上字第712号）

审判确定后、尚未执行前又犯者，非俱发。

【续】上诉人前犯窃盗一案，经判决罪刑后，虽未执行而另犯本罪时，前案判决固已早经确定，此种已经审判确定尚未执行又犯他罪之案，既与《刑律》关于俱发或累犯各特别规定皆不相符，其后罪之刑与前科之刑当然并执行之，且亦无庸宣告。（十年上字第1277号）

误认某甲为某乙；实施杀害之前，已直向某乙行杀者，仍应分论二罪。

【续】查上诉人误认某甲为某乙，用枪杀害，固系目的物之错误，于罪质无所变更，而杀某甲之前，即曾于目的物尚未错误时，已直向某乙实施杀害，以行为论，则可分；以法益论，则有二；应予分别论罪。乃原审竟视同单纯目的物错误之案，合论一罪，法律上之见解亦有错误，应予撤销，改依第二十三条处断。（十一年上字第526号）

先伤害人，因自杀始行弃尸，应各别处断。

【续】先伤害人，因人之自杀，又以遗弃尸体之心，行遗弃尸体之事，与伤害人罪应依《刑律》第二十三条处断。（十一年上字第526号）

就与罚金并科之徒刑及他之徒刑定执行时，应适用第二十三条六款。

【续】上告人所犯一罪，既均处有徒刑，所并科之罚金对于所与并科之徒刑，应并执行，固仅出于并科之结果，而对于所与并科之徒刑与他之徒刑另定之执行刑，仍并执行。

既基于俱发罪之原因定并执行时，即不得舍《刑律》第二十三条之第六款而不用。（十一年上字第674号）

第二十四条

第一审各别判决之俱发罪，其一罪又已系属于控告审者，应俟两案各别确定后，再依《刑诉（草案）》第四百八十条，适用《刑律》第二十四条、第二十三条，更定其应执行之刑。

【正】查被告人于所犯侮辱官吏罪，刑期执行完毕后，未逾五年复犯伤害及伪造公文书两罪，均合于再犯条件，固应各加本刑一等，再依俱发例处断，惟第一审于伤害及伪造公文书两案，既系各别判决，且本案判决时，伤害一案又已系属于控告审，除控告审在审理中自行更定刑名、刑期外，自应俟两案各别审判确定后，再依《刑事诉讼律（草案）》执行编第四百八十条之程序，适用《刑律》第二十四条、第二十三条，更定其应执行之刑名、刑期，方为合法。乃第一审于判决本案时竟误引《刑律》第二十五条，已属违法，且将业已提起控诉之伤害一案刑期牵入，定为执行刑期三年，又与程序法则相背。第二审未予纠正，亦有不合。（七年上字第601号）

一罪先发，致于后发余罪判决前执行终了，亦应将已经执行之刑通算后定之刑、定其执行刑期。

【续】上告人先发和卖一罪，经地方审判厅判处徒刑，于原审就后发余罪判决前执行终了，自应依《刑律》第二十四条，将已经执行之刑通算后定之刑，定其执行刑期；再由执行时，扣除其已执行之刑期。原判于此竟未过问，未免疏漏。（九年上字第1069号）

俱发罪中有某罪已经确定，后判应就现在所处之各刑与已确定之刑迳定执行。

【续】第一审判决于上告人既认其另案确定判决所处之刑与现在分别判处之刑应定执行刑，乃不迳依第二十四条、从第二十三条之例，就现在分别判处之刑与另案判决确定之刑定其执行之刑，竟先就现在分别判处之刑，依第二十三条第三款、第六款定执行刑后，再与另案判决确定之刑，依第二十四条第一项并上列条款更定其刑，自不合法。（十年上字第574号）

先判甲、乙两罪，经确定；后判丙罪时，应于处刑后，合前判之执行刑，更定其应执行之刑。

【续】上告人前经原审第一次判决时，除犯吸食鸦片烟部分外，更认其犯诈欺、取财二罪，分别处刑并经本院判定该二罪应执行之刑。则于更审后，既认为吸食鸦片烟一罪仍应成立，应即于处刑以后合与前所定之执行刑，依《刑律》第二十四条更定其应执行之刑。（十年上字第1029号）

第二十五条

俱发累犯罪互合，与累犯俱发情形不同。

【续】《刑律》第二十五条所称俱发与累犯互合，例如，先犯数罪，一罪先发，经确定审判受徒刑执行后，又犯一罪，当审理中复发觉其先犯未发之余罪，则余罪对于先判之罪为俱发，后犯之罪对于先判之罪为累犯。即后犯之罪对于后发之罪，亦具有俱发之形式，始得谓之俱发与累犯互合，始得将后发之余罪与先判之罪适用第二十四条，依第二十三条之例处断；再与后犯之罪所处之刑为并执行之宣告。本案情形，上告人不过再犯俱发罪，与上述情形不同，自应将其俱发各罪各依第十九条加重，仍依第二十三条定其执行刑。至其前科赌博罪之刑尚未执行完毕，应与后判之刑并执行之，固为执行上当然之办法。但《刑律》既无明文，自无庸于主文内宣告。（九年上字第1234号）

俱发罪之判决与累犯罪之判决，经各别确定后，应以决定谕知其应执行之刑。

【续】俱发罪之判决与累犯罪之判决，经各别确定后，能否以决定谕知其应执行之刑，法无明文规定，但《刑律》第二十五条实总括俱发与累犯而言，《刑律》第二十一条、第二十四条之情形，当然包含在内。呈准暂行援用之《刑事诉讼律（草案）》第四百八十条关于《刑律》第二十一条或第二十四条之情形，既许于判决确定后，得以决定谕知其应执行之刑，则《刑律》第二十五条俱发与累犯互合之际，其判决经各别确定者，亦得以决定谕知其应执行之刑，自无待言。（九年抗字第67号）

第二十六条

诈称官员，与强盗牵连之关系。

【正】上告人诈称马巡，入室行劫。其诈称官员即所犯强盗罪之实行方法，应依《刑律》第二十六条从一重处断。（三年上字第253号）

私擅捕禁为伤害人之手段时，从一重论。

【正】本案被告人既将甲、乙捆缚逮捕，复将甲殴打成伤、乙殴伤致死，核其犯罪行为，虽于触犯《刑律》第三百一十三条之罪外，又触犯第三百四十四条之罪，然核其犯意，专在逞凶殴打。其捆缚甲、乙至家，关门吊打，不过一种凶殴手段，显系犯一罪之方法；而生他罪之结果，应按照《刑律》第二十六条，从一重处断。（四年上字第427号）

以和诱为和奸方法者，从一重论。

【正】查被告人、和诱人本出于奸淫之目的，则其同居、奸宿即属犯罪所生之结果。故虽触犯和诱、和奸两个罪条，依《刑律》第二十六条，应从一重处断。（四年上字第759号）

捏写他人名氏，具状诬告，应从一重处断。

【正】捏写他人名氏，具状诬告，系犯第二百四十三条及第一百八十二条之罪、第二十六条，从一重处断。（五年上字第46号）

以略诱为强奸之方法，而其结果致人轻微伤害，应从一重处断。

【正】被告人强奸被害人致伤，供证确鉴，应无饰辩之余地。惟查该被告人略诱之目的系在强奸，而其结果因致人轻微伤害。核其情节，实与《刑律》第二十六条相当。（五年上字第164号）

伪造货币兼行使，系想像上俱发。

【正】伪造货币而兼行使，自应构成《刑律》第二百二十九条第一、第二项之牵连罪。（五年上字第 208 号）

设局图骗，其赌博为诈财之方法。

【正】三人以上用赌博方法实施诈骗，系触犯《刑律》第二百七十六条及第三百八十五条之罪，应依第二十六条，从一重处断。（五年上字第 357 号）

恋奸情热而将妇女和诱，为和奸之方法；伪造卖约，又为和诱之方法。

【正】恋奸情热，和诱有夫妇女并伪造卖约以备搪塞，应依《刑律》第三百四十九条第二项、第二百八十九条、第二百四十三条第一项，适用第二十六条，从一重处断。（五年上字第 400 号）

以伪造契据投税，经官属黏尾盖印，以伪造私文书为重罪。

【正】以伪造契据投税，经官属黏尾盖印，系犯《刑律》第二百四十三条、第二百四十一条之罪，应依第二十六条处断。（五年上字第 953 号）

因阻拦巡警传案，将其衣服扯破并撕碎传票者，其损坏及毁弃各行为，均为妨害公务之结果。

【正】因警佐持票传案，出头阻拦，将传票撕碎并将警佐衣服扯破者，其撕碎传票、扯破衣服之行为，均系妨害公务之结果，应依《刑律》第二十六条处断。（六年上字第 27 号）

伪造钱店之钱票并伪造该店戳记，预备在票上盖用，为伪造有价证券及私印，应依第二十六条断。

【正】伪造钱店之钱票并伪造该钱店之木质戳记，预备在票上盖用者，应成为伪造有价证券及私印之罪，依第二十六条处断。（六年上字第 198 号）

伪造两署公文，持向一人诈财者，依第二十六条，应论以一个行使伪造公文书之罪。

【正】伪造全省警察厅公文一件并伪造县知事示二方，内书“神庙重地，闲人免入”八字，持向庙内住持声明保护、索取保护费者，其伪造公文书行使以诈欺取财之所为，依第二十六条应论以一罪。（六年上字第 205 号）

伪造县署批稿及兼祧字据，于原妻外骗取兼祧妻者，为行使并伪造公私文书及重婚罪，依第二十六条断。

【正】伪造县署批稿及兼祧字据，捏称兼祧某人，于原妻外另娶兼祧妻，即将伪造各字交与收执者，应成行使并伪造公私文书及重婚之罪，依第二十六条处断。（六年上字第 254 号）

向人诈得银后，伪造第三人收条交付者，成行使伪造私文书及诈财罪。

【正】向某人诈得银款后，伪造第三人收条交付者，成行使伪造私文书及诈财罪，依

第二十六条处断。（六年上字第264号）

弃尸，为杀人之结果。

【正】杀人后，将尸体舁放河中。其遗弃尸体之行为，为杀人之结果。（六年上字第414号）

赁房营商，保有火险，竟复放火烧房、伪造账簿，要偿赔款者，其放火、诈财及于自己文书为不实记载，应依二十六条断。

【正】赁人房屋，开设商业。经向某公司保有火险后，竟将房屋放火烧毁，并伪造账簿持向保险公司要偿赔款者，应依《刑律》第二百四十四条、第三百八十二条、第一百八十六条及第二十六条处断。（六年上字第515号）

将典得之房屋冒称己有、出卖与人者，对于买主不另成诈财罪；出卖时，另伪造原买契，其行使伪造私文书之罪与侵占罪分别论之。

【正】将典得他人之房屋转当后，复意图变卖，备价赎回；因原业主向索原典契，即伪造买契、当契各一纸，用证该房为己有，卖与另人者，对于侵占之物，诈称有处分之权，乃侵占当然之结果，非另有诈骗买主之意思及行为，自不成立诈财罪。又伪造卖契、当契各一纸，用证该房为己业，并非侵占必有之结果，亦难谓系侵占之方法，应将行使伪造私文书之罪与侵占之罪，分别论之。（六年上字第606号）

于官员执行公务之际，辱骂掷石并因其弹压即行捆缚者，其妨害公务各行为与私擅捕禁行为，应依第二十六条处断。

【正】于书记官带同承发吏执行民事判决之际，率人登楼辱骂，并泼水掷石，肆行妨害；复因书记官饬警弹压，率人将书记官等人捆缚关禁。其妨害公务各行为与私擅逮捕、监禁行为，应依第二十六条，从一重处断。（六年上字第620号）

于某妇失途问路之际，劝到家内住宿，旋即纳为妾室者，和诱为和奸之方法。

【正】于某妇由夫家外出，迷失路径；走向问路之际，乘机劝往伊家住宿，旋即纳为妾室者，仍成和诱、和奸之罪，依第二十六条处断。（六年上字第664号）

伪造他人墨票者，为伪造私文书；持向索兑者，其伪造为行使诈财之方法。

【正】伪造他人墨票者，为伪造私文书。串令另人，执持强向索兑者，其伪造私文书行使以诈欺取财之行为，应依第二十六条处断。（六年上字第700号）

冒称禁烟查缉所查缉员拿获烟犯、罚钱花用者，其诈称官员为诈财之方法。

【正】冒称禁烟查缉所查缉员，纠人将某吸食鸦片烟之人拿获、罚钱花用者，成诈称官员诈欺取财之罪，依第二十六条处断。（六年上字第787号）

截断真正公文书以伪造公文书者，毁弃为伪造之方法。

【正】伪造某署公文书时，将某署另发之真正文书有印之后半页截下，黏用于所造公文书之后，其毁弃公文书为伪造公文书之方法。（六年上字第851号）

卖鸦片烟时，掺合假烟者，卖烟为诈财之方法。

【正】贩卖鸦片烟土，于内掺合假烟者，其诈欺取财与贩卖鸦片烟应依第二十六条处断。（六年上字第919号）

他人私文书以作成之名义人定之；伪造后，持以向另人诈财未遂者，以行使伪造私文书之既遂罪为重。

【正】伪造自己收存他人名义之私文书者，为伪造他人私文书；持以向他人诈取钱财未遂者，应以行使伪造私文书为重罪，依第二十六条处断。（六年上字第924号）

冒称委员张帖告示，向人罚款者，其诈称官员、伪造公文书为诈财方法。

【正】以县署查烟委员之资格，向人科罚钱款，解送县署，为滥用职权，使人行无义务之事。若捏称查烟委员，张帖告示并向人罚钱者，则为诈欺取财；与诈称官员及伪造公文书，应依第二十六条处断。（六年上字第973号）

存货行主将他人存货据为己有，并将账簿改造者，其于自己文书为不实记载，系业务上侵占之方法。

【正】存货行主将他人所存之货据为己有，复将批发流水账抽换页数、为虚伪之记载者，依《刑律》第三百九十二条、第二百四十四条及第二十六条处断。（六年上字第992号）

行使伪造文书，如在诈财行为完成以后，自不能依第二十六条处断。

【正】查被告人呈出伪约，系在诈财行为诉讼系属中；斯时，诈财行为早已完成，则此项伪造文书行为既非诈财之方法，亦非诈财之结果，自与第二十六条无涉。（七年上字第85号）

巡长拿获烟犯后，纵令逃走，系犯《刑律》第一百七十二条之罪；于纵逃后并将搜获之烟土侵占入己，应依《刑律》第二十六条处断。

【正】查甲身为巡长，于搜获乙烟土后，既已将其捆缚，则乙即已成为按律逮捕人；甲旋于看守之际，复因其央免，确有纵逃之积极行为，自非仅不为相当处分者可比，原审认为触犯《刑律》第二百七十二条之规定，殊属违法。且甲纵令乙逃走后，即将搜获之烟土侵占入己，核其情节，显有方法、结果之关系，而原审竟依《刑律》第二十三条分别处断，亦有未合。（七年上字第340号）

意图伤害人而以私擅逮捕、监禁为实施之方法者，不得依《刑律》第三百四十七条处断。

【正】查《刑律》第三百四十七条之规定，为总则第二十六条之例外，凡因私擅逮捕、监禁致人死伤者，方得援用。若意在伤害人，以私擅逮捕、监禁为实施伤害之方法者，自不包括在内，仍应依第二十六条，从一重处断。（七年上字第500号）

以伤害人之目的而私擅逮捕者，不适用《刑律》第三百四十七条，仍应依第二十六条处断。

【正】查被告人等将被害人吊悬梁上，断其两手之指，其目的实在伤害而不在逮捕，则其行为虽触犯两法条，而实质上仍有牵连之关系，自未便执《刑律》第二十三条之例以相绳。至第三百四十七条所称，“因犯本章之罪致人死伤者，援用伤害罪各条，依第二十三条之例处断”等语，系指因逮捕、监禁致生死伤之结果而言。其因伤害而逮捕者，自不在其内。被告人等以伤害之目的吊悬被害人，与该条固有未符，但既有捕缚行为，亦不能置诸不问；应比较私擅逮捕人及伤害人致笃疾两罪之重轻，依第二十六条处断。（七年上字第626号）

侵占公务上管有物后，伪造公文书，盗盖公印、私印，并伪造私印加盖其上，以为饰卸地步者，应援据侵占、伪造公文书、私印及伪造、盗用公私印文各罪，从一重处断。

【续】被告人将所经管县署之公款卷逃，并先伪造交款清单，加批“悉数收清”四字，盗盖县印并知事私印；旋又伪造批文一纸，叙明“准予辞职，并无经手未完事件”等语，亦盗盖有永福县印并加盖伪造知事私章，以为后来饰卸地步。第一审依《刑律》第三百九十二条、第二百四十六条、第二百四十九条、第二百三十九条、第二十六条处断，原审驳回控告，尚无不合。（七年上字第749号）

殴伤人时并扯破衣服者，应依《刑律》第二十六条处断。

【续】查该被告人于殴伤被害人时，并将其旧蓝布长衫大襟扯破。既据被害人告诉，又经第一审验明，并已从事审讯，是该被告人于伤害外，更有《刑律》第四百零六条第一款犯罪嫌疑，且核其情节，应依第二十六条处断。第一审未予论罪，已属疏漏；原审未予纠正，亦不合法。（七年上字第838号）

伪造契据，朦请官厅粘尾盖印，成立牵连，应从一重处断。

【续】查甲伪造契据，朦请财政厅验给契单、粘尾盖印。被告人行使此项伪契，系成立《刑律》第二百四十三条第二项及第二百四十一条之罪，依《刑律》第二十六条处断，方为合法。第一审未适用《刑律》第二十六条，祗依《刑律》第二百四十三条第二项科断，引律实属疏漏。（七年上字第841号）

预备案，聚以强暴、胁迫脱逃者，如已有损坏监禁处所械具行为，自已生有他罪。

【续】查被告人等于依法监禁中，共谋抢劫岗警枪支，逾墙逃走。既已分将木狗钉锉坏、木狗拉开，待时而动，固应成立《刑律》第一百六十九条第二项之预备罪。但该项之脱逃方法与同条第一项之犯罪范围不同，被告人等既已有损坏木狗情事，则除对于该条第二项成为预备犯外，对于第一项亦已达于着手之程度，自更成为该项之未遂犯。虽所犯不无方法、结果之关系，而要未可拘执偏端。以定谳上告意旨以为应专论以损坏械具脱逃之未遂罪，固属误解，而原审专论以聚众、以强暴脱逃之预备罪，亦嫌未协。（八年上字第217号）

不在业务之人，以结伙在途行劫之手段为帮助侵占之方法，应并引侵占罪条文处断。

【续】被告人甲教唆被告人乙等结伙在途行劫，以侵占自己业务上管有物，乙等以不在业务之人与甲共犯，依《刑律》第三百九十二条末段，应依同律第三十三条第一项之例处断。乃原判于乙等，但认为成立结伙在途行劫一罪，而于帮助侵占一罪置诸不论，虽科刑本应依《刑律》第二十六条从一重处断，而罪量攸关，究嫌疏漏。（八年上字第235号）

知为被逐之妇，尚未与其夫离婚而劝令改嫁，从中得财，系因营利和诱生教唆重婚之罪。

【续】明知人为有夫之妇，与其夫口角被逐出外，尚未断绝夫妇关系，乃商令改嫁，从中得财，系因犯营利和诱罪生教唆重婚之罪，应依《刑律》第二十六条处断。（八年上字第265号）

伪造文书行使，使官员交付买契后，又复行使，应分别伪造行使及使官员交付执照并后之行使各行为，从一重处断。

【续】伪造他人卖田契据及满贯收清文约，又转当契各一纸，并将卖契向县投税，领得税验买契一纸；涉讼后，复将各契约呈验。其伪造私文书并自己行使，使官员交付买契；又行使伪造私文书之所为；应依《刑律》第二十六条处断。（八年上字第450号）

伪造通匪信证，置人家内后，即将其人告发，诬告之方法上另生行使伪造证据罪。

【续】上告人因人催款甚急，乃伪造通匪信函及会匪凭证，潜置于其人家中，转托他人向县报告，除犯诬告罪外，显并犯《刑律》第一百七十八条之罪。惟其行使伪造关系他人刑事被告事件之证据，系诬告之方法，依第二十六条，应从较重之诬告罪处断。（八年上字第485号）

于略诱当时，伪造婚约及被诱人署押；被诉后，提出作证。与略诱罪，应从重论。

【续】于略诱当时，伪造婚约及被诱人署押，以备掩饰之用；及被诉到庭，即以此提出作证；应依《刑律》第二十六条处断。（八年上字第522号）

抬尸侵入人家，损毁其家屋器具，并逮捕人以为报复计者，其侵入行为系犯他罪之方法。

【续】将无名尸体抬入被害人家内，虽系无故侵入人家，触犯《刑律》第二百二十五条之罪。然其用意实欲借此将被害人捆缚送案并毁损其家屋器具，以为报复旧怨之计，则其侵入人家自系犯他罪之一种方法。（八年上字第959号）

以捕禁之方法杀伤人者，其捕禁行为仍与杀伤行为从重论。

【续】查《刑律》第三百四十七条之规定，乃指以私滥逮捕监禁人之意思，因私滥逮捕监禁而致人生死伤之结果者而言。若以私滥逮捕监禁之方法杀伤人者，应依《刑律》杀伤、私滥逮捕监禁各条及第二十六条处断；其于私滥逮捕监禁之后起意杀伤人者，应依《刑律》杀伤、私滥逮捕监禁各条及第二十三条处断，均与第三百四十七条无涉。（九年上字第85号）

图和奸而诱拐，为和奸之结果。

【续】查被告人因图与被诱人续奸，始行将之诱出，则其和诱行为，实不得谓非因和奸结果而发生，自应依《刑律》第二十六条从一重处断，方为适法。（九年上字第141号）

放火烧人房屋并毁及他物者，烧毁他物为烧房所生之他罪。

【续】原判叙述事实有“所有各家财物，咸付一炬”之认定。果其不妄，是于放火烧毁他人所有建筑物外，是否更烧毁建筑物外之他人所有物，并有无《刑律》第二十六条之情形，均应注意。（九年上字第164号）

因搬运赃物而受赠赃物者，其受赠为搬运之结果。

【续】被告人以搬运赃物受人赠与，而其所受赠者又系原赃，且未变卖得利，自无获利之可言，应适用《刑律》第三百九十七条第一项、第二项及第二十六条处断。（九年上字第274号）

入人家内略诱人者，不得专罪其略诱行为。

【续】上告人等意图略取甲某，先至乙某家内搜索未获，复在丙某屋内将甲某拖出，应认为构成略诱一罪与无故入人第宅两罪，依《刑律》第二十六条处断。（九年上字第286号）

伪造他人书状，呈请法庭注销他人请求者，伪造并行使行为与施诈术使官员为一定处分罪，从一重论。

【续】上告人等行使伪造私文书之目的，原系意图使法庭注销丙之请求再审；而施用诈术又触犯《刑律》第一百五十三条第二项之罪；应依《刑律》第二十六条处断。（九年上字第287号）

于以赌博为常业外，尚有聚众设赌营利之事实，应从一重论。

【续】上告人于以赌博为常业外，尚有开设赌场以营利之事实，应依《刑律》第二十六条从一重处断。（九年上字第519号）

以私擅逮捕、监禁人为伤害之前提方法，应从一重论。

【续】上告人等将被害人用绳捆至某人家内闭置一室，俟大众饭毕后，即将其引至一地方剜去双目。其私擅逮捕、监禁行为系伤害人之一种前提方法，依《刑律》第二十六条之规定，从一重处断。（九年上字第527号）

诈得契纸押钱。其诈取契纸与诈取钱文之行为，应从一重论。

【续】如果上告人诈得同乡会之契纸后，又假借会长某名义，向某人押得钱文。则于诈取契纸以外，更犯有诈取钱文之罪，且系诈取契纸之目的行为，应与诈取契纸，从《刑律》第二十六条处断。（九年上字第533号）

侵入人第宅，强奸致人死伤，应从一重论。

【续】侵入人第宅，强奸致人死伤，应依《刑律》第二十六条处断。（九年上字第

546 号）

诱拐与伪造婚书间并无何种介入行为，则伪造及行使均与诱拐行为不无方法、结果关系。

【续】伪造婚书既呈出法庭主张正常婚姻，应即以行使行为为重罪。又如伪造在诱拐以前，或虽在后，而诱拐与伪造间并无何种介入行为，伪造以为掩饰诱拐之证，则伪造及行使均与诱拐行为不能谓无方法、结果之关系，统应依《刑律》第二十六条处断。（九年上字第 560 号）

如因与人通奸情热，预造自由书为日后狡赖地步，则其伪造行为与相奸行为，应从一重论。

【续】上告人因与某人通奸情热，预备续奸起见，造有自由书为后日狡赖地步。则其伪造私文书之行为与相奸之行为不无方法、结果之关系，当依《刑律》第二十六条办理。（九年上字第 563 号）

行使伪造自己或他人私文书以实行和诱价卖，应从一重论。

【续】如果写立婚书时上告人等均在场，而婚书内主婚人名某，亦即系上告人某借字音以为影射，则婚书内所载“丈夫早故”等语，既系伪词，即应分别情形，论以于自己文书为虚伪登载及行使之罪。否则，自己和诱价卖乃以他人名义写立婚书，应即论以伪造他人私文书及行使之罪，均与营利和诱有方法、结果之关系，应依《刑律》第二十六条科断。（九年上字第 626 号）

伪造私文书署押兼行使之牵连犯罪。

【续】将他人交其代递禀词删改，另缮捏造他人花押，自系犯伪造私文书罪。惟既经呈递县署，显已行使捏造花押，显又触犯伪造及行使署押之罪。原审仅依《刑律》第二百四十三条第一项处断，而于其行使此项文书及伪造署押并行使之所为，漏未适用同律第二十六条处断，亦属违法。（九年上字第 786 号）

入人家内下毒杀人，应从一重论。

【续】被告人乘间入被害人家内下毒杀人，更不无无故侵入人第宅情形，虽依《刑律》第二十六条前段之规定结果，仍应从杀人重罪处断，然不能置侵入人第宅之罪于不顾。（九年上字第 1149 号）

结伙窃取铁道上钉木，系犯伙窃、妨害交通两罪，应从一重论。

【续】被告人等结伙三人以上窃取铁道上道钉及道木，显犯《刑律》第三百六十八条第二款及第二百一十一条之罪，应依该两条及同律第二十六条处断。（九年非字第 51 号）

诈财未遂又诬告者，应分别诬告是否诈财方法，从一重论或分别科断。

【续】向人讹索不遂，即赴警所捏报殴伤。倘诬告之时仍以诈财为目的，则诬告系诈财之一种方法，不能认为诈财之结果；若因诈财未遂变计诬告，其犯意又自独立，应各科其刑。（十年上字第 298 号）

杀人、诬告人，应从一重论。

【续】上告人杀人，本预以为诬陷某姓之手段，而诬告即系施行此种计划之结果，显有《刑律》第二十六条之关系。（十年上字第415号）

以无故侵入第宅，诈称官员，行使伪造证据，为诬告方法，应从一重论。

【续】上告人以无故侵入人第宅，诈称官员，伪造又行使关系他人刑事被告事件之证据，为诬告之方法，应依《刑律》第二十六条，从较重之诬告罪处断。原判置无故侵入第宅、伪造又行使关系他人刑事被告事件证据罪于不论，殊有未合。（十年上字第516号）

以杀人为妨害公务手段者，应从一重论。

【续】上告人吸食鸦片烟，经地检官访知，派令警长带同法警某某等前去捕拿，正搜翻烟具，上告人忿忿夺取手枪，至院连放二枪，射中法警某人左腹近下。似其放枪杀人之行为，即系妨害公务之手段，《刑律》第一百五十三条于此种以杀人为实施强暴之情形，既无特别规定，应即依第二十六条，从一重论。（十年上字第547号）

司法警察于承缉盗犯被捕后，得贿纵放其；收受贿赂与纵令脱逃有牵连关系。

【续】上告人以司法警察吏之身分于承缉盗犯已就逮捕后，得贿释放，显系司法官吏于其职务收受贿赂，因而为违背职务上之行为。核其所为，其收受贿赂一罪，与纵令按律逮捕监禁人脱逃一罪有牵连关系，应依《刑律》第二十六条处断。（十年上字第1178号）

因略诱而致人伤，应从一重处断。

【续】被诱人之伤，系上诉人实施略诱时所加强暴之结果。则因实施强暴而致人伤害，《刑律》第三百四十九条既无依第二十三条处断之特别规定，自应适用第二十六条，从一重者处断之原则。（十年上字第1323号）

强盗时，有缚人、毁物情事，祇论强盗罪。

【续】结伙侵入有人第宅之强盗，并有缚人、毁物情事。缚人为强暴之一种，毁物为强暴应生之结果，均无庸依《刑律》第二十六条处断。（十年上字第1378号）

向有直接处分财产权人朦请，饬令主管财产人贷给款项，而又串通该主管财产人以低价地照押去巨款者，其诈欺取财与背任罪为牵连犯。

【续】上告人捏造公司名义具呈省长，以低价地照向官银号抵押巨款。官银号主管立券人于省长饬令核议具覆之后，并不核议具复，又不调查地照实在价值，即行订立借券发给巨款。如系通用舞弊，该主管立券人又实系官员，则其违背职务图利自己或第三人，损害国家财产，应成立《刑律》第三百八十六条之罪。该上告人当然亦为该条之共犯，与《刑律》第三百八十二条罪质不符。虽该上告人先以欺罔手段捏造公司名义，朦请省长饬令该号借款，已有诈欺情事；如果省长对于该号财产，又确有直接处分之职权，该上告人固另构成《刑律》第三百八十二条之诈财未遂罪，然与其串同官银号主管立券人所犯之罪，当有方法、结果之关系，亦应依《刑律》第二十六条处断。（十年上字第1466号）

于杀人之先，强迫被杀人亲属书立无事字据，于杀人外生强使人行无义务事罪。

【续】上告人当杀人之先，曾有强迫被害人亲属书立无事字据情事。是其犯罪，系以强暴、胁迫，使人行无义务之事为方法，应依《刑律》第二十六条处断。（十一年上字第488号）

前为有夫奸，后为无夫奸，中间所犯和诱罪，难与前之有夫奸依第二十六条处断。

【续】前为有夫奸，后为无夫奸，中间所犯之和诱罪，殊难与前之有夫奸罪，遽从《刑律》第二十六条处断。（十一年上字第508号）

行使伪造货币，不生诈财罪名。

【续】原审认被告应成立收受后行使伪造之外国货币罪，尚无不合。惟该被告之行使此项伪币，其意在图利，本属当然之事，原审竟并论以诈财，依《刑律》第二十六条处断，其法律上之见解，殊有误会。（十一年上字第999号）

第二十七条

两罪之自由刑虽同，若有并科罚金者，自应以有并科罚金之罪为重。

【续】初审判决于被告人仅依《刑律》第二百七十七条处断；原审认被告人所犯者，乃第二百七十八条之罪。该两条之自由刑虽同，但第二百七十八条之罪尚应并科罚金，固应以该条之罪为重，则初判自系引律错误，致罪有失出。（八年上字第7号）

行使伪造私文书诈财未遂，应以行使伪造私文书为重罪。

【续】伪造私文书虽系两次，而提向人索债之行为则总为一个，且诈财既属未遂，依《刑律》第二十七条第二项之规定，应以一个行使伪造私文书既遂之罪为重。（八年上字第125号）

《刑律》第二十七条所称"以情节定之"者，原则上以目的行为为重。

【续】《刑律》第二十七条第二项所定"以情节定轻重"者，如两种行为中一为目的行为，一为方法或结果行为，除有其他情形外，应以目的行为为重。（九年上字第1176号）

第二十八条

连续犯，以侵害同一法益为要件。

【正】查暂行新《刑律》第二十八条所称连续犯罪者，系指以同种数个行为侵害同一之法益而言。该被告人等骚扰税局、拆毁牌匾，并将护兵殴伤，自不能谓为同一法益，即不能认为连续犯。（四年上字第268号）

一犯既遂、一犯未遂，苟认意思连续，仍处一罪。

【正】连续诈财，一次既遂、一次未遂，仍依《刑律》第二十八条处断。（五年上字第35号）

连续两次行使伪票，以连续犯论。

【正】查《刑律》第二百二十九条，本为保护造币权而设，被告人虽经两次行使伪票

而侵害者既为同一法益，又系连续实施，依第二十八条之规定，应论以一罪。（五年上字第 376 号）

连续犯罪，若侵害多数法益，仍以数罪处罚。

【正】查犯罪之数，应以所侵犯法益之数为标准。连续犯虽预谋以数次犯同一之罪，然若侵害多数法益，则仍应以数罪论。（五年上字第 612 号）

数次行为出于同一之意思，应认为连续犯。

【正】查该被告人犯罪原因，系由于觊觎承继财产，虽前后有两次抢夺行为，而实出于同一之意思，自系连续犯，应依《刑律》第二十八条以一罪论。乃原判认为俱发，适用《惩治盗匪法》处断，殊属违法。（五年上字第 951 号）

诬告罪数，以人格法益计之。其迭次诬告一人者，为连续犯。

【正】以一状诬告数人者，应以人格法益计其罪数，迭次诬告某人者，为诬告之连续犯。（六年上字第 943 号）

多次受一人赠赃者，为连续犯。

【正】前后受人赠与赃物三次，既系一人所赠，自系受赃之连续犯，不为常业。（六年非字第 135 号）

屡次帮助正犯贩卖鸦片烟者，应以连续论。

【续】屡次为人介绍出卖鸦片烟，显系连续犯罪，第一审未引用《刑律》第二十八条，自属疏漏。（八年上字第 4 号）

杀人未遂后，又杀害既遂者，为连续犯。

【续】初次谋杀本夫虽属未遂，而与后之共谋勒毙，犯意既相连续，自应依连续犯之例处断。（八年上字第 1001 号）

参预多人和奸一人之计划者，为连续从犯。

【续】共同正犯必以共同实施之人为限；其仅于事前参与计划并予以相当之助力者，除杀人、强盗等各有特例外，祇应论以事前帮助之从犯。若对于同一妇女实施和奸，而又以概括之意思，帮助他之多数人和奸并生结果者，则除自身成立和奸罪外，并应构成连续之和奸从犯。（十年上字第 139 号）

与人连次续奸，为和奸连续犯。

【续】该上告人和奸某女，自成奸后，曾经历次续奸，已为两审所认定。乃第一审于应认为连续犯一节，未予置议，原审亦未纠正，均属疏漏。（十年上字第 147 号）

以连续意思多次伤害一被害人，各次所致结果不一，仍应论为连续犯。

【续】被告殴打被害人系因诱令为娼不从而起，其迭次殴打之轻重虽先后不同，然以连续之意思，对于同一之法益为同一之行为，依《刑律》第二十八条，应以一罪论。原审判决认为连续伤害人致轻微伤害及伤害人致死两罪俱发，显系错误。（十一年上字第

1488 号）

略诱未遂后，又略诱既遂者，以一罪论。

【续】被告人因意图将被诱人价卖，先曾略诱一次，因被诱人不从未果，后复将其略诱。则其前之意图营利略诱未遂，与后之意图营利略诱既遂，其中显有连续情形，自应依照《刑律》第二十八条，以一罪论。（九年非字第 27 号）

妇女与多数人相奸，视其犯意是否连续，分别论为数罪或一罪。

【续】查妇女与多数人相奸，应以连续犯为理由论为一罪者，本以犯意连续为限。若仅先后与数人相奸而犯意各自不同者，即应论以数罪。（九年非字第 80 号）

第六章　共犯罪

第二十九条

共同正犯意思行为具备者，固不必论；即对于共同实施犯罪之行为有合同之意思者，虽各实行数罪之一罪，对于其全体，仍应负其责任。

【正】共同正犯意思行为具备者，固不必论；即对于共同实施犯罪之行为有合同之意思者，虽各自实行数罪之一罪，对于其全体仍应负其责任。盖各犯在合同意思之范围内，相互利用他人之行为，以达其犯罪之目的。其全部之结果发生共同犯罪者，固不能谓无预见。（二年上字第 39 号）

强盗共犯之责任。

【正】强盗共犯罪之成立，以有共同强取财物之意思与行为为要件，不以各别有强暴胁迫行为为要件。共犯中一人有强暴、胁迫，其他共犯苟有共同实施犯罪之意思与行为，亦应负同一之责任。（三年上字第 90 号）

干与积极消极行为，均为正犯。

【正】查犯罪实行，有积极、消极二要件。积极要件，即犯罪实行之积极进行行为；消极要件，即防止阻碍犯罪实行之消极行为。二者皆犯罪实行不可缺之要件。故犯人行为苟合于此二要件之一者，即为共同实行正犯。强盗罪之强取行为，属于积极要件；其把风，即合于防止阻碍犯罪实行之消极要件。是强取、把风，均应以共同正犯论。（三年上字第 221 号）

在场实施，不问何人下手，皆负共同之责。

【正】该被告人等均有持枪在场之事实，自不问何人开枪轰击，对于死亡之结果，皆应共同负杀人之责任。盖下手为一人或数人，其皆应成立共同正犯，在法律上本毫无区别。是该被告人等之所为，实系共同实施杀人之正犯，并非实施中之帮助行为。原判及第一审引律，自不免错误。（四年上字第 8 号）

仅系帮助口角者，不负其后之杀伤责任。

【正】仅系帮助口角，并无帮殴供证，而两审判决又均明认无共同杀人之认识者，不构成帮助杀伤罪。（四年非字第 26 号）

受托售卖烟土，即为贩卖共犯。

【正】查贩卖鸦片烟，《刑律》既有论罪专条。被告人当日售卖烟土，纵受人所托，但业有售卖行为，即已分担实施犯罪之一部，依据《刑律》第二十九条规定，显系第二百六十六条之共同正犯。（四年上字第 1231 号）

强盗、把风，系实施行为。

【正】强盗在门瞭望，系防备发生有碍实施之动作，为实施行为重要之职务。是虽分任之部分不同，其为实施行为则一，不得谓仅系帮助。原审解释律文，殊有错误。（四年上字第 31 号）

营利和诱罪之继续行为。

【正】查《刑律》第三百五十一条之意图营利和诱罪，虽以被害人入于自己监督内时为和诱既遂，然嗣后之诱卖行为，在法律上，皆应认为和诱行为之继续状态，不得以诱拐既遂之时即为行为最后完毕之时。故当诱卖以前，当然仍属于实施犯罪之际，所有共同实施或帮助犯罪行为之人，皆应依第二十九条规定，以正犯论，始与该条立法本旨相合。本案甲诱同乙出走，虽即为甲和诱罪之既遂，然其后经丙及丁等共同价卖，仍应属于营利和诱罪之继续行为；丙自应成立本罪之共同正犯。乃原审误解法意，谓价卖不过为事后之处分，认丙为收受被和诱人之罪，实属引律错误。（四年上字第 486 号）

共谋在场放火，虽未下手，亦为正犯。

【正】被告人听纠同行，在场放火，事先既有共谋，虽未下手，亦应依《刑律》第二十九条第一项，以共同正犯论。（四年上字第 406 号）

明知伪币而为送递，成立帮助意图行使交付于人之罪。

【正】查本案被告人对于他人所伪造之货币为之居间运送，是否负担刑事责任，应以该被告人有无帮助行使之故意为断。如该被告人并不知为伪币而为之运送，《刑律》上本不为罪。乃核阅原供，该被告人明知他人之银币出于自己伪造而犹为之居间运送，交付于人，其为知情帮助意图行使交付于人，毫无疑义。既有犯罪之认识，又有犯罪之决心，于刑法上之犯意、犯行实已具备，何得借口于运送营业行为，希图脱罪？（四年上字第 505 号）

继续他人诱拐行为，以转卖营利，仍成营利略诱。

【正】甲当日被人拐至某地，被告人究竟有无共同诱拐行为虽无确据，而甲之被诱拐，细按全案情节，被告人固属知情；乃继续他人诱拐行为，以转卖营利，仍属营利略诱范围，应依《刑律》第三百五十一条第一项处断。（四年上字第 1099 号）

在途接引，系略诱实施行为。

【正】被告人事前既有预谋贩卖情事，与某某等有犯意之联络；某某等实施诱拐之当日，被告人复在途接引，拟即送至塘楼出卖，又为分担实施行为之一部。核其所为，实构成《刑律》第三百五十一条第一项之共犯罪，非仅预谋收受、藏匿而不加入实施行为者可比。（四年上字第1129号）

准正犯之帮助行为，须有共同认识。

【正】《刑律》第二十九条第二项之准正犯，以与正犯有共同之认识而帮助实施为要件。被告人回家因见伊妻被奸夫殴伤，怒掴伊妻两掌，与奸夫加害行为，本无共同认识，且属两事，并非帮助共犯，不得依第二十九条第二项处以伤害罪。（四年非字第48号）

共犯以共同实施行为为断，是否首先起意，在所不问。

【正】查《刑律》，二人以上共同实施犯罪之行为者，皆为正犯，各科其刑。其犯罪之决心是否由本人最先起意，抑由他人引诱而成，于犯罪之成立并无影响。（五年上字第34号）

于正犯杀人之际，揪住喊叫人发辫，吓禁声张，系属实施中帮助。

【正】于他人用绳勒扣被害者之际，因案外人欲行喊叫，即将其发辫揪住，吓禁声张，系属杀人实施中帮助行为，应论为《刑律》第二十九条第二项之准正犯。（五年上字第79号）

共同正犯须备在场或共同实施行为之要件。

【正】甲虽有用弓箭与乙争打之情事，然经丙劝开走回；当丁随后持枪赶杀之际，甲并未在场，亦无共同实施行为，自不能以杀人共犯论。（五年上字第464号）

共同实施诬告者，应依第二十九条处断。

【正】本案出名具控之甲，系由该被告人纠约而来，而该被告人复与乙等同赴高等、地方两厅递状，其为共同实施，自无疑义。核其情节，实与《刑律》第二十九条第一项相当。原判及第一审判决均认为教唆及帮助，依《刑律》第三十条第一项、第二十九条第二项分别科处，实有未合。（五年上字第519号）

强盗事前与谋、事后分赃，系共同正犯，非造意犯。

【正】查被告人于实施强盗行为之时，虽不在场，而事前既已与谋、事后又曾分赃，自系共同正犯。两审认为造意犯，引律殊属错误。（五年上字第748号）

嗾令十岁幼女偷窃商店物品，归其收受，是为间接正犯。

【正】将十岁幼女押与商店主为婢，即嗾令偷窃店内银物多次，均归收受。其利用无责任能力者行窃之所为，系属间接正犯。（五年上字第779号）

率众行凶，对于所生杀伤行为，应均负共犯之责。

【正】查某某等或系堂弟或系子侄，当时蜂拥寻杀确系被告人所率领招致，综阅原卷，处处可考。行凶时，虽各自为之，然而回家［时］持刀相率而去，则不能谓无意思联络，即不能谓无共同正犯之责任。（五年上字第834号）

伙谋入室行窃、在外把风者，仍为正犯，但对于入室者之临时行强，不负责任。

【正】伙谋行窃，于同伙入室之际、在外把风者，仍为实施正犯。但入室者于入室后，因事主惊醒，即行殴伤，强取财物而出；把风者虽经分受赃物，亦不负强盗之责。（六年上字第 91 号）

于人拐人之后，加入骗卖行为，当为诱拐之共同正犯。

【正】因人以代为觅主佣工为词，将某妇拐诱至其家内；暗与串通，同将某妇卖与他人为妻者，为共同营利略诱罪。（六年上字第 110 号）

于他人侵占之际，帮同搬运者，为侵占之准正犯，非独立之赃物罪。

【正】他人将所租佃另人之器物，搬运他处藏匿者，本系侵占行为；而帮同搬运者，显系于他人实施犯罪之际，从中帮助，不得认为独立之赃物罪。（六年非字第 122 号）

分担强盗行为者，均为正犯。

【正】因争田败诉，率人割取田内之禾。事主撞见阻止，由同伙将事主捆绑，并以沙泥糊口；割禾者仍割禾不止。是其于捆绑事主，既经眼见，仍利用其机会割取田禾，乃系分担强盗行为；与捆绑事主者，均应成强盗正犯之罪。（六年上字第 176 号）

强盗把风，于入室搜赃者之伤人行为，亦负实施之责。

【正】强盗在房上瞭望把风，伙犯入室搜赃，伤害二人，把风者亦负共同实施之责。（六年上字第 200 号）

在场喝令他人打人成伤致死，喝令者及被喝令者均为共同正犯。

【正】因与子媳口角，喝令胞弟二人殴打，致将子媳打伤，越日殒命。喝令者虽未动手殴打，然既在场指挥，自系实施正犯，与造意犯不同；被喝令者，共同下手，概有犯意之联络，亦系共同正犯，与同时犯不同。（六年上字第 330 号）

同谋强盗而［在］外把风者，为正犯。但对于另犯之临时起意杀人及于行劫指定之某家外另行连劫之行为，不负责任。

【正】同谋强盗，临时在村外把风，仍为正犯。但对于入内行劫者之临时起意杀人及于行劫指定之某家后另复连劫别家者，在外把风之人，均不负责。（六年上字第 494 号）

共谋行窃，伙犯入内时在外接赃者，仍为正犯。

【正】共谋行窃上盗后，伙犯挖洞入内，而在外接赃者，仍为侵入窃盗之实施正犯。（六年上字第 636 号）

将他人诱来之妇女捆打出押为娼者，为营利略诱之共同正犯。

【正】因他人将所骗某妇送交收住，即行送往另家，复因某妇说出家有丈夫，致人不收留；即行捆缚殴打，嘱令不得再言家事，送与另人，商同将某妇包押妓管为娼；价未过交，又因某妇说出家事，遂致败露者。参与出押之人，均为营利略诱共同正犯。（六年上字第 677 号）

共谋杀人，雇由他人实施时到场监视者，亦为实施杀人；于共谋时，从旁附和者，为从犯。

【正】会议将某人枪毙，雇人实施并到场监视者，为杀人之实施正犯；于会议从旁附和者，为事前帮助。（六年上字第897号）

共谋入室强盗上盗时，行走落后，事后分得赃物，亦以正犯论。

【正】共谋行劫，于伙犯入人家内强取财物时，在外把风，事后分赃者，均为正犯。若于上盗时行走落后，虽未及实施强取、把风各行为，但事后分得赃物者，亦以正犯论。（六年上字第935号）

共谋行劫，中途畏惧不前，在船看守，事后分得赃物者，仍为正犯。

【正】共谋入室行劫，乘船上盗后，中途畏惧不前，在船看守，事后分得赃物者，仍为强盗正犯。（六年上字第937号）

听人纠邀持械杀人，行抵某人门首，在门外把守，由另人入内将某人杀毙者，亦为共同正犯。

【正】听人纠邀，随同持械杀害某人；行抵某人门首，在门外把守，由另人爬墙入室将某人杀毙者，亦为杀人之共同正犯。（六年上字第969号）

探悉某人携款经过某处，告由犯人抢劫得赃，事后分得赃物者，为强盗正犯。

【正】探悉某人将于某日窝带银款，由某处经过，即告知另人，由另人纠伙在途等候，拦抢得赃。此种眼线情形，已达于事前同谋之程度，如果事后分得赃物，即系强盗正犯。（六年上字第985号）

与人共殴，对于他人当同自己加害彼造之行为负共同责任，而于自己逃走后他人加害彼造之行为，不负责任。

【正】与某人分持器械，找向另人家内寻殴，将另人共同殴伤倒地后，因有人上前救护，由某人又将其殴伤倒地，即行先逃走；某人至门首复遇一人，又行殴伤。其对于在院内殴伤救护人之行为，应负共同之责，而于其逃走后另殴撞遇人之行为，既无共同之意思，自不负责。（六年上字第986号）

店主串同店伙，将所管之账簿、捏写他人借款者，为于自己文书为不实记载之共同正犯。

【正】开设行店之人串同该行司账，将所管之行账捏载他人借款者，为于自己文书为不实记载之共同正犯。（六年上字第1031号）

听纠行劫，在外接赃，于入内伙犯伤人行为，当然负责；杀人行为，不负责。

【正】听纠行劫，在村外接赃，而伙犯入内强盗，竟因拒捕于伤害人外演出杀人之事实，则在外接赃者，事前既与同谋，事后又复分赃，对于伤害人之结果，当然负责；惟于杀人之部分，则因强盗杀人之罪，以故意为构成要件，如不知情，自不负责。（六年非字第54号）

强盗事前并未同意，仅止事后受赃者，不成强盗犯。若共同强盗，听伙犯将身带钩镰抽去杀人者，则为强盗杀人之共同正犯。

【正】强盗事前同谋，事后分得赃物者，皆为共同正犯。若事前于他人共商强盗时，用言拦阻，临时又未实施，仅事后分得赃物者，则不能以强盗共犯论。又共同强盗，听伙犯将其身带钩镰抽去杀人者，自成强盗杀人之共同正犯。（六年非字第 57 号）

于他人实施伤害行为时，帮助拦阻被害人，应以准正犯论。

【正】查甲于乙被殴逃走之际，为其弟拦阻，以遂其殴伤之目的，系实施时帮助犯，应以准正犯罪论，与当场助势情形迥不相同。原判认为从犯，依《刑律》第三百一十五条处断，引律实属错误。（七年上字第 22 号）

于他人诱拐之后，加入共同价卖，仍属共犯。

【正】甲将乙诱至某处，与丙共同带往他处，商同丁等将乙价卖，丙、丁仍应同负营利诱拐罪责。（七年上字第 122 号）

互相赌博，乃系共犯，非各自独立犯罪。

【正】查赌博罪，乃必要的共犯，非二人以上共同实施，不能成立。本案被告人既系互相赌博，并有输赢，则其为共犯，毫无疑义。原审认为各自独立犯罪，不依《刑律》第二十九条处断，实属错误。（七年上字第 149 号）

强盗杀人与强取财物后又掳人勒赎者，非证明在共同计划内或确有帮助事实，不得令其他共犯同负责任。

【正】强盗杀人与强取财物之后，复又掳人勒赎，并非强盗所必有之行为，非先证明其在共同计划范围内或临时确有在场帮助之事实，本不得令负共同之责任。本案甲之被盗掳勒、乙之被盗杀死，当其被杀、被掳之时，该被告人已赴大门以外；丙之卧室内行劫后之勒赎，据各供证，被告人又不在场；则此项杀人及掳赎行为，既未能证明被告人确曾同谋，自不能率加以罪行。（七年上字第 936 号）

因掳人而拒伤事主身死者，其共犯均应负责。

【正】掳人勒赎，本强盗之一种。因实施强盗而伤人，又为强盗当然之结果。被告人帮助时，实不能谓无预见。则甲等掳人之际，既因乙上前救护，将其拒伤身死，被告人对于伤人致死一事，自不能不负《惩治盗匪法》第三条第一款之责任。原判谓其不应负责，殊属错误。（七年上字第 943 号）

共同殴打，不得仅就各人所实施之部分论伤害罪。

【续】被告人等下手殴打，本有犯意之联络，自系《刑律》第二十九条第一项之共同正犯。对于共犯间之实施行为，彼此均应负共同之责任。（八年上字第 246 号）

造假银交人诈财，虽诈财时并未在场，仍应负共同诈财罪责。

【续】伪造假银，交由他人行使以诈欺取财；当行使时，虽未在场，然既分担制造行为，并交与他人行使，自系共同实施之正犯。原审认为教唆犯，殊属不合。（八年上字第

506号）

以杀意在场帮拖，仍属共同正犯。

【续】被告人等既有共同杀人之犯意，临时又同在场帮拖，不能谓非共同正犯。两审认为帮助犯，殊属错误。（八年上字第1055号）

雇人发掘坟墓，又随时到场监视，为共同正犯。

【续】甲雇乙发掘坟墓，又随时到场监视。即未经亲自发掘，仍应以共同正犯论。原判论以教唆，殊嫌未洽。（九年上字第269号）

约明强盗在先，虽仅中途等候背赃，亦为强盗正犯。

【续】被告人于甲某等约劫乙某家财物时，显有事前同谋之情形。虽是晚已着手而因雷雨之障碍未遂，约定再往；及期，被告人又有不愿再往之表示，后经甲某约其运赃，始允前往为之搬运赃物。然被告人于次夜表示不愿再往行劫之时，如果已有不愿再往行劫之决心，仅允搬运赃物，则对于甲某等第二次往劫乙某家财物之行为，自不负共同罪责；若尚有继续行劫之意思，虽在中途等候背赃，未与同往，仍应认为分担一部之实施行为，不能不同负责任。（九年上字第274号）

伪造私文书，交由他人行使，于行使行为应共同负责。

【续】查甲上告人与丙因承继涉讼。于丙请求再审后，竟伪造丙注销再审状及甘休字，交由乙上告人呈递。是乙上告人行使伪造私文书之所为，甲上告人应共同负责。（九年上字第287号）

以共同利害关系参与谋议，并有同意计划推定他人担任实施杀人之事实者，为杀人之共同正犯。

【续】以共同利害关系参与谋议，并有同意计划推定他人担任实施杀人之事者，应负共同杀人责任。（九年上字第720号）

准正犯，须帮助在正犯实施中。

【续】《刑律》准正犯之成立，系指正犯实施犯罪行为之际，从而帮助者而言。若于正犯犯罪已经完成而事后加功者，除法律特设规定，有时构成独立犯罪外，不能有共犯之关系。（十年上字第146号）

杀人共犯，不以下手为限。

【续】杀人罪之共犯中，虽仅在场、未曾上手而所犯事实果在合同意思之内，亦应认为共同正犯。若他犯所实施之行为超越原定计划之范围，则应就其所知之程度负其责任。（十年上字第576号）

加暴行于人，未至伤害，不因人另有伤害行为而共同负责。

【续】被告人加暴行于某人，未至伤害；而某人之死，由于另人之独立伤害行为，与被告人暴行无关，被告人自不能与另人负同一之责任。（十年非字第126号）

利用无故意之人犯罪，系间接正犯，非准正犯。

【续】某人乘被害人患病购得红信、白糖各一包，揣至某氏家，将信掺和糖内交由某氏，嘱其捏称系属白糖，转令被告送与被害人服食；翌日，毒发身死。被告于转送之时，既不知糖内含有信毒，则某氏即立于间接正犯之地位。原审认为准正犯，适用《刑律》第二十九条第二项处断，其法律上之见解，自属不合。（十一年上字第987号）

代运吗啡，为运送正犯。

【续】代人运送金丹，显属共同运送金丹之正犯。原审乃认为《刑律》第二十九条第二项之共犯，系属违背法令。（十一年上字第1521号）

共同加害人对于共同行为所发生之结果，应负共同之责。

【补】多数人伤害多数人，如伤害行为系加害人全体对于被害人全体之共同行为，则因此共同行为之总体中所发生之结果，无论系因接触其行为总体之全部而发生，抑因接触于一部而发生，各实施其共同行为之加害人，对于所发生之结果全部，均应负共同之责任。（十五年上字第694号）

第三十条

造意犯与间接正犯之区别。

【正】查现行刑法，凡教唆有责任能力者使生犯罪决心，因而实施犯罪者，曰造意犯。利用无责任能力及无故意之人，因而实施犯罪者，曰间接正犯。二者各有成立要件，不能混同。原判谓“甲系有责任能力之人，不能为乙所左右，不成为教唆犯”云云；于间接正犯与造意犯之区别，不免有所误会。（四年上字第606号）

造意犯成立之标准。

【正】按第三十条，造意犯之成立，须被教唆者自无实施犯罪之意思。若其已有犯意，仅由他人加以助成，则助成者自应为第三十一条第一项之帮助犯。本案甲先有处死乙之意思，然后请求丙代书字据，业经证明。是丙代书字据，绝无教唆情事，仅可认为帮助行为。第一审依第三十一条论断，自属正当；第二审谓其为助成致死之决心，显有共同造意情节，依第三十条第一项论断，殊属不合。（五年上字第672号）

律师唆人诬告并为拟缮状词者，为诬告之教唆罪。

【正】律师为人承办诉讼案件，向诉讼本人商说“非将某人牵控在内，其案不易办理”；经本人允许后，即捏造事实，代拟状词，缮写多份，交由本人分别投递者。该律师应成诬告之教唆罪。（六年上字第90号）

教唆犯以被教唆者本无犯意，因教唆而决意并实施者，方能成立教唆罪。

【正】《刑律》第三十条之造意犯，乃指被教唆者本无犯罪之意思，因教唆而决意并实施犯罪之谓。若被教唆者已先有犯意，而为之共同计划或与以训导指示者，则应成立他项罪名，不能以教唆论。（七年上字第820号）

和奸，有教唆犯。

【正】甲向乙劝诱出嫁。于是月，引至家内，其夫丙瞥见，亦即容留；旋甲即命其子丁与乙奸宿。原审依《刑律》第三百四十九条第二项判处甲罪刑，依第三百五十二条第二项第一款判处丙罪刑，固无不合。惟甲并犯教唆和奸罪，原审未依《刑律》第二十六条处断，殊属疏漏。（七年上字第836号）

教唆罪须被教唆者因其教唆所实施之行为构成犯罪，教唆者始能成立教唆罪。

【正】查造意犯，须被教唆者因其教唆而实施之行为构成犯罪者，始能成立。又查《刑律》第一百八十一条第一项之伪证罪，以为虚伪陈述者，系依法令而从事于作证之人为关于身分之成立要件。本案被告人教唆其侄女甲到案伪供，固属实情，然甲年甫十二岁，依法本不能为证人；虽其陈述虚伪，而关于身分之成立要件既不具备，在甲之伪证罪已无由构成，则案外之人自难成立教唆伪证之罪。（七年非字第68号）

教唆人仅应就所教唆之限度负责。

【续】教唆人于正犯所实施之犯罪行为，有逾越所教唆之范围时，仅应以其所教唆之限度定其责任。（十年上字第475号）

于惯犯同种罪之人，引其为具体之犯罪者，仍为造意犯。

【续】匪首虽积惯抢掳，然其对于特定之甲某家并无具体或概括抢掳之犯意，被告人乃因挟嫌为之充当底线，引匪入村指点门户，俾将某甲等掳去泄忿。是匪首实施掳捉某甲等之行为，实由被告人之造意而发生，即为掳人勒赎罪之造意犯。原判乃认为事前帮助之从犯，法律上之见解不免错误。（十年非字第12号）

第三十一条

参预阴谋，不能以从犯论。

【正】查《刑律》第三十一条，从犯，以在正犯实施以前有帮助正犯之行为为构成要件。而其所谓帮助正犯行为，乃使正犯易于实施犯罪之积极或消极行为。本案被告人于正犯实施前，仅应允帮同实施，不过参与杀人阴谋，并无使正犯易于实施犯罪之行为。原判科以杀人从犯，实属引律错误。（三年上字第70号）

从犯之体样。

【正】《刑律》第三十一条之从犯，系仅在实施犯罪以前有帮助正犯之行为。第三百一十五条之从犯，系指他人实施犯罪行为之际，仅在旁助势而言。（三年上字第209号）

从犯与正犯之区别。

【正】查《刑律》第三十一条之规定，于实施犯罪行为前帮助正犯者，为从犯。其二人以上共同实施犯罪之行为者，应依《刑律》第二十九条，各以正犯科断；并不因犯罪人听从他人之言而始共同实施犯罪行为，即可以从犯论。律有明文，不容曲解。（四年上字第40号）

从犯须有帮助行为。

【正】查暂行新《刑律》第三十一条规定，于实施犯罪行为以前帮助正犯者，为从犯。是从犯之成立，必须具备实施犯罪前之时期及帮助行为两要件而后可。奸妇将事前被打情形转告奸夫，由奸夫将其夫杀死，事后又帮助奸夫埋藏尸体，随从逃走，不过为犯罪动机及事后独立犯罪行为，不能推定为知情同谋，遽认为杀人从犯。（四年上字第 59 号）

代有奖义会印刷字码，为发行彩票之事前帮助犯。

【正】查有奖义会之性质，原属一种彩票，曾经官厅命令不得于限定之区域以外发行。则某某等违背禁令，在省外某地方公然开设，共收纸币百三十余元之多，其成立《暂行刑律》第二百七十九条之罪，自无疑义。惟查《刑律》第二百七十九条之罪，必以发行为成立要件。则于发行以前帮助行为，自系属于实施犯罪行为前之帮助，应依第三十一条规定，成立本罪之从犯。本案被告人代有奖义会印刷字码，其为实施发行彩票以前之帮助，自无疑义。乃第一审判决遽认为实施中之帮助，依第二十九条第二项规定准正犯论，引律实属错误。（四年上字第 517 号）

摹刻交通银行票火车头铜版，为伪造货币之从犯。

【正】查共同正犯应以实施犯罪者为限。被告人为他人摹刻交通银行票火车头铜版，系属伪造货币之预备行为，依《刑律》第三十一条第一项之规定，应以从犯论。原判认为共同正犯，殊有未合。（四年上字第 1034 号）

事前帮助，必与正犯之实施行为有直接关系。

【正】《刑律》第三十一条规定，于实施犯罪以前帮助正犯者，为从犯。然其帮助行为必与正犯所实施之犯罪有直接之影响，始能成立。若仅有曾至被害人场内欲收麦粮之事实，而于正犯之杀伤行为毫无关系，何所谓事前帮助？即非从犯。（五年非字第 5 号）

于人已起杀意之后，代写愿书，致人意坚而杀人者，为事前帮助。

【正】因外侄欲将胞弟处死，央经代书，甘愿将弟处死甘结者，其外侄既早有杀意，并无待于教唆，而代书甘结之所为，不过于实施犯罪以前代立愿书，以坚其外侄之意。是为事前帮助，不得论为教唆。（六年上字第 74 号）

因强盗询问，告以某处各家有钱无枪者，为强盗从犯。

【正】因有素识某人向问某处一带谁家有钱无枪，可以抢劫，即告以某处各家均有钱无枪，嗣某人果即向某处行劫，则告者成事前帮助强盗罪。（六年上字第 592 号）

因自己扬言某人有钱，经人起意行劫，询由告明路径，即行劫抢者，则告明路径之人，为强盗从犯。

【正】因与某人有嫌，时为扬言有钱刻薄；经另人闻知起意行劫，向其告知情由，探询路径，即据实告，由另人率人抢劫某人者，为事前帮助强盗之罪。（六年上字第 1066 号）

容留强盗，供给饮食，有事前帮助嫌疑，应查明有无知情故意；其并分得赃物者，尤应注意其是否知情同谋。

【正】甲与乙既素相认识，于乙等上盗以前，容留在家，供给饮食，显有事前帮助嫌疑。原审于甲有无知情故意，未予讯明，已有未合；况甲事前供给饮食，事后又分得赃物，是否知情同谋，亦应研究。（七年上字第49号）

供给窃贼住所，使其容易行窃，应以事前帮助论。

【正】此次行窃某家之甲，即在乙家拿获，乙明知其将行窃，故意窝留在家。原判以乙供给甲住所，使其容易行窃，认为成立帮助窃盗罪，依《刑律》第三十一条、第三百六十八条处断，尚无不合。（七年上字第270号）

贪图报酬，将家藏枪支借盗行劫，系事前帮助之从犯。

【正】甲与盗犯乙素识，乙与人同谋抢劫，知甲家有枪支，向之借用，允于分赃时给一枪股；甲贪图枪股，即将藏枪借给乙抢劫人家财物。原审以甲系图借给枪械之报酬，与事前同谋、事后分赃之共犯有别，依《刑律》第三十一条、第三百七十三条处断，尚无不合。（七年上字第321号）

代人作诬告状纸者，应以事前帮助之从犯论。

【正】甲起意诬告乙，讬丙写具诉状，向县投称乙拐卖其妾等情。查核该状内，丙并未列名，而所供又仅认代做过状纸，原判亦即以此认为确定事实。是其帮助行为，仅在甲实施犯罪以前，自应依《刑律》第三十一条，以从犯科断。（七年上字第569号）

出结允许族众杀害伊侄及弟者，应以杀人从犯论。

【续】查甲等欲置被害人于死，以被害人系上告人乙之胞侄、丙之同祖兄弟，遂将被害人拖至乙、丙门外，问明乙、丙；乃乙、丙竟出具结文，交与甲等声明，并不翻异。甲等始将被害人捆缚，沉河身死。是上告人乙、丙等之所为，实系事前帮助之从犯。（八年上字第349号）

为强盗摇船，未参与谋议者，系事前帮助。

【续】知人实施强盗行为而未参预强盗之谋议，则代为摇船，要不过为事前之帮助；其事后之受赠赃物，亦系帮助强盗之结果。（八年上字第932号）

他人本有诬告意思，代作状者，虽参加己见、张大其词，亦仅成立帮助罪。

【续】甲本与乙等挟有夙嫌而有诬告之意思，被告人代甲作状，虽复参加己见、张大其词，亦不过帮助诬告之一种方法。且其帮助系在实施以前，依《刑律》第三十一条第一项，应以从犯论。（八年上字第966号）

于和奸并未实施，祇参预和奸计划，为从犯。

【续】共同正犯必以共同实施之人为限；其仅于事前参与计划并予以相当之助力者，除杀人强盗各有特例外，祇应论以事前帮助之从犯。若对于同一妇女实施和奸，而又以概括之意思，帮助他之多数人和奸并生结果者，则除自身成立和奸罪外，并应构成连续之和奸从犯。（十年上字第139号）

因匪徒探问可掳富户，告以某家有钱，虽于事后分赃，亦应以从犯论。

【续】上告人仅因匪徒向问可掳富户，告以某家有钱，显属事前帮助之一种行为。虽于事后分赃，亦系事前帮助之结果。覆审认为共同正犯，殊属错误。（十年上字第1139号）

于他人实施略诱行为以前，允派甲、丁同往，借壮声威，应以从犯论。

【续】上告人于他人实施略诱行为以前，允派甲、丁持枪同往，借壮声威。在甲、丁一方，固为当场助势之准正犯，而在上告人一方，仅有事前派令同往之行为，仍为于他人实施犯罪行为以前帮助正犯之从犯。原判认为准正犯，实属引律错误。（十年上字第1176号）

帮助犯须对于正犯所犯事实具有认识而加以助力。

【续】查《刑律》帮助犯罪，须对于正犯所犯事实具有认识而加以助力，始能成立。（十年非字第60号）

闻盗欲往某家行劫，遂留其食宿并给与路费，如事前未约定分赃，事后亦未得赃者，应以从犯论。

【续】被告人与其继母夙有仇怨，因闻某人等欲往其继母家行劫，遂留家内食宿并给与路费，事后并未分得赃物，事前亦无分赃预约，自难谓系共同正犯。原判认为事前帮助之从犯，尚无不合。（十年非字第78号）

正犯已成立，而后有从犯可言。

【续】查《刑律》第三十一条之从犯，必正犯业已成立犯罪，然后有从犯之可言。本案某人等意图行劫，嘱被告人代制军衣十套；该被告人即购买布疋[1]代为制造，虽于某人等意图行劫之事前有帮助之行为，然被告人于军衣尚未交付，即被警局查获。某人等于强盗行为并未着手，是某人等既不成立强盗罪之正犯，该被告人自亦无强盗从犯之可言。（十年非字第118号）

买鸦片烟送人吸食，除有连续情形外，仅成吸食之从犯。

【续】查本院统字第526号解释，系就收藏鸦片烟土专供一人吸食者立言。既曰“专供”，则吸食鸦片烟人之吸食及收藏鸦片烟人之供给，均非一次极为显然。于人连续吸食之中为连续供给之事，故解释上以该情形为限，认为实施中帮助之准正犯。本案被告之为姐买烟，确因其姐患病而其姐向日并不吸烟。则即使其姐于该被告人买送烟土后因而吸食，该被告人之帮助，既在其姐实施吸食以前，亦仅成立吸食鸦片烟之从犯。上告意旨不察统字第526号解释之真义，漫然指为本案情形，恰与相合，殊属误会。（十一年上字第107号）

第三十三条

帮助他人卖妻，不能即认为实施正犯。

【续】和卖及强卖乃系因身分而成立之罪。所谓身分者，指依法令、契约担负扶助养

---

〔1〕 布疋（yǎ），布以匹计，故统称布为布匹。

育保护之义务者言之。上告人于某人不过为疏远之族人，又隔村居住，对于被害之某氏并无扶助养育保护之义务，即因某人和卖其妻而有所帮助或教唆，依《刑律》第三十三条仍以共犯论。然亦仅应分别其帮助或教唆之情形，依帮助或教唆各条处断，而不能即谓其为共同实施。（九年上字第613号）

第三十五条

强盗因点火照赃，以致失火延烧并烧死人，非强暴、胁迫之结果，伙犯非有共同过失，不负其责。

【续】强盗行抢店铺时，因点火照赃，误将洋油桶打翻，油溅火麻之上，以致登时燃烧。事主之甥女避火不及，遂被烧死，显系一种过失行为，不能认为实施强暴当然之结果。被告人当然既在权台外瞭望把风，亦无共同过失可言，自不能使之共负责任。（十年上字第1088号）

第七章　刑名

第三十七条

从刑以附加主刑而宣告之，为原则。

【正】从刑，在原则上，必附加于主刑而宣告。故于办理开设烟馆案件并搜获赌具者，如未就赌博行为加以裁判，自不得没收赌具。（六年非字第52号）

没收，除有特别规定外，凡主刑不存在者，不得单科没收。

【正】查没收为徒刑之一种，与主刑有附随之关系。除有特别规定外，凡主刑不存在者，不得单科从刑。本案被告人是否伪造私印，既经原判认为无从证明，未科罪刑，而其伪造官印假票又经第一审免诉，乃原审仍将各该假印假票，悉予没收，殊有未合。（七年上字第721号）

褫夺公权，于主文内宣告。

【正】褫夺公权为从刑之一种，应于主文内宣告之。（七年上字第890号）

第四十四条

年老、染病，不得为易科罚金之理由。

【正】暂行新《刑律》第四十四条，徒刑、拘役易科罚金之规定，系指执行确有窒碍者而言。若仅系年老、染病，则不得为易刑之理由。如因拘禁制度及处所之不备，难以执行时，该指挥行刑之检察官，自可根据拘禁行刑之原理、原则，以他法救济。（二年上字第3号）

徒刑易科罚金者，仍以徒刑执行论。

【正】判处徒刑易科罚金，执行完毕后，更犯徒刑之罪者，应从再犯之例处断。（六年上字第64号）

一家人口赖受刑人为生活，不能谓为执行实有窒碍。

【正】因受刑人一家人口赖受刑人为生活，谓为执行实有窒碍，准易罚金，实有未合。（六年抗字第 2 号）

易科罚金，应由审判官之裁量；若易科之原因并不存在，更无适用换刑处分之余地。

【正】查《刑律》第四十四条易科罚金之规定，系以易科与否委诸审判官之裁量；初非执行实有窒碍，遂必须易科。若易科之原因并不存在，更无适用该条换刑处分之余地。（六年抗字第 26 号）

执行自由刑，国家或社会必受重大损害，现又无他法救济者，始得谓为窒碍。

【续】查《刑律》第四十四条规定之易刑办法，以执行实有窒碍为一要件。所称窒碍，应从严格解释，除因执行，国家或社会必受重大损害，现无他法足资救济者外，余均不应许可。本案检察官原请求意旨略称：抗告人商业上自经手未完事件，受执行时，不免有所波及等语。无论茶帮、牙人，除抗告人外，尚有多人；且抗告人于判决确定后，又经取保在外多日；即有经手未完事件，亦不难陆续清结，实际上毫无窒碍之可言。就令原请求意旨所称属实，亦与上列条文规定之窒碍情形全然不合，原审驳回检察官之请求，尚无不当。（十年抗字第 17 号）

第四十六条

妇女亦应褫夺公权。

【正】依《刑律》第三百三十一条、第四十六条之规定，凡犯第三百一十二条之罪者，均应褫夺公权。上告人虽系妇女，于第四十六条所列各项资格多不能享受，然有第五项之资格，则无疑义；且在律既有明文规定，自应按律办理。乃第一审对于上告人竟未宣告从刑，原审亦未纠正，均属违法。（四年上字第 158 号）

现行法令对于妇女所不许资格，无褫夺可言。

【续】现行法令对于妇女所不许之资格，无褫夺可言。原判于上告人某氏依《刑律》第三百四十三条、第四十六条褫夺公权，全部亦属不合。（九年上字第 641 号）

第四十七条

《刑律》第四十七条之褫夺公权，须定期限及褫夺何项资格。

【正】依暂行新《刑律》第四十七条之规定宣告褫夺公权，须指定期限及宣告第四十六条所规定之资格。（二年上字第 1 号）

于得褫夺公权者，褫夺公权以宣告徒刑以上刑者为限。

【正】《刑律》第四十七条规定，褫夺公权以科徒刑以上之刑者为限。故虽法定最重本刑为徒刑而科处者为拘役，即不得褫夺公权。（六年上字第 59 号）

第四十八条

没收物，以保管、扣押者为限。

【正】没收之物，以已经保管、扣押者为限。若未经保管、扣押之物，须追缴没收者，

除法律有明文规定外（如《刑律》第一百五十一条），不得为之。（四年上字第175号）

没收，应以法定条件为标准。

【正】没收之物，应以法定条件为标准。本案第一审判决对于强盗一罪即认为不能成立，则没收之物，除卯枪、子弹、烟具外，其皮袄各物当然不在没收之列；如谓系他项犯罪所得之物，然查阅两审判决又属毫无根据。原判没收皮袄各物，与《刑律》第四十八条之规定不合。（四年上字第24号）

于土地先已典得后，因赌欠作为加价杜卖，不可谓因犯罪直接所得之物。

【正】本案被告人所得地亩，先由所有者当给被告人管业，后因赌博输负，遂加价杜卖，以偿博负。是此项地亩，不得谓为因犯罪直接所得之物。原判竟行没收，实属违法。（五年非字第7号）

没收物，以动产为限。

【正】《刑律》可得没收之物，以动产为限。（五年非字第7号）

犯人所持之物，于实施犯罪行为不能证明其有直接关系，又非犯罪所得，即未便没收。

【正】驾大轮车以贩卖油酒为名，偏游村堡，乘间窃取财物。车马、油篓等物，于实施窃盗行为既无直接关系，又未能证明其物是否为行窃所得，则自未便没收。（五年非字第48号）

赌博赢之钱，尚未交付者，不得没收。

【正】因赌赢钱，输者仅以别物作押而所赢之钱尚未交付者，不得没收。（六年上字第334号）

赌博赢钱，输者立给之借据应没收。

【正】赌博赢钱后，经输者立给之借据一纸，为因犯罪所得之物。（六年上字第714号）

文书中虽仅一部分系属伪造，其伪造之部分仍应没收，再由执行衙门按照《刑诉律》第四百九十八条办理。

【正】查被告人所执挖补、涂改之官契，虽应还给，然其中关于伪造部分，仍应由审判衙门依《刑律》第四十八条第二款宣告没收，再由执行衙门依《刑事诉讼律（草案）》执行编第四百九十八条，表示为伪造之处，还给之，方为合法。（七年上字第601号）

应行没收之物，不得仅予涂销存案，须适用法条并于主文中宣告之。

【正】伪照六张，显系供犯罪所用之物。原县判决仅予涂销存案，并未依律没收，原判竟未纠正，殊不合法。（七年上字第758号）

《刑律》第四十八条第三款应行没收之物，以因犯罪所得之原物并经搜获者为限。

【正】查《刑律》第四十八条第三款，“应行没收之物，除有特别规定者外，以因犯罪所得之原物并经搜获者为限。”本案被告人贩卖鸦片烟，虽经得有银两，关于贩卖鸦片烟之罪，既无追缴价额明文，原审仅就账簿记载计算其所得价额之总数，未将原银搜获，漫予没收，殊属违法。（七年非字第127号）

伪造之期票，仍系供犯罪所用之物。

【续】《刑律》第四十八条第一款之规定，乃指私造或私有禁制物品而言。此案上告人伪造之上条（即期票），仍属供犯罪所用之物，与私造禁制物品不同，则其没收之根据，应依该条第二款之规定，方为合法。原判误引该条第一款，殊属违法。（八年上字第76号）

因买人成罪所得之卖字，应没收。

【续】上告人买良为娼时，所得之绝卖字及担保字各一纸，系该上告人因犯罪所得之物，以外更无权利者在，应予没收。（八年上字第138号）

没收烟枪、烟斗，应并引《刑律》第四十八条第一、第二两款。

【续】烟枪、烟斗并属违禁私有之物，原判仅依《刑律》第四十八条第二款没收，漏未援引同条第一款，不免疏略。（十年上字第987号）

押人为娼后，所执之押据应没收。

【续】上告人押人为娼，呈案之押据一纸，既分与上告人收执，即属犯人以外无有权利者存在，两审判决漏未没收，应补判。（十一年上字第731号）

警所起获应没收之物，其与检察官同其侦查职权之县知事，基于扣押之权，得命保管于警所者，以已经扣押论。

【补】应行没收之物，经警所起获，如有与检察官同其侦查职权（《刑诉条例》第二百三十三条第三款）之县知事基于扣押之权，命令允准委任使保管于警所，不得以未经扣押在案论。（十四年上字第1469号）

第四十九条

没收物，犯人以外别有权利者，不能没收。

【正】按没收之物，以犯人以外无有权利者为限，见于《刑律》第四十九条之规定。又应行没收之物，若已费失，[1]须追缴其价额者，亦须律有明文。如《刑律》第一百五十一条，即其一例。本案浮收之金额，各有所主，不能宣告没收。（四年上字第499号）

诈取之赃物，不得没收。

【正】假作媒合，骗取身价银两，在被告人一方，固为因犯罪所得之物，而在被骗者一方，仍系被诈之赃。既经被害人为私诉之请求，自应追还给领，不得没收。（四年非字第31号）

---

〔1〕 费失，即耗费。

窃盗之赃物，不得没收。

【正】受行窃人所赠之赃物，虽经起获，而赃物既由偷窃而来，自非犯人以外无有权利者可比，不得滥予没收。（六年非字第135号）

经县公署吊缴存科之物，不得没收。

【正】查《刑律》第四十九条规定，没收之物，以犯人以外有无权利者为限。被告人呈案之串根执照，既经天台县认系公署吊缴存科之物，原审率予没收，殊属违法。（七年上字第183号）

巡长搜获烟土，其烟土即属巡长公务上管有物，不得没收。

【正】被告人身为巡长，所侵占之烟土既系公务上之管有物，则该物之所有权者，并非被告人。乃原判竟置《刑律》第四十九条于不问，滥予没收，殊属错误。（七年上字第340号）

被害人可以请求返还之物，不得没收，尤不得判予涂销附卷。

【续】被害人所交上告人之四十两借字一纸，原以补当价之不足，虽亦由上告人之欺罔行为所取得，而被害人本可请求返还，原审竟判予涂销附卷，实无根据。（八年上字第72号）

强盗赃物，虽无主认领，不得没收。

【续】查第一审判决，因上告人犯强盗罪，于在上告人家所起获之赃物，除经失主认用者外，竟认为无主，引同律第四十八条没收；原审不予撤销，复为补引同条第三款认第一审判决没收之部分为无不当；法律上之见解，殊有错误。（九年上字第187号）

犯人，以到案之人为限。

【续】《刑律》第四十九条所谓“犯人”，系指到案之人而言。若到案之人所指共同犯罪之人，其人既未到案受审，则是否确曾犯罪，即在不能豫定之列，不可概指为本条所称犯人。故获案之物，如确属于案外之人，则没收时，即应受本条之限制。（九年上字第845号）

以欺诈所得之票据，被害人有请求返还权，不得没收。

【续】被害人立与上告人兑毛洋一百二十六元字据一纸。如果上告人确已构成诈财罪，自不能谓非因犯罪所得之物。惟被害人对于该字据有请求返还之权利，则依《刑律》第四十九条之规定，当然不能没收。（九年上字第1078号）

犯罪人既将犯罪物卖出，不能就之为没收之宣告。

【续】金丹既已卖出，除因情形得由检察衙门以行政处分为没入外，不能就被告人为没收之宣告。（十年上字第494号）

供强盗用之物，如另有所有人，不得没收。

【续】钩刀一把，由上告人等持去行盗，固系供犯罪所用之物，惟该刀系某人家所有，

即不能不受《刑律》第四十九条之限制。原判乃依第四十八条第二款没收，亦属违法。（十年上字第626号）

犯营利略诱罪所出之婚帖，如买受者不成立犯罪，不应没收。

【续】《刑律》第四十八条之没收各物，依第四十九条之规定，本以到案之犯人以外无有权利者为限。营利略诱犯人出立之婚礼各帖，固系供犯罪所用之物，然既交由善意之买受人收执，则买受人即属有权。乃就上告人部分为没收之宣告，系属违法。（十年上字第667号）

因行使伪币之结果而交付于人者，其伪币不得没收。

【续】侦缉队兑换之伪币，纵属上告人等行使之原物，但经行使之结果，其物之权利已因而发生移转之效力，自应受《刑律》第四十九条之限制。第一审依第四十八条第一、第二两款，与起获之伪币一并没收，原审未予纠正，均属不合。（十年上字第1225号）

物之所有权已移转于他人后，不应没收。

【续】没收物中之金丹一百零七粒，乃系县署由上诉人手试买所得之件，所有权已经转移，而原审判决不顾《刑律》第四十九条之规定，乃就上诉人部分一并没收，用法殊欠正当。（十一年上字第909号）

第八章　宥减

第五十条

瘖哑者，以生而聋哑者为限。

【正】查《刑律》第五十条所称“瘖哑者”，系指生而聋哑者而言。其因疾病致生聋哑者，自不在其内。（四年上字第840号）

“未满十六岁，得减等”之规定，其计算法应用周年法。

【正】查《刑律》第五十条，“未满十六岁人犯罪，得减等”之规定，其计算年龄系用周年法而非用历年法。本案被告人系旧历辛丑年八月二十二日出生，计至犯罪之时（民国六年五月十五日，即旧历三月二十五日）实未满十六岁。检察官谓应依历年法计算，其见解未免错误。（七年上字第398号）

第九章　自首

第五十一条

未知犯人，仍属未经发觉。

【正】自首，系以犯罪未发觉为条件。虽犯罪事实已发觉而尚未知何人犯罪，仍属未发觉。（三年上字第78号）

经劝诱到案，非自首。

【正】抗传不到后，经知事用函劝诱，乃得获案，何得谓为自首？（三年上字第261号）

自首得减，非必减。

【正】暂行新《刑律》第五十一条系酌减之规定。故减轻与否，审判官有裁量之自由，不得以原审未予减等谓为违法。（三年上字第331号）

经审讯时自认犯罪，非自首。

【正】查《刑律》第五十一条第一项之自首，以未经官厅发觉为要件。本案被告人系被团董拿获送案，且在县署据诉诣验之后；虽县署审讯时，被告人直认不讳，然谓之自白则可，谓之自首，则不可。自白，除诬告及伪证罪，《刑律》有特别规定外，并无减免之条。（四年上字第180号）

凶犯未明而自首者，亦以未发觉论。

【正】新《刑律》第五十一条规定自首之要件，必以犯罪未发觉者为限。而该条所称"未发觉"之范围，虽非限于犯罪事实之尚未发觉，即凶犯未明而自首者，亦应以未发觉论。然本案杀人行为之事实，系该被告人所实施，已明明发觉在案；该被告人于搜查中即令自行投案，于自首之要件，已属不合；况酌量减轻及自首减轻，律固明定为得减，并非必须减等，审判官原有自由裁量之权。原审及第一审不予减等，亦非违法。（四年上字第180号）

报缉在先，其投案即非自首。

【正】先经有人报缉，始具禀投案，不合于自首条件。（五年上字第236号）

投案自首犯罪行为，虽于犯罪原因未尽供明或有捏饰，仍不得谓非自首。

【续】查上告人投案后，对于杀人原因供述虽有不实不尽，而其杀人行为实不得谓非因自首而发觉，核与《刑律》第五十一条之规定，尚属相符。（八年上字第318号）

发觉，不包括私人知悉在内。

【续】查《刑律》第五十一条之所谓"发觉"，并不包括私人之知悉在内。上告人如果于未经报官发觉其犯罪以前赴案自首，即与《刑律》第五十一条之规定相符。原判谓该条所称"犯罪未经发觉者，明系对于普通一般人均未发觉而由犯之自首于官；并非指普通一般人已知其犯罪行为，仅官厅一面尚未发觉而犯人自首于官而言"，显系误会。（九年上字第666号）

自首须见诸实行。

【续】自首须见诸实行。若仅在预备之中，即被逮捕，亦难以业经自首论。原审遽引《刑律》第五十一条予以减等，亦属违法。（十一年上字第890号）

讬人代为报案，仍不失为自首。

【续】被告杀人之后，虽称曾向地方告知其事，然地方并非搜查犯罪之官吏，仅向地方告知，尚不能谓为自首。如果被告当时有委托地方赴县报案投审之意思，则虽地方代为报案，仍不失为自首。（十一年上字第1231号）

第五十二条

未经获案之先，早经他犯供出之事实，虽因别案被获，自供及之者，仍难认为别首余罪。

【正】因窃盗被保卫团缉获送案后，即将如何行窃并曾在另处行窃之情形一并供出者，其在另处行窃一节，当未经获案之先，早经共犯供出，则到案后供述及之，自不得以别首余罪论。（六年上字第379号）

犯罪事实虽已经人报案，然未发觉其为犯罪人者，该罪仍为未发觉。

【续】查某家被窃，虽经报县差缉有案，然未发觉行窃者为谁，则上告人因另案发觉到案，将窃盗某家一事一并供出，已合乎《刑律》第五十二条规定之要件。（十年上字第575号）

第十章　酌减

第五十四条

报告同监人犯脱逃，不能牵混以为本案心迹可原，遽依第五十四条酌减。

【正】《刑律》第五十四条所谓“犯人心术”，乃指犯人所犯本案之心术而言。报告同监人犯脱逃事件，固属可嘉，然不能以此牵及其本案，谓为犯罪之心术可原，遽依该条减等。（二年上字第119号）

未决监中，遇火灾不曾逃走，不能为《刑律》第五十四条减轻之理由。

【正】在未决监遇火灾，未曾逃走，不能为《刑律》第五十四条减轻之理由。（二年非字第23号）

如有酌减余地，上告审仍可改判。

【正】事起彼造，又非下手杀人之犯，两审处以无期徒刑，并未越法定范围。而原其心术及犯罪事实，尚有酌减之余地，本院自得予以改判。（五年上字第91号）

因胞妹自尽而诬告者，可原情减等。

【正】因自己胞妹以口角细故服毒自尽，竟至心有不甘，遽行捏词诬告。按其情节，不无可原，自应依《刑律》第五十四条酌予减等，以期平允。（五年上字第210号）

与人同至家内睡宿，因其将妻奸淫，即行杀害者，推节可原。

【正】本夫知奸夫与其妻相奸之情，因孤身无援，无奈伊何。一日与奸夫同至家内睡宿，因其乘间又将妻奸淫，闻妻告知后，即行杀害者，情节可原。（六年上字第109号）

心术、事实，有一情轻，即可减等。

【正】《刑律》第五十四条之规定，按诸法理及文字解释，凡犯人心术及事实二者之中有一情轻可原，即合于减等之条件，固无须心术、事实二者同时情轻，审判官始有裁量减等之职权。（六年上字第432号）

酌减，应审心术、事实。

【续】《刑律》第五十四条原为犯罪之情轻者而设。情轻与否，应就犯人心术及犯罪事实切予审核。条文之规定，本极显明，不容背其领要而滥行援引。（十年非字第16号）

强盗杀人之犯，仅系听纠行劫，尚难谓为可原；且酌减与否，不应以比较他犯情节轻重为准。

【续】上告人等强盗杀人事实，无可遁饰，果无其他特别情轻理由，仅系听纠同行，尚难谓为可原。且《刑律》第五十四条酌减条件，系以犯罪本人之心术及其犯罪事实情轻者为限，不以比较他之共犯情节轻重为标准。原审以上告人等犯罪情节比之起意、首犯、持械下手者较轻，为之酌减，殊觉未当。（十一年上字第607号）

第十一章　加减例

第五十六条

徒刑，不得减至免除。

【正】以有夫之妇与人相奸，洵属构成《刑律》第二百八十九条之罪，应依该条科刑。纵审核情节尚轻，亦只可依《刑律》第五十四条酌减本刑一等或二等处断，依第五十六条第三项，当然不能减至免除，至为明瞭。乃原判竟称依第五十四条减免其刑，实属违法。（七年非字第139号）

第五十七条

加减之方法。

【正】加减之方法，本院最近解释已照新《刑律》第五十七条第一项原案注意书有所改正。查第五十七条第一项，原案注意书内载："处二等以上有期徒刑（即一等或二等有期徒刑），减一等，即为二等或三等有期徒刑；又二等或三等有期徒刑，加一等，即为二等以上（即一等或二等）有期徒刑"等语。由是观之，前者尚留二等有期徒刑余地，并未从最轻主刑上减为唯一之三等有期徒刑；后者仍留有二等有期徒刑余地，并未从最重主刑上加为唯一之一等有期徒刑。凡此者，立法之意任使审判官按犯人情节行其自由裁量之权。但于二等以上有期徒刑上减一等为二等或三等有期待刑，无论如何，从最轻主刑上处断，仍不能科三等之有期徒刑，不得谓不收加重之效果。（三年上字第32号）

加减之方法。

【正】加重一等者，应删去最低度之主刑，而于最高度主刑之上加重之；减轻一等者，应删去最高度之主刑，而于最低度主刑之下复减轻之；然后，于此范围内选择科刑。审判

官果不出乎选择刑以外，即应认为适法。（三年上字第 75 号）

减等后科处之刑，不以降至本刑之最轻刑以下为限。

【正】减等处断之案，应先将本刑按等减低，于所减范围内酌量科处。所科处之刑，不以降至本法之最轻刑以下为限。（六年上字第 889 号）

第六十条

同时刑有加、减，应互相抵销。

【正】原判所处被告人各罪之刑，因其再犯为之加等，又因情轻为之减等；同时刑有加、减，自应互相抵销。原判未引《刑律》第六十条，殊嫌疏漏。（七年上字第 927 号）

第十二章　缓刑

第六十三条

缓刑效力发生之时期

【正】《刑律》第六十三条法意，宣告缓刑之效力，当自审判确定之日起，始行发生。（三年上字第 435 号）

第二审以第一审宣告缓刑为未合，得径撤销。

【正】宣告缓刑，原须具备《刑律》第六十三条所列条件。本案第一审判决于被告人有无监督品行之人并未查叙，与该条第四款实有未合。又第二审于刑律允许范围内，亦有审按犯人情节自由科刑之权，并不受第一审判决之拘束。是被告人虽经第一审宣告缓刑，然既由被告人对于所判决全部提起控告，则原审以宣告缓刑为未合，复认为无庸宣告，不予调查，迳撤销缓刑，亦非违法。（四年上字第 155 号）

缓刑有一定条件，被告人无请求权。

【正】《刑律》缓刑之规定，本有一定条件，但宣告与否，审判衙门自有裁量之权，非被告所得请求。（五年上字第 367 号）

一定之住所及职业，乃指一种有定的生活状态而言。

【正】《刑律》第六十三条以有一定之住所及职业为一条件，乃合住所及职业二事为一种有定的生活状态，即指犯罪人生活情形有家、有业者而言。官吏一旦去职，尚不能谓为无职业，更不得仅就职业一事之偶然状态，遂指为与该条件不符。（六年上字第 468 号）

宣告缓刑，须查明具缓刑条件与否。

【正】缓刑之宣告须具备一定之条件，《刑律》第六十三条规定甚明。乃原判对于被告人仅称依第六十三条宣告缓刑，并未释明其是否具备该条各款之要件，则其宣告之合法与否，本院自无从为法律上之判断。（七年上字第 449 号）

子不得为父之监督品行人。

【续】查《刑律》上之缓刑，据第六十三条所载，须具备一定之要件。兹上告人既未曾受拘役刑以上之刑并有一定之住所及职业，其合乎该条第一款及第三款所定之要件，固无疑义。而有无亲属、故旧监督缓刑期内之品行，原审并未查明，仅因其家有二子，遽为缓刑之宣告，一若子亦可以为父之监督人者，亦属草率。（九年上字第 14 号）

宣告缓刑，不以罪情可原为准。

【续】宣告缓刑，《刑律》第六十三条本有一定之条件，如上告人合于该条条件而收监执行，又不能得感化之实益或反有害者，自可依法缓刑，并不以犯罪之情节有无可原为标准。（九年上字第 184 号）

判决确定后，不得谕知缓刑。

【续】谕知缓刑，应与谕知刑罚同时行之。至《刑律》第六十三条所称，“自审判确定之日起，得宣告缓刑”云者，乃指缓刑效力发生之时期，并非谓判决确定后亦得谕知缓刑。（十二年抗字第 48 号）

第十三章　假释

第十四章　赦免

第六十八条

大赦之义，不仅免除其刑，并消灭其审判之效力。

【正】大赦之义，不仅免除其刑，并消灭其审判之效力。质言之，受大赦者，即与未犯罪之人同。（二年上字第 9 号）

赦令前之犯罪，应予免诉；赦令后之犯罪，应予处罪；须分别办理。

【正】重婚罪成立在民国元年三月十日以前，固应援照赦令赦免；诬告罪成立，则在元年四月二十七日，自当按律处罚，不得一并免诉。（二年上字第 43 号）

既予免诉，即不得羁押。

【正】既引赦令准予免诉，即不得暂予羁押。（二年上字第 80 号）

援用新《刑律》之令既下，应否免除，以新《刑律》为准。

【正】查不准免除条款之内，分别关于新《刑律》及关于现行律两部者。因新《刑律》与赦令同时颁布施行，其在大赦以前，新《刑律》及现行《刑律》均各有适用省分，前清季年且全用现行律，故该条款亦就现行律之罪刑，列举不准免除各项，以便分别核定应否免除；迨暂行援用新《刑律》之令既下，所有未结案件，依新《刑律》第一条第二项自应适用新《刑律》。则应否免除，亦应照该条款关于新《刑律》不准免除各项核办。（三年上字第 498 号）

第十五章　时效

第七十条

二罪以上之起诉权，以最重刑为标准计算者；如其轻罪事犯在前，则以犯重罪时，轻罪之时效未经期满者为限。

【正】有人于民国三年旧历九月放火烧毁他人之柴草，又于民国四年旧历三月二十八日放火烧毁他人之柴草。其前之一罪，计至民国四年旧历十月；后之一罪，计至民国五年旧历三月二十九日。起诉权即已因时效而消灭，虽其于民国六年旧历正月间，另犯其他之罪，然已经消灭之起诉权不能因消灭后之犯罪而复活，自与《刑律》第七十条规定之情形不同。（六年上字第 873 号）

公诉时效期限之计算，应以各罪中之最重刑为标准。

【正】被告人所触各项罪名均有牵连关系，则计算公诉时效期限，自应以各罪中之最重刑为标准；其轻刑之罪时效进行如何，原可不问。乃原判对于被告人陈告虚伪事实使官员交付凭照一罪，竟以公诉时效消灭为理由，独予免诉，殊与《刑律》第七十条规定相背。（七年上字第 855 号）

第七十二条

待质中，时效不进行。

【正】查起诉时效，暂行新《刑律》第六十九条第一项第一款明定，系死刑者，十五年；且因第七十二条第一项各款情形而中断。不得以待质七年，即谓时效已过。（三年上字第 95 号）

司法警察官接据告诉之词状时，尚不能谓已有强制处分。

【正】司法警察官对于无一定住址之被告人，本有侦查之权，但仅经人以某人犯罪诉请，设法捕拿而未实施何种强制处分者，关于某人犯罪起诉权之时效，仍不中断。（六年上字第 671 号）

时效因通缉而中断，但通缉行为停止，时效仍开始进行。

【续】上告人脱逃后，虽经通缉，依第七十二条第一项第一款中断时效，惟通缉行为一经停止，时效仍应开始。（九年上字第 117 号）

第七十五条

拘摄未获，不能中断行刑权之时效。

【续】法警正在拘摄之时，经多人抗拒，致未获案，即不能谓为已就逮捕，行刑权时效自不因而中断；经过法定期限，时效即属完成。（十年抗字第 58 号）

第十六章　时例

第八十条

徒刑与罚金并执行时，若准抵刑，须明白谕知准抵之刑。

【续】有期徒刑与罚金并执行时，若准以未决期内羁押日数抵刑，须于主文内明白谕知准抵之刑。（十一年上字第752号）

第十七章　文例

第八十二条

妻父不能认为尊亲属。

【正】未婚妻之父，虽先行赘于其家、改从其姓，然不能认为《刑律》第八十二条之尊亲属。（三年上字第137号）

继母为尊亲属。

【正】继母，依第八十二条规定，当然在尊亲属之列。（五年非字第72号）

嫡母为庶子之尊亲属。

【正】庶子杀死嫡母者，为杀害尊亲属。（六年上字第962号）

妾于所生或所抚育外之其他子女，非尊亲属。

【续】查《刑律补充条例》第六条之无夫奸罪，依该条第二项，其告诉权专属于妇女之尊亲属。为人妾者，除对于所生子女及虽非所生而由其抚育者，应认为尊亲属外，对于夫之其他子女并无尊亲属之资格，自无此项告诉权。（九年上字第86号）

与父于事实上同居之妇，既非父之妻，自非尊亲属。

【续】上告人怀刃入室，猛戳被告人致命肚腹部位，伤深透内。其实施之当时，不能谓无死亡之认识，即不得谓无故杀之决心。原审认为，杀人自无不合，唯被告人应否认为上告人之继母，于上告人应负加重责任与否关系綦重，自应详为审究。据现行律载，“男女定婚，写立婚书，依礼聘娶。”又载，“虽无婚书，但受聘财者，亦是”等语。是男女仅为事实上之同居而于上述要件，苟无一具备，在法律上既不发生婚姻之效力，而其夫妇之关系，亦属无可成立。被害人对于上告人之父已否取得妻之身分，应就其定婚之时具备法定要件与否为断。（十年上字第368号）

讬名养女而实际并非抱养为女者，尚难取得尊亲属身分。

【续】查被告人既以开设妓户为业所，蓄者又不止上告人一人，则上告人是否果由抱养得来、如系抱养是否果以养女待遇，自非就其历来情形如何切予调查，不能明瞭；则其对于上告人根本上是否取得养母之身分，尚难遽断。（十年上字第368号）

第八十三条

司法警察即系从事公务之职员。

【正】查"官员"二字，依《刑律》第八十三条，有一定范围。该上告人充当司法警察，即系依法令从事于公务之职员。（三年上字第105号）

防丁为巡警之一。

【正】《刑律》第三百四十六条之罪，系以身分为构成之要件。防丁亦巡警之一，责任断不能有所异同。该被告人身充防丁，滥用职权，擅将被害人关禁，自构成第三百四十六条之罪。（三年上字第505号）

差役诈财，不能论以渎职罪。

【正】查《刑律》第一百四十条第一项所谓"官员（或公断人）于其职务"云者，系指第八十三条所规定人员于其职务上有处分之权者而言。本案被告人本为差役之代理人，原无干与审理此案之权；被告人谓"被害人若能出钱二百，则今日可审"，是以欺罔手段取人财物，应以诈欺取财论罪。原判认为渎职罪并追征赃物，均属引律错误。（四年上字第168号）

雇员非经令准有特定职务，不得为《刑律》第一百四十七条犯罪之主体。

【正】查《刑律》所称"官员"，依第八十三条，须有一定之条件，非依法令从事于公务之职员，不能列于官员之内。本案被告人据原判认定事实，仅叙明为县署雇员。如因该县赋税征收处办事六人具属雇员，亦必中央或该省有指定雇员办理赋税征收章程或成案，抑经该县知事详请该省长官批准，与该雇员以特定之职务，始能认为《刑律》上之官员，否则不能成立《刑律》第一百四十七条之罪。（四年上字第478号）

审判衙门常置之翻译官，有《刑律》上官员之资格。

【正】审判衙门常置之翻译官，即属依据《法院编制法》第七十条第一项、第二项之规定而为组织法庭之一部，完全有《刑律》上官员之资格；从事公务收受金钱，应构成渎职罪。（五年上字第240号）

公署以该管事务招商承办，则所设之事务处，尚不得谓为衙署局所；其有伪造该处文书者，自非伪造公文书。

【正】烟酒公卖局将公卖事务招商承办，则所设之公卖分栈，尚非官员奉行职务之衙署局所。其有伪造该分栈文书者，自不成伪造公文书。（六年上字第84号）

私契经官黏尾盖印后，发生公文书之效力。

【正】私人制作之地契，经官署黏连契尾、盖用官印后，即发生公文书之效力；将此地契涂改、挖补，提出法庭以充证据，即系伪造公文书之行使。（六年上字第113号）

警士为官员。

【正】因警士擅获贩运制钱之人，解送县署；在中途将其所获之人截回者，为妨害公务。（六年上字第427号）

保卫团甲长为官员。

【正】保卫团甲长带同团丁巡查，闻悉有人正在赌博，即行捉拿，并将赌犯踢伤，旋又经人说合，得财释放者，应成受贿枉法及伤害人之俱发罪。（六年上字第560号）

巡警为官员。

【正】巡警查道经过某人门首，适某人在内赌博，即将其拿获，声言带区究办，经人调处，令给钱释放者，成受贿枉法之罪。（六年上字第732号）

禁烟查缉所查缉员，为官员。

【正】冒称禁烟查缉所查缉员，纠人将某吸食鸦片烟之人拿获，罚钱花用者，成诈称官员欺诈取财之罪，依第二十六条处断。（六年上字第787号）

陆军稽查，为官员；军服，为官员之服。

【正】冒充陆军稽查，为诈称官员；僭用军服，为僭用官员服饰。（六年非字第79号）

保卫团之团总、保董，均系《刑律》上之官员。

【正】《刑律》上所谓官员与官吏之范围不同，详绎《刑律》第八十三条之规定，自能瞭解。而保卫团之团总、保董，自《保卫团条例》颁行以后，已成为依法令从事公务之委员。本案团董甲既系由县知事委允，自不能谓无官员之身分。（七年上字第899号）

第八十八条

割断脚筋，系减衰一肢以上之机能，应为废疾。

【正】割断脚筋，使其行动不能自由，系与第八十八条第二项第四款规定相当，并未至于毁败肢能之程度。（二年非字第51号）

咬断食指，系成废疾。

【正】被告人咬断被害人食指，既经验明，已减衰一肢之机能；又病至三十日以上，致废业务，实与《刑律》所称之废疾适合。（四年上字第183号）

挖去双目，已成笃疾。

【正】挖去双目，应以笃疾处断。（五年上字第107号）

笃疾之程度

【正】所谓“毁败语能及一肢以上之机能”者，乃指伤害之结果而言；若一时不能说话、坐立，不过系受伤后之状态，究竟应发现何种结果，非经专门学术人就其情形妥为鉴定，不能遽断为笃疾。（五年上字第140号）

伤痕未退，不得为病。

【正】《刑律》所称“有至三十日以上之病”者，指精神上或身体上确系有病者而言。其仅止伤痕未退者，尚不得即指为病。（六年上字第96号）

刃伤已生肌痕，口带红色、疤痕未脱者，为已平复。

【正】受伤后三十日，经验明，额角刃伤已生肌痕，口带红色、疤痕未脱，是其刃伤已就平复。不过，疤痕未脱，带有红色，当然不能认为有致废之程度。（六年上字第540号）

将人门牙打落一颗者，为轻微伤害。

【正】将人门牙打落一颗，为轻微伤害；经调处息结后，又因口角将前所伤害之人殴伤致死者，其伤人致死与前之轻微伤害罪，分别论之。（六年上字第883号）

伤害大指，致屈伸不能自由，应依《刑律》第八十八条第二项第四款处断。

【正】查大指之使用关系一手之机能，被告人伤害人左手大指，致其屈伸不能自由，则其左手之机能不能谓未经减衰。伤害之结果，既合于《刑律》第八十八条第二项第四款情形，自不能谓系轻微伤害。（七年上字第383号）

《刑律》第八十八条第二项所列各款，系指伤害罪结果而言；如于伤害后，复因他种介入行为身死，并不发生同条项所列各款之结果，亦不能证明其有同条第一项各款之伤害程度者，应以同条第三项之伤害论。

【正】查《刑律》第三百一十三条第二款之废疾，以有第八十八条第二项所列各款情形者为限。而该条项所列各款，均系指伤害之结果而言。如于伤害后，因他种介入行为旋即死亡，并不发生同条项所列各款之结果，亦不能证明其有同条第一项各款之伤害程度；纵所受伤害较为重大，依第八十八条第三项之规定，亦应以第三百一十三条第三款之轻微伤害论。不得以伤重之故，遂推定将来所生结果必与第八十八条第二项各款相当，漫论罪。（七年上字第566号）

断人两手之指者，应以《刑律》第八十八条第一项论。

【正】查被告人等将人吊旋梁上，断其两手之指，其目的实在伤害而不在逮捕，则其行为虽触犯两法条，而实质上似有牵连之关系，自未便执《刑律》第二十三条之例以相绳。至第三百四十七条所称，“因犯本章之罪致人死伤者，援用伤害罪各条，依第二十三条之例处断”等语，系指因逮捕、监禁致生死伤之结果而言；其因伤害而逮捕者，自不在其内。被告人等以伤害之目的吊悬人，与该条固有未符，但既有捕缚行为，亦不能置诸不问，应比较私擅逮捕人及伤害人致笃疾两罪之重轻，依第二十六条处断。（七年上字第626号）

毁败，系指全部丧失效用而言。

【续】查《刑律》第八十八条第一项第四款规定“毁败一肢以上或终身毁败其机能”者，所谓“毁败”，系指全部丧失效用者言之。若仅曲伸不能自如而尚能行动，自未到毁败之程度。（八年上字第34号）

是否毁败机能，应以医治后之状况断定之。

【续】被告人所受腿伤，是否已臻于毁败，即是否已至笃疾，不能以验伤时骨之断折为标准，须就医治后之实在状况断定。（八年上字第690号）

折伤右腿骭骨，以致行动不便，为减衰机能。

【续】被告人右腿等处伤痕，经原审函请中西医院鉴定，右小腹骱骨折伤属实，因当时调治失宜，骨棱衔接略有参差，以致右腿行动不便，须拄着棍子走路。是其伤害程度与《刑律》第八十八条第二项第四款相当。（九年上字第 1128 号）

第二编　分则

第一章　已删

第二章　内乱罪

第三章　外患罪

第四章　妨害国交罪

第五章　漏泄机务罪

第六章　渎职罪

第一百四十条

贿赂罪衹须一方对于他之一方为要求或行求，虽他之一方不肯诺时，亦为犯罪之既遂。

【正】《暂行刑律》关于贿赂罪之规定，收贿者与赠贿者，分别罪条，衹须一方对于他之一方为要求或为行求，虽他之一方不肯诺时，亦为犯罪之既遂。其未直接对于他之一方为要求或行求时，即有所为，尚属本罪之未遂，律无处罪之条。（二年上字第 40 号）

要贿罪成立之时期。

【正】要求贿赂之罪，应以表示要求之意思为成立时期。（三年上字第 564 号）

差役诈财，不能论以渎职罪。

【正】查《刑律》第一百四十条第一项所谓“官员（或公断人）于其职务”云者，系指第八十三条所规定人员于其职务上有处分之权者而言。本案被告人本为差役之代理人，原无干与审理此案之权，被告人谓“被害人若能出钱二百，则今日可审。”是以欺罔手段取人财物，应以诈欺取财论罪。原判认为渎职罪并追征赃物，均属引律错误。（四年

上字第168号）

冒充官员或与职务无关之行为，不成为渎职罪。

【正】查《刑律》第一百四十条之规定，以官员于其职务上之行为为渎职罪成立之条件；若与其职务无关或并非官员而冒充官员，自应构成其他罪名，不能适用该条处断。（四年上字第722号）

官吏诈财与贿赂罪有别。

【正】查《刑律》第一百四十条之渎职罪，与官吏之犯同律第三百八十二条之诈欺取财罪，因其方法之各殊而罪质亦不容相混，非官员关于财产上之犯罪，皆可指为贿赂也。本案该被告人借官勒索，使各被害人不得不交付现洋及期票，本属恐喝取财，而两审均认为贿赂罪，其见解不免错误。（四年上字第1081号）

充任审检厅通译，即有官员资格。

【正】查各厅常置翻译吏员，即属依据《法院编制法》第七十条第一项、第二项之规定而为组织法庭之一部。该被告人等按月受给，充任通译之职，即完全有《刑律》上官员之资格。乃于从事公务收受金钱，其为贿赂，夫复奚疑。（五年上字第240号）

司法巡警于送达传票时要求川资者，成贿赂罪。

【正】司法巡警于送达刑事传票时，要求被传人津贴川资者，成贿赂罪。（六年上字第498号）

保卫团甲长将赌犯当场捕获后，又因得财释放者，为受贿枉法之罪。

【正】保卫团甲长带回团丁巡查，闻悉有人正在赌博，即行捉拿并将赌犯踢伤，旋又经人说合，得财释放者，应成受贿枉法及伤害人等俱发之罪。（六年上字第560号）

有禁烟职务之人，巧立名目，收取烟款，不予禁除，系犯《刑律》第一百四十条第二项之罪。

【正】原审因被告人职在禁种罂粟，竟巧立抽收烟税以作罚款名目，收取银款，不予铲除，遂认为收受贿赂，自无不合。惟未依《刑律》第一百四十二条第二项处断，尚嫌轻纵。（七年上字第515号）

警官对于现行犯示意罚钱，得钱后即行释放，系犯《刑律》第一百四十条第二项之罪。

【正】查被告人身充警官，对于赌博，现行犯本有逮捕之权，乃于执行职务中向人示意罚钱完案，虽借口处罚，实即要求贿赂；迨得钱即行释放，又系不为相当之行为。核其情节，应论以《刑律》第一百四十条第二项之罪。两审均依诈财罪处断，实有未合。（七年上字第640号）

巡警卖放窃贼，系犯受贿及故纵脱逃罪。

【正】如果该被告人卖放窃贼属实，该被告人身充巡长，有捕盗及看守之责，且有受

贿因而为不正行为及故纵脱逃之嫌疑。（七年上字第693号）

调查员假托程仪，收取差费，若系有关职务，应以收受贿赂论罪。

【正】被告人系道尹公署科员，经道尹委赴各县调查清乡事宜，并经密委调查各知事及县佐、警佐、管狱员政务有无废弛，操守是否平常，以凭甄覈。是调查知事之政绩及品行，亦其职务之一种。乃假托程仪，收取差费，既系有关职务；且据供明，交付者，多以查得各事，总求包含为词；则无论主动者出于何方，均应论以收受贿赂之罪。（七年上字第972号）

奉派专司投标监工等事，于承揽人约送使费、保费后，所取铺保并未照章，仍令承揽工程，已因期约贿赂而为不正行为。

【续】奉派专司投标监工、发款等事，既于约定扣款后，因承揽工程人不能照部定章取得某等铺保，而允其代以二等及不列等之铺保，仍令承揽工程，已因期约贿赂之故而为不正行为。第一审仅认系不为相当行为，原审亦未纠正，已有未合。（九年上字第410号）

受共犯两人贿赂将之释放，祗成立受贿与纵逃之牵连一罪。

【续】因甲、乙二人共同伪造铜元被警拿获送所，乃同时收受其共出贿赂洋八元，将之释放；显系以同一意思为同一行为，又无人格法益问题，自应论以一个因收受贿赂而为不正行为，即故纵脱逃之牵连罪；不能因贿赂出自二人论为二罪。（九年上字第702号）

第一百四十一条

于侦缉队缉获人后，私受报酬，分给该队人众，为帮助事后受贿。

【正】被告人所得之款，既系诈称向司法科长花用（称为“办案了结之费”），被害人亦误信属实，显系诈欺取财，并非职务上贿赂。又侦缉队缉获被害人养女之后，被告人竟私受被害人之报酬，分给该队人众，显复帮助他人于其职务事后受贿，亦属共犯无疑。（五年上字第231号）

第一百四十二条

行贿罪须对于官员或公断人并有行求或期约交付之行为；至相对人之收受与否，乃受贿罪之要件，与行贿罪无涉。

【正】暂行新《刑律》第一百四十二条行求贿赂罪之特别构成要件有二：（一）须对于官员或公断人；（二）有行求或期约或交付之行为。至相对人之收受与否，乃第一百四十条收受贿赂罪行为要件之一，而于行求贿赂罪无涉。（二年上字第86号）

行贿不必实在财物。

【正】查《刑律》第一百四十二条所谓“行求贿赂”，原不必提出实在之财物。凡对于官员执行职务时，以言语或文字许以一定之报酬者，皆足构成犯罪。（四年上字第306号）

帮助行贿，如尚未遂，不能论罪。

【正】甲受乙之委托，与丙商议行贿交付银折之行为，其目的在使丙向丁代行贿赂；丙于收银之后，对于丁既无何等之贿赂行为，则甲之帮助行贿尚属未遂，依法不应论罪。第一审认为犯第一百四十二条之罪，殊属错误。（五年上字第84号）

因人向其捏称已代行贿，即承认偿还者，不成交付贿赂罪。

【正】因兄押在看守所，委托律师入所探问。律师于请求将其兄调入特别室后，即向诳称已代送所长贿洋若干；信为真实，如数偿还者，无论当时仅追认代交之贿款，于是否行贿既无共同行为，事后又无嘱托，已难论以交付贿赂之罪。且贿赂罪之成立，以贿赂已交付于从事公务之官员为构成要件；若贿款被人骗去，并未达于所长，仍不得加以交付贿赂之罪名。（六年上字第10号）

代人行贿后，以少报多，其行贿为诈财之方法，但贿银仍依行贿罪没收之。

【正】代某人向承审员行贿后，乃向某人之家属捏称"另须若干元办理"，以从中取利。其以贿诈财之方法，应以诈财为重罪，依第二十六条处断，但贿银仍按行贿罪没收之。（六年上字第813号）

因求人代为行贿而被诈失财者，为诈欺取财之被害人，行贿罪不成立。

【正】因人诈向劝诱，将钱交付，恳托代为行贿，竟被劝诱人取去者，则为诈欺取财之被害人，不成行贿之罪。（六年非字第157号）

交付贿赂，须向执行职务之官员或公断人为之，始能成立犯罪。

【正】查《刑律》第一百四十二条之交付贿赂罪，须向执行职务之官员或公断人为之，始能成立。本案被告人乙递状及其女婿涉讼，均系在某地方审判厅。甲不过为该同级检察厅之法警，既不能执行处理诉讼及管押人犯之职务，而借端敲诈乙，因而给与银款，自不成立交付贿赂罪。（七年非字第7号）

由所托之人向官员呈验贿银，自属行贿既遂。

【续】因有诉讼托嘱，护兵向县知事行求贿赂，护兵旋向知事呈验红封一个，内贮毫洋六元，红帖上写"敬奉菲敬某人等敬订"等语。该护兵已向该知事代为行求，并已将贿银呈验，则托嘱者，自属行贿既遂。（九年上字第632号）

第一百四十四条

凌虐致伤二人，应论俱发。

【正】查《刑律》第一百四十四条之渎职罪，与伤害罪乃有方法、结果之关系，依该条第二项，应适用第二十三条科断。本案被告人于执行职务时，先后受其强暴凌虐者，既有被害人甲、乙两人，以人格法益计算，渎职与伤害均各应以二罪论。原判于其结果之伤害甲致死及伤害乙致轻微伤害，既分别科以二罪，而于其犯罪之方法之渎职，则论以一罪，显系违法。（四年上字第453号）

管收所看役所雇用之人，如经执行看役之职务，自可成立凌虐被告人之罪。

【正】县署管收所看役所雇用之伙计凌虐管收之人者，既经执行看役之职务，自成凌虐被告人之罪。（六年上字第1060号）

行政官员须其职务与被告人、嫌疑人或关系人有关，始能成强暴凌虐罪。

【续】《刑律》第一百四十四条所谓"其他行政官员"，系指审判及检察、巡警、监狱官员外，凡与被告人、嫌疑人或关系人直接生职务上关系之行政官员而言，非一切行政官员均包括之。寻绎律文，“当执行职务时”云云，其义自明。以局长之资格，调查所属员役有无舞弊，固系长官监督权作用之一种，但经察觉为有犯罪嫌疑，依法既无直接审问之职权，除申告有权官署外，对于该嫌疑人本不发生职务之关系，根本上既非本条所指之行政官员，纵施强暴凌虐，亦不属于本条之犯罪。（十年上字第41号）

第一百四十五条

保卫团甲长，系巡警官员之佐理。

【正】保卫团甲长经人告有盗贼，不即往救，又捏称“被盗供为窝主”，将人逮捕监禁，系犯《刑律》第一百四十五条、第三百四十六条之罪。（七年上字第78号）

第一百四十六条

违法裁判不能谓为不应受理而受理。

【正】新《刑律》第一百四十六条第一项、第二项所载“不应受理而受理”之律文，其立法本旨，必以受理之先是否有出入人罪之故意为前提。若本应免除而误科刑罚者，既不能证明受理以前果有入人于罪之意思，在《刑律》上只能认为违法之裁判，对于受刑人依法非无救济之方，断不得以误用法律之行为即认为犯罪之行为。（三年上字第281号）

官员不为审判之罪，要有故意。

【正】查《刑律》第一百四十六条之犯罪，以故意为成立之要素。如不为审判，固属消极的行为，亦须证明该官员是何用意。若仅系懈怠，抑或失之草率，虽难免惩戒处分，究不发生刑事问题。（四年上字第785号）

审判官不为审判罪，构成之要件。

【正】查《刑律》第一百四十六条第二项之规定，以对于诉讼案件毫不声叙理由，拒对不受或不为审判为要件。其受理后，批驳纵属不当或审判疏忽、结案草率者，均不能构成本条之罪。（四年上字第890号）

县佐受理诉讼、索取规费之处罪。

【正】县佐对于民、刑案件，除特别规定外，据《县佐官制》第三条第二项，并无受理之职权。该上告人越权违法受理民、刑案件，因而索取规费，应成立第三百八十二条、第一百四十六条之想像上俱发罪。（四年上字第1049号）

甲长无巡警官员之身分。

【续】《刑律》第一百四十六条第一项之罪，系以检察、巡警之身分为其构成要件。甲长身分，不能构成同条同项之罪。（八年上字第126号）

第一百四十七条

浮收之意义。

【正】查暂行新《刑律》第一百四十七条之罪，系以正数以外浮收金谷为要件。浮收云者，于商民照章完纳税厘之外，为法外征收之谓。（三年上字第194号）

承发吏骗取旅费、食宿费，不成立浮收金谷费。

【正】查新《刑律》第一百四十七条之罪，系专为征收国家款项之官员于正数以外浮收金谷物件者而设。本案被告人充当承发吏，按照新《刑律》第八十三条，虽具有官员之资格，然其向被害人所收取者，系承发吏之旅费及食宿费，并非国家之收入。其违章需索，并伪称路费须往返计算，该费由原告垫出到案，分半退还，事后竟全数乾没。是明明以欺罔骗取财物，实构成新《刑律》第三百八十二条之罪。（四年上字第 400 号）

雇员非经令准有特定职务，不得为《刑律》第一百四十七条犯罪之主体。

【正】查《刑律》所称“官员”，依第八十三条，定有一定之条件，非依法令从事于公务之职员，不能列于官员之内。本案被告人据原判认定事实，仅叙明为县署雇员。如因该县税赋征收处办事六人俱属雇员，亦必中央或该省有指定雇员办理税赋征收章程或成案，抑经该县知事详请该省长官批准，与雇员以特定之职务，始能认为《刑律》上之官员。否则，不能成立《刑律》第一百四十七条之罪。（四年上字第 478 号）

浮收金谷罪之客体，为国家。

【正】按《刑律》第一百四十七条之罪，固属对于纳入租税款项者之财产法益有所侵害，而其对于国家与人民间因征收方法而生财政上之信用，其侵害为尤大。此与诈欺取财之仅系侵犯私人财产法益者不同。故其加害行为，虽及于各个之财产法益，而要以国家为犯罪之客体，自应构成一罪而不能以数罪论。（四年上字第 499 号）

浮收诉状价目，成立《刑律》第一百四十七条之罪。

【正】按发行诉状为司法部收入，即属国家征收款项之一，于法初无疑义。被告人在某县任内，将各种状纸加价浮收，除津贴録事及准坐扣底子外，其余均被提取。是该项浮收总额内，不特被提之款已具备《刑律》第一百四十七条第二项图利自己之条件，即其津贴録事，亦属于自己浮收之款中为一种处分行为，并不能与图利他人者同论。虽被告人见事已发觉，仍将提取之款全数移交，然禀揭在先、补缴在后，断不能免犯罪之责任。（四年上字第 785 号）

官员浮收金谷图利，他人不问原因如何，皆犯罪。

【正】《刑律》第一百四十七条第一项所称“图利他人”，祗意图使他人得利益之意。其所以图利他人之原因，在所不问。（四年特字第 1 号）

第一百四十八条

委员于其职务滥行罚款解县者，为滥用职权使人行无义务事。若冒称委员张帖告示并向人罚款者，即为诈财；其他各罪为诈财之方法。

【正】以县署查烟委员之资格，向人科罚钱款，解送县署，为滥用职权，使人行无义务之事。若捏称查烟委员，张帖告示并向人罚钱者，则为诈欺取财；与诈称官员及伪造公文书，应依第二十六条处断。（六年上字第 973 号）

第一百五十一条

帮助受贿所得之利益，不得追征没收。

【正】代人向警官商准不究种烟并与警员均分所贿烟土。该烟土既未获案，又仅止为帮助受贿所得之利益，自与《刑律》第一百五十一条实施受贿人所收受之贿赂不同，原审判决追征没收，殊有未合。（七年上字第54号）

《刑律》上之追征，应对于所费失者为之。

【正】查《刑律》上之追征，系没收执行之代用方法。没收，既对于各人所得之贿赂为之；则追征，亦应以其所费失[1]者为限。（七年上字第495号）

《刑律》第一百五十一条所规定之没收，以贿赂已经收受者为限；而追征，并以原收贿赂已费失为前提。又共犯分受之贿赂，应由分受者各别负责。

【正】《刑律》第一百五十一条所规定之没收，以贿赂已经收受者为限；而追征，并以原收贿赂业已费失为前提。又该实收款项，除共犯亦曾经收，已经分受之数，应由分受者各别负责外，应即详查已未费失及能否扣押，分别没收或追征价额，方为合法。（七年上字第515号）

追征没收之贿赂，以所收受者为限。

【续】《刑律》第一百五十一条于没收，既规定为所收受之贿赂，则追征没收时，自以犯收受贿赂罪之人自己所收受之贿赂而经已费失者为限。（八年上字第553号）

第七章　妨害公务罪

第一百五十三条

妨害行为苟系在职务实行之开始以前或终了以后，俱不发生本罪问题。又必以妨害之故意为要件，否则可以构成他罪，而不可概论本罪。

【正】按妨害公务罪之成立，必具备一定之要件：（一）对于官吏有强暴、胁迫或诈术之行为；（二）当官吏执行职务时；（三）知其为官吏执务而有妨害之意思。是故，本罪之成立，苟非在职务之执行中，换言之，即职务实行之开始以前或终了以后，俱不能为本罪之构成要件。又或明知官吏之执行职务而无妨害之故意，纵有暴行、胁迫致生伤害之结果，亦祇成为别条之犯罪，而非可概以妨害公务处断。（二年上字第20号）

对无处分权之官员而行暴迫，不成第一百五十三条二项之罪。

【正】承发吏虽为一种官员，然关于被拘摄者之释放与否，非承发吏所能处分。被告人仅对于无处分权之官员为强暴、胁迫，除构成单纯之胁迫罪外，不能成立第一百五十三条第二项之罪。（四年上字第142号）

妨害公务罪与骚扰罪，其程度有别。

【正】被告人之集众拒捕行为，对于官员之执行职务虽加以妨害，而于一地方之公共

---

〔1〕费失，即耗费之意。

安宁并无影响。且其聚众情形，亦未至多数之人、随时得以加担之状况，实仅该当《刑律》第一百五十三条之妨害公务罪。原判竟认为《刑律》第一百六十五条之骚扰罪，未免引律错误。（四年上字第145号）

呈验虚伪股票，希图核准，成立妨害公务罪。

【正】被告人以十万元之虚伪股款保条，赴县呈验，意图该县知事予以核准，显系以诈术朦混官员，使官员为一定之处分，实为触犯《刑律》第一百五十三条第二项之罪。（四年上字第506号）

讬词保释嫌疑犯，即系妨害公务。

【正】队丁既犯强取嫌疑送县讯究，被告人竟讬词带归惩办，公然保释，是系意图使官员不为一定之处分而施诈术，显已触犯《刑律》第一百五十三条第二项之罪。（五年上字第405号）

私和人命，捏报溺毙，恳准领尸，系以诈术使官员为一定之处分。

【正】尸亲私和人命重案，迳向县知事公署捏报伊弟溺水身死，恳请领尸，其目的在欲使官厅为可许之处分，而以捏报为实施诈术之手段，其行为当构成《刑律》第一百五十三条第二项之罪。（五年非字第3号）

因阻拦巡警传案，将其衣服扯破并撕碎传票者，其损坏及毁弃各行为，均为妨害公务之结果。

【正】因警佐持票传案，出头拦阻，将传票撕碎并将警佐衣服扯破者，其撕碎传票、扯破衣服之行为，均系妨害公务之结果，应依《刑律》第二十六条处断。（六年上字第27号）

于警士撞获贩运制钱之人，解送县署之际而截回之者，为妨害公务。

【正】因警士撞获贩运制钱之人，解送县署在中途，将其所获之人截回者，为妨害公务。（六年上字第427号）

于官员执行公务之际，辱骂、掷石并因其弹压即行捆缚者，其妨害公务各行为与私擅逮捕行为，应依第二十六条处断。

【正】于书记官带同承发吏执行民事判决之际，率人登楼辱骂并泼水、掷石，肆行妨害，复因书记官饬警弹压，率人将书记官等人捆缚关禁。其妨害公务各行为与私擅逮捕行为，应依第二十六条处断。（六年上字第620号）

非现行犯而县署捕役未持签票遽行逮捕，被捕者向其抵抗，不为妨害公务。

【正】县署捕役并未持有签票，遽行捕人，如所捕者并非现行犯，则对之抵抗，即不能谓为妨害公务。（六年上字第752号）

《刑律》第一百五十三条之犯罪，国家为被害人。

【正】《刑律》第一百五十三条第一项所称“于官员执行职务时”云云，既以执行职务为前提，则妨害职务显系妨害国权之作用，并非官员个人之权利，自应认国家为被害者。故承审该案之审判官，纵即当日执行职务之官员，亦无回避问题。（六年上字第801号）

不知为警探、捕拿而抗拒者，不备妨害公务罪之故意条件。

【正】原审以警探捕拿时，系乔装乞丐、行贩、农民模样混入赌场，被告人不知为警探，遂行抗拒，是不备犯妨害公务罪之故意条件。将第一审判决撤销、改定罪刑，法律上之见解，尚无不合。（七年上字第977号）

伪造他人书状，呈请法庭注销他人请求者，其行使行为并犯施诈术使官员为一定处分罪。

【续】上告人等行使伪造私文书之目的，原系意图使法庭注销丙之请求再审；而施用诈术，又触犯《刑律》第一百五十三条第二项之罪，应依《刑律》第二十六条处断。（九年上字第287号）

变造折据、虚构价权，持向法院请求为给付之判决，成行使伪造文书及妨害公务罪。

【续】他人对于自己之债务既已悉数清偿，乃犹虚构数额并变造折据，持向法院请求为给付之判决，于犯伪造私文书并行使罪外，更犯施用诈术，意图使官员为一定处分之罪，依本院最近见解，不能再律以诈财之罪。（九年上字第1124号）

明知事实虚伪，据以备文呈覆上级官厅，系构成第二百四十条一项及第一百五十三条二项之罪，应依第二十六条断。

【续】被告人身充管狱员，明知某某未决犯系于脱逃被获后，经县知事提出枪毙，并非当场格毙；乃呈覆高等检察厅竟称“为当场格毙”，显系扶同县知事捏词掩饰，其足以成立意图使官员不为一定之处分而施诈术之罪，固自无疑。惟被告人有官员之身分，而此项呈文又系在被告人权限内所应制作之件，明知其为虚伪之事实而据以呈覆长官，即系官员明知虚伪之事实而据以制作所掌文书兼行使此种文书，与《刑律》第二百四十条第一项之规定相当，应与意图使官员不为一定之处分而施诈术一罪，依第二十六条从一重处断。（十一年上字第430号）

检察官相验甫毕，仍为执行公务时。

【续】于检察官相验甫毕之际，闯入尸场，施行强暴，受伤者且有数人，自系于官员执行职务时施行强暴，不能以相验已毕，即认为已非执行职务之时。（十二年上字第197号）

官员非基于职务上之行为，非处分。

【续】《刑律》第一百五十三条第二项所谓“一定之处分”，以官员基于职务上之行为为限。上诉人要求检察官出金装殓，并非对于检察官职务上之行为有所要求；如果亦曾强暴、胁迫，应构成其他罪名，与同条项之规定不符。（十二年上字第197号）

第一百五十四条

损坏县署贴于票匭[1]之封条，系损坏官员所施封印。

【续】署县封条虽属公文书之一种，然既贴于投票匭上，即成为官员所施之封印；其损坏行为，在《刑律》第一百五十四条已有特别规定，原审判决仍论以损坏有关选举公文书之罪，其法律上之见解，殊嫌未当。（十一年上字第1056号）

第一百五十五条

侮辱官员，不以关涉私行为限。

【正】侮辱官员，实以官吏之威严与个人之名誉为犯罪之客体。故无论关涉私行与否，均构成新《刑律》第一百五十五条之罪。（三年上字第565号）

凡可以损害官吏之威严者，均可构成侮辱罪。

【正】侮辱官员，不以詈骂为限。不问言语、形容、文书、图画，凡可以损害官吏之威严者，均得构成本罪。（三年上字第565号）

投递白禀，即有侮辱之词，尚不合于公然条件。

【正】查《刑律》第一百五十五条所谓“公然侮辱”，必须侮辱行为在事实上有予人以共见共闻之状况。例如，刊行文章、图画，当众宣布；又如，用演说法，对于不特定之多数人以言语、形容之类。若投递白禀，既与公然侮辱之条件不符，不能构成本罪。（五年非字第31号）

因案在法庭，坚求发誓，不服制止，仅能受《法院编制法》之制裁，不构成《刑律》之侮辱官员罪。

【正】因款项轇轕，以焚香发誓为词，当庭横闹，仅属妨害法庭执务，得予以《法院编制法》第六十一条之制裁；与侮辱官员罪之要件，尚有未合。（五年非字第39号）

禀词写列“判决不公，断不允许”等语，不为侮辱官员。

【正】本案向县知事递禀，尾仅载称“判决不公，小的一人，断不允许”一语，并未达于侮辱行为之程度，不成犯罪。（五年非字第65号）

向巡按使署声诉高审厅经四次上诉始批，质问核夺，足见民刑两庭，通同作弊者，尚不能谓为公然侮辱官署。

【正】因民事案件在高审厅上诉后，复向巡按使署声诉“四次上诉始批，质问核夺，足见民刑两庭，通同作弊”等语。此种声诉尚不合于公然侮辱官署之条件，而其先后语气，又不过指批答太迟，亦不构成他罪。（六年上字第165号）

当庭指原县知事不配办罪并大肆咆哮、随口混骂，应成立侮辱官员罪。

【正】县知事对于被告人宣示判决，被告人当庭声称，“我系上控原告，县知事不配办我罪刑。什么宣判、不宣判，我一概不懂。放我出去，再赴省上诉”各等语，并在法庭

---

〔1〕 匭（guǐ），（簋的古字）匣子，小箱子。

大肆咆哮、随口混骂，两审处以《刑律》第一百五十五条之罪，尚无不合。（七年上字第469号）

在侦查庭侮辱人，不得谓为公然。

【续】当检察官侦查时，肆口捏供检察长、检察官在职务上收受贿赂并涉及某推事个人，固为侮辱，但侦查庭究与公判庭之公开审理者有别，则仅止当同检察官、书记官一、二人。在侦查庭为侮辱某官员、某个人之行为，殊难遽谓已达公然之程度。（八年上字第821号）

第八章　妨害选举罪

第一百六十一条

损坏县署贴于票匦之封条，系损坏官员所施封印。

【续】县署封条虽属公文书之一种，然既贴有投票匦上，即成为官员所施之封印。其损坏行为，在《刑律》第一百五十四条已有特别规定，原审判决仍论以损坏有关选举公文书之罪，其法律上之见解，殊嫌未当。（十一年上字第1056号）

第九章　骚扰罪

第一百六十五条

骚扰罪，以妨害一地方安宁秩序为成立要件。

【正】按骚扰罪之性质，系出于内乱罪以外之目的而为多众之集合，以行其强暴、胁迫，即所谓暴动是也。故其程度，必有足以危害一地方之安宁秩序，始为本罪之成立。观本罪之分别首魁、执重要事务者种种阶级，而所科刑罚亦复较重，立法之意，至易明瞭。（四年上字第176号）

聚众强暴，若为他罪手段时，不成骚扰罪。

【正】查骚扰罪之成立，固以聚众而为暴行或胁迫为要件，然其暴行、胁迫若为他种犯罪之手段时，则应构成他罪；虽复聚合多众，亦不过为他罪之共犯，并不能一概以骚扰罪论。（四年上字第996号）

骚扰罪主魁，必系当场指挥暴动或有左右暴动之主动力者。

【正】暂行新《刑律》第一百六十五条骚扰罪之首魁，必系当场指挥暴动或有左右暴动之主动力者。（二年上字第57号）

妨害公务罪与骚扰罪其程度有别。

【正】被告人之集众拒捕行为，对于官员之执行职务虽加以妨害，而于一地方之公共安宁并无影响；且其聚众情形，亦未至多数之人、随时得以加担之状况，实仅该当《刑律》第一百五十三条之妨害公务罪，原判竟认为《刑律》第一百六十五条之骚扰罪，未

免引律错误。（四年上字第145号）

灾民求赈，无强胁举动，不成犯罪。

【正】各灾民因连年荒歉，相率至城，求官赈济，并缓免钱粮。被告人等系临时公推为代表，向县知事代达下情，势迫于不得已，亦无强暴、胁迫之举动，自非律所应罚。乃原判认为骚扰罪，按照《刑律》第一百六十五条第一款处断，实属引律错误。（四年非字第5号）

因嫌率众五、六十人拥至某人之家，毁门入室，致将多人惊散；捆缚一人，以至某处关禁者；为私擅监禁及损坏他人所有物，应依第二十六条，断不得谓为骚扰。

【正】因嫌率众五、六十人拥至某人之家，毁门入室，希图报复。该家内之人多闻风逃避；见有一人未走，即捆绑，拉至某处关禁者，于地方公安尚未扰乱，而损坏门扇，不过欲达其私擅监禁之目的，应依《刑律》第三百四十四条、第四百零六条及第二十六条处断，不得谓为骚扰。（六年上字第224号）

聚众骚扰之首魁，于附和者反其约束而为之杀伤、掠夺各行为，不负责任。

【正】聚集村众抗捐，要挟同时入城。村众良莠不齐，不遵约束，遂有掠夺军器、放脱囚徒及杀伤、放火、损坏之事；经竭力阻止，势已无及者。该聚集村众之人，仅成骚扰首魁之一罪。（六年上字第586号）

第一百六十六条

因骚扰而放火者，不限于执重要事务之人。

【续】《刑律》第一百六十六条载："于前条所列情形内，犯放火罪"云云。所谓"前条所列"，自系包含第一百六十五条第一款、第三款在内。足见聚众为强暴、胁迫时，犯放火罪者，不必限于执重要事务。原判谓放火系骚扰之重要事务，不仅在场助势，因上告人犯有放火罪，遂不暇证明其是否执骚扰之重要事务，即论为《刑律》第一百六十五条第二款之罪，殊嫌率断。（九年上字第868号）

第十章　逮捕、监禁人脱逃罪

第一百六十八条

与同所囚犯商允冒名顶案，竟得朦混释出，系属脱逃。

【正】在所未决囚，商允同所既决之犯互换牌号、冒名顶案，而自则代缴罚金，混朦释出，即构成《刑律》第一百六十八条之罪。（五年上字第44号）

民事执行致被勾摄者，为《刑律》上之按律逮捕人。

【正】因民事执行致被勾摄者，即为《刑律》上之按律逮捕人。（五年上字第923号）

脱逃罪之成立，必已经逮捕、监禁后脱逃者，始能构成。

【正】查一百六十八条之脱逃罪，系指已经逮捕、监禁后脱逃者而言。若尚未逮捕，

仅于搜索中逃遁者，自不得以脱逃罪论。（五年非字第58号）

按律逮捕、监禁之人，于公之实力解除后，自由行动者，不得谓为脱逃。

【续】查按律监禁人脱逃之罪，本以不法脱离公力监督为构成要件。若公之实力已经自行解除，则于回复其自由之后，遂即自由行动，尚难即指为脱逃。（八年上字第161号）

按律逮捕之人被劫，非另有脱逃行为，不犯脱逃罪。

【续】甲由司法巡警执持拘票，将其拘获后，乙竟又行劫回甲，既系被劫。则当时除甘愿被劫以外，如非另有脱逃之行为，不能加以脱逃之罪。（八年上字第161号）

经县传唤与警同行，尚难谓为按律逮捕人。

【续】《刑律》第一百六十八条所谓"按律逮捕、监禁人"，系指按律被逮捕、监禁之人而言。如仅经县传唤，则虽与警同行，尚不得谓系按律被逮捕之人，尚难成立脱逃罪。（九年上字第1096号）

脱逃以逸出监督力之外，为既遂。

【续】脱逃罪，必以不法回复自由而逸出于监督力之外，始为既遂。若虽逸出于监禁处所以外，而尚在官吏追迹中者，不得谓非未遂。（十年上字第1503号）

第一百六十九条

聚众脱逃罪之余人，以同谋、共犯为限。

【正】查《暂行刑律》第一百六十九条第二项之罪，系以聚众脱逃为构成之要件。故未参与谋议而乘间潜逃者，即不得谓为本项之余人。（四年上字第372号）

因案被押，挖洞脱逃者，为损坏监禁处所之脱逃罪。

【正】刑事被告人被押在监，挖洞脱逃者，为损坏监禁处所之脱逃罪。（六年上字第2号）

在押人见人弄坏所内格子、挖开墙洞因而同逃者，不负损坏监禁处所之责。

【正】因案在所羁押，见有同押之人弄坏所内格子、挖开墙洞，因而亦同逃走者，则其于损坏监禁处所，既无共同行为，自不负共同责任，应论以单纯之脱逃罪。（六年上字第228号）

强暴脱逃罪虽已有强暴行为，如未能脱逃，仍属未遂。

【正】被告人在狱图逃，将狱舍窗棂损坏，并将洋油洒在窗上，点火焚烧；讵被看守瞥见，将火扑灭。被告人即拔取坑砖乱掷，欲强行逃走，致将同押之人掷伤。除伤害部分依《刑律》第一百七十五条，应照第二十三条处断外，其放火未遂与脱逃未遂，应依第二十六条科刑。（七年上字第144号）

脱逃罪以脱离公之实力支配为既遂。既遂后再有杀伤人之行为，不得谓系因强暴脱逃而致人死伤。

【续】查被告人等于脱逃后，虽经乡兵追拿，然既早已脱离国权实力支配之范围，自属脱逃既遂。则其因乡兵追拿而有伤害人之事实，已不能仍依《刑律》第一百七十五条处断。况该条固限于因脱逃致人死伤者，方得适用。乃原判于被告人等故意杀人二罪，亦引该条科处罪刑，尤属违法。（八年非字第20号）

聚众脱逃既遂、未遂，各从其行为定之。

【续】聚众脱逃者，当巡警弹压时，即从监内屋脊就捕，是尚未脱离监视之范围，不能因其为首，他犯有逃而未获情形，遂令负既遂之责任。（十年上字第1278号）

聚众损坏监禁处所械具而脱逃者，其损坏为方法。

【续】查《刑律》第一百六十九条第二项之脱逃方法与同条第一项之犯罪范围不同。被告人既用石砸坏笼门，其共犯又有扭断项圈、挖掘墙洞情事，已触犯同条第一项损坏监禁处所械具之规定，虽与所犯聚众脱逃罪名不无方法、结果之关系，依第二十六条前段，应从一重处断，然不能置之不论。（十年非字第15号）

犯人于脱逃时，对于看所有所抵抗，不更成立妨害公务罪。

【续】查《刑律》第一百六十九条第二项前段之罪，既以强暴为要件，则犯人于脱逃时对于看守人等有所抵抗，自系构成本罪当然应有之手段。原审于论脱逃罪外，并论被告以第一百五十三条第一项之罪名，依第二十六条处断，见解殊有未协。（十一年上字第800号）

聚众脱逃罪，不以拥戴首魁为要件。

【续】《刑律》第一百六十九条第二项之聚众以强暴、胁迫脱逃罪，祗须多众以合同之意思，互相为用，而为强暴、胁迫已足成立；其聚众之方法，原不限以事前密议强暴、胁迫，更不限以全体实施。条文上“首魁”云云，乃就科刑上规定标准，并非以有首魁预先纠结或密谋合致拥戴首魁为聚众之要件。（十一年上字第1392号）

脱逃罪以脱离监督为即遂。

【续】脱逃罪应以脱离监督为即遂时期。本件上诉人等除受人的监督（无形监督）外，更有物的监督（有形监督）。即如原审所认事实，仅止看守人役数人不敢喊捕而尚在看守所之院内。该所既以看守定名，则所之围墙，均属于物的监督之列，欲脱逃而未越于监督之外，当然为脱逃未遂。（十一年上字第1392号）

第一百七十条

盗取囚徒，若对于护送官员未加相当之强迫，尚不能加重处断。

【正】《刑律》第一百七十条第一项所称盗取，系指强窃取而言。故其第二项所称强暴、胁迫，应从狭义解释。苟非对于护送官员加以相当之强迫致令不能抗拒，尚不许遽从该项处断。（五年上字第923号）

多人施暴行，胁迫令由巡警将所获赌犯释放者，为聚众施强暴，胁迫盗取依律逮捕监禁人。

【正】因巡警将同赌人犯捕去后，率领多人持械前往派出所，迫令将人释放；巡警阻止，即行殴伤。该所畏惧，卒将所捕人犯释回者，则迫令释放之人，为聚众以强暴、胁迫盗取按律逮捕、监禁人，应依《刑律》第一百七十条及第一百六十九条第二项处断。（六年上字第698号）

第一百七十一条

便利脱逃，以有故意为条件。

【正】查《刑律》第一百七十一条之罪，以有便利脱逃之故意与行为为成立要件。该被告人不候交卸、擅离职守，祇能为受惩戒之理由，业经惩戒委员会议决褫职在案。既不能证其有便利脱逃之故意，则此等行为，即不能谓系便利脱逃之所为，当然不能构成犯罪。（四年非字第30号）

监狱之邻户凿成地洞，使监犯多人逸出，系属便利脱逃。

【正】与监狱毗连之住户，受人买嘱，由外从监墙下凿一地洞穿透监仓，使监犯多人同时逸出。此系便利脱逃之行为，实犯《刑律》第一百七十一条第二项之罪。（五年上字第28号）

第一百七十二条

游击队长于管收嫌疑犯擅令回家养病，致被脱逃，应构成看守官员纵囚脱逃之罪。

【正】有嫌疑犯发交游击队看管，该队长当然有看守之责。乃竟以患病为由，并不禀明县官，擅令其回家养病，以致遁逸无踪，实触犯《刑律》第一百七十二条看守官员纵令未决囚脱逃之罪。（五年上字第6号）

巡长拿获烟犯后，纵令逃走，系犯《刑律》第一百七十二条之罪；于纵逃后，并将搜获之烟土侵占入己，应依《刑律》第二十六条处断。

【正】查被告人身为巡长，于搜获甲某烟土后，既已将捆缚，则甲某即已成为按律逮捕人。被告人旋于看守之际，复因其央免，确有纵逃之积极行为，自非仅不为相当处分者可比，原审认为触犯《刑律》第二百七十二条之规定，殊属违法。且被告人纵令甲某逃走后，即将搜获之烟土侵占入己，核其情节，显有方法、结果之关系，而原审竟依《刑律》第二十三条分别处断，亦有未合。（七年上字第340号）

巡警卖放窃贼，系犯受贿及故纵脱逃罪。

【正】被告人如果卖放窃贼属实，该被告人身充巡长，有捕盗及看守之责，且有受贿因而为不正行为及故纵脱逃之嫌疑。（七年上字第693号）

送囚还押时，放任致逃者，成纵逃罪。

【续】奉派护送囚人还所羁押；在护送中，自有监视之职责，任意随同他适，已非职务内之行动；乃至囚人寓所之后，明知其可以逃去而故弛其防范，非纵囚而何？（九年上字第1081号）

第十一章　藏匿人罪及湮灭证据罪

第一百七十七条

明知警察所欲捕之人送之渡江，为藏匿被追蹑人。

【正】明知警察所欲捕之人，犹复送之渡江，以未装歹人为辞者，构成《刑律》第一百七十七条之罪。（四年上字第898号）

藏匿罪人，被侵害之法益系属国家，藏匿多人只成一罪。

【正】《刑律》第一百七十七条第一项之罪，系侵害国家裁判上之搜索权，虽藏匿多人，自应论为一罪。（五年上字第405号）

支使被提人逃逸，应成立第一百七十七条罪。

【正】被告人将经县签提之某某等九人支使逃逸，系与《刑律》第一百七十七条第一项之罪相当。（五年上字第405号）

顶替自首，须先已有被追蹑或逃脱之人。

【续】查《刑律》第一百七十七条第二项之罪，系指意图藏匿被追蹑人或逃脱之逮捕、监禁人顶替自首者而言。被告人某唆使某某等具状自首之时，既无具体之被追蹑人或脱逃之逮捕监禁人，即无所谓顶替。（十年上字第423号）

第一百七十八条

湮灭自己罪证，不构成本罪。

【正】查《刑律》第一百七十八条系指湮灭他人犯罪证据者而言。若湮灭自己犯罪证据，自不能构成本条之罪。（三年上字第145号）

伪造他人字据以诬告其人伪造文书者，并成行使伪造证据罪。

【续】诬造人伪造公文书、呈出捏造之收条二纸作为证据，系以行使伪造之证据为诬告之方法，本无疑义。原审乃以为独犯第二百四十三条第一项之罪，不免错误。（八年上字第413号）

串由某甲以自己名义报告某乙追悔之信，应成立伪造证据并行使之罪。

【续】上告人串由某甲以自己名义报告某乙追悔之信，信内所述“某乙对于上告人失物之事情愿赴省”等词，不过欲借以提出、证明所诉某乙窃盗之不虚，其行为之性质仅应构成伪造及行使伪造关系他人犯罪证据之罪。第一审认为伪造及行使伪造私文书，自属错误。（十一年上字第514号）

第十二章　伪证及诬告罪

第一百八十一条

证人未经具结者，不能科以伪证罪。

【正】查暂行新《刑律》第一百八十一条载："依法令，于司法或行政公署为证人而为虚伪之陈述者，处徒刑。"是伪证罪之成立，必以适法之证人而违背陈述真实之义务为要件。揆诸通例，所谓适法证人者，即于陈述前或陈述后具结以明示为真实证言，不得稍有隐饰。若背此义务，则受刑事上之制裁，即犯第一百八十一条之伪证罪。（三年上字第355号）

坚不供实与构成伪证罪要件之虚伪陈述有异。

【正】传讯，在本案判决以后，且于讯问时，又并未命其具结者，在法律上自不能认为适法之证言，即无负担伪证罪责任之理。况坚不供实，亦与构成伪证罪要件之虚伪陈述迥然不同。乃原审遽以《刑律》第二百八十一条处断，实属违法。（四年非字第10号）

伪证罪，以国家为被害人。

【正】伪证二人共同犯罪者，既系对于一事而为虚伪之陈述，其侵害国家法益仅止一次，自应成立一罪；不得以所伪证者为二人，遂以二罪科断。（六年上字第801号）

教唆伪证罪之成立，须被教唆者为适法之证人。

【续】教唆伪证罪之成立，必以被教唆者系适法之证人而违背陈述真实之义务为要件。某甲虽经两审传案，惟并未于陈述前及陈述后具结以明示为真实证人，是某甲本非适法证人；既不成立伪证罪，上告人某乙亦不成立教唆伪证罪。（九年上字第1193号）

冒名出庭作证，不得仅因其冒名，即指为伪证。

【续】《刑律》第一百八十一条所定"虚伪陈述"，系指依法令为证人之人因司法或行政公署之讯问，就所负诚实义务范围内之事实，背其义务，故为虚伪之陈述者而言。虽其结果有无影响于公署之处置，均可不问，而要须其所虚伪陈述之件属于所负诚实义务之范围而后以伪证名，而后成伪证罪。若所虚伪者，全与所负义务无关，除有时因情形构成他罪外，尚非所谓伪证。本件原判决认被告为伪证，核其理由不过谓被告于某甲杀人案内竟冒名出庭作证；不知询问到案人之姓名、年龄、职业、住址，不过为查验其人有无错误。故《刑事诉讼条例》于证人，仅有先调查其人有无错误之规定，而关于姓名等项之是否询问，则因同条例第六十七条既有规定于前，概从简略。可见，关于姓名等项，原不属于法令对证人所要求诚实陈述之范围。若假冒姓名，即所以售欺之先导；则断其成为伪证与否，应于所负义务内之陈述求之。原审竟以冒名作证为伪证，法律上之见解，已属错误。（十二年上字第303号）

第一百八十二条

教唆伪证，须被教唆者因其教唆所实施之行为构成犯罪，教唆者始能成立教唆罪。

【正】查造意犯，须被教唆者因其教唆而实施之行为构成犯罪者，始能成立。又查《刑律》第一百八十一条第一项之伪证罪，以为虚伪陈述者系依法令而从事于作证之人，为关于身份之成立要件。本案被告人甲教唆其侄女乙到案伪供，固属实情，然乙年甫十二岁，依法本不能为证人；虽其陈述虚伪，而关于身份成立之要件既不具备，在乙之伪证罪已无由构成，则甲自难成立教唆伪证之罪。（七年非字第68号）

所诉事实不能立证，不能遽认为诬告。

【正】查诬告罪之成立，以有意使他人受刑事处分、惩戒处分而为虚伪之告诉、告发、报告者为要件。若告诉之事实因不能立证之故，除有积极的证明该事实为虚伪外，只能以证据不充分之故，为被告人不判罪之原因；不能推定为告诉人诬告罪之成立。（三年上字第 364 号）

陈述被害事实不能成诬告罪。

【正】查刑律所谓“告诉”，须由告诉目的，即请求法律保护是也。仅为陈述被害事实，毫无目的，自非律文所指之告诉。（三年上字第 499 号）

误认事实，非诬告。

【正】查诬告罪以意图他人受刑事处分或惩戒处分而为虚伪之告诉、告发、报告者为要件。所谓虚伪，系指心知无此事实、故意捏造而言。若告诉人误认有此事实或以为有此嫌疑，自不得指为虚伪，即难科以本罪。至所诉如非被告人应受刑事处分或惩戒处分之事实，亦不能论以诬告。（三年上字第 540 号）

被诬告人受处分与否，与诬告罪之成立并无关系。

【正】诬告罪之成立，并不以被诬告人受处分或受损害为要件。（三年上字第 569 号）

诬告之故意条件。

【正】本院查诬告罪之成立，原以意图他人受刑事或惩戒处分而为虚伪之告诉、告发、报告为要件。本案被告人之场园既确被火，则事实已非虚伪，自应视被告人是否明知非被害人等放火而为虚伪之告诉为断。如明知非被害人等放火而捏词诬指，自难逃罪；若实因被害人等有放火嫌疑，并非故意诬陷，则本罪即难成立。（四年上字第 1466 六号）

仅将虚伪事实告知他人，不能认为教唆诬告。

【正】诬告罪以申告一定犯罪事实于相当官厅为要件。此案被告人仅以被抢事实告知某人，并未使某人申告于官厅，故刑法上不为诬告。至某人据以报案，则为他人之行为，不能以被告人为其犯罪主体。（四年上字第 338 号）

因诈财而诬告两人，应论俱发。

【正】被告人诬告被害人甲、乙拐去伊妻之所为，乃欲达其诈欺取财之目的，为诈欺取财之方法，本应依《刑律》第二十六条从一重处断。惟诬告甲、乙显系侵害两人法益，又应科以两诬告罪。第一审竟将被告人所犯诈欺取财罪及诬告罪并予科罪，而诬告两人之所为，则仅处以一罪，殊属错误。（四年上字第 437 号）

用他人之名义向有司法警察权之衙署告诉，亦成诬告罪。

【正】查现行刑法，凡意图他人受刑事处分而为虚假之告诉者，即构成诬告罪。其告诉之官厅，不以司法衙门为限，即向有司法警察权之衙署而为虚伪之告诉，无论用他人名义或自己名义，皆足以成立本罪。（四年上字第 621 号）

共同被告人为脱卸自己罪名妄供他人者，不成诬告罪。

【正】查诬告罪之成立，以意图他人受刑事处分惩戒处分而为虚假之告诉、告发、报告为要件。若因被告共犯事件受相当官署之讯问，其共同被告中之一人为脱卸自己罪名起见，致对于其余之被告人为虚伪之陈述者，当然不能以诬告论罪。（四年上字第867号）

有一部事实虚伪，亦成诬告罪。

【正】按诬告罪之成立，不因告诉人所诉各部分之事实尚有一部分真实，遂免除其他部分虚伪诬告之责任。（四年上字第1208号）

捏写他人名氏，列状诬告，应从一重处断。

【正】捏写他人名氏，具状诬告，系犯第二百四十三条及第一百八十二条之罪，依第二十六条，从一重处断。（五年上字第46号）

以自首之方法诬陷他人者，仍为诬告。

【正】串人诬告某人，一面自以曾与某人共同犯罪等情自首者，为共同诬告之罪。（六年上字第211号）

以不能构成犯罪之事实诬告人者，虽意在使人受刑事处分，亦不成罪。

【正】以使受刑事处分之意，诬告学校校董某人受贿、另有某人向该校董行贿者，校董既非官员，自无所谓受贿，他方亦不成行贿，诬告罪应不成立。（六年上字第250号）

诬告案件，除有虚伪之告诉、告发、报告及他人可受刑事或惩戒处分外，尤以有无故意为犯罪成立与否之要件。

【正】诬告案件，除有虚伪之告诉、告发、报告及他人可受刑事或惩戒处分外，尤以有无故意为犯罪成立与否之要件。故有因民事涉讼，经县署判以行使伪造文书诈财之罪后，辄以承审员受贿枉法等情，迭向巡按使署及高等检察厅呈控不休者，虽其所告各节审无其事，究竟是否因承审员判案不公，误信有得贿枉法情事以致呈告，尚缺乏故意条件，不能构成犯罪，尚应研究。（六年上字第253号）

与人揪扭，被警干涉，捏称所扭之人骗去银洋，不得认为申告。

【正】因债务纠葛与某人揪扭，被巡警干涉，即称被其骗去银洋多圆，巡警遂将某人送案，审明并无骗银情事。虽称骗银者确有捏称骗银之事，然并未自进而为申告，诬告罪即难成立。（六年上字第343号）

杀人后，因嫌唆令诬告系某人杀害者，其诬告仍独立论罪。

【正】实施杀人后，因忆及与某人有嫌，遂唆令他人诬告某人杀人者，是于杀人之后复行起意陷害某人，与仅图卸自己罪责者有间，应将诬告罪与杀人罪依第二十三条处断。（六年上字第501号）

因民事被告后，牵告他人，谓其硬行要去银洋，应许税契，竟行吞没者，如其目的在究追钱契，自不成诬告之罪。

【正】因民事被人在县署诉称借欠不还，历次具状辩诉，突又牵诉与有讼嫌之另人，谓其身充里书，贿托某人等假作说合，硬要去银洋一百元，应许税契；孰意竟将银洋吞没。此其在县署被告，本因民事迭次辩诉并非原告，虽又突将另人牵告在内，然仅为民事诉讼之轇轕；状内请求之目的，又在究追钱契。无论所诉之是否虚伪，不能认为有使人受刑事处分之意思，即不能成立诬告罪。（六年上字第815号）

意图陷害而栽赃者，如未告发，即不成诬告之罪。

【正】《刑律》第一百八十二条之犯罪，有二要件：第一，须有意图他人受刑事或惩戒处分；第二，须为虚假之告诉、告发或报告。二者具备，而后诬告罪成立。其妻对于夫意图陷害，故将烟籽散种地间，经人发见者，此其意在使夫受刑事处分固无疑义，而既未告发，自不成诬告之罪。（六年上字第840号）

诬告罪数，以人格法益计之。其迭次诬告一人者，为连续犯。

【正】以一状诬告数人者，应以人格法益计其罪数；迭次诬告某人者，为诬告之连续犯。（六年上字第943号）

诱拐妇女被人追获，反诬告追截之人者，分别论罪。

【正】诱拐妇女，被人追获，报团理论，反捏称追截之人拦途抢劫，赴县署具诉者，是其诬告乃恐人送案，以为先发制人之计，应与和诱罪分别论之。（六年上字第997号）

因图卸自己责任，捏词防御他人之攻击或反诉之者，均不成立诬告罪。

【正】查诬告罪，以意图他人受刑事处分、惩戒处分而为虚伪之告诉、告发、报告为成立要件。如因图卸自己责任，捏词防御他人之攻击或反诉之者，均与本条要件不符，自不能成立本罪。（七年上字第64号）

诬告之客体，除有特定事项外，须以能受刑事、惩戒各处分之自然人为限。

【正】查诬告罪之客体，除所诬告者系应处罚法人之特定事项外，须以能受刑事、惩戒各处分之自然人为限。（七年上字第240号）

借用他人名义诬告，亦应成立诬告。

【正】诬告罪，纵令具诉之时，借用他人名义，亦属成立。（七年上字第436号）

在预审庭请求复验伤痕，纵令涉于虚伪，仍不能认为成立诬告。

【正】查诬告罪之构成要件，第一，须申告虚伪之事实；第二，须申告于相当之官署；第三，须有使人受处分之意思。本案被告人在预审庭称伊母受伤多处，请予复验。此不过主张原告诉人之请求，纵令涉于虚伪，尚非向有管辖权之官署而为申告，自不能认为有使检察官受惩戒处分之意思，即与诬告罪之构成要件未合。（七年非字第531号）

代人作诬告状纸者，以事前帮助之从犯论。

【正】甲起意诬告乙，托丙写具诉状，向县报称乙拐卖其妾等情。查核该状内丙并未列名，而所供又仅认代做过状子，原判亦即以此认为确定事实。是其帮助行为，仅在甲实

施犯罪以前，自应依《刑律》第三十一条，以从犯科断。（七年上字第569号）

因对手人迫交捐款，遂指所执捐据为伪造，希图免除自己责任，不能认为成立诬告罪。

【正】查被告人因与某小学校为捐款争执，此则声称业已免除，彼则指为有意抗欠。乃该县并不悉心处理，徒一再派警押追，并令提起诉讼；被告人始以“认捐单据早已收回，某人所执乃系伪造”等情列入诉状，仍不外因对手人迫令交款为一种辩解方法；即令虚伪，亦属图卸自己责任，与意图使人受刑事处分而为告诉者不同。（七年上字第624号）

为洗刷自己犯罪而捏词诬人者，不能即谓有使其人受刑事处分之意思。

【正】被告人甲被乙告诉强盗，故以乙夺取布包之事实为自己抢去牛驴之原因，其为洗刷犯罪，借图抵制，似甚明显，果否并含有使人受刑事处分之意思，尚觉无从证明。（七年上字第837号）

向推事监督长官告讦推事，不得谓非相当衙门。

【续】向地方审判厅长投递关于告讦推事报告，虽非申告于有搜查犯罪权之官吏，然地方审判厅长为该厅推事之监督长官，关于惩戒处分，不能不认为相当官署原审。乃以报告系向该厅厅长呈递，并非相当衙门，认为欠缺诬告罪之成立要件，未免误会。（八年上字第38号）

诈财行为终了后，捏被害人名义诬告他人者，诬告罪独立成立。

【续】因甲购置田产，诈称代办税契，骗取多金。又因与乙挟有夙嫌，令甲于己所捏造甲父名义告诉乙吞没税银，诉状后签押十字，代为投递。是诈财是一事，诬告又是一事，两者绝不牵连，不能认为有方法或结果之关系。（八年上字第281号）

他人本有诬告意思，代作状者虽参加己见、张大其词，仍成帮助诬告罪。

【续】甲本因与乙等挟有夙嫌而有诬告之意思，上告人代甲作状，强复参加己见、张大其词，亦不过帮助诬告之一种方法。且其帮助，系在实施以前，依《刑律》第三十一条第一项，应以从犯论。（八年上字第966号）

所向申告之官署，不以有土地管辖权为限。

【续】《刑律》第一百八十二条固以“申告于有管辖权之相当官署”为构成本罪之要件，但不以并有土地管辖权为制限。县知事于司法实务兼有审判、检察两种职权。其于检察上之职务且得于其土地管辖区域外行之；对于非其土地管辖区域内之案件，并负有移送该管辖官署之责任。则上告人既向县署诬告他人为匪，纵该县署并无本案土地管辖权，仍不能谓为非向有管辖权之相当官署告诉。（九年上字第137号）

向有权逮捕人诬指某人为盗，令捆获送县，诬告罪即成立；不另成教唆私擅逮捕人罪。

【续】如向有权逮捕之人诬人为盗，请其捆获送县，则诬告罪已于此时成立；不必待诸诉县之后，亦不另成立教唆私擅逮捕人罪。（九年上字第459号）

以经过公诉时效之事实向警所告诉，被诬告人既无受害之处，诬告罪即不能成立。

【续】诬告罪以意图使人受刑事或惩戒处分而为虚伪之告诉、告发或报告为成立要件。故其被害客体，除国权外，并有被诬告之个人。又惟因被诬告之个人亦系要害客体，故所诬告之事实，须所欲使受刑事或惩戒处分者足以因之受刑事或惩戒处分，而后诬告罪乃完全成立。被告人以早已逾越公诉时效期限之事实向警所诉告，又无时效中断或停止之原因，则依《刑律》第六十九条第二项，其起诉权业已消灭；无论诉告是否虚伪及是否因疑成误不能证明，而所指起诉权早经消灭之事实，既不足以使被诬告人因而有受害之虞。即在被告人，无由成立诬告之罪。（九年上字第1007号）

杀人后，即诬其人为拦抢，所诬之之人已死亡，难对之成诬告罪。

【续】原判理由虽叙及被告人于到案后，屡供被害人拦抢。然其因被害人被杀，虑为已累，乃为是拦抢之说，以冀脱免；其无使人受刑事处分之意思已甚明显。况被害人已死，人格法益既不存在，根本上更不具备同律第一百八十二条第一项之构成要件。原判乃引同律判处被告人诬告罪，刑殊属不合。（九年非字第21号）

诈财未遂又诬告者，应分别诬告是否诈财方法，从一重论或分别科断。

【续】向人讹索不遂，即赴警所捏报殴伤。倘诬告之时仍以诈财为目的，则诬告系诈财之一种方法，不能认为诈财之结果；若因诈财未遂变计诬告，其犯意又自独立，应各科其刑。（十年上字第298号）

图诬而所告恰实，不成诬告罪。

【续】揭告当时，原图捏害，而所告之事，考之实际，恰与相符，不能论罪。（十二年上字第21号）

第十三章　放火、决水及妨害水利罪

第一百八十六条

市场同盟分会虽常为集会之处所，与法文现有二字条件不合。

【正】《暂行刑律》第一百八十六条第六款规定，多众集会之寺院、戏场、旅店及其他建筑物，以“现有”为要件。市场同盟分会虽常为集会之处所，并非现有多众集会，自不成第一百八十六条第六款之条件。（二年上字第95号）

用火燃点油捻，被警瞥见火起，设法立时扑灭，尚属放火未遂。

【正】洋广货店主在火险公司投保火险银两，嗣因营业亏耗起意图赔；先将铺内窗台上存储纸包及棉花等物用煤油浸灌，又于窗扇鱼鳞格中亦遍塞油捻，用火燃点，被该处巡警瞥见火起，当时即鸣哨设法立时扑灭，以放火未遂罪处断。（五年上字第601号）

放火罪，除以公共危险为法益外，私人财产权亦所注重。

【续】放火一事，恒发生公共之危险，似被害法益不专属于个人，惟查《刑律》第十三章，除“放火烧毁自己所有物，亦成为罪”设有特别条文外，余均以他人所有物为构成要件之一。是于个人财产法益亦所注重。本案被烧之房计一百八十三栋，虽住有一百九十二家，然究属若干人所有，并放火者当时是否确能分别，亟应查讯明白，以为计算放火罪数之标准。（九年上字第164号）

人烟稠密处所之建筑物，系指有延烧稠密人家之危险者而言。

【续】查《刑律》第一百八十六条第一款所谓“人烟稠密处所之建筑物”，祇其建筑物之所在地人烟稠密，一有烧毁，即于稠密之人家生有延烧之危险者即是。本案被告人放火烧毁之房屋，虽左邻之左即属旷坪，右邻之右即有巷子，前后亦各有道路，而四旁既人家错杂，仅有巷子、道路亦何能遮断延烧之危险？则该房屋应认为“人烟稠密处所之建筑物”，亦无可疑。（九年上字第676号）

第一百八十八条

共谋在场放火，虽未下手，亦为共犯。

【正】被告人听纠同行在场放火，事先既有共谋，虽未下手，亦应依《刑法》第二十九条第一项以共同正犯论。（四年上字第406号）

将房屋拆卸后焚毁，其焚毁即为损坏建筑物之方法。

【正】将房屋拆下后复行焚毁，是犯《刑律》第四百零五条及第一百八十八条第一项之罪，惟系以犯一罪之方法而生他罪，应依第二十六条处断。（五年上字第958号）

第一百九十条

窃贼于窃得赃物时闻捕惊逃，将所带纸煤失落草堆内致有火起者，其失火行为与窃盗行为分别论罪。

【正】窃贼燃点纸煤，撬门入室行窃，经事主闻声喊捕，匆忙逃走，致将纸煤失落门旁茅草堆内，以致火起延烧者，其失火行为应与窃盗行为分别论罪。（六年非字第2号）

强盗因点火照赃，误将油筒打翻，以致延烧，为失火。

【续】强盗行抢店铺时，因点火照赃，误将洋油桶打翻，油溅火麻之上，以致登时燃烧。事主之甥女避火不及遂被烧死，显系一种过失行为，不能认为实施强暴当然之结果。当时在柜台外瞭望把风者，无共同过失可言，自不能使之共负责任。（十年上字第1088号）

第一百九十五条

虽无决水故意，然不从人之请，挖开河道，致人受害者，仍负罪责。

【正】被告人虽无决水之故意，而填塞河道后，经被害人等一再央请挖开，竟置不顾，遂致横决淹损田禾，在法律上不能毫无责任。原审并未查明有无过失之点，殊有未合。（七年上字第46号）

第一百九十七条

截取他人灌溉田亩之水，以灌溉自己地内者，系妨害他人水利。

【正】甲因天旱，自己田内向用之沟水不敷灌溉，遂教唆伊佃户乙在丙向用之沟水上流新修一堰，截取丙所用之水灌溉伊田，致丙所用之水断流。原审着《刑律》第三十条第一项、第一百九十七条处断，尚无不合。（七年上字第791号）

妨害引用晒盐之沟水，不能以妨害水利论罪。

【正】查《刑律》第一百九十七条之罪，以妨害他人灌溉田亩之水利为要件。本案某公司所引用之沟水即为晒盐之用，自与灌溉田亩者有别。原判认定该公司对于春水出沟设有通沟契约，有使用引水之权。如果属实，除被告人打坝阻水，当分有无强暴、胁迫情形，为成立妨害人行使权利罪与否之标准外，不能以妨害水利罪论。（七年上字第889号）

第十四章　危险物罪

第二百零三条

以意图犯罪用且非扰害公安者，为成本罪之要件。

【续】《刑律》第二百零三条、第二百零四条，《惩治盗匪法》第四条第一款，均为关于制造、收藏爆裂物之规定。而《惩治盗匪法》乃为《刑律》第一百零三条第一项之特别法。故《刑律》第二百零三条第一项之罪须证明其意图为犯罪之用，而又非意图扰害公安，以示其与《惩治盗匪法》第四条第一款及《刑律》第二百零四条各项之罪有别。（九年上字第1210号）

第二百零五条

六轮手枪为军用枪。

【续】收藏六轮手枪及子弹，经巡警当场搜获，自认未受官署允准，自应构成《刑律》第二百零五条之罪。（八年上字第337号）

团丁于退职后，不将枪支缴还而出卖，系成立侵占公务上管有物并收藏军用枪炮罪，应依第二十六条处断。

【续】充当团丁出局后，即将原用之枪侵占不缴，私藏多日始行出售，则其成立侵占公务上管有物之罪，行为之结果并触犯收藏军用枪炮罪名。原审依《刑律》第二十六条处断，并无不合。（十一年上字第333号）

第十五章　妨害交通罪

第二百一十条

将与盖之桥木拆毁，窃取一根，应依《刑律》第三百六十七条处断，不得科以第二百一十条之罪。

【正】被告人于寺僧某将桥木运至河堰，业经与盖之时，即乘间将桥木拆毁，窃取一根，既未发生往来之危险，核其所为，自系触犯《刑律》第三百六十七条之窃盗罪，而于第二百一十条之条件未备。（七年非字第116号）

第十六章　妨害秩序罪

第二百二十四条

引二百二十四条二项依骚扰处罪断者，不再论同盟罢工罪。

【正】查《刑律》第二百二十四条第二项之立法本旨，乃指该条第一项行为之程度有聚众为强暴、胁迫情形，即应依骚扰罪之例分别科罚。其同盟罢工之行为，当然吸收于该条第二项之中，不能更对于同盟罢工罪独立宣告罪刑。（四年上字第637号）

第二百二十五条

潜入邻家图奸而无强胁行为，只构成无故侵入第宅罪。

【正】潜入邻家图奸未遂，惟当时尚无强暴行为，则只犯无故入人第宅之罪。（五年上字第476号）

无故，系指无正当理由而言。

【续】查《刑律》第二百五十五条所称“无故侵入现有人居住或看守之第宅”云云，系指无正当理由擅入现有人居住或看守之第宅而言。本案被告人入被害人住宅，其用意所在系为寻觅私娼，并无正当之理由。核其所为，应成立《刑律》第二百二十五条之罪。（九年上字第866号）

将尸抬往他人家内，系属无故侵入第宅。

【续】将尸抬往他人家内，如果意在泄怒，则应成立无故侵入人第宅罪（参照本院统字第1399号解释文）。若意在诬告或诈财，则无故侵入人第宅虽不能独立论罪，亦不应置之不问。（十年上字第714号）

第二百二十六条

诈称官员，不必实有所称之官职。

【正】诈称官员，本不必有所称之官职，但客观的足使普通人信其所称官员，诈称之罪即属成立。（三年上字第416号）

现行官制并无此项官员而诈称之者，亦成立犯罪。

【正】被告人在民国并未有观察使之任命、其前清道员在民国时代固已当然取消，乃僭称任用观察使，有名片、封条、旗帜等种种证据，其欲以观察使之资格欺罔他人，显然可见。原审据以认定该被告人之犯罪，并无不合。（四年上字第362号）

警署余丁自称巡警，不成诈称官员罪。

【正】本案被告人为警署余丁，既系补充巡警，且时可代行巡警职务，显有巡警身份。是被告人之往搜烟，虽非执行职务，而其自称巡警，自不得指为假冒。原判认为犯诈称官员之罪，殊有错误。（四年上字第675号）

本有官员身份而冒称所属机关阶级不同者，不成诈称官员罪。

【正】查诈称官员资格，必犯罪者本人本无官员资格而使他人误信为官员，始能成立。本案被告人既系充当地方审判厅承发吏，虽向他人冒充为高等审判厅承发吏，然该被告人固已取得承发吏之资格，则对于所冒充者不过所属机关之阶级微有不同而已。身本系官员，并非使他人误信，则无疑义。原判仅以冒充所属机关一点，即认为诈称资格之罪，实与该条立法本旨不合。（四年上字第1056号）

串人冒充侦探，追经他人，将携带之烟土委弃于地后，携回俵分者，为诈称官员诈欺取财及收藏烟土罪，依第二十六条断。

【正】侦知某人携带烟土由某处经过，串人冒称探访在途等候。某人走来，自称探访上前追赶，经某人惧怕委弃烟土逃走后，即携回俵分，成诈称官员诈欺取财及收藏鸦片烟之罪，依第二十六条断。（六年上字第305号）

诈称奉民政长委充缉捕调查员，为诈称官员。

【正】诈称奉民政长委充缉捕调查员，以恐喝取财者，其诈称官员为诈财之方法。（六年上字第305号）

冒称禁烟查缉所查缉员，［为］诈称官员。

【正】冒称某烟查缉所查缉员，纠人将某吸食鸦片烟之人拿获，罚钱花用者，成诈称官员诈欺取财之罪依，第二十六条处断。（六年上字第787号）

陆军稽查，为官员；军服，为官员之服。

【正】冒充陆军稽查，为诈称官员；僭用其军服，为僭用官员服饰。（六年非字第79号）

以诈称官员为共同诈财之方法，虽未自称为官员之共犯，亦应同负责任。

【续】甲系某县驻防前允排长，乙、丙因欲诈取被害人财物，遂串同甲冒充三名管统领在酒楼吃酒时，复由丙谎称甲系三营统领，以坚其心。是甲诈称官员，乙既属共犯，亦应负《刑律》第二百二十六条之罪责。虽系诈财之方法，依第二十六条应从一重处断，然原审竟不置议，殊属违法。（九年上字第976号）

诈称官员罪不必有所称之官职，但必客观的足使普通人信其所称为官员，始成罪。

【续】《刑律》上诈称官员罪，虽不必有所称之官职，但祗客观的足使普通人信其所称为官员，其罪即属成立（参照本院三年上字第416号判决例）。但世俗所称师爷，系指接近于官员之某种人而言，非指官员本身。若仅诈称系某公署师爷，尚与诈称官员者有别，自无由构成《刑律》上之诈称官员罪。（十年上字第584号）

第十七章　伪造货币罪

第二百二十九条

明知伪币而为送递，成立帮助意图行使交付于人之罪。

【正】查本案被告人对于某人所伪造之货币为之居间运送，是否负担刑事责任应以该被告人有无帮助犯罪之故意为断。如该被告人并不知为伪币而为之运送，《刑律》上本不为罪。乃核阅原供，该被告人明知某人之银币出于自己伪造，而犹为之居间运送交付于他人，其为知情帮助意图行使交付于人，毫无疑义。既有犯罪之认识，又有犯罪之决心，于刑律上之犯意犯行实已具备，何得藉口于运送营业行为希图脱罪？（四年上字第505号）

官许银行将前清官钱局钱票加盖该行戳记，即为货币。

【正】民国银行本系官办，业经政府准其发行兑换券，前清官钱局钱票既经该行加盖图记发行，自应视为该行发行之兑换券，原无须另得政府允许；况该行尚咨由财政司报部，政府并无异议。则原审认被告人系犯行使伪币之罪，自无错误。（四年上字第754号）

摹刻交通票火车头铜版，为伪造货币之从犯。

【正】查共同正犯，应以实施犯罪者为限。被告人为某人刻交通票火车头铜版，系属伪造货币之预备行为，依《刑律》第三十一条第一项之规定，应以从犯论。原判论为共同正犯，殊有未合。（四年上字第1034号）

犯罪后，因被他人诈欺而不生结果者，不阻却违法性。

【正】被告人等当时之意及帮助行为，固为共同私造伪币，虽因被他人之诈欺反失财物，不能生伪造货币之结果，然其犯罪已属成立。（四年上字第1138号）

低价出售伪票，系为意图行使而交付于人。

【正】被告人以低价将伪票转售于人，与混用伪票冒充真币使用者不同。是此等行为不过以行使之意思交付于人，不得论以行使之罪。（四年上字第1225号）

伪造银币，未走有银水，是犯罪犹属未遂。

【正】伪造银币，虽已造成模样或铜坯，尚未走有银水，其犯罪结果自不可谓为完成，尚属未遂罪。（五年上字第30号）

伪造货币而并行使，应引《刑律》第二百二十九条第一、第二项定拟。

【正】查被告人等以伪造而并行使，自应构成《刑律》第二百二十九条第一、第二项之想像俱发罪。原审及第一审仅依同条第一项定拟，尚有未合。（五年上字第208号）

行使假银者，乃诈欺取财，不得谓之行使伪币。

【正】《刑律》所称“通用货币”者，系指有强制的通用力之银币、铜币、纸币而言，其任意流通之银锭、银块并不在内。故将掺杂他种金属之银锭，托人向某商号换银者，即系以欺罔手段使人交付财物于己。（六年非字第98号）

行使伪币时，添写伪币内号码，亦系伪造行为之一部。

【正】核阅附卷伪币，所有编列号码之墨色均浮出于朱印之上，似系先盖朱印，于行使之际临时添写。纸币若无号码，万难行使。是添写号码，亦为伪造行为之一部。（七年上字第241号）

伪造货币，以其形式之类似足使一般人误认为真币，乃为既遂。

【续】查伪造货币，应以其形式之类似足使一般人误认为真币时，乃为既遂。此不问其所伪造之种数若干、枚数若干，但使有一种中之一枚达于此程度而已足。（九年上字第525号）

将某种真币变造他种货币，应认为全部伪造。

【续】被告人行使之变造中国银行纸币，虽据奉天中国银行覆第一审公函称，“该券并非伪造。所有小洋票，系吉黑券擦去‘吉黑’两字；大洋券系京钞擦改；确为变造之票，照章本不能兑换，惟为顾全信用起见，未始不可通融办理。所有抹去‘吉黑’字之小洋票，可照吉黑券办理；改作奉天大洋票之京券，可照京券兑付”云云。然既不能谓该纸币并非伪造，则依《刑律》第四十八条第二款之规定，亦应予以没收。原审认为仅有一部分伪造，其未伪造之部分仍属有效之通用货币，不予没收，系属错误。（九年上字第723号）

第二百三十二条

以伪票交付他人行使，既称知情，不得谓无故意。

【正】以伪票交付他人行使，既称知情转交，即不得谓无故意。又非中止犯，更不能适用第十三条、第十八条量予末减。（二年上字第112号）

《刑律》第二百三十二条一项前半段之罪，应以意图行使为成立要件。

【正】查《刑律》第二百三十二条第一项前半段载明，“意图行使而收受他人伪造之通用货币者”云云。是显以意图行使为构成犯罪之要件。本案被告人等当日携带伪币，是否意图行使，原判并未明白认定，而乃率引该条处以意图行使收受伪币之罪，则所认定事实与引用之《刑律》殊属不合。（五年上字第204号）

用钱收买伪币，托人介绍转售得利，系属意图行使伪币而交付于人。

【正】用钱二十串买得伪造湖南银行钱票一百六十张，托人介绍转售得利，系属意图行使伪币而交付于人。（五年上字第514号）

用伪币买物后，复因他人索欠，即将伪币交其买物，以找向之钱还偿者，仍成一罪。

【正】用伪造之货币向洋行买物后，复因他人向其索欠，即将伪币若干，交令仍赴某洋行购买某物，约明以找回之钱偿还前欠者，仍成《刑律》第二百三十二条第一项后半段之一罪。（六年上字第267号）

将伪造之货币冒充真币行使者，不得依意图行使交付于人之律处断。

【续】代人保管之现洋，于返还时，易以伪造货币、冒充真物交还者，即系行使行为，与仅将伪造之货币交付于人而未直接充真币使用者情形迥异。原审于其行使伪造货币之行为，竟判以意图行使交付于人之罪，殊有未合。（八年上字第691号）

用伪币购买金丹，只成行使伪币罪。

【续】甲将所收伪币托由乙、丙觅人购买金丹。其购买金丹之行为即其行使行为之实施，并不发生诈财问题。原审乃论以三人以上诈财之罪，显有不合。（九年上字第1122号）

第十八章 伪造文书、印文罪

第二百三十九条

契尾盖用官印，以公文书论。

【正】地契既经官署黏连契尾、盖用官印，即发生公文书之效力。其伪造者，即系伪造公文书；行使此项伪造契券，当然以行使伪造公文书论。（三年上字第405号）

未具公文书形式而有其实质者，仍视为公文书。

【正】查县知事致参事会函件，虽未具有公文形式，然其内容既系函令派兵捕拿匪徒，则其实质已与公文无异。原审认为行使伪造私文书，解释上实属错误。（四年上字第921号）

讼费领收证，系公文书。

【正】讼费领取证，系《刑律》上之公文书。（五年上字第394号）

抄白厅批，非公文书。

【正】查该上告人伪造抄白厅批，并无公证之效力；而律师条具，亦非以权利义务之事实为其内容。既非《刑律》上之所谓公私文书，何得强为比附？（五年上字第394号）

公署以该管事物招商承办，则所设之事务处尚不得谓为衙署局所，其有伪造该处文书者，自非伪造公文书。

【正】菸酒公卖局将公卖事务招商承办，则所设之公卖分栈尚非官员奉行职务之衙署局所。其有伪造该分栈文书者，自不成伪造公文书。（六年上字第84号）

伪造两署公文，持向一人诈财者，依二十六条应论以一个伪造公文书并行使之罪。

【正】伪造全省警务处公文一件并伪造县知事牌示二方，内书“神庙重地、闲人免入”八字，持向庙内住持声明保护、索取保护费者，其伪造公文书与行使诈欺取财之所为，依第二十六条，应论以一罪。（六年上字第205号）

伪造县署批稿及兼祧字据，于原妻外骗娶某人为兼祧妻者，为行使并之造公私文书及重婚罪，依第二十六条断。

【正】伪造县署批稿及兼祧字据，捏称兼祧某人，于原妻外另娶兼祧妻，即将伪造各字交于收执者，应成行使并伪造公私文书及重婚之罪，依二十六条断。（六年上字第254号）

行使伪造公私文书罪，以知为伪造而故意行使为要件。

【正】行使伪造公私文书犯罪之成立，以知为伪造之文书而故意行使为要件。如果本不知该文书系伪造，纵有行使行为，亦不成罪。故因民事涉讼，经审理结果认其提出之文书为伪造，而提出之人究应成立行使伪造公私文书之罪与否，尚难断定。（六年上字第340号）

行使伪造公文书及诈欺取财罪，均系即成犯。

【正】行使伪造公文书罪与诈欺取财罪均系即成犯，以行使当时及诈得他人所有物后为犯罪既遂时期。（六年上字第 438 号）

截断真正公文书以伪造公文书者，弃毁为伪造之方法。

【正】伪造某署公文书时，将某署另发之真正文书有印之后半页截下，黏用于所造公文书之后，其毁弃公文书为伪造公文书之方法。（六年上字第 851 号）

冒称委员，张帖告示并向人罚款者，即为诈欺取财，其诈称官员及行使并伪造公文书为诈欺取财之方法。

【正】以县署查烟委员之资格，向人科罚钱款，解送县署，为滥用职权，使人行无义务之事。若捏称查烟委员，张帖告示并向人罚钱者，则为诈欺取财。与诈称官员及行使并伪造公文书，应依第二十六条处断。（六年上字第 973 号）

税契后并未加工伪造者，不成为伪造公文书。

【续】用自己名义所立補契，纵内开"红契遗失"等语系属虚伪，然系于自己私文书为虚伪之登载，应依《刑律》第二百四十四条前段处断，与《刑律》第二百四十三条第一项伪造他人名义之私文书者不同。其行使此种文书向县署投税，使交付执照，固犯第二百四十四条后段及第二百四十一条之牵连罪，然于县署给予契尾、粘连補契后，并未加工伪造，自无伪造公文书可言。则其提出作证，亦无所谓行使伪造公文书。核其所为，除行使第二百四十一条之执照，法无处罚明文外，仍属行使第二百四十四条后段之文书。（九年上字第 913 号）

第二百四十条

学习检察官填发不正当之拘票，不成伪造公文书罪。

【正】学习检察官填发拘票属职务行为，虽非正当填用，究与变造不同，应构成《刑律》第二百四十条第一项明知虚伪之事实而制作所掌文书交人行使之罪，不成立伪造公文书罪。（四年上字第 878 号）

明知事实虚伪，具以备文呈覆上级官厅，系构成第二百四十条一项及第一百五十三条二项之罪，应依第二十六条处断。

【续】被告人身充管狱员，明知某某未决犯系于脱逃被获后，经县知事提出枪毙，并非当场格毙，乃呈覆某高等检察厅竟称为"当场格毙"，显系扶同县知事，捏词掩饰，其足以成立意图使官员不为一定之处分而施诈术之罪，固自无疑。惟被告人有官员之身份，而此项呈文又系在被告人权限内所应制作之件，明知其为虚伪之事实而据以呈覆长官，即系官员明知虚伪之事实而据以制作所掌文书兼行使此种文书，与《刑律》第二百四十条第一项之规定相当，应与意图使官员不为一定之处分而施诈术一罪，依第二十六条从一重处断。（十一年上字第 430 号）

第二百四十一条

以伪契投请官署黏给契尾者，为使官员交付执照。

【正】以伪造契据投税，经官署黏尾盖印，应成《刑律》第二百四十三条、第二百四十一条之罪，依第二十六条处断。（五年上字第953号）

第二百四十二条

权利行使与证券占有立于绝对不可分之关系者，为有价证券之特质。

【正】凡人持有证券而欲以实行其证券所载之权利，必占有证券为凭，则其证券即为有价证券。故凡权利行使与证券占有立于绝对不可分之关系者，实为有价证券之特质票；而所载文句第言“凭票取银若干”并无特载所持人之姓名，则持票取银不论谁何，皆可凭票付之。所谓“只认票、不认人”是也！此种无记名证券，实属有价证券之一种。（二年上字第112号）

有价证券之特质。

【正】有价证券者，乃持有证券之人欲实行其证券所载之权利必占有证券为凭；苟失此证券，则权利亦即无由行使，是为有价证券之特质。故其权利之利用与证券之占有实有不可分离之关系，且有流通市场之效力，可以自由买卖、交换、让与，固与普通关于债务之借约，迥不相同。（四年上字第70号）

将真正股票混填朦用，亦成立伪造罪。

【正】股票虽非伪造，被告人照式混填，俾得朦用，亦即伪造之一法，实已构成伪造有价证券之罪。（四年上字第457号）

佃价期票，非有价证券。

【正】佃价期票系属普通债权，并无流通之性质。原判科以伪造有价证券之罪，殊属非是。（四年上字第865号）

汇款报单与汇票性质不同，非有价证券。

【正】有价证券之意义，以实行券面所表示之权利时，必须占有该券为特质。如银行汇票，自得以有价证券论。至汇款报单，系由甲银行对于乙银行所发之通知书，取款人当行使权利时，并无占有之必要，与汇票性质不同。此项报单只属私文书之一种，不能以有价证券论。（五年上字第158号）

钱庄期票，为有价证券。

【正】钱庄期票，于商业上，可以划款，有流通之效力；而期票又为无记名之债权，但须持有该票，即能行使票面所载权利，自系有价证券之一种。伪造者，成二百四十二条之罪。（六年上字第163号）

团防公所发行之票券，为有价证券。

【正】团防公所因铜元缺乏，交易不便，详准县知事发行票券，以资周转者，所发行之票券为有价证券。（六年上字第881号）

商会发行之兑换券，为有价证券。

【正】伪造商会发行之兑换券，为伪造有价证券。（六年上字第956号）

承办邮寄代办所人洗用旧票，应依《刑律》第二百四十二条、第三百八十六、第二十六条处断。

【正】承办邮寄代办所人将寄往他局信件，洗用旧票粘贴发送，系犯《刑律》第二百四十二条、第三百八十六条、第二十六条之罪。（七年上字第75号）

行使伪造有价证券，不另成诈财罪。

【续】持伪造钱帖向商店购物，其购物行为即其行使行为之实施，依本院近来判例，认为并不发生诈财问题。（十年上字第279号）

第二百四十三条

行使伪造文书罪，以知情行使为限。

【正】《刑律》第二百四十三条第二项之罪，以知为伪契而行使为成立之条件。本案被告人所持加找文契一纸，业经原审认定，谓“该契是否被告人所伪造，实属无从查考”，则欲加被告人以行使伪契之罪，尚须证明被告人实有故意行使之行为。（四年上字第98号）

伪造红票，为伪造私文书。

【正】红票具列债权者及经手人氏名，且有利息而无期限，纯系普通债权，即属私文书之一种；不得因其载有若干之银额，遂认为有价证券。（五年上字第31号）

捏写他人名氏，列状诬告，仍成行使并伪造私文书。

【正】捏写他人名氏，具状诬告，系犯第二百四十三条及第一百八十二条之罪，依第二十六条从一重处断。（五年上字第46号）

伪造私文书之共犯，虽未实施行使，仍应独科以伪造罪。

【正】共同伪造私文书，虽未共同行使，而伪造文书仍应独立论罪，不能因其无行使行为，遂可置而不论。（五年上字第158号）

恋奸情热而和诱，并伪造卖约以备搪塞，应依二十六条断。

【正】恋奸情热，和诱有夫妇女，并伪造卖约以备搪塞，应依《刑律》第三百四十九条第二项、第二百八十九条、第二百四十三条第一项，适用第二十六条从一重处断。（五年上字第400号）

前后伪造二人之私文书，向一人诈财者，仍为一个诈财罪。

【正】前后伪造二人之私文书，向一人诈欺取财既遂者，仍应论以诈财一罪。（六年上字第187号）

将典得之房屋冒称己有，出卖与人者，对于买主不另成诈财罪；出卖时，另伪造买契，其行使伪造私文书之罪，与侵占罪分别论之。

【正】将典得他人之房屋转当后，复意图变卖，备价赎回；因原业主向索原典契，即伪造买契、当契各一纸，用证该房为已有，卖与另人者，对侵占之物诈称有处分之权，乃侵占当然之结果，非另有诈骗买主之意思及行为，自不成立诈财罪。又伪造卖约、当约各一纸，用证该房为已业，并非侵占必有之结果，亦难谓系侵占之方法，应将行使伪造私文书之罪，与侵占之罪，分别论之。（六年上字第606号）

伪造全国禁烟会长之委任状者，为伪造私文书。

【正】伪造某人委任状，诈称某人为全国禁烟会长，经委令办事者，为伪造他人私文书。（六年上字第651号）

伪造他人墨票者，为伪造私文书；持向索兑者，其伪造行使为诈财之方法。

【正】伪造他人墨票者，为伪造私文书；串令另人执持索兑者，其行使以诈欺取财之行为，与伪造私文书，应依第二十六条处断。（六年上字第700号）

伪造他人私文书，持以向另人诈财未遂者，以行使伪造私文书之既遂罪为重。

【正】伪造自己收存他人名义之私文书者，为伪造他人私文书、持以向他人诈取钱财未遂者，应以行使伪造私文书为重罪，依第二十六条处断。（六年上字第924号）

伪造私文书，须足以证明权利义务，始构成犯罪。

【正】《刑律》之私文书，以证明权利义务为要件。被告人加入某钱店资本之合同，如业已完全成立，则被告人所提出已撕毁之合同，无非欲免除债务，自系行使伪造私文书；倘合同尚未完全成立，则双方之权义不生，而已撕毁之合同又非供权义证明之用，纵系由于伪造，亦非《刑律》上所谓私文书，自难科以《刑律》第二百四十三条之罪。（七年上字第542号）

以变造之银行折据交付共犯收执、示人，以有存款而诈得其财物者，应并论以行使伪造私文书之罪。

【正】被告人甲为欺罔珠宝店伙起见，故意将变造之银行折据交与共犯乙，讬言须将珠宝持回与有友人看后方买，即留乙在店等候，使店伙无疑，而将珠宝骗走，则其行使伪造私文书之行为，应与诈欺取财，依《刑律》第二十六条处断。（七年上字第730号）

营利和诱既遂后，行使伪造婚书使买入者交价，应以营利和诱及伪造文书二罪俱发论。

【续】上告人行使伪造婚书系因买入者察悉真情，不肯交价所致，显因介入他种事实，始起意行使，与犯罪后即图掩饰而生他罪，得视为犯一罪之结果者，情节迥不相侔，应依第二十三条处断。（八年上字第265号）

于略诱当时，伪造婚约及被诱人署押，被诉后，提出作证，系犯略诱及行使伪造私文书并署押之罪。

【续】于略诱当时，伪造婚约及被诱人署押以备掩饰之用，及被诉到庭，即以此提出作证，核其情节，应依《刑律》略诱及伪造私文书署押并行使各条，从第二十六条处断。（八年上字第522号）

伪造私文书交由他人行使，于行使行为，应共同负责。

【续】查甲与丙因承继涉讼，于丙请求再审后，竟伪造丙注销再审状及甘休字，交由乙呈递。是乙行使伪造私文书之所为，甲亦应共同负责。（九年上字第287号）

向法庭行使伪据，不仅成行使伪造私文书罪。

【续】上告人提出伪据，向法庭行使，复已施用诈术意图使官员为一定之处分，亦应构成《刑律》第一百五十三条第二项之罪。虽其共同伪造系为行使起见，其妨害公务亦为行使伪据之方法，依《刑律》第二十六条，应从一重处断。（九年上字第1120号）

伪造私文书罪，以他人权利受有危害为成立要件。

【续】原告诉人呈出被害人信函，即使出于上告人某伪造，而于他人权利既无危害，亦仅足为上告人某掩饰犯罪之一证，而不能论以伪造私文书之罪。（十一年上字第508号）

伪造图样，在须使人可信为真实而已足，不必与真物相同。

【续】《刑律》第二百四十三条之伪造图样罪，以保护他人之制作权为主，而兼及于交通、交易上之信实。故伪造之物虽须使人可信为真实，而与真物绝对相同，则非所必要。（十一年上字第1262号）

伪造私文书，使人一见能信为真实者，不论作制名义者有无其人，均不得不执伪造私文书之罪以相绳。

【补】《刑律》上伪造私文书之为罪，其所保护者不仅为作制名义者之私法益，于交通、交易上之信实，即公之信用，尤所注重。苟所伪造之文书，使人一见能信为真实，不论作制名义者有无其人，均不得不执伪造私文书之罪以相绳。行使此项文书者之罪责，亦当然为同一之论定。（十四年上字第1490号）

第二百四十四条

店主串同店伙将所管之账薄捏写他人借款者，为于自己文书为不实记载之共同正犯。

【正】开设行店之人串同该行司帐，将所管之行帐，捏载他人借款者，为于自己文书为不实记载之共同正犯。（六年上字第1031号）

行使伪造自己私文书，须他人因而受害或确有受害之虞，方得论罪。

【续】查《刑律》行使伪造自己私文书，须他人因而受害或确有受害之虞方得论罪。本案某甲葬坟之处，如果确在上告人所有地范围以内，则上告人呈验之契据虽有涂改情形，尚与他人之权利无关，自与《刑律》伪造私文书规定不符。（八年上字第299号）

庙产经理人伪造庙账，系于自己文书为不实记载。

【续】经理庙产者所呈庙账，实为其有权制作之文书，其内容如有虚伪，系犯《刑律》第二百四十四条之罪，非伪造他人名义之私文书可比。（九年上字第1043号）

第二百四十六条

凡律文所称“依某条处断”者，不能直谓为该条之罪。

【正】伪造公印及伪造公印文，依《刑律》第二百四十六条、第二百四十八条有明文规定，虽第二百四十六条规定依“伪造公私文书各条之例处断”，然不能谓为即系伪造公私文书或图样。本案被告人伪造警察署印文，当依第二百四十六条处断。原判遽认印文为图样，引律殊有错误。（四年上字第583号）

金库验封图记，系属公印文。

【正】国家分金库验封图记，系证明此项军票系由金库点封之符号，其为一种公印文，自无疑义。原判谓为公图样，不免误会。（四年上字第801号）

犯罪行为分担实施部分，皆为正犯。

【正】盗用公印文，被告人虽未在场，然在保状末页及两纸骑缝处加盖戳记，依《状纸通行章程》之规定，本系完成保状效用之必要行为。被告人既以伪造保状与某人分担办理，则其对于盗用公印文有联络之意思，不能不负刑事责任。（四年上字第1107号）

盗用公印文罪之界说。

【正】被告人甲禀控该县知事，禀内盖用第三区警察署印文，既已声明“借用”字样，如果确系该区区长借用，则对于该印文之盖用，系经有使用权者之借与，在私人之文书内既声明该公印为借用，即不发生该公印之效力。虽此种借与行为，于其职守上或有不当，然系另一问题。声明借用之人，究不能构成《刑律》上盗用或滥用之罪。惟被告人等之取得此种真正印文并非出于区长之借与，系被告人乙所未经缴销之空白印文，则其借用之事实，系属虚构，即不得谓非盗用行为。盖空白印文，在乙去职之时，即负缴销之义务，并无自己更为使用或令他人使用之权。其存留不缴，已属不当；而盗用印文罪之成立不必成立于捺印之当时，自有捏称借与之故意发生，即与私自盗用无异。乙将印文交甲，使其捏称借用，则该二人之盗用行为即系共同实施，不因禀内未列乙名致有区别。（五年上字第222号）

被委任人代刻委任人私章，向审判厅领契，不能构成行使伪造私印文与妨害公务之罪。

【正】被告人甲既因委任而与乙和解。因和解结果，甲先后领契。又因审判厅批驳，乃一刻委任人私章，以为领契之用。此种行为既基于委任关系，始终其事，不能谓其应负行使伪造私印文与妨害公务之责任。（七年上字第882号）

印文与图样有别。

【续】通常所谓图记，就其本体言，则为印；就其印出之文字言，则为印文。与图样显然有别。（参照本院四年上字第583号、第801号判决例）（十年上字第829号）

第二百四十九条

伪造法政讲习所毕业证书，因而伪造该所木质钤记，系并伪造私印。

【正】被告人伪造法政讲习所毕业证书，因而伪造该所木质钤记，系并伪造私印。原判认为系并伪造私印文，殊属错误。（七年上字第391号）

第十九章　伪造度量衡罪

第二十章　亵渎祀典及发掘坟墓罪

第二百五十七条

于人建醮课经之际，借端滋闹，系犯妨害宗教上会合之罪。

【正】被告人于某人之妻身故后办理建醮课经之际，行为披猖，百端要挟，滋闹无已，实系妨害宗教上之会合，与《刑律》第二百五十七条第二项之规定相符。（七年非字第10号）

阻葬为妨害葬礼，非妨害人行使权利。

【续】因甲、乙等将其母棺迁葬新坟有碍祖坟龙脉，伙同多人前往阻葬，殴伤甲、乙，并将坟穴毁坏。是伤害与损坏均为妨害葬礼之结果，原判认为妨害他人行使权利，殊属错误。（十年上字第323号）

第二百五十八条

杀人之后，因恐死者显魂报仇，复割去首级掩埋者，应将杀人及损坏尸体分别论罪。

【正】杀人之后，恐因其显魂报仇，复将首级割下掩埋者，其割去首级与杀人行为本属两事，不应依第二十六条处断。（六年上字第94号）

杀人后弃尸者，弃尸为杀人之结果。

【正】杀人后将尸体舁放河中，其遗弃尸体之行为为杀人之结果。（六年上字第414号）

因地方有死后烧尸之习惯而烧尸者，不成罪。

【续】上告人焚烧甲某之尸体，如果该处确有死后焚尸之习惯，上告人并无其他恶意，尚不能认为成立损坏尸体之罪。（九年上字第312号）

移尸嫁祸，非遗弃尸体。

【续】移尸嫁害他人，别无遗弃意思，尚难论以遗弃尸体之罪。（十年上字第417号）

杀人后将尸挂起，伪作自缢，不得认为遗弃。

【续】杀人后，将尸身送至该屯南，首挂于柳树，伪作自缢，乃系藉以匿罪，不得认为遗弃尸体。（十年上字第1171号）

损坏未葬之棺木，应以损坏殓物论。

【续】将他人未经埋葬之棺移于他处，固不能认为发掘坟墓，然如果棺木实有损坏，则棺木为殓物之一种，依《刑律》第二百五十八条第二项之规定，亦有应得之罪。（十年上字第1271号）

先伤害人，因人自杀始行弃尸，应各别处断。

【续】先伤害人，因人之自杀，又以遗弃尸体之心行遗弃尸体之事，与伤害人罪，应依《刑律》第二十三条处断。（十一年上字第526号）

有殓葬义务者，不依惯行方法殓葬，应成立弃尸罪。

【续】妻于夫之尸体，本有殓葬义务，乃不殓以棺，不使邻佑闻知，平土掩埋于屋侧，显未依惯行方法殓葬，应成立遗弃尸体之罪。（十二年上字第88号）

医生执行解剖，仅呈报之手续不完，尚不负损坏尸体责任。

【续】查《解剖规则》第一条仅称"呈明该管地方官"，并非如第四条之"须得其许可后，始能解剖"。又参以《解剖规则施行细则》第二条但书，且有一面呈报、一面执行之规定。是第一条之呈报，仅属手续规定，并非该行为之要件。故医生未经呈明而执行解剖者，仅属手续不完，尚不能以此即谓该行为非《刑律》第十四条规定情形，因之使负损坏尸体罪责。（十二年上字第553号）

第二百六十条

发掘坟墓，阻却违法性之条件。

【正】《刑律》第二百六十条之发掘坟墓罪，原不必以损坏、遗弃、盗取尸体或遗骨等为目的，即单纯之发掘行为，亦应成立本罪。然本罪立法之本旨原为保护社会重视坟墓之习惯而设，故其犯罪之成立，亦应以是否违背法律上保护之本旨为断。苟于法律上保护之本旨并无不合，则虽实施该条法定要件之行为，亦不应成立本罪。不然，则因迁葬或其他正当原因而发掘坟墓者，将无往而不构成本条之罪，揆诸立法本旨，有是理乎？（四年上字第185号）

掘墓使失全部或一部效用时，为既遂。

【续】发掘坟墓罪应以坟墓全部或一部失其效用时为既遂。例如，有棺椁者，见棺椁；无棺椁者，见骨坛或尸骨之类，皆是。（九年上字第269号）

雇人发掘坟墓，又随时到场监视，为共同正犯。

【续】甲雇用乙发掘坟墓，又随时到场监视，则即未经亲自发掘，仍应以共同正犯论。原判论以教唆，殊嫌未洽。（九年上字第269号）

发掘坟墓罪，计算罪数之标准。

【续】发掘有主坟墓，应以所有主定其罪数；无主坟墓，应以行为定其罪数。未可拘于旧例，以穴计算。（十二年上字第278号）

第二十一章　鸦片烟罪

第二百六十六条

贩卖鸦片烟，即以贩卖行为为构成要件；其为常业与否及分量之多寡与取得之原因，

皆非所问。

【正】《刑律》第二百六十六条之贩卖鸦片烟罪，以贩卖行为为其构成条件。其贩卖系属常业与否、鸦片烟之多寡与取得鸦片之原因如何，皆与构成本罪毫无关涉。（二年非字第 53 号）

贩运，专指自外国而言。

【正】《刑律》第二百六十六条之规定，唯自外国贩运者，始能以单纯贩运行为成立该条之罪；至于在本国，则以有贩卖之意思为前提。（三年非字第 78 号）

鸦片烟须从广义解释，一切掺和制造之物，可以代用者均是。

【正】《刑律》第二百六十六条所称鸦片烟，系指广义而言，凡以鸦片烟掺和制造之物、可以为鸦片烟之代用者，不问其为丸药或为他种形式，皆得依该条处断。（四年上字第 347 号）

收藏鸦片烟，以意图贩卖为处罚条件。

【正】《刑律》第二百六十六条关于收藏鸦片罪之规定，以意图贩卖而收藏为该罪成立之条件。是收藏烟土者，须证明其有贩卖之意思，始能适用该条处断。（四年上字第 353 号）

有烟癖者，藏烟灰非经证明，尚不能断为贩卖。

【正】原判认定事实仅能证明被告人素日吸食鸦片烟，然不能谓其身藏少许烟灰即系有贩卖鸦片烟之故意，遽依《刑律》二百六十六条处断。（四年上字第 489 号）

受托售卖烟土，即为贩卖共犯。

【正】贩卖鸦片烟，《刑律》既有论罪专条，被告人当日售卖烟土，纵受他人所托，但业有售卖行为，即已分担实施犯罪之一部，依《刑律》第二十九条规定，显系第二百六十六条之共同正犯。（四年上字第 1231 号）

铺伙将领到资本私买烟土，经查觉后，计图脱身，复将经手货钱入己者，成收藏鸦片烟及业务上侵占二罪。

【正】粮店店伙专司杂粮贸易，于领到购粮资本后，私留一部购买鸦片烟土图卖，因被店主查悉，计图脱身，复将经手存储之粮售钱入己，为意图贩卖收藏鸦片烟及业务上侵占之俱发罪，应从第二十三条处断。（六年上字第 141 号）

经人委托，代卖鸦片烟；收到后尚未卖出，为收藏之既遂罪。

【正】《刑律》第二百六十六条规定，意图贩卖而收藏鸦片烟之罪，只须有贩卖之意思而收藏者，即为既遂。其有无贩卖行为，则所不计。故经人委托，代卖鸦片烟；收到后，复行执持外出，维持贩卖行为，虽未达到，而收藏事实则已完成，应即论为收藏之既遂罪。其有论为贩卖之既遂或未遂者，均属未合。（六年上字第 516 号）

贩卖贴用印花之烟土，仍成罪。

【正】贩卖鸦片烟土，无论贴用印花与否，均无解于犯罪之成立。（六年上字第912号）

贩卖鸦片烟时，掺合假烟者，卖烟为诈财之方法。

【正】贩卖鸦片烟土，于内掺合假烟者，其诈欺取财与贩卖鸦片烟，应依第二十六条处断。（六年上字第919号）

即时得价与否，于售卖鸦片烟罪之成立无关。

【正】售卖鸦片烟，并不以即时得价为要件。（七年上字第877号）

一人兼具制造、贩卖鸦片烟，数行为如前后有所吸收，仍当以一罪论。

【正】关于鸦片烟之制造、贩卖，《刑律》第二百六十六条设有处罚明文。虽有时得以一人而兼具制造、贩卖与栽种数行为，然如先后行为有所吸收，则当以一罪论，无适用第二十六条之必要。（七年非字第33号）

意图贩卖而收藏鸦片烟者，如有一部贩卖，应即以贩卖论罪。

【续】《刑律》第二百六十六条意图贩卖而收藏鸦片烟之罪，但有贩卖之意，即属成立；本不以确有贩卖或得利之事实为条件。如果尚有贩卖事实，即为该条上半段贩卖鸦片烟，不得谓仅意图贩卖而收藏。（九年上字第60号）

第二百六十九条

有烟瘾者，复开烟馆，成立俱发罪。

【正】被告人本有烟瘾，复行开设馆舍，供人吸食，实犯《刑律》第二百六十九条、第二百七十一条之俱发罪。（四年上字第692号）

开设烟馆兼售鸦片烟者，不负贩卖之责。

【正】开设烟馆兼售鸦片烟者，不能认为贩卖，故不得兼引《刑律》第二百六十六条，从第二十六条处断。（六年上字第367号）

第二百七十一条

吸食吗啡药丸，应依吸食鸦片烟之律处断。

【正】被告人甲、乙合伙贩卖普渡丸、一粒金丹等违禁药品；甲并服食普渡丸。第一审依《吗啡治罪法》第一条及《刑律》第二十九条各处以罪刑；控告审以甲服食吗啡药丸，初判漏未科罪，复依《刑律》第二百七十一条并处罪刑，尚属正当。（七年上字第540号）

烟瘾未除，以服食含有鸦片烟质之物为吸食之代用者，应负吸食鸦片烟之罪责，与因戒烟而服食含有鸦片烟质之药丸者不同。

【正】被告人既自认烟瘾未除，以梅花参片代烟，系故意服食含有鸦片烟质之物为吸食之代用，即有吸烟之故意，当负《刑律》第二百七十一条之责任（参照本院统字第205号解释）上告意旨援用本院统字第132号及第136号解释主张无罪，不知该项解释乃指因戒烟而服食含有鸦片烟质之丸药者；祇为戒烟之服饵，并无吸食之故意，故其服食不能视为吸食之代用，应不成立犯罪，与本案情形不同。（七年上字第747号）

吸食鸦片烟不以成瘾为限，买鸦片烟送人吸食除有连续情形外仅成吸食之从犯。

【正】刑律上之吸食鸦片烟罪并不以成瘾为限。（七年上字第929号）

【续】查本院统字第526号解释，系就收藏鸦片烟土专供一人吸食者立言说既曰，专供则吸食，鸦片烟人之吸食及收藏鸦片烟人之供给均非一次极为显然，于人连续吸食之中为连续供给之事。故解释上以该情形为限，认为实施中帮助之准正犯本案被告之为姐买烟确因其姐患病，而其姐向日并不吸烟，则即使其姐于该被告人买送烟土后因而吸食，该被告人之帮助既在其姐实施吸食以前亦仅成立吸食鸦片烟之从犯。上告意旨不察统字第526号解释之真义，漫然指为本案情形恰与相同殊属误会。（十一年上字第107号）

第二百七十二条

县知事非实施巡警职务之人，不能成立第二百七十二条之罪。

【正】《刑律》第二百七十二条规定，巡警官员当施行职务时，知有前六条之犯人故意不即与以相当之处分者，亦照前六条之例处断是，该条之犯罪以巡警官员知情，故意不为警察职务上之处分为要件，本案被告人身充知事，虽有指挥监督之责，究非实施巡警职务之人，且犯人业已缉获到案，事前既不能证明其有知情故意，不为处分之事实，到案后草率了结尤与知有此种犯人，故意不即与以相当之处分者情形迥然不同，自不能构成该条犯罪。（四年上字第890号）

警备队长犯第二百七十二条之罪，应并科罚金。

【正】被告人身充警备队长，当执行职务之时知有贩卖鸦片烟人犯，故意不即与相当之处分自犯《刑律》第二百七十二条之罪。但按照该条规定，既应依第二百六十六条之例处断，原审竟不并科罚金亦属违法。（五年上字第64号）

巡长拿获烟犯后纵令逃走系犯《刑律》第一百七十二条之罪，于纵逃后并将搜获之烟土侵占入已，应依《刑律》第二十六条。

【正】被告人身为巡长，于搜获某人烟土后既已将其困缚，则某人即已成为按律逮捕人，被告人旋于看守之际复因其央免确有纵逃之积极行为，自非仅不为相当处分者，可比原审认触犯《刑律》第二百七十二条之规定。殊属违法，且被告人纵令某人逃走后，即将搜获之烟土侵占人，已核其情节显有方法结果之关系，原审竟依《刑律》第二十三条，分别处断，亦有未合。（七年上字第340号）

第二百七十五条

并免现职，系指犯人在判决时尚有职者言之。

【续】《刑律》第二百七十五条修正《吗啡治罪法（草案）》第十一条所称“并免现职”，指犯罪人在判决时尚有职者而言，故以现职别之。若已经行政上予以免职，则判决时既属无职可免，自无适用各该条之余地。（十一年上字第909号）

第二十二章　赌博罪

第二百七十六条

以财物为赌博者，不问其品位之贵贱、数量之多寡，皆不免于罪责。

【正】《刑律》第二百七十六条之特别要件，以财物为赌博，即构成本条之犯罪；但书所谓“娱乐之物”，即系与财物为对待之词。故苟有以财物为赌博者，不问其品位之贵贱、数量之多寡，皆不能免于罪责。（二年上字第124号）

买空卖空，为赌博行为。

【正】买空卖空，本系赌博性质，曾经本院解释明晰。被告人经营规元生意，买空卖空，原判依《刑律》第二百七十六条处罚金，并无不合。（四年上字第706号）

赌博罪，不限于现行犯。

【正】《刑律》上规定赌博罪之成立，并无以现行犯为该罪要件之根据。（四年上字第1016号）

设局图骗，其赌博为诈财之方法。

【正】三人以上用赌博方法实施诈骗，系触犯《刑律》第二百七十六条及第三百八十五条之罪，应依第二十六条从一重处断。（五年上字第357号）

第二百七十七条

赌博常业，指以赌为生者言。

【正】以赌博为常业，与通常聚赌不同，必确系以赌为生，非仅不时聚赌方成以赌博为常业之罪。（六年上字第412号）

偶然集合，连日赌博者，成连续赌博之罪，不生开场聚赌营利及以赌博为常业之问题。

【正】邀人至家，连日赌博，如果出于偶然之集合，则邀人者与开场聚赌以营利者不同；同赌者，亦与恃为生业者有间；应均科以连续赌博之罪。（六年上字第92号）

第二百七十八条

未抽头者，不能谓为营利。

【正】《刑律》第二百七十八条之罪，必须有聚赌之事实而又有营利之目的。否则，虽招集赌徒公然聚赌，且因赌博之结果所获不赀，亦不属于本罪之范围。本案被告人开场聚赌，先后赢得三百六十余串，为数不为不多，但当时并未抽头，不能遽谓为营利。（五年上字第410号）

江西地方之标图，应论为赌博；开场者，为聚众开设赌场营利。

【正】发行彩票，系聚集他人之财物，以抽签方法决胜负，己则坐享一定之利，并不负担危险。反之，赌博者，系与对手人均有胜负之关系，其危险须双方负担。二者不无区别。若江西地方标赌之性质，其开标，系用舍弃纸弹之方法，与抽签而决胜负，本无少异；且其写标带标之情形，亦与发行彩票恰相类似。惟在开标厂之一方，与买标者仍有互担财物损失之危险，自以开场赌博论罪，较为允洽。（六年上字第280号）

偶然赌博，抽取头钱，亦难论以开场聚赌之罪。

【正】寻常赌博，亦有抽取头钱者。故与友人屡次在家内赌博，并有抽头情事，如系偶然之集合，自与聚众开设赌场营利者不同，不能于连续赌博之外，另论以开场聚赌之罪。（六年上字第452号）

浙江地方开设花会者，为聚众开设赌场营利罪。

【正】浙江地方开设花会者，为聚众开设赌场营利之罪。（七年上字第513号）

在剧场开赌营利，应构成《刑律》第二百七十八条之罪。

【正】在人众群集之戏场开赌营利，自应构成《刑律》第二百七十八条之罪。（七年上字第885号）

开设花会诱人聚赌，应依《刑律》第二百七十八条处断。

【正】《刑律》第二百七十六条之罪与第二百七十八条之罪，其区别，一则仅系多数人互赌财物；一则以营利之目的开设赌场，诱人聚赌，二者性质本有不同。此案被告人既于庙内开设陈六门、小花会，诱人聚赌，以希图取得六分之一之特别利益，是其所为，已具备《刑律》第二百七十八条之构成要件，自应适用该条处断。（七年上字第914号）

开设花会之筒主，应以开赌营利论。

【续】花会之性质，系集合多数人而为赌博，虽其间互有胜负，然开设花会之筒主，其目的在聚众开赌营利，本为显著之事实。核与《刑律》第二百七十八条规定，均相吻合。（八年上字第158号）

第二百七十九条

代有奖议会印刷字码，为发行彩票之事前帮助犯。

【正】有法奖义会之性质，原属一种彩票，曾经官厅命令，不得于限定之区域以外发行，则某人等违背禁令，在省外江门地方公然开设，共收纸币百三十余元之多，其成立《暂行刑律》第二百七十九条之罪，自无疑义。惟查《刑律》第二百七十九条之罪，必以发行为其成立要件；发行以前之帮助行为，自应属于实施犯罪行为前之帮助，应依第三十一条规定成立本罪之从犯。本案被告人代有奖义会印刷字码，其为实施发行彩票以前之帮助，自无疑义。乃第一审判决遽认为实施中之帮助，依第二十九条第二项规定准正犯论，引律实属错误。（四年上字第517号）

第二十三章　奸非及重婚罪

第二百八十三条

强行鸡奸幼女，为强行猥亵。

【续】被害人年甫十龄，上告人强行鸡奸后，复又强奸，第一审依《刑律》第二百八十三条第二项、第二百八十五条第一项、第二十三条分别处断，适用法律并无错误。（九年上字第 2 号）

第二百八十四条

强奸与强制猥亵之区别。

【正】强奸罪之特别要素有二：（一）以强暴胁迫之手段；（二）奸淫妇女行为。故强奸罪之成立与否，尤应以有无奸淫之目的为断。有之，则为强奸；否则，或成为强制猥亵。（六年上字第 321 号）

猥亵行为，须有色欲观念。

【正】《刑律》第二百八十四条所载猥亵行为者，系专指违背善良风俗之色欲行为而言。本案被上告人与甲因争界起衅，先将乙打伤，复以强暴，将甲插烛，纯系一种伤害行为，与色欲并无关系，自不能构成第二百八十四条之罪。（四年上字第 365 号）

第二百八十五条

强奸杀人，为《刑律补充条例》上之独立罪。

【正】《刑律补充条例》第四条之规定，“犯强奸之罪、故意杀人者，处唯一之死刑”。此与《刑律》第二百八十七条之结果犯固属有别，而亦不复许以同律第二百八十五条及第三百十一条之俱发罪科断，其义至明。盖即特别法规效力独优之处也。（四年上字第 761 号）

妇人助人强奸者，亦成强奸罪。

【正】妇人与人相奸后，听从奸夫纠邀，帮助强奸同居孀嫂，以图钳口者，亦成强奸之罪。（六年上字第 7 号）

年岁，以周年法计之。

【续】被害人年甫十三，究竟出生系何年月日，如以出生满一年始为满一岁之方法计之，当其被奸时，已未满十二岁，应予详究。（九年上字第 359 号）

于先经和奸后，已拒奸之妇女强行续奸者，仍成强奸罪。

【续】查犯强奸之罪、故意杀人，《暂行刑律补充条例》第四条设有特别规定。此案被告人先与被害人和奸，嗣因被害人与之绝交，遂乘隙持枪前往，强行续奸；复因被害人拒绝，即用枪棍等械，将被害人殴击多伤，登时毙命。其因犯强奸之罪而故意杀人，适合上列条文之规定，原判依《刑律》第二百八十九条、第三百十一条、第二十三条处断，实属违法。（九年非字第 37 号）

强奸致人死伤，如系二人以上共犯，均有奸淫行为，应依《刑律补充条例》第三条处断。

【补】强奸妇女并致被害人死伤，如系二人以上共犯，均有奸淫行为时，应于同为《刑律》第二百八十五条、第二百八十六条奸淫罪特别加重各专条中，依较重之《刑律补

充条例》第三条处断。（十五年上字第519号）

第二百八十六条

“乘”字之意义。

【正】《刑律》第二百八十六条所谓“乘人精神丧失或不能抗拒”云者，系指被害者精神丧失或不能抗拒之原因，非出于犯人所为之情形而言；犯人乘此时机而有猥亵行为或奸淫者，虽非强，仍以强论。（三年上字第157号）

第二百八十七条

因奸未遂，殴伤妇女致死之所为，不能遽断为强奸致死。

【正】因奸未遂，殴伤妇女致死之所为，不能断为犯第二百八十七条第一项第一款之罪。（二年非字第39号）

因猥亵、奸淫致人死伤者，不能依俱发罪例并科。

【正】《刑律》第二百八十七条乃第二百八十三条至第二百八十六条猥亵、奸淫罪之特别加重条文，犯前四条之罪，致人死伤者，专依该条处断；自不能因强行猥亵致人伤害而以该条与第二百八十三条第二项依俱发罪例并科。（三年上字第157号）

被害人无论为良为娼，于强奸罪并无影响。

【正】被害者无论为良为娼，于强奸致死罪之成立，实无影响。（三年上字第215号）

强奸致死之标准。

【正】施用邪术迷惑妇女，乘间强奸；被奸者因奸受伤，竟致病死，则强奸者自应负强奸致人死之责任。若科以强奸致废疾之罪，殊属错误。（五年上字第50号）

调奸不遂，虽被调者羞忿自杀，亦不成罪。

【正】《刑律》第二百八十六条之规定，以乘人精神丧失或不能抗拒而为猥亵之行为，为犯罪成立之条件。其有乘某女至厕内出恭，将厕篱扒开看视，经某女惊觉立起，复手持银元一元给与瞧看，并嘱其在该处稍待有事；某女不允向骂，即行走出，旋即羞忿自杀者，某女当时并非处于不能抗拒之地位，而仅向调奸，既与第二百八十六条之规定不符；则虽某女因羞自杀，亦不能科以第二百八十七条之罪。（六年上字第724号）

致人羞忿自杀或意图自杀，须先犯有强奸等罪。

【续】《刑律》第二百八十七条第二项之犯罪，除犯人为猥亵行为之情形外，须其先犯强奸（以强奸论者同）罪或依其例处断之罪致被害人因羞忿而自杀或意图自杀而伤害始能成立。此观于律文之规定，极为明瞭。上告意旨乃称被害人自缢，匪惟不甘侮辱，实由被告人肆行调奸所致，不应宣告被告人无罪。虽于被害人羞忿之一条件有所关合，而“肆行调奸”一语似谓仅止调奸，如被害人羞忿自杀，亦可成立本条之罪。关此论点，既于法定犯罪条件未予注意，不能谓不为失当。（九年上字第104号）

强奸妇女致淋症传染于被奸人，应成立强奸致人废疾之罪。

【补】强奸妇女致其淋症传染于被奸人，经四月之久始行痊愈者，应成立强奸致人废疾之罪。（十四年上字第1549号）

第二百八十九条

以和诱为和奸方法者，从一重论。

【正】查被告人和诱被害人，本出于奸淫之目的，则其同居奸宿即属犯罪所生之结果，故虽触犯和诱、和奸两个罪条，依《刑律》第二十六条，应从一重处断。（四年上字第759号）

恋奸情热而将妇女和诱者，其和诱为和奸之结果，伪造卖约又为和诱之方法。

【正】恋奸情热，和诱有夫妇女，并伪造卖约，以备搪塞，应依《刑律》第三百四十九条第二项、第二百八十九条、第二百四十三条第一项，适用第二十六条，从一重处断。（五年上字第400号）

告诉无效与未行使告诉权有别。

【正】《刑律》第二百八十九条之和奸罪，依第二百九十四条第二项后半之规定，本夫事前纵容或事后得利而和解者，其告诉为无效。按告诉无效系丧失亲告权，与本有此权而未经行使告诉者有别。亲告权既经丧失，公诉亦即消灭，不能存在。况《刑律补充条例》第七条乃《刑律》第二百九十四条第二项前半"须有本夫告诉乃论"之例外规定，不能解为因有《刑律补充条例》第七条情形，而《刑律》告诉无效之规定遂无适用之余地。（五年上字第417号）

本夫死亡以前未经亲告，则奸罪不能诉追。

【正】《刑律》第二百八十九条之罪，依第二百九十四条第二项规定，须本夫告诉乃论。本夫死亡以前并未亲告，又无《刑律补充条例》第七条之情形，即系缺欠诉追条件，无由提起公诉。（七年非字第38号）

先和奸后，因营利复和诱，应依俱发罪处断。

【正】甲先与乙妻丙有奸，为乙撞获，订立"永不再犯"字据；讵不多日，甲乘乙他往，竟诱同丙潜赴上海，旋卖与妓，议得洋百余元，应成立和奸、和诱俱发罪。（七年上字第198号）

在人未嫁前和奸与既嫁后和奸，应论二罪。

【续】在相奸人未嫁前之和奸行为与既嫁后之和奸行为所侵害之法益既有不同，自应成立二罪。（九年上字第127号）

孀妇自行主婚改嫁，尚难成立奸非罪。

【续】按照现行民事法规，孀妇情愿改嫁，夫家无祖父母、父母者，应由母家祖父母、父母主婚。如果孀妇某系自行主婚改嫁，于被告人并未得其父之同意，亦仅足为撤销婚姻之原因，自难遽认为被告人等构成诱奸罪名。（九年上字第1117号）

妇人与二人先后相奸，应各别论罪。

【续】某甲先与丙妇姘识，因自己有妻，而其弟乙又适鳏居，遂与乙勾串，丙妇逃奔其家与乙奸宿。是丙妇与甲、乙先后相奸，犯意各别，不应引《刑律》第二十八条论为一罪。（九年上字第1117号）

先奸后因别故诱逃，仍分别论二罪。

【续】因与被诱人有奸，曾向被诱人借得钱款，嗣经被诱人之夫责令被诱人往索，即诱令逃匿，以免其夫追款，则和奸、和诱为俱发，应依《刑律》第二十三条处断。（十年上字第34号）

第二百九十条

妾与家长之亲属通奸，如和奸之人在服制图无服，仍应以普通奸罪论。

【正】《刑律补充条例》第十二条对于《刑律》第八十二条第二项及第三项第一款虽有“称妻者，于妾准用”之明文，然按诸《刑律》服制图，妾并无为家长、弟服之规定。是被告人与兄妾相奸行为，应以普通奸罪论。第一审认为缌麻以上亲属相奸，依《刑律》第二百九十条、第二百九十五条处断，原审未予纠正，殊属疏忽。（七年上字第759号）

与再从兄弟之妻相奸，不能构成亲属相奸罪。

【续】上告人与某人系同曾祖，则上告人系某人再从兄弟，其与某人之妻某氏无服制可言。原判因其与某氏有奸，论以亲属相奸之罪，殊嫌未洽。（九年上字第503号）

第二百九十一条

未成立正式婚姻，不能构成重婚罪。

【正】未成立正式婚姻，即不能谓犯重婚罪。（二年非字第58号）

卖身文契非可与婚书及媒妁同，视于重婚罪之条件，究有未符。

【正】卖身文契究非可与婚书及媒妁相提并论，即于重婚罪之以正式婚姻为前提有所未合。（五年上字第329号）

前婚已经离异，即不成重婚。

【正】前妻如已离异，则婚姻关系已经消灭，即不能谓系有配偶而重为婚姻。（五年上字第857号）

重婚罪不成立于订婚之时，而成立于举行婚礼之时。

【正】重婚罪之犯罪行为，不成立于订婚之时，而成立于举行婚礼之时。（五年上字第857号）

有配偶者，指已经成婚，其婚姻关系尚在存续中者之一方而言。

【正】《刑律》第二百九十一条规定之有配偶者，系指已经成婚，其婚姻关系尚在存续中者之一方而言。（六年非字第72号）

娶妾不为婚姻。

【正】娶妾不得谓为婚姻。故有妻复纳妾者，不成重婚之罪。（六年非字第151号）

重婚罪，无论男女，均可成立。

【正】《刑律》第二百九十一条规定为限制一夫多妻而设，固不待言，其一妻多夫，亦应包含在内。观于上半段“有配偶而重为婚姻”之文义自明。其下半段所称“其知有配偶之人而与为婚姻者”，系指明知故娶或故嫁者而言。故犯罪之主体，初无男女之别。（七年上字第710号）

知为被逐之妇，尚未与其夫离婚，商劝令改嫁，从中得财，于营利和诱罪外并生教唆重婚罪。

【续】上告人明知被害人为有夫之妇，与其夫口角被逐出外，尚未断绝夫妇关系，乃商令改嫁，从中得财，实于营利和诱罪外，兼犯教唆重婚之罪。（八年上字第265号）

有夫之妇，与人作妾，非重婚，只论和奸。

【续】上告人系甲某之妻，如系与人作妾，固无所谓重婚，然和奸之罪要不能解免（参照本院统字第386号解释）。（九年上字第300号）

重婚罪为即成犯。

【续】《刑律》第二百九十一条于重婚罪之最重主刑定为四等有期徒刑，而被告人与某氏结婚，事在民国元年十月十九日。方其结婚之时，即为犯罪行为完毕之日，乃自此起算时效期限；以后，历时将及六年，始经地检厅开始侦查，于中又未有停止或中断时效之事。则按之《刑律》第六十九条所定，起诉权早已消灭。（九年非字第85号）

第三百九十四条

告诉无效之和奸，不适用《刑律补充条例》。虽无告诉，亦应论罪之规定。

【正】《刑律》第二百九十四条第二项后段之规定，其立法本意，凡和奸一罪，本夫既事前纵容，法律即不加以制裁；虽经本夫告诉，亦属无效。为法律上之一种放任行为而不成立犯罪。至《刑律补充条例》第七条之解释，凡因奸而酿成他罪者，不过其诉追权归之于国家，虽无本夫告诉，亦应论罪，而刑律上于纵奸者既斥除其告诉权，当然不论奸罪。故《刑律》第二百九十四条第二项后段之情形，自不能适用《刑律补充条例》第七条之规定，其理至为明显。（四年上字第625号）

他人对于犯奸者有加害行为，不能谓为因奸酿成他罪。

【正】《刑律补充条例》第七条后半段规定“无告诉权者之告诉，仍应论罪”，系以犯奸之人因奸酿成其他犯罪时为限。若犯奸者以外之人对于该犯奸者有加害行为而成犯罪，自不在本条规定范围之内，不得依据本条，不待告诉，遽科犯奸者以和奸罪。（四年上字第966号）

事前不知奸情之告诉人，即不得谓其纵奸。

【正】关于和奸罪之告诉权固有制限，惟告诉人既不知有奸通情事，即与所指事前纵容之制限不符。（五年上字第230号）

本夫畏势，知情不较，尚不能谓为事前纵容。

【正】本夫明知奸夫与其妻和奸之情，因畏奸夫势强，不敢与较者，尚不能谓为事前纵容。（六年上字第25号）

童养翁于童养媳之被人强奸，有告诉权。

【正】童养媳被人强奸，其童养之翁有告诉权。（六年上字第898号）

被强奸人在相当官署陈诉被害，以有告诉论。

【续】《刑律》第二百八十五条第一项之罪，依第二百九十四条第一项规定，须被害人或其亲属告诉，方得论罪。但经有告诉权之人在相当官署陈述被害事实者，得以有告诉论。（九年上字第484号）

明知其为有夫之妇而娶以为妾者，对于奸诱罪无告诉权。

【续】甲以有夫之妇嫁与乙为妾，如果乙明知为有夫之妇，则在法律上尚难取得家长之身份，对于上告人所犯奸诱各罪，自无所容其告诉；如不知其为有夫之妇，则在甲与乙合意为妾之关系未断以前，上告人等犯奸诱各诱各罪，依《刑律补充条例》第十二条之规定，应有告诉权。（九年上字第807）

父母均有亲告权，父先于母而行使。

【续】告诉权专属于妇女尊亲属之亲告罪，如行亲权之父在，除有不能告诉之情形外，应由其父行使告诉权；若行亲权之父不为告诉，而其母违反其意思所为之告诉，即不能认为适法。（十年上字第139号）

本夫未离婚前所为奸罪之告诉，不因其后离婚而受影响。

【续】奸妇与本夫虽已经判决离婚，然被告所犯奸罪与本夫之告诉均在判决离婚以前，离婚之效力既不能追溯既往，则被告成立之罪名与本夫所为之告诉，均不因后来之离婚而稍受影响。（十二年上字第207号）

令妻为娼，为概括纵容。

【续】被告甲与乙妇通奸系在乙妇为娼以后；乙妇之本夫事前既令其妻为娼卖奸，对于其妻之与人通奸，即难谓无概括纵容之意思。（十二年上字第267号）

第二十四章　妨害饮料水罪

第二十五章　妨害卫生罪

第二十六章　杀伤罪

第三百十一条

杀人与伤害致死之区别；审判官就其犯罪情节足以证明，对于其事实有一般之认识预

见者，其故意即属成立。

【正】杀人与伤害致死之区别，以犯罪人之有无杀死故意为断。所谓故意者，不须犯罪人之自认为有意思；审判官就其犯罪情节，足以证明对于其事实有一般之认识预见者，其故意即属成立。（二年上字第103号）

被告人因被害者图赖债务，心怀忿恨；其杀人动机实系有激而成，情节尚非甚重，无庸处以极刑。

【正】《刑律》第三百十一条规定“杀人者，处死刑、无期徒刑或一等有期徒刑。”审判官按之事实，如认为情节并非甚重，为被告人利益计，于该条法定范围内原有自由选择之权。若被告人杀人之故意系因被害人图赖债务、心怀忿恨而起，其犯罪动机实系有激而成，情节尚非甚重，即无庸处以极刑。（二年非字第41号）

杀人共犯之责任。

【正】被告人枪未过火，固属手段上意外之障碍，然其共同实施之行为并未因此一击不中之障碍遽而中止，而自其他共犯继续进行，即完成杀人之结果，此种障碍情形已归消灭，尚何有未遂之可言？（三年上字第111号）

杀人罪不因被害人有疯病而异。

【正】杀人罪成立与否，固不因被害人有无疯病而异。（三年上字第193号）

杀人后拾取财物，应以杀人、窃盗俱发论。

【正】甲因家务夙嫌将乙杀死，其加害行为纯出于杀人之意思，应构成第三百十一条之罪。至杀死以后，携取财物系另一犯意，应构成第三百六十七条之罪。原判认为强盗杀人，科以第三百七十六条之罪，实属引律错误。（三年上字第331号）

因打击错误致他人于死，应以杀人未遂及过失伤害人致死论。

【正】犯人所认识之事实与实在发现之事实相龃龉而皆可构成同种类之犯罪者，应以其行为是否打击错误为一罪、二罪之标准。甲图击抢劫烟犯之乙等而误中在旁牧牛之丙，自属打击错误，应以杀人未遂与过失伤害致死二罪论。（三年上字第515号）

在场实施，不问何人下手，皆负共同之责。

【正】被告人等均有持枪在场之事实，自不问何人开枪轰击，对于死亡之结果，皆应共同负杀人之责任。盖下手为一人或数人，其皆应成立共同正犯，在法律上本毫无区别。是被告人等之所为，实系共同实施杀人之正犯，并非实施中之帮助行为。原判及第一审判决依第二十九条第二项认为准正犯，而不援用第二十九条第一项处断，引律自不免错误。（四年上字第8号）

从犯，须有帮助行为。

【正】《刑律》第三十一条规定，“于实施犯罪行为以前帮助正犯者，为从犯。”是从犯之成立，必须具备实施犯罪前之时期及帮助行为两要件而后可。奸妇将事前被打情形转告奸夫，致将其夫杀死，事后又帮助奸夫埋藏尸体，随从逃走，不过为犯罪动机及事后独

立犯罪行为，不能推定为知情同谋，遽认为杀人从犯。（四年上字第 59 号）

毒人致病，因病而死者，仍为杀人。

【正】致死原因既系受毒而病，因病而死，如有下毒之人，自难逃杀人既遂责任。（四年上字第 73 号）

事前同谋，又在场实施，为杀人共犯。

【正】被告人与人共同谋杀被害人，事前同谋，又复在场实施，自应依《刑律》第二十九条第一项处断。第一审认为事前帮助、加入实施，依第三十二条处断；原审判未予更正，引律均属错误。（四年上字第 85 号）

杀人原因，与量刑有关。

【正】杀人之原因虽非犯罪成立之要件，而于审判官之量定刑罚及其他裁判上，实有重大之关系。（四年上字第 539 号）

伤害与杀人，以故意如何为判。

【正】杀人罪与伤害致死罪之区别，以加害者有无致死之故意为断。甲命乙取灰迷瞎丙两目，而乙代为取灰后，因睹刀伤行为，见势不佳，且出门喊救，其仅有伤害之故意而无杀人之故意，固已昭昭甚明。其主观方面无杀意既足以证明，自不能依客观标准，因他人下手所致之伤较为重多而推定为有杀人之故意。（四年上字第 723 号）

强奸杀人，为《刑律补充条例》上之独立罪。

【正】《刑律补充条例》第四条之规定，“犯强奸之罪、故意杀人者，处唯一之死刑”。此与《刑律》第二百八十七条之结果犯固属有别，而亦不复许以《刑律》第二百八十五条及三百十一条之俱发罪科断，其义至明。盖即特别法规效力独优之处也。（四年上字第 761 号）

起意纠杀某甲，伙犯另杀他人，不负共同之责。

【正】起意纠人往杀某甲，适某甲不在屋，由同屋之某乙惊醒喊嚷，伙犯中之一人将某乙杀死，而未下手者只论杀人未遂罪，对于伙犯杀人不负共同之责。（四年上字第 902 号）

在场指挥，为共同正犯。

【正】被害人被溺之时，被告人既系在场指挥，即属共同正犯，原判认为教唆杀人依《刑律》第三十条问拟，显系引律错误。（四年上字第 909 号）

目的物错误，与犯罪成立无关。

【正】目的物之错误与构成犯罪要件事实之错误，其成立犯罪故意之影响相去悬绝，法律上但问其是否预见为人而实施杀人行为，至其人之为甲、为乙，原无关于犯罪之成立。（四年上字第 1028 号）

明知全家共食之面而下毒者，虽有一人未食，仍负杀人未遂之责。

【正】棒子面为被告人之母并兄嫂及侄常食之物，被告人既已供明在案，则被告人掺毒面内之时，自不能谓无杀害全家人众之认识。虽被告人之侄因已食他物未食饽饽独得不死，而被告人仍应负杀人未遂之责任。（四年上字第945号）

仅系帮助口角者，不负其后之杀伤责任。

【正】仅系帮助口角并无帮殴供证，而两审判决又均认无共同杀人之认识者，不构成帮助杀伤罪。（四年上字第526号）

喝令朝天开枪、示威恐喝，不能谓有杀人之故意。

【正】被告人当乡民率众追逐之际，一时情急，喝令巡勇朝天开枪，不过欲示威恐吓，使大众畏而却退，并不能谓有杀人之故意。纵他人有中枪殒命之事实，如于下手者能证明其有故意或过失之行为，自属罪有攸归，而被告人不应负其责任。原判谓其喝令朝天开枪，即有不确定之故意，论为间接正犯，实有未合。（四年上字第475号）

于正犯杀人之际，揪住他人发辫，吓禁声张，系属实施中帮助。

【正】于他人用绳勒扣被害者之际，因案外人欲行喊叫，即将其发辫揪住，吓禁声张，系属杀人实施中帮助行为，应论为《刑律》第二十条第二项之准正犯。（四年上字第621号）

因殴斗而成杀伤，不能处以极刑。

【正】被害人因被刃毙命，被告人亦经验明，迭受他物各伤。其为两造出于殴斗，而成杀伤当无疑义。原判处被告人以极刑，殊嫌情罪未协。（四年上字第1581号）

持枪互斗，虽一造因枪炸自行轰伤身死，彼造仍应负杀人未遂之责。

【正】两造持枪互斗，此造既还击一枪，虽彼造因枪炸自伤身死，仍应负杀人未遂责任。（五年上字第865号）

杀人后借尸图诈者，其诈财行为与杀人行为应依第二十六条抑第二十三条断，当视其诈财起意之时期为准。

【正】为诈财起见而杀人者，其诈财行为固应与杀人行为依《刑律》二十六条处断，若杀人别有原因，于杀人之后，始起意藉尸图诈者，则诈财行为应与杀人行为从第二十三条处断。（六年上字第76号）

与人同至家内睡宿，因其将妻奸淫，即行杀害者，情节可原。

【正】本夫知奸夫与其妻相奸之情，因孤身无援无奈伊何。一日与奸夫同至家内睡宿，因其乘间又将妻奸淫，闻妻告知后，即行杀害者，情节可原。（六年上字第109号）

杀人后弃尸者，弃尸为杀人之结果。

【正】杀人后将尸体舁放河中，其遗弃尸体之行为为杀人之结果。（六年上字第414号）

聚众械斗，凡在场下手之人，对于彼造之死伤，均应负共同实施之责。

【正】聚众械斗，凡在场下手之人，对于彼造之死伤，均应负共同实施之责。（六年上字第535号）

图取葬费花用而杀人者，杀人为诈财方法。

【正】意图敛取葬费、得钱花用，将姘妇之子用绳勒毙；死后，即向各家敛钱者，杀人为诈财之方法，依第二十六条处断。（六年上字第721号）

于不正侵害人业已倒地后，复夺获其凶器反加殴击者，无防卫之可言。

【正】因人持铁钻、扁担向殴，而用枪反击；倒地，复夺所持之铁钻、扁担反殴致伤身死者，在他人既已中枪倒地所持铁钻、扁担又被夺获，则他人不正之侵害早经过去，自无防卫之可言。（六年上字第817号）

听邀持械杀人，行抵门首，在外把守，由另人入内将人杀毙者，亦为共同正犯。

【正】听人纠邀，随同持械杀害某人，行抵某人门首，在门外把守，由另人爬墙入室，将某人杀毙者，亦为杀人之共同正犯。（六年上字第969号）

本夫于奸夫由奸所逃走之际，起意杀害者，不为防卫。

【正】奸夫找同奸妇在船内续奸，适本夫回归；奸夫警觉，即向水中图逃，本夫当用铁嘴撑篙戳去，致奸夫受伤身死者，本夫之杀人不成为防卫。（六年上字第1013号）

放枪击中人头部，落水身死者，仍为杀人既遂。

【正】持枪追逐行船，向人施放，致击中某人头部，落水身死者，成杀人既遂罪。（六年非字第60号）

挟嫌贪贿，谋杀二命，应处死刑。

【正】始挟借货不遂之嫌，继因贪图重贿，辄将甲、乙二人同谋杀害，事关挟嫌贪贿，谋杀二命，情节重大。原判及第一审判决除依律判处和奸罪外，关于杀人二罪仅处无期徒刑，情节显有未洽。（七年上字第4号）

因奸谋杀本夫，在场下手之共犯，亦应处以死刑。

【正】被告人实为因奸谋杀本夫，在场下手之共犯，情节甚重，原判未处死刑，情节显有未协。（七年上字第186号）

因索欠不还，一时气忿，将人杀害者，不宜处以极刑。

【正】被告人与甲既素识无嫌，此次因甲欠债不还，追索不理，一时气忿，将甲杀毙，情节尚轻，两审处以极刑，情罪显有未洽。（七年上字第221号）

夺刀还扎，不得主张防卫权。

【正】被告人辩称，“尖刀系由被害人手内夺过，持以还扎”等语。纵果属实，刀经夺获，持向猛扎，亦不生防卫问题。（七年上字第228号）

杀死大功服兄，虽视寻常杀人为重，然因其情节，仍可处低度之刑。

【正】被害人即被告人之大功服兄，伦纪所关，虽视寻常杀人为重。然查被害人迭次图占屋基，业经审实；此次，被害人之子擅砍被告人园中之竹，经被告人阻拦，复出寻闹，则其平日恃势欺凌，更可想见。被告人因一时气忿，顺用手执篾刀将其左腹戮伤，即行自首，情节殊可矜原。原审对于被告人之自首未予减等，因处以第三百一十一条低度之刑，尚无不协。（七年上字第 267 号）

杀人与伤害人致死，不能仅以受伤之多寡及死亡之迟速，为唯一之证明。

【正】杀人罪与伤害人致死罪之区别，应以有无杀意为断；其受伤之多寡及死亡之迟速，虽可为有力之参考，不能为唯一之证明。（七年上字第 276 号）

斗杀，不宜处以极刑。

【正】肇事原因系由口角斗殴而起，即被告人回家持刀，迳向被害人扎伤，仍属斗殴情况。被害人筑捻挡水，损坏伊地田禾，本属理曲；被告人因一时激忿，出于斗杀，其犯罪恶性与蓄意谋杀者自有轩轾。两审处以死刑，情罪殊有未协。（七年上字第 686 号）

意图杀人，乘其问询治病方法，即以可致死之药方相授，使其照服，自应成立杀人罪。

【正】如果被告人早有乘机杀害被害人之意，因其问询治病方法，遂以可致人死之药方相授，使其照方服食，纵令无送给药面之事，亦无解于杀人之罪责。（七年上字第 750 号）

受伤是否致命部位，不能为区别杀人与伤害人之绝对标准。

【正】杀人与伤害人之区别，当以下手杀伤时有无死亡之预见为断，其受伤处所是否为致命部位，有时虽可供认定有无杀意之心证，究不能为区别杀人与伤害人之绝对标准。（七年上字第 961 号）

先缚后杀，不仅成杀人罪。

【续】如上告人等杀人属实，且于掷井以前，如系诱去用绳捆缚，则杀人之方法又已生有别罪。（九年上字第 105 号）

杀人未遂与预备之区别，以已未着手为标准。

【续】查犯罪预备与未遂之区别，全以已未着手为标准。凡实行犯罪构成要素之行为，谓之实施着手者，即指开始实施而言。故与实施有紧接之关系。该上告人拿枪出外，尚未成行，即被拦阻。据证人供，上告人拿枪时，尚看不见某人。是当时纵欲杀人，亦无从开始实施，自无着手可言。核其所为，尚在杀人预备之程度。（九年上字第 819 号）

入人家内杀人者，于杀人外，更生入人第宅之罪。

【续】上告人杀人时，系以侵入人第宅为方法，事实甚明，原判未依《刑律》第二十六条处断，亦有不合。（十年上字第 43 号）

杀人共犯，不以下手为限。惟他犯所实施之行为超越原定计划，应就所知程度负责。

【续】杀人罪之共犯中，虽仅在场未曾下手，而所犯事实果在合同意思之内，亦应认

为共同正犯。若他犯所实施之行为超越原定计划之范围，则应就其所知之程度负其责任。（十年上字第 576 号）

先伤后杀，如犯意不同，应论伤害与杀人俱发。

【续】上告人于炮毙被害人以前，尚凭团族会议。则其先日将之捕禁家中，砍殴致伤，如意仅在捕禁伤害，后经团族会议，始起意将之杀死，则其前后之侵害行为虽施诸被害人一人，而意思与侵害方法既各有独立之性质，自当分别论科。（十年上字第 712 号）

同谋杀人，不得认为杀人之阴谋犯。

【续】某人因奸，商同被告人等将被害人杀害，由某人与某某等人实行下手。是被告人等系以共同利害关系参与谋议，并有同意计划，相互推定担任实施杀人之事实。自不得以某人等下手时被告人等并不在场，而谓被告人等不应负因奸同谋杀人之责任。原判认为阴谋杀人，显系错误。（十年非字第 117 号）

认某甲为某乙；实施杀害之前，已直向某乙行杀者，仍应分论二罪。

【续】查上诉人误认某甲为某乙，用枪杀害，固系目的物之错误，于罪质无所变更；而杀某甲之前，亦曾于目的物尚未错误时，已直向某乙实施杀害，以行为论，则可分；以法益论，则有二；应予分别论罪。乃原审竟视同单纯目的物错误之案，合论一罪，法律上之见解，亦有错误。（十一年上字第 292 号）

于杀人之先，强迫被杀人亲属书立无事字据者，系于杀人外，生强使人行无义务事罪。

【续】原判认上告人当杀人之先，曾有强迫被害人亲属书立无事字据情事。是其犯罪，系以强暴、胁迫，使人行无义务之事为方法，原判未依《刑律》第二十六条处断，殊有未当。（十一年上字第 488 号）

仅于他人提议杀人予以赞成，尚不能论为杀人同谋犯。

【续】仅于他人提议杀人予以赞成，而于如何杀人并未参与谋议，亦无推举实施之人，则视其情节，或可认为事前之帮助行为，不能论以杀人之同谋犯。（十一年上字第 451 号）

于实施杀人之际，迫令他人帮助；于杀人外，更生胁迫使人行无义务事之罪。

【续】被告甲于实施杀人之际，迫令丙帮助，无非杀人所用之方法，且出胁迫之言者，虽仅被告甲一人，而被告乙实亦在场，目见其发生并其发生亦不违反本意，应即判胁迫使人行无义务之事为被告等杀人方法上共同所生之罪。（十二年上字第 576 号）

杀人种种情形，均须证明。

【补】查本件上诉人罗明德及共同被告何氏，经第一审认为犯杀人、奸非二罪，均各依《刑律》第三百十一条、第二百八十九条分别论科。原厅于民国十一年间所为第三次更审判决，认定奸非一罪，事实不能证明；各依杀人一罪，处断。检察官对于奸非部分既未提起上诉，则该部分之判决早经确定，已无再行审究之余地。乃经本院第四次就罪刑部分发还更审后，原判对于奸非部分复为有罪之谕知。是原审关于奸非部分之判决，显属违法。再就杀人部分言之，本件上诉人与黄恒达素识，常住黄恒达家。黄恒达深夜遇害；当夜，上诉人尚在伊家舂米。次日清晨，该上诉人即以黄恒达被杀向陈小旦告说，及陈小旦令上诉人同往看视，该上诉人复借口买烟逃亡，中经三载，始行就获。即此数端，已足证明上诉人显有杀人之嫌疑。况黄恒达遇害时，家中别无外人来往，不但何氏述称伊夫黄恒达想系上诉人所杀，即该上诉人之母吴氏、其兄罗明和，亦均指黄恒达系上诉人所杀䶊，参以上诉人迭次述称“前世冤孽、情殷定罪”等语，其犯罪情形已于不知不觉之间溢于言表。是其杀人嫌疑尤无解免之余地。原审认定上诉人犯杀人罪，安得谓为无据？惟查上诉人杀人原因如何，尚有疑义，应予发回更审。（十三年上字第620号）

第三百十二条

夫，非尊亲属。

【正】被告人为杀死其夫之共犯，应依《刑律》第二十九条第一项、第三百十一条科断。原判误认夫妻之尊亲属，依《刑律》第三百十二条科断，与《刑律》第八十二条第一项各款所规定者不合。（四年非字第41号）

嫡母为庶子之尊亲属。

【正】庶子杀死嫡母者，为杀害尊亲属。（六年上字第962号）

与父于事实上同居之妇，既非父之妻，自非尊亲属。

【续】上告人怀刃入室，猛戳被害人致命肚腹部位，伤深透内。其实施之当时，不能谓无死亡之认识，即不得谓无故杀之决心，原审认为杀人自无不合。唯被害人应否认为上告人之继母，于上告人应负加重责任与否，关系綦重，自应详为审究。据现行律载，“男女定婚，写立婚书，依礼聘娶”。又载，“虽无婚书，但受聘财者，亦是”等语。是男女仅为事实上之同居而于上述要件苟无一具备，在法律上既不发生婚姻之效力；而其夫妇之关系，亦属无可成立。上告人虽曾供称被害人是其后母，其父并称是其续弦的女人、是其继配，然实际上，被害人对于上告人之父已否取得妻之身分，仍应就其定婚之时具备法定要件与否为断。（十年上字第63号）

杀死养父，应依杀死尊亲属之律处断。

【续】甲、乙均与丙妻丁通奸，丙之养父戊知觉隐语怒骂，并向索旧欠甚急，甲、乙因起意杀害；邀丙商议，丙以戊时常毒打，遂共同将戊杀死丙，应依《刑律》第三百十二条处断。（八年非字第1号）

托名养女而实际并非抱养为女者，自难取得尊亲属身分。

【续】查甲被害人既以开设妓户为业，所蓄者又不止上告人一人，则上告人是否果由抱养得来？如系抱养，是否果以养女待遇？自非就其历来情形如何，切予调查，不能明瞭。则其对于上告人根本上是否取得养母之身分，尚难遽断。（十年上字第368号）

第三百十三条

《刑律》所谓“故意”，为犯人对于犯罪实有一般认识预见之谓。

【正】《刑律》所谓“故意”者，为犯人对于罪实有一般认识预见之谓。以铁镐殴击，谓为无杀人之认识，则可不能谓为无伤害人认识。（二年上字第117号）

伤害后复因事杀死，应以二罪论。

【正】被告人始则将某甲左膀打伤，并嗾令某乙剜出其右眼睛后，已由某丙等从中调处，着甲立据了事；继因甲于次日逃走，后将其赶回杀死。是被告人所犯系以二个独立之行为，生伤害及死亡二个之结果，应以二罪论。（三年上字第237号）

将送交现行犯捆缚殴毙，除论伤害致死外，不成私擅逮捕罪。

【正】被害人因偷窃某姓，经事主当场拿获，送交自治局惩办。被告人遽因前忿，将被害人捆缚凶殴。是其捆缚行为应属于伤害罪之预备行为，与单纯私擅逮捕之性质迥不相同。况被害人既系现行犯，则人人皆有逮捕之权；如于捆缚以后即行送官究办，本为法令所许，自不得以捆缚行为认为独立之私擅逮捕罪，其限界尤为明显。乃原判遽认为私擅逮捕及伤害致死二罪，依《刑律》第二十三条第三款定执行刑，实属不合。（四年上字第68号）

听从长官不法指挥，将人笞伤，仍不能阻却犯罪之故意。

【正】被告人受哨弁之指挥，将被害人笞责致伤身死，即属共同正犯。原判以被告人迫于长官之命令，对于所生之结果不负责任，不无曲解。盖长官命令虽有服从之义务，而不法命令则否。矧第十三条所称“故意”者，系对于过失及无意识之举动而言。被告人虽迫于长官之命令，何至遽丧失其自由之意思？是其笞责行为，不可谓非故意。（四年上字第128号）

咬断食指，致成废疾。

【正】被告人咬断被害人食指，既经验明已减衰一肢之机能，又病至三十日以上，致废业务，实与《刑律》所称之废疾适合。（四年上字第183号）

私擅捕禁为伤害人之手段时，从一重论。

【正】被告人既将被害人甲、乙捆缚逮捕，复将甲殴打成伤，乙殴伤致死。核其犯罪行为，虽于触犯《刑律》第三百十三条之罪外，又触犯《刑律》第三百四十四条之罪，然核其犯意，专在逞凶殴打，其捆缚甲、乙至家，关门吊打，不过一种凶殴手段，显系犯一罪之方法而生他罪，应按照《刑律》第二十六条从一重处断。（四年上字第427号）

凌虐致伤二人，应论俱发。

【正】《刑律》第一百四十四条之渎职罪与伤害罪，乃方法、结果之关系，依该条第二项，应适用第二十三条科断。被告人于执行职务时，先后受其强暴凌虐者，既有被害人甲、乙两人，以人格法益计算，渎职与伤害均各应以二罪论。原判于其结果之伤害甲致死及伤害乙致轻微伤害，既分别科以二罪，而于其犯罪方法之渎职则论以一罪，显系违法。（四年上字第453号）

负伤倒地后，致被磕伤身死，亦成立伤害致死罪。

【正】被害人因伤身死，无论由于拳伤或由于磕伤，被告人皆应同负罪责。盖被害人于负伤倒地后，致被磕伤，乃由于一种自然力之关系，决非伤害人故意自伤可知。则因磕伤所生之结果，对于以前之伤害原因，在法律上仍有相当之因果联络，以自然力之介入不得为因果中断之原因。（四年上字第518号）

害人健康行为，包含于伤害行为之内，亦成伤害罪。

【正】《刑律》伤害罪之范围，不仅以伤害人身体为限，即害人健康之行为，亦当然包含在内。所谓无形之暴行是也。被害人致死原因，不在外伤而在内症，其两足死肉症，尤为主要症候。究其所以营养失调及两足冻伤之故，皆出于被告人之种种虐待而成。是被告人对于被害人实有害人健康之行为，因而致被害人于死亡，不得谓无因果联络之关系，即不得不负伤害致死之责任。（四年上字第700号）

伤害罪，不适用旧时辜限。

【正】按《刑律》之规定，凡死亡之结果与伤害之原因苟有联络关系，即应负刑事责任，而于其死亡之逾越若干时日，则非所问。是旧时辜限之例，已属不复适用。（四年上字第713号）

将人追赶，落水身死，仍论伤害致死罪。

【正】被告人殴伤被害人，复自后追赶，被害人因致失足落水身死。是被害人之逃避乃由于被告人殴打及追赶之原因，虽被害人之死亡非死于伤而死于水，然其原因苟系出于有责任人之积极动作，其间虽介入自然力之原因致发生一定之结果，亦应由行为者负完全之责。何则？以自然力之介入不能中断其因果关系之联络故也。自应依《刑律》第三百十三条第一款处断。（四年上字第748号）

夺刀过手后之加害行为，不认为防卫过当。

【正】《刑律》第十五条规定，正当防卫之要件，必对于现在之不正侵害始能成立。若侵害已属过去，则其加害行为应认为完全之犯罪行为，自无复防卫之可言。被告人之加害行为已在夺刀过手之后，不能认为防卫过当。（四年上字第959号）

殴落牙齿，虽数目有多寡，然只能于轻微伤害法定范围内酌量处刑。

【正】殴落牙齿，虽数目有多寡不同，情节自分轻重，仍应于《刑律》第三百十三条第三款所列之主刑范围内酌量科断，未便以笃废论。（五年上字第65号）

多数人意思联络而加害于多数人，自属共同犯俱发罪，应各别处断。

【正】多数人犯第三百十三条之罪，苟其加害行为出于联络之意思，即应迳依第二十九条科以共同正犯。又其伤害多人，亦各应依第二十三条俱发之例处断。（五年上字第73号）

被人加害后投河自尽，是伤害与死亡无因果联络之关系，其责任亦应分别。

【正】畏罪自尽，投河被淹身死。其投河以前所受各伤与投河后被淹致死之结果并无因果联络之关系。其畏罪投河，既与因伤致死迥不相同，尤非被害人因闪避失足落河淹死

者可比，加害者自不负伤害人致死之责任。（五年上字第134号）

将人推扑倒地，致头部触石伤重身死，系伤害人致死罪。

【正】因索欠口角抓殴，一时立足未稳，被人推扑倒地，致头部触石，伤重身死。是其推扑行为已足认为有伤害之故意，即应负致死之责。（五年非字第15号）

在场喝令他人打人成伤致死，喝令者及被喝令者均为共同正犯。

【正】因与子媳口角，喝令胞弟二人殴打，致将子媳打伤，越日殒命。喝令者虽未动手殴打，然既在场指挥，自系实施正犯与造意犯不同；被喝令者共同下手，既有犯意之联络，亦系共同正犯，与同时犯不同。（六年上字第330号）

伤人后，其人另因他病身死者，因果中断。

【正】伤害人后，其人另因他病身死者，不得［不］谓参入自然力助成结果，因果即属中断。（六年上字第487号）

刃伤已生肌痕，口带红色，疤痕未脱者，为已平复。

【正】受伤后三十日，经验明，额角刃伤已生肌痕，口带红色，疤痕未脱，是其刃伤已就平复。不过，刃痕未脱，带有红色，当然不能认为有致废之程度。（六年上字第540号）

将人门牙打落一颗者，为轻微伤害；于处结后又加伤害者，应分别论罪。

【正】将人门牙打落一颗，为轻微伤害；经调处息结后，又因口角将前所伤害之人殴伤致死者，其伤人致死与前之轻微伤害罪，应分别论之。（六年上字第883号）

行窃之人弃赃逃走者，侵害即为过去，自无防卫可言。

【正】闻有人在田内窃禾，持标起视，见其人已抛弃背箩逃逸，即行追赶，用标将其戳伤，越日身死者，方其实施加害之际，窃禾人已抛弃背箩逃逸，则侵害为已过去，自无防卫之可言。（六年上字第913号）

与人共殴，对于他人当同自己加害彼造之行为，负共同责任；而于他人逃走后，另行加害彼造之行为，不负责任。

【正】与某人分持器械，找向另人家内寻殴。将另人共同殴伤倒地后，因有人上前救护，由某人又将其殴伤倒地后，即先行逃走；至门首，复遇一人，又行殴伤者。对于在院内殴伤救护人之行为，应负共同之责任；于其逃走后、另殴撞遇人之行为，既无共同之意思，自不负责。（六年上字第968号）

与人口角，拾石向空乱掷者，已有伤人不确定之故意。

【正】与人口角，顺手拾石向空乱掷，致将彼造掷伤者。其掷石行为，明系具有不确定之故意，且已发生轻微伤害之结果，自不得以过失论。（六年非字第1号）

凡因伤害而生死亡之原因者，皆应成立伤害致死罪。

【正】伤害致死罪之成立，不仅以伤害行为直接致人于死亡者为限，凡因伤害而生死亡之原因者，皆足构成本罪。被害人之死亡虽由中风、便血所致，而所以惹起中风、便血者，实由于被告人等之伤害行为。本有联络之关系，即不得不负致死之责任。（七年上字第199号）

共同殴人致伤，虽未能证明何人下手，在场者仍应负伤人罪责。

【正】虽下手致伤果系何人，未能切实证明，而被告人既已在场共殴，则对于共殴所生之结果，自不能不担负罪责。（七年上字第216号）

伤害致死罪之成立，只须有伤害之认识，毋须有致死之预见。

【正】被害人之死，系因抽吊辫发而痰壅气闭，原因、结果正相连贯。伤害致死罪之成立，但须有伤害之认识，毋须有致死之预见。原判即系因致死之结果非被告人所预期，故认为祇应成立伤害致死罪，尚无错误。（七年上字第223号）

《刑律》第八十八条第二项所列各款，系指伤害之结果而言；如于伤害后，复因他种介入行为身死，并不发生同条项所列各款之结果，亦不能证明其有同条第一项各款之伤害程度者，应以同条第三项之伤害论。

【正】《刑律》第三百十三条第二款之“废疾”，以有第八十八条第二项所列各款情形者为限。而该条项所列各款，均系指伤害之结果而言。如于伤害后，因他种介入行为旋即死亡，并不发生同条项所列各款之结果，亦不能证明其有同条第一项各款之伤害程度，纵所受伤害较为重大，依第八十八条第三项之规定，亦应以第三百十三条第三款之轻微伤害论；不得以伤重之故，遂推定将来所生结果必与第八十八条第二项各款相当，漫为论罪。（七年上字第566号）

断人两手之指者，应以《刑律》第八十八条第一项论。

【正】被告人等先将被害人吊悬梁上，复断其两手之指，其逮捕目的实在伤害，则其行为虽触犯两法条，而实质上仍有牵连关系，自未便执《刑律》第二十三条之例以相绳。至第三百四十七条所称“因犯本章之罪致人死伤者，援用伤害罪各条，依第二十三条之例处断”等语，系指因逮捕、监禁致生死伤之结果而言，其因伤害而逮捕者自不在内。被告人等以伤害之目的吊悬被害人，与该条固有未符，但既先有捕缚行为，亦不能置诸不问，应比较私擅逮捕人及伤害人致笃疾两罪之重轻，依第二十六条条处断。（七年上字第626号）

将人臁肕砍伤，并致骨断者，应以伤人致笃疾论。

【正】被告人用刀将被害人右臁肕及左腿砍伤，既据验明右臁肕一伤，骨已断损，又据证人供“被害人系用椅抬回”，足见当时已不能行走。原审认为与《刑律》第八十八条第一项第四款相当，尚无错误。（七年上字第797号）

伤害人之后，参入自然力，以助成伤害所应生之结果者，仍应负伤害致死之责任。

【正】以伤害人之意思而生致死之结果者，即应就其结果担负责任。所谓结果犯是也。故纵令伤害以后，因自然力之参入，以助成其伤害所应生之结果者，其因果关系并非中断。申言之，即仍不能解除伤害致死之责任。此案被告人用铁瓢殴伤被害人头颅，业经供认不讳；被害人殒命以后，复经验明，致死原因确系由伤口进风。是被告人伤害之动作与被害人死亡之结果仍不能谓无相当之因果关系。盖伤口进风，虽为自然力之参入，然并不能中断因果之联络，其应负伤害致死之责，实无可疑。（七年上字第937号）

共同殴打，不得仅就各人所实施之部分论伤害罪。

【续】上告人等下手殴打，本有犯意之联络，自系《刑律》第二十九条第一项之共同正犯。对于共犯间之实施行为，彼此均应负共同之责任。原判仅就各人所实施之部分分别论罪，亦有未当。（八年上字第246号）

打击错误，致人伤害者，仅应负过失伤害人之责。

【续】上告人所掷打者本为甲而误伤乙，乃系打击之错误（参照本院统字第959号解释）。虽于人群之中掷石打人过失之责，亦无可辞，而原审竟认为目的错误，科以故意伤人之罪刑，自有未是。（八年上字第858号）

互殴无防卫权，以彼此均有伤人意思、下手又不明先后者为限。

【续】依本院最近成例，互殴不得主张防卫权，应以彼此均有伤人故意而下手先后又无从证明者为限。如果一方初无伤人故意，防卫情形复极明显，仍应以正当防卫论（参照本院统字第915号解释文）。（九年上字第71号）

殴人致结气身死，因果仍联络。

【续】查本案被害人尸伤既经第一审验明，委系生前被殴后，因体弱结气以致气绝身死，而上告人加害之情形，复据其在第一审供称："我就用手打他几下，经人拉散。没想他到家就死了"等语，则被害人之死，既与被殴相距仅止片时，又死于被殴结气，固不能谓上告人加害行为与之无相当之因果关系，即不能解除罪责。（九年上字第91号）

以共同意思，于伤害人时为之揪住者，为实施正犯。

【续】上诉人与伊父基于共同之意思追向被害人施以伤害；于伊父用刀向扎之际，复为之揪住，是其行为程度已达于共同实施，非仅帮助。原判乃依《刑律》第二十九条第二项处断，殊属错误。（十一年上字第310号）

扭人至某处灌粪致死，成立私擅逮捕人并伤害人致死罪，应依二十六条断。

【续】原判认上告人与某人等乘被害人前往集市之际，将被害人扭至某人门口，灌以粪水，被害人因饮粪过多，污秽冲心而死。则其所犯伤害人致死罪，显系以私擅逮捕为方法。（十一年上字第327号）

以连续意思多次伤害一人，虽各次所致结果不同，仍论为连续犯。

【续】被告殴打被害人既因诱令为娼不从而起，则其迭次殴打之轻重虽先后不同，然以连续之意思，对于同一之法益为同一之行为（参照本院统字第1061号解释文），依《刑律》第二十八条应以一罪论。原审判决认为连续伤害人致轻微伤害及伤害人致死两罪俱发，显系违背法令。（十一年上字第1488号）

第三百十五条

从犯之体样。

【正】《刑律》第三十一条之从犯，系仅在实施犯罪以前有帮助正犯之行为。第三百十五条之从犯，系指他人实施犯罪行为之际，仅在旁助势而言。（三年上字第209号）

伤害罪之共同正犯，以下手为断，否则以从犯论。

【正】查甲是否为本案共同正犯，应以有无同谋下手为断。据乙供称“但见丙与丁扭殴一次，甲即在其中”等语，亦只能证明其在场，而有无同谋、下手，究有未明。甲曾否同谋、下手，自既未能为确切之证明，自应依《刑律》第三百十五条之规定，以从犯论。（四年上字第468号）

伤害罪当场助势之从犯，与总则准正犯有别。

【正】《刑律》第三百十五条之从犯，系指事前未同谋而临时当场助势者而言。第二十九条第二项之准正犯，系指事前未同谋而于实施之际帮助者而言。若事前同谋，结伙持械前往寻殴，均应以第二十九条第一项共同正犯论，不能认为上列二项之从犯或准正犯。（四年上字第1020号）

第三百十六条

同时犯与共犯之区别。

【正】《刑律》第三百十六条之规定，以同时犯为限。其二人以上共同实施犯罪行为或于实施犯罪行为之际帮助正犯者，依《刑律》第二十九条，明属共犯，不能适用该条处断。本案被害人因索取锄头与某甲冲突，被某甲砍伤致死；被告人亦持锄在场帮助，其为实施行为之际帮助正犯，毫无疑义，应依新《刑律》第二十九条第二项，以准正犯论。（四年上字第450号）

同时犯与共同正犯之区别。

【正】《刑律》第三百十六条系同时犯之规定，限于二人以上同时伤害一人或多数人，而无共同犯意之联络者，始能适用该条处断。若二人以上共同实施犯罪之行为，有意思之联络者，依《刑律》第二十九条当然以共犯论。（四年上字第1044号）

自己殴人之际，忽有另人来将所殴人砍伤成废者，均为致废之正犯。

【正】因事正将他人殴打，另有人来，亦持镰刀上前乱砍，致他人受伤成废者，则先行下手之人，依《刑律》第三百十六条第一项，亦为致废之正犯。（六年上字第932号）

二人同时下手，伤害一人致死，应负同一刑责。

【续】被告人与被害人因事口角，被害人抽刀向戳，被告人奋夺还殴，撕扭之际，致伤被害人囟门眉丛等处；某人忽从被害人身后用刀向被害人脊背猛戳，致被害人受伤过重，旋即毙命。是被告人与某人之伤害被害人，虽不能证明其有共同意思之联络，然既为二人以上同时伤害一人，依《刑律》第三百十六条第一项，亦应以共同正犯论，使担负同一之责任。被害人既因伤身死，被告人自应与某人同负伤害人致死之责。（九年非字第86号）

第三百十八条

纠众械斗，仍依杀伤本条论罪。

【正】两造因口角起事，指定地点、约定日期，纠集多人各持枪棍、肆行互殴，仍系纠众械斗，与《刑律》第三百十八条之聚众决斗罪质迥殊。（五年上字第120号）

相约评理，暗带刀器，系通常斗殴，不能例以决斗。

【正】相约评理，各自暗带刀器，迨议论不合，骤相戮杀。此不过一种通常争斗，与《刑律》所谓"决斗"不类。（五年上字第182号）

决斗，须双方合意以同一价值之武器，依惯行或约定之规则以角胜负。

【正】《刑律》第三百十八条所谓"决斗"云云，须由双方合意以同一价值之武器，依惯行或约定之规则以角胜负。虽邂逅决斗，亦不可不谓之决斗。然于实行决斗之前，必须有互有决斗之意思表示。（五年上字第182号）

第三百二十条

以言语举动帮助或教唆自杀者，不妨以伤害致轻微伤害为方法。

【续】被害人先曾忿欲投河，而是夜歇宿，并不令人陪伴，致翌晨又复自缢。若果如上告意旨之所云"自杀之心早决于投河之际"，应即审究上告人用棍行殴或声称欲殴，有无使其再决自杀之意，亦待考究（参照统字第1276号解释）。盖此不特于事实真相极关重要，且如教唆或帮助自杀属实，则伤害致轻微伤害，尤不过一种方法。（九年上字第675号）

第三百二十四条

预见其结果而为之，不能谓为过失。

【正】过失云者，无犯意而因不注意致或犯罪事实。故是否过失，应以对于其行为之结果有无认识为标准。若明知有此结果，悍然为之，自不能谓系过失。（三年上字第78号）

伤害罪及过失伤害之区别。

【正】因不注意而不知犯罪事实之存在或欠缺犯罪物的条件之认识，谓之过失。又《刑律》伤害罪系结果犯，即犯罪之重轻不以犯意为标准而以结果为标准，仅有伤害之故意而生致死之结果，即应负伤害致死之责任。（三年上字第126号）

用硝镪水伤人时并溅伤他人者，另成过失伤人之责。

【正】用硝镪水向人猛泼以图伤害，并将旁人溅受微伤者，于伤人罪外，另成过失伤人之罪，依第二十三条处断。（六年上字第647号）

被害者正在泅水，加害者因欲逮捕，冒然追逐，以致溺毙者，应负过失致人死之罪。

【正】被害人甲、乙正在泅水。水可溺人，应为该上告人等所辨识。乃复贸然追逐，虽目的仍在逮捕，不能谓其含有杀意。然因不注意之故，致生溺毙二命之结果，其应负过失致人于死之责，亦至显然。（七年上字第1006号）

因人先向开枪，遂放枪抵御；对于开枪者，不为罪；即误伤第三者致死，亦不能谓有过失。

【续】甲找至保卫团局滋闹，先向开枪。上告人乙因亦放枪抵御，即不得谓非对于不正侵害施其防卫。不特对于甲之放枪不能为罪，即因射击错误致伤丙身死，际此急迫之时，未遑注意旁人，亦无过失可言。（十年上字第1033号）

第三百二十六条

轮船航行中，因风过失酿命，不归公司负刑事责。

【正】法人能否具备犯罪能力，应以法律上有无明文为断。《刑律》既未设有法人犯罪之规定，则其犯罪主体自以自然人为限。轮船航行中，遇风，遽将拖绳割断，致搭客落水身死，应由该船驾驶人负责，不当科公司以《刑律》第三百二十六条玩忽业务上必要注意致人死伤之罪。（五年非字第23号）

左道治病，不得认为正当业务，即不得援用《刑律》第三百二十六条处断。

【正】未经允许而业医，律有处罚明文。则以左道治病，自不能认为正当业务，亦即无玩忽业务上注意与否之可言。至爇灸之足以伤人，被告人等不能谓无认识；明知而为之，则因伤害而生死亡之结果，当然应负责任。（七年上字第30号）

业务，不限于专门技术。

【续】查《刑律》第三百二十六条所谓“业务”，本系概括之规定，并非限于一定业务而言。上诉意旨谓“该条所谓‘业务’系指各种技术以为常业者而言，应以专门技术为犯罪特别要件”等语，法律上之见解，不无误会。（十一年上字第952号）

第三百二十八条

听纠杀人，行至中途，托故不往者，为杀人之预备犯。

【正】听人纠邀，随同前往杀人，行至中途，托故不往。核其所为杀人之行为虽已中止，而预备杀人之行为实已完成。虽犯罪尚在预备期中与法律上之中止犯性质不同，而《刑律》第三百二十八条第一项之罪责，要难解免。（六年非字第27号）

图谋杀人，已购买凶器者，应以预备杀人论。

【正】被告人因谋害某甲购买小刀，其犯罪行为已达预备之程度。原审认为阴谋杀人，殊嫌失当。（七年上字第807号）

第三百三十一条

犯《刑律》第三百二十六条之罪者，不应宣告终身褫夺公权。

【续】查《刑律》第三百二十六条之犯罪，依第三百三十一条后段之规定，本在得褫夺公权之列。其原文前段竟亦涉及本条者，系第三百二十一条之误，早经本院解释有案。本案原审既认被告人所犯为玩忽业务上注意致人死之罪，并已依《刑律》第三百二十六条判处主刑，乃不查照解释办理，竟沿袭刊本，错误褫夺公权全部终身，殊属违法。（十年非字第127号）

第二十七章　堕胎罪

第三百三十七条

帮助妇女堕胎，复教唆人转教唆妇女堕胎因而致死，应从一重处断。

【续】查上告人为其女仆租赁房屋，送往堕胎。对其女仆堕胎之所为，固为事前帮助行为，应负《刑律》第三百三十二条从犯之责。又央某乙转邀某丙使实施《刑律》第三百三十三条之犯罪，致女仆因而死亡，依《刑律》第三十条第二项之规定，该上告人教唆某乙转行教唆某丙使妇女堕胎因而致死之所为，又为第三百三十三条及第三百三十七条第一项之准造意犯，应依第二十六条第一项，从较重之第三百三十七条第一项处断。（八年上字第64号）

第二十八章　遗弃罪

第三百三十九条

遗弃罪，以被害者为老幼、残废、疾病人为构成要件。

【正】查《刑律》第三百三十九条规定，以依法令、契约，对于老幼及残废或疾病之人负有扶助或养育或保护之义务而遗弃之者，为构成犯罪要件。本案原判既未叙明被害人有何疾病或系残废之人，而被害人身死之时，年正三十余岁，又非老幼可比，则被害人虽系被告人后娶之妻，被告人亦有扶养义务，然与《刑律》第三百三十九条遗弃罪显有未合。（五年上字第378号）

第三百四十条

遗弃罪成立之标准。

【正】被害人等对于继母既系愿出米给田并轮流吃饭，自不能谓为有遗弃之意思，与《刑律》第三百四十条之规定（查本条系指“遗弃尊亲属、不为养赡者”而言）不符。第一审遽依该条处断，殊属错误。（五年上字第684号）

第二十九章　私擅逮捕、监禁罪

第三百四十四条

违背法律或轶越权限，侵犯人民之身体自由者，即构成私擅逮捕、监禁罪。

【正】人民之身体，非依法律，不得逮捕、拘禁、审问、处罚。是即对于犯罪之人加以逮捕、监禁，必在法律认许权限之内。其违背法律或轶越权限者，在普通人民，即构成私擅逮捕、监禁罪。（二年上字第102号）

将送交之现行犯捆缚殴毙，除论伤害致死外，不成私擅逮捕罪。

【正】被害人因偷窃某姓，经事主当场拿获送交自治局惩办。被告人遽因前忿，将被害人捆缚凶殴。是其捆缚行为应属于伤害罪之预备行为，与单纯私擅逮捕之性质迥不相同。况被害人既系现行犯，则人人皆有逮捕之权。如于捆缚以后，即行送官究办，本为法令所许，自不得以捆缚行为认为独立之私擅逮捕罪，其界限尤为明显。乃原判遽认为私擅逮捕及伤害致死二罪，依《刑律》第二十三条第三款定执行刑，实属不合。（四年上字第68号）

除于法应捕之人及有逮捕职权者外，余均为私擅逮捕。

【正】法律，除现行犯、准现行犯外，私人皆不得擅捕。况被害人非下手共殴之人，被告人等亦无逮捕之职权，辄以被害人为某姓族人，遽尔迁怒，私行拘禁至一夜之久，其触犯《刑律》第三百四十四条之罪，已无疑义。（四年上字第358号）

私擅捕禁为伤害人之手段时，从一重论。

【正】被告人既将被害人甲、乙捆缚逮捕后，将甲殴打成伤，乙殴伤致死；核其犯罪行为虽于触犯《刑律》第三百十三条之罪外，又触犯《刑律》第三百四十四条之罪。然核其犯意，专在逞凶殴打；其捆缚甲、乙至家，关门吊打，不过一种凶殴手段，显系犯一罪之方法而生他罪，应按照《刑律》第二十六条，从一重处断。（四年上字第427号）

贪得赏银，代为缚送加害人，无背于公秩良俗，应不为罪。

【正】查乡曲地方保安设备未能完全者，被害人往往沿旧日自力救助之习惯，出花红赏格购缉。加害人藉获原赃而贪得赏银者，狃于积习为之尽力追摄，初不知为触犯法律之行为。此等习惯本不背于公共秩序、善良风俗，与《刑律》第十四条之条件相符，自应不为罪。本案据原审认定事实，被害人甲将某号柴炭盗卖逃匿，经某号出花红购缉，该被告人乙因贪得花红私捕甲，而丙、丁应乙之请，帮缚同送，其行为虽均触犯私擅逮捕罪之法条，而依《刑律》第十四条应不为罪。（四年上字第653号）

以逮捕为杀人之手段时，不独立论逮捕罪。

【正】被告人于殴伤人之后，复加捆绑，虽触犯《刑律》第三百四十四条之规定，然旋即痛打毙命。是其逮捕人乃杀人之手段，依《刑律》第二十六条之例，应不独立论罪。（四年上字第1025号）

因嫌率众至某家，毁门入室，将多人惊散；捆缚一人，至某处关禁者，为私擅捕禁及损坏，依二十六条断。

【正】因嫌率众五六十人拥至某人之家，毁门入室，希图报复。该家内之人多闻风逃避；见有一人未走，即捆绑，拉至某处关禁者，于地方公安尚未扰乱，而损坏门扇不过欲达其私擅捕禁之目的，应依《刑律》第三百四十四条、第四百零六条及第二十六条处断，不得谓为骚扰。（六年上字第224号）

于官员执行公务时，辱骂、掷石并将其捆缚者，应依二十六条断。

【正】于书记官带同承发吏执行民事判决之际，率人登楼辱骂，并泼水掷石，肆行妨害；复因书记官饬警弹压，率人将书记官等人捆缚关禁。其妨害公务各行为与私擅捕禁行为应依《刑律》第二十六条处断。（六年上字第620号）

私擅捆缚人，如有继续拘禁于一定场所之意，即应成立私擅监禁罪。

【正】被告人既将被害人捆缚树上，在其捆缚之际，显已有继续拘禁于一定场所之意，应即论为私擅监禁。乃原审因实际上尚未继续至长远之时间，置其原意于不问，认为私擅逮捕，殊属错误。（七年上字第405号）

私擅逮捕与私擅监禁之区别。

【正】《刑律》私擅逮捕罪与私擅监禁罪，皆以无权利之人用法律所不许之某种手段继续剥夺他人身体之自由为特别构成要件。惟因其手段不同，故特分为二罪。其置于现在实力支配之下者，谓之逮捕；其拘置于一定场所者，谓之监禁。（七年上字第757号）

于他人私擅监禁人中加入，继续实施，仍为共犯。

【正】私擅监禁为一种继续行为。苟于他人监禁中加入，继续实施，仍为本案共犯。（七年上字第796号）

私捕与杀人各为独立行为者，应依二十三条断。若逮捕为杀人之手段者，应依二十六条断。

【正】私捕与杀人应依《刑律》第二十三条处断，抑应依第二十六条处断，应于当时犯意加以审究。盖当逮捕之时，仅欲拘束其自由，尚无杀害之意思，迨因与人决议之结果，始行起意枪毙者，则逮捕行为与杀人行为各有独立性质，即未便与牵连犯同论。反是，因欲杀害始行逮捕，则杀人乃目的行为，逮捕不过为达其目的之手段行为，自应从一重处断。（七年上字第856号）

逮捕后，继以监禁者，应论其私擅监禁罪，不得仅论其私捕逮捕之罪。

【正】被告人先将被害人私擅逮捕，继复加以监禁，应依《刑律》第三百四十四条论其私擅监禁之罪。原判乃依同条仅论其私擅逮捕之罪，已属非是。（七年上字第1028号）

意在伤害人而施捆缚，虽暂时住手殴打、未即释放，如非另有监禁故意，自不能另论以私擅监禁人罪；尤与因而致人伤害不符。

【续】查本案事实，被告人将被害人拖倒后，即行捆缚；捆缚后，即行殴打。则其逮禁行为系为伤害之前提方法，已属显而有征。而暂时住手，后虽未立即解放，然既不能证明其于住手后另有单纯监禁之故意，自不能于《刑律》第三百十三条第二十六条以外，另科以私擅监禁之罪；尤与《刑律》第三百四十七条之情形不符。（八年上字第55号）

县署护勇、差役，奉令传人，擅行锁带者，系成立私擅逮捕人罪。

【续】查原县系票传吸食鸦片烟嫌疑人甲、乙、丙调验，予限到署，并未加以捕拿。上告人为县署护勇，偕同差役人等往传，竟将甲等锁带，并将案外无干之丁等一并带走，显并触犯《刑律》第三百四十四条之私擅逮捕人罪。（八年上字第783号）

私擅逮捕罪，以束缚人身之行动为成立要件。

【续】查《刑律》第三百四十四条之私擅逮捕罪，以束缚人身之行动为成立之要件。本案被告人追捕被害人，无论是否合法，行为既未达于束缚人身行动之程度，私擅逮捕罪又无处罚未遂明文，乃原判竟以私擅逮捕及伤害人俱发罪处断，实属错误。（八年非字第2号）

以帮助保董之意思，指挥逮捕，被人指告为入室行劫之人，不成立私擅逮捕罪。

【续】上告之人弟系保卫团保董，依《地方保卫团条例》第十三条，“团内住户藏匿盗贼，既得随时指获”。则团内住民之为盗贼者，自亦有权逮捕。被害人等既被人指告为入室行劫之人，则上告人之弟以保董资格命令逮捕，尚属职务上之行为；上告人无此权限，与之同时指使并加讯问，如系出于自己独立之意思，自属犯罪，倘以帮同保董处理公务之意思而为指使，则不能遽科以私擅逮捕之罪。（九年上字第962号）

乡董拘禁收买赃物之嫌疑人，应成立私擅监禁罪。

【续】上告人以乡董之资格，依法并无逮捕监禁人之权。无论被害人是否收买赃物，既非现行犯人，乃竟拘禁一夜，其触犯《刑律》第三百四十四条之罪，自无疑义。（九年上字第1136号）

团正委托代为照料团务之人，因人辱骂而逮捕者，为私擅逮捕。

【续】上告人系由团正私自委托代为照料团务，并未呈明县署。无论应否认为官员或其佐理，依《地方保卫团条例》第三章关于保卫团职务之规定，对于谩骂之人，本无逮捕之职权。上告人仅因被害人之辱骂，派勇绑至团局，又触犯私擅逮捕之罪。（十年上字第201号）

于实施强盗后，又将事主幼孩抱去，纵系藉以为脱免逮捕，仍应成私擅逮捕罪。

【续】于强盗后，又将事主幼孙抱去；经讯，固称“抱事主小孩，系恐怕事主追赶”，然如其时事主尚未追赶，则抱持幼孩以去，何不虑转足促事主之追？若其时事主已有追赶之势，因恐猛击，始抱去幼孩，使事主有所顾忌，则奔跑既远，而后何不将幼孩委弃于途？观其辗转藏匿，直至畏罪后，始送置于桃林之中，则抱去之时，即果意不在掳以取财；而既藉以为脱免逮捕，则私擅逮捕之责何能解免？（十年上字第1394号）

被人不正开放己田之水，阻止无效，而将其人捆缚者，不失为防卫。

【续】本案启衅系被害人开放上诉人田水，足致上诉人灌溉田亩之水利受有损害。如果该处上坂田地并无供给下坂田地用水之义务，或下坂田地另有沟道可以取水，则上诉人因其开放自己田水，阻止无效，始以捆缚放水人之方法排除不正之侵害，尚不失一种防卫权之作用。（十年上字第1456号）

拐诱罪，以意在便于私图为成立要件，否则只为私擅捕禁人。

【续】查略诱罪之成立，须意在便于私图（如图奸营利之类）。本案被告人等将某氏等四人拉至某家，原审既未认定具有何种目的，自属私擅逮捕、监禁人。（十年非字第26号）

第三百四十六条

防丁为巡警之一。

【正】《刑律》第三百四十六条之罪，系以身分为构成要件。防丁亦巡警之一，责任断不能有所异同。被告人身充防丁，滥用职权，擅将某甲关禁，自构成第三百四十六条之罪。（三年上字第505号）

滥权监禁人罪，以并非出于诚意推行职务上之见解为条件。

【正】检察或监狱等官员滥用职权监禁人者，应依照《刑律》第三百四十六条之规定处断。此项犯罪之成立，自应以有职权之官员是否利用职权、故为不法监禁，而并非出于诚意推行职务上之见解者为断。（四年特字第2号）

保卫团甲长捕禁无辜，为滥权捕禁。

【正】保卫团甲长经人告有盗贼，不即往救；又捏称被盗供为窝主，将人逮捕监禁，系犯《刑律》第一百四十五条、第三百四十六条之罪。（七年上字第78号）

第三百四十七条

滥权逮捕后，又另行起意伤害人，不能认为牵连犯罪。

【正】《刑律》第一百四十四条之规定，系指执行正当之职务而施强暴凌虐及致人死伤而言。又第三百四十七条规定，系指逮捕行为或监禁行为之结果致生死亡或伤害而言。本案被告人藉口查烟，擅拿某甲；又复以拳足殴打，致受伤身死。其逮捕行为不能谓之执行正当职务，自应构成《刑律》第三百四十六条之滥权逮捕罪，不能依一百四十四条处断。又拳足殴人，不能包括于逮捕行为之内。是甲某之死非逮捕行为之结果，乃拳足殴伤之结果，自应独立构成《刑律》第三百十三条第一款之罪，非第三百四十七条之牵连犯，亦不能援用该条。（三年上字第278号）

因私擅禁捕致死，不发生过失问题。

【正】因私擅逮捕、监禁而生死亡之结果者，不能不负伤害致死之责。原判论为过失，殊属非是。（四年上字第937号）

意图伤害人而以私擅逮捕、监禁为方法者，不得依《刑律》第三百四十七条处断。

【正】《刑律》第三百四十七条之规定为总则第二十六条之例外，凡因私擅逮捕、监禁致人死伤者，方得援用。若意在伤害人而以私擅逮捕、监禁为实施伤害之方法者，自不包括在内，仍应依第二十六条从一重处断。（七年上字第500号）

以伤害人之目的而私擅逮捕者，不适用《刑律》第三百四十七条，仍应依第二十六条处断。

【正】被告人等将被害人吊悬梁上，断其两手之指，其目的实在伤害而不在逮捕。则其行为虽触犯两法条，而实质上仍有牵连之关系，自未便执《刑律》第二十三条之例以相绳。至第三百四十七条所称“因犯本章之罪致人死伤者，援用伤害罪各条，依第二十三条之例处断”等语，系指因逮捕、监禁致生死伤之结果而言，其因伤害而逮捕者自不在其内。被告人等以伤害之目的，吊悬被害人，与该条固有未符。但既有捕缚行为，亦不能置诸不问，应比较私擅逮捕人及伤害人致笃疾两罪之重轻，依第二十六条处断。（七年上字第626号）

逮捕人并致致成伤者，应依《刑律》第三百四十七条，以俱发论。

【正】原判认定事实称，“被告人等将某氏捆缚殴打，而该氏所受伤痕，除木器伤外，尚有绳缚伤。”是该被告人于轻微伤害人外，更犯《刑律》第三百四十四条之私擅逮捕人罪，且因而致人轻微伤害。纵私擅逮捕为伤害人之手段，依第二十六条、第二十七条第二项之规定，应依第三百十三条第三款处断，但原判未引各该条，已属不合。况该氏既因逮捕并受缚伤，依第三百四十七条对于该部分之伤害行为，仍应论为俱发，别成一罪。原判仅处以单纯之伤害，亦有错误。（七年上字第1013号）

伤害在逮捕之前者，不得谓因逮捕致伤。

【续】查《刑律》第三百四十七条之规定系指以逮捕人之意思，因逮捕行为而致生伤害之结果者而言。本案情形上告人系因被害人不服盘诘，持械抵抗，因将其殴打倒地后，始行拿获。是其伤害行为在前、逮捕行为在后，不能谓为因逮捕而致生伤害之结果。（九年上字第22号）

因捕禁致人死伤，以死伤系捕禁所生之结果为限。

【续】查《刑律》第三百四十七条之规定，乃指以私滥逮捕监禁人之意思，因私滥逮捕、监禁而致人生死伤之结果者而言。若以私滥逮捕监禁之方法杀伤人者，应依《刑律》杀伤私滥逮捕监禁各条及第二十六条处断，或于私滥逮捕监禁之后起意杀伤人者，应依《刑律》杀伤私滥逮捕监禁各条及第二十三条处断，均与第三百四十七条无涉。（九年上字第85号）

第三十章　略诱及和诱罪

第三百四十九条

并未订定婚约，辄向团局及县署以虚伪之词朦准完娶，即属略诱行为。

【正】并未订定婚约，辄敢向局团及县署以虚伪之词，朦准完娶，其所用手段即属以诈术拐娶妇女，实当《刑律》第三百四十九条之罪。（二年上字第32号）

和诱罪之态样，凡暴胁、诈术以外，一切不正之手段得被诱人之承诺而拐取之者，皆是。

【正】和诱罪之态样，凡暴胁、诈术以外，一切不正之手段得被诱人之承诺而拐取之者，皆是。是本罪之构成，正须被诱者有几分自主之意思，方能与略诱有所区别。（二年上字第143号）

用车将被略诱人拉走，系在场帮助；其未经证明知有营利意思者，应依所知之略诱罪

处断。

【正】被告人用车将被略诱人拉走，明系在场帮助，惟关于意图营利一节，被告人是否知情，两审均不能证明，自不能谓为有犯意之联络。依《刑律》第十三条第三项第一款之规定，被告人对于本案所负之共犯责任，只能以所知之略诱罪为限，不能科以所犯之营利略诱罪。（四年上字第 15 号）

目的错误与犯罪故意无关。

【正】被告人欲抢某甲之第四女而误抢长女，虽与被告人之目的相左，然目的之错误于犯罪故意并不能因误抢而生障碍，且某甲之长女既被抢出，自属略诱既遂。（四年上字第 345 号）

以和诱为和奸方法者，从一重论。

【正】被告人和诱被害人，本出于奸淫之目的，则其同居奸宿即属犯罪所生之结果。故虽触犯和诱、和奸两个罪条，依《刑律》第二十六条应从一重处断。（四年上字第 759 号）

生父偕同伯父强迫其女至已另居之家，不成略诱罪。

【正】如原判所认事实，某甲系被害人生父，某乙系其伯父，以生父偕同伯父强迫其女至已另居之家，虽有强暴、胁迫之所为，亦不能构成略诱罪。（四年上字第 891 号）

对于随同被和诱人前往之人，不成和诱罪。

【正】因奸略诱其姊，其妹在事实上虽系随从同往，然被告人之目的不过专注于其姐一人，并不能证明对于其妹亦有略诱之意思，依《刑律》第十三条第一项不予论罪。（四年上字第 1182 号）

强卖之目的不在贪图身价，即非营利。

【正】强卖之目的系在减轻负担，并非贪图身价，仍不能以营利论。（五年上字第 339 号）

恋奸情热，和诱妇女者，其和诱为和奸之结果；伪造卖约，又为和诱之方法。

【正】恋奸情热，和诱有夫妇女，并伪造卖约以备搪塞，应依《刑律》第三百四十九条第二项、第二百八十九条、第二百四十三条第一项，适用第二十六条从一重处断。（五年上字第 400 号）

收买他人亲女，意令为娼，立契诈称作媳，尚不得以诈术论。

【正】收买他人亲生之女，意在令其卖娼，立契故书作媳，虽迹近诈伪，然系为瞒人耳目起见，与蓄意以诈术诱拐妇女者究有区别，自不得以略诱论；应依《刑律补充条例》第九条第二项规定收受被和卖人之罪处断。（五年上字第 792 号）

意图奸占，将某妇诱至某处，即行奸度者，其和奸为和诱之结果。

【正】意图奸占，将某妇诱至某处，即行奸度者，其和奸为和诱之结果；嗣后之续奸

行为，均为继续状态。（六年上字第440号）

略诱人后，复将追者殴伤，应分别论罪。

【正】强抢妇人，载至中途，复因该妇之母追赶，即将其母殴伤者，应依《刑律》第三百四十九条、第三百十三条及第二十三条处断。（六年上字第467号）

将妻押与别人为娼，又复抢回者，不成略诱罪。

【正】将妻押与别人为娼后，又复率人抢回，是否另成他罪，固不能谓无问题；而夫妇关系尚未断绝，自不能成立略诱罪。（六年上字第482号）

于妇人失途问路之际，劝到家内住宿，旋即纳为妾室者，仍成和诱和奸之罪。

【正】于妇人由夫家外出，迷失路径；走向问路之际，乘机劝往伊家住宿，旋即纳为妾室者，仍成和诱、和奸之罪，依第二十六条处断。（六年上字第664号）

计岁之方法，系用周年为一岁之法计之。

【正】《刑律》第三百四十九条第三项所谓之"十六岁"，以出生后满一年而后为满一岁之方法计之。（六年上字第727号）

婚姻以履行成婚之一定仪式为成立；如未成立婚姻［而施以］诱拐者，应成立诱拐罪。

【正】婚姻之是否成立，以有无履行成婚之一定仪式为标准；其仅立有婚约、交付聘礼者，只能认为婚姻预约之成立，不能认为婚姻之成立。其未成立婚姻者，如有诱拐行为，仍应成立诱拐罪。（七年上字第192号）

诱拐罪必有拐取或自动的诱买行为，方能成立。

【续】查《刑律》诱拐罪，必诱拐者对于被诱者有拐取行为而后成立。虽拐取行为不以并未出有身价为构成要件，然必事由自动而后有拐取之可言。若因他人之找向价卖而出钱买受，则事由他动，只应分别所买者为被诱人抑为被卖人，论以《刑律》上或《刑律补充条例》上之收买藏匿罪，未可概认为诱拐。（八年上字第481号）

入人家内略诱人者，不得专罪其略诱行为。

【续】意图略取甲某，先至乙某之家内搜索未获，复在丙某屋内将甲某拖出，应认为构成略诱一罪，与无故入人第宅两罪，依《刑律》第二十六条处断。（九年上字第286号）

误认夫逃亡三年不返，而自主改嫁并得尊视亲属之同意者，他人听从其意，将其价卖，不成诱拐罪。

【续】误认其夫失踪不返并已经过三年，按诸现行法例，夫逃亡三年以上不返者，固得改嫁。又其改嫁若出于自主，其母家复无尊亲属，或有之，亦与赞同，并无异议，则听从其意，将其价卖者，除明知其夫并未逃亡或逃亡未满三年或于所得身价另有诈取情形外，尚不成立犯罪（参照统字1331号解释）。（九年上字第874号）

先奸，后因别故诱逃，仍分别论二罪。

【续】因与被诱人有奸，曾向被诱人借得钱款，嗣经被诱人之夫责令被诱人往索，遂即诱令逃匿，以免其夫之追款，第一审认为和奸、和诱俱发，尚无不合。（十年上字第34号）

诱拐罪侵害之法益。

【续】《刑律》第三百四十九条之和略诱罪，依第三百五十五条须告诉乃论。而诱拐罪之所侵害者，在现行法应认为：（一）被诱人之自由权；（二）夫权（或家长权）；（三）尊亲属之监督权。若三者俱无所侵害，或均得意思之合法一致，则除由夫或尊亲属等主持价卖系触犯《刑律补充条例》第九条规定外，自不成立犯罪。若夫价卖其妻，夫既自为被告人，亦无许其告诉之理（参照本院统字第1331号及第1200号解释文）。（十年上字第635号）

于他人实施略诱行为以前，派令甲丁同往，藉壮声威，应以从犯论。

【续】于他人实施略诱行为以前，允派甲丁持枪同往，借壮声威，在甲丁一方固为当场助势之准正犯（参照本院统字第1244号解释例），而此一方，仅有事前派令同往之行为，仍为于他人实施犯罪行为以前帮助正犯之从犯，原判认为准正犯，实属引律错误（十年上字第1176号）

因略诱而致人伤害，应从一重处断。

【续】被诱人之伤，系上诉人略诱当时所加害，又即系上诉人实施略诱所加强暴之结果，则因实施强暴而致人伤害，《刑律》第三百四十九条既无依第二十三条处断之特别规定，自应适用第二十六条从一重处断之原则。（十年上字第1323号）

诱拐罪以意在便于私图为成立要件，否则只为私擅捕禁人。

【续】查略诱罪之成立，并须意在便于私图（如图奸营利之类）。本案被告人等将某氏等四人拉至某家，原审既未认定具有何种目的，自属私擅逮捕、监禁人。（十年非字第26号）

与有配偶之人为婚姻，不能概认为和诱。

【续】与有配偶人为婚姻之罪，固有时亦与和诱罪牵连，然必为婚外另有和诱之行为或原有和诱之意思，为婚即系和诱之方法而后可。若仅因有配偶人欲行改嫁而与为婚姻，尚非法律上之所谓拐取（十二年上字第767号）

第三百五十一条

收受藏匿，乃和略诱者与第三者之间有交付或寄顿之行为是也。若和略诱共犯者之间于营利及移送等目的行为，有交付、寄顿之事实，当然为本罪之正犯或从犯。

【正】《刑律》第三百五十一条第一项规定意图营利而略诱之罪，第三百五十三条第一项规定预谋收受藏匿前四条之被略诱和诱人之罪。如预谋收受被意图营利者所略诱之人，依第三百五十一条第一项处断，其例一也。在学理上，前者谓之有特定目的之略诱，后者谓之略诱罪之事后从犯，其区别之点，至为明了。故法文所谓收受藏匿，乃略诱和诱者与第三者之间有交付或寄顿之行为是也。若略诱和诱共犯者之间于营利及移送等目的行为，因实施或帮助而有交付或寄顿之事实，当然为本罪之正犯或从犯，即不能适用第三百五十三条之规定，毫无疑义。（二年上字第27号）

营利略诱，祇须由营利意思，不必有营利行为。

【正】略诱之罪，但以不法将他人移于自己实力支配之下，即属既遂。被告人已将甲拐出并卖于乙，自系既遂。又查《刑律》第三百五十一条之罪，以有营利意思为要件，不以营利行为为要件；虽无营利行为，只须以营利目的诱拐，即构成该条之罪况。甲已被卖于乙，得洋二十元，则已有营利行为，实犯《刑律》第三百五十一条之既遂罪，安得诿为未遂？（三年上字第381号）

将妻转嫁得财，在《刑律补充条例》颁行以前，无处罚专条。

【正】《刑律》第三百五十八条之强制罪，必以具备强暴、胁迫之特别要件而后成立。被告人将伊妻转嫁某姓，得有财礼一百元，依《刑律》及禁革买卖人口各款，皆无专条可据。其行为又在新《刑律补充条例》颁行以前，第一审认为营利略诱，自属错误；原审依据第三百五十八条处断，亦属违法。（四年上字第260号）

与营利和诱之要件相当，即成立本罪。

【这个】查《刑律》第三百五十一条第二项之罪，其成立要件有三：（一）以营利为目的；（二）对于妇女及未满二十岁之男子；（三）有和诱之行为。苟犯罪要件具备，固不问有无他人教唆或共同行为，其犯罪当然成立。本案据被告人之自白，已完全具备意图营利和诱罪之要件。即令共犯有数人，然亦应各负独立之刑事责任，不得以他人苟能成立犯罪，该被告人即可免其罪责也。（四年上字第100号）

藉故扣人嫁卖，成立营利略诱罪。

【正】查核本案情形，被告人藉口于预约报酬，将甲之弟妇乙扣留在丙处，且声言限期三天，无银即须嫁卖；乘甲猝无以应，舍乙而去，即商同丙，得银三十五元，嫁于丁为妻。其所为之事实，强胁与诈术兼施，系构成《刑律》第三百五十一条第一项之罪，不能以乙愿就嫁卖，便为和诱。（四年上字第314号）

营利和诱罪之继续行为。

【正】查《刑律》第三百五十一条之意图营利和诱，虽以被害人入于自己实力支配内为和诱既遂，然嗣后之诱卖行为，在法律上，皆应认为和诱行为之继续，不得以诱拐既遂之时即为行为最后终了之时。故当诱卖以前，当然仍属于实施犯罪之际，所有共同实施或帮助犯罪行为之人，皆应依第二十九条规定，以正犯论，始与该条立法本旨相合。本案甲同被害人出走，虽即为甲和诱罪既遂，然其后经被告人及乙等共同价卖，仍属于营利和诱罪之继续行为。该被告人自应成立本罪之共同正犯。乃原审误解法意，谓“价卖，不过为事后之处分”，认该被告人为收受被和诱人，实属引律错误。（四年上字第486号）

收留被和诱人后，复与媒说，一同列名婚书，得价嫁卖，系营利和诱共犯。

【正】收留被和诱妇女后，即与媒说，并一同列名婚书，得价嫁卖，即为《刑律》第三百五十一条第二项之共犯。（五年上字第627号）

因养媳与子不睦，竟行强卖，虽得财礼，究非营利。

【正】因养媳与伊子不睦，竟行强卖，虽得财礼，仍难指系营利行为。（五年上字第336号）

向妇女诡称带往看视其夫，旋即捏称为其孀居弟妇，得财嫁卖，系属营利略诱。

【正】有人因案被押，诡向其妻声称带同前往看视；随至省城，串出媒人，自作主婚，捏称孀居弟妇，情愿改嫁，写立婚书，言明财礼银一百二十五两，将其嫁卖，系属诈术略诱而且营利。（五年上字第475号）

因贫卖妻者，为单纯之和卖罪，不能认为营利和诱。

【正】因贫病交迫，将妻托人卖与他人为妻者，应成和卖罪，不能认为营利和诱。（六年上字第28号）

捏称姓名、身份，将某妇和同诱卖者，只成营利和诱罪。

【正】商同某妇，改易姓氏，并串人捏称姓名，冒充该妇妇翁，凭媒将该妇卖与他人为妻者，成营利和诱之罪。（六年上字第86号）

于人诱人后，参预出卖行为者，为诱拐之共同正犯。

【正】于人诱拐幼女后，受托将该女转交他人售卖，为营利略诱之共同正犯。（六年上字第151号）

诱其母时，并随带其幼女者，对于幼女不负诱拐之责。

【正】诱拐某妇时，某妇带有幼女，该幼女随母本当然之结果，即对于幼女不负诱拐之责。（六年上字第249号）

诱人后，冒称己女，卖钱花用者，不另成诈财罪。

【正】将他人之童养媳诱至一处，冒认为亲生女儿押卖与人，得钱花用者，押卖得财，原属意图营利之结果，除应构成第三百五十一条第一项之罪外，不另成他罪；其有更论为诈财，依第二十三条处断者，自属不合。（六年上字第566号）

意图营利，诱拐人后，又起意行奸；其和奸，非诱拐之结果。

【正】意图营利，将某人诱出后，临时起意，在途次行奸者，和奸行为不能谓为和诱之结果，应依《刑律》二十三条分别论罪。（六年上字第626号）

将他人诱来之妇女捆打出押为娼者，为营利略诱之共同正犯。

【正】因他人将所骗某妇送交收住，即行送往另家，复因某妇说出家有丈夫，致人不收留，即行捆缚殴打，嘱令不得再言家事；遂与另人商同将某妇包押妓馆为娼，价未过交，又因某妇说出家事，遂致败露者，参与出押之人，为营利略诱共同正犯。（五年上字

第677号)

共谋略诱人，于伙犯入内行抢时，在外把风者，对于伙犯在内拒捕杀人之行为，不负责任。

【正】共谋略取某妇，于伙犯入内行抢之际，在外把风，而伙犯在内因某妇之夫喊捕，即行用枪轰死者，在外把风之人既仅有共同抢人之行为而无杀人意思之联络，除成立略诱一罪外，不负杀人之责。(六年上字第678号)

乘某妇欲逃之际，怂恿同出后，即将其卖于他人为妻者，仍为营利和诱。

【正】因某妇被夫责打，一时挟恨思逃，即利用其机会，乘间极力怂恿另嫁，经某妇允从后，即将其送至某处卖与他人为妻者，仍为营利和诱。(六年上字第756号)

由他人手买取其侄女或妾转卖得利者，仍为营利诱拐。

【正】由他人手买取其侄女转卖得钱及由他人手买取其妾转卖得钱，在他人，故应成立强卖、和卖之罪，而买者乃意图营利，以转卖为目的。因有卖之目的而为买之行为，其买之行为即系诱之方法。实施犯罪之际，虽已得监督权者之承诺，仍不得谓为非诱，故仍应论以营利诱拐之刑。(六年上字第781号)

用他人将幼女诱到价卖者，为营利略诱之正犯。

【正】令由乞妇将他人幼女拐到、交由收受后，即行价卖者，成营利诱拐之实施正犯。(六年上字第1036号)

诱拐后，在其支配力未丧失以前，无论将被诱拐人带往何处，均不另犯诱拐罪。

【正】被害人等既经被告人移置自己实力支配之下，在支配力未丧失以前，无论带往何处，均不另犯诱拐罪，亦与连续犯之情形不同。(七年上字第558号)

营利略拐罪之成立，不必得有实利，且不须告诉。

【正】查《刑律》第三百五十一条之犯罪，只须意图营利用诈术或强暴、胁迫等方法将被略诱人置之自力支配之下，即为成立。其曾否得有实利，如当娼接客之类，在所不问。且不在第三百五十五条第一项所规定“须告诉”范围之内。原判以被略诱人尚未当娼接客，谓与意图营利之条件不合，并谓“须告诉乃论”，实于法文多所误解。(七年上字第989号)

营利和诱既遂后，行使伪造婚书，使买入者交价，应以营利和诱及行使伪造文书二罪俱发论。

【续】上告人行使伪造婚书，系因买入者察悉真情，不肯交价所致。显因介入他种事实始起意行使，与犯罪后即图掩饰而生他罪得视为犯一罪之结果者，情节迥不相侔，应依第二十三条处断。(八年上字第265号)

知为被逐之妇，尚未与其夫离婚而劝令改嫁，从中得财，系犯营利和诱及教唆重婚之牵连罪。

【续】上告人明知被害人为有夫之妇，与其夫口角被逐出外，尚未断绝夫妇关系，乃商令改嫁，从中得财，实于营利和诱罪外，兼犯教唆重婚之罪。（八年上字第265号）

以代荐佣工为词，诱人出外，为略诱罪。

【续】以代荐佣为词，招人出外，辗转价卖，而乃处以营利和诱之罪，系属引律错误。（九年上字第17号）

以送往服侍人为名，行诱拐为娼之实，虽被害人事后承诺，亦为营利略诱。

【续】未将为娼之事商得被害人同意，当时以送往某处服役为名诱之外出，迨到地后，始知为娼，被害人虽未表示反对，此系事后承诺，究无解于营利略诱之罪责。（九年上字第404号）

略诱未遂后，又略诱其人既遂者，以一罪论。

【续】被告人因意图将被诱人价卖，先曾略诱一次，因被诱人不从未果，后复将其略诱。则其前之意图营利略诱未遂与后之意图营利略诱既遂，明明为两个行为，惟其中显有连续情形，自应依《刑律》第二十八条以一罪论。（九年非字第27号）

诱拐罪非绝对之即成犯，但先以别意诱拐，另基别因而出卖；卖与诱，亦非继续行为。

【续】查《刑律》上之诱拐罪，固非绝对之即成犯。如拐取当时原有得利出卖之意，拐取以后即行出卖者，其出卖行为，亦应认系诱拐之继续行为。然必得利出卖之意早萌于诱拐以前，而后能认为行为继续。若先以别意诱拐，嗣后基于别种原因而出卖者，则又除已触犯和卖或强卖罪外，不能专就出卖行为判为诱拐。（十年上字第4号）

藉送某妇回籍为名，将之诱上火车，系略诱。

【续】乘人思念家乡，即以伴送回籍为词诱上火车，显系施用诈术，当为略诱。（十一年上字第582号）

第三百五十三条

在途接引，系略诱实施行为。

【正】该被告人事前既有预谋贩卖情事，与甲等有犯意之联络；甲等实施诱拐之当日，该被告人复在途接引，拟即送往他处出卖，又为分担实施行为之一部。核其所为，实构成《刑律》第三百五十一条第一项之共犯，非仅预谋收受藏匿而未加入诱拐实施行为者可比。（四年上字第139号）

收受藏匿被和诱人罪之成立，须明知或思料所容留者为被和诱人。

【续】是否成立收受藏匿被和诱人之罪，应以其容宿当时，已否明知或思料系被和诱人为断。此因关于收受藏匿被和诱人，既无过失论罪之明文，当然以故意为构成犯罪之要件。（九年上字第543号）

收受他人因图得酬洋所诱拐未满十六岁女子，构成收受藏匿被营利略诱人罪。若该酬

即已所允给者，则又触犯教唆营利略诱人罪。

【补】收受他人因图得酬洋所诱拐未满十六岁之女子，系构成收受藏匿被营利略诱人罪。若他人所欲得之酬洋即已所允给，则又触犯教唆营利略诱人罪，应依《刑律》第二十六条处断。（十五年上字第 437 条）

第三百五十五条

和诱未出嫁女子，该女子尊亲属有告诉权。

【正】查《刑律》三百五十五条规定，“犯第三百四十九条之罪者，须告诉乃论”。其告诉权之属于何人，迭经本院判例，应以被害者本人及未成年被害者之监督人为限。又男女成年之规定，现民律虽未颁行，而前清现行律则明载“十六岁为成丁”，自应仍以十六岁为准。本院民庭亦著有先例。本案被害人被和诱时年已十八，依法不得以未成年论。则被告和诱行为应否论罪，必以被害者之告诉为诉追条件，否则不得提起公诉。惟《暂行刑律补充条例》现已颁行，依据该条例第六条第二项前半所规定，“凡和奸良家无夫妇女者，如经相奸者之尊亲属告诉，即可论罪”。揆其立法本意，实以妇女易为人愚，故予尊亲属以特别告诉权。而对于和诱罪，是否亦应扩张告诉权，原属解释法律之范围。兹经本院刑庭总会议议决，认《刑律》第三百五十五条之告诉权，除属于本人及未成年男女之监督人外，女子虽已成年，凡未出嫁以前，其尊亲属仍有告诉权。本案被告和诱之所为，虽被害人业已成年，然既未出嫁，则其父之告诉仍属有效，该被告之和诱行为应予论罪。（四年上字第 343 号）

被害人到案陈诉，即视作口头告诉。

【正】查《刑律》第三百四十九条之罪，须告诉乃论。本案被害人已经到案指诉，自可以口头告诉论。况当巡警盘诘之时，被害人即向巡警哭诉，尤足证明其有告诉之行为，诉追条件并未缺欠。（四年上字第 537 号）

和诱成年孀妇，其夫之尊亲属有告诉权。

【正】查本院关于和诱罪之最近判例，因《暂行刑律补充条例》颁行以后，依该条例第六条第二项前半段规定，“凡和奸良家无夫妇女者，如经相奸者之尊亲属告诉，即可论罪”。其立法本意实以妇女易为人愚，故予尊亲属以告诉权。而对于和诱罪，亦应扩张告诉权，认《刑律》第三百五十五条之告诉权，除属于本人及未成年男女之监督人外，女子虽已成年，凡未出嫁以前，其尊亲属仍有告诉权。本案被诱人虽系已出嫁之孀妇，与未出嫁之成年女子，其告诉权属诸女子之尊亲属者不同。然按诸《刑律补充条例》第六条规定，所谓“良家无夫妇女”，当然包括已出嫁之孀妇而言。该条第二项所谓“尊亲属”，又当然包括其夫之尊亲属在内。则《刑律》第三百五十五条之告诉，凡已出嫁之孀妇，其夫之尊亲属当然有告诉权。按照本院判例及综合各法律解释，自无疑义。（四年上字第 905 号）

妯娌，无告诉诱拐之权。

【正】查《刑律》第三百五十五条第一项之规定，凡犯第三百四十九条及第三百五十三条之罪者，须告诉乃论；而告诉权，除被害人外，以法定代理人、本夫及尊亲属为限。

本案该被略诱人自己既未告诉，而告诉者系其妯娌，于法不应有亲告权，则诉追条件既不完备，公诉自难成立。（四年上字第1058号）

监督权首属于父，虽子女与母同行逃匿，仍可完全践行诉追条件。

【正】查监督子女之权，父在，则属其父。虽其母同行逃匿，而一经乃父告诉，诉追条件即已成立。（五年上字第130号）

被诱人于侦查中，仍得告诉。

【正】妇人被人拐逃，中途经警查获，送检察厅侦查后，该妇人仍得告诉。（六年上字第100号）

家长于妾之被诱，有告诉权。

【正】家长于妾之被诱，有告诉权。（六年上字第185号）

童养媳被人和诱，童养媳及生父均有告诉权。

【正】某女人为他人童养媳，被人和奸、和诱，如本人或其童养翁及生父均未明白表示告诉之旨者，则诉追条件即属欠缺，应为驳回公诉之判决。（六年上字第827号）

婚姻因举行相当之礼式而成立。

【正】《刑律》第三百五十五条第二项之婚姻，因举行相当之礼式而成立，不能因有同居之事实，遂即认为成婚。（六年上字第894号）

被拐案件，被诱人与犯人曾为婚姻者，于撤销婚姻之判决确定以前，不得为告诉。

【正】第一审受理诱拐案，如于撤销婚姻判决未确定以前，为公诉之进行并已判决者，即属违法；第二审亦未纠正。经上告后，应将两案之判决撤销，驳回公诉。（六年上字第961号）

媳被诱拐后，如已解除婚姻关系，即不能行使其诉权。

【正】被告人唆使甲引诱某氏之媳乙逃走，旋又劝令某氏得钱了事，某氏允从，与其子均于退婚字画押并收得身价一部。是其子与其媳婚姻关系业已解除，教唆和诱之告诉，不能认为有效。（七年上字第277号）

养父系尊亲属；孀媳被人和诱，其夫之养父有告诉权。

【续】有养父之身份，即为夫之尊亲属。孀居之妇被人和诱，夫之尊亲属自有告诉权。（七年上字第737号）

订婚手续错误，其告诉仍无效。

【续】与被诱人成婚，如已举行相当礼式，即形式上之要件业经具备（参照本院统字第15号解释），纵主婚者为其未婚夫之父，并无主婚之权，订婚手续不无错误，亦仅得据为撤销婚姻之原因，不得谓其婚姻关系根本无效。则按照《刑律》第三百五十五条第二项之规定，除另有独立告诉权者之告诉外（参照本院统字第1054号解释），即本人自愿告诉，且属无效，更何得为之指定代行告诉人？（九年上字第61号）

尊亲属行使告诉权之顺序。

【续】《刑律补充条例》第六条第一项之犯罪，依第二项之规定，须相奸者之尊亲属告诉乃论。又《刑律》第三百四十九条之犯罪，依第三百五十五条第一项之规定，亦须告诉乃论。前者之告诉固为尊亲属之专属权，后者之告诉，如被诱人系无夫妇女，除本人外，其尊亲属亦得独立告诉。但尊亲属若有数人，关于告诉权之行使应有一定之顺序。如顺序在前之尊亲属能告诉而不告诉，或告诉而又撤销及虽告诉而无效，则顺序在后之尊亲属，即不得复行告诉。此因各尊亲属均得行使告诉权，如不限以顺序，将不免凌乱之弊。（九年上字第432号）

《刑律》三百五十五条之告诉无效，专指被诱人之告诉言。

【续】《刑律》第三百五十五条所称“告诉无效”，系专指被诱人之告诉而言。其有独立告诉权之人，仍得告诉。（十一年上字第443号）

第三十一章　妨害安全信用名誉及秘密罪

第三百五十七条

逼索赌债未至，以加害生命相胁迫，不因欠债人愁急自尽而负刑责。

【正】负欠赌债，无法偿还，至于愁急自尽，殊非当事者意料所及，应不负何等责任。且索债之时，并未以加害生命等事相胁迫，亦与《刑律》第三百五十七条规定之情形不类。原判谓“被告人加害生命”，辄照该条论罪科刑，实属违法。（五年非字第7号）

以强暴、胁迫，妨害人行使权利与单纯之胁迫罪有间。

【续】携枪至被害人家行凶闹，其强暴、胁迫之目的在不许被害人向另人讨债；如果被害人之债权系属正当，是显以强暴、胁迫妨害人行使权利，与单纯以加害生命、身体、自由、名誉、财产之事相胁迫，即仅通知害恶者有间。而其轻微伤害被害人，亦系强暴、胁迫之结果，应依《刑律》第二十六条从一重处断。（九年上字第939号）

胁迫，系指以加害之旨通知所欲胁迫之人而言。

【续】查《刑律》第三百五十七条所称“对人以加害生命、身体、自由、名誉、财产之事相胁迫”者，系指以使人生畏怖心之目的，通知其将加害恶之旨于人而言。若仅在外扬言杀害某甲全家，并非对于某甲为害恶之通知，尚不至构成本罪。即其后跳墙侵入某甲家，亦应独立成罪，并非与胁迫罪有牵连关系。原判乃认上告人以侵入第宅为胁迫之方法，依第二十六条处断，自有未合。（十年上字第125号）

第三百五十八条

意图归并学校，将同族另立校内之书籍、器具搬运一空者，为妨害另校全体之行使权利罪。

【正】用同族祖遗田产之租息，分设学校两处，分别管理。后，甲校管理人因乙校管理人一人病故，即赴县禀称乙校无人承办，请并入甲校；办理乙校之他管理人起与争执。

尚未经县讯明，甲校管理人即率人将乙校书籍、器具搬运一空者，既无强取之故意，自不构成强盗罪，而率众搬物、设计阻挠，已属实施强胁，使乙校全体对于书籍器具上管理及使用之权大有妨害，应适用《刑律》第三百五十八条处断。（六年上字第 1 号）

因忿将人染店内之布疋、物件搬运回家者，为妨害他人行使营业权。

【正】疑人唆使胞弟夫妇不和，即率人赴其所开染店内理论，并将所承染各户布疋及物件搬运回家，以泄忿恨者，如不能证明有取为所有之意思，应论以妨害他人行使营业权之罪。（六年上字第 4 号）

拦人耕田，复因其不允，即行殴伤者，为妨害行使权利及伤害人罪，依第二十三条断。

【正】向官产处领买庙田缴价后，又经批销者气忿不休，见该田佃户赴田耕种，即向拦阻，并将耕牛夺下，旋即放还；复因佃户不允，即将佃户殴伤者。其拦阻耕田，为妨害人行使权利，与伤人一罪，应依第二十三条处断。（六年上字第 306 号）

将未经离婚之妇改嫁，经本夫夺回而率众拦阻者，即系妨害夫权。

【正】查初判事实，被告人之妹甲嫁与乙为妻后，因夫妇不睦，逐回母家数年；被告人竟将甲另嫁丙为室。乙仅将甲逐回母家，究未达于义绝之程度，即难认为协议上之离婚。其后被告人将甲改嫁乙，即屡经理讲，旋又将甲夺回，可见其夫妇关系尚未断绝。被告人率众阻拦，即系妨害夫权，自应构成《刑律》第三百五十八条之罪。（七年非字第 137 号）

阻葬，为妨害葬礼，非妨害人行使权利。

【续】因甲、乙等将其母棺迁葬新坟，有碍祖坟龙脉，伙同多人前往阻葬，殴伤甲、乙并将坟穴毁坏。是伤害与损坏，均为妨害葬礼之结果，应分别依《刑律》第二十六条处断。原判认为妨害他人行使权利，殊属错误。（十年上字第 323 号）

于杀人之先，强迫被杀人亲属书立无事字据者，于杀人外，生强使人行无义务事罪。

【续】当杀人之先，强迫被害人亲属书立无事字据。是其犯罪系以强暴、胁迫，使人行无义务之事为方法。原判未依《刑律》第二十六条处断，殊有未当。（十一年上字第 488 号）

第三百五十九条

《刑律》第三百五十九条之罪质，与《报纸条例》第十条第九款所谓“攻讦阴私、损害名誉”不同。

【正】查特别法优于普通法之公例，系指两种法规竞合时而言。若所犯仅系普通法上罪名，于特别法并无规定者，只能依普通法处断，无适用特别法之余地。《刑律》第三百五十九条所谓“散布流言，妨害他人或其业务上之信用”与修正《报纸条例》第十条第九款所谓“攻讦他人阴私、损害名誉”，其罪质绝不相同。故《报纸条例》第十条第九款只为《刑律》第三百六十条之特别法，并非《刑律》第三百五十九条之特别法。《刑律》第三百五十九条之行为，《报纸条例》并无规定，即不能谓为两种法规之竞合。故报馆编

辑人，其犯罪行为与《刑律》第三百五十九条相当者，即当依该条处断，不得适用《报纸条例》。（五年上字第 32 号）

第三百六十条

侮辱罪之要件。

【正】详列他人之过恶，公然肆其侮辱，藉以损坏他人名誉者，即构成新《刑律》第三百六十条之罪。所谓“过恶”，包含甚广，非以关系巨细为其界限，尤非专指男女之私。（二年上字第 24 号）

以谣歌讽刺他人隐事，故令其人拾得者，非公然侮辱。

【正】遗落谣歌一纸，词讽他人内政不修，有暧昧不明情事，故令其人拾获者，并非指摘事实、公然侮辱，不构成《刑律》第三百六十条之罪。（四年非字第 28 号）

侮辱罪之成立，应以被侮辱人在社会上所保持之人格及地位因加害者之举动达于足以毁损其名誉之程度为标准。

【正】查《刑律》第三百六十条侮辱人之罪成立与否，应以对于个人在社会上所保持之人格及地位因加害者之举动达于足以毁损其名誉之程度与否以定标准。本案告诉人系商会会长，被告人以经办账目有弊，即社会上认为不名誉之事实，故为指摘，不可谓未达侮辱之程度，而又通衢大道，任情唾骂，尤备公然之条件。（七年上字第 187 号）

公然云者，系指予多数不特定人以共见、共闻之状况而言。

【续】查《刑律》第三百六十条之罪，以公然实施为构成要件之一。故其侮辱行为，必在事实上有予多数不特定人以共见共闻之状况，方足认为达于公然之程度。（十一年非字第 20 号）

第三百六十一条

在法庭中，肆口指斥人之某事，以相诋污者，为公然侮辱。

【正】与继母，因民事涉讼。在县署法庭，斥称继母“菁采乘醮，先贤后不贤”，洵属指摘事实，公然加以侮辱。（六年上字第 555 号）

不听继母回籍收租，由船上拦截回归，系犯妨害尊亲属行使权力罪。

【正】被告人既将其继母从船上迫令同回，不准赴原籍收租，则其妨害尊亲属行使权利之事实，已甚明确。（七年上字第 630 号）

第三十二章　窃盗及强盗罪

第三百六十七条

欺罔他人，使其财务上之支配力一时弛缓，乘机攫取。是被害者无交付财物之决意，不为诈财，应论为窃盗罪。

【正】诈欺取财罪之构成要件，在行为者欺罔他人，使其陷于错误而为交付，从而取得本人或第三者所持之财物是也。故本罪之成立，要以加害者有不法而取得财物之意思，实施诈欺行为，被害者因此行为致表意有所错误，而结果为财产上之处分受其损害。若取得之财物不由于被害者交付之决意，不得认为本罪之完成。假如欺罔他人，使其财物上之支配力一时弛缓，乘机攫取，即属被害者无交付财物之决意，不为诈欺取财而为窃盗，毫无疑义。乞借包袱作枕，暗将石块换掉银元，固属诈欺手段借给钱包，并非有交付财物之决意。换言之，即非为财产上处分之意思表示，故当然不成诈财罪，而应以窃盗论。（二年上字第34号）

在趸船行窃，不成侵入罪。

【正】查趸船，系供渡客候轮之用，来往原可自由。该被告人乘行客不备之时，窃取财物，与侵入船舰行窃者，究有不同。乃原判及第一审判决并依《刑律》第三百六十八条第一款科断，显系引律错误。（四年上字第316号）

在两人伙开之店窃取两人衣服，仍成一罪。

【正】本案第一审既依据被害人所述认定“被告人系在两人伙开之店窃去两人衣服”，则被告人显在一共同监督权之下行窃，自应论以一罪。乃第一审因衣服系两人所有，即推定各有独立之监督权，竟科被告人以二罪俱发，自属不合。（四年上字第356号）

访友，入其住所，乘机行窃，应处以《刑律》第三百六十七条之罪。

【正】因访友，入其住所，适值外出，只有厨役在屋看守，顿起窃念；支其出外找人，乘隙将屋内锁闭之钱柜打开，窃得票洋，应依《刑律》第三百六十七条处断。（五年上字第407号）

嗾令十岁幼女偷窃赃物，亦归其收受，是为间接正犯。

【正】将十岁幼女受雇于商店为婢，即嗾令偷窃店内银物多次，均归收受，其利用无责任能力者行窃之所为，系属间接正犯。（五年上字第779号）

窃取财物，携赃回家后，经人踵至查问，复将其人用脚连踢者，不得指为当场施强暴，论以强盗之罪。

【正】《刑律》第三百七十一条规定，“窃盗，以强盗论者，以当场施强暴胁迫者为限。”其有见人将行李放置路上，赴道旁便溺，上前窃取，携回家内；经失物之人认明门户，找向查问，竟不承认，并将人之腿部用脚连踢者。方其携赃回至家内之后，窃盗行为已属完结，虽于被害人向其查找时连踢数下，然与窃盗乃另系一事，自难论为强盗。（六年上字第407号）

见有某人背负蚕丝前行，串人哄令站立，即由背后抽取蚕丝者，为窃盗。

【正】见有某人背负蚕丝前行，串由另人佯作拾得遗失银元情形，诡称俵分，哄令某人在街站立，即由其背后抽去蚕丝一包者，为窃盗罪。（六年上字第705号）

对于一人历次窃盗异种类之财物者，为连续犯。

【正】与某人因田亩涉讼，挟有嫌怨，历次砍取某人之树株、割取田苗、捞取塘鱼、打毁扮桶、强夺耕牛者，如犯意连续，应就其罪质相同各窃盗行为，依第二十八条，论以一罪，与损坏及强盗两罪，依第二十三条办理。（六年上字第829号）

先向人诈称官员，觑便窃取财物者，应分别论罪，不得混认为诈财。

【正】在客栈中，捏称系属官员；经人信真移与同住后，乘移住人之外出，窃取财物当钱花用者，其窃取财物，乃系窃盗行为，与诈称官员，应分别论罪，不得混认为诈欺取财。（六年上字第949号）

窃树后，为消灭形迹起见，将新痕用火熏灼，致烧及全树，应依《刑律》二十六条断。

【正】查被告人因窃取莲香树之结果，为消灭形迹起见，将新痕用火熏灼，遂致火烧及全树，依《刑律》第二十六条之规定，应比较《刑律》第三百六十七条、第一百九十条第三项，从较重之窃盗罪处断。（七年上字第254号）

县公署书记潜入署内他室行窃，虽应成立侵入窃盗罪，若其入室之时并无行窃之念，系临时起意者，仍以通常窃盗论。

【正】查被告人既系县公署书记，常在署内收发所、经征员室、传帖司事室各处出入，则其扭断经征员室门锁，入内行窃，及乘传帖司事室内无人，潜入行窃，虽仍应按照侵入窃盗罪处断，而其窃取收发所员财物，两审均未认有无故侵入行为，且以被告人所供“进收发所，因见所内无人，乘机窃得枕箱一只”等语为证据，显非意图行窃而侵入，自应论以通常窃盗罪。（七年上字第638号）

将业经与盖之桥木折坏，窃取一根，应依《刑律》第三百六十七条处断。

【正】被告人于寺僧某将桥木运至河堰，业经与盖之时，即乘间将桥木折毁，窃取一根，既未发生往来之危险，核其所为，自系触犯《刑律》第三百六十七条之窃盗罪，而于第二百一十条之条件未备。（七年非字第116号）

砍伐淤涨余地之树木，应以是否经官厅允许为犯罪成立与否之标准。

【续】淤涨之余地，按之现行律，除拨补被冲坍户外，悉属官产，其天然产出之树木，自亦属于国家所有。该地方官厅对于此项树木，如有明许或默许附近人民自由砍伐之事实，则伐树行为固不为罪；若仅因官厅未加特禁，尚不能谓为犯罪不成立。（九年上字第1180号）

于他人督工耕地之际，将其打倒，工人亦逃散后，牵去耕牛者，为窃盗。

【续】率众拦阻栽种，致加伤害；又乘被害人受伤倒地及工人逃散之后，将耕牛五头牵去，是于强暴、胁迫妨害人行使权利之结果。伤害人致轻微伤害，应依《刑律》第二十六条处断；其临时起意，伙窃耕牛，应另依《刑律》第二十九条第一项、第三百六十八条第二款处断。（十年上字第288号）

混入货车行窃，非侵入窃盗。

【续】混入他人押运之货车实施窃取，核与《刑律》第三百六十八条第一款所称“侵

入第宅、建筑物、矿坑、船舰”之规定无一相当，只应依《刑律》第三百六十七条处断。（十年上字第881号）

将他人土地冒认为己有而行使其权利者，成窃盗罪。

【续】行使伪造卖约，其目的所在显图将他人之淤地冒认为自己所有，业在该地掘挖耕种，是即系以自己所有之意思，行使所有之权利（处分及占有之而收益使用），已成为窃盗罪（参照本院统字第1044号解释文）。（十年上字第1447号）

窃盗而以购物出押于人，除另有欺罔或恐吓行为外，不另成诈财罪。

【续】上诉人盗卖某甲房屋，原判既认为窃盗，则其以赃物出押于人，非查明另有欺罔、恐吓行为，不得率指为诈财。（十一年上字第143号）

第三百六十八条

诈称访人，因而入室行窃者，仍以侵入论。

【正】被告人潜入医社行窃；甫及登楼，即为某人瞥见，该被告人遂捏称探访看护妇某人，因而带至房内。是其捏称探亲，仍不外为侵入之一方法。（三年上字第445号）

行窃同居一院之三家财物，应从所知，论以一罪。

【正】查某某等姓同院而居，财产分属于三人而外观仍是一室。该被告人等入室行窃，原属一个行为，虽犯罪之结果侵害三个监督权，然被告人等行窃之时，其于某物为何姓之所有决非所知。于法，犯人所知与其所犯有异时，自应从所知处断。乃原判及第一审判决均认为三罪俱发，依第二十三条之例分别科刑，殊有未合。（四年上字第361号）

从横架上扒入隔壁房内，窃取同寓者衣物，亦为侵入窃盗。

【正】被告人寓居某栈楼上第十三号房内，乘隔壁第十四号房内寓客外出，从间壁横架上扒入，窃取时表、衣服等物，应成立《刑律》第三百六十八条第一款之罪。（四年上字第834号）

同伙三人，分作两起到店看货，由一人乘间行窃者，仍为结伙三人窃盗。

【正】偕同伙三人，到银店谎称买银练；分作两起，隔别看货论价。乘店伙去厨房招呼伙友之际，窃去银练，分途逃逸者，成立《刑律》第三百六十八条之罪。（四年上字第847号）

事前只知行窃，不负共同强盗之责。

【正】被告人事前只知行窃，实施行为时，又系在外接赃，则他人在内纵有强暴行为，依《刑律》第十三条第三项规定，被告人自无共同负责之理。（五年上字第115号）

窃盗既遂、未遂，以财务已未入手为准。

【正】查窃盗罪应以其窃取行为已未终结为既遂与未遂之标准。被告人当日窃取皮褂，虽因被害人遇见，不得携逃，然该时物既归伊所持，其行为即已终结；至结果若何，固可不问判。误认为行窃未遂，按照第十七条减等问拟，实属错误。（五年上字第431号）

在外接赃，系分担一部分之实施，与侵入窃盗同负其责。

【正】在外接赃，对于侵入第宅之窃盗罪，实有共同之意思及行为。虽分担行为之部分不同，而成立《刑律》第三百六十八条第一款之罪，则毫无区别。（五年非字第84号）

现有人居住之第宅，指日常寝食之场所而言。

【正】《刑律》所称“现有人居住之第宅”，系指吾人日常寝食之场所而言。故虽偶然外出，有人乘机入内窃取物件者，仍为侵入现有人居住第宅之窃盗罪。（六年上字第114号）

公然砍取他人之树木者，为窃盗。

【正】率领多人，公然上山砍伐他人树木，运回变卖者，成结伙窃盗之罪。（六年上字第347号）

乘人置放皮包于某处、走去寻人之际，窃取财物者，仍为窃盗。

【正】同坐火车，因人赴门外寻人，见其皮包藏有银元，即行结伙窃取者，仍为窃盗。（六年上字第695号）

伙谋入室行窃，在外把风者，仍为正犯；但对于入室者之临时行强，不负责任。

【正】伙谋行窃，于同伙入室之际，在外把风者，仍为实施正犯。但入室者于入室后，因事主惊醒，即行殴伤，强取财物而出，把风者虽经分受赃物，亦不负强盗之责。（六年上字第901号）

窃贼将所带纸煤失落，致有火起者，其失火与窃盗应分论。

【正】窃贼燃点纸煤，撬门入室行窃，经事主闻声喊捕，匆忙逃走，致将纸煤失落门旁茅草堆内，以致火起延烧者，其失火行为应与窃盗行为分别论罪。（六年非字第2号）

旅店住客将他人住房门锁启开，入内行窃，系犯侵入窃盗。

【正】查被告人三次行窃，均系捏名投住旅店后，侵入别房实施窃盗。各该房间既与被告人所住之房间各别加锁，自系由赁主各别监督。乃被告人瞰知住客锁门、暂时外出，即行入内行窃，显已具备侵入之加重要件。原审论以普通窃盗罪，殊属错误。（七年上字第109号）

故意供给窃贼住所，使其容易行窃，应以事前帮助论。

【正】此次行窃某家之甲，即在乙家拿获。乙明知其将行窃，故意窝留在家。原判以乙供给甲住所，使其容易行窃，认为成立帮助窃盗罪，依《刑律》第三十一条、第三百六十八条处断，尚无不合。（七年上字第270号）

三人以上伙同盗卖田宅者，应成结伙窃盗罪。

【续】甲伙同乙、丙擅卖他人田宅，依本院判例，对于不动产复可成立窃盗罪名。结伙既在三人以上，应构成第三百六十八条第二款之罪。（八年上字第206号）

有人居住之第宅，虽其人被窃时不在家内，行窃者仍应成立侵入窃盗罪。

【续】查本案被害人夫妇虽日间不在家中，然所居住之房屋仍不得谓非现有人居住之第宅。撬开房门，侵入行窃，自系构成《刑律》第三百六十八条第一款之侵入窃盗罪。（八年上字第792号）

在客店居住，入别房行窃，仍以侵入论。

【续】寄寓旅店第五十三号房间，窥知第五十二号房间旅客外出，即由窗格爬入，窃得衣服、眼镜等件。同一旅馆而分编房舍，其居住者，应各有其监督权，即应以侵入窃盗论。（九年上字第135号）

侵入，不限于行窃人身体完全侵入。

【续】《刑律》第三百六十八条之侵入窃盗罪，系保护各人居住、看守之一定场所内财产之安全，本不以行窃人身体完全侵入为限。其以他种方法，实施与侵入同样结果之行为者，亦应以侵入窃盗论。本案上告人虽在自己屋内撬开板壁，将隔壁人卧房内木柜挨近板壁一面之木板，用铁片剔开，窃取财物，然既系侵害他人在一定场所内之财产，又已实施与侵入同样结果之行为，即与《刑律》第三百六十八条之侵入条件相符，应以侵入窃盗论。（九年上字第236号）

于同居家属锁门外出之际，扭开门锁入内行窃者，仍为侵入。

【续】同居之侄瞰其叔探亲未归，将其房门锁扭坏，进屋掀开箱柜，肆行行窃；其所窃各衣饰，皆其叔个人自置，仍应以侵入窃盗罪处断。（九年上字第288号）

因犯杀人罪之方法而犯侵入窃盗罪者，从杀人罪论。

【续】杀人之菜刀由侵入第宅窃取得来，则其所犯侵入第宅窃盗罪系由犯杀人罪之方法而生，依《刑律》第二十六条前段之规定，应从杀人罪之一重处断。此时既不处以侵入第宅窃盗罪之主刑，其不能处以同罪之从刑，自无疑义。（九年上字第818号）

行窃未遂，复结伙往其家行窃者，为连续窃盗。

【续】甲因某日行窃未遂，复同乙、丙等于某日再往被害人家行窃。如系以继续之犯意侵害同一之法益，仍应成立连续窃盗罪。（九年上字第1146号）

窃取共同监督下之财物，仅应成立一个窃盗罪。

【续】甲、乙、丙三人买得鸦片烟，既尚未分并在共同监督之下，而侵害共同监督财产之犯罪，又应论以一罪，不得以共有权者之人数计算犯罪之数。则被告人窃取甲、乙、丙三人买得未分之鸦片，当然成立一窃盗罪。（九年非字第72号）

窃盗由守房人领入房内者，不论以侵入窃盗罪。

【续】被告人实施窃盗当时，既曾由被害人之养媳领入。被害人外出，留在家内者又只其养媳一人，虽于时年尚未满十二岁，不负刑事责任。共同窃取财物，不能因身份而推定构成他罪，已不能算入窃盗结伙数内；而关于房屋之出入，在其自己，本属自由；对于他人，亦不能谓其领引或阻止全无效力。原审乃论被告以侵入有人第宅之窃盗罪适用法律，殊欠正当。（十二年上字第15号）

窃盗在外等候接赃，因不耐久候他去，事后始由共犯给与赃钱，应成立窃盗未遂及受赠赃物两罪。

【续】听纠前往某家行窃，在外等候接赃，因不耐久候，拉车他适。是窃盗行为，业因己意中止，依《刑律》第十八条应准未遂犯论。事后，又由行窃之犯给与赃钱若干吊，系另构成受人赠与赃物之罪。原审于此，亦认为行窃既遂，而论以《刑律》第三百六十八条第一款之一罪，殊属错误。（十二年上字第482号）

宅内之人与外盗勾结，违反监督者之意，开门将盗放入，并拨开账房窗门，应成立侵入窃盗罪。

【续】甲虽向在某商店内居住，而听乙等勾结，以共同窃盗之目的，违反该店监督权者之意，开门将乙放入，已难谓于监督权未［有］共同侵害；且账房窗门又系甲拨开，尤有直接侵害一部监督权之行为，应依侵入第宅窃盗之条处断。（十二年上字第593号）

第三百七十条

因积欠钱文，扣留牛车作抵，其扣留之意思在借此催促债务之履行，并非基于强取之意思，即不成强盗罪。

【正】查《刑律》第三百七十条之规定，条件凡三：第一，在强取他人所有物；第二，在强取时，有强暴胁迫行为；第三，意图为自己或第三人之所有。因积欠钱文，扣留牛车作抵。其扣留之意思，则在借此催促债务者履行债务，并非有取他人所有物为自己或第三人所有之意，尚不完备《刑律》第三百七十条之条件。（二年上字第132号）

诈财与强盗之区别，以被害人是否处于不能抗拒之状态为断。

【正】第三百八十二条罪之成立，须以欺罔、恐喝使人将所有物交付于已，其交付与否被害人尚有自由意思；若令被害人处于不能抗拒之状态而强取者，则构成第二百七十条之罪。（三年上字第54号）

强暴、胁迫，包有形强制及无形威吓而言。

【正】强盗之强暴、胁迫行为，并非必须有形强制，使人不能抵抗；即无形之威吓，足以制人使不能抵抗，亦系强盗行为。（三年上字第262号）

强盗指明目的地，行至中途被获者，以未遂论。

【正】强盗指明目的地，行至中途被获者，应以未遂论。此案该被告人等议定至纸厂抢劫，是已明明有指定之目的地；及至该处以后，某甲以彼等形迹可疑，诱致捆获，自与在中途被获者无异，自属强盗未遂。（四年上字第283号）

契纸，亦财物之一种。

【正】契纸，亦财物之一种。既称有抢劫契纸之事实，应构成强盗罪，已无疑义。（四年上字第747号）

强盗预备，律无处罚明文。

【正】三点会党结伙约期抢劫僧寺，未及出发即被查获，尚系强盗预备，并不能谓已

着手，即于《刑律》无处罚条文。（五年上字第512号）

希图酬谢，屡索不给，夺取耕牛以待说赎，与强盗之故意强取不同。

【正】因希得酬谢，屡索不给，夺取耕牛以待赎还，其并无为自己或第三人所有之意思，甚为明显，自不能成立强盗罪。（五年上字第757号）

用刀威吓人，令将财务交出者，为强盗，非恐喝取财。

【正】稔知某人带有首饰、银钱，于夜内，用刀威吓，令其将财物交出者，成强盗罪，不得论为恐吓取财。（六年非字第42号）

强赶猪只，意在扣留猪价为完粮者，即与强盗罪条件不合，应构成《违警罚法》强买物品之罪。

【正】被告人强赶猪只，意在扣留猪价，要求完粮。换言之，即甲不允过粮，被告人当将猪价代完；其取得猪只，仍有给付代价之意。核其行为，自与《刑律》第三百七十条之条件未合。惟既系强买物品，迹近要挟，实与《违警罚法》第五十一条第三款之规定相符。（七年上字第957号）

掳人勒赎为强盗之一种手段，《惩治盗匪法》第四条第三款为《刑律》强盗罪之加重条文。

【续】掳人勒赎，本系强盗之一种手段，因《刑律》强盗罪所称“强取”，如以强暴、胁迫使人不能抗拒而交付财物者，亦在其内。掳人勒赎，即系以强暴、胁迫使人不能抗拒而交付财物，与强盗罪尚无不同。故《惩治盗匪法》第四条第三款掳人勒赎之规定，仍为《刑律》强盗罪之加重条文（参照本院统字第476号、第580号及第1024号解释），被告人抢获衣物之行为，即应为掳人勒赎之行为所吸收。乃原判除论以掳人勒赎罪外，又论以强盗之罪，殊属错误。（八年非字第44号）

以强暴、胁迫强取财物，尚未入手，应以强盗未遂论。

【续】于他人持枪将被害人等车辆拦阻、强索钱财之际，手持木棒乱打尾车，即经被害人等捉获，是以强暴、胁迫强取人财物尚未入手。按本院成例，自应以强盗未遂论。（九年上字第605号）

强盗事前同谋，须以共同利害关系参与谋议并有同意计划，推出他人担任实施。

【续】强盗事前同谋、事后分赃，虽未入室行劫，仍应付负共同责任。惟所谓事前同谋，须以共同利害关系参与谋议并有同意计划，推出他人担任实施之事实者为限（参照本院统字第1238号解释文）。（九年上字第707号）

恐吓取财与强盗之区别，以被害人有无丧失自由意思为断，与被害人之交付与否无关。

【续】构成强盗罪之胁迫行为与构成诈欺取财罪之恐吓行为本相类似，而强盗强取财物，有时亦由于被害人之交付。则不法取人所交付之财物，或成强盗，或成诈欺取财，应以被害人有无丧失自由意思为断（参照本院统字第620号、第1323号解释文）。（九年上

字第 841 号）

以伤害为索取方法，系强盗而非诈财。

【续】伤害为暴行之一种。如认为伤害人为勒索财物之方法，是已达强暴、胁迫之程度。完全成为强取行为，已非复恐吓取财者可比。而伤害与诈财之牵连犯，在法理上本难想像，则上告人等是否系强盗共犯，殊堪审究。（九年上字第 899 号）

以取财之目的加暴行于人者，均为强盗。

【续】查本案上诉人，因区官某甲无钱使用，唆由某甲指乙、丙、丁等之茹素供佛为犯邪教，缚获看押，索经允许给钱后，始行释放。既以取财之目的，加暴行于人之身体，依照本院近例，应即论以强盗罪。（十一年上字第 212 号）

巡警官员利用职权捕人，于得财后始行释放，其取财已达强迫程度，自成强盗罪。

【补】巡警官员利用职权将人逮捕，取得财物后，始行释放。取财之方法既已达于强暴、胁迫程度，自应以强盗罪处断。（十五年上字第 885 号）

第三百七十一条

森林窃盗，临时行强，仍论《刑律》上强盗罪。

【正】查《森林法》第二十一条系对于森林窃盗特别从轻处罚之规定，乃《刑律》第三百六十七条之特别法。若窃盗事后行强，该法既无明文规定，则依特别法无明文仍从普通法之原则，当然适用《刑律》第三百七十一条分别论罪。（四年上字第 925 号）

入室窃盗，临时行强，在外把风者，不负共犯之责。

【正】被告人听纠前往行窃，实施时又系在外把风，则入室之伙犯纵有强取财物行为，而于被告人既未证明其有共同行劫之认识，依据《刑律》第十三条第三项第一款“所犯重于犯人所知者，从其所知处断”之规定，仅得科以所知之窃盗罪（四年非字第 44 号）

以强盗论后，不得再将窃盗行为划分。

【正】行窃马匹，固为窃盗罪，惟既经人瞥见喊捕，为脱免逮捕起见，于被追捕之际，用刀戳人，则已当场实施强暴，应合其盗取行为，以强盗论。戳人成伤，则又为强盗伤人，而以前之窃盗行为，自不得再予划分。原审乃于强盗伤人以外，又判以窃盗未遂之罪，殊属违法。（十年非字第 6 号）

第三百七十二条

《刑律》第三百七十二条第二项“他法”二字，应从狭义解释。

【正】《刑律》第三百七十二条第二项首示药剂催眠术之例，则于“他法”二字，应从狭义的解释，不从广义的解释。（二年上字第 6 号）

第三百七十三条

强盗把风，系实施行为。

【正】强盗在门外瞭望，系防备发生有碍实施之动作，为实施行为重要之职务。是虽

分任之部分不同，其为实施行为则一，不得谓仅系帮助。原审解释律文，殊有错误。（四年上字第 31 号）

《刑律》三百七十三条之犯罪，可不适用《惩治盗匪法》。

【正】查现行《惩治盗匪法》第二条，载“凡强盗犯《刑律》第三百七十三条之罪者，得处死刑”。“得处”云者，谓从严，可处死刑，非必须处死刑也。则被告人所犯虽得处死刑，然引用《刑律》第三百七十三条科断而未处以死刑，自不能谓为违法。（四年上字第 31 号）

藉名搜烟，掠取财物，成立强盗罪。

【正】被告人等四人，各执枪剑闯入该烟馆内，藉名搜烟，掠取银毫三元、铜仙数十枚，不得谓非强暴、胁迫之行为，实与《刑律》第三百七十三条第一、二两款相当。（四年上字第 275 号）

强盗中止犯，对于伙盗伤人，不负责任。

【正】查强盗罪之构成，以强暴、胁迫为必要之条件。故强盗伤人，其同伙虽未下手，亦负伤害之责任。本案被告人随同某某等持械行劫，不可谓无伤人之预见。惟查该被告人行抵盗所，即已畏惧不前，事后亦未朋分赃物，是犯罪已经着手、因己意中止，依《刑律》第十八条，应以准未遂犯论。又同律第十七条第二项规定，“未遂之为罪，于分则各条定之”。同律第三百七十九条强盗伤人未遂，既无处罚之明文，则被告人只能依《刑律》第三百七十三条第一、第二款未遂论罪。（四年上字第 762 号）

合于《惩治盗匪法》第三条第五款之犯罪，不问法益多寡，只论一罪。

【正】查强窃盗罪法益之个数，依监督权而计算。凡侵害一监督权，即为一法益；应依法益之数，照俱发罪处断。又依《刑律》第二十三条规定，俱发罪固应依限制并科主义，分别科刑后，定其执行刑期。惟本案被告人系犯《惩治盗匪法》第三条第五款之罪；该条款即对于《刑律》第三百七十三条之俱发罪特别另定加重专刑，则合于该条款之俱发罪，不问行为与法益之多寡，均应以一罪论，不得再依侵害之法益分别科刑。原判仅科被告人以一罪，尚无错误。（四年上字第 861 号）

意图归并学校，将同族另立校内之书籍、器具搬运一空者，为妨害另校全体之行使权利罪。

【正】用同族祖遗田产之租息，分设学校两处，分别管理。后，甲校管理人因乙校管理人中一人病故，即赴县禀称乙校无人承办，请并入甲校办理；乙校之他管理人起与争执。尚未经县讯明，甲校管理人即率人将乙校书籍、器具搬运一空者，既无强取之故意，自不构成强盗罪；而率众搬物、设计阻挠，已属实施强胁，使乙校全体对于书籍器具上管理及使用之权大有妨害，应适用《刑律》第三百五十八条处断。（六年上字第 1 号）

因忿将人染店内之布疋、物件搬运回家，无取为所有之意思者，为妨害他人营业权。

【正】疑人唆使胞弟夫妇不和，即率人赴其所开染店内理论，并将所承染各户布疋、

物件搬运回家，以泄忿恨。如不能证明有取为所有之意思，应论以侵害他人行使营业权之罪。（六年上字第 4 号）

分担强盗行为者，均为正犯。

【正】因争田败诉，率人割取田内之禾。事主撞见阻止，由同伙将事主捆缚，并以泥沙糊口；割禾者仍割禾不止。是其于捆缚事主，既经眼见，仍利用其机会割取田禾，乃系分担强盗行为；于捆缚事主者，均应成强盗正犯之罪。（六年上字第 176 号）

因自己之物被窃，误认他人之物为己物而实施强取者，不为罪。

【正】因自己山木被窃，误认他人之物为己物而率人强取者，是其强取他人所有物乃系由于误认。此等无故意之行为，应不构成强盗之罪。（六年上字第 696 号）

强盗取物时，将事主推跌倒地，致磕伤额角者，为强盗伤人。

【正】强盗强取财物时，将事主推跌倒地，磕伤右额角者，成强盗伤人之罪。（六年上字第 942 号）

共谋强盗在外把风，于入室者之伤人行为，负责；杀人行为，不负责。

【正】听纠强盗，在外把风，于伙犯入室后之伤害事主之行为，因其为强盗当然之结果，自负共同之责；若于伤害事主外另有杀人之事实，则既非所预见，自不负责。（六年非字第 161 号）

强盗踩毙幼孩，在场共犯，应同负责任。

【正】强盗当时踩毙幼孩，既系实施强暴之结果，上告人自不能不负共同责任。（七年上字第 859 号）

犯《刑律》第三百七十三条之罪者，如应处徒刑，仍应依《刑律》处断，毋庸用《惩治盗匪法》。

【正】查《刑律》第三百七十三条之罪，《惩治盗匪法》第二条虽设有特别规定，然该条仅规定“得处死刑”，不过扩张刑律之范围，增入死刑之一项。如遇情节稍轻、应处徒刑者，可迳依《刑律》科处，毋庸更依《惩治盗匪法》减轻。（七年非字第 92 号）

结伙三人以上，乘人船舶正在航行之际而行劫，与侵入碇泊之船舰内行强者，有别。

【续】结伙三人以上，乘人船舶正在航行之际而行劫，与侵入碇泊之船舰内行强者，情形有别。核其所为，系犯《刑律》第三百七十四条第一款之罪，与《惩治盗匪法》第三条第一款相当。（八年上字第 364 号）

以强暴、胁迫强占不动产，结伙达于三人，亦成结伙强盗。

【续】查本案被告人等以强暴、胁迫将其父尸棺埋葬甲某地内，系出于所有之意思，则结伙既达于三人，自成立《刑律》第三百七十三条第二款之罪。乃原审遽引本院统字第 134 号解释，论断被告人等以《刑律》第三百七十二条之罪。无论该号解释早经变更（自有统字第 946 号解释后，不动产之强盗，应依《刑律》第三百七十条处断，细按自明），且《刑律》第三百七十三条为第三百七十条至第三百七十二条之加重规定。凡犯第三百七十条或三百七十一条、第三百七十二条之罪而具有第三百七十三条之条件者，统应依第三百七十三条处断。原审乃以为一经触犯第三百七十二条之规定，即不能适用第三百七十三条，其法律上之见解，殊有未合。（九年上字第315号）

强盗须指明确欲行抢之地而即向前往者，始为着手。

【续】按意图强盗，指明目的地，行至中途被获者，成立强盗未遂罪，固经本院著为成例。惟所谓“指明目的地”，如指明至某地点抢劫特定之某人或某家者，固不待言，即并未指明某人或某家，而已指明至某地点挨户搜赃、逢人打劫或择肥而噬者，亦应包括在内。但仅向某地点出发，或须至某地点会齐后再议如何抢劫者，均不得因其行至中途被获而论以强盗未遂。（九年上字第580号）

抢劫停泊船舰，为侵入船舰。

【续】抢劫停泊之船舰者，应视其人数满三人与否，分别认为《刑律》第三百七十三条第一、二款或仅第一款之罪。（九年上字第589号）

犯侵入或结伙强盗之俱发罪者，虽一部已经判决确定，仍应论为特别法上之一罪。

【续】查上告人于本案第一审判决后，在监又犯强盗罪。原审以上告人另犯强盗罪判决是否确定，非无问题，谓应由同级检察厅另案查明核办。如上告人两次所犯强盗罪并不构成特别法上之一罪，固无出入。乃本案上告人所犯为《刑律》第三百七十三条之罪，其另犯之强盗一案，据原审判决理由称“上告人伙同监犯多人，强劫寄监被告人五人所带银元”等语，又似为《刑律》第三百七十三条之罪，自应查明该判决已否确定，与本案强盗罪，分别查照本院统字第1060号、第1290号解释文办理。（九年上字第773号）

强盗伤害二人，除一已致死外，其他一人仅属轻微伤害，该部分应别论之。

【续】查《刑律》第三百七十四条第三款后段所称“强盗伤害至二人以上者”，系指二人以上均未致死或笃疾者而言。若致死或笃疾，应依该条款前段，以人格法益计算罪数；而强盗伤害人未致死及笃疾，《刑律》第三百七十三条第三款又别有明文规定。则伙劫甲被害人，将其拒伤身死，并将乙殴致微伤，依上开说明，应成立强盗伤害人致死及强盗伤害人两罪。（九年非字第39号）

未满十二岁人，不能算入强盗结伙数内。

【续】上告人到某家行劫，同伙者有甲、乙二人。如果某乙尚未满十二岁，则依《刑律》第十一条之规定，并不负刑事责任，即上告人之强盗罪，事实上虽似结伙三人，然按之法律，某乙既系不负刑事责任之人，即难算入同律第三百七十三条第二款规定结伙人数之内。（十年上字第575号）

向被害人身上搜去财物后，又将其抓至店内索要财物，应合其前后行为而论以强盗一罪。

【续】向被害人身上强行搜去财物，固属强盗既遂，而复将其抓至店内，索要财物，亦不能谓非以强暴、胁迫强取他人所有物行为之一部，自应合前后行为而论为强盗既遂一罪。原判于论处强盗罪外，误认一部分之强盗行为为滥权逮捕与三人以上诈财未遂之牵连犯罪，别从一较重之三人以上共犯诈财未遂罪处断，与强盗罪并论俱发，实属错误。（十年上字第1263号）

强盗时，有缚人毁物情事，祇论强盗罪。

【续】结伙侵入有人第宅之强盗，并有缚人毁物情事。缚人为强暴之一种，毁物为强暴应生之结果，均无庸依《刑律》第二十六条处断。（十年上字第1378号）

于实施强盗后，又将事主幼孩抱去，如非掳人勒赎，即成私擅逮捕。

【续】于实施强盗后，又将事主幼孙抱去。经讯固称“抱事主小孩，系恐怕事主追赶”，然如其时事主尚未追赶，则抱持幼孩以去，何不虑转足促事主之追？若其时事主已有追赶之势，因恐猛击，始抱去幼孩，使事主有所顾忌，则奔逃既远，而后何不将幼孩委弃于途？观其辗转藏匿，直至畏罪后，始送置于桃林之中，则抱去之时，即果意不在掳以取财。而既借以为脱免逮捕，则私擅逮捕之责何能解免？（十年上字第1394号）

结伙侵入强盗并掳人勒赎，仅成立一个掳人勒赎罪。

【续】查《惩治盗匪法》第四条第三款规定掳人勒赎罪，本为加重强盗罪之一种。故如实施强盗而掳人勒赎，其强盗情形轻于掳人勒赎情形者，仅能成立同法同条款之一个掳人勒赎罪，不能于此外，另科以强盗罪名。此案被告人结伙三人以上，侵入甲、乙、丙三家强盗。于强盗甲家时，拒伤事主二人，复将甲及乙子丁掳去勒赎得赃。是该被告人于成立强盗伤害至二人以上一罪及掳人勒赎二罪外，仅对于结伙三人以上、侵入丙家强盗部分，应负《刑律》第三百七十三条之罪责；至结伙三人以上、侵入乙家强盗并将其子丁掳去，既系以强盗而实施掳人勒赎，其强盗情形又轻于掳人勒赎，即应论以《惩治盗匪法》第四条第三款之一罪。乃原判于处以同法同条同款罪刑外，复认其触犯《刑律》第三百七十三条之罪，与其结伙侵入丙家强盗一罪系属俱发，依同法第三条第五款论罪科刑，殊属违法。（十年非字第128号）

第三百七十四条

在途行劫，不问是否持械及结队横行。

【正】《刑律》第三百七十四条第一款之罪，并不以持械为要件。苟系结伙三人以上在途行劫，不问是否持械，均构成该条款之罪。又该条款人数既称三人以上，亦不问是否结伙横行；若达法定人数，其罪名亦即成立。（四年上字第1029号）

听纠行劫，在外接赃，于入内伙犯伤人行为，当然负责；杀人行为，不负责。

【正】听纠行劫，在村外接赃，而伙犯入内强盗，竟因拒捕，于伤害人外演出杀人之事实，则在外接赃者，事前既与同谋，事后又复分赃，对于伤害人之结果当然负责。惟于杀人之部分，则因强盗杀人之罪以故意为构成要件，如不知情者，自不负责。（六年非字第54号）

强盗在盗所强奸妇女，系指强奸时已成为盗所而言。

【续】查《惩治盗匪法》第三条第一款所定，《刑律》第三百七十四条之犯罪内，关于在盗所强奸妇女一节，系指强奸妇女之所在，于强奸时已成为盗所者而言。若强奸妇女时，尚无强盗之行为或意思，仅止实施强奸后，在奸所搜取财物，则应分别情形论为强奸与强盗二罪俱发。如或强奸以前，并意图强奸而有侵入第宅等行为，更应将侵入第宅等与强奸妇女，从《刑律》第二十六条处断，不得概论为强盗在盗所强奸妇女。（九年上字第776号）

结伙在途行劫未遂，仍依《刑律》处断。

【续】查《惩治盗匪法》第二条至第四条，系就各既遂犯对于《刑律》为特别之规定。若未遂犯，既该法无论罪之明文，自应仍依《刑律》各本案处断。此依特别法无规定，仍适用普通法之原则释之，可得当然之解决者也。本案被告人结伙三人以上在途行劫，既尚未遂，自应依《刑律》第三百七十四条、第三百七十九条、第十七条处断。原审乃竟就《惩治盗匪法》所定之本刑上减等科处，殊属违法。（九年非字第48号）

强盗因点火照赃，以致失火延烧并烧死人，非强暴、胁迫之结果。

【续】强盗行抢店铺时，因点火照赃，误将洋油桶打翻，油溅火麻之上，以致登时燃烧。事主之甥女避火不及，遂被烧死，显系一种过失行为，不能认为实施强暴当然之结果。当时在柜台外瞭望把风者，无共同过失可言，自不能使之共负责任。（十年上字第1088号）

第三百七十九条

欲取得他人财物而故意杀毙之，即属强盗杀人罪。

【正】欲取得他人所持之物而故意将其杀毙，实与《刑律》第三百七十六条相当。（二年上字第121号）

第三百七十六条

意图强盗，侵入人家即被逐散者，为强盗未遂。

【正】意图强盗，闯入人家，因人出持械抵御，即行逃散者，为强盗未遂。（六年上字第1002号）

强盗杀人未遂，《惩治盗匪法》既无专条，仍应依《刑律》处断。

【正】被告系犯强盗杀人未遂罪，《惩治盗匪法》既无处罚未遂明文，仍应适用《刑律》第三百七十九条、第三百七十六条处断。（七年非字第103号）

第三百八十条

《惩治盗匪法》第三条第三款之犯罪，应依《刑律》第三百八十条褫夺公权。

【正】查被告人既犯《惩治盗匪法》第三条第三款之罪，而该款之犯罪又以强盗为前提，则关于从刑，自应依《刑律》第三百八十条处断，始为允当。（七年上字第40号）

犯掳人勒赎者，应依《刑律》强盗罪之规定褫夺公权。

【续】《惩治盗匪法》掳人勒赎之规定，本为《刑律》强盗罪之加重条文。如所犯情节与该条相当，仍应依《刑律》强盗罪之规定褫夺公权。（九年上字第354号）

第三百八十一条

同居之意义，系指同财共居者言。

【正】《刑律》第三百八十一条“同居”之意义，系指同财共居者而言。换言之，即亲属间之未经析产而共同居住者，始足当之。（二年上字第6号）

第三十三章　诈欺取财罪

第三百八十二条

欺罔他人，使其财物上支配力一时弛缓，乘机攫取，即属被害者无交付财物之决意，不为诈财罪，应以窃盗论。

【正】诈欺取财罪之构成要件，在行为者欺罔他人，使其陷于错误而为交付，从而取得本人或第三人者所持之财物是也。故本罪之成立，要以加害者有不法而取得财物之意思，实施诈欺行为，被害者因此行为，致表意有所错误，而其结果为财产上之处分受其损害。若取得之财物不由于被害者交付之决意，不得认为本罪之完成。假如欺罔他人，使其财物上之支配力一时弛缓，乘机攫取，即属被害者无交付财物之决意，不为诈欺取财而为窃盗，毫无疑义。乞借包袱作枕，暗将石块调换银元，固属诈欺手段，借给钱包者，并非有交付财物之决意，换言之，即非为财产上处分之意思表示，固当然不成诈财罪，而应以窃盗罪。（二年上字第34号）

欺罔、恐喝二条件自系并立，有一于此，即构成犯罪。

【正】查《刑律》第三百八十二条载“以欺罔、恐喝使人将所有物交付于己者，为诈欺取财罪”云云。欺罔、恐喝二条件自系并立，有一于此，即足以构成犯罪。（二年上字第55号）

诈财与强盗之区别，以交付财物时有无丧失自由意思为断。

【正】第三百八十二条罪之成立，须以欺罔、恐喝使人将所有物交付于己。其交付与否，被害人尚有自由意思。若令被害人处于不能抗拒之状态而强取者，则应构成第三百七十条之罪。（三年上字第54号）

不知他人诈财而为之从中转付者，不为罪。

【正】诈欺取财罪，虽不限于意图为自己所有，然苟不知他人已有诈欺之行为，则虽有收受被害人财物转付于他人之事实，在法理上，即属不知构成犯罪要素之事实，不能认为有犯罪故意，自不得仅以收受财物即为完成犯罪之结果。（四年上字第99号）

对于债务人以外之人，使之履行，不为诈财。

【正】被告人原有债权存在，不过对于债务毫无关系之人以强暴、胁迫使之履行，与无故诈财者究有分别，且与《刑律》第三百八十二条所称“以欺罔、恐吓使人将所有物交付于己”之条件亦不相符，自不能曲为引用，应依第三百五十八条处断。（四年上字第142号）

承发吏骗取旅费、食宿费，成诈欺罪。

【正】查《刑律》第一百四十七条之罪，系专为征收国家款项之官员于正数以外浮收金谷物件者而设。本案被告人充当承发吏，按照《刑律》第八十三条，虽具有官员之资格，然其向被害人所收取者，系承发吏之旅费及食宿费，并非国家之收入。其违章需索，并伪称路费须往返计算，该费由原告垫出，到案分半退还，事后竟全数乾没。是明明以欺罔骗取财物，实构成《刑律》第三百八十二条之罪。（四年上字第400号）

因诈财而诬告两人，应论俱发。

【正】被告人诬告被害人甲、乙拐去伊妻之所为，乃欲达其诈欺取财之目的，为诈欺取财之方法，本应依《刑律》第二十六条从一重处断。惟诬告甲、乙，显系侵害两人法益，又应科以两诬告罪。第一审竟将被告人所犯诈欺取财罪及诬告罪并予科刑，而诬告两人之所为，则仅处以一罪，殊属错误。（四年上字第437号）

诈得之财如何处分，与犯罪成立无关。

【正】查《刑律》第三百八十二条之罪，以意图为自己或第三人之所有为构成之要件。则他人交付之财物，自不必根究其用途；就令分给他人，亦于本罪之成立并无影响。（四年上字第444号）

将所持他人财物，暗中抽换者，不成诈财罪。

【正】查诈欺取财罪之成立，除意图为自己或第三人所有；施欺罔、恐喝外，以使人将所有物交付于己为必要条件。本案被告人系某号外柜学徒，经收入款军票千元，系暗行抽换，并未使人将所有军票交付于己，诈欺取财罪之构成要件显有欠缺。按其所犯，实为《刑律》第三百九十二条之侵占业务上管有物罪。（四年上字第801号）

巫觋托鬼骗钱，成立诈财罪。

【正】遇人患疾，延其诊治，谎称见一婢鬼，要索其家五命，须交银三十两为之驱逐等情。其人被吓，遂付银三十两，求其禳解者，成立诈欺取财罪。（四年上字第876号）

县佐受理诉讼，索取规费之处罪。

【正】县佐对于民、刑案件，据《县佐官制》第三条第二项，除有特别规定外，并无受理之职权。该被告人越权违法受理民、刑案件并索取规费，应成立第三百八十二条、第一百四十六条之想像上俱发罪。（四年上字第1049号）

官吏诈财与贿赂罪有别。

【正】查《刑律》第一百四十条之渎职罪与官吏之犯同律第三百八十二条之诈欺取财罪，因其方法之各殊，而罪质亦不容相混；非官员关于财产上之犯罪，皆可指为贿赂也。本案被告人藉官勒索，使各被害人不得不交付现洋及期票，本属恐吓取财，而两审均认为

贿赂罪，其见解不免错误。（四年上字第1081号）

律师办案，诡称法庭需贿赂，俟得钱后，匿其半数与相对人和解，系属诈财。

【正】律师承办民诉事件，向委任人诡称法庭需贿，谎令人交付多金，匿其半数，乃与相对人试行和解，应成诈欺取财之罪。（五年上字第4号）

妇女诡言因贫卖身，收得价银后，即夕逃遁，系属诈财。

【正】妇女托言贫困，自愿卖身为婢，收得身价后，即夕遁逃，系犯诈欺取财罪。（五年上字第78号）

地检厅录事声称侦查烟案讹钱，人已系属诈财。

【正】地检厅录事自称侦查烟案，讹令人出钱了结，系属诈欺取财罪。（五年上字第105号）

诈欺取财之罪，应以财产监督权定之。

【正】查诈欺取财罪之法益，其犯罪之计算，应以财产监督权为标准。此迭经本院著有判例，而按之现今法理，亦属确论。本案被告人诈取某某等处中国银行分行财物。中国银行分行虽为同一法人，而各分行既各自有监督权，则被告人之诈财行为，自应以数罪论。（五年上字第158号）

非其职务上之行为而私取民财者，不得引用收受贿赂律处断。

【正】被告人系充西门分驻所专司检查出入之警，乃未奉命令，于黑夜潜入被害人家搜得烟具，即以带署纠办等词恐吓被害人，取得其财物，显非职务上之行为，当然构成诈欺取财罪。原审援用收受贿赂之律处断，未免错误。（五年上字第498号）

于人藉事向他人讹索之际，出为说和，尚难遽认为犯罪。

【正】于某甲向某乙藉事生风、讹索地亩之际，从中说和。如果出于助成某甲得地之意思，则应论为准正犯；若仅因某乙突被讹诈，出为调停，是不过为解救某乙起见，尚难认为犯罪。（六年上字第147号）

伪造二人之私文书，向一人诈财既遂者，于诈财仍成一罪。

【正】前后伪造二人之私文书，向一人诈欺取财既遂者，于诈财仍应论以一罪。（六年上字第187号）

诈得银款后，伪造他人收条交付者，成行使并伪造文书及诈财罪依二十六条断。

【正】向某人诈得银款后，伪造第三人收条交付者，成行使并伪造私文书及诈财罪，依第二十六条断。（六年上字第264号）

与人同行，商令将行李交由另人挑走而与其分用者，为共同诈财。

【正】与甲、乙同行，起意骗财，商令甲将行李交由乙代挑前行，乙即行窜入林内，而与其将衣服、银两分用者，为诈欺取财罪。（六年上字第326号）

因赌赢钱，勒令输钱人将存银字据押与为质，即持向银局取银未付者，为诈财未遂。

【正】因赌赢钱，勒令输钱之人将存银字据押与为质，即持向银局取银未付者，为诈欺取财未遂；与赌博罪以第二十三条处断。（六年上字第 334 号）

诈欺取财罪，有时因利用机会而成立。

【正】诈欺取财罪之成立，本不以原动的先向被害人实施诈术为限；即使被害人因某事请求在先，如果利用机会实施诈财，则刑事责任即不能免。（六年上字第 696 号）

将伪造之公文书交由他人持向另人抵借钱文者，为行使公文书诈财之罪。

【正】因他人向其借债，即将伪造之红契交付，使令持向另人抵借钱文花用者，为行使伪造公文书诈财之罪。（六年上字第 722 号）

持票兑钱，于付票后，借端以五元钱帖捏称为五十元以图讹赖者，为诈欺取财。

【正】因持五元钱帖向钱店兑钱，起有口交，经警查问，即声称受骗，并捏称“先经交付之钱帖为五十元”以图讹赖者，成诈欺取财未遂罪。（六年上字第 733 号）

代人行贿后，以少报多，其行贿为诈财之方法。

【正】代某人向承审员行贿，乃向某人之家属捏称另须若干圆办理，以从中取利。其行贿为诈欺之方法，应以诈财为重罪，依第二十六条处断。但贿银，仍按行贿罪没收之。（六年上字第 813 号）

盗卖管有他人之不动产者，为侵占，不得论以诈欺取财。

【正】将佃种他人之墓地盗卖于另人葬坟者，成侵占罪，不得认为《刑律》第三百八十二条第二项之罪。（六年上字第 822 号）

意图为自己所有，以诈欺方法使他人将管有物交付于己者，为诈欺取财。

【正】于船户为他人运送毛猪、尚未开行之际，捏称毛猪店主嘱令转运他处变卖，船户信真，即将毛猪交其另雇船只运去变卖者，成诈欺取财之罪。（六年上字第 856 号）

先向人诈称官员，觑便窃取财物者，应分别论罪，不得混认为诈欺取财。

【正】在客栈中，捏称系属官员。经人信真移与同住后，乘移住人之外出，窃取财物，当钱花用者，其窃取财物乃系窃盗行为；与诈称官员，应分别论罪，不得混认为诈欺取财。（六年上字第 949 号）

以欺罔方法使人将物交付于己，暗行掉换以去者，为诈财，非侵占。

【正】与人同住客栈，诈说银钱放外不妥，允为收藏。经人信真，将银洋交与保管，旋即用铜元抽换以去者。是其使人交银保管之际，早已用诈欺之方法乘间抽换，应论以诈欺取财，不应论为侵占。（六年上字第 964 号）

冒称委员，张帖告示并向人罚款者，即为诈财；其诈称官员及行使并伪造公文书，为诈财之方法。

【正】以县署查烟委员之资格，向人科罚钱款，解送县署，为滥用职权，使人行无义务之事。若捏称查烟委员，张帖告示并向人罚钱者，则为诈欺取财；与诈称官员及行使并

伪造公文，应依第二十六条处断。（六年上字第973号）

用刀威吓人令将财物交出者，为强盗，非恐喝取财。

【正】稔知某人带有首饰、银钱，于夜内，用刀威吓其将财物交出者，成强盗罪，不得论为恐吓取财。（六年非字第42号）

行使假银者，乃诈欺取财，不得谓之行使伪币。

【正】《刑律》所称“通用货币”者，系指有强制的通用力之银币、铜币、纸币而言，其任意流通之银锭、银块并不在内。故将掺杂他种金属之银锭，托人向某商号换钱者，即系以欺罔手段使人交付财物于己。（六年非字第98号）

因求人代为行贿而被诈失财者，为诈欺取财之被害人。

【正】因人诈向劝诱，将钱交付，恳托代为行贿，竟被劝诱人取去者，则为诈欺取财之被害人，不成行贿之罪。（六年上字第157号）

预备伪契，希图诈财，如未向所诈骗之人实施何种行为，尚不得谓为诈财未遂。

【正】查被告人将所有粮地价卖于某。契据、户摺悉行交割后，又复捏称证据遗失，朦领新照，其构成《刑律》第二百四十一条之罪，自属无疑。惟其用意虽欲诈取财产上不法之利益，然不过实施以前之预备行为，对于某甲并未实施何种行为，尚不得谓诈财已经着手。原判则论为诈财未遂之牵连犯，实有未合。（七年非字第597号）

行使伪契，主张典当权，系成立行使伪造文书取财产上不法利益之罪。

【正】查侵占罪之成立，系将自己占有之他人所有物不法领得、归自己所有为其构成要件。被告人行使伪契，主张典当权，不过图以诈欺手段取得所租种田地上不法之利益，系并犯《刑律》第三百八十二条第二项之罪，尚非将该田占为己有者可比。（七年上字第622号）

诈得凭票据付钱之期票，应以取财既遂论。

【正】商会期票四纸，票面注明“凭票付钱”字样。此种期票具有流通之性质，诈取此种期票，自应以诈财既遂论。（七年非字第52号）

诈得限期归还不流通之借票，应以取财未遂论。

【正】被告人意在诈取现钱，虽已由人立给限期归还之借票，然非现钱，乃系不流通之借约，则被告人之诈欺取财仍属未遂。（七年非字第88号）

行使伪造文书诈财，虽负偿还义务，罪仍成立。

【续】以伪契欺罔债权人，使其误信为真而交付银两，即属以行使伪造文书为诈财之方法；至诈财行为完成后，对于诈财之被害人有无偿还义务，本于诈财罪之成立并无影响。第一审判决乃谓“用契抵银，对于债权人仍负有偿还义务，不能以诈财论”；原审未予纠正。法律上之见解，均属错误。（八年上字第92号）

诈财行为终了后，捏被害者名义诬告他人，两罪无牵连关系。

【续】因甲购置田产，诈称代办税契，骗取多金。又因与乙挟有夙嫌，令甲于己所捏造甲父名义告诉乙吞没税银，诉状后签押十字，代为投递。是诈财是一事，诬告又是一事，两者绝不牵连，不能认为有方法或结果之关系。(八年上字第281号)

诈财罪，应以所侵害之财产监督权数定其罪数。

【续】《刑律》第三百八十二条之诈欺取财罪，本以财产监督权为其法益。如仅侵害一人之财产监督权或二人以上之共同监督权，因被害之法益仅只一个，无论担任出款者为若干人，均应只论一罪，不得因涉及二人即论为二罪。(九年上字第753号)

恐吓取财，须被害人未丧失自由意思。

【续】本院按构成强盗罪之胁迫行为与构成诈欺取财罪之恐吓行为本相类似，而强盗取财物，有时亦由于被害人之交付。则不法取人所交付之财物，或成强盗，或成诈欺取财，应以被害人有无丧失自由意思为断（参照本院统字第620号、第1323号解释文）。(九年上字第841号)

以伤害为索财方法，系强盗，非诈财。

【续】伤害为暴行之一种。如认伤害人为勒索财物之方法，是以达强暴、胁迫之程度，完全成为强取行为，已非复恐吓取财者可比。而伤害与诈财之牵连犯，在法理上本难想像，则上告人等是否系强盗共犯，殊堪审究。(九年上字第899号)

恐吓行为，只需为害恶之通知，不必发生实害。

【续】查诈欺取财罪之恐吓行为，只需为恶害之通知，不必发生实害。被害人之契纸，果如被告人之通知变通换边，在被害人一方，不能谓为毫无恶害；其事后之能索还与否，系属别一问题，与犯罪成立无关。原判以被害人可向索还，谓无恶害可言，亦殊非是。(九年上字第921号)

虚构担保债权，致法院被其蒙混而为给付判决，除成立妨害公务罪外，尚难律以诈财之罪。

【续】上告人对于汽车行并未退股，而于该行债权人请求查封该行汽车之时，竟与该行经理人串通，一面令其逃逸，一面即向原厅主张虚构之担保债权，致该厅被其蒙混而为给付判决；嗣复据此判决以声明异议，则其一再施用诈术，以图使官员为一定处分，固难逃连续妨害公务之罪责。而其所主张之担保债权究竟是否真实，官厅应为切实之调查；如因未尽调查能事，致陷于错误，要难律虚构债权人以诈财之罪。(九年上字第994号)

用伪币购买金丹，不成立诈财罪。

【续】甲将所收伪币托由乙、丙觅人购买金丹，其购买金丹之行为即其行使行为之实施，并不发生诈财问题。原审乃论以三人以上诈财之罪，显有不合。(九年上字第1123号)

持伪造钱帖购物者，不另成诈财罪。

【续】持伪造钱帖（有价证券）向商店购物，其购物行为即其行使行为之实施，依本院近年来判例，认为并不发生诈财问题。原审乃又论被告人以《刑律》第三百八十二条之罪，依第二十六条处断，已属未洽。（十年上字第279号）

诈财未遂又诬告者，应分别诬告是否诈财方法，从一重论或分别科断。

【续】向人讹索不遂，即赴警所捏报殴伤。倘诬告之时仍以诈财为目的，则诬告系诈财之一种方法，不能认为诈财之结果；若因诈财未遂变计诬告，其犯意又自独立，应各科其刑。（十年上字第298号）

受交付者，不必永久据有其物。

【续】查《刑律》第三百八十二条第一项所称"交付"，不必受付者永久据有其物；即同时消费，如果系以所有之意思所为之处分行为，在交付者，既已有交付行为，则使交付者，即无解于使交付之责。（十年上字第303号）

冒领他人粮册，为诈欺取财。

【续】擅将他人之产立约出卖，原审应依《刑律》第三百六十七条处断。惟被害人所有之粮册，系因编审粮号，交存庄书处致被冒领。核其所为，系意图为自己所有而以欺罔使人交付财物，别应成立诈财罪，又应依《刑律》第二十六条，从窃盗罪之一重处断。（十年上字第326号）

以伪造借字呈案，为诈财预备。

【续】如上告人以伪造借字呈案，系为直向某某等诈财之预备，则既未着手实施，殊难论以诈财之罪。若谓将以陷官厅于错误，则又应从《刑律》第一百五十三条第二项科处，而不能论以诈欺取财（参照本院统字第1443号最近解释）。（十年上字第520号）

棺木，亦财物之一。

【续】棺木，亦财物之一。如以将尸抬入为恐吓，使人交付棺木，则于他人为之购棺装殓时，已应成立诈财罪，而措词索诈，不过其继续行为。（十年上字第714号）

窃盗而以赃物出押于人，除另有欺罔或恐吓行为外，不另成诈财罪。

【续】盗卖房屋既为窃盗，则其以赃物出押于人，非查明另有欺罔、恐吓行为，不得率指为诈财。（十一年上字第143号）

以出卖为侵占共有物之方法者，虽出卖时伪造证物、捏称己有，于侵占外不成诈财罪。

【续】上诉人因轮种族中共有地亩，实施侵占、出卖与人时，伪造分关册，提出为证。查侵占行为，以出卖时为成立。其目的既在处分共有之物，对于买主，自无所谓诈欺取财；虽伪造分关，捏称己有，而既托为有权处分，捏造证物以为证明，尤系以出卖为侵占手段者之当然行为，殊难于侵占以外，论以诈欺取财之罪。（十一年上字第224号）

加不法腕力于人之身体，以为取财手段，即为强盗，非诈财。

【续】上诉人确有逮捕人及取得钱财情事，已属无疑。如果逮捕、监禁系属滥权，并其滥权逮捕、监禁之初早有取财之意，则加不法腕力于人之身体以为取财手段，殊难谓非强盗行为。原审遽判为滥权逮捕、监禁诈欺取财，殊有未合。（十一年上字第275号）

骗人书立当地契据，应成立三百八十二条二项之罪。

【续】上告人等对于某人骗书当地契据，既已实施欺罔之手段，因而取财产上不法之利益，与仅止乘危利得者不同，自应成立《刑律》第三百八十二条第二项之罪。（十一年上字第720号）

官员擅罚钱款，以欺罔、恐喝使人交付，虽非入己，亦应成立诈财罪。

【补】官员向人擅罚钱款，虽已归公，并未入己，然图为国家所有，即系图为第三人所有，既以欺罔、恐喝使人交付，亦应成立诈财罪。（十五年上字第885号）

第三百八十三条

《刑律》第三百八十三条之罪，以处理事务为前提。

【正】查《刑律》第三百八十三条之犯罪，本以为人处理事务而违背其义务为构成要件。故无论为法律委任、私人委任抑或管理事务，均以事务由其处理为前提。（七年上字第416号）

第三百八十五条

设局诱赌，骗取钱财，系想像上俱发，应从一重处断。

【正】三人以上设局诱赌，骗取钱财，系犯第三百八十五条、第二百七十六之罪，依第二十六条从一重处断。（五年上字第435号）

分向数人诈财者，应成俱发罪。

【正】伙同假借护国军名义，分向城乡勒取捐款者，应以被害之人数，分别既、未遂，论为诈欺取财之俱发罪。（六年上字第173号）

行使伪造银锭得财者，为诈财。

【正】与人共同伪造银锭，行使得财者，成诈欺取财之罪。（六年上字第609号）

以同一方法，历向多人诈欺取财者，为俱发罪。

【正】遣人执持名片，捏称已与某人订妥合办豆饼税，向各油房劝令纳税，经各油房应允者，应分别油房家数及已、未交钱，论以诈欺取财之俱发罪。（六年上字第832号）

三人以上诈财未遂者，关于褫夺公权，仍尽本法。

【正】三人以上诈欺取财未遂之案，关于褫夺公权，仍应适用第三百八十五条之例办理。（六年非字第10号）

骗取人地契，押款使用，仍成立一诈财罪。

【正】甲、乙、丙三人知丁以地契托戊代为押款，遂向诈称伊戚有钱出借，但须先看地契；骗得地契，即由甲出名、乙作保，押印子钱八百元，共同分用。两审依《刑律》第二十九条、第三百八十五条处断，尚无不合。（七年上字第607号）

第三百八十六条

造币厂员购入炭斤，以低货开高价，且给付军票而冒以铜元造报，系犯背任罪。

【正】造币厂采办委员于购入炭斤，以低货浮开高价；又与炭商订明，搭用军票而以铜元数目造报。显系图利，自己背其职务，侵害公家财产。（五年上字第448号）

铁路局员定购枕木，贪得酬金，串通商人以低货提交，系犯背任罪。

【正】铁路管理局员受本局之委任，定购枕木。因贪得酬金，与该商订妥掺杂劣货，有极大裂痕、不堪使用者至十分之一以上，显系犯背任罪。（五年上字第495号）

缉私局局长将领存之盐运使公署分运单出卖与人，贩运私盐者，成背任罪。

【正】缉私局局长将领存之盐运使公署分运单出卖与人，贩运私盐者，成《刑律》第三百八十六条之罪。（六年上字第565号）

第三十四章　侵占罪

第三百九十一条

仆役侵占雇主衣物，为侵占契约上管有物。

【正】为人充当仆役，本属雇佣之关系。为雇主经管衣服，亦系依契约上之管有，并无特种公务业务可言。其私将经管衣物变卖，自系触犯《刑律》第三百九十一条之侵占罪。原判认为侵占公务上业务上之管有物，援据《刑律》第三百九十二条处断，引律殊属错误。（四年非字第15号）

于他人寄托保管之物，潜行移匿，捏报被窃，仍构成侵占。

【正】于他人寄托保管之物，潜行移匿，捏报被窃，构成《刑律》第三百九十一条之罪。（五年上字第2号）

将他人委托保管之契据抵借钱文，系侵占罪。

【正】将他人委托保管之契据抵押于商业银行，乃系侵占不动产之处分行为。对于银行，自不能成立诈欺取财罪。（五年上字第253号）

事务管理，不限于明受委托。

【正】本案被害人当变乱迁徙时，将所有木器存放旧居宅内，未经搬走。虽被告人等并未受其委托，不发生何等契约关系，然对于该物件，实具民事法上事务管理之性质。则其冒然处分，仍属《刑律》第三百九十一条侵占法令契约以外之照料他人事务之管有物。（五年上字第426号）

会馆值理将所管馆业之契据押借银款花用者，为侵占。

【正】会馆值理保管馆业之契据，即用以作押，自向某人借银花用者，成侵占罪。（六年上字第237号）

侵占管有物者，虽事后吐出赃款，仍成罪。

【正】犯侵占罪者，纵于事后将侵占之款全数吐出，亦不能解除犯罪之责任。（六年上字第369号）

将典得之房屋冒称己有，出卖与人者，对于买主，不另成诈财罪；出卖时，另伪造原买契，其行使伪造私文书之罪与侵占罪，分别论之。

【正】将典得他人之房屋转当后，复意图变卖，备价赎回；因原业主向索原典契，即伪造买契、当契各一纸，用证该房为己有，卖与另人者，对于侵占之物诈称有处分之权，乃侵占当然之结果，非另有诈骗买主之意思及行为，自不成立诈财罪。又伪造卖约、当约各一纸，用证该房为己业，并非侵占必有之结果，亦难谓系侵占之方法，应将行使伪造私文书之罪与侵占之罪，分别论之。（六年上字第606号）

盗卖管有他人之不动产者，为侵占，不得论以诈欺取财。

【正】将佃种他人之墓地盗卖与另人葬坟者，成侵占罪，不得认为《刑律》第三百八十二条第二项之犯罪。（六年上字第822号）

以诈罔方法使人将物交于己，暗行掉换以去者，为诈财非侵占。

【正】与人同住客栈，诈说银钱放外不妥，允为收藏。经人信真，将银洋交与保管，旋即用铜元抽换以去者。是其使人交银保管之际，早已用诈欺之方法乘间抽换，应论以诈欺取财，不应论为侵占。（六年上字第964号）

意图侵占，劝人将物交付于己者，仍为诈财，非侵占。

【正】意图侵占，劝由他人将物交付于己，允代收存，即行携带逃走者，仍成诈欺取财之罪，不得论为侵占。（六年上字第990号）

《刑律》第三百九十一条一项之侵占罪，除共有情形外，以管有者非自己物为成立要件。

【正】《刑律》第三百九十一条第一项之侵占罪，除共有情形外，以所管有物本非自己所有为成立要件。故有将自己田地抵押于人仍复租种，后又为另人设定第二次之抵当权者，尚难论以本条项之罪。（六年上字第1047号）

将所种之共有地出当得钱者，为侵占。

【正】将所种之共有祭田当与他人，取得钱文者，成侵占罪。（六年非字第95号）

于他人侵占之际，帮同搬运者，为侵占之准正犯，非独立之赃物罪。

【正】他人将所租佃另人之器物搬运他处藏匿者，本系侵占行为；而帮同搬运者，显系于他人实施犯罪之际从中帮助，不得认为独立之赃物罪。（六年非字第122号）

侵占罪，乃以所占有之物为自己所有为构成要件。

【正】查侵占罪之成立，系将自己占有之他人所有物不法领得、归自己所有为其构成要件。被告人行使伪契，主张典当权，不过图以诈欺手段取得租种田地上不法之利益，系并犯《刑律》第三百八十二条二项之罪，尚非将该田占为己有者可比。（七年上字第

622号）

于租种他人之地，行使伪契诈领执照，侵占之方法上生他罪。

【续】本系租种他人之地，因该省单行章程有“典地年限满二十年以上，作系绝卖”之规定，始行捏契投税，表示该地为自己所有。是其犯罪目的本在侵占，不过以行使伪契、诈领执照为侵占之方法，依《刑律》第二十六条、第二十七条，应比较第二百四十三条、第二百四十条、第三百九十一条从侵占罪处断。（八年上字第775号）

侵占罪系即成犯。

【续】侵占罪系即成犯，以侵占财物之当时为既遂时期。如侵占行为在民国元年赦令以前，纵民国四年经县委查明，未据报销，亦不能以未报销之故，对于业经赦免之罪仍予诉追。（九年上字第1159号）

管理寺产之人擅行变卖，得价入己，成侵占罪。

【续】寺产既系族众出资购置，则其处分权自属于族众全体。至管理寺产之人，本其管理之权限，只能使用收益，不能任意处分。乃将寺田四十八坵擅行变卖，得价入己，自应成立侵占罪。（九年上字第1249号）

租到他人房屋后，典与另人为业，得认为侵占行为。

【续】租人住房后，旋当与他人为业，伪造当约以资证明，并到官投税验契。如盗典时，确系作为自己所有而行使其权利，既易管有意思为所有意思而为经济上之处分，应即认为侵占行为。乃原判竟依《刑律》第三百七十七条第一项处断，已难索解。（十年上字第313号）

经人以各粮户名义嘱托完粮，即向各户直接收受款项，全行吞没，应按各户被害法益计侵占罪数。

【续】上告人之兄系以各本人名义嘱托上告人代为完粮，而其款项又系上告人直接受之各户之手，并非对于其兄一人所生契约上管有之关系，果将所有款项全行吞没，自应依各户被害法益定其侵占罪数。第一审认为只应对于其兄一人负契约上侵占之责，原审予以维持，均属错误。（十年上字第630号）

佣主令佣工赶车至某地运物，并令其子跟随。佣工于中途迫令佣主之子下车，赶车潜逃，应成立侵占罪。

【续】甲在乙家佣工，乙遣其赶车赴某处拉运木椿，并令子丙跟随。甲陡起不良，行至中途荒甸无人地方，以丙体弱，迫令下车，即赶车潜逃。是甲赶去之车，早已依契约归其管有之下，于管有之际起意赶逃，核其情形，显系侵占。原审仅因甲有迫令丙下车之事而于其早经完全管有一节全不注意，认系强盗，殊属违法。（十年非字第80号）

以出卖为侵占共有物之方法者，虽出卖时伪造证物、捏称己有，亦于侵占外，不成诈财罪。

【续】上诉人因轮种族中共有地亩，实施侵占，出卖与人时，伪造分关册，提出为证。

查侵占行为，以出卖时为成立。其目的既在处分共有之物，对于买主，自无所谓诈欺取财。虽伪造分关，捏称己有，而既托为有权处分，捏造证物以为证明，尤系以出卖为侵占手段者之当然行为，殊难于侵占以外，论以诈欺取财之罪。（十一年上字第224号）

第三百九十二条

栈主侵占寄存之货，即系侵占业务上管有之物。

【正】被告人开设货栈，擅将某号所存胡麻三百三十七包卖与他人，实系侵占业务上之管有物。（三年上字第169号）

站长侵吞运费，成立侵占公务上管有物罪。

【正】被告人系京汉铁路某站站长，侵吞运费洋二千三百余元。核其犯罪事实，乃于其所管有之公款任意侵蚀，并非背其职务而损害国家公署之财产。（四年上字第36号）

事后还赃，与侵占罪成立无关。

【正】被告人身为银行管库司事，竟擅自挪用库中巨款，其行为已足构成侵占业务上管有物之罪。乃上告状竟以"业经筹还库款若干，其不敷之数，并自认赔偿"等词，冀免罪责，不知赔偿损害系属民事上问题，断不得以事后筹还，即可置侵占行为于不问。（四年上字第706号）

将所持他人财物暗中抽换者，成侵占罪。

【正】查诈欺取财罪之成立，除图为自己或第三人所有［施］以欺罔、恐喝外，以使人将所有物交付于己为必要条件。本案被告人系某号外柜学徒，经收入款军票千元，系暗行抽换，并未使人将所有军票交付于己，于诈欺取财罪之构成要件显有欠缺。按其所犯，实为《刑律》第三百九十二条之侵占业务上管有物罪。（四年上字第801号）

承发吏将诉讼人存案之款经领后，携之潜逃，系公务上侵占。

【正】承发吏将诉讼人存案之款经领后，不行交付，携之潜逃，应构成《刑律》第三百九十二条之罪。（五年上字第1号）

合伙营业股东，经理账目，将存款不列入册，私自入己，又浮开岁修工料，系业务上侵占。

【正】合伙营业之股东，经理账目，将存余之款不列入册，竟行入己；又任意浮冒开支、岁修、工料，依《刑律》第三百九十二条侵占业务上管有物科罪，并无不合。（五年上字第14号）

经租公司收租人吞蚀租款，系业务上侵占。

【正】在经租公司经收房租，将所收款项私自吞没，系犯《刑律》第三百九十二条之业务上侵占罪。（五年上字第72号）

收发员承解公款，在途卷逃，系公务上侵占。

【正】收发员承解公款，在途卷逃，构成《刑律》公务上侵占罪。（五年上字第

93 号）

船户承装大豆，将该船故意凿孔，诡称豆石沉没，实则私吞，系业务上侵占。

【正】船户承装大豆，故将该船尖、舱桅、舱梢后等处底板，用斧凿孔，诡称豆石沉没，实则悉行吞蚀，应构成《刑律》第三百九十二条业务上之侵占罪。（五年上字第102 号）

监狱看守于犯人家属送交钱文，恣行吞没，系公务上侵占。

【正】监狱看守将经管犯人家属送交钱财，恣行吞没，实犯《刑律》第三百九十二条公务上之侵占罪。（五年上字第 113 号）

管狱员尅扣囚粮卖钱入己，系公务上侵占。

【正】管狱员尅扣囚粮，卖钱入己，应依侵占公务上管有物科断。（五年上字第163 号）

邮局司事挪移售票及汇兑之款，系侵占公务上管有物。

【正】邮局司事挪移售票及汇兑之款，即构成侵占公务上管有物之罪。（五年上字第225 号）

县知事将满营口粮、马粮折价，盈余入己，系公务上侵占。

【正】县知事经手满营口粮、马粮，不将折价盈余涓滴归公，竟敢私为入己，即系侵占公务上管有物。（五年上字第 401 号）

掌管县署支应之员侵蚀公款，系公务上侵占。

【正】县署支应员掌管该署一切公款出入账目。知事交卸之际，发见其侵蚀公款，应依《刑律》第三百九十二条处断。（五年上字第 685 号）

铺伙将经手货钱入己者，成业务上侵占罪。

【正】粮店店伙专司杂粮贸易，于领到购粮资本后，私留一部购买鸦片烟土；经店主查悉后，计图脱身，复将经手储存之粮售钱入己者，为收藏鸦片烟及业务上侵占之俱发罪，应从二十三条处断。（六年上字第 141 号）

成衣店主将人交嘱缝造之衣服典当得钱花用者，为业务上侵占。

【正】成衣店主将人交嘱缝造之衣服，一概典当，并将当票押钱花用者，为业务上侵占罪。（六年上字第 159 号）

染坊内工头将所经管之布疋任意处分并赠与他人者，为业务上侵占。

【正】染坊内之工头将所经管之布疋任意处分并赠与他人者，为业务上侵占罪。（六年上字第 290 号）

银行管库侵占库款者，为业务上侵占罪。

【正】在银行内代理管库事务，将库内银物取出花用者，为业务上侵占罪。（六年上字第 298 号）

客栈栈主将住客交与保管之银元携逃，为业务上侵占。

【正】开设客栈，将住客交与保管之银元携带逃走者，为业务上侵占罪。（六年上字第 629 号）

警所巡长将经收之捐款侵占入己者，成公务上侵占罪。

【正】警所巡长将经收之捐款侵占入己，并挟总务股员调查之嫌，捏称已交付该股员收讫，捏诉其容心侵吞者，成公务上侵占罪与诬告罪，应依第二十三条处断。（六年上字第 712 号）

公司股东兼充副经理将公司款项携逃者，为业务上侵占。

【正】公司股东兼充副经理因公司欠人款项，由公司司帐手取出银票若干，持还欠项，即行携款逃走者，成业务上侵占之罪。（六年上字第 782 号）

存货行主将他人存货据为己有，系业务上侵占。

【正】存货行主将他人所存之货据为己有，复将发批流水账抽换页数，为虚伪之记载者，依《刑律》第三百九十二条、第二百四十四条、第二十六条处断。（六年上字第 992 号）

保证于他人解到烟犯后，将烟土交人变卖将烟犯纵逃者，系公务上侵占。

【正】保证于他人解到烟犯后，即将原解之烟土交人变卖，而将烟犯纵逃者，应成《刑律》第一百七十二条、第二百六十六条及第三百九十二条之罪，依第二十六条处断。（六年上字第 93 号）

凡经有权者之委托并得该管长官之默许而代理之者，则侵占所管有之物，应以侵占公务上管有物论。

【正】被告人向在铜元局充当会计。该局收支员因病请假，收支事务曾由被告人代理，固为被告人所不争。即据所称代理情形，亦系有权者之委托，并得该管局长默许，仍应负代理之责。该被告人于此代理期内侵占局款，自系触犯《刑律》第三百九十二条之罪。（七年上字第 118 号）

邮务生侵占邮局汇票、银票，一方系侵害国家法益，一方又侵害发信人及受信人之法益。

【正】查连续犯系对同一之法益用同一之方法继续、屡次行之。其犯意为单一，故以一罪论。犯罪行为所侵害之法益，有时一方为侵害国家公共之法益，一方又侵害私人法益，不能因其可以认为侵害国家法益之故，遂一概认为并非侵害私人法益。本案被告人身为邮务生，有管理汇票、信件之责，其迭次侵占多人汇票、银票，于其逐件开拆、分别侵占各人财物论之，固不仅侵害邮政局所管有之法益，且又有侵害发信人及受信人法益之认识。原审以管理权属于邮政局，遂谓发信人及受信人为非被害之法益，并认为连续犯，殊属错误。（七年上字第 224 号）

已将管有之物据为己有，虽事后复行交出，仍应成立犯罪。

【正】 查被告人具文将搜获烟土送案已在被诉之后，显系事后弥缝，而未经被诉以前，既已据为己有，则侵占之责自属无可解免。（七年上字第340号）

意图侵占业务上管有物，教唆人伙劫强盗为侵占之方法。

【续】 上告人甲向在某号专任挑送银两事务；意图侵占，教唆乙等实施伙劫，自应依《刑律》第二十六条处断。（八年上字第235号）

不在业务之人，以结伙在途行劫之手段为帮助侵占之方法，应并引侵占罪条文处断。

【续】 上告人甲除触犯教唆结伙在途行劫罪外，既又触犯意图侵占业务上管有物一罪，则上告人乙等，虽不在业务之人，依《刑律》第三百九十二条末段，仍应依同律第三十三条第一项之例以共犯论。乃原判于乙等但认为成立结伙在途行劫一罪，而于帮助侵占一罪，置诸不顾。虽科刑本应依《刑律》第二十六条从一重处断，而罪量攸关，究嫌疏漏。（八年上字第235号）

经理慈善团体之收支，虽系经县署委充，尚不得为公务。

【续】 育婴公所之经董虽由县知事委充，每岁收支须报县，然究系慈善团体，其所有事务不能遽认为公务。第一审处以侵占公务上管有物之罪刑，原审不予纠正，殊属非是。（九年上字第995号）

邮差侵占邮送物件，以寄件人数定罪数。

【续】 在邮局挂号房办公兼送邮件，乃将所送之狐皮包裹并信函内所装之银票、邮票、公债票于未交收受人领受前一一侵吞入己。查核寄件者为数有九，则依被害法益计算，其应成立九个侵占公务上管有物罪，至为明了。（九年非字第89号）

商店虽经歇业，经理人之经理责任如未合法解除，其清理债务仍系业务行为。

【续】 原判认定上告人为犯《刑律》第三百九十一条第一项之侵占罪，系以店栈已经歇业，上告人并未支薪，遂推定上告人与该店栈之东伙关系业经脱离，而谓上告人清理债务之责任，系本于确定裁判中之命令，并非业务之继续。不知上告人身充店栈经理，原有清理债务之责；其清理债务是否为业务上之行为，固应视上告人是否经解除经理关系为断。而经理关系之解除，须俟商业主人有明白之表示，与商店之歇业及支薪与否无关。原审并未查明店栈之主人于商店闭歇后有无将上告人明白解任，徒因民事判决中有令上告人清理债务之举，遂谓上告人管有该店栈之银款，非业务范围内之行为，尚嫌无据。（十年上字第274号）

布店经手串人伪为买布，以遂其销卖分用之计，成侵占业务上管有物罪。

【续】 布店经手串人伪为买布，即由其卖与，以遂其销卖分用之计，显犯《刑律》第三百九十二条侵占业务上管有物罪。其共犯，亦应依该条后段处断。原判论为共犯《刑律》第三百八十三之罪，系引律错误。（十年上字第428号）

商号经理私挪号款，自作买卖，为业务上侵占。

【续】 分号经理于该号经营范围以外，私自挪用号款，作买卖老头票生意，以致亏负

款项，应成立侵占业务上管有物罪。（十年上字第997号）

被雇在英租界工部局内收捐，由赦前至赦后逐日侵占其款者，应仅就赦后侵占行为，论为连续侵占业务上管有物罪 。

【补】被雇在英租界工部局内收捐，由赦前至赦后，逐日侵占其捐款者，应仅就赦后侵占行为，论为连续侵占业务上管有物罪，而将赦前侵占部分免诉，不得合前后行为视为单纯犯一侵占公务上管有物罪。（十五年上字第493号）

第三百九十三条

属于他人物权而离其管有之财物之范围。

【正】查《刑律》第三百九十三条所称"属于他人物权而离其管有之财物"，系指偶然脱离占有者之占有等物件而言。除同条例示之遗失物、漂流物外，凡埋藏物、遗弃之盗赃、逸走之家畜及误行占有等物虽均包括在内，而与第三百九十一条所称"管有物"之性质不同。（五年上字第426号）

擅取离去管有之他人财物变卖，应依《刑律》第三百九十三条处断。

【正】被告人业经供认"于海洋中，见有遇风之船无人看管，因捞该船布疋变卖"属实。原审认为触犯《刑律》，固无不合，惟查窃盗罪之成立，以所窃之财物在人管有范围内为要件；若已离去管有，则犯罪者虽明知系属何人所有而取得，仍为《刑律》第三百九十三条之侵占罪，不得谓系窃盗。本院统字第752号解释，因原函所举之例明谓"犯罪者实施犯罪行为时，管有者尚未离去所管有之物，故认为成立窃盗"。与本案情形迥不相符。原判引用该号解释谓系窃盗，殊属误会。（七年上字第579号）

侵占贼遗、盗赃，构成侵占属于他人物权而离其管有财物之罪。

【续】甲长在山穴内拾得他人所劫之汇款，既属所遗盗赃，非依法令、契约或照料他人事务而占有之他人财物。核其行为，自系成立《刑律》第三百九十三条第一项后半之罪。原判乃因甲长身系失主之媳又属追盗之一人，对于拾得之银洋谓为"依法应尽保管之责"，遂以事后隐匿为构成第三百九十一条第一项之罪，显系错误。（九年非字第88号）

第三十五章　赃物罪

第三百九十七条

无知情故犯之据，尚不能成立受寄赃物罪。

【正】被告人当日受寄之箱固系赃物，然未承认知为赃物故予收受，即于《刑律》第十三条第一项规定犯罪应有故意之要件不合，遽依《刑律》第三百九十七条第二项处罪，实属未合。（五年上字第129号）

受寄赃物之罪数，不以托寄之人数定之，须视托寄者是否为同案行劫之赃物。

【正】因强盗二人同案强盗后，先后将所分赃物持来押钱，均经典受者。其受寄者乃该盗犯二人共同行劫之赃物，并非于某劫案外有另案受寄其他赃物之行为，自应以一罪论；不能以其所受寄者为两人之赃物，即论为二罪。（六年上字第684号）

受雇得钱搬运赃物者，为因而获利。

【正】受雇得钱为人搬运窃盗所得之物者，为搬运赃物因而获利。（六年上字第1003号）

强盗事前并未同意，仅止事后受赃者，不成强盗罪。

【正】强盗事前同谋、事后分得赃物者，皆为共同正犯。若事前于他人共商强盗时，用言拦阻，临时又未实施，仅事后分得赃物者，则不能以强盗共犯论。（六年非字第57号）

于他人侵占之际帮同搬运者，为侵占之准正犯，非独立之赃物罪。

【正】他人将所租佃另人之器物搬运他处藏匿者，本系侵占行为。而帮同搬运者，显系于他人实施犯罪之际从中帮助，不得认为独立之赃物罪。（六年上非字第122号）

多次受一人赠与赃物者，为连续犯。

【正】前后受人赠与赃物三次，既系一人所赠与，自系受赃之连续犯，不为常业。（六年非字第135号）

受赠他人将赃物变钱所购之物者，不得以受赠赃物论。

【正】受赠窃盗将赃物变钱所购之鞋袜，并未受赠赃物，自难成立《刑律》第三百九十七条之罪。（七年非字第115号）

因搬运赃物而受赠，原赃尚未变价者，不得谓为得利。

【续】搬运赃物受人赠与，而其所受赠者又系原赃且未变卖得利，自无获利之可言，应适用《刑律》第三百九十七条第一项、第二项及第二十六条处断。（九年上字第274号）

将他人因犯窃盗、强盗、诈欺或侵占等所得之物搬运，始成搬运赃物。

【续】同一不法得来之物，如系以窃盗、强盗、诈财或侵占等行为得来，应成立窃盗、强盗、诈取或侵占等罪，不另成立赃物罪；必系他人以窃盗、强盗、诈取或侵占等行为得来之物，知情搬运，方成立搬运赃物罪。（九年上字第731号）

以他人不动产担保债权，其相对人不成故买赃物罪；又未得有支配实力，亦不成受寄罪。

【续】查不动产之窃盗罪，固以犯人就不动产以自己或第三人所有之意思行使所有人之权利为已足。其知情买受该不动产者，仅于双方正式立据，于形式上即可生所有权移转之效力，而成立故买赃物之罪。若犯人只以之供债权担保之用而未移转其物之占有，则其相对人既非基于买卖契约而可主张所有权，其不成立买赃之罪，已无待烦言；而对于该不动产又未得有支配之实力，亦不能律以受寄赃物之罪。即使知情受押，不无恶意，亦仅足

为法律行为无效之原因。（十年上字第500号）

计算买赃获利价额，如有共犯，以所得价额全部为准。

【续】故买赃物获利之共犯，其计算价额，自应以各共犯间所得价额之全部为标准。乃仅就上告人某一部计算所见，亦有未合。（十年上字第507号）

第三十六章　毁弃损坏罪

第四百零五条

损坏建筑物之附属物，不能以损坏建筑物论。

【正】损坏建筑物罪，须损坏建筑物之要部，足致建筑物失其效用，罪乃成立。若仅损坏附属物，则属损坏物件罪之范围，不能律以损坏建筑物罪。（十年上字第470号）

围墙不能认为建筑物。

【正】按《刑律》第四百零五条所列“建筑物”之意义，自以定著于土地上一切之设备而人得以居住者为限。上告人所拆毁之围墙（即照壁），与公司建筑物之房屋，中间隔有侨商街，自属各别之部分。故该围墙并不能目为《刑律》上之建筑物，自无疑义。（三年上字第510号）

将盗赃住屋拆毁，仍难免于罪责。

【正】查国家制定法律，特设司法官厅正为保护人民权利。甲如果曾犯窃盗，被告人等当日固可诉诸司法衙门请求惩办；且团保虽有缉拿盗匪之责，而无惩治盗匪之权，于甲本不得有所处分。况无论新旧《刑律》，窃盗罪均无抄没家产之规定。是甲之房屋纵经团抄没，而其所有权在律实未丧失。被告人等乃复擅行拆毁，侵害其权利，非犯罪而何？（四年上字第52号）

《刑律》上建筑物之定义。

【正】查墙垣虽为建筑物中重要之部分，但刑法上所称为建筑物者，系指上有屋面、周有门壁，适于人之起居、出入，且附着于土地之工作物而言。若营造伊始，仅有墙垣并无屋面，且不适于人之起居出入，即与上开条件不合，尚不得谓为建筑物。（四年上字第529号）

灰窨非建筑物。

【正】灰窨非建筑物。（五年上字第168号）

砍损门扇，不为损坏建筑物罪。

【正】查《刑律》第四百零五条之损坏建筑物罪，以损坏建筑物要部，足致建筑物失其效用者，乃能成立。若仅损坏其附属物，则属《刑律》第四百零六条第一款之损坏罪。此迭经本院着为先例者也。本案被告人系砍损人门扇，乃损坏房屋之附属物。原判依《刑律》第四百零六条第一款处断，并无不合。（五年上字第878号）

将房屋拆卸后焚毁，有方法、结果之关系。

【正】将房屋拆下后，复行焚毁，是犯《刑律》第四百零五条及第一百八十八条第一项之罪。惟系以犯一罪之方法而生他罪，依第二十六条处断。（五年上字第958号）

围墙非建筑物。

【正】被告人以某庵新砌墙壁于自己出入有所不利，因与住持僧为难，即将新砌墙壁毁坏。该墙壁似系专筑以为拦阻出入之用，核与《刑律》第四百零五条所称建筑物之性质，其种类不同。（七年上字第12号）

损坏建筑物并致丧失其效用，始成立损坏建筑物之罪。

【正】被告人将他人建筑物锯断一柱，并将椽瓦拆去，是确有损坏之行为，并已达于丧失效用之程度。第一审依《刑律》第四百零五条第一项处断，尚无违法。（七年上字第553号）

墙未竣工，非建筑物。

【续】拆毁未竣工之墙，尚非《刑律》第四百零五条之犯罪（参照本院统字第890号解释文）。原判维持第一审判决依该条处断，殊属错误。（九年上字第189号）

损坏建筑物，须损坏其要部并达于丧失效用程度。又同时并损坏他物，应分别有无方法、结果关系，定其应否从一重论。

【续】查损坏他人所有建筑物之罪，以毁损建筑物之要部，致建筑物失其效用为构成犯罪之条件。本案上告人等捣毁被害人家房屋，据保卫团分局呈单谓“房屋二层凭香火楼梁以上，直至瓦片，概未动着。仅砍坏柱头八根，屋内二层四围板壁打坏”。原县勘单亦称“砍坏屋柱八根、壁板门共十一块”等语。屋柱八根虽可认为建筑物之要部，亦非调查明晰，不能定断。又查勘单所载及原审认定事实，上告人等于房屋外并将其器具打坏。则其打坏器具与毁坏建筑物有无方法或结果之关系，应否依《刑律》第二十六条处断，亦有鞫研之必要。（十年所载第198号）

茅屋，亦为建筑物。

【续】茅屋为被害人等居住之所，要不能以勘验时并未见有木柱、砖石即断为非建筑物。原判依《刑律》第四百零六条第一项处断，实体法上之见解，尚有未合。（十年上字第1046号）

第四百零六条

牌匾，非建筑物之一部。

【正】查牌匾虽附属于税局之中，究非建筑物之一部。则此项物品，应属于第四百零六条第一款之范围。（四年上字第268号）

误信自己有处分权而加以损坏者，不成犯罪。

【正】被告人按契管业，确信他人茔外之空椁屋基等系自己因买卖契约所取得之物，遂即加以处分，即有损毁，亦不能谓为有犯罪之故意。按之《刑律》第十三条第一项前半

［段］，不能加以罪责。（四年上字第548号）

平除水堤，应构成毁损罪。

【正】平除纸铺筑成水道之水堤，当然构成毁损罪。（七年上字第894号）

坏毁坟穴，为损坏建筑物等以外之所有物。

【续】因甲、乙等将其母棺迁葬新坟，有碍祖坟龙脉，伙同多人前往阻葬，殴伤甲、乙并将坟穴毁坏。是伤害与损坏均为妨害葬礼之结果，应分别依《刑律》第二十六条、第二十七条从一重处断。原判认为妨害他人行使权利，殊属错误。（十年上字第323号）

拔毁承发吏执行时所竖立之界石，应以损坏他人所有物论。

【续】被告所拔毁之界石虽系承发吏执行时竖立之物，而依其性质，乃将永以为地界之标示，与暂时停止人对物之支配关系所施之查封不同。该界石既系山场所有人为保持山场请经扦立之物，自系他人所有物。被告实施损坏，又经已告诉，应即论以损坏他人所有物罪。（十二年上字第639号）

暂行刑律补充条例

第四条

强奸不遂，即将欲奸之人杀死者，为强奸杀人。

【正】强奸不遂，即将所欲奸之人杀死者，在《刑律补充条例》施行以前，固应论以强奸及杀人之俱发罪，而于审理中，《刑律补充条例》施行，自应论以强奸杀人之罪。（六年上字第7号）

第六条

妇女犯奸而非素习淫行者，不得谓非良家妇女。

【正】查《刑律补充条例》第六条第二项之告诉权虽有制限，惟本案告诉人当日且不知其女为被告人诱逃，更何从知其与被告人和奸情事？是与该项所指事前纵容之制限不符。又告诉人之女前纵与人有奸，然非素习淫行，不能谓非良家妇女。（五年上字第230号）

与二人先后相奸者，成二罪。

【正】女尼先后与两人通奸，应成二个相奸之罪。（六年上字第548号）

孀妇之姑于孀妇之奸情，知而畏不敢较者，不为纵容。

【正】孀妇之姑知孀妇与人相奸之情，畏惧不敢如何者，仍得为和奸罪之告诉。（六年上字第111号）

妾于所生或所抚育外之其他子女，非尊亲属。

【续】查《刑律补充条例》第六条之无夫奸罪，依该条第二项，其告诉权专属于妇女之尊亲属。为人妾者，除对于所生子女及虽非所生而由其抚育者应认为尊亲属外，对于夫之其他子女并无尊亲属之资格，自无此项告诉权。（九年上字第86号）

在人未嫁前和奸与既嫁后和奸，应论二罪。

【续】在相奸人未嫁前之和奸行为与既嫁后之和奸行为所侵害之法益既有不同，自应成立二罪。（九年上字第127号）

父母均有亲告权，父先于母行使。

【续】告诉权专属于妇女尊亲属之亲告罪，如行亲权之父在，除有不能告诉之情形外，应由其父行使告诉权；若行亲权之父不为告诉，而其母违反其意思所为之告诉，即不能认为适法。（十年上字第139号）

第七条

告诉无效之和奸，不适用《刑律补充条例》“虽无告诉，亦应论罪之规定”。

【正】查《刑律》第二百九十四条第二项后段之规定，其立法本意，凡和奸一罪，本夫既事前纵容，法律即不加以制裁；虽经本夫告诉，亦属无效。为法律上之一种放任行为而不成立犯罪。至《刑律补充条例》第七条之解释，凡因奸而酿成他罪者，不过其诉追权归之于国家；虽无本夫告诉，亦应论罪。而刑律上不成立犯罪之行为，当然仍不能加以罪刑。故《刑律》第二百九十四条第二项后段之情形，自不能适用《刑律补充条例》第七条之规定，其理至为明显。（四年上字第625号）

他人对于犯奸者有加害行为，不能谓为因奸酿成他罪。

【正】查《刑律补充条例》第七条后半段规定，“无告诉权者之告诉，仍应论罪”，系以犯奸罪之人因奸酿成其他犯罪时为限。若犯奸者以外之人对于该犯奸者有加害行为而成犯罪，自不在本条规定范围之内，不得依据本条，不待告诉，遽科犯奸者以和奸罪。（四年上字第966号）

《刑律补充条例》第七条之解释应以奸夫、奸妇为限，不能以他人犯罪远因，由于奸通，一律认为因奸酿成他罪。

【正】查《刑律补充条例》第七条有“因奸酿成他罪，虽未经告诉，亦应论罪”之特别规定。然其犯罪主体，解释上应以奸夫、奸妇为限，始与立法本旨相合。不能以他人犯罪远因，由于奸通，一律认为因奸酿成他罪。（五年非字第52号）

他罪，不以犯奸者之双方皆犯为限。

【正】《刑律补充条例》第七条本包括犯奸者之双方而言，即或另犯他罪者仅止一方，而他之一方因其奸罪系必然的共犯，在法律亦应同予处置。（六年上字第118号）

犯他罪之起因与奸罪有相当之关系者，均为因奸酿成。

【正】《刑律补充条例》所谓“因奸酿成他罪”者，凡他罪之起因与奸罪有相当之关系者，均已包括之。故奸妇恋奸情切，仇视本夫，寻得毒物随身携带，复因本夫斥骂懒惰并骂为贼女，即将本夫毒杀身死者，其谋杀之心蓄之已久，本夫之斥骂不过促其进行之一种事实，而杀人之主要原因实在于奸，已属灼然。（六年非字第136号）

奸夫、奸妇如有一方因奸酿成其他犯罪，虽其人旋即身死，未判罪刑，其他一方仍不待告诉论罪。

【续】甲与乙之妻丙通奸，丙恋奸情切，遂于夜间乘乙醉时，搭伤其咽喉及肾囊以致毙命。翌晨，丁等疑其不类自缢，赴县告诉。丙在看守所亡故。该县除将丙之公诉驳回外，传甲到案训办。原审依《刑律》第二百八十九条、《刑律补充条例》第七条判处甲之罪刑，并无错误。（八年上字第646号）

因奸酿成其他犯罪，乃指其他犯罪行为与和奸行为具有相当之因果关系者而言。

【续】查《刑律补充条例》第七条所谓“因奸酿成其他犯罪”，自指其他犯罪行为与和奸行为具有相当之因果关系者言之。本案被告人甲与被告人乙相奸及乙和奸各一罪，未经本夫告诉，依法即缺诉追条件。虽甲另与丙相奸，并因恋奸情热共同将本夫丁毒杀，与上列条文之规定相符，然乙与甲和奸及甲与之相奸行为与甲、丙等之杀人行为，不能认为有相当之因果关系，自未便依上列条文论其奸罪。（八年非字第 4 号）

因奸酿成他罪之结果，致有告诉权人不能告诉时，始不待告诉论奸罪。

【续】查《刑律补充条例》第七条，本院已变更解释，限于奸夫、奸妇双方或一方因奸犯他罪之结果，致有告诉权之本夫或尊亲属死亡，或虽未死亡而不能行使其告诉权者，方得引用该条论其奸罪。若有告诉权者并不告诉或明示舍弃告诉权，或被害者并非本夫或尊亲属时，则其奸罪仍应不论。（九年上字第 484 号）

第九条

因与子不睦，将养媳强卖，虽得财礼，不能指为营利。

【正】查被害人既系被告人养媳，则被告人自有扶养保护之义务，乃竟行强卖，当然构成强卖罪。惟被告人强卖被害人实因与伊子不睦，则当日虽得财礼二十四元，仍难指系营利行为。原判依《刑律》第三百五十一条处断，引律未免错误。（五年上字第 336 号）

以营利为目的，用相当代价于人身上得有支配权，即成收受被和卖人之罪，虽托名借约，不能变更和卖之性质。

【正】卖受妇女为娼，既经其夫立有休书，复经其母立有借约，本不生和诱问题。惟其以营利为目的，用相当之代价于人身上得有支配权，亦应构成收受被和卖人之罪。虽借约系以十年为期，此种附条件之契约，不能变更和卖之罪质。（五年上字第 528 号）

因贫卖妻者，为单纯之和卖罪。

【正】因贫病交迫，将妻托人卖与他人为妻者，应成和卖罪，不能认为营利和诱。（六年上字第 208 号）

由他人手买，取其侄女或妾，转卖得利者，仍为营利诱拐。

【正】由他人手买取其侄女转卖得钱及由他人手买取其妾转卖得钱，在他人，固应成立强卖、和卖之罪，而买者乃意图营利，以转卖为目的。因有卖之目的而为买之行为，其买之行为即系诱之方法。实施犯罪之际虽已得监督权者之承诺，仍不得谓为非诱，故仍应论以营利诱拐之罪。（六年上字第 781 号）

以慈善养育为目的。

【正】价买妇女为妻或弟妻或为义女者，均系以慈善养育为目的，自不构成犯罪。（六年非字第 15 号）

价买人口者，不为罪；承受夫产之妻，强卖为故夫守志之妾，应成立强卖被养育人罪。

【续】上告人所卖之人，本系其故夫之妾。以家族关系言之，上告人既于夫死以后承受夫之财产，则对于为其故夫守志之妾当然有扶养之义务，若果强卖属实，应即成立《刑

律补充条例》第九条强卖被养育人之罪，不得认为略诱。（九年上字第464号）

和卖、强卖与和诱、略诱罪质迥异。

【续】《刑律补充条例》第九条，系于《刑律》以外补充之规定。所谓强卖、和卖，与《刑律》第三十三章所谓略诱、和诱罪质迥有不同。不过，因情节相当，而于科刑时规定为依例处断而已。上告人于某人价卖其妻时，为之找主、写字、讲价、过钱。所参预者，全系和卖之事，自不能因《刑律补充条例》第九条有“依例处断”之规定，谓和卖即为和诱行为，处以和诱罪刑。（九年上字第613号）

凭书虽称过继作女，然为价卖之变相者，仍成立和卖被养育人罪。

【续】原立凭书虽以过继作女为名，然明载有“财礼洋一百二十元及死走、逃亡不与徐姓相干”字样，显为价卖之变相。原判认为和卖被养育人，依《刑律补充条例》第九条第一项、《刑律》第三百四十九条第三项、第一项处断，尚无不合。（九年上字第1057号）

于受寄养之人，有养育义务。

【续】被害人由某人寄养于被告人家内，则被告人对于被害人显依契约担负养育之义务。乃竟将之捆押妓馆为娼，收得身价。又因曾将被害人卖人为婢，以不克立字作罢，旋即有捆押之举。则其捆押行为，即系买卖行为，亦属明瞭。据诉讼记录，被害人年仅十四岁。是被告人之构成强卖被养育人罪，已无疑义。（九年非字第70号）

强卖孀嫂，应成立强卖罪。

【续】被卖人既系上告人之孀嫂，同居且未分产，法律上负有扶养保护之义务。基于身份关系，其强卖得财，自应成立《刑律补充条例》第九条第一项之犯罪，不得认为略诱。（十年上字第1017号）

母于出嫁之女归宁时，将女出卖者，成强卖、和卖罪。

【续】上诉人在侦查及第一审亦供认，“被害人之母某氏托带被害人同到妓馆，由被害人交给银元”等情不讳。若因使用银元而受身体上之拘束，则此种以人身作押而得有代价之行为能否认为买卖之变相，自不无审究之余地。某氏乃被害人之母，于其归宁时，既有保护之义务，如果串同上诉人将其价卖，则上诉人之帮助行为，依《刑律》第三十三条第一项，即应成立《刑律补充条例》第九条第一项之罪。（十年上字第1343号）

强卖罪之既遂时期。

【续】强卖罪，以移置所卖人于他人实力支配之下为既遂时期。若仅成立买卖契约，而未将所卖人移置，尚不能谓为既遂。（十二年上字第138号）

买受人妻前既有议价、立约情形，显系预谋收藏被卖人。

【补】买受人妻于收藏前，既有议价、立约等情形，显系预谋收藏被卖人。（十五年上字第879号）

犯《刑律补充条例》第九条之罪，虽非强卖、和卖人，而有意图营利情形，亦应褫夺公权。

【补】犯《刑律补充条例》第九条之罪，虽非强卖、和卖人，而有意图营利之情形，亦应褫夺公权。（十五年上字第 879 号）

第十条

扁担等类，非凶器。

【续】查《刑律补充条例》第十条所谓“凶器”，系沿用旧《刑律·斗殴门》内之名词（参照统字 666 号解释），本有一定限界（参照旧《刑律·斗殴门》内“凶徒忿争例”）。上告人等所持之物仅系扁担等类，自不得谓为该条所指之凶器。（九年上字第 650 号）

第十二条

家长于妾，得准用亲告权。

【正】查《刑律补充条例》第十二条，“妾，准用《刑律》第八十二条关于妻之规定”。则家长之于妾，犹之夫之于妻。夫对于妻所有之亲告权，家长当然亦可准用。本案被害人于伊妾被诱后，以家长名义行使诉权，于法本无不合。乃原审认为欠缺诉追条件，辄将公诉驳回，于立法本意未免，有所误会。（六年上字第 361 号）

惩治盗匪法

第二条

犯《刑律》第三百七十三条之罪者，如应处徒刑，仍应依《刑律》处断，毋庸援用《惩治盗匪法》。

【正】查《刑律》第三百七十三条之罪，《惩治盗匪法》第二条虽设有特别规定，然该条仅规定“得处死刑”，不过扩张刑律之范围，增入死刑之一项。如遇情节稍轻，应处徒刑者，可迳依《刑律》科处，毋庸更依《惩治盗匪法》减轻。（七年非字第92号）

第三条

强盗把风，于入室搜赃者之伤害人行为，亦负实施之责。

【正】强盗在房上瞭望把风，伙犯入室搜赃，伤害二人。把风者，亦负共同实施之责。（六年上字第200号）

探悉某人携款经过某处，告由另人抢劫得赃，事后分得赃物者，为强盗正犯。

【正】探悉某人将于某日携带银款由某处经过，即告知另人，由另人纠伙在途等候拦抢得赃。此种眼线情形，已达于事前同谋之程度。如果事后分得赃物，即系强盗正犯。（六年上字第985号）

抢劫湖内之航船者，成《刑律》第三百七十四条之罪。

【正】听纠抢劫湖内之航船者，成《刑律》第三百七十四条之罪。（六年上字第1051号）

听纠行劫，在外接赃，于入内伙犯伤人行为当然负责。

【正】听纠行劫，在村外接赃，而伙犯入内强盗，竟因拒捕，于伤害人外演出杀人之事实，则在外接赃者，事前既与同谋事，后又复分赃，对于伤害人之结果当然负责。惟于杀人之部分，则因强盗杀人之罪以故意为构成要件，如不知情，自不负责。（六年非字第54号）

事前同谋、事后得赃之强盗共犯，对于强暴行为当然发生之结果，亦应负共同罪责。

【正】查强盗伤人乃实施强盗所必要之强暴行为。当然发生之结果（与临时起意杀人者不同），被告人于共犯之结伙行劫事前既已同谋（并给路费，事后又分得赃物），则对于共犯等因强盗所生之伤人行为，不能谓无抽象之认识，即不能不负共同之责。（七年上字第201号）

强盗在一院内同时抢劫两家，应依其所知认定成立一罪或两罪。

【正】查本案被告人如果实施强盗、伤害二人属实，既据事主甲供称与乙同院居住，则其同时抢劫甲、乙两家财物，是否误认为一家，非经切实证明，究竟应论以强盗伤人之二罪，抑应依《刑律》第十三条第三项第一款之规定，论以强盗伤害二人之一罪，自属无凭断定。（七年上字第 810 号）

巡警逮捕嫌疑人后，见其携带银元，意图取得，即予枪毙者，为强盗故意杀人。

【正】巡警查获行路人携带手枪，即予逮捕；复见其带有银元，意图取得，即诬为匪人，押至一处枪毙者，为强盗故意杀人。（六年上字第 864 号）

窃盗脱免逮捕，当场杀人，亦为强盗故意杀人。

【正】窃盗为脱免逮捕，当场杀人者，亦为强盗故意杀人；并有弃尸灭迹之行为者，应从《刑律》第二十六条处断。（六年非字第 5 号）

合于《惩治盗匪法》第三条第五款之犯罪，不问法益多寡，只论一罪。

【正】查强窃盗罪之个数，依监督权计算。凡侵害一监督权，即为一法益；应依法益之数，照俱发罪处断。又依《刑律》第二十三条规定，俱发罪固应依限制并科主义，分别科刑后，定其执行刑。惟本案被告人系犯《惩治盗匪法》第三条第五款之罪；该条款即对于《刑律》第三百七十三条之俱发罪特别另定加重专刑，则合于该条款之俱发罪，不问行为与法益之多寡，均应以一罪论，不得再依侵害之法益，分别科刑。原判仅科被告人以一罪。尚无错误。（四年上字第 861 号）

《盗匪法》第三条第五款之罪，无适用《刑律》第三百七十三条之余地。

【正】原审既明认被告人等系犯《刑律》第三百七十三条之俱发罪，则按照《惩治盗匪法》第一条第一项规定，显应依据该法第三条第五款处断，即其情节较轻，亦仅得援据《刑律》第九条、第五十四条为之减等问拟。本案第一审并未适用该法，误依《刑律》处断；原审乃未为纠正，自属违法。（五年上字第 819 号）

依《惩治盗匪法》第三条处断之案，于褫夺公权，仍适用《刑律》第三百八十条。

【正】依《惩治盗匪法》第三条处断之案，仍依《刑律》第三百八十条褫夺公权。（六年上字第 456 号）

《刑律》第三百七十四条之规定，已因《治盗法》之颁行停止效力。

【正】《盗匪案件适用法律划一办法》第三条前段所称，“应依《刑律》减处徒刑”者，系指《刑律》第三百七十三条，即《惩治盗匪法》第二条之罪而言。至《刑律》第三百七十四条之刑罚，已因《惩治盗匪法》第三条第一款之规定停止其效力。（六年上字第 568 号）

结伙三人以上，乘人船舶航行时行劫，成在途行劫罪。

【续】被告人等结伙三人以上，乘人船舶正在航行之际而行劫，与侵入碇泊之船舰内行强者情形有别。核其所为，系犯《刑律》第三百七十四条第一款之罪。（八年上字第

364 号）

强取属于他人占有之自己所有物而伤害二人以上时，不在《刑律》第三百七十四条加重之列。

【续】《刑律》第三百七十四条第三款规定，“强盗伤人至二人以上”为第三百七十条强盗罪之加重条件，而第三百七十条之罪以强取他人所有物为要件。若强取属于他人占有之自己所有物，即属于第三百七十七条第三项之范围，不在第三百七十条之列。如因犯第三百七十七条第三项之罪，伤害二人以上时，是否仍为第三百七十四条之罪，虽无明文规定，然第三百七十七条既为强窃盗之减轻条文，第二项又另定加重条件，且该条配置于普通强窃盗及加重强窃盗之后，可知立法本意不认该条有强取与伤人之结合犯。遇有此种情形，应依该条与伤害罪各本条，分别依第二十三条、第二十六条处断，不在第三百七十四条加重之列。（八年上字第 453 号）

因人索价，起意将其人账簿烧毁并将之杀死者，为强盗杀人。

【续】上告人等果因被害人逼讨旧债、起意杀人并曾将其账簿烧毁，则其杀人之目的似不专在泄愤。究其烧毁债权者之证据，应否依《刑律》第三百七十二条第一项以强盗论，即是否成立强盗杀人之罪，原审未予注意，率认为单纯杀人，而于共犯某之烧毁账簿，即认为单纯放火罪。其适用法律，不能谓无研究余地。（九年上字第 430 号）

图取财物而故意杀人，无论取物在杀人前或后，均成强盗杀人罪。

【续】如果上告人于邀约被害人时，早有取得财物之意。则既因强取财物而故意杀人，无论取财在杀人前、后，均成立强盗杀人之罪。（九年上字第 473 号）

犯《刑律》第三百七十三条之俱发罪者，可合已确定之罪，论为特别法上之一罪。

【续】查上告人于本案第一审判决后，在监又犯强盗罪，并经判决确定。按上告人所犯本为《刑律》第三百七十三条之罪，其另犯之强盗一案既系伙同监犯多人抢劫寄监被告人五人所带银元，似亦为《刑律》第三百七十三条之罪，自应与本案强盗罪，依照本院统字第 1290 号解释文办理。（九年上字第 773 号）

强盗在盗所强奸妇女，系指强奸时已成为盗所而言。

【续】本院查《惩治盗匪法》第三条第一款所定，《刑律》第三百七十四条之犯罪内关于“在盗所强奸妇女”一节，系指强奸妇女之所，当强奸妇女时已成为盗所者而言。若强奸妇女时，尚无强盗之行为或意思，仅止实施强奸后，在奸所搜取财物，则应分别情形，论为强奸与强盗二罪俱发，不能概论为强盗在盗所强奸妇女。（九年上字第 776 号）

强盗、伤害二人，除一已致死外，其他一人虽属轻微伤害，仍应各科其刑。

【续】查《刑律》第三百七十四条第三款后段所称“强盗伤害至二人以上”者，系指二人以上均未致死或笃疾者而言。若致死或笃疾，应依该条款前段，以人格法益计算罪数。而强盗伤害人未致死及笃疾，《刑律》第三百七十三条第三款又别有明文规定。则本案被告人与伙犯等伙劫甲被害人，将其拒伤身死，并将乙殴致轻微伤，依上开说明，应成

立强盗伤害人致死及强盗伤害人两罪。原判核准第一审判决，仅论以强盗致人死一罪，显有未合。（九年非字第 39 号）

《惩治盗匪法》无未遂犯。未遂者，仍依《刑律》处断。

【续】查《惩治盗匪法》第二条至第四条，系就各既遂犯对于《刑律》为特别之规定。若未遂犯，既该法无论罪之明文，自应仍依《刑律》各本条处断。此依特别法无规定仍适用普通法之原则释之，可得当然之解决者也。（九年非字第 48 号）

将输与他人财物用强暴取回，仍无解于强盗罪责。

【续】被害人被被告搜去之银布等物，取得原因虽由于赌博，但既系被告于赌输后以自由之意思用以给付，乃又以强暴行为取还，自与《刑律》强盗罪强取他人所有物之要件相符。（十一年上字第 853 号）

第四条

掳人勒赎与共犯之成立时期。

【正】查掳人勒赎为结合犯之一种。故自掳捉之时以及取赎之日仍在本罪进行之中，凡参与其一部之行为者，概属共同犯罪。本案该被告人等于盗匪掳人之后，为之居间说项，勒取银二千余元。是于犯罪实施中，帮助正犯胁迫取财，应以准正犯论。（四年上字第 315 号）

匪徒利人钱财，平空掠夺人身而勒赎者，为掳人勒赎罪。

【正】查《惩治盗匪法》第四条第三款之掳人勒赎罪，指匪徒利人钱财，平空掠夺人身因而勒赎者而言。与两造素识，因怀挟嫌怨致有擅禁及得财调解者，性质自有区别。（七年上字第 434 号）

掳人勒赎虽未得财，仍应依《惩治盗匪法》处断，并应援用《刑律》第三百八十条褫夺公权。

【正】甲于匪徒乙等将被害人诱至家内关禁，持枪吓令写信回家备银取赎之际，在旁帮同看守。讵被害人家内未能寄银，而乙等因另案发觉，经捕房将甲拿获。原审依《惩治盗匪法》第四条第三款、《刑律》第二十九条第二项、第五十四条、第二十三条处断，尚无不合。惟未引用《刑律》第九条、第三百八十条，殊属疏漏。（七年上字第 722 号）

掳人勒赎为强盗之一种。强盗并掳人勒赎，仅成立一掳人勒赎罪。

【续】掳人勒赎本系强盗之一种手段。因《刑律》强盗罪所称“强取”，即以强暴、胁迫使人不能抗拒而交付财物者，亦在其内。掳人勒赎，乃系以强暴、胁迫使人不能抗拒而交付财物之一端，与强盗罪质并无不同。故《惩治盗匪法》第四条第三款掳人勒赎之规定，仍为《刑律》强盗罪之加重条文（参照本院统字第四百七十六号、第五百八十号及第一千零二十四号解释）。本案被告人抢获衣物之行为，应为掳人勒赎之行为所吸收。乃原判除依《惩治盗匪法》第四条第三款处断外，又依《惩治盗匪法》第二条处断，殊属错误。（八年非字第 44 号）

掳人勒赎应以人数计其罪数。

【续】掳人勒赎之罪，应以被掳人数计其个数。（九年上字第1086号）

《惩治盗匪法》第四条第一款为《刑律》第二百零三条及第二百零四条之特别法。

【续】查《刑律》第二百零三条、第二百零四条、《惩治盗匪法》第四条第一款均为关于制造、收藏爆裂物之规定，而《惩治盗匪法》本为《刑律》第二百零三条、第二百零四条之特别法。故《刑律》第二百零三条第一项之罪，须证明其意图为犯罪之用，且图犯之罪与公安无涉，以示其与《惩治盗匪法》第四条第一款及《刑律》第二百零四条各项之罪显有区别。（九年上字第1210号）

因匪徒探问可掳富户时，告以某家有钱，嗣后匪徒掳去某家数人。告者，亦应成立数罪。

【续】上告人于匪徒探查寨内可抬当户之时，既非指明特定之一人，而以“某家有钱可抬”之语相告，则对于某家之被掳多人，不能谓无概括之认识；正犯于其认识之范围内实施行为，所生结果之全部，上告人均应负责。原审认为构成俱发罪，尚无不合。（十一年上字第1139号）

第五条

依《惩治盗匪法》审实之案件，不许当事人上诉。

【正】查《惩治盗匪法》第五条规定，“凡犯该法之罪者，由该管审判衙门审实后，附具全案，报由各该上级官厅，转报司法部或巡按使核准执行”。是此项案件，断不许当事人声明上诉。（六年抗字第28号）

修正吗啡治罪法

第一条

以吗啡丸药作价还债，应成立贩卖吗啡罪。

【续】上告人以含有吗啡丸药作价抵还欠债，于丸药既有所取偿抵债，又无殊于得价，则其应成立贩卖吗啡之罪，自属无疑。（九年上字第 1163 号）

贩卖含有吗啡之药品以为代用者，为贩卖吗啡。

【续】查贩卖含有多量吗啡毒质之药品，足为吗啡之代用而能生吗啡之实害者，自应构成贩卖吗啡之罪。（十年上字第 100 号）

由外买得吗啡，意欲变卖而运回者，仍为运送。

【续】据被告人供称，"民担了棉花去那一个村中换了金丹，欲带回变卖"等语。则其犯罪事实已属证据确凿，毫无疑义。该被告人意图贩卖运送吗啡之所为，应依修正《吗啡治罪法》第一条处断。（十年上字第 315 号）

以金丹换粮食，其行为可为贩卖。

【续】以金丹换粮食，无论民法上应否认为买卖，而在刑法上，凡意图交付吗啡，获得可计算价额之利益者，其行为均得谓之为贩卖（参照本院统字第 955 号解释文）。（十年上字第 403 号）

代人收藏吗啡，系共同正犯，非帮助犯。

【续】被告于他人意图贩卖之吗啡代为收藏。既于收藏行为完全实施，自系共同正犯，不得论以帮助。（十二年上字第 110 号）

制造无吗啡之金丹，冒作真者出售，仅成立诈财罪。

【续】制造并无吗啡毒质之金丹而冒作真者出售，以图欺骗他人得财，应成立诈财之罪。（十二年上字第 649 号）

第五条

自己施打吗啡者，不得混称为施打吗啡。

【正】本案被告人既据供认"系自己施打吗啡"，自应成立《吗啡治罪法》第五条之罪。乃原判适用该法第四条处以拘役及罚金，引律实属错误。（七年上字第 144 号）

第十一条

官员在判决前业经免职者，毋庸再谕知并免现职。

【续】修正《吗啡治罪法》第十一条规定，“官员犯者，并免现职”，系指犯本条列举各罪之官员未经免职者而言。若在判决以前，已经免职，即无庸再为谕知。（十二年上字第453号）

私盐治罪法

第一条

渔票运盐逾额逾期，均应论私盐。

【正】查该被告人等所持渔票（系两广盐运使所发，载明运额及限期）限额六千斤，扣至民国三年十二月为限，逾期无效。该被告人等于翌年八月间，尚复积载余盐各多至万余斤、九千余斤不等，非特票已逾期，且逾票额至三四千斤之多。其为《私盐治罪法》第一条所规定之私盐，毫无疑义。（五年上字第341号）

第二条

帮售洋盐，成立贩卖私盐罪。

【正】被告人明知洋盐之为私盐，仍帮同出售，其为《私盐治罪法》第二条第一项第三款之正犯无疑。（四年上字第991号）

斤数多寡为科刑标准。连续犯者，合并斤数计算。

【续】《私盐治罪法》第二条关于斤数多寡，既仅系关于科刑标准之规定，凡连续犯私盐罪者，其盐斤总数，均得于认定犯罪后并合计算，以为科刑之根据。（十年上字第1587号）

禁革买卖人口条例

法禁买卖子女。

【正】查买卖子女，为法所禁，不能有效。（六年上字第6号）

主家之家长得为雇女择配。

【正】查《禁革买卖人口条例》民事部分继续有效。内载："嗣后，贫民子女不能存活者，准其议定年限，立据作为雇工。先给雇值多少，彼此面订。雇定之时，不问男女长幼，总以扣至本人二十五岁为限。其限满后，女子如母家无人、无亲族者，由主家为之择配"等语。是雇女限满择配，除知其母家有人或有亲族外，应由主家为之（《禁革买卖人口条例》第四条）。（七年上字第776号）

买良为娼及原系为娼复行转买为娼之契约，无效。

【续】以为娼为目的买受良家子女者，依现行律例，其买卖契约当然无效。即或原系为娼，复行转买为娼者，依继续有效之《禁革买卖人口条例》，其契约，亦不能认为有效（现行律《犯奸门》"买良为娼条例"，《禁革买卖人口条例》）。（九年上字第846号）

陆军刑事条例

第六条

陆军步兵上校，为陆军军人。

【正】陆军步兵上校并未退役而犯诈财之罪者，不属普通审判衙门管辖。如经起诉，应为驳回公诉之判决。（六年上字第116号）

第七条

军人犯罪，县知事如未兼有军法职，自无管辖权。

【正】军人犯罪，不在普通审判衙门管辖范围之内。县知事如未兼有军法职，自无管辖之权，应为驳回公诉之判决。（六年上字第40号）

第十二条

陆军军医长，为陆军军属。

【正】陆军混成旅委任之军医长，为陆军军属。有犯，不属普通法院管辖之范围，应驳回公诉。（六年非字第38号）

陆军文官及同等待遇之军属，以官制所定或基于法令之委任者为限。

【续】修正《陆军刑事条例》第十二条所称，“陆军文官及同等待遇之军属”，应以官制所规定或基于他法之委任者为限，并非漫无限制。凡受有陆军长官所委派，皆得认为此项军属。（十年抗字第6号）

海军审判条例

第二十四条

宪兵司令及警察总监均为司法警察官；对于海军军人有犯罪嫌疑者，捕获后即予看管，不能不谓为发觉。

【正】查宪兵司令及警察总监依增订《检察厅调度司法警察章程》第一条规定，均为司法警察官，有侦察犯罪之权。依《海军审判条例》第二十四条、第二十四条规定，于海军军人，亦有逮捕现行犯及闻告转交该管官之责。则经其侦，得被告人犯罪嫌疑，捕获后即予看管，自不能不谓为发觉（本号判例与本法二十五条互见）。（七年豫字第 1 号）

第二十五条

宪兵司令及警察总监均为司法警察官；对于海军军人有犯罪嫌疑者，捕获后即予看管，不能不谓为发觉。

【正】查宪兵司令及警察总监依增订《检察厅调度司法警察章程》第一条规定，均为司法警察官，有侦察犯罪之权。依《海军审判条例》第二十四条、第二十五条规定，于海军军人，亦有逮捕现行犯及闻告转交该管官之责。则经其侦得被告人犯罪嫌疑，捕获后即予看管，自不能不谓为发觉（本号判例与本法二十五条互见）。（七年豫字第 1 号）

治安警察法

第二十八条

违禁结社或加入，应依《治安警察法》处断。

【正】甲违禁结社，乙违禁加入，均系继续行为。既在民国三年三月三日《治安警察法》公布后方行发觉，其时，前清集会结社律已失效力，自应援据《治安警察法》处断。乃原判误引《集会结社律》科刑，自属违法。（四年非字第20号）

加入秘密结社，意图抢劫，实与《治安警察法》第二十八条之罪相当。

【正】该被告人加入秘密结社，以抢劫为目的，构成《治安警察法》第二十八条之罪。（五年上字第512号）

《治安警察法》第二十八条系就以不正宗旨结社，未达《刑律》上犯罪程度者为规定。

【续】《治安警察法》第二十八条系就以不正宗旨结社，尚未达于《刑律》上犯罪之程度者为规定。若已犯《刑律》上之罪，则依狭义法优于广义法之原则，应只依《刑律》处断。（十一年上字第817号）

违警罚法

第四十四条

不在公共场所，又非对于不特定之人詈骂，不得谓系当众詈骂嘲弄人。

【正】查《违警罚法》第四十四条第三款之罪，虽不必指摘事实，然亦必当众詈骂嘲弄人。如仅系当事者间互相争论，纵口出恶言，亦为制裁所不及。该被告人恶言相骂，既不在公共场所，又非对于不特定之人，自非当众詈骂嘲弄人可比，亦未便科以《违警罚法》第四十四条第三款之罚。（七年非字第 91 号）

诉讼法部分

民事诉讼条例[1]

第一编　总则

第一章　法院

第一节　事物管辖

第一条

以身份为争产之原因者，仍以财产定管辖。

【续】 诉讼之标的在于财产，仅其原因涉及身份者，应专依财产之金额或价额定其管辖。（十一年上字第927号）

第二条

因迁让房屋涉讼，不问价金额几何，应属初级管辖者，以就赁借权并无争执者为限。

【正】《民事诉讼律（草案）》第二条第二款所谓“因迁让涉讼”者，乃指业主与租户因迁让房屋（即腾交房屋而于应行腾交并无争执者）生有纠葛以致成讼者而言。若就赁借权有所争执，即关于应否解除租约、迁让房屋之讼争，则非该草案第二条第二款所谓“因迁让涉讼”，应依该草案第十一条以定其管辖（“管辖”各节第二条、第一条；本号判例与本条例第十二条互见）。（六年抗字第176号）

因不动产经界涉讼之解释。

【正】《民事诉讼律（草案）》第二条第七款所谓“因不动产经界涉讼”者，乃指因经界上轇轕致生争讼者而言（即对于经界之本身并无争执）。如仅因经界之设置或关于负担等涉讼是也。若系争执地基，须经丈量始能断定谁属者，则即为所有权之讼争，不能谓为因经界涉讼（“管辖”各节第二条）。（六年抗字第228号）

有明确之租赁契约，仅就接收房屋涉讼者，始属初级管辖。

【续】《民事诉讼条例》第二条第一款所谓“业主与租户因接收房屋涉讼”云者，需业主与租户间有明确之租赁契约，别无争执，而仅就接收房屋之点发生诉讼者，始得不问

---

〔1〕《民事诉讼条例》于1921年11月14日公布，1922年7月1日全国施行。“因未及交付议会，急于援用，故以‘条例’名之。”（董康语）——点校者注。

其诉讼标的之金额或价额若何，依该条款规定，概属初级管辖。若业主与租户就租赁契约之有无、存废尚有争执，因而未能接受房屋以致涉讼者，仍属赁借权诉讼，应依其诉讼标的之价额定其管辖（本号判例与本条例第十二条互见）。（十二年抗字第364号）

第三条

区别初级管辖与地方管辖，以原告之请求为准。

【正】初级管辖事件与地方管辖事件之区别，以原告之请求为准。（四年抗字第438号）

第五条

水利事件价额之计算。

【续】讼争水利事件，应以其主张之利益或所受损失若干为其讼争物之价额（“管辖”各节第五条）。（八年抗字第459号）

第六条

诉讼物之金额，以起诉时之请求实数为准。

【正】民事案件，因诉讼物金额而定审判衙门之管辖权者，应以当事人起诉时请求之实数为准。（五年上字第1505号）

诉讼物价额，以起诉时之价额为准。

【正】《民事诉讼律（草案）》“事物管辖”章第六条规定，“诉讼物价额，以起诉时之价额为准”。故起诉后，诉讼物价额纵有增减情事或提起反诉，均于受诉审判衙门之管辖权无涉（“管辖”各节六条）。（四年抗字第189号）

第七条

反诉或独立数诉之诉讼物价额不得合并计算。

【正】合算诉讼物价额限于一原告或数原告自行合并，以一诉请求数宗之时，若被告以反诉主张之诉讼物价额及他原告独立起诉之诉讼物价额，自不得合并计算（“管辖”各节第七条）。（五年上字第41号）

第十二条

因迁让房屋涉讼，不问价额几何，应属初级管辖者，以就赁借权并无争执者为限。

【正】《民事诉讼律（草案）》第二条第二款所谓“因迁让涉讼”者，乃指业主与租户因迁让房屋（即腾交房屋而于应行腾交并无争执者）生有纠葛以致成讼者而言。若就赁借权有所争执，即关于应否解除租约、迁让房屋之讼争，则非该草案第二条第二款所谓“因迁让涉讼”，应依该草案第十一条以定其管辖（本号判例与本条例第二条互见）。（六年抗字第176号）

有明确之租赁契约，仅就接收房屋涉讼者，始属初级管辖。

【续】《民事诉讼条例》第二条第一款所谓业主与租户因接收房屋涉讼云者，须业主与租户间有明确之租赁契约，别无争执而仅就接收房屋之点发生诉讼者，始得不问其诉讼标的之金额或价额若何，依该条款规定概属初级管辖，若业主与租户就租赁契约之有无存废，尚有争执因而未能接收房屋以致涉讼者，仍属赁借权诉讼，应依其诉讼标的之价额定其管辖（本号判例与本条例第二条互见）。（十二年抗字第 364 号）

第十三条

增租事件价额之计算。

【续】请求增租之诉讼，其诉讼物之价额，应以一年所增收入额之二十倍为准（“管辖”各节第十二条）。（八年上字第 658 号）

诉讼进行中扩张声明，与管辖无涉。

【续】于诉讼进行中，关于请求之声明，与管辖问题不生影响。（八年抗字第 453 号）

第二节　土地管辖

第十四条

起诉，可向被告普通审判籍所在地之审判衙门为之。

【正】当事人住所之所在，即其普通审判籍之所在。被告人虽在他处经商，原告人自可于其住址所在地之审判衙门诉追（“管辖”各节第十三条、第十四条）。（五年上字第 1004 号）

第十五条

定普通审判籍，以起诉时之住址为准。

【正】诉讼管辖之普通审判籍，应以原告赴诉时之被告住所为标准（“管辖”各节第十四条）。（五年上字第 818 号）

住址之解释。

【正】所谓普通审判籍，依第十四条规定，应以住址定之。而住址之意义为何，则现行法上尚无明文可据。按条理言之，自应以永居之意思住于一定处所而以为生活之本据者认为住址（“管辖”各节第十四条）。（七年抗字第 1 号）

第十六条

审判权应专属于法院。

【补】司法权（即审判权）应专属于法院，为一大原则。故一切争讼，除法令有明文特予划分者外，均应由普通法院审理。（十五年抗字第 156 号）

县参事选举之争执，得向民事法院起诉。

【补】由县参事会参事选举所生之争执，并未经法令另定，审判衙门自得向民事法院起诉，唯应依通常程序办理。（十五年抗字第 156 号）

第十七条

寄寓地之解释。

【正】现行《民事诉讼律（草案）》“土地管辖”章第二十八条第一项规定，“对于生徒、雇人或其他寄寓人，因财产权涉讼者，得于寄寓地之审判衙门行之”。所谓寄寓地，系指寄寓较久之地而言。例如，国会议员于开会期中，寓居于国会所在地，即属寄寓地之一种（“管辖”各节第二十八条）。（七年抗字第271号）

第十八条

有营业所之特别审判籍时，原告仍得向被告普通审判籍之衙门起诉。

【正】《民事诉讼律（草案）》“土地管辖”章第二十九条内载，对于设有营业所之制造人、商人及其他营业人，因财产权涉讼者，以关系该营业所之营业为限，得于营业所所在地之审判衙门行之等语。此项条文系草案第十三条、第十四条之例外规定。盖立法主旨原为原告便宜起见，特以营业所与普通住址同视，令其所在地之审判衙门有诉讼管辖权；初非限制原告，使不得向普通审判籍所在地之审判衙门起诉。故原告关于此种事件，不依前条规定而向被告普通审判籍所在地之审判衙门起诉，亦于法文无背；该受诉审判衙门不能认为错误而予以驳斥（“管辖”各节第十三条、第十四条、第二十九条、第三十六条）。（三年抗字第93号）

所谓“得于营业所所在地行之”者，非谓原告必在其地起诉。

【正】诉讼应由被告普通审判籍所在地之审判衙门管辖，而普通审判籍则以住址定之。又对于设有营业所之营业人，因财产权涉讼者，以关系该营业所之营业为限，得于营业所所在地之审判衙门行之。是对于营业人关于其营业因财产权涉讼者，其向被告住址地之审判衙门起诉，抑向营业所所在地之审判衙门起诉，属于原告之自由选择。盖所谓“得于营业所所在地之审判衙门行之”者，系谓原告得于其地起诉而非谓必须在其地起诉也（“管辖”各节第十三条、第十四条、第二十九条、第三十六条）。（六年抗字第45号）

管理地之解释。

【正】《民事诉讼律（草案）》“土地管辖”章第二十四条规定，管理人与本人因管理财产上之请求涉讼者，得以管理地之审判衙门为管辖审判衙门。其所谓管理地，指实施管理行为之地而言（“管辖”各节第二十四条）。（四年抗字第371号）

第二十五条

关于不动产之债权关系，不在专属管辖之列。

【正】按《民事诉讼律（草案）》“土地管辖”章第二十条，因不动产物权或其分析或经界涉讼者，虽应专由不动产所在地之审判衙门管辖，然因买卖不动产之契约请求履行，或因不能履行，请求解约赔偿及因租赁不动产之契约请求交租、退房，均属债权法上之关系，而非不动产物权之讼争，自不在专属管辖之列（“管辖”各节第二十条）。（四年上字第1935号）

因分析遗产涉讼者，不得援用“管辖”各节第二十条。

【正】讼争田房系遗产之一部分而两造所争亦只在当时已否全行分析者，自应按照《民事诉讼律（草案）》第三十一条定其管辖，不得援用该草案第二十条之规定（“管辖”各节第二十条、第三十一条；本号判例与本条例第二十八条互见）。（四年上字第1667号）

不动产买卖契约是否有效之讼争，不适用专属管辖。

【续】不动产买卖契约是否有效之讼争，并非因不动产之物权涉讼，不适用专属管辖之规定。（八年上字第444号）

第二十八条

“管辖”各节第三十一条之特别审判籍，并非专属审判籍。

【正】《民事诉讼律（草案）》第三十一条之规定系特别审判籍，而非专属管辖。故在被告既另有普通审判籍，则按照草案第三十六条“管辖有数处者，原告得选择其一”之规定，原告向其普通审判籍所在地之地方审判庭起诉，自无不合（“管辖”各节第十三条、第三十一条、第三十六条，本号判例与本案条例第三十四条互见）。（四年上字第1667号）

因分析遗产涉讼者，不得援用“管辖”各节第二十条。

【正】讼争田房系遗产之一部分而两造所争亦只在当时已否全行分析者，自应按照《民事诉讼律（草案）》第三十一条定其管辖，不得援用该草案第二十条之规定（“管辖”各节第二十条、第三十一条，本号判例与本条例第二五条互见）。（四年上字第1667号）

第三十一条

主参加诉讼均应向本诉讼之第一审衙门提起。

【正】主参加诉讼与本诉讼各自独立进行。故不问本诉讼之系属于第一审或上级审，而主参加诉讼均应向本诉讼之第一审衙门为之，不得以本诉讼系属于上级审而遽行越级请求。该管第一审衙门固不能以案经上诉驳斥主参加之请求，不予受理审判，而上级审亦不得遽予违法受理（“管辖”各节第三十四条，本号判例与本条例第六十五条互见）。（五年上字第595号）

本诉判决确定，不得提起主参加之诉。

【续】本诉讼之判决业经确定，主参加之诉即不得提起，但提起另件诉讼，自无不可（“管辖”各节第三十四条）。（八年抗字第9号）

第三十四条

被告有数审判籍者，除专属审判籍外，原告得选择一处起诉。

【正】民事诉讼之审判籍，依现行《民事诉讼律（草案）》“土地管辖”章规定，虽有普通与特别之分，而于同一诉讼，其被告有数审判籍者，除法律指明为专属审判籍外，原告得依该草案第三十六条之规定，选择其一处起诉（“管辖”各节第三十六条）。（四年声字第179号）

“管辖”各节第三十一条之特别审判籍，并非专属审判籍。

【正】《民事诉讼律（草案）》第三十一条之规定系特别审判籍，而非专属管辖。故在被告既另有普通审判籍，则按照草案第三十六条“管辖有数处者，原告得选择其一”之规定，原告向其普通审判籍所在地之地方审判庭起诉，自无不合（“管辖”各节第十三条、第三十一条、第三十六条，本号判例与本条例第二十八条互见）。（四年上字第1667号）

第三节　指定管辖

第三十五条

因法律或事实不得行审判权之解释。

【正】"指定管辖"章第三十七条第一款所谓"管辖审判衙门因法律或事实不得行审判权"者，例如审判衙门之推事因全体回避或审判衙门所在地发生天灾或其他意外事变，不得行使审判权是（"管辖"各节第三十七条）。（四年抗字第361号）

因推事之回避或拒却声请指定管辖者，必该衙门推事全体回避或有准许拒却之裁判均不得行审判权时，始得许可。

【正】"管辖"各节第三十七条第一项所谓"审判衙门因法律不得行审判权"者，固亦包括构成该衙门之推事因回避或拒却而不能行使审判权而言，然必须各该推事因回避或准许拒却之裁判业已确定，均陷于不能行审判权时，始可请由直接上级审判衙门指定管辖（"管辖"各节第三十七条）。（三年声字第47号）

对于县知事，得以声请拒却之原由，同时得声请指定管辖。

【正】当事人声请指定管辖必具有法定原因。而兼理诉讼之县知事，若其审判有偏颇之虞，可为声请拒却之原因者，同时固可为声请指定管辖之原因。然必该县知事与当事人确有旧交或嫌怨，足致审判偏颇，上级审判衙门始能准许其拒却；同时，依其声请而为之指定管辖（"管辖"各节第三十七条）。（六年抗字第272号）

"有管辖权衙门，经裁判确定为无管辖权"之解释。

【正】"指定管辖"章第三十七条第三款所谓"有管辖权之审判衙门，经裁判确定为无管辖权，此外亦无他审判衙门管辖该案件者"，系指民事诉讼案件，经法律上有管辖权之审判衙门为无管辖权之裁判，而其裁判业已确定，不得更向该审判衙门起诉者而言（"管辖"各节第三十七条）。（七年抗字第116号）

依法有专属管辖权之法院所在地，若无中国衙门，只得声请指定管辖。

【续】依法律上规定有专属管辖权之法院所在地，若现无中国衙门，只得依据《民事诉讼条例》第三十五条，向直接上级法院声请指定管辖。（十二年上字第1657号）

两高厅内发生管辖争执、声请指定者，应由本院裁判。

【续】两高等审判厅管辖区域内发生土地管辖争执而声请指定者，无论其事物管辖应属于初级抑属于地方，而就该指定管辖之声请，要应以本院为直接上诉审判衙门，由本院受理裁判之（"管辖"各节第三十七条）。（十一年声字第91号）

第四节　合意管辖

第四十条

有审理初级与地方两厅第一审案件之权之衙门，经判决后，一造向地方厅控告，他造

亦无异议，即应认为已合意变更管辖。

【正】审检所有审理初级与地方两审判厅第一审案件之权。当原告向审检所起诉时，原无事物管辖之争议发生，非至提起上诉后，不能知其有变更管辖之意思。故诉讼案件依法定管辖本应属地方审判厅而经审检所判决后，当事人一造向地方审判厅控告，他一造亦不声明异议，则其在审检所已有合意作为初级管辖案件，实甚明显。高等审判厅即系该案件之上告衙门。此就《民事诉讼律（草案）》第四十条立法之精神上审究，实为当然之解释（“管辖”各节第三十九条、第四十条）。（三年抗字第50号）

经合意管辖判决确定之件，不得在其他衙门起诉。

【正】诉讼物属于财产权上之请求而并未定有专属管辖者，依法许为合意管辖。凡既经合意管辖判决确定之案件，更在其他审判衙门起诉，即非适法（“管辖”各节第三十九条、第四十条、第四十一条）。（三年上字第969号）

审判厅以外之审判衙门，亦得适用合意管辖之规定。

【正】未设审判厅之处，非不能适用合意管辖之规定。不过，因地方管辖与初级管辖之案件同属于该审判衙门，不得仅以不为抗辩推定为有管辖之合意。若当事人当时已明白表示其有变更管辖之合意或于事后可认其有变更意思者，自应适用合意管辖之规定，以断定审级之关系（“管辖”各节第三十九条、第四十条；原《县诉章程》第一条、第三条）。（四年抗字第28号）

第四十一条

不动产专属审判籍，专指土地管辖而言。

【正】“管辖”各节第二十条所定不动产之专属审判籍，系专指土地管辖而言，其事物管辖仍属毫无限制。故凡属不动产所在地之地方或初级审判厅，皆得应当事人之合意而取得其管辖权。至于土地专属审判籍所应管辖之事项，亦应以该条文所列举者为限；若并不属于规定内之事项，则又当然适用一般管辖之规定（“管辖”各节第二十条、第四十一条）。（二年上字第23号）

违反专属管辖之规定者，应依职权调查驳斥。

【正】“管辖”各节第二十条规定，因不动产之物权或其分析涉讼者，由不动产所在地审判衙门管辖。又第四十一条规定，有专属管辖之诉讼，不适用合意管辖之规定。是因不动产之物权或其分析涉讼者，既有专属管辖，不许当事人合意变更。则此种规定，自属强行性质。凡有违反此规定而在不动产所在地以外之审判衙门起诉者，该审判衙门毋庸俟被告提出抗辩，即应依职权调查予以驳回（“管辖”各节第二十条、第四十一条）。（二年上字第99号）

由府厅州县判决之承继事件，其向地方厅上诉，虽有合意，而其判决亦不认为有效。

【正】依《民事诉讼律（草案）》“管辖”章规定，凡因承继涉讼案件，应由被告或授继人普通审判籍所在地之地方审判厅管辖；而诉讼物不属于财产上请求者，不适用合意管辖之规定。故凡未设地方审判厅地方，其府厅州县行使地方审判厅职权所判决之承继事件，应向高等审判厅上诉；其向附近地方审判厅声明上诉者，虽有当事人之合意，而其所为第二审判决亦不为有效（“管辖”各节第三十一条、第四十一条；原《县诉章程》第三十六条）。（三年上字第584号）

第五节　法院职员之回避

第四十二条

所谓前审官之解释。

【正】《各级审判厅试办章程》第十条规定，审判官于该案曾为前审官而被诉讼人呈明不服者，为应行回避之原因。其所谓曾为前审官，系指上级审推事就声明不服之案件曾为下级审判官参与该案审判者而言。此盖以推事在下级审既先参与其事件，往往至上级审，不仅凭法庭之言词辩论而以先入之意见加入，于设立审级制度之意旨，不无违背。故令其回避，以求得公平之裁判。至在同一审级曾参与一度审判，经上级审发还更审重为审判者，自非该第十条之所谓前审官，即无所用其回避（原《试办章程》第十条；原《县诉章程》第五条）。（四年上字第74号）

发还、发交案件，原审判官毋庸回避。

【正】上级审判衙门就当事人声明不服之前审裁判为审理时，参与该裁判之推事，始有回避义务。若下级审裁判已经上诉审判衙门撤销发还原审衙门，或发交他审判衙门更为审判，则该裁判已失其存在。且依《法院编制法》第三十二条及第四十五条规定，下级审须受上级审判衙门见解之拘束。是曾参与该前裁判之推事，尤无回避之必要（原《试办章程》第十条；原《县诉章程》第五条；《编制法》第三十二条、第四十五条）。（四年上字第488号）

再审案件，原审判官毋庸回避。

【正】《各级审判厅试办章程》第十条所称“前审”，字义与原审字义有别。如再审案件，虽以不由同一推事参与为宜，然不得谓为法律所应回避，即与裁判之效力无涉（原《试办章程》第十条；原《县诉章程》第五条）。（六年抗字第18号）

发还更审之案，依经验上，应更庭并易人为妥。

【正】《各级审判厅试办章程》第十条所称“前审官”，系指同一推事在下级审曾参与审理者而言。至发还更审之案，当然不能包括。特为维持公平起见，此种案件之分配，应更庭并易人（原主任推事调归更审庭时）办理较为妥善。此本于司法行政上之经验，与该章程所称回避原因原不相涉（原《试办章程》第十条；原《县诉章程》第五条）。（六年上字第462号）

原审判官受上级审之嘱托而为调查者，不生回避问题。

【正】《各级审判厅试办章程》第十条所谓“审判官于该案曾为前审官应行回避者”，系指审级不同时而言。若受上级审之嘱托而为调查者，不发生回避之问题（原《试办章

程》第十条；原《县诉章程》第五条）。（六年抗字）

审判官对于同一案件曾参与决定者，仍得参与判决。

【正】现行法所称前审官，系指同一推事就同一案件在下级审曾参与审判者而言。并非谓推事于承审案件在同一审级前经参与决定后，即不应参与判决之意（原《试办章程》第十条；原《县诉章程》第五条）。（七年声字第135号）

第四十三条

审判官应回避或有以拒却为正当之裁判而仍参与裁判者，均得上告，但不得以单纯拒却原因为上告理由。

【正】推事应回避之事由与受拒却之事由不能尽同，其具备应回避之事由而仍参与审判，或已被拒却且有以拒却为正当之裁判而仍参与裁判者，均属显然违法，当然得为上告之理由。若上告人在原审并未有何等主张，至上告审始以推事有单纯拒却原因（非同时为应回避之事由）存在为上告理由者，自难认为正当。（二年上字第128号）

辩论终结后，不得声请拒却。

【正】于辩论终结后始声请拒却推事，不能认为合法。（三年上字第1262号）

恐于审判有偏颇而请求回避，必于该案发生前确有旧交或嫌怨者，始得准许。

【正】《各级审判厅试办章程》第十二条规定，审判官与诉讼人有旧交或嫌怨，恐于审判时有偏颇者，诉讼人得请求该审判官回避。故必该案诉讼发生以前，审判官与诉讼人确有旧交或嫌怨，恐其审判该案不免偏颇，乃为诉讼人之利益计，许其请求回避。否则，是无回避之原因，即不得援用上述规定，滥行许其请求（原《试办章程》第十二条；原《县诉章程》第五条）。（四年抗字第106号）

单纯同署办公之僚友参预审判，难认其有偏颇之虞。

【续】《民事诉讼律（草案）》第四十三条所谓"有偏颇之虞"之情形，系指该推事于当事人一造或其亲属有亲交或嫌怨，或就诉讼标的有利害关系者而言。若仅一造为同署办公之僚友，并未据声明有任何密切交谊，则其参预审判，尚难遽认其有偏颇之虞（原"职员回避"章第四十三条）。（九年声字第170号）

司法行政长官滥用职权，不足为拒却推事原因。

【续】当事人以审判官审判恐有偏颇为理由声请拒却者，必以该审判官与当事人有亲交或嫌怨等客观的事情，足以疑其不能为公平之裁判者为限，始得认为成立。至行政监督与审判独立本属两事，纵令司法行政长官有滥用职权情事，要不得谓审判官于法律上受有严格保障之审判权亦将受其影响而构成拒却之原因（原"职员回避"章第四十三条）。（十一年声字第68号）

第二章　当事人

第一节　当事人能力及诉讼能力

第五十二条

得为权义主体，始得为当事人。

【正】得为权利义务之主体者，始得为民事诉讼之当事人。（六年上字第1426号）

官吏得以官署出名起诉。

【续】官署在法律上为国家机关，固非有独立之人格。惟官吏本有代理国家处理私法事项之权，其代理行为，即或不用国家名称而迳以官署出名起诉，亦非法所不许（本号判例与本条例第五十七条互见）。（九年上字第844号）

丧失权利能力，即无当事人能力。

【补】按《民事诉讼条例》第五十二条，除有特别规定许为诉讼当事人者外，须有权利能力之人始有当事人能力。故法人若经其本国政府撤销设立之允许，将其财产收归国有，即应认为已丧失权利能力，不得更有当事人能力。（十四年上字第465号）

第五十七条

住持僧对于庙产有代理权。

【续】住持僧与他人争执庙产，当然有代理寺庙为一切审判外或审判上行为之权。（八年抗字第531号）

为庶子之法定代理人，嫡母先于生母。

【续】庶子未成年，其法定代理之顺序，嫡母应优先于生母。苟未经依法撤销其嫡母之亲权，自不能迳由其生母擅代其子为诉讼行为。（九年抗字第69号）

官吏得以官署出名起诉。

【续】官署在法律上为国家机关，固非有独立之人格。惟官吏本有代理国家处理私法事项之权，其代理行为即或不用国家名称而迳以官署出名起诉，亦非法所不许（本号判例与本条例第五十二条互见）。（九年上字第844号）

第六十一条

法律上代理权或特授权有无欠缺，应以职权调查。

【正】法律上代理人及诉讼代理人其代理权或特授权有无欠缺，属于审判衙门职权调查之事项。若原告以彼造之法律上代理人为被告提起诉讼，而被告已抗辩其无代理权，不为本案辩论，则审判衙门即应调查其究竟有无代理权。如果确系无代理权，则应认原告之诉为不合法，以终局判决驳回之。否则，得以中间判决，驳回其抗辩。（四年抗字第369号）

法人为诉讼行为，须由其理事或理事委任之诉讼代理人为之。

【正】凡法人为诉讼行为者，以其理事为法律上代理人。如由理事以外之人代为诉讼行为，则须有理事之委任。此项代理是否合法，不问诉讼之程度如何，审判衙门须以职权调查之。如调查之结果发见，诉讼程序开始之际，该法人已非由合法之法律上代理人或委任代理人代表，而其不合法又属难于补正者，则应认为欠缺诉讼成立之条件，即将本案之诉驳回。（四年上字第2337号）

因无法律上代理人，虑其久延致受损害者，得选任特别代理人。

【正】法人之董事有缺额时，若因选补迟延，于诉讼上虑生损害者，审判衙门应依利害关系人之声请，选任暂行执行代理职务之人。（六年上字第1437号）

诉讼当事人有无权利能力，应由法院依职权随时调查。

【补】诉讼当事人有无权利能力，影响于当事人能力者甚大，乃系起诉合法与否之问题，应由法院依职权随时调查，原不待当事人主张，此观《民事诉讼条例》第六十一条第一项、第二百八十九条、第二百九十条第一项第二款各规定，至为明显。上诉人乃称原审调查裁判出于当事人主张范围之外，自属失当。（十四年上字第465号）

第二节　共同诉讼

第六十四条

共同诉讼关系，在上诉审无从发生。

【正】凡为共同原、被告者，与单独为当事人之例无异，均必遵守审级，于该管第一审起诉或被诉。若在第一审仅为单独之原、被告，至上诉审，即无共同原、被告之可以发生。（二年上字第146号）

第六十五条

主参加诉讼之审理，得与本诉讼合并或分离行之，但必依法辩论，始得为之判断。

【正】就他人间已生诉讼拘束之物为自己有所请求而以当事人两造为共同被告起诉者，是为主参加诉讼。主参加诉讼之审理，或与本诉合并行之，或与本诉分离行之。而中止其本案之诉讼，属于审判衙门之自由，惟必就该诉讼使当事人依法辩论，始可为之判断。若仅审理本诉，而于主参加诉讼，未经传集当事人，使得为言词辩论，辄于本诉判决中将主参加诉讼之争执含混言之，自应认为对于主参加诉讼并未为何等之审判（“管辖”各节第三十四条）。（三年上字第62号）

就他人间未生诉讼拘束之物起诉者，不以参加论。

【正】就他人间已发生诉讼拘束之诉讼物为自己有所请求而以当事人两造为被告者，谓之主参加诉讼。其因有法律上利害关系而仅以辅助当事人一造为目的者，则为从参加。至若就他人间并未发生诉讼拘束之物有所请求而提起诉讼，则别为一通常诉讼，不得以参加论（“管辖”各节第三十四条；本号判例与本条例第六十九条互见）。（三年上字第415号）

主参加诉讼，不许向上级审判衙门越级提起。

【正】主参加诉讼与本诉讼各自独立进行。故不问本诉讼之系属于第一审或上级审，而主参加诉讼均应向本诉讼之第一审衙门为之，不得以本诉讼系属于上级审而遽行越级请求。该管第一审衙门固不能以案经上诉而驳斥主参加之请求，不予受理审判，而上级审亦不得遽予违法受理（“管辖”各节第三十四条）（本号判例与本条例第三十一条互见）。（三年上字第722号）

主参加与从参加之意义及区别。

【正】第三人就两造之诉讼，因有法律上利害关系，为辅助一造起见参加于该诉讼者，为从参加人；得于诉讼拘束中，视该诉讼进行之程度，随时为之。若就两造之诉讼物全部或一部为自已有所请求，对于本诉讼之两造均有攻击者，为主参加诉讼；应向该诉讼所系属之第一审审判衙门提起（“管辖”各节第三十四条；本号判例与本条例第六十九条互见）。（四年上字第2330号）

第六十六条

普通共同被告一人之自认，不及于他被告。

【正】共同被告中，一人所为之自认，其效力不能及于他共同被告人。（四年上字第2297号）

普通共同诉讼人间，一、二人之上诉，不及于他共同诉讼人。

【正】凡诉讼之性质非必须合一确定者，共同诉讼人间一、二人所为之上诉，其效力不能及于其他共同诉讼人。故共同诉讼人间，一、二人之上诉，如不能证明其系代表诉讼人全体者，原判决关于该未声明不服之共同诉讼人部分，即属确定。（三年上字第967号）

债权人以数债务人为共同被告，依法苟非有连带一致之关系者，即非必要共同诉讼。他债务人纵以负担过重或责在他人为理由，亦只认为抗辩。

【正】债务案件，如债权人以数人之债务人为被告提起共同诉讼，而该数人之被告依法律并非有连带一致之关系者，即非合一确定之共同诉讼。被告中或均败诉，或有胜诉、有败诉，其一人提起上诉，当然影响不能及于他人。故未经合法上诉之被告，除债权人之原告有上诉外，当然不复为上诉当事人，自应依原判执行。债权人与其未经合法上诉之债务人间之诉讼关系即已完全终结，纵令他债务人以自己负担过重或责任全在他债务人为理由声明不服，亦只能认为对债权人一种之抗辩方法（但内部纠葛业已成词者，应即认为内部纠葛案亦有上诉，列他债务人为彼案之被上诉人，另件宣示判决），断不能以此之故，遂将未上诉之债务人列为该案被上诉人。（四年上字第275号）

共同诉讼人中一人上诉，其上诉理由虽与未上诉之他共同诉讼人利益相反，亦不得以他共同诉讼人列为被上诉人。

【正】凡诉讼物之性质非必须合一确定者，共同上诉人内一人所为之上诉，其效力不及于其他共同诉讼人。而此上诉之共同诉讼人所主张之上诉理由，即或与未上诉之其他共同诉讼人利益相反，在上诉审，亦不能认为居于相对地位而以其他共同诉讼人与共同诉讼之相对人同列为被上诉人。（五年上字第643号）

普通共同诉讼一人之自认，得为认定事实之参考。

【续】普通共同诉讼人中之一人在审判上所为不利于己之自认，在其他之共同诉讼人，虽不受其拘束，而审判衙门未始不可据为认定事实之参考。（十一年上字第1150号）

第六十七条

必要共同诉讼，裁判不能各异。

【正】必须合一确定之共同诉讼，其裁判不能各异。（三年抗字第64号）

合伙员关于共有店产为诉讼，为必要共同诉讼。

【正】上告人等自称为粤泰店合伙人，主张该店财产为其所共有，不应以之清偿甄耀亭等所负担之债务。此项诉争，自应认为有必须合一确定之性质。（三年上字第816号）

在必要共同诉讼，一人之上告合法，即为全体合法上告。

【正】在必要之共同诉讼，其共同被告中之一人已有合法之上告者，他被告所为之上告虽属逾期，亦为合法。（三年上字第877号）

主参加诉讼于有合一确定之必要时，应适用必要共同诉讼之原则。

【正】主参加诉讼之被告等对于原告主张之权利关系有合一确定之必要者，当然适用必要共同诉讼之原则。（三年上字第877号）

必要共同诉讼之一人上诉，对他诉讼人亦生效力。

【正】共同诉讼有必须合一确定之性质者，当事人一人所声明之上诉对于他共同诉讼人亦生效力。（三年上字第1033号）

在必要共同诉讼，由相对人上诉时，应将其数原告悉列为当事人。

【正】数原告在第一审一同起诉，处于共同原告之地位，而该诉讼又属必须合一确定之性质者，其后，由相对人声明上诉之时，无论曾否将原告全体开列，而上诉审仍应悉列之为当事人。（四年上字第50号）

第三人因原、被告通谋诈害债权，对于该两造提起之共同诉讼为必要共同诉讼。

【正】第三人因原告及被告通谋损害自己之债权，而以该两造为共同被告提起之诉讼，具有必须合一确定之性质，即必要共同诉讼。（五年上字第1009号）

数权利关系可以分别确定，即不能指为必要共同诉讼。

【续】两造所争执若系数个权利关系，且依该权利关系之性质可以分别确定者，则其发生之原因、内容以及关于存在之一切情形虽或相同，亦不能指为必要共同诉讼。（八年上字第685号）

必要共同诉讼内，一人或数人所为行为，视与全体所为或未为之理由。

【续】凡必要共同之诉讼，因各诉讼人与相对人间之法律关系须保持其同一状态，不能为殊异意旨之判决，故共同诉讼人内一人或数人所为之诉讼行为，有利益于共同诉讼人，即视与全体所为同；若不利益于共同诉讼人，即应视与全体未为同。（八年上字第1306号）

必要共同诉讼人中，一人所为事实上之陈述，亦得斟酌采用。

【续】在必要共同诉讼其诉讼中，一人所为诉讼行为，如不利益于他共同诉讼人，固应视为全体未为。但关于事实上之陈述，审判衙门亦得斟酌全辩论意旨，采为判断之资料。（十年上字第414号）

当事人既经应诉并提起反诉，自应依必要共同诉讼办理。

【补】起诉状当事人栏虽仅列婚姻当事人之父为被告，而其请求本旨既在履行婚约，自亦有以该当事人为共同被告之意。既经该当事人应诉并提起反诉，自应依必要共同诉讼办理。仅有被告中一人上诉，亦应该认为对于他共同被告同时生效。（十五年上字第656号）

共有人就共有权利之全部为诉讼，应由共有人全体或共有人内利害相同之全体共同起诉或被诉。

【补】共有人就共有权利之全部为诉讼者，乃属固有之必要共同诉讼，应由共有人全体或共有人内利害相同之全体共同起诉或共同被诉。否则，即非当事人适格，法院得迳认为无理由而为驳斥之判决。又通常许各共有人就共有权利全部单独为保存行为者，原以此项行为多于共有人全体有利，足以推定其合于全体之公意。若为此项行为而与共有人间有利害相反或并非公意之争执，则能否许各共有人单独为之，在实体法上已应另行审究；若在诉讼法上，则既系关于共有权利之全部，无论有无该项争执，亦应依必要共同诉讼办理，以免少数人滥诉及裁判抵触之弊。（十五年上字第1799号）

第三节　诉讼参加

第六十九条

就他人间未生诉讼拘束之物起诉者，不以参加论。

【正】就他人间已发生诉讼拘束之诉讼物，为自己有所请求而以当事人两造为被告者，谓之主参加诉讼；其因有法律上利害关系而仅以辅助当事人一造为目的者，则为从参加。至若就他人间并未发生诉讼拘束之物有所请求而提起诉讼，则别为一通常诉讼，不得以参加论（“管辖”各节第三十四条；本号判例与本条例第六十五条互见）。（三年上字第415号）

主参加与从参加之意义及区别。

【正】第三人就两造之诉讼因有法律上利害关系为辅助一造起见参加于该诉讼者，为从参加人；得于诉讼拘束中视该诉讼进行之程度随时为之。若就两造之诉讼物全部或一部为自己有所请求，对于本诉讼之两造均有攻击者，为主参加诉讼，应向该诉讼所系属之第一审判衙门提起（“管辖”各节第三十四条；本号判例与本条例第六十五条互见）。（四年

上字第2330号)

从参加之要件。

【正】凡就两造之诉讼有法律上利害关系之第三人、为辅助一造起见参加于该诉讼者，是为从参加。而此种参加之要件有二：（一）须有法律上利害关系。（二）须辅助当事人一造为诉讼行为。(五年上字第613号)

辅助从参加人更为参加者，为法所不许。

【续】第三人就两造之诉讼有法律上利害关系时，虽得为辅助一造起见参加于诉讼，若为辅助从参加人而更行参加，则为法所不许。(十一年声字第67号)

第七十条

案经终结，无参加可言。

【正】凡因他人之诉讼与自己有法律上利害关系、为辅助一造起见而参加于诉讼者，应该于该案诉讼系属审判衙门时为之。若案经终结，即无参加之可言。(七年声字第3号)

第七十三条

参加人得为本人上诉。

【正】从参加人于本人之上诉期内，除本人显然抛弃上诉权外，得为本人提起上诉。(三年上字第414号)

当事人所未为之行为，由从参加人为之者，不以抵触论。

【正】从参加人之行为，不得与所辅助当事人之行为相抵触。故当事人所已抛弃之证据，参加人即不得更行申述。但当事人所未为之行为而由参加人代为者，不以抵触论。故当事人虽未提起上诉，亦可由参加人提起而不为违法。(三年上字第453号)

参加人上诉效力及于主当事人。

【正】主当事人虽不上诉，而从参加人声明上诉时，其效力亦及于主当事人。（四年上字第147号)

从参加人之行为，主当事人不同意者，非依法撤销仍不失效。

【正】参加人本于自己法律上之利害关系，得为主当事人提起上诉；而主当事人如不表示同意，非依法撤销，不能使其失效而终结诉讼。至其撤销，无论用书状或言词，要非有明白之意思不可。(四年上字第523号)

第七十五条

对从参加人，不得加以裁判。

【正】从参加人乃因自己法律上利害关系，就两造之讼争而辅助其一造，并非为自己有所请求。故本诉讼之裁判，于参加人与其所辅助之当事人间虽生效力，而审判衙门要不能对当事人以外之参加人加以裁判。(三年上字第1158号)

第四节　诉讼代理人

第八十二条

诉讼代理人之委任及撤销，以当事人之声明为准。

【正】诉讼代理人于诉讼进行中，得随时委任或撤销之。至当事人之委任或撤销果得诉讼代理人之同意与否，乃受任人与委任人间之关系，审判衙门惟据当事人之声明以为准。若代理人与当事人本人因委任关系发生争执，只能于审判外或审判上另求解决之方法。（四年抗字第163号）

县知事审理之诉讼，除有明文限制者外，均得为诉讼代理人。

【正】《县知事审理诉讼暂行章程》第十一条内载，委任代诉及代诉之权限，准用《各级审判厅试办章程》第五十四条至第五十六条之规定。原章程第五十四条内载，凡遣代诉，须附呈委任状。是县知事审理诉讼明明有准许委任代诉之规定。当事人如具有委任状委任代诉，苟非未成年人、有心疾人及以参预诉讼为常业人等，依《县知事审理诉讼暂行章程》第十条有明文限制外，自应准予代诉（原《县诉章程》第九条、第十条、第十一条；修正《县诉章程》第四十二条）。（四年抗字第359号）

当事人得委任律师为诉讼代理人。

【正】当事人委有律师为代理人，则本人未亲到庭，于本案判决之当否，无何等影响。（五年上字第916号）

民事诉讼许用诉讼代理人。

【正】诉讼程序，不必诉讼当事人本人到庭。即或有病，尽可委人代诉（原《试办章程》第四十八条、第五十二条、第五十三条；原《县诉章程》第九条、第十条）。（六年上字第1264号）

有委任代理人，本人毋庸到庭。

【补】查诉讼当事人得委任诉讼代理人代为诉讼行为。苟非阐明或确定诉讼关系所必要，法院毋庸命当事人本人到场，此在《民事诉讼条例》第八十二条、第二百四十六条定有明文。本件被上诉人之委任方翔峯为诉讼代理人，具有正式委任状并呈交被上诉人，有直隶磁县码头镇火车伙捐分局来函为证。上诉人乃空言攻击其为无权代理，谓原审应传唤本人到场，自属不合。（十三年上字第1548号）

第八十三条

诉讼代理人已丧失代理权或原无合法资格，即应送达于本人。

【续】诉讼代理人依委任之意旨，有受送达之权限者，固应向诉讼代理人送达。惟诉讼代理人已丧失代理权或原无合法代理资格，则应送达于本人方为合法。此通观《民事诉讼条例》第一百五十八条及第八十三条之规定自可了然（本号判例与本条例第一百五址八条互见）。（十二年上字第1743号）

第八十四条

诉讼代理人于最初为诉讼行为时，应向法院提出委任证书。

【补】委任诉讼代理人除有授权行为外，如非以言词委任者，诉讼代理人仅须于最初为诉讼行为时，向法院提出委任证书。又授权行为，得由第三人代理为之。（十四年上字第 3925 号）

第八十五条

代理人舍弃，本人在庭无异议者，为有效。

【正】代理人不得本人之许可，虽不能就诉讼物为舍弃之意思表示，然本人同时在庭，对之无异议者，应认为有效（原《试办章程》第五十五条；原《县诉章程》第十一条）。（四年上字第 425 号）

代理人经特别委任，为舍弃者，直接为本人发生效力。

【续】诉讼代理人经本人特别之委任，本其意思以为舍弃者，则其舍弃直接为本人发生效力（《试办章程》第五十五条；原《县诉章程》第十一条）。（八年上字第 674 号）

代理人舍弃，若本人在庭无异议，得认为已经本人许可。

【续】代理人就诉讼物为舍弃之意思表示，固须经本人之许可，惟代理人表示时，本人同时在庭并无异议，即得认为已经许可（《试办章程》第五十五条；原《县诉章程》第十一条）。（九年上字第 821 号）

代理诉讼行为，应认有代收送达之权限。

【补】诉讼代理人依委任书状，得代理一切诉讼行为者，即属包括委任，应认为有代收送达之权限。（十年上字第 44 号）

收受送达，在委任权限内。

【补】查上诉人委任诉讼代理人之委任状，既载明代理诉讼，依《民事诉讼条例》第八十五条上半段规定，显系关于诉讼事件有为一切行为之权。收受送达为诉讼事件之一，自在委任权限内。原审向诉讼代理人为送达并无不合。上诉人乃以其诉讼代理人并无代受送达之权为争辩，殊为误解。（十四年上字第 167 号）

代理人收受送达之期间。

【补】按提起再审之诉之不变期限，依《民事诉讼条例》第五百七十三条规定，固应于判决确定时起算，惟当事人不在法院所在地居住而于其诉讼代理人为送达者，若其诉讼代理人未受特别委任、有为再审之诉之权限，则依《民事诉讼条例》第八十五条第一百九十七条之立法意旨，自应扣除其提起再审之诉时之在途期间。至在途期间，依《民事诉讼条例》第一百九十七条第二项及十年八月二十六日第 861 号司法部令，当事人居住地与法院所在地距离之远近，每水、陆路不满五十里而在十里以上者，扣除一日。海路，每一海里作三里半计算。通行火车、轮船之地，依车行或船行期间定其全部或一部之在途期间。其车行或船行不满一日者，亦作一日计算（本号判例与本条例第一百九十七条互见）。

（十四年上字第167号）

第八十八条

诉讼代理人之主张，显然与本人意思抵触者，不生效力。

【正】诉讼代理人受当事人之委任，应于委任范围内，从当事人之意思，尽其代理之能事。其显然与当事人意思抵触之主张，诉讼上当然不生何等之效力。（二年上字第208号）

代理人陈述，直接对本人生效。

【正】代理人在诉讼上之陈述，应直接对于本人发生效力（原《试办章程》第五五条；原《县诉章程》第十一条）。（四年上字第1049号）

代理人权限内自认，不得无故撤销。

【正】代理人本于委任权限，于裁判上明确表示舍弃一部债权之意思，自应有拘束之效力，不得无故撤消（原《试办章程》第五十五条；原《县诉章程》第十一条）。（五年上字第1125号）

代理人自认，效力及于本人。

【正】诉讼代理人所为不利之自认，其效力应及于本人（原《试办章程》第五十五条；原《县诉章程》第十一条）。（七年上字第633号）

代理人与本人之事实陈述抵触，以本人陈述为准。

【正】诉讼代理人与本人所为之事实陈述互相抵触者，应以本人之陈述为准。（七年上字第七二七号）

第八十九条

仅代理人上诉者，经本人表示追认，仍为有效。

【正】仅以代理人资格声明上诉者，此项诉讼行为，应由审判衙门限期命本人表示是否追认。如经追认，仍为有效。（三年抗字第202号）

代理人行为，经本人追认有效及追认之方法。

【正】《各级审判厅试办章程》第五十五条规定，代诉人承认被告之请求，须经本人之许可。其所谓许可者，不必限于事前之特别委任，即承认以后经本人追认者，亦生同一之效力。至追认之方法，依通常意思表示之通则，无论明示、默示，皆可（原《试办章程》第五十五条；原《县诉章程》第十一条）。（四年上字第1754号）

第九十条

诉讼代理权，不因本人死亡而消灭。

【正】代理人之代理权，不因本人死亡而消灭。故在其继承人自己或委人继续诉讼前，其代理权仍应视为存续。即该本人与其相对人间之诉讼关系，可仍由其代理人继续为之。（四年私诉上字第33号）

第九十二条

代理权有无欠缺，应以职权查。其有欠缺而不补正者，与诉讼人未到庭同视。

【正】审判衙门为预防诉讼行为无效起见，于诉讼代理权之有无欠缺，得随时以职权调查之。故无诉讼代理权之人，为当事人起诉或上诉者，固须加以驳斥，即已认有诉讼代理权而于诉讼中发见其代理关系可疑，亦得限期令其补正。如不为补正或不能为真实之补正者，审判衙门得认其代理关系为不存在。即使有自称代理之人到庭，亦应与诉讼人未到庭同视。（三年抗字第140号）

诉讼代理人误用自己名义起诉者，审判衙门应为纠正，不得迳行驳回。

【正】上告代理人虽在第一审迳用自己名义提起诉讼，然据其陈述系代上告人主张，该上告人本人历次到庭之陈述亦同，第一审自应迳予纠正，认上告代理人为原告之代理。乃第一审于此项程序悉未审酌，竟谓上告代理人系案外第三人，对于被上告人无请求之权，自难认为适法。（三年上字第1146号）

命代理人补正者，必逾期不为补正，始得认为无权代理。

【续】审判衙门认诉讼代理人之代理权欠缺，应酌量情形，定相当之期限，命其补正。逾期不为补正，始得认为无权代理，予以驳斥。（八年抗字第35号）

第九十三条

诉讼虽由经理人代行，而实体法上权义之主体仍为号东。

【正】商号铺掌，依民商事条理，当然有代号东为诉讼行为之权。故除号东全体或依规约明定之人数明晰撤销诉讼而外，该铺掌自可为诉讼进行之一切行为。不过，实体法上债权债务之主体，通常仍为该号东，而非该铺掌个人（《商人通例》第三十二条）。（四年上字第6号）

经理人代理诉讼，得随时脱卸。

【正】掌柜仅代理其主人为诉讼行为，故随时可以脱卸诉讼上关系；而铺东，则负实体法上之责任，自不能任意脱离（《商人通例》第三十二条）。（四年上字第374号）

经理人为审判上行为，仍系主人受其行为之效果。

【正】商业经理人关于营业有代主人为审判上及审判外一切行为之权。所谓审判上之行为，起诉、应诉其最著者也。惟此项审判上之行为，既系代主人而为，则受其效果者，自系主人而非经理人（《商人通例》第三十二条）。（四年上字第1290号）

商业经理人关于营业为舍弃或认诺，无须另受特别委任。

【正】按《各级审判厅试办章程》第五十五条，代诉人非经本人许可，固不得自为有效之抛弃或认诺。然此项规定限于诉讼上之委任代理人而言。若商业上经理人，则固有代理营业主人为审判外或审判上一切行为之权限，而不待特别委任。其与诉讼上委任代理人之权限，本人不相同，自不受此规定之限制（《商人通例》第三十二条）。（五年上字第401号）

商号经理代理关于营业之诉讼，无须另受委任。

【正】商号经理关于主人之营业，无须另受委任，即有代理诉讼之权（《商人通例》第三十二条）。（六年上字第1416号）

第五节　诉讼辅佐人

第六节　诉讼费用

第九十六条

附带上诉，毋庸缴纳讼费。

【补】附带上诉与上诉有从属关系，毋庸缴纳讼费。（十四年抗字第90号）

第九十七条

败诉人负担诉讼费用之限度。

【正】因诉讼所生之费用，应以诉讼所必须者为限，判令败诉人负担。其当事人一造特别所耗之费用，不在败诉人负担之列。而某项费用是否为诉讼所必须之费用，应俟判决确定后，向第一审衙门声请确定（原《试办章程》第八十四条；原《县诉章程》第十五条；本号判例与本条例第一百一十四条互见）。（三年上字第54号）

旅费，不得作为诉讼费用求败诉人赔偿。

【正】旅费虽为诉讼上一种必要费用，然查《各级审判厅试办章程》第八十四条载称"凡因诉讼所生之费用"等语，其所包含者，仅有依诉讼物价值征收之诉讼费用（第八十七条）、录事抄录费（第九十条）、承发吏送达费（第九十一条）、证人与鉴定人之到庭费、川资及旅费等（第九十三、九十四、九十五等条）。是当事人旅费并不包含在内，已属明甚（原《试办章程》第八十四条、第八十七条至第九十五条；原《县诉章程》第十五条；修正《县诉章程》第四十二条；修正《讼费规则》第二条至第八条，又第十条至第十七条）。（四年上字第406号）

间接损失，不得作为诉讼费用求败诉人赔偿。

【正】民事诉讼败诉人止负担因诉讼所生之一切费用。至相对人因诉讼所生之经济上、营业上间接损失，不在赔偿之列（原《试办章程》第八十四条；原《县诉章程》第十五条；修正《县诉章程》第四十二条）。（四年上字第1446号）

预纳之检证费用，得作为诉讼费用求败诉人赔偿。

【正】因检证而预纳之费用系属诉讼费用之一种，将来仍须由败诉人负担。若当事人无力预纳，尽可依法声请诉讼救助，不得遽行声明不服（原《试办章程》第八十四条、第八十六条；原《县诉章程》第十五条）。（五年抗字第35号）

讼费负担，视本案诉讼胜负为断。

【正】全部讼费应由何人负担抑应如何分担，依法应视本案诉讼两造终局胜负之如何

为断（原《试办章程》第八十四条；原《县诉章程》第十五条）。（五年上字第 311 号）

当事人预纳之讼费，非其所应负担者，得由执行衙门按数扣还。

【正】本件所有讼费，既经本院改判由上告人负担，则被上告人前此所预纳之上告审讼费，自应由执行衙门于判决执行时，按数为被上告人扣还（原《试办章程》第八十六条；原《县诉章程》第十五条）。（六年上字第 988 号）

两造各自独立上诉时，均应缴纳讼费。

【正】当事人两造各独立声明上诉者，其上诉审费用应并行征收，而于判决时分别责令败诉人负担（修正《讼费规则》第五条）。（六年上字第 994 号）

委任律师费用，不得令相对人赔偿。

【续】委任律师之费用，非诉讼上必要费用，不得责令相对人赔偿。（八年上字第 952 号）

第九十九条

是否毋庸起诉，应由法院以其自由心证依法判定。

【补】《民事诉讼条例》第九十九条所谓“径行认诺”，系指被告在第一次言词辩论日期，不争执原告所为诉讼标的之主张，即行认诺而言。所谓“毋庸起诉”，系指被告并无酿成诉讼原因。例如，原告不催促履行，遽行起诉之类而言。至是否无庸起诉，固应由法院以其自由心证依法判定，但两造如有争执，应由被告负举证之责。（十四年上字第 2274 号）

第一百零八条

官吏过失之讼费，得予免缴。

【补】按当事人提起上诉或抗告，固应遵章缴纳审判费，但该判如系显然错误且因于法院或审判长、受命推事、受托推事之故意或重大过失者，则即令未及缴纳或未如额缴足，而参酌《民事诉讼条例》第一百零八条之规定，亦得谓其暂行免缴，不应遽以不合程式论。（十三年上字第 655 号）

因官吏过失所生之再审讼费，败诉之当事人毋庸负担。

【补】再审诉讼费用，依《民事诉讼条例》第九十七条，固应由败诉之当事人负担，惟查同条例第一百零八条“法院书记官、承发吏、法定代理人或诉讼代理人因故意或重大过失致生无益之诉讼费用者，法院得命该官吏或代理人负担”等语，是增加无益之诉讼费用，系由于该官吏或代理人之故意或重大过失所生者，本非当事人意料所及，自可由有故意或重大过失之人代为负担。即于当事人败诉时，无庸为该当事人负担讼费之裁判。本件再审之诉，系因法院书记官将其上诉理由书误附于类似之他案而发生，不可谓非书记官之重大过失；其因此所生之费用，无庸判令再审原告负担。（十四年再字第 14 号）

第一百十四条

败诉人负担诉讼费用之限度。

【正】因诉讼所生之费用，应以诉讼所必须者为限，判令败诉人负担。其当事人一造特别所耗之费用，不在败诉人负担之列。而某项费用是否为诉讼所必须之费用，应俟判决确定后，向第一审衙门声请确定（原《试办章程》第八四条；原《县诉章程》第十五条）（本号判例与本条例第九十七条互见）。（三年上字第54号）

关于诉讼费用之数额，应于本案判决确定后，向第一审衙门声请确定。

【正】因诉讼而生之费用，在本案判决内只定其负担之人。至关于该费用之数额，即负担诉讼费用之当事人对于相对人究应赔偿费用几何，则应由有请求权之相对人于本案判决确定后，另向第一审审判衙门声请确定（原《试办章程》第八十六条；原《县诉章程》第十五条）。（四年上字第691号）

第七节　诉讼担保

第八节　诉讼救助

第一百三十条

无力缴纳讼费者，得声请救助。

【正】当事人提起诉讼，应照章预纳讼费。惟实系无力缴纳者，得声请审判衙门酌量减免（原《试办章程》第八十六条；原《县诉章程》第十五条；《诉讼费用征收规则》第十七条）（《大理院讼费则例》第二十七条）。（四年抗字第194号）

准许救助之条件。

【正】本院《民事讼费则例》第二十七条规定，当事人因支出上告审所需讼费，致自己或其家族窘于生活，并取具确实铺保或户邻切结者，得连同保结，提出声请状于高等审判厅转送本院或迳呈本院，请准免缴等语。是声请救助，果具备一定条件，自应予以准许（《大理院讼费则例》第二十七条）。（四年声字第62号）

声请救助，该管审判衙门应即查核其是否真确，以定准驳。

【正】查司法部定《京外各厅处民事诉讼费用征收规则》第十七条内载："诉讼费用，起诉人无力缴纳，请求免收时，须另具声请救助状，加取铺保或户邻切结，呈由该衙门核准后，方予免收；如或败诉，其费用仍向具保结人征收。如胜诉，则向被告人征收"等语。是凡当事人以无力缴纳讼费为理由，依法声请救助者，该管审判衙门应即查核其是否真确，以定准予暂行免收与否之标准（《诉讼费用征收规则》第十七条）。（六年抗字第165号）

不问自然人与法人，均得请求救助。

【续】《民事诉讼条例》第一百三十条内载："当事人若因支出诉讼费用致自己或其家族窘于生活者，法院应依声明请，以裁决准予救助"等语。其立法之本旨，原为救济无力缴费之当事人而设。故当事人为自然人固应予以救济，而在法人，亦非无救济之必要。若对于法人，不问其有无资力，一概不准救助，是与法律上平等保护当事人之旨不相适合。（十二年抗字第382号）

声请救助之应否准许，须视其资力之是否贫穷为断。

【补】按《民事诉讼条例》第一百三十条规定，“当事人因支出诉讼费用致自己或其家族窘于生活者，法院应依声请，以裁决准予诉讼救助”等语。是声请救助之应否准许，须视其资力之是否贫窘为断。至取具铺保或户邻切结，不过借以证明其贫无资力，而非作为诉讼费用之担保，尤不能以铺保或户邻情愿担保讼费认为救助必要之条件。（十四年抗字第191号）

声请救助，应具备之要件有二。

【补】声请诉讼救助，应行具备之要件有二：一、当事人因支出诉讼费用致自己或其家族窘于生活，此为主观的要件。二、伸张或防御权利非不必要或难望收效，此为客观的要件。至当事人声请救助之时，为证明主观的要件，固应依修正《诉讼费用规则》第十八条第一项，加具相当铺保或户邻切结，但法定救助要件之是否具备，仍应由法院就声请人生活状况及诉讼关系依法调查判断，并不受所具保结之拘束。如查明确无资力而当事人释明不能取具保结之情形或他件卷宗有保结可以援用，亦应予以准许。（十五年抗字第118号）

所谓窘于生活，非毫无资财之义。

【补】民事当事人声请诉讼救助，依《民事诉讼条例》第一百三十条，固以因支出诉讼费用致自己或其家族窘于生活为必要之条件，但所谓“窘于生活”，系指该当事人非取给于自己或家族所必需之生活费不能支出诉讼费用者而言，并非毫无资财之义。故当事人虽有供给自己或家族所需生活费以上之资财而非其现时所得自由处分者，则欲支出诉讼费用仍非取给于自己或家族所必需之生活费不可，即不得谓其声请救助之要件仍有未备。（十五年抗字第216号）

显非必要及难望收效之解释。

【补】《民事诉讼条例》第一百三十条但书规定，“当事人伸张或防御权利显非必要或难望收效者，不在此限”。其所谓“显非必要”者，系指伸张或防御权利自始于法律上即非正当或显系轻率者而言。所谓“难望收效”者，系指提出之攻击或防御方法显然不能得胜诉之结果者而言。至当事人提起之诉或上诉如有不合程式或欠缺其他要件，当然解为难收之效。（十五年声字第121号）

第一百三十四条

当事人声请救助以第二审部分为限者，至第三审声请，仍须另有调查裁判。

【续】依《民事诉讼条例》第一百三十四条虽有“准予救助，于上诉亦有效力”之规定，但本件经原厅之裁判照准，既系依据该声请及保家之担保明以第二审为限，则其准予救助之范围，自仅为第二审之部分；上诉人向本院第三审提起上诉声请救助，自应由本院依法另行调查裁判，不得以第二审业经准许，即认为当然有效。（十二年声字第253号）

有声请救助者，应先予裁决，不得以补正期限已过为理由驳斥上诉。

【续】上诉人声请救助，虽在补正期限（命缴纳审判费用之期限）已过之后，但原厅既未于声请以前将其上诉驳斥，自应就声请先予裁决。如认该声请应当准许，则上诉仍应受理。乃竟于声请未裁决之前，以原定期限已过为理由，认上诉为不合法，迳予驳斥，殊属不合。（十二年上字第839号）

第三章　诉讼程序

第一节　当事人书状

第二节　送达

第一百五十八条

关于牌示裁判之限。

【续】所谓牌示，并非漫无限制，必县知事或承审员明知当事人或其代诉人在衙门所在地居住，可以知悉牌示者始为有效。若依可信之理由，足知当事人代诉人已不在该地，则非以其得知悉之方法谕知，裁判不得发生效力。故在对席裁判，若未经当事人、代诉人声明或由该衙门嘱令在当地听判者，自可推定其不在该地候判。应即查明果否他适；若已他适，并未留有听判人时，即应依据卷宗所载地址送达判词。在缺席裁判，本应经合法送达传票，始得为之。若当事人、代诉人经收受传票，即已他适者，除查据卷件得知其所在处所，仍应送达判词外，自可以牌示谕知裁判（原《县诉章程》第三十一条）。（八年抗字第203号）

诉讼代理人已丧失代理权或原无合法代理资格，即应送达于本人。

【补】诉讼代理人依委任之意旨，有受送达之权限者，固应向诉讼代理人送达。惟诉讼代理人已丧失代理权或原无合法代理资格，则应送达于本人，方为合法。此通观《民事诉讼条例》第一百五十八条及第八十三条之规定，自可了然（本号判例与本条例第八十三条互见）。（十二年上字第1743号）

第一百五十九条

当事人变更或离去其居住处所而无代理人者，应向审判衙门声报或更指定代收送达人。

【正】所谓合法传唤，指依送达程序送达传票于当事人或其代理人者而言。故当事人委任有代理人者，即应传唤其代理人到庭辩论。若未经委任代理人而其本人声明暂行居住之处所，在诉讼中又有变更或暂行离去者，自应随时向审判衙门声报；审判衙门亦应加以注意，谕其声报或更指定代收送达人。若未经声报又未及指定代收送达人，而审判衙门可知其现在处所者，则应依嘱托或邮送方法，直接送达于应受送达人。（五年抗字第163号）

第一百六十二条

对于多数当事人，送达判决词应各别为之。

【正】诉讼案件有多数当事人时，其判词之送达，除多数当事人共同委任代理人者，得仅送达于代理人中之一人外，其余，对于多数当事人，应各别为判词之送达。（六年抗字第184号）

对必要共同诉讼人，送达判词应各别为之。

【正】判词之送达，即系必要共同诉讼，依照条理，亦应对多数当事人各别为之。（六年抗字第240号）

第一百六十三条

限令补正之裁决，有不能送达之情形，可迳由审判长求法院判决。

【补】限令补正之裁决，向该当事人或其代理人于上诉状记明之居住所或事务所送达而竟不能，依同条例第一百六十三条至第一百六十六条及第一百六十八条、第一百七十条办理者，则其情形即得认为不可补正，毋待更为公示送达，而迳由审判长求法院判决。（十四年上字第208号）

第一百六十四条

同居东主关系消灭时，自无收受送达之权。

【补】依《民事诉讼条例》第一百六十四条第二项，将文书付与东主，以成长并同居为必要条件。如旅客与旅馆之关系，原以旅居时为限。苟其主客关系业经消灭，即非此条之所谓“同居东主”。除可认为指定代收送达人外，该东主自无收受送达之权。（十四年上字第3388号）

第一百七十二条

送达之收受日期，以签载送达证内者为凭。

【正】判词送达之收领日期，应以当事人或代理人在送达证内所签载者为凭（《承发吏职务章程》第十六条）。（六年抗字第118号）

送达，须向应受送达人为之，始生效力。

【正】送达诉讼文件，必系应受送达人收受，乃能发生效力。（五年抗字第151号）

第三节　日期及期限

第一百九十二条

日期，以事件之点呼为始；点呼得于指定时刻后为之。

【正】审判日期应以该案件之点呼为开始。其于日期指定时刻者，亦不必定于该时刻为点呼，而依事件之繁简，于该时刻经过后点呼，亦非违法。（四年上字第583号）

第一百九十三条

当事人有病，得声请辩论延期。

【正】当事人有病，尽可依法声请辩论延期。（六年上字第1264号）

上诉人声叙理由，声请变更日期，即不得遽视为濡滞日期。

【续】上诉人受合法之传唤而不到者，若已声叙理由，为变更日期之声请，即认为不应许可，亦应先就该声请予以驳斥之裁判，而不得遽视为濡滞日期。（八年抗字第57号）

第一百九十六条

休假日如非期间之末日，不得扣除。

【正】期间，惟其末日遇星期日、庆祝日或其他休息日者，毋庸算入。故所称岁始、休假日，如非系期间之末日，即不得主张由上诉期间扣除。（四年抗字第202号）

期限以日计者，第一日不算入。

【补】期限以日计者，依同条例第一百九十六条规定，仅系第一日不算入。此外，自应按日计算，无“逢大建，只算三十日”[1]之理。（十四年抗字第165号）

第一百九十七条

当事人本人不在法院所在地居住者，其计算上诉期间，应除去在途期间。

【补】除本人于普通委任之时已将提起上诉事项并行委任外，凡有诉讼代理人而当事人本人不在法院所在地居住者，其计算上诉期限，仍应适用第一百九十七条前段，扣除其在途之期间。而该条但书，即解为：就于诉讼代理人得代其为诉讼行为之时所设规定。（十四年上字第44号）

在途期限，计算之方法。

【补】按提起再审之诉之不变期限，依《民事诉讼条例》第五百七十三条规定，固应于判决确定时起算，惟当事人不在法院所在地居住而于其诉讼代理人为送达者，若其诉讼代理人未受特别委任、有为再审之诉之权限，则依《民事诉讼条例》第八十五条、第一百九十七条之立法意旨，自应扣除其提起再审之诉时之在途期间。至在途期间，依《民事诉讼条例》第一百九十七条第二项及十年八月二十六日第861号司法部令，当事人居住地与法院所在地距离之远近，每水陆不满五十里而在十里以上者，扣除一日。海路，每一海里作三里半计算。通行火车、轮船之地，依车行或船行期间，定其全部或一部之在途期间。其车行或船行期不满一日者，亦作一日计算（本号判例与本条例第八五条互见）。（十四年上字第167号）

上诉人之居住实不在县署所在地，自应计算扣除。

【补】上诉人之居住实不在县署所在地，而对于各厅原定之期间别有异议，则为贯彻立法之意旨起见，自应并予计算扣除。（十四年上字第2908号）

当事人提出上诉状于第三审法院而在法院所在地并无居所者，计算法定期限，自得扣除在途期间。

【补】《民事诉讼条例》第五百三十七条第一项及第一百九十七条第一项既规定“提

---

〔1〕据《古兰经》，斋月逢大建为三十日，逢小建为二十九日。斋月的起终均以见新月而定，斋月结束之次日为开斋节。——点校者注

起上诉，得提出上诉状于第三审法院”，而“当事人不在法院所在地居住者，计算法定期限，应扣除其在途之期间”。则凡当事人直接向本院提起上诉、在本院所在地并无居住者，计算上诉期限，自应将其在途之期间予以扣除。（十五年上字第1670号）

由邮局呈递之上诉状，应即以邮递期间为在途期间。

【补】应扣除之在途期间，依《民事诉讼条例》第一百九十七条第二项，以司法部命令定之；而民国十年八月二十六日司法部令亦已定有一定之标准。但当事人向本院上诉多由邮局呈递上诉状，在本院未就各处情形分别规定程期以前，凡由邮局呈递之件，应即以邮递期间为在途期间，即由当事人亲自来院提出上诉状，亦只得依通常邮递期间，酌定较长之期间，予以扣除。（十五年上字第1670号）

第一百九十八条

对准驳变更日期或延期辩论声请之决定，不得声明不服。

【正】许可或驳斥当事人声请变更日期或展期辩论之决定，系属指挥诉讼行为之一种，当事人对之不得声明不服。（四年抗字第277号）

不变期间，不许伸缩。

【正】上诉期间乃不变期间之一种，当事人不得以合意伸缩，审判衙门亦不得据当事人之声请，准予延长，以保留其上诉权。（五年上字第1452号）

上诉人于限令缴费后声请展期者，应先就声请裁判，不得即驳斥上诉。

【续】上诉人在原审提起上诉之时，虽未经缴纳讼费，但于原审限令补缴后，业已具状声请伸长期限，原审就此项声请未为准驳之裁判，而率指其不缴讼费为不合程式，予以驳斥上诉，殊不免于违法。（十二年上字第1680号）

补正期限之长短，应由法院以职权调查酌定之。

【补】按民事当事人声请回复原状，依《民事诉讼条例》第二百零五条，以迟误必要之言词弁论日期或不变期限者为限。至于上诉程式不合，在《民事诉讼条例》第五百零八条第一项第一款既另有规定，系由审判长定期补正。而此项期限，又依第百九十八条，得因声请或职权，以裁决伸长，自不能再行准用回复原状之规定以为救济。惟查此项补正期限之长短，既由法院酌定，则其路程之远近、数额之多寡及各该地方之经济状况，固应予以斟酌，而其时地方之秩序能否安宁、道路之交通有无梗阻，亦应并为酌核。即或裁决当时未能见及或其事实尚未发生，而在期限进行之中已行发见者，亦应以职权酌予伸长。惟此系事实问题，未经依法调查，原厅所为驳斥上诉之判决，固难予以维持，而本院亦无从自为裁判。上诉人等请求废弃原判、发回更审，即难谓为无理由。（十四年上字第124号）

第四节　诉讼行为之迟误

第二百零二条

上诉人声叙理由，声请变更日期，即不得遽视为濡滞日期。

【续】上诉人受合法之传唤而不到者，若已声叙理由，为变更日期之声请，即认为不应许可，亦应先就该声请予以驳斥之裁判，而不得遽视为濡滞日期。（八年抗字第57号）

仅濡到稍迟，不得谓为报滞日期。

【续】上诉人已受审判衙门合法之传唤而不到场，乃为濡滞言词辩论之日期；若仅于所指定之庭讯时间报到稍迟，而事件尚未点呼日期、尚未闭锁，即不能与濡滞日期并论。（八年抗字第434号）

第二百零五条

单纯以疾病或托人困难为理由，不认为意外事变。

【正】所谓天灾及意外事变，虽有种种情形，而单纯以疾病或老幼及乡间托人困难等为理由者，为顾全当事人两造利益并尊重确定判决起见，自难认为正当（原《试办章程》第六十五条；原《县诉章程》第四十二条）。（二年上字第76号）

许可回复上诉权，应以障碍原因发生于上诉期间内者为限。

【正】《审判厅试办章程》所称“因天灾或意外事变而许其回复上诉权”者，须以障碍原因发生于上诉期间以内者为限。若至判决确定以后而始发生窒碍，则与上诉逾期并无因果关系，即不得据为声请回复原状之理由（原《试办章程》第六十五条；原《县诉章程》第四十二条）。（三年抗字第25号）

所谓意外事变之解释。

【正】《审判厅试办章程》第六十五条载，“上诉期限，民事展为二十日。若因天灾及意外事变，至逾定期者，仍准上诉，但须于呈内详细声明”等语。按该章程所称意外事变，当指意外事故，其发生非出于当事人之预见及过失而不能祛避者而言。病疾虽非绝对不可避之事故，而实际陷于不能为诉讼行为之情形，例如绝对无代理人可以委任者，亦可认为意外事故之一种。至当事人浑称患病或虽属患病而并未陷于不能为诉讼行为之情形，则实际上既无不可祛避之障碍可言，其声请回复原状，自难认有理由（原《试办章程》第六十五条；原《县诉章程》第四十二条）。（三年抗字第41号）

回籍措资，不为回复原状之理由。

【正】回籍措资，不为回复原状之理由（原《试办章程》第六十五条；原《县诉章程》第四十二条）。（三年抗字第92号）

因窒碍准许回复上诉权，以因天灾或其他意外事故为限。

【正】上诉期间之设，法律上本以期讼争早息，俾为诉讼目的之法律关系，不致历久而动摇。如期内尚有可以声明不服之自由而辄迁延不行，无论其出于故意或过失，均在不能容许之列。固因窒碍准其回复上诉权，应以因天灾或其他意外事故为限。即须在期间内，实无声明不服之机会者而后可（原《试办章程》第六十五条；原《县诉章程》第四十二条）。（四年上字第100号）

濡滞日期与濡滞期间不同之点。

【正】濡滞日期与濡滞期间根本不同。濡滞日期者，因日期终竣而发生效力；濡滞期间者，因期间经过而发生效力。（四年上字第138号）

裁判书之邮递稽迟，得为回复原状之理由。

【正】因原审之判决邮递稽迟，致逾上诉期间，而经粘附挂号信及邮局收据回单等件证明者，应认为意外事变，准予回复原状（原《试办章程》第六十五条；原《县诉章程》第四十二条）。（四年上字第1700号）

被押，得为回复原状之理由。

【正】被押为意外事变之一，得为回复原状之理由（原《试办章程》第六十五条；原《县诉章程》第四十二条）。（六年抗字第174号）

不于办公期间内递状致逾期者，非天灾意外事变。

【续】不于办公时间内前往递状致逾法定期间者，即为该当事人之过失，不得与天灾意外事变比（《试办章程》第六十五条；原《县诉章程》第四十二条）。（八年声字第57号）

因原判误记上诉期间起算点，致当事人逾期者，应准回复原状。

【续】当事人不于原县署牌示后二十日内声明控告，如果实因该县判词内误记上诉期间起算点以致误解，并不能认为出于该当事人之过失，即应准其回复原状。（八年抗字第277号）

代理人之懈怠过失，不为回复原状之理由。

【续】因代理人之懈怠过失，致迟误上诉期间，显非意外事变，不得据为回复原状之理由（《试办章程》六十五条；原《县诉章程》第四十二条）（八年上字第997号）

因委人递状及筹措讼费致误期者，非意外事变。

【续】因委人代递上诉状及因筹措讼费以致误期者，不得以意外事变论（《试办章程》第六十五条；原《县诉章程》第四十二条）。（十一年上字第908号）

因不缴讼费，经以判决驳斥者，不得援用回复原状程序。

【续】声请回复原状，以迟误必要之言词辩论日期或不变期限者为限。至当事人提起上诉，因不缴讼费，经法院以判决驳斥者，并无回复原状可言，不得援用回复原状程序，更行请求受理上诉。（十二年声字第6号）

迟误补正期限，不许准用回复原状之规定。

【续】回复原状，依《民事诉讼条例》第二百零五条，以迟误必要之言词辩论日期或不变期限者为限。如在迟误补正之期限，自不许其准用。盖以缴纳讼费，原为起诉或上诉必须具备之程式。当事人于起诉或上诉时，苟不自行缴纳，依《民事诉讼条例》第二百九十条、第五百零八条及第五百四十九条，尚应以审判长酌定期限，先令补正；而此项期限，又得依声请或职权，由法院酌予伸长。是当事人迟误此项应为之诉讼行为，法律上为

保护其利益起见，已另有救济方法，自不许再行准用回复原状之规定。（十二年声字第13号）

疾病，须实际上已陷于不能为诉讼行为之情形，始可认为不可避事故。

【续】当事人迟误上诉期限，声请回复原状，依《民事诉讼条例》第二百零五条，以因不能预见或不可避之事故为限。就疾病而论，虽非绝对不可避之事故，惟实际上已陷于不能为诉讼行为之情形，例如不能委任代理人或绝对无代理人可以委任，则亦可认为不可避事故之一种。若混称患病或虽属患病而实际上并无不可避之障碍可言，其声请回复原状，自难认为有理由。（十二年声字第14号）

第二百零六条

声请回复原状，得于驳回上诉后或与上诉同时为之。

【正】回复原状之声请，为当事人便利起见，无论在驳回上诉后抑与声明上诉同时，均得为之。（二年抗字第54号）

第二百零七条

声请回复原状，应向有权审判濡滞之诉讼行为之衙门为之。

【正】当事人因逾期受控告审驳回控告之裁判而声请回复原状者，应向该控告审衙门为之。至受该控告审衙门驳回之裁判，始得提起上诉。若原控告审衙门对于该声请并未裁判，而当事人遽行上诉者，不能认为合法。（二年呈字第119号）

第二百零八条

对于回复原状之声请，得先为准驳之裁判。

【正】审判衙门对于回复原状之声请，为便利起见，得先为准驳之裁判（原《县诉章程》第四十二条）。（三年抗字第44号）

第五节　诉讼程序之停止

第二百十三条

当事人亡故而有诉讼代理人者，不中断。

【正】诉讼代理权本不因本人亡故而消灭。故本人亡故之后，非经继承人或其代理人声明委任关系消灭，该诉讼即无由中断。（四年上字第570号）

为当事人之自治会停办，诉讼程序中断。非接管该事务之县知事，不能受继。

【正】地方自治会，按照当时有效之《地方自治章程》，为保存地方古迹，固属有权涉讼。惟自治会依民国三年二月三日大总统令已经停办，则其诉讼程序当然因而中断；在自治制规复以前，非依停办令文接管事务之县知事，不能受继诉讼。若第三人以教育会名义出而受继，实属无权，难认为合法。（五年上字第902号）

不能因有代理人而置承受诉讼人之是否真实于不问。

【续】因原当事人亡故承受诉讼，原应以有权承继之人为限，受诉法院如对于承受人之真实尚有疑问，即应调查裁判，俟其承受事项明确，进而为本案诉讼之进行；不能因其尚有代理诉讼之人，遂可置其声明承受诉讼一事于不问。（十一年抗字第382号）

亡故人所为诉讼，系本诸特别关系之身分者，不适用第二百一十三条第一项。

【续】查《民事诉讼条例》第二百十三条第一项，“当事人亡故者，诉讼程序于其承继人承受诉讼前中断，但有诉讼代理人代为诉讼者不在此限”。此项规定，系就亡故人生前所为诉讼将来有相当之承继人可以承受者而言。本件因废继涉讼，该亡故人生前所为诉讼，系本其与相对人特别关系之身份而成立。此项特别关系之身份，既无人可以承继，即不能有合法承受诉讼之人，只能按《民事诉讼条例》第六百九十二条准用第六百八十条前段，关于本案，视与诉讼终结同；而不得援同条例第二百十三条第一项，主张诉讼程序中断（本号判例与本条例第六九二条互见）。（十二年声字第235号）

第二百十七条

审判衙门因变乱不能办理事务，诉讼程序中断。

【正】国家审判机关断无因地方变乱而失其正当权责之理。不过，事实上，至不能办理事务时，诉讼程序中断。（三年抗字第40号）

第二百十九条

因牵涉他项诉讼而命中止者，以与本件审判确有抵触之虞者为限。

【正】凡诉讼全部或一部牵涉他项诉讼，于该项诉讼终结前，得中止诉讼程序者，以该项诉讼之法律关系是否成立与本件审判确有抵触之虞者为限。否则，不得擅行援用，以妨碍诉讼之进行。（四年上字第1669号）

因牵涉而命中止，应以为本件先决问题之法律关系已系属于他衙门，必俟其确定是否成立者为限。

【正】民事诉讼案件，审判衙门因其全部或一部之审判牵涉他项诉讼而命中止诉讼程序者，应以为本件先决问题之法律关系已为诉讼物系属于他审判衙门，必俟其确定是否成立者为限。若并不以他审判衙门所确定是否成立之法律关系为本件诉讼之先决问题，则其诉讼程序即属毋庸中止。（四年抗字第450号）

所谓他项诉讼，乃指系属于他衙门尚未终结者而言。

【正】诉讼全部或一部之审判牵涉他项诉讼而应以该项诉讼之法律关系是否成立为根据者，审判衙门固得于该项诉讼终结前命中止诉讼程序，但此所谓他项诉讼，乃指为本件先决问题之法律关系另为诉讼物而系属于他审判衙门、尚未终结者而言。若其先决问题之法律关系即为本件诉讼之一部，且此一部之诉争已因上诉结果而先经判决确定，则其他部分之审判自得有相当根据，并无彼此矛盾之虞。即或当事人对于该一部之确定判决已有再审之声请，亦不足为中止诉讼程序之原因。（六年抗字第76号）

中止诉讼程序之解释。

【补】法律关系是否成立之确定事件，尚未依诉愿或行政诉讼等程序系属于行政衙门，

或虽已系属而诉讼之裁判本不以该法律关系之是否成立为先决问题者，无中止诉讼程序之余地。（十四年抗字第306号）

当事人主张之抵销抗辩，法院应并行调查讯究，毋庸命其另行起诉。

【补】当事人主张之抵销抗辩，法院应于审理本诉或反诉时，并行调查证据，审究其能否成立，固无庸命其另行起诉。即第一审误认为应另起诉而当事人就第一审之判决业已提起上诉者，第二审法院仍应于审理上诉时，就该上诉人所主张之抵销抗辩能否成立，自为审判，无庸因该上诉人之另行起诉，率准中止诉讼程序。（十五年抗字第37号）

依法律关系之性质，由行政衙门确定者，即得准用中止诉讼程序之规定。

【补】《民事诉讼条例》第二百十九条第二项规定，“法律关系应由行政衙门确定其是否成立者，准用之”云云。祇依法律关系之性质应由行政衙门确定者，即得准用该条第一项，中止诉讼程序。至该法律关系之争执是否已经向行政衙门请求解决，则在所不问。盖第一项之所谓“他诉讼必须已经系属”者，因他诉讼如未系属法院，可就其法律关系自行解决，而应由行政衙门确定其法律关系是否成立者，则法院始终无解决之权。（十五年抗字第154号）

第二百二十条

犯罪嫌疑已在侦查中，得据以中止。

【正】于诉讼中，有犯罪嫌疑牵涉该案审判，而其犯罪嫌疑已在侦查中者，自可据以中止其诉讼程序。（三年抗字第125号）

民、刑诉讼，未可混合审判。

【正】民事诉讼中有因犯罪嫌疑牵涉该诉讼之审判者，审判衙门虽得于刑事诉讼终结前中止诉讼程序，以防民、刑事诉讼之审判互相矛盾，然究未可将民、刑事诉讼混合审判。（五年私诉上字第32号）

因有犯罪嫌疑而命中止者，应于嫌疑事项确影响于审判方可。

【正】诉讼中，若有犯罪嫌疑牵涉该诉讼之审判者，审判衙门虽得于刑事诉讼终结前命中止诉讼程序，其所谓“犯罪嫌疑牵涉诉讼之审判”者，因该有犯罪嫌疑事项确影响于该诉讼之审判，非俟刑事诉讼解决而民事诉讼无由判断者，方有中止该诉讼程序之必要。（五年上字第1040号）

因犯罪嫌疑牵涉，应命中止与否，由审判衙门斟酌定之。

【正】民事诉讼中，若有犯罪嫌疑牵涉该诉讼之审判者，审判衙门固得于刑事诉讼终结前命将诉讼程序中止。惟究应命其中止与否，属于审判衙门之职权（并非当然中止），自应斟酌其牵涉之程度及当事人两造之利害定之。（七年抗字第177号）

民事案件涉及刑事者，无论是否私诉、该刑事诉讼已否开始，均得中止。

【续】民事判决原可不受刑事判决之拘束；在公诉判决所已认定之事实，若由民事庭审理民事案件遇有疑议，固可另行研讯，以期真实之发见。惟民事庭苟因其所审理之民事案件涉及刑事而将该民事诉讼程序暂行中止，以俟刑事诉讼终结后继续进行，即无论其中

止之件是否确为私诉事件、该刑事诉讼程序是否已经开始，均非法所不许。（九年抗字第121号）

所谓诉讼中有犯罪嫌疑，系指法院认为有犯罪之嫌疑而言。

【补】按《民事诉讼条例》第二百二十条所谓“诉讼中有犯罪嫌疑”云者，系指法院认为有犯罪之嫌疑而言，非谓当事人思料其有犯罪嫌疑即可中止民事诉讼程序。（十五年声字第94号）

第二百二十一条

司法部关于汉口理债处训令所称“暂缓判决”，非有强制中止诉讼之意。

【正】法院依据法律指挥诉讼之进行，本为独立职权之一种。除有违法情形，得依法纠正，或有无故延搁者，得由司法行政监督长官据呈行催外，不受何种机关之干预。查司法部第328号训令，虽系饬湖北高等审判厅“凡债务案件发生在兵变以前而其损失在汉口者，应准暂缓判决”，而详审其用意之所在，不过据情转饬，籍备该管审判衙门之参考，由其审酌办理而非有强制中止诉讼之意，当事人自不得援用此项部令而谓有请求缓判之权利。（三年抗字第26号）

主参加诉讼合法提起后，始得酌核情形中止本诉。

【续】中止本诉讼之进行，必俟主参加诉讼合法提起以后，本诉讼所属之审判衙门始能依其职权或据当事人声请，酌核情形以定其应否中止。（八年抗字第432号）

第二百三十条

凡命其中止或驳斥中止之声请，均得抗告。

【补】查《民事诉讼条例》第二百三十条“关于中止诉讼程序及关于撤销中止之裁决，得为抗告。”既称“关于中止诉讼程序”，则凡命其中止或驳斥中止之声请，依该条特别规定，均在得为抗告之列。（十四年抗字第88号）

第六节　言词辩论

第二百四十条

言词辩论，应传集两造公开。

【正】言词辩论日期，必传唤当事人两造公开。如仅传当事人一造或一造中之一人到庭讯问者，其陈述不能视为有效。（三年上字第579号）

抵销抗辩，至第二审仍得提出。

【正】抵销抗辩于第一审中，无论何时皆可提出。在第一审，因正当事由不能提出者，于第二审仍得提出之。（三年上字第639号）

逾时不提出证据者，得不待其提出而为判决。

【正】凡立证人不于相当之时期提出证据，以致诉讼有濡滞之虞者，审判衙门自得不待其提出即为判决。（三年上字第982号）

证据应于事实审辩论终结前提出。

【正】证据之举出，应于事实审辩论终结前为之。（四年上字第 228 号）

提出较迟之证据，仍得采用。

【正】证据之提出，凡在审理事实衙门皆得为之。但须该证据确实可信，即不得以提出较迟而不予采用。（五年上字第 298 号）

当事人两造，应使对席辩论。

【正】审判衙门对于当事人本人或代理人，除有命其退庭之原因予以退庭处分外，应使到场者两造对席辩论，使各尽其攻击防御之能事，而后可为公正之判断。（五年上字第 875 号）

第二百四十一条

当事人对于程序违背之诘问权之丧失。

【续】当事人对于诉讼程序之违背并无异义而就本案为言词辩论者，应丧失其诘问权。（十年上字第 1567 号）

第二百四十二条

审判长有指挥诉讼之权。

【正】诉讼进行之指挥，系审判长之职权。（三年上字第 22 号）

对于审判长辩论终结之命令，不得抗告。

【正】审判长因指挥诉讼权之作用，代表法院命令辩论终结，当事人不得对之声明抗告。如有审理尚未成熟，遽予宣判情形，亦只能于上诉理由中并行陈明，盖非如此不足以免诉讼进行之迟滞也。（三年抗字第 137 号）

因懵于法律而不主张已知之抗辩事实者，仍以抛弃论。

【正】当事人不知抗辩原因之事实而不主张者，不能遽认为抛弃抗辩权。若已明知其事实，则虽懵于法律未曾主张，亦不得以不知为理由而避法律之适用。（四年抗字第 55 号）

审理成熟，可宣示辩论终结。

【续】事实审衙门审理诉讼案件，经两造辩论、调查证据，认为业已成熟者，自可本其指挥诉讼之职权，宣示辩论终结。（八年抗字第 100 号）

指定宣判日期，不得抗告。

【续】指定宣告判决日期，原属审判衙门指挥诉讼之范围，不得抗告。（八年抗字第 471 号）

第二百四十三条

判决，应于辩论终结后为之。

【正】法院谕知判决，应于言词辩论终结后为之。若未经辩论终结，遽予宣告判决，致当事人攻击防御未能尽其能事，并于职权上应尽义务亦有未尽，而与判决之内容有直接之因果关系者，该判决自属违法，不能不认为有发还更审之原因。(三年上字第 594 号)

开庭次数无一定限制。

【正】因案件内容之繁简，定开庭次数之多寡。苟事实已明，即仅开庭一次而辩论终结，亦无违法之可言。(四年上字第 1438 号)

辩论时间无限制。

【正】辩论时间之久，暂原无一定，要以案情明了为度。(四年上字第 1772 号)

第二百四十五条

对于审判长指挥诉讼之命令，得向该审判衙门申述异议。关于异议之决定，不得抗告。

【正】审判长于言词辩论中所为诉讼指挥之命令，若有违法，参与辩论人本可向该审判衙门申述异议。此项异议，为诉讼进行敏捷起见，应由该审判衙门以决定裁判之。对此决定，不许独立抗告，必至本案判决后，当事人始得并向上级衙门声明不服。(三年抗字第 29 号)

《民诉条例》二百四十五条之裁判，不得抗告。

【续】《民诉条例》第二百四十五条之裁判，不得抗告。(十一年抗字第 318 号)

第二百四十六条

审判衙门可以职权命当事人提出证据。

【正】审判衙门因剖释诉讼关系，本可以职权命当事人提出证物，使事实关系臻于明了而适于裁判。(二年上字第 38 号)

当事人本人受传不到者，审判衙门得以心证认相对人主张之事实为正当。

【正】《各级审判厅试办章程》第五十二条但书所称“审判时，有必须本人到庭者，仍可传令到庭。”其立法之旨，全为诉讼关系明显起见。盖以审判衙门调查证据有已尽能事而犹不得适当事之心证者，故不得不令当事人本人到庭；其有受命而抗不到庭者，该章程虽无发生若何结果之规定，但依诉讼通例，审判衙门得以心证认相对人主张之事实为正当。盖当事人两造争执之点，审判衙门既认为必须本人到庭而无故不到，除代理人所为相当之陈述，审判衙门应有效采用外，关系不能明了之争点，自得为该当事人不利益之推定，而要不能适用缺席裁判之程序（原《试办章程》第五十二条，原《县诉章程》第九条）。(三年抗字第 17 号)

命当事人本人到庭之决定，不得抗告。

【正】审判衙门命当事人本人到庭之决定，纯系诉讼指挥行为之一种，不许声明抗告。惟于判决后上诉时，得并求审查而已。(三年抗字第 71 号)

苟未为职权处置，即对于有举证责任之当事人，亦不得为不利益之推定。

【正】审判衙门于释明事实关系，本为应尽之职务，所以补当事人之不及而发见真实，以为公平之判断也。故原审如认有调查某证据之必要，应即以职权行之；不能因当事人之不请求，即不为职权上必要处置，而对于该有举证责任之当事人遽为不利益之推定（原《试办章程》第六十九条、第七十四条，原《县诉章程》第二十四条；本号判例与本条例第三百五十四条、第三百八十五条、第四百零六条、第四百一十一条、第四百三十二条互见）。（三年上字第 130 号）

审判衙门因释明事实关系，应以职权调查证据。

【正】事实之认定应凭证据。而证据之搜集，除当事人就主张有利于己之事实应各负责任外，审判衙门因释明诉讼关系，亦应尽相当之义务。故当事人提出之证据，苟于讼争事实有重要关系或可与相对人所举他种确凭互相印照者，即应予以调查；而在职权上应行之必要处置，亦应严加注意（原《试办章程》第六十九条、第七十四条，原《县诉章程》第二十四条；本号判例与本条例第三百二十八条、第三百五十四条、第三百八十五条、第四百零六条、第四百一十一条、第四百三十二条互见）。（三年上字第 210 号）

非必要事实，审判衙门无以职权搜集证据之义务。

【正】当事人间所争执之重要事实，审判衙门固应尽相当释明之能事，但当事人主张之事实，如纯系空言，则审判衙门非概有代为搜集证据之义务。（三年上字第 350 号）

审理尚未成熟者，应更为相当处置。

【正】证据之取舍，虽得由审理事实之审判衙门于法律范围内衡情定之，然若审理尚未成熟，就调查之结果并不足以得适当之心证；设更为相当处置，犹有审理之余地，而该衙门竟据以认定系争事实之存在，自于其职权上应尽之能事有所未尽（原《试办章程》第六十九条、第七十四条，原《县诉章程》第二十四条；本号判例与本条例第三百五十四条、第三百八十五条、第四百零六条、第四百一十一条、第四百三十二条互见）。（三年上字第 386 号）

调查证据及职权上必要处置未尽，即非合法认定事实。

【正】审判衙门于调查当事人提出之证据及职权上应为之必要处置，尚有未尽能事，则其认定事实不能谓为合法。（三年上字第 953 号）

对于审判衙门指挥诉讼之裁判，不得抗告。

【正】审判衙门有释明诉讼关系之职责，得为指挥诉讼之裁判。当事人对于此种裁判如有不服，只能径向该审判衙门声请其自行依法撤消，不许独立声明抗告，此所以图诉讼进行之迅速也。（四年抗字第 9 号）

调查当事人之证据犹有疑议者，审判衙门应另为职权调查。

【正】事实之认定，须凭证据。而证据之搜集，则除当事人于证明自己主张负相当之举证责任外，审判衙门亦不可不尽其职权上应为之处置。故当事人提出之证据确实可信者，因可无事旁求；若犹有疑义，则不能不由该审判衙门另为职权上之调查，以期案情臻于明了（原《试办章程》第六十九条、第七十四条，原《县诉章程》第二十四条；本号判例与本条例第三百二十八条、第三百五十四条、第四百零六条、第四百一十一条、第四百三十二条互见）。（四年上字第21号）

中止辩论之决定，不得抗告。

【正】审判衙门因指挥诉讼所为中止辩论之决定，当事人如有不服，只能向该审判衙门声请其自行依法撤消，不许遽行抗告。（四年抗字第90号）

《县诉章程》所称“有传讯本人必要”，乃指发现事实真相或劝谕和解有必要时而言。

【正】《县知事审理诉讼暂行章程》第九条第一项载，“民事案件，限于本人及代诉人得提起诉讼”。第四项载，“县知事认有询问本人之必要时，仍得传本人到案”。此两项规定，明明系委人代诉与传讯本人不妨同时并行，非谓准予委人代诉，即不得传讯本人，而传本人到庭，即始终不准委人代诉也。至该章程所称“有传讯本人之必要”云者，乃指审讯中因发现事实真相或劝谕和解有必要时而言，固不得滥加限制（原《试办章程》第五十二条，原《县诉章程》第九条）。（四年上字第359号）

关于检证之决定，不得抗告。

【正】关于检证之决定，乃审判衙门所行之诉讼指挥，当事人不得声明抗告。（五年抗字第35号）

审判衙门得命当事人本人到场。

【正】当事人虽经委人代理诉讼，如有必要情形，审判衙门仍可令其本人到庭（原《试办章程》第五十二条，原《县诉章程》第九条）。（五年上字第536号）

传讯命令，不得抗告。

【续】审判衙门审理诉讼事件，如认为必须传讯本人时，依法自可命令本人到案。此项传讯命令，属于指挥诉讼之范围，不得独立抗告。（五年抗字第509号）

第二百四十七条

除必要共同诉讼外，得分离审判。

【正】诉讼事件之合并审判，纯为节省劳费时间起见，除必要共同诉讼以外，无绝对不许分离审判之理。（三年上字第1138号）

本诉及反诉得分离审判，但有抵销抗辩之性质者除外。

【正】本诉与反诉之辩论及其裁判，审判衙门为事实上便利计，固得为之分离，然被告关于抵销抗辩之主张，虽以反诉之名行之，亦不应率予分离审判，致使被告失其主张此项抗辩之机会。（四年上字第318号）

应否命其合并或分离审判，属于审判衙门之职权。

【正】诉讼事件之辩论及裁判，应否命其合并或分离，属于审判衙门之职权，当事人非有声请准行之权利。（四年抗字第196号）

第二百四十八条

两诉两造不同一者，不应合并判决。

【正】两诉讼之当事人两造不同一者，不应合一判决。虽控告审原系合一判决，而上告审亦应分别判决之。（三年上字第 293 号）

诉之原因不同，亦得将数诉合并审判。

【正】当事人相同之数宗诉讼，其诉之原因虽不相同，亦得合并审理判决。（三年上字第 1113 号）

命合并或分离审判之裁判，不得抗告。

【正】命合并或分离审判之裁判，系诉讼指挥行为之一种，不许抗告。（四年抗字第 196 号）

本诉及主参加诉讼，不应合并判决。

【正】本诉讼及主参加诉讼，虽得合并审理，而究不应合一判决。（四年上字第 237 号）

两请求非为共同诉讼者，不应合并判决。

【正】两请求非以共同诉讼而起诉者，不应合并判决。（四年上字第 717 号）

被告对于原告另案起诉并未提起反诉，又与本案非系属于同一法院者，即无由合并审判。

【续】依当事人或审判衙门之行为，固可为诉之并合，然当事人如果对于他造另案提起诉讼、请求给付时，并未以此项债权适用反诉程序提起反诉，则依当事人之行为已不能为诉之并合。苟其另案提起诉讼时，他案又已系属于上诉审，则其系属之审判衙门亦非同一，即审判衙门亦无由命其合并。（八年上字第 1101 号）

须得行同种诉讼程序之诉讼，始得合并提起。

【补】须得行同种诉讼程序之诉讼，始得合并提起。故原告如将应行特别诉讼程序之诉与应行通常诉讼程序之诉合并提起，即令其俱属同一法院管辖，不得即行驳斥，亦应分别辩论判决。（十五年上字第 224 号）

诉请脱离妍度关系，得与其他通常诉讼案件合并审理。

【补】诉请脱离妍度关系，非婚姻事件，得与其他通常诉讼事件合并审理。（十五年上字第 224 号）

第二百四十九条

当事人提出数个攻击或防御方法者，于必要时，应并予审究。

【正】当事人提出二以上之攻击或防御方法，审判衙门不能专据其一种方法为解决本案之判断者，自应并行调查其他方法。（四年上字第 230 号）

数个独立攻击或防御方法，有一足为该当事人利益裁判者，毋庸更究其他方法。

【正】当事人在事实审判衙门提出数个独立之攻击或防御方法者，应并予调查判断。其中有一方法，已足为该当事人利益之裁判者，可毋庸究其他方法。（四年上字第593号）

数种中之一种攻击、防御方法，经更审结果认为不足采用者，其他攻击防御方法仍应更予审判。

【补】当事人关于同一诉讼标提出的数种独立之攻击、防御方法，仅其一种已足为该当事人利益之判决者，法院固毋庸更就其他攻击、防御方法一一审认。惟该判决若经上诉审以其采用该种攻击、防御方法未能合法予以废弃、发回更审，而其更审之结果，亦认该种攻击或防御方法为不足采用，则于其他攻击或防御方法不待上诉审之指示，当然应更予审判，不得仅以该种攻击或防御方法不足采用，遽为该当事人败诉之判决。（十四年上字第2344号）

第二百五十二条

再开辩论与否，属于审判衙门之职权。

【正】事件经审判衙门认为释明充足者，即可随时终结辩论。其重开辩论与否，乃属于审判衙门之职权，非当事人所能强求。（二年上字第236号）

驳斥再开辩论声请之裁判，不得抗告。

【正】审判衙门为促诉讼进行所为诉讼上之指挥，当事人如有不服，只能向之申述异议，不得提起抗告。应否许其再开辩论，本属审判衙门之诉讼指挥。故当事人虽有再开辩论之声请而审判衙门不准其请求，亦不容以抗告方法声明不服。（三年上字第805号）

不必因新委任代理人再开辩论。

【正】委任诉讼代理人在辩论终结之后，而审判衙门复认为事实已甚明了，毋庸更为辩论者，自可不必仅因新委任代理人之故，更行指定辩论日期。（三年上字第1190号）

已判决后，不得再开辩论。

【正】审判衙门于言词辩论终结以后，认为有必要者，固得命其再开辩论，但已经判决，该案即不复系属于原审衙门。当事人如有不服，只得声明上诉，不得复向原审衙门声请续行审理；而原审衙门，亦断无许其再开辩论之理。（四年上字第607号）

辩论终结后，可以再开辩论。

【续】审判衙门审理诉讼事件，如认事实关系之调查尚未明了，自得于辩论终结之后再开辩论。当事人于再开辩论时，得使用新攻击或防御之方法。（八年抗字第81号）

第二百五十四条

辩论笔录，苟非证明确系错误或伪造，有相当之证据力。

【正】依定式所作诉讼笔录，非另有确切证据足以证明其记载之错误或出于伪造，于证据法上有相当之效力。（六年上字第679号）

驳斥请求更正笔录之裁判，不得抗告。

【续】驳斥请求更正笔录之裁判，属于指挥诉讼之范围，不得抗告。（八年抗字第573号）

第二百五十六条

笔录虽未记明依法朗读而当事人当时并未主张，又未指出错误者，不得借以推翻原判。

【正】审判衙门所作之笔录，曾否依法宣读未于笔录内载明，固不能谓无疏漏，惟笔录之宣读原防有重要错误、以备当事人自行更正；在当事人原有请求宣示之权，如当事人当时并未主张，而笔录上又未能指出何等错误，自不得以此借口而即欲推翻原判（原《试办章程》第三十四条）。（五年上字第1058号）

笔录无须当事人署名、盖章，只当庭朗读即有相当效力。

【正】朗读言词辩论笔录，虽为审判衙门应尽之职务，然现行法上并无须经当事人署名、盖章之明文。原审笔录内既经记明“以上记载，本庭向关系人等朗读，经其承诺无误”字样，于证据法上自有相当之效力，非有确切证明，不得徒以空言否认其记载之真实（原《试办章程》第三十四条）。（五年上字第1230号）

笔录虽未经朗读，而当事人陈述之点亦非绝不能采取。

【正】笔录虽未经原审注明“当庭朗读”字样，如果实系未经朗读于诉讼程序，固不无疵累，然原审对于当事人所陈述之点如已再三讯问，该当事人均始终一致，即不能犹谓其有错误而不能采取（原《试办章程》第三十四条）。（六年上字第79号）

第七节　裁判

第二百六十二条

裁判本案，须经言词辩论，以判决行之。

【正】凡关于本案，即权利关系存否等事项之判断，必经言词辩论，以判决形式宣告之（原《县诉章程》第二十九条）。（二年抗字第1号）

判决程序，须两造到庭辩论，始能判决。

【正】判决程序，须传唤当事人或其代理人到庭辩论，使其攻击、防御，各尽能事而后为之判决。如果当事人一造虽经依法传唤而无故不到庭或到庭而不为辩论，乃得因彼造之声请，由审判衙门酌定予以缺席判决，诚以当事人之到庭辩论为直接审理主义之精神，必如此始足成信谳。（三年抗字第194号）

审理与判决推事异人者，其判决为违法。

【正】凡参与判决之推事必系参与审理之推事。如言词辩论日期有数次而参与审理之推事中有因事故而变更者，则应以最后更新审理日期所列席之推事为参与判决之推事。如审理与判决推事异人，则该判决自属违法判决，其判决审判衙门即不得谓有合法之编制。（三年上字第579号）

裁判与行政处分之区别及其不服方法。

【正】同一机关得兼行政、司法之权者，其对于特定事件之处置，究系司法裁判抑为行政处分，自应审查其所处置者为何事而定。如系关于国家刑罚权或国家与人民及人民相互间之私权关系，为维持法规起见，解决其事实上或法律上争点而为之判断，系属司法裁判；如系关于行政刑罚或其他为维持国家及国民利益所为一定之处置或变更从前处分而为之处置，则为行政处分。从来县知事虽兼有司法上及行政上两种职权，而其处理司法案件及实施行政处分又往往用同一之程式，然二者性质截然不同：其确为行政处分者，当然受上级行政机关之监督，非司法衙门所能纠正。即令当事人误向司法衙门上诉，亦应指令诉愿于该管上级行政长官或提起行政诉讼以资救济，毋庸予以审判。（四年抗字第 59 号）

裁判有无诉权，须经言词辩论，以判决行之。

【正】当事人必有主张权利之资格，乃得提起保护私权之诉。惟关于原告有无诉权之争执，并非简易之诉讼上请求，自应经过言词辩论，以判决之形式为之裁判（如经言词辩论之结果，认原告为无诉权，即应为驳回之终局裁判；如认原告有诉权，则应于裁判本案讼争时并予判决）（原《县诉章程》第二十九条）。（七年抗字第 234 号）

不得以理论上之推测，据为裁判。

【续】审判衙门之裁判，须以合法认定之事实为基础，不得以理论上之推测据为裁判。（八年上字第 979 号）

就当事人实体上请求裁判，应本于必要之言词辩论，以判决行之。

【续】就当事人实体上请求予以裁判，应本于必要之言词辩论，以判决行之。（八年抗字第 16 号）

判决基础之辩论，系指关于判决资料之一切辩论而言，不以最终日期之辩论为限。

【补】查《民事诉讼条例》第二百六十二条第二项规定，“推事非与于为判决基础之弁论者，不得与于判决”。所谓为判决基础之弁论，系指关于判决资料之一切弁论而言，固不以最终日期之弁论为限。惟判决以前，其推事如有变更，应行更新审理，即以更新日期列席之推事参与判决，否则系属违法。本件查据原审笔录，曾经四次开庭弁论；其于前次更新日期，系由推事李文蔚、谢邦柟、裘辅章三员列席，嗣后并未据重开弁论、复行更新程序，乃竟以推事关广誉参与本件之合议判决，按照上开说明，自属违法。（十三年上字第 60 号）

当事人所为声明陈述及证据方法，须于言词辩论以前以言词提供者，法院始得于判决时斟酌之。

【补】当事人在一、二两审所为声明陈述及证据方法，原则上须于言词辩论以言词提供者，法院始得于判决时斟酌之。（十五年上字第 1769 号）

第二百六十三条

谕知判决，无论是否与辩论同一日期，均无不可。

【正】判决若系于言词辩论终结后宣告者，无论是否与辩论同一日期，苟事实审理业已完足，在现行法上即不得谓为不当（原《县诉章程》第三十六条）。（二年上字第18号）

从前清州县批判，有时应以第一审之终局判决论。

【续】前清州县衙门之批判，若确已解决当事人间诉争之点及诉讼当事人已受谕知者，即应认为已有第一审之终局判决。（八年上字第4号）

第二百六十六条

判决引用法律不列示条文，亦可。

【正】民事判决文引用法律，以能知其适用何种法律之程度为足，不必列示条文。（三年上字第33号）

从前地方官于点名单硃标判语，不为违法。

【正】从前地方官判断案件，均于点名单上硃标判语，不得谓为违法。（三年抗字第75号）

非争执之事项，毋庸揭于主文。

【正】非当事人争执之事项，毋庸揭示于主文。（三年上字第1154号）

判决不合定式者，仍应以判决论。

【正】审判衙门就两造权义争执，经过言词辩论所为之裁判，虽未悉依判决方式而经当事人提起上诉后，为谋其便利起见，应以已经判决论（原《试办章程》第三十八条，原《县诉章程》第三十条）。（四年抗字第482号）

前清府厅州县及审判厅之批词牌示，与判决送达有同一效力。

【正】前清府厅州县及各级审判厅判断案件，均以批词牌示为之，并无送达判决之程序。此项批词实与判决同一性质、同一效力，一经确定，当事人即不得再行声明不服。（四年上字第1041号）

县知事以堂谕为判决者，毋庸发还补做判词。

【正】查民国四年五月十二日司法部第596号通饬内称："嗣后上诉审判衙门受理上诉之各案件，不应专据形式违误，率尔发还更审"等语。是县知事之堂谕，苟足认为终局判决或为可以上诉之中间判决，即不得以其未依定式作成判词，率予发还更判（原《县诉章程》第三十条；原《试办章程》三十八条；民国四年五月十二日司法部饬）。（五年上字第319号）

主文虽欠明了，而依所附理由可认为已判者，即非脱漏。

【正】下级审判衙门对于当事人以诉或反诉所主张之请求，实际上已有判断，而仅系判决主文涉于含混抑或主文虽未表明而依其所附理由，可认定为已判者，上级审判衙门自应即予受理审判，无庸更由该下级审判衙门为补充判决。（六年上字第1398号）

县知事堂谕，亦可生确定判决之效力。

【正】县知事审理诉讼，其有应用判决之事件而误以堂谕代之者，其堂谕究非无效；苟当事人于法定上诉期间内并未声明不服，亦即发生确定判决之效力（原《县诉章程》第三百零八条；原《试办章程》第三十八条；民国三年十一月二十一日司法部呈准《县知事简易案件准以堂谕代判决办法》）。（七年抗字第 44 号）

不合定式之判决并非当然无效。

【正】判决虽未遵依法定程式，然并非当然无效（原《试办章程》第三十八条；原《县诉章程》第三十条）。（七年上字第 230 号）

第二百六十七条

判决有法律上之重要疵累者，当事人纵未以为上诉之理由，上级法院亦应依职权废弃其判决及其诉讼程序。

【补】《民事诉讼条例》第二百六十七条之规定，为当事人所不得舍弃遵守者。故于法院违背时，即属有法律上之重要疵累，纵令当事人未以为上诉之理由，亦应由上级法院依职权将该判决及其诉讼程序废弃。（十四年上字第 266 号）

第二百六十九条

县知事判决未经送达或牌示者，亦非无效。

【续】县知事所为之判决，未经践行送达或牌示之程序，亦仅不能起算上诉期限，究不能遽谓其判决为无效（原《县诉章程》第三十一条、第四十条）。（九年抗字第 284 号）

第二百七十一条

裁判经谕知后，原审判衙门不得更为反判之裁判。

【正】裁判一经宣示，无论其是否适法，为裁判之审判衙门通常不得就同一事项更为反对之裁判（本号判例与本条例第二百七十八条互见）。（四年抗字第 151 号）

已谕知之判决，原审判衙门不得自行撤销。

【正】已谕知之判决，有拘束该判决审判衙门之效力，不能由该判决审判衙门自行撤销、更为判决。各级法院及行使司法权之县知事，应一体遵守，不容或违。（五年上字第 803 号）

第二百七十二条

关于判认数额有争执者，不得借口错误，声请更正。

【正】当事人关于判决书内之错写、错算，固得声请更正。至关于审判衙门所认定之债权额数有争执者，则仅于法律所许范围内，得依上诉、再审等方法声明不服，不容借口错误，率行声请更正。（四年声字第 202 号）

判决漏列代理人姓名，得以决定更正判决书内缮写错误，不得为上诉理由。

【正】判决书漏列诉讼代理人之姓名者，得以决定更正之。（四年决字未列号）

判决书内缮写错误，不得为上诉理由。

【正】判决书内有缮写错误，依法尽可由当事人自向为该判决之审判衙门声请更正，

不得持为上诉理由。(五年上字第 838 号)

第二百七十三条

裁判有脱漏，不能为上诉理由。

【正】主请求或从请求审判衙门判决有遗漏者，当事人得就遗漏之部分向原审衙门声请为补充判决，而不得以为上诉之理由。(二年上字第 102 号)

下级审裁判脱漏之事项，上级审不得即予裁判。

【正】同一诉讼中，未经第一审判决之系争事项，应仍由第一审为补充判决，控告审不应越级受理。(三年上字第 791 号)

在第二审主张利息未经裁判者，得声请补充判决。

【正】在控告审言词辩论虽曾主张利息，而究应计息与否，原审未予裁判者，得请求补充判决。(四年上字第 1052 号)

主文不明了或理由与主文有抵触，不得据以声请补充判决。

【正】补充判决之请求，应以审判衙门于当事人请求事项遗漏未判者为限，始得由该当事人向原审判衙门为之。若系主文不甚明了或理由与主文有抵触者，则仅得以之为上诉理由，而不得仍就既判事项请求补充判决。(七年上字第 988 号)

第二百七十四条

判决以外之裁判，得经任意之言词辩论。

【正】审判衙门为驳斥诉讼程序声请之裁判，虽可不经言词辩论，而认为有必要时，仍得令两造先为言词辩论，然后再为相当之裁判。此项为言词辩论之命令，系属诉讼指挥之一种，于法不许声明上诉。(四年抗字第 98 号)

非为裁判基础之诉讼资料尚须补充或阐明，即无命为言词辩论之必要。

【补】法院或审判长、受命推事、受托推事为裁决时，本得专以卷宗内已有之诉讼资料为基础，至命当事人或其他关系人为言词辩论或以书状或言词陈述与否，则由法院或审判长、受命推事、受托推事依其自由意见定之。如非为裁决基础之诉讼资料尚须补充或阐明，即无命行此项程序之必要。(十四年抗字第 279 号)

第二百七十六条

限令补缴诉讼费之裁决，不许抗告。

【补】限令补缴讼费之裁决，应请求原法院自行撤销，而不许抗告。(十四年抗字第 90 号)

第二百七十八条

裁判经谕知后，原审判衙门不得更为反对之裁判。

【正】裁判一经宣示，无论其是否适法，为裁判之审判衙门通常不得就同一事项更为反对之裁判（本号判例与本条例第二百七十一条互见）。(四年抗字第 151 号)

第八节　诉讼卷宗

第二编　第一审程序

第一章　地方审判厅诉讼程序

第一节　起诉

第二百八十四条

在州县以言词起诉者，如承审官认为无碍，得予受理。

【正】从前，州县受理诉讼向无一定之程式，本不受《审判厅试办章程》第四十九条之拘束，故起诉程式通常虽以状纸声明者为多，而以言词起诉者，亦非概予禁斥。该承审官如认为无碍，予以受理，则起诉时虽未具状，亦不得谓该件诉讼之进行即为违法（原《试办章程》第四十九条，本号判例与本条例第四百七十七条互见）（二年上字第233号）

起诉，须有一定之当事人与声明。

【正】诉讼须有一定之当事人与一定之声明。如原告起诉本系以父子数人为被告，则虽其父未到案而由其子代为陈述一切，该诉讼之当事人亦不能因此有所变更（原《试办章程》第五十一条，原《县诉章程》第一百三十四条）。（三年上字第993号）

人民争执官产为私有，应由司法衙门审判。

【续】民国四年财政部呈准《查追官产办法》，原指所有权确系归属公家而被人侵占冒认者，始行适用。若人民对于官产争执为其私有，则显属于私法上之讼争，自应由司法衙门受理审判。（八年抗字第399号）

诉请判令被告设法退出报领地或履行更正行政处分之义务，属于民事诉讼。

【续】原告起诉之本旨若在令被告设法退出报领之地或判令被告履行请求更正行政处分之义务，并非要求司法衙门直接取消行政处分，则该项诉讼自系回复侵害之民事诉讼，司法衙门应予受理。（八年上字第788号）

二重丈放后，其前后承领人争执所有权，应由司法衙门审判。

【续】丈放地亩固属行政处分，而一经合法丈放之后，其所有权即已移转于承领之人，除依法别有根据外，管理丈放之官署人员当然不得重行放给他人；即其重行丈放之处分，于法不能发生物权得丧失之效力。而于二重丈放时，其前后承领人如有应由何人取得所有权之争执，亦即属于普通司法裁判之范围。（九年上字第169号）

雇员薪金，有时得提起民事诉讼。

【续】录事对于县知事请求补发薪金，如果其薪金确曾约定数额且国家已将公费发足而为县知事自身所拖欠者，自得提起民事诉讼。至薪金数额，无论根据于行政官厅之章程抑由县知事所核准，凡曾定有一定额数而为发给薪金之标准者，均属约定数额。（九年抗

字第 226 号）

在私法关系之国家，因私法关系发生之争执，即属司法事项。

【续】国家在法律上原有两种关系：一为公法上之关系，一为私法上之关系。在公法关系之国家，对于人民为权力服从关系，于一定限度内，固可用其强力；而私法关系之国家，则与普通人民同，其与人民之权利义务本属对等关系，不容以强权侵害人民之利益。至行政处分，乃国家本于其行政权（公法上之权力）之作用，对于人民命其作为、不作为，或对于人民为一种许可或免除，或付与一种权利或剥夺其所与之权利，纯为国家在公法上之地位始能为之。本件大清银行清理处，即假定在公法上可认为国家所设之机关，而其对于人民履行票据上之义务（开付票存），亦纯属私法关系，并无行使权力以行政处分或命令强行处理之余地。故因此项关系发生争执，即属可法事项，应由通常法院受理，依据有效之法令审判。（九年上字第 681 号）

地方公益财产被侵害，该地方人民团体得举代表起诉。

【续】地方公益之特定财产被管理人侵害，该地方人民团体因有利害关系，得公举代表提起民事诉讼请求保护。（十一年抗字第 165 号）

有私法上之权利之人，始有诉权。

【续】非有私法上权利之人，不得有诉权。（十一年上字第 216 号）

不请求保护私权之诉，不能成立。

【续】民事诉讼系以保护私权为目的。若当事人并不请求保护私权，则民事诉讼之目的即不存在，其诉在根本上不能成立。（十二年上字第 936 号）

第二百八十五条

私人已受行政官厅之预告，将为权利主体者，得就该权利提起诉讼。

【正】现行律关于检踏灾伤田粮条例载，“凡沿河沙洲地亩被冲坍塌，即令业户报官注册。遇有淤涨，亦即报官查丈，照原报之数拨补；此外多余涨地，不许霸占（中略）。余地，许召无业穷民认垦，官给印照（中略）。如果有私行霸占，将淤洲入官”等语。被上告人等本于前湖南实业司特许之豫告，若周家嘴沿河一带确有无业洲淤，即可依批请求具领，则被上告人等既将为特许权利之主体，自可径以自己名义提起诉讼。上告人等谓“系争地段内，不论有无官荒，非被上告人等以私人身份所能过问，不能径行提起诉讼”云云，为妨诉抗辩。其抗辩，自属不能成立。（三年上字第 1195 号）

私人假行政处分为侵权行为之手段者，得提起民事诉讼。

【正】凡以一私人资格，假行政官厅之处分而为侵权行为之手段者，其被害人除得依法提起诉愿或行政诉讼请求撤销该行政处分外，并得对于加害人向司法衙门提起民事诉讼，请求回复其原状或赔偿损害。（四年上字第 2229 号）

损害赔偿之诉，不能以当事人未明示数额拒绝受理。

【正】关于损害赔偿之诉，当事人既经声明系以赔偿金钱为请求目的，则虽未明示赔

偿数额，审判衙门尽可依相当方法予以核定，而不容因此拒绝受理。（五年上字第960号）

私权有将受侵害之虞者，得提起诉讼。

【正】私人之权利，已受侵害或将受侵害者，得提起民事诉讼请求保护。（五年上字第1434号）

因确定承领官地权利之所属或以业经承领为理由排除他人之干涉，均得提起民事诉讼。

【正】放领官地虽属行政处分之一种，然当事人如因承领权利之谁属而有所争执及以业经承领为理由而诉请排除他人之干涉者，其讼争之性质皆属民事诉讼之范围，自应受普通司法衙门之审判。（六年上字第205号）

第二百八十六条

非关于争执事项有法律上利益者，不得有诉权。

【正】民事诉讼之目的在保护私权。故非关于所争执之事项有法律上利益者，则不应认为有诉权。（四年上字第115号）

给付之诉，遇有必要情形时，得于期限未届前提起。

【正】给付之诉固应于履行已届期后提起，但遇有必要情形时，亦得于期限未届前为之。（四年上字第2393号）

通常非有私法上权利之人，不得有诉权。

【正】民事诉讼制度本为保护私权而设。故非有私法上权利之人，通常不得有诉权。（五年上字第666号）

若系事不关己，亦非代表有权利之人，不得有诉权。

【正】国家设置机关审判民事诉讼，其目的专为保护个人之私权。故诉讼人若系事不关己，亦非代表有权利之人，无故出头缠讼者，断然为法所不许，即应予以驳斥。（五年上字第1179号）

须有主张权利之资格者，始得为当事人起诉或上诉。

【正】诉讼事件，必当事人有主张权利之资格或由有主张权利资格之人合法委任代理，而后审判衙门斟酌两造辩论之意旨、调查证据以为判断。若并无此项资格而为当事人起诉或上诉者，于法即须加以驳斥。（六年上字第982号）

于讼争事项无利害关系之人，不能有诉权。

【正】凡于讼争事项无利害关系之人，不能有告争权。（七年上字第761号）

所谓有到期不履行之虞，只须常识上足认原告之所虑为正当，并不以被告就其债务争执为必要。

【补】提起给付之诉，通常固须原告之请求已届履行期，然被告如有到期不履行之虞，原告得于履行期未到前预行提起给付之诉，《民事诉讼条例》第二百八十六条已定有明文。

所谓有到期不履行之虞，只须常识上足认原告之所虑为正当，并不以被告就其债务争执为必要。故分期清偿之债务，被告若于业经到期者不为履行，则于不久即将到期之次期债务，自不能不认为已有到期不履行之虞。（十四年上字第2933号）

第二百八十七条

当事人得提起宣示某字据为伪造之诉。

【正】伪造之字据，当事人诉请宣示其伪造者，审判衙门于调查确实后，应为此项宣示。（四年上字第2334号）

法律行为之无效，非有利害关系之人，不得主张。

【正】法律行为之无效，非有利害关系之人，不得滥行主张。（五年上字第1047号）

无承继资格之人，不许告争继嗣及遗产。

【正】凡无承继资格之人，不许告争继嗣及遗产。（七年上字第343号）

不合法之承继，惟有承继权之人或其直系宗亲有告争权。

【正】不合法之承继，惟有承继之人或直系宗亲始有告争之权。（七年上字第681号）

保护继产，须有承继权而在最先顺位之人始得告争。

【正】保护继产，亦须有承继权而在最先顺位之人始得以利害关系人之上资格，为将来继嗣之利益起见，出而告争。（七年上字第891号）

第二百九十条

诉讼当事人及关系人，均须传呼到案。

【正】凡诉讼当事人及其他关系人，审判衙门均须一一依法传呼，使当事人到场，以尽攻击防御之能事；使关系人到场，以悉诉讼事件之关系。（三年上字第462号）

诉状不合程式，可命补正。

【正】民事之诉状如系程式违法，审判衙门本可命当事人依法补正。苟于适当期内有合法之补正，自应予以受理（原《试办章程》第五十一条，原《县诉章程》第十三条，四年六月十二日第760号司法部饬）。（四年上字第421号）

第二百九十五条

就诉讼拘束中之事件更向他法院起诉，如两造曾在他法院为本案辩论，则有时得认为已将前之起诉合意撤回。

【正】就已有诉讼拘束之事件，另行起诉于他审判衙门，虽有未合，但自民国元年，被上告人一造向南昌地方审判厅续行诉讼以后，上告人一造即已到庭为本案辩论并对于该厅所以第一审判决向原审上诉，迄未声明管辖错误之异议。是前在该初级审判厅提起之诉讼已不啻合意撤销而改受该地方审判厅之第一审判决，揆诸当时通行之诉讼法，则尚非不能准许。（五年上字第1176号）

当事人不得就诉讼拘束中之事件更行起诉。

【正】当事人不得就诉讼拘束中之诉讼事件更行起诉。（七年上字第1230号）

第二百九十六条

诉讼拘束，在判决确定前仍存续。

【正】第一审、第二审所为之判决，非经过上诉期间不能确定；在判决未确定以前，其诉讼拘束仍属存续。（三年上字第1026号）

起诉后，诉讼标的价额纵有增减，于管辖无影响。

【正】起诉以后，纵有增减诉讼物价额之情事，于受诉审判衙门之管辖无涉。（四年抗字第189号）

诉讼拘束消灭之原因。

【正】诉讼拘束之效力，除因该诉讼事件之确定判决及和解或撤回而消灭外，当然存续。若原告于被告提起上诉以后，另因第三人之行为实际上已达到其诉求之目的，而被告之上诉并未撤回，则诉讼上权利关系仍不能遽认为终结，即不足为消灭诉讼拘束之原因。（五年上字第643号）

第二百九十九条

债权人曾将所请求之利息额数开出，而对于未开部分无何等声明者，即应认为已于诉讼上舍弃，以后不得扩张。

【正】金钱债权之利息，本可计算至判决执行之日止。惟依诉讼通则，审判衙门不得将当事人未请求之权利归之于当事人（不告不理）。故利息之计算，自应以债权人合法请求之额而于法律上有理由者为限。至债权人请求利息，曾将请求之额，明晰开出其额数或范围，而对于未开部分并无何等之声明者，当然应认定其所请求之额以所开明者为限，对于其他之部分，即有舍弃之意。按照现行诉讼规例，当事人在审判衙门一度合法表示舍弃之意思者，不得任意取消。则债权人至其后，已不复能为增益之请求。盖利息计算本可预见，而请求之时仅计算其一部分，则对于他部分，即有不欲请求之意思，甚显然也。（三年上字第402号）

当事人所声明应受判决之事项，以第一审辩论终结前最后提出者为准。若与起诉状有出入，即视为扩张或减缩。

【正】当事人所声明应受判决之事项，以第一审辩论终结前最后提出者为确实可信。故当事人于辩论中所主张之数额，如较诉状所声明者为多，则其所增之数视为当事人所扩张；如主张之数额较诉状为少，则其所减部分视为当事人所减缩，而审判衙门裁判即当以此最正确之声明为根据。（三年上字第409号）

利息，在第一审中已确示其请求数额者，应认为余额已于诉讼上舍弃。此外，则均应许其扩张。

【正】债权人关于利息债权之请求，如本可预行计算，在第一审时已确示数额，有晰明之请求者，则其对于此外应得之利息，固可视为已有舍弃之意思表示，于诉讼法上当然发生效力，不得更于上诉审中任意扩张其请求。然若涉讼之始，虽仅计算至起诉当事时为止，而在第一审诉讼进行中，复将其后应得之数续行声明者，自与在上诉审扩张请求不同，并无可以限制之理由（本号判例与本条例第四百五十五条互见）。（三年上字第830号）

诉状所载金钱之数额后，得扩张或减缩。

【正】当事人于金钱数额上之主张，当以在第一审中最后声明者为确实。故其最后声明之数额，如较其诉状所请求者为多应视为当事人所扩张；如较其诉状所主张者为少，当视为当事人所减缩。若无显著之瑕疵，即不得以其前后不同之故认为虚伪。（三年上字第842号）

补充或更正事实上之陈述，为法所许。

【正】嗣后补充或更正事实上之陈述，原为诉讼法认许。（四年上字第1652号）

当事人变更与诉讼标的变更不同。

【补】当事人变更，系指原告易其诉之原当事人为他当事人而言。诉讼标的变更，则限于某法律关系易以他法律关系。仅责任范围广狭不同，不能认为诉讼标的之变更。（十四年上字第427号）

声明缩减之情形。

【补】原告就同一诉讼标的最初系求为现在给付之判决，嗣后乃求为将来给付之判决，即为《民事诉讼条例》第二百九十九条第二款所谓声明之减缩。（十四年上字第2933号）

声明扩张之情形。

【补】原告就同一诉讼标的最初求为确认判决，嗣后乃求为给付判决，即为《民事诉讼条例》第二百九十九条第二款所谓声明之扩张。（十四年上字第2933号）

第三百零二条

反诉，通常须在第一审提起。

【正】反诉，通常必须于第一审提起。若向第二审提起而未经他造当事人同意者，第二审自应不予受理（本号判例与本条例第五百一十三条互见）。（三年上字第384号）

第三百零三条

不服中国审判权之外国人，得为反诉被告。

【正】民事诉讼之反诉与本诉，虽系各别之诉讼，然法律特许本诉之被告对于原告得以提起者，盖以节省时间、费用及程序，而借以保护当事人两造之利益也。故为贯彻此项法意，即外国人依据条约为民事被告，不受我国之审判，而于反诉之时，解释上亦不应以普通为被告论，而应由我国审判衙门并予受理（参看民国三年一月三十一日本院统字第97号解释文件）。（四年上字第2035号）

当事人得提起中间确认之诉。

【正】诉讼中当事人于法律关系之成立或不成立互有争执，而该诉讼全部或一部之审判应以该项法律关系为根据者，审判衙门于当事人合法扩张声明或提起反诉后，应即就其法律关系之成立与否予以审判。（五年上字第463号）

本诉虽属地方管辖事件，亦得向该审判衙门提起初级管辖事件之反诉。

【正】反诉既与本诉相牵连，为便利当事人起见，自以准予一并受理审判为宜。故本诉属地方管辖而被告以初级管辖事件提起反诉者，便宜上，即应由受理本诉之审判衙门并予受理。（七年抗字第121号）

第三百零五条

提起反诉，不以通知原告为要件。

【续】被告已合法提起反诉，原告不得以未受通知，主张其反诉为不合法。（八年上字第183号）

第三百零六条

诉讼并不因为被告而受不利益。

【正】民事事件，并不因为被告而在诉讼上受不利益。（四年上字第2068号）

原告撤回其诉，如在被告为本案言词辩论之后，须得被告之同意。

【补】原告撤回其诉，虽仅表示不再请求判决之意思已足，但须向第一审受诉法院为之。如在被告为本案之言词辩论后，并须得被告之同意。又于言词辩论外为之者，应依《民事诉讼条例》第一百四十二条以下提出书状。（十四年上字第3925号）

第三百零七条

诉撤回后，得再提起。

【正】诉经撤回之后，亦得再行提起（原《试办章程》第五十七条）。（四年抗字第424号）

诉经撤回，视与未起诉同。

【正】诉之撤回，应视与未经起诉相同，自无不得另行起诉之理（原《试办章程》第五十七条）。（七年抗字第197号）

第三百零八条

诉讼撤回或因不适法驳斥者，均得另行起诉。

【续】民事案件必须经终局判决确定，始应适用一事不再理之原则。若该诉讼系由当事人自行撤回或因欠缺诉讼条件而由审判衙门认为不适法予以驳斥者，则仍得由当事人另行起诉。（九年抗字第147号）

私诉被告，不得对于私诉原告提起反诉。

【续】附带私诉之被告人，应以公诉被告人为限。因之，私诉被告人对于私诉原告人不得提起反诉。（十一年上字第21号）

第二节　言词辩论及其准备

第三百十三条

关于账款争执之诉讼，得施准备程序。

【正】审判衙门遇当事人于往来账款额数有争执而账款又涉繁琐者，自应适用准备程序，命当事人各就其记载之账款相互较对；遇有争执，即使当事人充分尽其攻击、防御之能事，然后再为适当之裁判。（四年上字第46号）

第三百二十四条

契据调验后，应使当事人辩论。

【正】控告审于调验契据后，并不开庭辩论，令当事人尽其攻击、防御之能事，亦未依法宣告辩论终结，遽行定期宣告判决，致当事人失其攻击、防御之机会者，乃属重大之违法。（三年上字第296号）

证据，不问系由当事人提出或由法院依职权搜集调查，均应使当事人辩论后，始得据以判决。

【正】审理事实之审判衙门应据言词辩论所得之资料，以为判决基础。故凡一切证据，无论由当事人提出或由审判衙门依职权作用所得，均须得使当事人为言词辩论，必其已尽攻击、防御之能事而可信为确实者，始据以判决。（三年上字第439号）

证据调查之结果，应令当事人辩论。

【正】法院调查证据，应令当事人各就其结果，为本案全体事实上、法律上之辩论；不得将所查证据秘不宣示，致当事人失其攻击、防御之机会。（三年上字第594号）

不得于辩论终结后调查证据，以为判决。

【正】证据调查之结果，应使当事人得就此为言词辩论。故于言词辩论终结后，始行调查证据，即为判决者，显非合法。（四年上字第312号）

鉴定结果，应使当事人辩论。

【正】审判衙门无论鉴定何等事项，均必于实施鉴定后，就其鉴定之结果，予当事人以辩论之机会。（五年上字第374号）

第三百二十七条

惟一之证据，亦必其自身之成立足可凭信，方能采用。

【正】凡采用惟一之证据以为认定事实之基础者，亦必其证据自身之成立足可信凭。如有疑义，应释明其成立真正之理由。（二年上字第28号）

证据之信凭力如何，不许于辩论中先行向外表示。

【正】当事人提出之证据，究竟其信凭力如何、是否可采为判决之基础，非至审判衙门评议并宣告判决后，殊难断言。盖审判官之心证，必至评议议决后，始可谓为确定。其对外表示，则应于判决行之。故参预审理之审判长或推事，断不许于辩论中先行表示意旨；而参与辩论之当事人，亦不得预行声请决定，以为探试之计。审判衙门对于此类事项，更不能率与决定。（二年抗字第 34 号）

数种证据，其证据力之优劣，应说明之。

【正】数种之抵触证据，究竟其证明力何者较优，自应依法审定后为明确之说明。（二年上字第 136 号）

认定事实，通常应凭证据。

【正】除于审判衙门显著之事实及职权上已认知之事实或有合法自认者而外，必以当事人依法所呈证据与该衙门依职权所调查证据之结果为基础认定其事实关系，而断定当事人之主张是否成立。（二年上字第 141 号）

取舍证据之理由，应记明于判决。

【正】证据之取舍，固由审理事实之审判衙门于法律范围内衡情断定，而其取舍之理由，则应于判决内记载明晰，方为适法。（二年上字第 163 号）

证人就非亲身见闻之事实所为陈述之证据力。

【正】证人就其并未亲身见闻之事实而为之陈述，不得采为有效之证言。（二年上字第 192 号）

调查当事人提出之证据并为职权上必要处置，而仍不能证明当事人主张之事实者，即断定其主张非真正。

【正】审判衙门于调查当事人提出之证据及职权上应为之必要处置皆已尽其能事，而所得结果，仍不能于当事人主张之事实有切当之证明者，即断定其主张之非真正，自属理之当然，毫无不法。（三年上字第 55 号）

证据力如何，由事实审判衙门衡情断定。

【正】证据之证明力，由审理事实衙门依诉讼法则衡情断定之。（三年上字第 115 号）

法院应将证据方法如何取舍之理由记明于判决，不得先行宣示。

【正】审理事实之法院对于当事人提出之证据方法如何取舍，应于终局判决中，将详细理由宣示之。判决未宣告前，其所为判断及理由若何，则应依法严守秘密，不得先行宣示。当事人亦不得以未宣示为理由，向上级衙门声明抗告（《法院编制》第七十五条）。（三年抗字第 137 号）

为坟主证据，不必即能为坟地所有人之证据。

【正】事实上，坟与地二者本非绝对不可分离。非二者间特有相为连锁之证明，自未便遽认坟主即为地主。所谓连锁之证明者，即其证据于证明坟主关系之外，对于地主关系亦能有证明力，非仅凭臆测及推理者而后可。（三年上字第 223 号）

证言彼此不同，可衡情取舍。

【正】证言虽彼此不同，然法庭本可衡情取舍。（三年上字第 274 号）

解释契约不得拘泥文字。

【正】解释当事人契约当时之意思，应以过去事实及其他一切证据、数据为断定之标准，断不能拘泥语言字句，致失真解。故据契约当时之事实及其他之证据资料，确知当事人真意所在时，即不问其契据文字之普通用法何如，而必从其真意以内判断。（三年上字第281号）

必调查证据后，方得有所谓心证。

【正】所谓审判衙门之自由心证者，原指证据调查后所有之心证而言。若审判衙门本未为相当之证据调查，则心证之根据已失，所为法律上之判断决不能保其无误。（三年上字第303号）

事实审判衙门有衡情取舍证据之权。

【正】审理事实审判衙门若于两造提出之证据外，更无何种方法足以辨别事实之真伪，则衡情择取其一，原属职权内应为之事。（三年上字第303号）

法律行为之内容无法直接证明者，得就一切事实上之情形，推求当事人之真意。

【正】审理事实之审判衙门为释明事实关系，固不可不就当事人所举证据依法调查并尽一切职权上应尽之能事。然若就同一法律行为之内容，当事人间互有争执，而就其所提出之证据依法调查并已尽职权上应尽能事，犹不能直接得知者，自不得不就一切事实上之情形推求当事人真意所在，而为之判断。（三年上字第424号）

证据有争执者，必斟酌他项证据或陈述，乃能定其真伪。

【正】当事人所提出之证据，无论为人证为物证，苟经相对人争执，自应斟酌他项证据或陈述，乃能判定其为真伪。（三年上字第650号）

传闻证言之证据力。

【正】证人所供，系属传闻并非目睹者，不能认为有效力之证据。（三年上字第668号）

凡否认证据力，须有根据，不得凭空推测。

【正】审判衙门对于当事人一造所提出之证明方法，必据他一造之反证或职权上调查之结果认其为不可信者，始可加以否认。若仅凭空推测以否认当事人提出之证据，即为法所不许。（三年上字第820号）

除有法律根据得推定事实外，不得以臆测为推定。

【正】认定事实，应凭证据。至审判衙门采为认定事实之证据，必于争讼事实有相当之证明力者而后可。若一种事实得生推定证据之效力者，亦必于现行法规有根据，即为法规所明认者而后可。审判衙门断不能以单纯论理为臆测之根据，即以臆测，就系争事实为推定之判断（本号判例与本条例第三百三十二条互见）。（三年上字第843号）

无合法调查之凭证及适当之自认而认定事实，应认为违法。

【正】审理事实衙门认定事实，若无合法调查之凭证为之基础，而当事人亦无适当之自白时，其认定事实即属无据，自应认为违法。（三年上字第846号）

证据力之强弱应与相对人之证据比较判断。

【正】认定事实，惟凭证据。证据力之强弱，固以该证据之形式、实质是否完备为衡，亦应视夫其对手人提出之证据如何，相互比较以资判断。（三年上字第853号）

证据不可信之理由，应示明之。

【正】人证之信用力不足以敌物证，虽为证据法上之原则，但物证若未尽可凭，则人证一项亦未始不足以供判断之资。又即使并不可信，审判衙门亦应将其不可信者分别释明，未有以怀疑之词，不予明确认定，而能使事实关系臻于明了者。（三年上字第853号）

心证之所由得，须于判决中说明之。

【正】审理事实衙门应将心证之所由得，即为认定事实之基础、证凭，于判决理由内详细说明。不得仅表示断定之意旨，而不指明其心证所由得。（三年上字第957号）

调查证据，应分别认定其形式的证据力与实质的证据力。

【正】调查证据应先究其为真、为伪，将形式的证据力认定；然后，再就此形式上真正之证据，覈其所载内容如何以认定。实质的证据力，必确有实质的证据力及能断定举证者之主张为真实。（三年上字第1109号）

解释契约真意，必于文义及论理两方面推求。

【正】审判衙门解释当事人立约之真意，必于文义上及论理上两方面为详细之推求。（四年上字第43号）

证据之信凭力，应于法律所许范围内衡情认定，不得任意取舍。

【正】证据之凭信力如何，审理事实之审判衙门应于法律所许范围内衡情判定，不得任意取舍。（四年上字第85号）

对于占有人诉请确认所有权并返还占有，如未尽举证责任，应受败判决。

【正】确认不动产所有权归属并请求返还之诉，因年湮代远、无契据可凭者，若就调查证据所得不足证明原告为所有权人，则除驳回原告之请求（即听凭现时占有人仍依旧占有）外，不能更为其他之裁判（本号判例与本条例第三百二十八条互见）。（四年上字第94号）

认定事实，不专以供认为据。

【正】当事人虽坚不吐实，而审判衙门合前后供述、参观互证或搜集他项方法，足以证明其事实关系之存在，因而衡情认定之者，苟非违法，即不容当事人以未经供认，借词争执。（四年上字第161号）

采用之证据，须就所证事项有相当之证明力。

【正】凡采用之证据，必就所证事项实有相当之证明力者而后可。（四年上字第333号）

审判衙门得以自由心证，判断事实上之主张。

【正】为发现真实起见，审判衙门得体察当事人辩论之意旨及证据调查之结果，以自由心证，判断事实上主张之真伪。（四年上字第361号）

证据必其自身之成立足可凭信，且对于系争事实可收完全证明之效用者，而后可为认定事实之基础。

【正】凡审判衙门采用证据以为认定事实之基础，除法令有特别规定外，必该证据自身之成立足可凭信，且对于系争事实可以收完全证明之效用而后可。如相对人对于证据之成立，犹有争执，或其成立虽属真确而不能完全证明系争事实者，则审判衙门自应命当事人更为相当之证明或以职权为必要之处置，藉免朦混而资印证。（四年上字第381号）

当事人及中人在分家单内画押，足为分家之有力证据。

【正】当事人及中人在分单内之画押，固非分家之要件，然亦不失为分家之有力证据。（四年上字第401号）

契约投税过红，虽不能即据以判断其真伪，但能据以判断作成时期。

【正】契据之投税过红，虽不能为鉴别契据真伪之绝对证凭，然契据作成之时期，自可凭其投税过红之年月以为断。（四年上字第642号）

当事人未能自行立证之事实，得利用相对人所提出之证据以为证明。

【正】当事人自行提出之证据，虽不能立证其所主张之事实，而援用相对人所提出之证据，实得认为有证明力者，仍应以为认定事实并判断之基础。（四年上字第1096号）

证明契约履行之事实，足以推定契约之存在。

【正】关于契约关系之存在与否，虽因特别情形，已无从证明契约缔结之事实，而契约履行之事实，苟确足以证明，亦足推定其契约关系之存在。（四年上字第1257号）

审判衙门于法定范围内有自由采舍证据之权。

【正】当事人提出之证据，审判衙门于法定范围内，本有自由采舍之权。（四年上字第1611号）

数额无法证明者，得综合案内各种情形酌定之。

【正】关于数额之讼争，经当事人依法立证以证明其主张之为真实者，自应依其主张以为判断。如当事人两造均不能依法立证，则审判衙门自可综合案内各种情形予以酌定。（四年上字第1993号）

认定事实，以采取直接证据为原则。

【正】审判衙门认定事实，当以采取直接证据为原则。必系直接证据无可调查，始得以其他合法搜集之间接证据为断定系争事实之资料。（四年上字第2397号）

原告之起诉原因已证明而被告之抗辩事实未证明者，即以原告之主张为真正。

【正】原告于起诉原因已有相当之证明，而被告于抗辩事实并无证明方法，仅以空言

争执者，当然认定其抗辩事实之非真正，而应为被告不利益之裁判（本号判例与本条例第三百二十八条互见）。（五年上字第6号）

原告不能证明其诉之原因事实者，应认其主张为不真实。

【正】事实之认定应凭证据。苟原告提出之证据不足以证明其起诉之原因，则自不能认其主张为真实。（五年上字第8号）

当事人不能尽举证责任，审判衙门得衡情认其主张之非真正。

【正】事实之认定应凭证据。而证据之搜集，则除审判衙门为释明两造讼争关系须尽其职权内应为之能事外，当事人就其有利于己之主张，亦负有举证之责任。故其主张事实若并无证据，或虽有证据而并不能证明其主张事实之存在者，则审判衙门衡情认定该当事人主张之非真正，自无不当。（五年上字第40号）

分单内载身份部分，足为身份关系之有力证据。

【正】分析家产，殆无不与身份有关。故分书中所载身份关系，断非无足轻重之闲文，则于发生争执时，自不失为有力之凭证。（五年上字第277号）

对于占有人告争所有权，如不能为切当证明，应判决败诉。

【正】凡对于现在占有人告争所有权者，应由告争人提出确实凭证，以证明其主张之真实。如果告争人不能为切当之证明，则现在占有人自无须提出何等之反证，仍应维持现状，归其管业，而驳回告争人之请求（本号判例与本条例第三百二十八条互见）。（五年上字第905号）

原告于起诉原因未证明者，不待证明被告之抗辩事实，即认原告之主张非真正。

【正】认定事实应凭证据。故原告关于其所主张之诉讼原因，应负立证责任；必原告所举证据确能成立，而后被告就其所主张之抗辩事实始负立证责任。若原告不能举证或所举证据经审判衙门依法调查不能得相当之信凭，而该审判衙门于职权上应尽调查之能事亦无欠缺者，则原告之主张即不能认为成立，不待被告举出反证，审判衙门即可驳斥原告之请求。即被告是否能举出反证及所举反证是否属实，均可毋庸置议（本号判例与本条例第三百二十八条互见）。（六年上字第17号）

调查当事人所提证据并体察其辩论结果，仍不能证明其主张者，应认为不实。

【正】审判衙门于调查当事人所呈出之证据并体察其辩论之结果，仍不能证明当事人主张之事实者，自应认其主张为不实。（六年上字第374号）

人证、物证二者证据力之比较。

【正】事实之认定，应以证据为衡。而人证之信凭力不足以敌物证，虽为证据法上之原则，但其物证如果未尽可凭，则人证一项亦足为判断之资，不能谓"凡属物证，审判衙门即应予以采用"。（七年上字第198号）

取舍证言，不仅以证人人数多寡为标准。

【正】取舍证言，应于法律所许范围内衡情酌断，不得仅以证人人数之多寡为惟一标准。（七年上字第 334 号）

刑事判决所认定之事实及所取舍之必要［证］据，民事法院仍应依法认定并衡情取舍。

【正】民事诉讼关于另案刑事判决所认定之事实，并非当然援用其判断之基础事实，仍应依法认定。即审判衙门就刑事判决所取舍之各项证据，仍应依法衡情取舍，尽相当释明之能事（《刑诉条例》第七条）。（七年上字第 1195 号）

刑事判决确定事实之证据力。

【正】民事判决固不受刑事判决之拘束，但刑事判决所确定之事实，苟无错误，民事判决自可采用为判断之基础（《刑诉条例》第七条）。（七年上字第 1309 号）

行政衙门所搜集之证据及当事人在该衙门所为供述，亦得采为证据。

【续】行政衙门越权搜集之证据及当事人在行政衙门供述，审判衙门依法自为调查后，如果认为可信，自得采为证凭。本件上诉人在警厅之供述，即与到庭证人之言足资印证，则原判之予以采用，不得谓为违法。（八年上字第 906 号）

相对人对于形式上真正之证书，攻击其内容为不实者，须举出反证。

【续】商号各种有关系之簿据（如流水、方帐等），全然一致，记载明晰，而其作制又无伪造错误或遗漏之情迹者，即应认为有相当之证据力。如相对人攻击其内容为不实，即不得不举出反证。（九年上字第 207 号）

抵押书据之用纸及写立形式，与证据力无关。

【续】不动产之抵押，普通虽以写立书据为要件，然并无一定形式。苟有他项方法足以证明所立书据为真实，则关于书据之用纸及其写立之形式纵有可议，而在证据法上，要无即予否认之理。（九年上字第 958 号）

必要共同诉讼人所为事实上陈述，亦得斟酌采用。

【续】在必要共同诉讼，其诉讼中一人所为诉讼行为，如不利益于他共同诉讼人，固应视为全体所未为，但关于事实上之陈述，审判衙门亦得斟酌全辩论意旨，采为判断之资料。（十年上字第 414 号）

书证已证明为真实者，不必曾经画押。

【续】画押不过证明同意之一方法。苟依其他事实，足以证明当时实已同意或事后已经追认，即不能借口其未画押而希图翻异。（十年上字第 517 号）

共同诉讼人中一人之自认，得据为认定事实之参考。

【续】普通共同诉讼人中之一人在审判上所为不利于己之自认，在其他之共同诉讼人，虽不受其拘束，而审判衙门未始不可据为认定事实之参考。（十一年上字第 1150 号）

一造雇人之证言，亦得斟酌采用。

【续】证人即令为当事人一造之雇人，法院亦仅得不令其具结，要未便遽指其证言为无采用之余地。（十一年上字第1252号）

当事人供述前后抵触，法院应斟酌辩论意旨判断。

【续】当事人于审判上所为供述，前后如有抵触，亦属于所谓辩论之意旨，法院应斟酌判断之。此就《民事诉讼条例》第三百二十七条第一项解释，为当然之结果。（十一年上字第1425号）

第三节　证据

第一目　通则

第三百二十八条

当事人尚未尽其举证责任者，相对人无举出反证之必要。

【正】证据法上所谓反证者，必彼造先举有适法之证据，而后此造始有举反证之责。若彼造于其主张之负责原因虽有证明，而于数额之主张仅为主观的推理者，则此造关于此点固无提出反证之责。（二年上字第21号）

当事人未尽举证之责任者，不得不否认其主张。

【正】事实之认定，应依证据。而证据之提出，除审判衙门因释明事实关系负有相当义务外，当事人应各就其所主张有利于己之事实负举证之责。若当事人不能举证，而审判衙门详加查察，亦无可以作证者，则不得不暂定其事实之不存在。（三年上字第3号）

一造就其主张之事实已有相当之举证，而他造未能反证者，应认举证者之主张为真实。

【正】事实之认定，专凭证据。而证据之提出，除审判衙门因释明事实关系负有相当义务外，当事人就其所主张有利于己之事实，各负举证之责。若一方已举有确证而他方仅以空言争执，不能举出反证，审判衙门以职权调查亦未得有反对之结果，自可认举证者之主张为真实。（三年上字第96号）

各当事人就其主张有利于己之事实，均应负举证之责任。

【正】除审判衙门于释明事实关系应负相当义务外，各当事人应就其主张有利于己之事实，负举证之责任。故在原告于起诉原因，在被告则就其抗辩事实，应为证明。所谓举证责任之分担是也。（三年上字第195号）

审判衙门因释明事实关系，应以职权调查证据。

【正】事实之认定，应凭证据。而证据之搜集，除当事人就主张有利于己之事实应各负责任外，审判衙门因释明诉讼关系，亦应尽相当之义务。故当事人提出之证据，苟于讼争事实有重要关系，或可与相对人所举他种确凭互相印照者，即应予以调查；而在职权上应行之必要处置，亦应严加注意（本号判例与本条例第二百四十六条、第三百五

十四条、第三百八十五条、第四百零六条、第四百一十一条、第四百三十二条互见)。(三年上字第210号)

当事人若未尽举证责任，他造虽不能提出反证或提出而不能证明，或审判衙门采用反证有瑕疵，均可不问。

【正】当事人应各就其主张有利于己之事实负举证责任。所谓举证责任之分担是也。至讼争事实之认定，必当事人提出之事实已有合法证明，审判衙门始得认定其为真正。如主张事实者所举之证，本难据为真正事实之认定，则虽相对人否认之而就其反对事实固已无反证之必要；即该相对人不能提出反证或提出而不足证明以及审判衙门采用反证之有瑕疵，均非所问。(三年上字第245号)

举证责任之移转。

【正】各当事人就其所主张有利于己之事实，均应负举证之责。故一方已有适当之证明者，相对人欲否认其主张，即不得不更举反证。(三年上字第343号)

抗辩须立证者，以有适法请求原因为限。

【正】抗辩之必须立证者，以有适法请求原因为限。若原告之诉讼原因并未成立，则相对人已无反对证明之必要。(三年上字第804号)

主张代理关系者之举证责任。

【正】若契约当事人一造主张系代理他人之行为，应由所称为被代理人（即本人）者负担义务，则就代理关系之存在，即不能不有适当之证明。(三年上字第1099号)

调查当事人之证据犹有疑义者，审判衙门应另为职权调查。

【正】事实之认定，须凭证据。而证据之搜集，则除当事人于证明自己主张负相当之举证责任外，审判衙门亦不可不尽其职权上应为之处置。故当事人提出之证据确实可信者，固可无事旁求；若犹有疑义，则不能不由该审判衙门另为职权上之调查，以期案情臻于明了（本号判例与本条例第二百四十六条、第三百五十四条、第三百八十五条、第四百零六条、第四百一十一条、第四百三十二条互见)。(四年上字第21号)

对于占有人诉请确认所有权并返还占有，如未尽举证责任，应受败诉判决。

【正】确认不动产所有权归属并请求返还之诉，因年湮代远、无契据可凭者，若就调查证据所得，不足证明原告为所有权人，则除驳回原告之请求（即听凭现时占有人仍依旧占有）外，不能更为其他之裁判（本号判例与本条例第三百二十七条互见)。(四年上字第94号)

请求确认或回复所有权者之举证责任。

【正】确认或回复所有权之诉，应由原告人积极证明其所有权。如原告人不能为所有权之证明，即非有诉权，应将其请求驳回。至占有人之被告是否在系争地上亦无合法之权利，非在本案所应审究。(四年上字第612号)

请求返还寄托物者之举证责任。

【正】以寄托为原因，提起寄托物返还之诉者，须就寄托之事实为确切之证明，否则应将其请求驳回。（四年上字第961号）

主张法律行为撤销或无效者之举证责任。

【正】以胁迫为理由主张撤销法律行为及以因胁迫而生错误为理由主张法律行为无效者，应由主张撤销或无效之人证明胁迫之事实。（四年上字第1193号）

主张恶意者之举证责任。

【正】恶意不得推定，应由主张恶意之人证明之。（四年上字第2336号）

请求损害赔偿者之举证责任。

【正】凡以侵权行为为原因，请求回复原状或赔偿损害者，应就其权利被侵害之事实负立证之责。（四年上字第2633号）

原告之起诉原因已证明而被告之抗辩事实未证明者，即以原告之主张为真正。

【正】原告于起诉原因已有相当之证明而被告于抗辩事实并无证明方法，仅以空言争执者，当然认定其抗辩事实之非真正，而应为被告不利益之裁判（本号判例与本条例第三百二十七条互见）。（五年上字第6号）

对于占有人告争所有权，如不能为切当证明，应判决败诉。

【正】凡对于现在占有人告争所有权者，应由告争人提出确实凭证，以证明其主张之真实。如果告争人不能为切当之证明，则现在占有人自无须提出何等之反证，仍应维持现状归其管业而驳回告争人之请求（本号判例与本条例第三百二十七条互见）。（五年上字第905号）

承认他造主张事实而另举新事实以为抗辩者，应负举证责任。

【正】主张利己事实之人固应负立证责任，惟其相对人如已承认该事实而仅另举新事实以为抗辩者，则举证责任即应移转于其相对人。（五年上字第1036号）

原告于起诉原因未证明者，不待证明被告之抗辩事实，即认原告之主张非真正。

【正】认定事实应凭证据。故原告关于其所主张之诉讼原因，应负立证责任。必原告所举证据确能成立，而后被告就其所主张之抗辩事实始负立证责任。若原告不能举证或所举证据经审判衙门依法调查不能得相当之信凭，而该审判衙门于职权上应尽调查之能事亦无欠缺者，则原告之主张即不能认为成立；不待被告举出反证审判衙门，即可驳斥原告之请求。即被告是否能举出反证及所举反证是否属实，均可毋庸置议（本号判例与本条例第三百二十七条互见）。（六年上字第17号）

被选举人于其所得票数之由来，无举证义务。

【续】被选举人于其所得票数从何而来，并无举证之义务。（八年上字第1277号）

消极的确认之诉之举证责任。

【续】确认法律关系不成立之诉，其举证责任何在，应视原告所持法律关系不成立之理由如何而定。若原告主张妨碍法律关系成立或使法律关系消灭之事实，而本于此项事实之法律上效果以求法律关系不成立之确认，固应就其主张之事实，负举证之责；若仅否认被告于诉讼前所主张法律关系成立原因之事实，以求法律关系不成立之确认，则应由被告就法律关系成立原因之事实负举证之责。（十一年上字第 308 号）

第三百二十九条

于审判衙门显著及职权上已认知之事实或有自认之事实，不依据证据得认定之。

【正】除于审判衙门显著之事实及职权上已认知之事实或有自认之事实外，必以证据为认定事实之基础。（二年上字第 141 号）。

第三百三十条

关于法律，无自认之可言。

【正】关于事实点有所谓自认，至关于法律点，实无自认之可言。（二年上字第 44 号）

在他案件之陈述，非审判上之自认。

【正】诉讼外之书状（在他案件提出之书状），虽不能认为当事人之自白，然审判衙门为阐明系争事实起见，得以职权调查其内容。如与本案有关系者，自可作为一种证物以资判断。（三年上字第 672 号）

辨别是否自认，须就陈述全体以观，不得截取一言。

【正】当事人于审判上所为之自认，虽足以拘束审判衙门，然审判衙门辨别当事人之辩论是否为自认，固当就其陈述之全体以观，决不能截取其一言谓为自认而害当事人之本意。（三年上字第 804 号）

审判外之自认，得为证据。

【正】当事人于裁判外有明白之自认者，审判衙门经合法调查后，得援用为认定事实之根据。（三年上字第 863 号）

审判上之自认，不得无故撤销。

【正】凡当事人于裁判上已有自认者，即有拘束当事人及审判衙门之效力，除确实证明出于错误或得相对人之同意外，不得无故撤销。（四年上字第 114 号）

自认之事实，必即为他造所主张者。

【正】自认固有相当之拘束力，但其所自认者，必即他造所主张之事实，不能以截然两事并为一谈。（四年上字第 298 号）

在执行衙门之陈述，不得以审判上自认论。

【正】在执行衙门所为之陈述，于另件诉讼，不得以审判上之自认论。（四年上字第 401 号）

撤销自认，须于控告审辩论终结前为之。

【正】撤消自承，须于控告审辩论终结前提出证明错误之方法为之。本院上告审职权，在纠正第二审裁判之违法，上告人于本院声明撤销自承，殊非合法。（四年上字第1229号）

审判上自认之事实，审判衙门毋庸调查证据应即认定。

【正】凡当事人已为审判上之自认者，审判衙门毋庸调查证据，应即认定事实。（四年上字第1486号）

审判上之自认生拘束力，以出于自由意思者为限。

【正】当事人于审判上所为之自认，应认为有拘束当事人之效力者，原以当事人以自由意思所为之自认为限。若审判衙门施以胁迫，致当事人失表意之自由，则自不得据其因胁迫所为之自认，以为裁判之基础。（四年上字第2347号）

在他案所为自认，如系涉同一事物，在本案亦得为裁判基础。

【正】审判衙门发见当事人于他案诉讼曾为合法之自认者，若其自认之事项与本案系争之事项系涉同一事物，审判衙门自可依据其于他案所为之自认（即裁判外之自认）而为本案之裁判。（五年上字第62号）

审判上自认之事实，相对人毋庸立证。

【正】当事人曾为不利于己之自认时，其相对人关于自认之事实，即不负举证责任，审判衙门自可依据以资判断。（五年上字第94号）

自认非经合法撤销，应以为认定事实及裁判之基础。

【正】当事人于审判上所为不利于己之自承，应有相当之拘束力，非经合法撤销，则审判衙门自应据为认定事实及裁判之基础。（五年上字第587号）

自认出于错误者，应许其撤销。

【正】当事人自认如系出于错误者，依法许其撤销。（六年上字第747号）

《试办章程》所谓“上诉不准翻供及改变事实”，即自认不能率意撤销之意。

【正】当事人于审判上明确自认之事实有拘束，该当事人之效力不能率意撤销。《各级审判厅试办章程》内载：“凡上诉（中略）不准翻供及改变事实”立法之意，即基于此（原《试办章程》第六十二条）。（六年上字第1262号）

当事人主张之事实，经他造自认者，法院应迳认该事实为真实。

【补】当事人主张之事实，一经他造自认，法院即不待得有自由心证，应迳认该事实为真实。而在第一审所为之自认，于第二审亦有效力，为《民事诉讼条例》第五百十六条所明定。故当事人如在第一审已为明白自认（视同自认者除外），即在第二审更行翻异或提出新证据，第二审法院亦得不予采信，仍认原经自认之事实为真实（本号判例与本条例第五百一十六条互见）。（十五年上字第1114号）

第三百三十一条

拟制之自认。

【正】当事人陈述事实时，相对人亲自在场，并未明为争辩，亦未由他项陈述显其争辩之意思者，按照诉讼法，则即属暗默之自认。（三年上字第526号）

第三百三十二条

除有法律根据得推定事实外，不得以臆测为推定。

【正】认定事实，应凭证据。至审判衙门采为认定事实之证据，必于争讼事实有相当之证明力者而后可。若一种事实得生推定证据之效力者，亦必于现行法规有根据（即为法规所明认者）而后可。审判衙门断不能以单纯论理为臆测之根据，即以臆测就系争事实为推定之判断（本号判例与本条第三百二十七条互见）。（三年上字第843号）

兄弟未析产时，所积之家，则应推定为共有；在私有之事实有反证前，毋庸举证。

【补】未析产之兄弟在同居共事时积有家财者，即令其积有系出于兄弟中一人之力或于兄弟中有多寡之不同，苟未能证明其初时即有据为私有之意思与事实，则在法律上应推定为共有。此项事实在有反证前，毋庸举证。（十五年上字第1865号）

第三百三十四条

调查习惯法之程序。

【正】关于习惯法之成立，如有争执，审判衙门应先就其事实点依法调查，次则审按其事实应否与以法之效力。（二年上字第63号）

认定习惯法，应凭证据。

【正】习惯法则之成立，必先有习惯事实之存在。故除审判衙门于显著之事实及于职权上已认知其事实或相对人有自白者外，应依通常证据法则为之证明。（三年上字第196号）

习惯为法院所不知者，应由当事人举证。

【正】习惯为审判衙门所不知者，应由当事人立证。（三年上字第336号）

据习惯以为请求者，如该习惯已系显著又无背于法令及公益，应即据以审究其请求之当否。

【正】当事人主张有特别习惯以为请求之根据者，如其习惯已系显著而又无背于法令、无害于公益者，审判衙门自应根据其习惯进而审究其请求之当否。（三年上字第342号）

习惯法除系显著、素为法院所采用者外，应由主张人举证。

【正】习惯法之成立，以习惯事实为基础。故主张特别习惯以为攻击或防御方法者，除该习惯确系显著、素为审判衙门所采用者外，主张之人应负立证责任。（四年上字第118号）

主张习惯法者，负举证之责任。

【正】习惯法则之成立，以习惯事实为基础。固当事人主张习惯法则以为攻击、防御者，自应依主张事实之通例，负立证责任。（四年上字第229号）

习惯法之成立要件。

【正】采用习惯法则，须审查该习惯法则是否成立，即是否具备下开四种之条件：（一）法律无明文规定。（二）确于一定期间内就同一事项反复为同一之行为。（三）该地方之人均共信为有拘束其行为之效力。（四）不违背公共秩序、善良风俗。而审查第二、第三条件，按诸诉讼法则，实与审理争执事实问题同其程序。（四年上字第254号）

调查习惯事实程序与审理争执事实同。

【正】习惯事实之调查，依诉讼法则，与审查争执事实同。其程序应据当事人依法提出证据或审判衙门职权调查之结果，方得认定其事实之存在及其存在之程度。（四年上字第429号）

习惯法，审判衙门有职权调查之责。

【正】凡关于习惯法则之存在与否两造有争执者，除当事人依法提出之证据外，并应由审判衙门依职权调查之。（四年上字第865号）

关于习惯法之证明及阐明。

【正】习惯法之成立，以习惯事实为基础。故除该习惯法则当事人间已无争执或于审判衙门事实显著及审判衙门于职权上已认知其事实者外，主张之人应负举证责任，而审判衙门亦不可不负相当阐明之义务。（五年上字第931号）

习惯事实除有自认或于法院显著或为其职务所已知者外，应依证据认定。

【正】认定习惯与认定其他事实同。若当事人并无自承该事实，亦非一般人所审知（即所谓显著之事实），而历来职权上又非有明确而合法之认知（即所谓职权上已认知之事实），则当然应有合法证凭为认定之基础。（五年上字第1300号）

明显之习惯事实不必更为调查，只审究其能否适用。

【正】当事人主张之习惯事实，其相对人有所争执者，审判衙门固应调查其孰为真实，以为判断。若习惯事实甚为明了，仅应审究其能否适用，自无更为调查之必要。（六年上字第945号）

当事人共认之习惯事实，苟不背公共秩序，应迳予采用。

【正】当事人共认之习惯，苟无背公共之秩序，审判衙门固不待主张习惯利益之人再为证明，即可予以采用。（七年上字第755号）

外国之现行法，除审判衙门得行职权调查外，应由当事人举证。

【正】关于审判衙门所不应知之外国现行法律，除得依职权自由调查外，并应由主张之当事人立证。今上告人在原审仅称“奥匈现行法律，在战时，官厅有权随时保护本国人民之利益”，而不能证明该国确有法律认许官厅得有随时提取某种公司股款之权，亦迄未声明所根据者系某法中之某条、其原文系作何语，致使原审无从核究；该项法文，在民国审判衙门亦无必知之义务。是上告人主张之前提已不能认为存在，又讵有征取该国领事证明有无委任提款回文之必要？（七年上字第1250号）

第三百三十六条

切要之证据，不得弃置不予调查。

【正】对于具同一证明力之证人，审判衙门虽可不全数传唤，然于释明事实关系有必要时（即直接可收互相印证之效时），仍应传讯。（二年上字第18号）

不必要之证据，毋庸调查之。

【正】审判衙门于审理事实，若已有证据足以证明其事实之真正或推定其事实之存在，对于其他证据认为不必要者，自可衡情不予审究。（三年上字第62号）

审判衙门就当事人声明之证据方法中驳斥其不必要者，亦属依法所为之置处。

【正】审判衙门就当事人所声明各种证据方法中，仅调查其重要者，而于不必要者，恝置不问，亦属依法所为之处置。（三年上字第194号）

当事人所声明之重要证据方法，不得驳斥。

【正】审判衙门审理事实时，对于当事人提出之证据固可衡情取舍，但其应认为最重要之证据，非予以调查，则其事实终不能明了者，自亦不容任意弃置。（三年上字第301号）

审判衙门得驳斥证据方法之情形。

【正】凡当事人所提出之证据于所证明之事实毫无关系或于证明事实已无必要或显然不能得预期结果者，审判衙门无须用其审究。（三年上字第601号）

第一审已经传讯之证人，第二审得不传讯。

【正】第一审已经传讯之证人，如其证言于举证者之主张并不能有所利益，而第一审之讯问又已尽其能事者，第二审本可不再传讯。（三年上字第1095号）

驳斥声请调查证据之裁决，乃指挥诉讼行为之一种。

【正】驳斥声请传讯证人之决定，为指挥诉讼行为之一种。为诉讼进行迅速起见，对于此种决定，不得声明抗告。当事人如对于该项处置不能甘服，只应于本案声明上诉时并陈其旨以为上诉理由。（三年抗字第80号）

调查证据之声请，被驳斥者不得独立抗告。

【正】法院对于当事人声请为证据调查者，亦得于法律所许范围内以决定驳斥之。惟此种决定，无论其理由是否正当，仅得于声明上诉时为其不服之理由，不得对于该决定辄为抗告。（三年抗字第130号）

第二审得采用第一审搜集之证据。

【正】第一审依法调查之证据，控告审得据为判断之基础。（四年上字第239号）

某证据之应调查与否，审判衙门有衡情酌定之权。

【正】证人之应传唤与否，审判衙门自可于法定范围内衡情酌定。（四年上字第1072号）

第一审业已传讯之证人，第二审于必要时仍应传讯。

【正】当事人就其主张有利于己之事实，应各负举证之责任，而审判衙门因阐明事实关系，亦负相当之义务。当事人所举人证，苟于其讼争事实有重要之关系者，控告审判衙门苟非认有显无传讯必要之情形，即不能以第一审业已传讯，遽予驳斥不理。（五年上字第67号）

勘验时已讯取证人之证言者，毋庸再行传讯。

【正】案内所应传讯之证人，若已由审判官于实施临检程序时当场讯取证言，即不必更令其到庭受讯。（六年上字第167号）

已经第一审讯问之证人，第二审得即以其笔录为根据。

【正】审判衙门采用证言固以直接讯问为原则，但经第一审讯问之证人，控告审认为无庸再行传讯者，该审判衙门自得即以原第一审诉讼记录为根据。（六年上字第167号）

惟一之证据，不得弃置不予调查。

【正】当事人为证明其利己事实提出惟一之证据方法，审判衙门不得轻予舍弃。（六年上字第340号）

第三百三十七条

证据，应直接调查之。否则，使受命推事、受托推事或嘱托其他有权限之衙门代行调查。

【正】凡审理事实之审判衙门不独对于当事人须于言词辩论直接听其陈述，即对于证人，亦应为直接之讯问而后得以其陈述为裁判之基础，以期得事实之真相。故除法律有特别规定外，须严守直接审理之原则。如于采用证言，并未依法传唤证人到庭直接讯问，亦未依特别规定为合法之嘱托调查，又非由受命推事或受托推事就所在地讯问，而仅令无调查权限之人就证人所在地讯问，即以其所具之报告或其他之书状采为判决基础者，实属重大违法（原《试办章程》第四百四十七条、第七十一条，原《县诉章程》之第二十三条、第二十四条，《编制法》第一百五十四条）。（二年上字第116号）

证人以呈词函件代当庭陈述者，不得采为认定事实之根据。

【正】审理事实衙门采用证言，应以直接讯问为原则。纵有不得已情形，亦应依据法律，嘱托有权限之审判衙门代行调查。若系证人以呈词函件代当庭之陈述者，不得即采为认定事实之根据（原《试办章程》第四十四条、第七十一条，原《县诉章程》第二十三条、第二十四条，《编制法》第一百五十四条）。（六年上字第234号）

警察队长等讯问证人所具报告，不得为判决基础。

【续】警察队长（或书记官、承发吏等）非行使审判权限之人。其就地讯问证人所具

之报告，不得采为判决基础。（九年上字第 857 号）

下级审判所认定之事实，第二审判仍应调查证据。

【补】上诉制度，系防下级审之判决如有错误，可得藉以纠正。而设下级审所认定之事实除极为显著者外，在第二审仍应调查证据，以察所认定者是否与真事相符；在第三审，亦应就卷宗证据详为审理，以察采证是否适合于法则。（十五年上字第 815 号）

第三百三十八条

嘱托询问证人，应开送应讯事项。

【正】审判衙门对于当事人请传之证人，遇有必要情形，得为嘱托调查。惟应就证人所得知事实之范围，预将应讯各点逐条开送，以为调查之准备。（二年上字第 39 号）

录事之调查报告，不得采用。

【正】采用录事所为调查报告，为不合法。（三年上字第 635 号）

承发吏之调查报告，不得采用。

【正】审理事实衙门调查事实关系，应依据法则为直接之调查，或按一定程序为调查之嘱托。其采集之诉讼资料如非合法（如承发吏之勘验报告）而据以为判决之基础者，即有破毁之原因。（三年上字第 782 号）

行政衙门越权受理上诉，于其所践程序搜集之诉讼资料，不得迳行援用。

【正】行政衙门越权受理上诉，于其所践程序搜集诉讼资料（如证人之证言等，但官署之公证书不在此限），当然不能径予援用。非由该管有权限之审判衙门重为合法之调查，不得以之为判决之基础。（四年上字第 704 号）

何谓证据决定。

【正】证据决定云者，乃审判衙门宣示实施调查证据之特别程序所为之一种命令。（六年上字第 44 号）

嘱托调查证据，不问受嘱托者曾否参与本案审理。

【正】审判衙门嘱托调查证据，固不问受嘱托者之曾否参与本案审理，苟不能证明其调查为违法，自不容当事人任意攻击。（七年上字第 754 号）

第三百三十九条

命于新期日调查证据之决定，不得声明不服。

【正】审理事实之审判衙门如因证据调查不能于言辞辩论之日实行，而应于异日另施行程序者，则以决定命为证据调查。当事人对于此项指挥诉讼之证据决定，不得声明不服。所行程序如系不法，须俟判决后、声明上诉时一并声明之，所以期诉讼进行之迅速也。（三年抗字第 6 号）

传证，不得声明不服。

【续】传唤证人系关于诉讼指挥之命令，不得声明不服。（八年抗字第 81 号）

第三百五十一条

证据调查费用之残余部分，得请求返还。

【正】当事人预纳之证据调查费用实未全充调查之用者，自可向原审判衙门请求将残余部分给领。（三年上字第1040号）

调查证据之费用，得命当事人预纳。

【正】审判衙门因使诉讼关系明显认为检证之必要者，得以决定命当事人预纳费用而为检证。（五年抗字第35号）

当事人提出之证物，不得强行销毁。

【正】当事人所提出之证物，无论于事项有无证明力及发还之后是否易滋讼累，依现行法例，断无不经其同意遽由审判衙门强制销毁之理法。（五年上字第496号）

第二目　证明

第三百五十四条

苟未为职权处置，即对于有举证责任之当事人，亦不得为不利益之推定。

【正】审判衙门于释明事实关系，本为应尽之职务，所以补当事人之不及而发见真实，以为公平之判断也。故原审如认有调查某证据之必要，应即以职权行之；不能因当事人之不请求，即不为职权上必要处置，而对于该有举证责任之当事人遽为不利益之推定（本号判例与本条例第二百四十六条、第三百八十五条、第四百零六条、第四百一十一条、第四百三十二条互见）。（三件上字第130号）

审判衙门因释明事实关系，应以职权调查证据。

【正】事实之认定，应凭证据。而证据之搜集，除当事人就主张有利于己之事实应各负责任外，审判衙门因释明诉讼关系，亦应尽相当之义务。故当事人提出之证据，苟于讼争事实有重要关系或可与相对人所举他种确凭互相印照者，应予以调查；而在职权上应行之必要处置，亦应严加注意（本号判例与本条例第二百四十六条、第三百二十八条、第三百八十五条、第四百零六条、第四百一十一条、第四百三十二条互见）。（三年上字第210号）

审理尚未成熟者，应更为相当处置。

【正】证据之取舍虽得由审理事实之审判衙门于法律范围内衡情定之，然若审理尚未成熟，就调查结果并不足以得适当之心证，设更为相当处置，犹有审理之余地，而该衙门竟据以认定系争事实之存在，自于其职权上应尽之能事有所未尽（本号判例与本条例第二百四十六条、第三百八十五条、第四百零六条、第四百一十一条、第四百二十三条互见）。（三年上字第386号）

调查当事人之证据犹有疑义者，审判衙门应另为职权调查。

【正】事实之认定，须凭证据。而证据之搜集，则除当事人于证明自己主张负相当之举证责任外，审判衙门亦不可不尽其职权上应为之处置。故当事人提出之证据确实可信者，固可无事旁求；若犹有疑义，则不能不由该审判衙门另为职权上之调查，以期案情臻于明了。（本号判例与本条例第二百四十六条、第三百八十五条、第四百零六条、第四百一十一条、第四百二十三条互见）。（四年上字第21号）

第三百五十八条

证人受传不到者，应勒令到庭，不得径予舍弃。

【正】依《各级审判厅试办章程》，“证人无故不遵传票期限到庭者，应仍发传票勒令到庭”。故审判衙门对于证人虽屡次传唤迄未到庭，而并未依法更发传票勒令到庭，遽予舍弃之者，应认为违法（原《试办章程》第七十一条）。（三年上字第302号）

证人无故不到，得拘摄。

【正】证人之义务，原为一般人民所有。苟其无故不到，自可实行拘摄（原《试办章程》第六十八条、第七十一条）。（四年上字第1653号）

第三百六十二条

直接询问证人须多耗时日、费用者，得行嘱托讯问。

【正】询问证人固以审理该诉讼之审判衙门自行讯问为原则，惟因其到该审判衙门须多耗时日、费用者，则为减轻讼累起见，得嘱托其他有审判权之官吏讯问之。至《审判厅试办章程》第七十条及第七十一条系关于证人义务之规定，并非不许嘱托传讯。（七年上字第474号）

警察队长等讯问证人所具报告，不得为判决基础。

【续】警察队长（或书记官、承发吏等）非行使审判权限之人。其就地询问证人所具之报告，不得采为判决基础。（九年上字第857号）

第三百六十四条

婚姻事件，得采族人亲戚之证言为判决基础。

【正】依一般习惯，婚约之媒证以同族人或至近亲戚为之者最多。则关于婚姻事件，审判衙门取族人或亲戚之证言为判决基础，要不得谓之违法（原《试办章程》第七十七条，原《县诉章程》第二十五条）。（三年上字第419号）

审判衙门得以不应作证者之陈述供事实上之参考，否认者须提反证。

【正】关于证据之取舍，于法定范围内，审判衙门原有自由之权。即使某人委系不应作证，然遇有非其人不能证明情事，用以供事实上之参考，亦不得谓为违法。当事人如欲否认其供参考之结果，即有提出反证之责（原《试办章程》第七十七条，原《县诉章程》第二十五条）。（四年上字第55号）

亲属关系业经脱离之人，不在禁止作证之列。

【正】《各级审判厅试办章程》所谓“亲属不得为证人”云者，其立法之意原指关系存在之亲属而言。至于亲属关系业经脱离之人，不在禁止作证之列，自系毫无疑问（原《试办章程》第七十七条，原《县诉章程》第二十五条）。（五年上字第1168号）

于两造皆为亲属之人，不在禁止作证之列。

【正】所谓“亲属不得为证人”者，系指当事人一造之亲属而言。若于当事人两造皆为亲属，自无不能为证人之理（原《试办章程》第七十七条，原《县诉章程》第二十五条）。（六年上字第379号）

第三百六十五条

当事人亲属所为陈述，非概无凭信力。

【正】《审判厅试办章程》第七十七条内虽载有“与原告或被告为亲属者，不得为证人”等语，然当事人亲属所为事实上之陈述并非概无信凭力，而有时自可据以为自由心证之资料。如当事人于为法律行为当时已使其为中证者，则事后当事人间关于该法律行为发生争讼时，审判衙门据其陈述以认定事实并不为违法（原《试办章程》第七十七条，原《县诉章程》第二十五条）。（三年上字第612号）

非其人不能作证时，虽亲属，亦得以其证言为参考。

【正】解释法规，不能限于狭义。遇有案件非其人不能作证时，纵系当事人亲属，审判衙门用以供事实上之参考，亦不得遽指为违法。但有其他证据，则不能据为判决之惟一基础（原《试办章程》第七十七条，原《县诉章程》第二十五条）。（三年上字第881号）

兄弟，有时得为证人。

【正】谓各兄弟无证人资格，并非有据。当时兄弟分产，即无他人在场，舍此别无可以为证之人，自不得因其有利害关系即拒绝为证（原《试办章程》第七十七条，原《县诉章程》第二十五条）。（四年上字第2064号）

同族，有时得为证人。

【正】即为契内中人，是当时两造立契即有用为证凭之意，自不得因其与一造同族即不认其为证人（原《试办章程》第七十七条，原《县诉章程》第二十五条）。（四年上字第2258号）

第三百六十九条

证人固应令其具结，然并非必要之程序。未具结之证言，亦得采用。

【正】证人具结是否为必要程序，并无明文规定。故采用未具结证人之证言，不得指为违法。（四年上字第2460号）

第三百七十一条

一造雇人之证言，亦得斟酌采用。

【续】证人即令为当事人一造之雇人，法院亦仅得不令其具结，要未便遽指其证言为无采用之余地。（十一年上字第1252号）

第三百七十三条

审判衙门得令证人彼此对质。

【正】审判衙门就同一事项询问数证人，其陈述若互有抵触而证明力并无厚薄，致使

审判衙门无凭决定其心证者，则为阐明事实关系，自可命其对质，借以审定各证言之证明力。（二年上字第 129 号）

审判衙门得向证人发问及令与当事人对质。

【正】审问证人，如其陈述有不充足、不明了时，审判衙门应为必要之发问。若有特别情形，更可令当事人与之对质，以期得事实之真相。（四年上字第 2404 号）

证人得隔别讯问之。

【正】隔别讯问证人，以期发见真实，乃法所不禁。（七年上字第 1415 号）

第三百七十五条

证人，除使受命推事或嘱托调查外，应由法院直接讯问之，不许以书状代陈述。

【正】证人系对于审判衙门报告其所实验之事实。故为发见真实起见，除法律上有特别规定（嘱托该管官员调查或使受命推事调查等）外，应直接由参与审理案件之推事讯问之，是为直接审理主义。故凡属于证人性质之人，仅以文字提出意见书或结状等，并未经审判衙门之询问者，不得采为合法之证凭（原《试办章程》第四十四条、第七十一条，原《县诉章程》第二十三条、第三十四条，《编制法》第一百五十四条）。（二年上字第 136 号）

至第三审，自称证人以书状为陈述者，不得采用。

【正】在一、二两审并未到庭作证，至上告审，始自称证人以书状为陈述者，不能采为裁判资料（原《试办章程》第四十四条、第七十一条，原《县诉章程》第二十三条、第三十四条，《编制法》第一百五十四条）。（四年上字第 402 号）

他人书面上之陈述，不得作为证言采用。

【正】他人书面上之陈述，不能作为证言采用（原《试办章程》第四十四条、第七一条，原《县诉章程》第二十三条、第三十四条，《编制法》第一百五十四条）。（四年上字第 413 号）

证人之子若父代证人所为之供述，不能为认定事实基础。

【正】证人本身并未到案，而由其子若父到场受讯者，因其非实验事实之人，若以其供述为认定事实之基础，殊于证据法则不合。（四年上字第 420 号）

第三目　鉴定

第三百八十五条

苟未为职权处置，即对于有举证责任之当事人，亦不得为不利益之推定。

【正】审判衙门于释明事实关系，本为应尽之职务，所以补当事人之不及而发见真实，以为公平之判断也。故原审如认有调查某证据之必要，应即以职权行之；不能因当事人之不请求，即不为职权上必要处置，而对于该有举证责任之当事人遽为不利益之推定（本号判例与本条例第二百四十六条、第三百五十四条、第四百零六条、第四百一十一条、第四

百三十二条互见）。（三年上字第130号）

审判衙门因释明事实关系，应以职权调查证据。

【正】事实之认定，应凭证据。而证据之搜集，除当事人就主张有利于己之事实应各自负责任外，审判衙门因释明诉讼关系，亦应尽相当之义务。故当事人提出之证据，苟于讼争事实有重要关系或可与相对人所举他种确凭互相印照者，即应予以调查；而在职权上应行之必要处置，亦应严加注意（本号判例与本条例第二百四十六条、第三百二十八条、第三百五十四条、第四百零六条、第四百一十一条、第四百三十二条互见）。（三年上字210号）

审理尚未成熟者，应更为相当处置。

【正】证据之取舍虽得由审理事实之审判衙门于法律范围内衡情定之，然若审理尚未成熟，就调查之结果并不足以得适当之心证，设更为相当处置，犹有审理之余地，而该衙门竟据以认定系争事实之存在，自于其职权上应尽之能事有所未尽（本号判例与本条例第二百四十六条、第三百五十四条、第四百零六条、第四百一十一条、第四百三十二条互见）。（三年上字第386号）

调查当事人之证据犹有疑义者，审判衙门应另为职权调查。

【正】事实之认定，须凭证据。而证据之搜集，则除当事人于证明自己主张负相当之举证责任外，审判衙门亦不可不尽其职权上应为之处置。故当事人提出之证据确实可信者，固可无事旁求；若犹有疑义，则不能不由该审判衙门另为职权上之调查，以期案情臻于明了（本号判例与本条例第二百四十六条、第三百二十八条、第三百五十四条、第四百零六条、第四百一十一条、第四百三十二条互见）。（四年上字第21号）

断定时价，得命鉴定。

【正】物产时价究值若干，两造协议未调，请求审判衙门为之裁判者，自可实施鉴定程序，为其鉴定额数（原《试办章程》第七十四条，原《县诉章程》第二十四条）。（四年上字第222号）

于事物之鉴别，非有特种之智识、技能不辨者，始应命鉴定。

【正】审判衙门对于系争事物，必于该事务之鉴别非有特种之智识、技能不足以资认定者，方始有选任鉴定人之必要。否则，无须实施鉴定，致徒延迟诉讼之进行（原《试办章程》第七十四条，原《县诉章程》第二十四条）。（五年上字第564号）

以通常智识、技能不能认定之事实，应命鉴定。

【正】凡以通常之智识、技能不能认定之事实，审判衙门应依法令人鉴定（原《试办章程》第七十四条，原《县诉章程》第二十四条）。（五年上字第669号）

书据之真伪自行核对笔迹已足判别者，无庸命行鉴定。

【正】鉴定只系一种调查证据之方法。审判衙门对于系争之物认为有选任鉴定人鉴定之必要者，自可依法实施鉴定程序。若对于通常书据之真伪，认为自行核对笔迹已足判别，则为程序简便起见，即自行核对笔迹，以其所得心证为判断而未予实施鉴定程序，亦难指为违法（原《试办章程》第七十四条，原《县诉章程》第二十四条）。（五年上字第1025号）

第三百八十六条

鉴定人，得由审判衙门选任。

【正】审判衙门因释明事实关系，得以职权选任适当之人为鉴定人（原《试办章程》第七十五条，原《县诉章程》第二十四条）。（三年上字第600号）

当事人得指定鉴定人，但其胜任与否，仍由审判衙门审认。

【正】依《各级审判厅试办章程》第七十五条：民事鉴定人固得由两造指名声请，然当事人一造若不能指名或不为指名或所指名之人不胜鉴定之任者，审判衙门自得以职权自行指定，或即使他造当事人所指名之鉴定人执行鉴定职务。至其指名为鉴定人之人是否有相当学识、经验足以胜鉴定之任，自应由该管审判衙门于职权上为公平之认定（原《试办章程》第七十五条，原《县诉章程》第二十四条）。（四年抗字第5号）

第四目　书证

第四百条

选举人名册之证据力。

【正】选举人名册亦仅有普通公证书之效力，不能谓系判断之唯一证凭。故于名册所记而外，仍有他种公文书或其他确实证凭者，亦得援引为判决基础。（二年上字第136号）

公证书内记明之事实，非作成证书、官吏直接能知者，不足证其事实之真实。

【正】公证证书应以无反证为限，始得推定为真实。况卖契、地图，系于卖买契约成立后数年，始行呈送投税，则系争地段是否在当时买地范围内，究非管理税契之官吏所能直接知悉；按照现行诉讼规例，自不得以其为公正证书之一部，遽断定有完全之证据力。又契据附图所载既与官署同时证明之证据本文互相抵触，亦应以其本文为剖释事实之基础。（三年上字第361号）

公证书有反证时，仍得否认其效力。

【正】公证书虽与私证书有别，然若有反对证凭，仍可否认其公证之效力。（三年上字第690号）

诉讼记录之证据力。

【正】审判衙门之诉讼记录，于证据法上，有相当之效力，非有确切之反证，不得攻击其为虚伪。（三年上字第891号）

证书之形式的证据力与实质的证据力。

【正】当事人提出之书状必真正而无瑕疵者，始有诉讼法上形式的证据力。此形式的证据力具备，然后审判衙门就其中之所记载，查其是否于系争事项有关，乃有实质的证据力之可言。若其书状于事实审已认为有增改或添入之瑕疵，则是形式的证据力已失；无论实质如何，在举证人一面，自不能据为可受利益之裁判之书状而持为再审之理由。（三年上字第1058号）

公证书应认其有完全证据力，但得举出反证。

【正】公证证书虽应推定为有完全证据力，但仍得举出反证。（三年上字第1098号）

公证书内记明官公吏之命令、处分者，证其有此命令处分。

【正】官吏公吏于职务上依法所制文件而为记明官公吏命令、处分之书状者，苟无反证，自具有完全之证据力。（三年上字第1140号）

公证书，依其作成情形难凭信者，审判衙门应行职权调查。

【正】公证书虽应推定其有相当之证据力，而相对人仍得举出反证。且依该证书作成之情形，有难于凭信者，审判衙门应以职权为相当之调查或命立证之人更举出其他证据以资印证。（三年上字第1262号）

公证书内记明在官公吏前之陈述者，证其有此陈述。

【正】官吏公吏于职务上依法所制文件，如系记明在官吏、公吏前陈述之书状证其有此陈述，苟无反证，自应认其所记事项为有完全之证据力。（六年上字第257号）

旗署仆丁册之证据力。

【正】旗署之仆丁册系属公文书，非有确实反证，应有完全之证明力。（六年上字第768号）

县卷之证据力。

【正】县卷为一种公文书，非当事人仅以空言指称为“改造”即足颠覆其证明力。（六年上字第1175号）

笔录，不得空言指为错误。

【正】审判衙门依法制成之笔录为公文书之一种，苟非有确据证明其记载不足凭信，即不容空言指为错误。（七年上字第1415号）

第四百零二条

契据已证明确实者，不因添注、涂改而妨其效力。

【正】契据之确实既经证明者，决不仅因添注、涂改而有妨其效力。（三年上字第938号）

证书有疵累者，审判衙门可依自由心证判断其证据力。

【正】当事人提出之书证有增加、删除及其他之疵累者，审判衙门可依自由心证判断该书证无证据力。（四年上字第77号）

商业账簿必其记载衔接无改造、捏写之疑窦，方得采用。

【正】凡以商业账簿为事实之证明者，必其记载详明、首尾衔接，毫无改造、捏写之

疑窦，方可引为判断之基础。若其记载错乱、涂改模糊，且有撕去张页者，审判衙门自难凭信。（四年上字第 1900 号）

相对人对于形式上真正之证书攻击其内容为不实者，须举出反证。

【续】商号各种有关系之簿据（如流水、方账等），全然一致、记载明晰，而其作制又无伪造错误或遗漏之情迹者，即应认为有相当之证据力。如相对人攻击其内容为不实，即不得不举出反证。（九年上字第 207 号）

抵押书据之用纸及写立形式，与证据力无关。

【续】不动产之抵押，普通虽以写立书据为要件，然并无一定形式。苟有他项方法足以证明所立书据为真实，则关于书据之用纸及其写立之形式纵有可议，而在证据法上要无即予否认之理。（九年上字第 958 号）

证书已证明为真实者，不必曾经画押。

【续】画押不过证明同意之一方法。苟依其他事实足以证明当时实已同意或事后已经追认，即不能借口其未画押而希图翻异。（十年上字第 517 号）

第四百零三条

证书抄本，有时亦可采用。

【正】文契原本已经遗失；呈验抄本，经证明确系从原本謄出者，审判衙门自可予以采用。（三年上字第 138 号）

证书，应提出原本。

【正】当事人以文书内容为证明方法者，应提出原文，不得仅以缮本为证。（四年上字第 135 号）

第四百零四条

使用相对人所执书状之程序。

【正】相对人所执之书件，立证人虽得使用之，然必就其书件之存在先为证明、将书件之内容先为声叙，而后审判衙门斟酌情形，乃得以证据决定，命相对人提出该书件。（三年上字第 526 号）

声明他造所执证书，经他造否认，应更证明其所持之事实，由审判衙门判断。

【正】当事人以相对人所持证书证明自己之主张，相对人并不承认所持属实者，依审理事实之法则，可由立证之人更证明其所持之事实，审判衙门亦应审究其是否为相对人所持而为相当之裁判。（四年抗字第 2397 号）

第四百零六条

苟未为职权处置，即对于有举证责任之当事人，亦不得为不利益之推定。

【正】审判衙门于释明事实关系，本为应尽之职务，所以补当事人之不及而发见真实，以为公平之判断也。故原审如认有调查某证据之必要，应即以职权行之；不能因当事人之不请求，即不为职权上必要处置，而对于该有举证责任之当事人遽为不利益之推定（本号判例与本条例第二百四十六条、第三百五十四条、第三百八十五条、第四百一十一条、第四百三十二条互见）。（三年上字第130号）

审判衙门因释明事实关系，应以职权调查证据。

【正】事实之认定，应凭证据。而证据之搜集，除当事人就主张有利于己之事实应各负责任外，审判衙门因释明诉讼关系，亦应尽相当之义务。故当事人提出之证据，苟于讼争事实有重要关系或可与相对人所举他种确凭互相印照者，即应予以调查；而在职权上应行之必要处置，亦应严加注意（本号判例与本条例第二百四十六条、第三百二十八条、第三百五十四条、第三百八十五条、第四百一十一条、第四百三十二条互见）。（三年上字第210号）

审理尚未成熟者，应更为相当处置。

【正】证据之取舍，虽得由审理事实之审判衙门于法律范围内衡情定之，然若审理尚未成熟，就调查之结果并不足以得适当之心证，设更为相当处置，犹有审理之余地，而该衙门竟据以认定系争事实之存在，自于其职权上应尽之能事有所未尽（本号判例与本条例第二百四十六条、第三百五十四条、第三百八十五条、第四百一十一条、第四百三十二条互见）。（三年上字第386号）

调查当事人之证据犹有疑义者，审判衙门应另为职权调查。

【正】事实之认定，须凭证据。而证据之搜集，则除当事人于证明自己主张负相当之举证责任外，审判衙门亦不可不尽其职权上应为之处置。故当事人提出之证据确实可信者，固可事无旁求；若犹有疑义，则不能不由该审判衙门另为职权上之调查，以期案情臻于明瞭（本号判例与本条例第二百四十六条、第三百二十八条、第三百五十四条、第三百八十五条、第四百一十一条、第四百三十二条互见）。（四年上字第21号）

第四百零八条

相对人所执书状，经审判衙门命其提出而不提出者，有时得认立证人关于该书状之主张为真实。

【正】审判衙门认书状所证事实为重要，而当事人又自承执有该书状者，得以证据决定，命其提出。如当事人不从命提出，则审判衙门得认该书状不利于所持之当事人，而为不利于该当事人之判决。（四年上字第1060号）

当事人因妨他造使用，故将证书隐匿、毁坏者，得认他造关于证书之主张为真实。

【正】当事人自认执在手中之证书，经审判衙门认为重要，命其交出，该当事人抗不照交或执有证书之当事人因妨相对人使用起见，确有故意隐匿或毁坏证书情事者，审判衙门得认相对人关于该证书之主张为真实（本号判例与本条例第四百二十九条互见）。（七年上字第394号）

相对人不提出证书时之推定。

【续】当事人欲使用相对人所执书据为自己利益之证书，并能证明该书据确为相对人所执，而相对人不能提出又别无反对之证明，则审判衙门对于该举证之当事人自得为利益之推定。（九年上字第1237号）

第四百十一条

苟未为职权处置，即对于有举证责任之当事人，亦不得为不利益之推定。

【正】审判衙门于释明事实关系，本为应尽之职务，所以补当事人之不及而发见真实，以为公平之判断也。故原审如认有调查某证据之必要，应即以职权行之；不能因当事人之不请求，即不为职权上必要处置，而对于该有举证责任之当事人遽为不利益之推定（本号判例与本条例第二百四十六条、第三百五十四条、第三百八十五条、第四百零六条、第四百三十二条互见）。（三年上字第130号）

审判衙门因释明事实关系应以职权调查证据。

【正】事实之认定，应凭证据。而证据之搜集，除当事人就主张有利于己之事实应各负责任外，审判衙门因释明诉讼关系亦应尽相当之义务。故当事人提出之证据，苟于讼争事实有重要关系或可与相对人所举他种确凭互相印照者，即应予以调查；而在职权上应行之必要处置亦应严加注意（本号判例与本条例第二百四十六条、第三百二十八条、第三百五十四条、第三百八十五条、第四百零六条、第四百三十二条互见）。（三年上字第210号）

审理尚未成熟者，应更为相当处置。

【正】证据之取舍，虽得由审理事实之审判衙门于法律范围内衡情定之，然若审理尚未成熟，就调查之结果并不足以得适当之心证，设更为相当处置，犹有审理之余地，而该衙门竟据以认定系争事实之存在，自于其职权上应尽之能事有所未尽（本号判例与本条例第二百四十六条、第三百五十四条、第三百八十五条、第四百零六条、第四百三十二条互见）。（三年上字第386号）

调查当事人之证据犹有疑义者，审判衙门应另为职权调查。

【正】事实之认定，须凭证据。而证据之搜集，则除当事人于证明自己主张负相当之举证责任外，审判衙门亦不可不尽其职权上应为之处置。故当事人提出之证据确实可信者，固可事无旁求；若犹有疑义，则不能不由该审判衙门另为职权上之调查，以期案情臻于明瞭（本号判例与本条例第二百六十四条、第三百二十八条、第三百五十四条、第三百八十五条、第四百零六条、第四百三十二条互见）。（四年上字第21号）

第四百二十三条

判断私证书真伪，得用通常证据方法或核对笔迹、签押。

【正】凡关于私证书之真伪两造有争执者，除用鉴定、人证等证据方法外，并得核对笔迹及签押判定之。（三年上字第71号）

私证书经相对人争执者，立证人应证明其为真实。

【正】当事人提出私证书，如经相对人否认，应即以他种证明方法为适当之证明后，始得认为真实。（三年上字第756号）

私证书未经证明者，即非真实。

【正】立证人之相对人对于其所提出之证书指为虚伪者，该立证人应提出他项可信之证据以证明其为真实。苟立证人不能证明，而审判衙门依法毕尽职权上应为之处置，亦不能得证明之结果，则断定该证书非真实，自属理之当然。（三年上字第808号）

私证书业经证明其真实者，非有反证，不得攻击。

【正】当事人关于其所引用之私证书已有相当立证方法、足证明其真实者，相对人非有相当之反证，不得攻击之。（三年上字第846号）

私证书有争执者，审判衙门有阐明义务。

【正】私证书，依法应由提出证书之人更立证其为真正，而审判衙门亦须以职权施行证据调查，以尽阐明之能事。（三年上字第1023号）

私证书真正无异议者，应解释其内容。

【正】相对人就证书之真正无异议者，即应依通常文义解释书证之内容，以为裁判之资料。（四年上字第482号）

远年之私证书，法院得依经验判断其真伪。

【补】私证书，通常如经他造否认，固应由举证人证其真正，但如系远年旧物，另行举证实有困难者，法院亦得依经验法则并斟酌全辩论意旨，以判断其真伪。（十五年上字第1197号）

第四百二十四条

核对笔迹较之书写证书人之证言，尤为可信。

【正】核对笔迹较之书写字据人之证言，尤为可信。因除有特别情形外，难于随时更改也。（二年上字第129号）

判断私证书真伪，不必限定核对笔迹。

【正】当事人就证书争执其真伪时，审判衙门命核对笔迹，虽亦为裁判上应行之程序，惟审判衙门于核对笔迹以外已得相当之心证者，即未令核对笔迹，亦非违法。（三年上字第1089号）

核对笔迹为比较确实之证据方法。

【正】私证书之真伪，自以核对笔迹为比较确实之证明方法。（四年上字第1729号）

施行核对程序，须有应待核对之特定书据并作成人之标识。

【正】核对笔迹，依法须先有应请核对之特定书据。若并无特定书据或其所请核对之书据自体原无标识可认为某人所书者，则求核对之前提已不存在，更何从实施核对之程序？如选举票面，其投票人既不记名，自无标识可认为出于何人之手笔。原审不予核对，

自非不合。（七年上字第1168号）

第四百二十五条

审判衙门得命书写文字，以供核对。

【正】供核对之笔迹不易得者，受诉审判衙门得指定文字，命当事人书写。（三年上字第338号）

核对笔迹，不必令默写全文。

【正】核对笔迹本无一定形式，令其默写全文与否，一在审判官之裁量，而以足核对其真伪为度。（三年上字第626号）

第四百二十七条

契载价额多寡与证据力之关系。

【正】土地价值之高下，本随时势为转移。且民间为省税起见，常有于契据内故意少载价额者，故契载价额之多寡，决不足为鉴别该契真伪之资料。（二年上字第642号）

红账、红单之证据力。

【正】股本诉争应以账单（红账、红单）为重要之证凭。账单所载不能明瞭者，若有他种确切证据足以证明其主张之事实，亦可认为真实。（三年上字第21号）

契据遗失，得以他证证明。

【正】不动产所有权之存在与否，现行法上自以契据为重要之证凭。然或契据业经遗失而有其他书证或种种事实足以证明者，亦不能仅以无契而遽行断定其权利不存在。（三年上字第180号）

水利，亦得以契据以外之证据证明。

【正】水利之争执，自应以契据为有力之证据。惟契据所载不甚明瞭，而有他项证据足以证明该一造之主张为真实者，自应仍认其主张正当。（三年上字第331号）

因契载有争，得以他证证明。

【正】不动产所有之界址，固应以契据为有利之凭证，然因契据所载发生争议而有他项确实证据可以证明其界址之所在者，自应以他项证据为判断之基础。（三年上字第857号）

契据之对抗力不在曾否投税，而应以其有无瑕疵为准。

【正】不动产之物权关系，在现行法上当以契据为重要之证凭，而契据之能否对抗他人，不在曾否投税，应以其有无瑕疵为准。（三年上字第1075号）

税契与证据力之关系。

【正】税契原为裕赋起见，民间白契虽未过印投税，若依其他凭证可认为真实者，仍不失其证明力。（三年上字第1176号）

户管之证据力。

【正】行政衙门发给户管本，凭所呈典契照发。今典契既不能认为真确，则户管不能独有凭信力，又何容疑？（三年上字第1270号）

证据内签名、画押与证据力之关系。

【正】书据之作成，虽未经当事人签名、画押，而依当事人之自承或其他情形得认定作成之时，当事人已与闻其事且无不法原因者，自不能不认该书据为合法成立。（四年上字第228号）

不动产契据之证据力。

【正】不动产上之权利，在现行法上以契据为重要凭证。凡告争不动产之权利而与合法成立之契载事项显然不符者，不可不提出别项证凭以证明其主张。（四年上字第234号）

族谱之证据力。

【正】族谱虽亦可为身份关系之证明，然已经确定之身份关系，并不能因族谱漏载而有差异。（四年上字第261号）

中人画押与证据力之关系。

【正】中人画押仅足为证明契据属实之具，而非立契要件；如已因他项方法认明属实，则中人虽不认到场画押之事，亦于该契据之证据力无涉。（四年上字第289号）

未经报税、盖印之契据，仅不能认为公证书。

【正】处分不动产之契据必须报税，乃当事人对于国家所负公法上义务，与其处分之效力并无关系。至未经报税、盖印之契据，在现行法上固不能认为公正证书，然提出作证之人如对于相对人之争执有合法证凭，足证明其为真实者，仍不能不认为有相当之证据力。（四年上字第289号）

庚帖之证据力。

【正】庚帖固为婚约成立条件之一，亦为婚约存在之证明方法，然必须由女宅所送而后可。（四年上字第350号）

不动产所有权，如其契字可疑，应有其他证据。

【正】不动产所有权之移转，本以契字为最有力之证据。然契字如有可疑，则不得不更求其他资料以供印证。（四年上字第438号）

契据已否投税与其真伪无关。

【正】契据之已否投税，与契据之真伪并无关系。苟其成立确系真实，当然可以发生效力。（四年上字第448号）

粮票之证据力。

【正】前清《刑律》载："凡典买田宅不过割者，一亩至五亩，笞四十；每亩加一等。其田入官"等语。是典地之必过割，本为法所规定。雍正年间例文虽准典契不过割而亦未禁其过割。故习惯上，典当田房仍不无投税过割者。是知粮票名义，本不足为所有权之确

证。（四年上字第519号）

有粮多地少等弊，不能以粮票为断地标准。

【正】我国经界久未整理，往往有粮多地少、粮少地多等弊，断不能仅以此为判断应得地亩之标准。（四年上字第590号）

远年老契，不能主张所有权。

【正】仅有远年老契，不能持以主张房屋之所有权。（四年上字第660号）

证书上之印章虽真，有时不能即认证书为真正。

【正】证书上之印章虽似真物，而因其他之凭证，足以表明其印章形式之符合不能即为证书真确及其成立系属合法之断定者，则该项证书仍不足采为裁判上之根据。（四年上字第667号）

月份牌内广告之证据力。

【正】月份牌之性质为商家广告之一种，其颁布之目的在博信用而图发展记事之外，不免无夸张掩饰之事。（四年上字第742号）

流水与方帐之证据力。

【正】凡商业账簿，其登记或逐日（流水）或逐年（方账），前后相贯、次序整然者，固不能概谓为不足信凭。然账簿中，惟流水簿首尾紧相连接，不易有伪造添写情事。至于方账，则正与相反。故凡提出方账以为钱债关系之证据者，应更有流水账以供核对，或有其他可为印证之凭据，始能信其主张非伪。（四年上字第816号）

借字之证据力。

【正】借字之性质，专为证明债务而存。凡已履行债务之人，例必索还借字；而债权人即负有返还之义务。如借字尚存于债权人之手，而债务人复无反证足证明其业已履行，自不得不认债务之犹然存在。（四年上字第816号）

审判官得以自由心证判断核对之结果，无庸另命鉴定。

【正】笔迹之核对，苟非有特别事由，依法可由审判官之自由心证以为认定，毋庸另觅人鉴定。（四年上字第1121号）

证书内所盖图章与证据力之关系。

【正】借帖并不以加盖图章为成立条件。故即未加盖图章而有其他种种证凭足以证明该借帖之真实者，自不能以无图章即行否认。（四年上字第1405号）

商业账簿之证据力。

【正】依商事惯例，凡商业上债权债务之关系，概得以账簿为凭。故该账簿经审理事实之审判衙门依法查核，认为并无作伪之痕迹，而相对人又无较为确切之反证者，则当事人间关于债权债务之争执，自可据以为断。（四年上字第1653号）

判断核对结果之心证所由得，应说明之。

【正】鉴定笔迹，原则应以字学专门家为之。若由审判衙门以自由心证，判断核对之结果者，应说明其心证之所由得。（四年上字第 2459 号）

股份合同之证据力。

【正】股份合同，不必为股东惟一之证据。（五年上字第 10 号）

债务人能证明其已清偿者，纵借券揭单尚存债权人手，仍应认其债务消灭。

【正】借券或揭单固足为债权存在之有力证据，然债务人如能举出确实反证证明其债务已经清偿者，则纵令该借券或揭单尚存于债权人之手，仍不能不认其债权已经消灭。（五年上字第 47 号）

存条之证据力。

【正】存条为表明存款债权之重要证物。（五年上字第 314 号）

因契字不明或有特别情事，得以他证证明。

【正】田产之争执，固应以契字为有力之证据，惟契字所载不甚明瞭或有特别情事不能依据契字时，自得本于他项证据以为认定，不得谓舍契字即无凭判断。（五年上字第 912 号）

验契与证据力之关系。

【正】验契条例之规定，原系对隐匿者之一种制裁，意在促起人民注意，以防其隐匿。故一经呈验之后，即无论其为时迟早，苟该契确系真实，自可予以采用。（五年上字第 1031 号）

捐施虽未交契据，仍得依他项方法证明。

【正】不动产之契据，通常虽为该不动产所有权之重要证凭，然与所有权究非有不可分之关系。故捐施之人虽未交契据而依他项凭证足证明其确未保留所有权者，仍不得视其所有权为属于原捐主。（五年上字第 1089 号）

继单之证据力。

【正】承继关系并不以继单为成立之要件。故继单虽有时为证明承继事实之有力证据，然使果有他项证据足以证明承继事实确系存在者，则纵无继单，亦不能否认其承认关系之成立。（六年上字第 790 号）

继单未经立继人及证人画押，有时亦得认为真正。

【正】继单上未经立继人及证人等画押，事所恒有。苟已证明确曾立有继单，即不能以继单上立继人及证人等未经画押而认为无效。（六年上字第 953 号）

第四百二十九条

当事人因妨他造使用，故将证书隐匿、毁坏者，得认他造关于证书之主张为真实。

【正】当事人自认执在手中之证书，经审判衙门认为重要，命其交出，该当事人抗不照交或执有证书之当事人因妨相对人使用起见，确有故意隐匿或毁坏证书情事者，审判衙

门得认相对人关于该证书之主张为真实（本号判例与本条例第四百零八条互见）。（七年上字第394号）

第五目　勘验

第四百三十二条

苟未为职权处置，即对于有举证责任之当事人，亦不得为不利益之推定。

【正】审判衙门于释明事实关系，本为应尽之职务，所以补当事人之不及而发见真实，以为公平之判断也。故原审如认有调查某证据之必要，应即以职权行之；不能因当事人之不请求即不为职权上必要处置，而对于该有举证责任之当事人遽为不利益之推定（本号判例与本条例第二百四十六条、第三百五十四条、第三百八十五条、第四百零六条、第四百一十一条互见）。（三年上字第130号）

审判衙门因释明事实关系，应以职权调查证据。

【正】事实之认定，应凭证据。而证据之搜集，除当事人就主张有利于己之事实应各负担责任外，审判衙门因释明诉讼关系，亦应尽相当之义务。故当事人提出之证据，苟于讼争之事实有重要关系或可与相对人所举他种确凭互相印照者，即应予以调查；而在职权上应行之必要处置，亦应严加注意（本号判例与本条例第二百四十六条、第三百二十八条、第三百五十四条、第三百八十五条、第四百零六条、第四百一十一条互见）。（三年上字第210号）

审理尚未成熟者，应更为相当处置。

【正】证据之取舍，虽得由审理事实之审判衙门于法律范围内衡情定之，然若审理尚未成熟，就调查之结果并不足以得适当之心证，设更为相当处置，犹有审理之余地，而该衙门竟据以认定系争事实之存在，自于其职权上应尽之能事有所未尽（本号判例与本条例第二百四十六条、第三百五十四条、第三百八十五条、第四百零六条、第四百一十一条互见）。（三年上字第386号）

调查当事人之证据犹有疑义者，审判衙门应另为职权调查。

【正】事实之认定，须凭证据。而证据之搜集，则除当事人于证明自己主张负相当之举证责任外，审判衙门亦不可不尽其职权上应为之处置。故当事人提出之证据确实可信者，故可无事旁求；若犹有疑义，则不能不由该审判衙门另为职权上之调查，以期案情臻于明瞭（本号判例与本条例第二百四十六条、第三百二十八条、第三百五十四条、第三百八十五条、第四百零六条、第四百一十一条互见）。（四年上字第21号）

滴血之证据力。

【正】滴血一端，依现在医学所发明，不能为断出血统关系之确据。（四年上字第2261号）

滴血方法为审判上所不许。

【正】滴血之方法，为现今审判上之所不许。（四年上字第 2261 号）

检证，得指定受命推事或嘱托他衙门为之。

【正】遇有应施行不动产检证时，得指定受命推事实施程序。如检证物坐落辽远，并认为无迳自派员检证之必要者，自得嘱托该管审判衙门代为检证。（六年上字第 393 号）

容貌相同，可为血族关系之证据。

【正】容貌相同，亦可为有血族关系之证据。（七年上字第 1113 号）

第六目　证据保全

第四百三十七条

请求证据保全之条件。

【正】请求保全证据，应以该证据方法有即将纷失或难使用之虞，或经相对人同意者，始得为之。如有此种情形，则无论在诉讼系属前或诉讼进行未达调查证据之程序前，均无不可。（三年声字第 1 号）

第四百三十八条

案件虽已至上告审，而关于惟一或重要之证据，控告审未予调查者，尚许施行证据保全程序。

【正】凡系惟一证据或于该案有重要关系，即于判断有直接影响之证据，苟控告审并未予以调查，而上告审认为违法应予发还更审者，为当事人利益计，应许其利用保全证据之程序以便上告审发还判决时，原控告审犹得有所凭依，而无坐误之弊。惟此种保全之证据，若上告审认为控告审并不违法、毋庸发还更审者，则仍不能发生何等之效力。（三年声字第 1 号）

第四百四十条

证据保全程序之证据调查，适用一般证据法则。

【正】证据保全程序应先以决定裁判保全之声请；如认声请为正当、命为证据调查者，即适用一般证据法则实施调查并记明于记录而为之保管，但不能即以拘束审理事实之审判衙门而强其必采用也。（三年声字第 1 号）

第四节　和解

第四百四十六条

因劝谕和解所为邀中理处之命令，得以抗告。

【正】审判衙门因顾全当事人两造之利益，于诉讼进行中，得命两造邀中理处，并得对于当事人直接为息讼之劝告（不以命令形式为之）。如邀中理处之命令有不法时，是否可以抗告，尚无明文规定。惟以条理言之，自与审判衙门因指挥诉讼所为之裁判不能同论，应准其上诉，以资救济。（三年抗字第 101 号）

当事人在县署所具甘结，无效。

【正】在县署所具甘结，与当事人以自由意思所呈之和解状不同；为防止流弊起见，应认为当然无效。（四年抗字第 386 号）

和解，以有当事人合致之意思表示为成立条件。

【正】和解，不论在审判上审判外，以有当事人合致之意思表示为成立条件。故诉讼人于其诉讼或各争点仅有互相让步之意思而并非合致者，则审判衙门虽得令两造当事人试行和解，而不得谓为和解业经成立。（四年上字第 408 号）

和解，须本诸当事人之自由意思。

【正】审判上和解，必须本诸当事人之自由意思，乃能认为合法成立。（五年抗字第 95 号）

和解劝谕不成，不得强制。

【正】诉讼上和解，须由当事人两造合意而成。故受诉审判衙门于诉讼终结前虽得为和解之劝谕，惟已逾限定期间不能成立和解，而当事人间又已表示不愿依和解方法终结、请求审判者，审判衙门自应仍旧进行审判，无再强其和解之理。（七年抗字第 29 号）

审判上和解，应由受诉法院或受命推事、受托推事为之。

【续】审判上试行和解，固不问诉讼事件在如何程度，即至第二审、第三审亦得试行，但应由受诉审判衙门或其受命推事、受托推事为之。本件原审衙门于抗告人声明控告当时，并非管辖该案之第二审衙门，亦非依法受有嘱托，乃竟就该项控告案件试行和解，自不能认为合法。（八年抗字第 258 号）

诉讼上和解，由受命推事、受托推事为之者，须本诸受诉法院之指定或嘱托。

【补】诉讼上和解，以在受诉法院成立为原则。其由受命推事、受托推事为之者，须本诸受诉法院之指定或嘱托。至当事人于提起上诉后，请求原法院转递和解状，原法院为便利起见，固得迳行传讯当事人两造作成笔录，但既未受嘱托，仍须送由该上诉法院得其认证，始能发生诉讼上和解之效力。（十五年抗字第 28 号）

第四百四十八条

和解笔录，非证明其错误或伪造，有相当之证据力。

【正】裁判上和解，苟经合法成立，自应认有执行之效力。至其完全成立与否，则应以辩论笔录所记载者为凭。苟非另有确切证据足以证明笔录记载之错误或出于伪造，则于证据法上即有相当之效力。（二年声字第 194 号）

和解成立者，应将其内容事项记载于笔录。

【正】凡当事人于审判衙门已有合法之裁判上和解，其案件即为终结。该和解成立，衙门应将其和解内容、事项明确记载于诉讼笔录。此种和解自可据以请求执行，更无容许上诉之余地。（三年抗字第 182 号）

胁迫和解之书状，无效。

【补】查和解应于法院或受命推事、受托推事前以言词陈述和解意旨者，始成为诉讼上之和解，有终结诉讼或某项争点之效力。若仅提出和解状，于法院，尚不能认为诉讼上和解。此就《民事诉讼条例》第四百一十六条、第四百四十八条及第四百九十三条解释，实为当然之结果。本件查阅原卷，两造当事人虽曾向本院提出和解状，但旋经被上诉人状称"系出于胁迫"，经本院嘱原厅推事传质，亦属相同。是本件并不能认为已有诉讼上之和，但依法，仍应由本院予以审判。（十三年上字第610号）

第四百四十九条

和解成立，毋庸当事人声请注销，该案件当然消灭。

【正】系属于审判衙门之案件，一经当事人成立和解，该案诉讼即归于消灭，毋庸更俟当事人声请注销。（二年上字第3号）

和解成立，审判衙门不得就其事件再行审理。

【正】审判上之和解，一经合法成立，该诉讼即完全了结。除有无效或应行撤销之事由外，审判衙门不得就其事件再为审理。（四年抗字第170号）

审判外和解，须于审判上亦已表示者，乃可消灭诉讼。

【续】审判外之和解，必须当事人就和解之事实无复争执并于审判上亦已表示者，始可消灭诉讼。（八年抗字第38号）

和解中之让步及中人调处方法，不得据为判决基础。

【续】未经成立之和解契约，在和解进行中，当事人所谓让步之主张及中人调处之方法，均难采为裁判之根据。（九年上字第1091号）

审判衙门不得以试行和解中让步之词，为该当事人不利益之裁判。

【续】审判衙门于言词辩论终结前，虽得试为和解，但和解无成，仍应就两造讼争之事实关系依法判断，而不得即以试行和解中一造让步之词据为该当事人不利益之裁判。（十年上字第1072号）

第四百五十条

和解，得为执行名义。

【正】当事人在审判衙门所为和解，于强制执行，应与他种债务名义（执行名义）有同一之效力。（二年声字第3号）

和解后另启之讼争，非执行原和解契约所可解决者，应作为新诉讼受理。

【正】讼争事项因审判上之和解而终结者，除该和解契约系当然无效或经依法撤销外，当事人固不得就同一事项更行讼争。惟和解成立后，如因当事人之行为与和解契约相抵触另启讼争，而并非关于和解之执行者，其诉争关系与业经和解而终结者，既不能视为一事，又非执行原和解契约可以解决，则审判衙门即不得不作为新诉讼予以受理。（四年抗字第55号）

和解，只能拘束列名和解之当事人。

【正】审判上之和解与判决有同一之效力。然必同为当事人列名和解者，乃应受该和解之拘束。（四年抗字第130号）

审判上和解与判决有同一效力。

【正】审判上和解与判决有同一之效力。故案经和解以后，除有无效或应行撤销事由外，不得就同一案件有所声请或再行起诉。（四年抗字第289号）

和解契约，非经由审判衙门宣示无效或撤销后，当事人应受拘束。

【正】和解契约确有无效或撤销之原因者，亦非诉经审判衙门将该契约宣示无效或撤销后，当事人不得遽行弃置而更主张和解前之法律关系。（四年上字第351号）

和解终结后，纵一造受不利，亦均应受和解之拘束。

【正】民事诉讼须以当事人之意思为主。若果当事人因审判上或审判外之和解契约以致诉讼终结者，即均应受和解契约之拘束；苟非有他项原因，则纵使当事人一造因和解受有不利益之结果，亦不得就和解前之法律关系再行主张。（四年上字第2131号）

判决确定后，如有和解，得拒绝执行。

【正】判决确定后，如有有效成立之和解契约，债务人可据以拒绝确定判决之执行。（六年抗字第105号）

就为诉讼标的之法律关系未经成立诉讼上和解，亦为诉讼成立要件之一。

【补】就为诉讼标的之法律关系未经成立诉讼上和解，亦为诉讼成立要件之一。而在县署成立和解，固不应仅以当事人所具甘结为凭，但如经县试行和解，例如曾当堂劝谕或令邀中调处，旋据两造结称“和息情事”，和息中人亦呈称无异，则此项和解显系出于当事人之自由意思，应认为已经于诉讼上合法成立。（十四年上字第526号）

第五节　判决

第四百五十一条

法律行为之无效，得以职权调查裁判。

【正】审判衙门认为系无效之法律行为时，得不待当事人之主张，径以职权调查其事实关系而为判决。此于我国现时，盖至当之条理也。（二年上字第77号）

判断偿恤费用，不必酌量义务人之资力。

【正】偿恤费用本与普通赔偿债权相同，系属损害赔偿之性质，不可与亲族间所负扶养义务同视，毋庸酌量义务人之资财以为判断。（三年私诉上字第4号）

核算，不得诿诸执行机关。

【正】核算款项即审理程序之一部，不得诿诸执行机关。（三年上字第108号）

通常法令所不详之权利，应认定其性质内容及效力。

【正】审判衙门专以当事人之承认或地方一般习惯为基础，认定当事人间有特种权利义务关系者，若其权义关系之范围为通常法令所不详，则应同时认定其权利之性质、内容及其于法律上应有之效力如何。(三年上字第455号)

先尽债务人何部分财产或应于何时执行，非裁判范围内应及之事。

【正】商店贸易，均以其股东为债权债务之主体。故除有特别法文及当事人意思合致或习惯法则外，凡债务之强制执行，不论对于债务人何部分或坐落何处之财产，依法均得为之。至应先尽债务人何部分之财产或应于何时执行，本非审判衙门裁判范围内应及之事。(三年上字第646号)

判断须以法例为据，不得斟酌利害。

【正】审判衙门之判断，必须以法例为根据。反乎现行法例而斟酌利害以为取舍，实非审判衙门职权之所应及。如果债务人财产实不能清偿或非展缓其清偿，则债务人资力即难恢复，一般债权人亦将同受损失，则在执行衙门固可参酌情形，量予犹预，而在债务人要无主张展缓或减免之权利。(三年上字第807号)

关于不动产所有权之诉，审判衙门所应审究之点。

【正】凡回复不动产所有权之诉，依现行诉讼法例，自应先审究原告主张之是否真实及其请求是否合法，以为判断。如果其主张之事实不能证明或其请求并非合法，则被告之占有该不动产虽不能证明其为适当，亦应本于占有之现状为适当之推定。反之，若其主张事实能为确切证明而其请求又属合法，则原告即为正当权利人，自应予以保护。(三年上字第883号)

司法裁判，无自由裁量之余地。

【正】司法裁判纯以法律为准则，除适用法律之外，无自由裁量之余地。(三年上字1121号)

确认之诉，须两造均有主张权利之资格，始能为权利谁属之判断。

【正】凡私权确认之诉讼，自必当事人两造俱有主张权利之资格，而后由审判衙门斟酌两造辩论之意旨、调查证据，以为判断。若已明认一造并无主张权利之资格者，则该诉讼已无合法之对手人，即不得为权利谁属之判断。(三年上字第1154号)

债务之额数如何，应视请求原因或抗辩事实能否成立为断者，应先究其请求原因或抗辩事实。

【正】当事人间系争债权债务之额数如何，在法律上，须视其主张之请求原因或抗辩事实能否成立为断者，审判衙门应先究其请求原因或抗辩事实，然后及于额数之裁判。(四年上字第号)

适用法令为审判衙门之职权。

【正】适用法令本属审判衙门之职权，无待于当事人之请求。(四年抗字第25号)

旧日州县批判已解决当事人间系争之点者，以终局判决论。

【正】旧日州县衙门之批判，若确定已解决当事人间系争之点及当事人已知其内容者，自应以终局判决论。一经确定，即不得再就该事件复为争讼。（四年抗字第205号）

不能确定所有权之归属者，应为维持占有现状之裁判。

【正】关于所有权归属之讼争，除审判衙门为使事实关系臻于明了应负相当义务外（释明权，即释明之义务），各当事人亦应负举证之责。故就当事人所提出之证据合法调查，并由审判衙门行使职权为必要之处置，而仍不能确定其所有权之归属者，审判衙门自应本于占有之情形为维持现状，驳回其请求之裁判。（四年上字第210号）

利息，应算至判决执行完结之日为止。

【正】金钱债权苟未逾一本一利之限制，则其债权关系存在一日，即应有一日之利息。故因债务人延不履行而致涉讼者，债权人于起诉后之利息苟无舍弃之意思表示，自应算至判决执行完结之日为止。（四年上字第1065号）

判决中，毋庸指定执行之目的物。

【正】判决与执行系属两事。执行之目的物，判决中毋庸预为指定。（四年上字第1916号）

关于养赡办法，当事人间无合约者，审判衙门应为酌定。

【正】关于养赡办法，当事人间无合约者，审判衙门应为斟酌至当或为设定养赡财产或图其他久安之道。（四年上字第2331号）

法律上之判断，以合法认定事实为基础。

【正】法律上之判断，应以合法认定之事实为基础。（四年上字第2413号）

实质上为终局判决，而误用裁判名称者，仍以终局判决论。

【正】第一审衙门所为之裁判，实质上确为终局判决者，纵或因误解法律致误用裁判名称，仍应以终局判决论。（五年抗字第56号）

债权本息，不得以裁判强令债权人减让。

【正】凡债权之已经证明其适法成立者，无论系原本抑系利息，除债权人有舍弃之意思表示，得据以为判决基础外，审判衙门不能蔑视当事人间固有之契约，将债权人应得之利益于裁判中强令减让。（五年抗字第981号）

裁判根据不能出于当事人请求原因之外。

【正】审判衙门裁判案件，不能出于当事人请求原因以外而别求根据。（五年上字第1189号）

审判衙门不得反乎当事人之意思，判令舍弃权利。

【正】凡权利之已经证明其适法成立者，苟非当事人自己有舍弃之意思表示，审判衙门自不能蔑视其权利而为强制舍弃之判断。（五年上字第1561号）

确认之诉之判断范围。

【正】审判衙门就当事人提起确认之诉，只应辨别其系争法律关系是否成立，而无庸更为其他之裁判。（六年上字第1293号）

原告之主张无理由，即毋庸审究被告之抗辩能否成立。

【续】审理诉讼须先审明原告之主张有无理由。若原告主张根本上已无理由，即应为驳斥原告请求之裁判；其被告之抗辩能否成立于法，即可不问。（八年上字1283号）

被告承认原告之请求原因而提出抗辩事实时，不得以其未经查明，遂依原告之请求判决。

【续】被告承认原告之请求原因而提出抗辩事实时，审判衙门应就其抗辩事实之能否成立予以审认裁判，不得以被告之抗辩事实未经调查明晰，遂先依原告之请求判决而令被告再行起诉。（九年上字第732号）

审理事实、适用法律，不受其他案件之裁判及证据所拘束。

【续】法院就民事案件审理事实、适用法律，本有独立之职权，除法律上特别情形外，绝不受其他案件之裁判及证据所拘束。（十一年上字第198号）

第四百五十二条

就本诉与反诉，得先为一部终局判决。

【正】审判衙门就本诉与反诉之请求，审核情形，可分别先为一部之终局判决。（五年上字第1517号）

第四百五十三条

就独立之攻击、防御方法所为中间判决，不得独立上诉。

【正】当事人主张各种独立之攻击或防御方法可提前裁判者，审判衙门得为中间判决。此项中间判决虽属违法，亦应于终局判决后有不服时依法上诉，不得于未经终局判决以前遽行声明不服。（四年抗字第87号）

第四百五十四条

先就请求原因所为中间判决，得为上诉。

【正】当事人就请求之原因及数额同有争执，审判衙门先就其原因所为之中间判决，许当事人上诉。（三年上字第1120号）

中间判决之效力。

【补】按《民事诉讼条例》第四百五十四条第一项，“请求之原因及数额俱有争执，法院以原因为正当者，得为中间判决”。又第二项前段，“前项中间判决关于上诉及再审，视与终局判决同”。是此项中间判决，当事人如有不服，应于上诉期限内独立提起上诉。否则，即为确定。以后在关于数额部分之诉讼程序，法院及当事人应受其羁束。（十三年上字第544号）

第四百五十五条

利息在第一审中已确示其请求数额者，应认为余额已于诉讼上舍弃。此外，则均应许其扩张。

【正】债权人关于利息债权之请求，如本可预行计算，在第一审时已确示数额、有明晰之请求者，则其对于此外应得之利息，固可视为已有舍弃之意思表示；于诉讼法上，当然发生效力，不得更于上诉审中任意扩张其请求。然若涉讼之始，虽仅计算至起诉当时为止，而在第一审诉讼进行中复将其后应得之数，续行声明者，自与在上诉审扩张请求不同，并无可以限制之理由（本号判例与本条例第二百九十九条互见）。（四年上字第830号）

当事人舍弃其请求者，应本于其舍弃而为判决。

【正】当事人在言词辩论中所为诉讼物之舍弃，审判衙门自应由为判断之根据。（四年上字第425号）

原确定判决系以舍弃、认诺或自认为根据者，虽有新证据，亦不能成立再审理由。

【补】原确定判决如系以舍弃、认诺或自认为根据者，虽发见未经斟酌或得使用之证据，亦不能成立再审理由。（十五年上字第798号）

第四百五十六条

从前县判有时须经当事人具结后，始得认为终局判决。

【正】从前州县审结之案，尝有经数次批判而始定案者。此时，自应以后判为该审终局之判断，又有于批判中明明声言“须两造到堂具结”者，则非两造到堂具结后，该案即无从认为终结；以该州县既以具结为判断之条件，或遂因当事人不肯具结而另为判断也。不过，堂判中并未声明“须待具结”者，即应以该堂判为第一审之终局判断。（三年抗字第52号）

当事人所具甘结，无拘束力。

【正】当事人在审判衙门所具不愿缠讼之甘结，按照现行法例，无论是否出自本人情愿，法律上当然认为无何等之效力。（三年上字第248号）

甘结，非县判有效之要件。

【正】从前县判，并不以当事人输服具结为有效力之要件。（四年上字第272号）

当事人承认相对人之请求者，应本于其认诺而为判决。

【正】被告人对于原告人之请求已为审判上之认诺者，审判衙门应毋庸调查请求之存否，即为被告人败诉之判决。（四年上字第482号）

当事人应受其所为舍弃或承认之拘束。

【正】当事人于诉讼中所为之舍弃或认诺，有相当拘束之效力，不得率行撤销；而审判衙门亦自不得不据以为判决之基础。代理人之受有特别委任者，其所为舍弃及承认之效力亦同。（四年上字第937号）

甘结，不能视为认诺。

【正】当事人在审判上所为之承认，固可采为裁判基础而不容其翻悔。唯在审判后所具之结，则依现行法例，不能视为审判上之承认。（七年上字第126号）

第四百五十七条

当事人有代理人者，不得因本人不到场而为缺席判决。

【正】缺席判决系因言词辩论日期当事人一造不到场，亦并无代理人到场或到场而不为辩论，审判衙门本他一造之声请所为之判决。故当事人本人虽不于辩论日期到场辩论而有合法之代理人者，审判衙门应使其代理人为辩论，不能遽为缺席判决。（四年上字第28号）

被告亦得声请缺席判决。

【正】凡当事人一造于言词辩论日期不到场，其对造之当事人均得声请缺席判决；非有被告不得为此项声请之限制。（六年上字第780号）

第四百五十八条

合法传唤之解释。

【正】所谓合法传唤者，指依照送达程序送达传票于当事人或代理人者而言。（六年上字第293号）

到场一造提出之声明事实等，未于相当时期通知他造者，不得遽行判决。

【续】依《民事诉讼条例》第四百五十八条第一项，“到场当事人所提出之声明事实或证据方法，未于相当时期通知他造者，法院应驳斥到场当事人之声请，延展辩论日期”。本件被上诉人所提出之声明、事实等系影响于判决之重要事项且有关于本案，乃原审未待于相当时期通知上诉人，与上诉人以准备之时机，而即据被上诉人之声请予以判决，殊属不合。（十一年上字第1634号）

言词辩论日期，须有合法之传唤。

【补】言词辩论日期不到场之当事人曾否于相当时期受有合法之传唤，应由法院以职权调查。如当事人未受传唤或其传唤为不合法者，即应以裁决驳斥到场当事人之声请，另定辩论日期，再合法传唤两造。（十四年上字第832号）

合法传唤，应由书记官作传票送达于该当事人。其一造有数人者，并应各别送达。

【补】按言词辩论日期，当事人之一造不到场，到场当事人声请由其一造辩论而为判决时，如不到场之当事人未于相当时期受合法之传唤，或到场当事人所提出之声明、事实或证据方法未于相当时期通知他造，法院应以裁决驳斥该声请，并延展辩论日期。《民事诉讼条例》第四百五十八条第一项第一款、第四款有明文规定。又所谓合法传唤，系指定言词辩论日期后，除由审判长面向告知或自以书状呈明者外，应由书记官作传票送达于当事人。若该一造有数人时，尚应按人数，各别送达传票。（十四年上字第850号）

第四百六十条

陈述不完全或不明了，不得谓之不为辩论。

【正】当事人之陈述不完全或不明了时，不得谓之不为辩论。（四年上字第2277号）

第四百六十一条

关于审判衙门应依职权调查之事项，亦须遵守不告不理之原则。

【正】民事诉讼审判衙门应以当事人所诉求者为审理判决之范围；未诉事项及未诉之人，当然不能予以审判，此所谓不告不理，实为民事诉讼法根本之大原则。即在审判衙门应以职权调查之事项（如牵涉强行法规之事项），亦应遵守，断不能以其为职权调查事项之故，遽以职权为不告而理之处置。（三年上字第280号）

判决不能以当事人所未求之利益归之当事人。

【正】无论诉讼在如何程度，审判衙门不能以当事人所未主张之利益而归于当事人。（三年上字第574号）

判决不得及于未经起诉之事项。

【正】审判衙门不得就当事人间未经合法起诉之事项为诉外之判决。（三年上字第875号）

在确定不动产所有权归属之诉，审判衙门发见其所有权属于第三人时，仍应为维持现状之裁判。

【正】凡确定不动产所有权归属之诉，若两造均无确实之证据可凭，而审判衙门以职权调查之结果，不惟于两造之所主张均不能有所证明，反发见其所有权系属于第三人，而该第三人又并不出而主张者，则依民事诉讼不告不理之原则，除暂听现在占有该不动产之一造维持现状外，不能遽为确定该所有权属于诉外第三人之判断。否则，不能认为有效。（四年上字第32号）

裁判利息，应以当事人之请求额为范围。

【正】金钱债权之利息，本可计算至判决执行完结之日为止。惟审判衙门不得将当事人所未请求之权利归之于当事人（不告不理）。故利息之计算，自应以债权人所合法请求之额而于法律上有理由者为限。（四年上字第418号）

审判衙门不得对诉外人为裁判。

【正】非本案之当事人，审判衙门不能对之为裁判。（四年上字第1189号）

在请求履行合伙债务之诉，不得判令未经被诉之合伙员清偿其所应负担之部分。

【正】合伙债务，原则上应由各合伙员按股份分还。故债权人有向合伙员之一人请求履行全部债权者，该合伙员当然得以其一部义务为抗辩；再合伙员之一人提出该项抗辩后，若债权人并不向其他合伙员一并诉追，则审判衙门之裁判即应专对于债权人所诉追之合伙员，命其清偿自己所应分担之部分，而不得对于其他合伙员为诉外之判决。（五年上字第1013号）

审判衙门于当事人声明之范围内，得仅认其所求利益之一部。

【正】审判衙门对于民事案件，应以当事人请求之事项为判断之范围。而当事人之请求事项，则除有特别情形外，应以在第一审言词辩论终结前所声明者为准。若当事人所持之请求理由，审判衙门认为不能完全成立而予以一部胜诉之判断，则此项判断结果，虽与当事人原来之请求目的不符，然仍在其请求范围以内，自不能谓其所判断者系未经当事人声明之事项。（六年上字第 126 号）

第四百六十二条

上告审无宣示假执行之余地。

【正】案经上告审判断后即行确定，更无宣示假执行之余地。（四年上字第 1015 号）

第四百六十三条

假执行之要件。

【补】按法院依债权人声请宣示假执行，除呈明在执行前可供担保者外，至少须具备下述要件：（一）声请人须确有应受假执行之权利。（二）须事件未经判决或其他方法终结而尚系属于本法院。（三）须其权利在判决确定前不为执行，恐受难于抵偿或难于计算之损害。此观《民事诉讼条例》第四百六十三条第一项规定固极为明显者也。故若声请人主张之权利已受败诉之判决，或关于声请假执行之部分已经终结，则根本要件即不具备。法院虽未于本案判决特为驳斥该项声请之裁判，亦不得谓为忽视关于假执行之声请而许原声请人得声请补充判决。（十四年抗字第 10 号）

第四百六十七条

实施假执行时，扣押超过必要之程度者，受执行人不得对于债权人请求损害赔偿。

【正】执行衙门为假执行之际，扣押被告之财产虽应以清偿债权额所必要之程度为限，但其超过必要之程度者，该受执行人应对之声明异议，而不得对于原告请求损害赔偿。（三年上字第 543 号）

宣示假执行之判决废弃或变更时，被告返还给付及赔偿损害之请求权，得以单纯声请或起诉主张之。

【正】凡宣示假执行之本案判决既经废弃或变更时，其先为原告执行者，原属尚未确定之判决，故为保护被告之利益预防滥用假执行起见，原告对于被告因假执行或因免假执行所给付之物及所受损害须负返还及赔偿之义务，而被告之此项请求权固得于系属之诉讼以单纯声请主张之，亦得从新起诉。（四年上字第 699 号）

第四百七十一条

从前州县于案已判决后又行覆讯，不为违法。

【正】向来州县判决之案，往往因当事人呈请覆审或上级长官批饬覆讯而该案复系属于原审判衙门者，要不得谓之为违法。盖审检各厅所适用之法令，自《各县帮审员办事暂行章程》颁布以来，设置帮审员，地方之承审官员始有遵行之义务；从前，固不受其拘束也。（三年上字第 81 号）

本权诉讼，不受占有诉讼确定判决之拘束。

【正】占有诉讼与本权诉讼其目的迥异，故关于本权之主张，不受占有诉讼确定判决之拘束。（三年上字第956号）

从前审判厅之判决，亦生既判力。

【正】从前各级审判厅所判决案件，依《试办章程》。六十五条之规定，逾期而不上诉者，原判即为确定。若对于既有确定判决之事项而更为受理判决，则与一事不再理之法则显相违背。（四年上字第24号）

一事不许再诉。

【正】一事不再理为诉讼法上不可易之大原则。故审判衙门所为判决已经确定，当事人就同一事件依通常程序复向审判衙门起诉者，即为法所不许。（四年抗字第191号）

自《各县帮审员办事章程》或《县知事审理诉讼章程》颁行以后，各县之判决均生既判力。

【正】自民国二年二月二十八日司法部定《各县帮审员办事暂行章程》颁布以来，审检各厅所适用之法令，各该县帮审员一律适用。于是，设有帮审员各县判决民事案件，乃有实质上确定力之可言。迨《帮审员办事暂行章程》废止以后，则依民国三年四月六日公布之《县知事审理诉讼暂行章程》，凡未设审检厅及帮审员各县判决民事案件，亦均有实质上之确定力。（四年上字第502号）

确定判决有既判力。

【正】凡已经判决确定之案，除依再审程序外，当事人即不得就于同一事件更为诉讼，而审判衙门亦更不得重予受理。（四年上字第2088号）

准许立案之后，尚得就该事项起诉。

【正】当事人之一造禀请准许立案，其性质不过登记或证据保全之一种方法者，与当事人之权义毫不相涉，自不得以判决或审判上之和解论。故关于曾经立案之事项涉讼者，当然不为一事不再理之原则所拘束。（五年上字第460号）

从前州县之判决，亦有时生既判力。

【正】《各县帮审员办事暂行章程》及《县知事兼理司法事务暂行条例》实行以前，各未设地方审判厅之地方，其州县官审理民事诉讼，固无须严守各级审检厅所适用法律之拘束。是故，州县判决案件，除上诉时按照《试办章程》亦应适用上诉期间外，其因当事人呈请覆讯或由上级机关批饬覆讯而复系属于原审判衙门致重予判决者，续习相沿，自难遽以一事不再理之法则相绳。惟案经判断，相当期间内，当事人并无不服而讼争关系已在不争之状态者，即为确定，不容复行翻异。其判决有数次者，应以其最后之判决为准。（五年上字第1105号）

一事不许再理。

【正】审判衙门对于其所受理之民事案件业经终局判决者，除依再审程序外，不得因

当事人之声请，辄予重为审判而自将前判撤销或变更之。（五年上字第 1204 号）

承继诉讼之判决未经认定被告已否合法承继者，尚得另行起诉。

【正】承继诉讼，若仅因原告无权告争迳予驳回其请求，并未就被告已否合法承继明确认定者，该族人或因主张承继或参与立继，仍准其另件诉理。（六年抗字第 266 号）

前后两诉讼请求之目的或原因不同者，后诉不受前诉确定判决之拘束。

【正】必在同一当事人间因同一法律关系而为同一目的之请求审判衙门，始应受一事不再理之拘束，而不得就此种案件重为受理审判。若前后诉讼之当事人虽同而其请求之目的或原因殊异者，不能以此法则相绳。（六年上字第 399 号）

诉讼撤回或因不适法驳斥者，不适用一事不再理之原则。

【续】民事案件必须经终局判决确定，始应适用一事不再理之原则。若该诉讼系由当事人自行撤回或因欠缺诉讼条件而由审判衙门认为不适法予以驳斥者，则仍得由当事人另行起诉。（九年抗字第 147 号）

当事人于前诉讼中主张之事项未经裁判者，不能以一事再理论。

【续】前诉讼中，当事人所主张之事项并未经过裁判，关于该事项即无确定力之可言。嗣后，该当事人复行主张，仍应依法审理裁判，不能以一事再理论。（九年上字第 277 号）

当事人实系自甘输服者，其所具之甘结非无效。

【续】依本院从前判例，当事人在县署具结原无何等之效力，但此项判例系指循例所具之遵断甘结，并非自甘输服者而言。若当事人当时实系自甘输服，即不得再以该判例为借口。（十一年上字第 1614 号）

仅以他种事实为裁判理由者，不发生确定力。

【续】判决理由中之叙述，如系补主文之不备而确有裁判意旨者，固可认为有裁判效力。若仅以他种事实为本件裁判之理由，并非对于该项事实为何种裁判，自不能就该项事实而发生确定之效力，当事人即无庸对之声明不服。（十二年上字第 763 号）

共有人中少数人代表起诉或应诉，本其辩论而为之判决，对于全体亦应发生效力。

【补】为诉讼标的之权利如系公同共有性质，例如，一邑、一村、一族、一会之产，由共有人中少数人代表起诉或应诉，本其辩论为判决而确定者，对于全体亦应发生效力，而适用既判力之规定。即令就其诉讼代理权发生疑义，亦仅是否构成再审原因之问题，要不许其就同一诉讼标的更行起诉。（十五年上字第 430 号）

土地所有权确认之诉，虽经确定终局判决而就其经界发生争议，自仍许诉请确认。

【补】土地所有权确认之诉，该土地之经界（四至）是否亦为诉讼标的并曾否因所有权之确定终局判决一并发生确定力，应依诉之声明及裁判之意旨而定。如原告起诉实曾指明经界并请求确认，而原法院就所有权裁判时又一并将该经界明确认定，该经界固亦可认为已经裁判，不得更行诉争。否则，土地所有权与其经界如何并非全然一事，即令所有权曾经确定终局判决，而就其经界发生争议，自仍许诉请确认，而不应受《民事诉讼条例》第四百七十一条第一项之适用。（十五年上字第 1736 号）

第四百七十二条

前清奏交到院案件，一经奏结，即属确定。

【正】前清定例，凡奏交到院，案件一经奏结，奉旨允准，即属完结，以后不许更行审判。（三年上字第 4 号）

得上诉之中间判决，独立确定。

【正】中间判决，关于上诉视作终局判决者，当事人如有不服，本可于法定期间内依法声明上诉；若未上诉，即为确定。（四年上字第 1232 号）

判决已确定者，不得声明不服。

【正】诉讼案件一经判决确定，除具备法定条件，依法请求再审外，无声明不服之余地。（六年抗字第 3 号）

送达之日期，两造既不相同，即判决确定之日期亦自应分别计算。

【补】限内未经上诉者，该判决即应依《民事诉讼条例》第四百九十九条及第四百七十二条规定于上诉期限届满时而确定。其送达之日期，两造既不尽相同，即判决确定之日期，两造亦自应分别计算。（十五年上字第 365 号）

第四百七十四条

确定判决，对于诉外之第三人无拘束力。

【正】凡民事判决之拘束力，不及于当事人以外之人。故就某项法律关系已有确定判决者，该判决之当事人虽不得更为争执，但诉外之第三人就同一法律关系亦有争执者，该确定判决并无拘束力之可言，而受诉审判衙门仍可为反对之判断。（三年上字第 1025 号）

当事人一造之相互间，不受确定判决之拘束。

【正】确定判决仅有拘束该案当事人相互间之效力，对于案外之人固无拘束力之可言。即案内共同当事人之一造，其相互间之关系亦不必受其拘束。若其后共同当事人一造之相互间另行成讼，固可援用前所确定之判决以为攻击、防御之方法，但不得即视为再审之诉，故亦无须具备再审之条件。（三年上字第 1122 号）

伙东不得以其与经理人间诉讼之判决对抗债权人。

【正】合伙债权人只知对于债务人之伙东请求偿还债务，纵令伙东与经理人间已有确定判决，亦不能对之主张而拒绝直接清偿。即审判衙门于本案东伙内部关系之判决，断不能涉及讼外之第三人（债权人）。反是，如仅系因外欠内欠足以相抵，或欠内及存项足以偿欠外而有余，对于经理人以何等理由要求其除缴出存款外，为之清理店务、清偿一切债务，俾伙东可不因外债而受累，则专系东伙间之权利义务关系。苟法律上为有正当理由，自可准其请求。（四年上字第 381 号）

非判决效力所及之人，不得提起再审之诉。

【正】凡判决无拘束诉外人之效力。故就同一标的物，审判衙门于此案已认为甲有抵押权而于彼案复认为乙有抵押权者，则甲、乙之间就其争执只可另案请求确认，而不得迳就前案为为再审之诉。（四年上字第1186号）

非判决效力所及之人，不得声明不服。

【正】按民事判决不能拘束诉讼当事人以外之第三人（除从参加人外），而第三人亦无就于他人间之判决声明不服之理。（六年抗字第230号）

第四百七十五条

于权限外或对于法律上无关系之第三人所为之裁判，当然无效。

【正】司法机关之诉讼行为，以原则论，无论法律上有如何之瑕疵，若在未经依法撤销以前，不能不认为有效。盖以司法权之作用与一般行政权之作用相等，法律上若有瑕疵，自有救济之法，而为维持国家威信起见，亦断不能视为当然无效。此证之诉讼法则，上诉、再审及其他救济方法等之规定而自明者也。然对于此原则，亦不能绝对无例外。例如，国家司法机关受理显然属于权限外之诉讼事件，其诉讼行为自不能认为司法权之作用，即认为当然无效，亦毫无不可。又或司法机关之诉讼行为并无法律上之根据而欲对于法律上毫无关系之第三人为裁判效力之拘束，则亦不能不认为当然无效。盖此种行为已失其法权行使之条件，亦不能视为国家司法权之作用，故其效力自无由而发生也。（二年上字第137号）

无效之裁判，上级审判衙门应宣言其无效。

【正】审判衙门之违法判决，非经撤销后，不失其效力。至法律以明文规定为无效或性质上当然应认为无效（参照本院二年上字137号判决）者，则其判决自始即不能发生何等之效力。若当事人声明上诉，上级审判衙门亦惟宣言其无效而已。（二年上字第205号）

案外之裁判，法律上无效力。

【正】司法衙门或依法行使司法权公署之裁判，必本于诉讼当事人之请求（除有特别规定外）并对于该当事人而为之。反是，即为案外裁判，其裁判无论具备法定形式与否，是对于未争讼之事项及未争讼之人予以裁判，即于其成立之条件全然缺乏，法律上自无效力之可言。（三年抗字第66号）

刑事庭审判民事，除私诉外，不能有效。

【正】现行法上民、刑事诉讼程序已显然划分，除私诉程序外，不许混合审判，否则即属违法。虽当事人上诉对于此点并未声明不服或声明不服而已经过上诉期间，亦得以职权为相当之指示。盖违法混合，不能有效，在根本上无成立之理（《编制法》第二条、第十七条、第二十五条、第三十三条）。（四年抗字第257号）

现在会审公廨所为之裁判，法律上无效力。

【正】上海会审公廨系根据前清同治七年《洋泾滨设官会审章程》，本为因条约所生之特别制度。该公廨审理诉讼案件，依照条约，应在中国领土内行使中国之司法权，则其裁判不能视为外国裁判自无疑义。惟该公廨自辛亥以来系由驻沪领事团代行管理，其判案之适用法律，亦与原条约所定不能相符。该项条约之效力即因事实上一时之阻碍而停止。此种阻碍事实，中国国家既未明认其于国际间为有效，则此事实上之判断行为，不得即谓为条约上中国司法官署之裁判，亦无可疑。犹之中国国法上毫无司法权限之机关或个人，纵使事实上处理司法案件，仍不能即视为法律上有效之裁判。故现在会审公廨判决之案当事人如复向他处审判衙门起诉，自未便执一事不再理之说以相绳，依法应予受理。（六年抗字第54号）

执行迟延，不为判决失效之原因。

【正】判决执行之迟延与否，于判决效力本无关系，即不能为判决失效之原因。（六年上字第771号）

第二章　初级审判厅诉讼程序

第四百七十七条

在州县以言词起诉者，如承审官认为无碍，得予受理。

【正】从前州县受理诉讼，向无一定之程式，本不受审判厅《试办章程》第四十九条之拘束。故起诉程式通常虽以状纸声明者为多，而以言词起诉者，亦非概予禁斥。该承审官如果认为无碍予以受理，则于起诉时虽未具状，亦不得谓该件诉讼之进行即为违法（本号判例与本条例第二百八十四条互见）。（二年上字第233号）

第三编　上诉审程序

第一章　第二审程序

第四百九十五条

因声请强制执行向上级审判衙门递状者，应即驳回，指令向执行衙门声请。

【正】对于第一审判决并未声明不服，仅以声请强制执行向上级审判衙门递状者，应即驳回，指令仍向原第一审审判衙门（依现行法例即为执行衙门）声请，而不得即以该状为声明控告，遂为控告审审判。（二年上字第200号）

裁判上或裁判外之和解，不得声明控告。

【正】查现行《法院编制法》及《各级审判厅试办章程》，当事人对于第一审判决有不服者，始得声明控告。如在第一审衙门系以裁判上或裁判外之和解终结其诉讼，则该和解契约纵令有无效或撤销之原因，或当事人一造违反和解契约上之义务，亦只能以另件诉讼主张，而不容声明控告。（三年上字第976号）

实质上为判决而误用他种形式者，关于上诉，以判决论。

【正】第一审审判衙门判断当事人实体上之请求是否有理，应本于言词辩论之结果，以判决行之。其有误以他种形式裁判者，苟系经过言词辩论，其实质与判决无异，则仍应认为有违式之判决。虽当事人系以抗告声明不服，应以控告论。（四年抗字第137号）

在下级审裁判前，不许请求上级衙门饬知如何判断。

【正】当事人之诉争，应俟审判衙门裁判后，如有不服，依法声明上诉；不得于诉讼案件系属于下级审判衙门时，请求上级审判衙门饬知下级审判衙门如何判断。（四年声字第168号）

从前州县关于同一事件为数次判断者，以其最后者为终局判决。

【正】《各县帮审员办事暂行章程》（二年二月二十八日司法部令）及《县知事兼理司法暂行条例》（三年四月五日教令）实行以前，凡未设地方审判厅之地方，其州县官审理民事诉讼案件本不受审判厅所适用各法令之拘束。故案经县判而因当事人呈请覆审仍系属于原审衙门者，即当以最后之判词视为终结裁判。（四年上字第488号）

第一审漏判部分，不得控告。

【正】第一审衙门于当事人之请求遗漏未判者，应由当事人自向原审衙门请求补充判决，不得以之为上诉理由。如有上诉，即非合法。（五年上字第458号）

第一审未判决前，不得控告。

【正】第一审就讼争事件正在继续审理，并非已有得为控告之判决而当事人遽行提起控告者，控告审判衙门即应依职权调查认该控告为不合法而驳回之。该讼争事件仍应由第一审依法审判，以全当事人审级之利益。（六年上字第287号）

对于行政处分声明上诉者，应指令其提起行政诉讼，不得受理。

【正】县知事之兼有司法上及行政上两种职权者，其处理司法案件及实施行政处分纵令用同一之形式，然二者性质既截然不同。所有行政处分当然受上级行政机关之监督，非司法衙门所应纠正，即令当事人误行上诉，亦应指令诉愿于该管上级行政机关以资救济，不应遽行受理。（七年上字第400号）

未经第一审判决事项，不得以为控告目的。

【正】下级审未经判决事项，不得以为控告之目的。（七年上字第761号）

上诉审之相对人，以曾经发生讼争关系为原判所判及者为限。

【续】在上诉审得以为相对人而声明上诉者，应以两造曾经发生讼争关系而为原判所判及者为限。至于原为被告之人，如已于诉讼进行中亡故而又无依法继续诉讼之人，即不得对之声明上诉。（十年上字第665号）

普通中间判决，不得独立上诉。

【续】对于中间判决得以上诉者，以视作终局判决之中间判决为限。若普通中间判决或为终局判决之前提要件或为成立判决之理由，均只能于终局判决后对该终局判决提起上诉时，并受上诉法院之审判，要不得独立声明不服。（十一年上字第 1336 号）

仅以他种事实为裁判理由者，不发生确定力，无庸声明不服。

【续】判决理由中之叙述如系补主文之不备而确有裁判意旨者，固可认为有裁判效力。若仅以他种事实为本件裁判之理由，并非对于该项事实为何种裁判，自不能就该项事实而发生确定之效力，当事人即无庸对之声明不服。（十二年上字第 763 号）

违误程序之判决，应许上诉。

【补】查民事当事人对于判决声明不服之方法，在法律上固有一定。惟法院所为判决若系程序违误，例如应经言词辩论而为判决者，该法院经过言词辩论而误为裁决；又如得不经言词辩论而为判决者，该法院不经言词辩论而误为裁决之类；因其对于当事人不能责以更深之法学知识，以抗告之方法声明不服，固应予以准许，而为当事人便利计，亦得以违式之判决论，许其以上诉之方法声明不服。（十三年上字第 332 号）

以书状表明有对判决不服之程度者，即为上诉。

【补】按民事当事人不服终局判决或视作终局判决之中间判决，固应以提起上诉之方法声明不服，但仅须以书状向原法院或上级审法院表明对于该判决不服之程度及求如何废弃或变更原判决，即应认为已有上诉。纵令不合程式而其情形可以补正者，审判长仍应定期先命补正。此在本院以前早经著有判例，征诸《民事诉讼条例》第五百零五条第一项、第五百三十七条第一项、第五百零八条第一项及第五百四十九条之规定，亦正当之解释。（十三年上字第 655 号）

中间判决须俟终局判决后，并受上级法院之审判，不得独立上诉。

【补】《民事诉讼条例》第四百九十五条、第五百三十条所谓“视作终局判决之中间判决”，实仅有第四百五十四条所规定之一种，其他中间判决须俟终局判决后，并受上级法院之审判，而不得独立提起上诉。（十四年上字第 55 号）

第四百九十六条

仅为延缓执行，不许控告。

【正】控告系对于第一审判决声明不服之方法。故若于第一审原判并无不服而仅以请求延缓执行为理由声明控告者，即属不应许可（不合法），依法当予驳斥。（三年抗字第 2 号）

控告通常惟得由当事人为之。

【正】声明上诉，除有特别规定外，应以受裁判之当事人为限。案外第三者，苟非受有委任而迳为自己利益对于审判衙门就他人间所为之裁判声明上诉，为法所不许，惟得另案向该管第一审衙门起诉而已。（三年抗字第 43 号）

就中间之争点所为中间判决，不得独立上诉。

【正】中间之争仅系诉讼程序上之争执，因便于审理进行起见，虽亦得以中间判决为之裁判，而并不在视作终局判决之列。当事人如有不服，只能于终局判决宣告后合并声明上诉，断无可以独立上诉之理。（三年上字第76号）

从参加人，得为控告。

【正】民事判决之效力不能拘束案外第三人。故除辅助一造之从参加人外，第三人对于他人间所受之判决，无论有无利害关系，均不得径自提起上诉。（五年上字第34号）

指挥诉讼之裁判，得于控告时一并声明不服。

【正】指挥诉讼之裁判，如果有违法情事，得于声明上诉时一并陈明。（六年抗字第148号）

在第一审胜诉者，不许控告。

【正】当事人对于不利益之判决始得声明上诉。如原判决实为该当事人之利益，则无论是否适法，均无该当事人声明上诉之余地。（七年上字第820号）

第四百九十八条

已舍弃控告权者，不得为控告。

【正】当事人于宣告判决后表示抛弃上诉权之意思者，即丧失上诉权利；苟再声明上诉，应认为不合法，予以驳斥。（四年上决字第18号）

当事人之甘结，无舍弃控告权之效力。

【正】当事人在审判衙门所具遵断完案之结，无论是否出于自愿，依现行法例，并不能认为有舍弃上诉权之效力。（四年上字第1462号）

于具结表示心服外并已遵判履行义务、行使权利者，有舍弃控告权之效力。

【正】诉讼人在县知事衙门所具之遵断甘结，不能即认其对于原判业已输服而有舍弃上诉权之效力。故曾经具结之案件，当事人仍不妨为上诉。惟当事人于诉讼判决后，除已具结遵断表示心服外，并已遵判履行义务、行使权利者，则不得不认为确已有舍弃上诉权之意思，即不能仍听其事后翻异。（五年上字第1102号）

第五百条

原《试办章程》所规定之上诉期间。

【正】依高等以下《各级审判厅试办章程》，民事上诉期间，自送达判词之日始，为二十日。逾期原判，即属确定，据通常程序不得再声明不服（原《试办章程》第六十一条、第六十五条）。（三年抗字第7号）

上诉期间，自合法送达后起算。

【正】上诉期间之进行，应自当事人受合法送达后起算。（四年抗字第99号）

送达或牌示前之上诉，应认为合法。

【正】于宣告判决后，不待判词之牌示或送达已先具状声明不服原判决之旨，迨至牌示或送达后其继续声明不服之书状纵或投递稍迟，仍应认为上诉期间内已有合法之上诉，

予以受理。（五年抗字第 51 号）

原《县诉章程》所规定之上诉期间。

【正】当事人不服县知事之判决声明控告者，上诉期间自牌示判词之翌日起并除去在途程期计算为二十日；逾期原判，即属确定。其有不为牌示而依郑重程序为送达者，则自送达之翌日起算；若已践示牌示之程序而复为送达者，仍应自牌示之翌日起计算上诉期间。盖依《县知事审理诉讼暂行章程》第四十条第一项第一款规定，但经践行牌示程序，当事人即应受上诉期间之拘束（原《县诉章程》第四十条）。（六年抗字第 189 号）

县知事判决未经送达或牌示者，亦非无效。

【续】县知事所为之判决未经践行送达或牌示之程序者，亦仅不能起算上诉期限，究不能遽谓其判决为无效（原《县诉章程》第三十一条、第四十条）。（九年抗字第 284 号）

第五百零一条

声请回复原状所费之时期，应于计算上诉期限时扣除者，乃专以保护缺席人一造之利益。

【补】《民事诉讼条例》第五百零一条规定，因声请回复原状所费之时期，应于计算上诉期限时扣除者，乃专以保护缺席人一造之利益，惟缺席人乃得享受。故无论其声请回复原状之能否准许，其他到场之一造要不得以之借口而阻其判决之确定。（十五年上字第 365 号）

误用回复原状之声请，得以上诉论。

【补】按当事人对于不能声请回复原状之判决，在上诉期限内误用声请回复原状之程序表示不服者，其回复原状之声请虽不合法并已被驳斥，而其不服原判之表示，仍应视为已有合法之上诉。（十三年上字第 1581 号）

第五百零二条

控告误称抗告，应认为合法。

【正】对于判决声明不服者，应以控告或上告程序为之。若当事人声明系对于判决不服而竟称为抗告者，则因法律上名称本有一定，可毋庸问当事人之是否误认，仍以控告或上告论。（三年上字第 4 号）

对于未确定之判决声明不服，不问形式如何，以上诉论。

【正】当事人对于第一审未确定之判决声明不服者，无论其形式如何，即不问是否误用上诉名称，均以控告论。（三年上字第 348 号）

上诉状内未记明“上诉”字样，亦为合法。

【正】当事人对于审判衙门之判决确曾于合法上诉期内以书状向上诉衙门或原审衙门表示不服之意旨者，无论该书状内是否有“上诉”字样，均以声明上诉论。（三年上字第 1228 号）

上诉状内无上诉人署名、画押，并非无效。

【正】上诉状内照章填有姓名者，虽无署名、画押或拇印，不能指为无效。（四年抗字第 385 号）

控告误称声请再审，亦应认为合法。

【正】凡对于未确定之判决只应依限上诉，不得迳以再审之诉声明不服。又上诉之声明如系合法，纵或误用声请再审等名称，亦应由上诉审衙门认其上诉合法，予以受理审判。（四年上字第 1577 号）

送达控告状副本，非提起控告之要件。

【正】提起控告，不以送达副本为发生效力之要件。（四年上字第 1772 号）

原审衙门仅负转送上诉状之义务。

【正】当事人向原审衙门声明上诉，依现行诉程序，原审衙门仅负呈转之义务；至审查合法与否，自系上诉审判衙门之职权，不能以原审衙门予以收受即为未逾上诉期间之证明。以此推之，原审衙门即误认当事人系在法定期内上诉，亦不得改变逾期上诉之事实。（六年抗字第 118 号）

上诉书状之理由与第三审上诉状必须表明者不同。

【补】按向第二审法院提出之上诉状，仅以未表明《民事诉讼条例》第五百零二条第一项所列各款事项时为限，始为不合程式。至上诉之理由与第三审上诉状必须表明者迥不相同；原准仅备言词辩论之事项，虽未经于上诉状记明，亦未经于言词辩论前相当之时期提出，记明该事项之准备书状要与上诉之程式无涉，第二审法院不得遽以此为理由，认其上诉为不合法而为驳斥之判决。（十四年上字第 473 号）

第五零七条

控告审衙门首应调查控告是否合法。

【正】当事人不服第一审之判决声明控告者，控告审衙门应先调查其控告是否合法。如其合法，则应践行言词辩论之程序，而后就其控告有无理由予以判断。（六年抗字第 101 号）

上诉逾期，不论诉讼至如何程度，皆得驳斥。

【续】上诉是否逾期，法院应随时以职权调查之。如调查之结果认上诉业已逾期，则不论诉讼进行至何程度，皆得认为不合法，将其上诉驳斥；原不以本案辩论以前为限。（十一年抗字第 346 号）

第五百零八条

上诉不合程式者，在上诉期间经过后，亦得补正。

【正】民事上诉，其上诉状不合法定程式者，审判衙门得命当事人依法补正。其提出补正书状虽已逾合法上诉期间，然其最初声明上诉若尚未逾期，而提出补正之状又在相当期间内者，仍应予以受理。（四年抗字第 13 号）

补正期限未满，不应遽求法院判决。

【续】《民事诉讼条例》第五百零八条第一项第一款既规定上诉不合程式，其情形可以补正者，审判长应定期限先命补正，则是补正期限尚未届满以前，审判长不应遽求法院为驳斥上诉之判决。（十二年上字第761号）

有声请救助者，应先裁决，不得以补正期限已过为理由驳斥上诉。

【续】上诉人声请救助，虽在补正期限（命补缴审判费之期限）已过之后，但原厅既未于声请以前将其上诉驳斥，自应就其声请先予裁决。如认该声请应当准许，仍应受理。乃竟于声请未裁决之前，以原定期限已过为理由认上诉为不合法，迳予驳斥，殊属不合。（十二年上字第839号）

上诉人于限令缴费后声请展期者，应先就声请裁判，不得即驳斥上诉。

【续】上诉人在原审提起上诉之时，虽未经缴纳讼费，但于原审限令补缴后业已具状声请伸长期限，原审就此项声请未为准驳之裁判而率指其不缴讼费为不合程式，予以驳斥上诉，殊不免于违法。（十二年上字第1680号）

因不缴诉费而为驳斥上诉之判决者，上诉人如在判决送达前补缴，仍应受理上诉。

【续】依《民事诉讼条例》第二百六十三条，“不经言词辩论之判决，毋庸宣告”。又同条例第二百七十一条，“不宣告之判决，经送达后，受其羁束”。故如上诉人向原审声请展期缴费而原审并未先为准驳之裁判，率认其不合程式而为驳斥上诉之判决者，如上诉人在该判决未经送达发生羁束力以前补行缴纳讼费，仍可认为已践行补正之程序，原审即应随诉讼状况之变更而受理上诉。乃仍送达因不合程式驳斥上诉之判决，于法殊难谓当。（十二年上字第1680号）

不纳讼费，应限期先命补正。

【补】按提上诉不预纳审判费用，仅为上诉程式之欠缺。此项欠缺，依《民事诉讼条例》第五百零八条第一项第一款，审判长应定期限先命补正；在未命补正以前，即不能率以程式不备为理由径予驳斥。（十三年上字第1581号）

讼费补正期限之长短，应由法院斟酌情形定之。

【补】关于讼费补正期限之长短既由法院酌定，则其路程之远近、数额之多寡及各该地方之经济状况固应予以斟酌，而其时地方之秩序能否安宁、道路之交通有无梗阻，亦应并为酌核。即或裁决当时未能见及或其事实尚未发生，而在期限进行之中已行发见者，亦应以职权酌予伸长。（十四年上字第124号）

第五百十一条

合法控告有移审之效力。

【正】提起控告而合法者，该诉讼始有自第一审移于控告审之效力。（三年抗字第79号）

控告审审理范围，以当事人声明不服之部分为限。

【正】控告审判衙门审查第一审判决之是否正当，应以当事人声明不服之部分为限；其两造不争之点，毋庸予以干涉。（四年上字第 966 号）

第五百十二条

控告审，得斟酌第一审认定之事实。

【正】控诉审认系争事实点已经第一审依法明确认定，无更行调查之必要时，得依据该第一审合法认定之事实为判决之基础。（三年上字第 68 号）

控告审得斟酌第一审调查之证据。

【正】第二审审判程序有续审之性质。故第一审证据如足认为调查明确、无再查之必要者，自可径予采用，毋庸更行调查。（五年上字第 874 号）

第五百十三条

反诉，通常须在第一审提起。

【正】反诉通常必须于第一审提起；若向第二审提起而未经他造当事人同意者，第二审自应不予受理（本号判例与本条例第三百零二条互见）。（三年上字第 384 号）

得在控告审扩张之请求，于发还更审时，亦得声明之。

【正】凡上告案件，经上告审撤销发还之后，于其撤销范围内即回复控告审之原状。苟无背于控告审法律上原有之限制，当事人自无妨提出得以扩张之请求。故原被上告人就其所为请求，于发还后，得有胜诉判决，自不免较前次判决更不利于原上告人。（四年上字第 1326 号）

在控告审，得扩张请求之数额。

【正】诉讼当事人于控告审言词辩论终结以前，依法本可随时扩张其请求之数额。（四年上字第 1412 号）

在控告审，不得变更诉讼原因。

【正】原告在第一审所主张之诉讼原因，至上诉审中，不得变更。（四年上字第 1612 号）

在控告审，得新为利息之请求。

【正】债权人就其利息之请求，在第一审已声明一定数额或一定范围，而于其他部分并未为何等声明者，固得认为对于其他部分已有舍弃意思而不许其复为增益之请求，然债权人在第一审若绝未提及利息，并无一部分之请求或其他情事足认为已就一部分或全部分舍弃者，则在第二审当然得就利息扩张其请求。（五年上字第 830 号）

在控告审，不得提出新请求。

【正】向控告审提出新请求，无论其实体上之主张正当与否，而程序上，要属不能合法。（六年上字第 444 号）

在控告审，得本于同一原因扩张请求。

【正】本于同一原因而扩张其请求，并非别一诉讼，虽未经第一审裁判而不妨于控告

审提出，不得认为不应许可之新请求。（六年上字第 1076 号）

诉讼当事人以在上诉审不得变更为原则。

【续】诉讼当事人应以第一审为准，在上诉审，不得变更此为原则。（九年上字第 264 号）

附带控告事项，不必为控告人所不服之事项。

【续】提起附带控告之判决，固应与提起控告之判决同一，惟被控告人以附带控告声明不服之事，不必即为控告人所不服之事项。于控告人一部控告后，被控告人就其他未经控告之部分提起附带控告，并无不可。（九年上字第 312 号）

第一审已将某宗请求裁判，但于该请求之原因或抗辩置未审究者，得由抗告审自行审判。

【续】所谓同一诉讼中未经第一审裁判之事项，控告审不得越级受理者，系指当事人以一诉主张数宗请求而其中之某宗请求未经裁判者而言。若某项争点仅为某宗请求之原因或抗辩，在原第一审已就某宗请求裁判，但于其请求原因或抗辩之某项争点置未审究，则控告审自得就该争点命其辩论，自行裁判。（九年上字第 800 号）

第五百十四条

在控告审，得提出新证据及事实。

【正】控告审有续审之性质。凡当事人于第一审所未提出之证据及事实（非诉之原因之事项），仍得于控告审提出之。（四年上字第 15 号）

事实上之陈述，在控告审许为补充更正。

【正】当事人事实上之陈述即在控告审亦许为补充更正。（六年上字第 1247 号）

得在控告审主张之攻击或防御方法，于发还更审时，亦得从新提出。

【正】在控告审辩论终结前未曾提出之新攻击或防御方法，仍得于该事件发还更审而重开控告审辩论时为之提出，以完全保护当事人之利益。控告审判衙门对于此种新攻击或防御方法之正当与否，自应予以审究。（六年上字第 1359 号）

在控告审，得提出抵销抗辩。

【正】当事人在控诉审提出抵销抗辩时，审判衙门应就其抗辩事项并得以抵销之限度予以审究裁判，但若在控诉审提起反诉，则为法所不许。（七年上字第 656 号）

第五百十六条

当事人主张之事实经他造自认者，法院应迳认该事实为真实。

【补】当事人主张之事实一经他造自认，法院即不待得有自由心证，应迳认该事实为真实。而在第一审所为之自认，于第二审亦有效力，为民事条例第五百一十六条所明定。故当事人如在第一审已为明白自认（视同自认者除外），即在第二审更行翻异或提出新证据，第二审法院亦得不予采信，仍认原经自认之事实为真实（本号判例与本条例第三百三

十条互见）。（十五年上字第1114号）

第五百十七条

控告不合法之情形。

【正】凡于法不许控告，或不遵期间或不遵程式而提起者，应认为不合法。（二年抗字第17号）

控告合法，始得变更第一审判决。

【正】控告审衙门以有合法控告为限，得审查第一审判决之当否而予以裁判。若控告并非合法而控告审判衙门变更第一审判决，对于被控告人予以不利益之裁判，实不免为违法。（三年上字第816号）

第五百十八条

下级审之判决未经控告审变更者，仍有效。

【正】上级审判衙门对于下级审之判决，苟未明与变更者，下级审之判决即仍有效。（四年上字第284号）

第一审判决未经声明不服之部分，无从改判。

【正】民事诉讼以不干涉为原则。故当事人对于下级审判决未经声明不服之部分，上诉审判衙门自无从予以改判。（五年上字第950号）

非他造亦有不服声明，不得为更不利益于上诉人之裁判。

【正】当事人不服第一审判决声明上诉者，非他一造亦经分别上诉或附带上诉，则控告审即认上诉为无理由，亦只能予以驳回，而不能为更不利益于上诉人之裁判。（六年上字第603号）

第五百十九条

第一审已调查之证据，控告审得再行调查。

【正】当事人所举人证，苟其于讼争事实有重要之关系者，控告审判衙门除认为显无传讯之必要外，不能以第一审业已传讯，遽予驳斥不理。（五年上字第67号）

第一审未经辩论或裁判之攻击、防御方法，控告审亦得辩论、裁判。

【正】控告审虽以审究第一审判决之当否为目的，而其为审理事实之审判衙门，则与第一审同。故论其性质，纯为第一审言词辩论之接续，除不得变更诉之原因及为一般的新请求外，当事人在第一审所未主张之攻击、防御方法，如新事实（不为诉之原因之事实）、新证据等，皆得提出。而在第一审未经辩论、未予裁判之争点，控告审判衙门亦得命其辩论，自为裁判。（六年上字第568号）

第一审已调查证据，控告审得补充调查。

【正】控告审为事实上之续审。苟第一审调查证据未能详尽，自应赓续调查。若第一审于调查证据并未疏漏，当事人又无其他合法证据之声请，则控告审仅审核第一审于所调

查之结果以认定事实，亦为法之所许。（六年上字第908号）

控告审所得辩论、裁判之争点，以第一审已为辩论、判决之请求为限。

【正】关于一宗请求之各种争点中，第一审仅就其一争点辩论、裁判，而该案件则系属于控告审者，控告审更就第一审所未经辩论、裁判之他争点命其辩论以为裁判，固无害于当事人审级之利益。若系各别之数多请求，在第一审仅就一宗请求裁判，则控告审自应严守审级之制度，除可认为扩张或替代之请求外，概不得就第一审所未经裁判之他宗请求，越级迳予裁判。（六年上字第1280号）

第五百二十一条

控告审认第一审合并审判为不当者，应迳分别审判之。

【正】上诉审认原审合并审判案件为不合法者，自可迳行纠正，分别审理裁判之；断不能仅因原审合并判决不合法，即将各案判决并行撤销。（三年上字第754号）

因第一审判决形式违误，不得将事件发还。

【正】第一审衙门判断两造之讼争，若已践行相当之程序而惟判决之形式稍为违误者，控告审衙门于当事人合法声明上诉后，应即依法受理，按照通常程序命为辩论而予以相当之纠正，毋庸发还原第一审另行判决，以免拖延。（四年抗字第143号）

第一审之判决无效者，控告审应宣言其无效。

【正】审判衙门之违法判决，非经上诉、由上级审判衙门撤销后，不失效力。至法律以明文规定为无效或性质上当然应认为无效者，则自始即不发生效力；经当事人声明上诉，上级审判衙门无审查立法当否之权，亦惟依法宣言其无效而已。（四年上字第768号）

第一审调查草率或认定误谬，不得将事件发还。

【正】第一审诉讼程序有重大疵累，控告审衙门将其疵累部分发回，必其践行之程序有影响于判决之效力者始可。若仅于系争事实调查草率或认定谬误，自不能以重大疵累论。即不应迳予发还，以使诉讼之进行愈加迟缓，而失控告审续行审理事实之法意。（四年上字第2035号）

控告审不得率将事件发还第一审。

【正】控告审衙门以第一审所践程序有重大之疵累为理由撤销原判及所践程序而发还第一审衙门者，大率以第一审之审判法律上不能完全有效，若不发还，势不克保全当事人审级之利益者为限。要不许率尔援用，此为控告审与上告审不同之点。（五年上字第7号）

诉讼程序有重要之疵累者，应发还第一审。但基础事实已毋庸再行审究，即不发回，亦于当事人审级上之利益无碍。

【补】查《民事诉讼条例》第五百四十九条规定，“除本章有特别规定外，第二审程序之规定于第三审程序准用之”。又第五百二十一条第一项规定，“第一审之诉讼程序有重要之疵累者，得废弃第一审判决及诉讼程序有疵累之部分，将该事件发回原第一审法院，但以因维持审级制度认为必要时为限”。本件查据诉讼卷宗，上诉人与被继承人系属堂兄弟，在第一审庭讯时，上诉人虽曾供称“小的只有一个儿子，情愿不争继”等语，然只得认上诉人就其承继权利已有诉讼上之舍弃，乃原审竟据以认上诉人非本案之正当当事人，于法已嫌不合（如原无告争权或舍弃之后再行诉争，即非正当当事人）。况诉讼法上所谓正当当事人（即当事人之适格），乃指特定事件之当事人就其诉讼标的有实行诉讼之权能者而言，与一般得为诉讼主体之当事人能力有所不同。前者系诉之有无理由之问题，而后者则系诉之是否适法之问题。法院就此项有无理由事件，自应本诸言词主义之原则，经过言词辩论以为判断。乃原审竟误引《民事诉讼条例》第二百九十条第一项第二款，不经言词辩论而为判决，于当事人栏内并不记明被上诉人，是诉讼程序，殊不能谓无重要之疵累；依通例，自应废弃原判将本件发回原审法院。但查上诉人自一审以至第三审始终表示不为争继，是本件基础事实已毋庸之行审究，即不予发回，亦于当事人审级上之利益无所妨碍。又查承继诉讼，在自己或其直系卑属无承继权或有承继权而已合法舍弃者，于相对人之承继是否合法，即非其所能过问。此在本院曾经著有先例。本件上诉人之子纵令依法有承继权，而既已表示舍弃，则无论被上诉人之承继是否合法，在上诉人应无过问之余地。（十三年上字第1711号）

第五百二十二条

发还更审之案，可于上告审指示调查之外，更为别种调查。

【正】上告审衙门发还更审之案件，控告审自应依法更为审判。至上告审判决所指示应调查之点，不过为应行调查之例示，本非限制原审调查证据之职权。故于所指示之外，当然可为别种之调查。（四年上字第959号）

更审范围不以发还事项为限。

【正】上告之案件经上告审发还后，其当事人尚得于法律许可之范围内，在第二审扩张其请求或为附带控告。故该第二审更审之范围，决不以发还之事项为限。（五年上字第1272号）

控告审判决内记载当事人，不因事件曾由上告审发还而有变更。

【正】民事诉讼之原告与被告，应以当事人在第一审时所居之地位为准，无论诉讼至如何程度，均不得有所变更。其因审级及当事人诉讼行为之关系，有时称之为控告人、被控告人或上告人、被上告人，而于该当事人之为该诉讼原告抑被告初无关涉。至控告审判决后，由被控告人声明上告而经上告审发还更审者，并不得即易被控告人为控告人。（六年上字第780号）

控告审判决内引用第一审判决所揭示之事实，并不违式。

【正】控告审判决书应行记明之事实，若与第一审判决所揭示者相符，依法自得引用，不得以未完全叙列，指为违式。（七年上字第635号）

第五百二十七条

附带控告得以言词提起。

【正】被上诉人之附带上诉，在末次言词辩论之终结以前，无论何时，均可以提出，并不必限用书面。（三年上字第379号）

附带控告无期间之限制。

【正】关于控告期间之规定，本不适用于附带控告。故在控告审言词辩论终结以前，随时皆可提出。（四年上字第1193号）

是否附带控告，以是否已知他造先经上诉而始附带声明不服为断。

【正】独立上诉与附带上诉之区别，并非仅以声明上诉者之先后为标准，而以声明在后之一造是否已知他造之先经上诉而始附带声明为断。原判对于上告人之独立上诉，因其声明在后认为附带控告，固有未当，特于判决之结果既无关系，亦不能即据为废弃原判之理由。（四年上字第2231号）

附带控告，须对于上诉人为之。

【正】附带上诉乃对于上诉人所声明之上诉。若在合并审理之案，对于未经声明上诉之人而声明上诉者，仍为独立上诉。无论各当事人中是否别有声明，上诉之人均不应以附带上诉论。（五年上字第832号）

第五百二十八条

控告期间外之附带控告，于控告，因无理由而被驳斥时，不失其效力。

【正】控告期间外之附带控告，若因控告不合法而驳斥或经撤回者，固应失其效力；若控告因无理由而被驳回，则该附带控告之效力仍然存在，控告审自应就其内容为适当之审判。（六年上字第561号）

第二章　第三审程序

第五百三十条

非受控告审不利益之判决者，不得为上告。

【正】上告系对于控告审判决声明不服之方法。故惟受控告审不利益之判决者，始得为之。（二年上决字第6号）

上告，不许越级为之。

【正】上告系对于第二审判决声明不服之方法。若未经控告审，即不许越级上告。（三年上字第29号）

上告，通常惟得由当事人为之。

【正】得提起上告之人，除有特别规定（如从参加人）外，应以第二审当事人或其受继诉讼之人为限。（三年上字第73号）

第二审漏判部分不得上告。

【正】第一审判决中之某部分当事人业已一并合法声明控告而第二审竟未予判决者，

上告审判衙门碍难就此遽为终审之裁判。（三年上字第589号）

仅对于第二审判决之理由不满意者，不得为上告。

【正】凡对于第二审判决声明上告者，应以不服原审之裁判者为限。若对于原审之裁判已无不服，而第因理由内之说明未能满意，据以声明上告者，应认为不合法。（五年上字第5号）

未经控告审判决事项，不得以为上告目的。

【正】上告审职权在纠正第二审判决之违法。故未经第二审裁判之事项，不得声明上告。（六年上字第950号）

上告不服之点出乎原判范围外者，为不合法。

【正】不服控告审之判决提起上告者，须就原判声明不服意旨始能受理。若不服之点出乎原判范围以外或更为刑事诉追之请求者，当然认为不应许可之上告。毋庸查其期间等是否合法，即应驳回。（七年上决字第16号）

凡初级管辖案件之裁判，不得向大理院声明不服。

【正】本院为司法终审法院，以纠正高等审判厅第二审裁判之法律上违误为唯一之职掌。如系初级管辖案件、应以高等审判厅为终审者，就于该案件之一切裁判，即不得再向本院声明不服（《编制法》第十九条、第二十七条、第三十六条）。（七年声字第18号）

上诉审之相对人，以曾经发生讼争关系而为原判所判及者为限。

【续】在上诉审得以为相对人而声明上诉者，应以两造曾经发生讼争关系而为原判所判及者为限。至于原为被告之人，如已于诉讼进行中亡故而又无依法继续诉讼之人，即不得对之声明上诉。（十年上字第665号）

普通中间判决，不得独立上诉。

【续】对于中间判决得以上诉者，以视作终局判决之中间判决为限。若普通中间判决或为终局判决之前提要件或为成立判决之理由，均只能终局判决后、对该终局判决提起上诉时，并受上诉法院之审判，要不得独立声明不服。（十一年上字第1336号）

仅以他种事实为裁判理由者，不发生确定力，无庸声明不服。

【续】判决理由中之叙述如系补主文之不备而确有裁判意旨者，固可认为有裁判效力。若仅以他种事实为本件裁判之理由，并非对于该项事实为何种裁判，自不能就该项事实而发生确定之效力，当事人即无庸对之声明不服。（十二年上字第763号）

第五百三十二条

在控告审未经声明不服之事项，不得在上告审声明不服。

【正】当事人在上告审不得就控告审已经甘服之事项重行声明不服。其经第一审判决而并未以控告或附带控告方法声明不服之事项，在上告审，亦不得就此重为不服之声明。（五年上字第727号）

第五百三十三条

第二审判决后发见可受利益裁判之书状，不得以为上告理由。

【正】上告乃不服控告审裁判而请求上告审衙门纠正违法之方法。故上告理由应以不服原判及原判不当之理由为限。若诉讼当事人对于该裁判并无不服之意思或虽有不服而原判决于实体及诉讼法则并无违背、于职权上应尽能事亦无不尽，当事人不过因控告审判决后、确定前发见可受利益裁判之书状，足以证明原判认定事实之基础业有错误者，该当事人自可依照再审程序，俟控告审判决确定后，迳向原判决衙门请求再审，以资救济，而不得即以之为上告理由。（四年上字第 6 号）

第五百三十四条

调查及取舍证据未合法律所要求之程序，即为违背法令。

【正】凡就本案系争事实所为证据之取舍，由审理事实之审判衙门于法律范围内衡情断定之。故其调查及取舍显违法律要求之程序，又或于职权内应尽能事有所欠缺者，则原判于基础事实即不得谓为有合法之认定。反是，原判于调查及取舍证据并无此等情形，则其认定之事实即为合法，上告审惟审查其适用法则是否正当而已。（二年上字第 161 号）

于本案判断内容无直接影响之事项，不为上告理由。

【正】判决内措辞虽有未当，然于本案判断内容无直接之影响者，不为撤销之理由。（三年上字第 33 号）

毋庸检察官参与之诉讼而经其参与者，不为违法。

【正】通常民事诉讼固毋庸检察官莅庭陈述意见，而经其莅庭者，亦不能因此遂谓原判违法。（四年上字第 494 号）

于判决结果无关系之事项，不为上告理由。

【正】发还后更审之判决，于上告审判衙门发还意旨虽有误解之处，然于判决结果并无关系者，不为上告理由。（四年上字第 1521 号）

检察官陈述之意见错误，不为上告理由。

【正】莅庭检察官之意见，本无拘束原审判决之效力。故无论检察官意见是否前后两歧、有无错误，均不足为声明上告之理由。（四年上字第 1784 号）

第二审判决认定事实及实体上之判断均合法者，上告即无理由。

【正】上告审系以审究第二审判决是否违法为职责。故第二审判决苟已将事实适法认定，而所断又与实体法则并无违背者，即不能漫指原判为不当而持为上告论据。（六年上字第 240 号）

第五百三十五条

认定主张事实之一部分为真实、其他部分为虚伪而属截然两事者，即非理由抵触。

【正】审判衙门认定当事人主张事实之一部分为真实，同时并认定其他部分虚伪者，若各该部分之事实系属截然两事、并无连带关系，则其认定事实自无理由抵触之可言。

（三年上字第940号）

学习推事行代理推事之职务参与审判，不为违背法令。

【正】学习推事行代理推事之职务者，即有审判之职权，其所为之判决有效（《编制法》第五十一条）。（四年上字第1003号）

控告审用独任制系遵特别规定者，不为违背法令。

【正】控告审受理本院控告，在民国三年五月以前，依照司法部青电《清理积案办法》，得用独任审判，不得谓与法院编制之规定不符。（四年上字第2251号）

第五百三十六条

上诉已否逾期，应以原第二审法院或第二审法院收受上诉状之日为准。

【补】上诉已否逾期，应以原第二审法院或第二审法院收受上诉状之日为准，不能以上诉状投邮之日为准。（十四年抗字第165号）

第五百三十七条

上告理由，得于事后补递。

【正】当事人之声明上告，苟未逾限，自属合法。虽补递上告理由书为期过迟，亦不生上告无效问题。（四年上字第1761号）

对于第二审更审判决之上告，一律另征讼费。

【正】当事人对于控告审所为更审之判决复行声明上告，应比照再审判决后上诉办法，一律另征讼费，业经司法部于本年五月九日饬令通行在案（修正《诉讼费用规则》第五条）。（五年抗字第199号）

凡对于第二审判决声明不服者，不问其形式如何、有无记明上告字样，均以上告论。

【正】凡当事人对于第二审终局判决或可视为终局判决之中间判决，在上告期间内曾以书状表示不服之意旨者，无论该书状内是否有上告字样，抑或因误解法例自称为抗告或声请再审，均应以声明上告论。（六年上字第732号）

上诉人未缴讼费或未表明上诉理由且不遵期补正者，应驳斥其上诉。

【续】上诉人向第三审提起上诉时应缴纳审判费并表明上诉理由，为其必须具备之程式。苟未经缴纳或缴不足额或未表明理由，经审判长限期命其补正而逾期仍不遵行，即应认其上诉为不合法，由法院为驳斥之判决。此在修正《诉讼费用规则》第五条，《民事诉讼条例》第五百三十七条第一项第四款、第五百四十九条、第五百零八条第一项第一款、第五百一十七条已有明文规定（《讼费规定》第五条）。（十二年上字第1856条）

第五百四十一条

调查第二审判决有无违法，不为当事人陈述之理由所拘束。

【正】上告人或被上告人陈述理由不足采用者，应以职权调查原判决是否适法而为判断。（三年上字第753号）

调查控告审适用法则是否正当，为上告审职权上应为之事。

【正】上告审调查控告审适用法则是否正当，系职权上应尽之职责。（四年声字第72号）

原判违法之点未据声明不服者，不得废弃变更。

【正】原判于被上告人不利之点虽属违法，然被上告人若未声明不服，上告审亦不得废弃或变更而为不利于上告人之判决。（四年上字第591号）

第五百四十二条

上告审继承第二审判决之程度。

【正】上告审非续行第二审衙门之言词辩论，乃继承第二审审判衙门所为判决之程度。（三年私诉上字第3号）

在上告审，不得主张新请求。

【正】上告审以纠正控告审即第二审判决之违背法令为主旨。如当事人在下级审并未主张，经其审理裁判而至上告审始主张新原因、为新请求者，即属不应受理，自可径予驳回。（三年上字第306号）

在上告审，不得变更事实主张。

【正】当事人于上告审，不得变更事实上之主张。（三年上字第693号）

在上告审，不得主张习惯事实。

【正】当事人在审理事实之审判衙门并未主张习惯事实之存在，至上告审而始行主张者，应与在上告审主张新事实或新证据同论，依诉讼通例，不能认为合法。（三年上字第830号）

在上告审，不得提出新攻击或防御方法。

【正】当事人不得于上告审主张新事实或提出新证据以为攻击、防御方法。（四年上字第565号）

在上告审，不得主张习惯法。

【正】习惯法之成立，以习惯事实为基础。故于上告审始主张习惯法者，除该习惯业经显著或审判上曾经引用者外，应以主张新事实论，认为不合法。（五年上字第460号）

在上告审，不得扩张请求。

【正】在上告审，不论何种新请求，皆不得扩张提出。（五年上字第920号）

在上告审，不得提出抵销抗辩。

【正】在上告审，不得主张新事实。故被告对于原告之请求如有抵销抗辩，即应于事实审提出，不得至上告审始行主张。（五年上字第1094号）

控告审判决后，卷宗散失而当事人就其认定事实尚有争执者，为发还更审之原因。

【续】控告审判决后，其卷宗因事散失，而当事人于上告审尚就控告审之认定事实是

否合法有所争执，则上告审即无从予以审究而为法律上之判断，自应撤销原判发还更审。（八年上字第152号）

讼争事实未经第二审明白认定，第三审即无从为法律上之判断。

【续】第三审法律上之判断应以第二审合法认定之事实为基础。所谓合法认定之事实，固不限于第二审判决书直接记载之事实，惟若未经明白认定或其认定纯以主观的推论而为设想之词，即属于法不合，上告审衙门即无从为法律上之判断。（九年上字第617号）

第五百四十三条

逾期之上告，应迳予驳回。

【正】经过上告期间之上告，为不合法。无庸调查其有无理由，径予驳回。（四年上决字第1号）

不应许可之上告，应依职权驳回。

【正】不应许可之上告，应依职权调查，认其不合法而驳回之。（六年上字第47号）

第五百四十五条

控告审于事实关系未合法确定时，应将事件发还。

【正】控告审于事实关系未合法确定时，上告审无从为法律上之判断，应将事件发还更审。（三年上字第6号）

上告审判衙门得将案件发交原审以外同级审判衙门之情形。

【正】上告审认原判应予撤销、发还更审，而原审衙门显然有不公平之情形，或因案件主要凭证均在其他同级审判衙门管辖区域，非移归该衙门审判不足以得事实之真相者，自应为当事人利益及诉讼进行公平迅速起见，并为移审之裁判。（四年上字第46号）

更审案件不遵上告审判决之法律上意见者，得再发还。

【正】上告审无审理事实之职权。故原审于判决基础事实若因欠缺其职权内应为之处置致事实关系不明了者，即应发还原审更为审判，而原审亦应即从上告审所指示之点进为调查。如原审仍不从为调查，则上告审仍难为法律上正当之裁判，自应再行发还更审（《编制法》第四十五条）。（四年上字第293号）

发还更审案件，不遵上告审判决之法律上意见者，为违法。

【正】《法院编制法》第四十五条，"大理院及分院劄付下级审判厅之案件，下级审判厅对于该案不得违背该院法律上之意见"等语。是凡本院就发还更审案件所表示关于诉讼法或实体法上之见解，该高等审判厅自应受其拘束，否则即属违法（《编制法》第四十五条）。（六年上字第779号）

第五百四十六条

控告审判决采用某书证而遗漏一部分者，上告审可据以改判。

【正】证据方法之取舍，由审理事实之审判衙门衡情定之。而上告审则惟据控告审所合法认定者以为判决之基础。其在控告审未经提出，至上告审即不得复行主张；惟当事人提出书证业经原审认定真实、采为判决基础，而仅因遗漏其中之某部分、致将当事人关于该部分之请求予以驳斥者，如上告审审查此项书证，认当事人之请求确有根据而原审所由驳斥者显系出于一时之疏漏，则为当事人便利计，上告审可据控告审认定书证中遗漏之部分予以判决，毋庸发还原审衙门更为审判。（三年上字第 28 号）

控告审判决仅法律上之见解不当而事实已明瞭者，可迳改判。

【正】控告审适用法则如有不当，上告审应纠正之。如事实业已明瞭，仅法律上之见解有不当者，则可迳予改判。（三年上字第 186 号）

控告审判决解释文字错误者，上告审可加以纠正即行改判。

【正】凡控告审所得证凭如已充足，而因解释文字错误之结果至舍正当之证凭而不用者，上告审得根据其所得证凭，径予纠正而为正当之解释，本此解释即行改判。（三年上字第 281 号）

控告审误解自认之效力者，上告审得据其自认改判。

【正】第二审误解当事人所为自承在法律上应有之效力，致未采用其自承之事实者，上告审判衙门得据其自承迳予改判。（四年上字第 1525 号）

第五百四十九条

撤回上告，应向上告审为之。

【续】关于上告之撤回，应向上告审为之。本件上告人在原审推事面前表示撤回之意思，原审自应送归上告审核办。（八年上字第 1337 号）

第四编　抗告程序

第五百五十条

凡对于决定声明不服者，不问形式如何，以抗告论。

【正】对于决定不服者，应以控告程序为之。若当事人声明系对于决定声明不服而竟称为上告者，则因法律上名称本有一定，可毋庸问当事人之是否误认，仍应以抗告论。（三年抗字第 5 号）

对于审判厅长之指令，不得抗告。

【正】决定者，系审判衙门依书面审理或任意言词审理所为之裁判；指令者，乃上级官署对于下级官署就某行政事件予以指示所为之命令。一为司法裁判，一为行政指挥性质，既绝不相同，斯救济之法亦异。故对于决定，许当事人以抗告声明不服；而对于指令，则无许当事人抗告之理。至撤销决定，本系司法裁判。在审判厅长误为行政指挥而以指令行之，固属不法，然当事人除仍声请该厅决定外，别无救济之法。（三年抗字第 109 号）

抗告，得对于可抗告之裁判为之。

【正】抗告应以对于审判衙门之决定或命令，得依抗告程序声明不服者为限，始得提起。若审判衙门并无何等之决定、命令或系不许抗告之决定、命令，当事人均不得依抗告程序声明不服。（四年抗字第261号）

对于判决声明不服而称为控告者，不应作为抗告受理。

【正】当事人系对于判决声明不服而称为抗告者，审判衙门自应本当事人之真意，认该抗告为上告。（四年上字第1033号）

对于审判长就案件所表示之个人意见，不得抗告。

【正】审判长就诉讼案件表示其个人之意见，固属于法不合，然于该案件并不发生何种效力，自毋庸许其抗告。（六年抗字第146号）

法院所为之通知，不能抗告。

【续】法院所为之通知，与裁决有别，不能以抗告程序声明不服。（十一年上字第139号）

第五百五十一条

对于指挥诉讼之裁判，不得控告。

【正】关于审判衙门指挥诉讼之裁判，除法律有明文规定外不许声明控告，如该裁判果有违法情事，亦只得于声明上诉时一并陈明。（四年抗字第60号）

传证，不得控告。

【续】传唤证人，系关于诉讼指挥之命令，不得抗告。（八年抗字第81号）

指定宣判日期，不得抗告。

【续】指定宣告判决日期，原属审判衙门指挥诉讼之范围，不得抗告。（八年抗字第471号）

传讯本人命令，不得控告。

【续】审判衙门审理诉讼事件，如认为必须传讯本人时，依法自可命令本人到案。此项传讯命令，属于指挥诉讼之范围，不得独立控告。（八年抗字第509号）

驳斥请求更正笔录之裁判，不得抗告。

【续】驳斥请求更正笔录之裁判，属于指挥诉讼之范围，不得抗告。（八年抗字第573号）

《民诉条例》二百四十五条之裁判，不得抗告。

【续】《民诉条例》第二百四十五条之裁判，不得控告。（十一年抗字第318号）

限令缴纳讼费之裁决，不得抗告。

【补】原法院以裁决限令缴纳讼费，自属关于诉讼进行中所为之裁决，依法不得抗告。（十四年抗字第90号）

第五百五十二条

关于初级案件裁决之执行所为控告，至高等审判厅为止。

【正】凡诉讼物价额在千元以下者，为初级管辖案件，以高等审判厅为终审衙门，概不得上诉于本院。至关于执行之抗告，虽无明文规定，自应本于《法院编制法》第十九条第二款第二号、第二十七条第三款之精神，准照办理（《编制法》第十九条）。（四年抗字第159号）

第五百五十四条

抗告，不得越级为之。

【正】凡向高等审判厅抗告之案件，非经该抗告审决定而有所不服者，不得遽向本院声明再抗告。（四年抗字第48号）

抗告法院所为裁决与原裁判之内容相同，不许再抗告。

【续】《民事诉讼条例》第五百五十四条第二项载，"抗告法院之裁决以抗告为不合法而驳斥之，或以抗告为有理由而变更原裁决者，对于该裁决得再为抗告"。盖以再抗告之制，原于诉讼之终结有碍；苟抗告法院认抗告为不合法而予驳斥，或认抗告为有理由而变更原裁决，在原抗告人或其对造必有独立之新理由，非许其再行抗告，不足以保护其利益。否则，抗告法院就其内容予以审究，其所为之裁决与原裁决之内容相同，即无庸再加保护，以免诉讼之延迟。（十一年上字第185号）

因抗告无理由所为驳斥之裁决，其得再抗告。

【续】《民事诉讼条例》第五百五十四条第二项规定，"抗告法院之裁决以抗告为不合法而驳斥之，或以抗告为有理由而变更原裁决者，对于该裁决得再为抗告"。是抗告法院之裁决以抗告为无理由而予驳斥者，无论原抗告人或其对造，均不许再为抗告。（十二年抗字第74号）

第五百六十一条

停止或撤销执行之裁判，惟管辖执行异议诉讼之法院得以为之。

【补】停止或撤销执行之裁判，唯管辖执行异议诉讼之法院得以为之。若仅在执行程序提起抗告，则无停止执行之效力，抗告法院即不得擅为该项裁判。此就《民事诉讼条例》第五百六十一条第一项规定解释，亦无疑义。（十四年抗字第145号）

第五百六十二条

不应许可之抗告，应迳予驳回。

【正】抗告审判衙门对于不应许可之抗告，应认为不合法，以决定驳回之。凡非对于审判衙门之决定或命令并依据法则提起抗告者，即在不应许可之列。（二年抗字第6号）

逾期之抗告，应迳予驳回。

【正】抗告逾期间者，即属不合法之抗告，毋庸调查其有无理由，应迳予驳回。（三年抗字第3号）

第五百六十三条

抗告仅系违误程式者，应先命其补正。

【正】民事抗告案件，除不应许可或不逾期间之抗告，应认为不合法迳予驳回外，其仅程式上稍有违误或声叙不甚详明者，审判衙门自可命其更正或补叙，［再］就其有无理由加以裁判，不得认为不合法遽予驳斥。（四年抗字第265号）

第五编　再审程序

第五百六十八条

计算或誊写错误并其他显著之舛谬，不得为再审理由。

【正】判词内有计算或誊写错误并其他显著之舛谬者，审判衙门虽得因当事人之声请或以职权随时予以更正，而不能以原判有应更正处为理由请求再审。故有以此理由为再审之诉者，审判衙门自应认为不合法而驳斥之；非特不能为原案之审判，即其所举再审原因是否正当，亦毋庸调查。（三年上字第2号）

关于适用法令问题，不得为再审理由。

【正】再审之诉，应有法定理由或因原确定判决违反重要程序法规之规定或因有特别原因致原确定判决反乎真正之事实而有害于当事人之权利者，始得尤许，断不能据其他非法所许之理由以为请求。至于法院因纠正下级审法律上见解所为之判决，除系备有上开二种理由之一者外，尤无请求再审之余地。据《民事非常上告暂行条例》第一条载，“高等审判厅以下法院之判决，如显然与《约法》或其效力相等之法律优待条件有抵触而业经确定者，总检察长得随时向大理院请求撤销之”。第二条第一款载，“有理由者，撤销原判决，自为判决”。第二款载，“原判决认定事实有违法情形，应更为审理者，于审理后自行判决”。第三款载：“无理由者，为驳回请求之判决”等语。是本院判决非常上告案件，除第二条第三款因无理由驳回者外，第一款为纠正法律之抵触，第二款为纠正事实及法律适用之错误。至依第二款所为之判决，如果发见基础事实仍有错误，是否可援一般确定判决之例，请求再审，尚属待决问题。而依第一款所为之判决，则本系纠正法律之抵触，并无事实关系，苟别无再审之理由，即难认其请求再审为合法。（三年声字第36号）

本于当事人自承所为之判决，不得以书状系伪造为再审理由。

【正】为判决基础之书状系伪造者，固得为再审原因，惟该判决若系以当事人之自承为惟一基础，则纵令相对人所持书状确系伪造，亦不足为该认定事实之瑕疵。自不得以该当书状之是否真伪，为请求再审原因。（三年抗字第151号）

审判衙门不依法律编制，系指列席推事不足员数与非基本辩论临席之推事而为判决之类。

【正】判决审判衙门不依法律编制者，受确定判决之当事人得提起再审之诉。所谓“不依法律编制”，系指列席推事不合法定员数与非基本辩论临席之推事而为判决之类。

（三年抗字第 192 号）

当事人不以合法代理，系谓诉讼代理或法定代理有欠缺。

【正】当事人不以合法代理者，本得为再审之原因，惟其所谓“不以合法代理”，系指诉讼代理或法定代理有欠缺而言。（三年抗字第 1105 号）

对于未确定判决，提起再审之诉为不合法。

【正】再审之诉，必对于确定判决始得为之。故其声明不服之判决若非确定判决，则不得谓为合法。（四年抗字第 20 号）

再审之诉，须具法定条件。

【正】一事不再理为诉讼法之大原则。若于判决确定后声请再审，应以具备法律上准许再审之条件为限。（四年上决字第 56 号）

在上诉期间内声请再审或声请再审前已于上诉期间内声明不服原判之旨者，不应认为再审之诉。

【正】当事人不服审判衙门之判决，于上诉期间内声请再审，或虽于上诉期间经过后声请再审而已于上诉期间内声明有不服原判之旨者，则均不应认为再审之诉，而仍视为通常上诉案件，由上级审衙门受理。（四年抗字第 293 号）

新书状不能提出其原本、缮本或显然不能受利益裁判或欲适用他人所持书状而不能证明者，应认再审之诉为不合法。

【正】当事人对于确定判决声请再审，其以发见可受利益裁判之书状为理由而不能提出该书状之原本或缮本（补呈原本），或虽提出而显然不足为可受利益裁判之书状者，自应认其声请为不合法，迳行驳回。若系以使用相对人或第三人所持之书状为理由并就该书状之持有已陈明相当之证明方法者，审判衙门自应尽相当之处置而为裁判。不容因其未能自行提出，遽行驳斥声请。此所以减省诉讼（请求持有人交出书状之类）之烦，而于当事人，亦为便利者也。（六年抗字第 31 号）

新书状于原判决基础无关者，应认再审之诉为不合法。

【正】当事人对于确定裁决以发见新书状为理由向原控告审判衙门声请再审者，如该书状纵系真确，亦断不能得利益之裁判，即于原判决基础为无关；该声请应认为不合法而驳回之。（六年上字第 401 号）

得为再审理由之新书状，指以前未经提出之书状而言。

【正】所谓“发见可受利益裁判之书状”，系指当事人于原案第二审言词辩论终结以前未经提出之书状而言。若当时仅由当事人声明有此书证而并未提出于审判衙门者，亦应视为一种新证据。（七年抗字第 1310 号）

以发见在前已受判决为再审理由，必以前后判决系同一标的、互相抵触者为限。

【续】当事人对于确定判决以发见在前已受判决为理由请求再审者，必以就同一诉讼

标的再受判决，前后互相抵触者为限。（八年声字第 86 号）

管辖错误，但许以上诉救济而不能为再审原因。

【续】审判衙门不依法律编制，虽可为再审之原因，但若系管辖错误，则仅能适用上诉程序以为救济，而不能因此即指该审判衙门为不依法编制，请求再审。（八年上字第 341 号）

以基础书状系伪造而请求再审者，应由其以自己责任提起公诉、受有宣告有罪之刑事判决。

【续】当事人以确定判决据为基础之书状系伪造为理由请求再审者，除伪造事实系因证据不足以外之事由，致刑事诉讼不能开始或继续进行者外，该当事人应以其自己责任告由该管检察衙门提起公诉并受有刑事宣告有罪之确定判决，始能据以请求再审。（八年抗字第 402 号）

发见利益书状，须其成立在确定判决之前，未经审核舍弃。

【续】对于确定判决提出书状以请求再审者，必该书状成立在原确定判决之前、未经前诉讼程序审核舍弃而又可以受利益之裁判者，乃为合于再审之条件。（八年抗字第 585 号）

未经合法代理之意义。

【续】再审条件中，所谓“当事人于诉讼未经合法代理”者，系指法定代理或委任代理不合于法之情形而言。至有无代理之原因，即有无委任代理之必要，则不在此限。（十一年抗字第 199 号）

代理权欠缺，其他造当事人不得提起再审之诉。

【续】当事人于诉讼未经合法代理者，依《民事诉讼条例》第五百六十八条第四款，固得以再审之诉声明不服，惟此款意旨原为保护所代理之本人而设；若代理权欠缺之一造本人不自行声明，其他造当事人即不得据以提起再审之诉。（十二年上字第 232 号）

适用法律错误，不得据为再审原因。

【补】适用法律错误与《民事诉讼条例》第五百六十八条第十二款规定之情形不合，不得据为再审原因。故当事人对于原裁判提出法条或本院之判例解释，以攻击其适用法律错误，无论其是否正当，要不能认为合于再审条件。（十五年抗字第 20 号）

第五百六十九条

再审理由得以上诉主张者，不许据以提起再审之诉。

【正】判决审判衙门编制不合法者，自可认为再审之正当原因。惟此种情事，若当事人本得以上诉方法主张，则不得复行声请再审。（二年抗字第 49 号）

再审之诉，惟原判决之当事人得提起之。

【正】再审之诉，非受原判决之当事人，不得提起。（三年上字第 923 号）

仅有刑事告诉或诉讼，不为再审理由。

【正】再审以原判采用之书状系伪造或证言系伪证为理由者，须伪造或伪证之刑事业已判决确定，或其刑事诉讼之不能开始与施行非因证据不足者为限。若仅有告诉或诉讼开始，不能为再审理由。（四年上字第1714号）

证据不足以外之事由，指犯人亡故、大赦或经时效等情事而言。

【正】凡参与审判之推事，若关于该案诉讼违背职务上之义务而有刑事犯罪者，以受有罪之确定判决，或因证据不足以外之事由不得为刑事诉讼之开始与实行者为限，得为民事请求再审之原因。所谓"因证据据不足以外之事由，不得为刑事诉讼之开始与实行"云者，当指犯人身故或因大赦与时效等情事，致刑事诉讼不能开始或实行者而言；若因证据不足，检察官不能起诉或受无罪之判决者，皆在除外之列。盖以示民事确定判决之不易动摇而杜滥诉之弊也。（六年声字第16号）

泛言相对人有不法行为，不得为再审理由。

【正】当事人之相对人关于该诉讼有应罚之行为者，得请求再审。惟此种请求应以已有确定之刑事判决或其刑事诉讼系因证据不足以外之事由不能开始与施行者为限。如泛言相对人有不法行为，不得认为合法，应以决定驳回。（六年声字第53号）

《民诉条例》第五百六十九条第一项无过失之解释。

【补】《民事诉讼条例》第五百六十九条第一项所谓"无过失"，乃指该当事人于前诉讼程序已为注意，或并未因归责于已之事由而不知或不能主张该再审理由者而言。故若在前诉讼程序已知或已能主张而竟不主张、因未为注意或其他归责于已之事由而致不知或不能主张者，即不得据以为审再之原因。（十四年上字第172号）

第五百七十一条

原审判衙门已废止者，再审之诉应由继续有该案管辖权之衙门管辖。

【正】再审之诉，以原为确定判决之审判衙门管辖为原则。惟原审判衙门已因法令变更废止或无审判权者，则应由继续有该案管辖权之审判衙门为再审衙门。（五年上字第20号）

对于第三审判决声请再审者，除关于第三审上诉是否合法之事实外，应仍由第二审法院审判。

【补】依《民诉条例》第五百七十一条后段规定，对于第三审判决本于第五百六十八条第八款至第十二款理由声明不服者，应专属原第二审法院管辖。惟查其立法理由，系因第三审判决应以第二审判决确定之事实为基础；第三审法院无论驳斥上诉或自为判决，而第二审判决确定之事实均属存在。故当事人提起再审之诉以求动摇确定判决之事实，应仍由第二审法院审判。如系关于第三审上诉是否合法之事实，则并非第二审法院所能裁判，仍应依第五百七十一条前段规定之原则，由原为判决之第三审法院管辖（参照本院统字第1848号解释例）方与定法之精神不悖。（十四年再字第14号）

第三审法院和解之案，当事人提起再审之诉，仍得由第三审法院管辖。

【补】和解在某法院成立者，嗣后，关于该和解之争执，仍由该法院裁判较为便利。故在第三审法院成立和解者，当事人虽系本于《民事诉讼条例》第五百六十八条第八款至第十二款理由提起再审之诉，仍不应受同条例第五百七十一条第二款规定之适用而得由第三审法院管辖。（十五年再字第 2 号）

第五百七十三条

《民诉条例》第五百七十三条第一项之期限，应自条例施行之日起算。

【续】《民事诉讼条例》第五百七十三条第一项规定，“再审之诉，应于三十日之不变期限内提起”。第二项规定，“期限自判决确定时起算，但当事人于判决确定后始知再审理由或得主张之者，自其知有再审理由或得主张之时起算”。此项条例自民国十一年七月一日施行。凡提起再审之诉在施行以后，则虽判决确定系在施行以前，亦应适用。惟依法律不溯既往之原则，第五百七十三条第一项之期限，应自条例施行之日起算。此在《民事诉讼条例施行条例》，虽无明文规定，而亦理论上当然之解释。（十二年上字第 1801 号）

当事人于判决确定后始知再审理由者，须在五年以内并未经过不变期限，始许起提再审之诉。

【续】《民事诉讼条例》第五百七十三条第三项“五年期间”之规定，系就同条第二项但书加以限制。故当事人于判决确定后始知再审理由者，必须未逾不变期限且自判决确定时起尚在五年以内，始许提起再审之诉。并非谓自知再审理之时，苟在五年以内，即不须遵守三十日之不变期限而随时得以提起。（十二年上字第 1135 号）

除特定情形外，判决确定后已逾五年者，不得提起再审之诉。

【补】《民事诉讼条例》第五百七十三条第三项规定，乃对于同条第二项之例外。即凡终局判决，一经确定，即令其尚未逾三十日之不变期限而苟已逾五年期间，则除有该项除外情形外，即绝对不许提起再审之诉。（十四年上字第 139 号）

第五百七十四条

实系请求再审而误用名称者，仍以再审之诉论。

【正】当事人对于确定判决具有法律上再审原因者，得向该管审判衙门声请再审。其声请时虽或误为续行旧诉，然因声请再审法例本有一定，不因当事人之误用名称而生差异。（四年上字第 868 号）

再审当事人，以前诉讼程序之当事人为限。

【续】再审当事人，除确定判决之效力依法及于第三人者外，无论原、被何造，均应以前诉讼程序之当事人为限。（十年上字第 351 号）

第五百七十七条

再审程序分为三段。

【正】再审程序应分为三段：（甲）审判衙门受理再审之诉，应先查其声请再审之原因形式上是否合法。（乙）认为合法后，更应就再审有无理由（即实质上再审原因之存否）加以审究。（丙）若查明再审为无理由，则为驳斥再审之诉之终局判决。若以再审为有理由，乃重就本案为辩论及判决。（五年上字第852号）

再审原因实质上不成立，仍应驳斥。

【续】当事人请求再审在形式为不合法，固应予以驳斥；即在形式上为合法而实质上并不能成立者，审判衙门仍应驳斥其再审之诉。（九年上字第368号）

第五百七十八条

从前州县，恒有由上级行政衙门发交再审之事。

【正】从前各州县衙门受理案件，并无一定程序。而再审之件，经当事人呈由上级行政衙门发交受理者，尤为事所恒有。（四年上字第304号）

对于再审之判决，更得请求再审。

【正】确定判决因再审有理由而被撤销、更为本案判决者，如当事人果又有适法再审之原因，仍得请求再审。（四年上字第304号）

再审之诉，以不停止执行为原则。

【正】命令给付之诉，一经判决确定，即发生执行之效力。当事人对于该确定判决虽经提起再审之声请，然非经再审衙门认为应予停止执行另有裁判时，执行衙门毋庸遽予停止（《民诉执行规定》第五条）。（六年声字第75号）

第五百八十条

诉讼经各审判厅处终审判决者，其所为再审判决，亦不得向本院上诉。

【续】诉讼事件，经各高等审判厅处终审判决者，依法不能向本院提起上诉。因而就该项终审判决所为再审之判决，亦无向本院声明不服之余地。（十二年上字第137号）

第五百八十二条

当事人对于诉讼上之和解声明不服，得提起再审之诉。

【续】当事人对于诉讼上之和解声明不服，只得提起再审之诉。（十五年再字第2号）

第六编　特别诉讼程序

第一章　证书诉讼程序

第五百九十一条

原告应尽举证之责任

【补】《民事诉讼条例》第五百九十一条所谓“依合法之证据方法，尽其举证责任”者，不仅请求之原因事实应行依法举证，即对于其他事实（例如对于被告抗辩而主张之再抗辩事实）与证书之真伪，被告如有争执时，亦应由原告以即时提出之证书为其证明，乃

为尽原告之责任。（十四年上字第1895号）

第二章　督促程序

第三章　保全程序

第六百十五条

本案系属于上告审时，假扣押声请由第一审衙门管辖。

【正】假扣押之声请，专属于本案之管辖审判厅或管辖假扣押物所在地之审判厅管辖。若本案系属于上告审，则该项声请应由第一审衙门裁判而不得由上告审衙门管辖。此盖以上告审衙门以审查下级审裁判是否违法为专职故也。（四年声字第134号）

向上告审不得声请假扣押。

【正】当事人不得在上告审声请假扣押。（六年上字第10009号）

声请假扣押，无论起诉前、起诉后，均得为之。

【正】假扣押之声请，无论起诉前或起诉后，均得为之。（七年抗字第186号）

第六百十八条

假扣押之应否令债权人供担保及其数额，均由审判衙门裁量。

【续】债权人声请假扣押时应否提供担保及其数额若何，均属于审判衙门裁量之范围。（八年上字第1255号）

债务人不得借口第三人对于假扣押之标的物有权利，抗拒假扣押。

【续】第三人对于假扣押之标的物如有所有权或其他足以阻止物之交付或让与之权利，仅可由该第三人提起执行异议之诉或另件诉讼，要非债务人所得借口抗拒。（八年抗字第355号）

执行时，仍许债务人将从前假扣押财产自觅买主，以最高额拍定。

【续】假扣押程序仅系保全债务人之财产，将其暂行扣押，以免将来执行之困难。如届执行之时，债务人所觅之买主能依法以最高债额拍卖，自无不许其拍定之理。（八年抗字第595号）

已有确定裁判不认其权利存在者，不得更请假扣押。

【续】假扣押之规定，原为债权人之利益，保全债务人之财产，俾免日后执行之困难。若审判衙门已有确定裁判不认其权利之存在，则其所为假扣押之声请，自属不应许可。（九年抗字第114号）

适用《民诉条例》第六百一十八条第二项，应先为命供担保之裁决。

【续】《民事诉讼条例》第六百一十八条第二项规定，请求及假扣押之原因虽经债权人释明，法院亦得使其供担保后命为假扣押。惟法院适用此项法文使债权人供担保后命为假扣押，应酌定其供担保之数额，先为命供担保之裁决；必债权人不依裁决供担保，始可驳斥其声请。乃原厅并未先为命供担保之裁决，遽以抗告人未供担保为理由予以驳斥，于法殊有未合。（十二年抗字第 290 号）

第六百二十条

第三人对于假扣押之标的物主张所有权者，得提起异议之诉，不得对于假扣押之决定控告。

【正】假扣押之决定虽许债权人或债务人为抗告，但第三人如主张假扣押之标的物为自己所有者，仅得对债权人提起异议之诉，由审判厅酌定情形予以停止执行，以待异议诉讼判决之确定；而对于假扣押决定，即不许以抗告迳求其撤消变更。（四年抗字第 46 号）

第六百二十七条

已得确定判决，即不容声请假处分。

【正】假处分之声请，乃于起诉前或起诉后预防讼争物现状变更、日后不能执行或执行困难之方法。故经判决确定之件，即可请求强制执行，无复主张假处分之余地。（六年抗字第 160 号）

保全金钱请求之强制执行，不得声请假处分。

【补】《民事诉讼条例》第六百二十七条规定，“因就金钱请求以外之请求保全强制执行，得声请假处分”。故为保全金钱请求之强制执行，则仅得声请假扣押而不得声请假处分。至于假扣押之标的物于实施扣押后如欲更行变卖以供清偿，则应依据假执行程序，亦不得更用假处分程序。（十四年抗字第 190 号）

第六百三十条

依假处分选任管理人时，须调查其有无管理能力及能否为公平之管理。

【正】假处分之管辖审判衙门选任管理人时，固得以职权就当事人两造或一造所推举之人或于两造所推举之人以外自由选任。惟当选任之时，必须先调查其是否有管理之实力及是否能为公平之管理，始不致妨碍当事人两造之利益。（四年抗字第 140 号）

第六百三十三条

假处分所以定争执法律关系之暂时状态。

【补】查《民事诉讼条例》第六百三十三条载，“关于假处分之规定，于争执之法律关系有定暂时状态之必要者，准用之”等语。细绎该条意义，凡某种法律关系具有继续的性质，例如通行权、占有状态、扶养义务、执行业务之权利、使用商标之权利等，而于当事人间已成为争执或已为他造侵害，苟非依假处分以定其暂时状态，则必至日后受重大之损害或现时受急迫之强暴故，当事人苟能释明此等原因事实，依法声请而经法院本其自由意见认为实有必要者，即得命为假处分，以定暂时状态。（十三年抗字第 404 号）

第四章　公示催告程序

第五章　人事诉讼程序

人事诉讼之审判，亦不得逾请求之范围而为过度之干涉。

【正】人事诉讼虽与财产权上之讼诉不同，应参用干涉主义。然亦不过使检察官代表国家参与其诉讼及就诉讼资料之搜集与诉讼之进行扩张审判衙门之职权行为而已，非可超过当事人请求之范围而为过度之干涉。（三年上字第744号）

检察官陈述之意见，不能以之拘束审判官。

【正】人事诉讼为维持公益，应由检察官参与。然检察官所陈述之意见不能以拘束审判官，无论采用与否，自不须于判决内说明。（四年声字第94号）

坟山诉讼，不适用人事诉讼程序。

【续】《民事诉讼条例》施行后，于坟山之诉讼本不适用人事诉讼程序，无庸咨询检察官意见。从前此类判例及解释，即已不能再行援用。（十二年上字第1933号）

第一节　婚姻事件程序

第六百六十八条

履行婚约之诉与撤销婚约之诉，不得行同种诉讼程序。

【补】履行婚约之诉系通常诉讼，撤销婚约之诉则系婚姻事件，不得行同种诉讼程序。故在前诉之诉讼程序提起后诉之反诉，应认该反诉为不合法，予以驳斥。（十五年上字第656号）

第六百七十一条

婚姻事件之辩论，检察官虽未莅场，当事人亦不得据以主张不服。

【补】《民事诉讼条例》第六百七十一条所谓“婚姻事件之辩论，检察官应莅场陈述意见”云者，原以检察官有维护公益之责，对于婚姻事件应认其有参与审理、陈述意见之权。在法院就婚姻事件开言词辩论时，检察官即有莅场之职责，并非谓检察官不莅场，法院即不得为该事件之审判。故法院未经检察官莅场而为审判，亦不容当事人据以主张不服。（十五年上字第301号）

第六百七十二条

亲属得提起撤销婚姻之诉。

【正】凡不法成立之婚姻，该婚姻当事人之亲属得提起撤销之诉。至所谓亲属之范围，依本院向来解释限于三种：（一）同居亲。（二）大功以上之亲。（三）外祖父母、外孙妻之父母、女婿孙之妇夫之兄弟及兄弟之妻。（四年抗字第414号）

婚姻事件，得在事实审为新请求。

【正】婚姻事件，于控告审辩论终结以前变更诉讼，在所不禁；其得为新请求，自不待论。（四年上字第 2188 号）

第六百七十三条

离婚之诉驳斥者，得据其后发生之原因事实更行起诉。

【正】离婚之诉以无理由经判决驳斥者，如其后再发生可为离婚原因之事实，仍应许其提起。（三年上字第 324 号）

当事人愿离者，不问其是否合于法定条件，应准离异。

【正】律载夫妇离异条件，系以双方不允离异为前提。如于诉讼外已协议离婚或于诉讼中明晰表示愿离异之旨者，则审判衙门即应本于相对人之请求，准其解除婚姻。（四年上字第 1056 号）

第六百七十四条

婚姻诉讼不能以当事人之认诺、自认为裁判基础。

【续】婚姻诉讼事件与公益有关，当事人就其诉讼标的无自由处分之权能。故不能以当事人之认诺、自认为裁判之基础（但审判衙门作为辩论意旨斟酌，自无不可）。（八年上字第 345 号）

婚姻事件，苟法院就其自认得有自由心证，亦得认其事实为真实。

【补】《民事诉讼条例》第六百七十四条第二项所称"关于审判上自认及不争执事实之效力规定，于其所举各诉之原因事实不适用"云者，不过谓此种自认或拟制自认与在通常诉讼程序所为者不同，不得拘束法院，使其不待得有自由心证即应认其事实为真实，并非谓法院绝对不得斟酌。法院苟就其自认得有自由心证，自亦得认上述各事实为真实。（十五年上字第 663 号）

第二节　嗣续事件程序

第六百八十九条

嗣续事件，指关于身分之继承者而言。

【正】《各级审判厅试办章程》第一百一十一条所谓"嗣续事件"，自系现行法上立嫡子违法、律例所载关于身分之继承者而言。至若遗产之继承，纯属于财产权之争执者，不得谓为嗣续事件。（三年上字第 987 号）

应准归宗之子女无宗可归者，得于判决中为相当之处分。

【正】依律应准归宗之子女若系无宗可归，除令解除前关系或宣告前关系为无效外，本不能为何种之处置。惟依法令或条理，应附随为一定之处分时，亦得以此为依据，于裁判文内并为处分。故无宗可归之子女如并不能自立又无可依倚者，审判衙门于条理上，得依当事人之志愿，命送往公共设备之慈善机关，而仍由执行衙门于执行原裁判时并执行其处分。第一审乃断令子女由官择配并将其收留看守所，虽谓此为便宜处置，而究有不当，且显然与法律尊重人权之本旨相悖。（四年上字第79号）

异姓乱宗，惟有正当之承嗣者，始得告争。

【正】异姓乱宗，现行律虽悬为厉禁，然所以特设此种限制者，无非为尊重血统，保护正当之承嗣起见。故若有乞养异姓、以乱宗族者，亦惟有正当承嗣之权之人始有告争权，他人不得插讼。（五年上字第1533号）

非有承继权人或其直系宗亲无告争承继之权。

【正】不合法之承继，惟有承继权之人或其直系宗亲，始有告争之权。（七年上字第681号）

择继，本人得主张其择继无效。

【正】不合法之承继，非有承继人不得告争，原为防止健讼起见。因非于承继有利害关系者，无准许告争之实益故也。至择继人本人，就其所为不合法之择继主张无效，依法并无不合。（七年上字第1071号）

第六百九十二条

系当事人之诉承继认同宗裁判不为违法。

【续】按同宗之人关于嗣续、修谱、祭祀等事既互有利害关系，则因是否同宗有争执时，自得向审判衙门诉请确认，审判衙门就该请求所为之裁判，即不得谓为违法。（九年上字第166号）

未就实体上审判之承继事件，毋庸咨询检察官意见。

【续】承继事件，就程序上驳斥声请或诉及上诉者，既未就实体上予以审理裁断，即无庸咨询检察官意见。（十一年上字第1208号）

检察官就人事诉讼得以上诉者，以其所得提起之诉为限。确认立嗣成立、不成立之诉，不得由检察官上诉。

【续】检察官就人事诉讼提起上诉者，以检察官所得提起之诉为限。何种人事诉讼为检察官所得提起，现时法令尚无明文可据。而确认立嗣成立不成立之诉，在条理上，并无许检察官提起之必要，自不得由检察官提起上诉。（十一年上字第1489号）

亡故人所为诉讼系本诸特别关系之身分者，只能准用第六百八十条。

【续】查《民事诉讼条例》第二百一十三条第一项，“当事人亡故者，诉讼程序于其承继人承受诉讼前中断，但有诉讼代理人代为诉讼者不在此限”。此项规定系就亡故人生前所为诉讼将来有相当之承继人可以承受者而言。本件因废继涉讼，该亡故人生前所为诉讼系本其与相对人特别关系之身分而成立。此项特别关系之身分既无人可以承继，即不能有合法承受。诉讼之人只能按《民事诉讼条例》第六百九十二条准用第六百八十条前段，关于本案视与诉讼终结同，而不得援同条例第二百一十三条一项主张中断诉讼程序（本号判例与本条例第二百一十三条互见）。（十二年声字第235号）

嗣续事件不得以自认为定判基础。

【补】嗣续事件，专以当事人之自认为定判基础，准诸《民事诉讼条例》第六百九十二条、第六百七十四条之规定，已难谓为尽洽。（十三年上字第1090号）

第三节　亲子关系事件程序

第四节　禁治产及准禁治产事件程序

因浪费等情事请求立案者，在立案后所为之行为，得主张撤销。

【续】现行法律关于准禁治产程序虽无明文规定，而实际上因浪费等情事，由其行亲权人或保护人声请官署立案，经官署准许并为公示者，自应认有公证之效力。其被立案之人在立案后所为行为，未得行亲权人或保护人之同意者，其自身或上述诸人对于恶意（即知情）之相对人，自得主张撤销。（八年上字第1346号）

第五节　宣示亡故事件程序

民事诉讼执行规则

第一章　总则

第四条

审判上和解，与他债务名义有同一效力。

【正】当事人在审判衙门所为和解，于强制执行，应与他种债务名义（执行名义）有同一之效力。（二年声字第3号）

执行衙门于必要时，得许缓期或分期办理。

【正】债权业已到期者，除债权人对于债务之清偿于诉讼外或诉讼中允予展期外，未便于本案判决中遽为执行之限制。至于执行衙门，亦应依法为强制执行。第因事实上必要及债权人利益，仍准为限期收取或分期办理等之处置。（二年上字第115号）

执行得任就债务人任何部分之财产为之。

【正】商店贸易均以其股东为债权债务之主体。除有特别法令或当事人特别意思表示或习惯法则外，凡债务之强制执行，不论对于债务人何部分之财产，均得为之。至应先尽债务人何部分财产或应于何时执行，本非审判衙门裁判范围内应及之事。（三年上字第646号）

执行衙门得参酌情形，量予犹预时间。

【正】如果债务人财产实不敷清偿或非展缓其清偿而债务人资力即难于恢复，一般债权人亦将同受损失，则在执行衙门固可参酌情形量予犹预时间，而在债务人要无主张展缓或减免之权利。（三年上字第807号）

债权人有数人者，得同时执行。

【正】执行衙门就债务人财产开始强制执行时，其债权人有数人者，自得同时执行。（四年抗字第5号）

判决确定后有和解者，应据和解办理。

【正】案经判决确定，如于执行之前当事人间定结和解契约者，可向执行衙门声明，经其查核，依照和解契约办理。（四年声字第7号）

当事人于判决确定后，得请求强制执行。

【正】诉讼案件于判决确定后，败诉人若不遵判决履行义务，胜诉人得向原第一审审

判衙门请求强制执行（原《试办章程》第四十一条，原《县诉章程》第四十五条）。（四年声字第12号）

铺店案件，应向铺东执行。

【正】确定判决之既判力，仅能拘束诉讼当事人。故执行衙门不得对于败诉人以外之第三人实施强制执行。惟诉讼案件系由铺店掌柜、执事人提起或由铺店掌柜、执事人受诉者，自应以铺东为当事人。而该铺掌柜、执事人即应视为铺东之代理人。（四年抗字第56号）

执行得对于债务人一切财产为之。

【正】债务人不履行债务时，除依执行法例，不许扣押之财产外，债权人得就债务人一切财产请求执行。（四年上字第152号）

判决后发生之争执，若执行原判可以解决纠纷者，可请求执行衙门予以相当处分。

【正】审判衙门就民事案件所为之判决，乃以当事人间诉争之范围为限；其原不在诉争范围内，系于判决后发生争执者，乃属另一事件。除于审判外或审判上另求解决方法外，不得以未经裁判之件对于已经判决之案请求解释。惟如果执行原判即可以解决一切纠纷者，亦可由该案当事人向执行衙门即原第一审衙门声请照判执行，予以相当处分。（四年声字第204号）

请求执行不在判决范围内，不应准许。

【正】判决确定后，败诉人如不遵判履行，执行衙门因胜诉人之声请，当然于判决确定之范围内予以强制执行。如所请并不在判决范围以内，执行衙门不应予以准许。（四年抗字第339号）

执行不得变更判决，增加败诉人之义务。

【正】案件一经判决确定，败诉人不遵判履行义务者，执行衙门应本该判决之内容依法执行，决不得变更原判，增加败诉人所负担之义务。（四年抗字第435号）

债务人不得以抵销，拒绝执行。

【正】判决之执行，除原告允将债权抵销或自愿舍弃其胜诉之全部或一部债权，毋庸执行外，执行衙门应依照原确定判决执行。若被告对于原告有债权可以主张抵销，在原案一、二审诉讼进行中未经适法提出抗辩，或虽已提出抗辩而审判衙门脱漏其全部或一部未予裁判者，则应分别另案诉追或依法请求补充判决，要不得据为拒绝执行之理由。（四年抗字第458号）

第三人之财产不能为执行之标的。

【正】判决之效力不能及于案外之第三人。故第三人所有之财产不能为该判决强制执行之标的。（四年上字第535号）

关于执行，不得依通常程序另求审判。

【正】关于裁判之执行，只须由受裁判之人向原第一审衙门声请依法办理，不得用通

常诉讼程序另又请求审判。（四年上字第 1551 号）

判决理由与主文不相抵触，亦得依照执行。

【正】诉讼事件一经判决确定，执行衙门应本该判决之内容依法执行，不仅以主文所载为范围，即主文有遗漏或不明了，而据其所附理由苟已判断明晰、与主文不相抵触，亦应依照执行。（五年抗字第 171 号）

强制执行由第一审衙门管辖。

【正】强制执行为第一审衙门之职责。债权人于债务人不肯自由履行债务时，自得本于确定判决之债务名义向第一审衙门请求执行，而不得迳请本院饬县执行。（五年上抗字第 579 条）

执行之财产，毋庸于判决时预行指定。

【正】债务人不依确定判决履行义务，债权人自得向审判衙门请求就债务人财产实施强制执行。至其执行财产（即供执行之财产），除有特别担保者应先就该担保物执行外，应由执行衙门（即原第一审衙门）斟酌情形办理，毋庸由审理该案之审判衙门于判决时预行指定，致孳窒碍。（五年上字第 1094 号）

各债权人分请执行时，亦得合并行之；不得仅以请求在先而主张优先权。

【正】同一债务人负有各个金钱债务均经判决确定而不为履行者，则虽由各债权人分别请求强制执行，而执行衙门自得就债务人之财产合并执行。其各债权人对于执行之标的物，除有担保物权外，不得以请求执行在先主张优先之权利。（六年抗字第 11 号）

同一担保物上，多数担保权竞合之办法。

【正】确定判决之执行，若因同一物上有数宗担保权（除重典应认在后之典权无效外），各债权人就权利之分配互有争执者，该管衙门应就次序在后之权利人审究其成立当时是否善意及有无过失，以定应否按照债权额数平等受偿。若此项应行调查之点，各债权人间已互为承认，仅就应否平均分配之点有所争执，或各债权人所得确定判决已各明认其为善意并无过失者，该管衙门得迳照平均分配办法予以执行。否则，该项争执，除认为另件诉讼予以判决外，别无解决办法。至优先权成立在先之债权人，并得请就其假定平均应得之部分，先予以执行。（六年抗字第 90 号）

债务人不依和解履行，得请求执行。

【正】审判上之和解与判决有同一之效力，义务人若不依约履行义务，权利人即得向执行衙门请求依法执行。（六年抗字第 96 号）

判决后成立和解，可拒绝判决之执行。

【正】判决确定后，如有有效成立之和解契约，债务人可据以拒绝确定判决之执行。（六年抗字第 105 号）

债权有担保物权者，先就该担保物执行。

【正】债权有物权为担保者，执行衙门于债权人请求强制执行时，应先就担保物变价清偿。有余，仍以之返还与债务人；不足，则就债务人其他之财产更为强制执行。苟非经债务人之同意，不得遽将担保物交付于债权人听其自由处分。（六年抗字第 133 号）

族中公共祠产，不得因族人欠债即予以执行。

【正】族中公共祠产，当其设置之初，原以永供祠堂祭飨或其他族中公用为一定之目的，与寻常之共有物自难相提并论。故在未经公同议定废止以前，不得由族人私擅处分，尤不得因族人负有债务之故，即由执行衙门实行查封、拍卖等处分，以之抵债。（六年抗字第 154 号）

民事败诉人非有故意隐匿财产、妨碍执行之实据，不得管收。

【正】民事败诉人于判决确定后不遵判履行义务，执行衙门仅可查明其所有财产，按照《各级审判厅试办章程》第四十一条所定方法强制执行。苟非确有履行能力而有故意隐匿财产、妨碍执行之实据，不得遽依《拘押民事被告人暂行规则》第十一条予以管收。盖该条所谓“败诉人故意不履行”者，不能解为单纯不肯先自履行，乃指败诉人潜图妨碍执行、隐匿其所有财，使执行衙门无从实施执行者而言（原《试办章程》第四十一条、第四十二条，原《县诉章程》第二十一条、第四十五条，《拘押民事被告人规则》第十一条）。（六年抗字第 159 号）

判决确定后，债务人照判清偿者，可免执行财产。

【正】承还债务与债务人不照判履行应如何就产执行，本属两事。通常债务人虽经判令偿还而欲保全铺产或其他产业，尽可另行筹款，按照所判时限如数清偿。至执行衙门就产执行，依照《审判厅试办章程》第四十一条亦非专以拍卖、查封之物为限，但能照判于限内偿清所欠，亦可依法酌量办理。（六年上字第 194 号）

给付判决确定，即生执行效力。

【正】命令给付之诉，一经判决确定，即发生执行之效力，除当事人间另有合意变更外，败诉人若不遵判履行义务，执行衙门得据胜诉人之声请而为强制执行。（原《试办章程》第四十一条，原《县诉章程》第四十五条）。（六年抗字第 201 号）

不得舍弃判决全部或一部，不为执行。

【正】执行衙门执行事件，苟非胜诉人已有表示让步之意思，不得舍弃确定判决之全部或一部不为执行。（六年抗字第 214 号）

开始强制执行，须有执行名义。

【正】凡因债务人违反义务而向审判衙门请求执行者，应以债权人持有执行名义者为限。（六年抗字第 281 号）

定作人不履行债务，不能查封承揽人所有之物。

【正】债权人所请查封之物件，其所有权既证明应属于第三人，则纵因承揽工作之关系，第三人或不免短欠债务人之工料银款，该债务人于未受清偿之前，得对于第三人拒绝交付该物，而债务人之于该物既未取得所有权，亦非就此有质权，则非经第三人承诺准其变价抵欠，该债权人即不能因债务人之不履行债务而遽请将该物件查封。（六年上字第455号）

判决一部确定者，得先就一部请求执行。

【正】以判决命给付之案，一经确定，败诉人不遵判履行，胜诉人自得向原第一审衙门依法请求强制执行。至判决一部确定者，如于未经确定之部分并无牵连关系（如抵销），亦得先就一部请求执行。（七年声字第5号）

有争执之债款，不得于执行中抵销。

【正】命令给付之诉，一经判决确定，即发生执行之效力，除胜诉人对败诉人另有同种类之给付义务，两造并无争执或另经判决确定者外，不得以胜诉人犹有争执之债款，遽于执行中，准其抵销。（七年抗字第77号）

合伙债务得就合伙人之财产执行。其合伙人或东伙间内部发生之诉讼，不得对抗执行。

【续】合伙债务，其合伙财产不足供清偿者，得依确定判决，更就合伙人之财产请求查封、拍卖，按股以清偿其不足之额。至合伙人或东伙间于对外债务判决确定后因内部争执提起诉讼，则属另件关系，不容据以对抗执行。（八年抗字第25号）

执行衙门不得就未经裁判之事项迳为处分。

【续】执行衙门依确定判决实施执行时，应以该确定判决之内容为限。如不在原案诉争范围内而于判决后执行发生者，乃系另一事件，除由当事人于审判上另求解决外，在执行衙门，要未便就此未经裁判之事项迳为何种处分。（十一年抗字第166号）

败诉人不在者，可向其财产执行。

【续】败诉人不在者，如有财产，可向其财产执行。（十一年抗字第177号）

代理人不负执行上责任。

【续】判决之既判力不及于代理人。故代理人不负执行上之责任。（十一年声字第177号）

一部清偿，在实体法上，债权人虽可拒绝收受，而在执行时，则不然。

【续】债务人一部分履行，债权人虽得拒绝领受，但执行衙门实施执行程序时，原系就债务人之财产名别执行，故虽预见债务人财产之卖得金不足以消灭全部债务，亦应为之执行。在给付现款时，债务人所交之现款虽仅足供一部之清偿，而执行衙门亦不应决绝收受。至执行衙门之收受与债权人之自收同，应有消灭债务之效力。（十一年抗字第432号）

第五条

强制执行开始后，不得率予停止。

【正】命令给付之诉，一经判决确定，即发生执行之效力，除因声请回复上诉权或声请再审，经该管衙门认有必要情形外，不得率准停止执行。（六年抗字第142号）

第三人提起异议之诉，除受诉衙门令其停止执行外，毋庸停止执行。

【续】第三人对于强制执行之标的物主张有所有权或其他足以阻止物之交付或让与之权利，提起执行异议之诉或另件诉讼者，除受诉审判衙门认其主张之事实有法律上正当理由、命其停止执行外，执行衙门原毋庸停止执行。（八年抗字第183号）

依执行名义执行时，纵债务已不存在，亦应提起异议之诉；原则上，不停止执行。

【续】债权人之债权若依确定判决或其他执行名义应清偿者，债权人即得请求执行衙门强制执行；纵令该债权实际上已不存在或已无须清偿，亦应另由债务人提起异议之诉，以求宣告不许执行之判决。而业已开始之执行，原则上仍不为之停止。（九年抗字第27号）

得以停止或终结执行之和解，应在执行衙门或其他该管审判衙门成立。

【续】民事执行案件得由和解停止或终结者，应以该和解系在执行衙门或其他该管审判衙门成立者为限。（九年抗字第200号）

停止执行时，对于业已终了部分，亦得酌量撤销。

【续】停止强制执行时，对未经执行部分固应停止进行，即于业经执行终了部分，亦未始不可斟酌情形予以撤销。（十年抗字第285号）

第六条

执行案件，为相当之职权调查。

【正】《不动产执行规则》第四条第二项载，“声请执行之不动产，审判厅得以职权调查”等语。是经职权调查明确以后，果属不应准许之声请，得予驳斥，固不待言。但既曰“职权调查”，则于调查之事项亦自应尽相当之职责。如已调查明晰而当事人间犹有争执、欲凭诉讼解决者，自可听其决之于另件诉讼；并非其一有争执，即可委诸不问（《原不动产执行规则》第四条）。（七年抗字第105号）

第九条

执行衙门不执行或执行不当者，得向监督长官禀请办理。

【正】执行衙门不照判执行或为原确定判决内容相反之执行，又或延不执行者，当事人可迳向该监督长官（即该管高等审判厅长及司法总长）禀请督饬依法办理（《编制法》第一百五十七条以下）。（四年声字第85号）

关于执行衙门职务上之监督与纠正执行衙门之裁断，乃系两事。

【正】关于执行衙门职务上之监督（如迟延不予执行等）与纠正执行衙门之裁断，本系判然两事。职务上之监督权固应属于上级司法行政长官，而纠正裁判则为上级审判衙门职权范围内之事（《编制法》第一百五十七条以下，原《试办章程》第五十八条，原《县诉章程》第三十六条、第三十七条）。（四年抗字第470号）

因保证金之保存方法不善致有危害，仅得依《执行规则》第九条声明抗议。

【续】当事人提出保证，原为保护胜诉之一造而设。审判衙门对于此项保证金以善良方法妥为保存，为其职务上应尽之义务。如果于保存方法未尽妥善致有危害之处，亦仅得依《民事诉讼执行规则》第九条之规定，向该地方厅厅长及司法行政长官声明抗议。要无遽向上级审判厅声明抗告之余地。（十年抗字第285号）

当事人不得于执行程序中对确定判决声明不服。

【续】判决一经确定，即有强制执行之效力。无论该判决正当与否，均不许当事人于执行程序中声明不服。（十一年抗字第214号）

债务人声请拍卖抵债，经执行衙门驳斥，不许其提起抗告。

【续】执行程序虽得依当事人之声请而开始，惟声请执行应由债权人为之，债务人示无所谓声请执行之权利。故债务人若不任意履行而就自己财产向执行衙门声请拍卖抵债，虽经执行衙门驳斥，而在债务人并无不利益之可言。凡提起抗告应以受有不利益之裁决者为限，驳斥此项声请之裁决，自无债务人提起抗告之余地。（十二年抗字第338号）

第十条

不服执行命令，应向直接上级审判衙门控告。

【正】对于执行命令有不服者，应以抗告直接上级审判衙门声明（原《执行处规则》第二条）。（三年声字第26号）

关于执行方法等之声请及异议，应由该执行衙门长官裁断；不服其裁断者，得向上级审判衙门抗告。

【正】债务人关于强制执行之方法及执行官吏于执行时应遵守之程序有所不服者，得向该执行衙门长官依法声请异议，以待裁断。如债务人对于此项裁断仍有不服，得依级递向上诉审判衙门抗告。若债务人不依上开程序办理，遽行越级向上级审判衙门声明不服者，即应予以驳回（原《执行处规则》第六条）。（四年声字第150号）

执行方法之解释。

【正】执行方法，系指查封不动产或动产时之追缴、契据揭示封闭启视及拍卖时之许价公告等项而言。若债权人与他债权人或债务人因关于执行物有无优先受偿之权而生争执者，则属私法上权利关系之讼争，而非关于执行方法之异议，应由该管审判衙门查明。如果可认为合法之起诉，即应依法传集当事人为言词辩论，以判决之形式裁判，而不得由执行衙门长官为之裁断（原《执行处规则》第六条）。（七年抗字第200号）

第十一条

债务人所为异议诉讼之程序，一依普通诉讼程序为准。

【正】债权人得本于正当、确定之债务名义声请强制执行，而债务人因有债务名义成立以后之原因以致其债务名义不适于执行者，得对于债权人提起异议之诉，请求更为该债务名义不适于执行之判决。至此项异议之程序，一依普通诉讼程序为准；有无理由，应由两造为言词辩论后，以判决裁判之。（四年抗字第51号）

债务人提起异议之诉，必须有一定之原因。

【正】债务人就因判决而确定之请求权提起异议之诉请求免除其执行者，必须判决后

新发生有足以使该请求权消灭或延缓使之原因（如清偿免除或延期之承诺等是），始得为之。（四年上字第154号）

债务人不得借口第三人对于假扣押之标的物有权利，抗拒假扣押。

【续】第三人对于假扣押之标的物如有所有权或其他足以阻止物之交付或让与之权利，仅可由该第三人提起执行异议之诉或另件诉讼，要非债务人所得借口抗拒。（八年抗字第355号）

对于财产之执行，得变卖之或以抵与债权人。

【正】债务因人不清偿债务而就其所有财产实施强制执行者，应按照时价将其财产变卖或抵与债权人以供清偿。如有余额，则应以返还于债务人；其不足之数，亦应由债务人更为清偿（原《试办章程》第四十一条，原《县诉章程》第四十五条）。（三年上字第475号）

以债务人财产抵与债权人时之确定价值。

【正】执行衙门依债权人声请就债务人所有财产实施强制执行时，按照时价折算，将其所有权移转于债权人以代清偿（强制买卖之一种），实为向来惯例所认许。即按诸《各级审判厅试办章程》第四十一条第一款“查封欠债人物产，勒限完案”之规定，亦应解为在准许之列。至为此种执行时，关于价值之鉴定，现行律既别无明文，自应准用该章程第七十五条至第七十七条关于通常诉讼之鉴定程序行之（原《试办章程》第四十一条，原《县诉章程》第四十五条）。（四年抗字第5号）

第四十二条

拍卖程序或有欠缺，利害关系人仅得声明异议或提起抗告，不得主张拍定无效。

【补】拍定，除有实体法上无效之原因外，虽拍卖程序或有欠缺，利害关系人亦仅得声明异议或提起抗告，不得于执行终结后，更以程序法上之欠缺为理由以诉主张拍定之无效。（十四年上字第634号）

第四十八条

执行衙门对债权人之就分配表声明异议，如认为不当，应另案判决。

【续】债权人对于分配表声明异议，如执行衙门不认其异议为正当予以更正，即应另案以判决裁判。（十一年抗字第252号）

第五十条

执行衙门认债务人全财产不足偿总价额者，得为公平之处置。

【正】执行衙门于执行时，认债务人之全财产不足清偿总债权人之总债额者，自可依据法令为公平之处置。（三年声字第48号）

债权人于债务人财产不敷清偿时，虽未得有执行之判决正本，而亦得于执行时请求分配。

【正】债务人所有财产为总债权人之共同担保。故虽未得有执行力之判决正本，而在民法上得要求分配之债权人亦得于执行时要求卖得金之分配，惟应以债务人之财产于得有确定判决之债权人请求执行时，确无他项可以扣押或有他财产可以扣押而确不足以清偿其债务为限。否则，该债权人之债权不虑其不能清偿，无庸遽许有要求分配之权。至此时之证明责任，应由要求分配之债权人负担。（四年上字第360号）

第二章　不动产执行

第五十三条

强制执行由第一审衙门管辖。

【正】强制执行为第一审衙门之职责。债权人于债务人不肯自由履行债务时，自得本于确定判决之债务名义向第一审衙门请求执行，而不得迳请本院饬县执行。（五年上字第597号）

第五十四条

执行异议之诉与停止或限制执行之关系。

【正】《不动产执行规则》第六条规定，“第三人对于强制执行之不动产以所有权为限，得向执行审判厅对债权人起诉，主张异议。前项异议之诉审判未确定前，审判厅得酌量情形，停止查封、拍卖、管理或限制之。第三人若败诉，应赔偿债权人因其起诉而生之损害”等语。是第三人在执行不动产上有所有权者，得以诉讼声明异议。至此项异议之诉成词时应否停止执行，自应考察情形，视该诉讼于法律上是否可认有正当理由、声述异议人就其主张之事实是否有相当之疏明及将来因起诉而生之损害赔偿是否应命异议人提出相当之担保（人保、物保），统由该管受诉衙门酌量办理（原《不动产执行规则》第六条）。（四年抗字第7号）

第三人就执行标的物有权利，应以诉向债权人声明异议，有时并应以债务人为共同被告。

【正】第三人就强制执行之标的物主张所有权或其他足以防阻让与及交付之权利者，应以诉讼向债权人声明异议。若债务人亦不以其异议为正当，则应以债权人及债务人为共同被告起诉（原《不动产执行规则》第六条）。（四年上字第1096号）

第三人就执行异议之诉，非对债权人为之，不能收实益。

【正】执行异议之诉，无专以债务人为被告之理。盖欲主张权利、妨止其执行，非对于债权人提起诉讼，不能收其实益故也（原《不动产执行规则》第六条）。（四年上字第831号）

第三人对执行标的物，不得依抗告程序声明不服。

【正】第三人对于强制执行之标的物除因有所有权或其他足以阻止物之交付或让与之权利者依法提起执行异议之诉或另件诉讼外，不得依抗告程序，迳向上级审判衙门声明不服（原《不动产执行规则》第六条）。（六年抗字第121号）

所谓酌量情形之解释。

【正】凡第三人对于强制执行之不动产提起执行异议之诉而审判未确定时，执行衙门得酌量情形停止或限制执行。所谓酌量情形者，系指异议之诉提起后，业经查明其主张于法律上不无理由，其所称事实大概属实并无虚冒或与债务人通同作弊之情形者而言，并非谓强制执行案件一经第三人提起执行异议之诉，执行衙门即可任意停止或限制执行（原《不动产执行规则》第六条）。（六年抗字第 150 号）

异议之诉，仍依通常诉讼程序审判。

【正】异议之诉原属诉之一种，审判衙门应依通常诉讼程序审理判决。（七年抗字第 70 号）

执行时，仍许债务人自觅买主以最高额拍定。

【续】届执行之时，债务人所觅之买主能依法以最高价额拍买，自无不许其拍定之理。（八年抗字第 595 号）

《执行规则》第五十四条所谓第三人之意义。

【续】《民事诉讼执行规则》第五十四条所称“第三人”，乃指对于强制执行之不动产有权利而非原案确定判决之当事人而言，并非谓与该案一造之所有财产有共同权义关系即不得有该条所称第三人之资格。（十一年上字第 1188 号）

执行异议之诉，不得仅以债务人为被告。

【补】执行异议之诉虽亦得以债务人为共同被告，要不得不向执行债权人提起。故仅以债务人为被告就执行标的物主张权利，即不得认为执行异议之诉。此就《民事诉讼执行规则》第五十四条第一项解释，至为明显。（十四年抗字第 145 号）

第六十条

判决确定后，债务人照判清偿者，可免执行财产。

【正】承还债务与债务人不照判履行应如何就产执行，本属两事。通常债务人虽经判令偿债而欲保全铺产或其他产业，尽可另行筹款，按照所判时限如数清偿。至执行衙门就产执行，依照审判厅《试办章程》第四十一条，亦非专以拍卖、查封之物为限，但能照判于限内偿清所欠，亦可依法酌量办理。（六年上字第 197 号）

拍定后，不能主张提款、撤销拍卖。

【续】依《民事诉讼执行规则》第六十条第一项，“债务人得于查封后七日内日向审判厅提出现款，声请撤销”。又第六十一条第一项，“已查封之不动产，债务人未依第六十条声请撤销时，审判厅得据债权人声请或以职权命为拍卖”。是在已经拍定之后，债务人不能更行主张提出现款、撤销拍卖。若有此项主张，除得有拍定人之同意外，于法不应予以许可。（八年抗字第 11 号）

第六十一条

债务人之财产，债权人亦得拍买。

【正】现行《不动产执行规则》对于请求执行之债权人，并无不许其为拍买人之规定。（七年抗字第 155 号）

第七十三条

对于财产之执行，得变卖之或以抵与债权人。

【正】因债务人不清偿债务而就其所有财产实施强制执行者，应按照时价将其财产变卖或抵与债权人以供清偿。如有余额，则应以返还于债务人；其不足之数，亦应由债务人更为清偿（原《试办章程》第四十一条，原《县诉章程》第四十五条）。（三年上字第475号）

以债务人财产抵与债权人时之鉴定价值。

【正】执行衙门依债权人声请就债务人所有财产实施强制执行时，按照时价折算，将其所有权转于债权人以代清偿（强制买卖之一种），实为向来惯例所认许。即按诸《各级审判厅试办章程》第四十一条第一款“查封欠债人物产，勒限完案”之规定，亦应解为在准许之列。至为此种执行时，关于价值之鉴定，现行律既别无明文，自应准用该章程第七十五条至第七十七条关于通常诉讼之鉴定程序行之（原《试办章程》第四十一条，原《县诉章程》第四十五条）。（四年抗字第5号）

第七十八条

就共有物为执行，以债务人之原有部分为限。

【续】就债务人与第三人之共有物为强制执行时，仅能以债务人之应有部分为限。至不动产应有部分之拍卖，依现行法则，应通知他共有人。其最低价额，即据共有物全部之估价，比例债务人之应有部分而定。（九年抗字第227号）

第七十九条

执行衙门认债务人全财产不足偿总价额者，得为公平之处置。

【正】执行衙门于执行时，认债务人之全财产不足清偿总债权人之总债额者，自可依据法令为公平之处置。（三年声字第48号）

债权人于债务人财产不敷清偿时，虽未得有执行力之判决正本，而亦得于执行时请求分配。

【正】债务人所有财产为总债权人之共同担保。故虽未得有执行力之判决正本而在民法上得要求分配之债权人，亦得于执行时要求卖得金之分配，惟应以债务人之财产于得有确定判决之债权人请求执行时，确无他项可以扣押或有他财产可以扣押而确不足以清偿其债务为限。否则，该债权人之债权不虑其不能清偿，无庸遽许有要求分配之权。至此时之证明责任，应由要求分配之债权人负担。（四年上字第306号）

第三章　其他之执行

第四章　假扣押处分及假执行

刑事诉讼条例[1]

第一编　总则

第一章　法例

第三条

误认独立民事诉讼为附带私诉之判决，应纠正其违法，毋庸认为无效。

【正】为当事人便利起见，凡独立之民事诉讼，受诉审判衙门误认为附带私诉予以判决者，虽属违式，但其判决内关于民事部分，在实质上仍与独立民事判决无异。是故，此项违式之判决，上诉审衙门仅可纠正其违法之点，毋庸根本认为无效（原《私诉规则》第一条）。（三年上字第411号）

得为附带私诉之请求，亦得不提起私诉，而提起民事诉讼。

【正】附带私诉，其性质原系民事诉讼，现行法例不过为便利起见，特许被害人附带于公诉提起私诉，并许其于公诉第二审判决前，得随时附带提起。故刑事被害人于告诉后，不问刑事原案系属于何级审判衙门，即以发生罪刑之诉讼原因，对于刑事被告人中之一人或数人或其承继人迳向第一审民事审判衙门另案提出民事上之请求者，即系当事人自舍弃其便利，要非为现行法例所不许（原《私诉规则》第二条、第二十八条）。（四年抗字第98号）

关于所谓回复损害之请求，适用普通损害赔偿之法则。

【正】《私诉暂行规则》第一条载："刑事被害人因回复损害，得对于公诉被告人及其他关系人提起附带公诉之私诉"等语。所称回复损害，如并非返还原物等之请求，当然适用普通民事关于损害赔偿之法则（原《私诉规则》第一条）。（五年私诉上字第35号）

附带私诉得行请求之范围，以公诉事实所生损害为限。

【正】刑事被害人虽得以私诉原告人资格对于公诉被告人请求回复损害，但其得行请求之范围，应以公诉事实所生之损害为限（原《私诉规则》第一条）。（六年私字第1号）

---

〔1〕《刑事诉讼条例》于1921年11月14日公布，1922年7月1日起在全国施行。"因未及交付议会，急于援用，故以'条例'名之。"（董康语）——点校者注。

身体、自由、名誉受损害者，得提起附带私诉。

【正】刑事被害人因回复其所受身体、自由或名誉之损害，亦得请求相当之赔偿（原《试办章程》第四十七条）。（七年私诉上字第1号）

损害不专限于财产上之损害。

【续】《私诉暂行规则》第一条所称“回复损害”，不专指财产上之损害而言（原《私诉规则》第一条）。（八年私诉上字第6号）

附带民事诉讼成立，以损害与犯罪同一原因所生结果为断。

【续】《私诉暂行规则》第一条规定：“刑事被损害人因回复损害，得对于公诉被告人及其他关系人提起附带公诉之私诉”云云。是在因刑事被告人之犯罪行为而受有损害者，为回复损害起见，于法自可提起附带私诉。故私诉之是否成立，要以其所受损害是否与公诉犯罪为同一原因所生之结果为断，其损害之为直接间接在所不问。审判衙门不能因其并非公诉直接被害之人，即认其私诉为不合法而不予受理（原《私诉规则》第一条）。（十一年上字第5号）

第四条

在提起公诉以前，无附带私诉可言。

【正】凡因犯罪受害之人，固得附带于公诉而提起私诉，若仅仅发见犯罪嫌疑，并未经检察官提起公诉，即无附带私诉之可言。（原《试办章程》第四十七条）（七年私诉上字第38号）

第五条

附带民事诉讼移付民庭，系指同一审判衙门而言。

【续】按《私诉暂行规则》规定，刑事被害人赴受理公诉之刑事庭提起附带私诉后，该刑事庭虽得于必要时以决定移付于该管之民事庭，而其所谓“该管”者，自系指管辖该公诉之同一审判衙门而言（原《私诉规则》第十八条）。（九年抗字第125号）

驳斥上诉之判决，如原法院为高等审判厅处，系以无管辖权为理由，则应许原被上诉人更为上诉。

【续】驳斥上诉之判决，通常对于被上诉人固无不利，不许该被上诉人更为上诉，唯原法院如为高等审判厅处，其驳斥上诉乃以无管辖权为理由，则系剥夺两造受该厅处审理之利益。即令原上诉人未为上诉，而原被上诉人亦应许其上诉。（十四年上字第2032号）

第六条

私诉当事人得用代理人。

【正】附带私诉之原告人，无妨委任代理人出庭（原《私诉规则》第八条）。（三年上字第297号）

私诉程序中提出抵销抗辩者，苟合条件而无碍于公判之进行，亦得准许。

【正】抵销抗辩于私诉程序，若无碍于公判之进行者，当然得以提出。苟具备法定条件，自应准其抵消，以期便捷而示公平。此虽为现行诉讼规则所未明定，要于解释上应为正当（原《私诉规则》第十五条）。（五年私诉上字第 31 号）

《私诉规则》第二十条但书所谓相当判决之解释。

【正】查《私诉暂行规则》第二十条第一项但书规定，乃指私诉原告已受合法传唤，不于日期到场而讼争实体上已有裁判资料时之情形而言。所谓"相当之判决"者，即系就讼争实体上所为之一种通常判决，与缺席判决性质截然不同（原《私诉规则》第二十条）。（七年私诉上字第 14 号）

第七条

私诉判决不得与公诉确定判决之事实抵触。

【正】私诉判决之基础事实，不能与公诉判决认定之事实显相抵触。故如因窃盗罪请求返还赃物者，自以刑事被告人之窃盗事实能否证明为先决问题（原《私诉规则》第十六条）。（七年私诉上字第 34 号）

犯罪未明，其损害之赔偿难定。

【补】关于犯罪证明及犯罪责任之事实，又经本院于公诉部分认为尚未查明，则上诉人等究竟应否负赔偿责任与其责任之限度如何，即属难定。（十三年上字第 19 号）

被害人与加害人之过失，均应斟酌。

【补】按损害之发生，若因被害人于责任原因事实之构成亦有过失者，应将其过失与加害人之过失加以斟酌，以决定相对人之赔偿责任。（十四年上字第 832 号）

犯罪损害由他事发生，无赔偿责任。

【补】依《刑事诉讼条例》第七条规定，刑事判决所认定之事实，关于犯罪之证明及责任虽有拘束民事诉讼之效力，但在民事诉讼，如原告所主张之损害实因于他项事实，无论有无犯罪行为仍须发生者，则被告即令在刑事诉讼成立犯罪，而在民事诉讼究难谓其即应负赔偿之责任。（十四年上字第 847 号）

第十条

刑事被告虽受无罪或免诉之宣告，于私诉之进行无碍。

【正】附带私诉之进行程序及上诉权之存在与否，不受公诉结果之拘束。故有刑事被告人受无罪之宣告而私诉仍得继续进行者，此所谓独立私诉是也（原《私诉规则》第二十二条）。（二年私诉上字第 1 号）

不服私诉之判决者，得独立上诉。

【正】附带私诉，当然向刑事案件系属之审判衙门为之。至刑事如经宣告免诉或无罪者，对于私诉部分之判决，仍得为独立上诉，而由上级审衙门受理之（原《私诉规则》第二十三条、第二十五条、第三十一条、第三十二条）。（二年上字第 208 号）

私诉之独立上诉期间。

【正】关于刑事之公诉既经原审判决免诉早经确定，而当事人仅就私诉判决声明上告者，其期间应依民事上诉之规定（原《私诉规则》第三十六条）。（四年私诉上字第30号）

《私诉规则》第二十二条所谓予以裁判意义。

【正】《私诉暂行规则》第二十二条载“公诉虽宣告无罪或免诉，除第十八条规定外，得依民事法例，仍就私诉予以裁判”等语。所谓“予以裁判”者，即仍审查其请求有无理由，予以裁断之意（原《私诉规则》第二十二条）。（六年私诉上字第31号）

附带民事诉讼，无论其诉讼标的之金额或价额如何，其事物管辖应与刑事诉讼同。

【补】附带民事诉讼，无论其诉讼标的之金额或价额如何，其事物管辖应与刑事诉讼相同。即移送民事庭审理后，亦不因之变更。（十四年上字第2032号）

第二章　法院之管辖

第二十一条

犯人所在地，凡现时身体所在之地皆是，并不以逮捕地为限。

【正】犯人所在地之规定，非仅指住居其地而言；凡犯人现时身体所在之地皆是，并不以逮捕地为限（原《刑诉草案》“管辖”各节第二十一条）。（五年抗字第1号）

第二十八条

应归通常第一审管辖之件，而第一审管辖审判衙门又经裁判确定为无管辖权，自应指定管辖。

【正】应归通常第一审管辖之件，而第一审管辖审判衙门又经裁判确定为无管辖权，自应指定管辖（原《刑诉（草案）》“管辖”各节第十八条）。（五年声字第1号）

第二十九条

被告人党羽极多，审判时恐妨公安，应移转管辖。

【正】被告人党羽极多，若在犯罪地审判，恐生他变，自可为维持公安起见，依《刑事诉讼律》第二十条规定移转管辖（原《刑诉（草案）》“管辖”各节第二十条）。（二年声字第4号）

管辖审判衙门于人证已解他处之案，得认为事实上不能行使审判权。

【正】管辖审判衙门因人证解往他处，事实上不能行使审判权，实有移转管辖之必要（原《刑诉（草案）》“管辖”各节第十九条）。（三年声字第7号）

厅长告发之案，不能谓审判有不公平之虞。

【正】查法院审判案件，依法律规定，应完全独立行使，其职权不受长官之干涉。厅长对于所属职员，虽有监督之责而无干涉之权，不能以案系厅长告发，即谓该厅审判有不公平之虞（原《刑诉草案》“管辖”各节第十九条）。（五年声字第5号）

第三章　法院及检察厅职员之回避

第三十一条

《刑律》第一百五十三条第一项之犯罪，国家为被害人，故执行职务之官员于该案不回避。

【正】《刑律》第一百五十三条第一项所称“于官员执行职务时”云云。既以执行职务为前提，则妨害职务显系妨害国权之作用，并非官员个人之权利，自应认国家为被害者。故承审该案之审判官，即当日执行职务之官员，亦无回避问题。（六年上字第801号）

县知事自为被害人之案件，不得以案由承审员审判，即认为回避原因消灭。

【正】县知事既为本案之被害人，依《县知事审理诉讼章程》第五条，准用《各级审判厅试办章程》第十条第一款，自有应行回避之原因。虽此案系因承审员审判，然查《县知事兼理司法事务条例》第二条，承审员仅处于助理地位；其所审判之案件，县知事仍应同负责任，未便以案由承审员审判，即认为该县知事回避原因业已消灭（原《县诉章程》第五条）。（七年上字第846号）

第三十二条

发回更审之案，其上届之审理并非前审。

【正】本案前经本院发还原审判衙门更为审判，其参加前次审判之推事，当然不能谓为前审官。既非前审官，即无回避之必要，自不得以某某两推事重列审席为不服之理由。（四年上字第188号）

第三十三条

告诉人无声请拒却之权。

【正】当事人恐审判官之审判有所偏颇，固得声请拒却，但刑事诉讼之当事人为检察官（今条例更有私诉人）与被告人，故亦惟检察官与被告人有声请拒却之权。至告诉人，则无权声请，实不容疑。（七年抗字第76号）

告诉人无权声请推事回避。

【续】《刑事诉讼条例》第三十三条惟当事人得声请推事回避，而依同条例第十一条所称当事人者，以检察官、私诉人及被告为限。由此可知，告诉人不包括当事人范围之内，自无声请回避之权（原《县诉章程》第六条）。（十二年抗字第30号）

第四章　被告之传唤及拘提

第五章　被告之讯问

第六章　被告之羁押

第七章　证人

第一百十条

认证方法，不以对质为必要。

【正】审判衙门认证之方法，并不以对质为必要。若各项证据已足证明，即不能谓其未提对质为违法。（二年上字第49号）

证人应予传讯，仅呈函件，不能为合法证言。

【正】本案重要证人自应到庭质讯，始能发见真实。乃原判对于此项证人，始终并未直接审讯，仅据呈缴之函以为判决之基础，自难认为合法之证言。（四年上字第5号）

第一百十四条

哑子亦得为证人。

【正】哑子身体上之机能缺乏，不过不能言、不能听而已，苟精神上未有其他障碍以乱其利害是非之辨别，则无不可以作证人者。（三年上字第7号）

目瞎耳聋亦得为证人。

【正】乡长甲系该被告人所举之证人，虽目瞎耳聋，亦可为本案之参证。况据该上告人供称，如果甲谓"民系窃，愿甘办罪"等语，是甲之不为伪证，该被告人固已深信而不疑，何得更以诳证之词藉图翻异？（四年上字第33号）

第八章　鉴定人

第一百二十五条

据笔迹定案须加鉴定。

【正】查笔迹虽各不同，类似者亦复不少，本难作为裁判上唯一之根据。若舍此之外无佐证，则笔迹亦未始不可据以定案，然应精密鉴定方足以成信谳。乃两审既未查有他项确证，而笔迹又仅由审判官核对，并未依法鉴定，自难昭折服。（四年上字第538号）

外国人得为鉴定人。

【正】现行法例既无外国人不得为鉴定人明文，北洋医院外国医生之鉴定书自可采用。（七年上字第104号）

鉴定应命自然人为之。

【补】鉴定应命自然人为之。若医院，则无论其性质为机关为法人，既均不能直负刑事法之责任，自不足以充作法律上所要求实施鉴定并于鉴定前具结之人。（十五年上字第716号）

第一百三十条

鉴定不得以医院名义行之。

【续】原审于鉴定结果之报告，更听吉林官医院以院之名义为之，于程序亦有未合。（十二年上字第 761 号）

第一百三十三条

被告人不通审判官语言时，须用通译。

【正】被告人不通审判官语言时，如该审判衙门依《法院编制法》第七十条置有翻译吏员者，应令该吏员通译；倘无适当翻译吏员时，则应由审判衙门选定能胜任者，令其通译本案。上告人籍隶蒙旗，既称不通审判官所用语言，则为便利实施讯问起见，自应依法设置通译，以免隔阂。原审并未设有通译，则其审理结果所认定之事实是否可信，尚难悬断。（七年上字第 529 号）

第九章　扣押及搜索

第十章　勘验

第一百六十三条

承发吏勘验之案，审判官仍须亲自调查。

【正】现行法例系采用直接审理主义，审判官审理案件，固应直接调查证据。无论当日承发吏曾否亲往勘验，审判官不自调查罪证，已与直接审理主义不合。（三年上字第 441 号）

派书记官偕巡长验尸为违法。

【正】地方检察厅对于人命案件，竟派书记官偕巡长前往验尸，殊属违法。（七年上字第 101 号）

第十一章　辩护

第一百七十二条

委任律师在辩论终结后，可不再传。

【正】控告审因委任律师系在辩论终结之后，不再传律师出庭讯问即行判决，不得谓之违法（本号判例与本条例第四百零七条互见）。（三年上字第 74 号）

第一百七十三条

律师公会未成立，律师无出庭辩护之权。

【正】该省律师公会尚未成立，律师无出庭辩护之权。乃声请延期添附辩护人，是为无期限之申请，自不能容许。因以延搁诉讼为理由径行驳斥，并无不合。（二年上字第 13 号）

第一百七十五条

实际上确有委任行为，仅未提出委任状，得谕令补充。

【续】委任关系，因双方合意而生，加具委任状，不过为证明委任之用。如或实际上确有委任行为，仅未提出委任状，要无妨许其补充（原《试办章程》第五十六条）。（九年抗字第83号）

第一百七十八条

强制辩护之案，被告委任律师未出庭，仍得指定辩护人。

【续】被告人中有合于应设强制辩护之条件者，如其未经委任辩护人，或虽经委任，被委任者未曾出庭，自应选定辩护人为之辩护。（十年上字第418号）

第十二章　裁判

第一百九十二条

监禁处分得与无罪判决同时宣告。

【正】《刑律》第十二条之监禁处分，得与无罪之判决同时宣告之。（六年非字第3号）

县知事判决仅宣示违法，上级审应予受理纠正。

【续】查县知事所为刑事判决，除未发表于外当然不生效力外，若已发表于外，即使宣示牌示未悉依法办理，要亦不过于相当部分内不生确定之效力，而未可视同未经判决（原《县诉章程》第三十一条）。（九年抗字第14号）

第一百九十四条

送达于在看守所人之判决正本，应嘱托看守所送达本人。

【补】应送达于在看守所人之判决正本而仅送达于看守所，并未嘱托送达于在看守所之人者，显非合法。（十五年上字第560号）

法院送达文件，应由法院书记官依职权为之，不容法院外他之权限者于中越俎。

【补】法院文件应送达者，应由法院书记官依职权为之。嘱托他之司法机关送达者，亦应由法院书记官嘱托他法院之书记官为之。嘱托者与受托者均系法院之书记官，不容法院外他之权限者于中越俎。即在受托者系属县知事公署之情形，而署内书记官分任审判部类及检察部类之事务，其统系亦极分明，不容互有紊乱。若检察厅将判决本令由县署送交当事人收受，是以检察厅而代法院书记官司嘱托送达之事，殊属无权。（十五年上字第668号）

第十三章　送达

第二百零一条

送达不如法者，一切期间不进行。

【续】查呈准援用《刑事诉讼律（草案）》执行编第四百五十二条，不服驳回请求再审之决定声明抗告者，因准用同草案第四百四十一条第一项、第三项之结果，其期间为三日。而其期间，按照现行刑事诉讼规例，应自送达之翌日起算。至送达方法，通常须送交于受决定之当事人或其代受送达人，始生送达之效力。惟限于当事人住址或代受送达人之姓名、住址未向审判衙门呈明，以致无从送达者，始得公示送达。本案请求再审状内，已注明代诉人住址，原审乃不按照送达，遽以牌示行之，是送达不如法，抗告期间即无从进行。（十年抗字第28号）

第二百零五条

被羁押人之受送达文件日期，不能仅执看守所号房受送达之送达证书为断。

【补】应行送达被羁押人之文件，仅送达于看守所之号房，显于《刑事诉讼条例》第二百零五条之规定有所误解，不能执号房受送达之送达证书断定被押人之受送达即为号房受送达之日。（十四年抗字第186号）

第二百零八条

对于检察官之送达，不得代以所属之检察厅。

【补】对于检察官之送达，《刑事诉讼条例》第二百零八条仅系就送达时为关于处所之规定，而受送达者仍系检察官；法院所应向送达者，亦即检察官，不得代以所属之检察厅，更不得以所属之检察厅视同检察官。若仅送交检察厅，尚难遽以已经送达于检察官论。（十五年抗字第132号）

第十四章　期限

第二百十四条

声请回复上诉权。

【正】诉讼当事人因天灾或意外事变之障碍，于期间内部能上诉者，得声请回复原状。（三年抗字第5号）

合法上告状漏未申送，致上告审驳斥上诉，应准回复原状。

【正】检察厅将上告人合法上告状漏未申送，致上告审以上告逾期决定驳回，自应准其回复原状，予以受理。（六年声字第1号）

声明上诉，经以逾期驳斥，如能提出并未逾期或虽逾期而无过失之确证，均得声请回复原状。

【续】当事人声明上诉，经以逾期为理由决定驳回之案，如能提出并未逾期或虽逾期而逾期之缘由非可归责于己之确证，固得声请回复上诉权。但既曰回复上诉权，则必本有上诉权，而后有回复之可言。若抗告人依《覆判章程》第七条之规定，处刑并未重于初判，本不得声明上诉。先既无权，何从回复（原《试办章程》第六十五条）？（九年抗字第81号）

上诉期限因法院之指导未明致陷于错误时，不负过失之责。

【补】提起上诉未叙述不服原判决之理由，关于补具理由书，如法院加以指导而仅批示以限十日内提出理由书，于所称之十日究自何时起算并未示明，致上诉人误以为十日期限应自受批示送达之日起算，因而补具理由书未遵守自提起上诉后起算之十日期限，则因法院之指导未明致陷于错误，过失之责自不负之。（十四年抗字第186号）

第二百十五条

被告人之尊亲属无权提起上诉。被告本有所不服而误以尊亲属之上诉为即其上诉，以致未能遵期上诉者，仍得声请回复原状。

【续】《刑事诉讼条例》第三百七十三条至第三百七十五条于得为上诉或代为上诉之人有列举规定，而被告之尊亲属不与焉，自不得声明不服。但如被告本人对于原审判决本亦有所不服，误以尊亲属之上诉为即其上诉，以致未能如期上诉，仍得于受驳斥判决送达后五日内释明前项原因，声请回复原状。（十二年上字第463号）

第二编　第一审

第一章　公诉

第一节　侦查

第二百十九条

被拐人于侦查中仍得告诉。

【正】妇人被人拐逃，中途经警查获，解送检察厅侦查后，该妇人仍得告诉。（六年上字第100号）

本夫对于和奸、和诱之案，得专告和诱。

【正】因他人和奸其妻后，恋奸情热，相约同逃者，得舍弃关于奸罪之亲告权，而专对于和诱部分告诉。（六年上字第522号）

未经出嫁之女被诱，尊亲属得告诉。

【正】未经出嫁之女如有被诱情事，其尊亲属均有独立告诉之权。（六年上字第527号）

童养媳被人和诱，童养翁及生父均有告诉权。

【正】某女为他人童养媳，被人和奸、和诱，如其童养翁及生父均未明白表示告诉之旨者，则诉追条件即属欠缺。（六年上字第827号）

《县诉章程》第三十八条第二项所谓告诉人，不包告发人在内。

【正】查告诉、告发性质不同，二者决不能混而为一。《县知事审理诉讼章程》第三十八条第二项原告诉人之规定，自系专指告诉人而言，不能谓告发人亦包含在内（原《县诉章程》第三十八条）。（七年抗字第5号）

地方保卫团为刑事被害者时，团总以代表资格得行告诉。

【正】查《地方保卫团条例》，各地方保卫事宜虽以县知事为总监督，然办理此项事宜，既得参照地方习惯划分区团，每团又各置团总一人，以专其责。如其团为刑事被害者时，团总以代表资格当然得行告诉。（七年抗字第73号）

第二百二十一条

父母虽均有亲告权，但父应先于母行使。

【续】告诉权专属于妇女尊亲属之亲告罪，如行亲权之父在，除有不能告诉之情形外，应由其父行使告诉权。若行亲权之父不为告诉，而其母违反其意思所为之告诉，即不能认为适法。（十年上字第139号）

第二百二十三条

不得为告诉无效人指定代行告诉人。

【正】与被诱人成婚，如已举行相当礼式，即形式上之要件业经具备（参照本院统字第15号解释），纵主婚者为其未婚夫之父，并无主婚之权，订婚手续不无错误，亦仅得据为撤销婚姻之原因，不得谓其婚姻关系根本无效。则按照《刑律》第三百五十五条第二项之规定，除另有独立告诉权者之告诉外（参照本院统字第1054号解释），即本人自愿告诉且属无效，更何得为之指代定行告诉人？（九年上字第61号）

第二百三十六条

刑事诉讼不得和解。

【正】刑事诉讼，除亲告罪以外，虽无人告诉、告发，检察官亦可起诉，自不许被害人和解。（三年上字第134号）

第二百四十八条

损害赔偿不能为消灭公诉权之原因。

【正】查因公诉而生之责任，为刑事上责任；因私诉（今条例称民诉）而生之责任，为民事上责任；二者性质本自迥然不同。强取谷物，有害国家公益，应受刑事上之制裁。虽经赔偿被害者所受之损害，不得即谓公诉权为消灭。（二年上字第4号）

第二百五十二条

县知事兼有审检职权，对于其以检察职权所为之不起诉处分，得经由原县知事声明再议。

【正】县知事审理诉讼，照现行规例，本兼有审判、检察两种职权。如对于其以检察职权所为之不起诉处分，除得经由原县知事声明再议外，不得向上级审判衙门请求救济（本号判例与本条例第三百八十八条互见，原《县诉章程》第六条）。（五年抗字第49号）

第二百五十七条

有检察职权之县知事提起公诉，不以曾否有注销之批示而受限制。

【正】有检察职权之县知事，于公诉时效期间内随时皆得提起公诉，并不以曾否有注销之批示而受限制（原《县诉章程》第六条）。（四年抗字第14号）

县知事对于诉讼案件，兼有检察官之职权。

【正】查《县知事审理诉讼暂行章程》第四十六条县知事对于诉讼案件，不仅有审判之职权，且兼有检察官之职权（原《县诉章程》第四十六条）。（四年抗字第51号）

第二节　预审

第三节　起诉

第二百八十二条

包含于一公诉事实内之行为，为已起诉。

【正】本案被告人纠众拘捕被害人至某号门口，即有数人出来开枪。核其逮捕行为，实为本案发生之端倪。本案公诉事实自以私擅逮捕为始，以枪毙为终，均经第一审审讯，当然包括于地方检察厅提起公诉之事实以内。（四年上字第135号）

第四节　审判

第二百九十二条

传证与否，系法院职权。

【正】传讯证人与否，法院自有权衡。非被告人所请求者，皆须传唤。（二年上字第7号）

第三百零三条

犯人自白，审判官亦有取舍之权。

【正】犯罪人之自白虽作为证据之一种，然众证具确，可不待犯罪人之自白而为判决。即使自白设有他种反证，足以证明其为虚伪时，亦无采用之余地。（三年上字第363号）

被告人不利于己之供述，仍须调查真伪。

【正】刑事诉讼被告人不利于己之供述，原可为有力之证据，然审判衙门并非必须采用；其供如认为有疑义者，仍应以职权调查，以期发见真实。（四年上字第989号）

自白出于刑求，不得采为证据。

【正】审判衙门审判案件，认定事实应依证据。而证据之证明力，由审判官自由心证判断之。被告人之自白，虽可为证据之一种，然原审以该被告在该县初供系出于刑讯，不采为证据，并无违法。（四年上字第1042号）

当事人得请求采证。

【正】采取证据，审判衙门除依职权外，原可因当事人之请求而为之。（三年上字第67号）

犯罪虽经自白，仍应调查必要之证据，以察其是否与事实相符。

【补】刑事诉讼本以发见真实为要义。犯罪虽经自白，而《刑事诉讼条例》规定仍应调查必要之证据，以察其是否与事实相符者，因自白之原因，难于指数；人心之诚伪，又

各不同。故本于第二条所定之精神，规定为仍应查察。（十五年上字第614号）

第三百零四条

已起诉之案件，不得再请侦查。

【正】审判衙门审理案件，本应直接调查证据，不得于业经起诉之案件移由检察厅重行侦查。控告审之控告案件，亦然（本号判例与本条例第三百二十条互见）。（三年上字第524号）

非有不易直接调查情形，不得援起诉前检厅记录定案。

【正】凡为判决资料之证据，固以审判衙门直接查得者为限。虽遇审判衙门不易直接调查之证据，亦得援起诉前检察官厅所作记录定案，然究属例外办法，非确有不易直接调查之情形，不得照此办理（本号判例与本条例第三百一十五条互见）。（五年上字第547号）

第三百零五条

书记之密查报告，均非合法证据。

【正】书记之报告，本不能为证，况系密查，尤不合法。（三年上字第312号）

公差窃听之语，非合法证据。

【正】公差窃听之说，究非正当查得，即难保无误，不能认为合法凭证。（三年上字第312号）

巡警调查报告不得为证据。

【正】巡警调查报告，本非审判衙门直接调查所得，不足为判决资料。（四年上字第28号）

不利已之陈述，得为共同被告人罪证。

【正】被告人不利已之陈述，得采为共同被告人犯罪之证据。（六年上字第783号）

据保卫团局呈文定案，采证系属违法。

【正】现行诉讼法例，以直接审理发见真实为原则。团局呈文对于被告人之抄抢行为，并未能直接证明。两审于证人又未直接传讯，仅据其书面之呈复以为判案根据，采证自难认为合法。（七年上字第112号）

犯罪非经证明，不得定谳。

【正】审判衙门判决有罪之案，于被告人所举反证是否存在，固应解决。但于被告人犯罪行为，仍非查有积极之证明，不能定谳。（七年上字第859号）

认定犯罪事实，应凭证据。

【补】法院认定犯罪事实，应凭证据。关于证据之判断，虽任诸法院之自由而判断之，结果仍须有证据存在，始足以资为犯罪事实之认定，以防专断。（十五年上字第694号）

证据必须适法并可认为真实者，始得引以为认定犯罪事实之基础。

【补】法院认定犯罪事实，应凭证据。关于证据之判断，虽任诸法院之自由，而必该证据适法并可认为真实者，始得引以为认定犯罪事实之基础。（十五年上字第716号）

地方保卫团总违法讯问之所得，不得遽认为确证。

【补】地方保卫团团总，于团内之盗贼及藏留或寄顿其赃物者，仅有查指获送之职务，并无讯问之职权。至于违法私讯，更所禁止。故其违法讯问之所得，有时仅足供审理中之参考，而遽认为确证，殊属于法有违。（十五年上字第716号）

第三百零六条

匿名信不能采为证据。

【正】匿名信虽系告发原因，究不能采为有罪无罪之证据，自无举示被告之必要。（五年声字第5号）

更新审理后，以重讯证人为原则。

【正】查刑事案件，经更新审理后，其采为本案证人者，虽仍应传讯，但在更新审理前业经合法传讯之证人，其所为证言有笔录可据者，审判衙门如认为无重行传讯之必要，仍得采为证据。（七年上字第989号）

第三百零七条

厅长告发之案，不能谓审判有不公平之虞。

【正】查法院审判案件，依法律规定，应完全独立行使，其职权不受长官之干涉。厅长对于所属职员，虽有监督之责而无干涉之权，不能以案系厅长告发，即谓该厅审判有不公平之虞。（五年声字第5号）

第三百零八条

检验存留手印［之］笔录，得为证据。

【正】票柜上所留手印，既经检察官复验，与被告人手模相符，有履勘笔录附卷，自可为上告人行窃罪证。（四年上字第90号）

卷内文件必须内容无疵，方可采为证据。

【补】卷内文件，孰可采为证据，条例内虽未加以何种制限，然必来源明白、内容无疵，而后合乎其所谓可为证据者。（十五年上字第716号）

第三百十五条

援用侦查笔录之限制。

【正】证物如已消灭，证人如已死亡，或已离国，或经拒绝证言，自不能直接审理，亦可引用侦查笔录。（三年上字第356号）

非有不易直接调查情形，不得援起诉前检厅记录定案。

【正】凡为判决资料之证据，固以审判衙门直接查得者为限。虽遇审判衙门不易直接调查之证据，亦得援起诉前检察官厅所作记录定案，然究属例外办法，非确有不易直接调

查之情形，不得照此办理（本号判例与本条例第三百零四条互见）。（五年上字第 547 号）

第三百十八条

传证及对质，审判官有裁酌之自由。

【正】法庭审理案件，其搜集证据如已认为有充分之证明者，则其他证人之应传唤与否或是否尚须对质，审判官原有自由裁酌之职权。（三年上字第 100 号）

讯问证人之嘱托。

【正】查原审办理此案，因案内人证或因农忙，或因道远资乏，不能传集赴省，遂决定委托沙市地方厅一面派员调查，一面就近提讯，旋据某地方厅将调查属实情形及抄录供词具报在案。是本案真相，既经某地方厅调查明晰，又经该被告人当庭自白，案情明了，第二审自无再行提传证人到案质讯之必要。（四年上字第 180 号）

第三百二十条

受命推事之调查，系根据于直接审理主义。

【正】调查证据，法院原可委任受命推事前往调查。是受命推事之调查，根据直接审理主义而发生，故经法院认定后，自可一律采用。（三年上字第 391 号）

已起诉之案件，不得再请侦查。

【正】审判衙门审理案件，本应直接调查证据，不得于业经起诉之案件移由检察厅重行侦查。控告审之控告案件，亦然（本号判例与本条例第三百零四条互见）。（三年上字第 524 号）

第三百二十一条

审判长每一调查证据毕，应询问被告之意见。

【补】审判长每一调查证据，即应询问被告有无意见，并应告以得提出有利之证据。不仅用以昭示公平，藉资折服，实非此无以防偏断之渐而发见事实之真。（十五年上字第 694 号）

第三百二十四条

终结辩论，应令被告人为最后之陈述。宣告终结前，被告之请求不得拒绝。

【正】审判衙门于业经辩论终结案件，固得拒绝被告人之请求，但终结辩论，实应令被告人为最后之陈述，俾尽其答辩、核阅原审诉讼记录。本案并未经被告人最后陈述，宣告终结已属不合；其宣告终结之日，被告人又确递有委任律师状，原审不准所请，更为违法。（五年上字第 408 号）

第三百二十五条

笔录记明谕知静候宣判，虽不宣告辩论终结，亦不违法。

【正】查第二审诉讼记录，本年五月十九日审理将竟，审判长曾问“你还有甚话否”？该被告人答以“也无他话”云云。审判长于检察官发表意见后，曾宣言“既据被告人无有他项理由陈述，静候一星期内宣示判词”各等语。是当时虽无“辩论终结”四字之宣告，但令其静候判词，则本案辩论自已终结。乃该被告人于审理完结后，忽又提出委任辩护人，求为重开辩论，原审依职权未予照准，并不违法。（四年上字第737号）

第三百二十六条

于辩论终结后始行委任辩护人，审判衙门未予重开辩论，尚非违法。

【续】查被告人于提起公诉后，固得随时委任辩护人，但审判衙门审判案件，苟认为被告事实已有确实之证明，亦可衡情宣告辩论终结。本案未终结以前，上告人既无委任辩护人之表示，则原审因认案已审明，不以被告人后复委任辩护人重开辩论，尚无违法可言。（九年上字第418号）

第三百二十九条

监侯待质之犯，得续行审判。

【正】旧律时代，供证并重，非取有被告人承服供词，难以定谳，故有监禁待质之例。然非既决刑名，与现行诉讼通例之中止诉讼程序而维持被告人之未决羁押者相同。本案上告人等，前在该县因末后翻供不认犯罪行为，故经该县定为监禁待质，自可继续进行第一审。于民国三年续行审判，实非违法。（四年上字第1063号）

第三百三十四条

被告非经依法送达传票，无正当理由而不到庭者，不得迳行判决。

【续】《刑事诉讼条例》第三百九十七条虽设有"被告不出庭者，得不待其陈述迳行判决"之规定，然所谓被告不出庭云者，自指经依法传唤，无正当理由不到庭者而言。准诸同条例第三百三十四条之规定，可以得当然之解释。且传唤被告应用传票，传票又应送达，同条例第四十二条、第四十四条复有明文。本件原审于受理上诉后，仅以第4102号并第862号厅令，训令原县将被告人等押解到厅，并未依例传唤。就令被告等果未到庭，亦因未被传唤而未到，并非经合法传唤无正当理由而不出庭，甚为明了。原审乃径行判决，依同条例第四百零七条第七款，自应以违背法令论。（十二年上字第366号）

第三百四十条

应请预审案件，径行起诉者，其起诉程序为违背规定。

【续】被告经检察官认为犯《刑律》第二百八十五条之未遂罪，该条最轻本刑为二等有期徒刑，依《刑事诉讼条例》第二百六十二条第二项，检察官于侦查完备后，应移送管辖法院声请预审。乃径行起诉，其程序实属违背法令。（十二年上字第341号）

第三百四十二条

牵连犯之一罪既经起诉，其余牵连部分应一并审理。

【正】牵连犯之一罪既经起诉，则其犯罪事实所牵连之罪，亦应予以审理及裁判。（四年上字第602号）

状载事实，系指事实之概略或成分为原状所载而言。

【续】《刑事诉讼条例》第三百四十二条第二款所称"状载事实"，凡事实之概略或成

分为原状所载而加以诉追者皆是。审理结果虽或更为详尽要，不得谓非原状已有所载。（十一年上字第1144号）

第三百四十三条

无罪判决之主文，不必强引起诉所举之罪名。

【正】第一审审理本案对于放火及毁坏名誉二罪之起诉，因不能成立犯罪，故未列入主文，于法定程式尚无违背。（四年上字第746号）

判决有罪，未将犯罪事实详为认定者，为不合法。

【正】审判衙门于事前帮助匪首杀人之案判词内“事实”项下，仅叙述匪首与被害人平日关系及被害人之被杀情形，未经认定有被告人等对于匪首有如何之事前帮助行为者，为不合法。（六年上字第608号）

判决无罪之案，无庸认定事实。

【正】审判衙门对于有罪案件之判决，自应认定犯罪事实。若因犯罪不能证明，宣告无罪案件，则无犯罪事实之可言，自无庸加以认定。（六年上字第841号）

判词内应列之事实，系指审判衙门所认定之犯罪事实。

【续】《各级审判厅试办章程》第三十八条第一项第二款之规定，判词之定式须载明犯罪事实。所谓犯罪事实，即指审判衙门以职权认定之犯罪事实而言。控告审有审理事实之职责，对于被告人之犯罪事实，自应于判词内详细记入，始与该条规定相符。若仅叙述诉讼经过情形及被告人等之供词，是并未认定被告人有何种犯罪事实，自足为有发还更审之原因。（九年上字第1085号）

第三百四十四条

科刑判决记载上诉之法院及其期限，乃用以备稽考，并非命其提起上诉。

【补】科刑判决于得为上诉者，记载上诉之法院及其期限，系恐有上诉权者不知或误解而用以备稽考之意，并非命受判决之送达者即行提起上诉。故不得遽以谓对于舍弃上诉权者复许其上诉，对于已上诉者更重新上诉。（十五年上字第500号）

第三百四十五条

褫夺公权，应于主文内宣告。

【正】褫夺公权，为从刑之一种，应于主文内宣告之。（七年上字第890号）

宣告缓刑与宣告判决，应同时行之。

【正】审判衙门宣告缓刑与宣告判决，应同时行之。检察官对于被告人认为有缓刑之必要时，可适用诉讼通例，向法院请求；非无论何时，皆可请求（原《刑诉草案》“执行编”第五百零一条）。（五年抗字第34号）

执行未了之刑，于因案又判刑罚后，应并执行，但毋庸宣告。

【续】上告人前判之刑尚未执行完毕即行脱逃，其执行未了之刑应与后判之刑并执行

之，固为执行上当然之办法。但《刑律》既无明文规定，自毋庸在主文内宣告。（九年上字第117号）

第三百四十七条

同一审级对于同一案件，如未经一定之程序，不得为两次之判决。

【正】同一审级对于同一案件，如未经一定程序，不能为两次之判决（原《试办章程》第三十七条）。（六年上字第833号）

裁判纵有错误，在未依法撤销以前，仍为确定之裁判。

【正】查甲县署既将被告人依《刑律》第二百八十三条处斩，乙县署所为之第二审审判是否管辖错误及高等审判厅所为驳回上告之决定是否正当，固不能谓毫无问题。然前项裁判既经确定，在未依法撤销以前，亦不能视作无效。乃上告人竟将原告诉人呈诉不服之原状，送请原审再为第二审审判，自无予以受理之理。（七年上字第825号）

《各级审判厅试办章程》第三十六条第一项后半［段］，乃辩论终结后，被告人未到案，亦得宣示判决之规定。

【正】查《各级审判厅试办章程》第三十六条第一项后半［段］“辩论终结后，被告人未到案者，亦得宣示”之规定，乃刑事案件被告人于宣告辩论终结后，始不到案者，方能适用；其未经辩论终结之前，被告人迭次不到案者，自不能谓为辩论终结后未到案而宣示判决（原《试办章程》第三十六条）。（七年非字第32号）

第三百四十九条

舍弃上诉权，必使基于自由之意思明白表示。

【补】舍弃上诉权，乃明知有上诉之权，甘心舍弃。故必基于自由之意思，明白表示或语意极为了然时，始见其甘心舍弃上诉权。《刑事诉讼条例》规定，审判长应以上诉之法院及期限谕知在庭之当事人者，仅系指以行使上诉权之途，而非冀其上诉与否决于立言之倾。故当事人于推事宣告主文毕输服之一言，如系迫于推事当庭之追问，不得遽谓其已以自由之意思明示舍弃上诉权。（十五年上字第500号）

第三百五十条

以撤销押票论之被告，如检察官提起上诉，于必要时，仍得请求命令羁押。

【续】查《刑事诉讼条例》第三百五十一条第一项规定，羁押之被告受罚金、无罪、免诉或不受理之判决者，以撤销押票论。本件抗告人经原厅判决无罪后，检察官提起上诉，虽该判决尚未确定，检察官得于必要时，另向原审法院请求命令羁押。但核阅卷宗，既未据有前项请求，则抗告人本可主张释放。乃原审对于抗告人声请停止羁押竟以裁决驳斥，显属违法。（十一年抗字第127号）

被告受徒刑以上之判决者，得继续羁押。

【续】《刑事诉讼条例》关于羁押被告事项，于被告受徒刑以上之判决者，虽无继续羁押之明文，但就第三百五十条规定反面观察此项事件，既不能视为撤销押票，其得继续

羁押，自可得当然之解释。（十二年抗字第 7 号）

第三百五十五条

审判笔录既经书记官并审判长或推事依法负责签名后，当事人不得以未经签名故为攻击。

【补】审判笔录关于谕知判决之部分，以书记官依法作成签名并由审判长或推事签名为已足。既经书记官并审判长或推事依法负责签名后，当事人不得仅以未经命由签名之故，攻击其记载错误。（十五年上字第 500 号）

第三百五十六条

判决日期，判决正本与笔录两歧者，以笔录为准。

【续】查刑事诉讼成例，公判中诉讼程序之当否，应据公判笔录证明之。此案原审判决正本于判决之日虽载为"本年一月十三日"，然查宣判笔录及点单，此案显于同年同月十七日判决。按之上列成例，自应以该项笔录为据。（十年上字第 779 号）

第二章　私诉

第三编　上诉

第一章　通则

第三百七十三条

高等检官对于下级案件，亦可控告。

【正】各级检察厅检察官，原属一体。高等检察官对于下级案件，亦可提起控告。（三年上字第 268 号）

未科刑之被告人不得上诉。

【正】按诉讼法理，上诉为被告人受科刑之裁判，因求自己利益起见，请求救济之方法。若原审判决并未谕知科刑，即无不利益于被告人之处，自不得再行上诉。（四年上字第 270 号）

县知事判决之刑事案件，上级检察厅检察官亦可以其名义迳自上诉。

【正】凡县知事判决之刑事案件，如于上诉期间以内发见原判错误，应由该知事以其检察官之资格提起上诉，若原审知事未行使前项职权，其错误之判决，于接近期间内，为上级检察厅之检察官所发见，依检察一体之原则，亦可由该检察官以其名义径行上诉。至其上诉期间，自应以接收卷宗之日起十日为限（原《县诉章程》第三十八条）。（四年抗字第 66 号）

原告诉人对于非正式法院所为第二审判决，得呈诉不服。

【正】查现行事例，原告诉人对于非正式法院所为之第二审判决，许其呈诉不服，由检察官声明上诉。本案第二审判决衙门，既非正式法院，纵被告人提出上告状已在上诉期间经过之后，然原告诉人甲对于被告人乙所犯奸罪，既于上诉期间内以误强为和、处刑不平等情呈诉不服，经总检察厅检察官加具意见书，转送到院，则乙之部分，仍应认为业经检察官提起上告，而予以受理。（七年上字第822号）

于上诉期内声请再审者，以合法上诉论。

【续】查呈准暂行援用之《刑事诉讼律（草案）》再理编第四百四十四条规定，请求再审，必以判决确定为前提。本案上告人于原审宣判之翌日即具状请求再审，固于程序不合。但既经表示不服原判之意，自应以有合法上告论，予以受理。（九年上字第86号）

裁判应用判决，而于经过言词辩论后误用决定者，仍应以判决论。

【续】查现行规例，应以判决裁判之事件，不得用决定。故审判衙门于开始言词辩论后，以应用判决案件误用决定者，上告人对之声明不服，本院即应视为上告案件予以受理。（十年上字第680号）

县知事所为之行政处分，不得向司法衙门声明不服。

【续】查《契税条例施行细则》第十五条及第十六条规定，“凡违反细则及契税条例而应行罚金者，得由各征税官署核定”。故县知事依据契税条例所为之罚金处分，无论用何种程式，仍系以征税官署职权所为之处分，不能认为司法裁判，自不得向司法衙门申明不服（原《县诉章程》第三十七条）。（十年抗字第10号）

第三百七十五条

明示意思，须有意思能力人明白表示。

【续】查辅佐控诉，须与被告人明示之意思不相违反。而被告人之明示意思，又以具有意思能力并出于自由表示为前提。（十年抗字第102号）

第三百七十六条

对从刑部分上诉者，主刑为有关系之部分。

【续】查对于判决之一部，亦得声明控诉。又对于判决之一部分声明控诉时，其他有关系之部分，亦以声明控诉论。本案检察官声明控诉时，虽限定从刑部分，然查从刑与主刑，在原则上本有不可分离之关系，原审因既有对于从刑部分控诉，遂将主刑部分亦认为已经控诉并予判决，按照上开成例，自难指为违法。（八年上字第571号）

于俱发罪，专对于执行刑上诉者，其各罪之论罪科刑均为关系部分。

【续】查诉讼通例，对于判决之一部声明控诉，其他有关系之部分，亦以声明控诉论。本案检察官虽仅对于第一审判决合并定刑之部分声明控诉，然其合并所定之刑既以俱发罪各科之刑为基础，则各罪之论罪科刑即属有关系部分，不能不以声明控诉论。（八年上字第695号）

第三百七十七条

上诉期间，非审判官所能任意变更。

【正】上诉期间，系由法定审判衙门及当事人俱应严格遵守，决非审判官所能任意酌量变更。（三年抗字第5号）

检察官对于覆审判决不服之上诉，得于该判决呈送到厅后十日内为之。

【补】检察官对于覆审判决如有不服，当于该判决呈送到厅后十日内提起上诉，并不因他造当事人未受送达妨止检察官之进行。（十四年上字第1571号）

第三百七十八条

向第二审上诉书状内未经叙述不服理由者，不得驳斥。

【补】《刑事诉讼条例》：不服第一审判决向第二审衙门提起上诉者，上诉通则内虽有"提起上诉，应以书状叙述不服之理由"等语，然无"未叙述或不补叙不服之理由者，应予驳斥"之规定。与不服第二审判决向第三审上诉之案，依同条例第四百十条及第四百十四条之规定，上诉书状未经叙述不服原审判决之理由者，应于提起上诉后十日内提出理由书；其不于期限内提出理由书者，应予驳斥之情形不同。（十一年上字第1552号）

向第二审上诉书状内未经叙述不服理由者，不得驳斥。

【补】《县知事审理诉讼暂行章程》第三十四条第三款与《刑事诉讼条例》第三百七十八条同为关于上诉书状之注意条文。除在第三审中有《刑事诉讼条例》第四百十条及第四百十四条情形外，其上诉于第二审法院之书状未叙述不服之理由者，不必责以提出理由书。（ 十五年上字第75号）

言词声明上诉，除于上诉期内或送达判决前自行补正外，为不合法。

【补】刑事上诉，以书状为之为限。若仅以言词声明上诉，除于上诉期限内或送达判决前自行补正外，上诉之程式为违法。（十五年抗字第132号）

第三百八十条

被告人已受执行，虽县判未经宣示或牌示，亦可确定。

【正】查县判未经宣示或牌示，并非根本无效，不过不生确定之效力，以被告人无由得知判决之内容，即上诉期间无从计算。若被告人已受执行，是已知判决之内容而不声明上诉，即可认为舍弃上诉权。该项未宣示或牌示之判决，亦即确定（原《县诉章程》第三十一条）。（七年抗字第80号）

依法许委代理人之案件，于舍弃上诉权仍须本人特别委任。

【续】查《县知事审理诉讼暂行章程》第九条第三项，于应处罚金之被告人，既有"许委代理人到案"之规定，则代理人到案后之陈述，固不能谓对于本人不生效力。但关于上诉权之舍弃，非经本人之特别委任，不得为之。若仅因判令缴纳罚金，遂即代为缴纳，在该代理人是否具有不再上诉之意，且难断定，其不得仅就此种事实推定本人已经舍弃上诉权，更不待言。（八年抗字第47号）

第三百八十一条

上诉经撤回者，毋庸裁判。

【正】上诉撤回后，原裁判即属确定，上诉审判衙门毋庸对于该撤回行为而为裁判。（原《试办章程》第66条）（四年抗字第40号）

撤回上诉，于已裁判后，经第三审发回更审时，不得为之。

【续】查《审判厅试办章程》第六十六条规定，系指上诉人自行呈请注销上诉状者而言，即诉讼通例所谓撤回上诉是也。又同章程第六十七条规定，系指审判衙门以职权撤销上诉人之上诉状者而言，即诉讼通例所谓被告人提起上诉而不出庭，应驳回上诉是也。两者各不相涉，参观自明。统字第868号电文前半段乃对于《审判厅试办章程》第六十六条之解释，与第六十七条无涉。因撤回上诉（即呈请注销上诉状），按照诉讼通例，应在裁判前为之。而发还更审之案，既曾经有第二审之裁判，故不许被告人或其辅佐人（代诉人同）撤回上诉也。若驳回上诉（即以职权撤销上诉状），在诉讼通例上，关于时间，本不受何等限制，除被告人声明上诉后，乘间脱逃，无法传唤，应即中止诉讼（参照本院统字第777号及第789号解释，统字第868号电文后半段亦系指示此项办法）外，如能依法送达传票，经两传不到，自可依《审判厅试办章程》第六十七条办理。是否发还更审之案，初无分别（原《试办章程》第六十六条）。（八年抗字第7号）

撤回上诉，不得附条件。

【续】查上诉于裁判前虽得撤回，惟附条件之撤回，不能认为有效。（十一年抗字第81号）

第三百八十四条

县署审判笔录虽记载被告不上诉之语，尚难概以法律上之舍弃上诉权论。

【续】查《刑事诉讼条例》所定舍弃上诉权即丧失上诉权者，乃指了解上诉为诉讼上之救济方法，而出于自由意思将其权利舍弃者而言。若县署审判案件，往往囿于旧习，于谕知被告罪行后，使令声明输服，甚至勒令具结者有之；或被告恐多得罪，虚予表示甘服者，亦有之。凡此种种，均非被告自由表示输服之意思，自难认为已合法舍弃上诉权。（十二年上字第465号）

第二章　第二审

第三百八十八条

误认上诉机关者之上诉，亦有效。

【正】虽误认上诉机关，但在上诉期间以内，亦不能谓非已有不服之表示（本号判例与本条例第四百零二条互见）。（五年抗字第51号）

县知事兼有审、检职权，对于其以检察职权所为之不起诉处分，得经由原县知事声明再议。

【正】县知事审理诉讼，照现行规例本兼有审、检两种职权。如对于其以检察职权所为之不起诉处分，除得经由原县知事声明再议外，不得向上级审判衙门请求救济（本号判例与本条例第二百五十二条互见）。（五年抗字第 49 号）

县知事审理案件，应以所引律文为分别初级地方管辖之标准。

【续】《县知事审理诉讼暂行章程》第三十六条第二款规定，“原审事件系属初级管辖者，应向地方审判厅上诉”。而原审事件是否系初级管辖，如已引用律文，应以所引用律文为标准（原《县诉章程》第三十条、第三十六条）。（九年抗字第 103 号）

第三百八十九条

《刑诉》第三百八十九条之限制上诉，并不限于检察官及私诉人。

【续】《刑事诉讼条例》第三百八十九条规定：“对于谕知拘役或百元以下罚金之第一审判决，不得为被告利益起见而上诉。”盖第一审判决科刑轻微者，其事实已无再行审理之必要。若概许其上诉，不惟第二审法院因此有积压之虞，而于被告，亦属害多而利少。故凡为被告利益起见而上诉者，无论其为被告、检察官、私诉人、被告人之法定代理人、保佐人或配偶，并原审之辩护人及代理人，均在应行限制之列，并不限于检察官及私诉人。（十一年上字第 1143 号）

第三百九十一条

声明控告，不因形式欠缺指为无效。

【正】被告人声明控告误用辩诉状，于形式未免不合。但其诉状仍是声明“判罚苦力两月、洋三百元，冤抑难伸，乞准摘释”云云。则是该被告人即为实质的控告，断不能因其形式欠缺，而遽以其诉讼行为为无效（本号判例与本条例第三百九十八条互见）。（二年上字第 8 号）

声明不服，虽用语错误，仍属有效。

【正】所递诉状，固已声明不服覆判判决，惟称“请求再审”，则用语系属错误，然不能因此并将所声明不服作为无效（本号判例与本条例第三百九十八条互见）。（三年上字第 544 号）

被告人状请免刑，是已声明不服。

【正】被告人具状恳请免刑，是对于县判处刑业已声明不服，自应以合法控告论（本号判例与本条例第三百九十八条互见）。（六年抗字第 73 号）

第三百九十二条

控告审未调阅第一审记录而行审判，系属违法。

【正】本案卷宗并未附甲县第一审记录。本院函调该记录，据复，乙县详送控告时，原未附有甲县卷宗。经本院检阅原卷，又无调取该记录之文件，原审判决本案显未查阅第一审记录。则第一审判决有无不合，所得各证与原审讯问情形有无相反，均难揣测。既未详为审查，即于审理程序不合，其判决自属违法（本号判例与本条例第四百零七条互见）。

（四年上字第 525 号）

第三百九十三条

审判衙门所为决定事项，非无限制。

【正】查第二审关于公判准用第一审之程序，当然无疑。而公判中，凡当事人之请求，审判衙门应用决定者，如辩论前当事人变更日期请求等是。是审判衙门在审判中对于请求所应为之决定，亦有一定事项，非无限制。查本件诉讼记录，高等检察厅检察官称“地方检察厅检察官提起某甲伪证处刑之一部控告，与某乙之确定判决无涉”等语。是于已开言词辩论中，为职务上之陈述。如果审判官意见不同，尽可不受羁束。对于本案为终局之判决，而检察官实在不服，再行依法上告。乃该审判厅不无误会，以陈述为请求实行宣告决定，实于法理未洽。（二年抗字第 1 号）

第三百九十五条

认定事实须将犯罪事实详晰声叙。

【正】查第二审有审查事实之职权。对于刑事案件，须将犯罪事实详晰声叙，方为合法。本案第二审判词，形式上虽列有事实标题，然其内容则仅叙述本案发生之原委，而于被告人等如何犯罪之事实，并无一语声叙。是原判对于本案事实并未认定，自难认为合法。（四年上字第 124 号）

第一审讯问证人笔录，控诉审得采为判断资料。

【正】证人业经原审两次传唤，虽因年老不克到庭，然前审讯问笔录具在，原审采为判断资料，本为诉讼法则所不禁。（七年上字第 998 号）

第三百九十六条

控告审有直接调查事实之职权。

【正】第二审审理控告事件，有调查事实之职权。对于第一审认定事实有疑义之处，自应依据职权重行调查证据、讯问被告人。其第一审审理程序不完备者，亦应补行程序。不能以第一审调查证据尚未完密为理由，而并不直接补行调查，遽宣告被告人无罪。（三年上字第 306 号）

第二审得采用新证据。

【正】第二审于第一审未经发见之新证据，亦得采用。（四年上字第 131 号）

控告审有审查事实及法律之职责。

【正】第二审审理上诉案件，于事实、法律两点皆有审查之职权。即令控告人或呈诉人对于事实点并未加以攻击，苟第一审认定事实不无可疑者，第二审自不得不以职权重加研鞫，俾成信谳。（四年上字第 282 号）

控告审不得就未经控告之部分予以受理裁决。

【正】被告人经第一审判决赌博罪后，仅对于私诉（今条例称为民诉）部分声明上诉者，并声明对于公诉部分情愿谨遵者，此外又另未经相对人合法声明上诉，则该公诉判决即属确定。虽第二审误予为公诉上之受理，发见另犯他罪，亦不得遽予判决。经上告后，应将原判撤销，维持第一审判决之效力。（六年上字第921号）

犯罪事实已经告诉，并经县列入公诉事实之内者，县判虽未定罪科刑，控告审亦应裁判。

【正】详查县卷，寺院住持于被逐后数日，即以被告人带领十余人到院查点财产、封锁房屋等情告诉到县，并经该县列入公诉事实之中。虽未定罪科刑，究不能谓为未经公判。被害人对于县判既已呈诉不服，控告审自有裁判之权（原《县诉章程》第二十九条）。（七年上字第437号）

对县署漏判而予以补判时，以同一被告已经在县署被诉或并经审理之部分为限。

【续】查第二审审判案件，须经第一审之裁判声明不服者。虽第一审为县知事对于同一被告人有业经告诉有案或并经审理之部分漏未判决时，第二审亦可一并审判。然于未经审判之被告人，不得援用此例。（九年上字第539号）

有一部分之犯罪，因他县先受公诉而未为判决者，不得谓为漏判。

【续】甲县署对于被害人两次被抢一案，乃系先受公诉之衙门。乙县署经军队将被告人解到后，因审理被告人杀人一案，虽于被告人强盗事实亦曾有所讯问，而先受该部分之公诉者，既系甲县署，则乙县署自无管辖之权。该县署因仅对于被告人杀人之部分为判决，其强盗之部分则置诸不议，是纯未为第一审之审判，与本院统字第1055号解释所指漏判之情形，显有不同。原审乃予并案判决，是以未经第一审判决之案而遽为第二审之审判，其程序殊属违法。（九年上字第875号）

覆判判决虽经确定，如发见以前有合法之上诉者，仍应进行上诉程序。

【续】覆判审覆判案件，于审判确定后，如发见当事人等对于初审判决已有合法之声明不服，则以前覆判审所为之裁判，自无存在之余地，仍应进行通常控诉审程序。（十年上字第3号）

覆判案件，经上诉后，发还更审者，应适用通常第二审程序。

【续】覆判案件，一经上诉，由本院发还更审，即应适用通常之第二审程序，不得仍用覆判程序。（十年上字第595号）

第一审漏判部分，如与控诉部分非同一事实或无牵连关系者，控诉审不得审判。

【续】查一人犯数罪，均经起诉，而第一审（非县知事）漏未裁判时，如与控诉部分非同一事实或与该部分亦无方法、结果之牵连关系者，控诉审不得径为第二审审判（参照本院解释统字第1055号）。（十年上字第789号）

县判明示中止部分，与漏判情形不同，不能由第二审迳予审判。

【续】上告人系因有人迭诉其强抢后，经县署审理，认其结伙侵入某某两家抢去牛物二事属实，判处罪刑。又因其诉案累累，其余强盗暨伤害等案，于判决理由内声明，俟侦查明确再行讯结。是县署于其余各部诉讼之进行已明示予以中止，与含混漏判之情形不同。除该部分与控诉部分有不可分情形，为明了事实真相，应不受县署处分或命令所拘束外，自不能由控诉审迳予审判。（十一年上字第404号）

第三百九十七条

被告经传唤后，因病不能出庭者，不应不待陈述迳行判决。

【续】《刑事诉讼条例》第三百九十七条虽规定“被告不出庭者，得不待其陈述迳行判决”，但系指被告经传唤无正当理由不到者言之。准诸同条例第三百三十四条之规定，可以得当然之解释。如果因病未到，应认为有正当理由。（十二年上字第656号）

第三百九十八条

未查明控告日期者，不得以逾期驳回控告。

【正】不服县判，提起控告，虽诉状中未注明控告日期，然经县批，准如所请，自应查明控告日期是否合法，分别为受理与否之裁判。乃原审并未饬县查明控告日期，又未举出足以证明确系逾期之根据，遽认县批为无效，断定为控告逾期，拒不受理，自系违法。（四年上字第855号）

声明控告，不因形式欠缺指为无效。

【正】被告人声明控告误用辩诉状，于形式未免不合。但其诉状仍是声明“判罚苦力两月、洋三百元，冤抑难伸，乞准摘释”云云。则是该被告人即为实质的控告，断不能因其形式欠缺，而遽以其诉讼行为为无效（本号判例与本条例第三百九十一条互见）。（二年上字第8号）

声明不服，虽用语错误，仍属有效。

【正】所递诉状，固已声明不服覆判判决，惟称“请求再审”，则用语系属错误，然不能因此并将所声明不服作为无效（本号判例与本条例第三百九十一条互见）。（三年上字第544号）

被告人状请免刑，是已声明不服。

【正】被告人具状恳请免刑，是对于县判处刑业已声明不服，自应以合法控告论（本号判例与本条例第三百九十一条互见）。（六年抗字第73号）

第三百九十九条

第一审漏判从刑，第二审得补判。

【续】第二审因上告人曾自承认起获之铁凿一个、钥匙一串、大小螺丝钉六个，系供行窃之用，补引《刑律》第四十八条第二款予以没收，尚无错误。（九年上字第135号）

第四百条

第二审量刑得较原判有所重轻。

【正】第二审审判衙门为事实及法律审，对于适用法律错误固应纠正，而本案事实尤必重加认定。若原第一审认定事实与适用法律并不错误，第二审于量定刑罚在法定范围内，犹得较原判有所重轻。况原判引律错误，必须变更，则虽为被告人不利益之处分，亦

非所禁。（三年上字第383号）

于审理全部控告判决中，得撤销缓刑之宣告。

【正】宣告缓刑，原须具备《刑律》第六十三条所列条件。本案第一审判决，于上告人有无监督品行之人并未查叙，与该条第四款实有未合。又第二审于法律允许范围内，亦有审按犯罪情节自由科刑之权，并不受第一审判决之拘束。是被告人虽经第一审宣告缓刑，然既由被告人对于所判决全部提起上诉，则原审以宣告缓刑为未合法，后认为无庸宣告，不予调查，迳撤销缓刑，亦非违法。（四年上字第155号）

上诉审得为被告人不利益之裁判。

【正】审判官论罪科刑，于法定范围内，虽有自由选择之职权，然第二审对于上诉案件，如审查犯罪事实认第一审判决之处刑上有畸轻畸重情形者，依法本应以职权撤销原判，更为适当之判决，否则即于罪刑权衡平均主义不免违背。诚以第二审对于事实、法律两点皆有审查之权限，而认定犯罪情节之重轻、处刑之当否，亦不外事实范围以内。除非有法律上之原因，始得加减其刑者也。（四年上字第192号）

控告审就同一公诉事实而为审判，纵引律各异，不得谓为逾越范围。

【正】第二审审理案件，固不得逾越所上诉之范围，但本案原审与第一审认定被告人所犯之罪虽各不同，然实就同一事实而为审判。原审乃因第一审引律错误予以纠正，自未逾越范围，则原审之改判不得谓为违法。（四年上字第436号）

被告人在上诉中死亡者，上诉审应撤销原判，驳回公诉。

【续】查诉讼通例，被告人于上诉中死亡者，上诉审应先撤销原判，然后驳回公诉。若未将原判决撤销，迳行驳回公诉，自系违法。（八年上字第319号）

因上诉而发见原判决不当者，即为上诉有理由。

【续】查刑事诉讼通例，上诉审判衙门于上诉案件不应仅就上诉之意旨为审理。故有时上诉意旨虽无理由而审理之结果发见原裁判亦属不当，应即以职权撤销之，另为适当之裁判。似此原裁判之不当既系因有上诉而发见，自不能于撤销原裁判另为裁判之外，又一面将上诉驳回。（八年上字第794号）

因上诉而发见原判违背法令者，应即撤销改判。

【补】第二审法院因有上诉而发见第一审判决具有《刑事诉讼条例》第四百零七条所示情形，应依第四百条第一项撤销改判，不得滥引第四百零七条以为撤销改判之根据，亦不得就同一部分于撤销改判之外，又认上诉为无理由。（十五年上字第683号）

县署判决虽未送达或宣告，如已对外发表，即生效力。

【补】县署判决虽未送达或宣告，如已对外发表，不能谓无判决效力。其已由他造当事人上诉，实际上与自己上诉无异，并经第二审撤销改判者，更难指第二审判决为违法。又本院判例所认同谋杀人及强盗事前同谋、事后分赃之共同正犯，并未推及于其他之犯罪。事前与窃盗之谋而为容留，事后复窝藏赃物或并受分润者，应从事前帮助窃盗及赃物

罪之一重处断。（十五年上字第696号）

第四百零一条

第二审引用第一审证据，以合法认定毫无疑义者为限。

【正】查刑事案件，以直接审理发见真实为原则。第二审对于第一审所采取之证据，重加认定，引为判决基础，虽为法律所许，然应以第一审合法认定毫无疑义者为限。其事实未尽明确者，第二审自应详加研鞫，期得案情之真相，始与发见真实主义相合。（四年上字第250号）

县知事审理案件内，如有已经告诉且已审讯之部分而未列罪者，为漏列。

【正】查被告人于殴伤被害人时，并将其旧蓝布大长衫大襟扯破。既据被害人告诉，又经第一审验明，并已从事审讯。是该被告人于伤害罪外，更有《刑律》第四百零六条第一款犯罪嫌疑，且核其情节，应依第二十六条处断。第一审未予论罪，已属疏漏；原审未予纠正，亦不合法（《县诉章程》第三十九条）。（七年上字第838号）

案经声明控告者，中间虽经过覆判程序，仍应按照控告程序审理。

【正】宣示判决后，曾经声明控告，自应按照控告程序办理。乃该县知事仍呈送覆判，热河都统署审判处亦视为覆判案件，发还覆审，均属错误。虽覆审结果处刑并不重于初判，依一般覆判案件之例，本不许被告人有控告权。但本案情形既于该县知事宣示再审判决后，已经声明控告，是在法律上已生停止确定之效力。中间所经过呈送覆判与发还覆审之程序，均属赘文。既早经控告，则原审最后为第二审审理，自可认为合法。（七年上字第997号）

第三章　第三审

第四百零二条

对于一部控告判决声明不服时，上告审审理亦以该部分为限。

【正】查本案上告人所犯开赌营利、妨害公务、伤害人致废疾三罪，经第一审判决后，仅由该上告人对于伤害人一罪提起上诉，经第二审以无理由驳回。上告人在控告审所提出之控告为一部控告，对于控告审所为判决之上告，当然以控告之部分为限，不能涉及于他之部分。（二年上字第123号）

误认上诉机关者之上诉，亦有效。

【正】虽误认上诉机关，但在上诉期间以内，亦不能谓非已有不服之表示（本号判例与本条例第三百八十八条互见）。（五年抗字第51号）

刑事诉讼以采用三审制度为原则，上诉至上告审判衙门为止。

【正】查现行法令，刑事诉讼以采用三审制度为原则。其有依法令或成例，许在第二审开始请求者，如系准许上诉之件，亦以上诉至上告审判衙门为止，不得再行声明不服。（七年抗字第81号）

对高等分厅裁判提起上告者，大理院为终审衙门。

【续】查刑事案件，凡对于高等审判分厅之裁判提起上告者，无论其裁判有无错误，按照《法院编制法》第三十六条第一项第一款之规定，应以本院为终审衙门（原《刑诉（草案）》“管辖”各节第六条）。（九年非字第67号）

第四百零五条

上告审不许主张新事实。

【正】上告审主张新事实，为诉讼法则所不许。（七年上字第866号）

未经第一审判决部分，不得为上告理由。

【正】上告意旨对于原审所判诈财罪刑，亦并无何种不服，但以告诉人等将被告人殴伤及撕毁衣服各节，未予合并审判为词。查此点，业经原审认为，未经第一审判决部分，按照诉讼进行程序，该被告人自可各有第一审管辖权之司法官署另案告诉，请求究办，当然不得据为本案上告之理由。（七年上字第103号）

上告不得提出新证据。

【续】上告人于声明上告后提出新证据，于法自有不合。（九年上字第238号）

第三审法院之职权，应就全案卷宗及证据物件为彻底之审理，以定第二审或第一审适用实体法及程序法之当否。

【补】第三审法院之职权，原则上在于审理第二审或第一审判决是否违法。而是否违法之点，系于其所认之事实时，则关于事实之审理及认定究竟合乎法律所分别规定之程序及总括各规定所要求发见真实之精神与否，自非就全案卷宗及证据物件为彻底之审理，无以定其适用实体法及程序法是否正当。（十五年上字第480号）

得上诉于第三审法院之理由，以攻击所不服之判决为违背法令者为限。

【补】得上诉于第三审法院之理由，以攻击所不服之判决为违背法令者为限。若违法之点系于原认定之事实时，为畅诋其如何违法起见，虽不妨兼及于事实，而舍本务末，专就与违法与否毫无关系之事，肆意掊击，则非法律所许。（十五年上字第614号）

第四百零六条

判决合于现行之程序，仍应认为合法。

【正】原判虽违反判决当时之程序法，仍合于现行程序法，斟酌条理，自毋庸予以撤销。（三年上字第224号）

适用法律并无错误，仅只漏引某项者，尚非显然违法。

【正】原判主文于诱拐部分既宣告为略诱，处刑亦均在该条第一项之范围内，则仅只判词内漏写“第一项”三字，亦与显然违法者有别。（七年上字第963号）

第四百零七条

委任律师在辩论终结后，可不再传。

【正】控告审因委任律师系在辩论终结之后，不再传律师出庭讯问，即行判决，不得谓之违法（本号判例与本条例第一百七十二条互见）。（三年上字第74号）

控告审未调阅第一审记录而行审判，系属违法。

【正】本案卷宗并未附甲县第一审记录。本院函调该记录，据复：乙县详送控告时，原未附有甲县卷宗。经本院检阅原卷，又无调取该记录之文件，原审判决本案显未查阅第一审记录。则第一审判决有无不合，所得各证与原审讯问情形有无相反，均难揣测。既未详为审查，即于审理程序不合其判决，自属违法（本号判例与本条例第三百九十二条互见）。（四年上字第525号）

理由中不能证明事实，即系违法判决。

【正】查诉讼通例，认定事实，必依证据。苟第二审判决关于犯罪事实虽经认定，然在理由中并未依法证明，即系判决不附理由，不得不谓之违法。本案被告人据原判认系与某氏奸通，然遍查诉讼记录，并无何种供证足资依据，原判理由中亦未依法证明，则被告有无通奸情事，事实上尚未明了，又何能率然认定为法律之判断？（五年上字第705号）

宣告缓刑并不释明缓刑条件有无欠缺，为判决不附理由。

【正】查《刑律》第六十三条规定，“宣告缓刑者，须具备该条所列各款之要件”。本案被告人于缓刑要件有无欠缺，原判并未逐款释明，辄引该条宣告缓刑，显系判决不附理由，殊属违法。（七年上字第932号）

主文与理由不得自相矛盾。

【正】判决主文所以表示判断之要旨，而理由则为主文之释明，故主文与理由结果必趋于一致。本案原判理由内，既依《覆判章程》第四条第一项第一款之规定，将初判予以核准，而主文又云“初判撤销”，显属自相矛盾。（七年上字第961号）

第四百零八条

土地管辖错误，不得据为上告理由。

【正】查诉讼通例，土地管辖之错误，本不得据为上告之理由。（七年上字第899号）

判决内漏列上诉人之姓名，主文内于罪名漏列，均为无影响于判决。

【续】本案县署判决后，原告诉人及被告先后声明不服。原判乃列原告诉人为上诉人，而未列被告为上诉人，其判决程序有固有未合。但原判理由于驳回控诉之后，并以县判被告赌博罪刑，依《刑律》第二百七十六条第一项规定为无错误，且就县判漏引共犯条文加以纠正，认为无庸改判。是于被告之不服部分已为实体上之裁判；其判词内未列为上诉人，亦仅止程式违误，尚与判决内容无涉。至县判既将认定被告触犯赌博罪名，于理由栏内声叙明白，且经援用所犯法条处断，虽其主文漏未揭明罪名，尚非不附理由之判决，亦不影响于判决之内容。（十一年上字第172号）

第四百十条

上诉书状攻击原审不将事实详予研究者，应以叙述不服理由论。

【续】抗告人具状提起上诉，核其要旨，系攻击原审不将本案事实详为依法研究，率而臆断。是已对于原判决以理论为指摘攻击。依本院最近意见，尚不能以未经叙述不服原审判决之理由论。（十二年抗字第 31 号）

上诉书状提出于法院之日，不能因盖戳证明之迟延，使具状人丧失其关于期限上之利益。

【补】状载作状之日与法院盖戳证明之到厅日两歧者，通常以盖戳证明之到厅日为提出书状日。兹具状人原具之理由状所填之制作日与法院盖戳证明之到厅日所差仅为一日，具状人具状之日又正被羁押于看守所中，其一日之差如因于前日已将状投到法院，适值办公时间已过或其他原因，致被加盖次日到厅之戳记，则提出于法院之日仍为前日，不能因盖戳证明之迟延，使具状人丧失其关于期限上之利益。如于前日已提出于看守所长官，于次日始由看守所转送到厅，则准照《刑事诉讼条例》第三百七十九条第二项关于上诉期限之规定，自其提出理由状于看守所长官之际，已不能不认其效力之发生。（十四年抗字第 186 号）

关于补提理由书之十日期限，自送达判决后起算。

【补】提起第三审上诉，在判决谕知后、送达前，而书状内未经叙述不服原审判决之理由者，关于补提理由书之十日期限，自送达判决后起算。（十五年上字第 132 号）

未经提起上诉书状，程式上即属违法。

【补】《刑事诉讼条例》第四百十条所称未经叙述原审判决之理由者，系就提起上诉之已用书状者立言。若并无书状，则上诉之程式先已违法，自无审查是否于期限内提出理由书之余地。（十五年抗字第 132 号）

第四百十八条

大理院于《刑事诉讼条例》施行后，不经辩论而为判决之程序。

【补】本院［于］《刑事诉讼条例》施行后，践行不经辩论为判决之程序时。遇有选任律师为辩护人者，如已具有辩护意旨书，即并审理；其未具有辩护意旨而该律师在本院所在之京师如已登录，亦定期命检阅卷宗及证据物件，限期命提出辩护意旨书以为审理。若辩护人经命检阅卷宗及证据物件而不检阅，或检阅后，于原限或因声请而准予延展之期内怠于提出辩护书，则不待其辩护书之提出，径行判决。（十五年上字第 737 号）

第四百二十六条

审理上告案，不限于上告意旨所主张之理由。

【正】本院对于一部或全部上告，虽经认上告人所主张之理由未为正当，而据他之理由可以说明原判为违法者，亦应撤销原判，为法律正当之适用。（二年上字第 20 号）

覆判审误将不应送覆判之案受理者，应撤销之。

【正】不在应送覆判之案，其有误送覆判，高审厅误为更正判决者，经上告后，应将原判撤销。（六年上字第 238 号）

再审原因不存在，误行再审之案，因再审所为之第一、二审判决，应即撤销之。

【正】再审原因不存在，审判衙门误予开始再审判决，控告审亦未纠正者，经上告后，应将原判及再审判决均予撤销，维持第一次判决之效力。（六年上字第 543 号）

第四百二十九条

高等厅于县判初级管辖案误受控告而为判决者，毋庸发还。

【续】查本案经县知事公署第一审判决，所引律文系四等以下有期徒刑，明系属于初级管辖之案件，应由高等审判分厅附设之地方庭受理控告。乃原审并未注意及此，竟为第二审审判，其程序自属错误。惟既已受理判决，虽属违法，上告审为被告人利益起见，无庸发还地方审判厅或高等分厅附设地方庭为第二审审判。（九年上字第 505 号）

第四百三十条

新证据，可于发还时，交第二审审查。

【正】在上告审中，虽不能提出新证据，惟本案已经发回，应将粮票等附卷交第二审一并审查。（三年上字第 385 号）

第二审程序违法，应发还更审。

【正】应用控告程序审理之案，第二审误行覆判程序，用书面审理者，案经上告，应发还更审。（六年上字第 21 号）

覆判程序违法，应发还更审。

【正】覆判审将应行覆审之案误予更正判决者，经上告后，应撤销之，发还更为审判。（六年上字第 93 号）

第二审审理违法，应发还更审。

【正】上告审，于第二审应行更新审理未予更新之案，应发还更审。（六年上字第 131 号）

更正判决、变更事实者，应发还更审。

【正】覆判审于更正判决之案，误将初判事实变更者，经上告后，应撤销原判，发还更审。（六年上字第 718 号）

第二审于不应用书面审理之案，用书面认定事实者，应发还更审。

【正】第二审于不应书面审理之案，误用书面审理并自行认定事实者，上告审应以职权撤销原判，发还更审。（六年上字第 976 号）

诉讼案件如无文卷可资审查，则所采供证是否合法，上告审无从悬揣，应发还更审。

【正】据高等检察厅文，本案文卷，确因轮船撞沉，在途中沉没，仅由该厅令被告人等补具上告意旨书，并调送两审判词过院。本院受理本案，既无文卷足资审查，则原判所采供证，据以认定事实是否合法，自无从悬揣，应即发还更审，以昭详慎。（七年上字第 581 号）

不属上告审发还更审之范围，不得重予改判。

【正】侵占义谷电焊等部分，既经该厅于民国六年十一月五日判决，发交第一审依法审判，其是否合法姑不具论，惟当事人对于该部分之判决并未上告，则已生确定之效力。本院前次发还更审之范围，亦仅以上告人侵占饷项部分为限，乃原判竟将已确定之部分重予撤销改判，显属违法。（七年上字第915号）

第四编　抗告

第四百三十一条

对于侦查处分，不得抗告。

【正】查县知事本有检察、审判两种职权。如本其检察职权所为之侦查处分，不得声明抗告（原《县诉章程》第三十七条）。（六年抗字第83号）

对于县知事之批谕得为抗告者，以审判上之批谕为限。

【续】查《县知事审理诉讼暂行章程》第三十七条第一款虽规定“对于县知事之批谕，得为抗告”，但观于该条正文之规定，固以审判上之批谕为限。县知事兼理司法时，于审判外既兼有检察之职权；若本其检察职权为侦查上之处分，诉讼人如有不服，除因情形，得依诉讼通例向上级检察衙门声明再议外，不得因其系属批谕，概行声明抗告（原《县诉章程》第三十七条）。（八年抗字第48号）

对于用厅长名义之批示，不能抗告。

【续】既用厅长名义批示，尚不能认为审判衙门之决定或命令。是本案固未经原审判厅裁判，抗告人遽即声明抗告，殊不合法。（九年抗字第77号）

第四百三十二条

证据决定，不许抗告。

【正】调查证据，系属于审判衙门之职权。对于此项决定，不许抗告。（五年声字第3号）

第五编　非常上诉

第四百五十一条

应用判决而误用决定处刑者，仍得对之提起非常上告。

【正】应用判决而误用决定处刑者，如内容亦有违法，仍得对之提起非常上告（原《刑诉（草案）》“再理编”第四百五十九条）。（六年非字第110号）

第四百五十六条

程序违法之撤销范围，以违法部分为限。

【正】查《刑事诉讼律（草案）》第四百六十二条第二款内开：“原判决诉讼程序系违

法者，撤销其程序”等语。是撤销之范围，应以违法之部分为限，其他之部分自可予以维持（原《刑诉（草案）》“再理编”第四百六十二条）。（四年非字第27号）

原判三罪俱发之案，其中一重罪不成立，另一罪应分为二罪者，仍应改判罪刑。

【正】第二审判决三罪俱发之案，经提起非常上告后，认为一重罪不成立，另一罪以人格法益论，为二罪，应即照常改判，不为不利益于被告人（原《刑诉（草案）》“再理编”第四百六十二条）。（六年非字第58号）

违警罚于非常上告案，得单独宣告之。

【正】违警罪及其罚金非常上告之案，得单独宣告之（原《刑诉（草案）》“再理编”第四百六十二条）。（六年非字第169号）

有管辖权之审判衙门误认为无管辖权，致第二审、终审管辖均至错误者，应撤销其违法之程序。

【正】按《刑事诉讼律（草案）》第四百六十二条第二款：“原判决诉讼程序系违法者，撤销其程序。”本案依本院统字第680号解释，控告审系安徽高等审判厅；该厅认为管辖错误不予受理，致被告人复向芜湖地方审判厅控告，由该厅为第二审判决，并由安徽高等审判厅为终审判决，其诉讼程序均属违法，应将原判及第二审终审之诉讼程序均予撤销（原《刑诉（草案）》“再理编”第四百六十二条）。（七年非字第39号）

第四百五十七条

非常上告之案件发交更审者，应间接受《刑诉（草案）》第四百六十三条之限制。

【续】非常上告之判决，在本院既应受呈准援用《刑事诉讼律（草案）》第四百六十三条之制限，则更审衙门更审时，亦应依《法院编制法》第四十五条，间接受该条之限制（原《刑诉草案》“再理编”第四百六十三条）。（十年非字第76号）

第六编　再审

第四百五十八条

《刑诉（草案）》第四百四十四条第一款所谓他之确定判决，指本案判决外之判决言。

【正】《刑事诉讼律（草案）》第四百四十四条第一款所谓“他之确定判决”者，系指本案确定判决之外，另有他之确定判决，具有反证力者而言（原《刑诉（草案）》“再理编”第四百四十四条）。（五年抗字第24号）

第四百五十九条

得为再审原因之自白，以从前并未自白者为限。

【正】《刑事诉讼律（草案）》第四百四十六条所谓“被告人自白”者，本以该被告人从前并未自白者为限。若将人殴伤后到案，即行供称“是我打的”，是已将犯罪事实完全自白。嗣于判决确定后，虽经检察官验明被害人之伤逾三十日尚未痊愈，因以讯经被告人供称“所打之人，伤没大好”等语，自不得指为本条之自白，即不得据以为再审之原因（原《刑诉（草案）》“再理编”第四百四十六条）。（六年上字第543号）

为判决基础之证言，因他确定判决证明为虚伪者，县知事得本其检察职权提起再审。

【正】查本案进行程序，初经县知事采证人甲乙之证言为基础，于民国六年三月十四日宣示堂判，将尚忠和依和奸律科以五等有期徒刑八月。嗣于上诉期间经过后，该县知事以甲乙等证言不实，依对官员施诈术律处以罚金。虽属引律错误，然此项判决业经确定，自实体上观察，是为判决基础之证言已因他确定判决证明为虚伪，核与《刑事诉讼律（草案）》再理编第四百四十四条第二款相合，本已具备再审之条件。该县知事遂于五月六日将丙另行审判，依强奸律定为执行无期徒刑，自可认为县知事本其检察职权，为被告人不利益起见所提起之再审（原《刑诉（草案）》“再理编”第四百四十六条）。（七年上字第997号）

第四百六十一条

依大赦令应除免之罪刑，不得为再审之提起。

【补】已确定判决所科罪刑，如依颁布在后之大赦令，应在免除之列，则该罪刑即应归消灭。与仅系刑罚执行完毕或已不受执行时情形不同，根本上不发生再审问题，不得为再审之提起。（十四年抗字第192号）

第四百六十二条

同案共犯中一人控诉，其未控诉之人如请求再审，应由控诉审管辖。

【续】查呈准暂行援用之《刑事诉讼律（草案）》再理编第四百四十七条第二项规定，“就控诉案件中未经控告之部分请求再审者，亦由控诉审衙门管辖之”等语，系指同案共犯中一人控诉；其未控诉之人若经请求再审，应由受理控诉之审判衙门管辖（原《刑诉（草案）》“再理编”第四百四十七条）。（九年抗字第87号）

第七编　诉讼费用

第八编　执行

第四百八十七条

传厅问话不能视为执行命令。

【正】传厅问话不能视为《刑诉律（草案）》第四百九十五条第一项之“执行命令”，即不能谓于时效完成以先，已有相当之执行行为，发生《刑律》第七十五条时效中断之效力（原《刑诉（草案）》“执行编”第四百九十五条）。（七年抗字第47号）

第五百零四条

文书中虽仅一部分系属伪造，其伪造之部分仍应没收，由执行衙门表示其伪造。

【正】查被告人所执挖补、涂改之官契虽应还给，然其中关于伪造部分，仍应由审判衙门依《刑律》第四十八条第二款宣告没收，再由执行衙门依《刑事诉讼律（草案）》执行编第四百九十八条表示其伪造之处，还给之，方为合法（原《刑诉（草案）》《执行编》第四百九十八条）。（七年上字第601号）

第五百零七条

于执行后、未经释放前执行之刑，应通算于后定刑期之内。

【正】于判决确定执行之后，未经释放以前，应视为尚在执行时。则凡在更定其刑之日期内，均不得谓之未决羁押。此种更定其刑之决定，未经确定以前之日期，亦应通算于后定刑期之内。此系检察官指挥执行之权限，非有异议时，无待审判衙门之干涉（原《刑诉（草案）》“执行编”第四百八十条）。（五年抗字第40号）

请求易科罚金，其权专属于检察官。

【正】查《刑律》第四十四条之易科罚金，其请求权专属于检察官（原《刑诉（草案）》“执行编”第四百九十四条）。（七年抗字第40号）

俱发罪之判决与累犯罪之判决，经各别确定后，应以决定谕知其执行之刑。

【续】俱发罪之判决与累犯罪之判决，经各别确定后，能否以决定谕知其执行之刑，法无明文规定。但《刑律》第二十五条实总括俱发与累犯而言，《刑律》第二十一条、第二十四条之情形当然包含在内。呈准暂行援用之《刑事诉讼律（草案）》第四百八十条关于《刑律》第二十一条或第二十四条之情形，既许于判决确定后，以决定定应执行之刑，则《刑律》第二十五条俱发与累犯互合之际，其判决经各别确定者，亦得以决定谕知其应执行之刑，自不待言（原《刑诉（草案）》“执行编”第四百八十条）。（九年抗字第67条）

破 产 法

执行中，债务人有倒产情形者，众债权人得迳向执行衙门声明。

【正】若债务人家贫，无力清偿，实有倒产情形者，虽众债权人并未加入诉讼，亦得于执行时向执行衙门声明，由该衙门依法办理。（三年上字第 5 号）

前清破产律已经废止，不能援用。

【正】前清光绪三十二年商部奏准施行之《破产律》，已于光绪三十三年十月二十七日以明文废止，现在该律并未复活，自难再行援用。（三年上字第 16 号）

债务人资力足偿总债务时，不得请求破产。

【正】破产，须以债务人之资力不敷清偿总债权额者为限。苟债务人之资力足敷清偿总债权额时，自不能请求破产。（三年上字第 74 号）

破产时，各债权人声明价额与起诉、上诉不同。

【正】债务人负有多数债务而其现有财产不足清偿，经审判衙门扣押其财产平均分配时，各债权人之声明债权额要求同受清偿，自与普通之起诉、上诉不同；无论原有诉讼至何程度，苟未开始实施分配以前已经声明，即为合法。纵令其债权之真实与否，犹有争执，尚待另案判定，但既就现有财产即须实施分配，则其债权亦自不得不加入总债权额内、同受分配而暂为提存，以待将来之确定。（三年上字第 474 号）

审判衙门得依职权或依利害关系人请求，调查、扣押债务人财产；不敷清偿总债额时，应依破产条理，平均分配于各债权人。

【正】凡债务人负有多数债务而其现有财产不足清偿时，审判衙门自应依职权或利害关系人之请求，调查、扣押其现有财产，按其所负债务总额，平均分配各债权人。除就某项财产上有特别担保者外，亦应使之受平等之清偿而不容许轩轾。（三年上字第 474 号）

仅合伙财产不敷清偿时，不得请求破产。

【正】合伙，如欲请求破产，必须于各合伙员皆不能履行债务时，始能为此请求。盖仅合伙财产不足清偿债务，各合伙员犹有家产可以充偿者，自属不能允许。（三年上字第 550 号）

合条理之倒号办法，当事人得主张之。

【正】倒号办法，若可认为合于一般破产条理者，当事人仍可据以为主张，不能以吾国现无破产法规而即否认之。（三年上字第 671 号）

破产债权人为总债权人利益，得否认债务人破产状态后之行为。

【正】凡商家或普通人已显陷于破产之状态而仍与他人为法律行为者，破产债权人自可为破产总债权人之利益而否认其行为之成立。（三年上字第 671 号）

破产债权人不得就破产人财产变卖行为有无瑕疵，主张异议。

【正】破产债权人就债务人出抵财产、变卖价额之多寡或可申述异议，而就其变卖行为自身之有无瑕疵，实非所得而主张。盖除买卖价额之多寡于债权有利害关系外，其他皆与债权无干故也。（三年上字第 671 号）

商人破产有倒号习惯者，应先于条理适用。

【正】关于商人破产，如地方有特别倒号习惯者，自应先一切破产条理适用。（三年上字第 718 号）

遇有破产之情形，应适用习惯或条理裁判。

【正】审判衙门遇债权人人数过多，债务人财产不足以尽偿债务时，自可依据“法律无明文，适用习惯；无习惯，适用条理”之原则以为裁判。（三年上字第 1028 号）

外国宣告破产，其效力不及于中国。

【正】外国领事衙门宣告之破产，现在条约上既未明晰订定其效力，并非当然及于中国。故各该破产人之债权人对于破产人之债务人有中国国籍者，只可于必要时，按照中国法律行使债权法上之权利，而不得本于外国领事衙门宣告破产之效力，在中国审判衙门主张其于破产法上应有之权利。（四年上字第 742 号）

在破产呈报时或破产程序中归破产人之财产，皆属破产财团。

【正】凡于呈报破产时属于破产人之财产及于破产程序中归于破产人之财产，皆属于破产财团，以供清偿债权之用。（四年上字第 2416 号）

破产债权人，除有别除权及财团债权人外，不问原因种类债额如何，皆平等分配。

【正】破产法条理，凡破产人之债权人，除有别除权者，以其权利之标的物为限，得受优先之清偿，及财团债权人得不依分配程序受全部之清偿外，不问债权之原因或种类如何，应依债权额之比例，受平均之分配。（四年上字第 2416 号）

破产财团之变价，原则上应依拍卖程序行之。

【正】依破产条理，破产财团之变价，苟非得债权人全体或监查委员会之同意，即应依拍卖程序行之，而不得任意卖出。（四年上字第 2416 号）

债务人财产不敷清偿数人债权，原则上平等分摊。

【正】凡对于数人负担债务而债务人财产不敷清偿者，应以其财产，按平等比例分摊于各债权人，以供清偿，惟各债权人中有特别物上担保者，就该担保物卖价有优先受偿之权。（四年上字第 2437 号）

各债权发生之时期、地点及其请求清偿之先后、请求扣押之有无，皆于分摊多寡

无涉。

【正】凡对于数人负担债务而债务人财产不敷清偿者，其各债权人债务发生之时期、地点，债权人请求清偿之先后及审判衙门扣押债务人财产是否由于全体债权人之请求，皆与各债权人分摊之多寡毫无关系。（四年上字第 2437 号）

破产，非债权消灭之原因。

【正】破产并不能为债权消灭之原因。故债务人因家产告罄不能清偿债务者，亦只能于执行判决时，由执行衙门酌量情形办理，不得即借口破产为债务不履行之抗辩。（五年上字第 58 号）

破产后，设定抵押权无效。

【正】债务人破产后与人设定抵押权者，为无效。（五年上字第 245 号）

行使别除权，得于破产程序外，迳依非讼程序为之。

【正】有抵押权之债权人，行使别除权时，于破产程序之外，迳依非讼程序自行声请扣押而行拍卖；必须俟该债权人受清偿后尚有余额时，始能以其余额归入破产财团。（五年上字第 245 号）

债务人既约减成偿还后，仍可请求破产。

【正】债务人既与债权人约定共还若干成，固应依约履行，惟其后如果确因财产状况又蒙意外之损失，以致无力照办，而请求依照破产条理办理者，则亦非法所不许。（五年上字第 1147 号）

协谐契约，如有习惯，得拘束少数债权人。

【正】若债务人之财产已陷于破产之状态者，苟经大多数债权人为保全其公共利益计，议定管理或监督债务人财产之方法（协谐契约），而到场承认之债权人又占总债权额之大多数者，如系习惯上确认为有拘束其他少数未经同意之债权人之效力，则亦准其发生效力。（五年上字第 1252 号）

破产限制之例，不适用于一般歇业商店。

【正】破产人之债务人不得以破产后由他人取得之债权与其对于破产人之债务抵销，原所以保护一般破产债权人之利益。故此项限制抵销之法例，惟能适用于资产不敷清偿债务之破产人，而不得适用于一般歇业之商店。（五年上字第 1545 号）

债务人于停止支付或呈报破产后，重复设定担保物权，其行为无效。

【正】债务人倘于实际停止支付或呈报破产后，复将已设有担保物权之财产重复借债，以供担保，而其相对人于行为当时亦非不知其已有停止支付或呈报破产之事者，则其行为不能认为有效。（六年抗字第 37 号）

债务人得向审判衙门请求破产。

【正】债务人若因债务之牵累不得已而陷于破产状况时，原得按照破产条理，呈请审

判衙门查核办理。(六年抗字第 37 号)

债务人呈报破产，得将设有担保物权之财产一并开报。

【正】债务人呈报破产，除已合法移转于他人者，不得复列为破产财产外，其设有担保物权之财产，所有权尚为债务人所有。则该债权人对于该担保物，只应于卖价内较普通债权人有先受完全清偿之权利，其剩余之价仍应属于破产财团，由其他普通债权人平等分配。故债务人呈报破产，将设有担保物权之财产一并开列，注明已充担保者，即于担保物权人无所影响，不得谓为不合。(六年抗字第 37 号)

破产人之债务人在破产前合法取得债权，仍许主张抵销。

【正】破产人之债务人于破产人破产后取得他人对于破产人之债权，固不能与其所负之债务主张抵销，而于破产前依债权让与之方法合法取得之债权（即其让与已通知债务人或已得债务人之承诺），自无不许其抵销之理。(六年上字第 118 号)

债务人已在破产之状态时，始为债权人设定优先权者，其优先权无效。

【正】按债权人对于债务人财产有优先权者，其优先权之发生，无论出于何种原因，如其发生之时债务人已在破产之状态者，自应受破产法则之支配，其优先权不能有效发生；对于债务人财产，应与各债权人立于同等地位，平均受其分配。(六年抗字第 130 号)

破产时，各债权应平均受清偿，不因存款或往来而异。

【正】破产债权人均应就破产人财产平均受偿还，不因所欠为存款或往来而有所区别。(六年上字第 510 号)

一分号歇业、未回复营业前，其让与债权、承任债务等行为亦受限制。

【正】商店设有分号时，苟其中一号歇业，则在事实上即不能不认为已有停止支付之危险。纵或该商店之分设他处者，尚能保持其营业之原状，而该商店之危险情形既已发生，则为维持债权人间公平之利益起见，在该商店歇业后、未经回复其营业原状以前，凡在该商店营业所在地之债权人及债务人所有让与债权或承任债务等行为，自应援照破产通例，使受相当之限制。(六年上字第 1106 号)

多数债权人依惯例协议一度分配债务人资产后，其未受分配之债额，在债务人资力未回复前，暂不得行使。

【正】债务人如确系家产净绝无力清偿债务者，得按照惯例，经众债权人多数协议，以现有一部分资产先行分配；至其未受分配之债权额，虽不至遽行消灭，而在债务人资力未经恢复以前，则应受协议之拘束，暂时不得行使。(七年上字第 160 号)

破产人匿产，债权人得论求交出。

【正】破产人如有隐匿财产，破产债权人为自己利益计，自可举出实据，主张应受满足之清偿。(七年上字第 189 号)

商店将届停止支付时，故意将未到期债务、清偿或拨抵者，无效。

【正】凡商店歇业、停止支付前，于将届停止支付之时，故意将未到期之债务提前清偿者，自不能认为有效。其以他项权利拨抵以为清偿者，亦应同论。盖债务之定有期限者，原则上系为债务人之利益。债务人于将届停止支付之时，故意抛弃期限之利益，自属有害于他债权人之利益，于法即应加以限制。（七年上字第 815 号）

减成摊还后余欠，若依习惯，可解为已免除者，则债务人免其余欠义务。

【正】债务人无资力时，经债权人承认或依倒号程序，公议分配以若干成数受偿者，于议偿成数之时，若未明示免除余欠，则对于余欠之债权，固属并不消灭。反是，若于偿成数外之余欠，业已明示免除，或依该地方习惯，一经债权人承认减成受偿，别无留保之意思表示，即当然解为免除余欠时，则债务人即得于履行所议成数后免其义务。（七年上字第 1215 号）

倒号后，受让倒号人之债权者，不得持与其债务相抵销。

【正】商店歇业、停止支付之后，凡对于该商店所有债权债务之移转，本应受相当之限制。申言之，即于商店歇业、停止支付以后，受让对于该商店债权之人，虽对于该商店原负有债务，亦仅能与他债权人同受平均之分配，不得以此与其以前债务相抵消。诚以不加限制、准许抵销，则其人将因抵销而受优先清偿，必有害其他多数债权人之利益故也。（七年上字第 1226 号）

按成摊还后之余额债权，俟债务人资力回复时，请求清偿。

【正】债务人财产不足偿债，经减成偿还之后，其余额债权，除当事人间有特别免除之意思表示外，并非当然消灭。故俟债务人资力回复之时，得以更求清偿。（七年上字第 1301 号）

更正配当之决定，当事人得声述异议。

【续】审判衙门就破产事件所为更正配当之决定，与寻常因误写、误算及其他显然错误所为更正之决定原有不同。盖配当之变更，于各破产债权人甚有利害关系，依法应许当事人于合法期间内声述异议。惟审判衙门所为更正或补充之决定，如已确定，自不许当事人声明不服。（八年抗字第 82 号）

宣告破产之要件。

【续】宣告破产，应以债务人不能清偿所负债务为要件。而停止支付者，即可推定为不能清偿。（八年抗字第 237 号）

破产案件，以决定行之。

【续】审判衙门关于破产案件所为之裁判，系以决定行之。（八年抗字第 239 号）

习惯上，协谐契约之效力。

【续】经大多数债权人为保全公共利益计，议定分期偿还之方法（协谐契约），而到场承认之债权人又占总债权额之大多数者，苟使习惯上确认为有拘束其他少数未经同意之债权人之效力，则应准其发生效力。（八年上字第 778 号）

破产事件之管辖审判衙门。

【续】破产事件应属于管辖债务人营业所之审判衙门管辖；其无营业所者，乃属于管辖其普通审判籍所在地之审判衙门管辖。（九年声字第59号）

破产时，就债务人偿还能力争执，应估计债务人财产，以定应偿成数之标准。

【续】在普通债务，债务人固不能以资力薄弱为理由主张减成偿还，而在已经破产之债务，该债务人与债权人就偿还能力有所争执，即不能不就债务人之财产估计其价额，以定应偿成数之标准。（九年上字第880号）

债权，不因破产时未加入分配而消灭。

【续】破产并非债权消灭之原因。在债务人破产时，未经加入分配之债权，除该债权人有免除之意思表示外，不得以其未经加入分配而谓其职权即应消灭。（十年上字第15号）

不动产登记条例

第一章　总纲

第三条

凡就不动产以契约移转变更所有权者，在未登记以前，第三人得有否认之权。

【补】依《不动产登记条例》第三条、第五条，凡就不动产以契约移转变更所有权者，在未经登记以前，该契约当事人间虽得有效成立，而第三人要有否认之权能。故第三人在诉讼上提出此项否认，法院即应就该缔约人之已否登记予以审究。苟在判决以前已经依法登记或为预告登记，则因登记条例尚无期间限制，固不得仍谓其对抗条件未备。否则，即应为该第三人胜诉之判决。（十五年上字第711号）

第五条

房屋出租主将所有权让与第三人，非经登记，不得以之对抗。

【补】佃权，仅就土地得以成立；若就房屋缔结永租契约，仍属债权性质，仅于当事人间有效。故于出租主将其所有权让与第三人时，除得适用《不动产登记条例》第五条规定外，即不得与该第三人对抗。（十四年抗字第145号）

所谓第三人，系指当事人及其包括承继以外之人而言。

【补】《不动产登记条例》第五条所谓“第三人”，系指当事人及其包括承继以外之人而言，并非以同一不动产上取得物权且经登记之人为限。（十五年上字第1770号）

第二章　登记簿册

第三章　登记程序

第一节　通则

第二节　所有权登记程序

第三节　所有权以外权利登记程序

第四节　涂销登记程序

第四章　登记费

第五章　附则

华洋诉讼办法

《华洋诉讼办法》，须中外人涉讼乃能适用。

【正】民国二年三月六日司法部所定《华洋诉讼办法》［第］三条，遇有中华民国之人民与外国人涉讼案件，乃能适用。（七年抗字第272号）

法院编制法

第一章　审判衙门通则

第二条

法院不能变更、撤销行政上之特许。

【正】凡欲于国有河川为置船摆渡之营业者，非先经该管地方行政官厅之特许不可；而行政官厅之特许，实为该种权利义务发生之渊源，特许效力苟一日存在，权利义务亦即存在，决非他人所得侵犯，审判衙门自无直接变更或撤销该处分之理。（二年上字第27号）

都督与内务司无审判权。

【正】前清各省城商埠，《各省城、商埠各级审判厅筹备事宜》“管辖”第一条，“各省城高等审判厅管辖全省诉讼；未设地方审判厅之府、厅、州、县，依法递控到省之案，向归臬司或发审局审理者，应向省城高等审判厅起诉。惟此项案件系专指依法递控、曾经地方官判断有案且未逾上诉期间者而言。如并未在该地方官署呈控之案，一概不予受理，并不许向督抚及司道越控”等语。都督与内务司既非有权限之司法衙门，自不能有效为第二审判决；若竟违法自行受理或派员受理、判决并命县知事为之执行者，既属越权行为，于法不能有效（原《各省城、商埠各级审判厅筹备事宜》第一条）。（二年抗字第82号）

兼理司法行政官署，不能就未定之权利，自由裁判。

【正】从前府、厅、州、县虽兼有行政上及司法上之职权，然司法行为，除法律上可认为创设之诉外，只能就既定之权利为之确认或为保护，断不能对于未定之权利，自由裁判，为一种之便宜处分。故从前府、厅、州、县所为之便宜处置，多为行政处分，而非司法判决。（三年上字第1号）

因行政处分取得之权利被侵害而涉讼者，审判衙门只能就是否侵害为之裁判。

【正】行政官厅对于特定之人或团体，为其利益计而付与私法上之权利，法律上谓之设权行为或称为特许。即属行政处分之一，受此等行政处分者，如其权利被他人侵害或行使权利而有侵害他人权利之行为时，除法律有特别规定外，被害者对于加害者得诉之于审判衙门，以求救济。然审判衙门亦只能就权利是否侵害为之裁判，而不能为废除或变更行政处分之判决。（三年上字第1号）

民、刑事诉讼，不得混合审判。

【正】民、刑事诉讼程序，现行法上已显然划分，除私诉程序外，不许混合审判。（三年上字第2号）

无管辖权之裁判，根本上不能维持。

【正】司法衙门管辖案件应依现行法令为依据；若于法令无管辖权，即不能因上级司法行政衙门之移送，遽予越权受理。如或误予受理，为无管辖权之裁判，则根本上不能维持。（三年抗字第39号）

行政诉讼，非普通法院所应受理。

【正】《临时约法》第十条载："人民对于官吏违法损害权利之行为，有陈诉于平政院之权。"第四十九条载："法院依法律审判民事诉讼及刑事诉讼。"又查本年三月三十一日公布施行之《平政院编制令》第一条载："平政院审理行政官吏之违法、不正行为"各等语。是按照《约法》及《平政院编制令》，普通法院只应审判民事及刑事诉讼，而行政诉讼，则应陈诉于平政院，非普通法院所应受理（《约法》第十条）。（三年抗字第46号）

司法司，无审判权。

【正】司法司既非现行编制法上有正当权限之审判衙门，自不能为本案有效之审判。（三年上子第47号）

因承领浮多权所生之争执，仍属于民事诉讼范围。

【正】放领浮多，固属行政处分之一种，然当事人间如因承领权利之谁属而有所争就者，其讼争之性质仍属民事诉讼，即按照向例，亦当然应受普通审判衙门之审判。（三年上字第69号）

无审判权衙门所为之裁判，无效。

【正】《各级审判厅筹备事宜》"管辖"节内开："未设审判厅之府、厅、州、县，依法递控到省之案，俱应向省城高等审判厅起诉，惟此项案件系专指依法递控、曾经该地方官判断有案且未逾上诉期间者而言"等语，是高等审判厅成立后，地方官所判案件如逾法定期间而不声明上诉者，其判决即属确定且不上诉于高等审判厅而上诉于无审判权之行政衙门，该行政衙门对于该案而为判断，自属当然无效。在原第一审仍应照确定之判决执行，并无照该行政衙门所判执行之职务。（三年抗字第105号）

人民向县呈递诉状，应审察其请求之目的若何，以别其为民事、刑事。

【正】未设审判厅各县地方，刑事采用私人诉追主义。故人民递状，欲辨别其应属民事抑属刑事，当审察其请求之目的若何，而后可予断定。至其请求者，若系办罪，固不必引举法条、开示罪名，即应归刑事，依刑法及刑事诉讼法则审判；其人民对于县判声明上诉者，若系被告，自可依法为刑事受理；若系原告诉人，仍应呈由该管高等检察厅依法办理。而要不许以刑事被告之上诉，误作为民事，依民事法则受理，更不能因被告之误认诉讼关系而即为移转也。（三年上字第170号）

行政处分，虽用与司法裁判同一之形式，亦非普通法院所应纠正。

【正】从前府、厅、州、县衙门兼有司法上及行政上两种职权，而其处理司法案件及实施行政处分虽往往用同一之形式，然二者性质截然不同。行政处分当然受上级行政机关之监督，非司法衙门所应纠正；即令当事人误向法院上诉，亦应指令诉愿于该管上级行政机关，以资救济，不当遽行受理。（三年上字第234号）

请求之一部关于行政处分者，亦应指令其诉愿或为行政判讼。

【正】普通法院只能受理民事及刑事，其纯属于行政处分者，固非普通法院所能受理。即当事人请求之一部分有关于行政处分，亦应指令另案诉愿于该管上级行政机关或依法起诉于平政院，以资救济，而不得并予受理。（三年上字第254号）

司法裁判与行政处分区别之要点在能否自由裁量。

【正】司法权作用与行政权作用所以区别之点，即在司法系对于特定事件，就其所争事实及法规予以一定之解决。易言之，即就特定事件适用法律（保护法律所认之利益，为其结果，非其目的）而不得为自由裁量是也。至于行政，则其目的非专在适用法律，乃于法律范围之内以谋国家及国民之利益为主，而得有活动之余地。故如同一机关得兼行政司法之权者，其对于特定事件之处置，究系司法裁判抑为行政处分，自应审查其所决定者为何事。如系关于国家刑罚权或国家与人民及人民相互间之私权关系，为维持法规起见，解决其事实上或法律上之争点而为之判断，则为司法裁判。此种裁判，即以适用法律为本分，无所用其自由裁量。反是，如系为维持国家及国民之利益应新为一定之处置（决定特定之法律关系）或变更从前之处分（变更特定之法律关系）而为之行政权之一方行为，则为行政处分。此种处分，虽应以法规所定范围为限，而得实施其活动之力。从来县知事兼有司法上及行政上两种职权，其处理司法事件及实施行政处分虽往往用同一之形式，然二者性质固属截然不同。其确为行政处分者，当然受上级行政机关之监督，非司法衙门所能纠正。即令当事人误向司法衙门上诉，亦应指令诉愿于该管上级行政长官，以资救济，毋庸予以受理。（三年上字第404号）

各府长官，无第二审审判权。

【正】前清宣统元年七月初十日法部奏定《各省城、商埠各级审判庭筹备事宜》第四条“管辖”内开：“地方厅辖境内之城镇乡，其词讼虽暂归府、厅、州、县官受理，有不服时，仍可（中略）就该地方审判厅上诉（中略）。查其应以本厅为第二审者，即照章归本厅审判；应以高等审判庭为第二审者，民事令自赴该厅起诉（中略）。未设地方审判厅之府、厅、州、县，依法递控到省之案，向归臬司或发审局审理者，均应向省城高等审判厅起诉，由该厅按照前条区别，应以本厅为第二审者判决，后许其照章向大理院上诉；应以本厅为终审者判决时，并宣告该案无上诉之权（下略）”等语。是各府长官惟就其直辖地方民、刑诉讼有第一审审判权，而就各州县判断不服上诉案件，则应分别指令自赴高等厅地方厅声明上诉，不容迳予受理自为判断（原《各省城、商埠各级审判厅筹备事宜》第四条）。（三年上字第751号）

国家机关因存储款项与私人涉讼，应属普通审判衙门管辖。

【正】凡国家所设行政机关就国家之财产为谋国库利益或便利起见而为寄存、借贷及其他有偿无偿之行为者，亦与私人间之法律行为无异，应一律受私法上法则之支配。故除法令有明文外，并无国家强权之可言。即就寄存言，凡为寄存之国家机关与受寄人民，既同处于私法上对等之地位，则凡因私法上所生之权利义务而生争执以致涉讼者，若该机关区域内已设有地方审判厅，则应受该厅之管辖，不得越权，自为司法处置。设此项国家机关违背法令，以诉讼当事人之资格竟为裁判上之处置者，则由此所生之结果，均不能认为有效。（三年上字第886号）

行政官越权之处置，无行政处分之效力。

【正】行政衙门所为之处置是否可认为行政处分，应以其所处置之事件是否属其职权内为前提。若法令明寄其权限于司法衙门，并禁止行政衙门干涉，毫无解释之余地者，当然不能以行政衙门曾为越权之处置，即为行政处分。（三年上字第901号）

上诉审民事庭，不能越权干涉刑事裁判。

【正】刑事被告人不服第一审刑事判决者，应依刑事诉讼程序由上级审判衙门之刑事庭审判。至上级审判衙门之民事庭，则以纠正下级审判衙门民事裁判之违法为其行使职权之范围，对于第一审刑事裁判，当然不能为越权之干涉。（三年上字第1079号）

民事庭，不得附带办理刑事。

【正】附带私诉，虽得由受理公诉之刑事庭审判。至刑事事件与民事性质不同，不得由民事庭附带办理。（四年抗字第108号）

诉愿，亦非普通法院所应受理。

【正】《约法》第八条："人民依法律所定，有诉愿于行政官署及陈诉于平政院之权。"第四十五条："法院依法律独立审判民事诉讼刑事诉讼，但关于行政诉讼及其他特别诉讼，各依其本法之规定行之。"又查《平政院编制令》第一条："平政院审理行政官吏之违法、不正行为"各等语。是按照《约法》及《平政院编制令》，普通法院只应审判民事及刑事诉讼；而行政诉愿及诉讼，则应分别状请于该管上级行政长官或呈诉于平政院，非普通法院所应受理（《约法》第八条、第四十五条）。（四年声字第176号）

前清行使审判权衙门所为判决有效。

【正】前清行使审判权衙门所为判决，当然认为有效。（四年抗字第222号）

施主请拨庙产充学款，并非有意侵损庙者，不得对之提起民事诉讼。

【正】寺产经施主呈请拨充学款，并非有意侵损庙、藉此处分为不法行为之手段者，按之《约法》第四十五条、《平政院编制令》第一条及《行政诉讼法》第一条、《诉愿法》第一条至第四条之规定，不得对于被告提起民事诉讼（《约法》第四十五条；《行政诉讼法》第一条；《诉愿法》第一条、第四条）。（四年上字第569号）

对于假借行政处分侵害荒地管业权或先领权涉讼者，应由普通法院受理。

【正】凡受理关于放荒之事件，应以当事人一造依法令有管业权或先领权而因他造以行政行为为手段实行侵损者为限。盖若他人并未以行政处分为侵害管业权或先领权之手段，而利益于该造之行政处分纯系由该管行政衙门自行处置，则无论该处分是否违法并侵害他人权利，依现行法令只准受损人向该管上级行政衙门诉愿请求撤销处分，或更提起行政诉讼于平政院，要不能以司法裁判直接取消该行政处分。反是，如当事人系假行政处分而侵害人权利（即以行政处分而为侵害他人权利之手段），则纯粹为一种民事诉讼，只能由司法衙门受理审判。俟至裁判确定，该侵权行为人或应请求更正行政处分或为其他适当之处置，务令受害人回复原状。（四年上字第1312号）

对于假借行政处分侵害权利之人起诉者，属于民事诉讼。

【正】凡当事人以私人之资格，假官署之行政处分为侵害他人权利之手段者，受害人对于加害人得提起民事诉讼，请求侵权人回复其原状。（四年上字第1974号）

行政处分，非经上级行政衙门或行政审判衙门撤销，其效力仍存在。

【正】凡属行政处分，须由当事人依法诉愿或提起行政诉讼，由上级行政衙门或行政审判衙门撤销，其效力乃不能继续存在。（四年上字第2095号）

对于行政官署自为之处分，不得向普通法院起诉。

【正】凡当事人以私人之资格，假行政官厅之处分为侵权行为之手段者，其被害人对于加害人得提起民事诉讼。反是，若为损害原因之行政处分，纯系该官厅本于其职权而为，并无一私人之侵权行为介乎其间，则被害人只能向该管上级行政衙门诉愿或提起行政诉讼于平政院，以资救济，而不得向司法衙门请求回复原状。（四年上字第2150号）

讼争承领权利之谁属及承领之地是否荒地，皆属民事诉讼范围。

【正】放领荒地，固属行政处分之一种，然当事人如因承领权利之谁属及承领之地是否荒地而有争执，以及主张业经承领而诉请排除他人之干涉者，其讼争之性质皆属民事诉讼范围，即应受普通司法衙门之审判。（五年上字第653号）

受军事裁判所之裁判，不能向普通司法衙门声明上诉。

【正】军事裁判所之裁判是否合法，本非普通司法审判衙门所能受理审判之事项，即当事人对于该军事裁判所之判决有何不服，亦无竟向普通司法审判衙门声明上诉之理。（五年上字第815号）

民、刑事混合审判，根本上不能有效。

【正】现行法律，民、刑事诉讼程序已显然划分，除私诉程序外，不许混合审判，否则即属违法。虽当事人上诉对于此点并未声明不服，亦应依职权调查为相当之处置。盖违法混合，根本上不能有效也。（五年上字第817号）

请求保护因行政行为设定之私权者，应由普通法院受理。

【正】直接请求撤销或变更行政处分与请求保护因行政行为设定之私权有异：前者非依诉愿或行政诉讼不能请求救济；而后者则纯系请求保护私权，当然应属于民事诉讼，由

司法衙门受理审判。（五年上字第 862 条）

行政处分，若系由当事人呈请而发生者，第三人得以被害之故提起民事诉讼。

【正】行政衙门对于人民就一定土地上设定权利者，固为行政处分，惟此项行政处分若系由当事人绘具图说、指明地点、自行呈请而发生，因而致侵害第三人之权利者，则第三人对于呈请人固可因其权利被害之故，以民事诉讼程序起诉，请由审判衙门审判（如判决结果第三人胜诉时，则该呈请人有向行政衙门请求撤销其行政处分之义务），无必向行政官署诉愿之理。（六年抗字第 282 号）

上海会审公廨因窒碍不能行使中国法权时，不能认有审判权。

【正】上海会审公廨系根据前清同治七年《洋泾滨设官会审章程》，本系因条约所生之特别制度。该公廨审理诉讼，依照条约，应在中国领土内行使中国之司法权，则其裁判，自不能视为外国裁判。惟该公廨自辛亥以来，系由驻沪领事团代行管理，其判案之适用法律，亦与原条约所定不能相符。该项条约之效力即因事实上一时之阻碍而停止，此种阻碍事实，中国国家既未明认其于国际间为有效，则此事实上之判断行为，亦不得即谓为条约上中国司法衙门之裁判。犹之在中国国法上毫无司法权限之机关或个人，纵使事实上处理司法案件，仍不能即视为法律上有效之裁判。故现在会审公廨判决之案，如将其执行之事嘱托中国司法官署代为办理，则其所为之执行，亦仅为事实上之协助行为，不得即认为中国执行衙门之执行。即不能取得中国国法上执行衙门之资格，因是之故，如有第三人就其执行提出异议，即应将其异议作为民事诉讼，依普通诉讼程序受理审判，不能作为执行异议之诉（《洋泾滨设官会审章程》）。（六年抗字第 288 号）

行政法上之救济方法与民事法上权利不相妨。

【正】行政法上之救济方法与民事法上之权利原不相妨。故依法得提起行政诉讼之人，如果依民事法则有向加害人请求损害赔偿之权利，即不得以其未经提起行政诉讼，遂使其请求赔偿之权无端消灭。（六年上字第 671 号）

行政处分，得为司法裁判之根据。

【正】因行政处分而私人间生权义（私法上之权利义务）得丧之关系者，如该行政处分未经合法撤销，则司法衙门关于该权义之讼争，仍应以该行政处分为裁判之根据。（六年上字第 1055 号）

关于《契税条例》上之处罚，为行政官吏职权上之处置。

【正】《契税条例》及《契税施行细则》关于处罚之规定，其性质虽属特别刑法之一种，惟依该细则第十五条及第十六条规定，凡违犯该细则及契税条例而应科罚金者，得由各征税官署迳行核定。故县知事依据契税条例所为之罚金处分，虽袭用决定程式，有类于司法衙门之裁判，要仍系以征税官署职权所为之处分，不能认为司法裁判（《契税条例施行细则》第十五条、第十六条）。（七年抗字第 141 号）

因查追大清银行欠款有争执而诉请确认者，由普通法院管辖。

【正】行政衙门依财政部呈准《查追大清银行款项办法》行使行政职权，为之追究债款，如债务人主张其并不负欠该行之款，即应向有管辖权之审判衙门依法提起确认之诉。（七年抗字第189号）

营业执照之批销，非普通法院所可裁判。

【正】关于营业执照之批销，应由发给执照之官署为之，绝非审判衙门之所可裁判。（七年上字第648号）

人民争执官产为私有，应由司法衙门审判。

【续】民国四年财政部呈准《查追官产办法》，原指所有权确系归属于公家而被人侵占、冒认者，始行适用。若人民对于官产争执为其私有，则显属于私法上之讼争，自应由司法衙门受理审判。（八年抗字第399号）

诉请判令被告设法退出报领地或履行更正行政处分之义务，属于民事诉讼。

【续】原告起诉之本旨，若在令被告设法退出报领之地或判令被告履行请求更正行政处分之义务，并非要求司法衙门直接取消行政处分，则该项诉讼自系回复侵害之民事诉讼，司法衙门应予受理。（八年上字第788号）

二重丈放后，其前后承领人争执所有权，应由司法衙门审判。

【续】丈放地亩，固属行政处分，而一经合法丈放之后，其所有权即已移转于承领之人，除依法别有根据外，管理丈放之官署人员当然不得重行放给他人。即其重行丈放之处分，于法不能发生物权得丧之效力。而于二重丈放时，其前后承领人如有应由何人取得所有权之争执，亦即属于普通司法裁判之范围。（九年上字第169号）

雇员薪金，有时得提起民事诉讼。

【续】录事对于县知事请求补发薪金，如果其薪金确曾约定数额且国家已将公费发足而为县知事自身所拖欠者，自得提起民事诉讼。至薪金数额，无论根据于行政官厅之章程抑由县知事所核准，凡曾定有一定额数而为发给薪金之标准者，均属约定数额。（九年抗字第226号）

在私法关系之国家，因私法关系发生之争执，即属司法事项。

【续】国家在法律上原有两种关系：一为公法上之关系，一为私法上之关系。在公法关系之国家，对于人民为权力服从关系，于一定限度内固可用其强力；而私法上之国家，则与普通人民同，其与人民之权利义务，本属对等关系，不容以强权侵害人民之利益。至行政处分乃国家本于其行政权（公法上之权力）之作用，对于人民命其作为不作为，或对于人民为一种许可或免除或付与一种权利或剥夺其所与之权利，纯依其在公法上之地位始能为之。本件大清银行清理处，即假定在公法上可认为国家所设之机关，而其对于人民履行票据上之义务（开付票存），亦纯属私法关系，并无行使权力以行政处分或命令强行处理之余地。故因此项关系发生争执，即属司法事项，应由通常法院受理，依据有效之法令审判。（九年上字第681号）

第三条

关于失踪人财产管理人之选任，应归法院管辖。

【续】《法院编制法》第三条载："审判衙门按照法令所定，管辖登记及其他非讼事件。"关于失踪人管理财产人之选任及改选，即系非讼事件，应归法院管辖。（十二年抗字第147号）

第六条

高等审判厅公判案件，须推事三人出庭。

【正】《法院编制法》第六条规定："高等审判厅为合议制。"本案原审，计共审讯四次，除第三次系由推事周浩一人出庭，既据记明为讯问笔录，应认为受命调查，尚无违法外，而第一次公判乃由推事邓更一人为之，已与编制法不合；其第二次虽系三人出席，然记录中乃记明为讯问笔录，而第四次又未履行开始审理之程序，殊属不合。（七年刑上字第356号）

第二章　初级审判厅

第三章　地方审判厅

第十九条

已设地方厅之处，其地方官判决之初级案件，应向该厅上诉。

【正】现在有效之前清宣统元年七月初十日前法部奏定《各省城、商埠各级审判厅筹备事宜》第四条内载："地方审判厅管辖内之乡镇，其词讼虽暂归府、厅、州、县官受理，有不服时，仍可依照试办章程，就该地方审判厅上诉。该厅查其应以本厅为第二审者，即照章归本厅审判；应以高等审判厅为第二审者，民事令其自赴该厅上诉"等语。是已设地方厅之处，其地方官判决案件之归初级管辖者，应向该厅上诉（原《各级审判厅筹备事宜》第四条）。（二年上决字第25号）

已设地方厅之处，地方官不得受理诉讼。

【正】前清宣统元年七月初十日法部奏定《各省城、商埠各级审判厅筹备事宜》折内开："凡省城商埠已设各级审判厅之处，其界内诉讼事件，地方官不得受理。如有投告错误，当指令自赴该厅起诉。又开未设地方审判厅之府、厅、州、县，依法递控到省之案，向归臬司或发审局审理者，均应向省城高等审判厅起诉"各等语。寻绎原奏，是已设地方审判厅之处，地方官当然不能受理词讼。至上诉案件，则无论已、未设地方审判厅之处，地方官绝对无受理之权（原《各省城、商埠各级审判厅筹备事宜》第四条）。（二年抗字第81号）

不服帮审员初级案件之判决者，应分别上诉于地方厅或邻县审检所。

【正】依民国二年二月二十八日公布之《各县帮审员办事暂行章程》第十条，凡不服帮审员之初审判决或决定，属于初级管辖者，在附近地方审判厅检察厅或分厅上诉。其距

厅较远地方，得以邻县审检所为上诉机关（原《各县帮审员暂行章程》第十条）。（三年抗字第183号）

未设审判厅地方之县知事，得独立受理民、刑诉讼。

【正】未设审判厅各地方，县知事本有独立受理民、刑诉讼之权限。（四年上字第2067号）

第二十条

预审推事，不得再于公判中，充该案之独任推事。

【正】办理预审事务之推事，以不得再充该案之公判官为原则。虽《法院编制法》第二十条有例外规定，然亦以加入合议庭为限，不得将公判事务仍由该推事一人独任。（六年刑上字第303号）

第四章　高等审判厅

第二十七条

未经第一审正式判决之案件，高等厅不得受理控诉。

【正】案件虽经县署审讯而未经正式判决者，高等审判厅若遽行受理判决，按之《法院编制法》第二十七条规定，实有违背。（二年上字第51号）

前清宣统年间，地方官不能受理控诉。

【正】前清宣统元年七月初十日法部奏定《各省城、商埠各级审判厅筹备事宜》折内开："未设地方审判厅之府、厅、州、县，依法递控到省之案，向归臬司或发审局审理者，俱应向省城高等审判厅起诉"各等语。寻绎原奏，是上诉案件，无论已、未设地方审判厅之处，地方官绝对无受理之权（原《各省城、商埠各级审判厅筹备事宜》第四条）。（二年抗字第81号）

初级管辖案件，以高等厅为终审衙门。

【正】《民事诉讼律（草案）》关于管辖各节，业于民国元年四月初七日经大总统批准暂行援用。依该草案第二条规定，初级审判厅有第一审管辖权之案件，当然至高等厅为终审，其判决即时确定，无再上告于大理院之余地。（三年上字第13号）

地方厅之判决，应由该管高等厅受理控诉。

【正】自《法院编制法》颁行之后，对于地方审判厅之判决，应由该管高等审判厅受理控诉。其由行政衙门受理上诉、越权审判者，其审判为无效。（三年上字第704号）

事物管辖改正后，千元以下案件，以高等厅为终审。

【正】《民事诉讼律（草案）》"事物管辖章"第二条第一款，经司法部于本年二月二十五日呈奉大总统批准修正。凡民事诉讼金额或价额在千元以下者，统以高等审判厅为终审。（四年上决字第23号）

初级案件执行之抗告，亦以高等厅为终止。

【正】凡诉讼物之金额或价额在千元以下者，为初级管辖案件，概以高等审判厅为终审衙门，不得上诉于大理院。至执行抗告案件，虽无明文规定，自应本于《法院编制法》第十九条第二款第二号及第二十七条之精神，准照办理。（五年抗字第124号）

顺天境内之地方案件，以京师高等厅为第二审。

【正】《各级审判厅试办章程》第七条及《补订高等以下各级审判厅试办章程》第一条，原订京师高等审判厅之管辖区域虽仅限于京师内外城警厅所辖地面，然至宣统元年十二月二十八日《司法区域分划暂行章程》颁行以后，京师高等审判厅之管辖区域，已改为以顺天府辖境为其管辖区域。是顺天府境内之地方管辖案件，自应以该厅为第二审衙门（《司法区域分划暂行章程》第二条）。（五年抗字第140条）

初级案件之再审及抗告，亦以高等厅为终止。

【正】对于高等审判厅所为之终审裁判，不准其再上诉于本院。其关于再审及抗告之程序，亦即至高等厅为终止。对于该厅此等裁判，当然不得再向本院声明不服。（六年抗字第11号）

初级案件，应以高等厅或审判处为终审。

【正】凡初级审案件，应以高等审判厅或都统署审判处为终审。故当事人对于此项案件如有上告，应向该厅或该处为之，不得向本院声明不服（《审判处暂行规则》第四条）。（六年上字第13号）

初级案件，应以高等厅为终审，不问其已否判决。

【正】凡初级审案件，应以高等审判厅为终审，无论终审已否判决，均不得向本院有所声请。（六年声字第57号）

高等分庭关于地方管辖案件，非经嘱托，无受理控诉之权。

【正】高等分庭受理财产权上请求之控诉案件，其诉讼物价额在一千元以上，又未据该省高等审判厅嘱托分庭审理，而分庭所为判决，亦未经高等厅核定宣告，则其判决与高等分庭管辖权限条例不符，即系无管辖权之审判衙门所为之裁判，自难予以维持（原《高等分庭管辖权限暂行条例》）。（六年上字第368号）

第五章　大理院

第二十五条

解释法令，非私人所得请求。

【正】本院行使统一解释法令之权，系对于审检衙门或其他国家机关之质问而为解答。至于私人或其他非国家之公机关，自不得擅行请求；即有请求，亦未便予以答复。（三年声字第29号）

私人团体不得向大理院请求解释法令。

【正】对于本院请求解释法令者，以国家及地方之公机关为限，本院始予解答。其以私人或团体名义迳向本院为此项请求者，未便照答。（四年声字第141号）

下级审违背解释法令上之意见，当事人不依法声请救济而致裁判确定，即不许声请再审。

【补】本院判例或解释所为法令上之意见，依《法院编制法》第三十五条，下级法院一般裁判案件时虽亦不得违背，但违背时之救济，在法律上本另设有上诉或抗告之方法。苟当事人不依法声明而致原裁判确定，则该项违法之疵累已因确定而补正，即不许再以再审方法声明不服。（十五年抗字第20号）

第三十六条

从前地方官受理之案件，应以高等厅为终审者，不得上告于大理院。

【正】民国元年四月七日大总统批准暂行援用之《民事诉讼律（草案）》关于管辖各节第二条，初级审判厅对于因金额或价额涉讼其数在三百元以下之案件，有第一审管辖权。又查前法部奏定《各省城商埠各级审判厅筹备事宜》第四条管辖项下载，凡未设审判厅之府、庭、州、县，递控到省之案，应向省城高等审判厅提起上诉，由该厅按照前示法令关于管辖之规定，应以本厅为第二审者，判决之后，许其照章向大理院上告；应以本厅为终审者判决时，并宣告该案无上告于大理院之权（原《各级审判厅筹备事宜》第四条）。（二年上字第11号）

大理院无执行判决之权。

【正】本院为终审法院，专司纠察第二审判决是否违法，而无执行判决之职权。（三年呈字第32号）

大理院不得受理未经一、二审裁判案件之呈诉。

【正】本院除法令别有规定外，职司诉讼终审。凡诉讼案件，未经第一审及第二审裁判，来院呈诉者，概不受理。（三年呈字第54号）

民事非财产权上请求之件，应以大理院为终审。

【正】民事诉讼非财产权上请求之案件，概以本院为终审。故依《高等分庭管辖权限条例》，无论该项案件系以高等分庭或道署承审员为第二审者，均仍以本院为终审。（三年抗字第362号）

上告大理院之案件，高等审判厅无权审查其有无理由。

【正】本院特字第12号通告，嘱托外省高等审判厅审查向院上告案件，仅以不合上告期间及审级等事项之上告不合法者为限。至上告有无理由，本院于法并不能嘱托原控诉审代为审理裁判。原高等审判厅认上告为合法而以该厅所为第二审判决并未违法，以决定驳回其上告，殊属错误。（三年上字第947号）

大理院不得受理司法行政事项之声请。

【正】本院为终审法院，以纠正高等审判厅所为第二审裁判之违法为专职。若当事人

就司法行政事项向本院声请者，本院依法不得受理。（四年声字第13号）

大理院不能受理法定职权外之声请呈诉。

【正】本院关于普通民事诉讼之职权，在纠正第二审裁判之违法。故非对于第二审裁判声明上告或抗告或依法所为之声请，而系为法定职权外之声请呈诉者，概属不能受理。（四年声字第34号）

原告诉人对于第二审裁判声明不服，即与《法院编制法》所谓“依法令而抗告”之规定不符。

【正】原告诉人依《县知事审理诉讼暂行章程》，虽得对于县知事之裁判声明不服，而《各级审判厅试办章程》并无原告诉人对于第二审裁判声请不服之规定，乃竟声明不服，即与《法院编制法》所谓“依法令而抗告”之规定不符。（六年刑抗字第74号）

对于大理院之裁判，不得更行抗告。

【正】诉讼案件一经本院裁判，即属确定，不得再依抗告程序声明不服。（六年抗字第98号）

地方管辖案件，以大理院为终审。

【正】地方管辖案件，以本院为终审。当事人就此等案件声明上告，应由本院受理。（六年上字第1458号）

大理院对于不服高等审判厅之决定或命令，按照法令而抗告之案件，有审判权。

【正】查《法院编制法》第三十六条，大理院对于不服高等审判厅之决定或命令，按照法令而抗告之案件，有审判权。（七年抗字第26号）

第四十五条

大理院发还更审之案，下级审不得违背其法令上之意见。

【正】《法院编制法》第四十五条，“大理院及分院劄付下级审判厅之案件，下级审判厅对于该案，不得违背该院法令上之意见”等语。是凡本院就发还更审案件所表示关于诉讼法或实体法上之见解，该高等审判厅自应受其拘束，否则即属违法。（五年上字第960号）

更审之裁判，必以上告审法令上之意见为基础，以为裁判。

【正】凡上告审判衙门当废弃控诉审判决时，若系将该事件发还原审判衙门使再为审判者，则其被发还之审判衙门，自当为上告审判衙门法律上之意见所羁束，故必以该意见为基础而裁判之，为至当不易之理。（五年刑上字第1020号）

第六章　司法年度及分配事务

第七章　法庭之开闭及秩序

第五十五条

宣告判决，必须当庭宣告。

【正】《法院编制法》第五十五条："判决之宣告，应公开法庭行之。"是凡宣告判决，无论当事人遵传到庭听判与否，必开庭行之，方为合法。（二年抗字第12号）

第六十一条

维持法庭秩序，为审判长之职权，非当事人所得据以请求。

【正】按《法院编制法》第六十一条及第六十四条之规定，乃审判官依同法第五十七条所有维持法庭秩序之职权。故诉讼当事人或其代理人在法庭之言语举动有不当者，审判官酌量情形，自当依法办理，而要非相对人所得据以请求。（六年抗字第92号）

第八章　审判衙门之用语

第九章　判断之评议及决议

第十章　庭丁

第十一章　检察厅

第九十条

刑事案件被害人及其亲属，无上诉权。

【正】查《各级审判厅试办章程》第五十条、第五十九条，被害人虽可为刑事诉讼原告，然颁布在后之《法院编制法》第九十条规定，提起公诉、实行公诉专属于检察官之职权。依后法优于前法之通例，《试办章程》所载"被害人得为原告"之条文，当然失其效力。是除检察官及被告人外，凡被害人及其亲属，皆不得有上诉权，已无疑义（原《试办章程》第五十条、第五十九条）。（二年刑抗字第3号）

刑事案件，惟检察官及被告人有上诉权。

【正】查《法院编制法》第九十条第一款之规定，已采用国家诉追犯罪主义。故在已设审判厅，即该法已完全实施之地方，对于犯罪提起公诉，其权专属于检察官。至于上诉，除已属检察官职务外，认被告人对于不利益之裁判，亦得享有此权；皆所以重公益也。（二年刑抗字第4号）

检察官发见犯罪，不待告发，即得起诉。

【正】查现在刑事诉讼已实行国家诉追主义。果系发现犯罪，检察官得径行起诉，何待告发？（二年刑上字第40号）

审判厅管辖之案件，被害人仅得为告诉及提起附带私诉；而无关涉之人，则仅得告发。

【正】查审判厅审理刑事案件，已采用国家诉追主义。固犯罪之审判论，原则必待起诉；而提起公诉，其权全属于检察官。至于控诉及上告，除属检察官职务外，并认被告人对于不利益之裁判，亦得享有此权。若被害人，关于刑事，得告诉于检察官、司法警察；而关于私权上所受损害等事，亦得在审判衙门附随于刑事案件为附带私诉。其于事件无关涉之人，则仅得为告发，而概不能向审判衙门径行起诉，更不能对于初审、第二审所为之判决声明不服而为控诉或上告。现在凡设审检庭之地方，即为现行《法院编制法》效力已经完全实行之地。《法院编制法》第九十条第一款之规定，即不外确定国家诉追制度，实与前法部所订《各级审判厅试办章程》第五十条、第五十九条规定，以被害人为刑事原告之意，略有抵触。然该章程颁布在前清光绪三十三年十月二十九日，而《法院编制法》则于前清宣统元年十二月二十八日颁行，即谓二者名称不同，要皆属之奏定；而以后法胜前法之公例律之，则《法院编制法》自应有优越之效力。（二年刑上字第110号）

《民诉条例》规定，人事诉讼应由检察官莅场陈述意见，与《编制法》第九十条二款规定并无抵触。

【补】《法院编制法》第九十条规定检察官之职权。其第二款载：“民事及其他事件，遵照《民事诉讼律》及其他法令所定，为诉讼当事人或公益代表人，实行特定事宜”。而旧《高等以下各级审判厅试办章程》第一百一十一条第一项规定，“检察官对于民事诉讼之审判，必须莅庭监督”者，仅泛称婚姻、亲族、嗣续事件，并未指明种类。故本院从前判例，均从广义解释，只须该事件与婚姻、亲族、嗣续有关，即应由检察官莅陈述意见。但自《民事诉讼条例》施行后，所谓人事诉讼应由检察官莅场陈述意见者，已有明文规定种类；则不合于所定种类之事件，即不应援用本院从前判例而认为仍由检察官莅场陈述意见。此与《法院编制法》第九十条第二款所谓“遵照《民事诉讼律》所定”仍属相合，并无前后抵触之可言。（十五年上字第1920号）

第十二章　推事及检察官之任用

第一百零八条

学习推事行代理推事之职务者，得参与审判。

【正】学习推事行代理推事之职务者，即有审理之职权，其所为之判决有效。（四年上字第1003号）

第十三章　书记官及翻译官

第十四章　承发吏

第十五章　法律上之辅助

第十六章　司法行政之职务及监督权

第一百五十八条

执行衙门违反职务者，应向监督长官请予督饬办理。

【正】执行衙门违反职务，不为照判执行，或故为与原确定判决内容相反之执行或延不执行者，当事人可迳向监督长官，即该管高等审判厅长及司法总长，请予督饬依法办理。（二年声字第 14 号）

审判迟延，得请监督衙门饬催。

【正】当事人如因审判衙门进行延滞，声请从速审判者，得详叙理由，径自呈催。倘承审官无相当之理由，故意搁置不予审判者，如已具备声请拒却之要件，固得依法声请拒却该承审官，而当事人仍可向各该衙门及该管监督衙门之长官请予饬催，唯不得向上级审判衙门为抗告。（二年抗字第 46 号）

诉讼进行之迟速，上级审衙门无从干预。

【正】审判衙门审判案件，自以公平、迅速为职务上应尽之责任。惟现行法上，上级审判衙门仅有撤销或更改下级审审判之职权；其诉讼进行之迟速，则应由司法行政监督长官司之，审判衙门实属无从干预。（三年呈字第 8 号）

因第一审裁判延宕声明抗告者，应认为向该管监督司法行政长官陈述之件，毋庸由合议庭裁判。

【正】凡以第一审延宕不予判决等情声明抗告者，在当事人虽袭用抗告名称，实则为人民向监督司法行政衙门提出呈诉；既非诉讼案件，不能受理裁判。故除由该管监督司法行政长官（高等审判厅长）为相当处置外，无庸组织合议庭之推事为呈诉内容之调查。（三年上字第 76 号）

当事人不得请上级衙门饬下级审从速判决。

【正】未经判决之案，当事人欲求速结或审判衙门不为依法迅速判决者，该当事人应向该案所系属之审判衙门状催或向该管监督长官（庭长）请求督饬进行，不得向上级审请求饬下级审从速判决。（四年声字第 188 号）

纠正执行衙门之裁断，不属于司法行政监督范围。

【正】关系执行衙门职务上之监督（如迟延不予执行等）与纠正执行衙门之裁断，本系判然两事。职务上之监督权，固应属于上级司法行政长官；而纠正执行衙门之裁断，则为上级审判衙门职权范围内之事。当事人对于执行衙门之裁断有所不服，仍应按照通常上诉程序办理。（六年抗字第 155 号）

行政诉讼法[1]

第一条

施主请拨庙产充学款，并非有意侵损庙产者，应归行政诉讼或诉愿。

【正】寺产经施主呈请拨充学款，并非有意侵损庙产、藉行政处分为不法行为之手段者，按之《约法》第四十五条、《平政院编制令》第一条、《行政诉讼法》第一条及《诉愿法》第一条至第四条之规定，不得对于被告提起民事诉讼（本号判例与《约法》四十五条及《诉愿法》第一至四条互见）。（四年上字第56号）

〔1〕《行政诉讼法》1914年7月20日由北洋政府公布施行。——点校者注。

诉愿法

第一条

施主请拨庙产充学款，并非有意侵损庙产者，应归诉愿或行政诉讼。

【正】寺产经施主呈请拨充学款，并非有意侵损庙产、借行政处分为不法行为之手段者，按之《约法》第四十五条、《平政院编制令》第一条、《行政诉讼法》第一条及《诉愿法》第一条至第四条之规定，不得对于被告提起民事诉讼（本号判例与《约法》四十五条及《行政诉讼法》第一条，本法第二条、第三条、第四条互见）。（四年上字第569号）

第二条

施主请拨庙产充学款，并非有意侵损庙产者，应归诉愿或行政诉讼。

【正】寺产经施主呈请拨充学款，并非有意侵损庙产、借行政处分为不法行为之手段者，按之《约法》第四十五条、《平政院编制令》第一条、《行政诉讼法》第一条及《诉愿法》第一条至第四条之规定，不得对于被告提起民事诉讼（本号判例与《约法》四十五条及《行政诉讼法》第一条，本法第一条、第三条、第四条互见）。（四年上字第569号）

第三条

施主请拨庙产充学款，并非有意侵损庙产者，应归诉愿或行政诉讼。

【正】寺产经施主呈请拨充学款，并非有意侵损庙产、借行政处分为不法行为之手段者，按之《约法》第四十五条、《平政院编制令》第一条、《行政诉讼法》第一条及《诉愿法》第一条至第四条之规定，不得对于被告提起民事诉讼（本号判例与《约法》四十五条及《行政诉讼法》一条、本法一条、二条、四条互见）。（四年上字第569号）

第四条

施主请拨庙产充学款，并非有意侵损庙产者，应归诉愿或行政诉讼。

【正】寺产经施主呈请拨充学款，并非有意侵损庙产、借行政处分为不法行为之手段者，按之《约法》第四十五条、《平政院编制令》第一条、《行政诉讼法》第一条及《诉愿法》第一条至第四条之规定，不得对于被告提起民事诉讼（本号判例与《约法》四十五条及《行政诉讼法》一条、本法一条、二条、三条互见）。（四年上字第569号）

覆判章程

第一条

应送覆判案件，不得执行。

【正】应送覆判案件，第一审竟以堂论代判决，并不依法作成判词，且不待判决确定即行执行，均属违法（旧《覆判章程》第一条）。（五年抗字第19号）

覆判判决后，仍准声请回复上诉权。

【正】查覆判判决后，并无不准声请回复上诉权明文，自应予以受理，审查其内容有无理由，分别准驳（旧《覆判章程》第一条；《刑诉条例》第二百一十四条）。（六年抗字第29号）

覆判审不得受理不应送覆判之案。

【正】县知事判决普通窃盗罪之案，不在应送覆判之列。其有误送，覆判高等厅误为更正判决者，经上告后，应将原撤销（旧《覆判章程》第一条）。（六年上字第238号）

第二条

覆判案件，高检厅仅有附具意见书转送覆判之职务。

【正】覆判案件，高等检察厅仅有附具意见书转送覆判之职务，并无请求覆判之特权（旧《覆判章程》第一条）。（五年抗字第18号）

第四条

覆判审与控告审有同一之性质。

【正】覆判审与控告审同为第二审性质，有审理事实与法律之权（旧《覆判章程》第三条）。（三年上字第140号）

非经提讯，不能变更事实。

【正】原审并未提讯，辄变更第一审认定之事实，加重其刑，殊属非是（旧《覆判章程》第三条）。（三年上字第476号）

覆判审更正初判权限。

【正】覆判审对于初判得为更正之判决者，应以引律错误、于罪并无出入，或仅失入及引律并无错误而罪有失出者为限。其因不适用法律致罪有失出者，自不在此范围之内（旧《覆判章程》第三条）。（五年上字第461号）

覆判发见证据未足者，当为覆审之决定。

【正】查《覆判章程》第三条第二款："证据未足者，为覆审之决定。"被告人既涉有重大嫌疑，尽有调查之余地，自应酌量情节，决定覆审方为合法。乃原审因初判所举情形稍有未合，即予宣告无罪，而不复依法进行，揆诸发见真实主义，殊相刺谬（旧《覆判章程》第三条）。（五年上字第660号）

误将杀人及伤人俱发之案判为帮助杀人者，为失出。

【正】县知事初判科被告人以帮助杀人罪且援用第五十四条减等问拟之案，覆判审如认系杀人及伤害人俱发并认为不应减等者，则初判为引律错误，致罪有失出（旧《覆判章程》第三条）。（六年上字第95号）

县知事误将准正犯判为从犯者，为失出。

【正】县知事判决依从犯论罪之案，覆判审如认系准正犯，则初判为引律错误，罪有失出（旧《覆判章程》第三条）。（六年上字第327号）

县知事于数罪俱发之案判为一罪者，为失出。

【正】县知事判决入室行窃之案，经覆判审认系入室行窃之俱发罪，则初判为引律错误，致罪有失出（旧《覆判章程》第三条）。（六年上字第645号）

覆判审于更正判决之案，不得变更初判所认定之事实。

【正】覆判审就引律错误致罪有失入之初判为更正判决者，只应就初判事实纠正引律科刑之点，不能变更初判之事实（旧《覆判章程》第三条）。（六年上字第718号）

失出、失入以法定刑为标准定之。

【正】《覆判章程》所谓"出"、"入"者，以法定刑为标准。其有县知事判决伤人之笃疾之案，覆判审认系杀人未遂者，则初判为引律错误，致罪有失出（旧《覆判章程》第三条）。（六年上字第910号）

初判引律错误，虽所处之刑轻重相当，覆判审仍应为更正之判决。

【正】原审既以被告人持斧砍杀胞兄甲、乙之所为，应依《刑律》第三百一十一条、第二十三条第一款处断。初判认为第三百一十二条之俱发罪系引律错误，则此种引律错误之初判显系失入，依《覆判章程》第四条第三款应为更正之判决。虽初判判处被告人死刑及定为执行死刑之结果，经纠正律文后，仍认为应科死刑、定为执行死刑，然不能谓初判之引律为非失入，即不能遽为核准之判决。原审认为处刑尚不因律文更正致有重轻，仅将从刑更正，其主刑部分予以核准，实属违法（旧《覆判章程》第四条）。（七年非字第60号）

覆判审于更正判决，不得变更事实。

【续】覆判审就覆判案件为更正判决者，不得变更初判认定之事实。（十年非字第21号）

第七条

既经提审，不得发还更正。

【正】本案既经原审判厅提审，是原审在法律上即属第二审。依诉讼法例，凡第二审审判之案件，惟对于第一审所为管辖错误或驳回公诉之判决认为不当而撤销者，得以该案件发还原审。至于调查事实之范围，在第二审本有审查之职权；如认原审调查未尽确时，自应由第二审详加调查，非上告审专在纠正法律、本无调查事实之权者可比，何得发还原审判衙门更为审判？（旧《覆判章程》第四条）（三年上字第437号）

覆审决定不得撤销初判；但已撤销者，经提审后，应就实体为判决。

【续】本案经县署初判后，曾送经原审先以决定将初判撤销，始予提审。其撤销初判之决定正当与否，姑不具论，但因已将初判撤销，则提审后，自应就实体上另行判决。乃原审竟又维持已撤销之初判，殊属错误。（十年上字第106号）

覆判审于指定推事莅审后，应咨询检察官意见，再由该推事参预合议庭判决，令县论知。

【续】高等审判厅依《覆判章程》（旧章）第四条第一项第二款及第五条第一项第四款为覆审之决定，并指定推事一人莅审之案件，莅审推事覆命后，应先咨询检察官之意见（如系应指定辩护人辩护之案，应并指定辩护人出具辩护意旨书），再由该推事参与合议庭判决，令县论知，始与《法院编制法》之精神相符（参照统字第1614号解释）。（十年上字第1187号）

第十一条

更正判决处刑较轻或相等时，不许被告人上诉。

【正】《覆判章程》第三条第三款之更正判决，其处刑较初判为轻或与相等，征之同章程第八条第一项之法意，自无许被告人上诉之理（旧《覆判章程》第八条）。（四年上字第33号）

覆判案件，一经上诉，即应适用通常诉讼程序。

【正】覆判案件一经上诉，即应适用通常诉讼程序。其上告审发还更审之案，控告审判衙门非提同被告人，经过言词辩论之后，不得判决。质言之，即不得适用《覆判章程》，仍用书面审理（旧《覆判章程》第八条）。（五年上字第139号）

覆审案件，经检察官控告，得用书面审理者，以第一审认定事实业已明鉴者为限。

【正】经覆判审发还覆审之案，检察官声明控告、得用书面审理者，以第一审认定事实已经明确，在控告审止有法律适用是否合法问题之案为限。若第一审仅叙述告诉人、被告人及证人之供词，而被告人犯罪之事实并未叙述者，自系事实尚未明确；而控告审乃以书面审理自为认定者，殊与直接审理之原则有违（旧《覆判章程》第八条；县诉章程第二十二条）。（六年抗字第976号）

覆审判决所处之刑，虽仅从刑较初判加重，亦应准许被告人书面上诉。

【续】查《覆判章程》第七条第一项（旧章）规定，依第五条第一项各款所为之判决，若重于初判处刑时，被告得声明上诉。所谓处刑重于初判者，并不以主刑为限。（八

年上字第 377 号）

初判处徒刑后易科罚金，虽覆判审将易科部分撤销，但使科处徒刑未加重，即非重的初判。

【续】 上告人因伪造文书，经初审判处五等有期徒刑二月，覆判更正仍处五等有期徒刑二月，是处刑并未加重。虽初判适用《刑律》第四十四条准其易科罚金而覆判予以撤销，依《刑律》第三十七条第二项规定主刑之次序，罚金固较徒刑为轻，但查《刑律》第四十四条第二项明称“依前项之例易罚金者，于法律以受徒刑之执行论”，足见初判所处者，仍属徒刑性质，究难谓覆判之处刑重于初判。（九年上字第 1 号）

检察官于覆判案件上诉期间，自所属厅接收判词之翌日起算。

【续】 查《覆判章程》第六条第一项（旧章）规定，“依第四条第一项第一款判决之案，由高等审判厅于判决后送高等检察厅或分厅接收”。又同章程第七条第二项规定，“检察官对于第四条第一项第一款之判决，得声明上告。其声明上告期间，自接收判决之翌日起算”各等语。两条文义相承，关于第七条所定上诉期间起算点之接收，显即第六条之检察厅或分厅接收已无疑义。（十年上字第 31 号）

被告得为上诉与否，以被告不服者系所列举之判决为限。

【补】 适用《覆判章程》第十一条第二项以解决被告得为上诉与否，［以］被告不服者系所列举之判决为限。若已由所列举之判决变而为他之判决，即不得援引该条项，谓被告无上诉权。（十五年抗字第 42 号）

县知事审理诉讼暂行章程

第一条

初级管辖案件，县知事纵有回避原因，承审员仍可单独审判地方案件；县知事与承审员应共同负责。

【补】依《修正县知事兼理司法事务暂行条例》第二条第二项及《修正县知事审理诉讼暂行章程》第一条第二项解释，县知事对于初级管辖案件原可不为干预，不能谓县知事有回避原因，承审员即当然不得审理；若在地方管辖案件，县知事与承审员应共同负责。县知事有回避原因时，依《修正县知事审理诉讼暂行章程》第六条规定，高等审判厅即应将该案件移转于距离该县最近之法院或司法公署或兼理诉讼之县知事审理，或酌派所属推事及邻近县公署或司法公署之承审员到县审理，固不问其承审员是否同时有回避之原因。（十五年抗字第162号）

第三十一条

原告诉人对于县知事判决之案舍弃其呈诉不服权者，准用《刑事诉讼条例》关于舍弃上诉权之规定。

【补】原告诉人对于县知事判决之案，如愿舍弃其呈诉不服权者，得准用《刑事诉讼条例》第三百八十条及第三百八十三条第一项前半［段］关于舍弃上诉权之规定。（十五年上字第617号）

京师被灾债户减成偿债结案办法

关于《京师被灾债户减成偿债结果办法》之解释。

【正】京师市政维持会所议《被抢商号还债办法》非公布之法令，并无强制力。又近来，司法部虽订有《被灾债户偿债办法》呈奉批准施行，然查所订办法，系由部饬商会调查被灾铺户现未清偿债务者，先由该会传集两方议决减成或分期偿债办法，禀部核夺；如双方未能协议解决以致成讼，即由该管法院按其情形判令减成或分期偿还。其未经商会调查协议之前，即先向法院起诉者，自不得视同一律。（四年上字第 2389 号）

附录一

大理院判例要旨汇览正集序

旧制，民事有公断、有处分而无裁判；嗣续、婚姻外，几无法文可据。刑事，可比附、援引，强事就法，往往而有。民国以后，大理院一以守法为准，法有不备或于时不适，则藉解释以救济之。其无可据者，则审度国情，参以学理，著为先例。而案件坌壅十倍，前清费少事繁，官缺有限，同人奋励，差免陨越，迄于今日，得以历年所著成例公诸当世，备参考，供取资，宁非幸事哉！顾念改组之初，吴兴章公〔1〕实长院事，有经营创始之劳。武进董公〔2〕继之，规随守成，护持尤力。震不敏，在庭长任，始终与闻。戊午秋，谬承二公之后，忝长院事，颇以改订办事章程及编辑判例为急务。越十月，而办事章程呈准施行；又越半载，而判例编辑告竣。因乐观厥成也。为志缘起如此！

中华民国八年十二月　姚震

---

〔1〕 章宗祥，字仲和，浙江吴兴获港（今湖州南浔区和孚镇）人。清朝秀才，清光绪二十五年（1899年）留学日本，先入东京帝国大学，后获明治大学法学士学位。光绪二十九年（1903年）回国，在北京京师大学堂任教，清廷赐进士出身。辛亥革命后，曾任大理院院长第二任院长（1912年7月26日至1914年2月20日）。

〔2〕 董康（1867年～1947年），原名寿金，字授经，号诵芬主人，江苏武进（今常州市）人。光绪十六年（1890年）中进士，授刑部提牢厅主事，总办秋审兼陕西司主稿。辛亥革命后，董康赴日本帝国大学留学，攻读法律。回国后，先后在东吴大学（1924年）、上海法科大学（1925年）、北京大学（1933年）任职。曾任大理院院长第三任院长（1914年2月20日至1918年）。

大理院判例要旨汇览正集例言

一、本汇览系节取大理院自民国元年改组至民国七年十二月底之裁判文先例，经曾与评议之推事再三审定，认为确符原意。凡援引院判先例者，除将来续出新例、未经刊印者外，应专以此书为准。至司法讲习所旧设编辑处刊行之二年度判例，业经分别编入此书，幸留意焉。

二、重复各例，除第四所揭情形外，不录。惟互有详略者，酌存之。

三、关于已废法令各例，除于解释现行有效法令尚有关系者外，不录。

四、同一例涉及二以上之法令、法条者，关系各处并行列入。关于举证责任之判例，按之《民诉律（草案）》于第三编第一章第六节及第二章第三节，均可列入。今为便利计，悉列入第一章第六节内。

五、各法名称有成文法者，依其原名；无成文法者，依其性质以定名称。

六、各法分列章次。有成文法者，依其所定；无成文法而有草案者，依前清修订法律馆各该草案所定。惟不无斟酌情形加以修改之处。例如，民法物权编不动产典权，经判例认为，系我国固有之特种独立物权，与所谓不动产质权之性质迥异；又习惯法上之先买权、铺底权，亦有独立物权性质，均不能不另列为章；《民诉》则于第三编第一章内另立“和解”一节；《刑诉》则因预审现系属之推事，应与“提起公诉”节易其先后等，皆是。

七、关于现行律，民事有效部分各例，分别性质，插入民、商各法之内；《各级审判厅试办章程》、《县知事审理诉讼暂行章程》及其他单行各规则，均分别列入民、刑事诉讼法之内。

八、关于民法宗祧承继之例，除嗣子之权利义务列入亲族编嗣子节外，余均列入承继编宗祧承继章内。

九、要旨后，酌将关系成文法条附注，以便参照。惟仅列数字，省略第条及千百十等字。

十、要旨栏上摘录眉批，俾便检阅。其同一例而涉及二以上之法令、法条互见数处者，眉批亦各别摘录。

十一、现行律法条栏，系前清现行《刑律》、关于民事继续有效部分之略；《编制法》系《法院编制法》之略；“管辖”各节系，《民诉》或《刑诉律（草案）》经司法部呈准暂行援用各该节之略。“再理编”、“执行编”系《刑诉律（草案）》经呈准暂行援用各该编之略；《试办章程》系《高等以下各级审判厅试办章程之略》；《县诉章程》系《县知事审理诉讼暂行章程》之略。

十二、民国八年度以后续出新例，此书未及刊印者，追加出版或另编改版。

十三、民国元年至民国七年度，大理院民、刑事庭审判长及推事一览表揭载备考。

十四、担任编辑此书各员，列表备考。

中华民国八年十二月　大理院编辑处识

大理院判例要旨汇览正集订正例言

一、各例在嗣后颁行法令已有明文规定者，酌为删除；其有抵触者，亦同。

二、关于民、刑事诉讼法之判例，依民、刑事诉讼条例编次及法条，但各例用语，如“决定”、“命令”之类，仍从其旧。

三、民、刑诉讼法原有数例共一眉批，兹为便于检查并求一律起见，每例均摘录眉批。其意义相同，不须并存者，即从删除。

四、关于《强制执行法》之判例，依《民事诉讼执行规则》编次及法条，但假扣押、假处分、假执行部分，仍列入《民事诉讼法》内。

五、前书出版匆卒，颇多误字；其所录眉批，亦有尚欠明瞭者；兹依裁判书原本，概为更生。

中华民国十五年十二月　大理院编辑处识

大理院判例要旨汇览编辑员一览表
（民国八年十二月）

担任职务	官称	氏名	备考
刑事判例要旨	总检察厅检察长 前大理院庭长	汪爔芝	
民事判例要旨	大理院庭长	余棨昌	
刑事判例要旨	同上	潘昌煦	
民事判例要旨	现署修订法律馆副总裁兼总纂 本任大理院庭长	陆鸿仪	
刑事判例要旨	大理院庭长	李景圻	
民事判例要旨	同上	李祖虞	
民事判例要旨	同上	朱学曾	
刑事判例要旨	同上	徐彭龄	
民事判例要旨	大理院推事代理审判长	李怀亮	
民事判例要旨	现署修订法律馆总纂 本任大理院推事	石志泉	
民事判例要旨	大理院推事	胡诒穀	
民事判例要旨	同上	陈尔锡	
刑事判例要旨	同上	祁耀川	
刑事判例要旨	同上	郁华	
民事判例要旨	前大理院推事	曹祖蕃	改充律师后不复担任
刑事判例要旨	大理院推事	潘恩培	
民事判例要旨	同上	李栋	
民事判例要旨	同上	林鼎章	
民事判例要旨	现署奉天高等审判厅厅长 本任大理院推事	吕世芳	
民事判例要旨	大理院推事	刘钟英	
民事判例要旨	前大理院推事	胡锡安	改就行政官职后 仍继续担任
刑事判例要旨	大理院推事	朱得森	
刑事判例要旨	同上	许泽新	
民事判例要旨	同上	刘含章	
民事判例要旨	同上	张孝琳	

大理院判例要旨汇览续集序

各国最高法院判决例，司审判者咸视为准绳。盖所以泯法律见解之分歧而保裁判之尊严也。我国法典未备，各级法院听狱理讼，尤赖树之正鹄，以定指归。曩者，本院《民刑事判例要旨汇览》一经出版，颇见流传。其创始之初，不佞亦当躬亲其役矣！顾其编辑，仅自民国初元迄于七年为止，不有赓续，曷广取资？况欧战以还，德、奥、苏俄各侨皆已隶我法权，事理物情，倍增繁颐，而民、刑诉讼条例迭见颁布，进行程序间，亦变更均宜，推陈出新，以质当世。本院同人，于此咸各引为己任，虽复案牍山积，日昃不遑，而犹分抽寸晷，从事搜讨，其不辞劳苦，有足志者。全功既竣，用弁数语。萧何有言，斠若画一，以今方古，无逾此旨。愿我法曹，其亦互守规随之义也可！

中华民国十三年十二月　余棨昌

大理院判例要旨汇览续集例言

一、本汇览续编系赓续前编，就大理院民国八年一月至十二年十二月之裁判成例，节取编辑。本编所载有与前编抵触者，无论有无变更先例字样，概以本编为准。

二、关于民、刑事诉讼法之判例，依民、刑事诉讼条例编次及法条；其已废法令，酌于要旨后附注，以便参照。

三、关于《强制执行法》之判例，依《民事诉讼执行规则》编次及法条。惟假扣押、假处分、假执行部分，列入《民事诉讼条例》内。

四、判例用语因前后或同时适用之法令用语不同，各从其法令所定，不求一致。例如，前称决定、命令，后称裁决；前称私诉，后称附带民事诉讼；前称诉讼行为濡滞，后称迟误；民事称裁判废弃；刑事称裁判撤销之类。

五、附注法条，均注明数目、字例。如《民诉条例》二四二，即《民事诉讼条例》第二百四十二条。其一条有数项者，以之字别之。例如，《民诉条例》二四二之一，即《民事诉讼条例》第二百四十二条第一项。其有数款者，以小号字别之。例如，《民诉条例》四五八条之一、四，即《民事诉讼条例》第四百五十八条第一项第四款。

六、除上列各条外，余从前编例言所定，兹不赘。

中华民国十三年十二月　大理院编辑处识

大理院判例要旨汇览续编编辑员一览表
（民国十三年十二月）

担任职务	官称	氏名	备考
刑事判例要旨	总检察厅检察长	汪爔芝	
民事判例要旨	大理院庭长	潘昌煦	
民事判例要旨	前修订法律馆副总裁	石志泉	
刑事判例要旨	大理院庭长	李景圻	
民事判例要旨	前大理院庭长	朱学曾	
刑事判例要旨	大理院庭长	徐彭龄	
民事判例要旨	同上	李怀亮	
民事判例要旨	同上	胡诒穀	
民事判例要旨	同上	陈瑾昆	
民事判例要旨	大理院推事	陈尔锡	
刑事判例要旨	同上	郁华	
刑事判例要旨	同上	潘恩培	
民事判例要旨	同上	张康培	
民事判例要旨	同上	林鼎章	
民事判例要旨	同上	刘含章	
民事判例要旨	同上	刘钟英	
民事判例要旨	同上	许泽新	
刑事判例要旨	同上	朱得森	
民事判例要旨	同上	邵勳	
民事判例要旨	同上	张式彝	
民事判例要旨	同上	洪文澜	

附录二：中华民国大理院历任院长

民国大理院是中华民国最高法院的前身，乃民国时期普通诉讼案件的最高审判机关。其前身是清末改制后的大理院。光绪三十二年（1906 年），清廷颁行《大理院审判编制法》，翌年正式定大理院官制，为全国最高终审机关，配置总检察厅。中华民国成立之后，大理院被保留。民国十六年（1927 年），国民政府定都南京，始将大理院改为最高法院；翌年公布《国民政府最高法院组织法》，定最高法院为全国终审审判机关，至此最高法院正式成立。自 1911 年至 1927 年，民国大理院院长如下：

任次	姓名	字	籍贯	就任时间	卸任时间	备注
1	许世英	静仁	安徽秋浦	1912 年 5 月 18 日	1912 年 7 月 26 日	
2	章宗祥	仲和	浙江吴兴	1912 年 7 月 26 日	1914 年 2 月 20 日	
署	董　康	授经	江苏武进	1914 年 2 月 20 日	1914 年 8 月 1 日	
3	董　康	授经	江苏武进	1914 年 8 月 1 日	1918 年	
4	姚　震	次之	安徽贵池	1918 年	1920 年 6 月	
5	董　康	授经	江苏武进	1920 年 6 月	1920 年 8 月	
6	王宠惠	亮畴	广东东莞	1920 年 8 月	1921 年 12 月 27 日	
7	董　康	授经	江苏武进	1921 年 12 月 27 日	1922 年 5 月 26 日	
代	潘昌煦	春晖	江苏吴县	1922 年 5 月 26 日	1922 年 6 月 15 日	
8	罗文干	均任	广东番禺	1922 年 6 月 15 日	1922 年 9 月 19 日	
9	董　康	授经	江苏武进	1922 年 9 月 19 日	1923 年 2 月 3 日	未到任前由余棨昌代
10	余棨昌	戟门	浙江绍兴	1923 年 2 月 3 日	1928 年 2 月 25 日	1924 年 1 月 19 日准假，由潘昌煦代
11	潘昌煦	春晖	江苏吴县	1924 年 1 月 19 日	?	
12	姚　震	次之	安徽贵池	1928 年 2 月 25 日	1928 年	

附录三：大理院民国元年至民国七年度民、刑事庭审判长及推事一览表

庭	民事						刑事				备考
年别	第一庭		第二庭		第三庭		第一庭		第二庭		
审判长	推事	审判长	推事	审判长	推事	审判长	推事	审判长	推事		
元年度	庭长 汪爔芝 代理审 判长、 推事 廉隅	廉隅 胡诒毅 沈家 朱献文 黄德章					庭长 姚震	林行规 高种 潘昌煦 张孝移 徐维震			元二年，民、刑事仅各设一庭。三年一月，增设民事第二庭；八月，增设刑事第二庭。六年十月，增设民事第三庭。至七年底，计民事三庭、刑事二庭。
二年度	庭长 姚震	廉隅 胡诒毅 朱献文 林行规 黄德章 陆鸿仪 莊璟珂 李祖虞					庭长 汪爔芝	沈家 高种 潘昌煦 张孝移 徐维震 林棨			
三年度	庭长 姚震	廉隅 林行规 潘昌煦 陆鸿仪 ……	庭长 余棨昌	胡诒毅 朱献文 黄德章 李祖虞 林志钧			庭长 汪爔芝	高种 潘昌煦 张孝移 徐维震 钱承鋕	庭长 董康 代理审 判长、 推事 潘昌煦	祁耀川 郁华	各庭推事有于同一年度内……
四年度	庭长 姚震	林行规 陆鸿仪 冯毓德 许卓然 朱学曾 陈彰寿 石泉志 曹祖蕃 张康培 林鼎章	庭长 余棨昌	胡诒毅 李祖虞 孙鞏圻 李怀亮 陈尔锡 李栋			庭长 汪爔芝	张孝移 徐继震 钱承鋕 李景圻 徐焕	庭长 董康 代理审 判长、 推事 潘昌煦	祁耀川 郁华 潘恩培	年度者，有系年度开始后数月，始行增额或调庭者，均于曾经配置之庭并存其名，而略其月日。

续表

庭	民事						刑事				备考
年别	第一庭		第二庭		第三庭		第一庭		第二庭		
审判长	推事	审判长	推事	审判长	推事	审判长	推事	审判长	推事		
五年度	庭长 姚震	陆鸿仪 冯毓德 许卓然 朱学曾 石志泉 曹祖蕃 张康培 林鼎章	庭长 余棨昌	胡诒榖 李祖虞 孙鞏圻 李怀亮 陈尔锡 李栋 吕世芳			庭长 汪爔芝	徐继震 钱承鋕 李景圻 徐焕	庭长 潘昌煦	祁耀川 郁华 潘恩培	
六年度	庭长 姚震	陆鸿仪 许卓然 朱学曾 石志泉 李怀亮 曹祖蕃 张康培 林鼎章 刘钟英	庭长 余棨昌	胡诒榖 李祖虞 孙鞏圻 陈尔锡 高种 李栋 吕世芳	庭长 陆鸿仪	许卓然 孙鞏圻 陈尔锡 林鼎章	庭长 汪爔芝	徐继震 钱承鋕 李景圻 徐焕	庭长 潘昌煦	祁耀川 郁华 潘恩培	
七年度	庭长 姚震 余棨昌	朱学曾 胡诒榖 李怀亮 陈尔锡 曹祖蕃 张康培 李栋 吕世芳	庭长 余棨昌 李祖虞	曹祖蕃 李栋 吕世芳	庭长 陆鸿仪 朱学曾	李怀亮 许卓然 孙鞏圻 陈尔锡 张康培 林鼎章 刘含章	庭长 汪爔芝 潘昌煦	徐继震 钱承鋕 祁耀川 徐焕 朱得森	庭长 潘昌煦 李景圻	李景圻 郁华 潘恩培 许泽新